U0663859

《中国道教通史》编写组

主　　编：卿希泰　詹石窗

本卷主编：盖建民

本卷撰稿人：（按姓氏笔画为序）

丁贻庄　丁培仁　尹志华　刘康乐　孙　涛　李　刚

李海林　杨子路　张泽洪　陈　茉　周　冶　赵宗诚

卿希泰　盖建民

编辑主持：方国根　李之美

本卷责编：夏　青　武丛伟

中国道教通史

第二卷

卿希泰　詹石窗　主编

人民出版社

本书系教育部人文社会科学重点研究基地
四川大学道教与宗教文化研究所
重大项目（批准号12JJD730003）成果

主编简介

卿希泰，1927年1月生，2017年2月仙逝。四川三台县人，四川大学文科杰出教授。1951年四川大学法律系本科毕业，1954年中国人民大学哲学专业研究生毕业。1959年负责创办四川大学哲学系，任系党总支书记、副系主任；1980年负责创建四川大学宗教学研究所，并任所长、教授、博士生导师。曾任国家社科基金宗教学科规划评审组副组长、首届全国高校哲学学科教学指导委员会委员、中国宗教学会副会长、四川省首批学术和技术带头人、国家“985工程”四川大学宗教与社会研究创新基地首席专家、四川大学学术委员会委员、四川大学宗教学研究所名誉所长等职。卿先生主编的《中国道教史》与《中国道教思想史》成为中国道教研究领域的标志性成果。此外，尚有《中国道教》《道教与中国传统文化》《中外宗教概论》以及《道教文化新探》《刍荛集》《道教文化与现代社会生活》等著作十多种，组织出版《儒释道博士论文丛书》百余种。先后荣获国家级和部省级的优秀科研成果奖13项，其中一等奖6项，二等奖6项。1991年，国务院颁予“在社会科学研究事业做出突出贡献的专家”证书，并被评为四川省优秀教师、四川省优秀博士生导师、成都市劳动模范。

主编简介

詹石窗，1954 年生，福建厦门市人，四川大学文科杰出教授。1982 年获厦门大学哲学学士学位，1986 年获四川大学宗教学研究所哲学硕士学位，1996 年获四川大学宗教学研究所哲学博士学位。曾任福建师范大学易学研究所教授、厦门大学闽江学者特聘教授、厦门大学人文学院副院长、中国国务院参事室“国学馆道家分馆文字总纂”、福建省老子研究会会长。现任四川大学老子研究院院长，四川大学道教与宗教文化研究所教授委员会主席、博士生导师，中国国家社会科学基金学科评审专家，中国老子道学文化研究会副会长等职。先后主持中国国家社会科学基金特别委托重大项目“百年道教研究与创新工程”（首席专家）、中国教育部哲学社会科学重大课题攻关项目“百年道学精华集成”（首席专家）、中国国家社会科学基金重大项目“百年道家与道教研究著作提要集成”（首席专家）等十多个课题。主要著作有《道教文学史》《易学与道教思想关系研究》《中国道教思想史》（副主编）等 30 余部，组织编纂《国学新知文库》等多系列大型学术丛书，在《中国社会科学》《哲学研究》等海内外学术刊物发表学术论文 250 多篇。论著先后获得省部级奖 15 项。其个人专著《道教与女性》《道教文化十五讲》已在国外出版并得到学界高度认可。

凡 例

一、为了保持一贯的体例和风格，本书遵照如下重要原则和要求：

1. 坚持实事求是的历史科学精神，对具体问题进行具体分析。

2. 从内容到结构均须正确反映道教本身发生、发展和演变的客观规律，依据其规律进行道教发展史的科学分期。

3. 坚持史论结合，以史为据，尽量采用第一手原始材料，避免空泛议论。

4. 对历史上的道派、人物和经典以及道教与儒释的关系等，要切实按照它的本来面目去认识和叙述，尽量做到客观、全面地辩证分析和正确评价。

5. 对疑难问题，应本着“百家争鸣”方针，采取商量态度，避免主观武断，强加于人。

6. 尽可能借鉴国内外已有研究成果，避免闭门造车。所依据的材料，必须详细注明出处，以便为读者进一步探讨提供线索。

二、本书凡引《道藏》，均系文物出版社、天津古籍出版社、上海书店1988年版本；《藏外道书》系巴蜀书社1994年影印版。引用时均略去出版年与书版地。

三、本书所引用的《二十五史》，均系中华书局标点本，引用时均略其作者姓名。

四、本书所谓《大正藏》，即日本国大正十三年（1924年）修纂的《大正新修大藏经》，引用时均略去出版年与出版地。

五、本书涉及《四库全书》所收本，均为台湾商务印书馆1986年出版《文渊阁四库全书》本，引用时略去出版年和出版地。

六、凡引用文集已包含作者名者,书前不再出现作者名。

七、凡行文中涉及传统干支纪年者,在其后用括号加上公元年作为说明,如“熹平二年(173 年)”;若属公元前者,在其后加上“前”字,如汉武帝刘彻(前 140—前 87 年在位)。至于人物的生卒年,则在其人名之后加括号说明之,括号内的阿拉伯数字即是其出生或去世之年。

目　录

第五章

道教在隋至盛唐时期的兴盛与教理大发展

道教经过南北朝的改造充实，登上统治者的殿堂，成为较为成熟的宗教，而随着历史的演进，它也迈入了发展的鼎盛期。隋至盛唐，谱写了中国古代史的灿烂篇章，这个浪漫时代的文化可用“交融”二字来概括，在这一大文化背景下的道教亦以“交融”为特色。南北道教的大会合带来了道教发展的大兴盛，统治者的狂热崇道则推波助澜，使道教对社会上的人们产生了极大的诱惑力。尤其令人惊叹的是，道教教理的精彩纷呈，在中国哲学史和思想史上留下了不可磨灭的业绩。那么，这个时期的道教究竟兴旺到何种程度？它与统治者的关系怎样？其教理在哪些方面作出了发展？其经籍的情况如何？下面我们便对此予以介绍。

第一节　隋代的道教

一、隋统治者与道教

隋王朝的建立，结束了三百余年的南北分治局面，国家重新获得了统一。尽管隋的统治时间很短，一共不到四十年，但其政治经济制度、思想文化政策多为唐所沿袭，为唐的空前繁盛奠定了基础。

从道教发展史来看，隋代道教正处于一个转折点，为唐以后道教的兴盛与教理大发展作了准备。这种转折是道教自身发展的结果，也与隋统治者的宗教政策有关。下面我们先述隋统治者与道教的关系，然后再考察隋代道教的特色。

据《隋书》卷1《高祖上》和《集古今佛道论衡》卷乙等资料的记载，隋文帝杨坚在尼姑庙里出生，并由神尼智仙抚养，直到十三岁方始还家。由于自幼生活于佛教环境中，杨坚受佛教的影响较深。在他当了皇帝之后，犹“每以神尼为言，云我兴由佛”①。他多次表白：“朕遵崇三宝，归向情深，恒愿阐扬大乘，护持正法”②，“朕于佛教，敬信情重。”③他对道教，开始似乎并不那么感兴趣，所谓“高祖雅信佛法，于道士蔑如也”④，即指此。但由于维护封建统治的需要，他在复兴佛教的同时，也并没有忘记复兴道教。

《隋书·经籍志》载：后周崇奉道法，寻与佛法俱灭。开皇初又兴。实际上，在他即位之前，北周静帝大象二年（580年）六月即：“复行佛、道二教，旧沙门、道士精诚自守者，简令入道。”⑤“大定元年（581年），诏天下并复释道二教，复立佛、天尊像。”⑥其时静帝宇文阐幼弱，杨坚以外戚为相，总揽朝政，这两次复行佛、道之事，显然均系杨坚所为。当他即位之后，便于开皇元年（581年）闰三月下诏说：“法无内外，万善同归；教有浅深，殊途共致。朕伏膺道化，念存清静，慕释氏不贰之门，贵老生得一之义，总齐区有，思至无为。若能高蹈清虚，勤求出世，咸可奖劝，贻训垂范。”⑦开皇二十年（600年）十二月辛巳又下诏重申：“佛法深妙，道教虚融，咸降大慈，济度群品，凡在含识，皆蒙复护。所以雕铸灵相，图写真形，率土瞻仰，用申诚敬。其五岳四镇，节宣云雨，江、河、淮、海，浸润区域，并生养万物，利益兆人，故建庙立祀，以时恭敬。敢有毁坏偷盗佛及天尊像、岳镇海渎神形者，以不道论。沙门坏佛像，道士坏天尊者，以恶逆论。”⑧《隋书·刑法志》也说：“（文）帝以年龄晚暮，尤崇尚佛道，又素信鬼神。二十年，诏沙门道士坏佛像天尊，百姓

① （隋）王劭：《舍利感应记》，见释道宣《广弘明集》卷17，《大正藏》第52册，第213页。
② （清）严可均辑：《全隋文、先唐文》卷2《诏释灵裕》，北京：商务印书馆1999年版，第17页。
③ （清）严可均辑：《全隋文、先唐文》卷3《敕释智顗》，北京：商务印书馆1999年版，第34页。
④ 《隋书·经籍志》，北京：中华书局1973年版，第4册，第1094页。
⑤ 《周书·静帝纪》，北京：中华书局1971年版，第1册，第132页。
⑥ （宋）释志磐：《佛祖统纪》卷39，《大正藏》第49册，第359页。
⑦ （清）严可均辑：《全隋文、先唐文》卷1《五岳各置僧寺诏》，北京：商务印书馆1999年版，第4页。
⑧ 《隋书·高祖纪》，北京：中华书局1973年版，第1册，第45—46页；参见司马光：《资治通鉴》卷179，北京：中华书局1956年版，第12册，第5586页。

坏岳渎神像，皆以恶逆论。”“恶逆”为隋法“十恶之条”，“犯十恶及故杀人狱成者，虽会赦，犹除名”①。杨坚对毁坏佛道神像者给以如此严厉的处罚，用法律来庇护佛道二教，表明了他坚决实行佛道二教并重的政策。

为什么要实行这样的政策呢？这是由当时的客观形势所决定的。在杨坚当政之际，由中国传统文化孕育成长的道教，经过南北朝的改造充实以后，已经羽翼渐丰，并成为维护封建统治的工具；外来佛教，亦通过与中国传统文化的冲突交流在华夏大地扎下了根，且已显露头角。在意识形态领域，汉代那种儒术独尊的态势不复存在，代之而起的是儒释道三教鼎立的格局。在这样的客观趋势下，欲混一南北、统治中华的杨坚就不能不因势利导，采取三教并行不悖的思想文化政策。鉴于当时儒学衰敝，道统不继，他不得不更借重于佛道二教来实行思想统治。这样的政策也是对北齐、北周在北方宗教氛围浓郁、信教人口较多的社会环境中实行的或者企图灭佛或者企图灭道的宗教政策的一种纠偏。这种极端的宗教政策，失去了人望，招致了不满，杨坚复行二教，正可以招徕人心，厝国政于安定。诚如宋人宋敏求所指出的：“隋文承周武之后，大崇释氏，以收人望。”②同样，“于道士蔑如也”的杨坚，仍积极支持道教的复兴，以便赢得他们的支持，利用道教来达到现实的政治目的。

文帝杨坚对道教的利用与扶持有以下几方面：

（一）利用道教符谶，为其夺取政权造舆论，并为其统治合理性作神学论证

杨坚自称：“朕祗奉上玄，君临万国。”③以天命之所在自封。他又是个极迷信的皇帝，故对符箓图谶大加运用。他的开国年号“开皇”即是取材于道教。《隋书·经籍志》说：元始天尊开劫渡人，“然其开劫，非一度矣，故有延康、赤明、龙汉、开皇，是其年号”④。依此，则“开皇”为道教的一“劫”之始，表明又一个新纪元的到来。杨坚取此为年号，正是力图证明历史进入了

① 《隋书·刑法志》，北京：中华书局1973年版，第3册，第715、711页。

② （宋）宋敏求：《长安志》卷7，《文渊阁四库全书》第587册，第123页。

③ 《隋书·文帝纪》，北京：中华书局1973年版，第1册，第17页。

④ 《隋书·经籍志》，北京：中华书局1973年版，第4册，第1091页。

新纪元,而他则像至高无上的元始天尊那样济度众生,开劫度人。王劭当时在上杨坚的奏折中曾说:“又年号开皇,与《灵宝经》之开皇年相合。”①《三洞珠囊》亦称:“似元皇君号开皇元年,隋家亦象号开皇元年是也。”②这都表明,隋文帝杨坚的开皇年号具有道教神学的象征意义。

杨坚还对于私告其符命的道士大加宠用。《隋书·艺术·来和传》载:“道士张宾、焦子顺、雁门人董子华,此三人,当高祖龙潜时,并私谓高祖曰:‘公当为天子,善自爱。’及践阼,以宾为华州刺史,子顺为开府,子华为上仪同。”③来和为一相术之士,其传后附录张宾等预言杨坚当为天子,可能系为杨坚看相后得出的结论。张宾此人很值得注意。他在北周时就曾鼓动武帝宇文邕打击佛教,显见具有较强的政治活动能力。他又善于揣摩人主之意,大象元年(579年),“时高祖作辅,方行禅代之事,欲以符命曜于天下。道士张宾揣知上意,自云玄相,洞晓星历,因盛言有代谢之征,又称上仪表非人臣相。由是大被知遇,恒在幕府。及受禅之初,擢宾为华州刺史,使与仪同刘晖……等,议造新历”④。道士张宾迎合杨坚喜好符命的心态,以天象附会政治权力的更迭,又以相术称杨坚属“龙颜”,受到重用,成为杨坚的幕僚,后来还在隋王朝当了个“刺史”,为杨隋效力。张宾是个懂历法的道士,为新王朝制定新历法,这在古代也是具有政治意义的举动,关系到“正朔”所在。隋文帝杨坚“于开皇四年(584年),乃改用张宾历”,“于时新历初颁,宾有宠于高祖”,直到开皇十七年(597年),才复行张胄玄历。⑤ 其后,张宾卷入一场政争之中。据《隋书·卢贲传》说:“时高颎,苏威共掌朝政,贲甚不平之。柱国刘昉时被疏忌,贲因讽昉及上柱国元谐、李询、华州刺史张宾等,谋黜颎、威,五人相与辅政。又以晋王上之爱子,谋行废立。复私谓皇太子曰:‘贲将数谒殿下,恐为上所谴,愿察区区之心’。谋泄,上穷治其事。昉等委罪于宾、贲,公卿奏二人坐当死。上以龙潜之旧,不忍加诛,并除名为

① 《隋书·王劭传》,北京:中华书局1973年版,第6册,第1607页。

② 《道藏》第25册,第351页。

③ 《隋书》,北京:中华书局1973年版,第6册,第1774页;又见《北史·艺术·来和传》。

④ 《隋书·律历志》,北京:中华书局1973年版,第2册,第420页。

⑤ 参见《隋书·律历志》,北京:中华书局1973年版,第2册,第416、428页。

民。宾未几卒。”[1]

杨坚对另一位道士焦子顺也颇为优礼。据《长安志》卷 10 载：五通观，“隋开皇八年(588 年)为道士焦子顺所立。子顺能驱役鬼神，传诸符箓，预告隋文膺命之应。及即位，拜上开府永安公，立观以五通为名，旌其神术”。[2]《唐会要》卷 50“观”条也有类似记述：“开皇八年(588 年)，为道士焦子顺能役使鬼神，告隋文受命之符，及立，隋授子顺开府柱国。辞不受。常咨谋军国，帝恐其往来疲困，每遣近宫置观，以‘五通’为名，旌其神异也。号焦天师。”[3]

从上述史实可见，某些道教徒参与了杨坚夺取政权的斗争，为他制造“奉天承运”的符命，从而得到杨坚的赏识，即位以后，便予以高官厚禄，使之为其巩固统治地位效力。

杨坚利用符谶的事实，还表现在：开皇初，太原童谣有“白衣天子出东海”之说，于是杨坚即依此穿白衣去到东海，并画五级木坛自随，且“常修律令，笔削不停”以事道。[4] 这首童谣也可能为道士所造。

由于杨坚的喜好，有些官僚士大夫也以符谶邀宠，著作郎王劭就是其中最突出的一个。他一再“上表言符命”，论证杨坚“有龙颜戴乾之表”，当“受天命代周有天下”，并指出：“又陈留老子祠有枯柏，世传云老子将度世，云待枯柏生东南枝回指，当有圣人出，吾道复行。至齐，枯柏从下生枝，东南上指。夜有三童子相与歌曰：‘老子庙前古枯树，东南状如伞，圣主从此去。’及至尊牧亳州，亲至祠树之下。自是柏枝回抱，其枯枝，渐指西北，道教果行。”[5]“老子将度世”，“吾道复行”，显系道教的神话谶语，杨坚为亳州刺史时，竟“亲至祠树之下”，以标榜自己就是“圣主”，掌握皇权后又对亳州老子祠特别关注。据薛道衡《老子碑》记述：因亳州老子祠“靡鹿徙倚”，“风霜凋弊”，杨坚乃诏：“上开府仪同三司亳州刺史武陵公元胄，考其故迹，营建祠

---

① 《隋书》，北京：中华书局 1973 年版，第 4 册，第 1142 页。

② (宋)宋敏求：《长安志》卷 10，《文渊阁四库全书》第 587 册，第 145 页。

③ (宋)王溥：《唐会要》卷 50“观”条，北京：中华书局 1955 年版，第 876—877 页。

④ 参阅温大雅：《大唐创业起居注》卷 1，上海：上海古籍出版社 1983 年版，第 11 页。

⑤ 《隋书·王劭传》，北京：中华书局 1973 年版，第 6 册，第 1602—1607 页。

堂。”薛《碑》又称：“皇上往因历试，总斯蕃部，犹汉光司隶之所，魏武兖州之地，封苦相之两城”，于是“清心洁行之士，存玄守一之俦，四方辐凑，千里波属。知如在之敬，申醮祀之礼。显仁助于王者，冥福资于黎献”，“隋驭天下之六载，乃诏下臣建碑作颂”云云。① 杨坚要臣下建老子碑，无非也是力图证明“至道灵远，神功自然”，“真人出世，星精下斗”的符命所在。难怪史家批评他“雅好符瑞，暗于大道”②，可谓中的。

文帝杨坚是个小心戒慎、猜疑心极强的人，因他自己曾“以符命曜于天下”，故对于他人之染指图谶的事便十分敏感，严加防范。开皇十三年（593年）二月，明令“私家不得隐藏纬候图谶”③，哪怕皇亲国戚，也不准违反这条禁令。他对于其第四子杨秀假托道教图谶、老朋友王谊搬弄左道图谶的行为，都给予了严惩。他曾下诏历数杨秀罪状说：“我有不和，汝便觇候，望我不起，便有异心。皇太子，汝兄也，次当建立，汝假托妖言，乃云不终其位。妄称鬼怪，又道不得入宫，自言骨相非人臣，德业堪承重器。妄道清城出圣，欲以己当之，诈称益州龙见，托言吉兆。重述木易之姓，更治成都之宫，妄说禾乃之名，以当八千之运。横生京师妖异，以证父兄之灾，妄造蜀地征祥，以符己身之箓。汝岂不欲得国家恶也，天下乱也？”④这样一些举动，不过是他自己在夺取皇位时某些作法的翻版，而今对他却是极大的威胁，于是他下令废蜀王秀为庶人，幽禁于内侍省，不得与妻子相见，与相连坐者百余人。在这些连坐者当中，就有四川的道士。据唐初释法琳说：开皇十八年（598年），益州道士韩朗、绵州道士黄儒林，煽惑蜀王令兴恶逆。云：欲建大事，须籍胜缘。遂教蜀王倾仓竭库，造千尺道像，设千日大斋，画文帝形，反缚头手，咒而厌之。河北公赵仲卿，检察得实，送身京省，被问伏罪，在市被刑。⑤

① （清）严可均辑：《全隋文·先唐文》卷19，北京：中华书局1958年版，第4册，第4126—4127页。

② 《隋书·高祖纪》，北京：中华书局1973年版，第1册，第55页。

③ 《隋书·高祖纪》，北京：中华书局1973年版，第1册，第38页；（宋）司马光：《资治通鉴》卷178，北京：中华书局1956年版，第12册，第5540页。《全隋文·先唐文》卷1，北京：中华书局1958年版，第4册，第4015页。

④ 《隋书·文四子传》，北京：中华书局1973年版，第4册，第1243页。

⑤ 参见《唐护法沙门法琳别传》卷下，《大正藏》第50册，第208页；《广弘明集》卷12，释明槩《决对傅奕废佛僧事》分别记为开皇十年和开皇十八年。

按《隋书·文四子传》所说，皇太子杨广曾栽赃陷害杨秀，杨秀一案似有冤情。但不管怎样，都表明文帝杨坚对他人运用道教图谶是决不允许的，即使亲生儿子也是如此。

对于郢国公王谊，更以极刑处置。诏令说："谊，有周之世，早豫人伦，朕共游庠序，遂相亲好。然性怀险薄，巫觋盈门，鬼言怪语，称神道圣。朕受命之初，深存戒约，口云改悔，心实不悛。乃说四天王神道，谊应受命，书有谊谶，天有谊星，桃、鹿二川，岐州之下，岁在辰巳，兴帝王之业。密令卜问，伺殿省之灾。又说其身是明王，信用左道，所在诖误，自言相表，当王不疑。此而赦之，将或为乱，禁暴除恶，宜伏国刑。"①老子说过：国之利器，不可示人！道教图谶可谓是帝王的一大利器，只可为皇帝专有，岂能假手他人？文帝杨坚是深明此道的。他以外戚而谋代周称帝，需要名正言顺，最好的办法就是借重于图谶符命，而道教徒正善于在政争中以图谶寻找新的国主，这就是杨坚蔑视道教而又复行道教的契机。

（二）十分关注并积极支持道观的修建和道徒的发展

按杜光庭《历代崇道记》记载：开皇三年（583年），"隋高祖文皇帝迁都于龙首原，号大兴城，乃于都下畿内造观三十六所，名曰玄坛，度道士二千人"②。又据《宗圣观序》和《楼观传》所述，文帝杨坚曾到楼观台宗圣观"沐芳礼谒，护门休征"，下令重修楼观宫宇，度道士一百二十人，并亲幸道场。③《古楼观志·重修说经台》也载：隋开皇初曾重修楼观宫宇，刻四体《道德经》于石，置诸庙中。④ 由于杨坚对楼观道士的优宠，楼观道有名的"田谷十老"在文帝时为朝野宗奉。《历世真仙体道通鉴》卷30《严达传》对此指出："至隋室道教复振，文帝开皇中诏重修二庙，精择羽流，累致墨词，以祈景福。于是朝野宗奉焉。"⑤特别值得注意的是，文帝杨坚还设立了玄都观，任

① 《隋书·王谊传》，北京：中华书局1973年版，第4册，第1170页。

② 《道藏》第11册，第1页。

③ （唐）欧阳询：《宗圣观序》，《古楼观志》，第4页，《三洞拾遗》（《中国宗教历史文献集成》），第16册，合肥：黄山书社2005年版，第790页。

④ 《古楼观志》，第40页；《三洞拾遗》（《中国宗教历史文献集成》）第16册，合肥：黄山书社2005年版，第808页。

⑤ 《道藏》第5册，第274页。

命“田谷十老”之一的王延为观主,这对楼观道的发展有极为重要的意义。《唐会要》卷50“观”载:“元(玄)都观,本名通达观,周大象三年(581年),于故城中置。隋开皇二年(582年),移至安善坊。”《历世真仙体道通鉴》卷30《王延传》又称:“至隋文帝禅位,置玄都观,诏延主之。开皇六年(586年)丙午,特召见于大兴殿,上斋诚受智慧大戒……时公卿大夫翕然钦附。”①玄都观在隋代的地位有些类似于通道观之在北周,可以说是隋朝道教学术的中心,颇有影响力。直到盛唐时,“元都观有道士尹崇,通三教,积儒书万卷,开元年卒。天宝中,道士荆胐,亦出道学,为时所尚,太尉房管每执师资之礼,当代知名之士,无不游荆公之门”②。由此可见,玄都观的设置不仅使北周以来的道教学术得以保存,而且为它在盛唐的进一步发展创造了条件。③

此外,另据《长安志》卷7及卷10,《唐会要》卷50等史籍所载,隋文帝时还建有下列道观:

1. 益州至真观。开皇二年(582年)所立。④

2. 清都观。此乃道士孙昂为文帝杨坚所重,常自问道,特于开皇七年(587年)为之设立。

3. 清虚观。此乃文帝杨坚于开皇七年(587年)为道士吕师所立。吕师辟谷炼气,故以清虚为之名。⑤

4. 三洞观。本灵应道士观,开皇七年(587年)立。《长安志》卷8云:“灵应观,隋道士宋道标所立。”

5. 会圣观。此乃开皇七年(587年)文帝杨坚为秦孝王俊所立。⑥

除以上这些道观之外,应当特别指出的,是文帝杨坚对老子庙的修复与

---

① 《道藏》第5册,第273页。

② (宋)王溥:《唐会要》卷50“观”条,北京:中华书局1955年版,第876页。

③ 关于这一部分内容,本书第1卷第4章第2节已经阐述,可参阅。

④ 参见李云逸校注:《卢照邻集校注》卷7,北京:中华书局1998年版,第408页。

⑤ 此据《唐会要》记载;又,《长安志》云开皇十年(590年)为道士吕师玄立。

⑥ (宋)宋敏求:《长安志》卷10云为“会昌观”,《文渊阁四库全书》第587册,第149页。

建置。周至县县界的老子庙于开皇元年(581 年)复修;[①]"隋开皇间已诏两京及诸州各置玄元皇帝庙"[②]。文帝杨坚在修建各种道教宫观的同时,又常征召道士。开皇八年(588 年),征道士孟静素至京师,居至德观;[③]魏郡道士仇岳,洞晓庄老,受到文帝杨坚钦重,也被征入京都,共谈玄理;[④]文帝杨坚还令道士褚揉讲《老》经,僧人前往听讲并发生争辩。[⑤] 综上表明,文帝杨坚对道教的利用和扶植是非常积极的,他的复行道教是有具体措施的,并非只是一纸空文的诏令而已。

文帝杨坚晚年,对道教神仙长生之说也产生了信仰。《隋书·王劭传》载:杨坚去世那年,"梦欲上高山而不能得,崔彭捧脚,李盛扶肘得上,因谓彭曰:'死生当与尔俱。'"王劭为之圆梦说:"此梦大吉。上高山者,明高崇大安,永如山也。彭犹彭祖,李犹李老,二人扶持,实为长寿之征。"文帝闻言,"喜见容色"。[⑥] 故史家称文帝"晚年深信佛道鬼神"[⑦],就是指杨坚晚年不仅"雅信佛法",而且也深信道教。联系到他修造道观和征道士等情况,恐怕这个转变早即开始,只是愈到晚年,其信愈笃而已。

文帝时,隋统治者对防范佛道之争极为重视,故对容易引起佛道之争的老子化胡说很敏感。据《续高僧传》卷 2《释彦琮传》载:开皇三年(583 年),隋文帝幸道坛,见画老子化胡像,大生怪异,敕集沙门道士共论其本,又敕朝秀苏威、杨素、何妥、张宾等有参玄理者,详计奏闻,时释彦琮掌言务,试举大纲,未及指复,道士自伏陈其矫诈,因作《辩教论》明道教妖妄者二十五条,词理援据,宰辅褒赏。[⑧]《集古今佛道论衡》卷乙亦称:隋尚书令楚国公杨素,行经楼观,见壁画尹喜化胡之像,告诸道士曰:承闻老君化胡,胡人不受,令喜变身作佛,胡人方受,是则佛能化胡,胡人奉佛,道不能化。云何言老子

① (宋)宋敏求:《长安志》卷 18,《文渊阁四库全书》第 587 册,第 220 页。
② (宋)程大昌:《雍录》卷 10 引《礼阁新仪》,北京:中华书局 2005 年版。
③ (宋)姚铉:《唐文粹》卷 65,《文渊阁四库全书》第 1344 册,第 60 页。
④ (唐)释道宣:《续高僧传》卷 18《释昙迁传》,《大正藏》第 50 册,第 573 页。
⑤ (唐)释道宣:《续高僧传》卷 9《释僧粲传》,《大正藏》第 50 册,第 500 页。
⑥ 《隋书》,北京:中华书局 1973 年版,第 6 册,第 1609 页。
⑦ (宋)司马光:《资治通鉴》卷 179,北京:中华书局 1956 年版,第 12 册,第 5586 页。
⑧ 《大正藏》第 50 册,第 436—437 页。

化胡？这两条记载尽管出于释氏的记录，难免不带一定倾向，但与杨坚所一贯坚持的佛道并行的政策是完全吻合的。正因为这样，所以文帝时候的佛道之争，便不是很激烈。

总之，文帝杨坚出于政治需要，对道教采取了利用和扶持的政策，这对道教的发展起了促进的作用。《广弘明集》卷 4 曾指出：北齐排斥道教，“致使齐境国无两信。迄于隋初，渐开其术。至今东川此宗微末，无足抗言”。所谓“国无两信”的说法，不免有些夸张，但如果没有文帝杨坚的“渐开其术”，那么唐代道教的兴盛恐不会如此之快。所以我们说，文帝杨坚对道教的扶持政策为唐道教的迅速崛起准备了条件。

杨坚死后，其子杨广继位，是为炀帝。他与其父一样，既笃信佛教，又利用和扶持道教。

当他还在作晋王时，即热衷于道教。初唐道士江旻曾说：“隋开皇十二年（592 年），晋王分陕维扬，尊崇至教。”[①]《续高僧传》卷 11《释吉藏传》也说：开皇末年，炀帝晋藩置四道场，国司供给，释李两部各尽搜扬。[②] 这时候，他对道士徐则，甚为钦崇。《隋书》卷 77《徐则传》载：“徐则，东海郯人也。幼沉静，寡嗜欲。受业于周弘正，善三玄，精于议论”，曾声擅都邑，入缙云山修道。“陈太建时（569—582 年），应召来憩于至真观。期月，又辞入天台山，因绝谷养性，所资唯松水而已。”又谓其“初在缙云山，太极真人徐君降之曰：‘汝年出八十，当为王者师，然后得道也。’晋王广镇扬州，知其名，手书召之曰：‘夫道得众妙，法体自然，包涵二仪，混成万物，人能弘道，道不虚行。先生履德养空，宗玄齐物，深明义味，晓达法门。悦性冲玄，怡神虚白，餐松饵术，栖息烟霞……钦承素道，久积虚襟，侧席幽人，梦想岩穴。霜风已冷，海气将寒，偃息茂林，道体休悆。昔商山四皓，轻举汉庭，淮南八公，来仪藩邸。古今虽异，山谷不殊，市朝之隐，前贤已说，导凡述圣，非先生而谁！’”徐则接书，对其门人说：“吾今年八十一，王来召我，徐君之旨，信而有征。”于是遂诣扬州。既至，晋王将请授道法，则辞以时日不便，随即“寂

① （清）董诰等编：《全唐文》卷 923，北京：中华书局 1983 年版，第 10 册，第 9618 页。
② 《大正藏》第 50 册，第 514 页。

然返真”。死后，杨广下书说：“卓矣仙才，飘然胜气，千寻万顷，莫测其涯。寡人钦承道风，久餐德素，频遣使乎，远此延屈，冀得虔受上法，式建良缘。至止甫尔，未淹旬日，厌尘羽化，反真灵府。身体柔软，颜色不变，经方所谓尸解地仙者哉！诚复师礼未申，而心许有在，虽忘怛化，犹怆于怀，丧事所资，随须供给……宜遣使人送还天台定葬。”又“遣画工图其状貌，令柳䛒为之赞”。①《隋书·炀帝纪》称杨广在藩时“阴有夺宗之计”，他在召徐则的书中提到“商山四皓”，已露出这种意图。吴筠《商山四皓》诗云：“四皓同无为，丘中卧白云。自汉成帝业，一来翼储君。”②可见，杨广是借四皓辅佐汉高祖太子的故事而以“储君”自比。所以杨广征召徐则，是含有其“夺宗”政治野心的。

据《隋书·徐则传》称：当时还有“建安宋玉泉、会稽孔道茂、丹阳王远知等，亦行辟谷，以松水自给，皆为炀帝所重”③。王远知乃茅山高道，是陶弘景的弟子，传其道法，后又师事臧矜，曾被陈宣帝召见。开皇十二年（592年），杨广先后派王子相、柳顾言具礼招迎，承候动止。即位以后，又于大业七年（611年）遣员外郎崔凤举迎请，见于涿郡之临朔宫，亲执弟子之礼，并下令于京师置玉清玄坛以处之。

大业（605—618年）中，是史家所谓“天下承平日久”④时期，隋统治者的崇道也达到了高潮。所以《隋书·经籍志》说：“大业中，道士以术进者甚众。”⑤据现存史料看，除王远知外，炀帝杨广还曾引用这样一些道士：

> 薛颐，滑州人，大业中为道士，解天文律历，尤晓杂占。炀帝杨广引入内道场，令其章醮。⑥
>
> 马赜，河东汾阴人，少好玄言，去俗为道士，解天文律历，隋炀帝时，

---

① 《隋书》，北京：中华书局1973年版，第6册，第1758—1759页；参见《历世真仙体道通鉴》卷29；（宋）王钦若：《册府元龟》卷836，北京：中华书局1960年版；（宋）李昉：《文苑英华》卷688之杨广《与逸人徐则书》，卷783之柳巧言《徐则画赞》，北京：中华书局1966年版。

② 《文渊阁四库全书》第1071册，第757页。

③ 《隋书》，北京：中华书局1973年版，第6册，第1760页。

④ 《隋书·炀帝纪》，北京：中华书局1973年版，第1册，第94页。

⑤ 《隋书》，北京：中华书局1973年版，第4册，第1094页。

⑥ 《旧唐书·方伎·薛颐传》，北京：中华书局1960年版，第16册，第5089页。

引入玉清观，每加恩礼，召令章醮。①

隋大业八年（612 年），诏请蔡天师法寿、李天师法超住衡岳观焚修，兴行教法。衡州府库田畴什物，并赐观资用。②

炀帝召见道士胡隐遥，恩礼隆异。③

以上仅系姓名可考者，实际上杨广当时所利用的道徒方士并不止此。刘义庆在《大业杂记》即指出："北府道术坊，并是阴阳禁呪有道术人居之，向有百余家。"《隋书》卷 7《礼仪志二》亦载："大业中，炀帝因幸晋阳，遂祭恒岳。其礼颇采高祖拜岱宗仪，增置二坛，命道士女官数十人，于壝中设醮。"④其所用的道徒方士之多，可想而知。杨广还在他的宫内建有供经像的"玄靖殿"，设有惠日、法云二道场，通真、玉真二玄坛，又造有仿照仙山琼阁的"西苑"，设置了所谓"神仙境"，这些都必然要利用道徒方士为之效力。

由于杨广穷奢极欲，荒淫无道，他利用僧尼道士为其腐朽生活服务。《资治通鉴》卷 181 载："其在两都及巡游，常以僧、尼、道士、女官自随，谓之四道场……帝每日于苑中林亭间盛陈酒馔，敕燕王倓与鉅、晶及高祖嫔御为一席，僧、尼、道士，女官为一席，帝与诸宠姬为一席，略相连接，罢朝即从之宴饮，更相劝侑，酒酣殽乱，靡所不至，以是为常。"⑤他巡游下江都，庞大的船队中有楼船 120 艘，四品官人及四道场、玄坛的僧尼道士给坐。⑥ 对这些僧尼道士均给予四品官的待遇。杨广又每"以天下承平日久，士马全盛，慨然慕秦皇、汉武之事"⑦。他企图长生不死，笃信金丹方药。《资治通鉴》卷 181 载："初，嵩高道士潘诞自言三百岁，为帝合炼金丹。帝为之作嵩阳观，华屋数百间，以童男童女各一百二十人充给使，位视三品；常役数千人，所费

① （宋）王钦若：《册府元龟》卷 822，北京：中华书局 1960 年版，第 10 册，第 9768 页。

② 《南岳小录》，《南岳总胜集 · 衡岳观》，《道藏》第 11 册，第 112 页。

③ （元）赵道一：《历世真仙体道通鉴》卷 29，《道藏》第 5 册，第 270 页。

④ 《隋书》，北京：中华书局 1973 年版，第 1 册，第 140 页。

⑤ （宋）司马光：《资治通鉴》卷 181，北京：中华书局 1956 年版，第 12 册，第 5649—5650 页。

⑥ 参见（唐）颜师古：《大业拾遗记》，《香艳丛书》第 3 集卷 2，上海书店出版社 2014 年版。

⑦ 《隋书 · 炀帝记》，北京：中华书局 1973 年版，第 1 册，第 94 页。

巨万。云金丹应用石胆、石髓，发石工凿嵩高大石深百尺者数十处。凡六年，丹不成。帝诘之，诞对以'无石胆、石髓，若得童男女胆髓各三斛六斗，可以代之'。帝怒，锁诣涿郡，斩之。且死，语人曰：'此乃天子无福，值我兵解时至，我应生梵摩天'云。"①这大约是大业七年(611年)的事。炀帝为求长生，不惜耗费巨万，役使童男童女，可谓荒谬之至。

杨广也曾造观和度道士。据《长安志》卷7统计：长安在"大业初，有寺一百二十，谓之道场，有道观十，谓之玄坛"②。《历代崇道记》称："炀帝迁都洛阳，复于城内及畿甸造观二十四所，度道士一千一百人。"③杨广又改佛寺为道场，改道观为玄坛，各置监、丞。④ 按《佛祖统纪》卷39载：大业九年(613年)，诏改天下寺曰道场。则道观改称玄坛也可能是此时前后。炀帝并建置崇玄署，设令、丞，专职管理宗教事务，加强对道佛二教的控制。为强调皇权凌驾于教权之上，大业三年(607年)诏令沙门道士致敬王者，令云："诸僧道士等，有所启请者，并先须致敬，然后陈理。"令下之后，僧竟不行。到大业五年(609年)，"至西京郊南大张文物，两宗朝见，僧等依旧不拜……其黄巾士女，初闻令拜合一，李众连拜不已"⑤。

和杨坚的"素无术学"不同，炀帝杨广好读书著述。自开皇十年(590年)为扬州总管时，就置王府学士至百人，常令修撰，作皇帝后更是大规模召集文人学士，修撰不停，凡经术、文章、兵、农、地理、医卜、释、道都作有新书，共成31部，1700多卷。据《隋书·经籍志》说：炀帝"于内道场集道、佛经，别撰目录"⑥。可见他曾集中学者撰作新道书，并编撰道经目录。现存敦煌遗经中有炀帝大业八年(612年)八月十四日王俦所写《老子变化经》，经玄都玄坛道士复校，属当时官本。说明炀帝时进行了抄定官本道经的

---

① (宋)司马光：《资治通鉴》卷181，北京：中华书局1956年版，第12册，第5658—5659页；炀帝服丹药事还可参见《炀帝迷楼记》。

② (宋)宋敏求：《长安志》卷7，《文渊阁四库全书》第587册，第122页。

③ 《道藏》第11册，第1—2页。

④ 《隋书·百官志》，北京：中华书局1973年版，第3册，第802页。参见(唐)李林甫等纂、陈仲夫点校：《唐六典》卷16。

⑤ (唐)释道宣：《广弘明集》卷25《福田论·序》，《大正藏》第52册，第280页。

⑥ 《隋书》，北京：中华书局1973年版，第4册，第908页。

工作。①

炀帝杨广也笃信鬼神术数，他对图谶之类，亦采取既利用又禁制的方针。杨广"尝言及文帝受命之符，因问鬼神之事，敕善心与崔祖浚撰《灵异记》十卷"②。这不过是为了证明自己乃符命所在，不容篡夺。由于杨广的失道，致使社会矛盾激化，天下汹汹，各种政治谣言纷纷以图谶的形式流传，其中传播最广的是关于李姓当为皇帝的谶语。据《资治通鉴》卷 182 载："初，高祖梦洪水没都城，意恶之，故迁都大兴。申明公李穆薨，孙筠袭爵。叔父浑忿其吝啬，使兄子善衡贼杀之，而证其从父弟瞿昙，使之偿死。浑谓其妻兄左卫率宇文述曰：'若得绍封，当岁奉国赋之半。'述为之言于太子，奏高祖，以浑为穆嗣。二岁之后，不复以国赋与述，述大恨之。帝即位，浑累官至右骁卫大将军，改封郕公，帝以其门族强盛，忌之。会有方士安伽陀言'李氏当为天子'，劝帝尽诛海内凡李姓者。浑从子将作监敏，小名洪儿，帝疑其名应谶，常面告之，冀其引决。敏大惧，数与浑及善衡屏人私语；述谮之于帝，仍遣虎贲郎将河东裴仁基表告浑反。帝收浑等家，遣尚书左丞元文都、御史大夫裴蕴杂治之，按问数日，不得反状，以实奏闻。帝更遣述穷治之，述诱教敏妻宇文氏为表，诬告浑谋因度辽，与其家子弟为将领者共袭取御营，立敏为天子。述持入，奏之，帝泣曰：'吾宗社几倾，赖公获全耳。'三月，丁酉，杀浑、敏、善衡及宗族三十二人，自三从以上皆徙边徼。"③可见杨广对"李氏当为天子"的谶语既忌恨又害怕，因之引起对无辜者的滥杀。炀帝杨广对图讳之学的禁毁比其父有过之而无不及。《隋书 · 经籍志》载："炀帝即位，乃发使四出，搜天下书籍与谶纬相涉者，皆焚之，为吏所纠者至死。自是无复其学，秘府之内，亦多散亡。"④书籍虽然可以烧毁，但是以口头相传播的谣谶却无法禁止，故种种图谶仍在隋末的社会上到处流传。

---

① 参见姜亮夫：《莫高窟年表》，上海：上海古籍出版社 1985 年版，第 194 页。

② 《北史 · 许善心传》，北京：中华书局 1974 年版，第 9 册，第 2803 页。

③ （宋）司马光：《资治通鉴》卷 182，北京：中华书局 1956 年版，第 12 册，第 5695—5696 页；参见《隋书 · 李穆传》，北京：中华书局 1973 年版，第 4 册，第 1120 页；《旧唐书 · 五行志》；北京：中华书局 1960 年版，第 4 册，第 1375 页。

④ 《隋书》，北京：中华书局 1973 年版，第 4 册，第 941 页。

炀帝杨广还“自晓占候卜相”①，却对术士防范很紧。《新唐书》卷204《方技传》载：高唐人乙弗弘礼，杨广居藩时曾召见之，弘礼贺曰：“大王为万乘主，所戒在德而已。”杨广即位，悉诏诸术家坊处之，使弘礼总摄。海内浸乱，杨广对弘礼说：“而昔言朕既验，然终当奈何？”答复说：“臣观人臣相与陛下类者不长，然圣人不相，故臣不能知。”由是敕有司监视，毋得与外语。②可见杨广对于道术之士也是既利用又“聚而禁之”。

炀帝时，道佛之间相处也较平静，仅在某些寺观内进行过理论之争。《续高僧传》卷3《释慧净传》载：大业（605—618年）初，“始平令杨宏集诸道俗于智藏寺，欲令道士先开道经。于时法侣虽殷，无敢抗者。净闻而谓曰：‘明府盛结四部，铨衡两教，窃有未喻，请咨所疑。何者？宾主之礼，自有常伦，其犹冠履不可颠倒，岂于佛寺而令道士先为主乎？明府教义有序，请不坠绩。’令曰：‘有旨哉，几误诸后！’即令僧居先坐，得无辱矣。有道士于永通，颇挟时誉，令怀所重，次立义曰：‘有物混成，先天地生，吾不知其名，字之曰道。’令即命言申论……净因问通曰：‘有物混成，为体一故混，为体异故混？若体一故混，正混之时已自成一，则一非道生；若体异故混，未混之时已自成二，则二非一起。先生道冠余列，请为稽疑。’于是通遂茫然，忸怩无对。”③

综而言之，隋代统治者虽崇佛教，但对道教仍始终采取了利用和扶持的态度。这种佛道并重的政策，不仅对道教的发展关系重大，且对唐代统治者也有深远的影响。隋以后，特别是唐代楼观道和茅山道的兴旺，以及唐代统治者的许多崇道措施，均与此有不可分割之关系。故不能以隋代时间不长，而忽视其在道教发展史上所起的作用。尤其是在道教管理制度方面有创新之处，具有承前启后的特点。下面我们就隋代的道官制度进行论述。

二、隋代道官制度

隋朝禅代北周建国，在大兴佛教的同时，对道教也给予了一定的扶持，

① （宋）司马光：《资治通鉴》卷185，北京：中华书局1956年版，第13册，第5775页。

② 《新唐书》，北京：中华书局1975年版，第18册，第5803页。

③ 《大正藏》第50册，第442页。

故而道教在隋代的政治生活中也发挥了比较大的作用。统一全国后，隋文帝、隋炀帝等积极恢复佛道两教，调整政权与宗教的关系，在较为开放的宗教政策下，道教也有了很大的发展。隋朝在道官制度上承前启后，对南北朝的道官制度均有所继承和革新，首次以"道门威仪"为官任道官，对唐代道官制度的确立产生了深远的影响。其主要表现如下：

崇虚局。隋代周而起于北朝，在官制体系上多依前代之法。隋朝对佛教的管理，沿用北齐的昭玄系统，设昭玄寺以统领僧尼；在道教管理制度上，沿用北朝的崇虚系统，设立崇虚局。北齐以太庙令兼领"崇虚局"，已有先例，隋朝仍依此为制，以崇虚局执掌道门事务，仍于太常寺设崇虚局，以太庙兼领，置丞一人。"崇虚，掌五岳四渎神祀、在京及诸州道士簿帐等事。"①不过与北齐崇虚局为祭祀之署一样，隋代的崇虚局也并非道教管理的专署，而是兼领于太庙令，主为皇室祭祀所用，且所设官吏并非专官。崇虚局的令、丞之类为俗官之名，非由道士担任，与昭玄寺所置大统、都维那等由僧人担任并不相同。昭玄系统与崇虚系统是两类性质不同的宗教管理模式，北齐的崇虚局就是俗官系统，隋朝继承北齐而设的崇虚局同样如此，是由世俗官僚掌握的国家官僚机构而已，主要为国家祭祀机构，同时兼领道士的帐籍。

崇玄署。北魏的史料中已见有崇玄署的记载。据《资治通鉴》卷 204 载："后魏置崇玄署，掌僧、尼、道士、女冠。"②这是关于北魏最早设"崇玄署"的唯一记载，史实是否如此，还有待于进一步考证。

隋继承北朝官制，又于鸿胪寺设"崇玄署"。《隋书·百官志》载："鸿胪寺统典客、司仪、崇玄三署，各置令二人，崇玄则惟置一人。"③《通典》也记载："隋初置崇玄署令、丞。"④又据《新唐书》所载："隋以（崇玄）署隶鸿胪，又有道场，玄坛。"⑤以上史料皆记载隋朝有"崇玄署"的设置，但是都没有明确"崇玄署"的职责所在，但从"崇玄署"与"道场"、"玄坛"并论，我们可

① 《隋书》卷 27《百官志中》，北京：中华书局 1973 年版，第 3 册，第 755 页。

② （宋）司马光：《资治通鉴》卷 215，北京：中华书局 1956 年版，第 15 册，第 6871 页。

③ 《隋书》卷 28《百官志下》，北京：中华书局 1973 年版，第 3 册，第 777 页。

④ （唐）杜佑：《通典》卷 25，北京：中华书局 1988 年版，第 704 页。

⑤ 《新唐书》卷 48《百官志三》，北京：中华书局 1975 年版，第 4 册，第 1252 页。

以推测崇玄署的职责应与佛道二教有关。

《隋书 · 百官志》又有:"(鸿胪寺)统典客、典寺、司仪等署令、丞。"①北齐时鸿胪寺中已设"典寺署",职责在于统领全国的佛教事务。隋朝继承了鸿胪寺设"典寺署"的做法,以之作为鸿胪寺的三司。"崇玄署"取代"典寺署"后,仍然担负统制僧尼的职责,同时增加了道教管理事务。唐代继承隋朝,以崇玄署"领掌京都诸观之名数,道士之帐籍,与其斋醮之事"②。

不过隋代官制中同时设置"崇玄署"与"崇虚局",皆与道门事务的统制深有关系,到底其职责有何区别?从上述记载的资料可知,"崇虚局"只是分掌道士帐籍之事,正如"僧祇部"也是专门管理僧尼籍录一样,对于度僧尼道士、建造寺观等其他佛道事务,由"崇玄署"来统一管理。从崇玄署的官员设令、丞来看,可以明确崇玄署的官员,均属于俗官系统,而不是由僧道来担任。

至于崇玄署的官员数额,据《通典》所记载,崇玄署分别设有令、丞,而《隋书 · 百官志》记载崇玄署只有令一人。但如果正确认识到《通典》是"一部记述唐以前社会结构和社会面貌演进历程的史学巨著",也存在"去取欠精审"、"节目未明备"的问题,我们就可以理解其中许多史实记载的错谬。③《隋书》成书于唐代,距离隋朝灭亡的时间较短,编著者能够掌握较为可靠的史料,其说可能是较为接近史实的。

玄坛监。炀帝对隋初的官制多所改革。隋炀帝即位,废除崇玄署,代之以"玄坛监"管理道教。在宫观设置"玄坛监"一职,是隋炀帝在道教管理上的又一重要举措。据《通典》载:"隋初置崇玄署令、丞,至炀帝改郡县佛寺为道场,置道场监一人,改观为玄坛,监一人。"④《隋书 · 百官志下》亦载:"郡县佛寺,改为道场,道观改为玄坛,各置监、丞。"⑤隋炀帝设道场监、玄坛监的时间并未明确,大概是即位不久以后的事情。鸿胪寺原设崇玄署为掌

---

① 《隋书》卷27《百官志中》,北京:中华书局1973年版,第3册,第756页。

② (唐)李林甫等纂、陈仲夫点校:《唐六典》卷16,北京:中华书局1992年版,第467页。

③ 参见谢保成:《论〈通典〉的性质与得失》,《中国史研究》1992年第1期。

④ (唐)杜佑:《通典》卷25,北京:中华书局1988年版,第704页。

⑤ 《隋书》卷28《百官志下》,北京:中华书局1973年版,第3册,第802页。

管僧尼道士的中央机构，炀帝废止崇玄署，以道场监和玄坛监代替其职责，依然是鸿胪寺的属司。玄坛监的监、丞等官，也为官府所委派的俗官，具体负责对宫观事务的监督管理等。

隋炀帝即位后大规模地改郡县各地的道观为玄坛，实际上“玄坛”作为道观之称早已有之。梁武帝曾为陶弘景于茅山建太清玄坛，文帝时代道观也有称为“玄坛”的，不过还并不普遍。据《长安志》卷 7 记载：京城在“大业初……有道观十，谓之玄坛”①。又据《历代崇道记》载：开皇二年（582 年），“隋高祖文皇帝迁都于龙首原，乃于都下畿内造观三十六所，名曰玄坛，度道士二千人”②。开皇十二年（592 年），道士王远知“奉敕于中岳修斋仪，复诏移居洛阳玉清玄坛”③。似乎文帝时京都等各处的道观也开始称为“玄坛”了，不过更多是延续南朝传统，称为“馆”或“观”的。

虽然隋炀帝改道观为玄坛，但道观的性质并没有多大的改变。不过在道观的管理制度上，隋炀帝取消了隋文帝时期以观主为基层道官的做法，改以政府委派的俗官担任“玄坛监”。以俗官主持道教事务，是隋炀帝时代道官制度的一大特色。玄坛监制度，加强了政府对道教的控制力量，俗官插手宫观事务，成为政府安插在道观的监视者，必定引起道团的不满。从一定意义上来说，玄坛监的设置，表明了政府对道观管理者的不信任态度，实际上剥夺了基层宫观管理者的自主管理权，从而造成了政权和道教之间的紧张关系。

以“道门威仪”为中央道官。隋文帝早年“于道士蔑如也”，即位之后逐渐改变对道士的态度，可能是欲借助道士的力量，巩固其新建立的王权统治地位。隋文帝始设“道门威仪”为全国性的道官，将宫观内职转变为道官之名，推行“以教治教”之宗教管理政策，盖取法于梁武帝之设道士为“道正”，对南朝的道官制度既有继承又有所革新。开皇六年（586 年）文帝以道士王延为第一任道门威仪，此后这一新设之“道官”职位为唐代所沿用，并成为唐代道官制度的重要内容。据《事物纪原》“道箓”条载：“《续事始》引《仙

① （宋）宋敏求：《长安志》卷 7，《文渊阁四库全书》第 587 册，第 122 页。

② （唐）杜光庭：《历代崇道记》，《道藏》第 11 册，第 1 页。

③ 参见赵道一：《历世真仙体道通鉴》卷 25，《道藏》第 5 册，第 244 页。

传拾遗》载曰:隋文帝始以玄都观主王延为威仪。"①另据《云笈七籤》卷85《王延传》载:

隋文禅位,置玄都观,以延为观主,又以开皇为号。六年丙午,诏以宝车迎延于大兴殿,帝洁斋请益,受智慧大戒,于时丹凤来仪,飞止坛殿,诏以延为道门(威仪),威仪之制,自延始也。②

据《历世真仙体道通鉴》所载:"道士王延,字子元,扶风人也,才九岁,好道,西魏孝文帝大统三年(538年)丁巳入道,师正懿先生陈宝炽,至十八肄业于楼观。"③王延幼时入道,依止在著名道士陈宝炽的门下,居于楼观台潜修,与李顺兴等结为道友,后来又师事华山真人焦旷等。从王延的经历来看,他自小进入道门,得当时著名道士的亲自指教,具有楼观道、茅山道的学术背景。早在北周时,王延就为周武帝所宠信,曾被召至通道馆主持编订校雠三洞经图等,又有著作《三洞珠囊》等,是一位学术渊博的高道大德,作为当时领袖级的道士,在道教界具有很大的影响。

代周禅位后,隋文帝在京置建玄都观,诏以王延为观主,并从其受道教智慧大戒等,大加礼遇。担任"道门威仪"之时,王延已是六十七岁的一代名道,为"田谷十老"之一,在道教界的声望颇高,朝臣苏威、杨素等皆北面执弟子之礼。从隋文帝以大德王延为"道门威仪"来看,这一道官职务的选授,对道士素质的要求是非常高的,统治者希望以道官本身的威信,为广大道士树立一个威仪的典范,而不是以世俗政治的权威加诸道士,有效地缓和了道教与政权之间的紧张关系,是隋朝道官制度较为成功的典范。

隋文帝设"道门威仪",是隋代道官制度的创举,更是对南北朝道官制度的继承和创新。梁武帝设大小"道正",即取自于"以道自正"之意,就是以道正作为道教自治的官吏。隋朝的"道门威仪"亦是如此。从"道门威仪"中的"威仪"二字词义来看,道门威仪应该是执掌道门戒律仪轨的一类

① (宋)高承:《事物纪原》卷7,北京:中华书局1989年版,第382页。
② (宋)张君房:《云笈七籤》卷85,《道藏》第22册,第602—603页。
③ (元)赵道一:《历世真仙体道通鉴》卷26,《道藏》第5册,第272页。

道官。儒家典籍中，以“威仪”形容人的言谈举止符合庄重的礼节，《诗经》云：“威仪棣棣，不可选也。”①《左传》曰：“有威而可畏，谓之威；有仪而可象，谓之仪。”②《礼记》：“礼仪三百，威仪三千。”③以上所用“威仪”之意，均指较为庄重的仪态行止、具有严肃的威严气势等。

佛教经律中以行、住、坐、卧为“四威仪”，泛指僧侣必须具有的行为举止等方面的律仪规范。《释氏要览》曰：“经律中皆以行、住、坐、卧名四威仪，其它动止，皆四所摄。”④《戒本疏》称：“行善所及，各有宪章，名威仪也。威谓容仪可观，仪谓轨度格物。”⑤“威”是指容颜神态，“仪”是指行为规范。《观无量寿经》曰：“具足众戒，不犯威仪。”⑥佛教经律要求僧侣遵守戒律，保持仪表威严，行为合范，以维持僧侣在世人眼中的超凡形象。这也是佛教修习的重要内容。

早期天师道立治置署，其中央道署的“二十四职”中即有“威仪”一职，《玄都职治律》称：“威仪职，主教敕礼制、衣服、仪容、法则、起次位，弹邪正非，施行法礼。”⑦在天师道团中，“威仪”掌管礼仪制度、衣服仪表、精神面貌、规则位次、检束戒律、施行法教等，是一个非常重要的神职职位。宫观制度建立以后，威仪专管道士的戒律，在道士受戒仪式中又号为“威仪师”，唐代以“威仪师”为道教“三师”之一。《唐六典》卷 4 载：“道士修行有三号，其一曰法师，其二曰威仪师，其三曰律师。”⑧以此来看，源于宫观威仪师的道门威仪的主要职责，应是检束道士的仪式戒律和行为规范等。

除京城设“道门威仪”为道官，地方不见设这一职务。盖因隋朝建国之

---

① 《诗经正义》卷 2《邶风 · 柏舟》，《十三经注疏》上册，北京：中华书局 1980 年版，第 296—297 页。

② 《春秋左传正义》卷 40，“襄三一年”，《十三经注疏》下册，北京：中华书局 1980 年版，第 2016 页。

③ 《礼记正义》卷 53《中庸》，《十三经注疏》上册，北京：中华书局 1980 年版，第 1633 页。

④ （宋）释道诚：《释氏要览》卷 3，《大正藏》第 54 册，第 298 页。

⑤ 《四分律含注戒本疏行宗记》卷 1，《卍新纂续藏经》第 39 册，第 756 页。

⑥ 《佛说观无量寿佛经》卷 1，《大正藏》第 12 册，第 341 页。

⑦ （唐）王悬河：《三洞珠囊》卷 7，《道藏》第 25 册，第 336 页。

⑧ （唐）李林甫等纂、陈仲夫点校：《唐六典》卷 4，北京：中华书局 1992 年版，第 125 页。

初,诸事未平,朝廷眷顾于国事,而无暇顾及地方道门之事,仅以州县官府统辖。王延于仁寿四年(604年)九月羽化之后,"道门威仪"之官未见续任。也正是这一年,隋炀帝弑父即位,对文帝时代的官制多所改革,而"道门威仪"这一道官职位大概就是从这时候废除的。隋炀帝即位之后,对佛道大加改革,"郡县佛寺,改为道场,道观改为玄坛,各置监、丞"①,以一种新的俗官"玄坛监"来代替"道门威仪"的职责,直到唐代玄宗时代才恢复"道门威仪"的署置。

以观主为基层道官。隋代的基层道官制度延续南北朝的传统,仍设观主为宫观主首,并由政府来任命。

隋朝建国后大建道观,隋文帝和隋炀帝曾分别一次性造观36所和24所,度道士数千人之多,此后文帝和炀帝的造观运动还在继续。开皇初,隋文帝于京城为王延造玄都观;开皇二年(582年),隋文帝于益州立至真观;开皇六年(586年),文帝为秦王俊立会圣观,为道士吕师立清虚观,为孙昂立清都观;开皇八年(588年),道士焦子顺以术得幸,文帝为其立五通观;大业七年(611年),炀帝为王远知诏造玉清玄坛;大业八年(612年),炀帝为嵩高山道士潘诞造嵩阳观等。

经过南北朝的发展,道教宫观制度趋于完备,道观经济也在不断发展。当时有的道馆占有大片的田园山泽,拥有数量不菲的户民以供田租和役使,形成了庞大的宫观庄园经济,道观形同地主或领主。随着都市道观的兴起,道观也参与商业经济活动。随着道观规模的扩大和道观经济的兴起,道观的宗教事务和社会事务更为繁杂,必然需要加强道观内部的管理。隋代的基层道官制度延续南北朝的传统,仍设观主为宫观主首,并由政府来任命,如开皇初,隋文帝在大兴城兴造玄都观,便任命道士王延为观主,主持观务。

隋朝道官制度具有承前启后的特点,体现为对南北朝道官制度的扬弃和对唐代道官制度的影响。北朝的道官制度,主要体现在政权对道教的统制管理,道坛仅有坛主等主持事务,基层道官作为王权的卑微附庸,难以引领道教的正常发展。北朝道教走上层路线,在失去帝王扶持之后,面对来自

① 《隋书》卷28《百官志下》,北京:中华书局1973年版,第3册,第802页。

佛教的排挤和政权的压迫时，一时繁荣的道教事业便很快衰微。与此不同的是，北朝的佛教僧官却拥有很大的职权，在僧务上能够与朝廷分庭抗礼，有的僧官飞扬跋扈，权倾一时。

南朝的道官制度，主要体现在道士的自治管理，梁武帝设“大小道正”，正是这一道官制度的反映。南朝道馆制度建立，朝廷普遍设馆主、上座等作为基层的道官，拥有较大的道门自治权和自主权。南朝政权对道官皆能够保持较为尊重的态度，道官能够与官方平等交流。南朝任命道士为道官，意在以高道大德的模范作用，规范道士的威仪行止，堪为“以教治教”管理智慧的典范，后世多所效仿。但南朝在中央国家机构中，不见有专门管理道教的统治机构。

大体来说，由于南北文化传统的差异，南北朝僧道官制度基本上体现为“东魏高齐尚其统，宋齐梁陈尚其正”①的模式。隋朝代北周而立国，统一南北以后，对南北朝的道官制度皆有所取舍和变革。隋文帝取法于梁武帝，设道士为“道正”，也在开皇初设“道门威仪”一职，以著名道士为之，意在以高道大德的宗教权威加诸道门事务的管理，以道门威仪本身的良好形象，引导道士的“行、住、坐、卧”等威仪，既符合道教的戒律规范，又赋以道官更多的官府色彩，引领道士的行为和宫观活动符合社会规范和王权统治的需要。

鉴于南朝道官制度不重统制的管理弊端，隋朝借鉴北朝道官制度的“崇虚系统”，沿北魏之法，在中央机构设“崇玄署”为执掌道教的国家机构。隋炀帝时废“崇玄署”和“道门威仪”，在京城各地改置玄坛监等宗教官职，作为朝廷所差遣的专职俗官，将对道教的管理深入到宫观之中，反映了隋朝后期政府对道教事务管理的加强，而更强调世俗政权对宗教的绝对管辖权。

隋朝的道官制度为唐代所继承。隋文帝所置的“道门威仪”成为唐代最重要的道官职位，隋炀帝所设置的“玄坛监”也为初唐所借鉴，更名为“寺观监”、“漆园监”等，是以俗官的身份管理道观事务。在政府宏观道教管理机构的设置上，唐代也继承了隋朝的制度，仍立“崇玄署”为国家道教管理的专门机构。关于唐朝的道教管理制度留待后面章节专门论述，下面即就

① （唐）释神清：《北山录》卷8，《大正藏》第52册，第623页。

隋代道教的基本状况和特色作一些考察。

三、隋代道教的基本状况和特色

隋代道教的史料散失较多,从现存的零散资料来看,南方的上清经法在当时已流传到北方,南北各具特征的道教逐渐融汇,这是隋代道教不同于南北朝时候的一个特点。

南北朝的分治局面,使中国文化发展呈现出南北不同的风采,也使道教形成了南北各异的特征。相对来说,北方道教古朴雄浑,着重发展教团组织,南方道教华丽典雅,教理教义的建树更多。在南北分裂的条件下,南北方道教也不是一点都没有交流,比如北齐排斥道教,有些道士便跑到南方,而当南方压制道教时,也有道士到了北方。但这仅是个别的现象,总的来说,这种交往很难正常进行。这种状况到南北朝末期稍有改变。据《仙苑编珠》卷下引《楼观传》《西岳华山志》以及《云笈七籤》卷85《王延》等有关资料的记载:北周武帝(560—578年在位)时,茅山道士焦旷入居华山,楼观道士王延前往师之,得其传授三洞秘诀真经。于是王延便把南北道教的特点集于一身。这种博采南北之长的做法使得他道法高明,受到北周武帝赏识,命其校雠三洞经法、科仪戒律凡80余卷,又作《三洞珠囊》7卷,诏颁于通道观。王延之所以能承担起整理道经的工作,是与他向茅山道士焦旷学习分不开的,据说他拥有的“三洞玄奥、真经玉书,皆焦君所留,俾后传于世”①。北周武帝时,另一楼观道士侯楷也“诵大洞经及三皇内文劾召之法”②。足见上清经法在北周时已传入北方,对北方道教产生了较强的辐射。

随着隋王朝统一南北,南北道教互相交流和互相融汇的步伐加快了,道教的地域性特征日益被打破。茅山宗在隋代获得了长足发展,不仅巩固了在南方的传统势力范围,而且逐渐占据了北方。这与当时的茅山宗领袖人物王远知的活动分不开。隋炀帝杨广优礼王远知,远知从南方到北方进行

① (宋)张君房:《云笈七籤》卷85,《道藏》第22册,第602页。

② (元)赵道一:《历世真仙体道通鉴》卷30,《道藏》第5册,第274页。

传道活动,大业(605—618年)中收潘师正为弟子,潘后来成为茅山宗在北方传教的重要人物。王远知居于炀帝为他在京师所置的“玉清玄坛”;后炀帝幸扬州,远知曾谏不宜远去京国;隋末唐高祖李渊“龙潜”时,远知曾密告符命。① 足见炀帝时及隋唐之际,他一直活动于北方,这对茅山宗的北传具有重要的意义。盖远知乃一政治活动能力极强的道士,颇有其师陶弘景“山中宰相”之遗风,他不仅赢得了陈朝统治者的敬重,而且见风使舵,很快受到隋室的尊崇,后来又成为唐王朝的功臣,这使茅山宗在朝代迭换的风云变幻中,始终不失去政治靠山,为茅山宗的扩展势力争取了有力的支持。故王远知在北方的道教活动不仅进一步扩大了上清经法的辐射圈,而且为唐代茅山宗横贯大江南北、成为道教主流派打下了坚实的基础。

必须指出,隋代传入北方的上清经法是融合了灵宝与三皇经的法箓,以“三洞”的形式出现。这种情况实际上在南朝的南方早已发生。“三洞”的集大成者和以三洞说用于道经分类的开创者为陆修静。陆修静的三洞思想经弟子孙游岳传给陶弘景:陶弘景在此基础上“分析枝派”②,以上清法为最高层次,演化成以上清经法为主,辅以洞玄灵宝、洞神三皇的茅山宗。陶弘景之后,茅山宗传往北方的上清经法,已经纳入了灵宝、三皇及同类召神劾鬼道经的内容,而非早期的上清经系。从焦旷留给北方道教的“三洞玄奥”以及侯楷“诵大洞经及三皇内文劾召之法”等事实,可以看出一些蛛丝马迹。另外,《无上秘要》引用道经亦涵括三洞,这也说明当时北方道教是三皇、灵宝、上清皆习。“三洞”,既是经的分类法,又类似于佛教的“判教”,以区分道教内部的深浅高低层次。南北朝末,由于茅山宗日趋兴旺,上清法被判为最高品位。《无上秘要》卷35称,十戒、五千文、三皇、灵宝、上清可以“五等同场共受”③,上清为五等中最高一等。“五等共受”,亦反映了南北道教合流的态势。《隋书·经籍志》说,隋时受道之法最后方能受《上清箓》,此即所谓“上品则年久”④。可见上清法已被当时确认为“上品”道法。

---

① 参见《旧唐书·王远知传》,北京:中华书局1975年版,第16册,第5125页。

② 参见《道教义枢》卷2《三洞义》,《道藏》第24册,第814页。

③ 《道藏》第25册,第119页。

④ 《隋书·经籍志》,北京:中华书局1973年版,第4册,第119页。

以上清经法为主导的茅山宗，一经传到北方，便与北方道教结合起来，弥补了北方道教短于教理教义的缺陷。王延校雠三洞经法，撰写《三洞珠囊》，便是这种结合的产物。隋朝道士于内道场集道经撰目录应是这种结合的延伸，乃王延工作内容之继续。王远知在北方所传播的，也当是吸取了灵宝、三皇内容的上清经法。

还应指出，传入北方的上清经法又吸收了佛教的思想和大量语汇。陶弘景是力主三教合一论者，其《真诰·甄命授》即汲取了佛教《四十二章经》的思想内容，这也是道教传统的杂取多家的特征。北方楼观道本来是排佛的，但对南方传来的吸取了佛教内容的道经仍采取了接受态度，这样一来，南北道教都染上了外来文化的色彩，这也是南北道教融合后的新特征。试以《本际经》为例来具体说明隋代道教所受佛教的影响。据释玄嶷《甄正论》所说，《本际经》乃隋道士刘进喜所造，道士李仲卿作了补续。[①] 准此，《本际经》的内容可以大体反映隋道教的面貌。在《本际经》中即充满了大量的佛教语汇，如"三界"、"五道"、"烦恼"、"生业"、"无量"等，又融汇了一些佛教义理，处处表现出对佛教的吸取。故释法琳《辩正论》指出：《本际经》乃融汇佛经而成，其中或备取涅槃般若之文，或吸收法华维摩之说。这种融汇外来文化以丰富自己的做法，为唐代重玄派与茅山宗所继承，也是隋唐道教的教理教义获得大发展的一个重要原因。

总的来看，隋代道教南北的融汇，是以南方茅山宗为主，直接为唐代道教以茅山宗为主流的格局奠定了基础。

从隋代道教的地理分布来看，除上已述及的京畿之外，还有汉中、巴蜀、江南等热点区域。

关于汉中的情况，据《隋书·地理志》载："汉中之人……好祀鬼神，尤多忌讳，家人有死、辄离其故宅。崇重道教，犹有张鲁之风焉。"[②]在谈到巴蜀时又谓："其风俗大抵与汉中不别。"[③]上述杨秀事件，便是个很好的佐证。可见，汉中、巴蜀一带至隋朝仍有浓厚的道教传统，是道教活动的热点区域。

---

① 参见(宋)玄嶷：《甄正论》，《大正藏》第52册，第569页。

② 《隋书》，北京：中华书局1973年版，第3册，第829页。

③ 《隋书》，北京：中华书局1973年版，第3册，第830页。

至于江南一带，同书指出："俗信鬼神，好淫祀。"又说："风俗澄清，而道教隆洽，亦其风气所尚也。"[①]也是道教盛行的区域。此外还有终南、华山、嵩山等地，道教活动也较频繁。这些地方的许多人历史上就有信奉道教的传统，世代沿袭，成为民情风俗的一部分，故在隋代也是道教活动的基本区域。

在修炼方术方面，将行气导引正式称为内丹，也始于隋代。隋代的苏元朗于开皇中居罗浮山青霞谷，号青霞子，专主内丹，著有《旨道篇》以示道士，这大概便是内丹形成专著的开始。故陈国符先生认为："内丹书籍，行文隐秘，疑亦始自青霞子。"[②]苏元朗托言曾学道茅山，得大茅真君秘旨。从这种托言中，也透露出隋代茅山宗的势力和影响，以致苏元朗倡导内丹还须借助它的力量；抑或茅山宗此时已将传统的存思服气法推向内丹，故苏元朗有此托言。

隋代道教徒大多积极参与了上层统治集团的政治斗争。道教经过南北朝的改造之后，为封建统治服务的上层化的道派力量得到发展，民间道教的活动逐渐衰落。在隋代，以佛教弥勒名义起事者较多，[③]与道教有关且规模较大的，仅有大业十年（614 年）二月扶风人唐弼所发动的起义。据《隋书·炀帝纪》载：其"众十万，推李弘为天子，自称唐王"[④]。有文献记载的其他类似的起义，尚未发现。而隋末的许多道士却分别参与了不同上层政治集团逐鹿中原的政治斗争，为他们制作图谶，从神学方面为他们争夺皇位大造舆论。

大业（605—618 年）末，群雄并起，政治集团林立，岑仲勉《隋唐史》举出 128 个集团，其中势力较强者有 46 个，道士多为这些集团制谶作符命。当时流行最广泛的一个图谶就是："老子度世，李氏当王。"李密、李轨、李渊集团都曾利用这个图谶作为政治号召，宣传"天命在我"。关于李渊集团利用道教图谶的事，将在后面另作叙述，这里先谈李密集团对道教图谶的利

---

① 《隋书》，北京：中华书局 1973 年版，第 3 册，第 886、887 页。

② 陈国符：《道藏源流考》，北京：中华书局 2012 年版，第 434 页。

③ 参见唐长孺：《北朝的弥勒信仰及其衰落》，《魏晋南北朝史论拾遗》，北京：中华书局 1983 年版，第 196—207 页。

④ 《隋书·炀帝纪》，北京：中华书局 1973 年版，第 1 册，第 87 页。

用。据《旧唐书 · 五行志》载:“隋末有谣云:‘桃李子,洪水绕杨山。’炀帝疑李氏有受命之符,故诛李金才。后李密据洛口仓以应其谶。”①同书《李密传》又称:李密据洛仓,大修营堑,以逼东都,作书移郡县有云:“故谶箓云:‘隋氏三十六年而灭’。此则厌德之象已彰,代终之兆先见。”并自谓其“笃生白水,曰角之相便彰;载诞丹陵,大宝之文斯著。加以姓符图纬,名协歌谣,六合所以归心,三灵所以改卜”②。这是利用“李氏当王”的图谶歌谣作宣传,以便天下归心。此外,还有道士为李密作政治军事的战略策划:“泰山道士徐洪客献书于密,以为:‘大众久聚,恐米尽人散,师老厌战,难可成功。’劝密‘乘进取之机,因士马之锐,沿流东指,直向江都,执取独夫,号令天下。’密壮其言,以书招之,洪客竟不出,莫知所之。”③李轨集团对道教图谶也作了利用。据《旧唐书 · 李轨传》称:“大业末……时薛举作乱于金城,轨与同郡曹珍、关谨、梁硕、李赟、安修仁等谋曰:‘薛举残暴,必来侵扰,郡官庸怯,无以御之。今宜同心戮力,保据河右,以观天下之事,岂可束手于人,妻子分散!’乃谋共举兵,皆相让,莫肯为主。曹珍曰:‘常闻图谶云李氏当王。今轨在谋中,岂非天命也。’遂拜贺之,推以为主。”④后李轨称帝,尽有河西五郡之地,“有胡巫谓轨曰:‘上帝当遣玉女自天而降。’轨信之,发民筑台以候玉女,劳费甚广”⑤。

对于王世充集团,道士则制作了另外的图谶。据《隋书 · 王世充传》载:“有道士桓法嗣者,自言解图谶,充昵之。法嗣乃以《孔子闭房记》,画作丈夫持一干以驱羊。法嗣云:‘杨,隋姓也。干一者,王字也。居羊后,明相国代隋为帝也’。又取《庄子》《人间世》、《德充符》二篇上之,法嗣释曰:‘上篇言世,下篇言充,此即相国名矣。明当德被人间,而应符命为天子也。’充大悦曰:‘此天命也’。再拜受之。即以法嗣为谏议大夫。充又罗取

① 《旧唐书》,北京:中华书局 1975 年版,第 4 册,第 1375 页。

② 《旧唐书》,北京:中华书局 1975 年版,第 7 册,第 2216 页。

③ (宋)司马光:《资治通鉴》卷 184,北京:中华书局 1956 年版,第 12 册,第 5753 页;又见(清)董诰等编《全唐文》卷 131 李密《招道士徐鸿客书》,北京:中华书局 1983 年版,第 2 册,第 1313 页。

④ 《旧唐书》,北京:中华书局 1975 年版,第 7 册,第 2248—2249 页。

⑤ (宋)司马光:《资治通鉴》卷 186,北京:中华书局 1956 年版,第 13 册,第 5835 页。

杂鸟，书帛系其颈，自言符命而散放之。或有弹射得鸟而来献者，亦拜官爵。"[①]《旧唐书·王世充传》与《资治通鉴》卷187亦载其事。王世充还曾"使人献印及剑。又言河水清，欲以耀众，为己符瑞云"。[②] 印、剑乃道教正一派的法物，王世充此举也与道教有关。

以上事实表明，隋末道士参与政治活动，主要是为各政治集团争夺皇权制谶作符，搞神学政治宣传，其目的不过是寻找新的政治靠山，以便一旦新王朝建立之后，采取兴隆道教的政策，他们也可获得较高的政治地位。

除此之外，隋代道士也为人章醮祈福。《隋书·郑译传》载："译自以被疏，阴呼道士章醮以祈福助，其婢奏译厌蛊左道。"说明这类活动被当政者目为非法，只能隐秘地进行。《隋书·卫王集传》载：炀帝时，诸侯王恩礼渐薄，猜防日甚。集忧惧不知所为，乃呼术者俞普明，章醮以祈福助。有人告集咒诅，炀帝下公卿议其事，杨素等曰："集密怀左道，厌蛊君亲，公然咒诅。"此术者所为章醮，似亦与道教有关。开皇十四年(594年)，阴阳术数家萧吉上书文帝杨坚，引《灵宝经》云："角音龙精，其祚日强"，以之说明"来岁年命纳音俱角，历之与经，如合符契"[③]。可见道经已为术数家采用，故隋代社会上的这类活动多与道教有牵连。萧吉又撰有《帝王养生方》，于此可见道教对术数家的影响。

道教的神仙长生思想也有一定影响力。儒生王贞撰文集33卷，在上齐王杨暕书中称："仰而不至，方见学仙之远，窥而不睹，始知游圣之难。"[④]看来他的文集中是仙、圣并存的。大业八年(612年)，炀帝杨广征辽东，舍临海顿，见大鸟而异之，诏虞绰为铭，绰描写道："山川明秀，实仙都也"，"斯固类仙人之骐骥，冠羽族之宗长，西王青鸟，东海赤雁，岂可同年而语哉！""怀真味道，加此感通"[⑤]。多用仙家典故修饰，这是道教为文人作品提供的神仙意象。另外，河间人卢太翼，闲居味道，不求荣利；博综群书，爰及佛道，皆

① 《隋书》，北京：中华书局1973年版，第6册，第1898页。
② (宋)司马光：《资治通鉴》卷187，北京：中华书局1956年版，第13册，第5839页。
③ 《隋书·艺术·萧吉传》，北京：中华书局1973年版，第6册，第1775页。
④ 《隋书·文学·王贞传》，北京：中华书局1973年版，第6册，第1738页。
⑤ 《隋书·文学·虞绰传》，北京：中华书局1973年版，第6册，第1739页。

得其精微。尤善占候算历之术。后到五台山，地多药物，与弟子数人居于岩下，“萧然绝世，以为神仙可致”①。表明道教神仙思想的影响，涉及社会各层人士。

道教在隋代的社会地位，从李士谦答客问中可略窥一二。“客又问三教优劣，士谦曰：‘佛，日也；道，月也；儒，五星也’”②。这大体反映了道儒释三教在当时社会地位的实际状况。

隋代道教特征，在《隋书·经籍志》里还有集中的叙述，主要内容有：

第一，尊崇元始天尊，奉为最高神。据云：“天尊姓乐名静信”，“生于太元之先，禀自然之气，冲虚凝远，莫知其极。所以说天地沦坏，劫数终尽，略与佛经同。以为天尊之体，常存不灭。每至天地初开，或在玉京之上，或在穷桑之野，授以秘道，谓之开劫度人。然其开劫，非一度矣，故有延康、赤明、龙汉、开皇，是其年号。其间相去经四十一亿万载。”③元始天尊既是最高品位的神，又是万物始原、宇宙主宰，显示了道教神秘的宗教时空观，其“劫”的概念则是取于佛教。又谓元始天尊“所度皆诸天仙上品，有太上老君、太上丈人、天真皇人、五方天帝及诸仙官，转共承受，世人莫之豫也”。天尊“所说之经，亦禀元一之气，自然而有，非所造为，亦与天尊常在不灭。天地不坏，则蕴而莫传，劫运若开，其文自见。凡八字，尽道体之奥，谓之天书。字方一丈，八角垂芒，光辉照耀，惊心眩目，虽诸天仙，不能省视”④。这样常在不灭的天书虽神仙亦不能得窥，更勿论凡夫俗子了。道教经典被神化到无以复加的地步，元始天尊也被抬到无与伦比的高度，连“太上老君”，也仅是它所传度的一个弟子。

隋代道教如此崇敬元始天尊说明了什么呢？正说明茅山宗在道教中压倒性的优势。《魏书·释老志》所述的道教，是以太上老君为最高尊神，乃反映当时天师道，特别是以寇谦之为代表的北天师道的神灵观念。寇谦之以后，楼观道继续尊崇太上老君。以元始天尊为最高尊神，则是上清派的思

---

① 《隋书·艺术·卢太翼传》，北京：中华书局1973年版，第6册，第1769页。

② 《隋书·隐逸·李士谦传》，北京：中华书局1973年版，第6册，第1754页。

③ 《隋书·经籍志》，北京：中华书局1973年版，第4册，第1091页。

④ 《隋书·经籍志》，北京：中华书局1973年版，第4册，第1091—1092页。

想。陶弘景的《真灵位业图》，便把元始天尊摆在最高的地位，反映了茅山宗以尊崇元始天尊为表征。北周甄鸾《笑道论》已经提及元始天尊，表明茅山宗的神灵思想已传到北方，影响了北方道教的神灵观念。到了隋代，就演化为以元始天尊为最高、以太上老君为次的道教神团系统。这个系统既反映了南北道教的合流，也反映了这种合流是以茅山宗为主。由此也可以证实茅山宗成为道教主流派的雏形，已于隋代形成。

第二，"授道者，经四十九年，始得授人"①。这种传授上的时间限制也有神学的依据："天尊之开劫也，乃命天真皇人，改啭天音而辩析之。白天真以下，至于诸仙，展转节级，以次相授。诸仙得之，始授世人。然以天尊经历年载，始一开劫，受法之人，得而宝秘，亦有年限，方始传授。上品则年久，下品则年近。"②

第三，传授道法的要旨："盖亦归于仁爱清静，积而修习，渐致长生，自然神化，或白日登仙，与道合体。"③修行讲求渐修，不顿悟，经过长期努力，刻苦修炼，终会自然出神入化，与神仙长生之道同为一体，白日飞升。而修行的内容，既有儒家的仁爱道德修养，又有道教的清静养生之功，表明了它的儒、道兼容。

第四，传授道法的先后品次及其仪式是："初受《五千文箓》，次受《三洞箓》，次受《洞玄箓》，次受《上清箓》。箓皆素书，纪诸天曹官属佐吏之名有多少，又有诸符，错在其间，文章诡怪，世所不识。受者必先洁斋，然后赍金环一，并诸贽币，以见于师。师受其贽，以箓授之，仍剖金环，各持其半，云以为约。弟子得箓，缄而佩之。"④从受箓的次第看，既反映了各派的融合，也反映了以上清为最高。

第五，斋醮、消灾度厄法及其仪式为："其洁斋之法，有黄箓、玉箓、金箓、涂炭等斋。为坛三成，每成皆置锦蕝，以为限域。傍各开门，皆有法象。斋者亦有人数之限，以次入于锦蕝之中，鱼贯面缚，陈说愆咎，告白神祇，昼

① 《隋书》，北京：中华书局1973年版，第4册，第1092页。
② 《隋书》，北京：中华书局1973年版，第4册，第1092页。
③ 《隋书》，北京：中华书局1973年版，第4册，第1092页。
④ 《隋书》，北京：中华书局1973年版，第4册，第1092页。

夜不息,或一二七日而止。其斋数之外有人者,并在锦蕝之外,谓之斋客,但拜谢而已,不面缚焉。而又有诸消灾度厄之法,依阴阳五行术数,推人年命书之,如章表之仪,并具贽币,烧香陈读。云奏上天曹,请为除厄,谓之上章。夜中,于星辰之下,陈设酒脯饼饵币物,历祀天皇太一,祀五星历宿,为书如上章之仪以奏之,名之为醮。又以木为印,刻星辰日月于其上,吸气执之,以印疾病,多有愈者。又能登刀入火而焚敕之,使刃不能割,火不能热。而又有诸服饵、辟谷、金丹、玉浆、云英,蠲除滓秽之法,不可殚记。"①这个介绍,也比过去的有关记载更为完备。

第六,讲经"以《老子》为本,次讲《庄子》及《灵宝》、《升玄》之属。其余众经,或言传之神人,篇卷非一"②。这种除以《老子》为本之外,又把《庄子》明确地奉为道教的主要经典,也是隋代道教首开其端,并对唐以后的道教产生了重大影响。这表明道教进一步向玄理化拓展,不断完善自身的教理教义。

第七,道术以符箓为胜:"其术业优者,行诸符禁,往往神验。而金丹玉液长生之事,历代糜费,不可胜纪,竟无效焉。"③

综上可知,隋代道教是在沿着上层化的方向继续发展,又形成了自己的许多特色,并以茅山宗为主,使南北道教融汇合流,为唐道教的兴盛准备了内在的条件。这种承上启下的作用,使它在道教发展史上具有特殊重要的意义。

第二节　初唐与盛唐时期的道教

隋末农民大起义,推翻了隋王朝的黑暗统治。代之而起的李唐王朝,乃是在夺取了农民起义的胜利果实之后建立起来的。它从隋末农民大起义和隋王朝走向灭亡的经验教训中,看到了人民群众的巨大威力,认识到为了消弥人民的武装起义,巩固自己的封建统治,不能单靠武力,而必须充分发挥

① 《隋书》,北京:中华书局 1973 年版,第 4 册,第 1092—1093 页。
② 《隋书》,北京:中华书局 1973 年版,第 4 册,第 1094 页。
③ 《隋书》,北京:中华书局 1973 年版,第 4 册,第 1094 页。

意识形态的作用,更好地利用道释儒等思想工具来为封建制度服务。因而在建国之初,就确立了"三教"并用的政策,而在初盛唐时,除武周当权期间以外,均以扶植道教为重点,同时尊重儒学,对佛教则既有利用又有抑制。对隋代的佛道并用政策虽有所借鉴,却改变了它那种轻视儒学、重点扶持佛教的作法。由于实行这种政策,一方面促进了道儒释的相互融合,使三家都获得了很大的发展;另一方面又导致了道儒释的互相争雄,使它们之间展开了激烈的斗争。关于唐代道教的史料文献收集与研究,较魏晋南北朝道教研究而言,以往学术界关注较少,但近二十年来,这一情况有了明显改观,不仅中国学者有不少的研究成果面世①,海外学者关于唐代道教研究的角度和问题则呈现多样化趋势,收集的资料与成果也日益丰富②,为我们总体把握唐代道教的总体发展情况提供了可能。下面先就这个时期李唐统治者对道教的扶植,以及道佛之间的斗争、统治者的处理政策作一些考察。

一、初唐时期的统治者与道教

唐代的开国君主是高祖李渊。他在夺取政权的过程中,即广泛利用了道教,为他制造舆论,而一些道徒也纷纷投靠在他的麾下,为他的登台摇旗呐喊。隋末天下汹汹,各种符谶蜂起,其中特别是"老子度世,李氏当王"之类的符谶广为流传,使得隋炀帝杨广疑神疑鬼,恨不能"尽诛海内凡姓李者"。李渊本为"炀帝友人,炀帝以图谶多言姓李将王,每排斥之"③。许世绪对李渊说:"公姓名已著谣箓"④,窦抗告诉李渊:"李氏名在图箓,天所启也"⑤,唐俭说:"公日角龙廷,姓协图谶,系天下望久矣。"⑥李渊亦"自以姓

① 参见樊光春:《西北道教史》,北京:商务印书馆2010年版;王卡:《敦煌道教文献研究——综述·目录·索引》,北京:中国社会科学出版社2004年版;王承文:《敦煌古灵宝经与晋唐道教》,北京:中华书局2002年版。

② 参见柯锐思(Russell Kirkland):《唐代道教的多维度审视:二十世纪末该领域的研究现状》,载[英]巴瑞特《唐代道教——中国历史上黄金时期的宗教与帝国》附录二,曾维加、刘玄文译,济南:齐鲁书社2012年版,第118—156页。

③ (宋)王谠撰、周勋初校证:《唐语林校证》,北京:中华书局1987年版,第403页。

④ 《新唐书·许世绪传》,北京:中华书局1975年版,第12册,第3741页。

⑤ 《新唐书·窦抗传》,北京:中华书局1975年版,第12册,第3847页。

⑥ 《新唐书·唐俭传》,北京:中华书局1975年版,第12册,第3759页。

名著于图箓，太原王者所在，虑被猜忌，因而祸及”，对其子李世民说：“隋历将尽，吾家继膺符命，不早起兵者，顾尔兄弟未集耳。”①隋末又有一首“桃李谣”，众口皆碑。《资治通鉴》卷183载：“会有李玄英者，自东都逃来，经历诸贼，求访李密，云‘斯人当代隋家’。人问其故，玄英言：‘比来民间谣歌有《桃李章》曰：“桃李子，皇后绕扬州，宛转花园里。勿浪语，谁道许！”“桃李子”，谓逃亡者李氏之子也；皇与后，皆君也；“宛转花园里”，谓天子在扬州无还日，将转于沟壑也；“莫浪语，谁道许”者，密也。’既与密遇，遂委身事之。”②《隋书·五行志》亦称“大业（605—618年）中，童谣曰：‘桃李子，鸿鹄绕阳山，宛转花林里。莫浪语，谁道许。’其后李密坐杨玄感之逆，为吏所拘，在路逃叛。潜结群盗，自阳城山而来，袭破洛口仓，后复屯兵苑内。莫浪语，密也。宇文化及自号许国，寻亦破灭。‘谁道许’者，盖惊疑之辞也。”③此谣也曾为李渊所利用。温大雅在《起居注》中记述说：“又有《桃李子歌》曰：‘桃李子，莫浪语，黄鹄绕山飞，宛转花园里。’案：李为国姓，桃当作陶，若言陶唐也；配李而言，故云桃花园，宛转属旌幡。汾晋老幼，讴歌在耳。忽睹灵验，不胜欢跃。帝每顾旗幡，笑而言曰：‘花园可耳，不知黄鹄如何。吾当一举千里，以符冥谶。’自尔以后，义兵日有千余集焉。二旬之间，众得数万。”④此与李玄英及《隋书·五行志》所述《桃李谣》的文字略有不同，且各自按自己的意图进行解释，以适应自己的政治需要。时又有真卿公李仲文者娶陶氏女以应桃李之谣，李渊命裴寂等杂鞫之，后伏诛。⑤ 充分说明李渊对此是只许自己利用，不准他人插手，其野心不可谓不大。

当时如此众多的关于李氏当王的谶语歌谣出自何人之手？因史无记载，故不得而知，从有关迹象考察，似与道教有关。据《起居注》载：蜀郡道士卫元嵩于天和五年（570年）所作诗谶中即有“十八成男子”和“桃源花”、

① （唐）温大雅：《大唐创业起居注》卷1，上海：上海古籍出版社1983年版，第4页。
② （宋）司马光：《资治通鉴》卷183，北京：中华书局1956年版，第12册，第5709页。
③ 《隋书》，北京：中华书局1973年版，第3册，第639页。
④ （唐）温大雅：《大唐创业起居注》卷1，上海：上海古籍出版社1983年版，第11页。
⑤ 参见（宋）司马光：《资治通鉴》卷188，北京：中华书局1956年版，第13册，第5904页。

"李树起堂堂"之类的隐语①,而东晋以来流传于世的"老君当治,李弘应出"之类的图谶在这时也还在起作用。大业十年(614年)扶风人唐弼所发动的起义,即以此为号召。故这时候有关李氏当王之类的谶语歌谣,或许就是这类图谶的变种。再者,制作图谶也是道徒们的传统本事,《隋书·经籍志》谶纬类载有《孔老谶》12卷,《老子河洛谶》1卷,《尹公谶》4卷,《嵩高道士歌》1卷。② 从这些书名来看,大约均系道徒所为。因为每当改朝换代的征兆出现,道徒们总是密切注意形势,对未来的发展趋势作出预测,并以制符作谶等种种方式寻求自己心目中的"天命所在"的新主子,作为政治靠山。隋末的情况也不例外,楼观道士岐晖就是其中之一。据《混元圣纪》卷8记载:大业七年(611年),隋炀帝亲驾征辽,岐晖对门下弟子说:"天道将改,吾犹及见之,不过数岁矣。"有弟子问:"不知来者若何?"岐答:"当有老君子孙治世,此后吾教大兴,但恐微躯不能久保耳!"后数年,隋果乱。③ 这种预言,与"老君度世,李氏当王"之类的谶语实质上完全是一致的。茅山道士王远知也曾向李渊密告符命。《旧唐书·王远知传》载:"高祖之龙潜也,远知尝密传符命。"④还有个李淳风,则直接假托老君的传言。《混元圣纪》卷8说:"大业十三年(617年)丁丑,老君降于终南山,语山人李淳风曰:'唐公当受天命',淳风由是归唐。"⑤李淳风出身道教家庭,他借老君之口宣称李渊乃受命之君,也代表了道教中人的意见。李渊起兵之始,岐晖又测定他必是"真君出世",立刻投靠于他。《混元圣纪》卷8对此记载说:"唐高祖皇帝初起义兵于晋阳,帝女平阳公主柴绍妻也亦起兵应帝,屯于宜寿宫。晖逆知真主将出,尽以观中资粮给其军。及帝至浦津关,晖喜曰:'此真君来也,必平定四方矣!'乃改名为平定以应之,仍发道士八十余人向关

① 参见余嘉锡:《余嘉锡论学杂著》,北京:中华书局1963年版,第262页。

② 《隋书》,北京:中华书局1973年版,第4册,第940页。

③ 《道藏》第17册,第854页;参见《历世真仙体道通鉴》卷29,《道藏》第5册,第267—288页。

④ 《旧唐书》,北京:中华书局1975年版,第16册,第5125页;参见《混元圣纪》卷8,《云笈七籤》卷5。

⑤ 《道藏》第17册,第854页。

应接。”①可见，在李渊起兵前后，道徒们为他制图作谶是十分卖力的，不仅以此为他大造舆论，俘获人心，甚至给以经济资助。此外，有的道士还直接参加了他的起义队伍，为他效力，李渊亦积极地予以接纳。据《起居注》卷2说：“其来诣军者，帝并节级授朝散大夫以上官。至于逸民道士，亦请效力。《教》曰：‘义旗拨乱，庶品来苏，类聚群分，无思不至，乃有出自青溪，远辞丹灶，就人间而齐物，从戎马以同尘。咸愿解巾，负兹羁鞢。虽欲勿用，重违其请。逸民道士等，诚有可嘉，并依前授。’”②道士们不惜远辞丹灶来到军中为他“效力”，可见他和道教的关系非同一般。

非特如此，据说当李渊在战斗中处于不利情况时，太上老君还派出神人前来助战，帮他取得胜利。《旧唐书·高祖本纪》载：大业十三年(617年)七月“丙辰，师次灵石县，营于贾胡堡。隋武牙郎将宋老生屯霍邑以拒义师。会霖雨积旬，馈运不给，高祖命旋师，太宗切谏乃止。有白衣老父诣军门曰：‘余为霍山神使谒唐皇帝曰：“八月雨止，路出霍邑东南，吾当济师。”’高祖曰：‘此神不欺赵元邮，岂负我哉！’八月辛巳，高祖引师趋霍邑，斩宋老生，平霍邑。”③这里仅提到“霍山神使”，未提太上老君，而《混元圣纪》卷8却记载说：“时隋戒(武)牙郎将宋老生屯霍邑，以拒义师。会霖雨积旬，馈运不给，高祖命旋师，太宗切谏乃止。有白衣老父诣军门曰：‘余为霍山神，太上老君使谒唐公曰：“八月雨止，路出霍邑东南，吾当济师。”’高祖曰：‘此神不欺赵元邮，岂负我哉！’八月辛巳，高祖引师趋霍邑，斩老生，遂平霍邑。”这里明确指出：霍山神是由太上老君所派遣，李渊的平霍邑得到老君帮助。既然李淳风可以代老君传语，那么霍山神受老君派遣，也就不足为奇了。杜光庭的《历代崇道记》亦称：李渊“于大业十三年(617年)，感霍山神称奉太上老君命告唐公：‘汝当来，必得天下。’”在李渊称帝之前，道徒们制造这类神话传说，无非是说明李渊有太上老君的经常指引，乃受命之主。这对李渊来说当然是求之不得的，这样，他的起兵反隋也是为了“奉天承运”，

① 《道藏》第17册，第854页。

② (唐)温大雅：《大唐创业起居注》卷2，上海：上海古籍出版社1983年版，第29页。

③ 《旧唐书》，北京：中华书局1975年版，第1册，第3页。

理所当然；对道徒们来说，也便可以实现其“老君子孙治世，此后吾教大兴”的愿望。这就是他们相互利用的目的之所在。

事实也是如此，在李渊称帝以后，即一再宣称：“李氏将兴，天祚有应”①，“历数有归，实惟天命”②，并确认他与道教教主老子的一脉相承，以老子为其先祖。在这个问题上，李渊也利用了道徒们的神话传说。据《唐会要》卷50《尊崇道教》说：“武德三年五月，晋州人吉善行于羊角山见一老叟，乘白马朱鬣，仪容甚伟，曰：‘为吾语唐天子，吾，汝祖也，今年平贼后，子孙享国千岁。’高祖异之，乃立庙于其地。”范祖禹的《唐鉴》亦载其事。道教典籍对此则大肆渲染。《混元圣纪》卷8称：“武德元年正月，③刘武周遣宋金刚举兵十万侵晋绛，秦王世民拥尘绛州。州民吉善行素朴直，时避地于晋之临汾县大通堡。众令善行往羊角山探贼，方行至西北岭上柳柿两株间，望见坡上有人乘白马来，善行异之，即走，回到甘棠丛下，其人已到，从后呼：‘善行住，汝勿怖。’曰（回）头乃见老人，须发皓白，素衣乌冠，执红拂，乘白马，鬃尾及蹄皆赤，有二青衣年少，裹巾赤韠、侍立左右。老人谓善行曰：‘与我语唐天子李某，今得圣治，社稷延长，宜于长安城东置安化宫而设道像，则天下太平。’言讫，腾空而去。至四月二十七日夜，善行在家，似有人召之，明旦，不觉至前所立处，复见老人，戴金冠，衣服乘马如前。谓善行曰：‘吾前语汝记得否？’答曰：‘并记得。’老人曰：‘汝即入奏天子，道我所言。’善行曰‘贫无路粮，又无文书，如何得达？’老人曰：‘前程自有，汝不须忧。’善行曰：‘见天子乃非细事，未审到京，将何为信。’曰：‘汝到京，当有献石龟者，可以为信。’言讫而隐。善行往见晋州总管府长史贺若孝义言之，时五月三日，孝义即留善行。至十一日引见秦王，具言老人现所言事。十三日，秦王即差左亲卫帅都督杜昂随善行于所见处设祭，拜欲起，忽见老人如前现于紫云之中，举鞭指昂曰：‘汝是何人？’对曰：‘秦王使者杜昂，敬来奉祭。’老人曰：‘吾不饮不食，安用祭焉？’又指善行曰：‘所有委曲，此人知之。’昂

① 《旧唐书·高祖本纪》，北京：中华书局1975年版，第1册，第8页。

② 《旧唐书·高祖本纪》，北京：中华书局1975年版，第1册，第7页。

③ 此事道籍或云武德元年，或云武德二年，《唐鉴》卷1作武德三年；按武德元年不应有正月。

还,具言神人复现,即具表令昂将善行驰驿入奏。五月十九日,才至朝堂门,果有知郇州侍中张达献石似龟,有文曰:‘天下安,子孙兴,千万年。’乃同入奏,高祖大悦。七月六日,诏授善行朝散大夫,敕通事舍人柳宪于羊角山立庙。八月二十五日,善行至庙所,复见老人在二树间,张大帐,坐牙床,凭玉几,珠花罗网,垂覆其上,二青衣童子来侍,后有黄衣力士控马。老人问曰:‘天子喜否?’曰:‘大喜。但疑不知圣者姓名。’老人曰:‘我是无上神仙,姓李,字伯阳,号曰老君,即帝祖也。亳州谷阳县有枯桧再生,可以为验。今年平贼后,天下太平,享国延永。’语已,忽不见。善行复以告贺若孝义,孝义差襄阳县主簿席通与善行驰驿入奏,高祖赐善行御袍一领并束帛。”[①]这些神话故事,显系道徒方士们所编造,而唐高祖李渊在听了之后,便因势利导,立即在羊角山修建了老君庙,并取名曰伏唐观,将道教教主老子作为他的老祖宗加以祠祀,又将羊角山改为龙角山。这样,李渊和李耳的祖孙关系便正式确立了。在这以后,其他地方也相继为老子立庙,宣扬李唐王朝与老子的亲属关系。其目的不过是为了给李唐刚刚夺得的政权披上一件“神授”的外衣,借此巩固其统治地位。

道徒们的效力也没有白费,李渊登基以后,他们即多次受到封赏。武德七年(624 年),高祖诏授王远知朝散大夫,赐金缕冠、紫丝霞帔,“以远知尝奉老君旨预告受命之符也”[②]。预告唐命的李淳风最后官做太史令。对于岐平定更优宠,特下诏:“今东应义旗,西开幕府,设官分职,本在忠诚。道士岐平定铲迹求真,销名离俗,恬淡荣利,无闷幽闲,而能彻损衣资,以供戎服,抽割菽粟,以赡军粮,忠节不嘉(《全唐文》“不”作“丕”,当以“丕”为是),理须标授。平定宜受紫金光禄大夫,已下并节级授银青光禄大夫,以酬其义。”平定力辞,高祖说:“师且受,俟得京城,别有进止。”[③]后以岐平定为楼观观主,并多次谒楼观老子祠以示崇敬。

高祖李渊又积极努力提高道教地位。为此,他曾前后三次召集道、儒、

---

① 《道藏》第 17 册,第 854—855 页。

② (宋)谢守灏:《混元圣纪》卷 8,《道藏》第 17 册,第 856 页。

③ (宋)谢守灏:《混元圣纪》卷 8,《道藏》第 17 册,第 854 页;参见(清)董诰等编:《全唐文》卷 2《褒授岐平定等诏》,北京:中华书局 1983 年版。

释三教进行道佛先后的辩论，但均无结果，于是他便在《问慧乘诏》中直接表明自己的观点："道士潘诞奏：悉达太子不能得佛，六年求道，方得成佛。是则道能生佛，佛由道成，道是佛之父师，佛乃道之子弟。故佛经云：求于无上正真之道。又云：体解大道，发无上意。外国语云'阿耨菩提'，晋音翻之'无上大道'，若以此验，道大佛小，于事可知。"①接着，又于武德八年（625年）颁布《先老后释诏》说："老教孔教，此土先宗，释教后兴，宜崇客礼。令老先、次孔、末后释。"②从而明确规定道教在儒释之上。高祖李渊又有《问佛教何利益诏》："弃父母之须发，去君臣之章服，利有何间之中？益在何情之外？损益二宜，请动妙释！"③对佛教进行了指责，其崇道抑佛之心跃然纸上。这样一来，便引起佛教徒的强烈不满，反加剧了道佛之争。武德九年（626年）五月辛巳，他又"以京师寺观不甚清净"为由，下了《沙汰佛道诏》，其中历数某些佛教徒的各种罪恶说："释迦阐教，澄净为先，远离尘垢，断除贪欲。所以弘宣胜业，修殖善根，开导愚迷，津梁品庶。是以敷演经教，检约学徒，调伏身心，舍诸染著，衣服饮食，咸资四辈。自正觉迁谢，像法流行，末代陵迟，渐以亏滥。乃有猥贱之侣，规自尊高，浮惰之人，苟避徭役。妄为剃落，托号出家，嗜欲无厌，营求不息。出入闾里，周旋阛阓，驱策田畜，聚积货物。耕织为生，估贩成业，事同编户，迹等齐人。进违戒律之文，退无礼典之训。至乃亲行劫掠，躬自穿窬，造作妖讹，交通豪猾。每罹宪网，自陷重刑，黩乱真如，倾毁妙法……又伽蓝之地，本曰净居，栖心之所，理尚幽寂。近代以来，多立寺舍，不求闲旷之境，唯趋喧杂之方。缮筑崎岖，甍宇舛错，招来隐匿，诱纳奸邪。或有接延廛邸，邻近屠酤，埃尘满室，膻腥盈道。徒长轻慢之心，有亏崇敬之义。"而对于道教徒，则只轻描淡写地顺便说了这么两句："驱驰世务，尤乖宗旨"，④最后规定说："京城留寺三所，观二所。其余天下

① 《续高僧传·释慧乘传》，《大正藏》第50册，第634页；亦收入清代陆心源辑录的《唐文拾遗》卷1，见（清）董诰等编：《全唐文》，北京：中华书局1983年版，第11册，第10372页。

② 《大正藏》第50册，第634页。

③ （清）陆心源辑：《唐文拾遗》卷1，（清）董诰等编：《全唐文》，北京：中华书局1983年版，第11册，第10373页。

④ 《广弘明集》卷25，《大正藏》第52册，第283页。

诸州,各留一所。余悉罢之。”[①]李渊的这个诏书,名为沙汰佛、道二教,实际却仅在打击佛教,而袒护道教。因为在隋代大兴佛教之后,当时佛教徒和寺院的数目,远比道教徒和宫观数目要多,而按照这个规定,是要使二教的教徒和寺观大体相等。显然这是有利于道教而不利于佛教的。不过这个诏书颁布不久,即因发生了玄武门之变而未付诸实施,故未引起什么反应。

根据《旧唐书・东夷传》以及《续高僧传・释道岳传》记载,高祖李渊还派使臣将天尊像送给高丽,又派道士到高丽宣讲《老子》,使道教传播到了国外,这都是他崇道政策的一种表现。

高祖朝的佛道之争,集中表现在傅奕屡次上疏排佛之事上。

傅奕,北地范阳人,[②]曾入北周通道观,隋开皇十三年(593 年)与中山李播请为道士。唐初授太史令。武德四年(621 年)六月,[③]傅奕上《废省佛僧表》,并在表末陈益国利民事十一条,略谓佛本“胡神”,是汉明帝时才传入中国的。在佛教传入之前,当时人们“共遵李孔之教”,“孝子承家,忠臣满国”。及至佛教在中国流行以后,“妖胡滋盛,太半杂华。搢绅门里,翻受秃丁邪戒;儒士学中,倒说妖胡浪语……兼复广置伽蓝,壮丽非一,劳役工匠,独坐泥胡。撞华夏之洪钟,集蕃僧之伪众;动淳民之耳目,索营私之货贿。女工罗绮,剪作淫祀之幡;巧匠金银,散雕舍利之冢;粳粮面米,横设僧尼之会;香油腊烛,枉照胡神之堂。剥削民财,割截国贮”。又说:“且佛之经教,妄说罪福,军民逃役,剃发隐中,不事二亲,专行十恶,岁月不除,奸伪逾甚。”因此,他提出:“请胡佛邪教,退还天竺,凡是沙门,放归桑梓;令逃课之党,普乐输租;避役之曹,恒忻效力。勿度小秃,长揖国家。”如此,“则大唐廓定,作造化之主;百姓无事,为羲皇之民”[④]。傅奕的《表》上之后,佛教徒以法琳等人为代表便向李渊上了《对傅奕废佛僧事》,针对傅奕所陈,逐

① 《佛祖历代通载》卷 10,《大正藏》第 49 册,第 568 页。按《新唐书・高祖本纪》云为四月辛巳,废浮屠、老子法;王溥《唐会要》卷 47 云为二月二十二日以沙门道士违教迹,留京师寺三所,观三所,余皆罢废。

② 此据《广弘明集》卷 7,《法苑珠林》卷 96 云“本太原人”,新旧唐书均云“相州邺人”。

③ 《唐护法沙门法琳别传》云为“九月”。

④ 《广弘明集》卷 11,《箴傅奕上废省佛僧表》;(清)董诰等编:《全唐文》卷 133,傅奕:《请废佛法表》,北京:中华书局 1983 年版,第 2 册,第 1345 页。

条进行了反驳。据说："时高祖览法师对，竟亦无辞。法师频诣阙庭，不蒙臧否，但傅氏所陈之事，高祖未遣颁行。"但"秃丁之诮，闾里盛传；胡鬼之谣，昌言酒席"①。可见其影响甚大。

武德七年（264 年），傅奕又上疏请除去释教，疏中指斥佛教："不忠不孝，削发而揖君亲；游手游食，易服以逃租赋。演其妖书，述其邪法，伪启三途，谬张六道，恐吓愚夫，诈欺庸品"；"窃人主之权，擅造化之力，其为害政，良可悲矣！"并引证历史事例说：汉明帝以前，"皆无佛法，君明臣忠，祚长年久"；"洎于苻、石，羌胡乱华，主庸臣佞，政虐祚短，皆由佛教致灾也"。疏中主张："今之僧尼，请令匹配，即成十万余户，产育男女，十年长养，一纪教训，自然益国，可以足兵。四海免蚕食之殃，百姓知威福所在，则妖惑之风自革，淳朴之化还兴。"②

傅奕一再上疏请除佛教，词皆切直。高祖李渊乃以其疏付群臣详议。太仆卿张道源称奕奏合理。中书令萧瑀与奕争论说："佛，圣人也。奕为此议，非圣人者无法，请置严刑。"奕回答说："礼本于事亲，终于奉上，此则忠孝之理著，臣子之行成。而佛踰城出家，逃背其父，以匹夫而抗天子，以继体而悖所亲。萧瑀非出于空桑，乃遵无父之教。臣闻非孝者无亲，其瑀之谓矣！"瑀不能答，但合掌说："地狱所设，正为是人。"高祖李渊将从奕言，会传位而止。③

与傅奕上疏反佛相配合，清虚观道士李仲卿著《十异九迷论》、刘进喜著《显正论》，也对佛教进行了驳斥。法琳又著《辨正论》以反驳刘、李。此后，太子中舍人辛谞又著《齐物论》以批驳佛教，法琳、慧净等又著论反驳。这样便形成了道、儒、释之间的一场错综复杂的大辩论。刘、李的著作今已亡佚，从法琳的《辨正论》中，可以略见李仲卿《十异九迷论》的部分内容。总地来看，傅奕等人这次反佛所持论点仍是南北朝以来的"夷夏诊"、"三破论"和"化胡说"，其中道、释先后问题的争论，在唐代却具有其特殊的意义，受到了高祖李渊的赞赏。他在这次道、佛争论中，基本态度是倾向于道教

---

① 《唐护法沙门法琳别传》卷上，《大正藏》第 50 册，第 199 页。

② 《旧唐书 · 傅奕传》，北京：中华书局 1975 年版，第 8 册，第 2715—2716 页。

③ 《旧唐书 · 傅奕传》，北京：中华书局 1975 年版，第 8 册，第 2716 页。

的,以至直接出面进行干预,颁布"先老、次孔、末后释"的诏令,使原来单纯的思想理论之争,逐步衍变为与唐代统治者之间的政治斗争交织在一起。他的诏令虽因不久即去位而没有认真实行,但李唐皇室之崇道与尊老君为祖实始于他,他的崇道之举多为其子太宗李世民所承续。

唐太宗李世民也和其父李渊一样,在尚未登基之前,即和道徒们有了密切的关系。《旧唐书·王远知传》载:道士王远知,"武德中,太宗平王世充,与房玄龄微服以谒之,远知迎谓曰:'此中有圣人,得非秦王乎?'太宗因以实告,远知曰:'方作太平天子,愿自惜也'。"①王远知预告李世民将为天子,这不仅对李世民及其谋士在心理上是一大鼓舞,而且表明在秦王李世民与其长兄太子李建成争夺帝位继承权的斗争当中,王远知是站在李世民一边的。又如滑州道士薛颐,解天文律历,尤晓杂占,亦于"武德初,追直秦府"。并尝密谓秦王曰:"德星守秦分,王当有天下,愿王自爱。"②曾为道士的傅奕,于武德九年(626年)因太白复经天,向李渊密奏说:"太白见秦分,秦王当有天下。"③事实表明,不少道教徒参与了李世民的夺权斗争。到玄武门之变前,太子建成玩弄权术,使高祖李渊下令不准秦王的两大谋臣房玄龄与杜如晦与其接触,据《旧唐书·房玄龄传》称:"隐太子将有变也,太宗令长孙无忌召玄龄及如晦,令衣道士服,潜引入阁计事。"④房、杜二人晋见李世民,还须化装成道士,从这个侧面也反映出秦王府中常有道士出入。

太宗李世民登基后,即对曾密告符命的王远知甚为优礼,"至贞观九年(635年),敕润州于茅山置太受观⑤,并度道士二十七人。降玺书曰:'……朕昔在藩朝,早获问道,眷言风范,无忘寤寐。近览来奏,请归旧山,已有别敕,不违高志,并许置观,用表宿心。未知先生早晚已届江外,所营栋宇,何当就功?伫闻委曲,副兹引领。近已令太史薛颐等往诣,令宣朕意。'"⑥对

① 《旧唐书》,北京:中华书局1975年版,第16册,第5125页。

② 《旧唐书·薛颐传》,北京:中华书局1975年版,第16册,第5089页。

③ 《旧唐书·傅奕传》,北京:中华书局1975年版,第8册,第2716页。

④ 《旧唐书》,北京:中华书局1975年版,第7册,第2461页。

⑤ 即"太平观"。《茅山志》卷17载:"贞观九年,太宗为王法主建,号太平观。"《道藏》第5册,第624页。

⑥ 《旧唐书·王远知传》,北京:中华书局1975年版,第16册,第5125页。

于薛颐，则还在他登基之前，即已奏授为太史丞，累迁太史令。贞观（627—649年）中，颐又上表请为道士，“太宗为置紫府观于九嵕山，拜颐中大夫，行紫府观主事。又敕于观中建一清台，候玄象，有灾祥薄蚀谪见等事，随状闻奏。”①即便是对傅奕，也继续委以重任。

太宗李世民崇道的特点，集中表现在贞观前期以《老子》清静无为思想治天下这一方面。南北朝几百年的动荡，隋末的战乱，社会元气大伤。隋大业初年，全国有八百多万户，而武德时只有二百多万户，贞观中还不满三百万户②，战乱的破坏是惊人的。大乱之后，怎样治理，与民休息以恢复元气，这是当时面临的一大政治问题，亟待决策。太宗李世民吸取隋王朝的经验教训，在魏征等人的辅佐下，选择了以“清静”为主的政治指导方针，形成史家高度赞赏的“贞观之治”。这可与汉初“文景之治”媲美，二者在承大乱之余以老子君人南面之术理国方面的确有某些类似，故范祖禹曾比较说：唐太宗“恭俭不若孝文，而功烈过之”③。

据《旧唐书·太宗本纪》的记载：武德九年（626年）六月玄武门之变后，李世民立为太子，执掌政柄，“政尚简肃，天下大悦。又令百官各上封事，备陈安人理国之要”④。登基后，太宗励精图治，常与臣下讨论“自古理政得失”，其中听取和采纳魏征的意见最多。诚如《资治通鉴》卷192所说：太宗“数引魏征入卧内，访以得失；征知无不言，上皆欣然嘉纳”⑤。太宗李世民后来追忆也说：“贞观初，人皆异论，云当今必不可行帝道、王道，惟魏征劝我。既从其言，不过数载，遂得华夏安宁，远戎宾服。”⑥那么魏征劝太宗所行帝道、王道的内容是什么呢？贞观名臣魏征，早年曾出家为道士，《老子》思想对他影响之深毋庸置疑，故他劝太宗所行王道的内容，并非传

① 《旧唐书·薛颐传》，又《长安志》卷16载：“紫府观，在（醴泉）县东北三十里，唐太宗为道士薛颐置。”

② （唐）杜佑：《通典》卷7《食货七·历代盛衰户口》，北京：中华书局1988年版，第148页。

③ （宋）范祖禹：《唐鉴》卷3，上海：上海古籍出版社1984年版。

④ 《旧唐书·太宗本纪》，北京：中华书局1975年版，第1册，第29页。

⑤ （宋）司马光：《资治通鉴》卷192，北京：中华书局1956年版，第13册，第6020页。

⑥ （唐）吴兢：《贞观政要》卷1，上海：上海古籍出版社1984年版，第18页。

统儒家的王道政治，而是道家色彩很浓的“王道”。他谏太宗说：帝王之业“既得之后，志趣骄逸，百姓欲静而徭役不休，百姓凋残而侈务不息，国之衰弊，恒由此起”[①]。这是贞观十年（636年）他答对太宗“草创与守成孰难”的问题。贞观十一年（637年）五月又上疏说：“隋以富强动之而危，我以寡弱静之而安；安危之理，皎然在目。昔隋之未乱也，自谓必无乱；其未亡也，自谓必无亡，故赋役无穷，征伐不息，以至祸将及身而尚未之寤也。夫鉴形莫如止水，鉴败莫如亡国，伏愿取鉴于隋，去奢从约，亲忠远佞，以当今之无事，行畴昔之恭俭，则尽善尽美。”[②]他还主张：“文武争驰，君臣无事，可以尽豫游之乐，可以养松乔之寿，鸣琴垂拱，不言而化。何必劳神苦思，代下司职，役聪明之耳目，亏无为之大道哉！”[③]以殷鉴不远劝谏太宗守静、尚俭、去奢、垂拱而化，按照无为之大道行事。此与老子《道德经》的清静无为思想基本是一致的。对魏征的进谏，太宗也基本上作了采纳。他说，我观隋炀帝的灭亡，故为政“但以清静抚之”[④]；“为政之要，务全其本。若中国不静，远夷虽至，亦何所益？”[⑤]“治国与养病无异也。病人觉愈，弥须将护，若有触犯，必至殒命。治国亦然，天下稍安，尤须兢慎，若便骄逸，必至衰败”[⑥]；“往昔初平京师，宫中美女珍玩，无院不满。炀帝意犹不足，征求无已，兼东西征讨，穷兵黩武，百姓不堪，遂至亡灭。此皆朕所目见。故夙夜孜孜，惟欲清静，使天下无事。遂得徭役不兴，年谷丰稔，百姓安乐。”[⑦]这些思想与魏徵所谏何其一致！还有，太宗于贞观十一年（637年）所下《道士女冠在僧尼之上诏》中肯定了“天下大定，亦赖无为之功，宜有改张，阐兹玄化”。[⑧] 显然他对道

① （唐）吴兢：《贞观政要》卷1，上海：上海古籍出版社1984年版，第3页。
② （宋）司马光：《资治通鉴》卷195，第13册，第6129页；参见《贞观政要》卷8，第247页。
③ 《旧唐书·魏征传》，北京：中华书局1975年版，第8册，第2552页。
④ （唐）王方庆：《魏郑公谏录》卷3，《文渊阁四库全书》第446册，第185页。
⑤ （清）董诰等编：《全唐文》卷10《正本论》，北京：中华书局1983年版，第1册，第122页。
⑥ （唐）吴兢：《贞观政要》卷1，上海：上海古籍出版社1984年版，第16页。
⑦ （唐）吴兢：《贞观政要》卷1，上海：上海古籍出版社1984年版，第22页。
⑧ （宋）宋敏求编：《唐大诏令集》卷113，北京：商务印书馆1959年版，第2册，第588页。

教思想在“天下大定”中所起的作用是有认识的，故尔决定要“阐兹玄化”。他高度赞扬道教说：“老君垂范，义在于清虚”，“大道之兴，肇于邃古，源出无名之始，事高有形之外，迈两仪而运行，包万物而亭育，故能经邦致泰（《全唐文》作“治”），反朴还淳”①。从以上这些事实中，隐约可见道家和道教思想在贞观时期的指导作用，表明太宗的崇道政策是李渊的继续并有所发展，这是我们探究太宗与道教的关系时不可忽略的一个方面。

太宗李世民还尽量设法提高道教地位，进一步推进高祖李渊的崇道抑佛政策。为此，他积极地兴建道观，并为一些道观书写匾额。除上所说曾为王远知兴建太平观和为薛颐兴建紫府观之外，另据《南岳小录》载：衡岳观，“唐贞观二年（628 年）太宗重书额，请张天师惠朗度道士四十九人，为国焚修”。《唐会要》卷 50 载：“贞观五年（631 年），太子承乾有疾，敕道士秦英祈祷得愈，遂立为西华观。”唐太宗又为桐柏先生敕建华阳观。② 桐柏先生即王轨，“唐太宗知其名，常咨访道要”③。又据《西岳华山志》卷 21 载：贞观中，还在华山之下修建了仙宫观。④ 既然为一般道士均兴建了道观，自然也不会忘记其教主李老君的。《旧唐书·太宗本纪》载：贞观十一年（637年）秋七月丙午，“修老君庙于亳州，宣尼庙于兖州，各给二十户享祀焉”⑤。与此同时，太宗李世民又竭力宣扬老君的威灵，并在宫廷内部制造对道教的崇奉气氛。贞观四年（630 年）二月，他在为庆祝平定突厥所下大赦诏中即宣称：“斯皆上玄降佑，清庙威灵，岂朕虚薄，所能致此。”⑥所谓“上玄”指的就是三清殿的老君。据史料和考古材料记载，当时西内太极宫的凌烟阁一侧，东内大明宫的西北皆建有三清殿。大明宫三清殿遗址现尚可见夯土台基高耸，这是当时宫内进行崇祀先祖太上老君的活动场所。另外，宫内还建

① （宋）宋敏求编：《唐大诏令集》卷 113，北京：商务印书馆 1959 年版，第 2 册，第 588 页。
② （元）刘大彬：《茅山志》卷 17，《道藏》第 5 册，第 625 页。
③ （元）赵道一：《历世真仙体道通鉴》卷 25，《道藏》第 5 册，第 245 页。
④ 《道藏》第 5 册，第 750 页。
⑤ 《旧唐书》，北京：中华书局 1975 年版，第 1 册，第 48 页；《混元圣纪》卷 8 作“贞观元年七月丙午，给二千户”，误。见《道藏》第 17 册，第 856 页。
⑥ （清）董诰等编：《全唐文》卷 5，北京：中华书局 1983 年版，第 1 册，第 60 页。

有太液池、蓬莱山，山上有太液亭，有今呼为“望仙台”的土夯，宛然仙境。这些都透露了李唐皇室崇道的特点。他通过这些措施，逐渐提高了道教的地位。到贞观十一年(637年)，太宗继李渊之后，再次明确宣布道教在佛教之上，并指责佛教为“殊俗之典”，确认道教为本家，宗老子为祖祢。下令说：“诸华之教(按指道教)，翻居一乘之后。流遁忘返，于兹累代。今鼎祚克昌，既凭上德之庆，天下大定，亦赖无为之功。”规定“自今以后，斋供行立，至于称谓，道士女官可在僧尼之前，庶敦本之俗，畅于九有；尊祖之风，贻诸万叶”①。这是直截了当地确认老子为其始祖，而崇道就是要发扬“尊祖之风”，使普天之下敦厚华夏文化的“本俗”。李世民之所以再次颁布诏令，原因之一，乃是唐初的时候，门阀士族的传统势力还很强大，若不是系出名门，就得不到社会上的重视。他们与道教教主李老君叙家谱，宣称自己乃是“神仙之苗裔”，既可借以提高其门第，又可借以神化其统治。

但是诏令一出，立即遭到佛教徒的强烈反对。据佛典记述：“时京邑僧众，咸诣阙庭上表”，乃推法琳为代表，上奏说：“寻老君垂范，治国治家，所佩服章，亦无改易，不立观宇，不领门人，处柱下以全真，隐龙德而养性。……今之道士，不遵其法，所著冠服，并是黄巾之余，本非老君之裔；行三张之秽术，弃五千之妙门，反同张陵，漫行章句，从汉魏以来，常以鬼道，化于浮俗，妄托老君之后，实是左道之苗。若位在僧之上，诚恐真伪同流，有损国化。”②法琳等人不敢直说皇帝尊崇李老君不对，而是把道教与老君割裂开来，大肆攻击道教“妄托老君之后，实是左道之苗”，显然这不过是种指桑骂槐的手段而已。太宗遣中书侍郎岑文本宣敕说：“语诸僧等，明诏既下，如也不伏，国有严科。”《续高僧传》卷24《智实传》载：岑文本宣敕，“语僧等，明诏久行，不伏者与杖！”在这种严重警告下，“诸大德等，咸思命难，饮气吞声”，惟智实“不伏此理，万刃之下，甘心受罪，遂杖之放还”。贞观十二年(638年)正月，“遂感气疾……卒于大总持寺”③。法琳虽然“饮气吞声”

① 《广弘明集》卷25《叙太宗皇帝令道士在僧前诏表》，《大正藏》第52册，第283页。

② 按：此表《广弘明集》卷25《叙太宗皇帝令道士在僧前诏表》谓是智实等僧所上，《大正藏》第52册，第284页。

③ 《大正藏》第50册，第635—636页。

地暂时退却，亦不肯罢休。贞观十三年（639 年）九月，道士秦世英告发他“讪谤皇宗，毁黩先人，罪当罔上”。太宗李世民“乃赫然斯怒，沙汰僧尼”，并下敕将法琳“囚禁州庭，执之缧绁”，派刑部尚书刘德威，礼部侍郎令狐德棻，侍御史韦悰等负责审讯。十一月十五日，刘德威等将审讯情况具状奏闻之后，太宗又亲自进行勘问：“朕本系老聃，东周隐德，末叶承嗣，起自陇西……朕所以尊乎祖风，高出一乘之上；敦乎本化，超逾百氏之先。何为诡刺师资，妄陈先后？无言即死，有说即生！”法琳对答说：“琳闻，拓跋达阇，唐言李氏，陛下之李，斯即其苗，非柱下陇西之流也。”并编造说：“老聃之李，本父母所生，若据陇西，乃皆仆裔。”又谓：“老聃父姓韩，名虔，字元卑，癃跛下践，胎即无耳，一目不明，孤单乞贷，年七十二无妻，遂与邻人益寿氏宅上老婢，字曰精敷，野合怀胎，而生老子。”又说：“如舍宝女与婢交通，陛下即其人也；弃北代而认陇西，陛下即其事也。”不仅丑化道教的教主，而且直接侮辱了太宗。太宗听了之后，“大怒竖目”，指斥法琳：“爬毁朕之祖祢，谤黩朕之先人，如此要君，理有不恕！”遂于十一月二十日降敕说：“汝所著《辩正论·信毁交报篇》言：‘念观音者临刀不伤。’既有斯灵，朕今赦汝七日之内，尔其念哉，俟及刑科，能无断不？”到七日旦，刘德威奉命去问法琳：“今赦期已满，当届临刑，比念观音，有何灵应？”法琳说：“琳于七日已来，唯念陛下，未念观音。”表示认罪。太宗闻状后说：“法琳虽毁朕宗祖，非无典据，特可赦其极犯，徙在益部为僧。”贞观十四年（640 年）秋七月，法琳死于流放途中。[①] 这场斗争也就此暂告一段落。

综上可知，自高祖李渊到太宗李世民，在处理道佛关系时，都是倾向于道教一方，而且李世民比昏庸无能的李渊的表现更为鲜明。故佛教势力在这个时候稍有萎缩。据统计表明：佛教在隋代有僧人二十三万六千二百[②]，到唐太宗时“大唐寺籍僧道二众不满七万”[③]。佛教史籍亦称：“自唐有天下，初则佛法萎迟，盖李教勃兴，物无两大故也。傅奕上疏条释氏之愆，神尧

① 以上均见《唐护法沙门法琳别传》卷中、卷下。

② （唐）释道世：《法苑珠林》卷 100，北京：中华书局 2003 年版，第 6 册，第 2894 页。

③ （唐）释道宣：《广弘明集》卷 7，《大正藏》第 52 册，第 134 页。

不无其惑;次巡幸东洛,太宗诏令僧尼班于道后。”①所谓“李教”,显系指道教而言,可见,唐初统治者对于佛教在隋代的过滥发展是有所抑制的。早在武德四年(621 年),李世民在平王世充时,入洛阳后即宣布废除佛教的诸道场,城中僧尼仅留有名德者各 30 人,余皆还俗。② 贞观元年(627 年),他又遣御史杜正伦检校佛法,清肃非滥。③ 后在魏徵、傅奕等人的影响下,他对佛教危害国家的认识日益加深。史载:“太宗常临朝谓奕曰:‘佛道玄妙,圣迹可师,且报应显然,屡有征验,卿独不悟其理,何也?’奕对曰:‘佛是胡中桀黠,欺诳夷狄,初止西域,渐流中国。尊尚其教,皆是邪僻小人,模写庄、老玄言,文饰妖幻之教耳。于百姓无补,于国家有害。’太宗颇然之。”④傅奕始终坚决地反佛,这对太宗有大的影响。据史载:“(傅)奕临终,戒其子无得学佛书,时年八十五。又集魏、晋以来驳佛教者为《高识传》十卷,行于世。”⑤关于《高识传》,唐释道宣说:“引古来王臣讪谤佛法者二十五人,撰次品目,名为《高识传》一帙 10 卷,抄于市卖,欲广其尘。”⑥《高识传》今佚,其大概面貌可于《广弘明集》卷 6、卷 7 中见到。这样一本对南北朝隋唐以来反佛“王臣”大力歌颂的著作,无疑会鼓舞太宗李世民实行其崇道抑佛政策。另外,当时朝廷上也有一些信仰佛教的大臣,如张亮、萧瑀等,对佛教大唱赞歌,太宗对他们进行了讽劝。据《资治通鉴》卷 198 载:“上尝谓张亮曰:‘卿既事佛,何不出家?’瑀因自请出家。上曰:‘亦知公雅好桑门,今不违公意。’瑀须臾复进曰:‘臣适思之,不能出家。’”⑦太宗于是谴责说:“朕于佛教,非意所遵。求其道者未验福于将来,修其教者翻受辜于既往。至若梁武穷心于释氏,简文锐意于法门,倾帑藏以给僧祇,殚人力以供塔庙。及乎三淮沸浪,五岭腾烟,假余息于熊蹯,引残魂于雀鷇,子孙复亡而不暇,社

---

① 《大宋僧史略》卷中“左右街僧录”条,《大正藏》第 54 册,第 243 页。
② 参见司马光:《资治通鉴》卷 189,北京:中华书局 1956 年版,第 13 册,第 5906—5941 页。
③ 参见汤用彤:《隋唐佛教史稿》,北京:中华书局 1982 年版,第 247 页。
④ 《旧唐书·傅奕传》,北京:中华书局 1975 年版,第 8 册,第 2717 页。
⑤ (宋)司马光:《资治通鉴》卷 195,北京:中华书局 1956 年版,第 13 册,第 6150 页。
⑥ (唐)释道宣:《广弘明集》卷 6,《大正藏》第 52 册,第 123 页。
⑦ (宋)司马光:《资治通鉴》卷 198,北京:中华书局 1956 年版,第 13 册,第 6240 页。

稷俄顷而为墟，报施之征，何其谬也！ 踌践复车之余轨，袭亡国之遗风；弃公就私，未明隐显之际；身俗口道，莫辨邪正之心。修累叶之殃源，祈一躬之福本，上以违忤君主，下则扇习浮华。”[①]这便非常明确地表明了他对佛教的态度。

尽管如此，但他并不采取北魏太武帝和北周武帝实行废除佛教的过激政策，而是仍然保留佛教，以示存异。据《旧唐书・后妃传》称：贞观八年（634 年），长孙皇后病危，太子承乾密启皇后“度人入道，冀蒙福助”，皇后说：“佛道者示存异方之教耳，非惟政体靡弊，又是上所不为，岂以吾一妇人而乱天下法？”[②]《贞观政要》卷 8 亦载长孙皇后云：“佛道者，上每示存异方之教耳。常恐为理体之弊。”这里所谓“佛道”，就是指佛教。正因为如此，所以贞观十一年（367 年）当法琳等人反抗他的“道在佛上”之诏时，他便十分果断地进行了处置。而当他用高压政策把佛教徒的反抗压下去之后，又反过来对他们进行安抚。据《佛祖历代通载》卷 11 载：贞观十五年（641 年），[③]太宗幸弘福寺为穆太后追福，自制疏称皇帝菩萨戒弟子，又施绢二百匹，对寺主道懿说：“顷以老子是朕先宗，故令名位在前，卿等应恨恨也！”道懿回答：“陛下尊祖宗降成式，懿等蒙荷国恩，安闲学道，诏旨初下，咸皆欢悦，讵敢有恨。”太宗又说：“尊祖重亲，有生之大本，故先老子以别亲疏之序，非不留心于佛也。自有国以来，未尝创立道观，凡有功德并归僧舍。虽往日操戈临阵，亦未始纵威滥杀。今所在战场皆立佛寺，至于太原旧第亦以奉佛。朕存心如此，卿等想未谕也。”道懿等感激涕零。最后太宗表示：“此是朕意，不述则人不知。天时向热，寺宇未备，今所施可别造经寮，令僧众宽展行道。”[④]由于太宗的安抚，道佛之间的矛盾有了一定的缓和。

依据《续高僧传・释玄奘传》，太宗晚年，支持玄奘翻译佛经，这主要是从文化建设角度出发加以考虑的，是其“文治”之一。就在支助玄奘翻译佛

---

① （宋）司马光：《资治通鉴》卷 198，北京：中华书局 1956 年版，第 13 册，第 6240 页。

② 《旧唐书》，北京：中华书局 1975 年版，第 7 册，第 2166 页。

③ 《佛祖统记》卷 39 作“十六年”。

④ 《大正藏》第 49 册，第 571 页。

经的同时,他也不忘令人把《道德经》译成梵文,将之介绍到西域各国去。可惜这一工作未能完成。

太宗李世民对于道教的神仙长生思想和方术,前后有所不同。早年,他曾多次表示对神仙长生的怀疑。贞观元年(627年)十二月,他对侍臣说:“神仙事本虚妄,空有其名。秦始皇非分爱好,遂为方士所诈,乃遣童男女数千人随徐福入海求仙药,方士避秦苛虐,因留不归。始皇犹海侧踟蹰以待之,还至沙丘而死。汉武帝为求仙,乃将女嫁道术人,事既无验,便行诛戮。据此二事,神仙不烦妄求也。”①在他早年所作的诗中也多次流露过这种思想。《帝京篇》十首《序》吟道:“忠良可接,何必海上神仙乎?”其第九首云:“无劳上悬圃,即此对神仙。”《秋日》又云:“蓬瀛不可望,泉石且娱心。”②这些都表明他对虚幻飘渺的神仙长生并不感兴趣。贞观十一年(637年)二月,他下诏说:“夫生者天地之大德,寿者修短之一期。生有七尺之形,寿以百龄为限,含灵禀气,莫不同焉,皆得之于自然,不可以分外企也。”并指出:“末代已来,明辟盖寡,靡不矜黄屋之尊,虑百驹之过,并多拘忌,有慕遐年。谓云车易乘,羲轮可驻,异轨同趣,其蔽甚矣。”③但是,随着岁月流逝,到了晚年,他便羡慕起“松乔之匹”来了,其《述圣赋序》云:“余每览巢许之俦,松乔之匹,未尝不慨然慕之,思可脱履长辞,拂衣高谢。欻复以时运见羁,因留连于大任,徒有轻举之志,而不达者,其天意也,岂人事乎?”④深感“轻举之志”和“留连于大任”的矛盾,流露出了他对神仙“轻举”之类的追求。于是,对道教的养生服食等方术产生了浓厚的兴趣。《册府元龟》卷784载:“甄权精晓药术,为天下之最。初侍隋为秘书省正字,后称疾免。贞观十七年(643年),权年一百三岁,太宗幸其家,视其饮食,访以药性,因授朝散大夫。”⑤又有洞庭山道士胡隐遥,自称角里先生之孙,居焦山学太阴炼形之

① 《旧唐书·太宗本纪》,北京:中华书局1975年版,第1册,第33页。

② 《全唐诗》卷1,北京:中华书局1960年版,第1册,第1、2、14页。

③ 《旧唐书·太宗本纪》,北京:中华书局1975年版,第1册,第46—47页。

④ (清)董诰等编:《全唐文》卷10,北京:中华书局1983年版,第1册,第119页。

⑤ (宋)王钦若:《册府元龟》,北京:中华书局1960年版,第10册,第9321页。《旧唐书·方伎传》甄权有传,以医术称。

法,约八十岁,状貌如三十许。"唐贞观中,太宗诏入内殿,问摄生之道。"① 太宗迷恋的方药不仅限于道教,如贞观二十二年(648 年)五月"使方士那罗迩娑婆于金飚门造延年之药"②。此事《旧唐书》卷 84《郝处俊传》记之更详:"昔贞观末年,先帝令婆罗门僧那罗迩娑寐依其本国旧方合长生药。胡人有异术,征求灵草秘石,历年而成。先帝服之,竟无异效,大渐之际,名医莫知所为。时议者归罪于胡人,将申显戮,又恐取笑夷狄,法遂不行。"③服了长生药之后即"大渐",以至"名医莫知所为",或许是中毒所致。次年(649 年),太宗终于因此而丧生。

高宗李治,嗣位之初,政权执掌在长孙无忌、褚遂良等贞观老臣手中,遵守贞观遗规,继续无为而治。据《旧唐书·令孤德棻传》载:李治曾和令狐德棻讨论治道,他问德棻:"今之所行,何政为要?"德棻回答说:"古者为政,清其心,简其事,以此为本。当今天下无虞,年谷丰稔,薄赋敛,少征役,此乃合于古道。为政之要道,莫过于此。"高宗说:"政道莫尚于无为也。"④表明他仍以老子思想为政道之要,奉行崇道抑佛的既定政策。永徽五年(654 年),他从尼寺里取太宗的幼妾武则天入宫,大加宠爱。次年(655 年),废皇后王氏,立武则天为皇后,并让她参与朝政。显庆五年(660 年)以后,政权已全归武则天掌握,因之,佛道关系逐渐发生了一些变化。但高宗李治为维护李唐王朝的统治,仍采取了以下一些崇道措施。

(一)尊崇老君和《道德经》

据《混元圣纪》卷 8 载:"高宗龙朔二年(662 年)二月幸洛阳宫,忽然有感,因令询问侧近有何古圣灵迹。父老奏曰:'皇城北山先有老子祠,每祈请立有福应。'即敕洛州长史许力士就祠更建清庙,掘基得石案及故碑,碑题云:真人白君之表。(即仙人白仲理所立,汉天师立北邙治之所也)其石案长四尺,广二尺,厚二寸,高八寸,两头各有二脚,上面镌太上老君字。立殿毕,建道场庆赞醮讫,忽白光遍殿,照耀阶坛,老君现于光中,二真人夹侍,

① (元)赵道一:《历世真仙体道通鉴》卷 29,《道藏》第 5 册,第 270 页。

② 《旧唐书·太宗本纪》,北京:中华书局 1975 年版,第 1 册,第 61 页。

③ 《旧唐书》,北京:中华书局 1975 年版,第 8 册,第 2799 页;又见《唐会要》卷 51《识量》上。

④ 《旧唐书》,北京:中华书局 1975 年版,第 8 册,第 2599 页。

良久方隐。时监宫闱令权大力、洛州录事参军杨护帅等一十三人同见,列状奏闻。有旨依状图写为老君瑞像,百官表贺。”①高宗李治又诏于庙门之左造清宫为老君更衣之所,敕每年内出香盘幡盖,太常乐往来导从,“尊祖之庆,古今莫比”②。

高宗李治不仅为老君图像建庙,还为老君上尊号。据《旧唐书 · 高宗本纪》载:乾封元年(666 年)“二月己未,次亳州。幸老君庙,追号曰太上玄元皇帝,创造祠堂;其庙置令、丞各一员。改谷阳县为真源县,县内宗姓特给复一年。”③道教典籍记载更详:“乾封元年(666 年)二月二十八日己未,帝自东封岱岳,礼毕,回驾亳州,朝谒老君,册上尊号为太上玄元皇帝。御制文曰:大道混成,先二仪而立称;至人虚己,妙万物以为言。粤若老君,朕之本系,爰自伏羲之始,暨乎姬周之末,灵应无象,变化多方,游元气以上升,感日精以下降,或从容宇庙,吐纳风云,或师友帝王,丹青妙化,譬阴阳而不测,与日月而俱悬……朕嗣膺灵命,抚临亿兆。总三光之明而夙宵寅畏,居四大之重而寝兴祇惕,尽孝敬于祧,罄怀柔于幽显,行清静之化,承太平之业……宜昭元本之奥,以彰玄圣之功,可追上尊号为玄元皇帝,圣母为先天太后。祠堂庙宇,并令修刨,置令、丞各一员,以供荐飨。仍改谷阳县为真源县。”④“当家(县)宗姓,特给复一年,冀展敦远之情,用申尊祖之义,告报天下,主者施行。”⑤如果说高祖李渊是追尊老君为远祖的起始者,那么李唐王室最初给老君上尊号“玄元皇帝”的便是高宗李治,这为以后玄宗李隆基屡次册封老君尊号开了先河。当武氏权力日益膨胀之际,高宗李治在制令中对老君大加神化,并再次重申老君是“朕之本系”,其用意或许在于借神力以确保李唐王朝的统治。后来在老君显灵的一些神话中,这种意图表现得尤为

---

① 《道藏》第 17 册,第 857 页;又参见《太上混元老子史略》卷上,《道藏》第 17 册,第 894 页。

② (宋)贾善翔:《犹龙传》卷 5,《道藏》第 18 册,第 29 页。

③ 《旧唐书》,北京:中华书局 1975 年版,第 1 册,第 90 页;参见《资治通鉴》卷 201。

④ (宋)谢守灏:《混元圣纪》卷 8,《道藏》第 17 册,第 857—858 页。

⑤ (宋)贾善翔:《犹龙传》卷 5,《道藏》第 18 册,第 29 页;也可参见《全唐文》卷 12《上老君玄元皇帝尊号诏》;《全唐文》卷 944 杜光庭《释老君圣唐册号》;《唐大诏令集》卷 78《追尊玄元皇帝制》。

明显。据《犹龙传》卷5记载:“仪凤四年(679年)四月四日,敕遣道士郑元隐于北邙山庙所与道士罗务光等二十四人行道。至五月一日丑时,殿东门,道士祋义侍于坛西,见老君乘朱鬃白马并青衣童子空中降下,坛上祥光映照,洞彻内外。谓义曰:‘我孙享祚长久!’言讫不见。宫苑北面监孙瑞奏闻,百官表贺曰:‘臣闻混元皇帝现于庙所,金相玉毫,光夺夜明之景;白驹丹鬣,迹流天驷之衢。青童晓引,应瑶钟而降节;紫云宵布,笼银汉而高升。固以克昌厥绪,惟新景命,恢我皇度,冠乎兆人。自非圣敬冥通,其孰能与于此耶?所谓道冠百王,庆隆万叶,永绥宝祚,克享无期者也。’帝览表大悦。”①在李唐宗绪面临危险的时候,老君降谕“我孙享祚长久”,群臣贺表申称“克昌厥绪”、“恢我皇度”、“永绥宝祚”,显然都是给高宗李治以极大支持,故他“览表大悦”。此外,员半千《大唐宗圣观主银青光禄大夫天水尹尊师碑》又称:“仪凤四年(679年),上在东都,先请尊师于老君庙修功德,上亲谒,宫人咸从。上及皇后、诸王、公主等同见老君乘白马,左右神物,莫得名言,腾空而来,降于坛所,内外号呼,舞跃再拜,亲承圣音,得非尊师之诚感也。”②可见,当时编造老君降临神话的,不仅有道士,高宗李治本人亦曾参与。

与崇老措施密切有关,高宗李治又规定以《老子》为上经,令王公百僚皆习,并作为考试士人的内容。据《资治通鉴》卷202载:上元元年(674年)十二月“壬寅,天后上表,以为:‘国家圣绪,出自玄元皇帝,请令王公以下皆习《老子》,每岁明经,准《孝经》、《论语》策试。’”③《旧唐书·高宗本纪》亦载:上元元年十二月“壬寅,天后上意见十二条,请王公百僚皆习《老子》,每岁明经一准《孝经》、《论语》例试于有司”④。高宗李治采纳了这一意见,于上元二年(675年)便令士子加试《老子》,明经二条,进士三条。仪凤三年(678年)又下诏说:“自今已后,《道德经》并为上经,贡举人皆须兼通。”⑤

---

① 《道藏》第18册,第30页;也参阅《混元圣纪》卷8,《道藏》第17册,第858页。

② 陈垣编纂,陈智超、曾庆瑛校补:《道家金石略》,北京:文物出版社1988年版,第103页。

③ (宋)司马光:《资治通鉴》卷202,北京:中华书局1956年版,第14册,第6374页。

④ 《旧唐书》,北京:中华书局1975年版,第1册,第99页。

⑤ 《旧唐书·礼仪志》,北京:中华书局1975年版,第3册,第918页。

（二）提高道士地位，予以优礼

据《佛祖统纪》卷39载：仪凤三年（678年），老君降于北邙山之清庙，高宗李治因下敕令道士自今宜隶宗正寺，班在诸王之次。唐代的宗正寺是管理皇室宗族事务的机构，以道士隶宗正寺，即确认男女道士为其本家。这样，既提高了道士的社会地位，又可借助道教的力量来羽翼皇室。关于下敕的时间，文献记载不一，除《佛祖统纪》为仪凤三年（678年）外，《犹龙传》卷5与《混元圣纪》卷8均为仪凤四年（679年），《历代崇道记》则述于乾封（666—667年）初高宗李治上老君尊号之后，但其内容则基本上是一致的，后来玄宗李隆基又重申了这一规定。除此规定外，据有关资料记载，受到高宗李治优宠的道士主要有：

万天师，名振，字长生，南昌人，得长生久视之道。据说，渔者得青石，长七尺，扣之有音乐声，郡献之于朝，高宗李治命碎之，得二剑，镡上刻万天师姓名，高宗异之。显庆二年（657年），高宗召见，问治国养生之道。振回答说："无思无为，清静以为天下正，治国犹治身也。"帝尊待之如师友，赐予无所受。龙朔元年（661年）尸解于京师，数日启棺，唯有一剑一杖而已，诏以铜函盛剑杖葬于西山天宝洞之侧。①

刘道合，陈州宛丘人。初与潘师正同隐于嵩山。高宗闻其名，令于隐所置太一观以居之。召入宫中，深尊礼之。将封泰山，久雨不止，高宗令道合于仪鸾殿作止雨之术，俄而晴朗，高宗大悦。又令道合驰传先上泰山，以祈福佑。前后赏赐甚多，道合皆散施贫乏，未尝有所蓄积。高宗又令道合炼还丹，丹成而上之。咸亨（670—674年）中卒。至调露（679年）中，高宗营造奉天宫，迁道合墓，弟子开棺将改葬，其尸唯有空皮，而背上开坼，有似蝉蜕，尽失其齿骨，众谓尸解。高宗闻之不悦，说："刘师为我合丹，自服仙去。其所进者，亦无异焉。"②

潘师正，事王远知为道士，居逍遥谷。高宗幸东都，召见他，问所需求，

① （元）赵道一：《历世真仙体道通鉴》卷31，《道藏》第5册，第279页。

② 《旧唐书·隐逸传》，北京：中华书局1975年版，第16册，第5127页；又见《新唐书·隐逸传》，北京：中华书局1975年版，第18册，第5605页；《历世真仙体道通鉴》卷29，《道藏》第5册，第270页。

回答说："茂松清泉，臣所需也，既不乏矣。"高宗尊异之，诏即其庐作"崇唐观"。后高宗营造奉天宫，又令于逍遥谷口特为其作一门号曰"仙游"，并于苑北置一门号曰"寻真"。时太常献新乐，高宗令以《祈仙》、《望仙》、《翘仙》为曲名，前后赠诗凡数十首。师正卒，赠太中大夫，谥体玄先生。①

尹文操。高宗在九成宫，有孛慧经天，长数丈，以此问尹文操。文操对答说："此天诫子也。子能敬父，君能顺天，纳谏征贤，斥邪远佞，罢役休征，责躬励行，以合天心，当不日而灭。"高宗依而行之，应时消失。因此，高宗以晋府旧宅为太宗造昊天观，并以尹文操为观主。②

叶法善，世为道士，传阴阳、占繇、符架之术，能厌劾怪鬼。高宗闻之，召诣京师，欲封以官，不拜。留内斋场，礼赐殊缛。时高宗悉召方士，化黄金治丹，法善上言说："凡不可遽就，徒费财与日，请复真伪。"高宗许之，凡百余人皆罢。③ 叶法善还曾奉敕于泰山岱岳观中设河图大醮，造元始天尊壁画。《岱岳观碑》载："仪凤三年（678 年）三月三日，大洞三景法师叶法善奉敕于此敬□修斋设河图大醮一□"，"敕敬造壁画元始天尊、万福天尊象两铺，功德既毕，勒石纪年"④。其"大洞三景法师"之号，当为高宗李治所赠。弘道元年（683 年），又令叶法善封南岳，辟方四十里充宫观长生之地。⑤

高宗李治不仅对在世的道士十分优礼，而且追封已逝的道士。调露二年（680 年）二月《赠王法主诰》说："故玉清观道士王远知，性含几赜，迹徇幽玄，体兹悬解，见称先觉。自缔构之初，迄光华之旦，绸缪恩遇，事昭纷綍，仙化不追，英灵浸远，眷言留写，宜有褒崇。可赠太中大夫，谥曰升真先生。"⑥

（三）兴建道观

高宗李治时期，各地兴建的道观较多，如"昊天观"，本系贞观初高宗

---

① 《新唐书·隐逸传》，北京：中华书局 1975 年版，第 18 册，第 5605 页。
② 陈垣编纂，陈智超、曾庆瑛校补：《道家金石略》，北京：文物出版社 1988 年版，第 103 页。
③ 《新唐书·方技传》，北京：中华书局 1975 年版，第 18 册，第 5805 页。
④ 陈垣编纂，陈智超、曾庆瑛校补：《道家金石略》，北京：文物出版社 1988 年版，第 67 页。
⑤ 《南岳小录》，《道藏》第 6 册，第 862 页。
⑥ （元）刘大彬：《茅山志》卷 2，《道藏》第 5 册，第 555 页。

宅，显庆元年（656 年）三月二十四日为太宗李世民追福，遂立为观，以“昊天”为名，高宗亲为之书额。“东明观”，“显庆元年（656 年），孝敬升储后所立”。“宏道观”，“本修仁坊，旧有隋国子学，及右屯卫大将军麦铁杖宅。显庆二年（657 年），尽并一坊为雍王第，王升储后，永隆元年（680 年）八月，立为观。”①乾封元年（666 年）正月，“兖州界置紫云、仙鹤、万岁观”，天下诸州皆普遍置观一所。②

直到晚年，高宗李治仍坚持一贯的尊老崇道政策，于永淳二年（683 年）十二月四日尚下诏说：“朕之绵系，兆自元元。常欲远叶先亲，光宣道化，变率土于寿域，济苍生于福林……可大赦天下，改永淳二年为宏道元年。仍令天下诸州置道士观，上州三所，中州二所，下州一所，每观度道士七人，以彰清静之风，伫洽无为之化。主者施行。是则奉先尊祖，复朴还淳之旨也。”③据称，在他宣诏之时，已经“气逆不能上马”，是夕，即“崩于真观殿”④。可见，在他临死前夕，犹念念不忘尊崇老君，扶植道教，“奉先尊祖”，以维护李唐的“绵系”。

综上可知，高宗李治始终沿着李唐王朝开国以来崇道抑佛的路线前进，再次确认老子为其宗祖，以道徒为其宗室，企图巩固其皇室的地位。然而在武后参政之后，他的大权已经旁落。武后“素多智计”，随时都在觊觎皇位，欲取李唐而代之，佛教是她依靠的力量之一。这种政治权力之争，亦反映到道佛关系方面来，故在高宗李治统治时期，道佛关系便相应地发生了微妙的变化，佛教开始由高祖、太宗时受压抑的守势状况，逐渐转变为向道教主动反击，朝臣中的佞佛者又从而和之，于是道佛之争又日趋尖锐。

据释典所载，显庆至龙朔间，高宗李治曾多次召集道、僧入宫辩论理义，每次均以道教败北告终。显庆二年（657 年），高宗下诏令僧尼不得受父母及尊者礼拜，指出：“圣人之心，主于慈孝，父子君臣之际，长幼仁义之序，与

① （宋）王溥：《唐会要》卷 50“观”条，北京：中华书局 1955 年版，第 870 页。

② 《旧唐书 · 高祖本纪》，北京：中华书局 1975 年版，第 1 册，第 90 页。

③ （清）董诰等编：《全唐文》卷 13《改元弘道大赦诏》，北京：中华书局 1983 年版，第 1 册，第 162 页；《全唐文》卷 944 杜光庭《释老君圣唐册号》，北京：中华书局 1983 年版，第 10 册，第 9812 页。

④ 《旧唐书 · 高宗本纪》，北京：中华书局 1975 年版，第 1 册，第 111—112 页。

夫周公孔子之教，异辙同归。”斥责佛教“弃礼悖德，深所不取。僧尼之徒，自云离俗，先自贵高……整容端坐，受其礼拜，自余尊属，莫不皆然，有伤名教，实斁彝典”。规定：“自今以后，僧尼不得受父母及尊者礼拜。”①龙朔二年（662 年）四月，又颁布《命有司议沙门等致拜君亲敕》说：“君亲之义，在三之训为重；爱敬之道，凡百之行攸先……今欲道士、女官、僧尼，于君、皇后及皇太子、其父母所致拜。或恐爽其恒情，宜付有司详议奏闻。”②此令遭到僧徒们的群起反对。释道宣、威秀等二百余人至蓬莱宫上《议拜君亲状》，以“今若反拜君父，乖异群经……僧等内遵正教，固绝跪拜之容”为由，表示不能从命，而且致书权贵大臣，以求声援。又上书信奉佛教的帝后之母荣国夫人杨氏，谓“佛教威仪，法门轨式，实望特垂恩庇，不使陵夷”，并称她能“体兹正善，崇建为心”③。同时，还大量撰写文章，如道宣著《列佛经论明沙门不应敬俗》、彦琮著《沙门不应拜俗总论》等，大肆制造不应拜俗的舆论。在这种情况下，高宗李治便于五月十五日召集文武百官商议此事。道宣等三百人又竞陈状启，朝臣也意见分歧，狐德业等五百三十九人表请不合拜，一右兼司平太常阎立本等三百五十四人表请合拜。④ 高宗李治不得不于六月乙丑下诏说：“前欲令道士、女冠、僧尼等致拜，将恐振骇恒心，爰俾详定，有司咸引典据，兼陈情理，沿革二涂，纷纶相半。朕商榷群议，沈研幽赜，然箕颍之风，高尚其事，遐想前载，故亦有之，今于君处勿须致拜，其父母之所，慈育弥深，祇伏斯旷，更将安设？自今已后，即宜跪拜，主者施行。”⑤采取调和了事。

对《化胡经》，佛徒们也进行了抨击，要求高宗下令焚毁之。显庆五年（660 年），高宗召集僧人静泰与道士李荣在洛阳宫中辩论《化胡经》真伪。高宗问静泰说：“《老子化胡经》述化胡事，其事如何？可备详其由绪。”静泰

① （清）董诰等编：《全唐文》卷 12，北京：中华书局 1983 年版，第 1 册，第 147 页。

② （清）董诰等编：《全唐文》卷 14，北京：中华书局 1983 年版，第 1 册，第 164 页；《广弘明集》卷 28。

③ （清）董诰等编：《全唐文》卷 909《上荣国夫人杨氏沙门不合拜俗启》，北京：中华书局 1983 年版，第 10 册，第 9484 页。

④ 参见《佛祖历代通载》卷 12，《大正藏》第 49 册，第 581 页。

⑤ （唐）释道宣：《广弘明集》卷 29《停沙门拜君诏》，《大正藏》第 52 册，第 289—290 页。

奏称:“《老子》二篇,庄生内外或以虚无为主,或以自然为宗,固与佛教有殊,然是一家恬素:降兹以外,制自下愚。《灵宝》创起张陵,吴时始盛;上清肇端葛氏,齐代方行。亦有鲍静,谬作《三皇》被诛,具明《晋史》,大唐贞观之际下诏普焚。此《化胡经》者,泰据《晋代杂录》及裴子野《高僧传》皆云,道士王浮与沙门帛祖对论每屈,浮遂取《汉书·西域传》,拟为《化胡经》。《搜神记》、《幽明录》等,亦云王浮造伪之过。”李荣反驳说:“静泰无知,浪为援引。荣据《化胡经》云:老子化胡为佛。又《老子序》云:西适流沙。此即化胡之事显矣。”静泰又奏:“道士诸经,唯有《庄》、《老》,余皆伪诳,偷窃佛教。”李荣针锋相对地指斥说:“道人亦浪译经,据白马将经唯有《四十二章》,余者并是道人伪作,近亦有玄奘浪翻经论。”辩到后来二人便互作人身攻击,高宗只得敕令“好去”。[①] 这次辩论没有结果,但种下了总章元年下令焚《化胡经》之机。总章元年(668 年),高宗诏僧道会于百福殿,定夺《化胡经》真伪,百官临证。最后根据佛徒的请求,高宗下令:“搜聚天下《化胡经》焚弃,不在道经之数。”[②]大概这一命令并未得到落实。

佛徒们还要求调整道先佛后的政策。显庆元年(656 年)五月,玄奘病,高宗遣御医蒋孝章治疗,玄奘因附奏说:“正(贞)观以老子名位在佛先,曾面陈先帝,许从改正。”高宗答以:“佛道名位,事在先朝,尚书(须)平章。”[③]显庆二年(657 年)“六月,召法师惠立与道士张惠先辨二教先后,大臣临证,惠先义负”[④]。朝中大臣也有附和者,御史冯神德上《释在道前表》,认为:“沙门者,求未来之胜果,道士者,信有生之自然。自然者,贵取信真,绝其近伪之迹。胜果者,意存杜渐,远开趣道之心。诱济源虽不同,从善终归一致。”“今乃定道佛之尊卑,抑沙门之拜伏。拜伏有同常礼,未是出俗之因;尊卑物我之情,岂曰无为之妙。陛下道风攸阐,释教载陈,每至斋忌,皆令祈

① (唐)释道宣:《集古今佛道论衡》卷丁《上在东都令洛邑僧静泰与道士李荣对论》条,《大正藏》第 52 册,第 391 页。

② (元)释念常:《佛祖历代通载》卷 12,《大正藏》第 49 册,第 582 页。

③ (宋)释志磐:《佛祖统纪》卷 39,《大正藏》第 49 册,第 367 页;《佛祖历代通载》卷 14 作“事须平章”。

④ 《佛祖历代通载》卷 12,《大正藏》第 49 册,第 578 页。

福，一依经教，二者何独乖违？”[①]此表大概上于龙朔二年（662 年）高宗颁布《命有司议沙门等致拜君亲敕》之后，在议论沙门不拜的同时，委婉地建议高宗改变道先佛后的既定政策。至上元元年（674 年）八月二十四日辛丑，高宗李治只好下诏：“公私斋会及参集之处，道士女冠在东，僧尼在西，不须更为先后。”[②]让佛道二教平起平坐。

综上可知，高宗李治尽管企图坚持开国以来的崇道政策，但在道佛关系的处理上，已不能像高祖、太宗那样给道教以强有力的支持，佛教开始抬头，道教势力则逐步减弱，这种状况显然与武后日益得势有关。

武则天为历史上有名的佞佛者，她的实际执政时间要比其做女皇的时间长。在其执政期间，佛教势力迅速膨胀，她也大肆利用佛教为其所谓“武周革命”服务。《旧唐书·则天皇后本纪》载：载初元年（689 年）七月，“有沙门十人伪撰《大云经》，表上之，盛言神皇受命之事。制颁于天下，令诸州各置大云寺，总度僧千人。……九月九日壬午，革唐命，改国号为周。”[③]为她炮制《大云经》的释怀义和法朗等人并封县公，皆赐紫袈裟银龟袋。在她大量利用佛教图谶符瑞为其篡夺李唐帝位制造舆论的同时，对于道教图谶瑞异也不放过，故汤用彤先生指出：“武后重瑞应，初亦颇好道教，然于佛教则特为奖励。”[④]她与道教，实质上是一种政治上的利用关系。

垂拱四年（688 年）四月，雍州永安人唐同泰伪造瑞石于洛水，献于武则天。石上有文曰：“圣母临人，永昌帝业。”于是号其石为“宝图”，赐百官宴乐，赏物有差，授唐同泰为游击将军。其年五月下制，欲亲拜洛受“宝图”。先于南郊告谢昊天上帝，令诸州都督、刺史并诸亲，以拜洛之前十日集神都。[⑤] 于是则天加尊号为圣母神皇，改“宝图”为“天授圣图”，洛水为永昌，宝图所出处号“圣图泉”，泉侧置永昌县。又以嵩山与洛水接近，因改嵩山

① （清）董诰等编：《全唐文》卷 202，北京：中华书局 1983 年版，第 3 册，第 2041 页。
② （宋）王溥：《唐会要》卷 49，“僧道立位”，北京：中华书局 1955 年版，第 859 页。
③ 《旧唐书》，北京：中华书局 1975 年版，第 1 册，第 121 页。
④ 汤用彤：《隋唐佛教史稿》，北京：中华书局 1982 年版，第 25 页。
⑤ 则天光宅元年（684 年），东都改为神都。参见（清）董诰等编：《全唐文》卷 96《改元光宅赦文》，北京：中华书局 1983 年版，第 1 册，第 994 页。

为神岳，授太师、使持节、神岳大都督、天中王。又先于汜水得瑞石，因改汜水县为广武县。其年十二月，则天亲拜洛受图，为坛于洛水之北，中桥之左。“皇太子皆从，内外文武百僚、蛮夷酋长，各依方位而立。珍禽奇兽，并列于坛前。文物卤簿，自有唐已来，未有如此之盛者也。礼毕，即日还宫。神都父老勒碑于拜洛坛前，号曰‘天授圣图之表’。”①对此，宋人晁补之评论说：此与唐玄宗崇道教之事“无异”，武氏心知同泰之伪而假威鬼神以慑天下，如王莽意耳。② 此事或云武承嗣伪造，指使同泰上表伪称。其实，“宝图”不过是投机取巧者看出武则天有称帝之心，投其所好，以此劝进罢了。武则天趁机大加利用，煞有介事地演出了一场“拜洛受图”的正剧，这是武周革命的预演，两年后她便正式称帝。

此剧中“天授应图”这一重要台词即与道教有关。《三天内解经》卷上说：“天授应图，中岳灵瑞。”③经中多次讲到“天授应图”。道教的这种说法显然与武氏改“宝图”为“天授应图”有关。武则天革命所用的“天授”年号恐也与道教的“天授应图”说有关联。

武则天初执政，也效法李唐崇老君之举，崇奉“先天太后”。她说：“元元者，皇室之源，韫道德而无为，冠灵仙而不测，业光众妙，仁覃庶品。岂使宝允见御宸居，先母竟无尊位，可上尊号曰先天太后，宜于老君庙所，敬立尊像，以申诚荐。”④这时她还将老君和先天太后一起奉祀，及至革命，便罢黜“玄元皇帝”之号，仍称老君，直至中宗复辟才恢复其旧。⑤ 这就是武则天崇奉先天太后的政治用意，她是要排斥李唐的“玄元皇帝”，以树起凌驾于李唐之上的“太后”形象。从形式上看，这种举动仍然取材于道教。

在武则天夺权的斗争中，佛徒上《大云经》，又作《大云经疏》以陈符命，称则天是弥勒下生，当作阎浮提主。实际上，僧徒薛怀义等人炮制的《大云

① 《旧唐书·礼仪志》，北京：中华书局1975年版，第3册，第925页。

② 参见（宋）晁补之：《鸡肋集》卷45《唐旧书杂论》，《四部丛刊》本，北京：中国书店出版社1989年版。

③ 《道藏》第28册，第415页。

④ （清）董诰等编：《全唐文》卷96《改元光宅赦文》，北京：中华书局1983年版，第1册，第955页。

⑤ 参见《旧唐书·中宗本纪》，北京：中华书局1975年版。

经疏》即利用和改造了道教图谶。王国维于此曾有考证，他说：敦煌残卷第一段中，历释《广武铭》，其文完具，盖亦洛水宝图之类，中有“千秋不移宗”语。案《唐书·宗楚客传》载，中宗时右补阙赵延禧陈符命引谶曰：“百代不移宗。”《宣室志》言：上元（674—676年）初，部城县民得寇谦之铭曰：“李代代不可移宗”，盖即指此。第三段引孔子谶及卫元嵩谶。案《周书·艺术传》有蜀郡卫元嵩者，天和（566—571年）中著诗预论周隋兴废及皇家受命，并有征验。此所引八句即是也。[①] 这里所引《宣室志》卷5寇谦之铭“李代代不移宗”又见于《朝野佥载》卷5，其云：寇天师谦之，常刻石为记，藏于嵩山。上元（674—676年）初有洛州部城县民采药于山，得之以献。州以上闻，高宗诏藏于内府。其铭记文甚多，奥不可解。略曰：“木子当天下”，又曰：“止戈龙”；又曰：“李代代，不移宗。”所谓“木子当天下”者言唐氏受命，“止戈龙”者言太后临朝，止戈为武，武，天后氏也。“李代代，不移宗”者谓中宗中兴。[②] 这些所谓寇谦之铭文既为高宗诏藏于内府，那么武后就有可能利用它们以示僧徒，而僧徒便将其加以修改，如“李代代不移宗”改为“千秋不移宗”之类，以此手法为武则天作谶。因此，为武则天登基作舆论宣传的《大云经疏》吸收改造了道教符谶，以便弥补佛徒不善制谶作符（相对于道教徒而言）的不足。这是武则天对道教符谶的利用之一。

武则天对道教图谶的利用还表现在为孝敬皇帝李弘的命名上。敦煌所出《洞渊神咒经》卷1、卷7均有题记：“麟德元年（664年）七月廿一日奉敕为皇太子于灵应观写。”这是奉敕写给太子的道经，这时武则天已经辅政，故此事有可能是她的主意。她为什么要把这样一本多次提到“李弘”的道经写给太子呢？因为太子就叫“李弘”。高宗于永徽三年（652年）立过长子李忠为太子，永徽六年（655年）被废，显庆元年（656年）立武则天所生的皇子弘为太子，太子于上元二年（675年）卒。[③] 太子为什么要取名叫“弘”？

① 《王国维遗书》3《观堂集林》卷21《唐写本大云经疏跋》，上海：上海古籍书店1983年版。其所引《新唐书》见中华书局标点本第13册，第4103页。

② （唐）张鷟：《朝野佥载》，赵守俨点校，北京：中华书局1979年版，第118页。按此书出版时系与《隋唐嘉话》合本。

③ 参见《旧唐书·孝敬皇帝弘传》，北京：中华书局1975年版。

据唐长孺先生推测:我们知道武则天往后称帝,改唐为周,曾大力鼓励臣民制造和进献符瑞图谶,借以表示她当皇帝合乎天意。她的长子命名为弘,很可能是为了争取皇太子之位而造作依据。麟德元年(664 年)为太子写《洞渊神咒经》可能正为表示李弘是应谶当王,废忠立弘合乎天意。也就在这一年,她派人杀害了徙居黔州的废太子忠。① 李唐皇室笃信李弘当王的谶,道教的李弘谶语为唐皇室所熟悉,武则天是十分清楚这一点的,因此利用应谶当王的"弘"给其子取名,就不是一般的命名,而是出于政治上的考虑,即唐长孺先生所说以此来取代太子的地位。这显示了武则天"巧慧多权数","素多计,兼涉文史"②、多权谋而又迷信的性格。

以上可见武则天曾利用道教符谶为其作女皇造舆论。与此同时,她又拉拢利用道士。她当然主要是利用僧人为其从政称帝服务,但对道士也加以争取和利用。早在高宗在位时,她已开始利用道教。高宗李治"自显庆已后,多苦风疾,百司表奏,皆委天后详诀。自此内辅国政数十年,威势与帝无异,当时称为'二圣'"③。从公元 661—683 年的二十余年间,则天已逐渐掌握实权,并于此期内利用道士为其服务。上元(674—676 年)中,"有道士朱钦遂为天后所使,驰传至都,所为横恣。(韦)机囚之,因密奏曰:'道士假称中宫驱使,依倚形势,臣恐亏损皇明,为祸患之渐。'高宗特发中使慰谕机,而钦遂配流边州,天后由是不悦。仪凤(676—679 年)中,机坐家人犯盗,为宪司所劾,免官。永淳(682—683 年)中,高宗幸东都……将复本官,为天后所挤而止"④。网罗道士为党羽,对于翦除自己党羽的官吏竭力排挤。这是利用某些道士从事政治活动。

《大唐新语》卷 2《极谏第三》载:"始,则天以权变多智,高宗将排群议而立之。及得志,威福并作,高宗举动,必为掣肘。高宗不胜其忿。时有道士郭行真出入宫掖,为则天行厌胜之术。内侍王伏胜奏之。高宗大怒,密召

① 唐长孺:《魏晋南北朝史论拾遗·史籍与道经中所见的李弘》,北京:中华书局 1983 年版,第 216—217 页。

② 参见《资治通鉴》卷 199,北京:中华书局 1956 年版;《旧唐书·则天皇后本纪》,北京:中华书局 1975 年版。

③ 《旧唐书·则天皇后本纪》,北京:中华书局 1975 年版,第 1 册,第 115 页。

④ 《旧唐书·良吏传》,北京:中华书局 1975 年版,第 15 册,第 4796 页。

上官仪废之，因奏：‘天后专恣，海内失望，请废黜以顺天心。’高宗即令仪草诏，左右驰告则天，遽诉。诏草犹在，高宗恐其怨怼，待之如初，且告之曰：‘此并上官仪教我’。则天遂诛仪及伏胜等，并赐太子忠死。自是政归武后，天子拱手而已，竟移龟鼎焉。”①《唐语林》卷 5 也说：道士郭行真出入宫掖为则天行厌胜术。另据《金石萃编》卷 53《岱岳观碑》记：显庆六年（661 年）二月廿二日，敕使东岳先生郭行真、弟子陈兰茂、杜知古、马知止奉为皇帝皇后七日行道并造素像一躯，二真人夹侍。可见道士郭行真确与武则天有密切关系，并利用道术为武则天的政治活动服务。

武则天与茅山宗也有深厚的关系。则天临朝，追赠王远知金紫光禄大夫。天授二年（691 年），改谥升玄先生。则天也很尊敬潘师正，师正卒后追思不已。② 据说，远知遗命子绍业说：“尔年六十五见天子，七十见女君”，调露（679—680 年）中，“绍业表其言，高宗召见，嗟赏”。“武后时复召见，皆如其年”③。武则天也曾召见司马承祯，未几，去。④ 或说“武后闻其名，召至都，降手敕赞美之”⑤。这是武则天试图拉拢利用当时道教的主流派。

武则天还利用道士为其章醮、投龙作功德，令道士合药等。《朝野佥载》卷 5 云：“周圣历（698—700 年）年中，洪州有胡超僧出家学道，隐白鹤山，微有法术，自云数百岁。则天使合长生药，所费巨万，三年乃成。自进药于三阳宫，则天服之，以为神妙，望与彭祖同寿，改元为久视元年（700 年）。放超还山，赏赐甚厚。服药之后三年而则天崩。”⑥则天有《赐胡洞真天师书》：“先生道位高尚，早出尘俗，如轩历之广成，汉朝之河上，遂能不远千里，来赴三川……傥蒙九转之余，希遗一丸之药。”⑦也是要胡超为其炼药。关于胡超，颜真卿曾有记载：女道士黄令微，道行高远，号曰华姑。闻魏夫人

---

① （唐）刘肃：《大唐新语》，北京：中华书局 1984 年版，第 24 页。按：西华观道士郭行真为当时有名道徒，于龙朔元年（661 年）弃道归佛。

② 参见《旧唐书·隐逸传》，北京：中华书局 1975 年版，第 16 册，第 5126 页。

③ 《新唐书·王远知传》，北京：中华书局 1975 年版，第 18 册，第 5804 页。

④ 《新唐书·隐逸传》，北京：中华书局 1975 年版，第 18 册，第 5606 页。

⑤ （清）董诰等编：《全唐文》卷 924，北京：中华书局 1983 年版，第 10 册，第 9625 页。

⑥ （唐）张鷟：《朝野佥载》，北京：中华书局 1979 年版，第 116 页。

⑦ （清）董诰等编：《全唐文》卷 97，北京：中华书局 1983 年版，第 1 册，第 1001 页。

灵迹,于则天长寿二年(693年)冬十月讯于洪州西山道士胡超,超能通神明,即为指郭南六里乌龟原。有石龟每犯田苗,被人击首处即是。姑访之得尊像云云。[①] 综合上述材料,可证武则天确曾与道士胡超有瓜葛。

《金石萃编》卷53《岱岳观碑》记录了道士为武则天投龙作功德等事实:天授二年(691年),金台观主中岳先生马元贞将弟子杨景初、郭希历,内品官杨君尚、欧阳智琮奉圣神皇帝敕:缘大周革命,令元贞往五岳四渎投龙作功德。元贞于此东岳行道、章醮、投龙,作功德一十二日夜。又奉敕敬造石元始天尊像一铺并二真人夹侍,永此岱岳观中供养。万岁通天二年(697年),东明观三洞道士孙文儁奉天册金轮圣神皇帝四月□日敕,诣此岳观祈请,行道事毕,敬造石天尊像一尊并二真夹侍,庶兹景福,永奉圣躬。圣历元年(698年),大历道观主桓道彦、弟子晁自揣奉敕于此东岳设金箓宝斋河图大醮,七日行道,两度投龙,遂感庆云三见,用斋醮物奉为天册金轮圣神皇帝敬造等身老君像一躯并二真人夹侍。久视元年(700年),神都青元观主麻慈力亲承圣旨,内赍龙壁、御词、缯帛及香等物诣此观中斋醮。功毕,伏愿我皇万福,实业恒隆,敬勒昌龄,冀砺而无朽。上述表明,武则天一朝,没有停止过道士为其祈祷的宗教活动,这些都是奉御命而进行的。总的说来,武则天利用道教、利诱道士主要是从政治上考虑的,但又不局限于此。

武则天在信仰上毫无疑问是笃信佛教的,但对道教的神仙长生说也较为相信,到了晚年更是如此。则天所制的新字中以千千万万为年,永主久王为证,长生王为圣(一说"长正主"),此亦可见她对于长生的向往。[②] 陈子昂在《窅冥君古坟记铭序》中说:神功元年(697年),我有周金革道息,宝鼎功成,天下无事。皇帝受紫阳之道,延访玉京;群臣从白云之游,载驰瑶水。时余以银青光禄大夫忝在中侍。屡从严祀,遥谒秘封,尝睹众灵如云,群仙蔽日。乃仰感王子晋,俯接浮丘公,行吹洞箫,坐弄云凤。窃欲邀羽袂,导鸾舆,求不死于金庭,保长生于玉册,上以尊圣寿,下以息微躬。因登缑山,望

① (清)董诰等编:《全唐文》卷340《南岳夫人魏夫人仙坛碑铭》,第4册,第3453—3454页;参见《云笈七籤》卷115"花姑"。

② 参见《汤用彤学术论文集》,北京:中华书局1983年版,第352页。

少室,寻古灵迹,拟刻真容,得王子晋之遗墟,在永水之层曲。[①] 透露了武则天与道教的一些消息,序中所提到的王子晋正是则天晚年十分景慕的神仙人物。《旧唐书·则天皇后本纪》载:圣历二年(699 年)二月,则天幸嵩山,过缑氏,谒升仙太子庙。[②] 升仙太子即周代王子晋,世传他升仙后,桓良遇之于嵩山,他说:"七月七日,待我于缑氏山头。"果乘白鹤驻山顶,举手谢时人而去。后人因立祠,则天改号为"升仙太子庙"。《全唐文》卷 98 收有则天《升仙太子碑并序》,碑文称:圣历元年(698 年)曾遣内史往祠子晋庙,子晋为周灵王之太子。文中多处流露了她对神仙长生的向往,如:"元都回辟,玉京为不死之乡;紫府旁开,金阙乃长生之地"。"管中灵药,方演术于封君"。"紫云为盖,见嘉贶于张陵;白蜺成质,遗神丹于崔子"。"效灵官于桐柏,九丹可挹;仍标延寿之诚,千载方传"。她表示:"栖心大道,托迹长生,三山可陟,九转方成……永升金阙,恒游玉京。"她希望:"方伫乘龙使者,为降还龄之符;驾羽仙人,曲垂驻寿之药。"[③]此文固为人捉刀代笔,但正表现了暮年则天的心态,表明她对道教的神仙长生之术是十分赞赏的。

正因为笃信神仙长生,故则天对炼丹服药也颇有兴趣。她利用道士胡超为其炼丹已见前述,这里看她的"辟阳之宠"张易之、张昌宗兄弟为其炼丹药事。万岁通天二年(697 年),太平公主荐昌宗入侍禁中,既而昌宗启则天说:"臣兄易之器用过臣,兼工合炼",即令召见,甚悦。由此兄弟俱侍宫中,承辟阳之宠。时谀佞者奏:昌宗是王子晋后身。乃令昌宗披羽衣、吹箫,乘木鹤,奏乐于庭,如子晋乘空。二张兄弟皆"善冶炼药石",但益自肆,奸赃狼藉,长安(701—704 年)末御史台劾奏之,诏令李承嘉、桓彦范参鞫。李、桓等奏:"昌宗赃四百万,当免官。"昌宗抗表称冤,大言:"臣有功于国,不应免官。""则天意将申理昌宗,廷问宰臣曰:'昌宗于国有功否?'再思对曰:'昌宗往因合炼神丹,圣躬服之有效,此实莫大之功。'则天甚悦,昌宗竟

① 徐鹏校点:《陈子昂集》卷 6,北京:中华书局 1962 年版,第 138 页。

② 《旧唐书》,北京:中华书局 1975 年版,第 1 册,第 128 页。参见司马光:《资治通鉴》卷 206,北京:中华书局 1956 年版,第 14 册,第 6539 页。

③ (清)董诰等编:《全唐文》,北京:中华书局 1983 年版,第 1 册,第 1007 页。

以复职。"[①]另有薛曜、尚城阳公主,圣历(698—700 年)中依附张氏兄弟,他曾作《服乳石号性论》,[②]对服药之法多所论述。看来与张昌宗交往的人也多懂药性,这些人由此受到则天器重。则天又诏昌宗撰《三教珠英》,昌宗乃引文学之士李峤等 26 人,分门撰集,成 1300 卷上之。据《新唐书 · 艺文志》载:"《三教珠英》一千三百卷。《目》十三卷。张昌宗、李峤、崔湜……员半千、薛曜等撰。开成(836—840 年)初改为《海内珠英》,武后所改字并复旧。"[③]或许张昌宗、薛曜等人负责其中的道教部分,因为他们懂得丹药。上述表明,武则天对神仙长生是有一定程度信仰的,并广泛征引道士与通丹药者为之炼药。唐代皇帝多因服药而死,唯则天为例外,服药而享年八十一,故赵翼说:"岂女体本阴,可服燥烈之药?"[④]

唐太宗时,中央政权内关陇和山东两大政治集团的矛盾已萌发,山东、江南的士大夫们通过科举进入中央政权,与政治经济上占优势的关陇集团逐渐拉开战场。高宗时两大集团斗争日趋尖锐。武则天依靠新起的江南、山东官僚集团的支持,掌握了实权。则天称帝后更为山东、江南的新兴政治势力大开方便之门,使自西魏以来握有中央实权的关陇集团失势。[⑤] 高宗、武则天时期的佛道之争便与李唐和武周的皇权之争交织在一起,错综复杂。在李唐与武周的政争中,佛道二教中人站在不同立场,依附不同的政治势力。一般说来,佛教徒乘机拥护和支持武周,以夺回他们在李唐大肆尊道崇老之中所失去的地位,道教徒则多数采取了不合作态度,冷眼旁观,有的甚至起而抗争,继续渲染老君显灵。《混元圣纪》卷 8 载:"则天文明元年(684 年)甲申,废中宗为庐陵王,欲王诸武。二月十八日,豫章人郳元崇以诏诣

---

① 《旧唐书 · 杨再思传》,北京:中华书局 1975 年版,第 9 册,第 2919 页。参见《旧唐书 · 张行成传》,北京:中华书局 1975 年版,第 8 册,第 2706—2707 页;《新唐书 · 张行成传》,北京:中华书局 1975 年版,第 13 册,第 4014—4015 页。

② (清)董诰等编:《全唐文》卷 239,北京:中华书局 1983 年版,第 3 册,第 2425 页。

③ 《新唐书》,北京:中华书局 1975 年版,第 5 册,第 1563 页。

④ (清)赵翼著、王树民校正:《廿二史劄记校正》卷 19《唐诸帝多饵丹药》,北京:中华书局 1984 年版,上册,第 399 页。

⑤ 参见陈寅恪:《唐代政治史述论稿》中篇,北京:生活 · 读书 · 新知三联书店 2001 年版;韩国磐:《隋唐五代史纲》第 6 章第 3 节,北京:人民出版社 1979 年版;汪篯:《隋唐史论稿 · 武则天》,北京:中国社会科学出版社 1981 年版。

阙，至虢州阌乡县龙台乡皇天原，忽有六仙人，皆乘赤龙，著杂色衣，二人执珠幢，四人执霓旌锦伞，从西北彩云中来，俯谓元崇曰：‘太上老君来。’言讫便过，须臾间异香芬馥，乃见三青衣童子执香炉云中过，又见二青衣童子执红拂如意微笑而过，次有四仙人各乘青龙，手执幡节，谓元崇曰：‘太上老君来，欲与君语。’言讫而过，须臾，五色云中见一道士，著浅黄衣，鬓发皆白，头戴花冠，作金色，乘白兽似骡，发尾皆赤，俯谓元崇曰：‘我是太上老君，汝帝之元祖。’元崇即拜。老君曰：‘汝随我来，我与汝语。’元崇不觉已在云中，去地数丈。老君令传言天后说：‘我国家历数绵远，不得辄立异姓！’……时往来人及阌乡百姓、官吏五百余人同见，莫不遥礼。斯须，元崇不觉已在地上。既至长安，通具奏，天后不悦，遂遭禁锢。寻以阌乡行官（宫）为奉仙观。后亦终惧此言，不敢立武三思，竟复辟于中宗。”[①]这则神话背后隐伏的是道教徒对武则天企图篡唐的不满，以此来警告武则天“不得辄立异姓”，明显地表现出道教站在认其为“宗室”的李唐一边。道徒们为什么要用这种神学手段来反抗武则天呢？这显然与武则天一改李唐的崇道抑佛为抑道崇佛有关。天授二年（691 年）夏四月，武则天“令释教在道法之上，僧尼处道士女冠之前”[②]。其诏令称：“朕先蒙金口之记，又承宝偈之文。历教表于当今，本愿标于曩劫。《大云》阐奥，明王国之祯符；《方等》发扬，显自在之丕业。驭一境而敦化，宏五戒以训人。爰开革命之阶，方启惟新之运……自今已后，释教宜在道法之上，缁服处黄冠之前，庶得有识以归依，极群生于回向。”[③]《资治通鉴》卷 204 亦载：天授二年（691 年）四月癸卯，“制以释教开革命之阶，升于道教之上”[④]。十分清楚，佛教在武周革唐命的政治斗争中立下汗马功劳，大得武则天之优礼，遂在这一回合的佛道之争中占了上风；相比之下，被李唐认作本家的道教，先是由初唐时的排位在佛教之上而降到与佛教平起平坐，至此更落于佛教之下，受到压抑。“千唐

① 《道藏》第 17 册，第 858 页；参见《历代崇道记》、《犹龙传》卷 5。
② 《旧唐书·则天皇后本纪》，北京：中华书局 1975 年版，第 1 册，第 121 页。
③ （清）董诰等编：《全唐文》卷 95《释教在道法上制》，北京：中华书局 1983 年版，第 1 册，第 981 页；又见《唐大诏令集》卷 113，北京：商务印书馆 1959 年版，第 587 页。
④ （宋）司马光：《资治通鉴》卷 204，北京：中华书局 1956 年版，第 14 册，第 6473 页。

志斋"所藏《大唐大弘道观主故三洞法师侯尊师(敬忠)志》载:"永昌之岁(689年),有逆僧怀义,恃宠作威,抑尊师为僧,经四载怏怏不得其志。"[①]佛教徒竟恃则天之宠作威作福,强迫道士为僧,而道徒则不得不忍气吞声,武则天统治时期道教受抑可见一斑。另外,武则天又废黜了李唐的"玄元皇帝"称号,罢贡举人习《老子》,这些都助长了佛教的气焰,给道教以打击。在这种情况下,出现了个别道士叛道归僧。万岁通天元年(696年),道士杜乂继郭行真之后,上表朝廷,乞为僧人。据《宋高僧传·玄嶷传》载:"释玄嶷,俗姓杜氏。幼入玄门,才通经法,黄冠之侣推其明哲,出类逸群,号杜乂炼师。方登极录,为洛都大恒观主。游心《七略》,得理《三玄》,道术之流,推为纲领。天后心崇大法,扬阐释宗,乂悟其食蓼非甘,却行远舍,愿返初服,向佛而归。遂恳求剃落,诏许度之,住佛授记寺,寻为寺都焉……乃造《甄正论》一部,指斥其失,令归正真,施设主客问答,极为省要焉。"[②]在《甄正论》中,他说佛道之争乃是因为道士"见佛法兴盛,俗薄其教,苟怀妒忌"[③]。像他这样脱下道袍,换上袈裟,并杀回马枪者,在当时道教营垒中虽属个别情况,但影响不小,也折射出武则天的尊佛抑道政策。

或许因为佛教在道教之上的命令颁布后,加剧了道佛二教的矛盾,二教互相诽谤,于是在同年(天授二年)她又下了一道《禁僧道毁谤制》,指出:"佛道二教,同归于善,无为究竟,皆是一宗。"然而"比有浅识之徒,竞生物我,或因怼怒,各出丑言。僧既排斥老君,道士乃诽谤佛法,更相訾毁,务在加诸。人而无良,一至于此。且出家之人,须崇业行,非圣犯义,岂是法门?"因此她规定:"自今僧及道士敢毁谤佛道者,先决杖,即令还俗。"[④]她又进一步规定:"老释既自元同,道佛亦合齐重。自今后,僧人入观不礼拜天尊,道士入寺不瞻仰佛像,各勒还俗,仍科违敕之罪。"[⑤]她在政策条文上

① 转引自郭也生:《"千唐志斋"藏志所见唐代宗教活动之一斑》,《世界宗教研究》1986年第3期。

② (宋)释赞宁:《宋高僧传》,北京:中华书局1987年版,第414页。

③ 《甄正论》卷中,《大正藏》第52册,第565页。

④ (清)董诰等编:《全唐文》卷95,北京:中华书局1983年版,第1册,第983—984页。

⑤ (清)董诰等编:《全唐文》卷96《僧道并重敕》,北京:中华书局1983年版,第1册,第991页。

作了调整,以折中调和的办法解决佛道之争,但在实际的执行过程中,可能仍与此有出入,道教仍处于受压抑的地位。

则天时,僧、道关于《化胡经》的纠纷又起。万岁通天元年(696 年)丙申,东都福先寺僧惠澄表乞除毁《老子化胡经》。则天令秋官侍郎集成均监弘文馆学士详议《化胡经》事。当时朝中大臣多表示意见,认为化胡是实,为经不虚,道佛二门,随性开化,洪通两教,不亦宜乎;随机设教,妙旨难量;道释"同体异名",老君变化不测,即使史籍无据,但释教不异老君。鉴于大臣的这些意见,到同年六月十五日则天敕令说:"老君化胡,典诰攸著,岂容僧辈,妄请削除。故知偏辞,难以凭据,当依对定,佥议惟允。傥若史籍无据,俗官何忍虚承,明知化胡是真,作佛非谬。道能方便设教,佛本因道而生。"①否决了僧徒除毁《化胡经》的建议,或许这是迫于朝中大臣的压力。这一次官方对《化胡经》的讨论集为《议化胡经状》一卷,《新唐书·艺文志》著录,②今佚。从这里也可看出,武则天执政晚期对处理佛道二教关系的政策略有变化,从佛教在道法之上变为佛道并重。对于《道德经》,武则天前后的态度亦不同。上元元年(674 年),她进号为"天后",曾建言十二事,其三为息兵,以道德化天下;其八为王公以降皆习《老子》。高宗皆下诏略施行之。③ 到长寿二年(693 年),她"自制《臣轨》两卷,令贡举人为业,停《老子》"④。可见她先是提倡读《道德经》,又曾为其子李弘写《一切道经》36 部,称帝后便改变了这种做法。则天本以科举笼络寒庶士人为其效力,取消科举习《老子》,而代之以自制的《臣轨》,既是对李唐及关陇集团的挑战,也是要大树武周的政治权威,这也显示了她的抑道多与其政治上的举动相关联。

总体看来,武则天与道教的关系较为复杂,既非单纯地利用,也非纯粹地打击,而是既利用又抑制,视政治上的需要而定。对于佛教,她则十分宠

---

① (清)董诰等编:《全唐文》卷 96《僧道并重敕》,北京:中华书局 1983 年版,第 1 册,第 990—991 页。

② 《新唐书》,北京:中华书局 1975 年版,第 5 册,第 1521 页。

③ 参见《新唐书·后妃传》,北京:中华书局 1975 年版,第 11 册,第 3477 页。

④ 《旧唐书·礼仪志》,北京:中华书局 1975 年版,第 3 册,第 918 页。

信,使佛教在官方的地位终于凌驾道教之上。她的媚佛,造成了严重的社会经济问题,佛教过滥发展,以致“公私田宅,多为僧有”;她为造大像,不惜“日役万人,采木江岭,数年之间,所费以万亿计,府藏为之耗竭”①。这种佞佛造成的危害,也加深了世俗地主对僧侣层的不满,不少士大夫出身的大臣从儒家礼教和国家兵丁赋税的角度出发,纷纷上疏反佛。《旧唐书 · 礼仪志》载:“时则天又于明堂后造天堂,以安佛像,高百余尺。始起建构,为大风振倒。俄又重营,其功未毕。证圣元年(695 年)正月丙申夜,佛堂灾,延烧明堂,至曙,二堂并尽。”左拾遗刘承庆上疏说:“臣闻灾变之兴、至圣不变,聿修其德,来患可禳。陛下垂制博访,许陈至理。而左史张鼎以为‘既火流王屋,弥显大周之祥’,通事舍人逢敏奏称,‘当弥勒初成佛道时,有天魔烧宫,七宝台须臾散坏’。斯实谄妄之邪言,实非君臣之正论。唵昧王化,无益万机……伏愿陛下乾乾在虑,翼翼为怀,若涉巨川,如承大祭,审其致灾之理,详其降眚之由,无瞢天人之心,而兴不急之役。则兆人蒙赖,福禄靡穷,幸甚,幸甚。”②委婉地指出大造佛堂和佛像才是真正的“致灾之理”、“降眚之由”,希望武则天停止兴建这“不急之役”。圣历三年(700 年),则天又将造大像,用工数百万,令天下僧尼每人出一钱,以助成之。内史狄仁杰上疏切谏,指出:“今之伽蓝,制过宫阙,穷奢极壮,画缋尽工,宝珠殚于缀饰,瑰材竭于轮奂。工不使鬼,止在役人,物不天来,终须地出,不损百姓,将何以求?生之有时,用之无度,编户所奉,常若不充,痛切肌肤,不辞箠楚。游僧一说,矫陈祸福,翦发解衣,仍惭其少,亦有离间骨肉,事均路人,身自纳妻,谓无彼我。皆托佛法,诖误生人。里陌动有经坊,阛阓亦立精舍。化诱倍急,切于官征;法事所须,严于制敕。膏腴美业,倍取其多;水碾庄园,数亦非少。逃丁避罪,并集法门,无名之僧,凡有几万,都下检括,已得数千。且一夫不耕,犹受其弊,浮食者众,又劫人财。”③对佛教的弊端及危害作了淋漓尽致地揭露。长安(701—704 年)末,则天将建大像于白司马坂,成均祭酒李峤上疏说:“造像钱见有一十七万余贯,若将散施,广济贫穷,人与一

① (宋)司马光:《资治通鉴》卷 205,北京:中华书局 1956 年版,第 14 册,第 6498 页。
② 《旧唐书》,北京:中华书局 1975 年版,第 3 册,第 865—867 页。
③ 《旧唐书 · 狄仁杰传》,北京:中华书局 1975 年版,第 9 册,第 2893—2894 页。

千，济得一十七万余户。拯饥寒之弊，省劳役之勤，顺诸佛慈悲之心，沾圣君亭育之意，人神胥悦，功德无穷。”[①]但“疏奏不纳”。监察御史张廷珪也上疏指出：“陛下信心归依，发宏誓愿，壮其塔庙，广其尊容，已遍于天下久矣……陛下倾四海之财，殚万人之力，穷山之木以为塔，极冶之金以为像，虽劳则甚矣，费则多矣，而所获福不愈于一禅房之匹夫……且边朔未宁，军装日给，天下虚竭，海内劳弊。伏惟陛下慎之重之。”[②]朝中大臣对武则天佞佛的抗争，从一个侧面反映了儒、道的反佛斗争。

神龙元年（705年）正月，宰相张柬之与崔玄暐、敬晖等以恢复李唐为号召，诛杀武则天的嬖臣张易之、张昌宗，迎中宗复位，年老多病的武则天也在这一年病死。中宗复辟后，于神龙元年二月甲寅“复国号，依旧为唐”；社稷、宗庙和官名等“并依永淳（682—683年）已前故事”；“老君依旧为玄元皇帝”；制天下诸州各置观一所，咸以“大唐中兴”为名；科举考试的内容“令贡举人停习《臣轨》，依旧习《老子》”[③]。至神龙三年（707年）二月又“改中兴寺、观为龙兴，内外不得言‘中兴’”。[④] 恢复了李渊以来尊老崇道的做法，以显示李唐“中兴”气象。中宗对于佛道二教，继续实行则天晚年以调和为主的政策。神龙元年（705年），中宗李显诏僧道定夺《化胡成佛经》真伪，时僧道徒盛集内殿，互作辩论，争执难下。同年九月十四日，李显下令：“仰所在官吏废此伪经，刻石于洛京白马寺，以示将来”。“朕叨居宝位，惟新阐政，再安宗社，展恭禋之大礼，降雷雨之鸿恩，爰及缁黄，兼申惩劝。如闻天下诸道观皆尽《化胡成佛变相》，僧寺亦画玄元之形，两教尊容，二俱不可。制到后限十日内并须除毁。若故留，仰当处官吏科违敕罪。其《化胡经》累朝明敕禁断，近知在外仍颇流行，自今后其诸部《化胡经》及诸记录有化胡事，并宜除削。若有蓄者，准敕科罪。”洛京大恒道观主桓彦道等上表争执，中宗批曰：“矧夫三圣重光，玄元统序，岂忘老教，偏意释宗。朕志款

① 《旧唐书·李峤传》，北京：中华书局1975年版，第9册，第2994—2995页。

② 《旧唐书·张廷珪传》，北京：中华书局1975年版，第10册，第3151页。

③ 《旧唐书·中宗本纪》，北京：中华书局1975年版，第1册，第136—137页。

④ 《旧唐书》，北京：中华书局1975年版，第1册，第143—144页；参见《旧唐书·礼仪志》、《册府元龟》卷53。

还淳,情存去伪。理乖事舛者,虽在亲而亦除;义符名当者,虽有怨而必录。顷以万机余暇,略寻三教之文。至于《道德》二篇,妙绝希夷之境。天竺有空二谛,理秘真如之谈。莫不敷畅玄门,阐扬至赜,何假《化胡》之伪,方盛老君之宗……经非老君所制,毁之则匪曰孝亏;文是鄙人所谈,除之则更彰先德。来言虽切,理实未安。宜悉朕怀,即断来表。"①《旧唐书·中宗本纪》亦载:神龙元年九月"禁《化胡经》"②。中宗李显禁《化胡经》并非不崇重道教,而是他认为用不着假借《化胡》伪经来"盛老君之宗",只要有《道德》二篇就足够了,况《化胡经》非老君所制,毁之也谈不上对先祖不孝,反而更能彰先祖之德。他的意思是,《化胡经》历朝禁断,就是免得佛道为此而开争端;为了"惟新阐政,再安宗社",为显示他"理乖事舛者,虽在亲而亦除"的精神,为标明他对道佛二教"兼申惩劝"的政策,因此禁《化胡经》及诸化胡之事。赞宁的《系》称:"《化胡经》也,二教不平,其争多矣。"③中宗李显禁《化胡经》,可以说就是要平息二教争端。《化胡经》自北周到初唐时颇为盛行,频频引起佛道纠纷,至此终遭禁止,为之而起的公案暂告了结。神龙二年(706 年)二月"丙申,僧会苑、道士史崇玄等十余人授官封公,以赏造圣善寺功也"④。圣善寺乃神龙二年(706 年)中宗为武则天追福改章善坊中兴寺为之,寺内报慈阁系中宗李显为则天所立。⑤ 李显令佛道人士共同参与为武则天追福而立寺的宗教活动,显示了调解二教关系的用意。世称中宗李显为"和事天子"⑥,在处理道佛关系上,他也采取息事宁人的和事佬态度。

中宗时,道士继续到泰山为皇帝皇后章醮建斋。神龙元年(705 年),大历道观法师阮孝波,道士刘思礼,品官杨嘉福、李立本等奉敕于岱岳观建金箓宝斋,共四十九人,九日九夜行道并设醮投龙,功德既毕,以本命镇彩等物

① (宋)释赞宁:《宋高僧传·法明传》,北京:中华书局 1987 年版,第 415—416 页;又中宗两敕收入《全唐文》卷 17,北京:中华书局 1983 年版,第 1 册,第 202、203 页。

② 《旧唐书》,北京:中华书局 1975 年版,第 1 册,第 140 页。

③ (宋)释赞宁:《宋高僧传》,北京:中华书局 1987 年版,第 416 页。

④ 《旧唐书·中宗本纪》,北京:中华书局 1975 年版,第 1 册,第 141 页。

⑤ (宋)王溥:《唐会要》卷 48,北京:中华书局 1955 年版,第 848 页。

⑥ 《新唐书·宗楚客传》,北京:中华书局 1975 年版,第 13 册,第 4102 页。

为皇帝皇后敬造石历真万福天尊像一铺。大唐景龙二年(708年),“岁在戊申,二月甲子朔十二月乙亥,大龙兴观□□□□,敕往东岳陈章醮,荐龙璧,以其月廿七日辛卯,于岱岳观并□□□□□设金箓,行道九日九夜,烧香燃灯□□,并设五岳名山河图等醮□三座,功德事毕,奉用本命纹缯及余镇彩,敬造镇国□天□铺,□□皇猷永固,与灵岳而恒安;国祚长隆,等玄都而自久。”①中宗李显对道教谶纬也很感兴趣。上元(674—676年)初,郜城县民得寇谦之刻石以献,县令樊文言于州,州以上闻,高宗诏藏于内府。中宗李显御位后,樊文的儿子钦贲以石记本上献,李显命编于国史。②

中宗李显是个庸懦无能的皇帝,复辟后只图享乐,皇后韦氏与武三思勾结,形成武、韦外戚集团,图谋重演武则天故事。韦后之党大兴佛教,广度僧尼,借以扩充其势力,因此武则天以来佛教过滥发展的问题并未得到解决。左拾遗辛替否上疏反佛:“当今出财依势者尽度为沙门,避役奸讹者尽度为沙门;其所未度,贫穷与善人。将何以作范乎?将何以役力乎……今天下之寺盖无其数,一寺当陛下一宫,壮丽之甚矣!用度过之矣!是十分天下之财而佛有七八,陛下何有之矣!百姓何食之矣!”③这是狄仁杰、李峤等反佛斗争的继续。庸弱的中宗李显终于被其妻、女毒死,其后,李旦之子李隆基与太平公主联合,率禁军诛杀韦后,立李旦为帝,是为睿宗。

睿宗李旦之崇道,甚于中宗李显。李旦是个十分迷信的皇帝,他还是“冀王时,寝斋壁上,蜗迹成天字,上惧,遽扫之,经数日如初。及即位,雕玉铸黄金为蜗形,分置于释、道像前”④。可见他是个佛道二教皆信的皇帝。二教之中他更加信仰道教,《大唐新语》卷10载:司马承祯,“有服饵之术。则天中宗朝,频征不起。睿宗雅尚道教,稍加尊异,承祯方赴召。睿宗尝问阴阳术数之事,承祯对曰:‘《经》云:“损之又损之,以至于无为。”且心目一览,知每损之尚未能已,岂复攻乎异端而增智虑哉!’睿宗曰:‘理身无为,则

① (清)王昶《金石萃编》卷53《岱岳观碑》,《石刻史料新编》第一辑,台北:新文丰出版公司1982年版,第2册,第891页。

② (唐)张鷟:《朝野佥载》,赵守俨点校,北京:中华书局1979年版,第118页。谶语内容见前述武则天与道教图谶。

③ 《旧唐书·辛替否传》,北京:中华书局1975年版,第10册,第3157—3158页。

④ (唐)段成式:《酉阳杂俎》前集卷1,北京:中华书局1981年版,第2页。

清高矣；理国无为，如之何？’对曰：‘国犹身也，《老子》曰：“游心于澹，合气于漠，顺物自然，而无私焉，而天下理。”《易》曰：“圣人者，与天地合其德。”是知天不言而信，不为而成。无为之旨，理国之要也。’睿宗深加赏异。无何，苦辞归，乃赐宝琴、花帔以遣之。”①治身与治国的关系，是道教勤于探求的老问题，睿宗李旦对此十分欣赏，以此作为他的理国之要。不仅在施政的指导思想上与道教有关，就是其登上帝位也与道教有关。《新唐书·叶法善传》载：“睿宗立，或言（叶法善）阴有助力。”②叶法善为当时一著名道士，其怎样阴助睿宗登基，史载阙如，不得而知，但此处透露了道教对睿宗的支持。睿宗李旦因此大力崇道。景云（710—711 年）中，睿宗使道士叶善信将绣像幡花去南岳夫人魏夫人仙坛修法事，于坛西置洞灵观，度女道士七人。③ 景云二年（711 年）四月甲辰，作玄元皇帝庙，在中宗恢复老君为玄元皇帝的基础上进一步尊祖崇老。早在睿宗文明元年（684 年），就发生过所谓老子降现事，《新唐书·艺文志》所录《皇天原太上老君现迹记》一卷即记载了此次老君降临。④ 由于该书已佚，详情已不可考，可能也与前述高祖李渊至高宗李治时老子降灵的事迹相差无几。这表明，睿宗李旦在武周即将取李唐而代之的时候，仍念念不忘借老君的降临来证明李唐的绵系不绝，而他登上帝位后更是紧握这一神学武器。景云二年（711 年）五月，他加道士银青光禄大夫行太子率更令史崇玄为金紫光禄大夫太清观主。⑤ 李旦又大修道观，并因修金仙、玉真二观在朝廷上引起一场风波。《册府元龟》卷 53 载：景云元年（710 年）十二月“制曰：玄元皇帝，朕之始祖，无为所庇，不亦远乎？第八女西域（城）公主、第九女昌隆公主，性安虚白，神融皎昧，并令入道。奉为天皇天后，宜于京城右造观，仍以来年正月，令二公主入道”⑥。到景云二年（711 年）五月“辛丑，改西城公主为金仙公主，昌隆公主为玉真公

① （唐）刘肃：《大唐新语》，北京：中华书局 1984 年版，第 158 页。

② 《新唐书》，北京：中华书局 1975 年版，第 18 册，第 5805 页。

③ 参见《颜鲁公文集》卷 9《南岳夫人魏夫人仙坛碑铭》，上海：上海古籍出版社 1992 年版。

④ 《新唐书》，北京：中华书局 1975 年版，第 5 册，第 1521 页。

⑤ （宋）王钦若：《册府元龟》卷 53，北京：中华书局 1960 年版，第 1 册，第 589 页。

⑥ （宋）王钦若：《册府元龟》卷 53，北京：中华书局 1960 年版，第 1 册，第 589 页。

主，仍置金仙、玉真两观”①。当时为“起金仙、玉真两观，用工巨亿”②，虽逢盛夏暑热，仍营作不止。右散骑常侍魏知古上疏说：“今陛下为公主造观，将树功德以祈福佑。但两观之地，皆百姓之宅，卒然迫逼，令其转移，扶老携幼，投窜无所，发剔椽瓦，呼嗟道路。乖人事，违天时，起无用之作，崇不急之务，群心摇摇，众口籍籍。”他希望睿宗“下明敕，速罢功役”，但“疏奏不纳”。不久他又进谏请停修二观，睿宗只是嘉其切直，并不采纳其意见。③ 吏部员外郎崔涖上疏说：修二观乃“宁邦致乱，修福招殃”之举，希望睿宗“顺时从人，休功罢役”④。太子洗马宁原悌在《论时政疏五篇》中指出：“梁武靡报于前，先朝殷鉴于后，咸耳目所接，黎元愤怨。伏以公主入道，京城置观……若使广事修营，假饰图像，尽宇内之功巧，顷万国之资储，为福则靡效于先朝，树怨则取谤于天下。自隋室以降，寺观尤多，禅定东明之域，足受缁黄之众，更为建立，罕见其宜。”⑤中书舍人裴漼上言：“陛下以四方为念，宜下明制，令二京营作、和市木石，一切停止。有如农桑失时，户口流散，虽寺观营立，能救饥寒敝哉！”⑥左补阙辛替否也上疏说：“入秋已来，亢旱成灾，苗而不实，霜损虫暴，草叶枯黄。下人咨嗟，未知赒赈；而营寺造观，日继于时……伏惟陛下爱两女，为造两观，烧瓦运木，载土填坑，道路流言，皆云计用钱百余万贯……当今发一卒以御边陲，遣一兵以卫社稷，多无衣食，皆带饥寒。赏赐之间，回无所出，军旅骤败，莫不由斯。而乃以百万贯钱造无用之观，以受六合之怨乎！以违万人之心乎！”他建议睿宗“行非常之惠，权停两观，以俟丰年。以两观之财，为公主施贫穷，填府库”⑦。由于许多大臣的反对，睿宗李旦不得不于太极元年（712 年）四月十七日诏令：“营建创造，必

---

① 《旧唐书・睿宗本纪》，北京：中华书局 1975 年版，第 1 册，第 157 页。

② 《旧唐书・韦凑传》，北京：中华书局 1975 年版，第 10 册，第 3145 页。

③ 《旧唐书・魏知古传》，北京：中华书局 1975 年版，第 9 册，第 3061—3063 页。

④ （清）董诰等编：《全唐文》卷 278《谏为金仙、玉真二公主造观疏》，北京：中华书局 1983 年版，第 3 册，第 2817 页。

⑤ （清）董诰等编：《全唐文》卷 278，北京：中华书局 1983 年版，第 3 册，第 2819—2820 页。

⑥ 《新唐书・裴漼传》，北京：中华书局 1975 年版，第 14 册，第 4488 页。

⑦ 《旧唐书・辛替否传》，北京：中华书局 1975 年版，第 10 册，第 3159—3161 页。

有所因,岂欲劳人,盖不获已。朕顷居谅暗,茕疚于怀,奉为则天皇后东都建荷泽寺,西都建荷恩寺。及金仙玉真公主出家,京中造观,报先慈也。岂愿广事营构,虚殚力役……所欲修营两观,外议不识朕心,书奏频繁。将为公主所置,其造两观并停,其地便充金仙、玉真公主邑司,令窦怀贞检校。所有钱物瓦木一事,以付公主邑司收掌,诸处供两观用作调度,限日送纳邑司。朕当别处创造,终不劳烦百姓。"①但他实际上并没有完全停止营作寺观,故大理少卿韦奏上表称:"臣伏见敕停两观,以救农时,可谓为得矣。今承使司市木仍旧,又太清观内所费不停,诸观修营,见将钱物,农工所急,虽轸皇情,国用将空,未闻天听,度支一失,天下不安。"②封建皇室为营构寺观,劳民伤财,搞得人民怨气冲天,国家财政虚空,这是南北朝以来的老问题,睿宗承武则天营造大像之风,浪费民脂民膏以营寺观,使这一问题不仅未得到解决,反而越积越深。睿宗时期,不但营建寺观过度,而且"天下滥度僧尼、道士、女冠依旧"③。这些问题造成严重的社会矛盾,直到玄宗李隆基之初才有所解决。

睿宗为什么如此崇道呢?其崇道的心态与目的,从其《赐岱岳观敕》可略见一二。他说:"景云二年(711年)六月二十三日,皇帝敬凭太清观道士杨太希,于名山斫(所)烧香供养……朕恭膺宝位,嗣守昌图,恐百姓之不宁,虑八方之未泰,式陈香荐,用表深衷。实冀明灵,降兹休祉。所愿从今以后,浃寓常安,朕躬男女六姻,永保如山之寿,国朝官僚万姓,长符击壤之欢。"④他要祈求道教"明灵"保佑其国泰民安,皇图永固,赐给他以及皇族中人"如山之寿"。这就是睿宗李旦之所以要崇道。

对于佛道二教,睿宗李旦认为:"释典玄宗,理均迹异,拯人化俗,教别功齐。"因此他规定:"自今每缘法事集会,僧尼、道士、女冠等宜齐行道集。"⑤把武则天晚期以来处理佛道排位形成的折中办法用明令规定下来,

---

① (清)董诰等编:《全唐文》卷18《停修金仙玉真两观诏》,北京:中华书局1983年版,第1册,第220页。

② (宋)王溥:《唐会要》卷50"观",北京:中华书局1955年版,第875页。

③ 《旧唐书·睿宗本纪》,北京:中华书局1975年版,第1册,第157页。

④ (清)董诰等编:《全唐文》卷19,第1册,第224—225页;《唐文续拾》卷1。

⑤ 《旧唐书·睿宗本纪》,北京:中华书局1975年版,第1册,第157页;《唐大诏令集》卷113《僧道齐行并进制》,北京:商务印书馆1959年版。

这种“齐行并集”的形式直到玄宗时仍然如此。现将太宗至睿宗时的僧道排位列表如下：

帝　号	时　间	僧道排位
太　宗	贞观十一年(637年)正月十五日	诏道士女冠宜在僧尼之前
高　宗	上元元年(674年)八月二十四日	公私斋会及参集处,道士女冠在东,僧尼在西,不须更为先后
则天皇帝	天授二年(691年)四月二日	敕释教宜在道教之上,僧尼处道士之前
睿　宗	景云二年(711年)四月八日	诏僧尼道士女冠宜齐行并集

睿宗与中宗一样,也是个昏庸之君,他依靠李隆基和太平公主的势力登上皇位,立李隆基为太子,又让太平公主干预朝政,使她权力很大,当时“宰相七人,五出公主门”。① 这自然引起了李隆基与太平公主的政治冲突。先天二年(713年)七月,李隆基勒兵诛杀太平公主党的窦怀贞、萧至忠等,太平公主亦赐死于家中,改元为开元,是为玄宗。

二、盛唐时期的统治者与道教

唐玄宗李隆基在位的时候,是李唐王朝最兴盛的时期。在玄宗的大力扶持下,唐代道教的发展,也达到了顶峰。鉴于武氏、韦氏都曾依靠佛教势力危害李唐的统治,唐玄宗便大力推进开国以来的崇道抑佛政策,采取了一系列崇道措施,以提高道教的地位,促进道教的发展。这些措施,不仅在当时,而且对后世帝王,特别是宋代皇帝的崇道之举都产生了深远的影响。这些措施对道教的发展,也有着十分重要的意义。概括起来,玄宗的崇道,主要有以下几个方面。

(一)尊祀玄元皇帝

这一点是玄宗崇道的重要内容,也是自高祖李渊以来李唐的一贯作法,只是到玄宗时达到最高潮,掀起了狂热崇拜,玄宗给老君所上的尊号越来越多,越来越吓人,老君被抬高到了无与伦比的地位。

① 《旧唐书·外戚传》,北京:中华书局1975年版,第14册,第4739页。

玄宗在不同的场合利用各种机会多次颂扬其圣祖玄元皇帝。他赞美说:“大圣祖元元皇帝御气升天,长生久视,体重元而不测,以元化以无穷。真容屡现,宝符仍集。”[①]他歌颂道:“我烈祖元元皇帝,禀大圣之德,蕴至道之精,著五千文,用矫时弊,可以理国家,超乎象系之表,出彼明言之外”[②];“大道混成,乃先于天地。圣人至教,用明其宗极。故能发挥妙品,宏济生灵,使秉志者悟往,迷方者知复。以此救物,故无弃人。其孰当之,莫若我烈祖元元皇帝矣。”[③]在不遗余力讴歌玄元皇帝的同时,一再诏令天下诸州普遍建立玄元皇帝庙。开元十年(722 年)正月,他诏“两京及诸州各置玄元皇帝庙一所”,[④]开元十九年(731 年)“五月壬戌,五岳各置老君庙”[⑤]。开元二十五年(737 年)“十月二十七日,敕诸州元元皇帝庙,自今已后,每年二月降生日,宜准西都福唐观一例设斋”。[⑥] 开元二十八年(740 年)“五月,帝谓宰臣曰:朕在藩邸有宅在积善里东南隅,宜于此地置玄元皇帝庙及崇玄学”[⑦]。开元二十九年(741 年)“正月己丑,诏两京及诸州各置玄元皇帝庙一所,并置崇玄学。……至闰四月,玄宗梦京师城南山趾有天尊之像,求得之于周至楼观之侧。至天宝元年(742 年)正月癸丑,陈王府参军田同秀称于京永昌街空中见玄元皇帝,以‘天下太平,圣寿无疆’之言传于玄宗,仍云桃林县故关令尹喜宅旁有灵宝符。发使求之,十七日,献于含元殿。于是置玄元庙于太宁坊,东都于积善坊旧邸……九月,两京玄元庙改为太上玄元庙,天下准此。”[⑧]《旧唐书·玄宗本纪》亦载:天宝元年(742 年)九月,“两京玄元庙改为太上玄元皇帝宫,天下准此”。并载,天宝二年(743 年)三月,

---

① (清)董诰等编:《全唐文》卷 32《定祀元元皇帝仪注诏》,北京:中华书局 1983 年版,第 1 册,第 356 页。

② (清)董诰等编:《全唐文》卷 31《命两京诸路各置元元皇帝庙诏》,北京:中华书局 1983 年版,第 1 册,第 350 页。

③ (清)董诰等编:《全唐文》卷 31《令写元元皇帝真容分送诸道并推恩诏》,北京:中华书局 1983 年版,第 1 册,第 350 页。

④ (宋)王钦若:《册府元龟》卷 53,北京:中华书局 1960 年版,第 1 册,第 589 页。

⑤ 《旧唐书·玄宗本纪》,北京:中华书局 1975 年版,第 1 册,第 197 页。

⑥ (宋)王溥:《唐会要》卷 50“观”条,北京:中华书局 1955 年版,第 879 页。

⑦ (宋)王钦若:《册府元龟》卷 53,北京:中华书局 1960 年版,第 1 册,第 593 页。

⑧ 《旧唐书·礼仪志》,北京:中华书局 1975 年版,第 3 册,第 925—926 页。

“改西京玄元庙为太清宫，东京为太微宫，天下诸郡为紫极宫”。① 可见，在唐玄宗的号令下，各地先后都兴建了玄元庙，又改“庙”为“宫”，以示其非同一般。它的建筑也富丽堂皇，气派非常，诗人杜甫在《冬日洛城北谒玄元皇帝庙》中形容说：“碧瓦初寒外，金茎一气旁。山河扶绣户，日月近雕梁。仙李盘根大，猗兰奕叶光。”②玄元庙的建立，使玄宗李隆基倡导的崇祀玄元皇帝活动有了具体的场所，他亲自带头多次谒拜玄元庙，并一再给“玄元皇帝”追加尊号。天宝元年（742 年）二月辛卯，他“亲祔玄元庙”，③天宝二年（743 年）三月壬子，他又“亲祀玄元庙以册尊号”④。在同年的“春正月丙辰，追尊玄元皇帝为大圣祖玄元皇帝”，⑤天宝八年（749 年）闰六月“丙寅，上亲谒太清宫，册圣祖玄元皇帝尊号为圣祖大道玄元皇帝。高祖、太宗、高宗、中宗、睿宗五帝，皆加‘大圣皇帝’之字；太穆、文德、则天、和思、昭成皇后，皆加‘顺圣皇后，之字”。⑥ 这样，便使唐代开国以来的帝、后和“大圣祖”老子更加紧密地联系起来。因此，《旧唐书·玄宗本纪》在叙述此事后说：“自今后每至禘给，并于太清宫圣祖前序昭穆。”⑦到天宝十三年（754 年）二月癸酉，玄宗又“亲朝献太清宫，上玄元皇帝尊号曰大圣祖高上大道金阙玄元天皇大帝”。⑧ 不仅给“玄元皇帝”一再加封，还给玄元皇帝的父母加封置庙。《旧唐书·玄宗本纪》载：天宝二年三月壬子，“制追尊圣祖玄元皇帝父周上卿史大夫敬曰先天太上皇，母益寿氏号先天太后，仍于谯郡本乡置庙。尊咎繇为德明皇帝”。⑨ 这些加封的目的都是借此证明李唐至高无上的地位，以巩固其统治。现将高宗李治至玄宗李隆基给老君的册号列为一表，以见这个时期李唐尊崇圣祖的概貌。

① 《旧唐书》，北京：中华书局 1975 年版，第 1 册，第 216 页。
② 《全唐诗》卷 224，北京：中华书局 1999 年版，第 4 册，第 2392 页。
③ 《旧唐书·礼仪志》，北京：中华书局 1975 年版，第 3 册，第 926 页。
④ 《旧唐书·玄宗本纪》，北京：中华书局 1975 年版，第 1 册，第 216 页。
⑤ 《旧唐书·玄宗本纪》，北京：中华书局 1975 年版，第 1 册，第 216 页。
⑥ 《旧唐书·玄宗本纪》，北京：中华书局 1975 年版，第 1 册，第 223 页。
⑦ 《旧唐书·玄宗本纪》，北京：中华书局 1975 年版，第 1 册，第 223 页。
⑧ 《旧唐书》，北京：中华书局 1975 年版，第 1 册，第 227 页。
⑨ 《旧唐书》，北京：中华书局 1975 年版，第 1 册，第 216 页。

帝　号	时　间	册　号
高　宗	乾封元年(666年)二月二十八日(此据杜光庭《历代崇道记》,《唐会要》云为三月二十日)	追尊老君太上玄元皇帝
武则天	永昌元年(689年)	仍称老君
中　宗	神龙元年(705年)二月四日	依旧号太上玄元皇帝
玄　宗	天宝二年(743年)正月十五日 天宝八年(749年)六月十五日 天宝十三年(754年)二月七日	加太上玄元皇帝号为大圣祖玄元皇帝 加号为圣祖大道玄元皇帝 加号为大圣祖高上大道金阙玄元天皇大帝

尊崇玄元皇帝的另一个重要内容是大量制作玄元皇帝图像,分布天下。开元二十九年(741年)"五月,上梦元(玄)元告以休期,因令图写真容,分布天下"①。范祖禹《唐鉴》卷5详载其事说:"二十九年正月,帝梦玄元皇帝告云:'吾有像在京城西南百余里,汝遣人求之,吾当与汝兴庆宫相见。'帝遣使求得于周至楼观山间,闰四月,迎置兴庆宫,五月,命画玄元真容,分置诸州开元观。"②他并专为此下诏令说:"宜令所司,即写真容,分送诸道采访使,令当道州转送开元观安置,所在道士女冠等,皆具威仪法事迎候,像到七日夜,设斋行道,仍各赐钱,用充斋庆之费。自今已后,常令讲习道经,以畅微旨,所置道学,须加倍敦劝,使有成益……今者,真容应见,古所未闻,福虽始于邦家,庆宜均于士庶。其亲王、公主、郡主、县主及内外文武官等,并量赐钱,至休假之辰,宜以酒食,用申庆乐。诸道节度及将士等,亦宜准此。其两京及诸州父老,亦量赐钱,同此欢宴。"③从这道诏令的内容看,他图写"真容"的"微旨",不过是借此在朝野之间掀起一个崇信道教的热潮而已。他不仅图写"真容",而且以金铜、玉石等塑造玄元像,以供奉祀。据《旧唐书·礼仪志》载:天宝"三载(744年)三月,两京及天下诸郡于开元观、开元寺,以金铜铸玄元等身天尊及佛各一躯"。又载:"初,太清宫成,命工人于

① (宋)王溥:《唐会要》卷50"尊崇道教"条,北京:中华书局1955年版,第865页。

② (宋)范祖禹:《唐鉴》,上海:上海古籍出版社1984年版,第125页。

③ (宋)宋敏求编:《唐大诏令集》卷113《玄元皇帝临降制》,北京:商务印书馆1959年版,第589页。

太白山采白石，为玄元圣容，又采白石为玄宗圣容，侍立玄元之右。皆依王者衮冕之服，缯彩珠玉为之。”①其制作情况，《录异记》卷 7 记载：“天宝中，玄宗皇帝立玄元庙于长安大宁里临淄旧邸，欲塑玄元像。梦神人曰：‘太白北谷中有玉石，司取而琢之，紫气见处是也。’翌日，命使入谷求之。山下人云：‘旬日来，常有紫气，连日不散。’果于其下掘获玉石，琢为玄元像，高二丈许。”其像之高大，可想而知。故王维《奉和圣制庆玄元皇帝玉像之作应制》有云：“玉京移大像，金箓会神仙。”②天宝八年（749 年），又以孔子及“四真人”像列侍玄元左右。《唐大诏令集》卷 9《天宝八载册尊号赦》称：“圣人垂训，盖先乎道；学者崇本，必有其师。文宣王与圣祖同时，俱为教首，虽考言比德，理在难名，而问礼序经，迹彰亲授，命广在三之义，用崇得一之尊。宜于太清、太微宫圣祖前，更立文宣王遗像，与四真人列侍左右。”以孔子配老子，显然是“道高于儒”之意。不仅如此，在这些陪像之中，还有唐代开国以来的五个皇帝，即所谓“五圣”，这就更加显示出玄元皇帝的崇高和尊严。

玄宗李隆基亲自导演了玄元皇帝降临的神话剧。开元二十九年（741 年）四月，他对牛仙客、李林甫说：“朕自临御以来，向三十年来未尝不四更初起，具衣服礼谒尊容，盖为苍生祈福也。昨十日前，礼谒事毕之后，曙色未分，端坐静意，有若假寐，忽梦见一真容云：‘吾是汝远祖，吾之形象可三尺余，在京城西南一百余里，时人都不知年代之数，汝但遣人寻求，吾自应见。汝当庆流万叶，享祚无穷。吾自度其时，合吾与汝兴庆中相见，汝当大庆，吾犹未及言。’语毕，觉后昭昭然，若有所睹。朕即命使兼令诸道士相随于京都西南求诸，果于周至县楼观东南山阜间，乃遇真容一，昨迎到便于兴庆宫大同殿安置瞻睹，与梦中无异，卿等可入观之。”于是仙客、林甫俱拜贺说：“玄元大圣降见，真容感应之征，实符睿德。陛下礼至真之道，崇清净之源，何尝不礼敬，虔诚为苍生祈福，故得真容入梦，列祖表灵，求之西南，果与梦协。且兴庆宫者，潜龙旧邸，王业所兴，当此处而告期，与嘉名而相会。斯乃

① 《旧唐书》，北京：中华书局 1955 年版，第 3 册，第 926、927 页。

② （唐）王维：《王右丞集笺注》卷 11，上海：上海古籍出版社 1984 年版，第 194 页。

降于紫府，镇我皇家，启无疆之休，论大庆之应。陛下爰舍正殿，以为法堂，是尊是崇，至敬至极。殊尝之礼，将万福而俱臻；无外皆覃，及亿兆而同庆。臣等何幸，亲诣瞻礼，自然相好，谅绝名言。开辟以来，典籍所载，未之有也。请宣示中外，编诸简册。”玄宗诏报说：“梦之正者，是谓通神于！惟圣容果以诚应，岂朕德所及而大道是兴。再省神灵，言犹在耳，将殆福业，代纪弥多。初告以行宫，乃置之内殿，兼之大庆，久属朕躬，稽之道德，以兹为宝，当慈育万姓，承答神明。卿等宗臣，宜同朕意，愿扬嘉应。”同年五月，玄宗又梦玄元皇帝告以休期，乃下诏说：“顷因假寐，或梦真容，既觉之后昭焉。以瞻殊相，自然与梦相协，诚为密降仙府，永镇人环。告我以无疆之休，德音在听；表我以非常之庆，灵贶有期。”[①]天宝四年(745 年)正月庚午，玄宗谓宰相说：“朕比以甲子日，于宫中为坛，为百姓祈福，朕自草黄素置案上，俄飞升天，闻空中语云：‘圣寿延长。’又朕于嵩山炼药成，亦置坛上，及夜，左右欲收之，又闻空中语云：‘药未须收，此自守护。’达曙及收之。”太子、诸王、宰相都上表称贺。[②] 据说由于玄宗的虔诚，还感得玄元皇帝“灵应”，给以庇佑。《混元圣纪》卷 8 载：开元二十七年(739 年)十二月，“宰臣牛仙客：李林甫奏曰：‘臣等伏睹皇太子送十二月德音赴史馆。伏承陛下，前月五日，将欲巡幸渭北，是夜梦玄元皇帝曰：“明日子欲游乎？北神不在，此事宜止，五更当自有应。且子之享国多历年所，何必此日。”陛下二更即降制停渭北之行，至五更，果烈风大起，际暮方定。伏以玉真体妙，莫大于皇极；盛明致理，孰盛于吾皇。由是感而遂通，圣与神合，言不测之事，示必然之期，果兹烈风，有叶灵梦，既彰陛下之祚，更表无疆之休，同天地而久长，若符契之征验’。”[③]玄宗在《答牛仙客等请宣付元元皇帝灵应手诏》中说：“顷欲渭北近游，梦中有命，神不守职，事不可行，出必有名，何容易也！赖元圣垂告，灵应果然。朕夙夜惊怀，福庆斯在。《春秋》记异，况在此乎，所请宜依。”[④]由于

---

① (宋)王钦若：《册府元龟》卷 53，北京：中华书局 1960 年版，第 1 册，第 594—595 页。

② (宋)司马光：《资治通鉴》卷 215，北京：中华书局 1955 年版，第 15 册，第 6863 页。

③ 《道藏》第 17 册，第 863 页。又见(清)董诰等编：《全唐文》卷 300 之牛仙客《请宣付元元皇帝灵应奏》，北京：中华书局 1983 年版，第 3 册，第 3040 页。

④ (清)董诰等编：《全唐文》卷 31，第 1 册，第 348 页；又见《册府元龟》卷 53，北京：中华书局 1960 年版，第 1 册，第 593 页。

玄宗亲自故弄玄虚，多次声称梦见玄元皇帝，倡导对玄元皇帝的崇拜，全国上下都沉浸在这种狂热崇拜的气氛中。

群臣迎合玄宗心理，不断称颂玄元皇帝。戴璇撰《大唐圣祖元元皇帝灵应碑》说："居大宝者，必尊祖以配天；孩庶类者，咸宅生以母道。故四维张国，远宗元教。"又说："皇上受图享国，盖三十载，功侔天地，孝诚祖考。"①王维撰《贺玄元皇帝见真容表》称："臣闻仙祖行化，真气临关，圣人降生，祥光满室，固知仙圣必有景光。伏惟开元天地大宝圣文神武应道皇帝陛下，大道为心，上元同体。挟风云之质，敬想犹龙；写日月之仪，钦承大象。仍回旧邸，以奉清都。真容圣容，既明四目，照殿照室，忽类三光。蕊宫自明，初谓上天无夜；桂殿如画，还疑就日而期。琪树韬华，瑶池夺映，实由陛下弘敷本际，大启玄宗。明君润色哥于真源，圣祖和光于帝载。表文明之在御，六合以清；知临照之无疆，亿载多庆。"②还有许多此类颂词，文繁不赘。范祖禹评论说："明皇崇老喜仙，故其大臣谀，小臣欺，盖度其可为而为之也。"③同时，各地不断有玄元皇帝现身的神话故事被炮制出来。开元二十九年（741年）"八月丁亥，陵州奏：'开元观老君真容见，仪象分明，道士十数人皆见，久之方隐，请颁示天下。'从之。甲午命有司于兴唐观设斋，自内迎玄元皇帝真容于观，宰臣百官悉行香，有庆云见。侍中牛仙客、中书令李林甫上表贺曰：'……惟皇祖之降灵，表吾君以大庆，爰自古昔所未尝闻……伏望宣付史官。'帝曰：'卿等表言数事，皆圣祖启……命编于史册，随卿意焉'。"④天宝元年（742年），正月甲寅，陈王府参军田同秀上言声称："见玄元皇帝于丹凤门之空中，告以'我藏灵符，在尹喜故宅'。"玄宗遣使于函谷关尹喜台旁求得之，献于含元殿。"壬辰，群臣上表，以'函谷灵符，潜应年号；先天不违，请于尊号加"天宝"字'。从之。"至二月丙申，"改桃林县曰灵宝。田同秀除朝散大夫"，与五品官。这件事，"时人皆疑宝符同秀所为。间一岁，清河人崔以清复言：'见玄元皇帝于天津桥北，云藏符在武城

① （清）董诰等编：《全唐文》卷329，北京：中华书局1983年版，第4册，第3338页。
② （唐）王维：《王右丞集笺注》卷16，上海：上海古籍出版社1984年版，第289页。
③ （宋）范祖禹：《唐鉴》卷5，上海：上海古籍出版社1984年版，第127页。
④ （宋）王钦若：《册府元龟》卷53，北京：中华书局1960年版，第1册，第595页。

紫微山’,敕使往求,亦得之。东都留守王倕知其诈,按问,果首服。奏之。上亦不深罪,流之而已。”①可见,在玄宗的倡导下,作伪者投其所好,以此猎取名位,而他则尽量予以满足。在这种鼓励下,“言祥瑞者众,而迂怪之语日闻,谄谀成风,奸宄得志,而天下之理乱矣!”②所谓“言祥瑞者众”、“迂怪之语日闻”并非夸张之辞,有下列事实可证:

陈希烈在《道士萧从一见元元皇帝奏》中称:“伏见太清宫道士萧从一云,今日五更,欲于殿上焚香,行至三清门,忽有一片紫云从空下,兼有异常音乐,忽然如梦,身心惊骇,见空中有异人,兼仙童玉女,谓从者曰:‘我是元元皇帝,可报吾孙,汝是上界真人,令侍吾左右。吾冥使天匠就助成就讫,长卫护汝,受命无疆,灾害自除,天下安乐。’言讫,随云气便入殿门。谨案:诸道士学生皆称,今日凌晨于三清门外见道士萧从一鞠恭唱喏三四声,有紫云及音乐,移时不散。伏惟陛下虔诚奉道,福佑所归,置玉石真容,侍圣祖左右,仙乐下庆,天将助成。”③玄宗答以:“恭惟圣祖,屡降真容。仙卫接于云间,飙驾回于天路。又赐以无疆之寿,且欣以助成之言。严奉神休,良深祇庆。”④对此大加表彰。孙逖的《为宰相贺平原郡铸尊容炉上有紫云等瑞表》载:“平原郡奏,去月七日铸尊容,炉上有紫云如盖,高三尺余,铸毕方散,烟焰中又依稀有一老人,须眉皓白,俯临铸上,并绕炉行道,时闻空中传亿万声。及铸毕启模,相好圆满,面有自然之金色者,圣心通感,至道炳灵。”⑤王维的《贺神兵助取石堡城表》载:“伏见绛郡太平县百姓王英杞状称,去载七月,于万春乡界,频见圣祖。空中有言曰:‘我以神兵助取石堡城。’当时具经郡县陈说,并有文状申奏讫。今载正月,又于旧处再见云:‘我昔于梓州威洞造一龛尊像,在独坐山东北、公成山左侧。年代已远,其

① 《资治通鉴》卷215,北京:中华书局1956年版,第15册,第6852—6853页;参见《旧唐书·玄宗本纪》第1册,第214—215页;《旧唐书·礼仪志》,北京:中华书局1975年版,第3册,第926页。

② (宋)范祖禹:《唐鉴》卷5,上海:上海古籍出版社1984年版,第126页。

③ (清)董诰等编:《全唐文》卷345,北京:中华书局1983年版,第4册,第3505—3506页。

④ (清)董诰等编:《全唐文》卷32《答陈希烈奏道士萧从一见元元皇帝手诏》,北京:中华书局1983年版,第1册,第356页。

⑤ (清)董诰等编:《全唐文》卷311,北京:中华书局1983年版,第4册,第3156页。

处倾陷,像在土中,可报吾孙,令人往取。斯乃苍生之福,国祚无疆者。'近奉进止,差直省往彼求觅。昨见梓潼郡奏称:去年某月二十六日,郡县官吏并道士、父老、百姓等一千余人,与直省李万德依此寻求,其日诸山尽皆晴朗,惟公成山上云雾暗合,遍寻不知所在,遂结坛斋戒,祈请经宿。至二十七日辰时,有五色云见于雾合之处,遂即分人子(仔)细寻觅,乃见山半腹有少土倾处,其上竹树,非常蒙密,并见一石角出土一寸,便穿掘深三尺已来,乃是一石龛。龛中有尊像一,左右真人六,并师子、昆仑各二,遂以水洗沃,仪相俨然,事实吐符,并如真诰。其石龛重大,非人力所能运转。今于龛上造屋宇,便差精诚道士三人,专修香火供养,谨画图奉进者。"[①]孙逖的《为宰相贺宫人梦元元皇帝应见表》记载:"'宫中有一妇人,性颇好道,然未全通悟。数日以前,忽梦元元皇帝殷勤教戒道法,尚未尽解遵承。无何,又依前梦见,大被呵责,逐以水噀其两目,因而丧明,比梦觉后,都无所见,然始责躬罪己,精祈至真。又梦元元皇帝教之曰:"汝可见吾孙,自当立愈。"其妇人曰:"不知孙是何人?"曰:"汝皇帝是也,汝至酉时可见,当施其法,使汝知验。"至时,宫中数人共扶见朕,朕为洁诚作道法使救疗,其目须臾自开,平复如旧,圣祖灵感,昭然合符,与卿等同庆者'。伏以混成莫测,元元阐其教;众妙难名,陛下光其业。二圣表德,千古叶符;将告天休,遂凭宫女。乘恍惚而为梦,在希微而有声。不因其言,孰报贻孙之庆;不开其目,何彰救物之慈。法事既陈,灵征果验,能使病者,复归其明。当圣躬本命之时,合烈祖元通之契。事既符于久视,理仍叶于常存。殊尤之祥,载籍未有。"[②]这些怪谲之事、阿谀之语可以说都是在玄宗导演下的作品,是玄宗梦玄元皇帝的翻版,真可谓上有好者,下必甚之!还有为玄元皇帝做道教金箓大斋的。崔明允的《大唐平阳郡龙角山庆唐观大圣祖元元皇帝宫金箓斋颂》记载:"平阳郡元元宫者,兴王之肇兆也,惟初授命,载告休征,权舆灵迹,俶落祠宇,昭彰于国史。乃今升平,永配嘉瑞,增修清庙,大建閟宫……隐诀参斋,洞章护持,三元表辰,八月降诞,每至日展法于斯,修金箓斋,启玉皇印,道家之宝,王者

① (唐)王维:《王右丞集笺注》卷16,上海:上海古籍出版社1984年版,第290—291页。

② (清)董诰等编:《全唐文》卷311,北京:中华书局1983年版,第4册,第3160—3161页。

之仪，靡盛于此矣！”[1]还有许多类似的场景，从中可见，在玄宗的总导演下，全国各地演出了一幕又一幕玄元皇帝显灵的活剧，这在武周取消玄元皇帝尊号、李唐统绪险遭不测之后具有重要的政治意义。这一点，从玄宗追封被武则天禁锢的郄元崇（一作“郄玄宗”）之事亦可见出。开元二十九年（741年）二月，玄宗对宰臣说：“洪州人郄玄宗，往在文明（684年）中，传玄元皇帝真告于天后曰：‘我国祚无穷，当千万君。’遂遭禁锢，因兹沦丧。自非忠义之士，感激过人，孰能不避死亡之诛，竟达神灵之命？宜与追赠，以慰泉壤。其子瑗亦依资授一官。”[2]他下令说：“故洪州人郄元崇，往者来应嘉诏，次于虢略，忽睹元元皇帝，俾之升云空中，与言使戒天后，表国祚中兴之运，示宝历无疆之期。遂能不顾其身，来传此旨，竟遭幽执，谅可伤嗟。自非竭节本朝，孰克犯颜兹日？宜加追赠，用慰幽魂，可赠棣州刺史。”[3]这说明，玄宗大力尊崇玄元皇帝，实在是针对武周，重树李唐的权威，以证明李唐“宝历无疆”、“国祚中兴”、“享祚无穷”。

综合上述可知，玄宗开元末以后，全国各地、社会各层普遍掀起了一片圣祖崇拜的狂潮，兴起和操纵这阵阵狂潮热浪者就是玄宗本人。尊祖是和崇道分不开的，唐人李邕已经指出：“陛下尊崇圣祖，肃恭道教。”[4]尊崇玄元皇帝可以说是玄宗崇道的核心。

（二）优礼茅山宗和张天师一系道士

玄宗登基由于得到道教人士的支持，称帝后便提高道教的政治与社会地位，尤其优礼茅山宗和张天师一系道士。

从武则天末年到玄宗，宫廷政变迭起。在这些政变中，道士加入不同的政治集团参与政争。《混元圣纪》卷8载：中宗复位，武三思尚秉国权，叶法善以频察妖祥，保护中宗、相王李旦及其子李隆基，为武三思所忌，窜于南

---

① （清）董诰等编：《全唐文》卷303，北京：中华书局1983年版，第4册，第3083—3084页。

② （宋）王钦若：《册府元龟》卷53，北京：中华书局1960年版，第1册，第593—594页。

③ （清）董诰等编：《全唐文》卷24《赠郄元崇棣州刺史制》，北京：中华书局1983年版，第1册，第278页。

④ （唐）李邕撰：《李北海集》卷2《贺加天宝尊号表》，《文渊阁四库全书》第1066册，第13页。

海，后入洪州西山养神入道。景龙四年(710 年)三月九日括苍三神人又降，传太上之命云："汝当辅我睿宗及开元皇帝，未可隐迹山岩以旷委任。"其年八月，果有诏赴阙。后平韦后，立睿宗，玄宗继统，凡吉凶动静，必预奏闻。①除去其中的神话部分，正可看出叶法善曾为李唐的复兴助一臂之力。叶法善"雅不喜浮屠法，常力诋毁"②，对于武周的佞佛当然会不满，其阴助李唐以复兴道教便是很自然的了，而玄宗"继统"，也得到其预报"吉凶动静"。玄宗以政变上台，其登基前的政治活动还多方援引其他道士。据《旧唐书·玄宗本纪》载：景龙四年(710 年)，"中宗将祀南郊，来朝京师。将行，使术士韩礼筮之，蓍一茎孑然独立。礼惊曰：'蓍立，奇瑞非常也，不可言。'属中宗末年，王室多故，上常阴引材力之士以自助。"这些所谓"材力之士"中当有道士，从该书接下来的叙述便可明白这点："至六月，中宗暴崩，韦后临朝称制。韦温、宗楚客、纪处讷等谋倾宗社，以睿宗介弟之重，先谋不利。道士冯道力、处士刘承祖皆善于占兆，诣上布诚款。上所居里名隆庆，时人语讹以'隆'为'龙'；韦庶人称制，改元又为唐隆，皆符御名……"③道士为玄宗的翦除韦氏之党而"占兆"，此事道教典籍进一步将其渲染神化为："中宗景龙四年(710 年)庚戌六月，韦庶人既害中宗，复擅朝政，又将不利于睿宗。明皇时为临淄王，谋平内难，疑不能决。老君乃化身为一白衣老叟，卖卜于春明门外。王请筮之，俄有蓍一茎突然飞出，挺立空中，老叟笑曰：'此封宜取天下，为君吉，余并凶，利在三日内。'王乃与刘幽求、钟绍京入定谋诛韦后，立睿宗。即命搜访卖卜老叟，莫知处所，亦不知其为老君也，遂于其地立庙号阿父神，亲制碑词及书之，长安之人至今祀之。"④老君的形象不过是依历史活动中的道士而塑造的，由此也可见道教神话有其现实的原型。

玄宗称帝后，采取了一系列措施提高道教的政治与社会地位。他继续实行高宗隶道教于宗正寺的作法，进一步确认道士为宗亲。《旧唐书·玄宗本纪》载：开元二十五年(737 年)春正月壬午，制："道士、女冠宜隶宗正

① 《道藏》第 17 册，第 860 页。

② 《新唐书·方技传》，北京：中华书局 1975 年版，第 18 册，第 5805 页。

③ 《旧唐书》，北京：中华书局 1975 年版，第 1 册，第 166 页。

④ （宋）谢守灏：《混元圣纪》卷 8，《道藏》第 17 册，第 860 页。

寺,僧尼令祠部检校。”[①]《唐会要》卷 49“僧尼所隶”则系此事为二十五年七月七日,并详述其始末说:“开元二十四年(736 年)七月二十八日,中书门下奏,臣等商量,缘老子至流沙,化胡成佛法,本西方兴教,使同客礼,割属鸿胪,自尔已久,因循积久。圣心以元元本系,移就宗正,诚如天旨,非愚虑所及,伏望过元日后,承春令便宜……从之。至二十五年(737 年)七月七日制:‘道士女冠,宜隶宗正寺,僧尼令祠部检校。’”[②]玄宗并在中央官制的设置中,于宗正寺内置崇玄署,专职掌管道教事务。[③] 宗正寺自秦汉以后,均掌天子族亲属籍,玄宗于开元二十五年(737 年)七月己卯下令:“其宗正寺官员,自今并以宗枝为之。”[④]他将中央政府里面管理道教事务的机构“崇玄署”隶属于宗正寺,其用意当然是把道教抬高到皇家宗教的地位,可以享受皇室的特权,这样一来,道教便成为李唐的国教。此外,道士还取得了犯法不依俗制处罚的特权。开元二十九年(741 年)正月,河南采访使、汴州刺史齐浣奏:“伏以至道冲虚,生人宗仰,未免鞭挞,孰瞻仪型。其道士僧尼女冠等,有犯望准道格处分,所由州县官,不得擅行决罚,如有违越,请依法科罪,仍书中下考。”玄宗敕令:“宜依。”[⑤]这种特权正是在玄宗崇道的高潮所给予的。

玄宗又大量召见道士,封官赐物,甚至亲受法箓,以道士为师,这样做无疑也提高了道士的地位。开元二十二年(734 年)二月,玄宗遣中书舍人徐峤赍玺书迎道士张果至东都,“肩舆入宫,恩礼甚厚”。后张果固请归恒山,“制以为银青光禄大夫,号通玄先生,厚赐而遣之”[⑥]。开元二十四年(736 年)九月,玄宗“赠故道士王友真为银青光禄大夫”[⑦]。开元二十五年(737

① 《旧唐书》,北京:中华书局 1975 年版,第 1 册,第 207 页。

② 《新唐书 · 百官志》,北京:中华书局 1975 年版,第 4 册,第 1253 页;《文献通考》卷 55 系此事为开元 24 年。

③ 参见《新唐书 · 百官志》,北京:中华书局 1975 年版,第 4 册,第 1252 页;《唐六典》卷 16。

④ 《旧唐书 · 玄宗本纪》,北京:中华书局 1975 年版,第 1 册,第 208 页。

⑤ (宋)王溥:《唐会要》卷 50“尊崇道教”条,北京:中华书局 1955 年版,第 865 页。

⑥ (宋)司马光:《资治通鉴》卷 214,北京:中华书局 1956 年版,第 15 册,第 6805、6808 页;又见《旧唐书 · 玄宗本纪》,北京:中华书局 1975 年版,第 1 册,第 200 页。

⑦ (宋)王钦若:《册府元龟》卷 53,北京:中华书局 1960 年版,第 1 册,第 592 页。

年)正月癸卯,拜"道士尹愔为谏议大夫,集贤学士兼知史馆事"①。《新唐书·尹愔传》详载其事说:"愔博学,尤通老子书。初为道士,玄宗尚玄言,有荐愔者,召对,喜甚,厚礼之,拜谏议大夫、集贤院学士,兼修国史,固辞不直。有诏以道士服视事,乃就职,颛领集贤、史馆图书。开元末,卒,赠左散骑常侍。"②在他征召的道士中,尤以茅山宗为多,且先后接受茅山派宗师司马承祯、李含光的法箓。据《旧唐书·司马承祯传》载:开元九年(721年),玄宗遣使迎司马承祯入京,"亲受法箓,前后赏赐甚厚"③。天宝七年(748年)三月,玄宗又从玄静先生李含光受上清经箓,他先遣中使至茅山告李含光受经箓之期,遥礼师度,赐号玄静先生,并赐法衣一袭,以伸师资之礼。敕度道士于茅山华阳宫焚修,并有御制《明皇受箓碑》,今佚。后又于燕洞宫敕修赐宫额,度女道士三人奉香火;敕在与庙下立精舍,度道士焚修,奉三茅君道祖香火。④ 此外,茅山宗著名道士吴筠也曾受玄宗征召。这些都显示了他对当时道教主流派茅山宗的格外器重。⑤ 玄宗还册封正一派的张陵和茅山宗陶弘景。《唐会要》卷50"杂记"称:天宝六年(747年)"五月十三日,后汉张天师册赠太师,梁贞白先生陶宏景册赠太保。"此事按《唐大诏令集》卷9《天宝七载册尊号赦》应为天宝七年(748年),这一年五月,"玄宗御兴庆殿,授册尊号曰开元天宝圣文神武应道皇帝",⑥五月三十日颁《册尊号赦》,宣布:"朕每以道元有属,思竭精诚,经教所在,岂忘崇奉,且宗其道者师其人,行其教者尊其礼。晋琅琊王公府舍人杨真人,护军长史许真人,丹阳上计掾许真人,皆道著妙门,感通元阙,降高真之迹,为上清之宗。后汉张天师,教达元和,德宗太上,正一之道,幽赞生灵。梁中散大夫贞白陶先生,高尚尘表,博达元微,综辑真经,传授后学。并令有司,审定子孙,将有封植,以隆真嗣。天师册为太师,贞白册赠太保。其洞宫山各置坛祠宇,每处度道

① 《旧唐书·玄宗本纪》,北京:中华书局1975年版,第1册,第207页。
② 《新唐书》,北京:中华书局1975年版,第18册,第5703页。
③ 《新唐书》,北京:中华书局1975年版,第16册,第5128页。
④ 参见《茅山志》卷17、24;《玄品录》卷4。
⑤ 关于茅山宗,详见本章第三节。
⑥ 《旧唐书·礼仪志》,北京:中华书局1975年版,第3册,第927页。

士五人,并取近山三十户,蠲免租税差科,永供洒扫。”[①]除此之外,从玄宗对魏夫人仙坛的“祈祷不绝”,也可见出他对茅山宗的优宠。开元二十九年(741年)三月,他遣道士斋龙壁往醮魏夫人仙坛;天宝八年(749年),以魏夫人得道升仙之处,度女道士二人,以修香火。[②] 总之,茅山宗之成为当时道教主流派,张天师一系在玄宗时期及以后的逐渐兴旺都与玄宗的大力扶持分不开。

(三)将道举纳入科举教育体系

玄宗朝,官吏考选,多有由道举出身者,正如《唐阙史》卷下“太清宫玉石像”条所说:“明皇朝崇尚玄元圣祖之教,故以道举入仕者,岁岁有之。”玄宗并亲自注解《道德经》以颁示天下,掀起举国上下大学《道德经》及《庄子》、《列子》等四经的热潮,甚至有陈希烈之类以讲《老》、《庄》得进,引以为相。

唐代中央学校有监、馆之分。监即国子监,下分国子学、太学等六学;馆分为宏文馆,崇文馆。开元时,又置崇玄馆,习《老》、《庄》、《列》、《文》四子,亦叫“道举”。据《旧唐书·玄宗本纪》载:开元二十一年(733年)“春正月庚子朔,制令士庶家藏《老子》一本,每年贡举人量减《尚书》、《论语》两条策,加《老子》策。”[③]其《制》文说:“俾尊崇道本,宏益化源。今之此敕,亦宜家置一本,每须三省,以识朕怀。”[④]宏文馆学士裴光庭上《请以加老子策诏编入国史奏》,称玄宗“教示百僚,爰及兆庶,圣恩溥洽,德泽如天”,希望“编入国史,以示将来”[⑤]。玄宗从之。到开元二十五年(737年)“春,正月,初置玄学博士,每岁依明经举”。胡三省注云:“崇玄学,习《老子》、《庄

① (清)董诰等编:《全唐文》卷39《加应道尊号大赦文》,北京:中华书局1983年版,第1册,第429—430页;又见《唐大诏令集》卷9《天宝七载册尊号赦》,北京:商务印书馆1959年版。

② 参见(清)董诰等编:《全唐文》卷340颜真卿《南岳夫人魏夫人仙坛碑铭》,北京:中华书局1983年版,第4册,第3454页。

③ 《旧唐书》,北京:中华书局1975年版,第1册,第199页。按《册府元龟》卷53此事系于开元二十年正月。疑“十”后脱“一”字,盖其二十年四月事已述,又叙正月事,不合体例。参见《混元圣纪》卷8。

④ (清)董诰等编:《全唐文》卷23,北京:中华书局1983年版,第1册,第271页。

⑤ (清)董诰等编:《全唐文》卷299,北京:中华书局1983年版,第3册,第3931页。

子》、《文子》、《列子》，亦曰道举。”①《旧唐书·礼仪志》则载：开元二十九年（741年）“正月己丑，诏两京及诸州……置崇玄学。其生徒令习《道德经》及《庄子》、《列子》、《文子》等，每年准明经例举送。”②其诏文说：“我烈祖元元皇帝，禀大圣之德，蕴至道之精，著五千文，用矫时弊，可以理国家。超乎象系之表，出彼明言之外。朕有处分，令家习此书，庶乎人用向方，政成不宰……置崇元学，生徒于当州县学生数内均融量置，令习《道德经》及《庄子》、《文子》、《列子》，待习业成，每年准明经举送至省，置助教一人，委所由州长官，于诸色人内精加访择补授，仍稍加优奖。”③《新唐书·选举志》也说：开元“二十九年，始置崇玄学，习《老子》、《庄子》、《文子》、《列子》，亦曰道举。其生，京、都各百人，诸州无常员。官秩、荫第同国子，举送、课试如明经。”④这一套道举制度无疑对社会的崇尚玄元皇帝、研习《老子》起了推波助澜的作用，而他的目的则正如其所说要“尊崇道本”、“人用向方，政成不宰”。他甚至亲自策试“四子”举人，以示奖励。《唐大诏令集》卷113《玄元皇帝临降制》称：“诸色人有能明《道德经》及《庄子》、《列子》、《文子》者，委所由长官访择具以名闻，朕当亲试，别加甄奖。”开元二十九年（741年）九月，他便“御兴庆门楼，亲试《道德经》及庄、文、列子举人问策曰：‘朕听政之暇，常读《道德经》、文、列、庄子，其书文约而义精，词高而旨远，可以理国，可以保身，朕敦崇其教以左右人子也！大夫能从事于此，甚用嘉之……’有姚子彦、靳能、元载等对策入第，各授之以官。”⑤相隔不到半年时间［天宝元年（742年）二月丙申］，他又诏令：“庄子号南华真人，文子号通玄真人，列子号冲虚真人，庚桑子号洞虚真人。改《庄子》为《南华真经》，《文子》为

① （宋）司马光：《资治通鉴》卷214，北京：中华书局1956年版，第15册，第6826页。

② 《旧唐书》，北京：中华书局1975年版，第3册，第925页。又见《旧唐书·玄宗本纪》，北京：中华书局1975年版，第1册，第213页；《册府元龟》卷53，北京：中华书局1960年版，第1册，第593页。

③ （清）董诰等编：《全唐文》卷31《命两京诸路各置元元皇帝庙诏》，北京：中华书局1983年版，第1册，第350页。

④ 《新唐书》，北京：中华书局1975年版，第4册，第1164页。

⑤ （宋）谢守灏：《混元圣纪》卷8，《道藏》第17册，第865页。按：《旧唐书·玄宗本纪》“姚子彦”作“姚子产”，第1册，第214页。参见《唐大诏令集》卷106《亲试四子举人敕》。

《通玄真经》,《列子》为《冲虚真经》,《庚桑子》为《洞虚真经》……两京崇玄学各置博士、助教,又置学生一百员。”[①]陈希烈上《请以南华真经宣付史官奏》,“望宣付史官,以昭灵应”。[②] 到天宝二年(743年),“改崇玄学曰崇玄馆,博士曰学士,助教曰直学士,置大学士一人,以宰相为之,领两京玄元宫及道院,改天下崇玄学为通道学,博士曰道德博士,未几而罢”[③]。以宰相领玄元宫及道院实开宋人以宰相领道观之先河。天宝四年(745年)十月二十三日诏:“其坟籍中有载元元皇帝及南华真人旧号者,并宜改正。其余编录经义等书,宜以《道德经》在诸经之首,《南华》等经,不宜编列子书。”[④]通过这一系列诏令和措施,他使道举制度日趋完善,为其大崇道教的活动培养了人才。[⑤]

他不仅把《道德经》捧到诸经之首,而且亲自注解《道德经》,建立经幢,在宫中讲论《道德经》。据《封氏闻见记》卷1载,玄宗亲注老子《道德经》,令学者习之。《册府元龟》卷53载:开元“二十三年(735年)三月癸未,亲注《老子》并修《疏义》8卷,及至《开元文字音义》30卷,颁示公卿士庶及道释二门,听直言可否。文武百官、右丞相萧嵩等奏曰:‘臣等准敕牒问百司并宣示道俗,各得报称,咸以为玄言造微,宇说该洽……发挥道教,弘长儒风……请编入史册,藏之秘府。’许之”。[⑥] 到开元二十六年(738年),“玄宗注《道德经》成,刊之石,又作《疏》十卷令学者习之,今敦煌写本残卷尚有之”[⑦]。天宝十四年(755年)十月“甲午,颁《御注老子》并《义疏》于天下”[⑧]。《册府元龟》卷54亦说:“十月,御注《道德经》并《义疏》分示十道,

① 《旧唐书·礼仪志》,北京:中华书局1975年版,第3册,第926页。按:(宋)王溥《唐会要》卷77“崇元生·道举附”云:“改《庚桑子》为《洞灵真经》”。

② (清)董诰等编:《全唐文》卷345,北京:中华书局1983年版,第4册,第3506页。

③ 《新唐书·百官志》,北京:中华书局1975年版,第4册,第1253页。

④ (宋)王溥:《唐会要》卷50“杂记”条,北京:中华书局1955年版,第880页。

⑤ 参见《唐会要》卷50“观”:道士荆朏,出道学,为时所尚,太尉房琯每执师资之礼。

⑥ (宋)王钦若:《册府元龟》,北京:中华书局1960年版,第1册,第592页。参见谢守灏:《混元圣纪》卷8,《道藏》第17册,第863页。

⑦ 姜亮夫:《莫高窟年表》,上海:上海古籍出版社1985年版,第319页。参见王重民:《敦煌古籍叙录》,北京:中华书局1979年版,第246页。按:《郡斋读书志》卷3上云:《老子疏》6卷,唐玄宗撰。可见关于玄宗《老子疏》的说法不一。

⑧ 《旧唐书·玄宗本纪》,北京:中华书局1975年版,第1册,第230页。

各令巡内传写，以付宫观。"①从上引可知，玄宗在开、天之间曾先后数次颁示其注解的《老子》，作为修习者的范本，以此弘扬道教。他还多次镌《道德经》石幢。《混元圣纪》卷 8 载："帝东封回谒老君于亳州旧宅，亲札《道德经》，镌石作大幢，造八角楼覆之于虚无殿之前。"②《册府元龟》卷 53 载：开元九年(721 年)三月，"置石柱于景龙观，令天台道士司马承祯依蔡邕石柱，三体书写老子《道德经》"③。又据《文物》1963 年第 5 期《河北邢台地上文物调查记》说：唐玄宗时"道德经石台"位于开元寺西北，台为八角形，现存台座、柱身、宝盖三部分。南面上部篆刻共四行四字"大唐开元圣文神武皇帝注道德经台记"。其下刻经注，皆正书，经前有玄宗自序和敕造年月。经文最后有："玄元皇帝道德经注。御注。右检校道门威仪龙兴观道士司马秀奏：望两京及天下应修官斋等州，取尊法物，各于本州一大观造石台刊勒，及令天下诸观并令开□讲。"第八面上段题："开元二十七年(739 年)……上柱国质建。"④此幢为现存重要的道德经石刻之一。在道观内广建《道德经》石幢，显系用官方的本子(玄宗的"御注"产生后则以此为官本)来统一经文，以方便道士修习。为了推进对《道德经》的深入学习和理解，玄宗又常于宫内讲论。开元十八年(730 年)十月，他命集贤院学士陈希烈等于三殿讲《道德经》。侍中裴光庭等奏说："今陛下化成天下，与道玄同，小其有为之迹，弘此不言之教，将以去华归本，削伪存真。其为道德之乡，固在老庄之术，遂命集贤院学士中书舍人陈希烈……等于三殿侍讲，敷畅真文……理之于国，唯清唯净之风；修之于身，久视长生之道……望编入史册，宣示天下。"玄宗诏报说："朕虔守宗祧，祇膺历数……留意典坟。以为道者玄妙之宗，德为教化之本，讲讽微旨，稽详秘文，庶无为而政成，不宰而物应。"⑤对之所以要讲论老庄之术的政治目的毫不隐晦，于此也可看出玄宗崇道的用

① (宋)王钦若：《册府元龟》，北京：中华书局 1960 年版，第 1 册，第 605 页。
② 《道藏》第 17 册，第 861 页。
③ (宋)王钦若：《册府元龟》，北京：中华书局 1960 年版，第 1 册，第 589 页。
④ 刘慧达：《河北邢台地上文物调查记》，《文物》1963 年第 5 期。
⑤ (宋)王钦若：《册府元龟》卷 53，北京：中华书局 1960 年版，第 1 册，第 590 页；参见《混元圣纪》卷 8，《道藏》第 17 册，第 862 页。

心所在。关于陈希烈,《旧唐书·张说传》附《陈希烈传》说:"开元中,玄宗留意经义,自褚无量、元行冲卒后,得希烈与凤翔人冯朝隐,常于禁中讲《老》、《易》。"①《资治通鉴》卷215载:天宝五年(746年)四月,"以门下侍郎、崇玄馆大学士陈希烈同平章事。希烈,宋州人,以讲《老》、《庄》得进,专用神仙符瑞取媚于上。李林甫以希烈为上所爱,且柔佞易制,故引以为相"。② 陈希烈以讲老庄得到玄宗宠爱,得进相位,不仅如此,又得到以白石刻为像陪侍玄元皇帝庙的殊荣,③从他身上亦透示出玄宗的狂热崇道。

综上可知,玄宗在科举中也大力贯彻其崇道政策,设道举制,以老庄策试生员,不少人竟因此在政治上平步青云。从高宗到玄宗,科举考试中策试《老子》曾发生变化,兹列表如下:

帝号	时　间	策试《老子》情况
高宗	上元二年(675年) 仪凤三年(678年)	加试《老子》,明经二条,进士三条 《道德经》、《孝经》并为上经,贡举皆须兼通
武后	长寿二年(693年)	令贡举人停《老子》,习则天自制《臣轨》两卷
中宗	神龙元年(705年)	贡举人停习《臣轨》,依前习《老子》
玄宗	开元二十一年(733年) 开元二十九年(741年) 天宝元年(742年) 天宝十二年(753年)	令士庶家藏《老子》一本,贡举人减《尚书》、《论语》两策,加试《老子》策。始置崇玄学,亦曰道举,习四子 除崇玄学生外,其余应举所试《道德经》宜并停,加《尔雅》 道举停《老子》,加《周易》

(四)服食丹药

玄宗崇道还有一个重要内容就是服药,他晚年笃信神仙长生,服药成为其生活中不可或缺的组成部分。

开元十一年(723年)九月,颁玄宗所撰《广济方》于天下,④《全唐文》

① 《旧唐书》,北京:中华书局1975年版,第9册,第3059页。

② (宋)司马光:《资治通鉴》卷215,北京:中华书局1956年版,第15册,第6871—6872页。

③ 参见《唐会要》卷50"尊崇道教"条,北京:中华书局1955年版。

④ 《旧唐书·玄宗本纪》,北京:中华书局1975年版,第1册,第186页。

卷32也收有玄宗《刊广济方诏》,说明他是懂得医药之道的,这种爱好与才能也许与其以后服丹药有关。玄宗曾与宁王宪及歧王范等书说:“昔魏文帝诗云:‘西山一何高,高处殊无极。上有两仙童,不饮亦不食。赐我一丸药,光耀有五色。服药四五日,身轻生羽翼。’朕每思服药而求羽翼,何如骨肉兄弟夫生之羽翼乎!陈思有超代之才,堪佐经纶之务,绝其朝谒,卒令忧死。魏祚未终,遭司马宣王之夺,岂神丸之效也!虞舜至圣,舍象傲之愆以亲九族,九族既睦,平章百姓。此为帝王之轨则,于今数千岁,天下归善焉,朕未尝不废寝忘食钦叹者也。顷因余暇,妙选仙经,得此神方,古老云:‘服之必验。’今分此药,愿与兄弟等同保长龄,永无限极。”①以药物作为“亲九族”的手段之一,融洽兄弟关系,而这药物是从道经里“妙选”的,表明玄宗是非常注意道经里药方的。玄宗暮年,对药物更加迷信。他自述说:“吾比年服药物,比为金灶煮炼石英,自经寇戎,失其器用。前日晚际,思欲修营,一昨早朝,遽闻进奉。有同符契,若合神明。此乃汝之因心,测吾之本意。”②做太上皇以后,“修营”丹药成为生活的主要内容,而“比年服药物”可证玄宗服药已多年,服丹药成为其癖好。

为满足服药的嗜欲,他力倡炼丹采药。《旧唐书·礼仪志》载:“玄宗御极多年,尚长生轻举之术。于大同殿立真仙之像,每中夜夙兴,焚香顶礼。天下名山,令道士、中官合炼醮祭,相继于路。投龙奠玉,造精舍,采药饵,真诀仙踪,滋于岁月。”③《宣室志》卷2也记载玄宗命地方官采药进贡:海岱之间出玄黄石,或云茹之可以长生,玄宗皇帝尝命临淄守每岁采而进贡。但他更多的是利用道士为之炼药。据李林甫说:时有真人方士,不召而至者,俨然而进曰:“臣闻,昔者太初之先也,尝有受命握符,一君千岁。后代圣人,顺其外为封禅,修其中为导养。故玉检有不死之名,金丹为长生之要。五三以降,兹道蔑闻。陛下承紫气之真宗,接黄神之远运,玉检之文已备,金丹之验未彰,天将授之,其在今矣!”玄宗览其议而告之言:“朕闻,神丹者,有琅

① 《旧唐书·睿宗诸子传》,北京:中华书局1975年版,第9册,第3011—3012页。

② (清)董诰等编:《全唐文》卷38《赐皇帝进烧丹灶诰》,北京:中华书局1983年版,第1册,第411页。

③ 《旧唐书》,北京:中华书局1975年版,第3册,第934页。

玕雪霜，三化五转，太乙得之为上帝之伯，元君得之为下教之尊。必将假无为之功，任自然之力，乃可就矣。”于是命道士孙太冲亲承密诏，对授真诀。“一之日披图于天府，二之日陈醮于山坛，然后俾太乙启炉，陵阳传火，积炭于庑下，投药于鼎中……太冲乃与中使薛履信衔命而东，涉海沂，过蒙羽，行且千里，归已十旬，然后克日聚观，开封发印，余烬未灭，还丹赫然，则已六转矣。明年，移药于缑氏山升仙太子庙，其役制之功，神异之效，又如初焉……九转既毕，驰驿以献，圣上方涤虑穆清，斋心虚白，神期应会，如合契焉。于是三事百僚，奉觞称贺曰：‘陛下抚群黎而归寿域，上真降殊休而报圣德，神丹一御，与天无极。’”①此事孙逖也有记述：“伏见道士孙太冲奏：‘事奉进止，令中使薛履信监臣于中岳嵩阳观合炼。其灶中著水，置炭于灶侧，对三却回，已经数月，泥拭既密，缄封并全。即与县官等对开门，其炭并尽，灰又别聚，不动人力，其药已成。初乃五色发瑞，终则太阳晖于炉际。’”②说什么“不动人力”，实际上玄宗为求长生大炼丹药，不惜兴师动众，浪费人力物力。又有道士黄河清等奏：“兴庆宫合炼院内产芝草，五色分辉，六茎（阙二字）。神丹入炼而转精，祯祥应期以如答。”③可见，有不少道士为玄宗炼丹药，这里也透露出皇宫内有专为玄宗炼丹药的场所。

玄宗不仅自己服药，而且常将药物赐予臣下。《新唐书 · 方技传》载：姜抚，宋州人。自言通仙人不死术，隐居不出。开元（713—741 年）末，太常卿韦绦祭名山，访隐民，还白抚已数百岁。玄宗召至东都，舍于集贤院。姜抚称：“服常春藤，使白发还有鬓，则长生可致。藤生太湖最良，终南往往有之，不及也。”玄宗乃遣使者至太湖，多取以赐中朝老臣。又诏天下，使自取之。宰相裴耀卿奉觞上千万岁寿，玄宗悦，御花萼楼宴群臣，出藤百奁，遍赐之。擢姜抚银青光禄大夫，号冲和先生。④ 张九龄在《谢赐药状》中也称，玄

① （清）董诰等编：《全唐文》卷 345《嵩阳观纪圣德感应颂》，北京：中华书局 1983 年版，第 4 册，第 3507—3508 页。

② （清）董诰等编：《全唐文》卷 311《为宰相贺中岳合炼药自成兼有瑞云见表》，北京：中华书局 1983 年版，第 4 册，第 3157 页。

③ （清）董诰等编：《全唐文》卷 311 孙逖《为宰相贺合炼院产芝草表》，北京：中华书局 1983 年版，第 4 册，第 3158 页。

④ 《新唐书》，北京：中华书局 1975 年版，第 18 册，第 5811—5812 页。

宗赐"臣等鹿角胶丸及驻年面脂等驻年之药",[①]流风所及,朝中大臣多喜好服药。1970年10月,西安南郊出土大批唐代医药文物,其中药物有丹砂、钟乳石、紫石英、白石英、琥珀等,还有炼丹器、温药器、研药器等医药器具。据推断,这批文物的时代下限应在盛唐晚期(约8世纪中)。初步认为出土地点为邠王府宅。邠王李守礼是玄宗堂兄,这一窖藏可能是邠王后人的遗物。从这些医药文物可以看出唐代炼丹风气之盛及其成就,可以表明自玄宗时贵族大臣的服药风气。[②]

（五）限制佛教政策

玄宗在热烈崇道的同时,对佛教着重从组织规模和经济上采取限制的政策,而对其思想则加以利用,形成其所谓"三教无阙"的局面,共同为李唐的统治服务。

由于武则天大肆佞佛,搞得乌烟瘴气,佛教的发展显得十分不正常,以致"僧尼数多,逾滥不少"[③]。而大造寺庙佛像又使"农功虚费,府库空竭"[④]。这些问题在中宗、睿宗时并未予以解决,因此玄宗上台后不久,即令伪滥僧尼还俗。开元二年(714年)正月丙寅,"紫微令姚崇上言请检责天下僧尼,以伪滥还俗者二万余人"。[⑤]《旧唐书·姚崇传》也载:"先是,中宗时,公主外戚皆奏请度人为僧尼,亦有出私财造寺者,富户强丁,皆经营避役,远近充满。至是,崇奏曰:'佛不在外,求之于心。佛图澄最贤,无益于全赵;罗什多艺,不救于亡秦。何充、苻融,皆遭败灭;齐襄、梁武,未免灾殃。但发心慈悲,行事利益,使苍生安乐,即是佛身。何用妄度奸人,令坏正法?'上纳其言,令有司隐括僧徒,以伪滥还俗者万二千余人。"[⑥]《旧唐书·五行志》称:"姚崇秉政,以僧惠范附太平乱政,谋汰僧尼,令拜父母,午后不

---

① (唐)张九龄:《曲江集》卷15,上海:上海书店1989年影印本。

② 参见《从西安南郊出土的医药文物看唐代医药的发展》、《西安南郊唐代窖藏里的医药文物》,《文物》1972年6期。

③ (清)董诰等编:《全唐文》卷30《括检僧尼诏》,北京:中华书局1983年版,第1册,第337页。

④ (唐)杜佑:《通典》卷7《食货七》,北京:中华书局1988年版,第149页。

⑤ 《旧唐书·玄宗本纪》,北京:中华书局1975年版,第1册,第172页。

⑥ 《旧唐书》,北京:中华书局1975年版,第9册,第3023页。

出院,其法颇峻。”①就在开元二年,玄宗与姚崇配合行动,多次下诏检责僧尼道士。二月十九日,敕天下寺观,屋宇先成,自今后更不得创造。② 润二月十三日敕:僧尼道士女冠等自今后并拜父母。③ 七月十三日下《禁百官与僧道往还制》。④ 又下《断书经及铸佛像敕》。⑤ 实际上,这些诏令重点是针对佛教的。以后,玄宗又多次颁布限制佛教的诏令,如:开元三年(715 年)十一月十七日颁《禁断妖讹等敕》;⑥开元十九年(731 年)四月下《诫厉僧尼敕》,规定僧尼自今后除讲律外,一切禁断;⑦六月下《不许私度僧尼及住兰若敕》⑧;开元二十一年(733 年)十月又颁《僧尼拜父母敕》。⑨ 此外,《全唐文》中也收了许多这类诏令。⑩ 这些都在某种程度上限制了佛教的过滥发展,缓和了世俗地主阶级与僧侣集团的矛盾。

但在意识形态领域内,玄宗并不排斥佛教思想,他甚至曾亲自注解《金刚经》,他对三教关系的政策是“会三归一”、“理皆共贯”⑪。张九龄称玄宗“至德法天,平分儒术。道已广其宗,僧又不违其愿,三教并列,万姓知归”。玄宗批答说:“三教无阙。”⑫因此,玄宗时佛道关系相对于太宗、高宗、武后时都较为平静,二者关系得到缓解。据佛教史籍载,玄宗时较激烈的佛道之争只有一次。天宝四年(745 年),玄宗召见道士吴筠于大同殿,筠每以微言讽天子,天下重之。沙门嫉其见遇,而高力士又素奉佛,遂共毁筠于玄宗。

---

① 《旧唐书》,北京:中华书局 1975 年版,第 4 册,第 1374 页。

② (宋)王溥:《唐会要》卷 49,北京:中华书局 1955 年版,第 860 页。

③ (宋)王溥:《唐会要》卷 47。按:关于“闰二月十三日”,《唐大诏令集》卷 113《令僧尼道士女冠拜父母敕》作“闰二月三日”。又,《旧唐书·玄宗本纪》第 1 册,第 172 页亦载此事。

④ (清)董诰等编:《全唐文》卷 21,北京:中华书局 1983 年版,第 1 册,第 243 页。

⑤ (宋)宋敏求编:《唐大诏令集》卷 113,北京:商务印书馆 1959 年版,第 588 页。

⑥ (宋)宋敏求编:《唐大诏令集》卷 113,北京:商务印书馆 1959 年版,第 588 页。

⑦ (宋)宋敏求编:《唐大诏令集》卷 113,北京:商务印书馆 1959 年版,第 588 页。

⑧ (宋)王溥:《唐会要》卷 49,北京:中华书局 1955 年版,第 861 页。又,《唐大诏令集》卷 113 定此事为 7 月,详见该书 589 页。

⑨ (宋)宋敏求编:《唐大诏令集》卷 113,北京:商务印书馆 1959 年版,第 589 页。

⑩ 参见(清)董诰等编:《全唐文》卷 21、26、28、30、34 等。

⑪ (唐)张九龄:《曲江集》卷 15《贺论三教状御批》,《四库全书荟要》本,第 4 页。

⑫ (唐)张九龄:《曲江集》卷 15《贺御注金刚经状》,《四库全书荟要》本,第 5 页。

筠知不得留，还茅山，造论以攻击释氏。浙西观察使陈少游请僧人神邕著论折之，邕遂著《翻邪论》以订其妄。① 玄宗也常诏三教讨论义理，于此也体现出他贯通三教的精神。

玄宗崇道的高峰期是开元末至天宝初，其最高潮的上下限大约是开元二十九年（741 年）至天宝三年（744 年）。

《旧唐书·王玙传》指出："开元末，玄宗方尊道术，靡神不宗。"②《唐鉴》卷五说："开元之末，明皇怠于庶政，志求神仙。"③《资治通鉴》卷 214 载开元二十二年（734 年）玄宗征张果后称："上由是颇信神仙"，胡注云："明皇改集仙为集贤殿，是其初心不信神仙也，至是则颇信矣，又至晚年则深信矣。"④《旧唐书·元载传》也指出："天宝初，玄宗崇奉道教。"⑤从史家的这些说法及上述玄宗崇道事实看，可以确证开元二十二年（734 年）以后玄宗迷上了道教，晚年信之弥笃，其崇道热浪的最高点为开元末至天宝初。

玄宗早年，励精图治，对道教只是政治上的有意利用而已，并不相信神仙长生之说。开元十一年（723 年）的《西岳太华山碑序》、⑥开元十三年（725 年）的《纪太山铭》⑦都表示了他对神仙长生的怀疑与批评。《曲江集》卷 16《集贤殿书院奉敕送学士张说上赐燕序》说："集贤殿者，本集仙殿也"，玄宗以为"候彼神人事，虽前载传于方士，言固不经，遂改仙为贤，去华务实"。"虚诞不经"就是开元初、中期他对神仙长生的评价。那么后来玄宗的信仰为什么会发生 180 度的大转变呢？这个具体过程和原因尚不太清楚，但有一点可以肯定，即这是与道士广泛持久接触、受道士影响的结果。开元末，玄宗便"颇信神仙"了。他说："内养五神，外合一气，去万恶，增万善，长生久视，沐浴元波。真经之旨毕于是，不死之方尽于是。"⑧他认为：

---

① 参见《佛祖统纪》卷 40，《佛祖历代通载》卷 17。

② 《旧唐书》，北京：中华书局 1975 年版，第 11 册，第 3617 页。

③ （宋）范祖禹：《唐鉴》，上海：上海古籍出版社 1984 年版，第 126 页。

④ （宋）司马光：《资治通鉴》卷 214，北京：中华书局 1956 年版，第 15 册，第 6808 页。

⑤ 《旧唐书》，北京：中华书局 1975 年版，第 10 册，第 3409 页。

⑥ （清）董诰等编：《全唐文》卷 41，北京：中华书局 1983 年版，第 1 册，第 447—448 页。

⑦ 《旧唐书·礼仪志》，北京：中华书局 1975 年版，第 3 册，第 904 页。

⑧ （清）董诰等编：《全唐文》卷 41《通微道诀碑文》，北京：中华书局 1983 年版，第 1 册，第 454 页。

“道有默仙,谓之形解。古来既尔,今亦将然。”[①]天宝元年,常在宫中给玄宗讲老庄的陈希烈回忆道:“昔常侍讲,跪演经文。至于七篇,陛下顾谓臣曰:‘其篇有《养生主》,已悟长年之术。’”[②]这些都表明了玄宗晚年认识和信仰的转变。由此也可见,玄宗对于道教的态度,早年主要是政治上利用,且不崇信;晚年则几近迷信神仙长生,怠于政事,主要用道术来补充其宫廷生活。玄宗的崇道,前后是有区别的。

玄宗崇道对后世皇帝的崇道有极大影响,特别是对宋统治者有直接的影响。《资治通鉴》卷214,开元二十九年胡注指出:“有宋大中祥符之事,皆唐明皇教之也。”[③]就是说,宋真宗所谓神人降天书《大中祥符》三篇的神话,不过是唐玄宗梦玄元皇帝降告的翻版。宋儒孙奭大中祥符六年(1013年)上疏也指出:“陛下封泰山、祀汾阴,躬谒陵寝,今又将祠于太清宫,外议籍籍,以谓陛下事事慕效唐明皇,岂以明皇为令德之主耶?甚不然也。明皇祸败之迹有足为深戒者,非独臣能知之,近臣不言者,此怀奸以事陛下也。”但真宗很不以为然:“封泰山,祠汾阴、上陵,祀老子,非始于明皇。《开元礼》今世所循用,不可以天宝之乱,举谓为非也。”至天禧(1017—1021年)中,朱能献《乾祐天书》。孙奭又上疏说:“唐明皇得《灵宝符》、《上清符国经》、《宝券》等,皆王鉷、田同秀等所为,明皇不能显戮,怵于邪说,自谓德实动天,神必福我。夫老君,圣人也。傥实降语,固宜不妄。而唐自安史乱离……岂天下太平乎?明皇……卒以忧终,岂圣寿无疆,长生久视乎……今日见老君于阁上,明日见老君于山中,大臣尸禄以将迎……既惑左道,即紊政经,民心用离,变起仓卒。”[④]以玄宗崇道招致祸败的殷鉴劝戒宋真宗,可见玄宗崇道的巨大影响,宋儒已切实地感受到了,并深以为忧患。于此也可见宋真宗对玄宗崇道之举的仿效。

---

① (唐)张九龄:《曲江集》卷15《贺上仙公主灵应状御批》,《四库全书荟要》本,第6—7页。

② (清)董诰等编:《全唐文》卷345《请以南华真经宣付史官奏》,北京:中华书局1983年版,第4册,第3506页。

③ (宋)司马光:《资治通鉴》卷214,北京:中华书局1956年版,第15册,第6844页。

④ 《宋史·儒林一》,第37册,北京:中华书局1977年版,第12804、12806页。

总之，从唐高祖到唐玄宗，除武周时崇佛超过崇道外，基本上是以崇道为主，在崇道的同时也不排斥佛教。这刚好与隋统治者大崇佛教、复行道教的情况相反，道佛二教在朝廷上的地位作了转换。由于初、盛唐统治者认道教为本家，大加崇信、着力宣扬，使道教在此期间获得迅猛发展；又由于统治者积极向周边地区及邻国传播道教及其经典，此时道教的国际影响也较大，在一些邻国流传开来，它作为中国传统文化的使者加强了唐帝国与各国的友好往来。盛唐的道教同样充满了“盛唐气象”，这一点从当时唐代的国家斋醮活动和道派的融合兴盛中透露了出来。

三、唐代国家斋醮活动

李唐建国之初，尊道教教主老子为李氏皇帝远祖，道教成为国教。随着唐代道教的兴盛发展，道教斋醮活动亦日趋盛行。唐代帝王崇信斋醮祈福禳灾的功效，为求自身的福寿和国家的太平，对斋醮活动颇为重视。唐太宗即位之初，即敕命著名道士李含光建茅山坛宇，为国斋醮。贞观九年（626年），唐太宗敕文遣太史令薛碛、校书郎张道本、太子左内率长史桓法嗣等赴茅山，“送香油镇彩，金龙玉璧于观所，为国祈恩”①。贞观年间，唐太宗多次派中使赴茅山坛场，巡视斋醮，赏赐茅山修斋道士。唐代茅山上清宗坛为国醮祭，名扬天下。著名文士徐铉就称赞茅山华阳洞天，金陵福地，“坛馆之盛，荐享之殷，修奉之严，樵牧之禁，冠于天下”②。

值得注意的是，武则天执政时期，多次敕命道士举行金箓斋会和投龙简仪式，为武周政权拜天谢过，镇安社稷。大周天授二年（691 年），武则天以大周革命，敕命金台观主马元贞往五岳四渎投龙，为武周政权作功德。马元贞等在东岳泰山举行章醮投龙，作功德 12 昼夜。大周天授三年，马元贞再奉敕往五岳四渎投龙。据《筠清馆金石记》，马元贞投龙设醮，在山东太安、曲阜，河南登封、济源，都曾勒石题名，传诸后世。大周圣历元年（698 年），

---

① （唐）江旻：《唐国师升真先生王法主真人立观碑》，（清）董诰等编《全唐文》卷 923，北京：中华书局 1983 年版，第 10 册，第 9619 页。

② （唐）徐铉：《复三茅禁山记》，（清）董诰等编：《全唐文》卷 882，北京：中华书局 1983 年版，第 9 册，第 9220 页。

大弘道观主桓道彦，奉敕于东岳设金箓宝斋河图大醮七昼夜，两度投龙，仪式有加。大周长安元年（701 年），金台观主赵敬，奉敕于泰山岱岳观灵坛修金箓宝斋 3 昼夜，又设五岳 120 盘醮礼，奉金龙玉璧投山。大周长安四年（704 年），大弘道观威仪师邢虚应等，奉敕于东岳岱岳观建金箓大斋 49 天，行道设醮，奏表投龙荐璧。现存河南博物馆的投龙金简，于 1982 年发现于嵩山峻极峰，是武则天命道士胡昭投于嵩山，内容是乞三官九府除武曌罪名。

唐玄宗尊崇道教，亲受茅山上清法箓，隶籍道门，对斋醮仪式犹感兴趣，竭力提倡斋醮法事。《旧唐书·礼仪志四》称：

> 玄宗御极多年，尚长生轻举之术。于大同殿立真仙之像，每中夜夙兴，焚香顶礼。天下名山，令道士、中官合炼醮祭，相继于路。投龙奠玉，造精舍，采药饵，真诀仙踪，滋于岁月。①

开元天宝年间，投龙奠玉，丝毫不逊则天武后。当时茅山华阳洞、天台山玉京洞、王屋山玉阳洞、青城山天师洞、南岳朱陵洞、武夷山升真洞等名山洞府，醮祭投龙，岁岁不绝。《南岳总胜集》载衡山招仙观朱陵洞：

> 下有投龙潭，国家修醮毕，投金龙于此，石罅微开，闻天乐之声。放蘭扬有《水廉洞诗》，中一联云："开元投金龙，水底闻天钧。"②

《唐神武皇帝遣使诣华盖山华林山投简》称：

> 大唐开元神武皇帝李隆基，命是乙酉八月降诞。夙好道真，愿蒙神仙长生之法，位忝君临，不获朝拜。谨令高士孙智良赍信简，投刺浮丘石室，以为金龙驿传。③

唐代道教斋醮中的投龙仪式，是在举行金箓、黄箓斋会时，设 1200 星位的罗天大醮，斋后举行投龙仪式以告谢天地，投龙地点多在道教的洞天福地。杜光庭《天坛王屋山圣迹序》说：

> 国家保安宗社，金箓籍文，设罗天之醮，投金龙玉简于天下名山洞府。④

---

① 《旧唐书》，北京：中华书局 1975 年版，第 3 册，第 934 页。

② 《道藏》第 11 册，第 116 页。

③ 《华盖山浮丘王郭三真君事实》卷 1，《道藏》第 18 册，第 47 页。

④ （清）董诰等编：《全唐文》卷 931，北京：中华书局 1983 年版，第 10 册，第 9703 页。

道教的投龙仪式源于天、地、水三官信仰，刘宋时已初步形成投龙祭祀仪式。至唐代，祭天、祭地、祭水的投龙仪式，已成为国家斋醮祭祀大典。唐代京城长安和东都洛阳，是道教斋醮活动最盛之地。唐代长安有道观42座，洛阳有道观12座，唐政府设崇玄署，"掌京都诸观之名数，道士之帐籍，与其斋醮之事"。① 开元十年（722年），唐玄宗诏两京及诸州各置玄元皇帝庙一所，每年依道法斋醮，天宝初更改庙名，长安为太清宫，洛阳为太微宫，诸州为紫极宫。长安太清宫设御斋院和公卿斋院，成为国家斋醮的重要法坛。唐代崇祀九宫贵神，九宫为太乙所居之宫，司九州水旱灾福，太清宫即设九宫贵神坛。李德裕《论九宫贵神坛状》说：

> 九宫贵神，实司水旱，功佐上帝，德庇下民。翼嘉谷岁登，灾害不作，每至四时初节，令中书门下摄祭者，准礼。九宫次昊天上帝，坛在太清宫太庙，上用牲牢币璧，类于天地神祇。天宝三载十二月，元（玄）宗亲祀。乾元元年正月，肃宗亲祀。②

李德裕还撰《论九宫贵神合是大祠状》，说九宫贵神上佐天极，下辅人极，辅相神道，实为国之大祠。

太清宫供奉李氏皇帝远祖老子，被尊为大圣祖高上大道金阙玄元天皇大帝。在唐人诗文中，还可见太清宫举行斋醮的记载。唐代诗人张仲素的《上元日听太清宫步虚》诗曰：

> 仙客开金箓，元辰会玉京。
> 灵歌宾紫府，雅韵出层城。
> 磬杂音徐彻，风飘响更清。
> 纡余空外尽，断续听中生。
> 舞鹤纷将集，流云住未行。
> 谁知九陌上，尘俗仰遗声。③

唐元和进士封敖撰有《太清宫祈雪青词》、《祈雨青词》，祈求大圣祖高上大道金阙玄元天皇大帝，降雨雪以福佑群生。白居易任翰林学士时，曾代唐宪

---

① （唐）李林甫等纂、陈仲夫点校：《唐六典》卷16，北京：中华书局1992年版，第467页。

② （清）董诰等编：《全唐文》卷706，北京：中华书局1983年版，第7册，第7248页。

③ 《全唐诗》卷367，北京：中华书局1999年版，第6册，第4148页。

宗撰《季冬荐献太清宫词文》,亦是太清宫斋醮的青词。

唐代皇帝诞辰、忌日及诸节日,要专门举行斋醮法事,敬修功德,为皇帝祈祷。封敖撰《宪宗忌日玉晨观叹道文》、《立春日玉晨观叹道文》、《庆阳节玉晨观叹道文》,即为皇帝斋醮祈祷而作。《立春日玉辰观叹道文》说:

> 女道士等奉为皇帝稽首斋戒,焚香庄严。伏以冥鉴照临,神功保卫,精诚上感,至道潜通,高明广被于无穷,福佑庶垂于有感。南山比寿,将圣祚而齐隆;东海量恩,与天波而长润。旁沾动植,溥救幽阴,咸保乂宁,永绥多福。①

玉辰观在长安大明宫,传世之唐大和三年(829 年)刻石《唐大明宫玉晨观故上清大洞三景弟子东岳青帝真人田法师玄室铭并序》,即可为证。

唐诗中所见的道教科仪。唐诗中有大量道教题材的作品,被称为涉道诗。唐代道教的斋醮仪式,是涉道诗诵咏的主要内容。唐代斋醮中的各种科仪内容,在唐诗中几乎都有描写。兹举例如下:

投龙仪式。刘禹锡的《和令狐相公送赵长盈炼师与中贵人同拜岳及天台投龙毕却赴京》诗曰:"白鹤迎来天乐动,金龙掷下海神惊。"②皮日休的《投龙潭》诗曰:"时有慕道者,作彼投龙术。端严持碧简,斋戒挥紫笔。"③

三元斋会。李郢的《紫极宫上元斋呈诸道流》诗曰:"碧简朝天章奏频,清宫仿佛降灵真。五龙金角向星斗,三洞玉音愁鬼神。"④严维的《中元日鲍端公宅遇吴天师联句》诗曰:"道流为柱史,教戒下真仙。共契中元会,初修内景篇。"⑤于鹄的《宿西山修下元斋咏》诗曰:"林下听法人,起座枯叶声。启奏修律仪,天曙山鸟鸣。"⑥

朝真拜斗。杨炯的《和辅先入昊天观星瞻》诗曰:"上真朝北斗,元始咏南风。"⑦顾况的《步虚词》诗曰:"迴步游三洞,清心礼七真。飞符超羽翼,

---

① (清)董诰等编:《全唐文》卷 728,北京:中华书局 1983 年版,第 8 册,第 7507 页。
② 《全唐诗》卷 360,北京:中华书局 1999 年版,第 6 册,第 4076 页。
③ 《全唐诗》卷 610,北京:中华书局 1999 年版,第 9 册,第 7094 页。
④ 《全唐诗》卷 590,北京:中华书局 1999 年版,第 9 册,第 6907 页。
⑤ 《全唐诗》卷 789,北京:中华书局 1999 年版,第 11 册,第 8979 页。
⑥ 《全唐诗》卷 310,北京:中华书局 1999 年版,第 5 册,第 3507 页。
⑦ 《全唐诗》卷 50,北京:中华书局 1999 年版,第 1 册,第 619 页。

焚火醮星辰。”①

步虚。方干的《夜听步虚》诗曰:“寂寂永宫里,天师朝礼声。步虚闻一曲,浑欲到三清。”②

禹步。王昌龄的《武陵开元观黄炼师院》诗曰:“松间白发黄尊师,童子烧香禹步时。”③

上章。卢拱的《中元日观法事》诗曰:“西孟逢秋序,三元得气中。云迎碧落步,章奏玉皇宫。”④

这些描写唐代斋醮的历史诗篇,从一个侧面反映出唐代斋醮的兴盛。

唐代道教作为国家宗教,其斋醮法事为皇室所看重,正式登上国家祭祀的大雅之堂。唐玄宗御敕编撰的《唐六典》,将道教斋醮列为国家祀典,《唐六典》卷四载:

> 斋有七名。其一曰金箓大斋,调和阴阳,消灾伏害,为帝王国主延祚降福。其二曰黄箓斋,并为一切拔度先祖。其三曰明真斋,学者自斋,斋先缘。其四曰三元斋,正月十五日天官为上元,七月十五日地官为中元,十月十五日水官为下元,皆法身自忏愆罪焉。其五曰八节斋,修生求仙之法。其六曰涂炭斋,通济一切急难。其七曰自然斋,普为一切祈福。⑤

唐代皇室最重视金箓斋,据《唐六典》记载,凡三元日和皇帝诞生日,要例行举行金箓大斋。天宝二年(743 年)下元日(十月十五日),庆唐观道士举行金箓斋,《庆唐观金箓斋颂》记此祭祀场面说:

> 每至是日,展法于斯,修金箓斋,启玉皇印,道家之宝,王者之仪,靡盛于此矣……仙侣颁次,羽人步虚,朝拜九天,醮祠五老。想钩陈则黄云来覆,存太一则白鹤来翔。其余侍香金童,传言玉女,缥缈仙境,徘徊元空,求之希微,宛如契合耳。⑥

---

① 《全唐诗》卷 266,北京:中华书局 1999 年版,第 4 册,第 2944 页。

② 《全唐诗》卷 649,北京:中华书局 1999 年版,第 10 册,第 7508 页。

③ 《全唐诗》卷 143,北京:中华书局 1999 年版,第 2 册,第 1454 页。

④ 《全唐诗》卷 463,北京:中华书局 1999 年版,第 7 册,第 5298 页。

⑤ (唐)李林甫等纂、陈仲夫点校:《唐六典》,北京:中华书局 1992 年版,第 125 页。

⑥ 陈垣编纂,陈智超、曾庆英校补:《道家金石略》,北京:文物出版社 1988 年版,第 138 页。

庆唐观在晋州浮山县羊角山，是唐王室的家庙，在庆唐观举行金箓斋会，目的是为皇帝延祚降福。此金箓斋是道教国家斋醮之宝，宏大的祭祀场面展现出王者之仪。此大型祈福仪式高功法师通过步虚、存想法术，与天界神仙沟通，为李唐王朝祈福。

要特别提到的是，唐代实行道举制度，道举的考试科目反映出对斋醮的重视。道士经法科试义十道，讲论科试经论，文章应制科试诗，表白科试声喉，声赞科试步虚三启，焚修科试斋醮仪。在斋醮仪式中，道士要念颂祝咒，以声音洪亮为佳，故表白、声赞、焚修三科都与斋醮有关，此亦见唐代斋醮之重。此外，唐代道教之盛，也可表现在当时的道派融合之中，下节阐述。

第三节　道派的融合兴盛

道教经过魏晋南北朝的分化发展之后，到了隋唐又呈现融合之势。这种融合在南北朝末已发生，隋的统一打破了地域分割，为融合进一步创造了条件。唐承隋而继续推进融合，带来了道教的繁荣兴盛。

由于融合，使原先个性特征十分鲜明的各个道派，逐渐在教理教义和宗教仪式上，都互相渗透，呈现出你中有我、我中有你的状况，难以区分，甚至像南北朝时发展一度超过上清的灵宝派，此时却似乎“泥牛入海无消息”，其传承关系已不十分清楚了。但为了叙述的方便，我们仍将唐代道教分为茅山宗、楼观道等分别进行考察，以便了解唐代道派融合的概貌。

一、作为唐代道教主流派的茅山宗

茅山宗乃唐代道教主流派，入唐著名大师为王远知，他既传承陶弘景的道术，又曾师事宗道先生臧兢，而臧乃重玄名家，则重玄宗的老学义理必影响于王。[①] 其弟子潘师正说：“夫道者，圆通之妙称”，又引《太上开演秘密藏经》云：“道名独立，体自虚通”，又作偈云：“道身不生灭，任理自玄通……

① 参见《新唐书 · 方技传》，第 18 册，第 5804 页。又，“臧兢”，《云笈七籤》卷 5 作“臧矜”。

绝名不待对……肃寂守虚冲。”这些与重玄宗解释“道”为“虚通之理”十分接近。潘师正还说：“一切有形，皆含道性。”[①]这既吸取了佛教众生皆有佛性之说，又与重玄宗表述的“道性”说相类。显然，茅山宗在教理上受到重玄宗影响。

茅山宗又吸取了灵宝斋法。据《至言总》卷1“斋戒”云：上清斋有两种：一是绝群独宴，静气遗形；一是清坛肃侣，依太真仪格。灵宝斋有六法：(1)金箓斋救度国王。(2)黄箓斋救拔世祖。(3)明真斋忏悔九幽。(4)三元斋首谢违反科戒。(5)八节斋忏洗宿新之过。(6)自然斋为百姓祈福。[②]唐代茅山宗道士多能做灵宝斋法，则灵宝斋法已汇入茅山宗。陶弘景后茅山宗主修《上清经》，兼修《灵宝经》、《三皇经》，经过王远知、潘师正、司马承祯等宗师的弘扬，灵宝经法多为茅山宗接受。如潘师正即以《灵宝诸经》答复高宗李治所问；[③]茅山宗第十四代宗师韦景昭师事茅山宗支派王轨一系的包士荣，“惟习灵宝经法”，后受李含光经箓正传。[④] 均可看出灵宝经法在茅山宗内流传的情况。

正一法也融入了茅山宗。潘师正对司马承祯说：“我自陶隐居传正一之法，至汝四叶矣。”[⑤]《旧唐书·吴筠传》说吴筠“乃入嵩山，依潘师正为道士，传正一之法”。[⑥] 这表明，陶弘景时正一法已为上清派吸取，上清派演化为茅山宗后对正一法的传承不断。据《云笈七籤》卷4“上清经述”记载：魏华存除受清虚真人王褒《大洞真经》等经31卷和景林真人《黄庭内景经》外，又受正一真人张君“治精治鬼法”。[⑦] 颜真卿的《晋紫虚元君领上真司命南岳夫人魏夫人仙坛碑铭》又称：三天法师张道陵授魏华存以新出明威章奏，入静存祝吏兵符箓之诀。[⑧] 这些神话传说既反映了早期上清派已吸

① 以上见《道门经法相承次序》，《道藏》第24册，第791、800页。

② 《道藏》第22册，第850页。

③ 《道藏》第24册，第785页。

④ 参见刘大彬《茅山志》卷11，《道藏》第5册，第602页。

⑤ 《旧唐书·司马承祯传》，北京：中华书局1975年版，第16册，第5127页。

⑥ 《旧唐书》，北京：中华书局1975年版，第16册，第5129页。

⑦ 《道藏》第22册，第20页。

⑧ （清）董诰等编：《全唐文》卷340，北京：中华书局1983年版，第4册，第3453页。

取正一法文,也折射出唐代茅山宗对正一法的融汇。茅山宗这种既受上清法箓又受正一法箓的传统,直到晚唐依然如此。徐锴的《茅山道门威仪邓先生碑》载:邓启霞于咸通元年(860 年)诣茅山太平观柏尊师道泉为弟子,十二年(871 年)诣龙虎山 19 代天师参受都功正一法箓。乾符三年(876 年)诣本观三洞法师何元通进授中盟上清法箓。① 综上可证,自陶弘景以来到唐代,正一法一直是茅山宗传授经教的内容之一。正一法已融入茅山宗。茅山宗与天师道本有割不断的联系,且从早期上清派开始,便与天师道有密切关系,故其传正一之法亦是合乎情理的。② 陶弘景力主三教合一,对道教内部各派系更不存门户之见,其弟子融汇道教各派正是这一传统的发扬。

隋唐时,特别值得注意者,乃灵宝派的似乎"消失",这种状况也是融合的一种表现。灵宝派本以斋醮仪式见长,其斋醮科仪为隋唐道教所普遍遵行,并得到张万福、杜光庭等人进一步发展,灵宝斋法已融入整个隋唐道教之中,灵宝经书亦为隋唐道教普遍征引。如《上清道类事相》引用有《灵宝隐语》、《灵宝真经》、《灵宝诫三十六仙内科》、《五符经》等。《三洞珠囊》引用有《灵宝经》、《灵宝斋戒威仪经》、《灵宝制服科》、《灵宝天地运度经》等。《道教义枢》引用有《灵宝真文》、《灵宝赤书五篇》、《灵宝本元经》、《灵宝经》等。《道门经法相承次序》引用有《灵宝诸经》、《灵宝本元经》、《元始灵宝赤书玉篇真文》、《太上灵宝无量度人经》、《度人经》等。③

灵宝经法又融入了重玄宗。灵宝派是很重视《道德经》的。《无上秘要》卷三十四引《洞玄敷斋经》云:"《五千文》,仙人传授之科,素与灵宝同限。高才志士,好讽诵求自然飞仙之道者,具法信纹缯五十尺,与《灵宝》一时于名山峰上受之。"④《无上秘要》卷 37"授道德五千文仪品"可以看到灵宝派传授《道德经》箓仪的隆重场面。⑤ 这些都说明《道德经》在灵宝经法中的崇高地位。众所周知,重玄宗乃隋唐道教中专讲老学义理的一个学派,

① (清)董诰等编:《全唐文》卷 888,北京:中华书局 1983 年版,第 9 册,第 9283 页。

② 参见陈国符:《道藏源流考》,北京:中华书局 2012 年版,第 273—274 页。

③ 参见[日]吉冈义丰:《道教经典史论》第三编《古道经目录》,《吉冈义丰著作集》第 3 卷,日本五月书房出版社 1989—1990 年版。

④ 《道藏》第 25 册,第 116 页。

⑤ 《道藏》第 25 册,第 124 页。

其老学思想即受到了灵宝派影响。题为陆修静撰的《洞玄灵宝斋说光烛戒罚灯祝愿仪》认为："道者，至理之目；德者，顺理而行。"①而重玄派恰好也多以"理"来解释"道"，二者于此相通。《道教义枢》卷1引陆修静云："虚寂寞为道体。虚无不通，寂无不应。"②成玄英、李荣对道的描述与此极为相似。又引《灵宝经》云："虚无常自然，强名字大道。"③《无上秘要》卷39引《自然经诀》也说："太上大道君，出是《灵宝篇》。高妙难为喻，犹彼玄中玄"；"虚无常自然，强名字大道。缅邈无边际，众妙归灵宝。"④以虚无自然解"道"，为重玄派所吸收；以《灵宝》之高妙比拟重玄，更显示了灵宝与重玄的关联。据南宋金允中《上清灵宝大法》的分章法，《灵宝度人经》的第一章为"叙玄章"，第六章为"重玄章"，第十二章为"赞玄章"，第十七章为"玄局章"，第三十章为"升玄章"，第三十一章为"契玄章"。⑤ 这种重视"玄"与"重玄"的思想便为重玄派所继承和发扬。唐代重玄名家成玄英即对《灵宝度人经》作了疏解。《通志》卷67"道家"类著录：《灵宝度人经》1卷。又4卷，道士成玄英疏义。⑥ 此《疏》现存于陈景元的《元始无量度人上品妙经四注》之中。这一事实，亦可说明灵宝经法受到了重玄学者的重视。重玄派吸收了灵宝派的义理，经过它的进一步发展，又对茅山宗的教理产生影响。这样，在统一的李唐王朝的统治下，道教内部各宗派的互相融合便更加深入和广泛了。

应当指出，尽管灵宝派在隋唐时期的传承世系不明，但其经教却影响深远，不仅渗透到隋唐道教的各个方面，而且直到南宋所出的《灵宝净明新修九老神印伏魔秘法》等净明派经书，都还具有灵宝经法的色彩。

以上简要地说明了唐代各道派的融合状况。下面进一步再就茅山宗在唐代的传承关系及其有关道士作一考察。

按照李渤《真系传》的记载，唐代茅山宗的第一个宗师当为王远知。其

① 《道藏》第9册，第822页。
② 《道藏》第24册，第805页。
③ 《道藏》第24册，第805页。
④ 《道藏》第25册，第131页。
⑤ 《道藏》第31册，第624页。
⑥ （宋）郑樵：《通志》，北京：中华书局1987年版，第789页。

人在新旧《唐书》中皆有传,在道书中的有关资料亦相当多。现据以介绍如下:王远知,字广德,祖籍琅琊临沂人(今山东临沂),是一个"涉陈越隋暨我唐皆宗之"[①]的三朝元老式道士,被茅山宗尊为十代宗师。祖景贤,梁征北将军、江州刺史,父昙选,陈车骑将军、扬州刺史,食邑三千户,母为梁驾部郎中丁超女。可见远知出于官宦之家。其父信佛,沙门宝誌曾对他说:"生子当为神仙之宗伯也。"远知自幼聪慧,博览群书。新旧《唐书·王远知传》和李渤《真系传》均说他初入茅山拜陶弘景为师;传其道法,后又师事宗道先生臧兢[②]。但关于王远知是否师事陶弘景,史料有不同的说法。现存最早关于王远知生平事迹的材料为贞观时希玄观三洞道士江旻所撰的《升真先生王法主真人立观碑》,碑文只记他师事国师宗道先生臧兢,未说他师事陶弘景。《玄品录》则认为王远知先师事臧兢,后从陶弘景[③]。但又说远知生于梁大通二年(528 年),而陶弘景卒于大同二年(536 年),时远知年方八岁,似不可能师事陶弘景。

王远知是个热衷政治、善于观察政治风向的道士,颇与"山中宰相"陶弘景的本领相似。他受到陈朝、隋朝和唐朝统治者的优渥宠遇,使茅山宗在这个时期得到很大的扩展。隋炀帝为晋王时,曾先后派人奉请他前来相见,即位后又令崔凤举召他,相见于临朔宫,并亲执弟子礼,令在都城造玉清玄坛作为他的居处。他在京城玉清观住了一段时间,并曾为隋炀帝杨广的政治行为出谋划策。唐人于敬之记述说:"洎隋氏握图,物色岩穴,旁求俊异,旌贲英翘。王法主美孕三仙,芳逾七圣。爰降丝涣,追赴东都,先生此辰,从游京洛……出入两宫,声华四部……当时奉敕玉清元坛行道。丰厨享饍,既馔玉而浆金;供帐芳华,亦铺霞而籍锦。"[④]但隋末天下即将大乱的政治形势,隋炀帝所作所为之丧失人心,他是清楚的,所以当唐高祖未发迹时,他又密传李渊符命,以此来寻求新的政治靠山。经过他的努力,终于使茅山宗得到李

① (唐)李渤:《少室山伯王君碑铭》,《道藏》第 5 册,第 642 页。

② "臧兢"一作"臧矜"。

③ (元)张雨:《玄品录》卷 4,《道藏》第 18 册,第 97 页。

④ (清)董诰等编:《全唐文》卷 186《桐柏真人茅山华阳观王先生碑铭》,北京:中华书局 1983 年版,第 2 册,第 1893 页。又见《茅山志》卷 22,《道藏》第 5 册,第 643 页。

唐王朝的大力支持。唐太宗李世民登基后，准备委他以重任，他固请还山，于是诏令洛州资给人船，并施法服。至贞观九年，令润州于茅山置太平观，并度道士 27 人作为其侍者。这一年四月，他回到茅山，太宗遣派太史令薛颐、校书郎张道本等送香油、镇彩、金龙玉璧给他作法事之用，又派朝散郎肖文远前往慰问，并赐衲被几杖等。同年九月十六日远知卒，年一百二十六岁。

王远知死后备极哀荣。高宗调露二年追赠他为太中大夫，谥“升真先生”。中宗追赠他为金紫光禄大夫，升玄先生。于敬之评论他：“践三清之隩隅，游六学之津要。翘心丹诀，警虑玄波。既毁网于迷途，乃分灯于暗室。清规素论，一代伟人。”①据《茅山志》卷 9 记载，王远知撰有《易总》15 卷②。今不存。其弟子最著者，有潘师正、徐道邈、陈羽、王轨等。王轨与潘师正分为二支，分传于南北，至韦景昭又合为一。

王轨，字洪范，一字道模，生于陈宣帝太建十一年（579 年），琅琊临沂人，为王远知同乡。家世显宦，曾祖筠，梁散骑常侍，少府卿度支尚书；祖父铦，梁简文太子洗马，招远将军，陈大中正光禄大夫；父瑜，陈著作佐郎，鄱阳王常侍。王轨八岁时丧父，寄于包氏 5 年，十三岁出家于太平观，随王远知卜居茅山为香瓶弟子 16 年，二十岁时正式受远知经法。他“初在法主（王远知）座下听《老子》、《西升》、《灵宝》、《南华》真人论，退席之际，即为人讲说。五行俱览，一字无遗，辩若建瓴，词同炙輠。法主叹而言曰：‘吾道东矣，何独康成’”③。及远知赴炀帝杨广召，他亦从游京洛，奉敕于玉清玄坛行道。大业十一年（615 年），他奉诏“于河南二十四郡博访缁素，有道术异能杂技德行、讲说灼然堪供养者，及精通道法之徒，并具状追送驾所。”旋因天下大乱，“关河路绝，因即避乱名山，遂历天台、赤城、四明、桐柏……复淹十载”④。唐兴，唐太宗李世民知其名，常向他咨访道要，后因茅山许、陶遗址“旧基夷漫，余迹沦芜”，远知遣他还山修葺。他“敬造正殿，三间两庑，并

① （元）刘大彬：《茅山志》卷 22，《道藏》第 5 册，第 642 页。

② 《道藏》第 5 册，第 594 页。

③ （清）董诰等编：《全唐文》卷 186 于敬之《桐柏真人茅山华阳观王先生碑铭》，北京：中华书局 1983 年版，第 2 册，第 1893 页；又见《茅山志》卷 22，《道藏》第 5 册，第 642 页。

④ （清）董诰等编：《全唐文》卷 186，北京：中华书局 1983 年版，第 2 册，第 1893 页。

及讲堂坛靖”,“又于内殿奉造元始天尊像一躯,光趺八尺、左右真人夹侍”。并就在此“扇元风”、“宣众妙”、“济有待”,演说道教法理。据说,他“自幼及长,恒味松术平生斋讲传授,所有信施,并入功德,赒救贫无”。他早年“于名山福地,感遇真经。晚居华阳,又摹写上清尊法,洞元、洞神符图秘宝,并竭钟魏之模楷,尽班倕之剞劂,缄封静室,永镇山门”①。可见其为收集整理道经作了不少工作。唐高宗乾封二年(667 年)卒,年八十八岁。弟子最著者有戴慧恭、包方广、吴德伟、王元熠等十余人。② 其中包方广传崇玄观道士包法整,法整传包士荣,士荣传韦景昭。③

潘师正,字子真,生于隋开皇四年(584 年)。其籍贯记载不一,《旧唐书 · 潘师正传》、李渤《真系传》及唐人王适《体玄先生潘尊师碣》皆云其为赵州赞皇(今河北赵县)人,而《新唐书》、《茅山志》卷 11、《玄品录》卷 4、《历世真仙体道通鉴》卷 25《潘师正传》则云其为贝州宗城人,当以李渤、王适之说为是。祖居常,周楚州刺史,父置,隋通州刺史,母鲁氏,善言名理,口授师正以《道德经》。据说他:“生有仙骨,幼无童心。足蹈龟文,手垂过膝。风仪盅秀,操履幽贞。年十二通《春秋》及《礼》,见黄老之旨,薄儒墨之言。”④十三岁丧母,庐于墓侧,以至孝闻。隋大业中,有道士刘爱道见而器之说:“三清之骥,非尔谁乘之?”时王远知为炀帝杨广所尊礼,每诏入禁中,躬荐松水以祈福庆。爱道对师正说:“吾非不欲尔相从,然成就功道,非远知不可。”远知既见,欣然对爱道说:“今日复有潘仙,吾教之幸也。”由是遂师远知,受三洞隐诀真文,尽得远知真传。不久,远知请还茅山,师正随行。一日,远知对他说:“吾虽欲留汝于此,而嵩阳乃汝修真之地,当亟往无疑。”于是与刘爱道入中岳,居双泉中岭间约十年,复深入逍遥谷,潜心修道。所

① (清)董诰等编:《全唐文》卷 186,北京:中华书局 1983 年版,第 2 册,第 1894 页。

② (清)董诰等编:《全唐文》卷 186,北京:中华书局 1983 年版,第 2 册,第 1895 页。“王元熠”一说“王元烨”,见《道藏源流考》,北京:中华书局 2012 年增订版,第 29 页“道经传授表”;参见《历世真仙体道通鉴》卷 25《王轨传》,《道藏》第 5 册,第 244 页。

③ (元)刘大彬:《茅山志》卷 23 陆长源《华阳三洞景昭大法师碑》,《道藏》第 5 册,第 648 页。

④ (清)董诰等编:《全唐文》卷 282 王适《体元先生潘尊师碣》,北京:中华书局 1983 年版,第 3 册,第 2855 页。

修经法有太清之道，三中真之道，六下真之道。上元三年（676 年），高宗李治“幸洛都，晞嵩阜，谒三元之洞，征六甲之图，尊师以道有所申，贵有所屈，竟不屑命，对以无为”①。又问山中所须，他回答说：“茂松清泉，臣之所须，此山中不乏矣。”高宗异之。调露元年（679 年），高宗再至嵩高，以车舆迎师正入嵩阳观，复送到逍遥谷，即敕于逍遥隐谷建隆唐观，岭上别起精思院以处之。“明年（680 年）仲春，上又以乘舆步辇，致师于洛城西宫……乃降制命，以嵩阳观为奉天宫，苑接隆唐，地邻隐谷，左辟仙游之路，右启寻真之门……后年（681 年），复降师于金阙亭，问三洞之阶，稽七真之秘。神皇亲馔金鼎而献玉厨，五芝云敷，八桂霜靡，允执天师之礼，以旌问道之勤。又以功德事咨祈景福，乃于太子甲第建宏道之坛，老君寿宫立元元之观。二名禀于师口，双榜题于帝笔”②。受到高宗李治的恩宠，并多次向其咨访道要。他曾对其弟子说：“大丈夫业于道，不能投身霄岭，灭景云林，而疲疴此山，以烦世主，吾之过乎？遂欲东求蓬莱，孤舟入海。属天皇敦笃斯道，祈款逾深，迟踬山隅，绝策未往。”③“永淳元年（682 年）卒，时年九十八。高宗及天后追思不已，赠太中大夫，赐谥曰体玄先生。”④弟子 18 人，以韦法昭、司马子微、郭崇真、吴筠等为最著。潘师正在中岳居住传道达 50 余年，对茅山宗在北方的发展作出了贡献，被尊为第十一代宗师。陈子昂为之作颂说：“业尚冲密，勤毖幽深，理心事天，所保惟啬。绝圣弃智，不耀其光，故真感冥期，珍图秘学，性与天道，不可得而闻也。”⑤李渤称他：“真气内融，辉光外发，如隋珠荆玉，不假于饰而人自宝之。”⑥

潘师正的道法思想见于《道门经法相承次序》，该书不著撰人，或为潘

---

① （清）董诰等编：《全唐文》卷 282《体元先生潘尊师碣》，北京：中华书局 1983 年版，第 3 册，第 2856 页。

② （清）董诰等编：《全唐文》卷 282《体元先生潘尊师碣》，北京：中华书局 1983 年版，第 3 册，第 2856—2857 页。

③ （清）董诰等编：《全唐文》卷 282《体元先生潘尊师碣》，北京：中华书局 1983 年版，第 3 册，第 2857 页。

④ 《旧唐书》卷 192《潘师正传》，北京：中华书局 1975 年版，第 16 册，第 5126 页。

⑤ 徐鹏校点：《陈子昂集》卷 5《续唐故中岳体玄先生潘尊师碑颂》，北京：中华书局 1962 年版，第 98 页。

⑥ （宋）张君房：《云笈七籤》卷 5，《道藏》第 22 册，第 29 页。

师正的门弟子所录,或为茅山宗道士所作。现据此书将他的道法介绍如下:

第一,三一法。他引《皇人守一经》的存三守一法,先思心存两眉间,却入三寸为上丹田之中,次思心入中丹田中,再次思脐下三寸为下丹田中。存思上一、中一、下一,因为“一者,身之帝君也,守帝则帝在,则三万六千神皆莫敢不在也。思之可以却百鬼、众精、五兵、水火众灾、五毒、虎狼、蛇蝮、蛟龙、魍魉、山精、鬼魅不得近人耳”。这是茅山宗传统的存思法,又远承《太平经》的守一思想。

第二,道教阶梯证果。他认为一切众生皆有道性,但得道常有深浅不同的层次。既然众生根性有差别,故设科立教,渐顿有殊。修行的低级阶段是“持净戒”。戒法又有两阶梯,一是“有得戒”,二是“无得戒”。有得戒即《太玄真经》所谓三戒五戒、九戒十戒之例。无得戒即上机之人灵识惠解,业行精微,不染尘埃,体入空界,迹蹈真源,不求常乐而众善自臻,不厌人间而诸恶自息。上机之人如持戒不犯,那就进入高级阶段,即“登十转位,得五道果”。所谓十转位是:无忧转、净心转、释滞转、道儒转、达解转、善见转、权物转、了机转、无明转、具足转。所谓五道果是:地仙果、飞仙果、自在果、无漏果、无为果。一旦五果功成,十转行满,就能离三界,出九清,证太一道,恶根永断。能以一形周遍六道,以一念了一切法,解众生性即真道性,一相无相,以此为无而独能为万物之始,便称为“元始”。所谓元始即证道之最高阶梯。这些思想既有陶弘景的《真灵位业图》的影子,又有佛教的影响,且多采用佛家名相。总的来看,他是主张渐修以证仙果。

第三,天尊名号的等级。他引《灵宝经》及《三界图箓》,认为道有三清三界,此三清三界各有诸天帝皇、真仙品格,僚属极多,非可具述。他们皆各奉功朝修,洒扫烧香,飞行步虚。最高神元始天尊以道为身,不假因缘,故化生诸天,开明三景,是为天根;其应化济物,显号无穷,摄迹归真,湛而为一。凡初学受持法,戒行无缺犯,则名系仙录,得入五岳灵山洞宫之中。从洞宫中进学无替,位登欲界诸天;从欲界天中进学无替,位登色界诸天;再进道无替,然后便依次登无色界诸天、四种人天、无上三天、最上大罗之天。从无色界以下的诸天中,如不进修无上大道,则劫运难免。从四种人天以上即是至道极果,与道同真,常湛极乐。神仙世界这种森严的等级是地上封建等级制的倒映，其中又吸取了佛教的思想。

第四，天尊有法身、本身、道身、真身、迹身、应身、分身、化身“八身”，这当系受到佛教“三身”说的影响。在这里，他又引《升玄经》、《宝玄经》、《太上灵宝无量度人经》、《太上开演秘密藏经》等多种道经对“八身”分别作了详尽的解释。

第五，学仙当修善立功，“功满三千，迁名仙格”。这是神仙和圣人的结合。

上述思想并无创新，只不过是南北朝以来各派道经的汇集，显示了他对各家的融汇态度。

由上可知，在王远知的布署下，王轨到茅山华阳洞，使茅山宗在南方进一步扩展，潘师正则到北方嵩山发展茅山宗，因而在王远知以后，茅山宗在南北都得到普遍的发展。

潘师正的弟子中，产生了两位著名的道教学者，即吴筠和司马承祯。吴筠颇善文辞，与文学之士多有交往，使茅山宗在文士中扩大了影响，如李白所受道法即属茅山一系。司马承祯所交往的士大夫也甚多，其活动范围亦很大，故对茅山宗的发展起了重要作用，特别是他和吴筠在理论上的建树，克服了王、潘两代宗师述而不作之弊。关于吴筠、承祯的生平和道教思想，容后再叙。

到司马承祯时，北方的嵩山、王屋山和南方的茅山、天台山等，均成为茅山宗传道的热点区域。茅山宗还传到了蜀中，此可以司马承祯的女弟子之一谢自然为例。据《续仙传》卷上载：谢自然，蜀华阳女真，幼而入道，其师以黄老仙经示之。每焚修瞻祷王母、麻姑，慕南岳魏夫人的节操。年四十，出游青城、大面、峨眉、三十六靖庐、二十四治。不久离蜀，历京洛，抵江淮，凡有名山洞府灵迹之所，无不历览，后闻天台山道士司马承祯居玉屑峰，有道孤高，遂诣之，师事承祯三年，别居山野。承祯以女真罕传上法，恐泄慢大道，不肯传授。谢自然于是告别承祯，云游蓬莱，漂泊海中，登上一山，遇数道士。道士问欲何往，自然说：“蓬莱寻师，求度世去。”道士笑说：“天台山司马承祯名在丹台，身居赤城，此乃良师也，可以回去。”自然欣然复往天台，具言其实，以告承祯，并谢前过。承祯说：“俟择日升坛以度。”于是传授上清法。后归蜀,贞元(785—805 年)中,“白日上升而去”。节度使韦皋奏之。[1]《历世真仙体道通鉴后集》卷 5《谢自然传》所载与此基本相同,但对谢自然飞升一事述之更详:“后却归蜀,于果州南充县金泉山修道功成。唐德宗贞元十年(794 年)甲戌十月十六日,老君命召之,白日飞升。节度使韦皋奏闻于朝。一云自然临升天时,书于堂之东壁云:寄语诸眷属,莫生悲苦,可勤修功德,修立福田,清斋念道,百劫之后,冀有善缘,早会清源之乡,即得相见…… 上升后三日,再自天降,谓刺史李坚曰:天上有玉堂最高,老君居焉……凡神仙谒见老君,皆四拜焉……予恐世人不信有神仙之事,故暂来语君……坚以表闻,有诏褒美。白紫清云·谢自然今为东极真人。”[2]《新唐书 · 艺文志》著录:“李坚《东极真人传》一卷。果州谢自然。”[3]则谢自然在唐代确被封为“东极真人”。

谢自然的传说,在唐人诗中也有所反映。刘商有《谢自然却还旧居》云:“仙侣招邀自有期,九天升降五云随。不知辞罢虚皇日,更向人间住几时。”[4]韩愈有《谢自然诗》,其序云:“果州谢真人上升在金泉山,贞元十年(794 年)十一月十二日白昼轻举。郡守李坚以闻,有诏褒谕。”[5]可知这类神话传说早已有之,《历世真仙体道通鉴后集》的“白日飞升”之说,当系根据这些传说而来。

另据《太平广记》卷 66 引《集仙录》云:谢自然,其先衮州人。居果州南充。其家在大方山下,顶有古老君像,自然因拜礼,不愿下山。母从之,乃徙居山顶,自此常诵《道德经》、《黄庭内篇》。贞元三年(787 年)三月,于开元观诣绝粒道士程太虚,受五千文紫灵宝箓[6]。这个程太虚,《历世真仙体道通鉴》卷 42 有传,称其为果州西充人,居南岷山,“绝粒坐忘,动逾岁月”。得碧玉印两钮,每年农人乞符箓祈年,以印印之则授者愈丰。有女道士谢自

① (五代)沈汾:《续仙传》卷上,《道藏》第 5 册,第 83 页。
② 《道藏》第 5 册,第 479 页。
③ 《新唐书》,北京:中华书局 1975 年版,第 5 册,第 1524 页。
④ 《全唐诗》卷 304,北京:中华书局 1999 年版,第 5 册,第 3459 页。
⑤ 《全唐诗》卷 336,北京:中华书局 1999 年版,第 5 册,第 3770 页。
⑥ (宋)李昉等编:《太平广记》卷 66,北京:中华书局 1961 年版,第 2 册,第 408 页。

然受法箓①。程太虚的道法中既有上清经法的"坐忘"之类,又有天师道法的符印。谢自然所受法箓当是这种融汇了各家的道法。②

从上述谢自然的传说中,摒弃神话部分,可以看出上清经法传入蜀中的痕迹。无论是谢自然慕魏夫人、诵习《黄庭经》,还是师事司马承祯,受其法箓;无论是程太虚绝粒坐忘,还是谢自然受太虚法箓,这些都表明,玄宗时或稍晚于此时,上清经法已在蜀中流传开来。如果说,隋及唐初,巴蜀一带尚有浓郁的张鲁米道遗风,那么,到盛唐时,上清经法已渗透到这里,并逐渐流行,和原有的道法交融在一起。至此,茅山宗已遍布全国各地道教流行的热点区域,成为唐代道流的主流派。这与司马承祯的努力是分不开的。在其弟子七十余人中,唯李含光、焦静真得其道。

李含光,本姓宏,因孝敬皇帝李弘之讳,改姓李氏。广陵江都人(今江苏扬州市)。其事迹主要载于颜真卿的《茅山玄靖先生广陵李君碑铭并序》、柳识的《唐茅山紫阳观玄静先生碑》等。据称:曾祖荣,唐雷州司马。祖师龛,隐居以求其志。父孝感,博学好古,雅修彭聃之道,与天台司马承祯为方外之交,谥正隐先生。母琅琊王氏,贤明有德行,亦出于信道之家。含光少即有殊异,好读异经,诵习坟典,喜静处。年十八,志求妙道,师事同邑李先生,游艺数年。中宗神龙(705—706年)初,以清行度为道士,居龙兴观,尤精老、庄、周易之旨趣。开元十七年(729年)从司马承祯于王屋山,传受大法。灵文金记,一览无遗,综核古今,该明奥旨。

开元(713—741年)中,玄宗从茅山得杨、许众真及陶弘景所写上清诸经真迹,其经阙文十三纸。乃令王旻赍玺书信币诣紫阳观请李含光补书之。③ 玄宗得知含光遍得子微之道,诏他居王屋山阳台观以继之。开元末,玄宗召问理化,他回答说:"《道德》,君王师也。昔汉文行其言,仁寿天下。"次问金鼎,他答复说:"《道德》,公也;轻举,公中私也。时见其私,圣人存教。若求生徇欲,乃似系风耳。"岁余,含光请居茅山,纂修经法。玄宗有

---

① 《道藏》第5册,第340页。

② 关于谢自然,参见游佐升:《谢自然和道教——唐代道教的一个考察》,《牧尾博士还历纪年论文集》,国书刊行会1984年。

③ (元)刘大彬:《茅山志》卷15引《仙传拾遗》,《道藏》第5册,第619页。

《命李含光建茅山坛宇敕》,其中称:"炼师李含光,道高紫府,学总黄庭,贲然来思,式敷至妙。既而属念茅岭,言访真经。近出咸秦,远游方外。朕载怀仙境,延伫勤修,将使九有之人,同归元教,三清之众,俯鉴遵行。"①对李含光的整理"真经"表示赞同。后累征之,含光均谢病不出。玄宗仍敕说:"朕每重清真,亲乎有道,而览兹诚请,义在难违,俾遂乃怀,以就医药。亦既痊损,当早来旋。"②希望他早日赴征。天宝四年(745年),又命中官赍玺书征之说:"尊师道德之重,仙真所钦,是以修斋,必有精感。况山惟地肺,会司命之福庭;坛迩天宫,则真人之旧馆。演弟子勤志,致苍生寿域。迢遥东望,日夕倾心。至于开春,伫回风驭,以慰渴贤之想,来敷元妙之教也。"③含光一到,即延入禁中,每欲咨询,必先斋沐。他日请传道法,以含光为师,含光辞以足疾不任科仪,反复数次,玄宗知不可强而止。含光以茅山灵迹,翦焉将坠,真经秘箓,亦多散落,请归修葺。乃特诏于杨、许旧居紫阳观以居之,赐绢二百匹,法衣两副,香炉一具,御制诗及序以送之。序说:"炼师气近江山,神清虚白,道高八景,而学兼九流。每发挥元宗,启迪仙箓,延我以玉皇之祚,保我以金丹之期。敬焉重焉,深惜此别,因赋诗以饯行云耳。"④含光以天宝六年(747年)回到茅山,这一年诏书三至,资奉相续,渥泽频繁,及公卿祈请,往来无虚月。山中原有上清真人许谧、杨羲、陶弘景自写经法,历代传宝,时遭丧乱,散逸无遗,含光捧诏搜求,悉备其迹而进上之。到天宝七年(748年)春,玄宗又欲受三洞真经,三月,派中官赍玺书说:"道者是万有之宗,法者是九真之契。大圣以垂教,后学以进修。弟子比欲敬受经法,以未详严秘,又真经散逸,纰谬处多。近访得天真遗迹,至于科仪,无不条备,加以募写,一依戒旨,喜夙志之见遂,荷真灵之降恩。以今月十八日仰启三清尊君太师元师真师,洁斋受讫,载捧真文,恭披风箓,将以运心太虚之境,以养谷神之寿也。其赆信具依经传造足,今并投词,封以附往。尊师体

① (清)董诰等编:《全唐文》卷36,北京:中华书局1983年版,第1册,第395页。
② (清)董诰等编:《全唐文》卷36《赐李含光养疾敕》,北京:中华书局1983年版,第1册,第397页。
③ (清)董诰等编:《全唐文》卷36《迎李含光敕》,北京:中华书局1983年版,第1册,第395页。
④ (清)董诰等编:《全唐文》卷41,北京:中华书局1983年版,第1册,第446页。

道之要，含光之和，清简无为，与予合志。请为弟子，以前件词及赈信投茅山华阳洞天金坛灵府，以为明信，用证勤精。夫有德者，尊以美号，则葛洪著抱朴之称，陶君有贞白之名。永言前修，事实不远，今号尊师为元静先生，以昭懿德彰高行也。故令使往，甚暄。尊师平安好。”①拜含光为师，赐号玄静先生，并诏刻石于华阳洞宫志之。同年夏，又诏以紫阳观侧近两百户，太平、崇玄两观各一百户，并蠲官徭以供香火。秋七月，含光又被召至京，居道观以养病。天宝九年（750 年）春，辞归茅山。同年冬，又征含光于紫阳别院馆之。十年秋（751 年），含光恳辞告老，御制序诗以饯之：“元静先生禀和清真，乐道虚极，顷来城阙，善利同人，缅思林泉，洗心外俗。予嘉焉重焉，式遂其意，言念于迈，赋诗宠行。”②十一年（752 年），含光奉诏与门人韦景昭等于紫阳东面郁冈山别建斋院，立“心诚斋”。肃宗李亨也一再褒奖他“深通道妙，久著名闻……以师德行，良景慕之，朕顷总干戈，扫除凶慝，保全万姓，克定两京，上皇圣驾，迎还宫阙，得此定省。庆慰自天，仰荷元元之佑，再成宗社之业，亦师精修愿力，有以助之。必须加意坛场，洁清香火，广上皇之福寿，俾六合之康宁，静正道门，当在师也”。“久契真要，深通元微，游逍遥之境，得朝彻之道。上皇畴日，顺风见知，今乃炼质名山，良多景慕也。”③对他精修愿力以助李唐的宗教行为作了充分肯定。也正由于此，遂使茅山宗更加受到李唐皇朝的尊崇与支持。大历四年（769 年）冬十一月卒于茅山紫阳别院，年八十七。门人赴丧而至者凡数千人。乾元二年（759 年）颜真卿以升州刺史充浙西节度与含光结交，曾专使致书茅山，以抒诚恳。含光特令弟子韦景昭复书真卿。含光卒，真卿作碑铭颂之云：“先生识真气淳，业行高古，道穷情性之本，学冠天人之际。所以优游句曲，郁为王者之师；出入明庭，特宠肩舆之贵。是知顺风而问，昔称于黄帝；望山而请，今见于玄宗矣。又博览群言，长于著撰。尝以本草之书，精明药物，事关性命，难用因循，著《音义》两卷。又以《老》、《庄》、《周易》为洁静之书，著《学记义略》各三篇，

① （清）董诰等编：《全唐文》卷 36，北京：中华书局 1983 年版，第 1 册，第 396 页。

② （清）董诰等编：《全唐文》卷 41，北京：中华书局 1983 年版，第 1 册，第 446 页。

③ （清）董诰等编：《全唐文》卷 44《答李含光敕》《赐李含光敕书》，北京：中华书局 1983 年版，第 1 册，第 485 页。

《内学》，续仙家之遗事。皆名实无违，词旨该博。”①《新唐书·艺文志》亦著录：“李含光《本草音义》二卷”，“道士李含光《老子庄子周易学记》三卷”②。《真系》云：“所撰《仙学传》及《论三玄异同》，又著《真经》并《本草音义》，皆备载阙遗，穷颐精义。”③这些著作今已佚，现仅存《表奏十三通》及《太上慈悲道场消灾九幽忏序》。其《九幽忏序》称：“太上慈悲道场消灾九幽忏者，始自太极左仙公葛元，于后汉桓帝时，居天台上虞山隐身修行，感太极真人徐来勤下降于仙公之室，以灵宝天书玉字洞真洞元洞神三十六部宝经授之于仙公焉。仙公在山，精思静念，数十年间，通神感圣，山精木鬼，卫护稽首，沈魂逝魄，悉得超生。自谓大乘奥旨，可以开导众生，拯济沈溺，遂于三洞品内，撮其枢要，纂集忏文，使令当世群生，悉闻悉见，将来多士，易悟易行。至于无间丰都阿鼻，寒夜三途五苦、八难九幽、沈滞苦魂，不遭幽闭。乃及见存过去未来，所犯新罪宿愆，冤结灾难，并得法润，俱会正真，因而流传。当尔之后，趋恶缘者，百不二三；悟善因者，十有八九。是故仙班之业爰备，化导之功既盈。”④可见消灾九幽忏是融汇三洞而又吸取了佛教思想的产物，主要是导人趋善去恶，拯救群生于灾难之中。这里也反映了茅山宗对各家的吸取贯通。据颜真卿说：含光“能于阴阳术数之道，而不以艺业为能；极于转炼服食之事，而不以寿养为极。但冥怀素朴，妙味玄津。非夫博大之至人，孰能尽于此？”⑤显然，含光是一位注意玄学义理的道士，保持了茅山宗宗师的传统作风，被茅山宗尊为十三代宗师。总之，李含光整理上清经法，注意教理发展，又充当“帝师”，比司马承祯更为受到统治者的优宠，在统治集团上层中进一步扩大了影响，更加使得茅山宗“玄门以彰”。

---

① （唐）颜真卿：《颜鲁公集》卷9《茅山玄靖先生广陵李君碑铭并序》，上海：上海古籍出版社1992年版，第64页。

② 《新唐书》，北京：中华书局1975年版，第5册，第1571、1518页。

③ 《道藏》第22册，第31页。

④ （清）董诰等编：《全唐文》卷927，北京：中华书局1983年版，第10册，第9662—9663页。

⑤ （唐）颜真卿：《颜鲁公集》卷9《茅山玄静先生广陵李君碑铭并序》，上海：上海古籍出版社1992年版，第64页。

现将隋至盛唐的茅山宗传承世系列表如下：

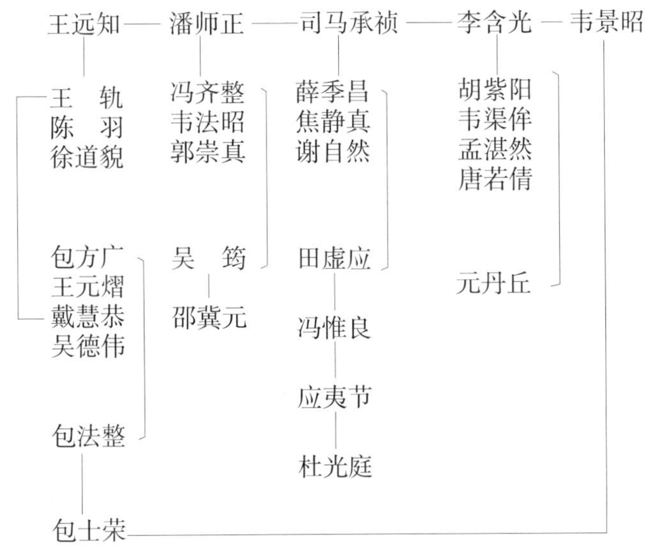

综合上述，可知隋至盛唐时候茅山宗有如下特征：

第一，许多宗师均出自士家大族，或因时代风云变幻，或突遭不幸，家道中衰，漂泊无依，遁入道教以寻找安慰；或因家族本有信道传统，遂出家为道士等。他们都具有较高文化素养，这是他们成为一代宗师的条件之一。

第二，由于他们出身仕宦之家，熟谙政治，故虽脱俗归真，仍不忘名教世务。他们大多有一套治国理想，并在当时的政治生活中发挥了一定的作用。有的人不仅积极参与了政治，甚至还扮演了帝师的角色。诚如权德舆所说："以阴功救物，为王者师。"

第三，由于他们具有较高文化素质，因而对于道教的思想理论建设也作出了贡献。经过他们的努力，茅山宗的教理教义和科仪规范等，这时候均有较大的发展，日臻完善。这个时期茅山宗道法的特色，李渤表述为："知理而不知神，非长生之士也。超理入神，混合于气，无为而无不为者，我真宗之道也。"①"超理入神，混合于气"，既是陶弘景以来传统道法的继承，又是它的进一步发展。陈子昂指出："陶公至子微，二百岁矣，而玄标仙骨，雅似华

① （宋）张君房：《云笈七籤》卷5《真系》，《道藏》第22册，第26页。

阳。夫阶真蹈冥,炼景游化者,其必有类乎!”①表明了茅山宗道法的连续性。

第四,茅山宗的法箓流播全国,建立了嵩山、王屋、茅山、天台、京畿、蜀中等几个大的传道据点,其势力范围在当时道教中最为广大,成为唐代道教之主流,这也是茅山宗历史上最为辉煌的时期。

茅山宗之所以成为唐代道教的主流,从内在因素说,主要是由于它能兼收并蓄,吸收三教之长,并融汇三洞经法,不持门户之见,采取开放态度;且有一个独立而严密的传承体系,人才辈出,香火不断,使茅山宗的发展有组织上的保障。从外在因素说,茅山宗的宗师大多具有较强的政治活动能力,经过他们的努力,使茅山宗在陈、隋、唐三个朝代的迭换中不仅均未遭受打击,还获得了每朝统治者的扶持,使它具有相对稳定的发展条件,这也是它兴盛发展最重要的原因。自李含光以后,茅山宗乃逐步走向衰落。

二、楼观道的发展

和茅山宗师相似,楼观道士亦善于窥测政治风向的变化,及时采取相应的对策,故不仅曾经获得了周、隋统治者的支持,在唐代,又因岐晖赞助李渊起义,同样受到了李唐统治者的特别尊宠,使楼观道在唐代仍然继续发展。关于岐晖的情况前已叙述,这里仅就其后的唐代楼观道作一介绍。

道士巨国珍,武功人,性淳厚好神仙学,隋文帝仁寿四年(604年),年三十断俗缘而事游法师于楼观,焚修之外,口必诵经,心常存一,名利两忘,喜怒俱遣。食蔬衣弊,所守弥笃。法师嘉其行,乃授以思微戒箓、封召符章。依按而修,勤奋备至,每临坛诵经,遍未及数,虽冬风夏日未曾辄废。唐太宗贞观八年(634年)卒,年六十。②

道士田仕文,右鄠人,隋文帝开皇七年(587年)试业入道,师事韦节,传

① 徐鹏校点:《陈子昂集》卷5《体玄先生潘尊师碑颂》,北京:中华书局1962年版,第98页。

② (元)赵道一:《历世真仙体道通鉴》卷30,《道藏》第5册,第276页。

授三洞经法及符诀，又诵《灵宝》、《生神章》二经。居常饵服白术、茯苓，久而有益。常炼气于静室，或一旬半月而出，颜色愈光泽。凡八节十直庚申日，斋戒修奉，未曾少辍，为人祈福，无不通感，四方之际信奉者甚多。唐太宗贞观十七年(643 年)卒，年七十五。其弟子最著者为尹文操。①

尹文操是歧晖之后著名的楼观道士。据员半千《大唐宗圣观主银青光禄大夫天水尹尊师碑》载：尹文操，字景先，陇西天水人(今甘肃天水市)，后秦尚书仆射尹纬之后。自识文字起，唯诵《老子》及《孝经》，说："此两经者，天地之心也。"稍长，闻有尹真人庙，乃精心事之，读《西升》、《灵宝》等经，渐达真教。时有周法者，乃"内音之先鸣，上皇之高足"，训他以"紫云之妙旨，授以青羽之隐法"。年十五，便"道行已周，名于远近"，旋即"奉敕出家，配往宗圣观"。他"遍寻五岳，备涉九元(玄)，寻三君之祖气，成七晨之慧眼"。所谓"三君"当指三茅真君，表明他可能曾向茅山宗习学道法。永徽三年(652 年)，乃游太白，"此后丹字紫书，三五顺行之法；扶晨接昼，九六逆取之方，咸得其要"。"至于显庆(656—660 年)以来，国家所赖，出入供奉，询德咨量，救世度人，转经行道，玄坛黄屋，帝座天言，东都西京，少阳太乙，九城二华，展敬推诚，三十余年，以日系月，始终不绝。有感必通，凡是效验，君臣同悉，敕书往复，日月更回，神道昭彰，岁时交积者，不可具载，并传于帝居"。颇得高宗李治的赏识。"高宗之在九成宫，有孛慧经天，长数丈。以问尊师，尊师对曰：'此天诫子也。子能敬父，君能顺天，纳谏征贤，斥邪远佞，罢役休征，责躬励行，以合天心，当不日而灭。'上依而行之，应时消矣。是故高宗以晋府旧宅为太宗造昊天观，以尊师为观主，兼知本观事。仪凤四年(679 年)，上在东都，先请尊师于老君庙修功德，及上亲谒，百官咸从。上及皇后诸王公主等，同见老君乘白马，左右神物，莫得名言，腾空而来，降于坛所。内外号叫，舞跃再拜，亲承圣音，得非尊师之诚感也。由是奉敕修《玄元皇帝圣纪》一部，凡十卷，总百十篇，篇别有赞。"②制造所谓老子骑白马现于楼观的神话以及编撰《玄元皇帝圣纪》等，不过是适应李唐王朝"尊

① (元)赵道一：《历世真仙体道通鉴》卷 29，《道藏》第 5 册，第 267 页。

② 《古楼观紫云衍庆集》卷上，《道藏》第 19 册，第 551 页；又见(清)董诰等编《全唐文》卷 165，北京：中华书局 1983 年版，第 2 册，第 1684—1686 页。

祖”、“崇本”的政治需要，为之提供神学证明而已。及“缮写进之”，果然“高宗大悦，终日观省，不离于玉案。乃授尊师银青光禄大夫，行太常少卿。尊师固让不得已，辞官而受散职焉”①。垂拱四年（688 年）卒，著有《祛感论》1 卷，《消魔论》30 卷，《先师传》1 卷，其弟子有侯少微等。

玄宗时，楼观道士李玄胄、颜无待、傅承说等参与了李唐崇祖的活动。开元二十九年（741 年）闰四月②，玄宗李隆基称梦见“玄元皇帝”对他说：“我在城之西南久矣，当与汝于兴庆相见，可速迎我。”玄宗遂差内使与道门威仪肖元裕于城西南寻访。数日，忽于楼观山谷间见有紫云现，白光属天，于其下穿之，果得玉像老君，高三尺余。以之进献，其日玄宗在兴庆宫大同殿亲自迎谒，果符兴庆之言。置于内殿供养，仍令所司写真容，分送天下诸道宫观，遂大赦天下。③ 又于楼观立《大唐圣祖玄元皇帝灵应碑》以记其事，由戴璇撰序，刘同升作颂。戴序称：“居大宝者，必尊祖以配天；孩庶类者，咸宅生以母道。故四维张国，远宗元教……皇上受图享国，盖三十载，功侔天地，孝诚祖考……尝端居宣室，缅怀至道，惟德动天，梦启灵应，忽恍有物，希夷元通，实元祖之明命，锡无疆之宝历。乃潜志元象，遵诰旁求，西亘太白，东连鄠杜，号周史之经台，枕秦山之幽谷。肇居尹喜，集法侣为道门；后遇皇唐，易楼观为宗圣。”又说：“玉真长公主以天孙毓德，帝妹联贵，师心此地，杳捐代情，奏黄箓以比絜，瞻白云而志远。观主李玄胄，监斋颜无待，上座傅承说……因聚而议曰：‘今自道以佑主，自主以佑人，下覃六经，上契三极，风后力牧，协宣朝政，关雎麟趾，宏被国风，祯祥荐臻，祆沴不作，足以规万叶，示将来，赫赫巍巍，以表灵贶……’于是盩宰李嗣琳，同荷湛恩，以备能事，博询墨客，以赞皇道。”④刘同升的《颂》说：“终南之山多喜境，关令尹喜宅兹岭……惟皇夜梦真人来，神光赫赫金银台……真容来兮圣人寿，千春无涯百福有。真容来兮宝历昌，远郊却马雄四方。紫殿敷座烟云香，拜手稽

① （唐）员半千：《尹尊师碑》，《道藏》第 19 册，第 552 页。

② 此据《古楼观志 · 唐老君显见碑》。《混元圣纪》卷 8 则云开元二十八年四月，详见《道藏》第 17 册，第 663 页。

③ 参见杜光庭《历代崇道记》，见《道藏》第 11 册，第 3—4 页。

④ （清）董诰等编：《全唐文》卷 329，北京：中华书局 1983 年版，第 4 册，第 3338—3339 页。

首天地长,元元之祉万斯唐!"①对"玄元皇帝"显圣楼观作了渲染。

从高祖李渊时的岐平定到高宗李治时的尹文操,再到玄宗李隆基时的楼观观主李玄眴,他们都积极为李唐王朝的统治寻找神学的根据,在其神化老子的活剧中扮演了主要配角,从而受到了李唐统治者的殊宠,同时也提高了楼观道的社会地位。楼观道本有崇老传统,力主老子化胡说,故入唐以来许多有关老君的神话传说均和这个道派有关,此与李唐王朝的"尊祖"、"崇本"一拍即合,相互默契,因而李唐王朝对之大加利用。这是唐代楼观道的一个鲜明特点。另外,它善于融汇道教各派之长。从南北朝末起直到隋唐,这个道派便不断从茅山宗那里吸取营养,入唐以后,又受到重玄派的思想影响。《楼观本起传》曾指出:"寻众妙之轨躅,慕重玄之指归"②,即是说楼观道在讲解《道德经》时注意阐发"重玄"之理,这和重玄派解老显然有一定关系。上面提到的尹文操,既读《老子》及《孝经》,又习《西升》及《灵宝》等经,搜访道林,博采真迹,遍寻五岳,得三茅真君之祖气。这种广集诸家之长、融汇南北经法的做法,正体现了隋唐楼观道的特色。

三、张天师一系的复起

自张鲁卒后,张陵一系的天师道因有关史料甚少,传承不明,直到宋真宗时,才对 24 代天师张正随有比较明确的记载。在这 800 年间,天师世系究竟如何,不得而知。明代张正常等所撰的《汉天师世家》,虽提供了一个相当完整的传承系统,并得到明代统治者和官僚士大夫的认可,但系集明以前有关附会传说而成,尤其是魏晋到唐初一段,缺乏足够的历史依据,其中疑窦甚多,难以置信。现将盛唐以后的有关点滴史料作一介绍,以供研究者参考。

天宝七年(748 年)③,唐玄宗李隆基称:"后汉张天师,教达元和,德宗

① (清)董诰等编:《全唐文》卷 329,北京:中华书局 1983 年版,第 4 册,第 3338—3340 页。又见《古楼观紫云衍庆集》卷上,《道藏》第 19 册,第 553 页。

② 《终南山说经台历代真仙碑记》引,《道藏》第 19 册,第 543 页。

③ 参见《通典》卷 53"老君祠"条,《唐会要》卷 50"杂记"谓为"天宝六年"(747 年),此据《唐大诏令集》卷 9《天宝七载册尊号赦》。

太上，正一之道，幽赞生灵”，令“有司审定子孙，将有封植，以隆真嗣。天师册为太师”①。所谓“审定子孙”，就是审查确定究竟谁是“汉天师”之后。可见，天师世系，早已不明。而“审定”的目的则是“以隆真嗣”，就是对张陵子孙给以扶持，使之流传不绝。但“审定”的结果如何，没有明文记载，不得而知。另据天宝间宏道观道士蔡玮的《唐东京道门威仪使圣真玄元两观主清虚洞府灵都仙台贞玄先生张尊师遗烈碑铭》的记载：“先生讳探元，字体微，家世南阳，正一真人道陵师君之胄也……曾祖俨，周襄国紫州刺史。大父干，隋平州司马，袭封朝阳县开国子。父睿，遭季世乱离，终身向晦……其先自沛迁邓，朝阳因官徙广平，今为临洺人也……文明(684 年)初，天皇下席，国家延庆于道，度为仙官，隶本郡明山观道士。开元(713—741 年)初，补西京景龙观大德。恩诏供奉，将授谏官，先生执心坚明，守道纯固，固辞见许。十年(722 年)，朝廷增崇大圣祖元元庙，祠庭有侐，密迩宫垣，择贤才以时禋洁，天子精选黄褐，亲垂紫书。先生与峨眉王仙卿，青城赵仙甫，汉中梁虚舟，齐国田仙寮等，允膺宸鉴。有司备礼，冠盖纷迎，登邙山，俯河洛，飘飘明霞之外，窅窅凝元之际，望者以为神仙之会也。二十一年(733 年)，诏为东都道门威仪使，与洞元先生司马秀同拜于玉清元(玄)坛……俄兼圣真元元两观主……是因历选海岳，至止乎兹山焉。入清虚洞宫，得《皇人秘记》曰：‘凡初跻道位，必先诣阳台，即此山是也。’先生乃考卜幽胜，荐辞明灵，至诚元通，若遇神授……皇上奉尊祖之孝，穆友于之仁，恩降紫宸，光融碧落，题上方公主幽居曰平阳洞府小有仙台，又于山门别署金榜为灵都观。贵主又罄散汤沐，首事增修。先生亦德契言从，道同心一，尽以天恩所赐巾裘器服，及私居庄碾园野，资营缮焉。惜乎厥功未就，而奄然体逝，享年七十有六，默迁于山口云泉之业，时天宝元年七月丙寅也……玮也肃尚其德，悦闻其风，敬谥曰贞元先生。”②碑文明确记载张探元为张陵之后，这表明，在开元、天宝时，张陵的后人又以道教徒的身份活跃在社会上，并且得到世人的

---

① (清)董诰等编：《全唐文》卷 39《加应道尊号大赦文》，北京：中华书局 1983 年版，第 1 册，第 429—430 页。

② (清)董诰等编：《全唐文》卷 927，北京：中华书局 1983 年版，第 10 册，第 9665—9667 页；又见《道家金石略》，北京：文物出版社 1988 年版，第 136—137 页。

承认，为之树碑立传。碑文称："斧缋妙门，光传法印，兴复乃烈，是生贞元。"说明张探元是"兴复"张天师法印的重要人物。张探元的道教活动主要在东、西两京，曾任东都道门威汉使、圣真观主和玄元观主等要职，可见其在当时颇有声望，这对张天师一系的复起是有所帮助的。张天师一系在肃宗时继续受到统治者尊崇，肃宗李亨有《张天师赞》云："德自清虚，圣教之实。或隐或显，是朴是质。静处琼台，焚香玉室。道心不二，是为正一。"①

张陵一系究竟什么时候移居南方龙虎山，难以详考。《全梁文》卷 14 梁简文帝《招真馆碑》②说："道士沛郡张君，讳道裕，字弘真，即汉朝天师陵十二代孙。天监二年(503 年)。来至此岫，栖遁十有余载。夜忽梦见圣祖云：'峰下之地，面势闲寂，宜立馆宇，可以卜居。'"③所谓"此岫"，指虞山(今江苏省常熟县境内)。此事又见《太平御览》卷 666："张裕，天师十二世孙，起招真馆，植名果，尽山栖之趣，梁简文为制碑。"④《茅山志》卷 20"录金石篇"录《九锡真人三茅君碑文》，是为梁普通三年(522 年)崇虚馆主、道士正吴郡张绎所立⑤，碑阴题刻齐梁诸道馆高道姓名，载于卷 15"采真游篇"，其中有："天师九世孙张玄真，道兼三洞，德流四远"；"天师十世孙张景溯，容行识业，秀挺超群"；"天师十世孙蜀郡张智明"；"天师十世孙蜀郡张子华"；"天师十世孙张锵"；"天师十世孙张毕"；"天师十世孙张楷"；"天师十世孙张胄"；"天师十世孙女张子台"；"天师十世孙女张季妃"。⑥ 从上引材料中，既可看出南北朝至盛唐时张陵后系的混乱，也可看出这个时期张陵一系均不在龙虎山。到晚唐时始有明确的龙虎山张天师的说法。李翔的《涉

① (清)董诰等编：《全唐文》卷 45，北京：中华书局 1983 年版，第 1 册，第 502 页。

② (明)王鏊：《姑苏志》卷 30 作《梁昭明太子虞山招真治记》，见《天一阁藏明代方志选刊续编》，上海：上海书店 1990 年版。

③ 《全上古三代秦汉三国六朝文》，北京：中华书局 1958 年版，第 3 册，第 3029 页。按：此文集自《姑苏志》卷 30，《艺文类聚》卷 78；唯《艺文类聚》(见上海：上海古籍出版社 1982 年版，第 3 册，第 1341 页)所引碑文未载张裕之事。

④ (宋)李昉：《太平御览》卷 666，石家庄：河北教育出版社 1994 年版，第 6 册，第 223 页。

⑤ 《道藏》第 5 册，第 630 页。

⑥ 《道藏》第 5 册，第 617、618 页。

道诗》之一即题为《献龙虎山张天师》,诗云:"东汉天师直下孙,久依科戒住玄门。环中有位逢皆拜,世上无人见不尊。三洞吏兵潜稽首,六宫魔幻暗销魂,可能授与长生箓,浩劫铭肌敢忘恩。"[①]据王重民先生考证,李翔的《涉道诗》写在一小册上,线装,仅存5页,共28首。后有残阙,原书页数、诗数不知多少。李翔的时代和事迹无所考,其诗集也不见于著录,应该是一部现存最古的道士诗集。诗中所表现的山名和地名,多在今江西、江苏、浙江三省,主要是在龙虎山、茅山、天台山之间,李翔大概就是这一地区以内的人。他大概是9世纪末年或10世纪初年的人。谢自然是贞元十一年(795年)十一月十二日卒于梁州西门外金泉山的,韩愈(768—824年)有《谢自然诗》,李翔有《题谢自然传后》(《传》为郡守李坚所作),所以李翔时代,疑比韩愈稍晚。[②] 准此,则李翔为晚唐时人,其《涉道诗》记录了晚唐道教的一些情况。从诗中可见,此时龙虎山张天师道在社会上已有一定的影响,受到尊崇,所谓"世上无人见不尊"即是这种情形的写照,表明张陵后裔移居江西龙虎山当不会晚于李翔所处的时代。

五代时徐锴在其所撰《茅山道门威仪邓先生碑》中也提到:邓启霞于咸通十二年(871年)"诣龙虎山十九代天师参授都功正一法箓"[③]。据此,则五代时不仅可肯定张陵一系已移居龙虎山,而且某某代天师的世系已经排定。又据五代陈乔所撰《新建信州龙虎山张天师庙碑》说:"皇帝陛下极大道之颓纲,维列仙之绝纽,乃眷正一,属之真人,思与神交,遂崇庙貌,天师道宇所以兴盛于今日也。""中外既理,华夷已清。然而上心犹惑未足,思致人于寿域,每澄虑于大庭。寤寐通仙,阐扬玄教,以为德如可尚,岂隔于古今,道之将行,必先于崇奉。乃诏执事,建天师新庙于信州龙虎山。"又说:"二十二代孙秉一,体备清和,气凝元寂。钩深致远,所得者金简玉书;吐故纳新,其验者赤筋青骨。许掾之灵风未振,吕恭之道荫弥高。岂徒三世无惭,

① 王重民:《敦煌遗书论文集》上编《补全唐诗拾遗》,北京:中华书局1984年版,第31页。

② 王重民:《敦煌遗书论文集》上编《补全唐诗拾遗》,北京:中华书局1984年版,第33页。

③ (清)董诰等编:《全唐文》卷888,北京:中华书局1983年版,第9册,第9283页。

斯固一言以蔽，再光先构，不亦宜乎。"[1]作者陈乔为南唐先主李升时中书舍人，后王李璟时历门下侍郎兼枢密使，他在文中反映了南唐统治者对龙虎山张天师道的尊崇，即"耽味道腴，表扬仙胄，乃圣真祠，宇兹名岫"[2]。而"演兹大教"的目的是"卫我兴朝"。碑文中提到张陵的二十二代孙张秉一，可见此时龙虎山天师道世系的构造越发完备了。从唐懿宗（860—874 年在位）时的十九代天师到南唐时期（937—975 年）的二十二代天师，表明晚唐五代实为龙虎山张天师系的构造期，在此期间明确排定了张陵后世的顺序。张秉一在《汉天师世家》中排为二十一代天师，与此稍有出入，其传记颇具神话色彩，但也有现实的影子。如说："南唐齐王梦堕井中，有道士碧眼长髯，衣绛衣，掖出之。占曰：'此汉天师也'。遂即龙虎山建祠宇，赐水田。"[3]建祠宇、赐水田就反映了南唐统治者扶持龙虎山天师道的历史事实。《汉天师世家》称二十代天师张谌，会昌元年（841 年）曾被唐武宗李炎召见，赐传箓坛宇额曰"真仙观"，将授官，辞归不受。咸通（860—874 年）中，懿宗李漼命建金箓大醮，赐金帛还山。[4] 此也与五代人所说的十九代天师不符。可见，《汉天师世家》在构造天师家谱时，从晚唐五代起，虽多少有些历史材料作依据，但仍不免显得混乱。

从陈《碑》中还可看出，五代时已有张道陵后人因西晋永嘉之乱而移居龙虎山的说法，但尚未确指为张盛；又有张陵在去蜀途中曾住龙虎山，并留下"遗爱"的说法。这些传说，当为提高龙虎山的地位而作的一种宣传，或为当时龙虎山张天师后裔所造作，并无史事可征，却为元以后的道书所渲染，以便造成龙虎山天师道至高无上的地位。另外，《云笈七籤》卷 120 引杜光庭《道教灵验记》"天师剑愈疾验"条提到十六、十八代天师，[5]晚唐五代刘处静的《洞玄灵宝三师纪》提到十八代天师张少任[6]，也可作为晚唐五

---

① （清）董诰等编：《全唐文》卷 876，北京：中华书局 1983 年版，第 9 册，第 9160—9162 页。

② （清）董诰等编：《全唐文》卷 876，北京：中华书局 1983 年版，第 9 册，第 9163 页。

③ 《道藏》第 34 册，第 825 页。

④ 《道藏》第 34 册，第 825 页。

⑤ 《道藏》第 22 册，第 832 页。

⑥ 《道藏》第 6 册，第 752 页。

代乃龙虎山天师道构造期的佐证。综上可知,自盛唐统治者大力扶植张天师世系起,张天师一系开始复苏。至中晚唐时,逐渐形成龙虎山天师道,并构造出传承世系。南唐统治者在龙虎山新建了张天师庙,对龙虎山天师道大加褒扬,使之在社会上发生了越来越大的影响,为宋元以后龙虎山天师道的兴盛奠定了基础。

当时江西一带流行的道教,除龙虎山张天师一系外,还有抚州南城县(今江西南城)麻姑山邓天师一支。据李邕的《唐东京福唐观邓天师碣》载:"师讳思瓘,家于临川(今江西临川),隐于麻姑山。其先出自有殷,春秋后子孙因国,为南阳望族……尊师幼入庐山,中移恒岳……开元二十三载(735年),皇上下明诏求方士,闻本郡,别乘李行祎以尊师应辟焉。帝请问所习,雅重其言。常斋太一宫,集元元教,虑失诸野,思得其人,临遣尊师,俾巡江南六十郡,冥搜元览,欲以张皇大道,开觉下人。明年(736年)春二月甲子,复命称旨意,敕度为道士,名曰紫阳,仍赐紫罗法衣一副,绢一百匹,配东京福唐观,兼本郡龙兴观以宠之。议者以尊师心奉于道,身事于君,名师于乡,德扬于国,莫之比也。五月三日,又赐绢一百匹,紫罗法衣一副……九月七日,扈从西京,敕安置同德兴唐观……二十五年(737年)冬,恩敕许归觐省,出中使二人监侍,渥承于主,荣及其亲,兼遂者鲜矣。二十六年(738年)春,特敕诣中岳、王屋、函谷、宗圣及诸名山修功德……又赐紫罗法衣两副……洁帛五束……彩绫六段……钱十二万千……二月甲子一日,两诏偕召七人,初为中禁洁斋,后以真源谒庙,重闻天圣,独以道高。二十七年(739年)冬十月朔七日,驾幸温泉宫,恩令太元观安置。子夜过半,仙装聿来,顾谓门人竹务猷曰:'……此迓我也。'遗言曰:'吾事亲未终于孝,爱弟未终于仁,请本郡御书仙灵观额,及麻姑山置庙,兹事莫遂,奄至形解。圣上傥问于我,君将此辞以闻。'言毕,异香四来,奄忽而化。箧藏手诏三十纸,壁挂道经五千言,前后所赐法衣七副而金紫者,杂彩七百二十八段,钱二十六万七千,尊师尽以幡像香油之供费,其余无几,或赒老病贫窭焉。帝闻之流涕,赐绢二百匹,充其殁养之□,用锡尊师孝也。度弟思明麻姑庙道士,用成尊师仁也。御书'仙灵观'额,立麻姑山庙,用昭尊师愿也。出中使二人监祭,造车舆送还本乡。二十八年(740年)二月二十日,殡于旧居麻姑山顶。”①

又据唐僖宗时礼部尚书集贤殿大学士郑畋所撰《唐故上都龙兴观三洞经箓赐紫法师邓先生墓志铭》载：“邓氏得姓在春秋，两汉魏晋，继有贤杰。洪源演派，或仕或隐，自累世咸居抚州麻姑山。涵乐天和，不以轩冕婴累。洪嗣道高于世，开元中诏赠临川太守。生福唐尊师讳紫阳，以道法佑明皇帝为元门之师。尝用下元术，使神卒朱兵讨西戎之犯境，若雷霆变化，犬戎大败，时称为神人。福唐生华封尊师讳德诚，少随福唐侍内禁，元宗奇其颖悟曰：‘斯子必为教主。’因以巾简授之，使居华封观。其交神通灵，除害利人之事，备于先生所撰《家纪》。先生即华封之从子也，讳延康，天机元挺，法相冲雅。贞元（875—805 年）初随师于会稽，受三洞笔箓，寻复麻姑山，葆神茹气，澹然与天倪元合。三景五牙二星八道之秘，云章龙箓斋元醮会之法，神悟灵契，悉臻宗极。屡为廉使郡守请敬师受，排邪救旱，显应非一。元元张祋之道，大行于钟陵间。宝历（825—827 年）中，旧相元公制置江夫人有疾，忽梦神人云：‘何不求麻姑仙师？’元公遽命使祷请，既至而疾果愈，夫人稽首奉箓，俱为门人。复以明威上清之道授邹平公文于广陵，凉公逢吉于夷门，自是藩服大臣，争次迓劳。太和（按即“大和”）八年（834 年）秋，又召至阙下，嘉其道德，籍隶太清宫……开成（836—840 年）初，鸿胪少卿屈突谦妻李氏魅狐得孕，厥害滨死，先生以神箓针砭，既服而诞，则妖雏数首皆毙矣……神都威仪与名德道士半出于门下，法教之盛，近未有也。昭肃皇帝（按即唐武宗）幸兴唐观，访先生修真之道，宸旨嘉豫，锡以紫服。后帝受箓于南岳广成师，请先生为监度。上（按即唐宣宗李忱）嗣位，尔时于内殿访其元言，第以《道德》、《黄庭》、《西升》经旨应对，若丹砂硫黄之事，置而不论。居常惟食元气，微饮旨酒，熊经鸟伸而已……今年（按指大中十三年，859 年）十月，忽简料经典告牒，及所撰科法仪轨，一以焚之……十一月庚申，形解于观之清室，享年八十有六……先生有子三人，长曰道牙，弃舒州太湖丞，授三洞经箓；次曰道石，试协律郎，假职闽越；次曰道苗，袭经符，奉斋

① （清）董诰等编：《全唐文》卷 265，北京：中华书局 1983 年版，第 3 册，第 2694—2695 页。《文渊阁四库全书》之《李北海集》失载。

戒,以法教之系,驻于龙兴。道牙奉遗告护元舆归于故山,以十三年(859年)十二月三日,葬于抚州南城县故乡譂潭里湖头村灵山硖。"①

郑《铭》所述邓天师世系与上引李《碣》略有出入。《碣》云邓紫阳"考嗣",《铭》则称其父名"洪嗣";《碣》不载邓紫阳有子,《铭》则说其"生华封尊师讳德诚"②。另外,《铭》中所说"玄元张祋之道,大行于钟陵间",这里的钟陵在今江西南昌一带③,但所谓"张祋之道"究竟是什么,尚有待考察,不知是否与张天师一系有关。

再据颜真卿《抚州南城县麻姑山仙坛记》载:"大历三年(768年),真卿刺抚州。按《图经》,南城县有麻姑山,顶有古坛,相传云麻姑于此得道……西北有麻源……源口有神,祈雨辄应。开元中,道士邓紫阳于此习道,蒙召入大同殿修功德。二十七年(739年),忽见虎驾龙车,二人执节于庭中,顾谓其友竹务猷曰:'此迎我也,可为吾奏,愿欲归葬本山,仍请立庙于坛侧。'元宗从之。天宝五载(746年),投龙于瀑布,石池中有黄龙见,元宗感焉,乃命增修仙宇真仪侍从云鹤之类。于戏!自麻姑发迹于兹岭,南真遗坛于龟源,华姑表异于井山,今女道士黎琼仙,年八十而容色益少,曾妙行梦琼仙而餐花绝粒,紫阳侄男曰德诚继修香火,弟子谭仙岩法箓尊严,而史元洞、左通元、邹郁华皆清虚服道。非夫地气殊异,江山炳灵,则曷由篡懿流光,若斯之盛者矣!"④所说华姑、黎琼仙等又见颜真卿所撰《抚州临川县井山华姑仙坛碑铭》:"华姑者,姓黄氏,讳令微,抚州临川人也。少乃好道,丰神卓异,天然绝粒。年十二,度为天宝观女道士。年八十,发白面红,如处子状,时人谓之华姑。蹀履而行,奔马不及。闻魏夫人仙坛在州郭之南,草木榛翳,结庐

---

① (清)董诰等编:《全唐文》卷767,北京:中华书局1983年版,第8册,第7981—7983页。

② (唐)颜真卿《抚州南城县麻姑山仙坛记》云:"紫阳侄男曰德诚。"(《颜鲁公文集》卷5)与李《碣》:"度弟思明麻姑庙道士"合观,可知邓德诚当为思明之子,则郑《铭》误记。

③ 钟陵,唐置不久废入南昌。《元和郡县图志》卷29:"宝应元年(762年)六月改为钟陵县,十二月改为南昌县"。(670年)《考证》云:"《吴志》未详,县当作郡"。北京:中华书局1983年版,第724页。

④ (清)董诰等编:《全唐文》卷338,北京:中华书局1983年版,第4册,第3424页;又见颜真卿:《颜鲁公文集》卷13,上海古籍出版社1992年版。

求之不得。长寿二年(693 年),岁在壬辰①,冬十月壬申朔,访于洪州西山胡天师。天师名超,能役使鬼神,见其恳切,遥指姑所居南二百步曰乌龟原,中有石龟,每蹂践田苗,百姓患之,乃击断其首,即其处也……既还至州,虔诚寻访,遂获石龟于坛中央,掘其下,得尊像及刀锯各一,油瓮五口,灯盏数十个。天后闻之,尽收入内。"华姑于开元九年(721 年)"上升"。"姑同学弟子黎琼仙,恒服茯苓胡麻,绝粒四十余秋,年八十,齿发不衰。六七岁时,亲睹其事……仙台观道士谭仙岩、史元同、左通元等,每至三元,恒修斋醮。大历三年(768 年),真卿获刺是州。明年春三月,山下有女道士曾妙行,梦一女师,令上七层华树,层层掇餐,及寤犹饱,因是不食。尝于观中见黎琼仙,跪而拜曰:'梦中所见,乃尊师也。'因请依之。于今觉韶颜润泽,虔修香火于此山,遐迩骇慕焉。呜呼!麻姑得道于名山,南真升仙于龟原,华姑鹤翥于兹岭,琼仙妙行接踵而去,非夫天地肸蚃,从古以然,则何以仙气氤氲,若斯盛者。"②此外,颜真卿的《晋紫虚元君领上真司命南岳夫人魏夫人仙坛碑铭》也记载了华姑、黎琼仙等崇尚魏夫人事迹,又载魏夫人在江西的道教活动,并谓魏夫人在临川临汝水西立坛置精舍,于石井山建立坛场等③。从中亦可见唐时江西道教的盛况。

从上述碑文中可见:(1)南城县麻姑山为当时江西道教活动的一个热点。(2)这个热点区域以邓天师一支为主,旁及临川井山。魏夫人及麻姑的神话传说在这一带广为流传,激发了许多人向道的愿望。尤其是出现了华姑、黎琼仙等较著名的女真,正是麻姑和魏夫人神仙传说影响的结果。(3)邓氏一系,自开元、天宝以后即以麻姑山为据点,世代奉道传道,在东都洛阳及抚州成为很有影响的道教世家。足见南北朝门阀世家奉道的遗风,在唐代仍然存在。(4)邓紫阳一支被时人称为"正一上清"、"明威上清之道"。他们的道法着重于《道德》、《黄庭》、《西升》,讲求服气、劾鬼、符水疗

① 按长寿二年为"癸巳","壬辰"为长寿元年。

② (清)董诰等编:《全唐文》卷 340,北京:中华书局 1983 年版,第 4 册,第 3444—3445 页;又见颜真卿:《颜鲁公文集》卷 9,上海:上海古籍出版社 1992 年版。

③ (唐)颜真卿:《颜鲁公文集》卷 9,上海:上海古籍出版社 1992 年版;又《云笈七籤》卷 115 有《花姑传》,《道藏》第 22 册,第 800 页。

病等,至于丹砂硫磺之类,则置而不论。华姑“旦夕精思想像”,近似于上清的存思法,华姑与黎琼仙皆奉《黄庭》。表明这一带流行的道教,是以上清经法和正一法的融汇为其特色,于此可见唐时茅山宗与天师道的关系。

邓氏一系还在茅山发展了自己的势力。五代徐锴的《茅山道门威仪邓先生碑》载:“故茅山道门威仪邓君启霞,字云叟,其先南阳人,今为丹阳金坛人也。开元时有邓天师者,道简上圣,屈乎下风,光国垂勋,隐景遁化,君即其后也。祖讳文,考讳章,皆不仕。君性理和敬,神识宏深,咸通元年(860年),始诣茅山太平观柏尊师道泉为弟子,方羁丱,六年乃披度为道士。十二年(871年)诣龙虎山十九代天师参授都功正一法箓。乾符三年(876年),诣本观三洞法师何先生元通进授中盟上清法箓……春秋八十有五,太和四年(932年)岁在壬辰,解化于山门。君所传经箓,昭显于时。”[①]邓启霞既习张天师的正一法箓,又受上清法箓,亦说明正一与上清的融合,且这样一种融汇二者的经箓,“昭显于时”,为习道者普遍接受。

这里有必要对洪州西山(今江西新建)的道教活动作一些考察。前引颜真卿《华姑仙坛碑铭》称:长寿二年(693年),华姑黄令微曾访胡超天师于洪州西山。这个胡超,按《历世真仙体道通鉴后集》卷4《花姑传》所载,当指胡惠超,系唐洪州西山道士,为许逊信仰的鼓吹者,曾撰《晋洪州西山十二真君内传》一卷。[②] 所谓十二真君,即指许逊、吴猛及与许逊一起飞升的十弟子,惠超此书当为宣传许逊等12人事迹而作。《新唐书·艺文志》还著录“道士胡法超《许逊修行传》一卷”[③],此胡法超疑即胡惠超,此书亦系颂扬许逊之作。其生平事迹,据《历世真仙体道通鉴》卷27《胡惠超传》载:“天师胡惠超[④],字拔俗,不知何许人也,莫知其年寿。唐高宗上元(674—676年)间,来自庐山,栖于豫章西山之洪井。幅巾布褐,徒行负杖,至游帷观[⑤],见同辈手不执板,擎拳而已。美须眉,体貌环伟,类四十许岁

① (清)董诰等编:《全唐文》卷888,北京:中华书局1983年版,第9册,第9283页。

② 《新唐书·艺文志》,北京:中华书局1975年版,第5册,第1523页。按:《太平广记》卷14(第1册第98—100页)所引《十二真君传》疑即胡惠超所撰。

③ 《新唐书》,北京:中华书局1975年版,第5册,第1523页。

④ 《新唐书·艺文志》作“胡慧超”。

⑤ 后人为纪念许逊于其飞升处所建,宋代改名玉隆万寿宫。

人……或云许、吴君尝授其延生炼化超三元九纪之道，能檄召神灵，驱奋雷雨……而获闻邪怪之物，疾之如冠雠，即务翦除之。时豫章西门有樟木精为独足神，大兴怪祟，邀人淫祀。天师一见，叱骂，书符禁制，即命斩伐，积薪灌油以火焚燎，妖祟遂灭，以地为观（原注云：旧名信果，今额天庆）。昔游帷观唐初荒废，因问主观胡不修葺？答以乏材力。天师奋然而往，不逾月，以木筏至高安樟木江口，距观九十里，命筏人紧系缚，各就宿江岸。临暮，飞黑符一道，中夜，烈风雷雨，比明，筏已在坛下矣……又于山下发一窖，出钱三百千，为工役之需，应殿宇非人所居者，皆夜役鬼神为之……久之，异迹显著。唐高宗时，偶抵京邑，诏除寿春宫狐妖，赐洞真先生。至是，天后以蒲轮召之，天师深隐岩谷，州县搜求之，急不得已而出，至都，引见于武成殿。后临问仙事，天师止陈道德，帝王治化之源，后大喜，又欲留于都下，委以炼丹之事，天师辞请还山修炼，敕遣使赍金璧送归……天师乃于洪崖先生古坛之际炼丹，首尾三年。降诏趣召诣阙，至则馆于禁中，天师辞归，固留不许。天师一朝遁去，上闻，叹恨久之，遣使赍赠甚厚……天师归西山，居于盱母靖。观有三清，中门真君横堂，皆鬼工所造……又自写其真容于后殿之壁。其居西山，人皆师事之，千里之内无疫疠水旱之灾，无猛鸷夭枉之苦，远近赖焉。长安三年（703 年）二月十六日，命弟子于游帷观之西北伏龙冈造砖圹，藏太玄真符、二七星神剑，灵宝策杖各一，三日而讫，天师正衣冠，坐绳床……视之已解脱矣。州具以闻，赐钱帛，修斋醮，复谥曰洞真先生。姑苏先生司马贞撰碑，具载详悉……其门人高弟甚多，最显者曰万天师、蔺天师、临川井山黄花姑云。”①这是篇带有仙话色彩的传记，但从中亦可看出，胡惠超活动于唐高宗和武则天时期，其道术主要是以符箓召神劾鬼、治病驱灾，但又吸收了炉火一套，似并非专宗符箓者。他花了很大功夫修复许旌阳的纪念地——游帷观，又著书宣传许旌阳之道，这些都为南宋净明道的形成作了准备。此外，《新唐书·艺文志》存“冲虚子《胡慧超传》一卷。失名。慧超，高宗时道士”②。《崇文总目》卷 10：“《胡慧超传》一卷，阙。”可证胡惠超确为

① 《道藏》第 5 册，第 258—259 页。

② 《新唐书》，北京：中华书局 1975 年版，第 5 册，第 1523 页。

高宗、则天时道士,并颇具影响力。①

今《道藏》洞玄部谱录类收《孝道吴许二真君传》1 卷,据考,此书在现存诸种许真君传中为出世较早者。书中未提及北宋加封许逊之尊号“神功妙济真君”,但提及唐代年号,如贞观元年(627 年)、永淳三年(682 年)②、元和十四年(819 年),盖此书出于中唐。此书中记载了唐代崇拜许逊的一些史实:“从晋元康二年(292 年)真君举家飞升之后,至唐元和十四年(819 年)约五百六十二年,递代相承,四乡百姓聚会于观,设黄箓大斋,邀请道流三日三夜升坛进表,上达玄元,作礼焚香,克意诚请。”③“每至正月、五月、八月,并以十五日朝礼、建斋、诵赞、行道,为国王大臣人民消灾祈福,至今相承不绝。真君……官满归宅,上频征请,不赴敕命……唯与十二仙君更相勉励,内修不二之法,神仙之术。经于八年,至元康二年(292 年)八月十五日合宅飞升,鸡犬悉去,旧宅坛井俨然而存。承二代侄男简承宗继世为道士,修持供养,慱(传)受孝道。晋永和三年(347 年)敕再为真观。至贞观元年(627 年),国之不崇,人之疏索,观宇寥落,有似寂寞焉。至永淳三年(按当为元年或二年),奉敕再兴孝道,承代传香。”④可见,西山许逊遗址唐初一度衰败,到高宗永淳年间复兴,这个时间与胡惠超在西山的道教活动时间相吻合,当是胡努力的结果。胡亦因此而被后世净明道尊为法师,《净明忠孝全书》卷 1 有《净明法师洞真先生传》。自胡惠超复兴许逊崇拜之后,这里祭祀许逊的活动就愈演愈烈,并与民俗结合起来。《历世真仙体道通鉴后集》卷 5《吴綵鸾传》载:唐文宗太和(827—835 年)末,有书生文萧海内无家,因萍梗抵钟陵郡。钟陵西山有游帷观,即许真君逊上升之第。每岁至中秋上升日,吴蜀楚越之人不远千里而至,多携带名香珍果缯绣金钱,设斋醮以祈福。时钟陵人万数,车马喧阗,士女栉比,连臂踏歌。⑤ 这种盛况,奠定了南

① 南宋施岑所编《西山许真君八十五化录》有“胡师化”,载胡惠超尊崇许逊事迹,《道藏》第 6 册,第 839 页;《历世真仙体道通鉴》胡惠超传当录取其中材料写成。

② 按:永淳只有二年,682 年为永淳元年。此“三年”或为“元年”、或为“二年”之误。

③ 《道藏》第 6 册,第 843 页。

④ 《道藏》第 6 册,第 844—845 页。

⑤ 《道藏》第 5 册,第 480 页。

宋净明道形成的群众基础。

在唐代洪州道士中，又以张氲较著名。《新唐书·艺文志》录“张说《洪崖先生传》一卷。张氲先生，唐初人”①。《玄品录》卷 5 载其事迹。现据《历世真仙体道通鉴》卷 41《张氲传》予以介绍：“张氲，晋州神山县人，一名蕴，字藏真……生于唐高宗永徽四年（653 年）四月十六日……工琴书，善长啸，好黄老方士之说。父死，有欲以女妻之，即弃去，曰：‘吾慕古洪崖仙人。’遂自号洪崖子。游青盖山，遇褐衣老人曰：‘此岩景成子，汝师也。’如其言访之，有被发卉服踞盘石者，氲再拜。景成子……遂尽传其方。又曰：‘姑射之南有古洞，汝当居之，若得五药童役之，则仙去。’遂往姑射。有神人指洞所，果得五童，曰：‘橘、栗、术、葛、柮’，役使左右。隐洞中十五年，仙书秘典、九经百氏，靡所不通……氲常乘青驴，从五童，入灵夏，访昆仑，游终南、泰、华，往来青城、王屋、太行之间，与叶、罗二天师为侣，每究金丹华池之事，易形炼化之术，人莫能究其妙。圣历（698—700 年）中，武后召之不至……已而寓洛阳给事李峤家，凡十三年，词人逸客争相求见。明皇开元七年（719 年），屡召，辞不获，乃来见于湛露殿上……上嘉之，拜氲太常卿，累迁至司徒，皆不受……由是岁八月听还山……尝注《老子》、《周易》、《三礼谷梁》，又著《高士传》十卷，《神仙记》二十卷，《河东记》三十卷，《大周昌言》十卷，皆未行世。十六年（728 年），洪州大疫，有狂道人跨驴从五童施药市中，病者立愈。州以上闻，土（上）意其氲，驿召之，果氲也。然三召卒不至，乃栖息于洪崖先生之古坛……天宝四载（745 年），年九十三，以四月八日黎明大雾，尸解榻上……肃宗乾元（758—760 年）中，因申泰芝言豫章伏龙山有异气，诏立应圣宫，塑肃宗像，以先生配焉，今紫清宫是也。德宗时，继于晋州即其宅立庙，又于洪崖山尸解处立庙祀之，今皆为棲真观。”②张氲后来被净明道尊为经师，《净明忠孝全书》卷一有《净明经师洪崖先生传》。

除上所述道派之外，在唐代道士中，还有一大批传承不太明显、道术不

① 《新唐书》，北京：中华书局 1975 年版，第 5 册，第 1523 页。

② 《道藏》第 5 册，第 335—337 页。

拘一格者，这种情况正好体现了唐代道派演化融合的趋势。现择其较为著名者述之。

叶法善(616—720年)，字道元，一字太素，祖籍南阳叶县人，后迁居处州括苍。据李邕的《唐有道先生叶国重墓碑》载：其高祖乾昱、曾祖道兴、祖国重、父慧明，下及法善，五世皆为道士。《太平广记》卷26《叶法善》称其“四代修道，皆以阴功密行及劾召之术救物济人”①。《旧唐书》卷一百九十一《叶法善传》则谓：“自曾祖三代为道士，皆有摄养占卜之术。”这些说法虽略有不同，但其为道教世家之一。据《唐叶真人传》记载，叶法善曾广习诸家道术。少时与父隐居卯山，“寻形选胜，占星候气，登高临深，穷源逝险”，习地理风水、天文星占之学；后“诣豫章万法师求炼丹、辟谷、导引、胎息之法”，又“于青城赵元阳受遁甲步玄之术，嵩高韦善俊传八史云蹻之道”，遇神人授“三五盟威正一之法”及“上清上法”②。擅内丹术，《道枢》卷31收其内丹学著作《九仙篇》。又与许逊教团关系深厚③，尊崇并实践孝道，曾向玄宗上表乞归祭祖、修缮祖茔并请将自己的爵位回授先父。

另据《旧唐书》本传记载，叶法善“少传符箓，尤能厌劾鬼神”④。他的经历颇富传奇色彩。据唐玄宗《故金紫光禄大夫鸿胪卿越国公景龙观主赠越州都督叶尊师碑铭并序》载：“初，师甫七岁，涉江而游，迨及三年，人以为溺。及还，问其故，则曰：‘三青童子引之，憩于华堂峻宇，咽灵药，吸云浆，太上镇之，是以留也。’十五中毒死，又见昔青童曰：‘天台茅君飞印印其腹，始殊闷绝，良久豁如。’师以灵应感通，殊尤若此。遂乃杖策游诸名山，远访

① (宋)李昉等编：《太平广记》，北京：中华书局1961年版，第1册，第170页。

② 《唐叶真人传》，《道藏》第18册，第79—80页。又台湾丁煌教授认为：“法善一生，虽兼习它宗经法，然彼最称精擅者，仍为天师教‘正一法术’。彼为‘正一宗’史上罕有之传教大师。”(丁煌：《叶法善在道教史上地位之探讨》，成功大学历史学系《历史学报》1988年第14期，第11页)

③ 参见郭武：《净明忠孝全书研究：以宋、元社会为背景的考察》，中国社会科学出版社2005年版，第177页。

④ 《旧唐书 · 叶法善传》，北京：中华书局1975年版，第16册，第5107页。

茅君而遇……由是便于青城赵元阳受遁甲步元之术，于嵩高韦善俊①传八史云跷之道。宴息于括苍、罗浮，往还于蓬莱、方丈。灵图秘诀，仙符真度，宝箓生券，冥感空传。临目而万八千神，咽胎而千二百息。或潜泳水府，或飞步火房；或剖腹濯肠，勿药自复；或刳肠割膜，投符有加；或聚合毒味；服之自若；或征召鬼物，使之立至。呵叱群鬼，奔走众神，若陪隶也，故海内称焉；千转万变，先朝宠焉。"②所谓"先朝宠焉"是指："显庆(656—661年)中，高宗闻其名，征诣京师，将加爵位，固辞不受。求为道士，因留在内道场，供待甚厚。时高宗令广征诸方道术之士，合炼黄白。法善上言：'金丹难就，徒费财物，有亏政理，请覈其真伪。'帝然其言，因令法善试之，由是乃出九十余人，因一切罢之。法善又尝于东都凌空观设坛醮祭，城中士女竞往观之，俄顷数十人自投火中，观者大惊，救之而免。法善曰：'此皆魅病，为吾法所摄耳。'问之果然。法善悉为禁劾，其病乃愈。法善自高宗、则天、中宗历五十年，常往来名山，数召入禁中，尽礼问道。然排挤佛法，议者或讥其向背。以其术高，终莫之测。睿宗即位，称法善有冥助之力。"③又据《太平广记》卷26引《集异记》及《仙传拾遗》云：法善常游括苍白马山，石室内遇三神人，皆锦衣宝冠，谓他说："我奉太上命，以密旨告子，子本太极紫微左仙卿，以校录不勤，谪于人世，速宜立功济人。佐国功满，当复旧任。以正一三五之法，令授于子，又勤行助化，宜勉之焉。"法善自此诛荡精怪，扫除凶妖，以救人为志。高宗李治征至京，拜上卿，不就，请度为道士，出入禁内。东西两京受道箓者，文武中外男女子弟千余人。所得金帛，并修宫观，恤孤贫，无爱惜。久之，辞归松阳，经过之地，救人无数。除害殄凶，玄功遐被。则天征至都，请于诸名岳投奠龙壁。中宗复位，武三思尚秉国权，法善以频察妖祥，保

① 韦善俊《历世真仙体道通鉴》卷36有传，谓其先出京兆，祖宣敏曾为巩县令，因家于巩。年13长斋，诵《道德》、《度人》、《西升》、《升玄》等经，人有所惠，悉为赈救之用。及壮，诣嵩阳观事黄元赜参佩道法，又从临汝洞元观道士韩元最，复授秘要。长寿(692—694年)中解化(《道藏》第5册，第305页)；又，《太平广记》卷47引《仙传拾遗》亦有关于韦善俊的神话传说(第1册，第295—296页)。

② (清)董诰等编：《全唐文》卷41，北京：中华书局1983年版，第1册，第456页；又见《道藏》第18册，第88—89页。

③ 《旧唐书》卷191《叶法善传》，北京：中华书局1975年版，第16册，第5107—5108页。

护中宗、相王及玄宗，为三思所忌，窜于南海。迨后平韦后，立相王睿宗，玄宗承祚继统，法善应召入京，佐佑圣主，凡吉凶动静，必预奏闻。①

从这类神话传说中，透露出叶法善道术高明，在当时颇有名气，并曾参与唐代统治阶级的内部政争，得到李唐皇室的宠信。“先天二年（713年），拜鸿胪卿，封越国公，仍依旧为道士，止于京师之景龙观，又赠其父为歙州刺史。当时尊宠，莫与为比”②。开元八年（720年）法善卒，玄宗李隆基下诏悼念说：“朕当听政之暇，屡询至道；公以理国之法，数奏昌言。谋参隐讽，事宣弘益。叹徽音之未泯，悲形解之俄留，曾莫慭遗，歼良奄及。永惟平昔，感怆于怀，宜申礼命，式旌泉壤。可赠越州都督。”③玄宗、肃宗都有《叶法善像赞》④。到宋代，叶法善也受到统治者尊崇，宋徽宗政和六年（1116年）正月，封致虚见素法师，宣和二年（1120年）六月，加封灵虚见素真人。⑤

叶法善的弟子有尹愔、暨齐物（《唐叶真人传》作“卢齐物”）、丁政观、司马仲容等，其中尹、暨为其入室弟子。尹愔今存《五厨经气法序》⑥，暨齐物，《大涤洞天记》卷中“书楼”条略载其事迹⑦。丁政观今存《谢赐天师碑铭状》。⑧

叶静能（？—710年），叶法善叔祖，颇有神术，善属文，高宗时入职翰林，为国子祭酒⑨。中宗神龙元年（705年），右卫骑曹参军，西河宋务光上《洛水涨应诏上直言疏》弹劾之：“自顷官赏，颇亦乖谬，大勋未满于人听，高佚已越于朝伦，贪天之功，以为己力。秘书监郑普思、国子祭酒叶静能，或挟

① （宋）李昉等编：《太平广记》，北京：中华书局1961年版，第1册，第170—171页；参见《唐叶真人传》，《道藏》第18册，第80—82页。

② 《旧唐书·叶法善传》，北京：中华书局1975年版，第16册，第5108页。

③ 《旧唐书》，北京：中华书局1975年版，第16册，第5108页；又见（清）董诰等编：《全唐文》卷22，北京：中华书局1983年版，第1册，第255页。

④ （清）董诰等编：《全唐文》卷41、45，北京：中华书局1983年版，第1册，第450、502页。

⑤ 《唐叶真人传》，《道藏》第18册，第90页。

⑥ （清）董诰等编：《全唐文》卷927，北京：中华书局1983年版，第10册，第9663页。

⑦ 《道藏》第18册，第152页。

⑧ （清）董诰等编：《全唐文》卷927，北京：中华书局1983年版，第10册，第9667页。

⑨ （宋）李昉等编：《太平广记》卷26，北京：中华书局1961年版，第1册，第170页；又见《道藏》第5册，第321页。

小道以登朱紫，或因浅术以取银黄，既亏国经，实悖天道。”①对叶静能挟小术取厚禄高官表示不满，但“疏奏不省”。关于叶静能之死，《太平广记》卷26引《集异记》及《仙传拾遗》说：“武后监国，南迁而终。”实际上他死于玄宗发动的政变中。《旧唐书・睿宗本纪》载：“景龙四年（710年）夏六月，中宗崩，韦庶人临朝，引用其党，分握政柄，忌帝望实素高，潜谋危害。庚子夜，临淄王讳与太平公主子薛崇简，前朝邑尉刘幽求、长上果毅麻嗣宗、苑总监钟绍京等率兵入北军，诛韦温、纪处纳、宗楚客、武延秀、马秦客、叶静能、赵履温、杨均等，诸韦、武党与皆诛之。”②可见叶静能依附韦、武一党，而他之所以能于中宗朝挟小术取高官厚禄也正为此故，他与叶法善的政治立场是不同的。

他的“小术”，从《太平广记》卷72引《河东记》可略见一二：唐汝阳王好饮，终日不乱，客有至者，莫不留连旦夕。时术士叶静能常过焉，王强令饮，辞曰：某有一生徒，酒量可为王饮客，明日使谒王。明旦，有道士常持满投刺，王引入，长二尺。令左右行酒，已数巡，持满说：“此不足不为饮，请移大器。”良久，谓王曰：“某止此一杯，醉矣。”王曰：“观师量殊未可足，请更进之。”乃复进一杯。忽倒，视之则一大酒榼，受五斗焉。③ 此当属幻术一类。总之，叶法善与叶静能都以道术名闻天下。

唐代以二叶事迹为题材创作的文学作品较多，二叶的道术名声甚至远播敦煌。在敦煌的变文创作中就有以二叶道术活动为本编撰的《叶静（净）能诗》。④ 该《诗》虽以“叶静能”为主人公，但实际上把叶法善的道法传说也编写进去，是敦煌变文中唯一以道教为题材的作品。王重民先生将其归入有说无唱的变文，认为《叶净能诗》直然以“诗”标题，其描写比有说有唱的细腻，在应该特别加重描写的地方，插入诗句，代替了七言

① 《旧唐书・五行志》，北京：中华书局1975年版，第4册，第1356页；参见《新唐书・宋务光传》第14册，第4276页。

② 《旧唐书》，北京：中华书局1975年版，第1册，第152页。

③ （宋）李昉等编：《太平广记》，北京：中华书局1961年版，第2册，第450—451页；参见《历世真仙体道通鉴》卷39，《道藏》第5册，第321页。

④ 《敦煌变文集》，北京：人民文学出版社1957年版，第216页。

唱词,这在体裁上是一大变革,实际上已进入初期话本的结构,所以用"诗"来标题了。[①] 由此可见《叶静能诗》在敦煌文学及整个中国文学史上的地位,并反映了唐代道教文学的一个侧影,折射出道教在敦煌地区的流行情况。

刘道合,陈州宛丘人,生卒不详。初与潘师正同隐于嵩山。高宗李治闻其名,令于隐所置太一观以居之。召入宫中,深尊礼之。及将封泰山,属久雨,李治令道合于仪鸾殿作止雨之术,俄而晴朗,李治大悦。又令道合驰传先上泰山,以祈福佑。前后赏赐,皆散施贫乏,未尝有所蓄积。高宗又令道合炼还丹,丹成而上之。咸亨(670—674年)中卒。及营奉天宫,迁道合之殡室,弟子开棺将改葬,其尸唯有空皮,而背上开坼,有似蝉蜕,尽失其齿骨,众谓尸解。高宗李治闻之不悦,说:"刘师为我合丹,自服仙去。其所进者,亦无异焉。"[②]

白履忠,陈留浚仪人,生卒不详。博涉文史,尝隐居于古大梁城,时人号为梁丘子。景云(710—712年)中,征拜校书郎,寻弃官而归。开元十年(722年),刑部尚书王志愔表荐履忠隐居读书,贞苦守操,有古人之风,堪代褚无量、马怀素入阁侍读。十七年(729年),国子祭酒杨瑒又表荐履忠堪为学官,乃征赴京师。及至,履忠辞以老病,不任职事。玄宗下诏说:"处士前秘书省校书郎白履忠,学优缃简,道贲丘园,探赜以见其微,隐居能达其志。故以汲引洙、泗,物色夷门,素风自高,玄冕非贵。几杖云暮,章秩宜加。俾承礼命之优,式副宠贤之美。可朝散大夫。"履忠寻表请还乡,玄宗又下手诏说:"孝悌立身,静退放俗,年过从耄,不杂风尘。盛德予闻,通班是锡,岂惟旌贲山薮,实欲奖劝人伦。且游上京,徐还故里。"乃停留数月而归。履忠乡人左庶子吴兢谓他曰:"吾子家室屡空,竟不沾斗米匹帛,虽得五品,何益于实也?"履忠欣然曰:"往岁契丹入寇,家家尽著括排门夫,履忠特以少读书籍,县司放免,至今惶愧。今虽不得,且是吾家终身高卧,免徭役,岂易

① 《敦煌遗书论文集》下编《敦煌变文研究》,北京:中华书局1984年版,第182页。

② 《旧唐书·隐逸传》,北京:中华书局1975年版,第16册,第5127页;《新唐书·隐逸传》,北京:中华书局1975年版,第18册,第5605页。

得也?”寻寿终。著《三玄精辩论》一卷,注《老子》及《黄庭内景经》,有文集十卷。[①]《新唐书·艺文志》亦著录“白履忠注《老子》”,“白履忠注《黄庭内景经》卷亡”,“又《三玄精辩论》一卷”。[②]

田游岩,京兆三原人,生卒不详。永徽(650—655年)时,补太学生,后罢归,游于太白山,每遇林泉会意,辄留连不能去。其母及妻子并有方外之志,与游岩同游山水二十余年。自蜀历荆、楚,爱夷陵青溪,止庐其侧。长史李安期表其才,召赴京师,辞疾入箕山,就许由庙东筑室而居,自称“许由东邻”,频召不出。调露(679—680年)中,高宗幸嵩山,遣中书侍郎薛元超就问其母,游岩山衣田冠出拜,高宗令左右扶止之,谓曰:“先生养道山中,比得佳否?”游岩说:“臣泉石膏肓,烟霞痼疾,既逢圣代,幸得逍遥。”高宗说:“朕今得卿,何异汉获四皓乎?”薛元超说:“汉高祖欲废嫡立庶,黄、绮方来,岂如陛下崇重隐沦,亲问岩穴。”高宗甚欢,因将游岩就行宫,并家口给传乘赴都,授崇文馆学士,令与太子少傅刘仁轨谈论。后来高宗将营奉天宫于嵩山,游岩旧宅先居宫侧,特令不毁,仍亲书题额悬其门,曰“隐士田游岩宅”。文明(684年)中,进授朝散大夫,拜太子洗马。垂拱(685—688年)初,坐与裴炎交结,特放还山。蚕衣耕食,不交当世,唯与韩法昭、宋之问为方外交[③]。韩法昭为潘师正弟子,可见田游岩与茅山宗有一定关系。此外,陈子昂曾赠诗与田[④],《全唐文》卷160收有蒋俨《责田游岩书》。

王希夷,徐州滕县人,孤贫好道。父母丧,为人牧羊,取佣以供葬。葬毕,隐于嵩山,师事道士黄颐四十年,尽能传其闭气导养之术。颐卒,更居兖州徂来山中,与道士刘玄博为栖遁之友。喜读《周易》及《老子》,尝饵松柏叶及杂花散。景龙(707—710年)中,年七十余,气力益壮。刺史卢齐卿就谒致礼,因访以字人之术,希夷说:“孔子称:‘己所不欲,勿施于人。’可以终

① 《旧唐书·隐逸传》,第16册,第5124页。参见《玄品录》卷4《道儒》,《道藏》第18册,第128页;(清)董诰等编:《全唐文》卷23,北京:中华书局1983年版,第1册,第268页;《大唐新语》卷10。

② 《新唐书》,北京:中华书局1975年版,第5册,第1517、1522页。

③ 《旧唐书·田游岩传》,北京:中华书局1975年版,第16册,第5117页;参见《新唐书·田游岩传》第18册,第5598页。

④ 徐鹏校点:《陈子昂集》卷2,北京:中华书局1962年版,第27、29页。

身行之矣。”及玄宗东巡，敕州县以礼征，召至驾前，时年已九十六。玄宗令中书令张说访以道义。宦官扶入宫中，与语甚悦。开元十四年(726 年)，下制说：“徐州处士王希夷，绝学弃智，抱一居贞，久谢嚣尘，独往林壑。朕为封峦展礼，侧席旌贤，贲然来思，克应嘉召。虽纡绮季之迹，已过伏生之年，宜命秩以尊儒，俾全高于尚齿。可朝散大夫，守国子博士，听致仕还山。州县春秋致束帛酒肉，仍赐衣一副，绢一百匹。”寻寿终。①

卢鸿一②，字浩然，本范阳人，徙家洛阳。少有学业，颇善籀篆楷隶，隐于嵩山。开元(713—741 年)初，遣备礼再征不至。五年(717 年)，玄宗下诏说：“朕以寡薄，忝膺大位，尝恨玄风久替，淳化未升，每用翘想遗贤，冀闻上皇之训。以卿黄中通理，钩深诣微，穷太一之道，践中庸之德，确乎高尚，足侔古人。故比下征书，伫谐善绩，而每辄托辞，拒违不至，使朕虚心引领，于今数年，虽得素履幽人之贞，而失考父滋恭之命。岂朝廷之故与生殊趣耶？将纵欲山林不能反乎？礼有大伦，君臣之义，不可废也。”鸿一赴征。六年(718 年)，至东都，谒见不拜。宰相遣通事舍人问其故，鸿一说：“臣闻老君言，礼者，忠信之所薄，不足可依。山臣鸿一敢以忠信奉见。”玄宗别召升内殿，赐之酒食，下诏说：“卢鸿一应辟而至，访之至道，有会淳风，爰举逸人，用劝天下。特宜授谏议大夫。”鸿一固辞，又制曰：“嵩山隐士卢鸿一，抗迹幽远，凝情篆素，隐居以求其志，行义以达其道，云卧林壑，多历年载。传不云乎：‘举逸人，天下之人归心焉。’是乃飞书岩穴，备礼征聘，方伫献替，式弘政理。而矫然不群，确乎难拔，静己以镇其操，洗心以激其流，固辞荣宠，将厚风俗，不降其志，用保厥躬……宜以谏议大夫放还山。岁给米百石，绢五十匹，充其药物，仍令府县送隐居之所。若知朝廷得失，具以状闻。”将还山，又赐隐居之服，并其草堂一所，恩礼甚厚。③ 鸿一到山中，广学庐，聚

① (唐)刘肃：《大唐新语》卷 10；《旧唐书》，北京：中华书局 1975 年版，第 16 册，第 5121 页；《新唐书》，北京：中华书局 1975 年版，第 18 册，第 5600 页。

② (唐)刘肃：《大唐新语》卷 10 作“卢鸿”。

③ 《旧唐书·隐逸传》，北京：中华书局 1975 年版，第 16 册，第 5119 页；参见《大唐新语》卷 10，北京：中华书局 1984 年版。

徒至五百人。及卒,玄宗赐万钱。①

薛幽栖,蒲州宝鼎人,性沉静,有敏识卓见,修举业之暇,好闻方外事。开元(713—741 年)中及进士第,年始弱冠,调官陵郡尉。秩未满,有林泉之兴,遂拂衣去。服冠褐,出入青城、峨眉间。久之,游鹤鸣山,访汉天师治所修行,仅一纪,而道气愈充。天宝(742—756 年)初,复游南岳,卜栖真之地。乃晦其名氏于五老峰之下,游心于自得之场,旷然无所系,而能和光混俗。其于三洞真诰,靡不该览,故幽人逸客向风禀受,日集于左右,而师辩论宏博,随其根性,各有所发明。进《玄微论》三卷,玄宗称赏其达悟。未几卒于墨山。曾注《灵宝度人经》见行于世。《衡岳总胜集》云:"今凌虚宫有天香台,乃注经之所。"②

姜抚,宋州人,自言通仙人不死之术,隐居不出。开元(713—741 年)末,太常卿韦縚祭名山,因访隐民,还白抚已数百岁。召至东都,舍集贤院。因言:"服常春藤,使白发还鬓,则长生可致。藤生太湖最良,终南往往有之,不及也。"玄宗遣使至太湖,多取以赐中朝老臣。因诏天下,使自求之。宰相裴耀卿奉觞上千万岁寿。玄宗悦,御花萼楼宴群臣,出藤百奁,遍赐之。擢抚银青光禄大夫,号冲和先生。抚又言:"终南山有旱藕,饵之延年。"状类葛粉,玄宗作汤饼赐大臣。右骁卫将军甘守诚能铭药石,曰"常春者,千岁藟也。旱藕,杜蒙也。方家久不用,抚易名以神之。民间以酒渍藤,饮者多暴死"。乃止。抚内惭悸,请求药牢山,遂逃去。③

王旻,居洛阳青罗山乡里,葺居幽胜,多植芝术药苗,栽培花木,皆有方法,每日蔬馔多是粉芝。高宗朝诸武擅权,威倾海内,唯太子宾客武攸绪,则天之侄,退身远祸,结宇于嵩阳,师模于旻,得其导养炼气之诀。开元(713—741 年)中征至京师,玄宗见其童颜黑发,颇加恩礼。时玄宗于茅山得杨许众真及陶弘景所写上清诸经真迹,既诣司马承祯受三洞宝箓,后遥诣李含光受真迹上经。其所阙杨君笔札十数纸,遣王旻赍诏书信币就紫阳观

① 《新唐书·隐逸传》,北京:中华书局 1975 年版,第 18 册,第 5604 页;参见《玄品录》卷 4,《道藏》第 18 册,第 127—128 页。

② (元)赵道一:《历世真仙体道通鉴》卷 39,《道藏》第 5 册,第 324 页。

③ 《新唐书·方伎传》,北京:中华书局 1975 年版,第 18 册,第 5811 页。

请李含光补之。曰:"朕不欲命小臣干冒于先生,委兹专往,必冀神仙手笔今古相续耳。"及还京,岁余请归旧山,不复游于城阙。① 著《山居杂录》三篇,今佚。又撰《唐国师升真先生王法主真人立观碑》,现存于《茅山志》卷22。

刘知古,字光玄,其先彭城沛人,后家于临邛。知古生而慧,视名利若仇雠,唯从事于道。唐高宗龙朔(661—663年)中,出家为太清观三洞道士,至于八公宝章、三简秘箓、丹经脉诀之旨,出生入死之术,无不洞晓。睿宗召见,问道教事称旨,特加崇锡,送还山。开元(713—741年)中,天灾流行,疾疫者十有八九,玄宗召知古治之。天宝(742—756年)年间,诏知古及内史田思崇醮二十四位。久之,乞还蜀,请以居第为大千秋观,玄宗亲书额赐之,李邕文其碑。知古兄学儒,弟奉佛,因设三教像以事。燕国公张说闻其风而悦之,作《三教铭》。以后因天长节改观名为天长。曾有客授以黄白术,又授神虎宝经、上清隐文、高奔上道之要。行之十年而卒②。《全唐文》卷334收刘知古《进日月元(玄)枢论表》和《日月元(玄)枢论》,谓"知古,元(玄)宗朝绵州昌明县令"③。此乃据《郡斋读书后志》卷二所云:"《日月玄枢论》一卷,右唐刘知古撰。明皇朝为绵州昌明令。时诏求丹药之士,知古谓神仙大药,无出《参同契》,因著论上于朝。"宋曾慥《道枢》卷26《日月玄枢篇》当录自知古所论。《郡斋读书后志》所言知古事迹与《历世真仙体道通鉴》稍有出入,但时代和地点相吻合,当为同一人。

周隐遥,字息元,居洞庭苞山,自云角里先生。精修太阴炼形之术,不以昼夜更动息,不以寒暑易纤厚。不食而甚力,虽饮而无漏。贞观(627—649年)中召至长安,馆于内殿,问修息之道。对曰:"臣所修者,匹夫之事,功不及物。帝王一言之利,万方蒙福,得道之效,速于臣人。区区所学,非万乘所宜留意。"恳求归山,诏遂所适。其后李德裕闻其有道,建宝历崇元圣祖院

① (元)赵道一:《历世真仙体道通鉴》卷32,《道藏》第5册,第283页;(元)刘大彬:《茅山志》卷15引《仙传拾遗》,《道藏》第5册,第619页。

② (元)赵道一:《历世真仙体道通鉴》卷32,《道藏》第5册,第282页;参见(清)董诰等编:《全唐文》卷226,张说:《益州太清观精思院天尊赞并序》,北京:中华书局1983年版,第3册,第2280页。

③ (清)董诰等编:《全唐文》,北京:中华书局1983年版,第4册,第3383页。

在句曲山华阳南洞前,为供养之所,令狐楚有记。①

萧灵护,字天佑,庐陵人。7 岁能诗,所作皆尘外意。十五好道,壮遇至人传金液丹胎息。周访名山,常负道书百余卷。太宗贞观二年(628 年),沂潇湘,躬礼注生行法驱邪,邦乡得济者不可胜计。后居招仙观,炼火鼎之术,化黄白而鬻之,用以修理观宇,观宇为之一新。侯王礼敬,请为法主,皆北面事之。五年(631 年),创寻真阁,六年(632 年),于桂州铸铜钟一口,重五百斤,归观。后选幽胜,炼神丹于山北,凡经三坛,方始炼就,后服之。高宗弘道二年(按当为元年之误,683 年)卒。②

除上述之外,还有许多这样的传承世系不明的道士,限于篇幅,不具录。这些道士在道术上似乎并非恪守一家,而是会通各门派,于此正可看出唐道教宗派融合的特征。

第四节　道教学者的涌现和道教理论的发展

隋唐道教南北方不同派别的进一步交流和融合,为道教教理教义的发展提供了较好的内在条件;而南北朝以来的三教论争,到隋唐更是经常进行,这种论争锻炼了道徒们的思辨能力,促使他们从理论上进一步提高自己;再加上这个时期统治者对道书研究的重视和提倡,因此,到隋唐时,道教理论的发展进入了新的阶段,采取了新的形态。这不仅为宋元道教理论的进一步拓展创造了条件,而且对宋明理学的产生也有相当的影响。可以说,隋唐道教思想在中国思想史和哲学史上占有重要的一席之地。这个时期,涌现了许多著名的道教学者,如孙思邈、成玄英、王玄览、李荣、司马承祯、吴筠、李筌、张万福等,他们对道教理论的发展都作出了各自的贡献,成为道教思想发展史上有影响的人物。以下我们通过对几位有代表性的道教思想家及其著作的分析来审视隋唐的道教思想。

① (元)张雨:《玄品录》卷 4,《道藏》第 18 册,第 127 页;参见《茅山志》卷 16,《道藏》第 5 册,第 602 页。

② (元)赵道一:《历世真仙体道通鉴》卷 33,《道藏》第 5 册,第 291 页;参见《南岳总胜集》“招仙观”,《道藏》第 11 册,第 115 页。

一、成玄英、李荣的崇玄思想

重玄宗是道教中以“重玄”思想注解《道德经》而闻名于世的一个学派。所谓“重玄”，语出《道德经》第一章“玄之又玄，众妙之门”。以“重玄”为宗旨解释《道德经》，是这一学派的特色。唐代重玄宗最有代表性的人物是成玄英和李荣。

成玄英，字子实，陕州人（今河南陕县），生卒年不详，曾隐居东海。贞观五年（631 年），太宗李世民召至京师，加号西华法师。高宗永徽（650—655 年）中，流放于郁州。在流放期间注疏《老》、《庄》及撰述其他著作。“书成，道王元庆遣文学贾鼎就授大义，嵩高山人李利涉为序，唯《老子注》、《庄子疏》著录”[①]。《新唐书·艺文志》录其“注《老子道德经》二卷，又《开题序诀义疏》七卷。注《庄子》三十卷，《疏》十二卷”[②]。宋人陈振孙《直斋书录解题》卷九则云其撰“《庄子疏》三十卷”，《文献通考》卷 211 录其“《庄子疏》三十三卷”，今《道藏》本存郭象、成玄英《南华真经注疏》35 卷[③]，并收入清人郭庆藩《庄子集释》一书。[④] 成玄英的《老子》注疏已散佚，散见于强思齐的《道德真经玄德纂疏》和顾欢的《道德真经注疏》。[⑤] 现有成玄英老子注疏的 3 个辑校本：蒙文通的《老子成玄英疏》6 卷；严灵峰的《道德经开题序诀义疏》5 卷；日人藤原高男的《辑校赞道德经义疏》。[⑥] 其中蒙本成书最早，严本次之，滕原本晚出，并对蒙、严二辑校本有指正辨难。另外，成玄英曾对灵宝派经典《度人经》作注，收入宋人陈景元的《元始无量度人上品妙经四注》。[⑦] 这里主要据其老庄注疏对他的重玄思想作分析。

成玄英的重玄思想充满哲理的思辨，从中可见唐代道教哲学的理论思

---

① 《新唐书·艺文志》，北京：中华书局 1975 年版，第 5 册，第 1517 页。

② 《新唐书》，北京：中华书局 1975 年版，第 5 册，第 1517 页。

③ 参见《道藏》第 16 册。

④ 参见《新编诸子集成》第 1 辑，北京：中华书局 1961 年版。

⑤ 参见《道藏》第 13 册。

⑥ 蒙本见 1964 年四川省立图书馆石印。严本见《无求备斋老子集成初编》（三），台北：艺文印书馆。藤原本见《高松工业高等专门学校研究纪要第二号》，1967 年。本书所引成玄英老子注疏据严本。

⑦ 参见《道藏》第 2 册。

辨水平。一般说，要正确把握某一思想家的思想脉搏，首先应掌握其思想的基本范畴。因此我们先从其重玄之道的主要范畴说起。

（一）玄

何谓“玄”？成玄英说：“玄者，深远之义，亦是不滞之名。有无二心，徼妙两观，源于一道，同出异名。异名一道，谓之深远。深远之玄，理归无滞。既不滞有，亦不滞无，二俱不滞，故谓之玄也。”①从语义学上解释，“玄”为“深远”，此与《说文》释玄为“幽远”一致。从义理上说，“玄”指“无滞”，即不执着，持否定态度。不执着什么呢？“既不滞有，也不滞无”，即“非有非无”，这就是“玄”的内涵。《道德经》亦从“有无”谈玄，所谓“常无欲以观其妙，常有欲以观其徼，此两者同出而异名，同谓之玄”②。故成玄英对老子的“玄”是顺其精蕴加以阐释的，不同者在于老子是肯定式思维，肯定了有与无，而成玄英则受佛教中道观影响，持否定式思维，通过对有无的否定来解释“玄”。这与道教的传统是不同的。这样解释“玄”对唐、五代道教老学影响较大，如杜光庭的《道德真经广圣义》即采此义：“玄，深妙也，亦不滞也。”③

（二）又玄

何谓“又玄”（即重玄）？成玄英认为：“有欲之人，唯滞于有；无欲之士，又滞于无。故说一玄，以遣双执。又恐学者滞于此玄，今说又玄，更祛后病。既而非但不滞，亦乃不滞于不滞。此则遣之又遣，故曰玄之又玄。”④“玄”虽然遣去了有无，但还不够，还必须否定“玄”本身，才能彰明重玄之理。如果说“玄”是“非有非无”，那么“重玄”就是非“非有非无”，经过这样双遣双非的双重否定，才有重玄道果。

这种否定的思维方式，借鉴于佛教中观派。《中论》常用的思维方法是“四句否定”，其基本模式是正、反、合、离，如：有—无—亦有亦无—非有非无。成玄英的重玄之道亦即运用四句否定法证成，通过否定概念的实体性，

① （唐）成玄英：《道德经开题序决义疏》卷1，第4页。
② 参见《老子》第一章。
③ 《道藏》第14册，第325页。
④ （唐）成玄英：《道德经开题序决义疏》卷1，第4页。

借“玄”否定“有无”，再借“又玄”否定“玄”，达到至虚至寂的重玄妙境。为进一步阐明重玄，成玄英又仿照佛教，用比喻方式建立了一个较通俗的思想模型——“病药模型”。他说：“前以一中之玄，遣二偏之执，二偏之病既除，一中之药还遣。于是唯药与病一时俱消，此乃妙极精微。穷理尽性。”[①]药用于治病，病愈则药无所用，故“药”也当遣去，这就是重玄之理。只有如此彻底地否定，不执着任何一物，才能契合重玄之道。

契合重玄之道，还须境智双遣，忘言遣教。他认为：“道契重玄，境智双绝。既两忘乎物我，亦一观乎亲疏。”[②]“虚通之理，常湛凝然，非色非声，无名无字。寂寥独立，超四句之端；恍惚希夷，离百非之外。岂独得以言象求，安可以心智测。”[③]他所谓境智指外境与心智，即认识对象与认识主体，对此二者都应否定，入于境空心空。故他说“物我皆空，不见有我身相，故智慧明照也”[④]。“体知六尘虚幻，根亦不真”[⑤]。物与我，客体对象与主体意识都为虚幻，故不应执着。对语言概念也应遣去，为什么呢？因为“自然者，重玄之极道也。欲明至道绝言，言即乖理，唯当忘言遣教，适可契会虚玄也”[⑥]。“知道之人，达于妙理。知理无言说，所以不言。”[⑦]这是对魏晋玄学言象意之辩的进一步发挥，契会重玄需要的是宗教神秘主义的直觉体悟。

总之，所谓“重玄”就是非“非有非无”，非境智，非言教，就是否定一切，以入于至虚至空之境界，这是修道的终极状态。

（三）道

“道”的第一要义为“虚通”，这同他对重玄的解释是一致的。他说：“夫至道虚通，妙绝分别，在假不假，居真不真。”[⑧]“道以虚通为义。”[⑨]“道者，虚

① （唐）成玄英：《道德经开题序决义疏》卷1，第5页。
② （唐）成玄英：《道德经开题序决义疏》卷4，第29页。
③ （唐）成玄英：《道德经开题序决义疏》卷3，第1页。
④ （唐）成玄英：《道德经开题序决义疏》卷2，第12页。
⑤ （唐）成玄英：《道德经开题序决义疏》卷4，第18页。
⑥ （唐）成玄英：《道德经开题序决义疏》卷2，第13页。
⑦ （唐）成玄英：《道德经开题序决义疏》卷4，第27页。
⑧ （唐）成玄英：《道德经开题序决义疏》卷4，第20页。
⑨ （唐）成玄英：《道德经开题序决义疏》卷1，第1页。

通之妙理,众生之正性也。”[①]他反复阐明“道”是虚通之理,这是他对“道”的本体论体悟。《庄子・齐物论》讲:“道通为一。”《庚桑楚》篇也讲“道通”。扬雄《法言・问道》:“道者,通也,无不通也。”这些对成玄英的思想无疑有影响,但他所说的“虚”则接近佛教的“空”。故他以“虚通”为道之定义,实混融了庄子的解释与佛教空观。

正因为道自性的虚通,故它能涵盖一切,作为宇宙万物之源。他释“道生之”说:“至道虚玄,通生万物……故云道生之。”[②]但进一步,他又以双遣双非的方法否定了道的生成性:“虽复能生万物,实无物之可生。……故即生而不有,有既有而不有,生亦不生而生,此遣道生之也。”[③]这与传统道教及唐代道教其他宗派的观点不同,循此他证明了“道”这一最高本体的虚通性。

从空间上说:“至道之为物也,不有而有,虽有不有,不无而无,虽无不无,故言恍惚。所以言物者,欲明道不离物,物不离道,道外无物,物外无道,用即道物,体即物道,亦明悟既物道,迷即道物。道物不一不异,而一而异。不一而一,而物而道;一而不一,非道非物。非物,故一不一;而物,故不一一也。”[④]“夫至道不绝,非有非无。故执有执无,二俱不可也。”[⑤]仍然是从“一异”、“有无”等成对范畴去说明道的超越空间性,不脱八不中道的藩篱。

从时间上说:“时乃有古有今,而道竟无来无去。既名不去,足显不来”,“至道虽复无来无去,亦而去而来,故能览古察今,应夫终始。”[⑥]“来去”,这是八不中道的一对矛盾概念,这样描述道的无始无终也与道教中其他解老者不同,运用的是中观方法以证道为超越时间的本体。

“道”同样是不可言说、不可称谓的。他说:“道无称谓,降迹立名,意在引物向方,归根返本。既知寄言诠理,应须止名求实,不可滞执筌蹄,失于鱼

① (唐)成玄英:《道德经开题序决义疏》卷4,第41页。
② (唐)成玄英:《道德经开题序决义疏》卷4,第14页。
③ (唐)成玄英:《道德经开题序决义疏》卷4,第15页。
④ (唐)成玄英:《道德经开题序决义疏》卷2,第9页。
⑤ (唐)成玄英:《南华真经注疏》卷27,《道藏》第16册,第608页。
⑥ (唐)成玄英:《道德经开题序决义疏》卷2,第10页。

免。”①语言只是诠理的工具，不可执着，一旦得到“道”的义理，就应“忘言”。从道自身来说：“常道者，不可以名言辩，不可以心虑知，妙绝希夷，理穷恍惚。”②“真理既绝于言象，至教亦超于声说。”③“至道虚寂，妙绝名言。”④真常之道既然不可言说，那么“知道之人，达于妙理，知理无言说，所以不言”，“理超言象，所以不知”⑤。言者不知，知者不言，因为至道之理超越言象。这是对玄学家王弼“得意在忘象，得象在忘言”思想的继承与发挥。在此，悟道与契合重玄相一致。

由上可见，成玄英所阐释的“道”是宇宙的终极本体，也是认识的最高真理。它超越时空，法力无边，具有化生万物的创生性，包涵宇宙的内在性、普遍性和绝对性，反映世界的统一性、无限性。对这样的“道”，他用否证法证成，故赋予道虚通空灵的内涵，并围绕这一内涵从多角度、多侧面去体证。这样，“道”便与其双遣双非的“重玄”相印证、相契合，从而勾勒出他理想中的重玄妙境。佛教中观主张万法自性本空，否定本体，试图把“空”也空掉，以证世界虚幻不实。受此影响，成玄英对道的解释也充满“空”的色彩，并通过对道本体的否定来证明“道”的绝对性、普遍性、超越性和至善至美。既然道在纯粹意义上只是一“虚”的存在，那么体道者就不能执着，必须看破，通过一系列的否定式思维，体悟道之真谛，进入人天双遣、物我两忘的绝妙境界。这一点，透过他对“有无”、“动静”、“本迹”等范畴的阐释就更加清楚。

（四）有无

僧肇的《不真空论》驳本无、心无二说，认为万物皆由因缘假合而存在，故万物即色而空，不能说无，也不能说有。成玄英的有无说即承此而来。他说：“诸法即有即空”⑥；“有无二执，非达者之心”，“夫情苟滞于有，则所在

① （唐）成玄英：《道德经开题序决义疏》卷3，第2页。
② （唐）成玄英：《道德经开题序决义疏》卷1，第2页。
③ （唐）成玄英：《道德经开题序决义疏》卷1，第3页。
④ （唐）成玄英：《道德经开题序决义疏》卷4，第26页。
⑤ （唐）成玄英：《道德经开题序决义疏》卷4，第27页。
⑥ （唐）成玄英：《道德经开题序决义疏》卷1，第6页。

皆物也；情苟尚无，所在皆虚也。是知有无在心，不在乎境”①；“以有资空，将空导有”②；“有无二名，相因而立，推穷理性，即体而空。既知有无相生，足明万法无实”③；“妙本非有，应迹非无，非有非无，而无而有，有无不定，故言恍惚”④。从“有无”推导万法虚幻，即体本空，以见重玄的至虚至空，而所用方法即“非有非无”、不落二边的双边否定。

（五）动静

成玄英指出：“在染不染，心恒安静闲放而清虚也。前则虽清而能混浊，此则处浊不废清闲，明动而寂也”⑤；“虽复安静，即静而动，虽复应动，心恒闲放而生化群品也，明寂而动也”；⑥“妙本虽动不动”⑦；“动寂不殊，故能虚会”⑧。就是说，他认为动静一源，即动而静，即静而动。这种思想继承了僧肇的《物不迁论》。《物不迁论》从所观之物为动者能否同时作静观发问，认为动静二相可不作区别，具动相者亦具静相，反之亦然；说动静是即动而静，即静而动，即动即静，动静不二。成玄英所讲动静即承此而来，具有某些辩证法因素，但他更偏重于即动求静一面。

他在谈到修道时即侧重于静，主张修行人以动中求静为高。他说：“修行人灵府寂泊，未起举缘，如此之时，甚易修守止也”⑨；“自守虚静，则道心坚固，不可拔也。”⑩“夫唯精神定于内，耳目静于外者，方合全生之道。”⑪静为本根，守住虚静则能长存，这与吴筠的守静去躁思想一致。所不同者，他强调即动求静，处俗世而能超然物外方为高明。故云：“重静之人，动不乖寂”；“重静之人，虽有荣华之宫观，燕寝之处所，以游心虚澹，超然物外。重静，此

---

① （唐）成玄英：《南华真经注疏》卷4，《道藏》第16册，第318页。
② （唐）成玄英：《南华真经注疏》卷4，《道藏》第16册，第318页。
③ （唐）成玄英：《道德经开题序决义疏》卷1，第6页。
④ （唐）成玄英：《道德经开题序决义疏》卷1，第28页。
⑤ （唐）成玄英：《道德经开题序决义疏》卷1，第31页。
⑥ （唐）成玄英：《道德经开题序决义疏》卷1，第31页。
⑦ （唐）成玄英：《道德经开题序决义疏》卷1，第32页。
⑧ （唐）成玄英：《道德经开题序决义疏》卷1，第29页。
⑨ （唐）成玄英：《道德经开题序决义疏》卷5，第1页。
⑩ （唐）成玄英：《道德经开题序决义疏》卷5，第11页。
⑪ （唐）成玄英：《南华真经注疏》卷25，《道藏》第16册，第561页。

即动而寂者也";"君子达人,终日行化同尘,处世而不离,不以为娱,处染不染也"①。这是对玄学家内圣外王之道的发挥,接近郭象所谓"圣人虽在庙堂之上,然其心无异于山林之中"②。这种内圣外王之道后为理学家进一步弘扬。

成玄英的动静观念既是认识论的,又是存在论和人性论的,故与存在论的体用和宇宙现象相联系,与人性的真善美相关。他认为:"反夫真根,复于本命,虽复摇动,顺物而作,动静无心,合于天地,故师于二仪也。"③回归宇宙本根的"道",师法天地,才能达于即动而静之境。他又说:"顺于日新,与物俱化者,动而常寂,故凝寂一道,嶷然不化。"④依庄子思想,人能与变化同流,则自然无执;万物万化,我亦日与之俱化,便能"与化为常"、"不化"。这种境界与僧肇的即动求静不差,而成玄英所云者亦即此。动静又与阴阳以及人的性情相连:"夫静而与阴同德,动而与阳同波,故无心于动静也。故能疾雷破山而恒定,大风振海而不惊,斯率其真性者也。若矫性伪情则有时而动矣。"⑤复真性才可以"恒定",矫伪之性情则不免于动,而所谓"无心于动静"是指心对动静的否定,即非动非静。

总之,他的动静观一言以蔽之:入于动静不二的法门。

(六)本迹

何谓本迹?成玄英认为:"无物者,妙本也。夫应机降迹,即可见可闻,复本归根,即无名无相";"妙本非有,应迹非无。"⑥"朴,真本也。……又如虚谷,罄无不容,所以常道上德,于是乃足,故能复于真空,归于妙本也","既能返朴还淳,归于妙本,次须从本降迹,以救苍生,布此淳朴而为化用。故《西升经》云:'道遂散布分,既而为君以驭世,为师以导俗。'圣人即用斯朴,散而为驭导之方也。"⑦"迹有兴废,故言没身。本无生灭,故言不殆。"⑧

---

① (唐)成玄英:《道德经开题序决义疏》卷2,第20页。
② (唐)成玄英:《道藏》第16册,第283页。
③ (唐)成玄英:《南华真经注疏》卷27,《道藏》第16册,第594页。
④ 《道藏》第16册,第596页。
⑤ 《道藏》第16册,第595页。
⑥ (唐)成玄英:《道德经开题序决义疏》卷1,第28页。
⑦ (唐)成玄英:《道德经开题序决义疏》卷2,第25—26页。
⑧ (唐)成玄英:《道德经开题序决义疏》卷1,第34页。

“本”指体，指道；“迹”指用，指器。“本”为空，为无，不生不灭，无名无相；“迹”为有，有兴废存亡，可见可闻。此即本与迹的内在意蕴。首先必须回归妙本，进一步才是“从本降迹”，散朴为器，这是一种体用一源的思想，其中包含了儒家经世致用的观念。阮孝绪论本迹云：“夫至道之本，贵在无为。圣人之迹，存乎拯弊。”①此本迹论显示了儒道合一的精神。成玄英所讲从本降迹、化而为用、以救苍生，也有这种精神，体现了内圣外王的精义。

成玄英在论本迹时也紧扣宇宙论，与宇宙化生过程相联系。他说：“须法自然之妙理，所谓重玄之域也。道是迹，自然是本，以本收之迹，故义言法也”②；“始，道本也；母，道迹也。夫玄道妙本，大智慧源，超绝名言，离诸色象，天下万物，皆从此生”；“夫本能生迹，迹能生物也。既得知道大慈，能引接凡庶者，即是我母，方知我身即是道子，从道而生”；“既知我是道子，应须归复守其母也。但能归根守母，体道会真，迹虽有没有存，而本无危无殆。何者？大道能生物，道即是本，物从道生，物即是末，而本能摄末，所以须归”③。他又说：“妙本希夷，故称无状无物，亦能生化，故云状之象。”④显然，他已不满足于世界由什么构成，而要进一步探求其所以生成的依据，也就是玄学家所谓“所以迹”，这是对宇宙终极状态的本体论体认。

（七）三一

中国哲学里“三”与“一”被广泛应用，盖中国哲学极重象数观念。道教哲学中也充满了对“三一”的多样化解释。如《抱朴子内篇·地真》认为：“道起于一，其贵无隅，各居一处，以象天地人，故曰三一也。”⑤那么成玄英的解释如何呢？他注解老子“搏之不得名曰微”说：“搏，触也，微妙也，言体非形质，不可搏触而得，故名微妙也。又臧公三一解所谓精神炁也。精者，灵智之名；神者，不测之用，炁者，形相之目。总此三法为一，圣人不见是精，不闻是神，不得是炁。既不见、不闻、不得，即应云无色无形，可（何）为乃言

---

① 《梁书·处士列传》，北京：中华书局1973年版。

② （唐）成玄英：《道德经开题序决义疏》卷2，第19页。

③ （唐）成玄英：《道德经开题序决义疏》卷4，第16—17页。

④ （唐）成玄英：《道德经开题序决义疏》卷1，第28页。

⑤ 王明：《抱朴子内篇校释》，北京：中华书局1985年版，第323页。

夷希微耶？明至道虽言无色，不遂绝无，若绝无者，遂同太虚，即成断见。今明不色而色，不声而声，不形而形，故云夷希微也，所谓三一者也。”“真而应，即散一为三，应而真，即混三以归一。一三、三一，不一不异，故不可致诘。”[①]因此他的结论是：“不一而一，散一为三”，“不三而三，混三归一”。可见，他说的不一不三仍然是双非双遣的否定法，三一的内涵则是精神炁、夷希微的同一性与可分性，一分为三，三合为一。精神炁三一中，重点是“精”。他解“其精甚真”云：“言真精无杂，实非虚假。于三一之中，偏重举精者，欲明精是炁色神用之本也”[②]。三一也是修道的方法：“修道之初，先须拘魂制魄，使不驰动也。‘抱一能无离’：抱，守也；一，三一也；离，散也。既能拘魂制魄，次须守三一之神，虚夷凝静，令不离散也。”[③]这是道教传统意义上的守一，只是将“一”解为“三一”，与《抱朴子》所讲的“真一”、“玄一”不同。

以上我们分析了成玄英思想的主要范畴，从中可见充满了哲学的意蕴、思辨的气息。他从本体论高度出发，最终落脚点还是在修道，以解决人的生命问题、人生的价值问题，故说到底还是一种人生哲学。如果把上述范畴比作点，我们把这些点串起来，就可发现他的人生哲学中有两条主线，一条是对生死的参悟，一条是从心性这一内在途径实现人生价值。

先说第一条线。成玄英受佛教影响，其生命观与道教传统的神仙长生思想大相径庭，虽然他有时也操着长生久视的术语，但含义已不同。比如他讲：“体道圣人，境智冥符，能所虚会，超兹四句，离彼百非，故得久视长生。”[④]“有欲生死，无为长存。”[⑤]这和道教传统的长生不死、即身成仙相去甚远，与其重玄之道的非有非无、非生非灭一致。他解决生命存在的方法论仍运用佛教中观，这样讲长生久视给人以涅槃实相之感。我们深入考察他对生死的论述就更可明白这点。

---

① (唐)成玄英：《道德经开题序决义疏》卷1，第27页。

② (唐)成玄英：《道德经开题序决义疏》卷2，第10页。

③ (唐)成玄英：《道德经开题序决义疏》卷1，第19页。

④ (唐)成玄英：《道德经开题序决义疏》卷5，第32页。

⑤ (唐)成玄英：《道德经开题序决义疏》卷2，第20页。

他认为,人的“一身是幻”①,见有身者故以身为死地,而“善摄生人,忘于身相,即身无身,故无地之可死也”②。照他所说的推论,传统神仙长生思想执着“身”,不知身是空幻,故终入于死地;真理在于忘身相,否定“身”,即身而无身,才能入于不死之地。故他所谓久视长生,实际上指超越生死,不生不死。他说:“凝然湛然,不复生死”③,“心冥至道,不灭不生”④,“舟舆,谓三乘之教也。舟在于水,喻教能舟航万物,度于生死海也。”⑤他主张:“冥于变化,一于死生”⑥,“相与忘生,复忘死,死生混一,故顺化而无穷”⑦。这都是要抹杀生死的差别,超越生死的界限,循此而解脱生死,与庄子齐死生的思想一致。他把生死与本体意义上的有无联系起来论述:“出生者,超凌三界,出离死生;入死者,沉沦三途,没溺生死。若解生死义者,从无出有,以释生,自有还无,以释灭,为死也”⑧;“从无出有,名之曰生,自有还无,名之曰死”。⑨ 他的重玄之道是讲究“非有非无”,甚至“非非有非无”的,他的生命观与此吻合,要彻底地空掉生死,即否定生死。而对生死的否定也有庄子哲学相对主义的意蕴:“夫生死交谢,由寒暑之递迁。而生者以生为生,死者将生为死,亦如是者以是为是,而非者以是为非。故知因是而非,因非而是。因非而是,则无是矣;因是而非,则无非矣。是以无是无非,无生无死,无可无不可,何彼此之论乎?”⑩所以,成玄英的生命观可以说是由佛教中观的否定式思维方法与庄子齐一生死思想结合而成,在唐代道教神仙学理论中独树一帜。

再说第二条线。要体认“真道”,完成人生的最高价值,入于不生不灭境界,其途径就在于从心性入手,做到心空、不起妄心、性真、复归真性。这

---

① (唐)成玄英:《道德经开题序决义疏》卷4,第26页。
② (唐)成玄英:《道德经开题序决义疏》卷4,第13页。
③ (唐)成玄英:《道德经开题序决义疏》卷1,第33页。
④ (唐)成玄英:《道德经开题序决义疏》卷1,第34页。
⑤ (唐)成玄英:《道德经开题序决义疏》卷5,第34页。
⑥ (唐)成玄英:《南华真经注疏》卷8,《道藏》第16册,第373页。
⑦ (唐)成玄英:《南华真经注疏》卷8,《道藏》第16册,第373页。
⑧ (唐)成玄英:《道德经开题序决义疏》卷4,第11页。
⑨ (唐)成玄英:《南华真经注疏》卷8,《道藏》第16册,第373页。
⑩ (唐)成玄英:《南华真经注疏》卷2,《道藏》第16册,第296页。

一点与传统道教重练形、服丹药以固形也不同。中国哲学发展的趋势是从本体论推进到心性论,大约从南北朝开始转向于心性论,至南北朝晚期心性论成熟。这一点主要体现于佛学中,南北方佛教都对佛性作了深入研究,它们探讨人心与人性有何关系,心性的受容能力和反映能力是否有限,人的意志、感情与人的认识活动是什么关系等问题。中国哲学的这一发展对道教影响很大。本来,早期道教在世人心目中以练形著称,如刘宋时颜延之的《庭诰》对道佛二教比较时说:"为道者,盖流出于仙法,故以练形为上;崇佛者,本在于神教,故以治心为先。练形之家,必就深旷,反飞灵,糇丹石,粒芝精……治心之术,必辞亲偶,闭身性,师净觉,信缘命。"①可见直至南北朝初期,在一般人眼中,道教明显区别于佛教的特征就是"练形为上"。然而,由于受佛性论的影响,到南北朝末,道教也逐渐形成道性论,趋于从内在心性去追寻人成仙得道的根据和方法,以此最终解决生死问题。这从《无上秘要》、《道教义枢》所引南北朝末期的道教经典,成玄英、司马承祯、吴筠等人所引经典中皆可见出。后来司马承祯和吴筠的思想也沿着这一趋势发展。尽管隋唐时道教炼外丹风气仍十分隆盛,但从理论的成果来说,道教思想家们已多趋于走内在的心性路向。成玄英的心性思想就是这一大背景下的产物。

成玄英讲心性,首先是强调"真性",向真性复归。他说:"命者,真性惠命也。既屏息嚣尘,心神凝寂,故复于真性,反于惠命,""反于性命,凝然湛然"②。"习以性成,尚自宽闲,而况得真,何往不安者也"。③ 道性的关键是"真",这是真理意义上的至真,复归性命就是复归"真性",而非矫伪之性。他对矫伪之性持否定态度:"镜之能照,出自天然,人之喜好,率乎造物。既非矫性,所以无穷。"④意思是说,真性为人的自然之性,如镜之反映外物出于"天然"一样,只有否定了"矫性",才能得到"无穷"。故他所谓的"真性"

① (南朝梁)僧佑:《弘明集》卷13,《大正藏》第52册,第89页。
② (唐)成玄英:《道德经开题序决义疏》卷1,第33页。
③ (唐)成玄英:《南华真经注疏》卷27,《道藏》第16册,第596页。
④ (唐)成玄英:《南华真经注疏》卷27,《道藏》第16册,第596页。

接近儒家《中庸》“天命之谓性”，又有佛教三性之一的“真实性”因子。[①]

成玄英复归真性的方法在于修心。换言之，心的空虚闲放是复归真性的正道。所以他讲心神寂凝，不为尘俗所动，就能复于真性惠命。所以他指出道心“虽动不动，用而无心”，要人们“心冥至道”；否则，“不知性修反德而会于真常之道者，则起妄心，随境造业，动之死地，所作皆凶”[②]。在古人看来，心为认识器官和认识主体，从认识论角度，他说：“能所相应，境智冥合，不知所以，莫辩其所然，故与真性符会。”[③]心的直觉思维，神秘体验，认识主客体的冥合为一，循此非理性的认识活动而复归真性、符会真性。《中庸》讲：“率性之谓道。”成玄英也主张：“率性合道，不复师天”，认为“有心仿效造化而与物俱往者，此不率其本性也，奚足以为修其事业乎？”“大块造物，率性而动。若有心师学，则乖于自然。”[④]故其复归真性的终极目的是“率性合道”，而道的本性自然无为，合道也就是要冥会道的这一本性。在此，他所谓的真性和道性同一，真性就是道性。

以上可见，成玄英的心性论融合了儒释道三教的思想成分，正因为如此，他的心性论较成系统，具有思辨性，对当时及后世都有一定影响。李翱的《复性书》便明显地继承了成玄英复归真性的思想，故韩愈斥之为杂佛老而言者。成玄英的心性论与其重玄之道是相呼应、相叠合的，从而最终完成其思想系统。

成玄英的重玄之道内容丰富，包罗宇宙论、人生论、道德论、人性论、政治论等，但其核心点还在人生哲学，而核心的核心是人的生命问题。他的思想体系主要是融合老庄哲学和佛教中观哲学的结构而成，同时也受到儒家思想的影响，在当时道教中独树一帜、别具一格，最有思辨性和理论性。他吸取佛教，反过来又对佛教产生影响。如日本僧人澄禅所撰《三论玄义检

① 依《大乘止观法门》卷三讲，性有真实性、依他性、分别性三名，三性皆有染净二分。真实性的染净二分一是以有垢净之心为真实性，即众生体实事染的本性，二是以无垢净心为真实性，即诸佛的体性净德本实。成玄英主张心性处于“在染不染”的状态，也就是通俗所谓“出于污泥而不染”，这样就有真性的实现，就具有“无垢净心”。

② （唐）成玄英：《道德经开题序决义疏》卷1，第33页。

③ （唐）成玄英：《南华真经注疏》卷27，《道藏》第16册，第594页。

④ （唐）成玄英：《南华真经注疏》卷27，《道藏》第16册，第596页。

幽集》,就多处引用了成玄英的《庄子疏》[①]。他的重玄思想为李荣继承并进一步延伸。

李荣,道号任真子,绵州巴西人(今四川绵阳),生卒不详,活动于唐高宗时,蒙文通先生疑其为成玄英弟子。其生平事迹,史无记载,据一些零散材料来看,他少时即慕神仙,学道炼丹,经刻苦修炼,成为蜀中道教界名流。所谓"自言少小慕幽玄,只言容易得神仙","漫道烧丹只七飞,空传化石曾三转"[②],就是他早年学道生活的写照。在他的名声日著之后,曾受到高宗李治征召。大约这时,在蜀中曾与他有过从的卢照邻以诗相赠,[③]高度赞扬了他的道术与文采,恭贺他"应诏佐明君"。

进京以后,李荣活动于长安和洛阳两地,主要是作为道教方面的代表与佛教辩难,在论辩中成为"老宗魁首"。李荣颇富文人气质,有诗才,性格诙谐,好与人争辩。《大唐新语》卷13载:"京城流俗,僧、道常争二教优劣,递相排斥。总章(668—670年)中兴善寺为火灾所焚,尊像荡尽。东明观道士李荣因咏之曰:'道善何曾善,云兴遂不兴。如来烧亦尽,唯有一群僧。'时人虽赏荣诗,然声称从此而减。"[④]《太平广记》卷248引《启颜录》云:"唐有僧法轨,形容短小,于寺开讲,李荣往共论议,往复数番。僧有旧作诗咏荣,于高座上诵之云:'姓李应须李,言荣又不荣。'此僧未及得道下句,李荣应声接曰:'身长三尺半,头毛犹未生。'四座欢喜,伏其辨捷。"[⑤]李荣还常与儒学博士一起讲论。据《旧唐书》卷189《罗道琮传》云:道琮在"高宗末,官至太学博士。每与太学助教康安国,道士李荣等讲论,为时所称"[⑥]。

李荣的重玄思想,受到佛教中观的影响,特别是初唐盛行的佛教三论宗,给其重玄说理论上的启发良多。李荣成长的蜀地,三论宗即很流行。《续高僧传·释慧暠传》载:慧暠从茅山明法师习三论,隋大业(605—618

① 参见《大正藏》第70册,第391、403—404页。

② (唐)骆宾王:《代女道士王灵妃赠道士李荣》,《全唐诗》卷77,北京:中华书局1999年版,第3册,第838页。

③ (唐)卢照邻:《卢照邻集》卷1《赠李荣道士》,北京:中华书局1980年版,第10页。

④ (唐)刘肃:《大唐新语》,北京:中华书局1984年版,第190页。

⑤ (宋)李昉等编:《太平广记》,北京:中华书局1961年版,第5册,第1925页。

⑥ 《旧唐书》,北京:中华书局175年版,第15册,第4957页。

年)年间到成都"大弘法务,或就绵梓,随方开训",直至武德(618—626年)初返回故乡安陆之前,都在蜀中讲三论。[①]《释灵睿传》载:灵睿流寓蜀部,家世信道教,八岁时二亲欲令其入道不成,遇智胜师往益州胜业寺出家。"开皇(581—600年)之始,高丽印公入蜀讲三论,又为印之弟子",武德(618—626年)年间还绵州益昌之隆寂寺讲弘三论。[②]《释世瑜传》云:大业十二年(616年)世瑜往绵州震响寺出家,后入益州绵竹县。贞观元年(627年),"大悟三论宗旨,遂往灵睿法师讲下",后住绵州大施寺。[③] 上述弘传三论的僧人多离李荣生活地不远,对其必有一定影响,故其重玄思想同成玄英一样,运用中观方法论证,而中观正是三论的核心所在。

李荣曾注《西升经》[④],主要著作为《老子注》。两唐志均录李荣的《老子集解》4卷,今不可见。杜光庭的《道德真经广圣义序》云:"任真子李荣注上下二卷";《宋史·艺文志》载:"李荣《道德经注》二卷";宋人尤袤的《遂初堂书目》也存"李荣注老子";宋高似孙的《子略》卷二"老子注"中录"《任真子集注》,李荣,道士"。今《道藏》残存李荣《老子注》[⑤],据蒙文通先生考证,李荣所著书尚有《庄子注》,其佚文已不可考,知荣诚富于著述者。[⑥]敦煌曾出李荣的《老子注》唐高宗时写本,藏于法国巴黎国立图书馆,对此,王重民先生记述云:"巴黎所藏李荣《老子道德经注》,共有残卷五:分别著录在二五九四(四十至四十三章),二八六四(四十三至五十三章),三二三七(六十一至六十七章),二五七七(六十八至七十六章),三二七七(七十六至八十一章)等号。第五残卷末题:'老子德经卷下',则全书当为二卷,适与杜光庭所见者相合。惜第五十三章以后,六十一章以前未见,《德经》未能复获全书。此注为李荣所撰,日人小岛祐马氏已先我证明。""又此卷写于唐代,而不避唐讳,盖唐以老子为祖,故道徒不为避也……更以原卷纸色

① 《大正藏》第50册,第522页。
② 《大正藏》第50册,第539—540页。
③ 《大正藏》第50册,第595页。
④ (宋)碧虚子陈景元《西升经集注》颇引其文,参见《道藏》第14册,第567—603页。
⑤ 参见《道藏》第14册,第37—56页。
⑥ 蒙文通:《辑校老子李荣注跋》,《图书集刊》第8期,1948年。

及笔迹观之,盖亦高宗时写本也。"[①]蒙文通先生于20世纪40年代末据道藏残本、北京图书馆和巴黎图书馆所藏敦煌本辑成李荣《老子注》,基本恢复了李荣注的原貌,由四川省立图书馆石印刊行。以后严灵峰也有辑校本,收入《无求备斋老子集成初编》第三函。[②] 在《老子注》里,李荣阐述了他的重玄思想。他说:"道德杳冥,理超于言象;真宗虚湛,事绝于有无。寄言象之外,论有无之表,以通幽路,故曰玄之。犹恐迷方者胶柱,失理者守株,即滞此玄以为真道,故极言之非有无之表,定名曰玄。借玄以遣有无,有无既遣,玄亦自丧,故曰又玄。又玄者,三翻不足言其极,四句未可致其源,寥廓无端,虚通不碍,总万象之枢要,开百灵之户牖。达斯趣者,众妙之门。"[③]对"玄"和"又玄"作了定义,这样定义是借用佛教中观方法。所谓"中观",就是不偏不倚,如三论宗吉藏所说:"不偏在二边,故称中道。"[④]中道从现象界直探本体界,破空破假破执中,以证本体实相,其中"有"和"无"是中观思想最主要的对立二边,最经常讨论的一对范畴。事物的实相(真相)既不在"有",也不在"无",这叫"不落二边",只有不执二边,才能显现"中道实相",亦即所谓"非有非无称为中道"[⑤]。李荣的"借玄以遣有无"亦同样是从"有"、"无"这对对立的范畴入手,首先否定"有"、"无",进一步连"非有"、"非无"也否定,通过这样的双遣双非,证成至虚至空的"重玄"。其思维架构如下:

有　非有非无　非非有非无
无　　(玄)　　　(又玄)

这是种否定的思维进程,"玄"否定了有无,而"又玄"(即重玄)又否定了"玄",经过这样的双重否定,遣去有无二边,偏去中忘,便进入了所谓重玄妙境。这是个"都无所有","杳冥虚湛","寥廓无端,虚通不碍,总万象之枢要,开百灵之户牖"的境界,它由"破邪显正"显现出来。我们把三论宗的

① 王重民:《敦煌古籍叙录》,北京:中华书局1979年版,第242—243页。
② 台湾艺文印书馆印行,本书所引李荣注主要据严本,并参以蒙本。
③ (唐)李荣:《道德经注》,蒙文通著,蒙默编:《蒙文通全集》,成都:巴蜀书社2015年版,第5册,第241页。
④ (唐)释吉藏:《中观论疏》卷2本,《大正藏》第42册,第24页。
⑤ (唐)释吉藏:《中观论疏》卷2本,《大正藏》第42册,第24页。

"三种二谛"框架与李荣的思维架构作个比较,就益可看出二者的雷同。

	一	二	三
俗谛	有	说有说空	非有非空 说有说空
真谛	空	非有非空	非"非有非空" 非"说有说空"

由此可见,二者都取"否证"、"证伪"方法,思维进程和方式也一致。其实,三论宗的真理观本来就和老子"道可道,非常道"相通,其最上乘的真谛是不可思量、不可用语言符号表达即"不可道"的,既不可道,所申说、所建立者就一定不是"真谛",故"只破不立",由"破邪"来"显正"。李荣援用三论宗思想方法注老,自然很容易便将二者融会贯通。故他说:"至道不皦不昧,不可以明暗名;非色非声,不可以视听得。希夷之理既寂,三一之致亦空,以超群有,故曰归无。无,无所有,何所归? 复须知无物,无物亦无。此则玄之又玄,遣之又遣。"①这是老子哲理和中道哲学的绝妙结合。

我们再引吉藏的几段话与李荣所说比较一下。吉藏讲:"无有可有既无无可无。无有可有由无故有,无无可无由有故无。由无故有有不自有,由有故无无不自无。有不自有,故非有;无不自无,故非无。非有非无假说有无。"②这是中观典型的"四句"否定法。吉藏解说关内影师的旧二谛中道义为:"真故无有,俗故无无。真故无有虽无而有,俗故无无虽有而无。虽无而有不滞于无,虽有而无不累于有。不滞于无,故不断;不累于有,故不常。即是不有不无、不断不常中道。"③这些话可说是给李荣"非有非无"的重玄之道作了个详细的注脚。

在李荣的重玄思想中浸透着中道精神。他解释老子"道冲而用之或不盈"说:"冲,中也;盈,满也,道非偏物,用必在中,天道恶盈,满必招损,故曰

① (唐)李荣:《道德经注》,蒙文通著,蒙默编:《蒙文通全集》,成都:巴蜀书社 2015 年版,第 5 册,第 251 页。
② (唐)释吉藏:《中观论疏》卷 2 末,《大正藏》第 42 册,第 28 页。
③ (唐)释吉藏:《中观论疏》卷 2 末,《大正藏》第 42 册,第 26 页。

不盈。盈必有亏，无必有有。中和之道，不盈不亏，非有非无。有无既非，盈亏亦非。借彼中道之药，以破两边之病，病除药遣，偏去中忘，都无所有，此亦不盈之义。”[①]阐明了什么是“中和之道”，认为“偏去中忘，都无所有”才是老子“不盈”的真实内涵。所谓“用必在中”，这是儒家传统的“执其中而用之”的思想，所谓“偏去中忘”，这是三论中道学说，李荣将二者糅合在一起。中观与儒学中庸之道本有合节拍处，故中观能融合进中国传统文化，并广为流传。像天台宗“即空、即假、即中”的“圆融的中”，三论宗的“非有非空”，“中道实相”，儒家的“惟精惟一，允执厥中”，落脚点都在于“执其中而用之”，都在一个“中”字上。这些都成为李荣的思想源泉，由此亦可见其思想成分中儒释道三教都具备。李荣以药治病的比喻，亦取之于佛教。吉藏说：“一切众生皆是病人，佛为良医，法为妙药，僧看病人。”[②]李荣也称：“借彼中道之药，以破两边之病。”更进一层，吉藏主张：“在病既除，教药亦尽。”[③]李荣也强调：“但以起有欲之心者都是病，以圣人将无名之朴为药，药本除病，病去药亡”[④]；“病除药遣”。这个以药治病、病除药遣的比喻本是方便说，是破邪后的显正，表明三论宗广破一切、否定一切、不立一法的方法论。如果病除药还留着，这就破犹未尽，非但不能申明真理，且连破斥谬误也不可能。故当病除药遣，只破不立。李荣使用这个比喻的内涵与三论宗一致。

和成玄英一样，李荣也阐述了重玄三一说，他指出：“希、微、夷三者也，俱非声色，并绝形名，有无不足诘，长短莫能议，混沌不分，寄名为一。一不自一，由三故一；三不自三，由一故三。由一故三，三是一三；由三故一，一是三一。一是三一，一不成一；三是一三，三不成三。三不成三则无三，一不成一则无一。无一无三，自叶忘言之理；执三执一，翻滞玄通之教也。”[⑤]这个

① （唐）李荣：《道德经注》，蒙文通著，蒙默编：《蒙文通全集》，成都：巴蜀书社 2015 年版，第 5 册，第 244 页。

② （唐）释吉藏：《百论疏》卷上，《大正藏》第 42 册，第 241 页。

③ （唐）释吉藏：《大乘玄论》卷 5。

④ （唐）李荣：《道德经注》，蒙文通著，蒙默编：《蒙文通全集》，成都：巴蜀书社 2015 年版，第 5 册，第 269 页。

⑤ 兹据蒙文通《老子注》卷 1，严本脱“一是三一”四字。见《蒙文通全集》，第 5 册，第 250—251 页。

“三一”命题，其元素构成也是不滞二边的“中观”，运用中观的四句否定法证明，它破“执三执一”的“滞玄通之教”，以显示“无一无三”的“忘言之理”。当时思想界相当注重对“三一”论题的研讨。佛学名相多有涉及“三一”者，如天台宗的“一心三观”、“一念三千”等，又如三论宗将三乘一乘关系解说为“无一无三”。当然，其含义各不相同。三论宗讨论佛乘的三一是为的判教，吉藏的《中观论疏》卷八引《大品》云：“诸法如中非但无有三乘异，亦无独一菩萨乘。今欲释经无一无三，破外人定执有三一之理。”[①]道教受此影响，也曾加以讨论。如《玄门论》在对“太玄”释义时援用“重玄”，又将太玄配以大乘，借此提高太玄部在道经中的地位，并称：“一往以二乘为方便，大乘为究竟。次以三乘为方便，一乘为究竟。穷论一之与三，并为方便，非一非三，是为究竟。”[②]李荣对“三一”的论述则显然没有判教的意思，纯粹是哲理的求证，其义蕴更接近吉藏的“不一不异”和“三法一体”说。吉藏云：“以俗谛故非一，以真谛故不异。俗故无一虽异而一，真故无异虽一而异。虽异而一，故不滞于异；虽一而异，故不著于一。不一不异名为中道。”[③]李荣“无一无三”与此“不一不异”的“中道”，都是不执二边以入于不二法门，而“入不二法门即是中观论三字”[④]。吉藏又云：“一切成者有三种成，一者体成，二者义成，三者名成。三法互成，则是三种体成，三种义成，三种名成。则一切法体皆成一物体，一切物义皆成一物义，一切物名皆成一物名。若尔则无有万物，既无万物亦无一物，故一切物空。又，若有物有可有物空，既无物有亦无物空，如是亦有亦空，非有非空。”[⑤]李荣“三一之致亦空”、“有无不足诘”也是从“三一”展开归结到“空寂”、“非有非无”的重玄之教，这是他吸取佛理之处。

李荣的“三一”说又承袭了道教的传统思想，且有自己的独特处。东晋时的道经已有三一之说，如葛洪就提到过“三一”[⑥]。南北朝时道教“三一”

---

① 《大正藏》第 42 册，第 131 页。
② （唐）孟安排：《道教义枢》卷 2 引，《道藏》第 24 册，第 816 页。
③ （唐）释吉藏：《中观论疏》卷 2，《大正藏》第 42 册，第 26 页。
④ （唐）释吉藏：《中观论疏》卷 2，《大正藏》第 42 册，第 26 页。
⑤ （唐）释吉藏：《百论疏》卷中，《大正藏》第 42 册，第 272 页。
⑥ 王明：《抱朴子内篇校释》，北京：中华书局 1985 年版，第 323 页。

多与存思服气说相联系，如《灵宝经》说："定者观三守一，思神念真"①；或指精气神三一，如："人法不二，亦具三一为体，即精神气三一也。"②后来，"三一"说在道教教义中逐渐发展，将精神气与老子"希微夷"结合起来阐述。如成玄英论述"三一"便是如此。李荣与成玄英不同之处，在于他撇开"精气神"，专就"夷希微"发论。《云笈七籤》卷 49 列出道经的九类三一，其中第七类"太玄三一"注云："夷希微，出《太存图》及《道德经》。"李荣的三一说当属此类。他所谓"无一无三"则与成玄英"不一不三"相同，都是否证式推论，都援用佛教中观方法证成"三一"。而"三一"的证成则是"重玄"的成立，因为"三一"说是重玄学派及李荣用以支撑"重玄"的重要依据之一。

总之，在李荣的《老子注》中充满了双非双遣的重玄观，他那个"重玄"是宇宙自然、社会人生的万能药，包医百病。值得我们注意的，是他用重玄观解释老子的"道"。

"道"是老子哲学的最高境域，把握"道"是什么，这是每个注老者的重点所在，李荣也不例外。他释"道"为"虚寂之常道"、"体同虚寂"、"虚极之理"、"道本虚玄"，这与成玄英解道为"虚通"略有差别。他从多侧面、多角度来描述这个"虚寂之道"，以显现道体。他说："道者，虚极之理也。夫论虚极之理，不可以有无分其象，不可以上下格其真。是则玄玄，非前识之所识；至至，岂俗知而得知。所谓妙矣难思，深不可识也。圣人欲坦兹玄路，开以教门，借圆通之名，目虚极之理。以理可名，称之可道，故曰吾不知其名，字之曰道。"③"虚极"是道的义理，谈论虚极的道不可用空间的有无和上下来"分其象"、"格其真"，对"道"要作非有非无的中观。"道"作为宇宙本源，其本身是无形的，所谓"道本无形，理唯虚寂"，④如果用常识的空间观念来看待它，那就大错特错了。"道"又是不可以时间来限量的，它无始无终，

---

① （唐）孟安排：《道教义枢》卷 1 引，《道藏》第 24 册，第 811 页。

② （唐）孟安排：《道教义枢》卷 2 引，《道藏》第 24 册，第 812 页。

③ （唐）李荣：《道德经注》，蒙文通著，蒙默编：《蒙文通全集》，成都：巴蜀书社 2015 年版，第 5 册，第 240 页。

④ （唐）李荣：《道德经注》，蒙文通著，蒙默编：《蒙文通全集》，成都：巴蜀书社 2015 年版，第 5 册，第 288 页。

不生不灭，所谓“道则不生，而能示生，虽生而不存；不死，而能示死，虽死而不亡。不存不亡，故云寿也，但存亡既泯，寿夭亦遗（遣）”①。因此，“有生有死，不可言道，……若能空其形神，丧于物我，出无根气，聚不以为生，入无窍气，散不以为死，不死不生，此则谷神之道也。”②这里，值得注意的是李荣以“理”解“道”。除上引外，他多次提到“理”这个范畴。如“理须外名利，存身神，反无为，修至道”③；“至理唯一，故言精”④；“清虚无为，运行不滞，动皆合理，法道也”⑤。以“理”释“道”，先秦已有。庄子云：“道，理也。”⑥韩非子认为：道者，“万理之所稽也”，“道，理之者也”，“理定而后物可得道也”⑦。但重玄派及李荣所谓“理”的内涵与庄、韩不同。“道者，理也，通也”，这是重玄派的重要教义，在唐初甚为流行。李荣所讲的“虚极之理”、“理绝名言为无”、“圆通”等，都是对重玄派教义的进一步发挥。再者，先秦诸子尚未把“理”上升到最高哲学范畴，而重玄派及李荣却将“理”作为宇宙本体，这无疑开宋代理学家讲“理”之先河。理学家以“理”为宇宙最究竟的本根，以天理言天道，本是道家“道”的观念变形，此种变形实自重玄派已显端倪。程颢讲：“天理云者，这一个道理，更有甚穷已？不为尧存，不为桀亡，人得之者，故大行不加，穷居不损。这上头来更怎生说得存亡加减？”⑧“理”是永恒无穷的，不生不灭，不增不减，这和李荣所讲的“虚极之理”没什么两样。因此，初唐的重玄派给后世的理学是留有一笔精神遗产的。

---

① （唐）李荣：《道德经注》，蒙文通著，蒙默编：《蒙文通全集》，成都：巴蜀书社 2015 年版，第 5 册，第 266—267 页。

② （唐）李荣：《道德经注》，蒙文通著，蒙默编：《蒙文通全集》，成都：巴蜀书社 2015 年版，第 5 册，第 245 页。

③ （唐）李荣：《道德经注》，蒙文通著，蒙默编：《蒙文通全集》，成都：巴蜀书社 2015 年版，第 5 册，第 276 页。

④ （唐）李荣：《道德经注》，蒙文通著，蒙默编：《蒙文通全集》，成都：巴蜀书社 2015 年版，第 5 册，第 258 页。

⑤ （唐）李荣：《道德经注》，蒙文通著，蒙默编：《蒙文通全集》，成都：巴蜀书社 2015 年版，第 5 册，第 261 页。

⑥ 郭庆藩：《庄子集释》卷 6 上，《缮性第十六》，北京：中华书局 2012 年版，第 548 页。

⑦ （清）王先谦撰，钟哲点校：《韩非子集解》，北京：中华书局 2016 年版，第 156、157 页。

⑧ （宋）程颐、程颢：《河南程氏遗书》卷 2，《二程集》，北京：中华书局 1981 年版，第 31 页。

在李荣看来，既然道本虚极，不可以时空来描述，那就应当承认："至道玄寂，真际不动。"[①]道的特性为"静"、"寂然不动"。所以他说："幽深雌静，湛然不动，玄牝之义也"[②]；"妙体无变，故言真"[③]。那么这样寂然不动的虚极之道如何化生万物呢？他认为，道自体虽是无为的、虚寂不变的，但当其应物而"虚中动气"时，便有万物之化生。他指出："道常无为也，应物斯动，化被万方，随类见形，于何不有，种种方便，而无不为也。无为而为，则寂不常寂；为而不为，则动不常动。动不常动，息动以归寂；寂不常寂，从寂而起动。"[④]道体不为，动则无不为，"动"为道之用，由此化被万物。因之宇宙生成是道"从体起用，自寂之动"[⑤]的过程，是从无形到有象的过程。这个过程具体怎样呢？李荣回答说："道之静也，无形无相，及其动也，生地生天，气象从此而出，名之曰门，天地因之得生，号之曰根也。"[⑥]"至真之道，非进非退，非明非昧，无色无声，无形无名。虽复无名，亦何名而不立？虽复无象，亦何象而不见？是故布气施化，贷生于万有；为而不恃，付之于自然。"[⑦]那么，道怎样"布气施化，贷生于万有"呢？李荣再答："虚中动气，故曰道生，元气未分，故言一"；"一，元气也，未分无二故言一也。天地虽大，所禀者元一；万物虽富，所资者冲和"[⑧]。道动而产生一元之气，这是第一步。第二步为"清浊分，阴阳著"，即一元之气剖分清浊而成阴阳二气。然而只有阴气或只有阳

① （唐）李荣：《道德经注》，蒙文通著，蒙默编：《蒙文通全集》，成都：巴蜀书社 2015 年版，第 5 册，第 269 页。

② （唐）李荣：《道德经注》，蒙文通著，蒙默编：《蒙文通全集》，成都：巴蜀书社 2015 年版，第 5 册，第 249 页。

③ （唐）李荣：《道德经注》，蒙文通著，蒙默编：《蒙文通全集》，成都：巴蜀书社 2015 年版，第 5 册，第 258 页。

④ （唐）李荣：《道德经注》，蒙文通著，蒙默编：《蒙文通全集》，成都：巴蜀书社 2015 年版，第 5 册，第 269 页。

⑤ （唐）李荣：《道德经注》，蒙文通著，蒙默编：《蒙文通全集》，成都：巴蜀书社 2015 年版，第 5 册，第 251 页。

⑥ （唐）李荣：《道德经注》，蒙文通著，蒙默编：《蒙文通全集》，成都：巴蜀书社 2015 年版，第 5 册，第 245 页。

⑦ （唐）李荣：《道德经注》，蒙文通著，蒙默编：《蒙文通全集》，成都：巴蜀书社 2015 年版，第 5 册，第 274 页。

⑧ （唐）李荣：《道德经注》，蒙文通著，蒙默编：《蒙文通全集》，成都：巴蜀书社 2015 年版，第 5 册，第 274、271—272 页。

气都不足以化生万物，因为“阳气热孤”，“阴气寒单”，只有“阴阳二气，递相为用”，“因大道以通之，借冲气以和之”，即阴阳交感，抱冲和之气，才得以生物成形。具体讲就是“运二气，构三才”。以上过程一言以蔽之：“非有非无之真，极玄极奥之道，剖一元而开三象，和二气而生万物”。① 用图式表达就是：

道
体——用
无为——无不为
寂——动
无形——有象
元气——阴阳冲和
气——天地人三才

这幅宇宙生成图式既顺应着注解《老子》的“道生一，一生二，二生三，三生万物”而来，又倾注了李荣的认识，即“虚中动气”，阴阳二气交感中和。这就把易学和老学结合起来了，对于宋代陈抟无极图及理学家们的宇宙生成说有开风气之先的作用。由上述可见，在李荣那里，宇宙生成过程是道动的结果，道的创生能力是无限的，道的运动表现为“气动”，一元之气转化为阴阳冲和之气，从而化生万物；道自体处于以不变应万变的虚寂静态，唯其恍惚朦胧，才能化演万物，解答一切难题。尽管李荣承认了世界的运动变化和形形色色的万有，但在他那里，这些只不过是道体之用，最终还是要回归到静止不变和无差别的境界，即回归道自体，然后又是一轮新的生成—运行—回归的周而复始。世界就处于这种循环往复的圆圈中，永不止息。但不管怎样，“道”是这个圆圈的始点和终极，“道”之动就是不断向其自身回归，即“归根返本”。

在李荣看来，既然“道”是体用一源、体用兼备的，那么由“道”所化生的宇宙万物，其差别都是相对的，应当不作分别，使万有“齐一”。李荣说：“争得失则或可或否，竞是非则一彼一此。今和光则与智无分，同尘亦共愚不

① （唐）李荣：《道德经注》，蒙文通著，蒙默编：《蒙文通全集》，成都：巴蜀书社 2015 年版，第 5 册，第 258 页。

别,通万有而齐致,亦何法而不同也!""夫有远近则亲疏明矣,存得失则利害生矣,定上下则贵贱成矣。今解纷挫锐,和光同尘,爱憎平等,亲疏不能入;毁誉齐一,利害不能干;荣辱同忘,贵贱无由得。能行此者,可以为天下贵。"[①]因此他主张:"内无分别,绝是非"[②],"泯是非以契道"[③]。这些思想显然受庄子相对主义哲学的影响。庄子讲过:"莛与楹,厉与西施,恢诡谲怪,道通为一。其分也,成也;其成也,毁也。凡物无成与毁,复通为一。"[④]李荣所论即此之翻版。用庄子思想解老,这是李荣《老子注》的特征之一,与成玄英完全一致。在这种无差别境界里,矛盾消失了,是非、彼此、智愚、荣辱、爱憎、亲疏、贵贱、毁誉等都"齐一"了,统一于"一元之道"。于是老子书中相对概念彼此所蕴含的辩证法本色被扭曲了,事物的相对性被夸大了、绝对化了,事物的质的规定性被取消了,走向了相对主义。

在李荣看来,"道"是不可认知,不可言说的。这也与成玄英完全一致。他讲:"不可以言言,言之者非道;不可以识识,识之者乖真"[⑤];"天道者,自然之理也,不假筌蹄得鱼兔,无劳言教悟至理";[⑥]"多言则丧道,执教则失真","得意忘言,悟理遗教"[⑦]。因此,道"绝于称谓,故曰无名"[⑧]。"道"可否以言象诠是魏晋玄学"言意之辩"的主要论题之一。玄学家常讲得鱼忘筌,得兔忘蹄,得意忘象,得象忘言。李荣的"道"不可以言象诠的思想即承

---

① (唐)李荣:《道德经注》,蒙文通著,蒙默编:《蒙文通全集》,成都:巴蜀书社 2015 年版,第 5 册,第 284 页。

② (唐)李荣:《道德经注》,蒙文通著,蒙默编:《蒙文通全集》,成都:巴蜀书社 2015 年版,第 5 册,第 263 页。

③ (唐)李荣:《道德经注》,蒙文通著,蒙默编:《蒙文通全集》,成都:巴蜀书社 2015 年版,第 5 册,第 245 页。

④ 郭庆藩:《庄子集释》卷 1 下《齐物论》,北京:中华书局 2012 年版,第 75 页。

⑤ (唐)李荣:《道德经注》,蒙文通著,蒙默编:《蒙文通全集》,成都:巴蜀书社 2015 年版,第 5 册,第 251 页。

⑥ (唐)李荣:《道德经注》,蒙文通著,蒙默编:《蒙文通全集》,成都:巴蜀书社 2015 年版,第 5 册,第 278 页。

⑦ (唐)李荣:《道德经注》,蒙文通著,蒙默编:《蒙文通全集》,成都:巴蜀书社 2015 年版,第 5 册,第 284 页。

⑧ (唐)李荣:《道德经注》,蒙文通著,蒙默编:《蒙文通全集》,成都:巴蜀书社 2015 年版,第 5 册,第 274 页。

此而来,即认为“道”不能用语言和形象来表征,以此进一步证明“道”是抽象的虚寂本体。这一点,李荣与沙门灵辩对论时曾再三强调:“道玄,不可以言象诠”,“玄道实绝言,假言以诠玄。玄道或有说,玄道或无说,微妙至道中,无说无不说”。① 这又体现了中道精神,或有说,或无说,“无说无不说”,不着两边。由此,认识道的真髓在于“绝言”、“体道忘言”。这与佛教所谓“若有所说,皆是可破,可破故空。所见既空,见主亦空,是名毕竟空”②一样,都是要破人类思维活动赖以实现的语言,以体证“道”的虚寂。既然虚极之道不能用知觉验证,也无法用语言表称,那么对“道”的语言诠释将会陷入说得越多离之越远的泥潭,因之对“道”的体认在于“得意”、“悟理”,即神秘的直觉。更进一层,李荣干脆劝人不去认知。他一再强调“不知”、“不识”;指出“圣本遗知,是以不病”;告诫人们“去大时之有识,反小日之无知”③,即回归婴儿的无知状态;要人们“除嗜欲,绝是非,遗万虑,存真一”④。所谓“真一”,就是他津津乐道的“慧彻空有,知通真俗,知也。所照之境,触境皆空;能鉴之智,无智不寂。能所俱泯,境智同忘,不知也。照如无照,知知无知,此为上德也。不知强知,多知多失,伤身损命,是知之病”。⑤ 达到认识主体与客体都泯灭遗忘的境界。总之,“道”是不可解的未知数,要认知它的最好方法就是“不知”。

综上所述,在李荣那里,作为宇宙万物本源的“道”是虚寂,它超越时空,超越现象界,无形无象,妙体不变,真际不动,不可言说,不可认知。这个“道”既不能说它是“有”,也不能说它是“无”,应该说“非有非无之真,极玄极奥之道”⑥,这才是“道”的生成性和实现性。李荣以“非有非无”、“有无

---

① (唐)释道宣:《集古今佛道论衡》卷丁《大慈恩寺沙门灵辩与道士对论》。
② 《大智度论》卷31,《大正藏》第25册,第290页。
③ (唐)李荣:《道德经注》,蒙文通著,蒙默编:《蒙文通全集》,成都:巴蜀书社2015年版,第5册,第263页。
④ (唐)李荣:《道德经注》,蒙文通著,蒙默编:《蒙文通全集》,成都:巴蜀书社2015年版,第5册,第243页。
⑤ (唐)李荣:《道德经注》,蒙文通著,蒙默编:《蒙文通全集》,成都:巴蜀书社2015年版,第5册,第295页。
⑥ (唐)李荣:《道德经注》,蒙文通著,蒙默编:《蒙文通全集》,成都:巴蜀书社2015年版,第5册,第258页。

双遣”的中道观来显现“道”，正体现了重玄派解老的特色。

成玄英、李荣作为唐代重玄派的代表人物，其思想在当时道教中最富于义理性和思辨性，这与他们善于继承老庄哲学和消化吸收佛教中观思想是分不开的。他们的《老子注》有两大共同特征：一为援《庄》入老，一为援佛入老。通过对佛老庄的巧妙结合，发展了道教的教理教义，对后来道教思想的演变产生了深远的影响。王玄览的道体论即受到过此种影响。

二、王玄览与《玄珠录》

王玄览，俗名晖，法名玄览，其先祖自晋末从并州太原（山西太原市西南）移居广汉绵竹（今四川绵竹县）。生于唐高祖武德九年（626 年），卒于武周神功元年（697 年），其生平略见于王太霄《玄珠录序》。据云：玄览“年十五时，忽异常日，独处静室，不群希言。自是之后，数道人之死生，儿童之寿命，皆如言，时人谓之‘洞见’。至年三十余，亦卜筮数年，云不定，弃之不为，而习弄玄性。燕反折法，捷利不可当；耽玩大乘，遇物成论。抄严子《指归》于三字，后注《老经》两卷，及乎神仙方法，丹药节度，咸心谋手试。既获其要，乃携二三乡友往造茅山，半路觉同行人非仙才，遂却归乡里，叹长生之道无可共修，此身既乖，须取心证，于是坐起行住，唯道是务。二教经论，悉遍披讨，究其源奥，慧发生知，思穷天纵，辩若悬河泻水，注而不竭……亦教人九宫六甲，阴阳术数，作《遁甲四合图》，甚省要。年四十七，益州长史李孝逸召见，深礼爱，与同游诸寺，将诸德对论空义，皆语齐四句，理统一乘，问难虽众，无能屈者，李公甚喜。时遇恩度为道士，隶籍于至真观……既处成都，遐迩瞻仰，四方人士，钦挹风猷，贵胜追寻，谈经问道，将辞之际，多请著文。因是作《真人菩萨观门》两卷，贻诸好事。年六十余，渐不复言灾祥，恒坐忘行心。时被他事系狱一年，于狱中沉思，作《混成奥藏图》。晚年又著《九真任证颂道德诸行门》两卷。益州谢法师，彭州杜尊师，汉州李炼师等及诸弟子，每咨论妙义，询问经教，凡所受言，各录为私记。因解洪元义，后诸子因以号师曰洪元先生，师亦不拒焉。又请释《老经》，随口便书，记为《老经口诀》两卷，并传于世。时年七十二，则天神功元年戊戌岁（按：应为“丁酉”），奉敕使张昌期就宅拜请，乘驿入都。闰十月九日，至洛州三乡驿羽化。”①

从王太霄所述可知：王玄览早年偏重于道教方术，好为人卜筮吉凶，看相算命，约四十岁，开始修习“玄性”，深入佛老，究其源奥，快五十岁时度为益州至真观道士。晚年一度入狱，六十岁后不再说灾祥，唯著书立说，传授其道教思想，坐忘修心。但他的一些著作皆已亡佚，仅门人王太霄据诸人私记而汇集的《玄珠录》两卷流传至今，收入《道藏》太玄部，为研究王玄览道教思想的主要材料。该书收其语录约一百二十余则，阐述了道物、道体、道性、有无、真妄、动寂、心性等理论问题，下面我们即据此对他的道教思想作一简略的介绍。

（一）道物

“道物”是通过“道”和“物”的关系阐述“道”普遍地、绝对地存在于万物之中，道无所不在。王玄览说：“万物禀道生。万物有变异，其道无变异，此则动不乖寂（如本印字）。以物禀道，故物异道亦异，此则是道之应物（如泥印字）。将印以印泥，泥中无数字而本印字不减（此喻道动不乖寂），本字虽不减，复能印多泥，多泥中字与本印字同（此喻物动道亦动）。”②先从道的生成性说起，指出万物由道所化生，被化生者虽有变动，但化生者自体却是静寂的；另一方面，正因为万物禀赋道，所以物动道也动，这是道的“应物”。合此两面说，道本寂，应物而动，但应物而不为物累，“真体常寂”。就像以印印泥，无论泥中印多少字，印之“本字”始终不变。这是从动寂来证明道遍寓宇宙万物。

从生灭来说：“道无所不在，皆属道应。若以应处为是者，不应不来，其应即死，若以不应处为是者，其应若来，不应处又死，何处是道？若能以至为是者，可与不可俱是道；若以为非者，可与不可俱非道。道在境智中间，是道在有知无知中间，觇缕推之，自得甚正，正之实性，与空合德。空故能生能灭，不生不灭。”“道能遍物，即物是道。物既生灭，道亦生灭。”③道亦生亦

① 《道藏》第23册，第619—620页；（清）董诰等编：《全唐文》卷923，北京：中华书局1983年版，第10册，第9623—9624页。

② （唐）王玄览：《玄珠录》卷上，《道藏》第23册，第620页。

③ （唐）王玄览：《玄珠录》卷上，《道藏》第23册，第620—621页。

灭,又不生不灭,道自性与"空"合,所以道能遍物,无所不在。

总的说来,道与物的关系是:"冲虚遍物,不盈于物,物得道遍,而不盈于道。道物相依,成一虚一实。"①二者相依相存,缺一不可,正显示了"道"绝对地存在于万物之中。此与《道教义枢》道性义的思想是一致的。

既然万物有道,无情无识皆含道性,那么众生当然都有道性,都能得道。透过众生与道的关系,我们可在更深层次上看到其道寓万物的思想,并考察其修道理论。

道与众生不可分割,但其同异怎样呢?王玄览认为:"道与众生,亦同亦异,亦常亦不常。"为什么这样说?因为"道与众生相因生,所以同;众生有生灭,其道无生灭,所以异"。因此讲:"是同亦是异,是常是无常,忘即一时忘,非同亦非异,非常非无常。其法真实性,无疆无不疆,无常无不常。"②就是说,对这个问题应不着二边,作中道观。

道性和众生性都与自然相同,众生又禀道而生,那么是否说众生即道呢?对此王玄览回答得直截了当:"众生禀道生,众生非是道。"正因为如此,所以众生必须修习道:"众生无常性,所以因修而得道;其道无常性,所以感应众生修。众生不自名,因道始得名;其道不自名,乃因众生而得名。若因之始得名,明知道中有众生,众生中有道。所以众生非是道,能修而得道;所以道非是众生,能应众生修。是故即道是众生,即众生是道,起即一时起,忘即一时忘,其法真实性,非起亦非忘,亦非非起忘"。③ 道与众生互为因缘,故道中有众生,众生中有道,二者相因相成。但众生不等于道,故必修习才能得道。道也不等于众生,然其具有"感应"性,即能"应物",故能感应众生修行。道与众生既互为因,则缘起和相忘亦具同时性,对此应非起非忘,亦非"非起忘"。这与双非双遣的重玄妙境完全相同。关于此,他一再强调:"诸法若起者,无一物而不起,起自众生起,道体何曾起。诸法若忘者,无一物而不忘,忘自众生忘,道体何曾忘。道之真实性,非起亦非忘。"④

---

① (唐)王玄览:《玄珠录》卷下,《道藏》第23册,第628页。
② (唐)王玄览:《玄珠录》卷上,《道藏》第23册,第621页。
③ (唐)王玄览:《玄珠录》卷上,《道藏》第23册,第621页。
④ (唐)王玄览:《玄珠录》卷上,《道藏》第23册,第622页。

从方法论上说，他运用的仍是中观，此与重玄派一致。[①] 所要证明的是众生禀道，道能感应众生，众生修习能得道。为证明这点，他从“隐显”和“生死”两个方面来阐述。从“隐显”来说：“众生与道不相离。当在众生时，道隐众生显；当在得道时，道显众生隐。只是隐显异，非是有无别。所以其道未显时，修之欲遣显；众生未隐时，舍三（之）欲遣隐。若得众生隐，大道即圆通，圆通则受乐；当其道隐时，众生具烦恼，烦恼则为苦。避苦欲求乐，所以教遣修，修之既也证，离修复离教，所在皆解脱，假号为冥真。”[②]从“生死”来说：“道常随生死，与生死而俱。彼众生虽生道不生，众生虽死道不死。众生若死，其道与死合；众生若生，其道与生合。经生历死，常与道合，方可方不可。若可于死者，生方则无道；若可于生者，死方则无道。其道无可无不可，所以知道常，生死而非常，生死之外无别道，其道之外无别生死，生死与道不相舍离，亦未曾即合。常有生死故，所以不可即；不舍生死故，所以不可离。”[③]道与生死呈不即不离之状，众生修道解脱生死，也就是要进入这种状态。综上两个方面来看，道与众生就是：“众生无常故，所以须假修；道是无常故，众生修即得。众生不自得。因道方始得；道名不自起，因众生方起。起即一时起，无一物而不起；忘即一时忘，无一物而不忘。优劣一时俱，有何道与物？众生虽生道不生，众生虽灭道不灭；众生生时道始生，众生灭时道亦灭。”[④]道与众生互为条件，道与物冥合为一，道非起非忘，非生非灭。

总之，道与物、道与众生是同一问题的不同层面，前者外延更广大，后者内蕴更深厚。王玄览对此的论述，使我们看到“道”的绝对性、普遍性、感应性和超时空性，而这个理论问题最终的落实处是众生皆禀道、道应众生、众生修习才可得道的修道论。应该说，道寓万物、道寓众生的思想给众生修道理论奠定了一条至高无上的神学依据。

（二）道体

道自体的真实本相为何？王玄览认为：“道体实是空，不与空同。空但

① 关于此点，可参见前述成玄英、李荣的思想。
② （唐）王玄览：《玄珠录》卷上，《道藏》第23册，第621页。
③ （唐）王玄览：《玄珠录》卷上，《道藏》第23册，第621页。
④ （唐）王玄览：《玄珠录》卷上，《道藏》第23册，第625页。

能空，不能应物，道体虽空，空能应物。”①道体真相是“空”，但这是一种“能应物”的“空”，用比喻的话说：“道体如镜，明不问色，亦不执色，其色变改去来，而镜体不动。”②镜子照物，又不执着于物，所照之物千变万化，但镜体自身不变，空空如也。道体的“空”即类似于此。道体的“空”又呈现为静寂不动，故王玄览说：“真体常寂”，又说：“至道常玄寂。”③可见，道体就是这样一种空寂的圣殿。他从各个侧面来描绘“道”的空寂。他说：“法体本来，体自空旷，空旷无有无见。”“持一空符以印诸有，有来随应，有去随亡。有若不来，还归空净。空中有分别，有分别亦空；空中无分别，无分别亦空。”④不管怎样，最终只是“空”。“色”与“空”也是这样：“色非是色，假名为色。明知色既非空，亦得名空。无名强作名，名色亦名空；若也不假名，无名无色空，亦无无色空。”⑤就是说，空即色，色即空，色空不过是假名，抛却假名，不但否定了有名号的“色空”，也要否定无名号的“色空”，通过这种连续的彻底否定，才算参透“空”，这种“空”才是道体实相。此又是不落二边的中道实相，故云：“空法不空，不空法不空；有法不有，不有法不有。空法豁尔，不可言其空，若言空者，还成有相，不空而有，有则不碍。”⑥这一段与吉藏《三论玄义》以中道说空比较，⑦就可明白王玄览说空颇受三论宗影响，很类似于李荣的情况。道“空”又是无分别的，是种无差别境界。比如：“烦恼空，故不可得；至道空，故不可得；二相俱是空，空相无分别。以其迷见故，即为烦恼；以其悟见故，即为至道。烦恼不可得，还是烦恼空；至道不可得，还是至道空。二空不同名，名异体亦异，优劣亦尔。又言：对二有二故，所以言其异；若合二以为一，其一非道一，亦非烦恼一。”⑧大千世界，万有诸相，主体客体，其实并无差别，本质上都是“空”。道空与烦恼空一分为二时，似乎有

① （唐）王玄览：《玄珠录》卷上，《道藏》第23册，第625页。
② （唐）王玄览：《玄珠录》卷下，《道藏》第23册，第633页。
③ （唐）王玄览：《玄珠录》卷上，《道藏》第23册，第621页。
④ （唐）王玄览：《玄珠录》卷下，《道藏》第23册，第628页。
⑤ （唐）王玄览：《玄珠录》卷下，《道藏》第23册，第629页。
⑥ （唐）王玄览：《玄珠录》卷下，《道藏》第23册，第631页。
⑦ 参见《大正藏》第45册，第7页。
⑧ （唐）王玄览：《玄珠录》卷下，《道藏》第23册，第632页。

差异，但如合二为一，作中道观，实质都一样。这就叫“空相无分别”。王玄览否定了事物的差异与矛盾，走向相对主义，而这种相对主义是要证明其绝对的道体“空”。

总之，他完全采用中观方法论证道自体本“空”，毫不隐讳地引佛教“空”说“道”，在援佛入道上比重玄宗思想家们走得更远，这在当时的道教理论家中是颇为特别的。

《道德经》第一章开宗明义即指出：“道可道，非常道。”据此，王玄览把道自体划分为“常道”与“可道”两大类，并阐释二者关系，要人们去追求“常道”，以获永恒。他认为：“常道本不可，可道则无常。不可生天地，可道生万物。有生则有死，是故可道称无常。无常生其形，常法生其实。”①“常道”与“可道”的生成功能不同，常道生天地，可道生万物。天长地久，故常道常住不变；万物有生有死，故可道变动无常。可道只是表相，常道才是实质。这就是“可道”与“常道”的本质差异。因此，“可道为假道，常道为真道”②，也就是所谓“真常之道”。作为“可道”的“假道”，他又称之为“滥道”。他说：“此道有可是滥道，此神有可是滥神，自是滥神滥道是无常，非是道实神实是无常。”③所谓“滥道”也就是失落了真实的道，所以称之为“无常”。但滥道与真道之间也并非没有联系，若能了悟真常之道，滥道便可发生转化。故云：“若也生物形，因形生滥神，所以约形生神，名则是滥。欲滥无欲，若能自了于真常，滥则同不滥，生亦同不生，不生则不可。”④既然可道能向常道发生转化，二者必有一定联系。这联系是什么呢？他讲：“不但可道可，亦是常道可；不但常道常，亦是可道常。皆是相因生，其生无所生；亦是相因灭，其灭无所灭。”⑤这就是说，可道与常道互为因缘条件而生灭，但又非生非灭。原来，可道与常道的联系也是建立在中道观上的，对此也不可执着二边。进一步，他对可道所生成的无常世界进行分析，认为现象

① （唐）王玄览：《玄珠录》卷下，《道藏》第23册，第626页。
② （唐）王玄览：《玄珠录》卷上，《道藏》第23册，第622页。
③ （唐）王玄览：《玄珠录》卷下，《道藏》第23册，第626页。
④ （唐）王玄览：《玄珠录》卷下，《道藏》第23册，第626页。
⑤ （唐）王玄览：《玄珠录》卷上，《道藏》第23册，第623页。

界皆表现为虚妄。他说:“十方诸法,并可言得,所言诸法,并是虚妄,其不言之法,亦对此妄。言法既妄,不言亦妄。”①所谓“法”本系佛教名词,指现实世界的物象,他借用来说明世间的事物无论可言不可言,都是虚妄不实。万物所以虚妄,在于“诸法无自性,随离合变,为相为性。观相性中,无主无我,无受生死者。虽无主我,而常为相性”②。万物无自性、无相性,不能自我主宰,其所显露的相性,不过是随着自性的分离组合而演成。道自性实为万物“相性”的真正主宰,故万物之相性不过是一种假幻。他比喻说:“将金以作钏,将金以作铃,金无自性故,作钏复作铃,钏铃无自性;作花复作像,花像无自性。不作复还金,虽言还不还,所在不离金,何曾得有还?钏铃相异故,所以有生死;所在不离金,故得为真常。”③金作成钏或铃,就表现为钏或铃的相性,但不管是钏还是铃,都无自性,有形成和毁坏,故为虚幻,唯有“金”自体不变,实实在在。真常之道与“万法”之间也就如金钏与或铃的情形一样。

诸法虚妄,这在他是毫无疑问的,但认识与论证这个命题也须运用不一不二、不即不离的中道观。所以他一再说:“若也作幻,见真之与幻俱成幻;若也作真,见幻之与真俱是真。诸法实相中,无幻亦无真。”④“说一法亦是假,二法亦是假,乃至十方无量法并悉是于假。假中求真亦不得,假外求真亦不得,乃至十方无量法,并悉求真无有真。明知一切假,即是一切真。若也起言者,言假复言真;若也不起言,无真亦无假。”⑤“物与言互妄,物与言互真。观言如言法,观物如物形,此是言物一时真。若也约物以观言,约言以观物,此是言物一时妄。则知言物体,非真亦非妄,是真亦是妄。我若去肴乱,何曾有真妄?既得真妄寂,则入于环中,在中不见边,以是中亦遣。”⑥不论从哪个角度考察真妄,他都始终以非真非妄、不着二边的精神贯穿其间,认为只有如此,才能入于中道境界。最后,他连“中亦遣”去,这就是他

① (唐)王玄览:《玄珠录》卷上,《道藏》第23册,第620页。
② (唐)王玄览:《玄珠录》卷下,《道藏》第23册,第631页。
③ (唐)王玄览:《玄珠录》卷下,《道藏》第23册,第631页。
④ (唐)王玄览:《玄珠录》卷下,《道藏》第23册,第630页。
⑤ (唐)王玄览:《玄珠录》卷下,《道藏》第23册,第630页。
⑥ (唐)王玄览:《玄珠录》卷下,《道藏》第23册,第627页。

所谓“因滥玄入重玄，此是众妙之门”①，也即佛教三论宗和重玄派说的病去药除，都无所有。在他看来，只有这样才能真正了悟诸法虚妄的“真理”。

他这样反复说明世界万物相性的虚妄假幻，无非是要从这一层面反证真常之道的“空寂”，现象界正是由这种空寂的最高本体幻化而成。这与中观学派的本体论——中道缘起论学说还有什么区别呢？故王玄览的道体论是在老子哲学的基础上，吸取佛教中道缘起说而形成的，是熔佛老为一炉的产物。

（三）有无

佛教中道缘起所要否定的种种对立的两个极端之一就是“有无”，通过否定“有无”，以“中”的观点指明万物缘起，并落实“中道实相”。王玄览借用中道观对《道德经》讲的“有无”加以新的诠释，从而进一步标明道体的空寂实相。为更明确地审视其道体的内涵，有必要看看他对“有无”的论述。

他说：“若因有，始名无，有即在无内。有若在无内，有即自妨无，其无无由名。有若在无外，有即无由名。若无由得名有，无由亦名无。有无一时俱有，既相违，同处则不可。”②这是讲，如果“无”因“有”才得名，有应当在无之内，有如包含在无之中，则妨碍无的成立，无不能得名。假如说有在无之外，有又无从得名。有既不能成立，无也不能称之为无。有无同时存在，既相矛盾，则其并存是不可能的。显然，老子“有无相生”的对立统一思想在这里没有得到发挥，他发挥的是非有非无的中道观，与老子的肯定式思维相反，他运用的是否定式思维，要否定有无。所以他劝人：“勿举心向有，勿举心向无，勿举心向有无，勿举心向无有。”③就是要人们勿走极端，不偏不倚，克服偏见。

他又把有无与“生灭”、“常断”等联系起来讨论，认为：“天下无穷法，莫过有与无。一切有无中，不过生与灭。一切众生中，不过常与断。”④生灭、常断是《中论》八不缘起的前两对范畴，龙树认为从因果关系出发论有无，能推出生灭，常断等八个方面，但对此不能执着，尤其不能执着生灭，因为只

① （唐）王玄览：《玄珠录》卷下，《道藏》第23册，第626页。

② （唐）王玄览：《玄珠录》卷下，《道藏》第23册，第627页。

③ （唐）王玄览：《玄珠录》卷下，《道藏》第23册，第628页。

④ （唐）王玄览：《玄珠录》卷上，《道藏》第23册，第623页。

有首先否定生灭，进而否定常断等，才能显示缘起性空。王玄览从有无推论“一切有无中，不过生与灭”，这与龙树的思维进程、论证方式都一致，只不过他是通过否定有无来显示道体的空寂。他借用《中论》的四句否定式说有无：“有法、无法（相因而生），有无法（和合而成），非有法非无法（反之而名），非有无法（反合而名）。正性处之，实无所有（内外俱空而法非无）。无时无有，有无法从何名；有时无无，有有法从何生。二法不同处，云何和合成。若有有无法，可许非有非无成。有无既也破，非有非无破。二法既也破，云何和合名。出诸名相而入真空，真空亦空而非无也。”①佛教《中论》对有无作四句否定的套式为：有—无—亦有亦无—非有非无。这是种正、反、合、离的思维进程。用这一套式审视王玄览的有法—无法—有无法—非有非无法（非有无法），可知其论证“有无”所运用的正是四句否定式。他所谓“二法既也破，云何和合名”即对“合”的否定；通过对“合”有无的否定，证明离二边的“非有非无”。最终其落脚点仍在于“空”。

因此，他又将“空”与有无连起来讨论：“言空之时若有有，有不名空；言空之时若无有，有无空亦无，云何得名空？言有亦如此。有无是相因，有有则有无（有分别空）；有无是相违，无时无有有，有无无亦无（无分别空）。前后是相随，前言有分别，后说无分别。在无分别时，有分别已谢，是则前谢后亦谢（真实空）。有无相因生，有有无亦有，无有有亦有，此名横相因。各于有无中，是有是非有，是无是非无，此是竖相因。已上三法为三事，三事有分别，离此三事即是空，空即无分别。”②就是说，在“言空”时肯定有、肯定无，都不能了证“空”，只有否定有无，才说得上“空”。有无互为因缘又互相矛盾，二者既表现为历时性又表现为同时性，即他所谓：“即有始有无，此是前后之有无；即有是于无，此是同时之有无。”③当有无表现为历时性时，否定了前者也就否定了后者，即所谓“前谢后亦谢”，这才叫“真实空”。他把有无相因而成的状况称为“横相因”，把亦有亦无、亦无亦有的状况称为“竖相因”，这些都还有分别，只有否定它们才可进入无分别的“空”。说来说去，

① （唐）王玄览：《玄珠录》卷下，《道藏》第23册，第629页。

② （唐）王玄览：《玄珠录》卷下，《道藏》第23册，第629页。

③ （唐）王玄览：《玄珠录》卷下，《道藏》第23册，第630页。

到底是要“非有非无”,落实到最高本体“空”。由此可见,他对有无的论证,进一步证明了他的道体空寂论。

因此,有无与道也是相连的,参破有无也关系得道的大事。他说:“不一亦不二,能一亦能二;是有亦是无,无无亦无有。以其是有故,将有以历之;以其是无故,将无以历之。弃无而入道,将有以历之;弃有而出世。(按:此处似脱漏“将无以历之”一句)世法既生灭,弃世而入道。道性无生灭,今古现无穷。故云:廓然众垢净,洞然至太清。世界非常宅,玄都是旧京。”他又以“丝”的音性有无来举例说明怎样“得常存”:“明知一丝之中,有有亦有无,其中之性,非有亦非无。若欲破于有,丝中音性非是有;若又破于无,丝中音性非是无。以非有无故,破之不可得,所以得常存。”①神仙长生之道就在“弃无弃有”、“非有非无”。在此,中观方法又是其了证神仙之道的途径。

(四)心性

前面我们已指出,隋唐道教思想家多论心性,由此追寻人成仙了道的内在根据,王玄览也不例外,《玄珠录》中充满了谈论心性的语录。

在心与境、心与法的关系上,即主观与客观的关系上,一方面,王玄览认为是主观决定客观,心为主宰,心的生灭决定外物现象的生灭。他说:“心之与境,常以心为主”②,“心生诸法生,心灭诸法灭。若证无心定,无生亦无灭”。③ 另一方面,心与境又是相对待而缘起的:“将心对境,心境互起。境不摇心,是心妄起。心不自起,因境而起。无心之境,境不自起;无境之心,亦不自起。”④“心中本无知,对境始生知。”⑤“心中无喜怒,境中无喜怒,心境相对时,于中生喜怒。二处既各无,和合若为生。”⑥主观与客观是相互作用而存在的,认识也是主客体相对待而发生的,甚至人的喜怒哀乐感情亦需心境的因缘和合而起。这样讲显然受到大乘中观学派受用缘起说的影响。此外,他的思想也受佛教业感缘起论影响,比如他讲:“众生随起知见而生

① (唐)王玄览:《玄珠录》卷上,《道藏》第23册,第623—624页。
② (唐)王玄览:《玄珠录》卷下,《道藏》第23册,第627页。
③ (唐)王玄览:《玄珠录》卷上,《道藏》第23册,第623页。
④ (唐)王玄览:《玄珠录》卷上,《道藏》第23册,第622页。
⑤ (唐)王玄览:《玄珠录》卷下,《道藏》第23册,第633页。
⑥ (唐)王玄览:《玄珠录》卷下,《道藏》第23册,第634页。

心，随造善恶而成业。不造则业灭，不知见则心亡。心亡则后念不生，业灭则因亡果尽。”①总的来说，他注意到了客观环境对人的主观有所影响，从主客观交织对待来分析人生诸相，并扩展到宇宙现象，这中间含有辩证法因素。但在心境这对矛盾中，矛盾的主要方面在心，心决定境、支配境，这就颠倒了主客观的真正关系，滑入主观唯心主义。

以上是从心境的“合”来讲，肯定了主客观之存在。进一步，他又操起中观，从“离”去说，否定主客观。他说：“空见与有见，并在一心中，此心若也无，空有诸见当何在？一切诸心数，其义亦如是。”②因此，他主张“无心”。什么是“无心”呢？“心解脱即无心，无心则无知。谁当知脱者？心。心知法，法处无心，法被心知，心处无法。二除既无增减，故知无观无法。无法则心不生知，无心则诸妄不起，一切各定，无复相须而因待者。故前念灭则后念不生，前念不灭亦后念不生。念既不生，则无有念。无念则无心无识，亦无有迷者觉者。是故行人当须识心。”③无心是心的解脱，要使心解脱就须无念，一念不生就会“无心无识”，而无心也就意味着无法，心处无法又促使心不生知，心法俱无。通过对认识主体的否定，进而否定了认识客体，离了主客二边，他又入于中道。

王玄览说心性多从认识论角度出发，所以其无心说强调否定认识。他否定认识的内容包括否定知见，否定智愚，否定能所。

先看他对知见的否定。他说：“见若属于眼，无色处能见；见若属于色，无眼处应见；见若属色复属眼，合时应当有二见。若也见时无二者，明知眼色不能见；若即于二者，应当有二见；若舍于二者，应当无一见。云何复一见？一见色之始，始名眼；有知之时，始名心；若使无知无色时，不名于心眼。”④眼为感觉器官之一，眼对外界的感受是认识发生的条件之一，故否定认识必否定所“见”。所见者为“色”，看见色时，始名为“眼”，若知色即是空，了悟“无色”，那就应是无眼，无眼当然“无见”。有知时始名为“心”，倘

① （唐）王玄览：《玄珠录》卷下，《道藏》第 23 册，第 634 页。
② （唐）王玄览：《玄珠录》卷下，《道藏》第 23 册，第 629 页。
③ （唐）王玄览：《玄珠录》卷下，《道藏》第 23 册，第 630 页。
④ （唐）王玄览：《玄珠录》卷下，《道藏》第 23 册，第 632 页。

使“无知”,也就无从名为“心”。因此,无见无知就能入于无心。故他主张:“一切众生欲求道,当灭知见,知见灭尽,乃得道矣。”①

次看他对智愚的否定。他说:“空中无正性,能生无量识,已生于识讫,识竟更不识。空中之本性,能生一切识,识识皆不同,不同不异空。愚中愚相空,智中智相空,二空相既同,无愚亦无智。愚中有愚空,智中有智空,二空不同名,名异体亦异,胜劣亦尔。当在于愚时,见有智可得,既也得于智,其愚又已谢;愚亦既已谢,其智非为智。何以故?相因而得名,因谢异亦谢,亦无有愚智。未生之时若也空,复将何物出?已破之后若也灭,复将何物归?”②愚智反映的是人们认识能力的差别,既然将愚智二相看空,那当然就无所谓愚智;既无愚智,也就没有认识能力的高低之分;既无分别、无对待,又何来认识?所以通过对智愚的否定,他否定了认识,仍落入其“无心”的套子中。

再看他对能所的否定。他说:“常以心道为能,境身为所能。能所互用,法界圆成;能所各息,而真体常寂。”③“能所”也是借用佛家术语,指认识的主客体;“法界”在佛教各宗派中解说各异,这里当是指“意识”所缘虑的对象。他的真正目的并非要“能所互用”,而是要“能所各息”,即否定能所,入于“真体常寂”的境界。这样就达到了其对认识的否定。

否定认识,提倡无心无知,最终还是落实到入“道”。他说:“此处虽无知,会有无知见。非心则不知,非眼则不见。此知既非心,则是知无所知,此见既非眼,则知见无所见。故曰:能知无知,道之枢机。”④得道的关键所在是了悟“无知”,无知无见无心,自然而然合于真常之道。他用芭蕉剥皮来比喻心与道的关系:“一切万物,各有四句,四句之中,各有其心。心心不异,通之为一,故名大一,亦可冥合为一。将四句以求心,得心会是皮,乃至无皮无心处,是名为大一。谕如芭蕉,剥皮欲求心,得心会成皮,剥皮乃至无

① (唐)王玄览:《玄珠录》卷上,《道藏》第23册,第622页。
② (唐)王玄览:《玄珠录》卷下,《道藏》第23册,第631页。
③ (唐)王玄览:《玄珠录》卷上,《道藏》第23册,第621页。
④ (唐)王玄览:《玄珠录》卷上,《道藏》第23册,第625页。

皮无心处,是名为正一。故曰:逾近彼,逾远实,若得无近无彼实,是名为真一。"[①]由中观的"四句"说及心,以四句求心终归是要"无皮无心",犹如剥芭蕉,剥皮求心,得心只会是皮,剥皮到无皮无心处,才称得上"正一"之道。就是说,一般人以为剥芭蕉皮得心就达到目的了,其实仍是皮相,只有连"心"也参破,即"无心",才算真正悟道,所以"道"就在"无心"之中。

与"心"密切相关的是"性",他从本体论、认识论、人性论的角度论"性"。他认为:"实性本真,无生无灭。"[②]这里的"实性"相当于佛教所谓"法性",亦即其空寂之"道"的别名,所阐明的是法性离二边的道理。这一点从下面这段话更可见:"诸法二相自性离,故带空名为法,带有名为物。"[③]也就是要不滞空有二边,因为诸法自性为"离"。他又进一步说明法无自性、性如虚空之理:"瞋喜无自性,回缘即乃生,生法无自性,舍遇即复灭。是故瞋喜如幻化,能了幻化空,瞋喜自然息。""何得瞋喜?非外非内,发生于冥;非冥非内外,发生于遇缘;非缘不离缘,瞋喜如幻化。虽化未尝不瞋喜,如此瞋喜与天地共,共即为大身,此并是意生身。意想如幻化,即是性生身;其性如虚空,即是无生身。无则无生身,无身则是无瞋喜,此则无物亦无道,而有幻化等,是名为自然。自然而然,不知所以然。"[④]"一法无自性,复因内外有;有复无自性,因一因内外;因又无自性,非一非内外,化生幻灭,自然而尔。"[⑤]上述思想实质上是《般若》、中观学派"性空缘起"理论和老子自然之道结合的产物。他以人的喜怒为例,阐述诸法无自性,如幻化,"性如虚空"。这与佛教所谓"众生空、法空,终归一义,是名性空"[⑥],没什么不同。然后,他又以老子的"自然"义对此作进一步说明,指出诸法幻化都是自然而然的,这就将佛老融合起来了。以上是从本体论出发说"性空",与

① (唐)王玄览:《玄珠录》卷下,《道藏》第23册,第627页。
② (唐)王玄览:《玄珠录》卷下,《道藏》第23册,第628页。
③ (唐)王玄览:《玄珠录》卷下,《道藏》第23册,第628页。
④ (唐)王玄览:《玄珠录》卷下,《道藏》第23册,第532页。
⑤ (唐)王玄览:《玄珠录》卷下,《道藏》第23册,第532页。
⑥ 《大智度论》卷31,《大正藏》第25册,第292页。

其论道“空”是一致的。

从认识论角度，他认为：“心之与境，共成一知。明此一知，非心非境而不离心境，其性于知于心境，自然解脱。”①亦心亦境而又非心非境，了悟此，则“性”自然从“知”与“心境”中解脱，这与其讲“无心”是吻合的。

他特别提出“正性”这一概念，认为：“人心之正性，能应一切法，能生一切知，能运一切用，而本性无增减。”比如：“对境有喜怒，正性应之生喜怒。对境有去来，正性无去来。”他这样证明“正性应之生喜怒”：“若无有正性，怒性则不生，怒虽因正生，然怒非是正；以怒非正故，怒灭正不灭；以正不灭故，所以复至喜，若无于正性，其喜则不生。喜虽因正生，然喜非是正；以喜非正故，喜灭正不灭。若云怒独灭于前，喜独生于后者，喜怒则两心，前后不相知，云何在喜时而复能念怒？以能念怒故，喜怒同一性，故喜时即是怒灭，怒灭即是喜生。”②所谓人心的“正性”也就是人心的本性，它的法力无边，能应对世间万物，能产生一切认知，而自己无“增减”的变化。比如喜怒这样的心理活动、感情变化，虽然发生自正性，但并不等于正性，故喜怒有生灭而正性无生灭。这样一种非生非灭、应物而不为物累的“正性”，与其所谓真常之道完全契合。而心之正性与常道的契合，恰好显现了人的心性中有与道同一的种子。换言之，即人的心性就是道性，这就从人自身方面解决了得道的基本依据问题。故说到底，其心性论与其道体论是相通的，二者的目的是一致的。下面一段话更明确地表示了道性与众生性的同一性：“大道应感性，此性不可见；众生愚智性，此必不可见。道性众生性，二性俱不见。以其不见故，能与至玄同，历劫无二故，所以名为同。”③道性与心性皆“不见”、“历劫无二”，所以二者同一于“至玄”。这再清楚不过地表白了他的心性与道性不一不二的思想。

另外，在处世之道上，他认为人性应如水性，柔弱不争。他说：“上善若水，水性谦柔，不与物争。行者之用，处物无违于中，万施详之以遇，遇皆善也。智莫过实，财莫过足，行莫过力，则能互相优养，各得其全。若过则费而

① （唐）王玄览：《玄珠录》卷下，《道藏》第23册，第627页。

② （唐）王玄览：《玄珠录》卷下，《道藏》第23册，第632页。

③ （唐）王玄览：《玄珠录》卷上，《道藏》第23册，第623页。

且伤,大者伤命,小者成灾,良为违天背道,法所不容。适足则已,用天之德。”[①]这是把老子“上善若水”和中道观结合起来产生的性善论,是对修行者养性的要求。

在修道的方法上,他主张坐忘修心,定慧双修。他说:“谷神不死。谷神上下二养:存存者坐忘养,存者随形养。形养将形仙,坐忘养舍形入真。”[②]形养指炼形,这是只能得“形仙”一类低品位的修仙之法;坐忘则是炼神,最终舍形而入于真常之道。他强调的是“坐忘”。怎样“坐忘”呢?首先,他认为就是努力灭知见,“知见灭尽,乃得道矣”。有人提出:“众生死灭后,知见自然灭,何假苦劝修,强令灭知见?”他解答说:“死不自由死,死时由他死,死后知见灭,此灭并由他。后身出生时,生时会由他,知见随生起,所以身被缚,不得道矣。若使身在未灭时,自由灭知见,当至身灭时,知见先以无,至已后生时,自然不受生,无生无知见,是故得解脱。”[③]这就是说,死后知见灭,乃是由于他力而不是由于自身的努力,故来世出生时知见又随生起,不得解脱。假如在现世经由修行斩灭知见,跳出轮回,入于不生不灭之境,自然无生无知见,因此可得道。这就是他求道必须彻底绝灭知见的理由,这理由包含着佛教三世轮回的思想。

要坐忘还必须保持自我主体的常清净。他指出:“识体是常是清净,识用是变是众生。众生修变求不变,修用以归体,自是变用识相死,非是清净真体死。”[④]认识主体本为常清净,变动不常不过是识体之用,众生修行就是向识自体回归,求得不变之常清净。清净的识自体是不灭的,灭的只是变用识相,正是识相的斩灭才能回归清净识体。如果说上述断灭知见是佛家的说法,那么识体常清净又是传统道家理论,王玄览把它们统一起来,以阐明自己灭知见、回归清净识体的思想。这一思想正是坐忘的重要内容。怎样灭知见回归清净识体?他认为具体方法是:“恬淡是虚心,思道是本真。归

① (唐)王玄览:《玄珠录》卷下,《道藏》第23册,第628页。
② (唐)王玄览:《玄珠录》卷下,《道藏》第23册,第628页。
③ (唐)王玄览:《玄珠录》卷上,《道藏》第23册,第622页。
④ (唐)王玄览:《玄珠录》卷上,《道藏》第23册,第625页。

志心不移变，守一心不动散。”[1]虚其心志，存思真道，恬静淡泊，守一不动心，这都是传统道家与道教的修行方法。要使心不移变、不动散，他认为还应当定慧双修，这一点与司马承祯的主张十分接近。[2] 他说：“止见定中无边际，不见慧中无边际；止见定中有边际，不见慧中有边际。只为一有一无故，所以定慧相容入。此则寻名名不尽，寻色色无穷。定为名本，慧为定元。若将定以当世，可与不可俱在其中；若将慧以当世，定与不定俱在其中。”[3] 普通人或者只知心定无边，不识慧观也无边，或者只见心定有边，不见慧观也有边。患有二偏之病。实际上定慧二者既有边又无边，合乎非有非无之中道。正因如此，所以定慧不可偏废，必须同时修炼。假如只修定，有可能得道也有可能不得道。假如只修慧，有可能做到心定，也可能做不到心定。可见偏向任何一边，都不能收到良好的效果，必须坚持定慧双修。这一段语录或许有脱漏，因为按照王玄览惯用的否定式思维方式，他只讲到亦定亦慧这一层，顺其一贯的思路推下来，进一层应为非定非慧。准此，则其定慧双修的程序应为：定—慧—亦定亦慧—非定非慧。那么，在这个问题上也贯穿着中道观。总之，王玄览坐忘修心、定慧双修的修道论也是佛道融合的产物。

根据以上分析，可知王玄览思想的内核是对道体的求证、对修道的强调，而其最基本的思维方式和论证方法则取自佛教中道观。由于他对《道德经》的某些观念作了新的诠释，援佛入老，从而使老学披上了一套佛学的外装，这种融通释老的作法也是唐代道教老学的总趋势。与此同时，道教传统的神仙长生思想在他身上也发生了演变，不再是早期道教所注重的炼形，而是强调炼神，其生命观不再执着于肉体的永恒，而趋于接近佛教的“无生”，从六道轮回中解脱。这一点完全和重玄宗思想家们一致，甚至在思维方式和论证方法上也与他们十分相似。从这些方面来看，可以说他是继成、李之后进一步发展“重玄”思想的道教学者。

---

① （唐）王玄览：《玄珠录》卷下，《道藏》第 23 册，第 629 页。

② 参见司马承祯：《坐忘论》第六《泰定》，《道藏》第 22 册，第 628 页。

③ （唐）王玄览：《玄珠录》卷下，《道藏》第 23 册，第 628 页。

在中国哲学史和思想史上，隋唐时期以佛学号称。佛教各宗的思想，特别是佛教哲学给予道教较大影响，而道教学者也主动吸取消化佛教思想以充实自己，从而提高了道教的理论思辨性。这一点从上述成玄英、李荣、王玄览的道教思想已然可见；在茅山宗代表思想家司马承祯、吴筠身上也同样反映出此种特征。

三、司马承祯的《坐忘论》与《服气精义论》

司马承祯，字子微，法号道隐，河内温人（今河南温县），茅山宗封为十二代宗师。唐人崔尚的《唐天台山新桐柏观颂并序》称其为“晋宣帝弟太常馗之后裔”。祖晟，侍隋为亲侍大都督；父仁最，唐朝散大夫、襄滑二州长史，“名贤之家，奕代清德”。[①] 少好学，薄于为吏，年二十一，遂为道士，师事潘师正，居嵩山，传其符箓及辟谷导引服饵之术，师正特赏异之，谓之曰：“我自陶隐居传正一之法，至汝四叶矣”[②]。此后，承祯浪游名山，止于天台山不出，构层轩于坛上，目为“众妙台”，自号白云子。武则天闻其名，召至都，降手诏以赞美之。及将还，敕李峤饯于洛桥之东。与陈子昂、卢藏用、宋之问、王适、毕构、李白、孟浩然、王维、贺知章为仙宗十友。[③] “睿宗雅尚道教，稍加尊异，承祯方赴召。睿宗尝问阴阳术数之事，承祯对曰：‘《经》云：损之又损之，以至于无为。且心目一览，知每损之尚未能已，岂复攻乎异端而增智虑哉！’睿宗曰：‘理身无为，则清高矣；理国无为，如之何？’对曰：‘国犹身也，《老子》曰：游心于澹，合气于漠，顺物自然，而无私焉，而天下理。《易》曰：圣人者，与天地合其德。是知天不言而信，不为而成。无为之旨，理国之要也。’睿宗深加赏异。无何，苦辞归，乃赐宝琴，花帔以遣之。工部侍郎李适之赋诗以赠焉。当时文士，无不属和。散骑常侍徐彦伯撮其美者三十一首，为制序，名曰《白云记》，见传于代。”[④]时卢藏用早隐于终南山，

① （清）董诰等编：《全唐文》卷304，北京：中华书局1983年版，第4册，第3090页。

② 《旧唐书·司马承祯》，北京：中华书局1975年版，第16册，第5127页。

③ 参见张君房编：《云笈七籤》卷5《真系》，《道藏》第22册，第25—26页；《续仙传》卷下，《道藏》第5册，第91—92页。

④ （唐）刘肃：《大唐新语》卷10，北京：中华书局1984年版，第158页。

后登朝居要官，见承祯将还天台，藏用指终南山对他说："此中大有佳处，何必天台？"承祯答复说："以仆观之，乃仕宦之捷径尔！"藏用有惭色。[①]"开元九年(721年)，玄宗又遣使迎入京，亲受法箓，前后赏赐甚厚。十年(722年)，驾还西都，承祯又请还天台山，玄宗赋诗以遣之。十五年(727年)，又召至都。玄宗令承祯于王屋山自选形胜，置坛室以居焉。承祯因上言：'今五岳神祠，皆是山林之神，非正真之神也。五岳皆有洞府，各有上清真人降任其职，山川风雨，阴阳气序，是所理焉。冠冕章服，佐从神仙，皆有名数。请别立斋祠之所。'玄宗从其言，因敕五岳各置真君祠一所，其形象制度，皆令承祯推按道经，创意为之。承祯颇善篆隶书，玄宗令以三体写《老子经》，因刊正文句，定著五千三百八十言为真本以奏上之。以承祯王屋所居为阳台观，上自题额，遣使送之。赐绢三百匹，以充药饵之用。俄又令玉真公主及光禄卿韦绦至其所居修金箓斋，复加以赐赉。"[②]"至二十三年(735年)告化，时八十九。制赠银青光禄大夫，谥曰贞一先生，又御制碑文。"[③]

司马承祯的主要著作有《坐忘论》1卷，《天隐子》8篇，《修真秘旨》12篇，《修身养气诀》1卷，《服气精义论》1卷，《修真秘旨事目历》1卷，《上清天地宫府图经》2卷，《上清含象剑鉴图》1卷，《修真精义杂论》1卷，《灵宝五岳名山朝仪经》1卷，《登真系》，《采服松叶等法》1卷，《茅山贞白先生碑阴记》，《素琴传》1卷，《上清侍帝晨桐柏真人真图赞》1卷，《太上升玄经注》，《太上升玄消灾护命妙经颂》1卷。[④] 最能反映其道教思想的代表作为《坐忘论》、《服气精义论》和《天隐子》。

《坐忘论》目前有"七阶"与"形神"两种不同内容的版本，现今《道藏》本所收的《坐忘论》，全书分为"敬信一"、"断缘二"、"收心三"、"简事四"、"真观五"、"泰定六"、"得道七"七部分，也就是修道的七个步骤、七个层

① (元)赵道一：《历世真仙体道通鉴》卷25，《道藏》第5册，第246页。

② 《旧唐书·司马承祯》，北京：中华书局1975年版，第16册，第5128页。

③ (清)董诰等编：《全唐文》卷712，李渤：《王屋山贞一司马先生传》，北京：中华书局1983年版，第8册，第7318页。

④ 参见(清)董诰等编：《全唐文》卷924，《崇文总目》卷9，《直斋书录解题》卷12，《续仙传》卷下，《茅山志》卷22，《通志·艺文略》，《全唐诗》卷875，《道藏》第5册、22册等所载。

次,故又称“七阶”《坐忘论》[①],集中讲了坐忘收心、主静去欲的问题。

第一,“敬信”。他认为:“信者,道之根;敬者,德之蒂。根深则道可长,蒂固则德可茂。”[②]修道者首先必须虔诚地信仰,对所修之事不疑惑,如果“信道之心不足,乃有不信之祸及之,何道之可望乎?”[③]只有坚信不惑,才能得道,“如人闻坐忘之言,信是修道之要,敬仰尊重,决定无疑者,加之勤行,得道必矣!”[④]这是说诚则信,信则灵,故修道的首要功夫是“敬信”。

第二,“断缘”。所谓断缘,即要斩断尘缘,不为俗累,进入老子所说“塞其兑,闭其门,终身不勤”的境界。他说:“断缘者,断有为俗事之缘也。弃事,则形不劳,无为,则心自安。恬简日就,尘累日薄,迹弥远俗,心弥近道,至圣至神,孰不由此乎?”[⑤]

第三,“收心”。他认为,心为“一身之主,百神之帅。静则生慧,动则成昏”。因此“学道之初,要须安坐,收心离境,住无所有。因住无所有,不著一物,自入虚无,心乃合道”。[⑥] 所谓“安坐”,大约与佛教禅学的坐禅接近,安坐的主要目的是“收心离境,住无所有”。在宗教家眼里,境由心生,境由心造,只有收心,使心一无所染,一无所有,才能脱离尘俗之境,入于虚无幻境,这样心与道便合而为一了。修道便是要不断地除净那颗被凡尘所染之心,向“静”、向“虚无”的心体回归。所以说:“至道之中,寂无所有,神用无方,心体亦然。原其心体,以道为本,但为心神被染,蒙蔽渐深,流浪日久,遂与道隔。若净除心垢,开识神本,名曰修道;无复流浪,与道冥合,安在道中,名曰归根;守根不了离,名曰静定。静定日久,病消命复;复而又续,自得知常。知则无所不明,常则无所变灭,出离生死,实由于此。是故法道安心,贵

---

① 目前在王屋山还保留有另外一种专讲“形神修炼”的《坐忘论》,刻于河南济源《有唐贞一先生庙碣》碑阴,与七阶《坐忘论》内容迥异,简称“形神《坐忘论》”。目前学术界对“形神《坐忘论》”的作者是否就是司马承祯,还有较大争议。参见朱越利“《坐忘论》作者考”,《炎黄文化研究》第7辑,大象出版社2008年版。

② (唐)司马承祯:《坐忘论》,《道藏》第22册,第892页。

③ (唐)司马承祯:《坐忘论》,《道藏》第22册,第892页。

④ (唐)司马承祯:《坐忘论》,《道藏》第22册,第892页。

⑤ (唐)司马承祯:《坐忘论》,《道藏》第22册,第892页。

⑥ (唐)司马承祯:《坐忘论》,《道藏》第22册,第893页。

无所著。”[①]解脱生死，获得神仙长生之道就在于“法道安心”。安心的具体功夫是使心“不动”、“不著物”。他先引《道德经》“夫物芸芸，各归其根。归根曰静，静曰复命。复命曰常，知常曰明”作为其理论依据，然后指出：“若执心住空，还是有所，非谓无所。凡住有所，则令心劳，既不合理，又反成病。但心不著物，又得不动，此是真定正基。用此为定，心气调和，久益轻爽；以此为验，则邪正可知矣！”[②]如果把“心”落于佛教所谓“空”上，那么还是有所执着，仍有心劳成病之嫌，达不到收心坐忘的目的。只有做到不动心、心不执着任何一物、“住无所有”，才能通于大道。

在坐忘修心的过程中应避免四种偏差：一是“心起皆灭，不简是非，则永断觉知，入于盲定”；二是“任心所起，一无收制，则与凡夫元来不别”；三是“唯断善恶，心无指归，肆意浮游，待自定者，徒自误耳”；四是“遍行诸事，言心无所染者，于言甚善，于行极非”[③]。心起皆灭、永断觉知的“盲定”和任心所起、一无收制的“凡夫”之心，是各走一个极端，都不能做到定心。而让心“自定”只会“自误”；无所不行却又诡称“心无所染”者，不过是说得好听罢了，实际上根本行不通。怎样克服这些偏差呢？他认为：“今则息乱而不灭照，守静而不著空，行之有常，自得真见。如有时事或法要有疑者，且任思量，令事得济，所疑复悟，此亦生慧正根。悟已则止，必莫有思，思则以智害恬，为子伤本，虽骋一时之俊，终亏万代之业。若烦邪乱想，随觉则除，若闻毁誉之名、善恶等事，皆即拨去，莫将心受。受之则心满，心满则道无所居。所有闻见如不闻见，即是非善恶不入于心。心不受外名曰虚心，心不逐外名曰安心。心安而虚，道自来居。”[④]心既不受外物所染，又不追逐外物，静如止水，自然充满了“道”。

他特别从“动”、“静”这对范畴去讲收心，最终落实于“静”。他说：“心法如眼也，纤毫入眼，眼则不安。小事关心，心必动乱。既有动病，难入定

① （唐）司马承祯：《坐忘论》，《道藏》第22册，第893页。
② （唐）司马承祯：《坐忘论》，《道藏》第22册，第893页。
③ （唐）司马承祯：《坐忘论》，《道藏》第22册，第893页。
④ （唐）司马承祯：《坐忘论》，《道藏》第22册，第893页。

门。是故修道之要，急在除病，病若不除，终难得定。”①修道之要就是克服“动病”，否则难于入定。人心总易“依境，未惯独立。乍无所托，难以自安。纵得暂安，还复散乱”。对此只有“随起随制，务令不动”，这样“久久调熟，自得安闲。无问昼夜行住坐卧及应事之时，常须作意安之。若心得定，即须安养；莫有恼触，少得定分，即堪自乐。渐渐驯狎，惟益清远”。② 由动心到静心是个渐进的过程，非一日之功，需要随时作意安之，久而久之自然转动为静。有人说：“夫为大道者，在物而心不染，处动而神不乱，无事而不为，无时而不寂。今独避事而取安，离动而求定，劳于控制，乃有动静二心滞于住守，是成取舍两病，都未觉其外执，而谓道之阶要，何其谬邪？”司马承祯答复说：“总物而称大，通物之谓道，在物而不染，处事而不乱，真为大矣，实为妙矣……神凝至至，积习而成。”③进一步阐明由动而静得道的过程需要长期的积累，换言之，需经刻苦修炼，“积习而成”，非一蹴而就。这里，他朦胧地觉察到事物是由量变到质变。总之，在动静与收心的关系上，他的结论是：“静则生慧，动则成昏”④；“心为道之器宇，虚静至极，则道居而慧生”。⑤

从“心”的角度去讲修道成仙，在当时道教界较为流行。如《无上秘要》卷42引《洞真太上隐书经》云：“夫仙者心学，心诚则成仙。”⑥《大道论·心行章》说：“修道即修心也”，“修心即修道也。心不可息，念道以息之；心不可见，因道以明之。善恶二趣，一切世法，因心而灭，因心而生。习道之士，灭心则契道”。⑦《三论元旨·虚妄章》说：“虚妄之法，安然而坐，都遣外景，内静观心，澄彼纷葩，归乎寂泊。若心想刚躁浮游，摄而不住者，即须放心远观四极之境……如于一中觉有差起动念之心，即须澄灭，随动随灭，至于无动无灭境。”⑧这些思想正与司马承祯理论相一致，司马承祯对此作了

① （唐）司马承祯：《坐忘论》，《道藏》第22册，第893页。
② （唐）司马承祯：《坐忘论》，《道藏》第22册，第893页。
③ （唐）司马承祯：《坐忘论》，《道藏》第22册，第894页。
④ （唐）司马承祯：《坐忘论》，《道藏》第22册，第892—893页。
⑤ （唐）司马承祯：《坐忘论》，《道藏》第22册，第896页。
⑥ （北周）宇文邕：《无上秘要》卷42，《道藏》第25册，第140页。
⑦ 《大道论》，《道藏》第22册，第903页。
⑧ 《三论原旨》，《道藏》第22册，第908页。

更高层次的理论总结。

他的“心”说吸取了佛教的理论成果。如《业报因缘经》卷四《持斋品》把极道分为“忘心”和“灭心”两门，其所讲心斋坐忘或忘心灭心即以心的静定来达到“悟”之目的，并同佛教的坐禅、观法等结合起来，成为司马承祯借鉴的理论原料之一。他所谓“定”、“慧”等概念也取自佛教。

总地看来，他的“收心”关键在于“主静”，这是他不厌其烦加以阐说的，也是他对佛道二教这一思想的理论总结。“主静”之说对后来宋代理学家影响极大，周敦颐的《太极图说》“无欲故静”的“主静”说，朱熹“惩忿窒欲”的“居敬”说，程颢教人“定性”的主张等，都在不同程度上受其影响。

第四，“简事”。要求修道之人处事安闲，应物而不为物累。人生必“尝于事物”，而“事物称万，不独委于一人”，因此当“外求诸物，内明诸已。知生之有分，不务分之所无，识事之有当，不任事之非当。任非当则分于智力，务过分则弊于形神。身且不安，何能及道？是以修道之人，莫若断简事物，知其闲要，较量轻重，识其去取。非要非重，皆应绝之”①。他举例说，酒肉、罗绮、名位、财产，这些都是“情欲之余好，非益生之良药”，众生执着，“自致亡败”，不亦迷乎！他引《庄子》“达生之情者，不务生之所无以为”，进一步阐发说：“生之所无以为者，分外物也。蔬食弊衣，足养性命，岂待酒肉、罗绮然后生全哉！是故于生无所要用者，并须去之，于生之用有条者，亦须舍之。财有害气，积则伤人，虽少犹累，而况多乎……夫以名位比道德，则名位假而贱，道德真而贵。能知贵贱，应须去取，不以名害身，不以位易志。”②可见，“简事”是对坐忘收心的进一步保证。

第五，“真观”。所谓真观，就是“智士之先鉴，能人之善察，究傥来之祸福，详动静之吉凶。得见机前，因之造适；深祈卫足，窃务全生。自始至末，行无遗累”③。怎样才能作到真观呢？他认为，一餐一寝，都可为损益之源，一言一行，堪成祸福之本，与其作巧持其末，不如拙戒守其本。“观本知末，又非躁竞之情，是故收心简事，日损有为，体静心闲，方可观妙。”这就是说，

① （唐）司马承祯：《坐忘论》，《道藏》第22册，第894页。
② （唐）司马承祯：《坐忘论》，《道藏》第22册，第894页。
③ （唐）司马承祯：《坐忘论》，《道藏》第22册，第894页。

上面所讲收心简事是真观的前提,只有通过收心简事功夫,才能作到真观。他说,修道之身必资衣食,人事衣食就像是修虚的“船舫”,欲渡海须借助于船舫,渡海后理当不留,因何未渡先废舍船舫呢?衣食虚幻,实不足营,为出离虚幻,所以才求衣食。因此虽有营求之事,但莫生得失之心,不论有事无事,心常安泰,与物同求而不同贪,与物同得而不同积。不贪所以无忧,不积所以无失,迹每同人,心常异俗。[①] 这是对简事的进一步申说,因为“前虽断简”,但病有难除者,故当“依法观之”。

他又谈到“色”与“想”即客体与主体的关系,认为“色都由想尔,想若不生,终无色事。当知色想外空,色心内妄,妄想心空,谁为色主。经云‘色者想尔,想悉是空,何有色也’”[②]。主体决定客体,外境由心生,心空自然色空,这是典型的主观唯心主义学说。关于“业”与“命”,他认为“业由我造,命由天赋。业之与命,犹影响之逐形声,既不可逃,又不可怨,唯有智者善而达之,乐天知命,故不忧”。[③] “业”是佛教概念,“命”为传统的儒家思想,他将二者结合,推出新的说法。于此也可见其思想中道儒释三教的因子皆有。

第六,“泰定”。其内蕴是:“无心于定,而无所不定。”“定”在修道的阶梯中处于“出俗之极地,致道之初基,习静之成功,持安之毕事”[④],这是即将进入“得道”的境界。他解释庄子所谓“宇泰定者,发乎天光”说:“宇则心也,天光则发慧也”,慧出于人的本性,所以称之为天光,但因为“贪爱浊乱,遂至昏迷”。如果能够复归纯静,作到泰定,那么“本真神识,稍稍自明”,进而生慧。慧既生,便应“宝而怀之,勿以多知而伤于定”。他认为,生慧并不难,难在“慧而不用”。自古忘形者众,忘名者寡,慧而不用即是要“忘名”,天下希及之,所以说难。若能做到“定而不动,慧而不用”,那就算“深证真常”之道。所谓“慧而不用”亦即老子说的“大智若愚”;要人们对智慧采取“无为”的态度,这样才能“无不为”。他进一步阐释说:慧能知道,但非得道。人知得慧之利,未知得道之益。因慧以明至理,纵辩以感物情,兴心徇

① (唐)司马承祯:《坐忘论》,《道藏》第22册,第894页。
② (唐)司马承祯:《坐忘论》,《道藏》第22册,第895页。
③ (唐)司马承祯:《坐忘论》,《道藏》第22册,第895页。
④ (唐)司马承祯:《坐忘论》,《道藏》第22册,第896页。

事，触类而长，自称处动而常寂等等都非泰定。《庄子》云：古之治道者，以恬养智，智生而无以智为也，谓之以智养恬。智与恬交相养而和理出其性。恬智即是定慧，和理即是道德，有智不用而安其恬静，积而久之，自成道德。[①] 恬静与智慧是一种互相培养而成的辩证关系，恬养智，智反过来又养恬，久之而产生"和理"。庄子所谓"恬智"，他解释为"定慧"，"和理"解释为"道德"，有了定慧的功夫，久之自然得道。

司马承祯这套定慧的方法论颇受佛教天台宗智顗大师"止观"学说的影响。智顗说："泥洹之法，入乃多途，论其急要，不出止观二法。所以然者，止乃伏结之初门，观是断惑之正要。止则爱养心识之善资，观则策发神解之妙术。止是禅定之胜因，观是智慧之由籍。若人成就定慧二法，斯乃自利利人，法皆具足。"[②]"三止三观，在一念心。"[③]"若行者如是修习止观时，能了知一切诸法，皆由心生。"[④]这些思想对司马氏有一定的启发。

第七，"得道"。"道"是什么？"道者，神异之物，灵而有性，虚而无象，随迎不测，影响莫求。不知所以然而然，通生无匮，谓之道。"[⑤]得道者形神统一，修成长生不老的"真身"。所谓："道有深力，徐易形神。形随道通，与神合一，谓之神人。神性虚融，体无变灭，形与道同，故无生死。隐则形同于神，显则神同于气，所以蹈水火而无害，对日月而无影，存亡在己，出入无间。"[⑥]他引《生神经》证其说："身神并一，则为真身"，又引《西升经》云："形神合同，故能长久。"可见他追求的是形神永恒统一，这是坐忘的目的。为了形神的永恒统一，应避免劳心。他说："虚无之道，力有浅深。深则兼被于形，浅则唯及于心。被形者神人也，及心者但得慧觉而身不免谢。何耶？慧是心用，用多则心劳。初得少慧，悦而多辩，神气漏泄，无灵润身光，遂致早终，道故难备。经云尸解，此之谓也。是故大人含光藏辉，以期全备，凝神

① （唐）司马承祯：《坐忘论》，《道藏》第 22 册，第 896 页。

② （隋）释智觊：《修习止观坐禅法要》，《大正藏》第 46 册，第 462 页。

③ （隋）释智觊：《摩诃止观》卷 9 下，《大正藏》第 46 册，第 131 页。

④ （隋）释智觊：《修习止观坐禅法要》，《大正藏》第 46 册，第 472 页。

⑤ （唐）司马承祯：《坐忘论》，《道藏》第 22 册，第 896 页。

⑥ （唐）司马承祯：《坐忘论》，《道藏》第 22 册，第 896 页。

保气，学道无心，神与道合，谓之得道。”①得道的标志就是形神道合一，“人怀道，形骸以之永固”；就是“炼形入微，与道冥一，散一身为万法，混万法为一身。智照无边，形超靡极”；就是《西升经》所说“与天同心而无知，与道同身而无体”，“神不出身，与道同久”。②

在上述修道的七个阶次之后，司马承祯又附以“枢翼”，提纲挈领地综述其坐忘思想的主旨。他指出，如心归至道，深生信慕，须先受三戒，依戒修行，自始至终，可得真道。这三戒是简缘、无欲和静心。能勤行此三戒而无懈退者，则无心求道而道自来。他又告诫人们修道的具体方法：“夫欲修道成真，先去邪僻之行，外事都绝，无以干心，然后端坐，内观正觉。觉一念起即须除灭，随起随制，务令安静。其次，虽非的有贪著，浮游乱想，亦尽灭除。昼夜勤行，须臾不替。唯灭动心不灭照心，但冥虚心不冥有心，不依一物而心常住。”③“有事无事，常若无心；处静处喧，其志唯一。若束心太急，急则成病，气发狂痴，是其候也。心若不动，又须放任，宽急得中，常自调适。制而无著，放而不逸，处喧无恶，涉事无恼者，此真定也。不以涉事无恼故求多事，不以处喧无动故来就喧。以无事为真定，以有事为应迹，若水镜之为鉴，则遇物而见形。”④具体怎样处理定慧呢？他教人说：“善巧方便，唯能入定发慧，迟速则不由人。勿于定中急急求慧，求慧则伤定，伤定则无慧。定不求慧而慧自生，此真慧也。慧而不用，实智若愚，益资定慧，双美无极。若定中念想则有多感，众邪百魅，随心应现，真人老君，神异诡怪，是其祥也。唯定心之上，豁然无复，定心之下，旷然无基，旧业永消，新业不造，无所缠碍，回脱尘网，行而久之，自然得道。”⑤他认为得道之人心有“五时”，身有“七候”。所谓五时指：(1)动多静少；(2)动静相半；(3)静多动少；(4)无事则静，事触还动；(5)心与道合，触而不动。心到达这一境界，“始得安乐，罪垢灭尽，无复烦恼”。所谓七候指：(1)举动顺时，容色和悦；(2)夙疾普消，身

① (唐)司马承祯:《坐忘论》,《道藏》第22册,第896—897页。
② (唐)司马承祯:《坐忘论》,《道藏》第22册,第897页。
③ (唐)司马承祯:《坐忘论》,《道藏》第22册,第897页。
④ (唐)司马承祯:《坐忘论》,《道藏》第22册,第897页。
⑤ (唐)司马承祯:《坐忘论》,《道藏》第22册,第897页。

心轻爽;(3)填补夭伤,还元复命;(4)延数千岁,名曰仙人;(5)炼形为气,名曰真人;(6)炼气成神,名曰神人;(7)炼神合道,名曰至人。[①] 凡无此五时七候者,都算不上得道。

以上为《坐忘论》的大体内容。总而观之,作者是要修道之人无物无我,一念不生,内不觉其一身,外不知其宇宙,与道冥一,万虑皆遗,获得长生久视之道。坐忘一说,初见于《庄子·大宗师》。这是一种精神修炼,是要超越自我,使物我两忘,进入与道契合的境界。到魏晋时代,玄学家解庄进一步发展了此说。如郭象说:"夫坐忘者,奚所不忘哉!既忘其迹,又忘其所以迹者,内不觉其一身,外不识有天地,然后旷然与变化为体,而无不通也。"[②]以后这些思想为道教所发挥。如《道教义枢》卷二引《洞神经》解释"极道"云:"心斋坐忘,至极道矣";引《本际经》云:"心斋坐忘,游空飞步。"[③]南宋吴曾的《能改斋漫录》卷五"灭洞心不灭照心"条引《洞玄灵宝定观经》云:"天尊告左玄真人云:'惟灭动心,不灭照心。但凝空心,不凝住心。不依一法,而心常住。'又云:'惟能入定,慧发迟速,则不由人。勿令定中,急急求慧。急则伤性,性伤则无慧。若定不求慧,而慧自生,此名真慧。慧而不用,实智若愚。益资定慧,双美无极。'又云:'唯令定心之上,豁然无复;定心之下,旷然无基。旧业日消,新业不造。无所罣碍,回脱尘笼。行而久之,自然得道。'"吴曾并谓:司马承祯《坐忘论》取此。[④] 的确,这些都成为司马承祯《坐忘论》的理论来源。由此亦可见灵宝派对上清派的影响。在当时修炼外丹的风气中,司马承祯力倡"坐忘",以老庄思想为依据,吸取佛教止观、禅定的方法,给后世道教以极大影响,特别是在道教由外丹转向内丹、由外向内寻求成仙之道的过程中起了重要的理论作用,成为宋元道教内丹学的理论先驱,并给宋明理学以一定影响。[⑤] 此外,司马承祯的另外一篇名著《服气精义论》在道教修炼史上也产生了深远影响,下面讨论之。

---

① (唐)司马承祯:《坐忘论》,《道藏》第22册,第897页。

② 郭庆藩:《庄子集释》卷3上《大宗师第六》,北京:中华书局2012年版,第290页。

③ (唐)孟安排:《道教义枢》卷2,《道藏》第24册,第818页。

④ (宋)吴曾:《能改斋漫录》上册,上海:上海古籍出版社1979年版,第132页。

⑤ 关于司马承祯的《天隐子》一书,限于篇幅,这里就不加以介绍了,参见卿希泰:《中国道教思想史纲》第2卷,成都:四川人民出版社1985年版,第597—605页。

《服气精义论》在现存《道藏》中有三个不同版本。其一为收入北宋张君房编辑的《云笈七籤》卷 57《诸家气法》中，题为天台白云撰，卷前有序，全书分为九篇，依次为《五牙论第一》、《服气论第二》、《导引论第三》、《符水论第四》、《服药论第五》、《慎忌论第六》、《五脏论第七》、《服气疗病论第九》；其二为现行《道藏》第 18 册所收《服气精义论》篇目严重脱漏，只收录“五牙论”、“服气论”前 2 篇；其为现行《道藏》第 4 册所收《修真杂义论》也不全，乃后面 7 篇，即“导引论”、“符水论”、“服药论”、“慎忌论”、“五脏论”、“服气疗病论”、“病候论”。《云笈七籤》本篇目完整，后二书相合亦成整篇，但是二者不仅文字存在差异（对照可知各有错讹之处），且各有所缺，其中《云笈七籤》本各篇较后二书所缺较多。故须三书合参，方可大致窥其原本之全貌。

众所周知，司马承祯作为茅山宗第十二代宗师，又传南岳天台一派，也曾经在号称天下第一小洞天的王屋山传道修行。南岳天台派以上清大洞秘法、《黄庭经》为主要传授经典，故南岳天台派其道脉源自上清派。而上清派素有重视医药养生的传统，能自觉地将医理与道教修炼方术结合起来。上清派的出现及其兴盛在道教与医学关系发展史上有着特殊的意义，它开启了后世道教借医理弘扬道法之先河。上清派这一借医弘道的传统为司马承祯所发扬光大，其著作《服气精义论》就是典型的代表之作。我们通过对《道藏》中《服气精义论》三个不同版本的考析与认真研读，认为从两个方面可以看出，司马承祯其实亦是唐代当之无愧的道教医家。

其一，司马承祯具有极其深厚的中国传统医学修养，《服气精义论》九篇表明，他不但熟悉经典医学理论，也精于组方用药；其二，《服气精义论》表现出了他的医学创新思想，他对道教医学的相关思想的形成与发展作出了十分重要的贡献，这些成就是与他对秦汉以来生命观与疾病预防治疗观的继承是分不开的。如司马承祯的医学思想上承东汉晋代以来道教医家关于存思服气术的相关认识，运用《内经》相关藏象经络理论发展了道教服气、导引理论，特别还对道教医学分支内丹医学的八脉思想的形成与发展具有重要的开创意义。

司马承祯在《服气精义论》“序”中引用古真人云：“夫可久于其道者，养生也;常可与久游者,纳气也。"[①]阐发了"服气养生观"。首先,他认为"养生"即修道,养生具有与"道"共长久的特性;据我们在王屋山的田野考察得知,前面说过在王屋山还保留有另外一种不同与前面所述的"七阶《坐忘论》"的专门阐述"形神修炼"的"形神"《坐忘论》,此"形神《坐忘论》"的作者是否就是司马承祯,学术界尚存较大争议。我们认为,如果从司马承祯"服气养生观"来分析,形神《坐忘论》的作者极有可能就是司马承祯。其次,又认为"纳气"应作为养生之道的核心,指出:"气全则生存,然后能养志,养志则合真。"并概括了"纳气"之术的医学生理机制在于:"养精源于五脏,导荣卫于百关",这样才能达到"既祛疾以安形,复延和而享寿"的目的。他认为以往的服气之经"颇览多本,或散在诸部,或未畅其宗。观之者,以不广致疑,习之者,以不究无效"。因此,从考析服气的源流、为后学者释疑解惑、让修道者获取养生功效的目的出发,司马承祯对相关著述作了"纂类篇目,详精源流";其实际意义即运用医学思想阐释服气经籍之要旨,使其义理浅显易懂。概括起来,司马承祯的道教医学思想主要有以下几个方面:

第一,存思"五牙"之气贯通藏腑、经脉的之要旨。

自东汉道教创教以来,存思术就是道门内修的一个重要法门。东晋以来以《大洞真经》、《灵宝经》、《度人经》、《黄庭经》为代表的上清派经典著述对存思术作出了很大发展,其最重要的特征就是建立了关于身体神的体系[②]。身体神之神谱的出现对存思对象提供了很大的方便。但如果我们从医学机制上来探讨身体神的本质,可以得出结论:即所谓身体神,就是身体内相应部位或器官之中精气神的功能体现。从传统医学五行五脏思想出发,重视五脏精气神成为唐代以来内炼家的关注的重点,特别是司马承祯为代表的一批内炼家重视从医学机制探讨存思术的生理依据;他们还进一步五脏神抽象化为所谓五牙之气,并作为存思之要。如司马承祯在"服气论第二"中就认为元气通过肺藏"自然流通诸脏"、"通于十二经脉,周而复始",并进一步提出了"呼出心与肺,吸入肾与肝"[③]的新观点。这一观点其

① (唐)司马承祯:《服气精义论》,《云笈七籤》卷57,《道藏》第22册,第392页。
② 参见盖建民:《道教医学》,北京:宗教文化出版社2001年版,第62—77页。
③ (唐)司马承祯:《服气精义论》,《云笈七籤》卷57,《道藏》第22册,第395页。

实是唐代以来内丹炼养家对《内经·素问》“肝生于左,肺藏于右”的一种创新性认知,成为内丹炼养术关于藏腑气机运行理论的核心;而且还被中医医家所汲取。①

如果我们考述早期道教医学经典上清派的《黄庭经》,乃至司马承祯以前时代的相关各家道家、道教内炼养生著述,可知道虽然各家著述对脏象生理及存思之功作出了极其具体的描述和理论探讨,但并没有具体深入到相关的经脉层面。这一历史性任务就落到了司马承祯身上,他综述《内经》五行五藏及其与经脉关系的相关认识,提出了存思五牙真气沟通藏象、经脉气机,通达周身经脉的观点。又“五牙论第一”云:“夫形之所全者,本于脏腑(原文作:肺)也;神之所安者,质于精气也。虽禀形于五神,已具其象,而体衰气耗,乃致凋败。故须纳云牙而溉液,吸霞景以孕灵,荣卫保其纯和,容貌驻,其朽谢。”②上文指出,藏腑之气是否完全,是形体盛衰的关键。因此,内炼之要在于存思“五牙”真气以涵养藏腑,进而达到荣卫周身气血、保全“纯和”以益寿延年的目的。司马承祯还认为五藏各有所处,其相应之经脉各有所出,即:“肺为五脏之华盖第一,肺居心上,对胸,有六叶,色如缟映红,肺脉出于少高(左手大指之端内侧,去爪甲二分许,臽者之中);心居肺下肝上,对鸠尾下一寸,色如缟映绛,心脉出于中冲(左手中指之端,去爪甲之二分许,臽者之中);肝在心下,小近后,右四叶,左三叶,色如缟映绀,肝脉出于大敦(左足大指端,乃三毛之中);脾正掩脐上,近前,横覆于胃,色如缟映黄,脾脉出于隐白(左足大指端侧,去爪甲角如韭叶);左肾、右肾,前对脐,搏著腰脊,色如缟映紫,左为正肾,以配五脏,右为命门,男以藏精,女以系胞,肾脉出为涌泉(左足心,臽者之中)。”③因此,“凡服五牙之气者,皆宜思入其脏,使其液宣通,各依所主,既可以周流形体,亦可以攻疗疾病。”④举例而言,“令服青牙者,思气入肝中,见青气氲氲,青液融融分明,良久,乃见足

① 参见何振中:《“肝生于左,肺藏于右”之道家内炼阐解》,《南京中医药大学学报》(社科版)2011年第1期。

② (唐)司马承祯:《服气精义论》,《云笈七籤》卷57,《道藏》第22册,第393页。

③ (唐)司马承祯:《服气精义论》,《云笈七籤》卷57,《道藏》第22册,第393页。

④ (唐)司马承祯:《服气精义论》,《云笈七籤》卷57,《道藏》第22册,第393页。

大敦之气,循服而至,会于脉中,流散诸脉,上通于自然。”①

这种通过存思之术通达藏腑经脉气机的思想是对存思术理论的重大发展,其更为突出的成就还表现在本文所阐述关于任督二脉的新认知之上。这其实反映了唐代以来部分道门中人对运用传统医学理论构建内炼成仙模式的一种创新性尝试。

第二,初创逆修任督二脉作为道教内炼之大纲。

从唐至五代时期,内丹炼养家开始从理论上总结以任督二脉为中心的奇经八脉在养生学中的运用。较早对奇经八脉发生兴趣的是唐代梁丘子(即白履忠,? —729 年②),他在注释《上清黄庭内景经》时注意到“八脉”,“隐藏章第三十五”解“隐龙遁芝云琅英”句,云:“《仙经》云:肝胆为青龙,故曰隐龙。五脏九孔、八脉为内芝,故曰遁芝。云琅英,脾气之津液。”③同时代稍晚的司马承祯在其著述中最早确立了任督二脉为内炼之要,《道枢》“归根篇”转述司马承祯《天隐子》存想之法,云:“凡子之后午之前,食消而心空,可以漱可以咽,无计其数,意尽则止焉。于是五日为一候,焚香静室,存想其身,从首至于足,自足至于丹田,泝上于脊脉,入于泥丸,所想黄气纷然如云,直贯于泥丸。想毕,则复漱咽焉。而以左右手掩其耳,搭其脑,如鼓之声者三七焉;伸其左右足,端坐俯首,极力直颈,左右手握固,叉于二肋之下,接于腰枚之骨旁;乃左右耸其肩,闭息顷刻,俟其气盈,面赤则止。行之者七,则气从于脊脉上彻于泥丸矣。此修养之大纲也”④。上文之中虽然司马承祯所论述的是存想之法,不属狭义定义之内丹功法,但他所指称的内气运行路线却有着重要的意义。所谓自“丹田溯上脊脉,入于泥丸”,就是督脉通道。这种论述其实是把房中术中“还精补脑”的方法引申至存思术之中。东汉时期张道陵就在《老子想尔注》中论及“还精补脑”之术,云:“道教人结精成神,今世间伪伎诈称道,讬黄帝、玄女、龚子、容成之文相教,从女不

① (唐)司马承祯:《服气精义论》,《云笈七籤》卷 57,《道藏》第 22 册,第 393 页。

② 参见胡孚琛主编:《中华道教大辞典》,“白履忠”条,北京:中国社会科学出版社 1995 年版,第 96 页。

③ (唐)梁丘子注:《上清黄庭内景经》,《云笈七籤》卷 12,《道藏》第 22 册,第 87 页。

④ (宋)曾慥:《道枢》,上海:上海古籍出版社 1990 年版,第 126 页。

施，思还精补脑，心神不一，失其所守，为揣悦不可长宝。”①后世相关文献具体介绍了这种房中养生术，《医心方》卷28“还精第十八”引《仙经》云：“还精补脑之道，交接精大动欲出者，急以左手中央两指却抑阴囊后大孔前，壮事抑之，长吐气，并啄齿数十过，勿闭气也。便施其精，精亦不得出，但从玉茎复还上，入脑中也。此法仙人吕相授，皆饮血为盟，不得妄传，身受其殃。”②经过两晋南北朝至唐代的发展，上述还精之术逐渐演化成为逆修督脉的内炼模式。

司马承祯还把它提高到“修养之大纲”的理论高度。这一内气运行的路线对于其后内丹丹法建立气通督脉的观点无疑具有启示的作用。王卜雄说：“这一论点孕育着内丹术系统的产生，并且奠定了内丹术系统的发展主线。”③《云笈七籤》“元气论”述服气法云：“存想（元气）入肾，入命门穴，循脊流，上溯入脑宫，又溉脐下至五星。五脏相逢，内外相应。”④其所述服气法其实也是唐时流行的一种以五脏气交为内丹的丹法，所经过的通道：由肾而命门穴，经脊柱，入脑宫（即泥丸宫），下至脐下（应指丹田）、五星（即五脏）。很明显是以督脉为主，任脉为副的任、督循环，但对元气经行任脉路线述之不详。此后，以崔希范、钟离权、吕洞宾、张伯端为代表的内丹家重视对奇经八脉的相关内涵的理论性总结，体现为进一步确立了内气在八脉（主要是任督二脉）通道中的运行流转的内炼基础，主要是对关窍及其功能的阐发。

第三，内炼与服药结合的祛病修身机制。

服气作为一种内炼方式，需要与服药配合才能具有效果，这是基于道教医学关于人的个体体质进境而提出来的。中医学认为，人的体质是一个随生命个体生长、发育和衰老而不断改变的过程，因而呈阶段性特点即幼年、青年、壮年、老年阶段，相对应每个阶段都有各自的特点。主要体现为人体

---

① 饶宗颐：《老子想尔注校证》，上海：上海古籍出版社1991年版，第11—12页。

② ［日］丹波康赖撰，高文柱校注：《医心方》，北京：华夏出版社2011年版，第588页。

③ 王卜雄、周世荣：《中国气功学术发展史》，长沙：湖南科学技术出版社1989年版，第413页。

④ 《诸家气法》，《云笈七籤》卷56，《道藏》第22册，第391页。

先天真气逐渐耗散衰亡的过程，这是一个自然的“顺行”过程。司马承祯所论的服气内炼的本质，就是逆转上述所谓体质“顺行”变化过程，即补亏全真；具体方法就是通过“服气”畅通全身经脉，宣通脏腑气机，祛除疾病；同时，须配合服药祛除体内之病根，结合服食食药辟谷，改善形体素质，诸法相配共用，而达到从根本上改善体质并获得长寿之效。故“服气论第二”论述了先服药祛病，进而辟谷、服气以养性延命之术，指出：“凡欲服气者，皆宜先疗身疹疾，使脏腑宣通，肢体安和，纵无旧疹，亦须服药去疾饮，量体冷热，服一两剂泻汤，以通泄肠胃，去其积滞。吐泻方在后。将息平复讫，乃清斋百日，敦洁操志，其间所食，渐去酸咸，减绝滋味，得服茯苓、蒸曝胡麻等药，预断谷为佳。服气之始，亦不得顿绝其药食，宜日日减药，宜渐渐加气，气液流通，体藏安稳，乃可绝诸药食，乃须兼膏饵消润之药助之。勿食坚涩、滓滞、冷滑之物。久久自觉肠胃虚，全无复饥渴。消息进退，以意自量，不可具于此述。”①

至于为何服药、需要服食哪些方药，司马承祯也作出了十分精辟的论析，“服药论”云：“今以草木之药，性味于藏府所宜为也，安藏丸、理气膏。其先无病疹，藏府平和者，可常服此丸、膏，并茯苓、巨胜等，单服之药。若藏有病者则以所宜者，增损之服。如先有痼疾，及别得余患者，当别医攻疗，则非此之所愈也。其上清方药，各依《本经》，禀受者自宜遵服。”②上文明确指出：无病者需以单味药或复方安养之；有病者则需另药处置。其实反映了“服气”需以外药（中药）助其功，而能入于延年益寿之域。司马承祯还从诸多方药中选取安藏丸与理气膏，用以调和藏腑气机与安养体内气液之首选方药，即：

> 安和脏腑丸方：茯苓、桂心、甘草（炙，已上各一两），人参、柏子仁、薯蓣麦门冬（去心，已上各二两），天门冬（四两）。右捣筛为散，白蜜和为丸，丸如梧桐子大。每服三十丸，日再服，以药饮下之，松叶、枸杞等诸药可为饮也。

① （唐）司马承祯：《服气精义论》，《云笈七籤》卷57，《道藏》第22册，第394页。

② （唐）司马承祯：《修真精义杂论》，《道藏》第4册，第956—957页。

> 治润气液膏方:天门冬煎(五升),黄精煎(五升),地黄煎(五升),术煎(五升,已上煎,各煎讫,相和著)、茯苓(二两)、桂心(二两)、薯蓣(五两)、泽泻(五两)、甘草(三两,炙)。右并捣,以密绢筛令极细,内诸煎中;又内熟巨胜、杏仁屑三升,白蜜二升,搅令稠,重汤煮,搅勿令住手,令如膏便调强为佳,冷凝捣数千杵,密器贮固之。少出充服,每早晨以一丸如李核大,含消咽之,日再三。此药宜八月、九月合,至三月已来服之。若三月、二月中更煮一度,令稠硬,则经夏不复坏。①

第四,阐发了道教医学关于病因病机的观点。

司马承祯对《内经·素问》"形与神俱,而尽终其天年"②的思想作了具体发挥,提出"神全"、"气泰"则形体无病的观点,"病候论第九"云:"夫生之为命也,资乎形神;气之所和也,本乎脏腑。形神贞颐,则生全而享寿;脏腑清休,则气泰而无病。"从上述观点出发,他提出了其关于病因病机的观点,云:"故躁扰多端,嗜欲增结,或积屙于受生之始,或致疾于役身之时。是故喜怒忧伤,自内而作疾也;寒暑饮食,自外而成病也。强壮之岁,唯知犯触;衰谢之年,又乖修养。阴阳互升,形气相违,诸疹既生,厥后多状。"认为内有七情、外有"寒暑饮食"扰伤神气,是为致病之根由。同时,施行服气、辟谷之术最初亦使形体不适,精气神暂时处于不全、不畅的状态,这样会引动旧疾发作,故司马承祯又指出:"况乎服气者,谷肴已断,形体渐羸,精气未全,神魂不畅,或旧疹因之以发动,新兆致之以虚邪,须知所由,宜详所疗。今粗具可辨之状,以代问医,则其气攻之术,希同勿药。"这种病理状态是道门炼养者的特殊病因机制,故不能运用通常的药物治疗。

我们还可以从司马承祯选用祛痰泻阴阴滓之方药来探讨其关于病因病机的观点,他认为"阴痰"、"阴滓"乃是之形体发生疾病之病根,也是内炼的障碍,但能够以方药祛除。具体而言,即以"吐阴痰饮方"引痰涎出,以"泻阴宿泽方"泻身内之阴滓。并认为"凡吐泻皆以月三日后,十五日已前,天

---

① (唐)司马承祯:《服气精义论》,《云笈七籤》卷57,《道藏》第22册,第398页。

② 南京中医学院医经教研组编:《黄帝内经素问译释》,上海:上海科学技术出版社1981年版,第1页。

气晴和为佳。其日风雨阴雾，及十五日已后，慎不得吐泻”①。这些内容其实包含了道教医学关于病因、病机以及特殊治疗手段的剖析。这种认识对后世内丹炼养家从所谓“阴滓”、“阴痰”方面认识人体病因具有重要的启示作用，如北宋张伯端就提出了“阴神”说，清代闵一得则进一步提出了“泥精”说②，其实质都是对司马承祯论说的进一步发展。

如果说司马承祯之说还明显留下了吸收中医学病因治疗学的痕迹，那么张伯端、闵一得的论述则完全表现出内丹医学关于病因病机的自身特殊性，进一步论证了道教医学作为传统医学一个不可分割组成部分论断是完全正确的。

上述司马承祯关于修炼者具有特殊的病因病机的论断，得到清初医家张璐的继承与发展，《张氏医通》“入魔走火”云：“尝闻师尼寡妇之治，与常人有别，岂衲子参堂打七之入魔，炼士坐功运气之走火，与常人无异耶？余虽不敏，业尝究心斯道，遍考方书，从无及此，每见呆修行人见性不真，往往入于魔境，或丧志如木偶，或笑啼癫狂，若神祟所凭，良由役心太甚，神必舍空，痰火乘凌所致。详推治例，与不得志人郁悒侘傺之候，不甚相远，但其间多挟五志之火，虽有虚证虚脉，一切温补助阳涩精药，概不可施。多有涤痰安神不应，服大剂独参汤而愈者；有安神补气不应，服六味地黄兼滋肾丸而愈者，有涤痰降火不应，后服天王补心丹经岁不缀而愈者。然此皆下根人，执迷不省，随其所著而流入识神矣。更有业种魔根，诡遇名师，为藏身悔过之地，始焉非不勇猛，善知识见其略有见地，稍加策历，安知其进锐者其退速，未几本性炽然，恣行贪著，集成异端，嗔痴暴戾，淫杀盗妄，靡所不至。此宿世定业，虽诸佛不能化导，岂药石能治乎？至于修真之士，不求自然之旨，刻以吐纳为务，乃至于气乱于中，火炽于外，而为怔忡痞逆，躁扰不宁等患，慎不可妄行耗气散表之药，为害莫测。”③张氏认为“衲子参堂打七之入魔，炼士坐功运气之走火”是一种特殊的病症，又明确指出：“遍考方书，从无及

---

① （唐）司马承祯：《修真精义杂论》，《道藏》第 4 册，第 957 页。

② 盖建民、何振中：《道教内丹学视野下的“奇经八脉”初探》，《厦门大学学报》（哲社版）2009 年第 3 期。

③ 张璐：《张氏医通》，北京：中国中医药出版社 1995 年版，第 150 页。

此。”根究所谓“入魔走火”之根源,即在于“役心太甚”,故而“痰火乘凌”上扰清空神府,致使魔境出现“若神祟所凭”。张氏所称之“痰火”,就是指由于体内精气血液亏耗太过而虚火内旺,又阴精亏虚火灼痰凝,合并而成一类症状。他举例说此类病家按辨证论治处方却无效,如“多有涤痰安神不应”,而服用“大剂独参汤”补气而痊愈;“有安神补气不应”,而服用“六味地黄兼滋肾丸”滋补肾阴而痊愈;“有涤痰降火不应”,经长期不间断地服用“天王补心丹”而痊愈。他又指出诊治这类患者,“虽有虚证虚脉,一切温补助阳涩精药,概不可施”。又指出患者虽有“怔忡痞逆,躁扰不宁”等“火炽于外”的各种症状,却要注意“慎不可妄行耗气散表之药”,是因为这类症状只是“气乱于中”的外在表现。若误用耗气散表之药,则极易造成严重后果。张氏还认为,某些人虽入于修炼之门,却并没有净化自身心灵深处之劣根性(如贪欲、淫盗等),其所患之疾病是无法用药物治愈的。

司马承祯的医学养生著述之中蕴涵着诸多的医学思想要素,通过对其内丹医学思想的深入挖掘,使上清派所传承的内炼养生方式变得浅显易懂,以便于传扬广播,让更多后学者得以从中得益,从而更好地造福于社会大众。

综上所述,司马承祯在促进唐代及其后的道教医学思想形成与发展上作出了特殊贡献,在道教医学发展史上具有重要地位。其道教医学思想的特点在于运用中医学基本原理来阐释服气的基本生理机制,确立了存思五牙之气贯通藏腑、经脉的之要旨,初创逆修任督二脉作为道教内炼之大纲,确立了内炼与服药结合的祛病修身机制,深入阐发了道教医学关于病因病机的观点。其意义在于首先把存思、服食、辟谷、服药、治疗融为一体,特别是对内丹学确立任督二脉为内炼之要具有开拓性的意义。

与司马承祯差不多同时期的另一著名道教学者吴筠,也为潘师正弟子,同样在道教思想发展史上有一定贡献。

四、吴筠的《玄纲论》

关于吴筠生平事迹,史料记载颇相抵牾,大体有以下三类。

第一类,权德舆的《吴尊师传》。该《传》称:“吴筠,字贞节,鲁中儒士也。少通经，善属文，举进士不第。性高洁，不伍流俗，乃入嵩山，依体元先生潘师正为道士，传正一之法，苦心钻仰，尽通其术。开元（713—741 年）中，南游金陵，访道茅山。久之，东游天台。筠尤善著述，在剡与越中文士为诗酒之会，所著歌篇，传于京师，元宗闻其名，遣使征之。既至，与语甚悦，令待诏翰林。帝问以道法，对曰：'道法之精，无如五千言，其诸枝词蔓说，徒费纸札尔。'又问神仙修炼之事，对曰：'此野人之事，当以岁月功行求之，非人主所当适意。'每与缁黄列坐，朝臣启奏，筠之所陈，但名教世务而已，间之以讽咏，以达其诚。元宗深重之。天宝（742—756 年）中，李林甫、杨国忠用事，纲纪日紊，筠知天下将乱，坚求还嵩山，累表不许，乃诏于岳观别立道院。禄山将乱，求还茅山，许之。既而中原大乱，江淮多盗，乃东游会稽。常于天台剡中往来，与诗人李白、孔巢父诗篇酬和，逍遥泉石，人多从之，竟终越中。文集二十卷，其《元纲》三篇、《神仙可学论》尤为达识之士所称。凡为文词理疏通，文彩焕发，每制一篇，人皆传写，虽李白之放荡，杜甫之壮丽，能兼之者，其惟筠乎！"①《旧唐书·吴筠传》与此基本相同，唯增加"筠在翰林时，特承恩顾，由是为群僧之所嫉。骠骑高力士素奉佛，尝短筠予上前，筠不悦，乃求还山"一节②。

第二类，权德舆《宗玄集序》。该《序》称："先生讳筠，字贞节，华阴人。生十五年，笃志于道，与同术者隐于南阳倚帝山……天宝（742—756 年）初，元纁鹤版征至京师……请度为道士，宅于嵩邱。乃就冯尊师齐整受正一之法。初，梁贞白陶君以此道授升元王君，王君授体元潘君，潘君授冯君，自陶君至于先生，凡五代矣，皆以阴功救物，为王者师。十三年（754 年），召入大同殿，寻又诏居翰林。明皇在宥天下，顺风所向，乃献《元纲》三篇，优诏嘉纳。志在遐举，累章乞还……近古游方外而言六义者，先生实主盟焉。至若总论谷神之妙，则有《元纲》篇；哀蓬心蒿目之远于道也，则有《神仙可学论》；疏瀹澡雪，使无落吾事，则有《洗心赋》、《岩栖赋》；修胸中之诚而休乎天均，则有《心目论》、《契形神颂》……合为四百五十篇，博大真人之言，尽

① （清）董诰等编：《全唐文》卷 508，北京：中华书局 1983 年版，第 5 册，第 5164—5165 页；《道藏》第 23 册，第 653 页。

② 《旧唐书》，北京：中华书局 1975 年版，第 16 册，第 5130 页。

在是矣。大历十三岁(778 年),岁直鹑首,止于宣城道观,焚香返真于虚室之中。”①

第三类,综合权《序》与权《传》,并辅以其他材料。如宋人邓牧的《洞霄图志》卷五、《历世真仙体道通鉴》卷三十七、《新唐书·吴筠传》等。

对权《传》与《序》,《四库提要》曾有考辨说:“《文献通考》云:吴筠《宗元先生集》十卷……卷首权德舆《序》称太原王颜类遗文为三十卷,后又有《吴尊师传》,亦德舆撰,乃言文集二十卷,均与《文献通考》称十卷者不合。考德舆《序》称四百五十篇,而此本合诗赋论仅一百十九篇,则非完书矣。又《旧唐书》筠本传云鲁中儒士也,《新唐书》本传云华州华阴人,德舆《序》称华阴人,而《传》又云鲁儒士。《序》称受正一法于冯尊师,上距陶弘景五传;《传》又云受正一法于潘体元,乃冯之师,亦相乖剌。考《旧唐书·李白传》称:天宝初,客游会稽,与道士吴筠隐于剡中。而《传》乃言:禄山将乱;求还茅山,既而中原大乱,江淮多盗,乃东游会稽,与诗人李白、孔巢父诗篇酬和。不知天宝乱后,白已因永王璘事流夜郎矣,安能与筠同隐?此《传》殆出于依托。《序》又称筠卒于大历十三年(778 年),后二十五岁乃序此集,其年为贞元十九年(803 年)。德舆于贞元十七年(801 年)知礼部贡举,明年(802 年)真拜侍郎,故是年作序系衔云礼部侍郎,其文与史合。”②认定权《传》出于依托,而以权《序》为准,这是言之有据的,但权《传》也是唐人所作,除去其中与史实矛盾处,亦可作吴筠生平参考。

吴筠的道学论著,主要有《玄纲论》和《神仙可学论》。另外,《通志》卷67 录吴筠《心目论》1 卷,《复淳化论》1 卷,《形神可固论》1 卷,《坐忘论》1 卷,《明真辩伪论》1 卷,《辅正除邪论》1 卷,《契真刊谬论》1 卷,《道释优劣论》1 卷,《辩方正惑论》1 卷。今《宗玄先生文集》分上、中、下三卷,卷中收《神仙可学论》、《心目论》、《形神可固论》等。《玄纲论》则另单独成篇。③这里主要根据《玄纲论》和《神仙可学论》介绍吴筠的神仙道教思想。

① (清)董诰等编:《全唐文》卷 489,第 5 册,第 4999 页;《道藏》第 23 册,第 653 页。

② (清)永瑢、纪昀主编:《四库全书总目提要》下册,北京:中华书局 1965 年版,第 1284 页。

③ 上述文献均收入《道藏》第 23 册。

《玄纲论》分上、中、下三篇，共 33 章。上篇明道德，凡九章；中篇辩法教，凡十五章；下篇析凝滞，凡九章。上篇可以看出吴筠的宇宙生成论、修养论和社会政治观。“道”、“气”、“自然”、“无”等是他宇宙生成论的链条之一，在此，他作了详尽的解释。他说：“道者何也？虚无之系，造化之根，神明之本，天地之源，其大无外，其微无内，浩旷无端，杳冥无对。至幽靡察，而大明垂光；至静无心，而品物有方。混漠无形，寂寥无声，万象以之生，五音以之成。生者有极，成者必亏，生生成成，今古不移，此之谓道也。”又说：“通而生之之谓道，道固无名焉；畜而成之之谓德，德固无称焉。尝试论之，天地人物灵仙鬼神，非道无以生，非德无以成。生者不知其始，成者不见其终。探奥索引，莫窥其宗；入有之末，出无之先，莫究其朕，谓之自然。自然者，道德之常，天地之纲也。”①按照这个解释，“道”为宇宙万物的根源，具有生成性；而这种生成性本质上是自然而然的，换言之，道生成宇宙万物是一个自然的过程，所以说自然是“道德之常，天地之纲”。这是他对老庄自然无为哲学的发挥。

天地万物的生成根源是自然之道，而具备千姿百态的形状则由于元气。他认为：“太虚之先，寂寥何有，至精感激，而真一生焉。真一运神，而元气自化。元气者，无中之有，有中之无，旷不可量，微不可察。氤氲渐著，混茫无倪，万象之端，兆朕于此。于是清通澄朗之气浮而为天，浊滞烦昧之气积而为地，平和柔顺之气结而为人伦，错谬刚戾之气散而为杂类。自一气之所育，播万殊而种分，既涉化机，迁变罔穷。然则生天地人物之形者，元气也。”②说明了元气在天地人三才化分中的功用。而万有之不同，也正由于天赋之气各别。他说：“夫道本无动静，而阴阳生焉；气本无清浊，而天地形焉。纯阳赫赫在乎上，九天之上无阴也；纯阴冥冥处乎下，九地之下无阳也。阴阳混蒸而生万有，生万有者，正在天地之间矣。故气象变通，晦明有类，阳以明而正其粹为真灵，阴以晦而邪其精为魔魅。故禀阳灵生者为睿哲，资阴魅育者为顽凶。睿哲惠和，阳好生也；顽凶悖戾，阴好杀也。或善或否，二气

① （唐）吴筠：《宗玄先生玄纲论·道德章第一》，《道藏》第 23 册，第 674 页。

② （唐）吴筠：《宗玄先生玄纲论·元气章第二》，《道藏》第 23 册，第 674 页。

均合而生中人。三者各有所禀,而教安施乎?教之所施为中人尔。何者?睿哲不教而自知,顽凶虽教而不移,此皆受阴阳之纯气者也。亦犹火可灭不能使之寒,冰可消不能使之热,理固然矣。夫中人为善则和气应,为不善则害气集。"①物性、人性皆由所禀之气决定。天为阳气,地为阴气,阴阳二气"混蒸"而生万有。人因禀气不同分为睿哲、凶顽、中人三类,前两类无所谓施教,施教只针对中人。这种思想对宋明理学的人性论也有一定影响。

他进而又从"有无"、"动静"等成对范畴来论道的生成性以及修道的方法。他说:"夫道包亿万之数而不为大,贯秋毫之末而不为小,先虚无而不为始,后天地而不为终,升积阳而不为明,沦重阴而不为晦。本无神也,虚极而神自生;本无气也,神运而气自化。气本无质,凝委而成形;形本无情,动用而亏性。形成性动,去道弥远。故溺于生死,迁于阴阳,不能自持,非道存而亡之也。故道能自无而生于有,岂不能使有同于无乎?有同于无,则有不灭矣。故生我者道,灭我者情。苟忘其情,则全乎性;性全则形全,形全则气全,气全则神全,神全则道全。道全则神王,神王则气灵,气灵则形超,形超则性彻,性彻则返复流通,与道为一,可使有为无,可使虚为实,吾将与造物者为俦,奚死生之能累乎?"②能够做到有同于无,则有不灭,也就是神仙长生。怎样才能达到有同于无呢?那便是与道为一,因为只有道能自无生有,使有为无。学道就是要具备道的这一特性,如此便可与造物者为俦,解脱生死之累。关于动静,他认为:"夫道至无而生天地,天动也而北辰不移,含气不亏,地静也而东流不辍,兴云不竭。故静者天地之心也,动者天地之气也,心静气动,所以覆载而不极。是故通乎道者,虽翱翔宇宙之外而心常宁,虽休息毫厘之内而气自运。故心不宁则无以同乎道,气不运则无以存乎形。形存道同,天地之德也。是以动而不知其动者,超乎动者也;静而不知其静者,出乎静者也。故超乎动者,阳不可得而推;出乎静者,阴不可得而移。阴阳莫能变,而况于万物乎?故不为物之所诱者,谓之至静;至静然后能契于至虚;虚极则明,明极则莹,莹极则彻。彻者,虽天地之广,万物之殷,而不能

① (唐)吴筠:《宗玄先生玄纲论·天禀章第四》,《道藏》第23册,第675页。

② (唐)吴筠:《宗玄先生玄纲论·同有无章第七》,《道藏》第23册,第675—676页。

逃于方寸之鉴矣。”①至虚至无之道产生天地，天动地静，动为天地之气，静为天地之心，心静气动，因此能负载万物而无穷极。修道者也就是要心常宁静，使气自运，以超越动静；只有超越动静，才能使“阴阳莫能变”，而最终达到至静至虚、明莹透彻以同乎道。只要心能彻底悟道，天地万物还有什么不能明鉴呢？

由此可见，在吴筠那里，其宇宙观和修道论是浑然一体的，他的“与道同一”思想，既是一种天人合一的宇宙观，也是一种修道论。

不仅如此，他的社会政治思想也是从其天一合一的宇宙观出发的。他说：“道德者，天地之祖；天地者，万物之父；帝王者，三才之主。然则道德、天地、帝王一也，而有古今浇淳之异，尧桀治乱之殊者，何也？夫道德无兴衰，人伦有否泰，今古无变易，情性有推移。故运将泰也，则至阳真精降而为主，贤良辅而奸邪伏矣；时将否也，则太阴纯精升而为君，奸邪弼而贤良隐矣。天地之道，阴阳之数，故有治乱之殊也。”②从天道阴阳的变化去推究人世治乱的终极原因。找到了人世治乱的终极原因之后，又怎样去根治呢？他主张：“夫仁义礼智者，帝王政治之大纲也，而道家独云：遗仁义，薄礼智者，何也？道之所尚，存乎本，故至仁合天地之德，至义合天地之宜，至礼合天地之容，至智合天地之辩。皆自然所禀，非企羡可及，矫而效之，斯为伪矣！伪则万诈萌生，法不能理也，所以贵淳古而贱浇季，内道德而外仁义，先素朴而后礼智。将敦其本，以固其末，犹根深则条茂，源濬则流长，非弃仁义薄礼智也。故道丧而犹有德，德衰而犹有仁，仁亏而犹有义，义缺而犹有礼，礼坏则继之以乱，而智适足以凭陵天下矣。故礼智者，制乱之大防也；道德者，抚乱之宏纲也。然则道德为礼之本，礼智为道之末。执本者易而固，持末者难而危。故人主以道为心，以德为体，以仁义为车服，以礼智为冠冕，则垂拱而天下化矣。若尚礼智而忘道德者，所为有容饰而无心灵，则虽乾乾夕惕而天下敝矣。”③他以道家的政治思想为本，儒家的政治思想为末，以仁义

① (唐)吴筠:《宗玄先生玄纲论·超动静章第六》,《道藏》第23册,第675页。

② (唐)吴筠:《宗玄先生玄纲论·化时俗章第八》,《道藏》第23册,第676页。

③ (唐)吴筠:《宗玄先生玄纲论·化时俗章第八》,《道藏》第23册,第676页。

礼智为“容饰”，以道德为“心灵”，结合二者方可使天下垂拱而化。其中，他特别强调治化之本的“道德”，着重指出：“教子在乎义方，治人在乎道德。义方失则师友不可训，道德丧则礼乐不可理，虽加以刑罚，益以鞭楚，难制于奸臣贼子矣……故非执道德以抚人者，未闻其至理者也。”①南面之术在于先明道德，以此为本则治易而固，舍此则难而危。这样做的理论依据就在于“皆自然所禀”，即天道如此。由此，他的社会政治观便上溯到宇宙观，合二为一。

综上可见，上篇言道德，是从宇宙、人生和社会角度宏观地阐释，肯定了道德的价值功用，给予它在天人合一场面中特定的位置。

中篇则从微观角度具体讲解修道的各种方法，大体包括：

第一，“道在至精，靡求其博”。因为经法弥广，可以周览，难以尽行，故当“周览以绝疑，约行以取妙，则不亏于修习”。②

第二，“道虽无方，学则有序”。这个顺序是：“始于正一，次于洞神，栖于灵宝，息于洞真。”③在这样的修炼次序中，“皆以至静为宗，精思为用，斋戒为务，慈惠为先”④。陟初仙之阶的标志是“神凝、感彻、真应、功成”，“然后吐纳以炼藏，导引以和体，怡神以宝章，润骨以琼醴”，这些都需“承奉师诀，研味真奥”。⑤

第三，“心静”。他认为：“道不欲有心，有心则真气不集；又不欲苦忘心，苦忘心则客邪来舍。”修道在于心的“平和恬淡，澄静精微，虚明合元，有感必应，应而勿取，真伪斯分。故我心不倾，则物无不正，动念有属，则物无不邪，邪正之来，在我而已”⑥。心应物而不为物累，不动念，这是心静的表现之一。心静的主要标帜是“无为”。他说：“夫形动而心静，神凝而迹移者，无为也。闲居而神扰，恭默而心驰者，有为也。无为则理，有为则乱。”⑦

---

① （唐）吴筠：《宗玄先生玄纲论 · 化时俗章第八》，《道藏》第 23 册，第 676 页。
② （唐）吴筠：《宗玄先生玄纲论 · 神道设章第十》，《道藏》第 23 册，第 677 页。
③ （唐）吴筠：《宗玄先生玄纲论 · 学则有序章第十一》，《道藏》第 23 册，第 677 页。
④ （唐）吴筠：《宗玄先生玄纲论 · 学则有序章第十一》，《道藏》第 23 册，第 677 页。
⑤ （唐）吴筠：《宗玄先生玄纲论 · 学则有序章第十一》，《道藏》第 23 册，第 677 页。
⑥ （唐）吴筠：《宗玄先生玄纲论 · 虚明合元章第十三》，《道藏》第 23 册，第 677 页。
⑦ （唐）吴筠：《宗玄先生玄纲论 · 形动心静章第十五》，《道藏》第 23 册，第 678 页。

要做到心静,可借助于某些具体的法术。他告诉修习者:若要防止阳和之气发泄,阴邪之气乘袭,“可入静室夷心,抑制所起,静默专一,则神不散而阳灵全。慎无恣其乐康之情,以致阴邪之来耳。古人所谓乐往则哀来,阳衰则阴胜。若有时躁竞而烦悖者,此乃形中诸魄为阳灵之气所炼,阴尸积滞将散,故扰于绛宫之真颖。可入室静虑,存一握固,激其滓浊,候神清气平然后省己悔过,务令自新,则转合于虚静之途。此亦洗心之一术耳”。[1] 运用此洗心术可助修道者入于心静之境。

第四,“宝神”。他说:“上学之士,时有高兴远寄陶然于自得之境,为真仙可接、霄汉可升者,神之王也。”[2]什么是“神王?”“神王者,谓之阳胜。阳胜者,道其邻乎!”[3]因此他强调“宝神”,认为“不知宝神者,假使寿同龟鹤,终无冀于神仙矣。”[4]如能宝神,则“不必金丹玉芝,可俟云軿羽盖矣。若独以嘘吸为妙,屈伸为要,药饵为事,杂术为利者,可谓知养形、不知宝神矣”[5]。宝神的关键是“阳胜”,因为“阴胜则阳竭而死,阳胜则阴销而仙”。柔和、慈善、贞清皆属于阳,刚狠、嫉恶、淫浊皆属于阴,如果“心淡而虚,则阳和袭;意躁而欲,则阴气入”,懂得了这个道理,则“制之在我,阳胜阴伏,则长生之渐也”[6]。故要使阳胜,最终还是要心静,心静则神王,可以宝神。

第五,“制恶兴善”、“立功改过。”他把伦理与仙道联系在一起,修仙的方法中包含道德修养。他认为:“阳之精曰魂与神,阴之精曰尸与魄。神胜则为善,尸强则为恶。制恶兴善则理,忘善纵恶则乱。理久则尸灭而魄炼,乱久则神逝而魂销。故尸灭魄炼者,神与形合而为仙;神逝魂销者,尸与魄同而为鬼。自然之道也。”[7]制恶兴善的修炼内涵是强固阳神,泯灭阴尸,只有如此才能成仙。“立功改过”的含义是什么呢?他说:“功欲阴,过欲阳。功阴则能全,过阳则可灭。功不全,过不灭,仙籍何由书,长生非可冀。然功

① (唐)吴筠:《宗玄先生玄纲论·神清意平章第十六》,《道藏》第23册,第678页。
② (唐)吴筠:《宗玄先生玄纲论·神清意平章第十六》,《道藏》第23册,第678页。
③ (唐)吴筠:《宗玄先生玄纲论·虚明合元章第十三》,《道藏》第23册,第677页。
④ (唐)吴筠:《宗玄先生玄纲论·学则有序章第十一》,《道藏》第23册,第677页。
⑤ (唐)吴筠:《宗玄先生玄纲论·学则有序章第十一》,《道藏》第23册,第677页。
⑥ (唐)吴筠:《宗玄先生玄纲论·阳胜则仙章第十二》,《道藏》第23册,第677页。
⑦ (唐)吴筠:《宗玄先生玄纲论·制恶兴善章第二十一》,《道藏》第23册,第679页。

不在大，遇物斯拯；过不在小，知非则悛。不必驰骋于立功，奔波于改过。过在改而不复为，功惟立而不中倦，是谓日新其德，自天佑之。若尔者，何必八节三元，言功悔过，神真明察，固其常焉。又谢过祈思，务在精诚，恳志注心于三清之上，如面奉金阙之前，不必屈伏形体，宣通言辞。若徒加拜跪、扣搏、诵课平常之文者，可谓示人以小善，实未为感激之弘规耳。"①立功改过不在于一些表面的仪式，也不必刻意为之，主要是精诚注心，日新其德，则上天保佑，长生可望。这种行善立功以求神仙之道的思想，是对《太平经》、《抱朴子内篇》等传统思想的继承和发挥。

下篇用问答体回答了世人的疑问，进一步申说上、中二篇的思想。有人问："夫人之心，久任之则浩荡而忘返，顿栖之则超跃乎无垠；任之则弊乎我性，栖之则劳乎我神，使致道者奚方而静？"吴筠答复说："性本至凝，物感而动，习动滋久，胡能遂宁？既习动而播迁，可习静而恬晏。故善习者寂而有裕，不善习者烦而无功。是以将躁而制之以宁，将邪而闲之以贞，将求而抑之以舍，将浊而澄之以清。优哉游哉，不欲不营，然后以玄虚为境域，以淡漠为城阙，以太和为宫观，以寂照为日月，惟精惟微，不废不越。行如是，息如是，造次于是，逍遥于是。习此久者，则物冥乎外，神鉴于内，不思静而已静，匪求泰而弥泰，即动寂两忘而天理自会矣。故履霜乃坚冰之始，习静为契道之阶。"②解答怎样才能"静"的问题，体现了他守静去躁这个一贯的思想。有人问："神主于静，使心有所欲，何也？"他回答说："神者，无形之至灵者也。神禀于道，静而合乎性；人禀于神，动而合乎情。故率性则神凝，为情则神扰，凝久则神止，扰极则神还(迁)。止则生，迁则死，皆情之所移，非神之所使。"③神主静，心有所欲非神所使，而是为情所移，故当率性忘情，则神凝；神凝而止，则自然长生。

有人问："道本无象，仙贵有形，以有契无，理难长久，曷若得性遗形者之妙乎？"他辩解说："夫道，至虚极也，而含神运气，自无而生有。故空洞杳

① (唐)吴筠:《宗玄先生玄纲论·立功改过章第二十》,《道藏》第23册,第678—679页。

② (唐)吴筠:《宗玄先生玄纲论·会天理章第二十五》,《道藏》第23册,第679页。

③ (唐)吴筠:《宗玄先生玄纲论·率性凝神章第二十七》,《道藏》第23册,第680页。

冥者,大道无形之形也,天地日月者,大道有形之形也。以无系有,以有合无,故乾坤永存而仙圣不灭。故生者,天地之大德也,所以见六合之广,三光之明者,为吾有形也,若一从沦化,而天地万物尽非吾有,即死者,人伦之荼毒也。是以炼凡至于仙,炼仙至于真,炼真合乎妙,合妙同乎神。神与道合,即道为我身,所以升玉京,游金阙,能有能无,不终不殁,何为理难长久乎?若独以得性为妙,不知炼形为要者,所谓清灵善爽之鬼,何可与高仙为比哉!"[①]从有无的关系阐明炼形的重要,炼形的目的是神与道合,道与我身合一,循此则形可长久,对上篇所说"有无"之理作了进一步发挥。

以上为《玄纲论》的主要内容,也是吴筠思想的主要部分。这些思想与司马承祯的思想大同小异,体现了唐代茅山宗的理论水平。这些思想在《心目论》、《形神可固论》等著作中均有发挥,并在《洗心赋》、《岩栖赋》、《游仙诗》等文学作品中也有描述。

《神仙可学论》集中论述神仙是否可以学致的问题。这个问题,自汉代以来即在道教中占有重要地位。《太平经》说:"夫人愚学而成贤,贤学不止成圣,圣学不止成道,道学不止成仙,仙学不止成真,真学不止成神,皆积学不止所致也。"[②]阴长生告诫人们:"子欲闻道,此是要言,积学所致。"[③]葛洪一方面主张仙人有种,"受命应仙"[④];另一方面又承认仙人乃"学之所致",认为没有不学而获长生度世者。[⑤] 嵇康的《养生论》主张神仙特受异气,禀之自然,非积学所能致。陶弘景调和两种说法,在《真诰》卷五《甄命授第一》指出:"如青光先生、谷希子、南岳松子、长里先生、墨羽之徒",皆"不学道而仙自来也"。但"过此以下,皆须笃志也"。即笃志苦学。可见,神仙是否学致,在道教史上曾引起长期争论,吴筠的《神仙可学论》正是这种争论

---

① (唐)吴筠:《宗玄先生玄纲论·以有契无章第三十三》,《道藏》第23册,第681—682页。

② 王明:《太平经合校》,北京:中华书局1960年版,第725页。

③ (清)严可均辑:《全后汉文》卷106《自叙》,北京:商务印书馆1999年版。

④ 参见王明:《抱朴子内篇校释》,北京:中华书局1985年版,第136、176—177、224—226页。

⑤ 参见王明:《抱朴子内篇校释》,北京:中华书局1985年版,第239、240—241、260、287页。

的总结。

《神仙可学论》首先提出是否有神仙这个问题:"昔桑矫问于涓子曰:'自古有死,复云有仙,如之何?'涓子曰:'两有耳'!夫言两有者,为理无不存,理无不存,则神仙可学也。"①意即"人生自古谁无死",而道教却说有神仙长生,这不是和人生现象矛盾吗?他以"两有"来回答这一问题,即两种现象都存在,以此证明神仙不死的"理无不存"。神仙存在是神仙可学的先决条件,如根本无仙,又何来学仙?故吴筠首先设法证明有神仙。

吴筠明确指出嵇康的说法不够全面,他认为成仙有几种情况:"有不因修学而致者,禀受异气也;有必待学而后成者,功业充也;有学而不得者,初勤中堕,诚不终也。三者各有其旨,不可以一贯推之。"②正因为学仙者有区别,故他指出远于仙道有七种情形,近于仙道也有七种情形。

远于仙道的七种表现是:

第一,"以泯灭为真实,以生成为假幻,但所取者性,所遗者形,甘之死地,以为常理,"殊不知"形气者为性之府,形气败则性无所存。性无所存,于我何有?"③这是不能正确处理形气与性的关系,遗形取性,故远离仙道。

第二,认为"仙必有限,竟归沦坠之弊",不知道"道固无极,仙岂有穷乎?"④实在是大迷不悟,故远离仙道。

第三,"强以存亡为一体",错误地认为"形体以败散为期,营魄以更生为用,乃厌见有之质,谋将来之身",不知"形变尚莫之知,何况死而再造?诚可哀者",故远离仙道。⑤

第四,"以轩冕为得意,功名为不朽,悦色耽声,丰衣厚味,自谓封殖为长策,贻后昆为远图"。不知"盛必衰,高必危,得必丧,盈必亏。守此用为深固,置清虚于度外,肯以恬智交养中和,率性通真为意乎?"故远离仙道。

第五,"强盛之时为情爱所役使,斑白之后有希生之心,虽修学始萌,而

① (唐)吴筠:《宗玄先生文集·神仙可学论》,《道藏》第23册,第659页。
② (唐)吴筠:《宗玄先生文集·神仙可学论》,《道藏》第23册,第659页。
③ (唐)吴筠:《宗玄先生文集·神仙可学论》,《道藏》第23册,第659页。
④ (唐)吴筠:《宗玄先生文集·神仙可学论》,《道藏》第23册,第659页。
⑤ (唐)吴筠:《宗玄先生文集·神仙可学论》,《道藏》第23册,第659页。

伤残未补”,不过是“窃慕道之名,乖契真之实”①,故远离仙道。

第六,“闻大丹可以羽化,服食可以延龄,遂汲汲于炉火,孜孜于草木。财屡空于八石,药难效于三关”。不知“金液待诀于灵人,芝英必滋于道气,莫究其本,务之于末,竟无所就”。② 这是舍本逐末,故远离仙道。

第七,“身栖道流,心溺尘境,动违科禁,静无修习;外招清静之誉,内蓄奸回之谋”。③ 身在道流,心存利欲,故远离仙道。

以上远离仙道的七种表现形式,有对儒释二教的批评,有对世俗陈见的指责,均是学仙者应当避免的。

近于仙道的七种表现是:

第一,“性耽玄虚,情寡嗜好,不知荣华之可贵……不见淫僻之可欲……体至仁,含至静,超迹尘滓,栖真物表,想道结襟,以无为为事。”

第二,“希高敦古,克意尚行。知荣华为浮寄,忽之而不顾;知声色能伐性,捐之而不取。剪阴贼,树阴德,惩忿窒欲,齐毁誉,处山林,修清真。”

第三,“身居禄位之场,心游道德之乡;奉上以忠,临下以义;于己薄,于人厚;仁慈恭和,弘施博爱;外混嚣浊,内含澄清;潜行密修,好生恶死。”

第四,“潇洒荜门,乐贫甘贱;抱经济之器泛若无,洞古今之学旷若虚;爵之不从,禄之不受;确乎以方外为尚,恬乎以摄生为务。”

第五,“禀明颖之姿,怀秀拔之节,奋忘机之旅,当锐巧之师。所攻无敌,一战而胜,然后静以安身,和以保神,精以致真。”

第六,“追悔既往,洗心自新,虽失之于壮齿,冀收之于晚节,以功补过……以正易邪……魑魅不能移其操,喧哗不能乱其性,惟精惟微,稍以诚著。”

第七,“至忠至孝,至贞至廉……不待修学而自得……如此之流,咸入仙格,谓之隐景潜化,死而不亡。”④

在阐述了“七远”、“七近”之后,他总结性地指出,修学仙道就是要“放

① (唐)吴筠:《宗玄先生文集·神仙可学论》,《道藏》第23册,第659页。
② (唐)吴筠:《宗玄先生文集·神仙可学论》,《道藏》第23册,第659页。
③ (唐)吴筠:《宗玄先生文集·神仙可学论》,《道藏》第23册,第660页。
④ 以上见《宗玄先生文集·神仙可学论》,《道藏》第23册,第660—661页。

彼七远，取此七近，谓之拔陷区，出溺途，碎祸车，登福舆，始可与涉神仙之津矣。于是识元命之所在，知正气之所由，虚凝淡泊怡其性，吐故纳新和其神，高虚保定之，良药匡补之，使表里兼济，形神俱超，虽未升腾，吾必谓之挥翼凡霄之上矣”。他的结论是：“神仙可学，炳炳如此，凡百君子胡不勉之哉！”①晁公武的《郡斋读书志》对此曾评论说：“嵇康谓神仙不可以学致，筠意不以为然，故演修习之方以勉学仙之士。”②

另外，吴筠为当时道教徒中辟佛的健将之一，他认为，佛教传入中土后，在社会上起了破坏作用。他在《思还淳赋》中，从政治经济、思想文化、伦理风俗等各个方面例数佛教兴起以来的危害说：“华夏之礼废，边荒之风扇；沴气悖以兴行，人心飒以倾变。遂侮君亲，蔑彝宪，髡跣贵，簪裙贱。”“重贝叶讹谬，轻先王典籍。钦刑残鄙夫，宴广厦精室。使白屋终劳，缁门永逸，自国至家，祈虚丧实。”“可谓至真隐，大伪出，所以孽党妖徒，此焉游息，储不因耕，衣不俟织，诱施冒货，鲸吞蚕食。”“罔不假小善以外慈，藏深邪而内贼，岂止一时之封豕，乃为万代之蠡贼。”“迹无征于班马，理唯窃于老庄，褒蛮陬为中土，贬诸夏为偏方。务在乎噬儒吞道，抑帝掩王，夺真宰之柄，操元化之纲。自古初以逮今，未有若斯之弊。”③最后，他指出应当以道教的威力来消灭佛教，“然后人伦可以顺化，神道可以永贞”，使民俗“雍熙”、民风复淳。据《宋高僧传》卷十七《释神邕传》云：“先是中岳道士吴筠造邪论数篇，斥毁佛教，昏蒙者惑之。”④此所谓“邪论数篇”当包括《通志》所录《道释优劣论》、《明真辩伪论》、《辅正除邪论》、《契真刊谬论》、《辩方正惑论》、《复淳化论》等，今皆亡佚，故吴筠的辟佛思想现已无从窥其全豹了。

五、李筌的《黄帝阴符经疏》

李筌，号达观子，生卒年不详，大约活动于唐玄宗至肃宗时，新旧《唐书》无传，故其生平事迹不可详考。《集仙传》称其仕至荆南节度副使、仙州

---

① （唐）吴筠：《宗玄先生文集·神仙可学论》，《道藏》第23册，第661页。

② （元）马端临：《文献通考》卷225引，北京：中华书局1986年影印本，第1808页。

③ （唐）吴筠：《宗玄先生文集·思还淳赋》，《道藏》第23册，第657页。

④ 《大正藏》第50册，第816页。

刺史。晚唐范摅的《云溪友议》卷上谓:"李筌郎中为荆南节度判官,集《阃外春秋》十卷,后为邓州刺史。"所叙筌之官职,与《集仙传》小异。对此,余嘉锡《四库提要辩证》卷11"太白阴经"条云:"范摅为唐时人,其叙李筌官爵,应不至大误……要之,筌之初仕荆南,后官刺史,唐人固有记载,不仅见于《集仙传》也。"若余氏考辨不误,则李筌之出仕,先为荆南节度副使或荆南节度判官,后为邓州刺史。又宋人晁公武的《郡斋读书志》卷七载李筌撰《中台志》,云其于上元中(760—761年)自进表。故有可能他在唐肃宗上元年间仍居官职。此后踪迹,或隐或仕,不能考定,或如《神仙感遇传》所说,竟入名山访道,不知其所终。

李筌的著作见于唐宋人记载者,计有:杜光庭《神仙感遇传》谓其著《太白阴经》10卷,《中台志》10卷。曾慥《集仙传》除上述两种外,还录有《阃外春秋》及《阴符经》注。范摅《云溪友议》亦说李筌"集《阃外春秋》十卷……注《黄帝阴符经》"。陈振孙《直斋书录解题》卷12录"《阃外春秋》十卷,唐少室山布衣李筌撰"。晁公武《郡斋读书志》卷2录"《中台志》10卷,唐李筌撰"。欧阳修《新唐书·艺文志》著录:《阃外春秋》10卷,《中台志》10卷,《太白阴经》10卷,《青囊括》1卷,《六壬大玉帐歌》10卷,注《孙子》2卷,《骊山母传阴符玄义》1卷,并在《骊山母传阴符玄义》1卷下注云:"筌,号少室山达观子,于嵩山虎口岩石壁得《黄帝阴符》本,题云:'魏道士寇谦之传诸名山。'筌至骊山,老母传其说"①。《神仙感遇传》亦有类似记载。《正统道藏》现存题名李筌的《黄帝阴符经疏》3卷,近人刘师培的《读道藏记》认为,此书之注为李筌所作,而疏则不是。但用内证法看,《阴符经疏》的注文与疏文在义理上是一致的,故也有可能系出自李筌一人之手。

下面,我们以《阴符经疏》和《太自阴经》为范本,对李筌的道教哲学思想作一考察。

在宇宙起源和生成问题上,李筌认为:"天者,阴阳之总名也。阳之精炁轻清,上浮为天;阴之精炁重浊,下沉为地,相连而不相离。……故知天地则阴阳之二炁,炁中有子,名曰五行。五行者,天地阴阳之用也,万物从而生

① 《新唐书》,北京:中华书局1975年版,第5册,第1521页。

焉。万物则五行之子也。故使人观天地阴阳之道,执天五炁而行,则兴废可知,生死可察。除此外,无可观执,故言尽矣。”①这是对汉代“气一”元论哲学的继承,以天为阳之精气,地为阴之精气,二气化生五行,五行又生万物,归根到底是阴阳二气产生万物。故在《太白阴经》卷一《人谋上 · 天无阴阳篇第一》中说:“天圆地方,本乎阴阳……夫天地不为万物所有,万物因天地而有之。阴阳不为万物所生,万物因阴阳而生之。”再深入追寻,阴阳又是如何发生的呢?他认为:“阴阳生万物,人谓之神,不知有至道,静默而不神,能生万物阴阳,为至神矣。”②能生成阴阳的,是表面上“静默而不神”,实质上却“为至神”的“至道”。他疏解说:“神者,妙而不测也。《易》曰:‘阴阳不测谓之神。’人但见万物从阴阳日月而生,谓之曰神,殊不知阴阳日月从不神而生焉。不神者何也?至道也。言至道虚静,寂然而不神,此不神之中,能生日月阴阳,三才万物,种种滋荣而获安畅,皆从至道虚静中来。此乃不神之中而有神矣。”③从最高意义上讲,“不神而能至神”、寂然虚静的至道,才是产生阴阳日月、三才万物的总根源。因此,其宇宙生成的链条如下:

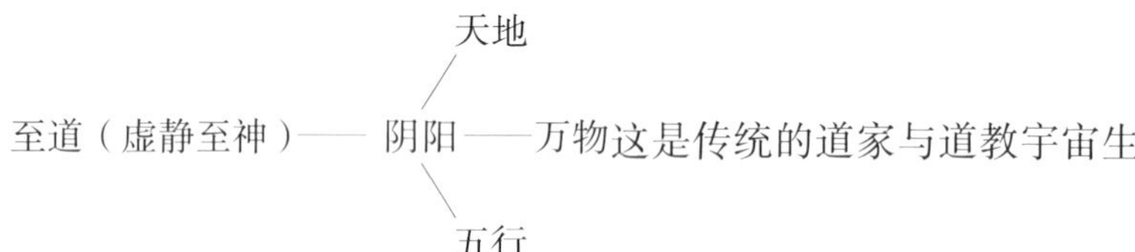

这是传统的道家与道教宇宙生成论,不能反映其思想的特色,代表李筌哲学思想特色的,是其论“盗机”。

《阴符经》说:“天有五贼,见之者昌。五贼在心,施行于天。宇宙在乎手,万物生乎身。”④何谓“五贼”?李筌的解释是:“天生五行,谓之五贼”,“五贼者,五行之炁也,则金木水火土焉……所言贼者,害也,逆之不顺,则与人生害,故曰贼也。此言阴阳之中、包含五炁,故云天有五贼……贼者,五

① (唐)李筌:《黄帝阴符经疏 · 神仙抱一演道章》,《道藏》第2册,第737页。
② (唐)李筌:《黄帝阴符经疏 · 富国安人演法章》,《道藏》第2册,第741页。
③ (唐)李筌:《黄帝阴符经疏 · 富国安人演法章》,《道藏》第2册,第741页。
④ (唐)李筌:《黄帝阴符经疏 · 神仙抱一演道章》,《道藏》第2册,第737页。

行更相制伏，递为生杀，昼夜不停，亦能盗窃人之生死，万物成败，故言贼也。"[1]天生五行之气称为"五贼"。"贼"的含义包括：(1)危害。五行之气逆而不顺则生害于人，人不善用之则被其所害。(2)五行相生相克。这种生克是一个无限的、连续不断的过程，而且能够"盗窃"人的生死与万物成败。因此所谓"天有五贼"是天对人、对物的"盗窃"，人稍有不慎，"不善用"则为天所贼害。

那是不是说人在天的面前束手就擒，完全处于被动的地位呢？不是的，人能主动地"盗窃"天机，即"盗机"，从而免祸得福，"合天机而不失"。所以他指出："人但能明此五行制伏之道，审阴阳兴废之源，则而行之……则为福德之昌盛也……人用心观执五炁而行，睹逆顺而不差，合天机而不失，则宇宙在乎掌中，万物生乎身上。如此则吉无不利，与道同游，岂不为昌乎？"[2]懂得了阴阳五行的运动规律，按照这些法则行动，就能化祸害为吉利，与道同游。

通过对《阴符经·富国安人演法章》"天地万物之盗，万物人之盗，人万物之盗"等经文的解释，李筌进一步阐明了其"盗机"的思想。他解释说："天复地载，万物潜生，冲炁暗滋，故曰盗也。"万物"从无形至于有形，潜生复育，以成其体，如行窃盗，不觉不知。天地亦潜与其炁，应用无穷，万物私纳其复育，各获其安，故曰天地万物之盗"。[3] 万物的生长乃至成其形体，都是对阴阳二气的窃取，不知不觉，暗中进行，天地也偷偷地运作其气，应用无穷。天地万物间存在一种互相"盗"而各获其安的关系。他又说："万物盗天而长生，人盗万物以资身，若知分合宜，亦自然之理。"[4]万物与天地有"盗"的关系，万物与人也有种"盗"的关系。人能窃取阴阳之气的生成物来资养自身，"人于七炁之中，所有生成之物，悉能潜取以资养其身，故言盗，则田、蚕、五谷之类是也"[5]。万物与人的"盗"的关系，不仅表现为人窃取

① (唐)李筌:《黄帝阴符经疏·神仙抱一演道章》,《道藏》第2册,第737页。
② (唐)李筌:《黄帝阴符经疏·神仙抱一演道章》,《道藏》第2册,第737页。
③ (唐)李筌:《黄帝阴符经疏·富国安人演法章》,《道藏》第2册,第740页。
④ (唐)李筌:《黄帝阴符经疏·富国安人演法章》,《道藏》第2册,第740页。
⑤ (唐)李筌:《黄帝阴符经疏·富国安人演法章》,《道藏》第2册,第740页。

天地万物之时利以资身，万物反过来也能盗人：“殊不知万物反能盗人以生祸患。”[①]由此可见，天地、万物与人之间存在相“盗”相生、相资相养的关系，这种关系不过是“自然之理”，但必须遵行道的法则。故云：“上来三义更相为盗者，亦自然之理。凡此相盗，其中皆须有道。惬其宜则吉，乖其理则凶。”“三盗之中，皆须有道。令尽合其宜，则三才不差，尽安其任矣。皆不令越分伤性以生祸患者也。”[②]违背自然之道则凶，必生祸患，因此他一再强调“皆须有道”，不得越雷池一步。

这样“有道”之“盗”，他称之为“盗机”。他释“盗机”之名说：“何名为盗机？缘己之先无，知彼之先有，暗设计谋而动其机数，不知不觉，窃盗将来，以润其己，名曰盗机。”[③]这是从名上泛泛而说，较易为人所见。本来，《阴符经》说：“其盗机也，天下莫不能见，莫不能知。”李筌对此作了不同的解释：“盗机深妙，易见难知。”[④]就是说“盗机”表面容易为常人发现，但其深层的道理却难以认知。正如他说：“天下之人咸共见此盗机，而莫能知其深理”，“国氏盗天而获富，人皆见种植之机，不知其所获之深理”。[⑤] 因此，从名字上去见到“盗机”而不是从深理上认知“盗机”，还算不得真正掌握了“盗机”。于是在“盗机”上有君子小人之分，效果各不相同：“君子知积善之机，乃能固躬；小人务荣辱之机，而轻命也。”说得具体点就是：“固躬之机者，君子知至道之中，包含万善，所求必致，如响应声；但设其善计，暗默修行，动其习善之机，与道契合，乃致守一存思，精心念习，窃其深妙，以滋其性。或盗神水华池、玉英金液，以致神仙。贤人君子，知此妙道之机，修炼以成圣人。故曰：君子得之固躬矣。小人得之轻命者，但务营求金帛，不惮劬劳；或修才学武艺，不辞疲瘁，饰情巧智，以求世上浮荣之机；或荣华宠辱，或军旅倾败，贪婪损己；或耽财好色，虽暂得浮荣，终不免于患咎。盖为不知其

---

① (唐)李筌:《黄帝阴符经疏 · 富国安人演法章》,《道藏》第 2 册,第 740 页。
② (唐)李筌:《黄帝阴符经疏 · 富国安人演法章》,《道藏》第 2 册,第 740—741 页。
③ (唐)李筌:《黄帝阴符经疏 · 富国安人演法章》,《道藏》第 2 册,第 742 页。
④ (唐)李筌:《黄帝阴符经疏 · 富国安人演法章》,《道藏》第 2 册,第 741 页。
⑤ (唐)李筌:《黄帝阴符经疏 · 富国安人演法章》,《道藏》第 2 册,第 742 页。

妙道之机，以致于此。故曰：小人得之轻命也。”①这是名同而实异的“盗机”。在李筌看来，只有君子的“积善之机”、“固躬之机”才算得上“盗机”，因为“盗机”的目的在于有利于人自身，使人获得神仙之道。而小人的“轻命之机”则“损己”，终不免灾祸满身，故小人有盗机之名，而不得盗机之实，算不得掌握了“盗机”。在对“盗机”的这种实质性区分中，也显示了道德实践的功能，道德主体的为善去恶是掌握“盗机”的关键所在。由此也可看出，李筌论“盗机”强调了人的主体能动性，能否掌握“盗机”，就看人的道德主体性发挥如何，看你是君子之德，还是小人之德。李筌认为，人面对自然并非无所作为，一味被动，而可以主动地驾驭自然。他说过：“人与禽兽草木，俱禀阴阳而生。人之最灵，位处中宫，心怀智度，能反照自性，穷达本始，明会阴阳五行之炁，则而用之。”②人为万物之灵，充满智慧，既能认识自我，又能知晓自然规律，则而运用。故不论从道德论上，还是从认识论上，他都承认人发挥主体能动性就能掌握“盗机”。说穿了，人盗取天地万物之机本身就是人认识自然、掌握自然规律、因势利导的过程，没有人的主体性之发挥，就决无“盗机”可言。在论述中，李筌又将道教神仙长生思想与“盗机”论联系起来了，认为君子经过自我“设其善计”，开动心中“习善之机”，滋养自己的本性，可以“与道契合”，获致神仙。所以在他那里，神仙长生成为一种“盗机”之举，这在唐代道教思想理论中可谓独具一格。

在李筌的解释下，《阴符经》哲学思想的主题就是“盗机”。他对“阴符”这一题目的诠释即是：“阴，暗也；符，合也，天机暗合于行事之机，故曰阴符。”③反过来也就是说，人们的行事之机要暗合天机，因此，他特别强调人们察机要、合天机，他在总结《阴符经》上、中、下三篇时都指出了这一点。他总结上篇说：“此神仙抱一演道章上，一百五言，使人明阴阳之道，察兴废之理，动用其机宜，然后修身炼行，以成圣人。”又说：“天道应运，阴阳至神。察其机要，存亡在身。悟者为正，迷则非真。知之修炼，谓之圣人。”④这就

① （唐）李筌：《黄帝阴符经疏·富国安人演法章》，《道藏》第2册，第742页。
② （唐）李筌：《黄帝阴符经疏·富国安人演法章》，《道藏》第2册，第740页。
③ （唐）李筌：《黄帝阴符经疏·神仙抱一演道章》，《道藏》第2册，第737页。
④ （唐）李筌：《黄帝阴符经疏·神仙抱一演道章》，《道藏》第2册，第740页。

是说,修神仙之道,必须察明天道阴阳的机要,盗取其“机宜”,才能成圣人。他总结中篇说:“此富国安人演法章中,九十二言,皆使人取舍合其机宜,明察神明之道,安化养命,固躬之机也。”又说:“天地万物,阴阳四时,更相为盗,贵合天机。圣功神明,非贤莫知,固躬轻命,审察其宜。”①可见,他认为中篇的主题仍是教人取舍合乎天机,审察天之机宜,以便盗机“安化养命”。他总结下篇说:下章强兵战胜之术一百三言,皆使人“深思静虑,恩害不生,晓达存亡,公私隐秘,开物成务,观天相时”。又说:“绝利一源,三思反复。徇物之机,生死在目。乐出安静,恩生害酷。天地灾祥,时理为福。”②即是说,人们只要善于观天而把握时机,就能得到福祥。综上可知,李筌是以暗合天机、盗取天机这样的思想为主线,贯穿于《阴符经》的诠释中,这就使《阴符经》原文简略晦涩的“盗机”说得到了发挥和丰富。李筌的“盗机”论由这样两方面构成:一方面人发挥主体能动性,暗合天机而盗取天机;另一方面人又要防止天地万物对人的“盗机”,勿为其所“贼害”。总之,“盗机”论是李筌道教哲学思想的核心部分。

对天人关系的认识是中国哲学的一条主线,中国古代哲学家多注重此问题之研究。李筌的“盗机”论实质上也就是他对天人关系的看法。对于天人关系,历来存在两条不同的认识路线:一条是天命论,天人感应,天人合一;一条是人定胜天,天人相分,制天命而用之。李筌的“盗机”论基本上属于后一条。他强调了怎样认识天机、把握时机、运用人的权谋去窃取天机而造福于人自身。他肯定了人能胜天,在天人关系中人居于主导地位。比如他在《太白阴经》卷一《人谋上·天无阴阳篇第一》中谈到战争胜败时说:“任贤使能,不时日而事利;明法审令,不卜筮而事吉;贵功赏劳,不禳祀而得福。无厚德而占日月之数,不识敌之强弱而幸于天时,无智无虑而候于风云,小勇小力而望于天福,怯不能击而恃龟筮,士卒不勇而恃鬼神,设计不巧而任向背。凡天道鬼神,视之不见,听之不闻,索之不得,指虚无之状不可以决胜负,不可以制生死,故明将弗法而众将不能已也……夫如是,则大道于

① (唐)李筌:《黄帝阴符经疏·富国安人演法章》,《道藏》第2册,第742页。

② (唐)李筌:《黄帝阴符经疏·强兵战胜演术章》,《道藏》第2册,第746页。

兵,有何阴阳哉?”这就是说,战争胜负决定于人谋,而非取决于天道鬼神。战争是如此,其他人事也莫不如此。他区分了天道与人道的不同,反对把天道变化同人类社会的治乱加以比附。他指出:“愚人见星流日晕,风雨雷电,水旱灾蝗而生忧惧,殊不知君臣道德,政理淳和矣。安抚黎人,转祸为福。以此时物文理哲唯圣,我知之者矣。故天地悬日月以照善恶,垂列宿以示吉凶,皆道德自然之理矣。愚人仰视三光,观天文之变易,睹雷电之震怒,或寒暑不节,或水旱虫蝗,恐祸及身,悉怀忧惧,愚人以此为天地文理圣也。时物文理者,但君怀廉静,臣效忠贞,摅鹊不喧,边烽无燧,兆人康乐,环宇宁泰,纵天地灾祥,无能为也……夫子曰:存亡祸福皆在己,天灾地妖不能加也。则妖祸不胜善政,怪梦不胜善行。又尧遭洪水九年,汤遭大旱七载,兆庶和平,人无饥色。何者?为君有道,政理均和,主信臣忠,百姓戴上,虽有水旱,不能为灾也。水旱者,天地也;文理者,时物也。若明时物之理者,皆能转祸为福,易死而生。故曰:我有时物文理哲。”①所谓“天地文理”即指天道,“时物文理”即指人道。他认为,人世的祸福治乱皆决定于“时物文理”,而不是决定于“天地文理”。愚人不知,把“天地文理”视为神圣不可犯。殊不知,只要掌握了“时物文理”,政治清明,人民康乐,社会安宁,则天地灾妖不能加害,并能转祸为福,化死为生。这是一种人定胜天的思想,这种思想开了柳宗元、刘禹锡有关天论的风气之先,对中唐天人问题的讨论起了先导作用,在中国哲学思想发展史上有其重要贡献。

最后,应当指出,李筌的“盗机”论在强调人的主体能动性时,不免过分夸大了这种主观作用。他说:“夫春风东来,草木甲坼,而积廪之粟不萌。秋天肃霜,百卉俱腓,而蒙蔽之草不伤。阴阳寒暑为人谋所变,人谋成败岂阴阳所变之哉?”②经过人为努力,可使仓里的粮食在万物萌生的春天不发芽,加上保护物的草在秋天不肃杀,这是对的。但他由此将人谋绝对化,完全否定“阴阳所变”等自然环境的作用,便过分夸大了主体能动性的功用。又如:“夫人心主魂之官,身为神之府也。将欲施行五贼者,莫尚乎心。故

① (唐)李筌:《黄帝阴符经疏·强兵战胜演术章》,《道藏》第2册,第745页。

② (唐)李筌:《太白阴经》卷1《人谋上·天无阴阳篇第一》,《文渊阁四库全书》本。

心能之士有所图，必合天道。此则宇宙虽广，观览只在手中；万物虽多，生杀不出于术内。故曰：心正可以辟邪也。”①心向宇宙的扩充，可“施行五贼”，如此宇宙万物皆在心术之内，“心正”可以压倒一切邪恶。从中似可看到后来陆王心学“宇宙即吾心，吾心即宇宙”的影子。再有，李筌的“盗机”论所阐述的生命哲学，乃是对道教传统的“我命在我不在天”的继承与弘扬，对于中国传统养生学理论的发展有积极意义。

第五节　道教教义、科仪、经籍的整理与编撰

从隋到盛唐的170余年间，道教的教义和科仪以及经籍都得到进一步的整理和编纂，与道教理论的大发展交相辉映，烘托出这个时期道教的兴盛。下面我们即以《道教义枢》、《传授三洞经戒法箓略说》、《开元道藏》等为例，对此进行概述。

一、《道教义枢》对道教教义的编撰

《道教义枢》为剪辑《玄门大义》和集多种道经而成，集者为青溪道士孟安排。孟氏身世不可详考，据陈子昂于圣历二年（699年）所撰《荆州大崇福观记》所载，可知其活动于武则天时代，稍后于成玄英和李荣，曾对“大崇福观”的得名与修饰出过力。《道教义枢序》中引用了《隋书 · 经籍志》论元始天尊一节，而《隋书 · 经籍志》成书于唐高宗显庆元年（656年），从成书到流传，当经过相当的时间。据此推考，《道教义枢》当成书于武周时代。《道教义枢》的成书，据孟安排《序》称：“惟《玄门大义》盛论斯致。但以其文浩博，学者罕能精研，遂使修证迷位业之阶差，谈讲昧理教之深浅。今依准此论，芟夷繁冗，广引众经，以事类之，名曰《道教义枢》。显至道之教方，标大义之枢要，勒成十卷，凡三十七条。”②由此可知，孟安排是以《玄门大义》为底本，在此基础上“广引众经”③、“芟夷繁冗”编辑而成的。但《玄门大义》

① （唐）李筌：《黄帝阴符经疏 · 神仙抱一演道章》，《道藏》第2册，第738页。

② （唐）孟安排：《道教义枢序》，《道藏》第24册，第804页。

③ 据日本人吉冈义丰《道教经典史论 · 道教义枢引用书目》统计，共引用道经103种。

一书已经失传,故其剪裁的具体情况如何,已难以考定。日本学者麦谷邦夫对此作过一些探索,可作参考。①《道教义枢》对道教教义的阐述,是通过对一些道教范畴的解释而进行的,以下我们便顺其结构择要加以介绍。

(一)道德义

“道德”是最重要的道教范畴,他对此定义说:“道者,理也,通者(也),导也。德者,得也,成也,不丧也。言理者,谓理实虚无……言通者,谓能通生万法,变通无壅……言道(导)者,谓导执令忘,引凡令圣……德言得者,谓得于道果……言成者,谓成济众生,令成极道……言不丧者,言上德不失德,故云不丧也……然道德玄绝,自应无名,开教引凡,强立称谓。故寄彼无名之名,表宣正理,令识名之无名,方了玄教。故《灵宝经》云:‘虚无常自然,强名字大道。’”②以道为虚无之理,这与成玄英所说道为“虚通之妙理”,李荣所谓道为“虚极之理”大体一致,由此可见,《道教义枢》与重玄派有关系。此外,他引很多道经来说明道德的定义,这是本书的构架特征。

接着,孟安排从体用角度来阐释道德。他认为:“道义主无,治物有病;德义主有,治世无惑。”并引用陆修静的话说:“虚寂为道体,虚无不通,寂无不应。”引臧矜的话说:“道德一体,而其二义。一而不一,二而不二,不可说其有体有用,无体无用。盖是无体为体,体而无体;无用为用,用而无用。然则无一法非其体,无一义非其功也。寻其体也,离空离有,非阴非阳,视听不得,搏触莫辩;寻其用也,能权能实,可左可右,以小容大,大能居小。体即无已,故不可以议;用又无穷,故随方示见。”③臧矜为梁代重玄派思想家,从所引文中可见其道德体用一源、不落二边的思想,这也证明《道教义枢》与重玄派确有渊源。他在解释“常可二道,上下两德”时,也非常接近重玄派的思想:“上德是忘德,下德是执德。以是执德,今明物情常执,谓有常道可求,不能悟理,便成滞教。老君演明道德,正治此迷。经云:‘可道非常道’,非谓别有常道,正言所是说道,并非恒定,不宜执以为常,故系非常,以为消

① 参见麦谷邦夫:《南北朝隋唐初道教教义学管窥》,《日本学者论中国哲学史》,中华书局1986年版。

② (唐)孟安排:《道教义枢》卷1,《道藏》第24册,第804—805页。

③ (唐)孟安排:《道教义枢》卷1,《道藏》第24册,第805页。

遣。此言说道为药，本治物迷，迷病若消，何道不得。若知不得为得，亦可不常为常也。”[①]与成玄英、李荣所讲不执着、“遣”去以及所用病药比喻都一致。所谓“不常为常”、“不得为得”更是典型的否定式思维。

（二）法身义

什么叫“法身”？《玄门大义》说：“法身者，至道淳精，至真妙体，表其四德，应彼十方，赴机于动寂之间，度物于分化之际，此其致也。”《升玄经》说：“吾以立气周流八极，或号元始，或号老君，或号太上，或为世师，随人所好，为作法身”。孟安排进一步解释说：“法是轨仪，身为气象，至人气象可轨，故曰法身。”[②]“法身”本为佛教“三身”之一，《大乘义章》卷十九云：“后息妄想，彼法显了，便为佛体。显法成身，名为法身”。佛教一般把法身佛认同为理性化的精神实体，并未赋予其人格化表征，在密教中，却就“大日如来”这位法身佛立说，法身不再是抽象的理性本觉，而是具有人格意义。孟安排讲的法身亦是有人格特征的，这便是“至人”的人格。《升玄经》所讲也是人格化的，故或显化为元始天尊，或为太上老君。《玄门大义》则只从本体出发，指出法体的应彼十方，化分万物。结合起来，《道教义枢》讲的法身义，既有本体的意义，也有人格化表征，前者为“本”，后者为“迹”。

因此，它接着便将法身分为六身，即本迹各三身。“本三称者：一者道身，二者真身，三者报身”；“迹三名者：一者应身，二者分身，三者化身”。“道身者，《太平经》云：‘道无不导，道无不生。’《度人经》云：‘唯道为身。’《本际经》云：‘即是真道，亦名道身。’”“真身者，《玉纬经》云：‘真，淳坚也，谓体无秽杂，常住凝然。’《消魔经》云：‘近为真身。’《本际经》云：‘我之真身，清净无碍。’”“报身者，报是酬答之名，谓酬积劫之行……《本际经》云：‘元始正身，因无数劫，久习妙行，报得此身。’”“应身者，应是应接，谓随机显迹，应接群生。《请问经》云：‘以无心而应众生。’《本际经》云：‘应物根性示色象，故名应身，亦曰生身。言生身者，随顺世法，诞育形体也。’”“分身者，分是分散我一身，散在多处，身虽非一，形相不殊。《本际经》云：‘分

① （唐）孟安排：《道教义枢》卷1，《道藏》第24册，第805页。

② （唐）孟安排：《道教义枢》卷1，《道藏》第24册，第805页。

形散体，无有限量，止见一方，故惟百亿。’又云：‘诸分身者，是于报身起无碍用。’《灵宝经》云：‘天尊分形百万，处处同时，是男是女，并见天尊，俱如一地。’”“‘化身者，化是改变无常，倏有欻无，种种殊相，非复本形。《定志经》云：‘天尊化作凡人，从会中过。’《本际经》云：‘我即化身，种种示见，人天六道，随缘施作，倏有欻无，权示色像。’”①上述从本迹阐释六身，无非是想说明法身从本降迹，由迹归本，化生万物，常住凝然，清净无碍，拯救苍生于“劫”中，变化无穷，分形百万，忽有忽无，应接众生。这样一个人格本体是得道的终极原因和最高根据。如果说佛教所讲法身与佛性问题相连，那么道教的法身也与道性不可分，都是要解决成佛成道的原因、依据和可能性。潘师正曾云天尊有八身，②这里却分为六身，表明此时道教在这一问题上尚未达成共识，从《道教义枢》所引道经看，也可见其分歧。

（三）三宝义

所谓“三宝”，是指道、经、师，即：“一者道宝，二者太上经宝，三者大法师宝。”③又称“三尊”，义为“尊高无上，宝贵无价”。

对“道宝”的具体解释不一，或谓道以通达为义，既能自通又能通他，令凡俗达理通物；或谓道宝是无形之形即“太上”，以应身为体，以气应感；或称认识太上大道君的本迹为道宝；或以色即七十二相，八十一好，心即四达六通，智圆慧满，以此身心庄严具足为道宝。这些解释有的是从“道”的本义去说，有的是以道的人格化产物“太上”为道宝，有的则借佛教教义进行解说。

对“经宝”的解释也不一。共有三家之说：“一云以理为体，谓文字可灭，此则非经。理既是常，故为经也。二云文理合为经，理则合常，文则合法。三云文为经，体有；理未言，无有。经称演立言教，方有经名。”④孟安排认为：“随方假说，三释皆通，顺情而言，后解小胜。以经教所明，多以文为

① （唐）孟安排：《道教义枢》卷1，《道藏》第24册，第805页。

② 参见本章第三节潘师正对答唐高宗之问。

③ （唐）孟安排：《道教义枢》卷1，《道藏》第24册，第807页。

④ （唐）孟安排：《道教义枢》卷1，《道藏》第24册，第807页。

经故也。”①

“师宝”的含义也有三种：“一者舍家远俗，二者修善学慧，三者众聚行法。”②舍家远俗是指栖凭胜处，依庇明师，专心在法，兴隆道教，形与世隔。修善学慧指遵法之人，本崇行解，隔凡成圣，真智为优。众聚行法是指如五真降授葛仙，十方聚传太上之类。总归起来：“师宝者，得道之人为我师。”③

老子所讲三宝为：慈、俭、不敢为天下先。《黄庭内景经》以三丹田为三宝。道教修炼中又以元精、元气、元神为内三宝，耳目口为外三宝。《道教义枢》所讲三宝显然与上述不同，而类似于佛教所谓“佛、法、僧”三宝。后世道教徒持诵经赞仪式时宣念至心朝礼三宝即指此道宝、经宝、师宝。

（四）位业义

位业是指：“登仙学道，阶业不同，证果成真，高卑有别。三乘七号，从此可明；十转九宫，因兹用辩。”④从语义上诠释：“位是阶序之名，业是德行之目。”⑤

对位业的解释诸家不一，孟安排是依《玄门论》中摇亮、玄靖二法师义旨，认为有“禀生位”和“证仙品”两大系统。禀生位包括“界外无欲观感生凡二十七品”。所谓“有欲观”、“无欲观”与成玄英注老的“无欲有欲二观”⑥为同一意思，与中观思想有联系。界内为三界四民之位，界外为三清一乘之位。证仙品始于“发心”，终于“极道”，大体有五心：发心、伏道、知真、出离、无上道。⑦ 这五心总括起来又分为“四位”，前两心是十转位，第三心是九宫位，第四心是三清位，第五心是极果位。前四心是因，后面一心为果。十转位指发心一位即为一转，加上伏道心之九转。发心亦名游散位，意为破裂生死，回归道场，从迷返悟，转俗入道。伏道心的九转分为三种解，每

① （唐）孟安排：《道教义枢》卷1，《道藏》第24册，第807页。

② （唐）孟安排：《道教义枢》卷1，《道藏》第24册，第807页。

③ （唐）孟安排：《道教义枢》卷1，《道藏》第24册，第808页。

④ （唐）孟安排：《道教义枢》卷1，《道藏》第24册，第808页。

⑤ （唐）孟安排：《道教义枢》卷1，《道藏》第24册，第808页。

⑥ 严灵峰：《道德经开题序诀义疏》第175页，载于《无求备斋老子集成》初编三，台北：艺文印书馆1965年影印本。

⑦ 此五心成玄英疏曾论及（见严本卷2，第22页）可知在当时较流行的教义。

种解各三转，共成九转。三种解是：武解、文解、尸解。武解指地下鬼帅，文解指记形改化，尸解指先死后蜕。武解三转是：鬼帅两百年一转，凡三等；世行功德，至忠至孝，至廉至真者改化更生，得为鬼官。文解三转也有三等：一等散在外舍，百四十年一进，给仙人驱使；二等游行仙阶，给仙人所使，百四十年进补管禁，如世散吏；三等得入仙人之堂，游行神州之乡，入宴东华。尸解三转的三等是：其下或因刀兵或因灭度暂游太阴；其次者蝉蜕；其上者以剑杖代尸，俄而升化，乃游虚空。这些就是十转位的大概内容，与前述潘师正的“登十转位”名称同而含义不同，①可以发现当时道教在这方面的分歧。

循此十转位，“或有超悟而上，或有历位而升”，依据修行者的根性利钝、逐悟深浅，先后进入九宫位。九宫位分为：下三宫地仙，小乘三品；中三宫中乘，天仙三品；上三宫大乘，飞仙三品。地仙游诸名山，天仙和飞仙升出三界之表。小乘、中乘六宫，大劫交周，不免生死；大乘三宫，与四民天同，虽未登举，已超三界，大劫交周，灾所不及。以上十转九宫，若从感生角度看属于界内，进一步修行才能进入界外的三清位和极果位。

三清位说的是：“太清仙九品，上清真九品，玉清圣九品，三九二十七品。同修平等，俱入一乘；观有浅深，义开差等。”②二十七品中小乘仙九品是：上仙、高仙、大仙、神仙、玄仙、真仙，天仙、灵仙、至仙。中乘真九品为：上真、高真、太真、神真、玄真、仙真、天真、灵真、至真。大乘圣九品是：上圣、高圣、大圣、神圣、玄圣、真圣、天圣、灵圣、至圣。这“三九不同，而俱是无欲观，体不无优劣，故有仙、真、圣殊。但知上圣、高圣、大圣是圣之上品，神圣、玄圣、真圣是圣之中品，仙圣、灵圣、至圣是圣之下品。圣品既尔，仙、真例然”③。至于无上道的极果位，作者则未详述，或为疏漏。

上述这一串复杂的证道阶梯，从本质上说是封建世俗等级制在道教教义中的折射，神仙世界是人间的倒影。晋升这些台阶的每一步，都必须经过道德修炼，随着德行的升华而晋升。所以“业”是至善的德行，非此无以升

---

① 参见本章第三节潘师正的道教思想。又《道教义枢》所引《海空经》的十转即与潘师正同。

② （唐）孟安排：《道教义枢》卷1，《道藏》第24册，第810页。

③ （唐）孟安排：《道教义枢》卷1，《道藏》第24册，第810页。

“位”。位业义也反映出当时道教教义普遍主张渐修,而不赞成顿悟,没有禅宗那种直指人心、见性成佛的精神。这一点和前述潘师正、成玄英、司马承祯、吴筠等人的修道思想相比照就更加清楚。

(五)两半义

两半义[①]解说人的识业从何发生,怎样向三界六道沉沦,如何才能解脱等。即《玄门大义》所说:“两半义者,凡夫识业,起自氤氲,欲染飘流,沦斯颠倒。若能返出,则还处自然;信任流来,终婴罪垢。”[②]《定志经》亦称:造化之初,氤氲之气凝聚而形成人的神本。神本原是清澄之物,但形体既具,则染六情,一染六情,则惑于所见,昧于所著,loss于因缘连环而积垢获罪。这样人就要轮回于三界六道中,丧失最初的清虚状态。为拯救众生苦恼,灵宝天尊便以“思微定志”口诀开示人们脱离迷途。“思微定志”是《定志经》教义的核心。所谓“思微定志”,张万福曾解释说:“思微者,念昔受生之初,神本清净也。定志者,除诸妄想,绝思惟也。”[③]《道教义枢》对两半义的解释即是以此为中心而构成的,经过解释,就使《定志经》原本比较简略、朦胧的两半义变得详细和清晰了。

(六)道意义

所谓“道意”,其内涵为“正道之心”,是讲入道初心,应归真妙趣,断生死之累,绝有欲之津,证无为之果。归纳起来有五种:一是“自然道意”,指“初发自然之心,上求道果,下化众生之大愿也。但自然之名义可两属:一者当因即是自然,谓任业自然,非他使也;二者果名自然,谓自然正道以化济为意,能发此愿,与果相扶,因受果名言自然也”。二是“研习道意”,指“研习以解伏诸烦惑”。三是“知真道意”,指“习行真智,能鉴真理”。四是“出离道意”,指“出离三界,到于道场”。五是“无上道意”,指“诸智莫过,更无胜通”[④]。

---

① 《道教义枢》卷2的三洞、七部、十二部义本书第一卷第四章第七节已有阐述,此不赘述。

② (唐)孟安排:《道教义枢》卷3,《道藏》第24册,第820页。

③ 《传授三洞经戒法·略说》,《道藏》第32册,第192页。

④ (唐)孟安排:《道教义枢》卷3,《道藏》第24册,第821页。

（七）因果义

这条教义主要是解说报应之理，借鉴自佛教的因果报应观。

孟安排认为，“因”有五种名称，即：因、缘、行、业、根。“因者，因起，亦是因倚，召果为用，亲而能生”；“缘者，助业得果，疏而能生；”“行者，涉行，亦是进趋，涉事行因，当体为目，进趋来果，功用为名”；“业者，义在动作，当体为名，亦是造作来果，功用为称”；“根者，以能生为义，谓能生来果，亦就用为名”。“果”有三种名称，即：果、报、对。“果是酬因之目，报是答因之名”。他又进一步指出：“因果体义”总括有两义，一是“出世因果”，二是“世间因果”。出世因果的“因”以空解为体，以解破世间，“果”以一切智为体，大智若圆，即成道果。世间因果分为“善恶二因，苦乐二果”，其正体“唯是心法”，因此，“善恶报应，正由心耳”。从苦乐二果来说：“迷心是苦，解心是乐”，所以应当“背恶入善”、“常乐我净”。①常乐我净为佛教的“涅槃四德”，一旦证入涅槃，即会有此四个特性。孟安排所要求证的“道果”，也染上了佛家的这一色彩。

（八）三一义

三一义的主要内容是：“精神炁三混而为一。精者，虚妙智照为功；神者，无方绝累为用；炁者，方所形相之法也。亦曰夷希微。夷，平；希，远；微，细也。夷即是精，以精智圆照，平等无偏；希即是神，以神用不穷，远通无极；微即是炁，以炁于妙本，义有非粗。”②孟安排多引重玄派思想家论述三一之说。如引：“孟法师云：‘言三言一，不四不二者，以言言一，即成三也。’”引“玄靖法师解云：‘夫妙一之本，绝乎言相，非质非空，且应且寂。”’③此外，他又从修炼角度引诸经所讲怎样存三守一。

（九）二观义

这也是以重玄派所述为主：“二观者，定慧之深境，空有之妙门。用以调心，直趣重玄之致；因之荡虑，终归双遣之津。”④具体说来，所谓“二观”，

① （唐）孟安排：《道教义枢》卷3，《道藏》第24册，第822页。

② （唐）孟安排：《道教义枢》卷5，《道藏》第24册，第825页。

③ （唐）孟安排：《道教义枢》卷5，《道藏》第24册，第825—826页。

④ （唐）孟安排：《道教义枢》卷5，《道藏》第24册，第826页。

一指“气观”，一指“神观”，气观指“定”，神观指“慧”，故二观即是定慧。“气”的含义是“气象”，以所存三一妙炁来应人身。“神”的含义是“无方不测”，以明“空”、“有”两慧“万行无方，理成不测”。“观”的含义是“思察”，思存妙一，察见无相。神观是界外所修，气观是界内所习，神气两观是定慧分门，寄身心以明空有。“气观是定，亦通空有，以妙有为宗。神观是慧，亦通有无，以真空为主”。[①] 修此二观即可进入非有非空境界。

“观”又有“五种三观”。第一种“三观”是：假法观，实法观，偏空观。此三观标明小乘之人未能玄悟。假法观的“假”以权假为义，“法”以法体为义。理成无我，了假法空，便为假法观。实法观的“实”指“体实”，既已知假法是空，进一步须观察实体是什么，从谁而生。若从他生即是无穷，否则即是从空生，还须推此空。即了“实法亦无”，便为实法观。偏空观的“偏”是不正之名，“空”是虚通之目。指众生著有，病多故偏，说空以遣此病。但小乘的偏空并未极达“正观”，应该是“以空亦空”，即《本际经》所谓：“是空亦空，空空亦空。”只有把“空”也空掉，才算得上“正观”。

第二种“三观”是：有观，无观，中道观。有观的“有”以“质碍”为义，其内容是：“有若定碍，应得碍无，既不碍无，何定是碍？是故有法非碍不碍，以碍为不碍，不碍为碍。既知不碍为碍，即知不有为有，于观者得成观门，有便不碍。有既不碍，观岂不通？故此有境，亦可以不碍为义。”[②]无观的“无”以“不碍”为义，其内涵是：“无若不碍，断桥之无，此应不得。既其是碍，何定不碍？是知无法亦非碍不碍，以不碍为碍，碍为不碍。既知碍为不碍，即知不无而无，此于观者，还得成门。观既成门，即具三义。何者？无既不无，义即如有，亦非不无，义即如无。如无故所以非有，如有故所以非无。如无非有，如有非无，是中道义也。”[③]什么叫中道观呢？“正以体此有无，即以非有非无为中道观。观境既尔，观体亦然。远取意者非本，非于有无，有无既非，非亦非非。三观后意，例得如此。若作中偏为语，则有无为偏，非有

① （唐）孟安排：《道教义枢》卷5，《道藏》第24册，第826页。
② （唐）孟安排：《道教义枢》卷5，《道藏》第24册，第827页。
③ （唐）孟安排：《道教义枢》卷5，《道藏》第24册，第827页。

非无为中,一往将无治有有。”[①]显然,这与上述成玄英、李荣所借用的中道观是一致的,最终要非有非无,非非有非无,双非双遣,不着两边,以成彻底的“空”观,即所谓“空空亦空”。这是证道的方法论。

(十)混元义

混元义讲述道教的万物生成说,描绘宇宙天体之构成。孟安排综合道教的宇宙观说:“混元之时,三炁混沌,九炁未分,天地未立,乍存乍亡。三炁既显,天地运开。《洞神经》云:‘大道妙有,能有能无。道体本玄,号曰太易。元气始萌,号曰太初,一曰太虚。其精青,其形未有,炁形之端,号曰太始,一曰太无。其炁黄,其形未有,形变有质,号曰太素,一曰太空。其炁白,其形亦未有,形质已具,号曰太极,一曰太有,一曰太神,一曰太炁,又曰太玄,又曰太上,又曰太一。其形赤黄,质定白素,白黄未离,名之为混也,杂糅未分为沌,万法初首为元。故两半、三才、五常、万物等法体未别是曰混元。’”[②]

在这里,他据《洞神经》阐述了太易(道体)—太初(元气)—太始—太素—太极这样一个宇宙混沌未分前的序列,这个序列出于《易纬乾凿度》:“夫有形生于无形,乾坤安从生?故曰:有太易,有太初,有太始,有太素也。太易者,未见气也。太初者,气之始也。太始者,形之始也。太素者,质之始也。气形质具而未离,故曰浑沦。浑沦者,言万物相混成,而未相离。”[③]可见,所谓“混元”,相当于《易纬乾凿度》说的“浑沦”,是万物混然一体而未分离的状态。接着,孟安排对天体的日、月、星以及与四时形成的关系等作了猜测,其中既有神话想象的成分,也有原始科学的基因,特别有趣的是,他想象这些天体上都居住着人类。他又据道经构建了一个天界生成论,即混元一气的大罗天化生玄元始三气,并转化为三清天,这三气各自又生三气,合为九气,成九天,九天各生三天,加上原来的九天,构成三十六天。三十六天说早在《魏书·释老志》中即用于排列神仙所居的天界。以后《云笈七

① (唐)孟安排:《道教义枢》卷5,《道藏》第24册,第827页。

② (唐)孟安排:《道教义枢》卷7,《道藏》第24册,第828页。

③ [日]安居香山、中村璋八辑:《纬书集成》上册,石家庄:河北人民出版社1994年版,第10—11页。

籤》所载将三十六天归为“六重天”，其中第五重为“三清天”，第六重为“大罗天”。[①] 此即与孟安排所集相同，但前四重天《道教义枢》则无详载，可见此后三十六天的天界说进一步得到发展。最后，孟安排对人类居住的地球作了描述，认为地有九垒，各有四土皇合三十六皇，上合天数，并对地震的原因作了猜测。这些都反映了当时道教的天体宇宙观。

（十一）理教义

什么是“理教”？孟安排指出：“理教者，明教之为教，示言则无言。忘筌者入其虚源，得环者归其妙旨。”这是一种教人悟道的方法，即怎样才能更有效地悟道。具体分为两类：一类是“方便”，一类是“究竟”。这两个术语借自佛教。《法华文句》卷 3 云：“方便者门也。门名能通，通于所通，方便权略，皆是导引，为真实作门。真实得显，功由方便。”[②]孟安排将之转借过来，说明化导修道者参悟道教的“旨趣”是理教的内容之一，亦即他所谓“开方便门，令得悟入”，这种悟入可使用种种灵活方便的手法。《大乘起信论义记》卷三说：“始觉道圆，同于本觉，故云究竟，此在佛地。”[③]始觉到达圆满之境，与本觉契合为一的“觉悟”，便入佛地，此即佛教所说的“究竟”。孟安排也将其借用过来，说明修道者悟得“文字性空”，忘筌得环，“得无言之理”，即究竟理教。“究竟理教”从形式上看与佛教“究竟觉”相似，所要“觉悟”的内蕴却不相同。接着，孟安排又从“机缘渐顿义”解说理教，认为随机作教，略有五种：一是渐顿。自浅入深为“渐”，一时具说为“顿”。是用渐教还是顿教，须据修行者的根机，“钝机须渐，利根须顿”。二是详略。说广文繁为“详”，粗举要点为“略”。三是浅深。谈极理为“深”，说近事为“浅”。四是权实。因修旧理为实，反常合道为权。因为“缘”有难易，易者示之以“实”，难者化之以“权”。五是废兴。除彼邪法为“废”，隆此正教为“兴”[④]。成玄英在谈到理教时，多从“渐顿”、“权实”去发挥，可见《道教义枢》的这部分内容采自重玄派，而“渐悟”、“顿悟”说则渊源于佛教。

① （宋）张君房：《云笈七籤》卷 21，《道藏》第 22 册，第 159—161 页。
② 《大正藏》第 34 册，第 36 页。
③ 《大正藏》第 44 册，第 257 页。
④ （唐）孟安排：《道教义枢》卷 8，《道藏》第 24 册，第 830 页。

（十二）境智义

从认识论角度探讨认识主体与客体的关系，这是境智义的主要内容。何谓境？何为智？境智关系如何？孟安排指出："境以境界为义，智以决了为义。""境义在外"，"智则在内"，意即境为客观外境，智为主观内心。二者关系归根到底是"内外不二，境智无殊"①。如何才能达到这一步呢？他认为众生的本性原是清净的，但为外境所染，颠倒迷惑，沉沦苦海，所以只要通过众生自我本性的回归和净化，便可以使"境智不二"，冥合为一。可见认识论和道性论在这里是紧密联系的。

（十三）自然义

孟安排所讲的"自然"，与传统道家和道教所说的"自然"皆不同，他是以佛教的因缘假合说为其底蕴的。他说："自然者，本无自性；既无自性，有何作者？作者既无，复有何法？此则无自无他，无物无我，岂得定执，以为常计？绝待自然，宜治此也。"他又进一步解释说："示因缘者，强名自然，假设为教。故自是不自之自，然是不然之然。不然之然，无所不然；不自之自，无所不自。无所不自，故他亦成自；无所不然，故他既成然。他亦成然，亦是他然。然则他之称然，亦是不然之然，然之称他，亦是不他之他。不他之他，无所不他，故自亦成他，不然之然，亦无所不然，故自亦成然。是则自之与他，俱有然义。今但明自然者，以他语涉物义，成有待，自名当已，宜以语绝也。故《本际经》云：'是世间法，及出世法，皆假施设，悉是因缘，开方便道，为化众生，强立名字耳。'"②十分显然，这样诠释"自然"，完全采用中观方法，以四句否定式证成，内容上也吸取了《中论》的《观因缘品》、《观作者品》、《观有无品》等。如此一来，"自然"的含义便转换为无自性、无作者、无对待的假设，不过是为了证因缘和合的方便道而已。日本学者麦谷邦夫对此指出："南北朝后半期，由佛教所挑起的关于自然、因缘的争论，迫使道教方面在探索教义的合理性、完整性上经历了如下的变迁，即开始阶段以《本际经》、《玄门大义》、《道教义枢》为代表，依据佛教教义主张因缘优先。但这种因

① （唐）孟安排：《道教义枢》卷8，《道藏》第24册，第831页。

② （唐）孟安排：《道教义枢》卷8，《道藏》第24册，第831页。

缘优先说后来又逐渐地转向主张因缘与自然处于对等地位、相即不离的方向上去了。到了玄宗朝时期,后一说法则成为道教方面的共同认识。”①

（十四）道性义

道性问题探讨悟道成仙的根源,是隋唐道教所普遍关心的问题,此乃受佛教方面佛性论的影响所致。什么是道性呢? 孟安排指出:“道性者,理存真极,义实圆通。”又说:“道以圆通为义,谓智照圆通;性以不改为名,谓必成圆果。”并谓:“道名在果,即指圆极法身;性语在因,谓有得果之性。此解虽强,亦未通理。若道定在果,性定在因,则性非真道;真道非性,何谓众生有道性耶?”②意即不能执着于“道定在果,性定在因”,否则就有碍不通,不能体现出性为真道、众生皆有道性来。他认为,假如以道性为“不因不果”、“不有不无”、“何在不在”,那就洞见了道性的圆通性;“能了此性,即成正道,自然真空,即是道性”。正如《太玄经》说:“道性者,即真实空,非空不空,亦非不空。”只有这样去认知,才算把握了道的圆通性,而道性圆通则可证众生皆有道性,众生有道性正是得道的基本依据。

在这里,值得注意的是,他不仅主张一切众生皆有道性,而且认为“一切含识乃至畜生、果木、石者,皆有道性也”。③ 这是对庄子“道无所不在”④这一思想的发挥,也是对《玄门大义》道性“虽复冥寂一源,而亦备周万物”、《太玄经》“道性,众生皆与自然同”这样一些道性遍寓万物观念的阐释。“无情有性”这种思想在佛教中也有反映,特别是中唐以后,佛性思想出现了一种由众生有性到万物有性发展的倾向,⑤其代表人物为天台九祖湛然,他在《金刚錍》中集中表述了“无情有性”说。佛教这一学说很有可能受道教影响。道教自汉代以来即继承了道家以道为天地万物根源的思想,认为道是无时不在、无处不有的。这在《太平经》和《抱朴子》等著作中都作了阐

① 曹峰主编:《日本学者论中国哲学史》,上海:华东师范大学出版社 2010 年版,第 282—284 页。

② (唐)孟安排:《道教义枢》卷 8,《道藏》第 24 册,第 831 页。

③ (唐)孟安排:《道教义枢》卷 8,《道藏》第 24 册,第 832 页。

④ 《庄子·知北游》,郭庆藩《庄子集释》第 3 册,王孝鱼点校,北京:中华书局 1961 年版,第 749 页。

⑤ 参见赖永海:《中国佛性论》,上海:上海人民出版社 1988 年版,第 200 页。

述。南北朝时,《西升经》亦称:“道非独在我,万物皆有之。”由此可知,道“备周万物”的思想,在道教中早已有之。初唐时的《太上妙法本相经》在《广说普众生舍品第二十一》里谈道:“夫一切万物有生之性,皆受之于道炁,何故不独入于水石?答曰:水性百入,利润万物。石性质坚,主政人心……是水石可尚,与道合性,岂有不受道乎?”《道门经法相承次序》载潘师正回答唐高宗时说:“一切有形,皆含道性。”这种“无识有道性”的主张,正是对汉代以来,特别是南北朝以来道“备周万物”思想的继承和发展。这样,道教的“无识有道性”说比佛教的“无情有性”说在时间上要早得多。佛性论在受到道性论影响而成立后,又反过来对道性论的发展产生了某些理论影响。佛性讲的是成佛的原因、根据和可能性,佛性的另一重要内蕴是境界,包含心和境两方面,心没有一定的“缘”,尤其是境界这一“缘”是不能起作用的,不能建构佛性的。[①] 道教讲“道性”深受佛性论影响,故其中心也是围绕这些问题求解,最终对人能否成仙了道给予回答和论证。因此道性成为当时道教中一条非常重要的教义。

以上我们从《道教义枢》所列的 37 条教义中抽取 14 条进行了简要分析。可以看出,《道教义枢》在体例上分别对每条教义作了系统地论述,使人能大体观察到这些教义在历史演变和道教中的不同解释,为我们研究南北朝到隋唐的道教教义提供了宝贵的资料。可以说,这是一部百科全书式的道教教义书,它基本上反映了当时道教教义的概貌。

这个时期道教科仪的整理也有了较大的成效,对此作出贡献的主要人物为张万福,下面依据史料略作阐述。

二、张万福对道教科仪的整理

唐代长安道士张万福,是整理编撰斋醮科仪的重要人物。其生卒不详,生平事迹也难详考,据现有零散资料考察可知,其约活动于唐玄宗时。《旧唐书》卷 152 有《张万福传》,但这是个武臣,显系与道士张万福同名而异

① 参见吕澂:《中国佛学源流略讲》,北京:中华书局 1949 年版,第 119—120 页。

人。[①] 据史崇玄《一切道经音义妙门由起序》说,张万福在玄宗时以京太清观大德的身份参加修《一切道经音义》的工作。[②] 张本人辑录的道教斋仪多自称"三洞弟子京太清观道士张万福编录"[③],其《传授三洞经戒法箓略说》末尾题记云:大唐先天元年(712 年)岁次壬子十二月丙申十二日丁未太清观道士张万福谨记。[④] 卷下又称:窃见金仙、玉真二公主以景云二年岁次辛亥(711 年)春正月十八日甲子于大内归真观中,诣三洞大法师金紫光禄大夫鸿胪卿河内郡开国公上柱国太清观主史尊师受道。[⑤] 以上可证,张万福在睿宗时即为京城道士,玄宗时曾为太清观大德,并参与编撰《一切道经音义》,可知张万福曾经参与唐代道藏的编纂工作,此外其身世便无所知。宋人陈景元的《度人经集注》收有张万福《洞玄灵宝无量度人经经诀音义》的一部分;《道藏目录详注》则认为《洞玄灵宝度人经大梵隐语疏义》乃张万福所作。张氏既然注重于发展道教斋醮科仪,对灵宝派经典的注意疏解也就不足为怪。

张万福曾居长安清都观、太清观,道教经书称大唐清都三洞法师、西京清都观张万福天师、清都张万福天师、西京清都观张万福天师。所撰科书或题"三洞弟子京太清观道士张万福编录",或题"三洞弟子清都观道士张万福撰"、"京三洞弟子清都观张万福",因此道门科书称之为张清都。经书中则称其科仪为"清都张万福天师斋仪"、"西京清都观张万福天师仪范"、"西京清都观张万福天师仪轨"、"张万福天师科法"。

《正统道藏》收录张万福编撰的斋醮科仪经书,有《传授三洞经戒法箓略说》、《三洞众戒文》、《三洞法服科戒文》、《太上洞玄灵宝三洞经诫法箓择日历》、《醮三洞真文五法正一盟威箓立成仪》等。张万福还曾修撰《太上洞玄灵宝长夜之府九幽玉匮明真科》、《黄箓仪》、《灵宝五炼生尸斋仪》、

---

① 《册府元龟》卷 784"寿考"条也提到这个武臣张万福。

② 《道藏》第 24 册,第 722 页;又见(清)董诰等编:《全唐文》,北京:中华书局 1983 年版,第 10 册,第 9623 页。

③ 也有称"京三洞弟子清都观张万福"者。

④ 《道藏》第 32 册,第 197 页。

⑤ 《道藏》第 32 册,第 196 页。

《五等朝仪》、《洞玄灵宝无量度人经诀音义》、《洞玄灵宝三师名讳形状居观方所文》等科仪。南宋蒋叔舆《无上黄箓大斋立成仪》卷 16《科仪门》，题为“东晋庐山三洞法师陆修靖撰，大唐清都三洞法师张万福补正”。张万福的科仪思想对后世影响甚著，其《黄箓仪》有承前启后的创新。蒋叔舆《无上黄箓大斋立成仪》卷 17《科仪门二》之《古法三时行道仪》说：

> 陆天师盟真斋仪大谢忏文，即经中谢经宝之文，盖祖《太极敷斋威仪经》耳。张清都《黄箓仪》，大谢乃自出机轴为之，而词意颇繁复。故李景祈所传，乃是采取陆天师盟真仪大谢，为黄箓斋大谢文。其间引用张清都仪，不过数语。盖陆天师而未尝撰黄箓斋仪也。经科忏罪，质而不华，语颇难读，今人因以为古朴。①

所谓“洎唐则张清都万福，复加编集，典式渐详”，②经过张万福编撰的《黄箓仪》，适应了中唐社会道教斋醮的需要。唐代赵道升亦曾编《黄箓仪》，但其影响远不及张万福编撰的《黄箓仪》。唐末五代杜光庭编撰《太上黄箓斋仪》，南宋蒋叔舆编撰的《无上黄箓大斋立成仪》，其斋仪释文多处引用张万福斋仪的论述，用以辨析斋法源流，说明张万福编撰《黄箓仪》及其科仪思想，在道门中有相当影响。

唐代道教受到皇室的尊崇，按唐代国家的仪礼制度，凡三元日和皇帝诞生日，道教宫观要举行金箓大斋、明真斋，为帝王长寿、国家康泰而祈祷。张万福编撰的《五等朝仪》，就是为唐代国家祭斋醮仪式而设。随着唐代道教斋醮法事的盛行，陆修静所制定的斋醮科仪，在实践中已暴露出种种问题，需要道门中人整理改进。唐代长安是道教文化中心，是各名山高道荟萃之地。张万福时五十余岁，入道修持亦四十余载，身为长安太清观大德，故担当起整理斋醮科仪之重任。张万福对斋醮科仪的整理和贡献，主要在经戒法箓、法服科戒、斋醮仪式等方面。

在道教三洞诸经中，有关戒律的经典颇多，随着唐代道教的发展，在戒律修持方面出现新的问题。张万福为此编撰《三洞众戒文》，收录《始起心

---

① 《道藏》第 9 册，第 493 页。

② （宋）王契真：《上清灵宝大法》卷 54，《道藏》第 31 册，第 201 页。

入道三归戒文》、《弟子奉师科戒文》、《灵宝初盟闭塞六情戒文》、《三戒文》、《五戒文》、《八戒文》、《三诀文》、《八败文》、《三要文》、《十三禁文》、《七百二十门要戒律诀文》等。规定始起心入道者受《三归戒》;在俗男女受《无上十戒》;新出家者受《初真戒》;正一弟子受《七十二戒》等,要求法师随法传授。在《传授三洞经戒法箓略说》中,张万福进一步强调学道持戒的重要,认为学道当以戒律为先,若有法而无戒,犹欲涉海而无舟楫,犹有口而无舌,则无从学道以登真成仙。

张万福的《太上洞玄灵宝三洞经戒法箓择日历》,根据道书记载,编撰出传授各种经戒法箓选择吉日之历表,共有九节。规定传授经戒,均须"三盟"、"六证"。张万福的《三洞法服科戒文》,是对道教服饰制度的解说。道教法服有冠、裙、帔三要件,《三洞法服科戒文》说:"冠以法天,有三光之象;裙以法地,有五岳之形;帔法阴阳,有生成之德"①。道教法服有法天象地,取法阴阳五行的象征意义。法服依道士经戒的高下而有区别,凡出家修行为道士,即须易俗衣而着法服。道士应保持服饰威仪,道士身着法服应遵46条科戒,即有关法服穿、脱、制、置的46条规定。

《醮三洞真文五法正一盟威箓立成仪》,是张万福整理制定的专醮仪式。张万福《醮三洞真文五法正一盟威箓立成仪》论"醮"之内涵说:"凡醮者,所以荐诚于天地,祈福于冥灵。若不精专,则不足以通感,尽诚而福不应者,未之有也,诚不极而望臻者,亦未闻矣。修佩之者,宜竭诚焉。"②指出建醮设坛的器物供品皆有讲究,醮坛以设于名山洞府为佳,其次则选择幽闲静寂之地。至于醮坛的器物座具,奉献的时果芳馔,都应该丰富新鲜,以符合道法清虚的要求。

张万福上承陆修静,后启杜光庭,是唐中期撰修科教的一代宗师。其斋醮科仪思想主要体现在《传授三洞经戒法箓略说》等经文内容中。

《传授三洞经戒法箓略说》分上下两卷,简述道教的经戒,根据信教对象的品位不同而分别授之。道教戒律之所以要区别如此众多的名目,所授

① 《道藏》第18册,第230页。
② 《道藏》第28册,第492页。

对象各有不同,他认为其理论依据是:“伏寻经旨,人从虚无自然中来,结形抱识,法天象地,备含万类,神明保卫,贵不可称、尊,亦叵匹、而染习,尘劳、流浪,生死、不能自悟。天尊大慈,善劝方便,说经演戒,开度天人,普使男女,同登正道。然气有清浊,人有贤愚,故教有三乘,形分万等,法门渐顿,盖有由矣。”[①]由于人们禀气有清浊,出生后便有贤愚之别,既然人的根性不同,故天尊开演经戒时便因材施教,于是教分三乘,法门也有渐顿。这样就产生了针对不同修道对象的种种戒律。

他强调指出:这些戒律是修道者首先必须进行的科目,否则不能得仙。他说:“道学当以戒律为先……若有法而无戒,犹欲涉海而无舟楫,犹有口而无舌,何缘度兆身耶?”又说:“凡初入法门,皆须持戒。戒者防非止恶,进善登仙,众行之门,以之为键。夫六情染著,五欲沈迷,内浊乱心,外昏秽境,驰逐名利,耽滞色声,动入恶源,求乖贤域,自非持戒,莫之能返?故经云:持戒制六情,念道遣所欲。又云:学道不修斋戒,徒劳山林。又云:皆从斋戒起,累功结宿缘,飞行凌太虚,提携高上人。”[②]认为只有持戒才能断除情欲,修善止恶,获得仙缘。这种思想为后世道教所继承,如《云笈七籤》卷三十八《说戒》便称:“夫学道不受大智慧道行本愿上品大戒,无缘上仙也。”

既然持戒在修学成仙中有如此重要的地位,他便对正一、三皇、灵宝、上清等不同道派为其弟子而设置的各类戒目作了介绍,并对三洞经文在修道中的作用分别举例作了说明。其中在谈《三天正法除六天玉文》时,他着重强调“心”在修道之中的地位,提出“修道即修心”的主张。他说:“人所以生者,神在形也;所以死者,炁离身也。子欲长生,定其心也。身有百神,心为之主。故《老君内观经》云:心者,禁也,一身之主,禁制形神,使不邪也。心则神也……变化莫测,混合阴阳,大包天地,细入毫芒,制之则正,放之则狂,清净则生,浊躁则亡……但能虚寂,生道自常;永保无为,其身则昌……祸福吉凶,悉由之矣。”[③]又说:“道者,有而无形,无而有情,变化不测,通神群生,在人之身,则为神明,所谓心也。所以教人修道即修心也,教人修心即修道

① 《道藏》第32册,第184页。

② 《道藏》第32册,第185页。

③ 《道藏》第32册,第192页。

也。道不可见，因生以明之也；生不可常，用道以守之也。若生亡则道废，道废则生亡，生道合一，则长生不死，羽化神仙。人不能保者，以其不内观于心故也。内观不遗，生道常存。”[①]说明了什么是心，什么是道，以及修心和修道的关系。前面我们业已指出，唐代有些道教学者已从传统的炼形转向于炼神，着重从内在心性去发掘成仙了道的根据，从张万福对当时道教经戒的总结中，也可看出这一趋势。

张万福在对三洞经戒举例作了说明后，又指出传授经戒的程序是：“凡人初入法门，先受诸戒，以防患止罪。次佩符箓，制断妖精，保中神炁。次受五千文，诠明道德生化源起。次受三皇，渐登下乘，缘粗入妙。次受灵宝，进升中乘，转神入慧。次受洞真，炼景归无，还源返一，证于常道。”[②]从这个程序来看，显然是把正一、三皇列于较低层次，而以上清品位为最高。最后，他对传授经戒所须的信物及仪式也作了说明，其中较重要的是“券契”、“盟”和“誓”。

所谓“券契”，是指“受道之日，关奏天曹地府，四司五帝，一切神仙，以为监证。所以召七祖以监临，对五帝而结券，若后讳盟犯约，背道轻师，则勘契合券，以自证验，亦犹世之交易，各执券契以相信也。亦曰升天券，得道之日，过天门地户，魔王主司以相按验，乃至神仙洞府、诸天曹局，悉皆勘会，如世之公验他。券即正一真券、五色券、八道券、三五券、洞神券、升玄券、自然券、上清七券等例是也；契即正一黄契、三五契、三十六部尊经契、上清四契等例是也”[③]。可见，这既是与神签订的一种契约，犹如世上的交易证券，又是一种得道的证明文书，犹如世上的“公验”。

所谓“盟”是指：“明也，彼此未信，对神以相明也。神者，无形，窅冥不测，莫睹其端，若违盟约，必致殃考，是其验耳，依盟崇约，福亦无忒。但以凡心易动，神理难明，故须立约以契之，必令通神合道也。盟即灵宝初、中、大等是也。”[④]这也是与神的一种契约关系，依从盟约和违背盟约会有不同

① 《道藏》第32册，第192页。
② 《道藏》第32册，第193页。
③ 《道藏》第32册，第195页。
④ 《道藏》第32册，第196页。

后果。

所谓“誓”是指:“制也,以言契心,告神盟也,而自制其情欲,不使放逸,期于会道耳。夫上士闻道,勤能行之,不须盟誓以自契也;中士已下,引之则进,排之则退,故须盟誓,制止其心,令不改也。盖圣人大慈之教,勘于合道,既授之以法,又使从科戒,必令不犯,克得道也。所以末代传道,皆须共立盟誓也。誓即六誓、十二誓等是也。”①这是向神立誓言,目的是使入道者“自制其情欲,不使放逸”,坚定其信道之心。他批评世人的所谓入定净心说:“世人不悟,遂妄生非毁,外不行功立德,内不洗垢清神,而贪秽满心,爱憎栖意,徒言入定,躁甚羁猿,唐说净心,臭踰溷豕。”又批评佛教坐禅说:“但见坐禅者毒心弥盛,秽迹踰彰,虚语内修,竟无中实。至于饥寒痛痒,病恼烦怨,不异常人,矫云同俗,吁可悲也。”②通过这样的批评,进一步肯定了道教的盟誓。

以上为《传授三洞经戒法箓略说》的主要内容。与这一著作相关的是《洞玄灵宝道士受三洞经戒法箓择日历》,说明道士受经戒以什么日期最佳。其中特别值得注意者,是他批评了当时经戒传授混乱的现象:“窃见男女同坛,或师弟不相对斋,或师弟各自游行,或结斋之后始来告赴,或不投辞誓,或抱素尽空,或师借经法及假人经法,或师为出法信,或数师同坛,或不书表刺,不分契券,或法次交互不期良日,或虚注保证及广书名德。如此之流,情所不忍。复有无经法,恃其豪富势力及名望高远,耻人不归,强相招引,为他传授。亦有曾受一法两法或道德十戒,乃唱言:自云凡诸道法,我并师受。或薄解符章禁祝小技,出入天庭;或富贵人驱使,或百姓信向,丰衣足食,少有僮仆,使人传唱,招致弟子,为传经法。或恃以年高德重,俄然戴冠,为人师范。”又说:“尝游江淮吴蜀,而师资付度,甚自轻率,至于斋静,殊不尽心,唯专醮祭,夜中施设。近来此风,少行京洛,良由供奉道士多此中人,持兹鄙俗,施于帝里。”③可见当时经戒传授科仪的混乱,以及道士们对此的轻率和无知,这对道教的组织发展是不利的,也有损道教在社会上的形象。

① 《道藏》第32册,第196页。
② 《道藏》第32册,第196页。
③ 《道藏》第32册,第184页。

这就是他之所以要整理戒律科仪，辑录成书的原因。正如他说："万福仰惟积善，庆及庸微，既厕道流，又参真秘，自升净域，向五十许年，从师结誓，亦四十余载，敢窥琼检，窃诵金章，香灯之暇，辄此撰录，只望示之门人，未敢闻之于外。先修《三洞众戒》，已具二十一卷，中恐披卷轴繁多，罕能存录。今指行此一卷，庶弟子志之。"①所修《三洞众戒》21 卷今已不传，而《三洞经戒法箓择日历》或即其中的一部分。自云入道五十余年，则此经当为其晚年所作；又云曾游江淮吴蜀，则其游历甚广，亲眼目睹当时道教在科仪方面的弊病，故决心从自己的弟子做起，整顿道门科仪。

如果说以上两部著作是张万福对经戒所作的清整，那么《醮三洞真文五法正一盟威箓立成仪》则是他在醮仪方面作的整理。在这一著作里，他首先对醮仪的意义及应注意的事项作了说明。他说："凡醮者，所以荐诚于天地，祈福于冥灵。若不精专，则不足以通感。尽诚而福不应者，未之有也，诚不极而望臻者，亦未闻矣。修佩之者，宜竭诚焉。"②醮的要害是一个"诚"字，不诚何以灵？故建醮应"尽诚"，诚心诚意。同时，对建醮地点和器物供品等也须考究。他指出："凡设座得名山洞穴是佳，不然即幽闲虚寂，亦可施置。其器物座具，时果芳馔，必在丰新，山洞间无席即籍草，以木叶若净为巾，预慎内外，不得大鼠畜产，杂秽荤肥，登临犯触及呵叱。大小盛馔，一如斋法。"他批评"世人心昧，不睹精微，即云酒脯，但生不信。且道法清虚，特忌殗秽，星辰岳渎，皆是真仙主之，不究根寻源，直信邪说，若斯之类，吁可痛哉！"③环境的幽闲静寂，器物供品的洁净无秽，也是设醮的基本要求，不可忽视。然后，他对醮仪的全过程依次进行了叙述。这一过程包括：

（1）"设坛座位"；（2）"洁坛解秽"；（3）"入户祝"；（4）"发炉"；（5）"出灵官"；（6）"请官启事"；（7）"送神真"；（8）"敕小吏神"；（9）"内官"；（10）"复炉"；（11）"送神颂"；（12）"出户祝"；（13）"醮后诸忌"。以上从设坛开始，中经请神、送神，直到醮后处理醮食等，皆各有章法，以保证建醮的效果。从张万福的叙述，可知唐代醮仪的大致状况。

---

① 《道藏》第 32 册，第 182 页。

② 《道藏》第 28 册，第 492 页。

③ 《道藏》第 28 册，第 492 页。

张万福又撰有《三洞法服科戒文》，对道教的服饰制度作了解说。他指出：衣服为身之章，随禀受品次不同，各有科仪。道士修行，舍俗出家，当须持奉三洞符策经戒，依此制服，随其经戒高下，勿得叨谬混杂。“冠”指的是“观”。内观于身，结大福缘，天地百神威奉于己，当以道护持，制断六情，抑止贪欲，虚心静虚，涤荡尘劳，念念至诚，克登道果。外观于物，悉非我有，妄生贪著，惑乱我心，当须观妙，常使无欲。以其观察，德美于身，上法三光，照明内外，如莲花处世无染。冠的另一含义是：花为果，始用冠，一形举之于首，圆通无碍。“帔”指的是“披”。内披露肝心，无诸滓秽，外披扬道德，开悟众生，使内外开通，彼我皆济，随时教化，救度众生，一切归依。“褐”指的是“遏”、“割”。内遏情欲，使不外彰，割断诸根，永绝萌蘖。外遏贪取，使不内入，割断诸物，永无烦恼。内外遏绝，物我兼忘，行道诵经不可阙。“裙”指的是“群”。内断群迷，外祛群累，摄化万物，令入一乘，永出樊笼，普令解脱。总的说来，“冠以法天，有三光之象；裙以法地，有五岳之形；帔法阴阳，有生成之德。总谓法服，名曰出家。内服己身六根三业，调练形神；外服众生三途五道，救拔人天，遍及圣凡。知有所法，景行可遵。又法天尊圣真仙服，住持经戒，教化人间，必使师资相习，真道流通，易此俗衣，著彼仙服。道能服物，德可法人，以是因缘，名法服也”①。这是对道教法服的教理解释，从中反映了道教的某些教义。他认为，道士应经常备其法服，整饰形容，沐浴冠带，朝奉天真，教化一切，勿得暂舍法服，不住威仪，勿使非人犯法服。他提出了关于法服的四十六条科戒，这是有关法服的禁忌。例如：首先，不冠法服不得登坛入静，礼愿启请，悔过求恩；不冠法服不得逼近经戒，讲说念诵，看读敷扬；不冠法服不得持奉斋戒，饮食供养；不冠法服，不得礼拜师尊长德及受弟子礼拜；不冠法服不得出入所居，人间游行，见诸凡人；不冠法服不得祝禁符劾，章奏表启；不冠法服不得觐见国王、父母及诸世民。这是不冠法服须禁止做的事。其次，寝息休暇，当脱法服；沐浴浣濯，当脱法服；大小便曲，当脱法服；泥雨浊秽，当脱法服。这是必须脱去法服才能做的事。此外，还有一些“勿犯法服”的禁忌，如：手足不净，勿犯法服；器物不净，勿

① 《道藏》第18册，第230页。

犯法服；床席不净，勿犯法服；裸露身形，勿犯法服；口气臭秽，勿犯法服等。对做法服的原材料也有禁忌。如：法服不得用五彩作；法服不得以非义物作；法服不得用锦绣绮作。还规定：法服不得假借他人，不得随意抛掷，不得以脚踏洗及搥拍；法服破坏，当须火净；法服须勤洗濯，烧香清净，勿使污秽，常置净室；不得擅脱法服，潜游人间；坐想卧息，常依科戒；如此等等，十分周详。从中可以看到，唐代道教对道士的服饰有套严密的规定和各种禁忌，违反了法服科戒就将受到惩罚，这反映了当时道教的服饰制度。

张万福编录整理的斋醮科仪散佚较多，但仅从现存的资料来看，亦足以说明他是在陆修静之后、杜光庭之前对道教科仪作了发展的一位道士。他的工作为杜光庭的集道门科仪之大成创造了一些条件。

与张万福差不多同时期的朱法满，为玉清观道士，编有《要修科仪戒律钞》一书，此乃道教科戒的类抄，摘引了 50 余种道书，主要有《九天生神章》、《真藏经》、《太真科》、《太平经》、《本相经》、《升玄经》、《本际经》、《明真科》、《四极明科》、《登真隐诀》、《玄都律》等。全书 16 卷，卷 1 讲道经传授的种种规定。计有“部秩抄”，解释了三洞三十六部尊经的含义；“传经抄”，讲道经传授必须具备哪些条件才能够进行，比如“经有实有言，乃可传授”；“具十善愿，便可授之”；“通内教行又有十相”，可传与《灵宝内教经》，“不得妄传经宝授与于不信”；“折传抄”讲传授真文所得“法信”财物当送祖师，散与贫人及山栖道士，充香灯等，犯者或考三官曹，或考及兆身，或考及七祖，或以五刑律论；“年限抄”对传授道经的时间作了限制规定。

卷 2 的主要内容是写经、诵经和讲经的仪式，以及对经的领悟与修持。“写经抄”称：抄写经文，令人代代聪明，博闻妙赜，今日明贤博达，皆由书写三洞尊经，非惟来生得益。抄写尊经一钱以上，皆得七十四万信报。“存念咒抄”称：诵《本相经》存咒，诵《黄庭经》存念，诵《老君经》存念，诵《灵宝经》存，诵《三皇经》当南向经前，烧香再拜，诵《步虚经》先叩齿三下，咽液三通，心存日月。“讲说抄”则规定了讲经时的种种仪范，如规定上讲时先存三色，次存三一，讲经时法师与经师对坐，以三拜为限。“发心抄”解释发心为：闻说大乘，皆须夷心注念，虽言是一，悟入即有不同，认为悟法深浅，总从心生。“受持抄”规定，诵经当令目注经文，心念神真，不得临经他念异想，以乱天音，诵经千言以下，不得临经进饮；经有感神，诵念必应。并举了种种不信经法，不虔诚修持，遭到最坏的报应的例子；反之则是功德无量，得以升天的例子。

卷 3 是关于弟子奉师的科仪。规定弟子不得背叛本师，背叛受十苦之考。弟子见师不敬不恭，减算二纪。弟子见师，敬事如父母，师主见弟子，念之如赤子，违律罚算各一纪。认为师如父也，应以“义”事师，而不是以“名”事师。弟子闻师有疾病，厄急贫穷，不能创心则无仁孝，违负誓言，考五十日，重病一百日。若师主令弟子沽酒买肉，坐贾贩卖，牧牛养马，弟子可婉言拒绝，若被师嗔责，可以离去。

卷 4 至卷 6 记录“众戒及愿念合一千一百条”。其中有三戒、五戒、九戒、十戒、十二可从戒、十四治身之法、太上十戒、太上太一九戒、六情戒、太清九戒、三十六戒、十二禁、四十五念、五十二愿、一百二十九戒、老君百八十戒、百病戒、百药（针对百病有百药）、观身三百大戒等。认为经以检恶，戒以防非，有不信戒者，众恶故犯，罪结冥阴；人生虽寿万年，不持戒律则与老树久石有何差异，宁可一日持戒为道而死，不犯恶而生；持戒而死，上补天官，尸解升仙；世人虽为王公之位，死有重罪，无益魂神，魂神将受罪。

卷 7“罪报科”标列“三元罪戒品目”，各分为三个六十条，共一百八十条，由天地水三官的中、左、右府考官主持定罪。

卷 8 与卷 9 是斋的科仪。有“斋名抄”，记录上清斋、灵宝斋、洞神斋、太一斋、旨教斋、涂炭斋六种斋名。有“斋月抄”，以正月、七月、十月为长斋，又以一、三、五、七、九、十一月为一年的六斋月。有“斋日抄”，以正月十五为上元斋日，七月十五日为中元斋日，十月十五为下元斋日。此三日若能斋天地水三官，则勒名善薄。一月有三斋，一、十五、二十九日乃可清斋。正月七日名举迁赏会，七月七日名庆生中会，十月五日名建生大会。三会之日，三官考覆功过，依日斋戒、呈章、赏会，以祈福佑。有“斋时抄”，用步圭取影法测时，天阴日以水刻分时。有“法师抄”，规定登斋当举高德法师一人，都讲一人，监斋一人，侍经一人，侍香一人，侍灯一人。建斋之家于前三日洒扫内外，于门首竖一长幡标门，使人客知之，荤辛之侣不敢至家，敬信之人，来乃恭肃。有“都讲抄”，说明都讲的职责是克明正典，行道时节礼诵容止,先鸣法鼓,次引朋众,法则轨仪,敬凭唱说。有“监斋抄”,记录了监斋的十项职事。有“侍香抄”,说明侍香的责任是炎炉肃整,芳馨恒然,使毕夜烟流,终朝火续。“侍灯抄”规定侍灯的职责是兰钉晚映,系明西日,灼烁坛场,照灼清夜,保证灯烛不灭。“衣服抄”说明法服清洁乃可朝真,道众威仪,事在严整,衣服清洁,轨行可观;皆服中华长裙大袖,与俗有别;威仪法服,随法位次,上清衣紫,灵宝通黄。“礼拜抄”记录礼拜有四种:(1)稽首,(2)作礼,(3)遵科,(4)心礼。“坐起抄”说明入道崇真、次位、行坐和倚立,须依典仪。规定斋会行道时,诸正一道士不得与上清大洞法师共同席坐,上清大洞法师不得与五篇灵宝法师共同席坐,灵宝五篇法师不得与升玄内教法师共同席坐。“食禁忌抄”讲斋食的诸种禁忌。

卷10的内容是:(1)“治屋”。治靖室要假修治,下则镇于人心,上乃参与星宿,所立屋各有典仪。(2)“治名”。包括二十四治在内,共四十四治。(3)“治所属”。指阳平、鹿堂、鹤鸣三治主辰生,漓沅、葛璝主卯生,诸如此类。(4)“治室”。道民入化,家家各立靖室。又有“章表”,讲上章的时辰。还有“治病忌日”,对病人的章醮时日作了规定。

卷11“章科信仪”,开列除罪求子、治病、请雨、镇宅、除鬼、解厄延命、断瘟疫等章醮所需的物仪,主要有米、油、布、纸、笔墨、书刀、香、钱等,并要求信物多可施与贫者,宜行阴德。“疾病请章次第”引《太真科》说:诸疾病先上首状章,若不愈又上解考章,若不愈更上解先亡罪谪章,若不愈上迁达章云云。“避忌讳上章”云戊戌不得上章,秽污、月朝晦朔不得上章。“上章背向”则规定奏章的方向。“若用日者”指的是上章求财富用天仓日、求爵位用天府日之类。“杂犯科”是对其他违反上章规定的惩治,如大风大雨不得拜章,违者罚病一年。另外还有“上章笔砚”、“案”、“书符者”、“藏经故本”、“断章法”等上章的种种规定。

卷12为“饭贤缘第一”,指家有疾厄,公私设厨,请靖贤道士。“造殿堂缘第二”,说明建立靖观,令人代代门户高贵,身登天堂;俗人若施散家财造靖室一间,赐算百二十。“念道缘第三”认为,子常念道,道亦念子。“殗秽缘第四”说明民家秽污不过晦朔,不得入治哭,三年之丧未满百日,不得入治礼拜奏表章书,以及种种去秽污的科仪。“盗贼缘第五”引《律》说:盗经书一卷，考满千日，夺七年命，盗天官秘书所用一卷以上，罪入刑割杀律论。“过咎缘第六”讲惩罚过恶。“善劝缘第七”讲为善立功的神仙之道。“度人出家缘第八”说明能劝人出家修道者功德无量。

卷13的内容有：“杂科第一”，是种种较芜杂的规定，如说：“道法清虚，不希名利，闲居静室，谓曰仙家。我弟子中多畜钱财宝货，牛马奴婢，耽著不已，如此之人，断三宝原，夺众生福，虽持经奉戒，俱为灭法”。又说：“出家之人，务在简静，非法行事，动则落邪。非法者：一则广求利养，自说我能；二则贪积无穷，为人婚姻卜相；三则强称多解，瞻视天文；四则行等净人，躬执耕稼；五则斗乱朋众，与恶友交游；六则不以正法为事，而与凶俗结党；七则坐起无分，混淆法次；八则不依正律，道俗同床；九则暗夜出行，而不秉烛自照；十则摴蒱双陆，劫盗行非，恣意所为而不自戒。”①“同学缘第二”主张学道交友，当择志同道合者，贵不弃贱，贱不谄求高贵，忘年忘势。“造坛缘第三”说建坛敬神。

卷14“饮酒缘”说明当断酒节行，调和气性。“断谷服药缘”指出断谷可千岁，服药可延年，并开列断谷仙方，及服气断谷法。“服符水断谷”讲服阴阳符及老君服水断谷法。“治祝缘”说诸行事存想祝愿并在其中，记述遏邪大祝上法、北帝杀鬼之法。“卧枕缘”指出枕高肝缩，枕下肺塞，以四寸为好，并讲了药枕的制作工艺。

卷15、16专讲“道士吉凶仪”，计有：通启仪、吊丧仪、疾病仪、初死小殓仪、入棺大殓仪、成服仪、葬送仪、安灵仪、弟子还亲仪、除灵仪等十仪。对道士与社会各层人士的交往、吊丧、道士生病、死亡等行为方式作了规范。②

综上可知，朱法满的《要修科仪戒律钞》几乎包罗万象，是当时道教戒律科仪的缩影。

三、道经的搜集整理与《开元道藏》的纂修

本书前卷曾记述了魏晋南北朝道教经书的大量造作，道经目录编制以

① 《道藏》第6册，第984页。

② 以上参见《道藏》第6册，第922—1002页。

及三洞四辅分类法的基本确定。在此之后，道教造作经书和编制目录的工作并未终止，而是不断有所发展，形成由统治者直接组织搜集和整理道经的局面。据《资治通鉴》卷 182 载：隋炀帝"好读书著述，自为扬州总管，置王府学士至百人，常令修撰，以至为帝，前后近二十载，修撰未尝暂停；自经术、文章、兵、农、地理、医、卜、释、道乃至蒱博、鹰狗，皆为新书，无不精洽，共成三十一部，万七千余卷"①。可见，炀帝亲自主持撰写的新书与整理诠次的旧书中都有道教经籍在内。《隋书·经籍志》在论及隋炀帝搜集整理抄写书籍时亦说："炀帝即位，秘阁之书，限写五十副本，分为三品：上品红琉璃轴，中品绀琉璃轴，下品漆轴。于东都观文殿东西厢构屋以贮之，东屋藏甲乙，西屋藏丙丁……又于内道场集道、佛经，别撰目录。"②说明炀帝不仅专门组织人力于宫廷内道场收集整理道经，并且还撰写了目录，这与北周武帝的作法有些相似，由于这时已经南北统一，就使他更有条件集中南北不同流派的道经，获得更多的成果。据《通志》卷 67 云：《隋朝道书总目》4 卷，中录道教经戒 301 部，908 卷；服饵 46 部，167 卷；房中 13 部，38 卷；符箓 17 部，103 卷。总计 377 部，1216 卷。这个统计数字与《隋书·经籍志》所说完全一致。③ 这个《总目》很可能即炀帝令人于内道场所集道经的目录，其卷数比北周建德（572—577 年）中王延所校订者为少，也许在南北朝末年，道书曾遭受过损失。正因为如此，所以炀帝的收集整理工作就显得更为可贵。《旧唐书·经籍志》评论说："隋氏建邦，环区一统，炀皇好学，喜聚逸书，而隋世简编，最为博洽。"④这个评论移用于道经的收集也不为过分。不幸的是，隋祚过短，典籍在"大业之季，丧失者多"⑤，道经的遭遇也不会例外。隋末唐初，除了兵火之灾以外，武德（618—626 年）初，在图书转运过程中还遭受了一次特大损失。据《新唐书·艺文志》载："初，隋嘉则殿书三十七万卷，至武德（618—626 年）初，有书八万卷，重复相糅。王世充平，得隋

① （宋）司马光：《资治通鉴》卷 182，北京：中华书局 1956 年版，第 12 册，第 5694 页。
② 《隋书》，北京：中华书局 1973 年版，第 4 册，第 908 页。
③ 《隋书》，北京：中华书局 1973 年版，第 4 册，第 1091 页。
④ 《旧唐书》，北京：中华书局 1975 年版，第 6 册，第 1961—1962 页。
⑤ 《旧唐书》，北京：中华书局 1975 年版，第 6 册，第 1962 页。

旧书八千余卷,太府卿宋遵贵监运东都,浮舟溯河,西致京师,经砥柱舟覆,尽亡其书。”①直到贞观(627—649年)年间,唐代统治者始有精力抓图书的收集整理。关于此点,《旧唐书·经籍志》指出:“贞观中,令狐德棻、魏征相次为秘书监,上言经籍亡逸,请行购募,并奏引学士校定,群书大备。”②所谓“群书大备”,其中当然也应包括道经在内,盖贞观时道教经籍已入四部之列。魏征等所撰《隋书·经籍志》,以隋代见存典籍分为经史子集四部,道经列入集部,与隋代以甲乙丙丁为次编辑古籍、把释道经籍排除在外、“别撰目录”相比,已进一步承认了道佛二经的正统地位,使道经的收集整理成为国家图书事业的一个组成部分,这就为唐玄宗时《开元道藏》的产生创造了有利条件。

开元为唐代图书事业的顶峰时期,“藏书之盛,莫盛于开元,其著录者,五万三千九百一十五卷,而唐之学者自为之书者,又二万八千四百六十九卷。呜呼,可谓盛矣!”③唐玄宗十分重视书籍的整比检校,设置专门机构进行这些工作。开元三年(715年),即“命左散骑常侍、昭文馆学士马怀素为修图书使,与右散骑常侍、崇文馆学士褚无量整比。会幸东都,乃就乾元殿东序检校”④。开元七年(719年),又“诏公卿士庶之家,所有异书,官借缮写”。到开元九年(721年)十一月,“殷践猷、王惬、韦述、余钦、毋煚、刘彦真、王湾、刘仲等重修成《群书四部录》二百卷,右散骑常侍元行冲奏上之。自后毋煚又略为四十卷,名为《古今书录》大凡五万一千八百五十二卷”⑤。毋煚的《古今书录》本乃私家目录,后为《旧唐书·经籍志》所采用,便列为官书。据毋煚的《撰集四部经籍序略》说,他除成《古今书录》40卷,“其外有释氏经律论疏,道家经戒符箓,凡二千五百余部,九千五百余卷。亦具翻译名氏,序述指归,又勒成目录十卷,名曰《开元内外经录》”。他称:“若夫先王秘传,列代奥文,自古之粹籍灵符,绝域之神经怪牒,尽载于此二书矣。”⑥可

① 《新唐书》,北京:中华书局1975年版,第5册,第1422页。
② 《旧唐书》,北京:中华书局1975年版,第6册,第1962页。
③ 《新唐书·艺文志》,北京:中华书局1975年版,第5册,第1422页。
④ 《新唐书·艺文志》,北京:中华书局1975年版,第5册,第1422页。
⑤ 《旧唐书·经籍志》,北京:中华书局1975年版,第6册,第1962页。
⑥ 《旧唐书·经籍志》,北京:中华书局1975年版,第6册,第1965页;(清)董诰等编:《全唐文》卷373,北京:中华书局1983年版,第4册,第3792页。

见,毋煚的《开元内外经录》囊括了当时所汇集的道教经籍,并作了提要。可惜的是,《旧唐书 · 经籍志》对于"煚等《四部目》及《释道目》,并有小序及注撰人姓氏,卷轴繁多,今并略之,但纪篇部,以表我朝文物之大。其《释道录目》附本书,今亦不取,据开元经籍为之志。"①《释道录目》今已亡佚,使我们今天难以看见当时道经的盛貌。但这项工作无疑会给《开元道藏》的编纂奠定基础。

除此之外,为《开元道藏》奠定基础的,还有唐高宗时道士尹文操所撰的《玉纬经目》,此书著录道经 7300 卷;先天(712—713 年)中,太清观主史崇玄等编修的《一切道经音义》,此书系奉玄宗之命而编。玄宗在《一切道经音义序》中说:"恭惟老氏,国之本宗,虔述玄经,朕之夙好。详其乖舛,深可吁嗟。爰命诸观大德及两宫学士讨论义理,寻绎冲微,披珠丛《玉篇》之众书,考字林《说文》之群籍,入其阃阈,得其菁华,所音见在一切经音义,凡有一百四十卷,其音义目录及经目不入此数之中。"②史崇玄的《妙门由起序》则云:"我国家承宗李树,袭训骞林,恒缔想于真灵,每稽芳于道德。无为无事,载扬垂拱之风;乃圣乃神,逾阐不言之教。既而彤闱少事,紫掖多闲,披风笈之仙章,启龙缄之秘诀,文多隐讳,字殊俗体,欲使普天率土,广识灵音。故敕金紫光禄大夫鸿胪卿员外置同正员上柱国河内郡开国公太清观主史崇为大使……集见在道经,稽其本末,撰其音义。然以运数绵旷,年代迁易,时有夷险,经有隐见。或劫初即下,劫末还升;或无道之君,投以煨烬;或好尚之士,秘之岩穴;因而残缺,紊其部伍。据目而论,百不一存。今且据京中藏内见在经二千余卷,以为音训,具如目录,余经仪传论疏记等,文可易解者,此不详备。其所散逸,伫别搜求,续冀修缮,因补遗缺……今之著述,或所未晤,中间阙疑,用俟能者,名曰《一切道经音义》,并撰《妙门由起》六篇,具列如左。及今所音经目与旧经目录,都为一百十三卷。"③按陈国符先

① 《旧唐书》,北京:中华书局 1975 年版,第 6 册,第 1966 页。

② 《道藏》第 24 册,第 720 页。

③ (清)董诰等编:《全唐文》卷 923,北京:中华书局 1983 年版,第 10 册,第 9622—9623 页。此处署名"史崇"即史崇玄。唐时道士中双名有玄字例可省略,如成玄英又作成英等。

生的意见，此文实是史崇玄等奉敕撰《一切道经音义序》，误题为《妙门由起序》。玄宗《序》谓《一切道经音义序》140卷，而"音义目录及经目不在此数之中"；史崇玄《序》则称《一切道经音义》，《妙门由起》及"所音经目与旧经目录，都为一百十三卷"。各说不一，究竟谁是谁非，因原书已佚，故无从考定。《新唐志》著录《道藏音义目录》113卷，崔湜、薛稷、沈佺期、道士史崇玄等撰；《通志略》诸子类道家著录《唐朝道藏音义目录》113卷，与史《序》相同。而《道藏阙经目录》卷下《一切道经音义》150卷[①]，则与上述二序均有出入。汤用彤先生的《从〈一切道经〉说到武则天》推论：《一切道经音义》书有一百数十卷之多，想必在先天二年（713年）之前数年已奉命撰修，而且非有长期准备不可。上元二年（675年）武则天为其子李弘写《一切道经》三十六部，可能给编撰《一切道经音义》创造了条件。[②] 尹文操《玉纬经目》的编撰也为此提供了便利。伦敦所藏敦煌写本斯S.1513号御制《一切道经序》，据汤用彤先生考证，可能为武则天所为。[③] 史崇玄是经历过武则天时代的，对武则天写《一切道经》的事当是清楚的，故他将其书命名为《一切道经音义》，很难说这与武则天写《一切道经》没有联系。所以《一切道经音义》虽是玄宗在先天年间敕撰，但其准备工作经历了一个较长的时期，并非一蹴而就。这部大型道教工具书的编撰，正是玄宗崇道政策的一种表现，与他编撰《开元道藏》是紧密联系在一起的。

在《一切道经音义》编撰之后，玄宗便于开元（713—741年）中发使四处搜访道经，加上原来京中所藏，纂修成《藏》，目曰《三洞琼纲》，总计3744卷。这就是《开元道藏》，也是中国历史上的第一部道藏。

关于《开元道藏》的卷数，据陈国符先生考证，有三种说法。《文献通考》卷224引《宋三朝国史志》说："班志艺文，道家之外，复列神仙，在方伎中。东汉后道教始著，而真仙经诰别出焉。唐开元中，列其书为藏，目曰《三洞琼纲》，总三千七百四十四卷。"此为一说。杜光庭的《太上黄箓斋仪》卷52云："玄宗著《琼纲经目》，凡七千三百卷。复有《玉纬别目》，记、传、疏、论，相兼九

---

① 参见《道藏源流考》，北京：中华书局2012年版，第116页。

② 参见《汤用彤学术论文集》，北京：中华书局1983年版，第352、353页。

③ 参见《汤用彤学术论文集》，北京：中华书局1983年版，第350—351页。

千余卷。”此又见于杜光庭所述《无上黄箓大斋立成仪》卷 21。这又为一说。《道藏尊经历代纲目》则说：“唐明皇御制《琼纲经目》，藏经五千七百卷。”此为第三种说法。陈先生认为：“今《明正统道藏》将所收道书，重行分卷。短卷则数卷，合而为一。所收道书总卷数，实较《道藏》卷数为多。道书载历代《道藏》卷数每多歧异，或可以此说解之。即或记《道藏》卷数，或记所收道书总卷数也。”[①]这就是说，《宋三朝国史志》记录的是《开元道藏》的卷数，杜光庭及《道藏尊经历代纲目》记载的是所收道书总卷数，因此遂产生歧异。

又照陈先生考证，据《笑道论》，周天和五年（570 年）玄都道士上经目共计 2040 卷，距玄宗先天（712—713 年）年间，为时仅 140 余年，何以《道藏》残缺，据目而论，百不存一？唐高宗龙朔三年（663 年）释明概《决对傅奕废佛僧事并表》：“今道士或出情制造，或改换佛经，添足目录，增加部帙，云有 2040 卷。”唐高宗总章元年（668 年）释道世《法苑珠林》卷 69《破邪篇 · 妄传邪教》第三：“案今《玄都经目》云依宋人陆修静所上目。今乃言有六千三百六十三卷，云二千四十卷见有其本，四千三百二十三卷云并未见。”高宗时道书仍存有 2040 卷之旧。玄宗初年史崇玄云：“据京中藏内见在经二千余卷，以为音训，具如目录。余经仪传论疏记等文，可易解者，此不详备。”设无重复，当系全帙。百不存一的说法乃据道经虚目而言。按《笑道论诸子道书》卷 36：“《玄都经目》，道经、传记、符图、论六千三百六十三卷。二千四十卷有本，须纸四万五十四张。其一千一百余卷经传符图。其八百八十四卷诸子论。其四千三百二十三卷陆修静录有其数目及本并未得。”“又统收道经目录，乃有六千余卷。核论见本，止有二千四十卷。余者虚指未出。”不特如此，北周道书，有 2040 卷，既唐高宗时卷帙仍旧，则是晋南北朝道经古籍，初唐时即或略有散失，存者当仍有十之八九。又史崇玄谓京中道经 2000 余卷，但唐玄宗时，道书总数当较 2000 余卷为众。[②] 既然玄宗先天年间道书总数为 2000 余卷，那么到开元时经过搜访散失在外的道书，编纂成藏为 3000 余卷是有可能的。因此，3744 卷比较接近《开元道藏》

---

① 陈国符：《道藏源流考》，北京：中华书局 2012 年版，第 121 页。

② 参见陈国符：《道藏源流考》，北京：中华书局 2012 年版，第 117 页。

藏经卷数的实际数字。《新唐志》子部神仙类著录道士张仙庭《三洞琼纲》三卷，[1]《崇文总目》道书类也录张仙庭《三洞琼纲》三卷，或谓此即在玄宗主持下由道士张仙庭负责编纂的《开元道藏》目录。据此推测，《开元道藏》的编纂体例有极大可能只取三洞分类法，而没有按孟法师的三洞四辅七部分类法编排，所谓《三洞琼纲》这一名称的本身已标示了此点。

中国历史上的这第一部道藏修成于开元年间，到天宝七年（748 年），玄宗乃诏令传写，分送诸道，以广流布。《混元圣纪》卷 9 对此记载说：唐玄宗天宝七载闰六月“丙辰，诏曰：‘玄宗妙本，实备微言；垂范传学，将弘至化。朕所以发求道之使，远令搜访，因闻政之余，亲加寻阅。既刊讹谬，爰正简编，必有阐扬，以崇劝道。令内出一切道经，宜令崇玄馆即缮写分送诸道采访使，令管内诸道转写。其官本便留采访，至郡，亲劝持诵。’”[2]这样，便使道经在社会上的影响日益扩大。

四、唐代《道藏》与敦煌道经

唐代是道教经书编纂史上的重要时期，敦煌道经就是唐代道经的写本传承于今者。在传世的八百多件敦煌道经抄本中，考定或者拟定的经名约有一百七十种，其中《正统道藏》未收录的经书有八十多种，《正统道藏》残缺而敦煌本可以补缺的有十八种三十多卷。李德范编《敦煌道藏》五册，影印了敦煌道经五百多件的图版，是目前颇方便学者翻检利用敦煌道经的写本。[3] 敦煌藏经洞发现的古道经写本，为研究唐代《道藏》的编纂与道经的传写提供了极有价值的材料。

（一）唐代《道藏》的编纂

学术界谈唐代《道藏》的编纂，多言玄宗开元中发使搜访道经、纂修成藏之事。但《开元道藏》的编纂，自有道门经书较多的基础。李唐王朝立国之初，即重视道经的收集整理。贞观二十一年（647 年），蔡晃、成玄英等 30

① 《新唐书》第 5 册，中华书局 1975 年版，第 1522 页。

② 《道藏》第 17 册，中华书局 1975 年版，第 867 页。

③ 李德范辑：《敦煌道藏》，中华全国图书馆文献缩微复制中心 1999 年版，第 5 册，第 2927 页。

余名高道,齐集长安五通观,"日别详核《道德》"①。这次对《道德经》的整理,开创了唐代重玄学派解老的风气。到唐高宗时,长安昊天观主尹文操编《玉纬经目》,著录道经7300卷。据员半千《大唐宗圣观主银青光禄大夫天水尹尊师碑》载:唐高宗以晋王旧宅为太宗造昊天观,以尹文操为观主,兼知宗圣观事。② 据此可知尹文操时为长安道教领袖人物。据宋敏求《长安志》卷7载:"昊天观,尽一坊之地。"③尹文操死于武后垂拱四年,则《玉纬经目》应撰于显庆元年(656年)至垂拱四年(688年)之间。

《宝刻类篇》卷八著录初唐道士王悬河在成都刊立的四种道教碑:

《追尊老子号玄元皇帝诏》;

《太平公主出家敕》;

《置天下诸州观诏》;

《道藏经序碑》二。④

其中的《道藏经序碑》一为高宗制,另一为武后制,于宏道元年(683年)十二月二十三日刻,此碑明确称道书为《道藏》。此外,道士史崇玄于唐玄宗先天(712—173年)中,奉敕撰《一切道经音义》,谓"据京中藏内见在经二千余卷,以为音训"。⑤ 亦称长安收藏道经为"藏"。唐代道经《洞玄灵宝三洞奉道科戒营始》卷三载:书写好的道经须用巾帕包裹,将约五卷十卷的一部道经装成一帙,然后再将成帙的道经装入经函,盛放经函的三层或七层橱柜称为经厨,经厨按照三洞四辅的顺序排列成经藏。按照道教的经法科戒,道经都须作藏保存,而且有总藏、别藏的区分。三洞四辅同作一藏称为总藏,三洞四辅各作一藏称为别藏。所谓"京中藏内"的道经,就是这种汇集数千卷道经的经藏。

综上所述,可以认为在高宗时期,唐代《道藏》已编纂成立。尹文操所

---

① (唐)释道宣撰:《集古今佛道论衡》卷丙,《大正藏》第52册,第386页。

② (唐)员丰干:《大唐宗圣观主银青光禄大夫天水尹尊师碑并序》,见陈垣:《道家金石略》,北京:文物出版社1998年版,第102—104页。

③ 《文渊阁四库全书》第587册,第124页。

④ 《石刻史料新编》,台北:新文丰出版公司1977年版,第24册,第18512页。

⑤ (唐)唐玄宗:《妙门由起序》,《道藏》第24册,第722页。

撰《玉纬经目》7300 卷，应是在北周道经的基础上编成，北周玄都观道士上《玄都经目》（6363 卷）和通道观道士王延校《珠囊经目》（8030 卷），是北周武帝敕命编校道经的成果。北周通道观收集的近万卷道经，经历隋末农民起义的战火，大多已经流散损毁，这就是尹文操收集重撰《道藏》的原因。尽管如此，当时长安的道经仍很不完备，道士史崇玄等修《一切道经音义》时，已经发现长安《道藏》散佚不全、错讹伪妄等问题，他在《妙门由起序》中说："其所散逸，伫别搜求，续冀修缮，用补遗阙。"为此，唐玄宗在开元年间要重修《道藏》，敕命搜访天下道经，对各地"好尚之士，秘之岩穴"的道经进行全面征集。[①] 开元九年（721 年），司马承祯将桐柏观道经三百余卷运至长安，[②]即为开元搜访道经之例证。在全面搜集基础上，唐玄宗组织人将那些"或为无识加增，或为传写妄误。或持浮伪之说，窃揉真文；或采菁华之言，将文释典"的道经重新校勘，[③]唐玄宗亲自寻阅，御制其名为《琼纲经目》，后世称之为《开元道藏》。

《开元道藏》的卷数，文献中有三种不同记载。唐杜光庭的《太上黄箓斋仪》卷 52 称：

> 玄宗著《琼纲经目》，凡七千三百卷。复有《玉纬》别目、记传疏论，相兼九千余卷。[④]

杜光庭是唐末五代著名的科教宗师，其撰著在道门有深远影响。据杜光庭的记载，玄宗著《琼纲经目》，仍沿袭《玉纬经目》卷数，著录道经 7300 卷，但入选经目似有不同，所谓《玉纬》别目，应是未选入《琼纲经目》之玉纬经。史崇玄先天中奉敕修《一切道经音义》，参与撰修的有两京诸观高道大德、两宫文人学士。《开元道藏》之修撰，亦应有这些人参加，其编撰必较严格审慎，故有《玉纬》别目、记传疏论近 2000 卷，未选入《琼纲经目》。

《开元道藏》卷数的另两种记载，都为宋元时期文献。南宋马端临的

---

① （唐）唐玄宗：《妙门由起序》，《道藏》第 24 册，第 722 页。

② 参见清张联元辑《天台山全志》卷 11《桐柏观碑记》，清康熙五十六年（1717 年）刻本。

③ 《道藏》第 24 册，第 722 页。

④ 《道藏》第 9 册，第 346 页。

《文献通考》卷224引《宋三朝国史志》载：

唐开元中，列其书为藏，目曰《三洞琼纲》，总三千七百四十四卷。①

《宋三朝国史志》为仁宗天圣八年（1030年）修成之《三朝国史》的艺文志部分。此外，《道藏阙经目录》书末附《道藏尊经历代纲目》载：

唐明皇御制《琼纲经目》，藏经五千七百卷。②

此见载于至元十二年（1275年）之刻石。对《开元道藏》卷数的三种记载，陈国符先生认为是卷数分合不同所致，这算是一种解释。③

在安史之乱（755—763年）中，长安、洛阳收藏的道经，多遭安禄山、史思明叛军的焚烧，《开元道藏》亦不能幸免。安史之乱后，唐王室又重新恢复长安《道藏》。据杜光庭的《太上黄箓斋仪》卷52载：

上元年中，所收经箓六千余卷。至大历年，申甫先生海内搜扬，京师缮写，又及七千卷。长庆之后，咸通之间，两街所写，才五千三百卷。④

道士申甫是唐后期重建长安《道藏》的重要人物，据《唐故太清宫三洞法师吴先生碑铭并序》载：道士吴善经"从冲虚申先生受三洞经法……冲虚之师曰清简泉君，泉君之师曰来君，来君之师曰万君，皆有遗像在开元观"⑤。可知申甫是唐代长安一道派的传人。唐宪宗元和二年（807年），道士由原来的隶司封检校，改为隶两街功德使检校，两街功德使成为唐后期管理道教的机构。穆宗长庆（821—824年）至懿宗咸通（860—874年）计54年，杜光庭说两街写道经5300卷，如理解为数十年间共写经5300卷，显然不合情理。《道藏尊经历代纲目》载：

唐文宗太和二年，太清宫使奏陈，止见五千三百定数。⑥

可知重建之《道藏》，定数为5300卷。故杜光庭记载两街所写的5300卷，应指两街功德使组织缮写的《道藏》之卷数。唐末黄巢义军攻占长安，长安《道藏》再遭兵燹，"玉笈琅函，十无三二"。僖宗入蜀避难，杜光庭作为

① （元）马端临：《文献通考》下册，北京：中华书局1986年影印本，第1802页。
② 《道藏》第34册，第516页。
③ 陈国符：《道藏源流考》，北京：中华书局2012年版，第119页。
④ 《道藏》第9册，第346页。
⑤ （清）董诰等编：《全唐文》卷501，北京：中华书局1983年版，第5册，第5107页。
⑥ 《道藏》第34册，第516页。

崇玄馆大学士，亦随僖宗入蜀，他在成都欲重建《道藏》，“再为搜捃，备涉艰难，新旧经诰，仅三千卷”。四川仁寿县高家乡鹰头村牛角寨石窟 53 号龛右壁的《南竺观记》，撰写于大唐天宝八载（749 年）太岁己丑四月乙未朔十五日戊申，碑文记载南竺观收藏三洞宝藏经书合 2130 卷。① 因《开元道藏》曾在全国十五道传写，巴蜀地区道经并非仅 3000 卷之数，所以杜光庭在光启二年（886 年）后，“重游三蜀，更欲搜扬”，只是“累阻兵锋，未就前志”②。

应该指出的是，在唐代官方文书中，多泛称道经总集为《一切道经》。唐玄宗先天元年（712 年）御制《一切道经音义》，就有 140 卷。敦煌文书 S. 1513 号《一切道经序》说：

> 盖闻：紫仙握契，括妙有而敷仁；青童赞历，周泰无而运道。开三元之秘检，著迹琅函；藻八会之灵编，刊功石笥。银书耀彩，盈宝印于丹房；锦字流文，焕神珠于玄阙。示迷途之归往，拯暗壑之沦滑；广洽譬于衢樽，普照均于堂镜。孝敬皇帝，前星赋象，贞列纬于乾枢；少海澄澜，奠名区于震域。问安视膳，体恭孝以端仪；抚军监国，服仁爱以凝范。学昭通敏，非受谕于春卿；识综沉几，自含章于秋礼。今者黄离遽陨，碧题旋虚。翔鹤可羁，奄促游仙之驾；鸣鸡载响，无复入谒之期。瞻对肃成，惨凝烟于胄序；循临博望，吊苦月于宾阶。拂虚帐而摧心，俯空筵而咽泪。兴言鞠育，感痛难胜，故展哀情，为写一切道经卅六部。龙经宝偈，还开垂露之书；凤篆英词，更入飞云之篆。九宫秘册，罄金版而无遗；五岳真筌，窥琳房而毕备。所愿以兹妙业，式祐储灵。总万福以扶维，严十仙而警卫。靡流星之琳旆，上星甸以游衿；驭驰日之琼轮，下日门而弭节。镇开光碧之宇，常安泰紫之庭；天地之所包含，阴阳之所播植。并乘六辨，俱出四途。③

① 龙显昭、黄海德主编：《巴蜀道教碑文集成》，成都：四川大学出版社 1997 年版，第 29—30 页。

② 以上三段引文参见《太上黄箓斋仪》卷 52，《道藏》第 9 册，第 346 页。

③ 此经不题撰人。据汤用彤先生 1962 年 11 月 21 日在《光明日报》之《史学》栏发表《从〈一切道经〉说到武则天》考证，《一切道经序》应该是武则天御制。（汤用彤：《汤用彤学术论文集》，北京：中华书局 1983 年版，第 350 页）赵和平认为《一切道经序》的撰著时间当在公元 675 年，详见赵和平：《武则天为已逝父母写经发愿文及相关敦煌写卷综合研究》，《敦煌学辑刊》2006 年第 3 期。

文中所言的孝敬皇帝，为唐高宗第五子李弘，生母为则天武后，显庆元年(656 年)被立为皇太子，上元二年(675 年)死，年二十四。此序题为御制，应为唐高宗撰写，当作于上元二年(675 年)或仪凤元年(676 年)。高宗爱子李弘死后，高宗敕写一切道经 36 部以为济度。道教认为抄写经书有不可思议功德，高宗以道经济度李弘，此度人之法有道教义理的根据，唐代道经《洞玄灵宝三洞奉道科戒营始》卷 2 说道经的书写流通，“随我本心，广写供养。书写精妙，纸墨鲜明，装潢络轴，函笥藏举。烧香礼拜，永劫供养，得福无量，不可思议”。[1]《旧唐书》卷 86《孝敬皇帝弘传》载“太子多疾病”，“沉瘵婴身”，“旧疾增甚”。[2] 因此唐高宗曾敕命天下道士写经，以为太子李弘祈福。敦煌道经 P. 2444 号《洞渊神咒经卷第七》，P. 3233 号《太上洞渊神咒经 · 誓魔品第一》，经末题记皆为“麟德元年七月廿一日奉敕为皇太子于灵应观写”。灵应观在长安永崇坊，为隋道士宋道标所立。贞松堂藏《太玄真一本际经》末题：

冲虚观主宋妙仙入京写一切经，未还身故，今为写此经。

当时，敦煌冲虚观、神泉观都曾有道士入长安，为太子李弘写经祈福。汤用彤先生《从〈一切道经〉说到武则天》称：“而为孝敬皇帝所写的道经则超过七万卷。”[3]据此可知，在麟德元年(664 年)至仪凤元年(676 年)的十余年间，都有道士奉敕为太子抄写道经。《道藏》就是传世道经的总集，唐代一切道经的传写，是《道藏》经典得以传播的方式。

(二)唐代道经的传写

唐代雕板印刷尚未流行，社会上传诵的道经多为写本。唐历代帝王皆尊崇道教，唐王朝敕命写道经，成为倡行道教的重要举措。宋俞文豹的《吹剑四录》说：“《黄帝阴符经》，唐太宗令长孙无忌写五十本。高宗又令写百二十本。”[4]《开元道藏》编成后，已在全国十五道传写流播，宋谢守灏的《混元圣记》卷 9 载唐玄宗于天宝七年(748 年)诏：

---

① 《道藏》第 24 册，第 749 页。
② 《旧唐书》，中华书局 1975 年版，第 9 册，第 2829、2830 页。
③ 汤用彤：《汤用彤学术论文集》，北京：中华书局 1983 年版，第 350 页。
④ (宋)俞文豹：《吹剑录全编》，北京：古典文学出版社 1958 年版，第 129 页。

> 令内出《一切道经》，宜令崇玄馆即缮写，分送诸道采访使，令管内诸道转写。其官本便留采访，至郡亲劝持诵。①

开元二十一年（733年），唐玄宗分十道为十五道，置十五道采访使，采访使有颁行道经之责。天宝元年（742年），唐玄宗尊《庚桑子》为《洞灵真经》，《文子》为《通玄真经》，《列子》为《冲虚真经》，并于此年二月二十九日制："其《洞灵》等三经，望付所司，各写千卷，校定讫，付诸道采访使颁行。"②唐玄宗还直接向道观颁赐道经，宋钱易《南部新书》卷丙载："天宝十载，写《一切道经》五本，赐诸观。"③天宝十四载（755年），"颁御注《道德经》并疏义，分示十道，各令巡内传写，以付宫观"④。当时崇玄馆专置经生写经，《唐会要》卷六十四"崇元馆"条载：

> 贞元六年十二月，给事中卢微奏："太清宫崇玄馆，元置楷书二十人写道经，已足，请不更补置。"敕旨依奏。⑤

崇玄馆所写道经为范本，经过严格校定，供各地转写。唐代道教写经有严格的程式规定，据《洞玄灵宝三洞奉道科戒营始》卷一《置观品》，道观要设写经坛、校经堂、演经堂、熏经堂。该经卷2《写经品》，对写经的形式、书体、装潢、收藏等作了具体规定，仅写经形式就有十二相：金简刻文、银版篆字、平石镌书、木上作字、素书、漆书、金字、银字、竹简、壁书、纸书、叶书。道教重视道经的功能，认为因经悟道，因悟成真，"寔天人之良药，为生死之法桥"。⑥ 该经卷五《上清大洞真经目》，规定道士女冠所受经戒法箓，应照目录抄写，装订入藏。

早期道教经典的传播，主要依靠手写笔录。东晋王羲之写《道德经》，以换山阴道士鹅之事，在道教史上传为佳话。三茅观因有唐代褚遂良小楷《阴符经》，被视为镇观之道经墨宝，后宋理宗诏取此经赐贾似道。五代吴

---

① 《道藏》第17册，第867页。
② （宋）王溥：《唐会要》卷50《尊崇道教》，北京：中华书局1955年版，第866页。
③ 钱易撰，黄寿成点校：《南部新书》，北京：中华书局2002年版，第36页。
④ （宋）王溥：《唐会要》，北京：中华书局1955年版，卷36《修撰》，第659页。
⑤ （宋）王溥：《唐会要》，北京：中华书局1955年版，第1122页。
⑥ 《洞玄灵宝三洞奉道科戒营始》卷2，《道藏》第24册，第749页。

越国王钱镠崇道,曾在天台山桐柏观,"藏金篆字经二百函"[1],此"钱氏手写金银字道经"[2],被视为仙经之尤异者。唐代写经之风颇盛,写经与造像成为奉道的两大功德,为道俗两界所看重。唐朱法满《要修科仪戒律钞》卷2《写经钞》说:

> 《本际经》云:若复有人,纸墨缣素,刻玉镌金,抄写素治,装褫絛轴,流通读诵,宣布未闻,当知其人,已入道分,名书金格,列字玉篇。[3]

敦煌文书P.3371号《本际经》卷1《护国品》,即有此段文字,不过"素治"为"书治","装褫"为"装潢",显然敦煌本道经的文字更准确。

唐代道经在社会上广为传写,敦煌并非道教热点区域,但藏经洞发现的古道经写本,仍有700多件。[4] 敦煌道经为南北朝后期至唐中期约二百年间抄写,尤其以唐高宗、武后至唐玄宗时期的抄本最多。从敦煌道经题记可知,现存700多件道经,大致可分为长安写本和敦煌写本两部分。流播至敦煌的长安写经,印证了唐政府向各地颁赐道经的史实。敦煌道经中最早的卷子,是隋大业八年(612年)的长安写经,S.2295号《老子变化经》末题:

> 大业八年八月十四日经生王俦写。用纸四张,玄都玄坛道士复校。装潢人:秘书省写。

唐代秘书省有秘书郎、校书郎、正字、楷书等技术人员,秘书省还有装潢匠10人,专门负责文书的装裱工作。此写本表明唐代有专门的写经生,每卷经书写成以后,有专门的人负责经书的装潢,装潢人后空格就是留待签名之处。而"秘书省写",则表示此写经是由秘书省授权。

隋代长安的玄都观,其地位类似北周的通道观,是道教的学术中心。隋炀帝杨广改道观为玄坛,故玄都观亦称为玄都玄坛。玄都玄坛作为隋炀帝重视的内道场,承担了隋代官方写经之责,此由玄都玄坛道士复校的道经,

---

① 《天台山志·重建道藏经记》,《道藏》第11册,第94页。

② 《天台山志·重修桐柏记》,《道藏》第11册,第95页。

③ 《道藏》第6册,第925页。

④ 王卡指出"南北朝末至唐前期约二百年间(554—757年)的道经抄本,则有约700多件(编号年)"。王卡:《敦煌道教文献研究——综述·目录·索引》,北京:中国社会科学出版社2004年版,第14页。

作为秘书省的官方写本,得以流播至敦煌地区。

唐代长安写经,写经人为国子监学生、经生、道士,并经过三校程序。兹举四例如下:

P. 3725 号《老子道经卷上唐玄宗注》末题:

国子监学生扬献子初校,国子监大成王仙舟再校。开元廿三年五月□日令史陈琛、宣德郎行主客主事专检校写书扬光乔、朝仪郎行礼部员外郎上柱国高阳郡开国公扬仲昌、正仪大夫行礼部侍郎上柱国夏县开国男姚弈、金紫光禄大夫礼部尚书同中书门下三品上柱国成纪县开国男林甫。

P. 3233 号《太上洞渊神咒经誓魔品第一》末题:

麟德元年七月廿一日奉敕为皇太子于灵应观写。初校道士李览,再校道士严智,三校道士王感,专使右崇掖卫兵曹参军事蔡崇节,使人司藩大夫李文暕。

P. 2444 号《洞渊神咒经卷第七》末题:

麟德元年七月廿一日奉敕为皇太子于灵应观写。道士李览初校,道士辅俨再校,道士马诠三校,专使右崇掖卫兵曹参军事蔡崇节,使人司藩大夫李文暕。

P. 2457 号《阅紫箓仪三年一说》末题:

开元廿三年太岁乙亥九月丙辰朔十七日丁巳,于河南府大弘道观敕随驾修祈禳保护功德院,奉为开元神武皇帝写一切经,用斯福力,保国宁民,经生许子颙写。修功德院法师蔡茂宗初校,京景龙观上座李崇一再校,使京景龙观大德丁政观三校。

四件唐代长安写经题记都署记校对人姓名,由此可以推知,《开元道藏》的官方写本亦经过严格的三校程序,其编撰水平是较高的。

敦煌道士的写本占敦煌道经的大部分,其题记内容则详略各异。有的题记载写经时间和写经人,如 P. 2475 号、S. 3563 号《太玄真一本际经卷第二》,S. 2999 号《太上道本通微妙经卷第十》,P. 2369 号《太玄真一本际经卷第四》,其题记皆为:"开元二年十一月廿五日道士索洞玄敬写"。敦煌索氏是魏晋至唐代敦煌的大姓,此索洞玄写经不止这几部,兹不赘举。有的题记仅录写经人名。如 S. 3109 号《太上洞玄灵宝无量度人上品妙经》末题:"道士□□,道士茂林。"P. 2170 号《太玄真一本际经圣行品卷第三》末题:"女官赵妙虚敬写。"P. 2584 号《老子道经上》、S. 1857 号《老子化胡经卷第一并序》末题:"道士索洞玄经。"有的题记则记载写经时间和写经人名。如 P. 4659 号《洞玄灵宝自然九天生神章经》,卷末题录"丙午年五月三日,出家道士王法迁敬写讫"。有的题记仅记载写经时间、地点。如 P. 2361 号《本际经疏卷第三》末题:"景龙二年三月十四日于神泉观写。"P. 2424 号《洞渊神咒经卷第八》末题:"神泉观敬写。"有些写经题记较详,载明写经时间、地点、人物、写经缘由。如 P. 2861 号《无上秘要目录》、S. 80 号《无上秘要卷第十》末题:

开元六年二月八日,沙州敦煌县神泉观道士马处幽并侄道士马抱一,奉为七代先王,所生父母,法界苍生,敬写此经供养。

敦煌道经中另有一类题记,写经年月及施主姓名皆空,似属写以待售之经卷。如 P. 3235 号《太玄真一际经卷第二》末题:

弟子(某某)比缘染患,沉痼积时,针灸不瘳,药石无损。爰发弘愿,委命慈尊,遂蒙大圣匡扶,宿疾除愈。谨抽妙宝,割舍净财,敬写《本际经》一部。愿是功德,资益弟子,九玄七祖,内外亲姻,长辞地域之酸,永受天堂之乐,傍周动植,爰及幽明,同会胜因,俱沾此福。

唐代敦煌有神泉观、灵图观、开元观、白鹤观、法都观、龙兴观、紫极观、千称观、冲虚观、玄中观十座道观,尤以神泉观道士的写经最多。敦煌道经中一部分经卷,是道士为亡人追福而写。如 S. 3135 号《太玄真一本际经卷第二》末题:

仪凤三年三月廿二日,女官郭金基奉为亡师敬写《本际经》一部。以此胜福,资益亡师,惟愿道契九仙,神游八境。

上海图书馆 18 号文书《太玄真一本际经卷第二》题记说:

大周长寿二年九月一日,沙州神泉观道士[索] [玄]洞,于京东明观,为亡妹写《本际经》一部。

P. 2806 号《太玄真一本际经卷第四》末题:

证圣元年闰二月廿九日,神泉观法师氾思庄发心敬写,奉为一切法界苍生，同会此福。

在敦煌道经中，《本际经》的写本最多，据法国敦煌学者吴其昱先生的研究，敦煌写本中的《本际经》共计106件。[①] 而据中国学者王卡教授的统计，敦煌文书中《本际经》抄本多达一百四十余件[②]，约占道经抄本总数的五分之一，数量超过《道德经》抄本，堪称敦煌道经之最。《太玄真一本际经》，简称《本际经》。史称隋道士刘进喜造《本际经》五卷，唐李仲卿续成10卷。《本际经》在唐代社会的流行，与唐代帝王的提倡有关。宋谢守灏的《混元圣记》卷8载开元二十九年（741年）辛巳十二月：

> 宜令天下诸观，自来年正月一日至年终已来，常转《本际经》，老君所降，以富国安民者也。[③]

《本际经》卷1为《护国品》，所以唐玄宗提倡抄写转读。唐朱法满的《要修科仪戒律钞》卷2《写经钞》说：

> 抄写经文，令人代代聪明，博闻妙赜，恒值圣代，当知今日明贤博达，皆由书写三洞尊经，非唯来生得益，及至见在获福。《大戒》云：抄写尊经一钱以上，皆得七十四万倍报。万钱已上，报不可称。[④]

而在该经的《受持钞》中，更认为与金玉重宝的施舍相比，道经的“讲说书写受持供养功德，胜彼百千万倍”。[⑤] 写经成为道士道学修持的重要内容，亦是唐代写经盛行的原因。唐杜光庭的《道教灵验记》卷12《杜简州〈九幽拔罪经〉验》，说杜武请古道士置道场，转读《九幽拔罪经》有灵验，古道士“因为写百余本《九幽经》，行于奉道之家，劝其持奉矣”。[⑥]

敦煌道经题记中最长为《十戒经》和《老子道德经》。如P.2347号《十戒经》末题：

---

① 参见吴其昱：《敦煌汉文写本概观》，[日]山口瑞凤编：《敦煌讲座》5，《敦煌汉文文献》，东京：大东出版社1992年版，第77页。

② 王卡指出：“已知敦煌《本际经》抄本多达140余件。”参见王卡：《敦煌道教文献研究——综述·目录·索引》，北京：中国社会科学出版社2004年版，第36页。

③ 《道藏》第17册，第856页。

④ 《道藏》第6册，第925页。

⑤ 《道藏》第6册，第931页。

⑥ 《道藏》第10册，第841页。

大唐景龙三年岁次乙酉五月丁巳朔十八日甲戌,沙州敦煌县洪闰乡长沙里冲虚观女官清信弟子唐真戒,年十七岁。但为肉人无识,既受纳有形,形染六情,六情一染,动之弊秽。惑于所见,昧于所著,世务因缘,以次而发,招引罪垢,历世弥积。轮回于三界,漂浪而忘返;流转于五道,长沦而不悟。伏闻天尊大圣,演说十戒十四持身之品,依法修行,可以超升三界,位极上清。真戒性虽愚昧,愿求奉受,今赍信如法,谨诣北岳先生阎履行明,奉受十戒十四持身之品,修行供养,永为身宝,僭盟负约,长幽地狱,不敢蒙原。

敦煌道经的《十戒经》写本有9件,S.6454号、P.2350号,贞松堂藏「一」《十戒经》题记行文格式同上,仅受法时间、地点、弟子姓名、法师姓名不同,可知此类题记为道士受戒之用。唐真戒受的十戒十四持身之品,可以在道经中找到此经戒法箓授受的根据。据张万福的《传授三洞经戒法箓略说》,唐代道教传授的戒目中,第八种戒目就是天尊十戒十四持身品,其注文称"此清信弟子久志局所受也"。[①] 按照唐代道士受法位的等级,凡得法师传授三戒、五戒的道士,则称为清信弟子。《传授三洞经戒法箓略说》称:"凡受戒,皆须诣师伏受抄写。"[②]这是受戒道士抄写《十戒经》的规定。除《十戒经》外,道士还受《老子道德经》,P.2347号《老子德经》末题:

大唐景龙三年岁次己酉五月丁巳十八日甲戌,沙州敦煌县洪闰乡长沙里女官清信弟子唐真戒,年十七甲午,既耳目贪于声色,身心染于荣宠,常在有欲。无极元年七月甲子日,将欲西度,而关令尹喜好乐长生,欲从明君受一言之经。老子曰:"善哉! 子之问也,吾道甚深,不可妄传。生道入腹,神明皆存;百节关孔,六甲相连。徘徊身中,错综无端;胎息守中,上与天连。行之立仙,拜为真人;传不得法,殃及其身;身死名灭,下流子孙。"真戒既肉人无识,窃好不已,专志颙颙,实希奉受。今依具盟科法,赍信誓心,诣三洞法师北岳先生阎履明,求受道德五千文经,修行供养,永为身宝。断金为盟,违科犯约,幽牢长夜,不敢有言。

① 《道藏》第32册,第184页。

② 《道藏》第32册,第185页。

此外,P. 2350号题记为李无上,P. 2417号题记为索栖岳,P. 2735号题记为吴紫阳,三位清信弟子所受经文皆为《老子道德经》。从敦煌道经题记中可以看出,道士唐真戒先后受《十戒经》和《老子道德经》。此外,据P. 2350号《老子道德经》、《十戒经》的写经题记,清信弟子李无上亦先后受此二经。唐张万福《传授三洞经戒法箓略说》卷下《明科信品格》载:"凡人初入法门,先受诸戒,以防患止罪;次佩符箓,制断妖精,保中神炁;次受《五千文》,诠明道德生化源起。"①据此可以推断,敦煌道经中所存九件《十戒经》的受戒人,亦必次受《老子道德经》。

现存敦煌道经的题记,大略反映了敦煌地区道经传写之概况,亦可睹唐代写经之风气。而唐代道经传写的盛行,正是唐代崇道之社会风气的反映。在史籍与道经中,不乏道经传写的记载。唐杜光庭的《录异记》卷一载:道士司马凝正攻书好道,"咸通初,与道士白无隅、张坚白于洞真观缮写真经"。② 唐杜光庭的《神仙感遇传》卷五《吴善经》载:唐宪宗得符一函,为天书玉字,中外无有识者,后得高道吴善经解读。宪宗"命太清宫别敕供给,兴唐观道士琼执执弟子之礼,备得其诀。琼以天书玉字写《道德》二经、《黄庭》内外篇、《生神》、《度人》、《消灾》诸经几十卷,又注解三洞箓、符、篆,以为正音"。③ 此传授天书玉字之诀的吴善经,即为冲虚先生申甫弟子。

与唐代写经之盛行相应的是,各名山宫观皆收藏道经,以为镇山之经宝。《一切道经音义妙门由起》引《遁甲开山图》说:"名山石室藏道经有三十二所,其十九室有经一百六十九万五千八百三十一卷。"④尽管这是典型的道教神学的夸张说法,但此说仍有名山藏经的现实依据。唐于敬之《桐柏真人茅山华阳观王先生碑铭》载:道士王轨"往于名山福地,感遇真经。晚居华阳,又摹写上清尊法、洞元、洞神、符图、秘宝。并竭钟魏之模楷,尽班倕之剞劂,缄封静室,永镇山门"⑤。杜光庭的《东西女学洞记》载:长安富

① 《道藏》第32册,第185页。
② 《道藏》第10册,第858页。
③ 《道藏》第10册,第906页。
④ 《道藏》第24册,第733页。
⑤ (清)董诰等编:《全唐文》卷186,北京:中华书局1983年版,第2册,第1894页。

平县北定陵后通关乡,入谷二十里,有二洞,其中西女学洞,“龛内有道经数万卷,皆置于柏木板床之上……其大顺年中,富平奉道人姓徐第七,曾于洞内取养生经,出外传写,却送山洞中”①。大顺年(980—981年),正值黄巢起义之后,长安尚处于唐末战乱威胁之中,西女学洞封藏的道经,当是道教中有识之士为避战乱兵燹,秘藏道经于此深谷山洞。西女学洞柏木板床之设置,见之于道经记载,陶弘景《真诰》卷18记载作静室法:“中有板床,高一尺二寸,长九尺六寸,宽六尺五寸,荐席随时寒暑,又随月建,周旋转首,壁墙泥令一尺厚,好摩治之。此法在名山大泽无人之野,不宜人间。”②华盖山紫玄洞的藏书源,曾藏有金经数卷③,除通常的名山山洞藏经之法外,当时还有石函藏经于深潭之记载。杜光庭的《录异记》卷2载:“邵州城下,大江南面潭中,昔开元年天师申元之藏道士之书三石函于潭底。”④说明民间流传的道经毁之不易。

综上所述,唐代道经的广泛传写,道经在全国各地道观的传播、收藏,无疑有利于道教典籍的保存。唐代的《道藏》虽几遭兵燹,但至承平之世,总可以恢复重建,从敦煌文书所见唐代道经的传写,可以悟出其中道理。

第六节　唐代道教科技的发展

我国古代的科技在形成自己的体系和实用风格之后,到隋唐五代时有了进一步的发展。隋唐两代王朝是在黄河、长江这两大经济区域结合的基础上建立起来的,因此其经济与科技文化都呈现出空前的繁荣。当时科学文化思想活跃,这方面的国际交往也很频繁。尽管唐代在科学技术上不如后来的宋代,但也取得了举世瞩目的成就,这些成就也包括道教的一份贡献在内,本节就唐代道教科技的主要贡献作专门阐述。

---

① (清)董诰等编:《全唐文》卷934,北京:中华书局1983年版,第10册,第9726页。

② 《道藏》第20册,第597页。

③ 《华盖山浮丘王郭三真君事实》卷三,《道藏》第18册,第58页。

④ 《道藏》第10册,第863页。

一、道教学者对天文律历的贡献

由于修道实践和道教神学理论构建的需要，道教与中国古代天文历算的关系十分密切①，尤其是隋唐时期，道教在天文历算方面有不俗的贡献。当时有很多的道士参与了天文律历的制定工作。据《隋书·律历志》载："时高祖作辅，方行禅代之事，欲以符命曜于天下。道士张宾，揣知上意，自云玄相，洞晓星历，因盛言有代谢之征，又称上仪表非人臣相。由是大被知遇，恒在幕府。及受禅之初，擢宾为华州刺史，使与仪同刘晖、骠骑将军董琳、索卢县公刘佑、前太史上士马显、太学博士郑元伟、前保章上士任悦、开府掾张徹、前荡边将军张膺之、校书郎衡洪建、太史监候粟相，太史司历郭翟、刘宜、兼算学博士张乾叙、门下参人王君瑞、荀隆伯等，议造新历，仍令太常卿卢贲监之。宾等依何承天法，微加增损。四年二月撰成奏上。高祖下诏曰：'张宾等存心算数，通洽古今，每有陈闻，多所启沃。毕功表奏，具已披览。使后月复育，不出前晦之宵，前月之余，罕留后朔之旦。减朓就朒，悬殊旧准。月行表里，厥途乃异，日交弗食，由循阳道。验时转算不越纤毫，逖德前修，斯秘未启。有一于此，实为精密，宜颁天下，依法施用。'"②这就是道士张宾主持制定的"开皇历"。开皇历掺进了政治的因素，因此是不准确的，它与隋文帝杨坚夺取政权中利用谶纬星占等神学迷信手段是分不开的，试图借天象历法为隋取代北周作证明。开皇历当时就遭到批评："张宾所创之历既行，刘孝孙与冀州秀才刘焯，并称其失，言学无师法，刻食不中"，"合朔顺天，何氏所劣，宾等依据，循彼迷踪。盖是失其菁华，得其糠秕者也"③。批评开皇历采用了何承天元嘉历的短处，不懂得有岁差和算定朔。本来，何承天为解决因采用传统的平朔法而造成"合朔月食，不在朔望"的问题，创立了"定朔法"。④ 此后，在历法中平朔与定朔的争论持续了200多

① 参见盖建民：《道教科学思想发凡》，北京：社会科学文献出版社2005年版，第59—72页。

② 《隋书》，北京：中华书局1973年版，第2册，第420—421页。

③ 《隋书·律历志》，北京：中华书局1973年版，第2册，第423、424页。

④ 参见《宋书·律历志》，北京：中华书局1974年版。

年。开皇历不仅没有采用何承天的合理之处，而且张宾对刘孝孙、刘焯等主张使用定朔法的意见采取以势压人的态度。“于时新历初颁，宾有宠于高祖，刘晖附会之，被升为太史令。二人协议，共短孝孙，言其非毁天历，率意迂怪，焯又妄相扶证，惑乱时人。孝孙、焯等，竟以他事斥罢。”①张宾后来卷入政争，因失败而病死，直到开皇十四年（594 年），隋文帝杨坚才下令评比各家历法，证明开皇历粗疏错漏较多，但历法改订仍未进行。至开皇十七年（597 年），张胄玄历成，付有司施行，代替了张宾历。张宾除主持制定开皇历外，尚著有《历术》1 卷，《七曜历经》4 卷，②可知他是个懂天文历法的道士。在他身上，正如在葛洪、陶弘景等人身上一样，也体现了原始科技与宗教的混沌不分，这是我们研究道教科技文化时必须注意的一个重要现象。张宾思想中的宗教成分以及参与政治等因素，使他的历法没有采取当时已取得的先进科学成果，而是趋于保守。

在隋代，也曾采用了道教某些技术上的成果。《隋书 · 天文志》载：“大业初，耿询作古欹器，以漏水注之，献于炀帝。帝善之，因令与宇文恺，依后魏道士李兰所修道家上法称漏，制造称水漏器，以充行从。又作候影分箭上水方器，置于东都乾阳殿前鼓下司辰。又作马上漏刻，以从行辨时刻。”③道教本注重科学实践，因此在技术上颇有一些发明创造，此为一例。

又据《册府元龟》卷 822 载：“马赜，河东汾阴人，少好玄言，去俗为道士，解天文律历。隋炀帝时引入玉清观，每加恩礼，召令章醮。”④看来当时道士中解天文律历者较多，因为这与其宗教职业有关，比如道士上章斋醮就需要有天文知识，解天文律历是其宗教活动的副产物。道士的这些天文律历知识和其占星术之类又多为帝王利用，或为宫廷作宗教仪式，或预卜政治前途。如《旧唐书 · 薛颐传》载：薛颐于大业中（605—618 年）为道士，解天文律历，尤晓杂占。炀帝引入内道场令章醮。武德初（618—626 年），颐曾

① 《隋书 · 律历志》，北京：中华书局 1973 年版，第 2 册，第 428 页。

② 《隋书 · 经籍志》，北京：中华书局 1973 年版，第 4 册，第 1023、1024 页。

③ 《隋书》，北京：中华书局 1973 年版，第 2 册，第 529 页。参见《隋书 · 艺术 · 耿询传》，第 6 册，第 1770 页。

④ （宋）李昉等编：《册府元龟》，北京：中华书局 1960 年版，第 10 册，第 9768 页。

密谓秦王李世民说:“德星守秦分,王当有天下,愿王自爱。”李世民乃奏授太史丞,累迁太史令。贞观(627—649年)中,太宗将封禅泰山,有彗星见,颐因称言:“考诸玄象,恐未可东封。”于是乃止。颐后上表请为道士,太宗于九嵏山为他置紫府观,拜颐为中大夫,行紫府观主事。又下令于观中建一清台,以候玄象,有灾祥薄蚀谪见等事,随状闻奏。颐“前后所奏,与京台李淳风多相符契”①。可见隋唐之际的道士多运用其天文知识介入了政治斗争,主要是预报政治气候的“灾祥”,这不能不说是我国古代科技的一大悲剧。唐太宗在道观中建起观察天象的天文台,虽说出于政治上的动机,但间接地多多少少推动了道教科技的发展;薛颐所观察预报的天象与国家天文台的报告相差不多,表明道教在天文知识上获得了较高的成就。从这里也可看出,道观里进行着一些原始的科技活动,科学与宗教在此同步行进。

据《新唐书·历志》说,唐代建国的二百九十余年中,历法共改订了八次。② 这八个历法中,最早的《戊寅元历》和《麟德甲子元历》就是由道士及道教世家出身的人制定的。唐“高祖受禅,将治新历,东都道士傅仁均善推步之学,太史令庾俭、丞傅奕荐之。诏仁均与俭等参议,合受命岁名为《戊寅元历》。乃列其大要,所可考验者有七……高祖诏司历起二年用之,擢仁均员外散骑侍郎”③。《旧唐书·历志》也说:“高祖受隋禅,傅仁均首陈七事,言戊寅岁时正得上元之首,宜定新历,以符禅代,由是造《戊寅历》。祖孝孙、李淳风立理驳之,仁均条答甚详,故法行于贞观之世。”④傅仁均本东都道士,推荐他的傅奕也曾为道士。傅仁均的《戊寅历》于武德二年(619年)实行,基本上采用隋代张胄玄的历法,但它是首次正式颁布实行采用定朔法的历法,并主张不用上元积年,很有些对历法实行革新的气象。在戊寅历运用期间,由于出现连续大月或连续小月的问题没有解决,在贞观十八年(644年),《旧唐书》预测第二年九月将出现连续四个大月的现象,于是把

① 《旧唐书》,北京:中华书局1975年版,第16册,第5089页;又参见《新唐书·方伎传》。

② 《新唐书》,北京:中华书局1975年版,第2册,第534页。

③ 《新唐书》,北京:中华书局1975年版,第2册,第534页。

④ 《旧唐书》,北京:中华书局1975年版,第4册,第1152页。

傅仁均的历法由定朔又改为平朔。到高宗时,戊寅历疏误日多,麟德二年(665年)于是颁用李淳风制定的麟德历。

李淳风,"岐州雍人也。其先自太原徙焉。父播,隋高唐尉,以秩卑不得志,弃官而为道士,颇有文学,自号黄冠子。注《老子》,撰《方志图》,文集十卷,并行于代。淳风幼俊爽,博涉群书,尤明天文、历算、阴阳之学"①。《册府元龟》卷八百二十二云:"李播,淳风之父,仕隋为高唐尉,秩卑不得志,弃官而为道士,颇有文学,自号黄冠子,文集行于世。"②《新唐书·艺文志》著录有李播所撰的《天文大象赋》一卷,可知其为精于天文者。这些足证李淳风出身道教家庭,其天文历法知识本有家学渊源。

李淳风的麟德历以隋代刘焯的皇极历为基础。《旧唐书·历志》说:"高宗时,太史奏旧历加时寝差,宜有改定。乃诏李淳风造《麟德历》。初,隋末刘焯造《皇极历》,其道不行。淳风约之为法,时称精密。"③《新唐书·历志》也说:"高宗时,《戊寅历》益疏,淳风作《甲子元历》以献。诏太史起麟德二年(665年)颁用,谓之《麟德历》。古历有章、蔀,有元、纪,有日分、度分,参差不齐,淳风为总法千三百四十以一之。损益中晷术以考日至,为木浑图以测黄道,余因刘焯《皇极历》法,增损所益。当时以为密,与太史令瞿昙罗所上《经纬历》参行。"④麟德历也采用定朔法,但为避免戊寅历中连续出现四个大月或三个小月的现象,采取了变通迁就的方法,把朔日下推一日,使第三个小月改成大月,或往上退一日,使第四个大月改为小月。从此定朔取代了平朔,为后世历法所沿用。

在唐代所颁行的十多部历书中,道教学者李淳风所制麟德历被历家公认为唐代的好历。"淳风幼俊爽,博涉群书,尤明天文、历算、阴阳之学。贞观初,以驳傅仁均历议,多所折衷,授将仕郎,直太史局。"⑤李淳风在贞观初年因指出傅仁均戊寅历的不足,在天文历法方面展露才华,得以进入太史局

① 《旧唐书·李淳风传》,北京:中华书局1975年版,第8册,第2717页,参见《新唐书·方伎传》。

② (宋)李昉等编:《册府元龟》,北京:中华书局1960年版,第10册,第9768页。

③ 《旧唐书》,北京:中华书局1975年版,第4册,第1152页。

④ 《新唐书》,北京:中华书局1975年版,第2册,第559页。

⑤ 《旧唐书》卷79《李淳风传》,北京:中华书局1975年版,第8册,第2717页。

供职,先后担任太史丞、太史令等职。李淳风所造麟德历于唐麟德二年颁行,是以刘焯的皇极为基础,但在具体制历技术上有着独到的天文历算思想。主要有两点:

其一,进朔法的新历法思想。李淳风针对定朔法有时会造成连着三个或四个大小,小月也可能发生三次的不足,提出进朔思想。即朔的小余在日法的四分之三以上时,则以翌日为朔日。用这一进朔新思想来定朔,可以避免历法中连续四个大月或三个小月之情况,所制历法更精密。因此,这一进朔新法就为唐宋历法所遵用。

其二,"总法为母"的历法计算新思想。李淳风在历法计算上有独特的造诣。"古历有章、蔀、元、纪日分度分,参差不齐。李淳风为总法以一之,凡朞实朔实,及交转五星,并以总法为母。"①过去历法中表示基本常数日数的奇零部分,都用不同的分母。李淳风则引进了共同分母的新思想,在历法计算中废除了传统的章、蔀、纪、元之法。麟德历的回归年、朔望月和近点用的日数都用 1340 为分母,李淳风废除了闰周②这一传统做法,完全由观测和统计来求得回归年和朔望长度。此外,李淳风还在日食计算中提出蚀差的校正。所以这些制历技术上的新思想无疑使得麟德历更加符合天象变化。清人阮元在《畴人传》中曾高度赞扬李淳风历法计算的新思想,称其"运算省约,则此为最善,术家遵用,沿及宋元。而三统四分以来,章蔀纪元之法,于是尽废。斯立法巧捷,胜于古人之一大端也"。③ 李淳风以"总法为母"的计算法是一种先进的科学思想,为以后的历法所沿用,成为元代授时历以一万为小数记法的先声,推动了古代历法的发展。

值得一提的是,李淳风在天文观测仪器的制造上也有独创之处。《旧唐书·天文志》记载:"贞观初,将仕郎直太史李淳风始上言灵台候仪是后魏遗范,法制疏略,难为占步。太宗因令淳风改造浑仪,铸铜为之,至七年造成。淳风因撰《法象志》七卷,以论前代浑仪得失之差,语在淳风传。其所

---

① (清)阮元:《畴人传》卷 13,北京:商务印书馆 1955 年版,第 158 页。

② 闰周即设置闰月的周期。

③ (清)阮元:《畴人传》卷 13,北京:商务印书馆 1955 年版,第 159 页。

造浑仪,太宗令置于凝晖阁以用测候。”①李淳风于贞观七年设计制造了一台新浑仪,在设计制造技术思想上有很大创新。李淳风在古浑仪的六合仪和四游之间,增加了一重具有黄道环、赤道环和白道环的三辰仪。经过这一创新所制造的新浑仪,测天功能大大增强,可“南北游,仰以观天之辰宿,下以识器之晷度”②,故“时称其妙”。唐以后所制造的浑仪,原理思想和基本结构都与李淳风浑仪相似,只是把规环或其他零件、部件增减一些而已。李淳风本人也因此著《法象志》7卷,“论前代浑仪得失之差”,这在《旧唐书》卷79《李淳风传》有记载。值得一提的是,李淳风对运用浑仪观察天文星象所产生的系统误差问题有所认识,并作了定量分析。据北宋科学家沈括的《浑仪议》记载:“李淳风尝谓斛兰所作铁仪,赤道不动,乃如胶柱,以考月行,差或至十七度,少不减十度。”③观察测量过程,由于仪器设计的因素,会产生系统误差。李淳风已认识到斛兰所作铁仪,其误差范围为十度到十七度,这种误差不是偶然测量不准确造成的,而是由于仪器系统本身造成的,所谓“此正谓直以赤道候月行,其差如此”。④“其差如此”的思想,表明李淳风对浑仪测量的系统误差有深刻的见解。

李淳风作为一名著名的天文学家,其对天文学的贡献是多方面的。现今《晋书》、《隋书》中的《天文志》、《律历志》和《五行志》都为李淳风所撰写,不仅保存了大量古代天文历法材料,而且还蕴藏有一个了不起的科学思想,即将历代累计下来的天文知识按一定的次序整理分类,“今详众说,以著于篇”,试图建构一个天文学知识体系。《晋书·天文志》开篇即云:

> 昔在庖牺,观象察法,以通神明之德,以类天地之情,可以藏往知来,开物成务。……
>
> 至于殷之巫咸,周之史佚,格言遗记,于今不朽。其诸侯之史,则鲁有梓慎,晋有卜偃,郑有裨灶,宋有子韦,齐有甘德,楚有唐味,赵有尹皋,魏有石申夫,皆掌著天文,各论图验。其巫咸、甘、石之说,后代所

① 《历代天文律历志汇编》(三),北京:中华书局1976年版,第655页。

② 《旧唐书》卷79《李淳风传》,北京:中华书局1975年版,第8册,第2718页。

③ 《宋史》卷48《天文志一》,北京:中华书局1977年版,第4册,第959页。

④ 《宋史》卷48《天文志一》,北京:中华书局1977年版,第4册,第959页。

> 宗。暴秦燔书，六经残灭，天文星占，存而不毁。及汉景武之际，司马谈父子继为史官，著《天官书》以明天人之道。其后中垒校尉刘向，广《洪范》灾条，作《皇极论》，以参往之行事。及班固叙汉史，马续述天文，而蔡邕、谯周各有撰录，司马彪采之，以继前志。今详众说，以著于篇。①

《晋书》天文志的编写体例是依次按“天体”、“仪象”、“天文经星（中宫、二十八宿、星官之二十八宿之外者）”、天汉起没、十二次度数、州郡躔次、七曜、杂星气（瑞星、妖星、客星、流星、云气、十煇、杂气）、史传事验（天变、日蚀、月变、月奄犯五维、五星聚合、月五星犯列舍、经星变附见、妖星客星、星流陨、云气）。其体系结构翻译成现代语言即为：宇宙模型、天象仪器、天体构成、天地对应和天象观察记录。这种试图将天文知识纳入一个较为完整体系的思想，在历代天文志书中是一个创举。《晋书》、《隋书》的天文志除搜集大量天文、气象记录外，还对这些记录进行了分类，对一些特殊天象的名称作了解释。例如他指出，彗星尾“夕见则东指，晨见则西指”常背太阳的规律，比西方天文学早九百多年。此外，李淳风还擅长天文星占，“淳风每占候吉凶，合若符契”。② 他所撰写的《乙巳占》一书，堪称古代星占理论的集大成著作。书中虽然包含大量神秘主义的东西，但也蕴藏了不少天文学思考。如在总结前人天文成果，记录某些天象和气象，对某些天象作出比较合乎实际的推测等方面，都有许多值得深入挖掘的地方。

二、李淳风注《十部算经》

道士家庭出身的李淳风不仅在天文历法上颇有成就，而且注释十部算经，使我国古算术得以保存流传，功绩显著。《旧唐书·李淳风传》载：“先是，太史监候王思辩表称《五曹》、《孙子》十部算经理多踳驳。淳风复与国子监算学博士梁述、太学助教王真儒等受诏注《五曹》、《孙子》十部算经。书成，高宗令国学行用。”③李淳风等在对《周髀算经》的注释中，根据实际观测，修正了经文和赵爽、甄鸾注中的缺陷。在注《九章算术》少广章开立

---

① 《历代天文律历志汇编》(一)，北京：中华书局1976年版，第164页。

② 《旧唐书》卷79《李淳风传》，北京：中华书局1975年版，第8册，第2719页。

③ 《旧唐书》，北京：中华书局1975年版，第8册，第2719页。

圆术时，引用了祖暅对于球体积的研究，为后世保存了宝贵的资料。他们所注的《海岛算经》，详细指出了解题中的演算步骤，为学习提供了方便。尽管李淳风等人的注释工作存在不少缺点和错误，但正由于李淳风等人奉命注书，又经政府规定为教科书，方使“十部算经”等书得以流传至今，其功绩不可磨灭。[①] 下面我们就李淳风所注的十部算经对中国数学的发展有着重要的积极作用略作展开。

中国古代数学在秦汉时期逐渐形成了自己的体系，其标志是《九章算术》。《九章算术》以其独特的方式与方法，奠定了以算为主以术为法的中国传统算法体系。经过魏晋南北朝刘徽、祖冲之等数学家的不断努力，到了隋唐时期，历经千余年的发展，中国古代数学日趋完备，形成了以十部古典数学著作为中心内容的体系。这十部算经为《九章算术》、《周髀算经》、《海岛算经》、《五曹算经》、《孙子算经》、《夏候阳算经》、《张丘建算经》、《缀术》、《辑古算经》，俗称算经十书。现今传本的算经十书每卷首页上都题有“唐朝议大夫、行太史令、上轻车都尉臣李淳风等奉敕注释”字样。

李淳风所注算经十书有不少独到之处，主要有两点：其一，运用实际观测结果验证、校正传统算学理论。中国古代历来天文与算术是密不可分的。李淳风在对《周髀算经》作注时，结合实际观测结果，指出经文认为南北相去一千里，日中测量八尺高标竿的影子相差一寸不符合实际；赵爽所注释的二十四气八高标竿的日中影子长，用等差级数计算也与实际不符；李淳风还对甄鸾注释中对赵爽“句股圆方图”的种种误解逐条予以校正。这种结合实际观测进行校书的方法是十分先进的科学思想。其二，重视算术教育。李淳风所注算经十书对中国古代数学教育发展起到很大推动作用。李淳风注释有一特色，就是对算经十书中一些内容深奥难懂的经文予以详细演算释解。例如《海岛算经》原本是刘徽附于《九章算术》之后的“重差”一卷，原著解题方法略而不详。李淳风在注释时就详细列出演算步骤，极大地便利了初习算术者。故李注算经十书完成后，高祖下诏作为教科书在“国学

---

① 参见杜石然、范楚玉等：《中国科学技术史稿》上册，北京：科学出版社 1982 年版，第 325 页。

行用”。

李淳风一生著述甚丰。据《旧唐书·经籍志》载：撰《乙巳占》10卷，《皇极历》1卷，《河西甲寅元历》1卷；注《缀术》5卷，《缉古算术》4卷；撰《悬镜》10卷；注《九旗飞变》1卷；撰《玄悟经》3卷。① 据《新唐书·艺文志》载：李淳风注《泰乾秘要》3卷；《演齐民要术》卷亡；释《周髀》2卷；《乙巳占》12卷，《天文占》1卷，《大象元文》1卷，《乾坤秘奥》7卷，《法象志》7卷；与袁天纲集《太白会运逆兆通代记图》1卷；注《周髀算经》2卷，又注《九章算术》9卷，《九章算经要略》1卷，《五经算术》2卷；《四民福禄论》3卷，《玄悟经》3卷，《太一元鉴》5卷；参与《图经》7卷的撰写。② 又据《旧唐书·李淳风传》说他“预撰《晋书》及《五代史》，其《天文》、《律历》、《五行志》皆淳风所作也。又预撰《文思博要》”。“所撰《典章文物志》、《乙巳占》、《秘阁录》，并演《齐民要术》等凡十余部，多传于代。”③今《全唐文》卷一百五十九收李淳风《上灵台候仪奏》、《议僧道不应拜俗状》、《太元金箓金锁流珠引序》、《乙巳占序》、《大怪书序》、《玉历通政经序》等文。《道藏》收“中华仙人”李淳风注的《金锁流珠引》29卷④，《混元圣纪》卷5也说：“唐李淳风注金锁流珠。”⑤《云笈七籤》卷4《道教相承次第录》引《云台治中内录》更是神化李淳风，说太上老君传授云台正治官图治山灶鼎等得41代相承，其第38代为李淳风。⑥ 这些表明道士家庭出身的李淳风始终未割断与道教的联系，他在天文历法上取得的成就不能说与道教没有关系。

除上所述外，还有：“尚献甫，卫州汲人也。尤善天文。初出家为道士。则天时召见，起家拜太史令，固辞曰：‘臣久从放诞，不能屈事官长。’则天乃改太史局为浑仪监，不隶秘书省，以献甫为浑仪监。数顾问灾异，事皆符验。

---

① 《旧唐书》，北京：中华书局1975年版，第6册，第2037、2038、2039、2041、2043、2044页。

② 《新唐书》，北京：中华书局1975年版，第5册，第1521、1538、1544、1545、1547、1551、1557、1570页。

③ 《旧唐书》，北京：中华书局1975年版，第8册，第2718、2719页。

④ 参见《道藏》第20册。

⑤ 《道藏》第17册，第830页。

⑥ 《道藏》第22册，第23页。

又令献甫于上阳宫集学者撰《方域图》。"[①]卢太翼,"七岁诣学,日诵数千言,州里号曰神童。及长,闲居味道,不求荣利。博综群书,爰及佛道,皆得其精微。尤善占候算历之术……请业者自远而至,初无所拒,后惮其烦,逃于五台山。地多药物,与弟子数人庐于岩下,萧然绝世,以为神仙可致"。"太翼所言天文之事,不可称数,关诸秘密,世莫得闻。"[②]另据《旧唐书·经籍志》载:史崇玄撰《十二次二十八宿星占》12卷。[③]《新唐书·艺文志》载:王希明《丹元子步天歌》1卷。[④] 关于此《丹元子步天歌》的来历及其在道教天文史上的贡献,下面我们结合相关文献进行论述。

三、《丹元子步天歌》与《二十八宿旁通历》

汉代以降,随着天文星象观测的深入,人们认识的星数和星官(星座)数剧增,需要有一种能够帮助辨认和记忆全天星官的工具,因此出现了许多星图。三国时代,吴国太史令陈卓把石氏、甘氏、巫咸三派星占家所占的星官,加以综合,求同存异,编成一个具有283官1464个恒星的星表,并绘制了星图。星图的优点是形象,使人容易辨认星官。但是星图复杂,难以记忆。于是人们便开始借用带有韵律的诗文、歌诀来描述全天星宿。在这方面,道教天文学家作出了突出贡献。

隋代道号为黄冠子的道士李播[⑤]就曾作《天文大象赋》,采用歌赋形式对星空作了文学描述。李播的这一尝试有助于人们认识星空,可惜流传不广。

及至隋唐,出现了一部署名为《丹元子步天歌》的天文著作,圆满地完

---

① 《旧唐书·方伎传》,北京:中华书局1975年版,第16册,第5100页;参见《新唐书·尚献甫传》,第18册,第5806页。

② 《隋书·艺术·卢太翼传》,北京:中华书局1973年版,第6册,第1769页。

③ 《旧唐书》,北京:中华书局1975年版,第6册,第2037页;又见《新唐书·艺文志》,第5册,第1544页。

④ 《新唐书》,北京:中华书局1975年版,第5册,第1545页。

⑤ 李播即李淳风之父。据《旧唐书》卷79《李淳风传》载:"父播,隋高唐尉,以秩卑不得志,弃官为道士,颇有文学,自号黄冠子。注《老子》,撰《方志图》,文集十卷,并行于世。"中华书局标点本,第8册,第2717页。

成了这一工作。关于《丹元子步天歌》的年代、作者，目前尚存争议[1]，主要有隋代丹元子和唐代开元王希明（自号丹元子）作两种说法。但就丹元子这一称号来分析，乃典型的道门道号；且《新唐书・艺文志》三“五行类”录有“王希明《太乙金镜式经》十卷，开元中诏撰”[2]。王希明所撰的《太乙金镜式经》当为道书无疑。因此，笔者以为，不管《丹元子步天歌》的作者是否真为王希明，都可以判定，《丹元子步天歌》肯定出自隋唐道徒之手，是道教天文学的珍贵文献。现存《步天歌》的版本很多，文辞有异。今人潘鼐取《四部备要》本《通志・天文略》，《十通》本《文献通考》，清康熙校元至元刻本补刻本《玉海》，文津阁本《四库全书》、《灵台秘苑》，北京图书馆藏明刻本《乾象图》，浙江图书馆特藏彭氏知圣道斋抄本《天文鬼料窍》，上海自然博物馆藏明刊本《步天歌》（明李之藻藏本），《丛书集成》本梅文鼎《中西经星同异考》，坊刻本《万法归宗》及家藏明永乐写本《天文秘旨备考》内《步天歌》，“厘定正讹，考核异同，甄以星象，加以校勘”，校定出一个比较完善的《步天歌》本子[3]。本书即以此版本来探讨《步天歌》的道教天文学新思想。

丹元子按陈卓所定星座，把周天各星的步位，编成一篇七言长歌，名之为《步天歌》。其独特的天文学思想主要有以下两点：

第一，“步天识星”的天文学思想。《步天歌》的最大特色就在于以文辞浅近、带有韵律的歌诀来介绍陈卓所总结的 283 官和 1464 星。例如：

> 东方（七宿之一）
>
> 角宿
>
> 南北两星正真悬，中有平道上天田，总是黑星两相连。别有一乌名进贤。平道右畔独渊然，最上三星周鼎形，角下天门左平星，双双横于

[1] 《新唐书・艺文志》三“天文类”载有“王希明《丹元子步天歌》一卷”；郑樵《通志・天文略》卷六则称：“隋有丹元子者，隐者之流也；不知名氏，作《步天歌》，见者可以观象焉。王希明纂汉、晋志以释之，《唐书》误以为王希明也。”《通志二十略》上册，北京：中华书局 1995 年版，第 450 页。

[2] 《新唐书・艺文志三》“五行类”，北京：中华书局 1975 年版，第 5 册，第 1558 页。

[3] 潘鼐：《中国恒星观测史》，上海：学林出版社 1989 年版，第 127—135 页。

库楼上。库楼十星屈曲明，楼中五柱十五星，三二相著如鼎形。其中四星别名衡，南门楼外两星横。（文中加点的即为星名，下同）

北方（七宿之一）

壁宿

两星下头是霹雳，霹雳五星横著行，云雨次之曰四方。壁上天厩十圆黄，铁锧五星羽林旁，土公两黑壁下藏。

北极紫微宫　一本作紫微垣（三垣之一）

中元北极紫微宫，北极五星在其中，大帝之坐第二珠，第三之星庶子居，第一号曰为太子，四为后宫五天枢。左右四星是四辅，天乙太乙当门路。左枢右枢夹南门，两面营卫一十五。东藩左枢连上宰（一作上宰少尉两相对），少宰上辅次少辅，上卫少卫次上丞，后门东边大赞府。西藩右枢次少尉，上辅少辅四相视，上卫少卫七少丞（一作门东唤作一少丞），以次却向前门数。阴德门里两黄聚，尚书以次其位五。女史柱史各一户，御女四星五天柱。大理两星阴德边，勾陈尾指北极颠。六甲六星勾陈前，天皇独在勾陈里。五帝内座后门间，华盖并杠十六星，杠作柄象华盖形，盖上连连九个星。名曰傅舍如连丁。垣外左右各六珠，右是内阶左天厨。阶前八星名八谷，厨下五个天棓宿。天床六星左枢右，内厨两星右枢对。文昌斗上半月形，稀疏分明六个星。文昌之下曰三师，太尊只向三公明。天牢六星太尊边，太阳之守四势前。一个宰相太阳侧，更有三公相西偏，即是玄戈一星圆。天理四星斗里暗，辅星近着开阳淡。北斗之宿七星明，第一主帝名枢精，第二第三璇玑星，第四名权第五衡，开阳摇光六七名。摇光左三天枪明。

现存《步天歌》中每句还配有星图，今略。从以上摘录的《步天歌》内容来看，《步天歌》采用朗朗上口的歌诀形式，形象而生动地记载了星官的名称、星数和位置。其优点在于，人们读着《步天歌》，如同沿着天上的星官之路漫步在天空繁星之间一样。全歌条理分明，易于记忆。譬如，我们只要先认识甲星，然后由甲星向东走去，便到乙星，或向南走去，便到了丙星。这样，念着有韵味的歌诀，按着方向，一颗一颗地走过去，就可以辨认全天星座。这一步天识星的思想十分先进和便捷，所以《丹元子步天歌》一经问世便广为流行，成为初习天文学的必读著作。宋代史学家郑樵就曾借助步天歌观测星斗，自云："一曰得步天歌而诵之。时素秋无月，清天如水；长诵一句，凝目一星，不三数夜，一天星斗，尽在胸中矣！"[①]清代著名天算家梅文鼎也曾高度赞扬《步天歌》，云："句中有图，言下见象，或半或约，无余无失。"[②]宋代以降，《步天歌》受到高度重视，被视为描述星象的最权威记录，元初修《宋史·天文志》时，就采用《步天歌》和《景祐乾象新书》作为校勘标准文献。而且由于《步天歌》在传习天文知识中的巨大作用，以至从宋郑樵《通志·天文略》起，往往将其视为秘术，限定只能在灵台传诵，严禁传入民间。

第二，"三垣二十八宿"的星空划分新思想。在中国天文学史上，《丹元子步天歌》首创了采用三垣、二十八宿的星空划分法，即把北极附近的星象分为紫微、太微和天市三垣，其余分属于二十八宿，将全天的星空分为三十一大区。众所周知，中国古代天文学中二十八宿的起源很早，《周礼》中已有"二十有八星之位"[③]、"二十有八星之号"[④]的记载。1978 年在湖北随县发掘的战国早期曾侯乙墓中，内有一个书写中国二十八宿的漆盖箱。但早期二十八宿的名称，仅仅表明星座个体而已，而且二十八宿体系最初只是古人用来标志日、月、五星运动位置等而采用的。"宿"，《说文》云："止也，息逐切。""宿"在此读为 xiù，意为次也。次舍止也，有宿舍之意。"二十八宿"从字面上解释，即二十八个星宿，每个星宿作为行星舍止之处所。古人认为，日、月、五星在无垠的天空的星群中往返不息，难以掌握其运行规律，于是设想依据恒星之天球上的位置，将天球划分成一定的星空区，即把黄道、天赤道附近的星空，划分为二十八个星空区，是为二十八宿。把二十八宿作为星空分区的主体，始自《丹元子步天歌》。二十八宿星空区域的划分，是以二十八宿星官为基础，把天空划分为二十八个区域。每个星宿内有一定

---

① （宋）郑樵：《通志二十略·天文略第一》，北京：中华书局点校本，上册，第 450 页。

② 引自陈遵妫：《中国天文学史》，上海：上海人民出版社 1982 年版，第 3 册，第 406 页。

③ 《周礼·春官·冯相氏》，见（清）孙诒让：《周礼正义》，王文锦、陈玉霞点校，北京：中华书局 1987 年版，第 2103 页。

④ 《周礼·秋官·硩蔟氏》，见（清）孙诒让：《周礼正义》，王文锦、陈玉霞点校，北京：中华书局 1987 年版，第 2931 页。

的星座,以作为固定的标志,古人以此观测七政之星座间运行之规律,测定岁时季节乃至丰歉、祸福。二十八宿为:东方七宿(苍龙)为角、亢、氐、房、心、尾、箕,共有四十六个星座。北方七宿(玄武):斗、牛、女、虚、危、室、壁,共有六十五个星座;西方七宿(白虎):奎、娄、胃、昴、毕、觜、参,共有五十四个星座;南方七宿(朱雀):井、鬼、柳、星、张、翼、轸,共有四十二个星座。下面我们以东方七宿为例,略加说明。

角宿有十一个星座,分别为:角(又名辰角,共二星),平道(共二星),天田(共二星),进贤(一星),周鼎(共三星),天门(共二星),平(共二星),库楼(又名天楼,共十星),柱(又称五柱,共十一星),衡(共四星),南门(共二星)。亢宿有六个星座,分别为:亢(共四星),大角(一星),折威(又名七折威,共七星),摄提(共六星)、顿顽(共二星),阳门(共二星)。宿有十一个星座,分别为:氐(又名天根、天府,共四星)、天乳(一星),招摇(一星),梗河(三星),帝席(又名帝座,共三星),亢池(共四星),骑官(共十星),阵车(共三星),车骑(共三星),天辐(又名天福,共二星),骑阵将军(一星)。房宿有七个星座(另有钩钤为附座),分别为房(又名天驷、马祖、农祥,共四星),钩钤(又名衿,共二星),键闭(一星),罚(又名伐星,共三星),两咸(共八星),日(一星),从官(共二星)。心宿又两个星座,分别为:心(又名火、大火,共三星),积卒(共十二星)。尾宿有五个星座(另有神宫为附座),分别为:尾(又名九江,共九星),神宫(一星),天江(共四星),龟(共五星),傅说(又名天策,一星),鱼(一星)。箕宿有三个星座,分别为:箕(又名农尾,共四星),糠(一星),杵(共三星)。

由于二十八宿星官在天上的分布疏密并不均匀,所以这二十八个区域的大小也相差很大。最大的井宿所占的赤经范围达三十多度,而最小的觜宿、鬼宿则只有几度。由于岁差的影响,各宿的距度在不同时代也有些变化。

《丹元子步天歌》还采用三垣来划分星空。三垣即紫微垣、太微垣和天市垣。垣,本义为墙垣。古人将北极周围邻近的星座,用想象的虚拟线条联系为三个星空区,各区都以东西两藩的星绕成墙垣形式,故取名为三垣,作为天宫中天帝的官署。同样,作为星官来说,这些名称的起源或许很早。但在丹元子之前，人们并没有把它们直接作为划分天区的主体。只有在《丹元子步天歌》一书中，才首次将三垣作为三个天区的主体，应用于星空的划分。这是一个了不起的天文学新思想。《续文献通考》之《象纬考》曾就此作了一个评述：

> 《史记·天官书》、《汉书·天文志》恒星只分中宫、二十八宿及在二十八宿之外者。其中宫之星，凡三垣及二十八宿以上之列星近中宫者，皆属之。其二十八宿之星则止二十八宿及附宿之星而已。其二十八宿以下之列星近地平者，则皆属之二十八宿之外焉。隋丹元子《步天歌》始将恒星分属三垣二十八宿。三垣之星，固在中宫，其二十八宿之星，则不论近中宫与近地平，计星之经度，分属各宿。郑樵《天文略》宗之。①

古代天文学文献中，紫微垣简称紫垣、紫宫，其所在的天区是北极周围，共有三十七个星座，分别为北极（包括太子、帝、庶子、后宫、北极共五星）、四辅（又称四弼，共四星）、天乙（又称天一，一星）、太乙（又称太一，一星）、左垣（又称东垣，共八星）、右垣（又称西垣，共七星）、阴德（共二星）、尚书（共五星）、女史（一星）、柱史（一星）、御女（又命御女宫，共四星）、天柱（共五星）、大理（共二星）、勾陈（又作钩陈，共六星）、六甲（共六星）、天皇大帝（一星）、五帝内座（又称五帝座，共五星）、华盖（共十六星）、传舍（共九星）、内阶（共六星）、天厨（共六星）、八谷（共八星）、天棓（共五星）、内厨（共二星）、文昌（又名司禄，共六星）、三师三公（共六星）、天床（共六星）、天尊（一星）、天牢（共六星）、太阳守（一星）、势（共四星）、相（一星）、玄戈（一星）、天理（又名贵人牢，共四星）、辅（一星）、北斗（共七星）、天枪（又名天钺，共三星）。紫微垣乃三垣的中垣，居北天中央位置，故又称中宫。丹元子把二十八宿星官与紫微垣天区之间空隙较大的区又划出二垣，即将星宿、张宿、翼宿和轸宿以北的天区称作太微垣；而将房宿、心宿、尾宿、箕宿和斗宿等以北的天区称作天市垣。太微垣在紫微垣下的东北脚，位于北斗的南方，包含二十个星座。太微垣的两垣主要由十颗星组成，左垣、右垣各五星。太微之于三垣，乃象征天宫的政府官署，所以太微垣内的星名多用官

---

①　（明）王圻：《续文献通考》之《象纬考》。

名,如左垣(又称东垣或东藩)五星为左执法、上相、次相、次将、上将,右垣(又称西垣或西藩)五星为右执法、上将、次将、次相和上相。其余星座分别是:谒者(一星)、三公(共三星)、九卿(共三星)、五诸侯(共五星)、内屏(共四星)、五帝座(共五星)、幸臣(一星)、太子(一星)、从官(一星)、郎将(一星)、虎贲(一星)、常陈(共七星)、郎位(共十五星)、明堂(共三星)、灵台(共三星)、少微(又名处士星,共五星)、长垣(共四星)、三台(又名三能、三衡、三奇、三阶、台阶、天阶、泰阶、天柱,共六星)。天市垣又名天府、长城、天旗庭、天旗,乃三垣的下垣。天市垣象征天帝率诸侯所幸都市,故东西两藩各星均用各地方诸侯国命名。天市垣包含十九个星座,分别是:左垣(又称东垣或东藩,共十一星)、右垣(又称西垣或西藩,共十一星)、市楼(共六星)、车肆(共二星)、宗正(共二星)、宗人(共四星)、宗(共二星)、帛度(共二星)、屠肆(共二星)、候(一星)、帝座(一星)、宦者(共四星)、列肆(共二星)、斗(共五星)、斛(共四星)、贯索(共九星)、七公(共七星)、天纪(共九星)、女床(共三星)。这种采用三垣、二十八宿作为全天星空的划分主体,将整个星空划分为既有区别又有联系的31个区域系统的方法,始于道门中人丹元子,无疑是《丹元子步天歌》中又一独到的天文学思想。这种分区方法使得每个区域都有一个主体,范围得当。正是由于这种星空划分方法较为合理且又十分形象,①故一直被历代所沿用,直至近代。

需要特别指出的是,道教为了修炼的需要,还创制了一种特殊的、在道门内部流通的历法。《道藏》中有一部原题为“中华仙人李淳风注”的数术著作《金锁流珠引》,该书卷21《二十八宿旁通历仰视命星明暗扶衰度厄法》,前面有一道教历法“二十八宿旁通历”表,表后有一段文字说明:

> 右具推一周年一十二月有三十日,算其所本身属宿,即从一日而始,毕于三十日,随月配之。上古大真太上老君受元始道君之教也,文书谓之《二十八宿经》,有一十二卷,二百纸,广大卒难寻究,后圣君降南山。(注云:大业十三年下降长安南山,今名终南山。告风有唐李氏之王天下也。今撰略《二十八宿经》,为十二月三十日相配,则行旁通

① 例如,三垣中每垣都有若干颗星作为框架,如同围墙一般界限出这三个天区的范围。

示人，算配本星，即视知衰盛。)令风旁通撰略，并为要诀，教以志人，故因上圣所出旁通记也。①

从这段文字说明来看，“二十八宿旁通历”出自《二十八宿经》，托名隋炀帝大业十三年(615年)太上老君下降终南山，令李淳风所撰，其目的“为十二月三十日相配，则行旁通示人，算配本星，即视知衰盛”。“二十八宿旁通历”是否为李淳风所撰，难以确考，很可能是唐宋间道门中人所制作，后托名李淳风。关于“二十八宿旁通历”的性质，学术界尚无定论。有学者称之为“与官方历法不同的‘太阳历’”②，也有称“恒星月历”，今人李志超先生认为，“此历以天文星象注日，从而成为一种‘天文历’，这对普及天文知识非常有利”。将道教这一历法略作改进设计，就可成为一种方便人们记忆天文学内容的“天文教育历表”③。关于道教“二十八宿旁通历”的来源和性质，目前还需要在史料考证和具体天文思想内容两个方面作进一步深入研究。我们以为，从道教天文思想的角度分析，关于“二十八宿旁通历”，目前至少可以得出如下几点认识：

首先，应当承认“二十八宿旁通历”符合历法的基本概念，是道门自创的一种历法。所谓的历法，用一种通俗的语言来说，就是根据天文的客观规律，按照某种人为的规定，把“年”、“月”、“日”三者合理地编排起来，以便人们据此安排各种活动。“二十八宿旁通历”按照一年十二个月、每月三十日的计量方法，以二十八宿星名作为记日符号单位，依次排出一年360天所对应的二十八宿星名，道教称之为“本生宿”。如正月一日到三十日的二十八宿星名依次为：室、壁、奎、娄、胃、昴、毕、觜、参、井、鬼、柳、星、张、翼、轸、角、元、氐、房、心、尾、箕、斗、女、虚、危、室、壁、奎；二月一日到三十日的二十八宿星名依次为：奎、娄、胃、昴、毕、觜、参、井、鬼、柳、星、张、翼、轸、角、亢、氐、房、心、尾、箕、斗、女、虚、危、室、壁、奎、娄、胃；三月一日到三十日的二十八宿星名依次为：胃、昴、毕、觜、参、井、鬼、柳、星、张、翼、轸、角、亢、氐、房、

① 《金锁流珠引》卷21，《道藏》第20册，第451页。

② 祝亚平：《道家文化与科学》，北京：中国科学技术大学出版社1995年版，第138页。

③ 参见“旁通历——天文教育历”，李志超：《国学薪火——科学文化学与自然哲学论集》，北京：中国科学技术大学出版社2002年版，第197—202页。

心、尾、箕、斗、女、虚、危、室、壁、奎、娄、胃、昂、毕。其余四月至十二月每日也都有相应的二十八宿星相配。道士根据这一固定的历表,就可以方便查阅一年之中某月某日相配的二十八宿星,得知其“本身属宿”,从而推算自己的衰盛运程,以便据此安排修行活动。

其次,“二十八宿旁通历”带有鲜明的道教色彩,道门制作这一历法其目的是“仰视命星明暗,扶衰度厄”:

> 太上老君曰:夫修长生人得知本生宿(注云:本生宿是生日所配者是也。游宿者,生命所属生地宿也。假如本生星正当位,是游宿,犯本宿甚恶,有灾,甚凶,游宿较轻。此二事,尽须思候之。明则身无灾,暗则身有灾厄疾病,须早向前依符法启谢之,即得消灭疾厄,度达衰厄之事。)所在之处。每至本命日,晴明即夜非人行时潜看明净者吉,暗动者有灾,不见者大厄至。即以摄地纪飞天纲各三遍,散为禹步,转天关,指有衰厄人鬼之乡(注云:夫人所生皆有灾厄之地。假如金命人长生在巳,沐浴在午……五命总有灾厄之乡,不论见宿不见,但有衰即为之耳。)即以自消灭。常一月三度为之,即星明朗身,则无忧厄,灾害自消灭。夫学志道之人皆须先明此法,乃可活得真身。若不明衰厄之事,致病而死。①

道教认为,每个人都有自己本命宿星,即自己生日所配的二十八宿星,故称“本生宿”。道人通过查阅“二十八宿旁通历”就可以得知自己的本生宿,再观测当日的宿星明暗,推测自己的盛衰运,采取相应的符箓法术,就可以消灭疾厄、度过衰厄。因此,道门制作“二十八宿旁通历”与一般的历法是有区别的,“行旁通示人,算配本星,即视知衰盛”,故名“旁通历”。

“二十八宿旁通历”还暗含不同于传统历法的创新之处②。“二十八宿旁通历”用二十八宿注日,十分方便人们学习天文知识,这里蕴含了道教重视天文研习,借助历表普及天文知识,将历法与天文教育相结合的可贵思想。“这种新太阳历方案与已有诸家方案不同之处就是运用中国的二十八

① 《金锁流珠引》卷21,《道藏》第20册,第451页。

② 参见盖建民:《道教科学思想发凡》,北京:社会科学文献出版社2005年版,第80—86页。

宿把新历充实了天文学内容。这些天文内容虽然非常粗糙简单，但对于少年儿童则恰如其分。历表的鲜明规则性，二十八字宿名的可背诵性，有如‘小九九’，必会吸引童蒙求知的好奇之心。所以这个历法非常有利于儿童的科学教育。”①用二十八星宿注日，与丹元子步天歌采用歌诀形式记载星官的名称、星数和位置的做法十分类似，在传播普及天文知识方面有异曲同工之妙。此外，“二十八宿旁通历”还蕴含某些“太阳历”的历法思想。

历史上出现的历法相当多，历法的具体形式繁多，但基本上可区分为阳历、阴历和阴阳历三种类型。阳历亦称太阳历，是以太阳的周年运动作为制历的天文根据，采用的基本周期是回归年，与月亮的运行没有关系，故亦称太阳历。回归年是太阳中心连续两次经过春分所需的时间，即四季更迭的周期，一回归年等于 365 天 5 小时 48 分 46 秒，也叫太阳年。阳历就把它作为“历年”的标准。古埃及历、古玛雅历和现行各国通用的公历都属于太阳历。阳历为了调整历法年与回归年之间的误差，一般要通过设置闰月的方式来解决。

阴历是以月亮的运行为天文根据，采用朔望月作为基本周期，与太阳视运动没有任何关系，故亦称太阴历。朔望月是月亮连续两次呈现同样的月相所经历的时间，也是月亮盈亏圆缺变化的周期，1 朔望月等于 29 天 12 小时 44 分 2.8 秒。阴历把朔望月作为“历月”的标准，规定大月 30 天，小月 29 天。现阿拉伯国家通行的一种“伊斯兰历”，即属于阴历。该历由伊斯兰教创始人穆罕默德所创立，它规定单月为 30 天，双月为 29 天，平均每个历月为 29.5 天，一年为 12 个月，共 354 天。12 个朔望月实际上约为 354.3671 天，为了使月初和新年都在娥眉月出现的那天开始，伊斯兰历采用置闰的办法，每 30 年为一周期，共加 11 个闰日，在 30 年循环周期中，第 2、5、7、10、13、16、18、21、24、26、29 年为闰年，闰年在 12 月底增加 1 日，共 355 天。伊斯兰历年比公历约少 11 天，因而元旦日逐年提早，寒暑日期变化无常，约 33 年循环一周。伊斯兰历的起始历元定在穆罕默德长麦加迁到

① 参见“旁通历——天文教育历”，李志超：《国学薪火——科学文化学与自然哲学论集》，北京：中国科学技术大学出版社 2002 年版，第 201 页。

麦地那的那一天,即儒略历公元622年7月16日(星期五)。伊斯兰历对昼夜的计算亦与公历不同,公历以子夜零时为一日之始,而伊斯兰历是以日落之时为一天的开始,即由夜晚到白天再至日落为一天,比公历要早6小时左右。

阴历不考虑地球围绕太阳的运行,因而使得四季的变化在阴历上就没有固定的时间,它不能反映季节,这是一个很大的缺点。为了克服这个缺点,后来人们制定了一种所谓的阴阳合历新历法。阴阳合历,是以太阳和月亮两者的运行作为历法的天文根据,兼顾回归年和朔望月,把回归年、朔望月并列作为制历的基本周期。为了协调回归年、朔望月两个周期之间的关系,需要增加闰月。我国传统的夏历(也叫农历、阴历)、古巴比伦历、古希腊历皆属于阴阳合历。我国的农历跟阴历一样,将月亮圆缺一次的时间定为一个月,也是大月30天,小月29天,同时又用增加闰月的办法,使得平均每年的天数跟阳历全年的天数相接近,来调整四季。因此约每过两三年多一个闰月。至于闰哪一个月,这就需要考虑节气了。二十四节气是农历的重要组成部分,是我们祖先长期总结天文、气象与农业之间的相互关系而创造出来的,能很好地反映寒暑变化和农时。节气是以地球围绕太阳运行规律来确定的,而与月亮的运动没有关系,所以节气实际上属于阳历范畴。

现存《道藏》本"二十八宿旁通历",其制历思想方法是将一年恒定设置为十二个月,每月三十日,不置闰月,不用月亮运行的朔望周期来定月。不难看出,其制历思想带有明显的太阳历性质。

综上所述,隋唐道士多有通天文历算者,且其中有不少人取得成就。固然道教的目的在于观天象以卜占人事吉凶祸福,但在客观上也积累了一些科学的材料,从而或多或少推进了古代天文历算学的发展,不能一概抹杀。

隋唐道士中不仅多通天文历算,也有许多精于医药养生者,其代表人物当推孙思邈,下面略加叙述。

四、孙思邈的医学思想

孙思邈,京兆华原人(今陕西省耀县),生卒年迄无定论。唐人刘肃所撰《大唐新语》未讲孙氏生年，只云其“永徽（650—655 年）初卒”。刘肃活动于唐宪宗元和（806—820 年）时期，他关于孙氏生平的记载是迄今所见较早的。据刘氏说，孙思邈在周宣帝（579 年）时，“以王室多故，隐于太白山”，到高宗登基（650 年）时，“年九十余”。照此推算，孙氏生于西魏末或北周初。[①] 南唐沈汾的《续仙传》谓孙氏卒于“永徽三年（652 年）二月十五日”，和刘肃的意见接近。元赵道一的《历世真仙体道通鉴》也持此说，文中并有一夹注专考孙氏卒年：“解化年月《仙传》所载与《唐书》合。《唐书》载年百余岁，《释氏通鉴》载唐永淳元年（682 年）隐士孙思邈卒，善庄老、阴阳、医药之术，尤重释典，世称孙真人焉。今据所载解化年月，则又后三十余年，则是一百二十余岁。合准信史所载，《释氏通鉴》所载非。”[②]但查《旧唐书·孙思邈传》，则称孙氏“永淳元年（682 年）卒”，《新唐书》本传也称“永淳初卒”，与夹注所考正好相反。而其生年，《新唐书》、《旧唐书》皆未明载。《旧唐书》本传引卢照邻《病梨赋序》云：“癸酉（673 年）之岁”，时有孙思邈处士居长安鄱阳公主邑司旧址。又云：“思邈自云开皇辛酉岁生，至今年九十三矣。”《四库提要》依此推论孙氏生于隋开皇元年（581 年），“辛酉”乃“辛丑”之误。尔后史学界多据此为孙氏生年。但此不仅与“辛酉”相出入，且与《新唐书》、《旧唐书》本传所叙孙氏的许多生平事迹不符。余嘉锡的《四库提要辩证》卷十二《子部》三，一方面指出四库馆臣的推断有一定道理，一方面又指出：“思邈究生于何时？卢照邻且不敢质言之，后人亦惟有付之存疑，无庸考辨矣。”医史学界有些学者认为，“开皇”为隋文帝践祚年号，“辛酉”则指隋文帝生年，即西魏文帝大统七年（541 年）。故所谓“自云开皇辛酉岁生”应理解为：“我与开皇皇帝同一年生。”准此，则孙氏生卒年当为公元 541—682 年，活了 141 岁，这个解释大体与《新唐书》、《旧唐书》本传所载的生平事迹相符，但也还与“年九十三”一语相抵牾。因此，孙氏生卒年尚有待于进一步考定。不过，我们大体上可以肯定，他活动于隋代和唐初，历经隋文帝、隋炀帝、唐高祖、唐太宗、唐高宗等朝。

---

① （唐）刘肃：《大唐新语》卷 10《隐逸第二十三》，北京：中华书局 1984 年版，第 155 页。

② 《道藏》第 5 册，第 269 页。

孙思邈出生于普通农民家庭，幼时身体羸弱，为治病花费了不少资财，正如他自己说："吾幼遭风冷，屡造医门，汤药之资，罄尽家产。"①但是家里节衣缩食，尽量供他上学。他"七岁就学，日诵千余言。弱冠，善谈庄、老及百家之说，兼好释典"②。当时的洛州总管独孤信见他博学多闻，学绩优良，禁不住赞叹说："此圣童也。但恨其器大，适小难为用也。"③18岁时，他就立下了学医的志愿，"至于弱冠，颇觉有悟，是以亲邻中外有疾厄者，多所济益"④。医生这一行，向为儒家士大夫所鄙弃，对此孙思邈很不以为然，他批评说："末俗小人，多行诡诈，倚傍圣教，而为欺绐，遂令朝野士庶，咸耻医术之名，多教子弟诵短文、构小策，以求出身之道。医治之术，阙而弗论，吁可怪也。嗟乎，深乖圣贤之本意！"⑤孙思邈与这些"竞逐荣势，企踵权毫（豪），孜孜汲汲，惟名利是务"之辈不同，他虽在隋代就曾中过进士，但淡泊名利，且对隋王朝的腐朽政治不满，不与隋统治者合作。早在周宣帝（579年）时，他即以王室多故，乃隐居太白山。到隋文帝辅政，征召他为国子博士，让他管理教育，他却称病不应诏，遂学道，探炼气养形，究长生之术，奔走各地行医采药。他曾对亲近的人说："过是五十年，当有圣人出，吾方助之，以济生人。"⑥可见儒家辅佐圣王的政治思想对他不是没有影响的，他甚至对时局作了一番预测，并表示到政治清明时即将出山，"以济生人"。

唐王朝建立后，唐太宗将他召到京师，感叹其老有少容，对他说："故知有道者诚可尊重，羡门、广成，岂虚言哉！"⑦将授予爵位，他仍然固辞不受。唐太宗有《赐真人孙思邈颂》说："凿开径路，名魁大医。羽翼三圣，调四时。降龙伏虎，拯衰救危。巍巍堂堂，百代之师。"⑧高度评价了他的医术与医德。大约在贞观十四年（640年），他着手撰写《备急千金要方》，于高宗永

① （唐）孙思邈：《千金要方自序》，《道藏》第26册，第2页。

② 《旧唐书·孙思邈传》，北京：中华书局1975年版，第16册，第5094页。

③ 《旧唐书·孙思邈传》，北京：中华书局1975年版，第16册，第5094页。

④ （唐）孙思邈：《千金要方自序》，《道藏》第26册，第2页。

⑤ （唐）孙思邈：《千金要方自序》，《道藏》第26册，第2页。

⑥ （唐）刘肃：《大唐新语》卷10，《隐逸第二十三》，北京：中华书局1984年版，第155页。

⑦ 《旧唐书·孙思邈传》，北京：中华书局1975年版，第16册，第5095页。

⑧ （清）董诰等编：《全唐文》卷4，北京：中华书局1983年版，第1册，第49页。

徽三年(652 年)撰成。永徽六年(655 年),他又撰《丹经》,载伏火硫磺法,是为较早的火药。到“显庆四年(659 年),高宗召见,拜谏议大夫,又固辞不受”①。而据《大唐新语》卷十,他被高宗“制授丞务郎,直尚药局”,似乎他从显庆四年(659 年)到上元元年(674 年)的十余年间曾做过朝廷医官,主管医疗事务。《旧唐书》本传也说他“上元元年(674 年),辞疾请归,将赐良马,及鄱阳公主邑司以居焉”;“思邈尝从幸九成宫”。蛛丝马迹中透出孙氏一度出仕。隋唐政府专设有管理医药的机构,在太常寺设太医署,在门下省设尚药局,故孙思邈之“直尚药局”不是没有可能的。孙思邈大约在完成另一部传世名作《千金翼方》后不久就去世了。

孙思邈一生著述甚丰,他“自注《老子》、《庄子》,撰《千金方》三十卷,行于代。又撰《福禄论》三卷,《摄生真录》及《枕中素书》、《会三教论》各一卷”②。另外还有《摄养枕中方》(收入《云笈七籤》卷 33)、《太清丹经要诀》(收入《云笈七籤》卷 71)、《神仙修养法》、《黄帝神灶经》、《烧炼秘诀》、《龙虎论》、《医家要妙》、《千金养生论》1 卷、《养性杂录》1 卷、《枕中记》1 卷、《气诀》1 卷等,其中大部分已亡佚。

孙氏著作中给后人影响最大的是《备急千金要方》。这本书总结了他对古代医学的研究成果,收集了东汉以来至唐以前的许多医论、医方、用药、针灸等基本成果,兼及服饵、食疗、导引、按摩等养生方法,记载了他的临床经验和采集的民间单方。全书共计 30 卷,计 232 门,依人体脏腑进行分类,接近现代临床医学的分类方法。全书合方、论 5300 首,集方十分广泛,内容丰富,是我国唐代医药学发展中具有代表性的巨著,对于后来医药学,特别是方剂学的发展有着显著的影响和贡献。北宋仁宗时,林亿等奉敕校订《千金要方》,宋英宗治平三年(1066 年)首次刻印发行,为该书最初之版本,后收入《道藏》。该书传入日本、朝鲜后,对这些国家医学的发展也起了一定作用。宋代林亿等人对此书的评价甚高:“祖述农黄之旨,发明岐挚之学,经掇扁鹊之难,方采苍公之禁。仲景、黄素、元化绿帙,葛仙翁之必效,胡

① 《旧唐书·孙思邈传》,北京:中华书局 1975 年版,第 16 册,第 5095 页。

② 《旧唐书·孙思邈传》,北京:中华书局 1975 年版,第 16 册,第 5096—5097 页。

居士之经验，张苗之药对，叔和之脉法，皇甫谧之三部，陶隐居之百一，自余郭玉、范汪、僧垣、阮炳，上极文字之初，下讫有隋之世，或经或方，无不采摭。集诸家之所秘要，去众说之所未至……厚德过于千金，遗法传于百代，使二圣二贤之美不堕于地，而世之人得以阶近而至远，上识于三皇之奥者，孙真人善述之功也！”①《千金翼方》也是30卷，为孙思邈晚年作品，全书共189门，合方、论、法2900余首，记载了800多种药物，是对《千金要方》的全面补充，其中以本草、伤寒、中风、杂病和疮痈最为突出。这两本书被后人通称为《千金方》，它是继张仲景《伤寒杂病论》之后，对我国医药学的又一次大总结，有继往开来的意义。近代名医黄竹斋认为："我国医学发明最早，据《汉书·艺文志》记载，那时有医经七家，共二百一十六卷，经方十一家，共二百七十四卷。但到后来绝大部分已经散失无存。张仲景作的《伤寒杂病论》是集古代经方之大成，但原本经过晋时兵乱，也散失无存。后经王叔和搜集整理，到南北朝后又失传了。唐代孙思邈大量搜集古今各家经方，刻苦研究总结，编写成《千金方》。其中医经、经方、采药、针灸、养生等方面内容，无不详细记载。除伤寒杂病之外，还开始为妇婴疮病立了专科。真是十全十美，成为一代宗师，是张仲景后唯一的一个伟大医学家。"②

孙思邈既是位医学家，又是一个颇具神秘色彩的"真人"。据《大唐新语》卷十载：孙氏死后，"遗令薄葬，不设明器牲牢之奠。月余，颜色不变；举尸入棺，如空焉。时人疑其尸解矣"③。尸解乃道教所谓成仙之一种，可见唐时就已有孙氏仙去的说法。又据《旧唐书》本传，孙氏曾为人算命："东台侍郎孙处约将其五子侹、儆、俊、佑、佺以谒思邈，思邈曰：'俊当先贵；佑当晚达；佺最名重，祸在执兵。'后皆如其言。太子詹事卢齐卿童幼时，请问人伦之事，思邈曰：'汝后五十年位登方伯，吾孙当为属吏，可自保也。'后齐卿为徐州刺史，思邈孙溥果为徐州萧县丞。思邈初谓齐卿之时，溥犹未生，而

① （唐）孙思邈：《千金要方序》，《道藏》第26册，第1页。

② 《孙真人传·医学源流歌》，转引自《唐代名医孙思邈》，耀县文教局1979年印制，第42—43页。

③ （唐）刘肃：《大唐新语》卷10《隐逸第二十三》，北京：中华书局1984年版，第156页。

预知其事。凡诸异迹,多此类也。”①正是孙氏的这些“异迹”,使他为后世神化。晚唐段成式的《酉阳杂俎》中搜集了孙思邈的“异迹”,其中有孙氏与胡僧斗法,救昆明池老龙,老龙传仙方三十首与孙,“孙复著《千金方》三十卷,每卷入一方,人不得晓”②。到南唐沈汾的《续仙传》则开始把孙氏排入神仙之列,编撰了孙氏救小青蛇入泾阳水府,得龙宫所颁药方三十首,孙历试诸方皆若神效,后将龙宫药方散入《千金方》的故事。这显然是将《酉阳杂俎》的故事加以改编而来。《续仙传》又大力渲染孙氏隐居太白山,“学道、炼气、养形、求度世之术”,说他“凡所举动,务行阴德,用心自固,济物为功”,说他“居山乐道,思真炼神,目虽所窥,心固无欲”③。在这里,孙思邈完全是一个虔诚学仙求道的道士。又《说嵩》卷二十引《独异志》云:天后时,孙居嵩山修道,时大旱,敕选德行僧祈雨,但无效,又召思邈于内殿飞章,其夕大雨。思邈曾说,吾修心五十年,不为天知。伊洛二龙告诉他:非利济生人,岂得升仙?于是孙氏撰《千金方》三十卷。在这里,孙氏撰《千金方》的目的是为了自身成仙。元赵道一《历世真仙体道通鉴·孙思邈》集神化孙氏之大成,除了照抄《续仙传》,又加上《酉阳杂俎》中另外一段唐明皇幸蜀、梦思邈乞武都雄黄的故事,以及宋代孙思邈显灵的传说,遂使孙氏彻底跻身为仙家人物。

与道教的神化相呼应,宋代皇帝也开始塑造孙氏为神仙真人的工作。宋时道教徒在药王山南山为孙氏建立了真人祠,宋徽宗崇宁二年(1103年),由于知州王允中的请求,徽宗敕赐其祠为“静应庙”,加封孙思邈为“妙应真人”。孙氏成为帝王眼中的“真人”,而在一般百姓心目中,他却是个治病救人的“药王”。大约在晚唐,百姓就在五台山立祠纪念孙氏,尊他为药王,这个尊号一直延续到现在,并将他隐居过的五台山称为“药王山”,在山上立了药王庙。据《中国名胜词典》陕西省“药王山石刻条”载:明隆庆六年(1572年)把孙氏所著的药书刻于五通碑石,置于山上,自此通称为药王山。

① 《旧唐书》,北京:中华书局1975年版,第16册,第5096页。

② (唐)孙思邈:《千金方·前集》卷2《玉格》,北京:中华书局1981年版,第19页。

③ 《道藏》第5册,第85页。

山上共有历代碑石一百余通,绝大部分都与孙思邈有关。① 可见孙氏对后人影响之大。

隋唐是我国封建社会经济文化空前繁荣的时期,伴随科学文化的进步,医学也获得了长足发展。隋唐医学无论是医学理论、药物、方剂或临证各方面都得到了发展,特别是唐代国内各民族的交融和对外交流的扩大,使孙思邈获得了深入钻研医药学的良好社会条件。唐高祖武德七年(624 年)设立了专门的医药机构"太医署",唐太宗贞观三年(629 年)起又在地方各州先后建立了医学校,唐高宗显庆四年(659 年),苏敬等完成药物学巨著《新修本草》,国外的医学和药物也开始大量传入。这些都给予孙氏以丰富的营养。孙思邈的医学思想渊源,首先是他继承了《黄帝内经》的思想理论,吸取了其中的脏腑学说,在《千金要方》中第一次完整地提出了以脏腑寒热虚实为中心的杂病分类辨治法,对后世很有启发。其次是他能积极钻研张仲景的《伤寒论》,并进行整理研究,将伤寒归纳为十二论,提出了伤寒禁忌十五条,对张仲景的学说有所发挥,颇为后世伤寒学家所重视。由他创立的"方证同条、比类相附"的研究《伤寒论》的方法,成为后世以方证类的先声。再次,他虚心学习先辈(扁鹊、华佗、葛洪等)及当代名医之所长,同时重视国外新鲜经验(如天竺国按摩法、天竺大医耆婆方等),他之虔心释典大约就是要从中吸取有益的医药知识。他对民间验方、秘方也很看重,注意搜集整理,甚至对少数民族的药方也很重视,如搜集西州续命汤、蛮夷酒等。最后,他身居民间,终生行医采药,积累了异常丰富的临床经验。所有这些,是使他的医学思想富有生命力和使他在医学上取得突出成就的根本原因。

当然,孙思邈同时又是个道教徒,这就不可避免地在他的医学思想中杂糅着宗教神学与荒诞的东西,但正如上面所述,由于他深入实践,长期经受实践的检验并善于通过实践分析经验之得失,这就使他在医学生涯中能创造出不少光彩夺目的业绩来。现将他的医学思想介绍如下。

(一)重视医德

《千金要方序》指出:"人命至重,有贵千金,一方济之,德逾于此,故以

① 国家文物局编:《中国名胜词典》,上海:上海辞书出版社 1981 年版,第 1010 页。

为名也。"[①]这反映了他把人的生命价值放在医学的最高地位,对人的生命健康高度负责的医德思想,也是其书之所以取名《千金》的原因。人命关天,贵于千金,救人一命,功德无量。怎样才能以方济人之命呢?

首先,他认为,作为医生必须"博极医源,精勤不倦,不得道听途说,而言医道已了"[②]。他强调"大医习业","大医精诚",就是说,凡欲成为名医,在业务上就必须精益求精,虔心钻研。所以他要求,医家必须熟谙《素问》、《甲乙黄帝针经》等各类医学著作以及十二经脉、三部九候、五脏六腑等医学原理。他嘲笑和批驳了那些"愚者","读方三年,便谓天下无病可治,及治病三年,乃知天下无方可用",以及"偶然治差一病,则昂头戴面,而有自许之貌,谓天下无双"。他认为这样根底浅薄、不学无术而又"炫耀声名"、"自矜己德"的毛病,是医家最为忌讳的"膏肓"[③]。而他自己则广涉博览,"白首之年,未尝释卷。至于切脉、诊候、采药、合和、服饵、节度、将息、避慎,一事长于己者,不远千里,伏膺取决"[④]。这从一个侧面反映了他以"人命至重"为指导的医德思想。

其次,他不仅强调医家要有精湛的医学修养,而且更重视把这些修养落实到行动上,在具体的医疗实践中体现这些医德。他要求医家应当"志存救济",对病人一视同仁,怀抱高度的同情心和责任感,全力救人。他说:"凡大医治病,必当安神定志,无欲无求,光发大慈恻隐之心,誓愿普救含灵之苦。若有疾厄来求救者,不得问其贵贱贫富,长幼妍媸,怨亲善友,华夷愚智,普同一等,皆如至亲之想;亦不得瞻前顾后,自虑吉凶,护惜身命。见彼苦恼,若己有之,深心凄怆,勿避崄巇,昼夜寒暑,饥渴疲劳,一心赴救,无作功夫形迹之心。如此,可为苍生大医;反此,则是含灵巨贼。"[⑤]在强调医家

① (唐)孙思邈:《千金要方序》,《道藏》第26册,第2页。

② (唐)孙思邈:《备急千金要方校释》卷1《序例·大医精诚第二》,李景荣等校释,北京:人民卫生出版社1998年版,第2页。

③ (唐)孙思邈:《备急千金要方校释》卷1《序例·大医精诚第二》,李景荣等校释,北京:人民卫生出版社1998年版,第3页。

④ (唐)孙思邈:《千金要方序》,《道藏》第26册,第2页。

⑤ (唐)孙思邈:《备急千金要方校释》卷1《序例·大医精诚第二》,李景荣等校释,北京:人民卫生出版社1998年版,第2—3页。

的"无欲无求"、一心为病人着想的同时,他还告诫说:"又到病家,纵绮罗满目,勿左右顾眄;丝竹凑耳,无得似有所娱;珍羞迭荐,食如无味;醽醁兼陈,看有若无。所以尔者,夫一人向隅,满堂不乐,而况病人苦楚,不离斯须,而医者安然欢娱,傲然自得,兹乃人神之所共耻,至人之所不为,斯盖医之本意也。"①当时有的医生行医时向病家索要财物,并不以治病救人为急务。他强调医家的无欲固然源于道家思想,但也是针对此种不良现象而发。

他还强调,医家为了救死扶伤,必须不避污秽脏臭:"其有患疮痍下痢,臭秽不可瞻视,人所恶见者,但发惭愧凄怜忧恤之意,不得起一念蒂芥之心,是吾之志也。"②他又要求医家诊病时必须精神专一、审慎细致,不得草率行事、沽名钓誉、拿人命当儿戏。他说:"夫大医之体,欲得澄神内视,望之俨然,宽裕汪汪,不皎不昧。省病诊疾,至意深心,详察形候,纤毫勿失,处判针药,无得参差。虽曰病宜速救,要须临事不惑,唯当审谛覃思,不得于性命之上,率尔自逞俊快,邀射名誉,甚不仁矣。"③他认为医术是难以精通的,只有"用心精微者,始可与言于兹矣。今以至精至微之事,求之于至粗至浅之思,其不殆哉!"④为了完成大医的人格与品德,他还具体提出了一些禁忌和注意事项,比如"夫为医之法,不得多语调笑,谈谑喧哗,道说是非,议论人物,炫耀声名,訾毁诸医,自矜己德","医人不得恃己所长,专心经略财物……又不得以彼富贵,处以珍贵之药,令彼难求,自炫功能"等⑤。孙氏这些关于医德的见解,正是继承和发扬了我国传统的医学职业道德观,是祖国医学伦理学的重要组成部分,是一笔宝贵的精神财

① (唐)孙思邈:《备急千金要方校释》卷1《序例·大医精诚第二》,李景荣等校释,北京:人民卫生出版社1998年版,第3页。

② (唐)孙思邈:《备急千金要方校释》卷1《序例·大医精诚第二》,李景荣等校释,北京:人民卫生出版社1998年版,第3页。

③ (唐)孙思邈:《备急千金要方校释》卷1《序例·大医精诚第二》,李景荣等校释,北京:人民卫生出版社1998年版,第3页。

④ (唐)孙思邈:《备急千金要方校释》卷1《序例·大医精诚第二》,李景荣等校释,北京:人民卫生出版社1998年版,第3页。

⑤ (唐)孙思邈:《备急千金要方校释》卷1《序例·大医精诚第二》,李景荣等校释,北京:人民卫生出版社1998年版,第3页。

富，值得借鉴和总结。

（二）重视养生

我国古代的养生思想和理论模式较为早熟，与古代的思维模式和哲学思想有较紧密的联系，形成了一整套独具特色的传统的养生文化。这个传统的养生文化无疑给予了孙思邈巨大影响，而他在吸取学习前人的基础上，又提出了自己的独到见解，在养生学上取得了较高成就，丰富了古代养生思想。他的养生思想主要表现为：

第一，强调养生可以延寿。他继承了《黄帝内经》关于养生延寿的观点，认为人的寿夭不是固定不变的，关键在于摄养。他在《千金要方》卷 27《养性》序中说："是以人之寿夭，在于撙节，若消息得所，则长生不死；姿其情欲，则命同朝露也。"[①]其后在《千金翼方》中，又进一步发挥了这种思想。如卷 12《养性》明确提出了"神仙之道难致，养性之术易崇。如善摄生者，常须慎于忌讳，勤于服食，则百年之内不惧于夭伤也"。[②] 孙思邈关于人的寿命可以通过摄养而延长的观点，阐明了养生学说的积极意义，也是道教"我命在我不在天"这一思想的发挥。

第二，积极的预防医学。预防医学是我国医学的优良传统，而孙氏的养生学成就高于他的前辈葛洪、陶弘景之处，就在于他自觉地将养生学与预防医学结合起来，并贯彻在内外科杂症的各个方面。他认为："五脏未虚，六腑未竭，血脉未乱，精神未散，服药必活；若病已成，可得半愈；病势已过，命将难全。"[③]他继承《内经》"治未病"的思想，指出：善为医者，"上医医未病之病，中医医欲病之病，下医医已病之病"。[④] 他强调说："气竭则身死，死者不可生也，亡者不可存也，是以至人消未起之患，治未病之疾，医之于无事之

① （唐）孙思邈：《备急千金要方校释》卷 27《养性序第一》，李景荣等校释，北京：人民卫生出版社 1998 年版，第 573 页。

② （唐）孙思邈：《千金翼方校释》卷 12《养性》，李景荣等校释，北京：人民卫生出版社 1998 年版，第 195 页。

③ （唐）孙思邈：《备急千金要方校释》卷 1《序例 · 诊候第四》，李景荣等校释，北京：人民卫生出版社 1998 年版，第 5 页。

④ （唐）孙思邈：《备急千金要方校释》卷 1《序例 · 诊候第四》，李景荣等校释，北京：人民卫生出版社 1998 年版，第 5 页。

前,不追于既逝之后。”①这种“治未病”的观点对于预防疾病、保健延年有极大意义。为了预防疾病发生,他提出了许多具体的保健事项,如主张不随地乱吐痰,饮食有节制,不吃腐败食物,经常换洗衣服,饭后散步,适当参加体力劳动,贮药藏用以备不虞等。他也很强调运动保健,提倡每日进行调气、补泻、按摩、导引等运动,以强身健体。他要人“勿以康健便为常然,常须安不忘危,预防诸病也”②。这样一些预防疾病的主张,是他养生学说的重要特色。

第三,强调养性的重要。在他的著作中,养生与养性往往是并提的。养性的关键是什么呢?他认为:“夫养性者,欲所习以成性,性自为善,不习无不利也。性既自善,内外百病皆悉不生,祸乱灾害亦无由作。此养性之大经也。善养性者,则治未病之病,是其义也。”③可见关键就在养一“善”性,说明他把道德修养放于第一位;而养性的要义是“治未病之病”,这是其预防医学思想在养性上的发挥。他再三强调道德修养在延年益寿中的功用:“故养性者,不但饵药餐霞,其在兼于百行。百行周备,虽绝药饵,足以遐年;德行不克,纵服玉液金丹,未能延寿。故夫子曰:‘善摄生者,陆行不遇虎兕。’此则道德之佑也,岂假服饵而祈遐年哉!”他引嵇康的话说:“养生有五难:名利不去为一难;喜怒不除为二难;声色不去为三难;滋味不绝为四难;神虑精散为五难。五者必存,虽心希难老,口诵至言,咀嚼精华,呼吸太阳,不能不回其操,不夭其年也;五者无于胸中,则信顺日跻,道德日全,不祈善而有福,不求寿而自延。此养生之大旨也。”④存有“五难”,则不管采取何种手段,也达不到延年的目的;去掉“五难”,道德日全,自然益寿延年。说到底,养生和道德修养是一致的。

他的养生学不仅强调养道德之善性,而且主张顺其自然,根据一年四季

---

① (唐)孙思邈:《备急千金要方校释》卷27《养性·序第一》,李景荣等校释,北京:人民卫生出版社1998年版,第575页。

② (唐)孙思邈:《备急千金要方校释》卷27《养性·居处法第三》,李景荣等校释,北京:人民卫生出版社1998年版,第579页。

③ (唐)孙思邈:《备急千金要方校释》卷27《养性·序第一》,李景荣等校释,北京:人民卫生出版社1998年版,第572页。

④ (唐)孙思邈:《备急千金要方校释》卷27《养性·序第一》,李景荣等校释,北京:人民卫生出版社1998年版,第572—573页。

的自然变化而适时调整养性的内容和方法。春三月是“天地俱生，万物以荣”的时节，此时应“夜卧早起，广步于庭，被发缓形，以使志生。生而勿杀，与而勿夺，赏而勿罚，此春气之应，养生之道也，逆之则伤肝”。夏三月是“天地气交，万物华实”的时候，此时当“夜卧早起，毋厌于日，使志无怒，使华英成秀，使气得泄，若所爱在外，此夏气之应，养生之道也，逆之则伤心”。秋三月为“天气以急，地气以明”之时，应“早卧早起，与鸡俱兴，使志安宁，以缓秋刑，收敛神气，使秋气平，毋外其志，使肺气清。此秋气之应，养收之道也，逆之则伤肺”。冬三月叫“闭藏”，是“水冰地坼，无扰乎阳”的时令，应“早卧晚起，必待日光，使志若伏若匿，若有私意，若已有得，去寒就温，毋泄皮肤，使气亟奇。此冬气之应，养藏之道也，逆之则伤肾”①。四季养性法的总原则就是要顺其自然，以自然之道养我自然之性，因为自然与人是相互感应的，就是说：“天有四时五行，以生长收藏，以寒暑燥湿风。人有五脏，化为五气，以生喜怒悲忧恐……故喜怒不节，寒暑失度，生乃不固。人能依时摄养，故得免其夭枉也。”②“依时摄养”，亦即依自然之道养性，这是孙氏养性思想的重要组成部分。

在具体谈到养性之理时，他不仅要人们注意生理卫生，如“唾不至远，行不疾步，耳不极听，目不极视，坐不久处，立不至疲，卧不至懔。先寒而衣，先热而解。不欲极饥而食，食不可过饱；不欲极渴而饮，饮不欲过多……”③而且更深层次地要人们讲究心理卫生，注意调节自己的情绪。他完全同意陶弘景实行“十二少”，除去“十二多”的主张，并认为实行“十二少”的关节点是“屏外缘”，因为“知勿外缘者，真人初学道之法也”。若能做到此点，“可居瘟疫之中无忧疑矣”。屏外缘的具体方法为“守五神”、“从四正”、“黄帝内视法”等④。这些方法使人除去杂念，“深心至诚”，从而净化心

---

① (唐)孙思邈:《备急千金要方校释》卷27《养性·序第一》，李景荣等校释，北京：人民卫生出版社1998年版，第573—574页。

② (唐)孙思邈:《备急千金要方校释》卷27《养性·序第一》，李景荣等校释，北京：人民卫生出版社1998年版，第574页。

③ (唐)孙思邈:《备急千金要方校释》卷27《养性·序第一》，李景荣等校释，北京：人民卫生出版社1998年版，574页。

④ (唐)孙思邈:《备急千金要方校释》卷27《养性·道林养性第二》，李景荣等校释，北京：人民卫生出版社1998年版，第576页。

灵,不为外在物欲所动,经常保持一种合乎养性之道的健康心态。注重心理卫生是道教的一种传统,孙思邈对此作了理论上的阐发和方法上的总结。

在养性的方法上,他还谈到了居处法、按摩法、调气法、服食法,黄帝杂忌和房中补益。"居处法"要人们的居止之室必须周密,勿令风气进入,并提出在家与外出远行的诸禁忌和注意事项。"按摩法"以天竺国按摩法和老子按摩法为例,集合了中印两种文化中的养生精粹。"调气法"引用彭祖的"和神导气之道",主张除了不思衣食、不思声色、不思得失荣辱、不思胜负曲直之外,还须"兼之以导引、行气",因为"凡人不可无思",故当以调气来"渐遣除之",这样"亦可得长年,千岁不死"①。"服食法"认为服饵必先去三虫,三虫去后服草药,次服木药,最后服石药,依此次序,得其药性,才能安稳,可以延龄。他又举了 24 个服食方子供人选择。"黄帝杂忌法"举了种种当禁忌的事项,如清旦常言善事,勿恶言;勿嗔怒、勿叱咤咄呼等。"房中补益"讲房中术。他议论说:"人年四十已下,多有放恣,四十已上,即顿觉气力一时衰退。衰退既至,众病蜂起,久而不治,遂至不救。所以彭祖曰:以人疗人,真得其真。故年至四十,须识房中之术。夫房中术者,其道甚近,而人莫能行。其法一夜御十女,闭固而已,此房中之术毕矣。兼之药饵,四时勿绝,则气力百倍,而智慧日新。然此方之作也,非欲务于淫佚,苟求快意,务存节欲以广养生也。非苟欲强身力,幸女色以纵情,意在补益以遣疾也。此房中之微旨也。"②一般人以为道教的房中术是放纵情欲的辅助术,实在大谬不然,其实完全相反,它是要人"节欲以广养生"、"补益以遣疾",这才是房中之术的主旨。孙思邈关于养性的思想十分丰富,这里就不一一介绍了。

第四,首创老年医学体系。他在谈到《千金要方》论方的次序时指出:"先妇人小儿而后丈夫耆老。"所谓"耆老",集中阐述了他的老年学思想。

---

① (唐)孙思邈:《备急千金要方校释》卷 27《养性·调气法第五》,李景荣等校释,北京:人民卫生出版社 1998 年版,第 582 页。

② (唐)孙思邈:《备急千金要方校释》卷 27《养性·房中补益第八》,李景荣等校释,北京:人民卫生出版社 1998 年版,第 588—589 页。

由于他本人经历了较长的老年期，故他对人的衰老过程，老态表现，生理特征，病理特点，情性心理变化，老年疾病、保健、医疗等方面都观察入微，分析透彻。这也使他能进一步将养性学说同防治老年疾病紧密结合，成为我国古代老年医学体系的奠基人。

他围绕老年医学提出了不少精辟见解："人年五十以上，阳气日衰，损与日至，心力渐退，忘前失后，起居总惰"，"视听不稳，多退少进"，"万事零落，心无聊赖，健忘嗔怒，情性变异，饮食无味，寝处不安"①，"肤色无润泽，发白槁枯，牙黄不坚，目黄泪出……见风泪下，咽息消渴……"针对这些老年人特有的表现，应取何种养生之道呢？他说："养老之道，无作博戏，强用气力，无举重，无疲行……无哀恸，无庆吊……能如此者，可无病长寿"；"老人于四时之中，常宜温食，不得轻之"；"常尝淡食……常宜轻清甜淡之汤"；"每食讫，以手摩面及腹，令津液通流……食毕，当行步踌躇……则食多消，大益人"；"人凡常不饥不饿，不寒不热，善行、住、坐卧，言谈语笑，寝食造次之间，能行不妄失者，则可延年益寿矣"。②

对于老年病的防治，他归纳为食疗和药补两个方面。此外他还主张："鸡鸣时起，就卧中导引……良久事讫，即出，徐徐步庭院间散气"，"四时气候和畅之日，量其时节寒温，出门行三里、二里及三百、二百步"，"量力行，但勿令气乏、气喘而已"。③ 他针对老年的生理特征，特别强调："养性之道，常欲小劳，但莫大疲，及强所不能堪耳。"④对老年病患者，他主张积极就医："年少则阳气猛盛，食者皆甘，不假医药，悉得肥壮。至于年迈，气力稍微，非药不救，譬之新宅之与旧舍，断可知矣。""人年五十以去，皆大便不利，或常苦下痢，有斯二疾，常须预防，若秘涩则宜教食葵菜等冷滑之物，如其下痢

① （唐）孙思邈：《千金翼方校释》卷12《养性·养老大例第三》，李景荣等校释，北京：人民卫生出版社1998年版，第202页。

② （唐）孙思邈：《千金翼方校释》卷12《养性·养老大例第三》，李景荣等校释，北京：人民卫生出版社1998年版，第202—203页。

③ （唐）孙思邈：《千金翼方校释》卷14《退居·养性第五》，李景荣等校释，北京：人民卫生出版社1998年版，第219页。

④ （唐）孙思邈：《千金要方校释》卷27《养性·道林养性第二》，李景荣等校释，北京：人民卫生出版社1998年版，第576页。

宜与姜韭温热之菜。”①

以上既是孙思邈的养生思想，也是他在养生学上所取得的成就，其中虽存在一些迷信禁忌，但也不乏合理的科学道理，值得我们发掘整理。

（三）医学思想

孙思邈的一生，主要从事医疗活动，在医学上取得了很高的成就，丰富了祖国医学的思想宝库。他不但精于内科，而且长于妇产科、小儿科、外科，还有相当高的针灸技术和渊博的药物学知识。他在《千金要方》中首创“复方”，对我国医药学的发展作出了巨大贡献，也是医学史上的一大改革。在他之前，治病多据《内经》，药方是历代相传的经方，而药则大都依《神农本草经》。这些药方一般都很昂贵，普通百姓只能望“药”兴叹。他在实践基础上，淘汰了古医书中的不合理药方，打破所谓“非此方不能治此病，非此药不能成此方”的传统，或一病而立数方，或一方而治数病，在制方上开创了新的路数。他说：“吾见诸方部秩浩博，忽遇仓卒，求检至难，比得方讫，疾已不救矣。呜呼！痛夭枉之幽厄，惜堕学之昏愚，乃博采群经，删裁繁重，务在简易，以为《备急千金要方》一部。”②可见，他不迷信传统经典，在博取诸家之长的基础上删繁就简，使药方更切合于庶民百姓的需要，使他的药方具有廉、简、验的特点。这方面的实例很多，如《千金要方》卷10《伤寒下 · 伤寒杂治第一》说：“今诸疗多用辛甘姜桂人参之属，此皆贵价难得，常有比行求之，转以失时；而苦参青葙葶苈艾之属，所在尽有，除解热毒最良，胜于向贵价药也。”③说明他在处方用药时，十分注意以贱代贵、方便实用的原则，展现了他的医学思想中的平民化倾向。这种对药方的改革精神，与他早年因汤药之资而“罄尽家产”的遭遇有关，加上他一生不慕荣利，隐居民间行医，故能体察百姓缺医少药的痛苦，在医疗实践中贯彻简易实用的原则，以适应庶民的要求。

---

① （唐）孙思邈：《千金翼方校释》卷12《养性 · 养老大例第三》，李景荣等校释，北京：人民卫生出版社1998年版，第202页。

② （唐）孙思邈：《千金要方序》，《道藏》第26册，第2页。

③ （唐）孙思邈：《备急千金要方校释》，李景荣等校释，北京：人民卫生出版社1998年版，第227页。

孙思邈在疗病过程中,往往把疾病同人们生活的主客观条件、患者的生理病理现象联系起来考察。他在《千金要方》卷26《食治·序论第一》中说:“阴胜则阳病,阳胜则阴病,阴阳调和,人则平安。”[①]关于患病的原因,他在同书卷22《丁肿痈疽·丁肿第一》中说:“夫禀形之类,须存摄养,将息失度,百病萌生。故四时代谢,阴阳递兴,此之二气更相击怒,当是时也,必有暴气……卒然大风、大雾、大寒、大热,若不时避,人忽遇之,此皆入人四体,顿折皮肤,流注经脉,遂使腠理拥隔,荣卫结滞,阴阳之气不得宣泄,变成痈疽丁毒恶疮诸肿。”[②]同书卷九《伤寒上·伤寒例第一》又说:“天无一岁不寒暑,人无一日不忧喜,故有天行瘟疫。病者,即天地变化之一气也。”[③]那么,疾病是否可以防避呢?他对这个问题的回答是肯定的。因此,他接着指出:“有贤人善于摄生,能知樽节,与时推移,亦得保全。天地有斯瘴疠,还以天地所生之物以防避之,命曰知方,则病无所侵矣。”[④]他认为患病之后,应当积极就医,他深信通过医疗,许多疾病是完全可以治好的。他在《千金要方》卷1《序例·诊候第四》中,援引《史记》所谓“病有六不治”之后,说:“生候尚存,形色未改,病未入腠理,针药及时,能将节调理,委以良医,病无不愈。”[⑤]据《旧唐书·孙思邈传》载:卢照邻有恶疾,曾请教于孙思邈:“名医愈疾,其道何如?”孙氏在论述了有关天、地、人的常数之后,说:“良医导之以药石,救之以针剂,圣人和之以至德,辅之以人事,故形体有可愈之疾,天地有可消之灾。”[⑥]可见,孙思邈既全面分析了人们患病的各种主客观原因,又强调指出了在一定条件下,人在战胜各种疾病过程中的主观能动作

① (唐)孙思邈:《备急千金要方校释》,李景荣等校释,北京:人民卫生出版社1998年版,第557页。

② (唐)孙思邈:《备急千金要方校释》,李景荣等校释,北京:人民卫生出版社1998年版,第468页。

③ (唐)孙思邈:《备急千金要方校释》,李景荣等校释,北京:人民卫生出版社1998年版,第206页。

④ (唐)孙思邈:《备急千金要方校释》,李景荣等校释,北京:人民卫生出版社1998年版,第206页。

⑤ (唐)孙思邈:《备急千金要方校释》,李景荣等校释,北京:人民卫生出版社1998年版,第7页。

⑥ 《旧唐书》,北京:中华书局1975年版,第16册,第5095—5096页。

用。这种思想显然有其合理因素。

在治疗用药方面,他认为对不同地区的病患者要分别对待,应因人、因地、因时而论。他说:“凡用药,皆随土地所宜。江南岭表,其地暑温,其人肌肤薄脆,腠里开疏,用药轻省。关中河北,土地刚燥,其人皮肤坚硬,腠里闭塞,用药重复。”①他还指出,因患者的年龄大小,体质强弱的不同,用药也必须有差异,“实则泻之,虚则补之”。针灸治疗,准确取穴是关键。他指出,为使穴位确定无误,就必须根据人体的具体情况仔细斟酌。他在《千金要方》卷29《针灸上·灸例第六》中说:“凡孔穴在身,皆是藏腑荣卫血脉流通,表里往来各有所主,临时救难,必在审详。人有老少,体有长短,肤有肥瘦,皆须精思商量,准而折之,无得一概,致有差失。”②他还指出,针灸之法也是因人因地而异的。他在同书卷5上《少小婴孺方上·惊痫第三·灸法》说:“河洛关中,土地多寒,儿多病痉,其生儿三日,多逆灸以防之;又灸颊以防噤。有噤者,舌下脉急,牙车筋急。其土地寒,皆决舌下去血,灸颊以防噤也。吴蜀地温,无此疾也。古方既传之,今人不详南北之殊,便按方而用之,是以多害于小儿也。”③在服药剂量的问题上,他指出也应根据患者的不同程度而定。在《千金要方》卷12《胆腑·万病丸散第七》中,当他谈到用“太一神精丹”治疟疾的时候说:“其疟病积久,百方不差,又加心腹胀满上气,身面脚等并肿垂死者,服一丸,吐即差,亦有不吐差者;若不吐复不差者,更服一丸半;仍不差者,后日增半丸,渐服无有不差……若心腹不胀满者,可与一丸,日日加之,以知为度,不必专须吐。亦可一丸即差,勿并与服,亦可三日一服,皆须以意斟酌,量得其宜……若患疟日近,精神健,亦可斟酌病人药性,并以两丸作一丸顿服之……凡人禀性不同,不可一概与之。”④孙

---

① (唐)孙思邈:《备急千金要方校释》卷1《序列·治病略例第三》,李景荣等校释,北京:人民卫生出版社1998年版,第4页。

② (唐)孙思邈:《备急千金要方校释》,李景荣等校释,北京:人民卫生出版社1998年版,第634页。

③ (唐)孙思邈:《备急千金要方校释》,李景荣等校释,北京:人民卫生出版社1998年版,第96页。

④ (唐)孙思邈:《备急千金要方校释》,李景荣等校释,北京:人民卫生出版社1998年版,第280—281页。

思邈反复强调,治病处方均须根据具体情况作具体分析,这种实事求是的思想是符合辩证法精神的,十分难能可贵。

古代的一些医学家开始研究医治妇、儿科病症,如战国时扁鹊曾作带下医和小儿医,华佗对妇科病的治疗独具一格,张仲景记载了不少治疗妇科病的方剂。但在隋唐前,关于妇婴医学的知识只散见于一些医书中,且记述简略、零乱,缺乏独立系统。唐初,太医署已经设"少小科",但妇科仍包括在内科中,没有独立出来。孙思邈在长期的医疗实践中,很重视妇婴保健,他分析了妇女与男人、小儿与成人生理的不同,主张治妇女病要单独设科。以后我国妇儿科的发展不能说与此无关。

为什么妇人要另立专方呢?他认为:"夫妇人之别有方者,以其胎妊生产崩伤之异故也。是以妇人之病,比之男子十倍难疗。"①他在说明其著作中之所以专立"妇人方"时说:"若是四时节气为炳,虚实冷热为患者,故与丈夫同也……则散在诸卷中,可得而知也。然而女人嗜欲多于丈夫,感病倍于男子,加以慈恋爱憎嫉妒忧患,染著坚牢,情不自抑,所以为病根深,疗之难差。"②正因为如此,他专立"妇人方"三卷,置之卷首,以示其地位之重要。并说:"故养生之家,特须教子女学习此三卷'妇人方',令其精晓,即于仓卒之秋,何忧畏也?"③在"妇人方"中,他以妊娠期为主,逐月分述很详细,并对难产、胎死腹中、逆生、胞衣不出、下乳及产后诸症,分别作了论述,并列有多种医方。

《千金要方》第 5 卷是"少小婴孺方",紧接"妇人方"之后。他在第五卷上《少小婴孺方上·序例第一》里,指出少小婴孺的重要性说:"夫生民之道,莫不以养小为大,若无于小,卒不成大。故《易》称积小以成大,《诗》有厥新生民,《传》云声子生隐公,此之一义,即是从微至著,自少及长,人情共见,不待经史,故今斯方,先妇人小儿而后丈夫耆老者,则是崇

① (唐)孙思邈:《备急千金要方校释》卷 2《妇人方上·求子第一》,李景荣等校释,北京:人民卫生出版社 1998 年版,第 21 页。

② (唐)孙思邈:《备急千金要方校释》,李景荣等校释,北京:人民卫生出版社 1998 年版,第 21 页。

③ (唐)孙思邈:《备急千金要方校释》,李景荣等校释,北京:人民卫生出版社 1998 年版,第 21 页。

本之义也。”[①]对于一般医学者不重视婴儿科的思想作了批评，他说：“然小儿气势微弱，医士欲留心救疗，立功差难，今之学者多不存意，良由婴儿在于襁褓之内，乳气腥臊，医者操行英雄，讵肯瞻视？静而言之，可为太息者矣。”指出由于过去医学者对此不肯重视，“六岁以下，经所不载，所以乳下婴儿有病难治者，皆为无所承据也”。[②] 或者虽有“小儿方”，但语焉不详，“不甚深细，少有可采”。因此，他“博撰诸家，及自经用有效者，以为此篇。凡百居家，皆宜达兹养小之术，则无横夭之祸也”[③]。他的“少小婴孺方”，从“择乳母”、“初生出腹”到“惊痫”等诸病症，皆有论有方，其中有些论点亦甚可取。如卷五上《少小婴孺方上 · 初生出腹第二》说：“凡小儿始生，肌肤未成，不可暖衣。暖衣则令筋骨缓弱。宜时见风日，若都不见风，则令肌肤脆软，便易中伤。皆当以故絮衣之，勿用新绵也。凡天和暖无风之时，令母将儿于日中嬉戏，数见风日，则血凝气刚，肌肉牢密，堪耐风寒，不致疾病。若常藏在帏帐之中，重衣温暖，譬犹阴地之草木，不见风日，软脆不堪风寒也。”又说：“凡乳儿不欲太饱，饱则呕吐，每候儿吐者，乳太饱也。”[④]此外，还有一些新生婴儿的护理和一些急救办法，都含有不少合理的因素。

孙思邈除了孜孜不倦地努力学习古今医学家的经验，大力搜集民间秘方、验方、偏方以外，他对药物学也作过认真的研究，并有较深的造诣。他的《千金要方》和《千金翼方》虽非本草专书，但其中有关本草的部分在医学史上也颇具价值，特别是《千金翼方》中保存了《唐本草》的大部分内容，这在《唐本草》今已亡佚的情况下显得弥足珍贵。此外《千金翼方》记载了唐代除京畿、黔中两道外其他十三道的所产药物计 519 种。这些是他对药

① (唐)孙思邈:《备急千金要方校释》卷 2《妇人方上 · 求子第一》,李景荣等校释,北京:人民卫生出版社 1998 年版,第 85 页。
② (唐)孙思邈:《备急千金要方校释》卷 2《妇人方上 · 求子第一》,李景荣等校释,北京:人民卫生出版社 1998 年版,第 85 页。
③ (唐)孙思邈:《备急千金要方校释》卷 2《妇人方上 · 求子第一》,李景荣等校释,北京:人民卫生出版社 1998 年版,第 86 页。
④ (唐)孙思邈:《备急千金要方校释》卷 2《妇人方上 · 求子第一》,李景荣等校释,北京:人民卫生出版社 1998 年版,第 88—89 页。

物学发展的贡献。他在《千金要方·序》中曾明确地指出:“方药本草,不可不学。”①在同书卷1《序例·处方第五》中又说:“古之善为医者,皆自采药,审其体性所立,取其时节早晚,早则药势未成,晚则盛已歇。今之为医,不自采药,且不委节气早晚,只共采取,用以为药,又不知冷热消息,分两多少,徒有疗病之心,永无必愈之效。”②提倡为医者亲自采药,他自己也是这样身体力行的。他一生走遍家乡和汉中、蜀中一带的名山,亲自去采药,对药性进行比较试验,对白头翁、苦参子、黄连、常山、蜀漆、槟榔的不同药性都作了深入研究和鉴别。从上引也可见,他十分注意采药的季节,这对于药性的利用是很重要的,关系到能否治愈疾病,所以他对233种植物药的采集时节都作了简要的说明。总之,他是把药物与治疗效果联系起来加以思考的。在药物的调配上他也有些辩证思想,对以后方剂学的发展,有一定的影响。他指出:“又有阴阳配合,子母兄弟,根茎花实,草石骨肉,有单行者,有相须看,有相使者,有相畏者,有相恶者,有相反者,有相杀者。凡此七情,合和之时,用意视之,当用相须相使者良,勿用相恶相反者。若有毒宜制,可用相畏相杀者,不尔勿合用也。又有酸、碱、甘、苦、辛五味,又有寒、热、温、凉四气,及有毒无毒,阴乾暴乾,采造时月生熟,土地所出,真伪陈新,并各有法。”③他根据其相使相畏七情,罗列了197种药物的特性,供处方时参考。以后在《千金翼方》卷首,载有《药性纂要》,先述采药时节,药出州土,后叙各种病症用药,再后分类载录药物八百余种,其中一部分为以前本草书籍所未载,还有部分外来新药,由于孙思邈在药物学上成绩卓著,后人尊称他为“药王”。

针灸是我国的传统医疗术,孙思邈也长于此。他之前曾有人绘制明堂图,标出孔穴经络的名称位置,后在传抄中出现了不少错漏之处。他吸取前人成果,结合自己多年针灸的临床实践,重新绘出明堂图,这套明堂图有人体正面、侧面和背面三种,记载了孔穴349个。可惜的是此图今已佚。他提出了针、药并重的综合治疗主张。他在《千金要方》卷29《针灸上·明堂三

① 《道藏》第26册,第2页。

② 《道藏》第26册,第7页。

③ (唐)孙思邈:《备急千金要方校释》卷1《序列·用药第六》,李景荣等校释,北京:人民卫生出版社1998年版,第8页。

人图第一》中说："汤药攻其内，针灸攻其外，则病无所逃矣，方知针灸之功，过半于汤药矣。"①同书卷30《针灸下·孔穴主对法》又说："若针而不灸，灸而不针，皆非良医也；针灸而药，药不针灸，尤非良医也。但恨下里间知针者鲜耳！所以学者深须解用针，燔针白针皆须妙解。知针知药，固是良医。"②可见，他对针灸治病极为重视，对针药的结合运用尤其强调。他总结了在痛点针灸止痛的经验，提出"阿是穴"，又名天应穴、不定穴，这是种无固定部位的孔穴，在这些孔穴上针灸止痛很有效，至今仍被广泛运用于临床上。他在《千金翼方》中针对妇婴、脏腑诸病、急难病、内外科杂症等所提示的丰富多彩的针灸方法，丰富了祖国针灸学的内容。

孙思邈对于饮食疗法，也作了专门的论述。他在《千金要方》卷26《食治·序论第一》中，首先阐述了饮食疗法的意义。他说："安身之本，必资于食；救疾之速，必恁于药。不知食宜者，不足以生存也；不明药忌者，不能以除病也。斯之二事，有灵之所要也，若忽而不学，诚可悲夫！是故食能排邪而安藏腑，悦神爽志以资血气。若能用食平痾、释情、遣疾者，可谓良工长年饵老之奇法，极养生之术也。"③可见他对饮食疗法是极为重视的，并把它作为养生长寿的重要手段。他认为，对某些疾病，可先用饮食疗法，在饮食疗法无效的时候，再用药医治。他说："夫为医者，当须先洞晓病源，知其所犯，以食治之。食疗不愈，然后命药。"原因何在呢？他说：这是因为食物性平和，无副作用，而"药性刚烈，犹若御兵，兵之猛暴，岂容妄发？"他还引张仲景的话说："人体平和，惟须好将养，勿妄服药。药势偏有所助，令人藏气不平，易受外患。"④这是说服药总不如人体自身的抗病功能，调养自体比服药更重要。他强调食疗的意义，这并非排除药疗，而是药食并重。所以在

① (唐)孙思邈:《备急千金要方校释》卷1《序列·用药第六》,李景荣等校释,北京:人民卫生出版社1998年版,第615页。

② (唐)孙思邈:《备急千金要方校释》卷1《序列·用药第六》,李景荣等校释,北京:人民卫生出版社1998年版,第639页。

③ (唐)孙思邈:《备急千金要方校释》卷1《序列·用药第六》,李景荣等校释,北京:人民卫生出版社1998年版,第554页。

④ (唐)孙思邈:《备急千金要方校释》卷1《序列·用药第六》,李景荣等校释,北京:人民卫生出版社1998年版,第554页。

《千金翼方》卷12《养性·养老食疗第四》中又说:“药食两攻,则病无逃矣。”①

其次,他对饮食疗法的一般原则作了阐述。在《千金要方》卷26《食治·序论第一》指出:“食不欲杂,杂则或有所犯;有所犯者,或有所伤,或当时虽无灾苦,积久为人作患。又食啖鲑肴,务令简少,鱼肉果实,取益人者而食之。凡常饮食,每令节俭,若贪味多餐,临盘大饱,食讫,觉腹中彭亨短气,或致暴疾,仍为霍乱。又夏至以后迄至秋分,必须慎肥腻、饼臛、酥油之属,此物与酒浆瓜果理极相妨,夫在身所以多疾病者,皆由春夏取冷太过,饮食不节故也。又鱼鲙诸腥冷之物,多损于人,断之益善。奶酪酥等常食之,令人有筋力胆干,肌体润泽;卒多食之,亦令胪胀泄利,渐渐自已。”②

最后,他对与人类生活关系密切的果实、菜蔬、谷米、鸟兽等共一百五十余种食物的食疗作用,进行了详细的研究和阐述,其中不少已为现代药物实验或临床诊断所证实。例如《千金要方》卷26《食治·菜蔬第三》说:“苋菜实,味甘寒濇无毒,主青盲白瞖,明目除邪气,利大小便,去寒热,杀蚘虫,久服益气力,不饥轻身。一名马苋,一名莫实,除马齿苋菜也,治反花疮。”“小蒜,味辛温无毒……主霍乱,腹中不安,消谷理胃气,温中除邪痹毒气。五月五日采,暴乾,叶主心烦痛,解诸毒,小儿丹疹,不可久食,损人心力。”“生姜,味辛微温无毒……主伤寒头痛,去淡下气,通汗,除鼻中塞,欬逆上气,止呕吐,去胸隔上臭气……”③同书卷26《食治·谷米第四》说:“薏苡仁,味甘温无毒,主筋拘挛不可屈伸,久风湿痹下气,久服轻身益力……利肠胃,消水肿,令人能食……一名感米,蜀人多种食之。”④在同卷《鸟兽第五》中,他对各种乳汁进行了描述:“人乳汁,味甘平,无毒,补五藏,令人肥白悦泽。马乳汁,味辛温,无毒,止渴。牛乳汁,味甘微寒,无毒,补虚羸,止渴;入生姜葱白,止小儿吐乳,补劳。羊乳汁,味甘微温,无毒,补寒冷虚乏少血色,令人热中。驴乳,味酸寒,一云大寒,无毒,主大热黄疸,止渴。母猪乳汁,平无毒,

① 《千金翼方校释》,第205页。
② 《备急千金要方校释》,第555页。
③ 《备急千金要方校释》,第560—563页。
④ 《备急千金要方校释》,第564页。

主小儿惊痫,以饮之神妙。”①

孙思邈关于食物疗法的具体论述,内容甚多,值得我们总结研究,使之为人类健康长寿服务。

唐代炼丹服石以求长生成仙的风气极盛,孙思邈也是位著名的炼丹家。他身为道士,对道教的神仙之说也是相信的。他在《太清丹经要诀·序》里说:“余历观远古方书,佥云身生羽翼,飞行轻举者,莫不皆因服丹。每咏言斯事,未尝不切慕于心。”②他对炼丹也是非常积极的,自谓“虽艰远而必造,纵小道而亦求,不惮始终之劳,讵辞朝夕之倦”③。但他感到“神道悬邈,云迹疏绝,徒望青天,莫知升举”④,因此他炼丹的主要目的,是“意在救疾济危”⑤,这与他从事医学研究的目的及其医德思想是一致的。

有唐一代,道教除了在天文历算和医药养生方面有杰出的贡献,在内外丹的实践与理论方面也有新的进展,尤其是唐代道士张果在外丹和内丹方面均有著述,下面我们着重就其内丹学说略加阐明。

五、张果的内丹学说

张果,生卒年不详,其生平事迹,较早的见于《大唐新语》卷10:“张果老先生者,隐于恒州枝条山,往来汾晋。时人传其长年秘术。耆老咸云:‘有儿童时见之,自言数百岁。’则天召之,佯尸于妬女庙前。后有人复于恒山中见。至开元二十三年(735年),刺史韦济以闻,诏通事舍人裴晤驰驿迎之。果对晤,气绝如死,晤焚香启请,宣天子求道之意,须臾渐苏。晤不敢逼,驰还奏之。乃令中书舍人徐峤、通事舍人卢重玄赍玺书迎之。果随峤至东都,于集贤院肩舆入宫,倍加礼敬。公卿皆往拜谒。或问以方外之事,皆诡对。每云:‘余是尧时丙子年生。’时人莫能测也。又云:‘尧时为侍中。’善于胎息,累日不食,时进美酒及三黄丸。寻下诏曰:‘恒州张果

① 《备急千金要方校释》,第566页。
② (宋)张君房:《云笈七籤》卷71,《道藏》第22册,第492页。
③ (宋)张君房:《云笈七籤》卷71,《道藏》第22册,第492页。
④ (宋)张君房:《云笈七籤》卷71,《道藏》第22册,第492页。
⑤ (宋)张君房:《云笈七籤》卷71,《道藏》第22册,第492页。

老,方外之士也。迹先高上(尚),心入窅冥,是混光尘,应召城阙。莫知甲子之数,且谓羲皇上人。问以道枢,尽会宗极。今将行朝礼,爰申宠命,可银青光禄大夫,仍赐号通玄先生。' 累陈老病,请归恒州,赐绢三百匹,并扶持弟子二人,并给驿舁至恒州。弟子一人放回,一人相随入山。无何寿终,或传尸解。"①后来《旧唐书·张果传》基本上取材于此,稍不同者有以下几点:

第一,《新语》称"张果老",《旧唐书》称"张果"。

第二,《新语》说玄宗迎张果是在开元二十三年(735 年),《旧唐书》为开元二十一年(733 年)。按《资治通鉴》卷二百一十四则将此事系于开元二十二年(734 年)。

第三,《旧唐书》比《新语》有更多的神话材料。如云:"玄宗初即位,亲访理道及神仙方药之事,及闻变化不测而疑之。有邢和卦者,善算人而知夭寿善恶,玄宗令算果,则懵然莫知其甲子。又有师夜光者,善视鬼,玄宗召果与之密坐,令夜光视之,夜光进曰:'果今安在?'夜光对面终莫能见。玄宗谓力士曰:'吾闻饮堇汁无苦者,真奇士也。'会天寒,使以堇汁饮果。果乃引饮三卮,醺然如醉所作,顾曰:非佳酒也,乃寝。顷之,取镜视齿,则尽燋且黧。命左右取铁如意击齿堕,藏于带。乃怀中出神仙药,微红,傅堕齿之断。复寐良久,齿皆出矣,灿然洁白,玄宗方信之。"②

综合《大唐新语》与《新唐书》、《旧唐书》所载,可以看出:第一,张果自神其年岁。这是道士的传统做法,上述孙思邈也是如此。第二,张果的道教活动在北岳恒山,来往于汾晋之间,其范围主要在今河北、山西一带,活动的时间大约是在高宗到玄宗之时。第三,他不应武则天之召,以佯死躲过。后玄宗令裴晤往迎,他又"对使绝气如死,良久渐苏"。他还善于胎息不食。这些都表明他是个精通服气、修炼内丹的道士。但今存张果书目中又有外丹类,或即他是以内丹为主,内外兼修者。陈国符先生说:"唐张果纂《玉洞大神丹砂真要诀》一卷(收入《道藏》)言外丹(黄白),而《通志艺文略》诸子

---

① (唐)刘肃:《大唐新语》,北京:中华书局 1984 年版,第 157 页。

② 《旧唐书》,北京:中华书局 1975 年版,第 16 册,第 5106 页。

类道家吐纳著录张果《气诀》一卷，辟谷著录张果《休粮服气法》一卷。是张果兼修内外丹。”[①]这个说法是符合史实的。

中唐以后，关于张果的神话传说日益增多，并且越到后来越离奇。《太平广记》卷30集引《明皇杂记》、《宣室志》、《续神仙传》载：“果常骑一白驴，日行数万里。休则重叠之，其厚如纸，置于巾箱中，乘则以水噀之，还成驴矣。”这是后世八仙传说中张果老倒骑毛驴的雏形。又载：“果随峤到东都，于集贤院安置，肩舆入宫，备加礼敬。玄宗因从容谓曰：‘先生得道者也，何齿发之衰耶？’果曰：‘衰朽之岁，无道术可凭，故使之然，良足耻也。今若尽除，不犹愈乎？’因于御前拔去鬓发，击落牙齿，流血溢口。玄宗甚惊，谓曰：‘先生休舍，少选晤语。’俄顷召之，青鬓皓齿，愈于壮年。”这个故事与王远知能使“须发变白”，一会儿又转黑颇相类似。又有叶法善与张果的故事说：“时又有道士叶法善，亦多术。玄宗问曰：‘果何人耶？’答曰：‘臣知之。然臣言讫即死，故不敢言。若陛下免冠跣足救，臣即得活。’玄宗许之。法善曰：‘此混沌初分白蝙蝠精。’言讫，七窍流血，僵仆于地。玄宗遽诣果所，免冠跣足，自称其罪。果徐曰：‘此儿多口过，不谪之，恐败天地间事耳。’玄宗复敦请久之，果以水噀其面，法善及即时复生。”[②]唐人李肇《唐国史补》卷上“张果老衣物”条说：“天宝（742—755年）末，有人于汾晋间古墓穴中，得所赐张果老手诏衣服进之，乃知其异。”[③]以上这些神话传说固与现实的张果相去较远，但也反映出张果与叶静能、叶法善一样为玄宗朝道术较高者。张果后来入于“八仙”之林，在民间广为流传，而其原型反不为一般人所知，这里也可看出道教文学的影响之大。

关于张果的著作，《新唐书·艺文志》著录有：《阴符经太无传》1卷，《阴符经辩命论》1卷，《气诀》1卷（又见《崇文总目》卷9），《神仙得道灵药经》1卷，《罔象成名图》1卷，《丹砂诀》1卷（又见《崇文总目》卷9）。[④]《旧

① 陈国符：《道藏源流考》，北京：中华书局2012年版，第387页。

② 以上见《太平广记》，北京：中华书局1961年版，第1册，第192—194页；参见《宣室志》卷8，《续仙传》卷中，《历世真仙体道通鉴》卷37。按唐人李亢《独异志》谓叶静能说张果是天地初分时白蝙蝠精，故事与此同。

③ （唐）李肇：《唐国史补》卷上，上海：上海古籍出版社1979年版，第18页。

④ 《新唐书》，北京：中华书局1975年版，第5册，第1521页。

唐书》本传称张果“尝著《阴符经玄解》,尽其玄理”。《新唐书》、《大唐新语》皆不载此事。但今《道藏》洞真部玉诀类收张果《黄帝阴符经注》一卷;《云笈七籤》卷15收录张果所注《黄帝阴符经》;重刊《道藏辑要》斗集收署名张果、(元)玉玠注《黄帝阴符经》一卷;《道藏精华录》第三集收《黄帝阴符经》一卷附录一卷,张果注;《全唐文》卷923有张果《黄帝阴符注序》。如果这些著作确为张果所撰,则他和李筌一样,当为当时精通于《阴符经》的学者。

《郡斋读书后志》卷2道书类说:“《大还丹契秘图》1卷,右草衣洞真子玄撰。”陈国符先生考证说:“玄撰盖扶鸾降笔。《通志略》道家外丹:‘草衣子《还丹契秘图》一卷,通玄子撰。’是草衣洞真子即草衣子。通玄子即唐开元中张果。此盖张果所撰,依托草衣洞真子耳。此书收入《云笈七籤》卷72,但不著撰人。宋曾慥《道枢》卷33《参同契中篇》曰:‘后汉娄敬著《参同契》,自号草衣子云。’由此足证唐开元中张果,与推崇《参同契》有关。”[①]则张果又精于《参同契》。

张果最有名的著作是《玉洞大神丹砂真要诀》,新唐志所录《丹砂诀》1卷,即此书。关于此书,尚有一段公案。今《道藏》洞神部众术类清字号收张果此书的同时,又收有陈少微的《大洞炼真宝经九还金丹妙诀》,此二书新唐志与《通志·艺文略》亦著录。李约瑟等人认为:张果的《丹砂诀》十分类似陈少微的这两部书,它是此二书的缩编与释义;比较张果和陈少微的说法,后者较老、更原始;如果张果居然从陈少微那里取得他的材料,那么陈少微必然活动于公元7世纪初和8世纪中。[②] 也有人认为:《玉洞大神丹砂真要诀》是张果窃自陈少微,更易丹诀标题,擅署己名,献于唐玄宗以邀宠。张果既已将此献给玄宗,陈少微一山居道士,决不敢再行抄袭,以招罪祸。此外,如陈少微乃张果弟子,张果在当时既已声名显赫,少微必自云此丹诀乃张果所传授。从陈少微与张果的著作本身内容比照观之,确有繁简之别,很容易得出后者删节自前者的结论。但《道藏》洞神部众术类兰字号有署

① 陈国符:《道藏源流考》,北京:中华书局2012年版,第285页。

② 李约瑟:《中国的科学与文明》第3卷,1976年英文版,第141页。

名金陵子述《龙虎还丹诀》2卷，内容文字与陈、张书有渊源关系。郭正谊指出：《龙虎还丹诀》“就其第一部分‘紫华红英大还丹诀’的内容分析，应与陈少微的《大洞炼真宝经修伏灵砂妙诀》同源，即都是对《大洞炼真宝经》的注释和发挥”，金陵子和陈少微“都声称《大洞炼真宝经》隐秘真汞，而自己则详述了真汞之诀，说明此二书的共同师承关系”，“金陵子、陈少微和张果的丹法可视为同源”[①]。将陈、张、金三家写作对照，确系同源而各具特色。三者都不否认其有来源，张果说得最少，但十三品也提到“有以大洞真经中七十二石制伏诀，皆须合胞胎也”。陈少微说得最多，说明他和《大洞经》的关系，其《修伏灵砂妙诀》最后说：“此篇本从大洞宝经中仙君九品幽章隐文炼真妙诀所出，禁文甚重，非贤莫传。”则他所依据的《大洞经》原文是九品，正符合张果十七品中的前九品。看来，陈少微把《大洞经》改编为两部书，并把前九品改为七返篇，把后数品重新编号为九品，并析为二章。这样看，张果的作品更接近于《大洞经》原文而改动较少，至少前面部分仍为原九品。因此，张果所据就不会是陈少微的两部书，而是据原来的《大洞经》。因为张不会在陈改编之后，再来转抄改编本，使其重新复原。张果的书没有采取《大洞经》的古名，也没有用唐代已盛行的《龙虎》之名，所以他是很有创新的。张果书与陈少微书同时行于世，而张的名气却在陈之上。李时珍写《本草纲目》时引据古今经史百家书目，只有张书而无陈书，说明陈书出于唐却不行于明，张书对后世的影响大于陈。[②]

今《道藏》洞真部方法类收张果《太上九要心印妙经》，《云笈七籤》卷59有《张果先生服气法》，卷72有署名草衣洞真子凝述的《真元妙道修丹历验抄》，《内丹秘诀》第九收张果述《金虎白龙诗》。[③] 另外，据说张果尚著《道体论》、《三论元旨·道宗章》，今《全唐文》卷923收张果《道体论序》、《太上九要心印妙经序》。署名唐张果的《星命溯源》（《四库全书珍本》）和《古今图书集成》卷566至卷683三所收《张果星宗》均系伪托。

---

① 郭正谊：《从龙虎还丹诀看我国炼丹家对化学的贡献》，《自然科学史研究》1983年第2期。

② 参见孟乃昌：《张果考》，《宗教学研究》1985年第1期。

③ 《道藏》第24册，第182页。

上面我们已指出，张果内外丹兼修，以内炼服气为主。他把内丹分为三品，以九转大还丹为上品，认为九转丹成，每转各有枢要，即为“九要”。他在《太上九要心印妙经序》中解释说：“夫九要者，要，乃机要也，以应大丹九转。故以道分九篇，法显九门。九门合理，篇篇归根。虽不得亲师之旨，得此要如亲师训。得者坐获天机，悟之者为之心印。若依行者，在欲无欲，居尘出尘。分立九门，还元二仪，学道君子，细意详之。先序显用，次要应体，以体兼用，性命备矣。”[①]体用一源，性命双修，这种思想已为宋元内丹学的先驱，而对宋明理学的影响也是明显的。依此“九要”而行，可使身在欲中而“无欲”，居于尘世而“出尘”；得此“九要”者坐获“天机”，悟者为之“心印”。可见其九转大丹重在内心，既是炼气的功夫，也是炼心的功夫，在这一点上和司马承祯的坐忘说有相通处。这是他对“九要”的总说明。下面再看他的具体阐释：

第一，“真一秘要”。何谓“真一”？他说：“纯而无杂谓之真，浩劫长存谓之一”，“真乃人之神，一者人之气。长以神抱于气，气抱于神，神气相抱，固于气海。造化神龟，乃人之命也；神乃人之性也。性者南方赤蛇，命乃北方黑龟，其龟蛇相缠，二气相吞，贯通一气，流行上下，无所不通。真抱元守一之道也。”[②]“真”等于神和性，“一”等于气和命，神与气相抱，性与命不可分，二者“贯通一气”，周身上下流通，此即“抱元守一之道”。可见他主张神气交融，性命一体。所谓“真一”就是神气皆炼，性命双修，从而入于“纯而无杂”、“浩劫长存”之境。

第二，“橐籥秘要”。何谓“橐籥”？“橐籥者，人之心肾也。心者神之宅，肾者气之府。既以心为宅，以肾为府，岂有造化也。”[③]橐籥为古代冶炼鼓风用的器具，《道德经》第五章曾讲：“天地之间，其犹橐籥乎，虚而不屈，动而愈出。”把天地之间比喻为风箱。张果则借此比喻人体的“心肾”器官，以说明心肾在炼养神气中的功能。橐籥的功用表现为“虚而不屈，动而愈出”，是动与静的统一。所以接下来他从动静来说炼养神气之道：“神者心

① （清）董诰等编：《全唐文》卷923，北京：中华书局1983年版，第10册，第9613页。

② 《道藏》第4册，第311页。

③ 《道藏》第4册，第311页。

之主，气者肾之本，是以圣人返本还元。还元者补髓也。补髓之机，还元之道，命乃了矣。圣人立法曰：假一神调气，借一气定神，神气调定，方晓动静。动者气也，气者命也；静者性也，性乃神也。神不离气，气不离神，神气不相离，道本自然也。”①心为神的住宅，肾是气的府第，神与气寄居于心肾，这都是自然而然的，非造化所为。故心肾在炼养神气之道中起一种工具的作用，真正主宰心的是“神”，作为肾之本根的是“气”，因此必须返归“本元”，方能获得长生。返归本元的方法就是以神调气，以气定神，神气调定就能动静自如。动—气—命，这是动的一条线；静—性—神，这是静的一条线。这两条线互不分离，也就是动静协调，神气相交，就能回返本元之道。他批评了“今世学道之人，使心运气，乱作万端，屈体劳形，非自然之道”。②

第三，“三五一枢要”。什么是“三五一”？他说：“夫三五一者，三阳、五行、一气也。三阳者，三火也。以精为民火，以气为臣火，以心为君火。君火乃性火也，惟性火不可发，亦不可用。性火若发，如火生于木，祸发必克；不用者，必不可动也。盖是神定则气定，气定则精定。三火既定，并会丹田，聚烧金鼎，返炼五行，运于一气，绵绵一昼一夜，一万三千五百息。按周天三百八十四爻，气血行八百一十丈，脉行五十度，此乃周天，方为火候。其火有二等，分于内外。外火者，有形有象，可炼五金，造化五谷，滋养于人。此火非能炼丹，炼丹之火，其在内火。内火者，有名无形，藉五谷之气，即生真火，真火既生，返炼其精，精返为神，炼神合道，道本自然，不离一气，一气既调，百脉皆顺也。”③可见他认为只有内丹才算得上“炼丹”，外丹仅仅“滋养于人”。炼内丹的过程为：先借助于五谷之气产生“真火”，然后“返炼其精，精返为神，炼神合道”。这是一个向“道”逆返的过程，也是个“调气”的过程，因为自然之道“不离一气”。

第四，“三一机要”。他解释说：“夫三一者，三成一气也。上有神仙抱一炼神之道，中有富国安民炼气之法，下有强兵战胜炼精之术。道分三成，不离一气。一气者，天也，乃天清虚自然之气。气中有神，神抱于气。因气

① 《道藏》第4册，第311页。

② 《道藏》第4册，第311页。

③ 《道藏》第4册，第311页。

抱于一神,炼神合道,道本自然,此乃神仙抱一炼神合道也。中有富国安民炼气之法,中者,人也,以身为国,以气为民,以心为帝王。帝王爱民而民自安,帝正者心不乱也。心不乱则气自调,气调则神和,神和则精悦,精悦则身安泰,此乃富国安民炼气之法也。以重浊而为地,其浊中有清,在欲无欲,谓之强兵,心不动而气不交者,谓之战胜,此乃强兵战胜炼精之术也。"①这是讲精气神三者在炼养中的关系,并运用《阴符经》的思想来阐明这种关系,对"上有神仙抱一炼神之道,中有富国安民炼气之法,下有强兵战胜炼精之术"这三条逐条进行了阐释。他进一步阐述精气神的关系说:"及人之未生时,在乎混沌之间,亦神不曾离气,气不曾离神,神气不相离,精神内守,精散为气,气结成神,炼神合道,道法自然。因道建法,法就显术,分而为三,混而为一,一者精也。精乃元气之母,人之本也,在身为气,在骨为髓,在意为神,皆精之化也。盖万物皆禀一气,因气造化五行,五行即五谷也。五谷之气,入于脏腑,精住丹田,精者人之本也。是以圣人返其本而还其元,此乃返本还元之道也。"②一再强调神气不相离,可见这是他的一贯思想。精神气三者关系表现为:"精散为气,气结成神",其中"精"为本根,"乃元气之母",故三一的"一"最终是指"精",前云"三成一气"只是"精散"的结果。神气皆"精之化",这里他突出强调了精为"人之本"。这样他所谓"返本还元"之道的内涵就清楚了。

第五,"日魂月魄真要"。所谓"日魂月魄",指的是"阴阳",日属阳魂,月属阴魄。他用易的象数之学来说明练功过程。他说:"日中有鸡,西方金肺之象,属阴,乃日魂藏月魄,魄满于魂,故日以清。月中有兔,东方木肝之象,肝属阳魂,乃月魄藏日魂,魂满于魄,故月以明。魂魄者,乃人之铅汞也。铅汞有数,铅八两汞八两,乃一斤之数,十六两也,凡二十四铢为一两,按周天三百八十四爻,日月运度之数,天地造化之机。圣人立数,后人依数而行之。其大小之法,因数有定,大者一年之法,小者一时之用,一时正则可夺一年之造化也。密语曰:凡每月初一日为首,正子时,坎卦进汞一两,离卦进铅

① 《道藏》第 4 册,第 312 页。
② 《道藏》第 4 册,第 312 页。

一十五两,次日坎卦进汞二两,离卦进铅十四两,至十五日抽添数足,周而复始,其大小月细审详之。铅汞者,人之魂魄也。魂魄者,人之神气也。神者好静,气者好动,动静常在坎离之间。动静之诀,上十五日魂守魄,下十五日魄守魂。一时之用,可夺一年之造化也。"①从象数到时辰,这一层已进入到练功的具体步骤,强调了"一时之用",此"一时"运用得妙,可夺一年之造化。

第六,"日用五行的要"。何谓"日用"?他说:"夫日用者,长以神守于气,气守于神。神气相守,聚而不散者,真日用也。神能通应,意到心成。若神定则行住坐卧昼夜皆同,神伏气在,气在神,神在形,三物皆在,复归真一,万事毕矣。"②可见日用仍是继续阐发神气相守、聚而不散的道理。何谓"五行"呢?他指出:"五行者,心主神,肝主魂,脾主意,肾主志,肺主魄。五行聚而化为丹也。聚之诀曰:专于一神,志于一意,守于魂魄,会于丹田。"③"丹"为五行相聚所化,他并且举了聚五行的口诀。他又谈到性命问题:"气乃命也,神乃性也。一性固命,一命固性,性命相固,共成一气。"这仍是性命双修、缺一不可的思想,这种思想给宋元内炼家以很大影响。他把"气"比喻为炼内丹的"真火",认为:"一气者,火也。其火无形,发之有焰,此火只可炼丹,不可别用。若能内守真火,聚而不散者,真抱元守一之道也。"④

第七,"七返还丹简要"。他指出:"夫七返还丹者,天有七星,运斡四时;人有七窍,唯听视闻。眼观色者,视之不见,耳听声者,听之不闻,鼻不闻香,口受无味,真七返也。一心归命,谓之还;五气不散,谓之丹。"⑤所谓七返就是要关闭七窍,做到视而不见,听而不闻……不为外界所动。只有这样才能"一心归命"、"五气不散",这就是七返还丹。他认为丹有内外之分,二者关系是:"其内丹不得,外丹则不成;其外丹不得,内丹则无主。"表明他主张内外兼修,以内为主。具体地说:"内丹者真一之气,外丹者五谷之气。

① 《道藏》第4册,第312页。
② 《道藏》第4册,第312页。
③ 《道藏》第4册,第312页。
④ 《道藏》第4册,第312页。
⑤ 《道藏》第4册,第312页。

以气接气，以精补髓。补接之功，不离阴阳二气。阳气升即为返，阴气降即为还，昼夜还返至于丹田。阳不得阴而不升，阴不得阳而不降，自然还丹之要，秘于此矣。"①

第八，"八卦朝元统要"，又名"八卦还元归根之道"。他说："夫八卦者，以心肾为坎离，坎离为阴阳，阳即魂也，阴即魄也。魂者以应东方甲乙木，谓之青龙。魄者以应西方庚辛金，谓之白虎。因坎离生龙虎乃成四象，内分八卦。八卦者，东方甲乙木。甲主乾，乙主坤，木生丙丁。丙主艮，丁主兑，艮兑合序为一气者，火也。火生戊巳，戊巳无形，分于四季，内生庚辛。庚主震，辛主巽，合而为一者，金也。金生壬癸，壬主离，癸主坎，坎离者，阴阳也。阴阳者，内外也。内气为阳，外气为阴，阴阳升降，动静自然，非神所作，乃天地冲和之气，常在坎离之间，绵绵昼夜，息息无穷。此乃八卦还元归根之道也。"②在八卦之中，心为坎，肾为离，心坎肾离，一阴一阳，一为内气，一为外气，都是天地冲和之气，运行于其间，无穷无尽，这就是"八卦朝元"。此可与前述"橐籥秘要"参照观之。

第九，"九还一气总要"。他认为：九为阳数，还为聚合，一指"气"，这"九阳既聚，性命相守。上则清虚曰月行度之数，下则地气生产万物之源，中则人身阴阳造化之理"。在天地人之内，又各分为三，故称"三共之道，是名九要"。天之三为日月星，以应人之眼耳鼻。地之三为高下平，以应人之魂魄精。魂魄精又应人之精气神。神为精之主，精为神之本名，虽则分三但不离一气。接着他讲解胎息："一气者，胎息也。胎乃藏神之府，息乃胎化。元因息生，息因神为胎。胎不得息则不成，息不得神则无主。神乃息之主，息乃胎之根，胎乃息之宅，神乃胎之真。在腹之中谓之胎，一呼一吸谓之息，故名胎息也。胎者形中气之子，息者形中神之母，形中子母何不存守。存守者，存其神而守其气。"③史载张果善于胎息不食，此处所讲胎息，当是其炼功实践的总结。胎息在道教中是种普遍追求的成仙境界，《云笈七籤》卷58就录有《胎息精微论》、《胎息根旨要诀》、《胎息杂诀》、《胎息口诀并序》等

① 《道藏》第4册，第313页。
② 《道藏》第4册，第313页。
③ 《道藏》第4册，第313页。

数种专论胎息的著作。《延陵君修养大略》说:“夫服气本名胎息,胎息者如婴儿在腹中十个月,不食而能长养成就。”①《胎息口诀》说:“久久行之,口鼻俱无喘息,如婴儿在胎,以脐通气,故谓之胎息。”②这就是道教所谓“胎息”。张果对此是很推崇的,他在《大还丹契秘图》中说道:“九还七返三五一,龙虎相将入神室。灰池闭炼天地间,方知大还功已毕。乾坤不合相违避,志士元知在天地。十月怀胎母子分,贤者何曾更运气。”③这种思想与其《太上九要心印妙经》所讲是一致的,于此也可内证《大还丹契秘图》为张果所作。如何才能到达胎息境界而炼成内丹呢?他说:“十二时中,天门借气,紧闭地关,神室内守,自有神龟呼吸。有名无形,有动无名,非所用。升降自然,藉外气则升,随气升而腹自鼓,外气升而内气降,内气降而腹自纳,鼓纳之机,天地之橐龠也。橐龠者,天地动作之气,真阴真阳也。内气为阳,外气为阴,内气不出,外气不入,神符气定。外气符即为至宝,内气符即成金丹。金丹者,纯阳之物,浩然之真,直指天机,归根之道尽矣。”④修炼至此,神仙之道便得了。

综观上述,实是一套服气的功夫,这在隋唐道教的服气理论中可算上乘之作,比较成体系。关于张果的服气思想,《云笈七籤》卷59《张果先生服气法》也可看到一些。其中云:“每日常偃卧,摄心绝望,闭气握固,鼻引口吐,无令耳闻,唯是细微,满即闭,使足心汗出,一至二数至百已上,闭极微引少气,还闭,热呵冷吹。能至一二千,即不用粮食,不须药物,时饮一两盏好酒或水,通肠耳。数至五千,则随处出入,有功当自知也,则可入水卧矣。”⑤这仍是种胎息的功夫,具有可操作性。此外,他还强调了练功贵在有常、勤奋和节欲。他指出:“夫服食养生,贵其有常。真气既降,方有通感。岂有纵心嗜欲而望灵仙羽化,必无此事也。且仙人功行未满,尚不可致,而况凡俗乎。但信老人语,勤行之,则当自知。”⑥

---

① (宋)张君房:《云笈七籤》卷59,《道藏》第22册,第408页。

② (宋)张君房:《云笈七籤》卷58,《道藏》第22册,第407页。

③ (宋)张君房:《云笈七籤》卷72,《道藏》第22册,第507页。

④ 《太上九要心印妙经》,《道藏》第4册,第313页。

⑤ 《道藏》第22册,第414页。

⑥ 《道藏》第22册,第414页。

综上可知，隋唐道教对当时的天文学、医药学、化学①及养生学等各个方面均作出了突出的贡献，为我国古代科技的发展提供了丰富的材料，成为中华文化宝库中的无价之宝。

第七节　唐代道官制度

唐代朝廷对道教的管理和制度建设日趋完善，主要表现在道官制度较之于前代更为成熟，道官职位更为丰富多样，除道门威仪外，并有道门大德、道门教授、宫观使、宫观三纲等，形成了一个体系完整、制度完备的道官系统。与此同时，唐代在道教管理上，不断强化俗官对道士和宫观的控制，中央有崇玄署、司封、祠部等，地方有功曹司功等，意在把道教管理大权掌握在王权之手，唐后期更以俗官“左右街功德使”总领道教，道官“道门威仪”演变成为“左右街功德使”的属官。

一、唐代国家道教管理机构及其官员

唐代对道教有一套成熟的管理制度，虽设各处道官以道士为任，但皆统辖于中央政府的官僚体制之下。唐代继承隋朝的道官制度，通过建立专门的中央署衙、设立专任官吏等，以统制全国道士及诸处道官等。

（一）寺观监与漆园监

在崇玄署建立之前，唐初曾以寺观监、漆园监作为道教管理的职官。寺观监、漆园监等职的设置，源于隋炀帝时期所设的道场监、玄坛监。隋炀帝曾“改郡县佛寺为道场，置道场监一人，改观为玄坛，监一人”②。唐初因之，设寺观监，又设漆园监，继承了隋朝的寺观监督制度。《新唐书》“百官志”载：“唐置诸寺观监，隶鸿胪寺，每寺观有监一人。贞观中，废寺观监。上元二年（675 年），置漆园监，寻废。”③《唐会要》卷 50 载：“上元二年（675 年）

---

① 关于道教在外丹黄白术即古代化学方面的贡献，我们将在第六章中介绍。

② （唐）杜佑：《通典》卷 25，北京：中华书局 1988 年版，第 704 页。

③ 《新唐书》卷 48《百官志三》，北京：中华书局 1975 年版，第 4 册，第 1252 页。

正月,置漆园监官生员”。[1] 唐初高祖曾置寺观监,太宗时寺观监被废除,高宗上元二年[2](675 年)又置漆园监官及生员,专为宫观监督之官。

寺观监、漆园监等宫观监督官吏,皆由鸿胪寺委派俗官担任,对宫观大小事务实行监控,意在加强政府对于道教的全面掌控。但唐初所设的寺观监和漆园监皆为一时之官,虽承继隋代之玄坛监,但很快被废弃,未成定制。考诸玄坛监、寺观监与漆园监的短暂命运,一则应为隋、唐建国初期道官制度建立之前的过渡性道官,一则盖源于佛道两教对于俗官插手寺观事务管理深有抵触情绪,不如“以教治教”的僧道官管理体制更为有效,也更易为僧道所普遍接受。

(二)崇玄署的沿革

据《旧唐书》称:“高祖发迹太原,官名称位,皆依隋旧。及登极之初,为遑改作,随时署置,务从省便。”[3]初唐在天下初定之时,为省便之故,官制依照隋朝而署置。在道教管理上,也依照隋朝制度,仍立“崇玄署”统领道教。崇玄署曾先后统隶于鸿胪寺、宗正寺,最后罢崇玄署而相继以吏部司封、左右街功德使等执掌道教事务。

隋设“崇玄署”隶于鸿胪寺,唐初因之,同样以“崇玄署”“领掌京都诸观之名数,道士之帐籍,与其斋醮之事”[4]。不过崇玄署并不只掌管道教之事,还掌管着全国僧尼和外国僧人的帐籍,并规定由崇玄署将“新罗、日本僧入朝学问,九年不还者编诸籍”[5]。崇玄署的官员设令、丞各一人,另设府二人、史三人、典事六人、掌固二人等下属职员。

为体现道教为李唐国教的地位,开元中,将崇玄署改隶宗正寺之下,将

---

① (宋)王溥:《唐会要》卷 50《尊崇道教》,北京:中华书局 1955 年版,第 867 页。

② 唐代共有两个“上元”年号,一为高宗李治年号的“上元”(674—676 年),一为肃宗李亨年号的“上元”(760—761 年)。不少学者认为“漆园监”的初置年代,是在肃宗的“上元二年(761 年)”。窃以为,“漆园监”一职,乃是接续高祖、太宗时代的“寺观监”而来。按:肃宗时代已经以“司封”、“宗正寺”等检校道教事,道教管理制度已经建立起来,又有“道门威仪”等道官等整肃道教,故此认为,高宗时代在道教管理制度尚未完善之时,设“漆园监”较为合理。

③ 《旧唐书》卷 42《职官志》,北京:中华书局 1975 年版,第 6 册,第 1783 页。

④ (唐)李林甫等纂,陈仲夫点校:《唐六典》卷 16,北京:中华书局 1992 年版,第 467 页。

⑤ 《新唐书》卷 48《百官志三》,北京:中华书局 1975 年版,第 4 册,第 1251 页。

道士作为李氏宗亲对待。《文献通考》称:“按崇玄署一官,唐创之,以司道教,而必属之宗正司者,盖唐以老氏为始祖,则崇其教者,亦以为尊祖宗之事也。”①以道士改隶宗正寺,意在光大唐室先祖的李氏遗教,是唐代崇道政策的重要体现。《唐会要》卷49“僧尼所隶”条所载的改隶因由:

> 开元二十四年(736年)七月二十八日,中书门下奏:“臣等商量,缘老子至流沙,化胡成佛法,本西方兴教,使同客礼,割隶鸿胪。自尔已久,因循积久。圣心以玄元本系,移就宗正。诚如天旨,非愚所及。伏望过元日后,承春令便宣。其道、僧等既缘改革,亦望此时同处分。”从之。至二十五年七月七日制:“道士、女冠宜隶宗正,僧、尼令祠部检校。”②

中书、门下两省的官员,迎合唐室崇道的态度,要求将崇玄署改隶宗正寺,实际上这也正是皇帝本人的授意。《唐六典》卷16载:“开元二十五年(737年),敕以为:道本玄元皇帝之教,不宜属鸿胪,自今已后道士、女道士并宜属宗正,以光我本根,故署亦随而隶焉。”③道士改隶宗正寺后,相应的道教管理机构“崇玄署”也更为宗正卿所掌领。据《旧唐书》载:“(宗正)卿之职掌九族六亲之属,籍以别昭穆之序,并领崇玄署。”④正式把崇玄署作为宗正寺的下设机构,与诸陵、太庙二署并列,可见此时唐室确是将道士作为宗亲来对待的。

崇玄署作为道士的中央统制机构自天宝中道士隶司封时被罢停。《唐会要》卷六十五载:“天宝二年(743年)三月十二日,道士女冠宜令司封检讨,不须更隶宗正寺,其崇玄署并停。”⑤天宝二年(743年),以道士隶司封,自此崇玄署作为唐代中央道署的使命已经终结。

虽然道士女冠改隶吏部司封以后,宗正寺依然与司封同时掌道士帐籍,据《新唐书》载:“两京度僧尼道士女冠,御史一人莅之,每三岁州县尉为籍,

① (元)马端临:《文献通考》卷55,北京:中华书局1986年影印本,第503页。
② (宋)王溥:《唐会要》卷49,北京:中华书局1955年版,第859—860页。
③ (唐)李林甫等纂,陈仲夫点校:《唐六典》卷16,北京:中华书局1992年版,第467页。
④ 《旧唐书》卷44,北京:中华书局1975年版,第6册,第1880页。
⑤ (宋)王溥:《唐会要》卷65,北京:中华书局1955年版,下册,第1140页。

一以留县，一以留州，僧尼一以上祠部，道士女冠一以上宗正，一以上司封。"①以吏部司封与宗正寺同掌道士帐籍，说明唐代以道士女冠为皇室宗亲的政策并未改变，而且强化了道士女冠的宗亲地位。据《记纂渊海》"尚书吏部司封条"载："（司封）掌封爵、皇之枝族及诸亲，内外命妇告身及道士、女冠等。"②司封所执掌的是皇室宗亲的封爵等事，以道士女冠属之，符合李唐以道士为宗亲的崇道政策。

隋代始创三省六部制，至唐代渐趋成熟，属尚书省的礼部也曾担负道教管理的职责。礼部下设祠部执掌宗教祭祀礼仪，设礼部郎中、员外郎。《唐六典》"尚书礼部"的"祠部郎中"条规定为："祠部郎中、员外郎，掌祠祭、享祭、天文、露刻、国忌、庙讳、卜筮、医药、道佛之事。"③礼部本为春官宗伯之职，祠部所执掌的主要为祭祀仪礼之类，可以说以礼部执掌宗教事务，是回归了上古三代以春官执掌宗教的官制传统。

玄宗时以培养道教人才为主的崇玄馆也兼有一部分道教管理的职责，在崇玄署罢停的同时，崇玄馆大学士一度成为京城宫观管理的专任官，直到贞元四年（788 年），崇玄馆罢大学士。据《唐会要》卷五十载：

> （天宝）二年（743 年）二月敕，两京元元宫及道院等，宜委崇元馆大学士都检校，务在精修勿令喧杂，仍不更隶宗正，其道士等名籍任依例程。④

崇玄馆设于玄元宫，是唐代官办性质的道教学校，主要职责在于开展道教教育，以培养道教人才。崇玄馆负责的两京玄元宫及道院作为专祠玄元皇帝的皇室家庙和道教学宫，与寻常的道教宫观颇为不同，所设崇玄馆大学士皆"以宰相为之"，可见唐代对道教的尊崇和对道教人才教育的重视。

不过崇玄馆大学士所检校两京玄元宫及道院，职责在于监督在京道士的精修学习，培养道教人才为国家政府所用，已非纯粹的道门事务，故此设有专门检校之官，而对道士的名籍等道门事务则"任依例程"，依然属于宗正寺崇

---

① 《新唐书》卷 48，北京：中华书局 1975 年版，第 4 册，第 1251 页。

② （唐）杜佑撰：《通典》卷 23，北京：中华书局 1988 年版，第 634 页。

③ （唐）李林甫等纂，陈仲夫点校：《唐六典》卷 4，北京：中华书局 1992 年版，第 120 页。

④ （宋）王溥：《唐会要》卷 50，北京：中华书局 1955 年版，第 867 页。

玄署掌管,当本年三月崇玄署罢停之后,道士依旧改为吏部的司封执掌。

唐代崇玄署的令、丞及属员等皆为俗人所担任,不见有道士主持任职,故此崇玄署实际上仅是唐代官府的道士统制机构。唐代的僧道官制度,实际上明显地体现为政府对宗教的管控和统辖,与北朝的昭玄寺设僧人为大统、南朝立道士为道正相比,唐代的僧道官仅限于管理基层寺庙宫观,或呈报僧尼道士的帐籍等事,实际上并无多少实权,度僧尼道士、建寺观审批等重要僧道事务为官方所掌控,并设置不同的机构分掌其事。

唐代国家道教管理机构沿革表

起止时间	主管机构	隶属机构
唐初(618)—贞观中废	寺观监	鸿胪寺
上元二年(675)—寻废	漆园监	鸿胪寺
?—开元二十五年(737年)	崇玄署	鸿胪寺
开元二十五年(737年)—天宝二年(743年)	崇玄署	宗正寺
天宝二年(743年)—元和二年(807年)	司封	吏部
天宝二年(743年)—贞元四年(788年)	崇玄馆大学士	直属
元和二年(807年)—唐末(907年)	左右街功德使	直属

(三)左右街功德使总领道门事

儒家以"功德"代指人生目标与个人修行的功业与德行,《礼记·王制》曰:"有功德于民者,加地进律。"佛教传入以后,在佛经翻译中,"功德"一词为佛教所用,意为佛教具有破生死、得涅槃、度众生的功能,修行佛教是一种无上德业。《大乘义章·十功德义三门分别》云:"功谓功能,能破生死,能得涅襞,能度众生,名之为功。此功是其善行家德,故云功德。"①后世多泛指念佛、诵经、布施、造像、建寺等功役积德之事。在唐代政治稳定、文化繁荣、经济鼎盛的时代环境下,佛道两教也十分盛行。但在强大的政治统治下,僧道也渐渐沦为皇室的御用臣仆,其中定期为皇室斋醮、为民祈福"修功德"等事,为佛道的一项重要政治任务。据玄宗朝的《令天下寺观

① 参见(东晋)慧远撰:《大乘义章》卷14,《大正藏》第44册,第751页。

修功德敕》曰：

> 释道二教，玄通众妙，皆有明征，是所依凭，岂忘尊奉？其天下寺观，并令修功德，用济三圣之教，以答百灵之心，宜副虚怀，各陈致敬。[①]

在这些官方宗教活动中，政府会临时委派俗官主管此类功德中的一切事务，称为“功德使”。在天宝年间，始见有临时派遣性质的功德使，主持京城造像、建寺等事，如“京城寺观修功德使”、“五台山修功德使”等。中宗时，曾以沙门廓清为“修功德使”，天宝间，李含光、程元暹等曾为茅山的“修功德使”，奉敕检修紫阳观等。不过此时的“功德使”还是一事一设，并非常职。

“功德使”制度曾一度废除。德宗贞元四年（788 年），“后复置左右街大功德使、东都功德使、修功德使，总僧尼之籍及功役”[②]。由于唐代的宦官专权，把持朝政，经常以“修功德”为名，到处建造寺观、佛塔、开凿石窟等，搜刮国家和民间财富，成为常设的“钦差大臣”，渐渐控制了佛道等事的管理大权。

在诸多功德使中，以“左右街功德使”的权力最大。宪宗时代曾以有军功的宦官担任“左右街功德使”，以示荣誉，“非谓专其僧道也”。如当时的“左监门卫将军充左神策护军中尉”“吐突承璀累立军功，故有此授”。[③] 元和以后，国家规定僧尼道士均隶属于“左右街功德使”管辖，这一具有荣誉性质的职位成为真正掌握实权的重要官职，自此功德使成为唐代后期佛道管理的总衙门。

宪宗以前，左、右街功德使已经开始与司封、宗正寺等共同掌管道教事务。元和以前宗教统制机构屡有变迁，僧道管理部门繁多，致使诸事相互推诿。左、右街功德使在专管佛道祭祀、造像、监造寺庙等事务中，渐渐掌握了实权，其余分管佛道各署的职权逐渐被集中在两街功德使之手。宪宗元和二年（807 年）“二月辛酉，诏僧尼道士全隶左右街功德使，自是祠部、司封不

① （宋）宋敏求编：《唐大诏令集》卷 113，北京：商务印书馆 1959 年版，第 590 页。
② （宋）司马光：《资治通鉴》卷 237，北京：中华书局 1956 年版，第 7661 页。
③ （宋）赞宁撰：《大宋僧史略》卷 2，《大正藏》第 54 册，第 245 页。

复关奏”。[1] 元和六年(811 年)又以僧尼隶左、右街功德使,至此左、右街功德使成为唐代后期总领佛道事务的重要职位,并一直保持至李唐王朝的终结。

左、右街功德使由帝王亲自委任,不隶属于任何一个政府部门,直接对皇帝一人负责。据《东观奏记》卷上载:“(宣宗)上微行至德观,女道士有盛服浓妆者,赫怒急归宫,立宣左街功德使宋叔康,令尽逐去,别选男道士七人住持,以清其观。”[2]左、右街功德使直接听命于皇帝,作为“钦差大臣”的左、右街功德使权势很大,有的甚至飞扬跋扈,盛气凌人。据《新唐书》卷143 记载,肃宗时的“两街功德使”李琮“恃势桀横,众辱京兆尹崔昭于禁中”。[3] 唐代后期宦官插手朝政,“左右街功德使”的重要职位渐为兼为禁军将领的宦官所独揽[4],从此以禁军宦官担任此职成为常例。

左、右街功德使被赋予总揽僧道事务大权之后,围绕这个职位实际形成了一个庞大的机构,就是左、右街功德使司。宪宗贞元时,在左、右街功德使下曾有千福寺上座沙门灵邃担任“翻经都勾当右街诸寺观释道二教事”的职位,“勾当”有临时办理之意,可能是左、右街功德使之下临时新设的职位,作为左、右街功德使的属官,具体负责佛道的寺观等事。这个职位后来演变为僧官“左右街僧录”,仍由灵邃担任右街僧录。据《佛祖统纪》载:“元和元年,敕沙门端甫录左街僧事,掌内殿法仪,沙门灵邃录右街僧事。”[5]僧官“僧录”始创于姚秦时期,主要负责僧尼帐籍,唐代元和以后在左、右街功德使之下增设左、右街僧录,可能也是协助左、右街功德使掌管僧尼帐籍的僧官。

既然唐代后期佛教僧官已经设置了“僧录”职位,是否同样也设道官“道录”? 正史不见唐代有“道录”的记载。据《事物纪原》称:“唐有左右街

---

① 《旧唐书》卷 14《宪宗本纪上》,北京:中华书局 1975 年版,第 2 册,第 420 页。

② (唐)裴庭裕撰:《东观奏记》卷上,北京:中华书局 1994 年版,第 92 页。

③ 《新唐书》卷 143,北京:中华书局 1975 年版,第 15 册,第 4695 页。

④ 《册府元龟》卷 665:“德宗分羽林卫,置左右神策军,避地山南,悉以委中人,乃立此职,其后两中尉皆分领左右街功德使。”见(宋)王钦若等编:《册府元龟》,北京:中华书局 1960 年版,第 8 册,第 7955 页。

⑤ (宋)释志磐:《佛祖统纪》卷 41,《大正藏》第 49 册,第 380 页。

威仪,周避讳改为道录,宋朝因之。"①北周、宋代的"道录"之官,即是从唐代道官"道门威仪"而来的,而唐代的"道门威仪"与"僧录"此时皆为左、右街功德使的属官。

唐代左右街功德使任职表

时　间	任　职	人　物	所兼禁军军职
肃宗时(756—763年)	两街功德使	李琮	宦官鱼朝恩之牙将
德宗兴元元年(784年)	左街功德使	窦文场	神策军护军中尉
德宗兴元元年(784年)	右街功德使	霍仙鸣	神策军护军中尉
德宗贞元年间(785—804年)	左街功德使	窦文场	神策军护军中尉
德宗贞元年间(785—804年)	右街功德使	王希迁	神策大将军护军中尉
德宗贞元年间(785—804年)	右街功德使	第伍守亮	右监门卫将军右神策军中尉
贞元十七年(801年)	右街功德使	梁守谦	右武卫上将军知内侍省事充右神策军护军中尉
贞元十九年(803年)	右街功德使	孙荣义	右神策军护军中尉
贞元二十年(804年)	左街功德使	杨志廉	左监门大将军充左神策护军中尉
贞元二十年(804年)	右街功德使	杨荣义	右武卫大将军充右神策护军中尉
宪宗元和元年(806年)	左街功德使	吐突承璀	左监门卫将军充左神策护军中尉
宪宗元和初(806—820年)	右街功德使	薛盈珍	右神策军护军中尉
元和二年(807年)	右街功德使	第五国珍	右监门将军知内侍省事充神策军护军中尉
元和四年(809年)	右街功德使	吐突承璀	左监门卫将军充左神策护军中尉
元和五年(810年)	左右街功德使	吐突承璀	左监门卫将军充左神策护军中尉
元和五年(810年)	左街功德使	程文干	右监门卫将军知内侍省事充右神册护军中尉

① (宋)高承:《事物纪原》卷7,北京:中华书局1989年版,第382页。

续表

时　间	任　职	人　物	所兼禁军军职
元和六年(811 年)	左街功德使	彭献忠	左领军卫大将军知内侍省事充左神策军护军中郎将
元和七年(812 年)	右街功德使	彭献忠	左卫神策护军中尉
元和十三年(818 年)	左街功德使	刘规	云麾将军左监门卫将军知内侍省事
元和十三年(818 年)	右街功德使	梁守谦	右监门卫大将军右神策护军中尉
敬宗宝历元年(825 年)	左、右街功德使	刘规	中护军
文宗太和元年(827 年)	右街功德使	梁守谦	右神策军护军中尉右卫上将军知内侍省事
文宗太和九年(835 年)	左街功德使	仇士良	左神策军中尉
文宗开成时(836—840 年)	左街功德使	仇士良	左神策护军中尉
文宗开成三年(838 年)	右街功德使	仇士良	骠骑大将军右神策军护军中尉
武宗会昌六年(846 年)	两街功德使	杨钦义	神策中尉监军
宣宗大中时(847—860 年)	左街功德使	宋叔康	左领军卫大将军知内侍省事充左神策军中尉
懿宗咸通时(860—874 年)	右街功德使	王元宥	右骁卫上将军知内侍省事充右神策军护军中尉
僖宗光启元年(885 年)	左街功德使	田令孜	开府仪同三司右金吾卫上将军
僖宗文德元年(888 年)	左右街功德使	杨复恭	左右神策十军观军容使左金吾卫上将军

二、宫观使制度

唐初即设寺观监、漆园监等为主管道教的官员。玄宗时开始在许多重要宫观设立宫观使，成为唐代道官制度的重要内容。唐代前期主要以崇玄署等统领道教之事，以道官道门威仪检束道士，以三纲统摄宫观事务，其中道官自治在道教管理中具有重要地位。安史之乱后，盛唐气象一去不复返，而王权危机感日益增强，反映在道教管理上，急需要强化王权控制的力量。玄宗时代起，唐代始设“宫观使”这一特殊的职官，就是以俗官身份插手道教管理的新官僚。

据宋钱易所撰《南部新书》载:“唐天宝七载(748 年),以给事中杨钊充九成宫使,宫使之名自此始。”①由皇帝派遣宫廷内官为宫观使,在各级道官、宫观三纲之外加强了官府监督之力,正体现了唐代统治者对道教管理的加强。

玄宗朝始设宫观使,还不具有普遍的意义,只是在一些地位较为特殊的宫观设置这一职位。唐代的道观有皇家道观和民间道观两种,前者为官方道观,拥有较为特殊的社会地位和经济待遇,对此类道观的管理也主要由官府插手的;民间道观地位卑微,规模较小,一般委以宫观“三纲”主持。上述的“九成宫”地处京畿,始建于隋文帝时,名仁寿宫,为皇家别宫,唐太宗扩修为九成宫,作为唐代的皇家宫观,地位较为特殊,因此特以官府委派的宫观使主其事。

但是给事中杨钊充九成宫使,并不是唐代宫观使的滥觞。早在唐初,就已经有宫观使的任命了。据《职官分记》卷 45 载:“唐开元八年(702 年),同州刺史姜师度兼管内长寿宫使,其后或以御史中丞或以殿中监带使,至大历九年(774 年)后,惟以同州刺史充。”②同州亦为唐朝京畿重镇,长春宫、长寿宫也是唐代十分重要的官办道观,唐代地方道教一般以功曹司功统领,玄宗朝更以一州的行政长官刺史来亲任宫观使,一方面反映了朝廷对于道教事务的重视,另一方面实际体现了官方对于道教管控力量的不断强化。

唐代地方政府对宗教管理,尚未设置专管机构,仍沿袭北朝做法,由州功曹司功兼管“道佛”之事,据《旧唐书》卷 44 载:“功曹司功,掌官吏、考课、祭祀、祯祥、道佛、学校、表疏、医药、陈设之事。”③道教、佛教等宗教事务是地方功曹的重要管理范围。随着权政力量对道教管理的逐渐强化,地方功曹官员也随之被任命为兼职的“宫观使”,以敕命“道官”的名义,检校和管理本地的道门事务,将功曹司功的佛道管理职责交给“宫观使”。如开元十七年(711 年),晋州刺史白知慎“敕检校庆唐观使”④。白知慎曾历任户部

① (元)马端临:《文献通考》卷 60 引(宋)钱易所撰《南部新书》,北京:中华书局 1986 年影印本,第 550 页。

② (宋)孙逢吉:《职官分纪》卷 45,《文渊阁四库全书》第 923 册,第 831—832 页。

③ 《旧唐书》卷 44,北京:中华书局 1975 年版,第 4 册,第 1919 页。

④ 《庆唐观纪圣铭》,陈垣编,陈志超校补:《道家金石略》,北京:文物出版社 1988 年版,第 113 页。

侍郎、河南少尹等职，开元十三年(707 年)因“坐支度失所”被贬为晋州刺史。晋州龙角山庆唐观为老君降圣之处，是李唐皇室敕建的皇家宫观，地位十分特殊，已不完全是独立的道观，具有官办宫观的性质，因此官府特设“庆唐观使”以统领之，开元十七年(711)造《庆唐观纪圣铭》时，作为晋州刺史的白知慎正兼任这一职务。

宫观使的设置，是官方插手宫观事务的重要措施，目的是以俗官逐渐取代道官的自治职权。唐代的宫观使以“太微宫使”和“太清宫时”最为重要，两京“太微宫”、“太清宫”供奉玄元皇帝与唐代诸帝，具有皇室家庙的性质，成为唐室祭祀的神圣场所，也是国祚永延的精神支柱，故此所设宫观使的地位也最为显要，一般均为朝廷重臣兼任。唐德宗兴元元年(784 年)，以检校司徒中书门下平章事李勉为太清宫使，以门下侍郎同中书门下平章事卢翰为太微宫使。

晚唐以来，皇室更期望于玄元皇帝的护佑而国祚绵延，对老子的崇拜一如既往，随着唐王朝的日渐衰落，两宫的地位却日益尊崇，所设的“太清宫使”，更以宰相为任。据《春明退朝录》卷上载：“唐制，宰相四人，首相为太清宫使，次三相皆带馆职。”①李林甫、杨国忠皆以宰相、右相等身份担任过“太清宫使”一职。地方节度使也有担任“太清宫使”的例子②，如《历代崇道记》曾记载，懿宗咸通十年(870 年)，汴州节度使李蔚在任为“太清宫使”。

“太微宫”与“太清宫”一样，均是以朝廷重臣担任宫观使，唐末宰相柳粲、裴枢，曾先后兼“太微宫使”。虽然“太微宫使、太清宫使，皆为荣宠之任”③，却让职位至为重要的一国宰相来担任，反映了皇室对于道教的精神依赖程度大大增强了，寄希望于先祖老君能够拯救李唐皇室的没落。

---

① (宋)宋敏求撰，诚刚点校：《春明退朝录》卷上，北京：中华书局 1980 年版，第 12 页。

② 唐朝后期节度使专制一方，拥兵自重，权力日益强盛，地位之重位比宰相，故“太清宫使”这样重要的名誉职位，除了宰相之外，也常授予节度使，以示尊荣。据(宋)徐度撰：《却扫编》卷上载：“唐之方镇得专制一方，甲兵、钱谷、生杀、予夺皆属焉，权任之重自宰相之外它官盖无与比，故其始拜也，降麻告廷与宰相同，而赐节铸印之礼又为特异，诚以其任重故宠之。”(宋)徐度：《劫扫编》，北京：中华书局 1985 年版，第 25 页。

③ (清)嵇璜、曹仁虎等撰：《钦定续通志》卷 130，《文渊阁四库全书》第 394 册，第 158 页。

唐代的宫观使本为加强对道官的监督而设,故所见的"宫观使"多是俗官担任,但亦有道士担任的特例:玄宗朝,著名道士胡紫阳曾被召为"西京太微宫使"。紫阳先生俗姓胡,世人皆尊为"紫阳先生",久失其真名。据《李太白全集》记载,天宝中玄宗诏紫阳先生进京,任命为"西京太微宫使"、"威仪及天下采经使"等职。西京太微宫是一座集道观和皇家宗庙为一体的官方宫观,玄宗朝供奉高祖、太宗、高宗、中宗和睿宗五帝真容,天宝九年(750年),玄宗诏"自今后,每亲告献,太清、太微宫改为朝献,有司行事为荐献"。① 前述太微宫、太清宫的宫观使,皆以朝廷重臣宰相、节度使等担任,而以道士为"太微宫使"也仅此一例。然而胡紫阳担任"太微宫使"这一显要的职位,受到了许多人的排挤,最后终于辞归故里。

三、唐代中央和地方各级道官

(一)道门威仪

唐代道官制度继承了隋代"道门威仪"一职,京城、地方普遍设置"道门威仪"为主要的道官职务,或称"检校道门威仪"、"道门威仪使"、"威仪使"、"威仪"等。从"威仪使"的名称来看,唐代道官的"道门威仪",也具有朝廷差遣使的性质。唐代在京设有左右街道门威仪,管束在京诸道观道士;各郡县、道教名山、重要宫观也设道门威仪一职,以监察本地、本山、本观的道门事务。

京城所设的"道门威仪"为全国性的道官,不仅兼领京城道士,而且负有兼领全国道门之责。玄宗时,始见有"道门威仪"之设,玄宗开元年间,司马秀"检校道门威仪"②,天宝中玄宗"召(紫阳)为威仪及天下采经使"。③ 天宝年间,还有道士萧玄裕"检校道门威仪"④等。

玄宗朝后期,道士王虚真、阎□先后出任"道门威仪";道士申普约是代

① 《旧唐书》卷24,北京:中华书局1975年版,第3册,第927—928页。

② 《开元圣文神武皇帝注道德经敕》,《陈编、陈志超校补:道家金石略》,北京:文物出版社1988年版,第118页。

③ (清)董诰等编:《全唐文》卷350《汉东紫阳先生碑铭》,北京:中华书局1983年版,第3551页。

④ 《玄元灵验颂》,陈编、陈志超校补:《道家金石略》,第133页。

宗时期的道门威仪；道士刘玄静、郄玄表先后为文宗、武宗时的道门威仪；敬宗宝历年间，道士赵长盈担任为道门威仪①；僖宗中和年间，道士杜光庭任职道门威仪②。

唐代后期京城的"道门威仪"分设左、右街，以与所属的左、右街功德使相应。据《事物纪原》"道箓"条载："《续事始》引《仙传拾遗》载曰：隋文帝始以玄都观主王延为威仪，唐置左右街。"③唐代京城长安沿朱雀大街中轴分为东西两街，分别按左右街置官管理。唐元和二年以"左右街功德使"，统一管辖僧道之事，京城的道官"道门威仪"，也应属于左右街功德使的属员，适应政府宗教机构的管理体制，道门威仪也分别设置"左右街"。如文宗太和年间，郄玄表曾任"左街道门威仪"④，尹嗣玄曾任"右街威仪"⑤；僖宗时道士何冲徽为"右街威仪"⑥等。

唐代京城道门威仪任职表

时　代	职　位	人　物	资料说明
玄宗开元间(713—741 年)	道门威仪	司马秀	《开元圣文神武皇帝注道德经敕》,《道家金石略》
玄宗开元间(713—741 年)	道门威仪	萧玄裕	《玄元灵颂》,《道家金石略》
玄宗天宝中(742—756 年)	威仪	胡紫阳	《汉东紫阳先生碑铭》,《李太白全集》
玄宗天宝中(742—756 年)	道门威仪	萧玄裕	《历代崇道记》
玄宗天宝中(742—756 年)	道门威仪	王虚真	《册府元龟》卷 54
玄宗天宝中(742—756 年)	道门威仪	阎□	《唐华封观主任楚玉墓志铭》,录自《隋唐五代墓志汇编》陕西卷第四册
代宗大历中(766—779 年)	道门威仪	申普	《册府元龟》卷 54

① (唐)徐灵府撰:《天台山记》,《大正藏》第 51 册,第 1054 页。

② (宋)赞宁撰:《大宋僧史略》卷中,《大正藏》第 54 册,第 244 页。

③ (宋)高承撰:《事物纪原》卷 7,北京:中华书局 1989 年版,第 382 页。

④ 《唐大明宫玉晨观故上清洞三景弟子东岳青帝真人田法师(元素)玄室铭并序》,参见樊光春:《陕西新发现的道教金石》,《世界宗教研究》1993 年第 2 期。

⑤ 《西川青羊宫碑铭》,陈垣编、陈志超校补:《道家金石略》,北京:文物出版社 1988 年版,第 191 页。

⑥ (唐)杜光庭:《广成集》卷 1,《道藏》第 11 册,第 232 页。

续表

时　代	职　位	人　物	资料说明
宗宝历中(825—827年)	道门威仪	赵长盈	《天台山记》,《唐文拾遗》、《全唐文》卷501
文宗太和中(827—835年)	左街道门威仪	郄玄表	《唐大明宫玉晨观故上清洞三景弟子东岳青帝真人田法师(元素)玄室铭并序》
文宗太和中(827—835年)	右街道门威仪	尹嗣玄	《西川青羊宫碑铭》,《道家金石略》
文宗开成中(836—840年)	道门威仪	郄玄表	《大唐回元观钟楼铭并序》,《全唐文补遗》
文宗大中中(847—860年)	道门威仪	郄玄表	《唐会要》卷50
文宗大中中(847—860年)	道门威仪	刘玄静	《唐会要》卷50
僖宗中和中(881—885年)	道门威仪	杜光庭	《大宋僧史略》卷中
僖宗时(873—888年)	右街威仪	何冲徽	《广成集》卷1

唐代地方州县也设道门威仪。地方道门威仪一般按照政府的行政区划实施分区管理,反映了道官实质上已经纳入官僚体系的范围。唐代地方道门威仪一般的管理范围为一个府、州或县。如开元年间,著名道士张探玄就曾经任"东京道门威仪"①一职。大历年间,紫极宫道士叶修然为括州"都检校道门威仪"②,景龙年间,龙兴观染遗鸣为易州"威仪",泰山真君庙院主卜皓"检校道门"③,为沂州道门威仪。也有执掌几个县的,如天宝中,田名德为"检校奉先等县威仪使",管辖的范围为富平、奉先两县。

地方"道门威仪"一职,还见有"管内威仪"之称。"管内"意为管辖的区域之内,唐代所设"道门威仪"一职,有的所管辖范围比较大,当管辖区域跨越几个郡县地区时,便称为"管内道门威仪"。如谢遵符曾任"淮南管内

① 《张探玄碑》,陈垣编、陈志超校补:《道家金石略》,北京:文物出版社1988年版,第136页。

② 《宣阳观钟铭记》,陈垣编、陈志超校补:《道家金石略》,北京:文物出版社1988年版,第162页。

③ 《岳岱观碑(二七)》,陈垣编、陈志超校补:《道家金石略》,北京:文物出版社1988年版,第168页。

威仪指挥诸宫观"[①],即是管辖淮南数个郡县的"道门威仪"。

唐代道教茅山宗十分兴盛,茅山、王屋山、麻姑山均为茅山宗的道士,道教事业较为兴盛,为了加强对这些地方的道教管理,官府在这些重要的道教名山也设有"道门威仪"。如茅山道士孙智清、郑启遐、邓启霞等人先后担任过"茅山道门威仪"一职。重要道教名山的道门威仪,不拘泥于政府的行政区划,因此这些地区的道门事务较为集中,其道官具有特设的性质。至于五代时期,这些道教名山的"道门威仪"多称为"山门威仪"了。

不过唐代在道教十分兴盛的地区,除了"道门威仪"之外,还见有设"都监斋"[②]为"道门威仪"之副。如中宗时,重光观道士张沓行、龙兴观刘□□曾先后任职为易州"都监斋"[③]。易州是老君降圣之地,唐代皇室敕建宫观,地位非同一般,宫观负责皇家斋醮等事务较为繁杂,故于"道门威仪"之外增设"都监"一职,以辅助"道门威仪"的工作。

除了京城、地方州县、道教名山等设"道门威仪"外,唐代还在某些重要的宫观也有"威仪":如中宗时道士成正因任"易州紫烟观威仪";玄宗开元年间,道士张湛为"□□观威仪";天宝间,道士元丹丘为"西京大昭成观威仪"等。这些宫观中的"威仪"也是唐代最基层的道官职位。

唐代地方各级威仪使名录

年　代	任职名称	人　物	史料出处
中宗时(705—710年)	重光观知威仪事	张沓行	《龙兴观道德经碑额并阴侧题名》,《道家金石略》
中宗时(705—710年)	易州紫烟观威仪	成正因	《龙兴观道德经碑额并阴侧题名》,《道家金石略》

① (唐)崔致远:《桂苑笔耕集》卷14,北京:中华书局1985年版,第136页。

② 与宫观三纲之一"监斋"升为"都监斋"类同的是,佛教僧官制度也有将寺庙三纲之一的"维那"升为"都维那"的先例。南朝刘宋佛教僧官有"都维那"一职,为京城州郡一级的僧官,作为"僧正"之副;唐代的道官"都监斋"也是作为"道门威仪"的副职而设置的,唐代不设"道正",即以"道门威仪"为"道正"之职。

③ 《龙兴观道德经碑额并阴侧题名》,陈垣编、陈志超校补:《道家金石略》,北京:文物出版社1988年版,第98页。

续表

年　代	任职名称	人　物	史料出处
玄宗开元时(713—741 年)	□□观威仪	张湛	《大房山投龙璧记》,《道家金石略》
玄宗开元时(713—741 年)	东京道门威仪使	张探玄	《张探玄碑》,《道家金石略》
玄宗天宝时(742—756 年)	检校奉先等县威仪使	田名德	《永仙观碑》、《田尊师碑》,《道家金石略》
玄宗天宝时(742—756 年)	西京大昭成观威仪	元丹丘	《玉真公主受道灵坛祥记》,《道家金石略》
代宗时(762—779 年)	扩州都检校道门威仪	叶修然	《宣阳观钟铭》,《道家金石略》
文宗时(827—840 年)	茅山山门威仪	孙智清	《茅山志》卷 11
年代不详	茅山道门威仪	郑启遐	《唐故道门威仪元博大师贞素先生王君碑》,《道家金石略》
年代不详	淮南管内威仪	谢遵符	《桂苑笔耕集》卷 14
唐末(? —907 年)	茅山道门威仪	邓启霞	《茅山道门威仪邓先生碑》,《全唐文》卷 888

因道观内职中有“威仪”,道士修行的“三师”也有“威仪师”,故此常常会造成两者为同一官职的误会。作为道官的“威仪”,实质上是一种官府委派的“使官”,故也称“威仪使”,或称“知威仪事”。如中宗时张脊行曾“知(重光观)威仪事”。据《历代官制概略》记载:“凡主管一事而不授以正官之名,则谓之知某事。”[①]由此可知,“知威仪事”为代理“威仪”行使职责而已,实际上并未授予此职,那么可知“重光观都监斋”为其正官职位,而兼管“威仪”之事。既然宫观有代理“威仪”行事,则威仪必有一定的职权。道士修炼所指的“威仪师”,是一种宫观内部对擅长法事仪式等道士的称呼,与“法师”、“律师”合为“三师”,他们在道士受箓、斋醮仪式、祭祀礼仪等承担指导道士言语行为的责任,以使之符合道教法事仪式所要求的规范。

宫观“威仪使”与各级“道门威仪”执掌的范围一样,主要是对宫观道士的日常行止负有监察约束的职责,并向上级道官和官府汇报道门诸事,本身并不负责对道门事务的行政管理,也不负责对道士在宗教仪式上的规范。

① 俞鹿年编:《历代官制概略》,哈尔滨:黑龙江人民出版社 1978 年版,第 418 页。

实际执掌道教宫观管理,仍然是另一基层道官的“三纲”。宫观“威仪”和“三纲”同为基层道官,所负有的职责不尽相同,虽然均对政府部门负责,但由于“三纲”重在主持宫观,更多是站在道士和宫观的立场,而威仪行使检束职责,具有更多官府的色彩。

唐代在基层宫观设立两套独立的道官系统,加强对道教的管理,以不同道官之间的相互制衡,更好地控制道士和宫观。实际上,作为道官的道门威仪等,也同时具有道士和官吏的双重身份:一方面,道官作为政府官吏,代表官方行使政府管理的职责,是站在相对于道士的官方立场;另一方面,道官作为道士,又站在与俗官相对的道教立场,尽力维护道士和宫观的利益等。

全国性的道门威仪一般由皇帝亲自任命,看来道门威仪一职具有举足轻重的地位。如王探玄在“(开元)廿一年(733 年),诏为东都道门威仪使”。任命道门威仪,由皇帝亲下诏书,非同寻常。“(天宝)十四载(755年)四月,道士王虚真卒,赠洞微先生。虚真东明观道士,以箓得见。帝方崇玄言,颇重之。俾为道门威仪、翰林供奉、赐紫帔,监领诸道士。”①“俾”有“使”、“任命”等意,唐代著名道士王虚真为玄宗所重视,被委以道门威仪的重要职位,而且明确道门威仪的主要职责是“兼领诸道士”。

唐代所推选的道官“道门威仪”未见有以俗人担任,可以确定唐代的“道门威仪”一职是为道士专任之官。唐代官府对“道门威仪”的选拔是非常严格的,前述担任道门威仪的道官都是当时的著名道士,堪为道教界的领袖人物。如“道门威仪赵常盈,遍得先生之学,与符洞幽、周元德、晏元寿、董太珣等,或关尹受教,或庚桑为役,有年数矣”。②

“道门威仪”之官并不设立相关的署衙,担任道门威仪的道士,一般都是某个宫观的观主、宗师、法主等,故此皆以所住道观为署。道门威仪一般是一地仅设一员,很少有副职和属员的设置,一方面因为道门威仪没有衙署,也不具体处理道门公务,另一个方面的原因可能就是,道门威仪已经是

① (宋)王钦若:《册府元龟》卷 54《帝王部・尚黄老二》,北京:中华书局 1960 年版,第 605 页。

② (清)董诰等编:《全唐文》卷 501《唐故太清宫三洞法师吴先生碑铭并序》,北京:中华书局 1983 年版,第 5 册,第 5107 页。

较低的职位,元和二年后,道门威仪已经成为左右街功德使的属员了。

“道门威仪”本意是以道门领袖为道门榜样,而道门威仪的委任确实对道士起到过很好的表率作用,也对道教的发展作出了许多贡献。到了唐代后期,作为朝廷钦差的各种“功德使”,渐渐成为京城新的宗教管理职官,在许多方面代替了“道门威仪”的职责,体现了国家对道教事务管理权的集中。故此玄宗时曾罢停京都的“检校道门威仪”。据开元二十五年(737年)的《停京都检校僧道威仪敕》:

> 道释二教,必在护持,须置威仪,令自整肃,徒众既广,统摄尤难,更相是非,却成烦弊,自今已后,京都检校僧道威仪事宜并停,或恐先有猜嫌,因此妄相纪诉,所由亦不须为理。①

虽然京城“道门威仪”因为“更相是非,却成烦弊”的借口而遭到罢停,但各地郡县、道教名山和宫观等依然以各级“道门威仪”检束道士。不过京城罢停“道门威仪”不久以后,这一职位在天宝年间又得到了恢复,此后历代皇帝都任命道门威仪之官,道门威仪也成为唐代道官体系中至为重要的职位。

(二)道门大德

中国古代以“大德”尊称德行高尚的人,如《礼记·中庸》云:“故大德必得其位。”《孟子·离娄上》曰:“天下有道,小德役大德,小贤役大贤。”佛教传也以“大德”(梵语为“婆檀陀”Bhadanta)尊称年长德高的僧人。《翻译名义集·释氏众名》谓:“婆檀陀,《大论》:秦言大德。《毘佘耶律》云:佛言今日后,小下苾蒭,于长宿处,应唤大德。”②后世遂以“大德”泛指称德行高尚、擅长经义的僧人,在对著名的高道的称号中,也常见有冠以“大德”之名的。

唐代时“大德”一度成为僧官职位。唐初高祖时代不置僧署,曾以十位“大德”纲统僧务,大德的人数有一定的限额,凡有缺即补,成为定例,实际上已经具有了僧官的性质。③ 唐玄宗时始有道官“道门威仪”之设,故此前

① (宋)宋敏求:《唐大诏令集》卷113,北京:商务印书馆1959年版,第590页。

② (宋)法云编:《翻译名义集》卷1,《大正藏》第54册,第74页。

③ 参见谢重光:《中古僧官制度与社会生活》,北京:商务印书馆2009年版,第102页。

的京城寺观道士等，可能也同佛教一样，是由一些道门大德"实纲统之"。

道教中获得"大德"称号的都是为帝王宠幸的著名道士，在道门中享有一定的权威。唐代的道门"大德"，也经常被授予一定的名位，或者赋予大德"纲统"道门事务的权力，故此唐代的道门"大德"也具有"道官"的性质。

唐代对"大德"的候选人有着严格的要求。据《旧唐书·职官志》"鸿胪寺卿条"称："凡天下寺观三纲，及京都大德，皆取其道德高妙、为众所推者补充，申尚书祠部。"[①]佛教和道教在京城俱有"大德"的任命，推举大德的任务是鸿胪寺卿所负责的，候选人必须是"道德高妙、为众所推者"，推举的大德最后报由尚书省祠部来审核，由此"大德"从一种僧人道士的尊号演变成为唐代的僧道官。

除了按照上述程式推举之外，"大德"职位也有以皇帝钦赐的形式产生的，如唐高宗时，昭成观尊师张若讷，"文明元年(684年)，属上皇上升，卒哭之日，沦言度人，尊师入道，常有规矩，举为大德"。[②] 此后被赐予"大德"的道士渐多，以京城景龙观的大德最多。据《道家金石略》的统计，中宗景龙年间，景龙观即有"大德"曹正一[③]；开元初，"东京道门威仪"张探玄诏补"西京景龙观大德"，开元间，景龙观还有"大德"杨琬。[④]

开元年间，景龙观法师田仙寮，"择仙侣之疏明，奉祖庙之禋洁，以先生为大德，实纲统之"[⑤]；僖宗"恩赐阳平山主吕延紫衣，仍补内殿焚修大德"[⑥]。此外唐代又有"讲论大德"、"陪位大德"、"赐紫大德"、"供奉大德"等称号，如道门威仪郗玄表曾为"三教讲论大德"[⑦]，文宗开成年间，道士王

---

① 《旧唐书》卷44《职官志三》，北京：中华书局1975年版，第6册，第1885页。

② 《唐故昭成观大德张尊师墓志铭》，载周绍良主编：《唐代墓志汇编》下，上海：上海古籍出版社1992年版，第1493页。

③ 《岳岱观碑(十一)》，陈垣编、陈志超校补：《道家金石略》，北京：文物出版社1988年版，第99页。

④ 《岳岱观碑(十六)》，陈垣编、陈志超校补：《道家金石略》，北京：文物出版社1988年版，第114页。

⑤ 《题失》，周绍良主编：《唐代墓志汇编》下，上海：上海古籍出版社1992年版，第1522页。

⑥ (唐)杜光庭撰：《广成集》卷2，《道藏》第11册，第242页。

⑦ 周绍良、赵超编：《唐代墓志汇编续集》，上海：上海古籍出版社2001年版，第892页。

云居"入道内供奉,讲论大德"①,僖宗中和四年(884年),"赐紫大德曹用言诏准斋醮"②等。

从"诏补"、"补"、"举"、"纲统"等词来看,"大德"之号并非仅为"尊宿"之称,而是遵从选授制度、掌握一定实权的道门官员了。如果说早期的许多僧道"大德",还能够严格地按照"道德高妙"的要求来产生,到了唐宪宗时,"大德"称号已不能反映僧道的实际名望,大德的产生也不受名额的限制,而且不再是由鸿胪寺推举、祠部申报等的程序来严格考核,僧尼道士如果能够得到帝王的特别垂青,就可能轻易地获得"大德"的赐号。

据《因话录》载:"元和以来,京城诸僧及道士,尤多大德之号。偶因势得进,则得补署,遂以为头衔,各因所业谈论。取本教所业,以符大德之目。"③由于受到世俗政治文化的影响,僧尼道士追求权势利益的风气日渐浓厚,许多僧人道士以"大德"为一种官衔名号,"各因所业谈论",穿梭于宫廷衙门王宫贵族之间,成为游走于政治权力之间的"政治僧道"。元和以来的大德,则不过是"偶因势得进"的投机僧道,从"道德高妙者"转而成为官僚政治的俘虏。

唐代道门大德的职责主要是讲论教义或者三教论衡,这是皇帝经常在宫中举办的学术活动,也带有礼仪和娱乐的性质。京城还聚集了许多道士开展的道教研究工作,道门大德实际上是其中的重要核心成员。唐玄宗诏编修道藏《一切道经》,任命道门大德为主修人员。据唐玄宗御制《一切道经音义序》中记载:"爰命诸观大德及两宫学士,讨论义理,寻绎冲微。"④唐史崇所撰《一切道经音义妙门由起序》,其中记载了当时参与编修道藏的诸多大德之名:"大德京太清观大德张万福、大德刘静俨、大德田君楷、大德阮孝波、京玄都观主尹敬崇、大德京东明观主寇义待、大德京太清观法师孙文儁、大德时居贞、大德单大易、大德高贞一、大德张范、大德田克勤,大德范仙

① 《唐故文林郎守江州彭泽县尉王府君夫人清河郡张氏合祔墓记》,周绍良主编:《唐代墓志汇编》下,上海:上海古籍出版社2001年版,第2272页。

② (宋)张君房《云笈七籤》卷122《仙都山阴君洞验》,《道藏》第22册,第848页。

③ (唐)赵璘撰:《因话录》,上海:上海古籍出版社1957年版,第94页。

④ (唐)李隆基撰:《一切道经音义序》,《道藏》第24册,第720页。

厦、大德宗圣观主侯元爽、大德东都大福唐观法师侯抱虚、上座张至虚、刘元良、大德绛州玉京观主席抱舟等,集见在道经,稽其本末,撰其《音义》。"① 由此可知,唐朝的道门大德在寻访道经、编修道藏等道教文化弘扬事业中作出了杰出的贡献。

（三）道门教授

唐代的道官制度中,还见有"道门教授"一职,也是一种具有实权的"大德",可以认为是一种掌管道士教育事务的道官职务。北魏道武帝曾设"仙人博士"一职,实质上是一种学官称号。到了唐代,由于道学的地位再次被升高,国家重视道教教育,仿效儒学教育新设"道门教授"一职。

"教授"一词为古代学官名,汉代武帝独尊儒学,在京城太学中设"教授"一职,由"五经博士"出任,主要为"博士弟子"教授儒家五经等课程。唐代以老子为先祖,以道教为国教,非常重视道士的教育,曾开道举为科举考试的一科,并设"崇玄学",置崇玄馆博士、助教、学士等。据《玉海》卷124"唐宗正寺"载:

> 开元二十五年(737年),置崇玄学于玄元皇帝庙。天宝元年,两京置博士、助教各一员,学生百人,每祠享,以学生代斋郎。二载,改崇玄学曰崇玄馆,博士曰学士,助教曰直学士,置大学士一人,以宰相为之,领两京玄元宫及道院,改天下崇玄学为通道学,博士曰道德博士,未几而罢。宝应、永泰间,学生存者亡几。大历三年,复增至百人。②

唐代规定以《道德经》为上经,崇玄学主要是推行《道德经》教育、培养道教人才,而崇玄馆专门研究《道德经》的著名道学者就被授予"道德博士"称号,以区别于唐代的各学科博士。唐代所设的"两街道门都教授"、"左右街道门教授"等职位,从"博士"、"先生"等词来看,可能是一种掌管道士教育等事的道官职务,唐代仅有道士赵归真担任过这一职务。

公元810年后,唐代吐蕃占领期的敦煌地区,出现一种称为"都教授"的僧官。据谢重光的考证,"都教授"是当时沙州地方教团的最高僧官,即

---

① (唐)史崇撰:《一切道经音义妙门由起序》,《道藏》第24册,第722页。

② (宋)王应麟撰:《玉海》卷124《唐宗正寺》,南京:江苏古籍出版社、上海书店1987年版,第2311页。

归唐后的僧官“都僧统”[①]。比较唐代道官的“两街道门都道门教授”与僧官的“都教授”,似乎具有某种程度的巧合性,但两种职务并非属于同一执政政权系统之内,也让人们对“道门都教授”的官职性质深感迷惑。两者或有某种借鉴,还有待于进一步的考证。

敬宗宝历二年(826年),以“太清宫道士赵归真充两街道门都教授博士”[②],文宗时曾被流配岭南。武宗会昌四年(844年)三月,又诏“以道士赵归真为左右街道门教授先生”[③]。及会昌六年(846年),赵归真因献丹毒死武宗,遂被杖杀,或云流窜岭表,此后这一职务未见有再任的记载。

(四)宫观内部管理体制

魏晋南北朝道馆制度建立之时,道教宫观已经普遍设立坛主、观主、馆主等为宫观主首,管理道门宗教事务与经济事务等。唐代的道观较之于六朝时期,不仅出家人数更为众多,而且道观经济更为发达,形成了庄园地主性质的庞大世俗产业,道观巨大的产业管理需要,催生了道观内部管理制度的变革。

唐代道教不仅在教义思想上有了新的突破,发展了重玄学、内丹学等道教哲学思想,而且唐代道士在出家人数和宫观规模上远远超过前代。经过贞观之治,唐代国力鼎盛,又实施扶持佛道的政策,建造寺观、度僧道等事已经能够顺利推行。据玄宗时所编的《唐六典》的记载:“凡天下观,总一千六百八十七所,一千一百三十七所道士,五百五十所女道士。”[④]据《新唐书》“崇玄署”的统计,“天下观一千六百八十七,道士七百七十六,女官九百八十八”。[⑤] 这个数据大概来自《唐六典》的统计。两者所记述的道观总数相同,只在道士道观与女冠道观的数量上稍有出入。若按高宗、玄宗时“每观各度七人”的平均标准来计算,全国道士女冠的数量,应有一万一千人之多。不过上述史料所统计的道观数量,仅为官方的数字,也就是具有官方颁

① 参见谢重光:《中古佛教僧官制度和社会生活》,北京:商务印书馆2009年版,第132页。

② 《旧唐书》卷17《敬宗纪》,北京:中华书局1975年版,第2册,第521页。

③ 《旧唐书》卷18《武宗纪》,北京:中华书局1975年版,第2册,第600页。

④ (唐)李林甫等纂、陈仲夫点校:《唐六典》卷4,北京:中华书局1992年版,第125页。

⑤ 《新唐书》卷48,北京:中华书局1975年版,第4册,第1252页。

发“观额”的道观，而王公贵族、公卿士人所建的众多道观，并不在其数。

到唐代后期，虽然受到安史之乱对社会的影响，道观的数量还是有一定程度的增长，据唐末杜光庭的统计，“国初已来，所造宫观，约一千九百余所，度道士计一万五千余人。其亲王贵主及公卿士庶，或舍宅舍庄为观，并不在其数”。① 这个数量，除去玄宗以后的新建和安史之乱的破坏，与《唐六典》和《新唐书》的记载较为吻合。

唐代的道观大者称“宫”，小者为“观”，前者多为皇帝敕建，所享受政府的经济扶持也更多。唐代的道观，已经不是南北朝时期小巧的精舍和简陋的设施，而是极力追求富丽豪华的建筑效果，其多仿照宫殿建筑，大动土木，耗财无数，不仅建有众多供奉神灵的殿堂、道士居舍，还有各种供宫观经济活动的坊舍等。据《要修科仪戒律钞·置观品》载：

> 皆须帝王营护，宰臣修创，度道士、女冠住持供养，最进善之先首，不可思议者也。造天尊殿、天尊讲经堂、说法院、经楼、钟阁、师房、步廊、轩廊、门楼、门屋、玄坛、斋堂、斋厨、写经坊、校经堂、演经堂、熏经堂、浴堂、烧香院、升遐院、受道院、精思院、净人坊、骡马坊、车牛坊、俗客坊、十方客坊、碾硙坊、寻真台、炼气台、祈真台、吸景台、散华台、望仙台、承露台、九清台、游仙阁、凝灵阁、乘云阁、飞鸾阁、延灵阁、迎风阁、九仙楼、延真楼、舞凤楼、逍遥楼、静念楼、迎风楼、九真楼、焚香楼、合药堂等，皆在时修建，大小宽窄，壮丽质朴，各任力所营。药国果园，名木奇草，清池芳花，种种营葺，以用供养，称为福地，亦日净居，永劫住持，勿使废替，得福无量，功德第一。②

除了各种殿堂、经堂、法堂、师房、台阁乃至斋堂、浴室并道士住房以外，唐代宫观中并有净人坊、骡马坊、车牛坊、碾硙坊等这样完全体现世俗经济的场所，是净人③、部曲、奴婢、仆役的生产劳动场所，他们均受到宫观庄园

① (唐)杜光庭：《历代崇道记》，《道藏》第11册，第7页。

② 《要修科仪戒律钞》卷13，《道藏》第6册，第745页。

③ 据丁福保《佛学大辞典》释“净人”曰：“奉侍比丘僧之俗人也。其人解比丘之净语，故称曰净人。比丘之指命，总顺戒律之作法，故谓之净语。资持记中三之一曰：‘知属前人，净在此人，由解斯义，故号净人。’”见丁福保编：《佛学大辞典》(下册)，上海：上海书店2015年版，第1976页。

地主不同程度的奴役和剥削。

南北朝时道观经济已经初具规模,在政治经济文化全面繁荣的唐代社会,道观经济也有了进一步的发展,宫观的庄园经济模式得到进一步完善。唐代规定,道士女冠均拥有政府的授田,据《唐六典》卷三:“凡道士给田三十亩,女冠二十亩。”①唐代施行的“均田制”,规定女性没有土地,女冠却能享有田产。出家道士所拥有的授田,虽然较之于民人为少(男子授永业田20亩,口分田80亩),但是由于道士、女冠被免除了政府的一切徭役赋税等,这些针对出家僧尼道士的经济优待政策,在一定意义上刺激了道士数量的增长。

唐代道观,不仅道士女冠个人拥有一定的田产,而且宫观本身就拥有大量的山林土地等,并且道观产业中还有不少附属的观户,许多来自朝廷的慷慨赠予。南北朝道馆已有附属的馆户、民户等,与佛教的寺户、浮图户、僧祇户为同一类型的寺观经济模式,是中古时代士族经济的产物,而寺观僧人、道士就成为士族集团的重要成员。

随着士族社会的解体,寺观附户也渐渐失去了其社会基础,唐代虽然多次限制寺观经济的发展,释放寺观的奴隶部曲等,但其绝对产业仍然十分庞大,寺观附户的现象仍然大量存在。道观经济的生产方式及其与观户的人身依附关系,实际上形成了地主庄园性质的宫观经济模式,道观中的庄园经济设施一应俱全,并且拥有大量的附属观户、宫户和奴婢、部曲、净人等为宫观劳作,道观俨然已是自给自足的大地主。试举数例,以观唐代宫观的丰厚产业:

高宗宏道二年(684年),“诏叶法善天师封岳关地方四十里充观。长生之地,禁樵采,断畋猎,投龙献圭,以为常典”。②

天宝七年(748年),玄宗“诏以紫阳观侧近二百户,太平崇元两观各一百户,并蠲其官徭,以供香火”。③

① (唐)李林甫等纂,陈仲夫点校:《唐六典》卷3,北京:中华书局1992年版,第74页。

② 《南岳总胜集》卷中,《大正藏》第51册,第1068页。

③ (唐)颜真卿:《颜鲁公集》卷9《茅山玄靖先生广陵李君碑铭》,上海:上海古籍出版社1992年版,第65页。

代宗大历十二年(777 年)"修兴唐观,赐钱十万,使壮其旧制。其观北拒禁城,因是开复道为行幸之所。是日,又命以内库绢千匹、茶千斤,为兴唐观复道夫役之赐,又以庄宅钱五十万,杂谷千石,充修斋醮之费"。①

懿宗咸通六年(865 年),"故灵武卢播镇黔南日。奏请以旧书堂为观。六年奏舍庄园、屋宇永充观内常住"。②

僖宗曾"宣赐汉州通记县天锡观唐友则庄一所,永充常住者"。③

这种来自政府经常性的经济赏赐,和王公贵族及公卿士庶的慷慨施舍,都推动了唐代道观经济的快速发展,加之唐代道观地主庄园大量兼并田地,流民逃亡道观以逃避赋税等,作为道观庄园的附户、部曲、净人等,成为道观的主要劳动力。道观经济实力的大小,决定了道观本身的兴衰发展,故此道观庄田的世俗性经营活动,也就成为唐代道观内部管理的一项重要内容。

唐初在道观内部管理制度上,延续六朝以馆(观)主、上座等为基层道官的传统,并适应道观组织扩大的需要,增设监斋,与观主、上座,合为宫观"三纲"。据《唐律疏义》卷六的规定:"观有上座、观主、监斋,寺有上座、寺主、维那,是为三纲。"④"三纲"源自佛教寺庙的管理制度,南北朝时,汉地佛教寺庙即以寺主、上座、维那为寺院三纲,并由官府任命三纲为管理寺院的基层僧官。⑤

唐代宫观三纲以"观主"为首,有时也称"法主"、"院主"、"洞主"等。《通志》卷七十三载,玄宗时任命的观主有:崇福观主魏尊师、灵台观主张钦忠、华阳洞主王轨、太平观主王远知等。贞观年间,孟静素任京师"至德观法主"⑥;开元年间,张探玄曾任东都"圣真、玄元两观主"⑦;贞元年间,卜皓

① (宋)王溥撰:《唐会要》卷 50,北京:中华书局 1955 年版,第 878 页。

② 《南岳总胜集》卷中,《大正藏》第 51 册,第 2097 页。

③ (唐)杜光庭:《谢宣赐天锡观庄表》,(清)董诰等编:《全唐文》卷 930,北京:中华书局 1983 年版,第 10 册,第 9688 页。

④ (唐)长孙无忌:《唐律疏义》卷 6,北京:中华书局 1983 年版,第 144 页。

⑤ 谢重光:《中古佛教僧官制度和社会生活》,北京:商务印书馆 2009 年版,第 26 页。

⑥ 《至德观法主孟静素碑》,陈垣编、陈志超增补:《道家金石略》,北京:文物出版社 1988 年版,第 55 页。

⑦ 《张探玄碑》,陈垣编、陈志超增补:《道家金石略》,北京:文物出版社 1988 年版,第 136 页。

为泰山"真君庙院主"[1]等。观主有时称为"知某观事",如乾元年间三原县道士毛致静"知大化观事"[2]。

"上座"为梵语"sthavira"的转译,又称长老、上腊、尚座、首座、上首,本为佛教寺庙中对年高望重者的尊称,随着基层僧官制度的建立,作为荣誉称号的"上座"也逐渐演变为执掌寺庙职务的"三纲"之一,南朝时"上座"已成为基层僧官的职位,南朝道馆也有上座之设。唐代宫观仿效寺职设置,于宫观设"上座"为"三纲"之一,地位仅次于观主。

"监斋"原为为宫观"六职"之一[3],与高功、都讲合称"三法师",主掌宫观斋醮等事。据南朝陆修静所编《洞玄灵宝斋说光烛戒罚灯祝愿仪》称:"监斋,其职也,司察众过,弹纠愆失,秉执科宪,随事举白,必使允当,不得隐溢。"[4]唐五代的《金箓大斋补职说戒仪》详列监斋的职责有二:一是监督科仪的进行,"总握宪章,典领科禁,纠正坛职,振肃朝纲";二是纠正行仪人的错误,"周密察非,从容授简,有严有翼,毋滥毋堕,绳纠愆违。外能合礼,以全济济之仪;内不欺心,免抱忡忡之恨"。[5]《要修科仪戒律钞》引《升玄经》亦列举"监斋"秉执宪章的十项要求,其中除监督仪礼的进行外,还有监督供主和前来听经者等。

唐代道教兴盛,斋醮活动频繁,由于监斋负有戒律威仪的特殊职责,监斋的地位渐渐变得极为重要。唐代在宫观管理方式上,尤其强调以"内律"加强对道士女冠的管理。随着基层道官扩充的需要,便升此种重要的斋仪执事"监斋"[6]为宫观"三纲"之一,以"监斋"监督道士女冠的行为规范,其地位仅次于观主、上座。宫观的"监斋"与佛寺"三纲"之一"维那"较为接近,均为主要寺观中执掌戒律的职位所升迁而来,可见在宫观内部管理制度

---

① 《岳岱观碑(二七)》,陈垣编、陈志超增补:《道家金石略》,北京:文物出版社 1988 年版,第 168 页。

② 《通微道诀碑》,陈垣编、陈志超增补:《道家金石略》,北京:文物出版社 1988 年版,第 147 页。

③ 宫观六职:高功、都讲、监斋、侍经、侍香、侍灯。

④ (刘宋)陆修静:《洞玄灵宝斋说光烛戒罚灯祝愿仪》,《道藏》第 9 册,第 825 页。

⑤ 《金箓大斋补职说戒仪》,《道藏》第 9 册,第 75—76 页。

⑥ 除宫观设"监斋",唐代道官中又有"都监斋"一职,或称"都监",为"道门威仪"之副。

中,唐代的宗教管理政策较为强调僧道的自正自治。

唐代规定道观管理以“三纲”共同领导宫观事务。《唐六典》制曰:“每观观主一人,上座一人,监斋一人,共纲统众事。”①《称谓录》也有:“每观观主一人,上座一人,监斋一人,共摄众事。”②宫观的“三纲”制度是以国家法律形式固定下来,观主、上座和监斋等皆是由政府任命的宫观管理者,既是宫观中修行出众的宗教领袖,也是政府任命最基层的道官,按此“以教治教”的管理原则,此一宫观“三纲”制度,便成为唐代基层道官制度的定制之一。

唐以前的道观仅由观主统领宫观事务,随着宫观规模的扩大,观主一人已经难以管理诸多事务。适应道观管理的需要,宫观执事的“监斋”和尊宿之位的“上座”便从道职升为道官。从“纲统众事”、“共摄众事”这些词语中,我们能够看出唐代的宫观事务,已经不再是由观主一人独断,而是由“三纲”共同管理,上座、监斋等道官的权力上升到与观主相当的地位。唐代基层道官制度中,以“三纲”共摄道门事务,是为了防止观主一人独断,平衡和制约宫观内部的管理权,更有利于政府对宫观事务的辖制。

宫观“三纲”通常精选众人所推举的“道德高妙”者为之,并经由官府的任命。据《旧唐书·职官志》称:“凡天下寺观三纲,及京都大德,皆取其道德高妙、为众所推者补充,申尚书祠部。”③《唐六典》“鸿胪寺”条下也有相同的记载。宫观的“三纲”首先要由道众来推举“道德高妙者”充任,然后申报到尚书省祠部。唐代的祠部一度执掌僧尼道士的帐籍事务,故此宫观“三纲”的任命,也须申报并在祠部登记。虽然三纲是由道众所共举,但最后必须得到官府的认可,反映了唐代“三纲”所具有的官方色彩,而受政府领导和任命的“三纲”也应是最基层的道官。

唐代自玄宗后,许多官署部门都设检校官,宫观的“三纲”也不例外,并有“检校观主”、“检校上座”的职位。如至德年间,绵州陈□□、雍行敷曾先

---

① (唐)李林甫等纂、陈仲夫点校:《唐六典》卷4,北京:中华书局1992年版,第125页。

② (清)梁章钜:《称谓录》卷31,哈尔滨:黑龙江人民出版社1990年版,第611页。

③ 《旧唐书》卷44《职官志三》,北京:中华书局1975年版,第6册,第1885页。

后“检校西山观主”①，景龙年间，张叠行在任易州龙兴观“检校观主”②，开元间，易州道士解升仙在任“检校上座”③。唐代“检校”之官多为虚职，在宫观三纲设虚职，看来仅是作为名义上的宫观主首，实际的宫观管理者恐怕另有其人，或者为各种名目繁多的“宫观官”④、“宫观使”所代替，反映了唐代道官权力的逐步削弱和王权施政力量的不断加强。

唐代由于特定的政治社会因素而尊崇道教，但更注重国家对道教的管理，以资作为利用的工具。唐代的道官制度在吸取前代经验的基础上，建立了全方位、多层次的道官制度。一方面在中央道教宏观管理上，加强政府对道教的管理，先后设立寺观监、崇玄署、左右街功德使等主管道教，其余部门如祠部、司封、崇玄馆大学士、宫观使等皆担负一部分道教管理的职责。另一方面，在京城和全国各地设立由道士担任的“道门威仪”，另有道门大德、道门教授等各种道官职务。

由于道观庄园经济的发展，唐代基层道观的管理着意于世俗经济产业，宫观设立“三纲”主持宫观大小事务，“三纲”的任职皆有政府的认可，实际上成为唐代宫观的基层道官。

唐代道官制度经历了从唐初的延续隋制，到盛唐道官制度的完善，及至晚唐以俗官功德使统领道门事务，随着中央集权统治的加强和道教经济的衰落，国家对道教的管理权渐从道官转移到俗官之手，从而牢牢掌握着对宗教组织的控制。如果说早期的道官还能够维护道团的利益，为道教的发展作出了不少贡献，随着实际权力的丧失，道官渐渐沦为皇室的御用官僚，成为皇权之下的卑微臣属。

唐代道官制度的影响深远，唐代的道官职位“道门威仪”为五代所沿

① 《西山观造像题记》，陈垣编，陈志超增补：《道家金石略》，北京：文物出版社 1988 年版，第 50 页。

② 《龙兴观道德经碑额并阴侧题名》，陈垣编，陈志超增补：《道家金石略》，北京：文物出版社 1988 年版，第 98 页。

③ 《玄宗御注道德经》，陈垣编，陈志超增补：《道家金石略》，北京：文物出版社 1988 年版，第 117 页。

④ 如隋唐的“五岳令”等宫观之官，《隋书 · 百官志》载：隋文帝时“五岳各置令”，“以供其洒扫。”《唐六典》卷 30 亦载：“五岳四渎令各一人，正九品上。”

用,并在此基础上有了新的发展,有“山门威仪”、“山门都监”等道官职位,至于后周,道门威仪改称“道录”,并设“道正”为其副职。进入宋以来的近古社会,随着社会政治经济的重大变革,在宗教领域也引发了新的制度变革,道教的宫观经济和政教关系都呈现出新的时代特点,而作为政教关系重要内容之一的道官制度进入了一个新的发展时期。

从上面一至七节的叙述来看,隋到盛唐乃是道教发展史上的兴盛期。在这个时期,道教在社会上的地位日益提高,终至被李唐皇室奉为皇族宗教。它在经历了南北朝的分化之后,走上了融汇南北不同特色的坦途,由此在教理教义和宗教仪式等方面都得到升华,涌现了一大批道教学者,其中不乏杰出的思想家,为中国思想史和哲学史抹上了别具一格的色彩,并在科技方面取得了举世瞩目的成就,而且在总结以往道书整理的基础上,编纂了中国历史上第一部《道藏》——《开元道藏》。因此,无论从哪方面来审视,隋至盛唐都称得上是道教取得辉煌成就的历史时期。

第六章

安史之乱以后至五代十国时期的道教

从安史之乱以后至五代十国，即由唐肃宗李亨即位（756年）至后周恭帝柴宗训禅位（960年）的两百年时间里，是李唐王朝由极盛而逐渐衰亡，中国封建社会又一次由统一而进入短暂分裂的历史时期。在这一时期中，中央王权统治日趋衰弱，地方藩镇势力割据，战争频仍，吏治腐败，民生疾苦，僖宗时爆发了以黄巢为代表的农民大起义，使得唐王朝"国命所能制者，河西、山南、剑南、岭南西道数十州，大约郡将自擅，常赋殆绝，藩侯废置，不自朝廷，王业于是荡然"[①]。加速了李唐王朝的灭亡，促成了五代十国的政治局面。道教在这一时期也相对地处于颓势。但由于其宣扬长生成仙和神灵福祐的特殊吸引力，加上盛唐崇道流风的影响，以至在社会动乱之中，仍继续行于朝野，并在道教理论、斋醮科仪以及修炼方术等方面有所发展。因此，从总体上来看，这段时间道教处于曲折前进的状态。

第一节　中、晚唐时期的道教

唐初确定的崇奉道教的政策，是有唐一代的一项基本国策，到唐玄宗采取各项措施，把这一政策推上顶峰。经安史之乱及其以后的纷纷战火，"正教凌迟，两京秘藏多遇焚烧"[②]，各地道教设施遭到程度不同的破坏，统治者的崇道活动，也因动乱而有所减弱，但崇尚道教，尊奉其"大圣祖"玄元皇帝的既定政策，仍作为维持李唐王朝的精神支柱而继续受到重视，统治者进行

① 《旧唐书》卷19《僖宗本纪》，北京：中华书局1975年版，第3册，第720页。
② （唐）杜光庭：《太上黄箓斋仪》卷52，《道藏》第9册，第346页。

一系列崇道活动，从而大大地促进了道教在中唐以后的恢复和发展。

唐玄宗以后至唐代最后一个皇帝哀帝之间的14个皇帝中，笃信道教的神仙方药、信奉祈禳之术者为数不少。道士也大多投统治者所好，以维护自身的利益并促进道教活动的开展。现依历史顺序将统治者主要的崇道行为及道教与社会上层的关系，作一简要叙述。

一、统治者的崇道活动

在安史之乱中即位的唐肃宗李亨，继有乃父唐玄宗崇道遗风，尤其重视斋醮祈禳活动。至德二年（757年）“三月庚午，通化郡言玄元皇帝降”①，“十二月，诏天柱山老君庙改为启圣宫”②。同年，赐茅山十三代宗师玄静先生李含光敕书称，平定安史之乱，圣驾还京，“仰荷玄元之祐，再成宗社之业，亦师精修愿力，有以助之。必须加意坛场，洁精香火，广上皇之福寿，俾六合之康宁”③。《册府元龟》卷54说：“乾元元年（758年）二月，旱，于曲江池投龙祈雨。又令道士何智通，于尚书省都堂醮土神，用特牲，设五十余座，右仆射裴冕及尚书侍郎官并就位如朝仪。”《历代崇道记》载：“乾元二年（759年），帝夜梦二青童导从，至一宫阙，谒见混元……又见混元须发皆黑。及明，宣下两街，访诸瑞像，于务本坊光天观圣祖院，果获黑髭老君之像，图写以进，帝大悦，一如梦中所睹。乃出帝真容，令侍立于混元之后，仍颁示于天下，普令供奉。”④说老君须发由白变黑，乃象征唐室中兴，将肃宗画像立于老君像之后，以示其为中兴之主。这事弄得隆重而热闹：“四月丁未，内出皇帝写真图，自光顺门送太清宫，诸观道士、都人皆以棚车幡花鼓乐迎送。”⑤《册府元龟》卷54说：乾元“二年十一月，殿中监成国公李辅国奏：‘大明宫三殿前设河图罗天大醮，其夜及晨有龙见于御座褥，宛转鳞甲脚迹

① 《新唐书》卷5《玄宗本纪》，北京：中华书局1975年版，第1册，第153页。

② （宋）王钦若：《册府元龟》卷54《帝王部·尚黄老》，北京：中华书局1960年版，第1册，第605页。

③ （元）刘大彬：《茅山志》卷2，《道藏》第5册，第558页。

④ 《道藏》第11册，第4页。

⑤ （宋）王钦若：《册府元龟》卷54《帝王部·尚黄老》，北京：中华书局1960年版，第1册，第605页。

遍于褥’。上以其褥示朝臣。上元二年(761 年)七月癸巳,于景龙观设高座,讲论道释二教。丁酉,遣公卿百寮悉就观设醮讲论,自宰臣以下赐钱有差”。[①]《新唐书》卷 6《肃宗本纪》载:“己酉,朝献于太清宫。”

唐肃宗重视斋醮祈禳活动,也重用专门从事这些活动的人。如《旧唐书》卷 130《王玙传》所说的,“专以祀事希幸”的王玙,在玄宗朝“博求祠祭仪注以干时”,当了太常博士、侍御史充祭祀使,“每行祠祷,或焚纸钱,祷祈福佑,近于巫觋”。对于这样一个类似巫师的人,继唐玄宗“过承恩遇”之后,肃宗更是恩宠有加,“累迁太常卿,以祠祷每多赐赍。乾元三年(760 年)七月,兼蒲州刺史,充蒲、同、绛等州节度使。中书令崔园罢相,乃以玙为中书侍郎、同中书门下平章事”,跃居宰相,位极人臣。而他在相位上干什么呢?“玙又奏置太一神坛于南郊之东,请上躬行祀事”。“肃宗尝不豫,太卜云‘祟在山川’。玙乃遣女巫分行天下,祈祭名山大川”。这些被派遣到各地为肃宗祈祭山川的女巫神气得很,沿途索取贿赂,甚至淫乱不堪,遭到地方官吏的惩办。同书记载说:“巫皆盛服乘传而行,上令中使监之,因缘为奸,所至干托长吏,以邀赂遗。一巫盛年而美,以恶少年数十自随,尤为蠹弊,与其徒宿于黄州传舍。刺史左震晨至,驿门扃鐍不可启,震破锁而入,曳女巫阶下斩之,所从恶少年皆毙。阅其赃赂数十万,震籍以上闻,仍请赃钱代贫民租税,其中使发遣归京,肃宗不能诘。”为什么王玙派去的女巫被斩杀,皇上差遣的中使被送回,对这种“犯上”行为,肃宗不加责难呢?因为女巫淫乱、中使勒索的罪行事实俱在,使得肃宗只好不了了之。但王玙是为肃宗祈福禳灾而派女巫到各地的,女巫被地方官斩杀,使王玙感到难堪,于是肃宗又借南郊之机为他加官晋爵,以示宠信和安抚。“肃宗南邪礼毕,以玙使持节都督越州诸军事、越州刺史,充浙江东道节度观察处置使,本官兼御史大夫、祭祀使如故。入为太子少保,转少师”。王玙青云直上,完全是投合了肃宗所好,“肃宗亲谒九宫神,殷勤于祠祷,皆玙所启也”[②]。还有一个黎干,也以左道受到肃宗重用。《旧唐书》卷 130《李泌传》说:“初,肃宗重

---

① (宋)王钦若:《册府元龟》卷 54《帝王部 · 尚黄老》,北京:中华书局 1960 年版,第 1 册,第 605 页。

② 《旧唐书》卷 130《王玙传》,北京:中华书局 1975 年版,第 11 册,第 3618 页。

阴阳祠祝之说，用妖人王玙为宰相，或命巫媪乘驿行郡县以为厌胜，凡有所兴造功役，动牵禁忌。而黎干用左道位至尹京。尝内集众工，编刺珠绣为御衣，既成而焚之，以为禳禬，且无虚月。”①肃宗对天地神灵的信仰至死也很虔诚。《旧唐书》卷37《五行志》有云：“上元三年(762年)，楚州刺史崔侁献定国宝十三：一曰玄黄天符，形如笏，长八寸，有孔，辟人间兵疫；二曰玉鸡毛，白玉也，以孝理天下则见；三曰谷璧，白玉也，粟粒，无雕镌之迹，王者得之，五谷丰熟；四曰西王母白环二，所在处外国归伏……凡十三宝，置之日中，白气连天。”②这十三件宝贝是从哪里来的呢？说是天帝给的。同书继续写道：“初，楚州有尼曰真如，忽有人接之上天，天帝谓之曰：‘下方有灾，令第二宝镇之。’即以十三宝付真如。时肃宗方不豫，以为瑞，乃改元宝应，仍传位皇太子，此近白祥也。”这种所谓天帝降宝的神话，显然是迎合统治者企求祥瑞心理的产物。

唐代宗李豫即位后，也崇尚道教，大搞祭祀活动。“广德二年(764年)八月，道士李国祯以道术见，因奏皇室仙系，宜修崇灵迹，请于昭应县南三十里山顶，置天华上宫露台、大地婆父、三皇、道君、太古三皇、中古伏羲、娲皇等祠堂，并置扫洒宫户一百户。又于县之东义扶谷故湫置龙堂，并许之”③。大历二年(767年)，资州刺史叱干公奉为国家造三教道场，颂扬释、道、儒三教圣人。大历六年(771年)好事者述文镌碑以纪其事。④ 大历七年(772年)敕修功德中使内侍魏成信，使内供奉道士申升玄等“于岱岳观修金箓斋醮，及于瑶池投告”，事毕，题记于碑。⑤ 大历八年(773年)六月，敕修功德中使，正议大夫、守内侍省内侍员外同正员、上柱国魏成信，翰林供奉道士王端静等，“于东岳观金箓行道七日七夜”⑥。代宗也关心道教建设，采取了一些措施。《册府元龟》卷54说：“大历三年(768年)七月，增置崇玄生员满

① 《旧唐书》，北京：中华书局1975年版，第11册，第3623页。

② 《旧唐书》，北京：中华书局1975年版，第4册，第1374页。

③ 《旧唐书》卷130《王玙传》附《道士李国祯传》，北京：中华书局1975年版，第11册，第3618页。

④ 陈垣编、陈志超增补：《道家金石略》，北京：文物出版社1988年版，第155页。

⑤ 陈垣编、陈志超增补：《道家金石略》，北京：文物出版社1988年版，第156页。

⑥ 陈垣编、陈志超增补：《道家金石略》，北京：文物出版社1988年版，第159页。

百员。七年二月，光天观道士简较殿中监冲虚先生申甫上言，请下制，诫天下道士增修道法。许之。四月，申甫又上言，玄真观、开元观、望天观并载先帝圣谥，请至讳日各于其观行香，从之。八年正月乙未，敕天下寺院僧尼、道士不满七人者，宜度满七人，三十人以上者更度一七人，[①]二七以下者更度三人。"《册府元龟》卷 54 又说："广德二年四月壬申，以玄宗讳日，度僧道凡数百人；乙酉，以肃宗讳日，度僧道凡数百人。大历四年（769 年）正月，帝以章敬皇后忌辰，度僧尼道士凡四百人。"《新唐书》卷 150《常衮传》说：大历十年（775 年）礼部侍郎常衮建言，谓诸祠寺，写经造像，焚币埋玉，赏赍比丘道士巫祝之流，岁巨万计。《旧唐书》卷 11《代宗本纪》载：大历十二年（777 年）十二月己亥，天下仙洞灵迹禁樵捕。《册府元龟》卷 54 云：大历"十三年（778 年）乙巳，新作乾元观，置道士四十九人，以追远祈福，上资肃宗也。其地在皇城南长兴里，本泾原节度使马璘之宅。璘初创建是宅，重价募天下巧工营缮，屋宇宏丽，冠绝当时。璘将卒，抗表献之。帝方轸怀罔极，钦崇道福，以其当皇城形胜之地，墙宇新洁，遂命为观，加乾元名焉，先皇尊号也。仍遣道门威仪申甫司其事"。申甫还积极搜集海内道经至京师缮写。代宗这些加强道教建设的措施，无疑对道教的恢复和发展有重要的促进作用。

唐德宗李适作太子时，"尤恶巫祝怪诞之士"，"即位之后，罢集僧于内道场，除巫祝之祀"。[②] 俨然是一位反对巫祝迷信的皇帝。可是，事隔不久，又以"时日禁忌为意，而雅闻（李）泌长于鬼道，故自外还，以至大用，时论不以为惬"[③]。史称李泌其人"放旷敏辩，好大言"，"颇有谠直之风，而谈神仙鬼道，或云尝与赤松子、王乔、安期、羡门游处，故为代所轻"[④]，却得到德宗的赏识，"终以言论纵横，上悟圣主，以跻相位"[⑤]。德宗也修建道观，贞元三年（787 年）"作玄英观于大明宫北垣"。[⑥] 德宗还称赞释道二教，下诏保护寺观，贞元五年（789 年）三月诏曰："释道二教，福利群生，馆宇经行，必资严

① 《册府元龟》卷 52《续文献通考》，此句为"三七人以上者更度一人"。
② 《旧唐书》卷 130《李泌传》，北京：中华书局 1975 年版，第 11 册，第 3623 页。
③ 《旧唐书》卷 130《李泌传》，北京：中华书局 1975 年版，第 11 册，第 3623 页。
④ 《旧唐书》卷 130《李泌传》，北京：中华书局 1975 年版，第 11 册，第 3623 页。
⑤ 《旧唐书》卷 130《李泌传》，北京：中华书局 1975 年版，第 11 册，第 3623 页。
⑥ 《旧唐书》卷 12《德宗本纪》，北京：中华书局 1975 年版，第 2 册，第 358 页。

洁,自今州府寺观,不得俗客居住,屋宇破坏,各随事修葺。”[①]德宗又重开三教讨论会。《旧唐书》卷12《德宗本纪》载:贞元十二年(796年)四月“庚辰,上(德宗)诞辰日,命沙门、道士加文儒官讨论三教,上大悦”。

唐宪宗李纯崇奉道教,大修兴唐观,又想长生不死。“元和二年(807年)正月己酉朔,亲荐献于太清宫。八年(813年)七月,命中尉彭忠献帅徒三百人修兴唐观,赐钱十万,使壮其旧制。其观北距禁城,因是开复道为行幸之所。又以内库绢千匹,茶千斤,为兴唐观城复道夫役之赐。又以庄宅钱五十万、杂谷千石充修道教之费。九年(814年),内出道教神仙图像经法九舆以赐兴唐观。”[②]对于神仙之事,开初唐宪宗也不大相信,据《旧唐书》卷14《宪宗本纪》上载,元和五年(810年)“八月乙巳朔,乙亥,上顾谓宰臣曰:‘神仙之事可信乎?’李藩对曰:‘神仙之说,出于道家,所宗《老子》五千文为本。《老子指归》指归与经不异。后代好怪之流,假托老子神仙之说,故秦始皇遣方士载男女入海求仙,汉武帝嫁女与方士求不死药。二主受惑,卒无所得。文皇帝(即唐太宗)服胡僧长生药,遂致暴疾不救。古诗云:“服食求神仙,多为药所误。”诚哉是言也。君人者,但务求理,四海乐推,社稷延永,自然长年也。’上深然之”。这说明李藩否定服食成仙的意见,宪宗是赞同的。但后来宪宗的态度发生变化,竟爱好起神仙不死之术来。促成这一变化的原因,据《太平广记》透露的消息,是由于近臣和方士的蛊惑。该书卷47《唐宪宗皇帝》条说:“唐宪宗好神仙不死之术。元和五年,内给事张惟则,自新罗国回,云:于海中泊山岛间,忽闻鸡犬鸣吠,似有烟火,遂乘月闲步,约及一二里,则见花木楼台亭阁,金户银关,其中有数公子,戴章甫冠,衣紫霞衣,吟啸自若。惟则知其异,遂请谒。公子曰:汝何所从来?惟则具言其故,公子曰:唐皇帝乃吾友也。当汝旋去,愿为传语,俄而命一青衣,捧出金龟印,以授惟则,乃置之于宝匣。复谓惟则曰:致意皇帝。惟则遂持之还舟中。回顾旧路,悉无踪迹。金龟印长五寸,上负黄金玉印,面方一寸八分。

① (清)董浩:《全唐文》卷52《修葺寺观诏》,北京:中华书局1983年版,第1册,第564页。

② (宋)王钦若:《册府元龟》卷54;又见(宋)王溥《唐会要》卷50,北京:中华书局1955年版,第867页。

其篆曰:风芝龙木,受命无疆。惟则至京师,即具以事上进。宪宗曰:朕前生岂非仙人乎!及览金龟电,叹异良久,但不能谕其文耳。因缄以紫泥玉镤,置于帐内,其后往往见五色光,可长丈余。是月,寝殿前连理树上生灵芝二株,宛如龙凤,宪宗因叹曰:风芝龙木,宁非此兆乎?时又有处士伊祁玄解,缜发童颜,气息香洁,常乘一黄牝马,才三尺高,不唉刍粟,但饮醇酎,不施韁辔,惟以青毡籍其背,常游历青兖间,若与人款曲,话千百年事,皆如目击。帝知其异人。遂令密诏入宫内,馆于九华之室……帝每日亲自访问,颇加敬仰,而玄解鲁朴,未尝闲人臣礼。帝因问之曰:先生春秋高而颜色不老,何也?玄解曰:臣家于海上,种灵芝食之,故得然也。即于衣间出三等药实,为帝种于殿前。一曰双麟芝,二曰六合葵,三曰万根藤……灵草既成,人乃莫见,而玄解请帝自采饵之,颇觉神异,由是益加礼重焉。"这两则传说,除去其中夸张成分,可知宪宗对神仙服饵术发生兴趣,是受了近臣和方士的影响。以后,竟不顾谏官的劝阻,重用方士为其采仙药,元和十三年(818 年)十一月"丁亥,以山人柳泌为台州刺史,为上于天台山采仙药故也。制下,谏官论之,不纳"①。

柳泌是怎样被委任为台州刺史的?原来他是适应宪宗"锐于服食"的需要,经左金吾将军李道古和宰相皇甫镈的引荐而被信用的。《旧唐书》卷131《李皋传附李道古传》说:"道古在鄂州日,以贪暴闻,惧终得罪,乃荐山人柳泌以媚于上,后又为左金吾卫将军。宪宗季年颇信方士,锐于服食,诏天下搜访奇士。宰相皇甫镈方谀媚固宠,道古言柳泌有道术,镈得而进之,待诏翰林。"同书卷 135《皇甫镈传》说:"柳泌本名杨仁力,少习医术,言多诞妄。李道古奸回巧宦,与泌密谋求进,言之于皇甫镈,因征入禁中。自云能致灵药,言天台山多灵草,群仙所会,臣尝知之,而力不能致,愿为天台长吏,因以求之。起徒步为台州刺史,仍赐金紫。谏官论奏曰:'列圣亦有好方士者,亦与官号,未尝令赋政临民。'宪宗曰:'烦一郡之力而致神仙长年,臣子于君父何爱焉。'由是莫敢有言者。"所以柳泌由徒步起为台州刺史,一是他自云能致灵药,志愿到天台山采灵草;二是与李道古、皇甫镈密谋串通,

① 《旧唐书》卷 15《宪宗本纪》,北京:中华书局 1975 年版,第 2 册,第 465 页。

得入禁中；三是宪宗想服仙药，不惜一郡之力而致神仙长年。因而压制谏官的非议，使柳泌得到台州刺史。柳泌“采仙药”的情况又怎样呢？同书又说：“泌到天台，驱役吏民于山谷间，声言采药，鞭笞躁急，岁余一无所得，惧诈发获罪，举家入山谷。浙东观察使追捕，送入京师，镈与李道古恳保证之，必能可致灵药，乃待诏翰林院。”把柳泌保护下来。及宪宗服泌药，日增躁渴，流闻于外时，起居舍人裴潾又上疏切谏，他说，“伏见自去年已来，诸处频荐药术之士，有韦山甫、柳泌等，或更相称引，迄今狂谬，荐送渐多。臣伏以真仙有道之士，皆匿其名姓，无求于代，潜遁山林，灭影云壑，唯恐人见，唯惧人闻。岂肯干谒公卿，自鬻其术？今者所有夸炫药术者，必非知道之士，咸为求利而来，自言飞炼为神，以诱权贵贿赂，大言怪论，惊听惑时，及其假伪败露，曾不耻于逃遁，如此情状，岂可保信其术，亲饵其药哉？”①深刻揭露了柳泌之流“夸炫药术”、“成为求利”的真实面目，提出其术不可信、其药不可饵的忠告。接着他又以金石烧炼的丹药难免含有毒性，宜审慎服食为理由，引用《礼》中“君之药，臣先尝之；亲之药，子先尝之”为根据，表明“臣愿所有金石，炼药人及所荐之人皆先服一年，以考其真伪，则自然明验矣”。可是，服药致病的唐宪宗，竟不能听取这些逆耳忠言而回心转意，相反，却以进忠言者为“忤旨，贬为江陵令”②，给以无理打击。唐宪宗迷信神仙丹药，终因“服饵过当，暴成狂躁之疾，以至弃代”③。《旧唐书》卷16《穆宗本纪》记述此事说：“宪宗末年，锐于服饵，皇甫镈与李道古荐术人柳泌、僧大通待诏翰林。泌于台州为上炼神丹，上服之，日加躁渴，遽弃万国。”

唐穆宗李恒在乃父宪宗中毒死后即位，立即惩办有关人员，下诏说：“山人柳泌，轻怀左道，上惑先朝，固求牧人，贵欲疑众，自知虚诞，仍更遁逃。僧大通医方不精，药术皆妄，既延祸衅，俱是奸邪。邦国固有常刑，人神所宜共弃，付京兆府决杖处死。”④“金吾将军李道古贬循州司马。”⑤皇甫镈

① 《旧唐书》卷171《裴潾传》，北京：中华书局1975年版，第14册，第4448页。

② 《旧唐书》卷171《裴潾传》，北京：中华书局1975年版，第14册，第4448页。

③ 《旧唐书》卷131《李皋传》附《李道古传》，北京：中华书局1975年版，第11册，第3642页。

④ 《旧唐书》卷16《穆宗本纪》，北京：中华书局1975年版，第2册，第476页。

⑤ 《旧唐书》卷16《穆宗本纪》，北京：中华书局1975年版，第2册，第476页。

"恣求方士,上惑先朝,潜通奸人,罪在难舍,合加窜殛,以正刑章,俾黜遐荒,尚存宽典"①。处死的处死,贬官的贬官,流逐的流逐,倒是体现了区别对待的政策。也表明了穆宗"是故明知金石之不可服矣"。② 但他把宪宗服食丹药致死的事件,只归咎于柳泌、僧大通等术人"上惑先朝",而没有认识到"锐意服食"者宪宗本人"诏天下搜访奇士",不听谏官规劝,甚至打击迫害进忠言者,庇护柳泌等错误行为所应吸取的教训,因而不久,又重蹈"先朝"覆辙。《旧唐书》卷171《裴潾传》说:"穆宗虽诛柳泌,既而自惑,左右近习,稍稍复进方士。"他"听僧惟贤、道士赵归真之说,亦饵金石"。③ 有处士张皋上疏切谏,说之以寿考之理,导之以宪宗之鉴。张皋霭说:"神虑澹则血气和,嗜欲胜则疾疹作。和则必臻于寿考,作则必致于伤残。是以古之圣贤,务自颐养,不以外物挠耳目,不徇声色败性情,由是和平自臻,福庆斯集。"又指出:"先朝暮年,颇好方士,征集非一,尝试亦多,果致危疾,闻于中外,足为殷鉴,皆陛下素所详知,必不可更踵前车,自贻后悔。"④据《旧唐书·穆宗本纪》载,这是长庆四年(824年)的事:"上饵金石之药,处士张皋上疏切谏,上悦,召之,求皋不获。"很快死去。穆宗起初也知道服食丹药的危害,最后却又以亲服金石之药而丧命,说明帝王贪求长生的欲望,竟弄到是非颠倒的荒谬地步。

16岁即位,只当了两年皇帝就去世的唐敬宗李湛,也是一个崇道迷仙的君王。宝历元年(825年)"己酉,朝献于太清宫"⑤。《唐会要》卷50记有这次朝献的一则有趣的神话:"宝历元年,上有事于南郊,将谒太清宫。长安宫主簿郑翦时主役于御院,忽于县之西隅,见一白衣老人云:'此下有井,正道真皇帝过路,汝速识之,不然,罪在不测。'翦惶惧领役人修之,其处已陷数尺,命发之,则古井存焉。惊顾之际,已失老人所在,始悟神告。默不敢

① 《旧唐书》卷135《皇甫镈传》,北京:中华书局1975年版,第11册,第3742页。

② (清)赵翼著,王树民校正:《廿二史札记校证》卷19《唐诸帝多饵丹药》,北京:中华书局1984年版,第398—399页。

③ (清)赵翼著,王树民校正:《廿二史札记校证》卷19《唐诸帝多饵丹药》,北京:中华书局1984年版,第398—399页。

④ 《旧唐书》卷171《裴潾传》,北京:中华书局1975年版,第14册,第4450页。

⑤ 《新唐书》卷8《敬宗皇帝》,北京:中华书局1975年版,第1册,第228页。

告,辗转传布功德使护军中尉刘弘规以事上闻。上既至宫朝贺毕,赴南郊于宫门驻马,宰目及供奉官,于马前蹈舞称贺。逐命翰林学士兵部侍郎韦处厚撰记,令起居郎柳公权书石于井之上。以表神异焉。其名曰《圣瑞感应记》,乃赐翦绯鱼袋。"《册府元龟》卷54记:"七月,命左仆射平章事李逢吉摄太尉,充孟秋荐献大圣祖于太清宫。""八月癸丑,幸蓬莱殿,会沙门、道士共四百人,赐食兼给茶绢有差。"《旧唐书·敬宗本纪》说:同年八月,"遣中使往湖南、江南等道及天台山采药。时有道士刘从政者,说以长生久视之道,请于天下求访异人,冀获灵药。仍以从政为光禄少卿,号升玄先生"。次年三月,"命兴唐观道士孙准入翰林待诏"。五月癸未,"山人杜景先于光顺门进状,称有道术,令中使押杜景先往淮南及江南、湖南、岭南诸州求访异人"。《册府元龟》卷54记此事云:"癸未,命内官张士清,押领光顺门进状山人杜景先,赴淮南、浙西、江东、湖南、岭南等道。访求药术之士。仍送景先衣一袭,绢三十匹。"同时"赐兴唐观钱二万贯,充道士刘从政修院","赐浙江送到绝粒女道士施子微紫衣一袭,绢六百匹,银器二百事,命中使却送归本州。帝前后累访贞隐,唯子微粗有修养之术,故其去也获厚赐焉"。《旧唐书·敬宗本纪》又说,同年八月,"令供奉道士二十人,随浙西处士周息元入内宫之山亭院,上问以道术,言识张果、叶静能"。

敬宗的这些访异人、求仙药的活动,曾经受到大臣的非议和劝阻,据《旧唐书》卷174《李德裕传》说:"敬宗为两街道士赵归真说以神仙之术,宜访求异人以师其道;僧惟贞、齐贤、正简说以祈祷修福,以致长年。四人皆出入禁中,日进邪说。山人杜景先进状,请于江南求访异人。至浙西言有隐士周息元寿四百岁,帝即令高品薛季棱往润州迎之,仍诏李德裕给公乘遣之。"德裕因中使还,上疏切谏。他首先说明广成子、老子所谓长生之道的本来含义:"臣闻道之高者莫若广成、玄元,人之圣者莫若轩黄、孔子。昔轩黄问广成子理身之要,何以长久?对曰:'无视无听,抱神以静,形将自正,神心自清,无劳子形,无摇无精,乃可长生。慎守其一,以处其和。故我修身千二百岁矣,吾形未尝衰。'又云:'得吾道者,上为皇而下为王。'玄元语孔子曰:'去子之骄气与多欲、态色与淫志,是皆无益于子之身。吾所告子者是已。'故轩黄发谓天之叹,孔子兴犹龙之感,前圣于道,不其致乎?"其次,他要敬宗遵奉广成、老子之训,不可轻信迂怪苟合之徒。他说:"伏惟文武大圣广孝皇帝陛下,用玄祖之训,修轩黄之术,凝神闲馆,物色异人,将以觌冰色雪之姿,屈顺风之请,恭惟圣感,必降真仙,若使广成、玄元混迹而至,语陛下之道,授陛下之言,以臣度思,无出于此。臣所虑赴召者,必迂怪之士,苟合之徒,使物淖水,以为小术,炫耀邪僻,蔽欺聪明,如文成、五利,一无可验。臣所以三年之内,四奉诏书,未敢以一人塞诏,实有所惧。"最后李德裕提出,方士所合黄金,只可当玩物,未可作药服,长生之道,在于保和之术。他说:"臣又闻前代帝王,虽好方士,未有服其药者。故《汉书》称黄金可成,以为饮食器则益寿。又高宗朝刘道合,玄宗朝孙甑生,皆成黄金,二祖竟不敢服,岂不以宗庙社稷之重,不可轻易!此事炳然载于国史。以臣微见,倘陛下睿虑精求,必致真隐,惟问保和之术,不求饵药之功,纵使必成黄金,止可充于玩好,则九庙灵鉴,必当慰悦;寰海兆庶,谁不欢心?"在这里,李德裕所谓"前代帝王,虽好方士,未有服其药者"的说法,是不完全符合事实的。实际上前代帝王中服其药者,如唐太宗、宪宗、穆宗俱是。李德裕隐蔽这些实情,有不愿揭先朝之短的苦衷,比起裴潾谏穆宗以"先朝"(宪宗)为鉴的勇气来似稍逊色,但他是着重讲明,君王应以宗庙社稷为重,"惟问保和之术,不求饵药之功"。这显然是吸取了前代帝王饵药中毒的教训,建议敬宗不去追求饵药,而以黄老养生作为长寿之道,李德裕的这个意见,表明了唐代道术的重点从外丹(炼药服食)向内养转移的历史趋势。然而,敬宗的崇道行为,仍有增无已。宝历二年(826年)九月,"命两街供奉道士赵尝盈等四十人,于三清殿修罗天大醮道场"①。十一月甲子,"以太清宫道士赵归真充两街道门都教授博士"②。敬宗喜欢深夜自捕狐狸,宫中谓之"打夜狐",同年12月,敬宗夜猎还宫,被中官刘克明等谋杀。

唐文宗李昂即位,将僧惟贞、齐贤、正简,道士赵归真、纪处云、杨冲虚,伎术人李元戢、王信等,并配流岭南。下诏称"妖妄僧惟贞,道士赵归真等,

① (宋)王钦若:《册府元龟》卷54,北京:中华书局1960年版,第1册,第607页。

② 《旧唐书》卷17《敬宗本纪》,北京:中华书局1975年版,第2册,第521页。

或假于卜筮,或托以医方,疑众挟邪,已从流窜"[①]。对影响敬宗的僧、道有所处置。后重用奸臣郑注,引起"合金丹"的讹言,《旧唐书》卷37《五行志》说:"大和九年(835年),京师讹言郑注为主上合金丹,须小儿心肝,密旨捕小儿。或相告云,某处失几儿,人家扃锁小儿甚密。上恐,遣中使喻之,乃止。"说明讹言并非真实。但文宗确有崇道行为。据《册府元龟》54记载:大和七年(833年)"八月戊子诏曰:圣人立极,教本奉先;王者配天,义唯尊祖。我太祖玄元皇帝肇开宝运,垂祚有唐,致六合于大同,济群生于寿域,保兹鸿业,实赖贻谋。如闻亳州太清宫频经水潦,颇以摧毁,永惟诞圣之地,敢忘崇本之诚,宜令宣武军节度使李程,兼充亳州太清宫使,仍委渐加修葺,以时致敬,称朕意焉"。同书又说:开成二年(837年)"正月,召麻姑山女道士庞德祖自录台门留止玉晨观"。文宗朝这些为数不多的崇道活动,也体现了唐代崇奉道教政策的连续性。

二、唐武宗"废佛"与道教关系

唐武宗李炎的崇道活动则较突出,主要表现在以下四个方面。

第一,增加崇奉其"大圣祖"的措施。《旧唐书》卷18《武宗本纪》载:武宗于开成五年(840年)正月即位,二月,即"敕二月十五日玄元皇帝降生日宜为降圣节,休假一日"[②],从此正式规定了纪念老君诞辰的节日,在全国推行。又,会昌五年(845年)春正月,"东都太微宫,修成玄元皇帝、玄宗、肃宗三圣容,遣右骑常侍裴章往东都荐献"。

第二,恢复用大祠之礼祀九宫贵神。九宫贵神是唐玄宗时设置起来的,天宝三年(744年),有术士苏嘉庆上言:"请于京东朝日坛东,置九宫贵神坛,其坛三成,成三尺四阶。其上依位置九坛,坛尺五寸。东南曰招摇,正东曰轩辕,东北曰太阴,正南曰天一,中央曰天符,正北曰太一,西南

① 《旧唐书》卷17《敬宗本纪》,北京:中华书局1975年版,第2册,第523页。

② 《册府元龟》卷54谓:"敕三月十五日玄元黄帝降生日宜为降圣节,修假三日",与此说有异。《历代崇道记》则云:"武宗会昌元年,敕以二月十五日大圣祖降诞之日为降圣节,仍令两京及天下诸州府设斋,行道作乐,赐大酺三日,军期急速,亦不在此限,永为常式。"

曰摄提,正西曰咸池,西北曰青龙。五为中,戴九履一,左三右七,二四为上,六八为下,符于遁甲。四孟月祭,尊为九宫贵神。礼次昊天上帝,而在太清宫、太庙上,用牲牢璧币,类于天地神祇。"①这个九宫贵神的方位顺序如图示:

南

招摇 4	天一 9	摄提 2
轩辕 3	天符 5	咸池 7
太阴 8	太一 1	青龙 6

北

术士苏嘉庆所说的九宫神,来源于《黄帝九宫经》。唐人王起、卢就曾经指出:"九宫所称之神,即太一、摄提、轩辕、招摇、天符、青龙、咸池、太阴、天一者也。谨按《黄帝九宫经》及萧吉《五行大义》:一宫,其神太一,其星天蓬,其卦坎,其行水,其方白。二宫,其神摄提,其星天芮,其卦坤,其行土,其方黑。三宫,其神轩辕,其星天冲,其卦震,其行木,其方碧。四宫,其神招摇,其星天辅,其卦巽,其行木,其方绿。五宫,其神天符,其星天禽,其卦离,其行土,其方黄。六宫,其神青龙,其星天心,其卦乾,其行金,其方白。七宫,其神咸池,其星天柱,其卦兑,其行金,其方赤。八宫,其神太阴,其星天任,其卦艮,其行土,其方白。九宫,其神天一,其星天英,其卦离,其行火,其方紫。"②王起、卢就所说的九宫之神及其与八卦、五行等的搭配比附情况,可作如下表示:

① 《旧唐书》卷24《礼仪志》,北京:中华书局1975年版,第3册,第930页。

② 《旧唐书》卷24《礼仪志》,北京:中华书局1975年版,第3册,第932页。

宫　序	神	星	卦	行	方
1	太一	天蓬	坎	水	白
2	摄提	天芮	坤	土	黑
3	轩辕	天冲	震	木	碧
4	招摇	天辅	巽	木	绿
5	天符	天禽	离	土	黄
6	青龙	天心	乾	金	白
7	咸池	天柱	兑	金	赤
8	太阴	天任	艮	土	白
9	天一	天英	离	火	紫

用此表与术士苏嘉庆所说的九宫神相比，九宫的顺序和各宫的神名都相同，说明苏氏所说九宫神，实源于《黄帝九宫经》。

玄宗时，礼祀九宫贵神的规格很高，仅次于昊天上帝，而在太清宫、太庙之上。皇帝称臣亲祀。在继起的肃宗时期也是如此。到文宗时有所改变。大和二年(828 年)八月，监察御史舒元兴奏："七月十八日祀九宫贵神，臣次合监察，职当检察礼物。伏见祝版九片，臣伏读既竟，窃见陛下亲署御名及称臣于九宫之神。臣伏以天子之尊，除祭天地、宗庙之外，无合称臣者……纵阴阳者流言其合祀，则陛下当合称皇帝遣某官致祭于九宫之神，不宜称臣与名。"诏都省议，皆如元兴之议。乃降为中祠，祝版称皇帝，不署。① 把祠祀九宫贵神降格，皇帝不再为之称臣署名，而只派官员致祭。这种祭礼改革，旨在维护天子威仪，却有违玄宗旧制。到武宗朝，又恢复祀九宫贵神的大祠之礼。《旧唐书·礼仪志》载：会昌元年(841 年)十二月，中书门下奏："准天宝三载十月六日敕，九宫贵神，实司水旱，功佐上帝，德庇下人。冀嘉谷岁登，灾害不作，每至四时初节，令中书门下往摄祭者。准礼，九宫次昊天上帝坛，在太清宫、太庙上，用牲牢璧币，类于天地。天宝三载十二月，玄宗亲祀，乾元二年(759 年)正月，肃宗亲祀。伏自累年以来，水旱愆候，恐是有司祷请，诚敬稍亏。今属孟春，合修祀典。望至明年正月祭日，差宰臣一人祷请。向

① 《旧唐书》卷 24《礼仪志》，北京：中华书局 1975 年版，第 3 册，第 929—930 页。

后四时祭,以请差仆射、少师、少保、尚书、太常卿等官,所冀稍重其事,以申严敬……今欲祭时,伏望令有司崇饰旧坛,务于严洁。”敕旨依奏。从中书门下奏中所引天宝敕文看出,玄宗时把九宫神视为佐上帝司水旱的水神,认为其对农业丰歉、人民祸福和国家治乱的关系极大,所以尊为“贵神”,而给以崇高的礼遇。也正因为如此,当碰上“累年以来,水旱愆候”的情况时,中书门下就怀疑是对九宫神的祷请“诚敬有亏”,提出派大员祭祷“以申严敬”、“崇祀旧坛,务于严洁”的建议,而得到武宗的认可。至于祭祀九宫神的规格等级,是照文宗朝的中祠,还是依玄宗朝的大祠?检校左仆射太常卿王起、广文博士卢就等提出:“伏请自今已后,却用大祠之礼,誓官备物,无有降差,唯御史祝文,以社稷为本,伏缘已称臣于天地,无二尊故也。”就是用大祠之礼祀九宫贵神,而在御史祝文中,天子不再称臣。这个折中方案,受到武宗支持,“敕旨依之,付有司”①。恢复用大祠之礼祀九宫贵神,是其崇道活动的一部分。

第三,武宗崇道活动,又表现为重用道士,亲受法箓。《旧唐书 · 武宗本纪》说:“帝在藩时,颇好道术修摄之事。”开成五年(840 年)即位之后,便“召道士赵归真等八十一人入禁中,于三殿修金箓道场。帝幸三殿于九天坛亲受法箓。右拾遗王哲上疏,言王业之初,不宜崇信过当”,但“疏奏不省”。会昌元年(841 年)六月,又“以衡山道士刘玄靖为银青光禄大夫,充崇玄馆学士,赐号广成先生。令与道士赵归真于禁中修法箓。左补阙刘彦谟上疏切谏,贬彦谟为河南府户曹”。会昌四年(844 年)八月,“以道士赵归真为左右街道门教授先生。时帝志学神仙,师归真”。从亲受法箓,到以道士为师,对提出不同意见的臣下,或不予理会,或予以贬官,可见武宗崇道之坚决。《旧唐书 · 武宗本纪》又说:会昌“五年(845 年)春正月己酉朔,敕造望仙台于南郊。时道士赵归真特承恩礼,谏官上疏,论之延英。帝谓宰臣曰:‘谏官论赵归真,此意要卿等知。朕宫中无事,屏去声技,但要此人道话耳。’李德裕对曰:‘臣不敢言前代得失,只缘归真于敬宗朝出入宫掖,以此人情不愿陛下复亲近之。’帝曰:‘我尔时不识此道人,不知名归真,只呼赵炼师。在敬宗时亦无甚过。我与之言,涤烦尔。至于军国政事,唯卿等与

① 《旧唐书》,北京:中华书局 1975 年版,第 3 册,第 933 页。

次对官论,何须问道士。非直一归真,百归真亦不能相惑。'归真自以涉物论,遂举罗浮道士邓元起有长年之术,帝遣中使迎之"。这一事实表明,武宗对道士的过分恩宠,已引起臣下的担心和异议,武宗解释只不过为了道话涤烦、不会受其影响,要臣下放心。实际上,武宗之宠信道士,乃在于喜好"长年之术"、"志欲学仙"的缘故。

第四,筑望仙观、降真台,炼服丹药。这都与他崇道学仙有直接关系。《旧唐书》卷18《武宗本纪》载:会昌三年(843年)五月,"筑望仙观于禁中"。会昌五年(845年)"造望仙台于南郊"。按《剧谈录》卷下《说方士》云:"武宗皇帝好神仙异术,海内道流方士多至辇下。赵归真探赜玄机,善制铅汞,气貌清爽,见者无不竦敬。请于禁中筑望仙台,高百尺,以为鸾骖鹤驭可指期而降。"武宗决心筑这"势侵天汉"的望仙台,是希望迎接天上神仙降临。《杜阳杂编》说:"武宗皇帝好神仙术,遂起望仙台以崇朝礼。复修降真台,舂百宝屑以涂其地,瑶楹金拱,银槛玉砌,晶荧炫耀,看之不定。内设玳瑁帐,火齐床,焚龙火香,荐无忧酒,此皆他国所献也。上每斋戒沐浴,召道士赵归真已下共探希夷之理。由是室内生灵芝二株,皆如红玉。又渤海贡马脑柜,紫瓷盆。马脑柜方三尺,深色如茜所制,工巧无比,用贮神仙之书,置之帐侧;紫瓷盆容量半斛,内外通莹,其色纯紫,厚可寸余,举之则若鸿毛。上嘉其光洁,遂处于仙台秘府,以和药饵。后王才人掷玉环,误缺其半菽,上犹叹息久之。"武宗对降真台的堂皇建筑和豪华设备,反映出他真心诚意地做着想会天仙的美梦。他追求服食成仙,令"善制铅汞"的赵归真为其炼丹药。"飞炼中须得生银,诏使于乐平[山]采取"。"禁中修炼至多,外人少知其术"。所幸王贤妃私谓左右曰:"陛下日服丹,言可不死,然肤泽日消槁,吾甚忧之。"会昌六年(846年)"三月壬寅,上不豫,制改御名炎。(按其本名叫"瀍")帝重方士,颇服食修摄,亲受法箓。至是药躁,喜怒失常,疾既笃,旬日不能言。宰相李德裕等请见,不许。中外莫知安否,人情危惧。是月二十三日,宣遗诏以皇太叔光王柩前即位。是日崩,时年三十三"。[1]说明武宗服食丹药不仅未能成仙,反而招致早死。

① 《旧唐书》卷18《武宗本纪》,北京:中华书局1975年版,第2册,第610页。

最后还应指出，武宗在位期间，于会昌五年（845 年）所发动的“废佛”事件，也与他崇奉道教、宠信道士有关。史载：“（赵）归真乘宠，每对，排毁释氏，言非中国之教，蠹耗生灵，尽宜除去，帝颇信之。”①由赵归真举荐的有长年之术的罗浮山道士邓元起，被迎入禁中后，“与衡山道士刘玄靖及归真胶固，排毁释氏，而拆寺之请行焉”②。所以武宗“废佛”，与受道士的鼓动有关。但引起会昌“废佛”的原因很多，有信仰上的、有政治上的，而根本的则是经济方面的原因。早在代宗末年，剑南东川观察使李叔明就已指出：“今天下僧尼不耕而食，不织而衣，广作危言险语以惑愚者，一僧衣食，岁及三万有余，五丁所出，不能致此，举一僧以计天下，其费可知。”③提出要僧尼就役输课，以增加王朝租赋收入的主张，到武宗时这一矛盾发展得更为尖锐，于是断然采取“废佛”措施。会昌五年（845 年）八月，所颁制文说明了这点。制曰：“朕闻三代已前，未尝言佛，汉魏之后，像教浸兴，是由季时，传此异俗，因缘染习，蔓衍滋多。以至于蠹耗国风，而渐不觉；诱惑人意，而众益迷。洎于九州岛山原，两京城阙，僧徒日广，佛寺日崇。劳人力于土木之功，夺人利于金宝之饰，遗君亲于师资之际，违配偶于戒律之间，坏法害人，无逾此道。且一夫不田，有受其饥者；一妇不蚕，有受其寒者。今天下僧尼，不可胜数，皆待农而食，待蚕而衣。寺宇招提，莫知纪极，皆云构藻饰，僭拟宫居。晋、宋、齐、梁，物力凋瘵，风俗浇诈，莫不由是而致也。况我高祖、太宗，以武定祸乱，以文理华夏，执此二柄，足以经邦，岂可以区区西方之教与我抗衡哉！贞观开元，亦尝厘革，划除不尽，流衍转滋。朕博览前言，旁求舆议，弊之可革，断在不疑，而中外诚臣，协予至意、条疏至当，宜在必行。惩千古之蠹源，成百王之典法，济人利物，予何让焉。其天下所拆寺四千六百余所，还俗僧尼二十六万五百人，收充两税户，拆招提兰若四万余所，收膏腴上田数千万顷，收奴婢为两税户十五万人。隶僧尼属主客，显明外国之教；勒大秦穆护祆三千余人还俗，不杂中华之风。”④表明由于佛教寺庙和僧尼人

---

① 《旧唐书》卷 18《武宗本纪》，北京：中华书局 1975 年版，第 2 册，第 600 页。
② 《旧唐书》卷 18《武宗本纪》，北京：中华书局 1975 年版，第 2 册，第 603 页。
③ （宋）王溥：《唐会要》卷 47，北京：中华书局 1955 年版，第 837 页。
④ 《旧唐书》卷 18 上《武宗本纪》，北京：中华书局 1975 年版，第 2 册，第 605—606 页。

数的大量增加，占有大量良田沃土，直接妨害了唐王朝的财政收入，所以武宗采取了坚决措施，把数十万劳动力和数千万顷膏腴上田夺回去。同时规定："天下废寺铜像、钟磬，委盐铁使铸钱；其铁像委本州铸为农器；金银鍮石等像销付度支；衣冠士庶之家所有金、银、铜、铁之像，敕出后限一月纳官，如违，委盐铁使依禁铜法处分。"[①]由此可见，寺庙经济与中央王朝的矛盾，是造成会昌"废佛"的根本原因。其所表现的排斥外来宗教的形式，虽有利于土生土长的道教，但并非宗教间的直接冲突。一些道士在此事件中虽起过酶蘖作用，却不能把这种作用估计过高。而《旧唐书》的作者责怪武宗"惑于左道之言，偏斥异方之说"，并谓其"一朝隳残金狄，燔弃胡书，结怨于膜拜之流，犯怒于鄙夫之口"，显然是欠公允的。

唐宣宗李忱即位，遂将"道士赵归真杖杀之[②]，罢望仙台"[③]，"诛道士刘玄靖等十二人，以其说惑武宗，排毁释氏故也"。[④] 并纠正了武宗废佛的一些"过当"作法，为恢复佛教作了一些努力。大中元年（847 年）闰三月下敕说："会昌季年，并省寺宇，虽云异方之教，无损致理之源，中国之人，久行其道，厘革过当，事体未弘。其灵山胜境，天下州府，应会昌五年四月所废寺宇，有宿旧名僧，复能修创，一任住持，所司不得禁止。"[⑤]而对于开国以来的崇道政策仍继续奉行。同年，赐道士郄元表为"通玄先生"。又清整道观。《东观奏记》卷上载："上（宣宗）微行至德观，女道士有盛服浓妆者，赫怒，亟归宫，立宣左街功德使宋叔康，令尽逐去，别选男道士二十人住持，以清其观。"[⑥]表明他维护道教传统清规的坚决态度。大中五年（851 年），河中节度使郑先奏永乐县道士侯道华"上升"（逝世），宣宗命改所居净道院为"升仙院"，仍赐绢五百匹以饰廊房。特别是到了晚年，访道服丹，崇道尤甚。在召见轩辕集一事上表现得最突出。关于轩辕集其人，《杜阳杂编》卷下云："罗浮先生轩辕集，年过数百而颜色不老，立于床前则发垂至地；坐于暗

---

① 《旧唐书》卷 18 上《武宗本纪》，北京：中华书局 1975 年版，第 2 册，第 605 页。

② 按《列仙谭录》，"乃武皇厌代，（赵）归真与（王）琼俱窜逐岭表"，未提杖杀。

③ （唐）裴庭裕：《东观奏记》上卷，北京：中华书局 1994 年版，第 93 页。

④ 《旧唐书》卷 18 下《宣宗本纪》，北京：中华书局 1975 年版，第 2 册，第 615 页。

⑤ 《旧唐书》卷 18 下《宣宗本纪》，北京：中华书局 1975 年版，第 2 册，第 617 页。

⑥ （唐）裴庭裕：《东观奏记》上卷，北京：中华书局 1994 年版，第 92 页。

室则目光可长数丈;每采药于深岩峻谷,则有毒龙猛兽往来卫护。”“有病者,以布巾拭之,无不应手而愈。”①这未免说得太神。实际上,他是一位修炼有道、精于医术的长寿老人,他曾经为吴德励治好脚疾而引起宣宗的兴趣。《东观奏记》卷下说:“上晚岁酷好仙道,广州监军使吴德鄘,离阙日病足已蹒跚矣。三载,监广师归阙,足疾却平。上诘之,遂具为上说罗浮山人轩辕集医愸上闻之,甘心焉,驿诏轩辕集赴京师。”②在召见过程中,宣宗克服了朝臣的谏阻。《旧唐书》卷18《宣宗本纪》说:大中十一年(857年)九月,“右补阙陈虾、左拾遗王谱、右拾遣薛廷杰上疏,谏遣中使往罗浮山迎轩辕先生。诏曰:‘朕以万机事繁,躬亲庶务,访闻罗浮山处十轩辕集,善能摄生,年龄亦寿,乃遣使迎之,或冀有少保理也。朕每观前史,见秦皇汉武为方士所惑,常以之为诫。卿等位当论列,职在谏司,阅示来章,深纳诚意’。仍谓崔慎由曰:‘为吾言于谏官,虽少翁、栾大复生,不能相惑。如闻轩辕生高士,欲与之一言耳。’”③经过一番说服工作以后,仍派中使往迎轩辕集。同书又说:十二年(858年)春正月,“罗浮山人轩辕集至京师,上召入禁中。问目:‘先生遐寿而长生可致乎?’曰:‘彻声色,去滋味,哀乐如一,德施周给,自然与天地合德,日月齐明,何必别求长生也。’留之月余,坚求还山。”④为什么轩辕集急于还山呢?同书末尾“史臣”补充说:“宣宗季年风毒,召罗浮山人轩辕集,访以治国治身之要,其伎术诡异之道未尝措言,集亦有道之士也。十三年(859年)春,坚求还山。上曰:‘先生少留一年,候于罗浮山别创一道馆。’集无留意。上曰,‘先生舍我亟去,国有灾乎?朕有天下,竞得几年?’集取笔写四十字,而十字挑上,乃十四年也。”⑤原来,轩辕集这位精于医术的道士,从观望气色中得知宣宗有命不长(当年八月七日死云),故只泛谈修身养性之道,且劝以“别求长生”之想,立即坚决离去了。宣宗又于大中十二年(859年)遣中使王居方去魏州,令传诏旨谓韦澳曰:“知卿奉道,

① 《杜阳杂编》卷下,《笔记小说大观》第1辑,扬州:江苏广陵古籍刻印社1983年版,第150页。

② (唐)裴庭裕:《东观奏记》下卷,北京:中华书局1994年版,第128页。

③ 参见《旧唐书》卷18下《宣宗本纪》,北京:中华书局1975年版,第2册,第604页。

④ 参见《旧唐书》卷18下《宣宗本纪》,北京:中华书局1975年版,第2册,第642页。

⑤ 参见《旧唐书》卷18下《宣宗本纪》,北京:中华书局1975年版,第2册,第645页。

得何药术,可具居方口奏。”澳附奏曰:“方士殊不可听,金石有毒,切不宜服食。”①可是,“酷好仙道”的宣宗,却听不进忠言,“竟饵太医李玄伯所制长生药,病渴且中燥,疽发背而崩”②。宣宗为药所误,固然是自食其果,也与进药人的思想品德有直接关系。医官李玄伯原是一位谄上邀宠的不良之徒,《东观奏记》卷下说:李玄伯先“以钱七十万”买了一个绝色女子,侍奉于家中,“得其欢心”后,进献给宣宗,“上一见惑之,宠冠六宫。玄伯烧伏火丹砂进之,以市恩泽,致上疮疾,皆玄伯之罪也。懿宗即位,玄伯与山人王岳、道士卢紫芝俱弃市”。③

唐僖宗李儇在位(874—888年)期间,崇道活动尤多。首先是置金箓斋祈雨。《道教灵验记》卷14《僖宗金箓斋祈雨验》说:僖宗皇帝嗣位之初,乙未岁(875年)三月不雨,至于五月,名山大川灵湫郊坛所在祈祭未能致效,中外焦劳,计无所出,司空平章事郑畋上言说:“风雨水旱,实系上玄,山川百神皆上帝之臣吏也,不能专其雨泽,自春愆亢,上轸圣情,所作祷求,未彰厥效。臣愚以为上表玉皇,可以感降风雨,少安圣虑,请应天节日殿上选两街道士各七人,于内殿置金箓道场七日,天下名山青城、峨眉、茅山、天台、罗浮、五岳等一十八处,降赐祠文,各修道场七日,内殿请皇帝捻香祈祷,以冀感通。”僖宗从之。果得大雨。于是“中外表贺,万姓欢呼,宠渥颁赐,特加优厚,自是岁乃大穰”④。这种置金箓道场祈雨果得,不过是一种偶合,但上至皇帝和大臣,下至百姓,皆信以为是祈神的灵验,从这个侧面也反映了当时道教在人们心中的地位。中和元年(881年)七月十五日,唐僖宗“诏内臣袁易简,刺史王兹,县令崔正规与朕诣(青城)山修醮,封(宁先生)为五岳丈人希夷真君。是时县境亢旱,苗谷将焦,封醮之夜,龙吟于观侧溪中,风雨大

① 《旧唐书》卷158《韦贯之传》附《韦澳传》,北京:中华书局1975年版,第13册,第4177页。

② (清)赵翼著、王树民校正:《廿二史札记校证》卷19《唐诸帝多饵丹药》,北京:中华书局1984年版,第398—399页。

③ (唐)裴庭裕:《东观奏记》下卷,北京:中华书局1994年版,第130—131页。

④ 《道教灵验记》卷14,《道藏》第10册,第849—850页。

至,枯苗再茂,县境乃丰"①。这也是对于道教灵应的一种渲染。

同时,僖宗对茅山道士吴法通也十分优礼。《茅山志》卷11说:"僖宗乾符二年(875年)遣使受大洞箓,遥尊称为度师。"赐号"希微先生"。不久爆发了以黄巢为代表的农民大起义,广明元年(880年)黄巢入长安,称齐帝,僖宗出奔凤翔,次年逃奔成都。为了挽回其失败的命运,他一方面调遣军队进行残酷镇压;另一方面则企图依靠道教神灵的力量"俾殄枭巢"②。祈求其"大圣祖""密垂神化,忽起浓云,或驱以阴风,或击以雷雹",以帮助他扑灭农民起义的熊熊烈火。此时,玄元皇帝作为李唐王朝保护神的作用表现得最为明显。为此,僖宗下诏升亳州真源县为畿县,太清宫仕持威仪道士吴崇玄、马含章、孙栖梧皆赐紫,并赐吴崇玄为"凝玄先生"。又召道士赵希越入宫,问以殄灭黄巢,收复长安之计,并命他于内廷举行醮祭和祈祷,又多次派遣道士和朝臣,在蜀中的道教名山,修灵宝道场,设周天大醮,神灯千余,耀灼山林,进行了大量的崇道活动。还诏宗室李特立与道士李无为于成都青羊肆玄中观设醮祈真,望"玄穹降祐,圣祖垂祥,将歼大盗之兵戈,永耀中兴之事业"。并将玄中观改号为青羊宫,修置殿堂,令高品郭遵泰为监工,又赐钱二百贯,用以收赎附近田地二顷,归该宫所有。并下诏说:"太上垂祥,青羊应现,礼宜崇饰,用答殊休。诸道州府紫极宫,宜委长吏如法修饰,仍选有科仪道士祭醮。"令翰林学士守尚书兵部侍郎乐朋龟撰《西川青羊宫碑铭》,敕西川节度使立之,颁示天下。"以表皇家承神仙之苗裔,感太上之灵贶,实万代之无穷也。"③到唐哀帝李柷,面临朝不保夕、江山易主的局面,他还念念不忘崇道事业。《旧唐书》卷20《哀帝本纪》说:天祐二年(905年)五月,以星变不视朝,敕曰:"天文变见,合事祈禳,宜于太清宫置黄箓道场,三司支给斋料。"同年六月,又将在北山之玄元观,"拆入都城,在清化坊内建置太微宫",以便朝谒其"大圣祖"。但祈禳无济于事,"大圣祖"也

---

① (宋)张君房:《云笈七籤》卷120录杜光庭:《道教灵验记·青城丈人授黄帝龙蹻并降雨验》,《道藏》第22册,第833页。

② (唐)杜光庭:《黄帝为老君修黄箓斋词》,(清)董诰等编:《全唐文》卷936,北京:中华书局1983年版,第10册,第9741页。

③ (唐)杜光庭:《历代崇道记》,《道藏》第11册,第7页。

未能挽救李唐王室最终灭亡的命运。天祐四年(907 年),唐的统治权力被朱温取而代之。

安史之乱以后,在唐代帝王崇奉道教政策或服食仙药的影响下,统治阶级中有不少人,热衷于利用道士,炼丹合药,欲图羽化登仙。德宗时昭义军节度使李抱真和僖宗时淮南节度使高骈,就是最典型的例子。李抱真迷信巫祝,服食仙药。据《旧唐书》卷 132《李抱真传》说:“初,抱真久疾,好禨祥,或令厌胜,为巫祝所惑,请降官爵以禳除之,是年,凡七上章让司空,复为检校左仆射。”“晚节又好方士,以冀长生。有孙季长者,为抱真炼金丹,绐抱真曰:‘服之当升仙。’遂署为宾僚,数谓参佐曰:‘此丹秦皇汉武皆不能得,唯我遇之,他年朝上清,不复偶公辈矣。’复梦驾鹤冲天,寤而刻木鹤,衣道士衣以习乘之。凡服丹二万丸,腹坚不实,将死,不知人者数日矣。道士牛洞玄以猪肪谷漆下之,殆尽,病少间。季长复曰:‘垂上仙,何自弃也,益服三千丸。顷之卒。”这形象生动的描述,活现出李抱真迷信神仙丹药,至死不悟的情景,真可谓“自作孽,不可活”。而以丹药害人致死的孙季长,简直就是一副催命鬼形象。

高骈迷信神仙方士的状况,也和李抱真有些类似,关于此,在《旧唐书》卷 182《高骈传》和《资治通鉴》卷 254 均有记载,而《广陵妖乱志》言之尤详。该书写道:“高骈末年,惑于神仙之说。吕用之、张守一、诸葛殷等,皆言能役使鬼神,变化黄白,骈酷信之,遂委以政事。用之等援引朋党,恣为不法。其后亦虑多言者有所漏泄,因谓骈曰:‘高真上圣,要降非难,所患者,学道之人真气稍亏,灵觋遂绝。’骈闻之,以为信然。乃谢绝人事,屏弃妻妾,宾客将吏,无复见之。有不得已之故,则遣人洗浴斋戒,诣紫极宫,道士辟除不详,谓之解秽,然后见之。拜起才终,已复引出。自此内外拥隔,纪纲日紊。用之等因大行威福,旁若无人。岁月既深,根蒂遂固,用之自谓磻溪真君,张守一是赤松子,诸葛殷称将军,有一萧胜者,谓之秦穆公附马,皆云上仙遣来为令公道侣,其鄙诞不经,率皆如此。”“中和元年(881 年),用之以神仙好楼居,请于公廨邸北跨河为迎仙楼,其斤斧之声,昼夜不绝,费数万缗,半岁方就。”“是冬,又起延和阁于大厅之西,凡七间,高八丈,皆饰以珠玉,绮窗绣户,殆非人工。每日焚名香,列异宝,以祈王母之降。”“用之公然

云与上仙来往，每对骈，或叱咤风云，顾揖空中，谓见群仙来往过于外，骈随而拜之。用之指画纷纭，略无愧色。左右有异论，则死不旋踵矣。见者莫测其由，但拊膺不敢出口。用之忽云：后土夫人灵仇，遣使就某借兵马并李筌所撰《太白阴经》。骈遽下两县，索百姓苇席数千领，画作甲马之状，遣用之庙庭烧之；又于五彩笺写《太白阴经》十道，置于神座之侧；又与夫人帐中塑一绿衣年少，谓之韦郎。庙成，有人于西庑栋上题一长句诗曰：'四海干戈尚未宁，谩劳淮海写仪形。九天玄女犹无信，后土夫人岂有灵。一带好云侵鬓绿，两层危岫拂眉青。韦郎年少耽闲事，案上休看《太白经》。'好事者竟相传诵……后于道院亭中，刻木为鹤，大如小驷，羁辔中设机棙，人或逼之，奋然飞动。骈尝羽衣跨之，仰视空阔，有飘然之思矣。自是严斋醮，飞炼金丹。费耗资财，动逾万计，日居月诸，竟无其验。"①从这段记载中，我们看到，神仙方术的鼓吹者们愚弄高骈，可高骈却信以为真，唯命是从，竟达到神魂癫痴的地步。光启三年（887 年）九月，高骈为其所属将领毕师铎的士兵所擒，"数之曰：公上负天子恩，下陷扬州民，淮南涂炭，公之罪也。骈未暇言，首已堕地矣"。②

与高骈情况类似的还有唐末大臣王镕。"镕于昭宗朝赐号敦睦保定久大功臣，位至成德军节度使，守太师中书令、赵王，梁祖加尚书令。""镕宴安既久，惑于左道，专求长生之要。常聚缁黄，合炼仙丹；或讲说佛经，亲受符箓。西山多佛寺，又有王母观，镕增置馆宇，雕饰土木。道士王若讷者，诱镕登山临水，访求仙迹，每一出，数月方归，百姓劳弊。王母观石路既峻，不通舆马，每登行，命仆妾数十人维锦绣牵持而上。"后因左右亲信为乱，"镕方焚香受箓，军士二人突入，断其首，袖之而出，遂焚其府第，烟焰亘天，兵士大乱。镕妻妾数百，皆赴水投火而死。"③这也是追求长生成仙的可悲结局。

还有唐昭宗时曾任检校司空、幽州卢龙军节度使的刘仁恭，本是一位争城掠地、杀人无数的残暴野心家，也是一位"祈长生羽化之道"的狂热信徒。

---

① 参见（五代）郭廷诲：《广陵妖乱志》，"宛委山堂"本。

② 《旧唐书》卷 182《高骈传》，北京：中华书局 1975 年版，第 14 册，第 4712 页。

③ 《旧五代史》卷 54，《唐书》30《王镕传》，北京：中华书局 1976 年版，第 3 册，第 730 页。

据《旧五代史》卷135《刘守光传》说:"是时,天子播迁,中原多故,仁恭啸傲蓟门,志意盈满,师道士王若讷,祈长生羽化之道。幽州西有名山曰大安山,仁恭乃于其上盛饰馆宇,僭拟宫掖,聚室女艳妇,穷极侈丽。又招聚缁黄,合仙丹,讲求法要。"后与其子僭称大燕皇帝刘守光者,均被后唐庄宗俘杀。这里所提到的为刘仁恭师的道士王若讷,与引诱王镕"登山临水,访求仙迹"的道士王若讷实为同一人。一位道士能使两位节度使大做长生成仙之梦,则当时道教的吸引力之大,也就可想而知了。

在这一时期,还有一些官吏弃政入道,成为道士。《册府元龟》卷822《总录部・尚黄老》记载:"阎寀为吉州刺吏,德宗贞元七年(791年)请为道士,从之,赐名'遗荣'。"《唐会要》卷50也载有此事。又《唐摭言》卷8记"戴叔伦贞元(785—804年)中罢容管都督,上表请度为道士;萧俛自右仆射表请为道士;蒋曙中和(881—884年)初,自起居郎以兄弟因乱离,遂屏迹丘园,因应天令节奏请入道。从之"。这类事例也反映出当时社会上崇尚道教的盛况。

上述种种事实表明,在安史之乱以后,随着唐王朝的日趋衰落,道教较之盛唐鼎盛时期也逐渐由盛而衰,但唐玄宗以后的统治者,仍然奉行崇道政策。他们为了江山永固、国泰民安而祈求其"大圣祖"和道教神灵的福祐;为了久寿长年而宠信和重用道士,炼丹合药,企图服食成仙;有的政府官员甚至弃政入道;一些道士利用统治者的需要而步入宫廷,结交权贵,争得统治阶级上层人物的信任与支持,这大都有助于道教的恢复和发展。

第二节　五代十国的道教

由唐末藩镇势力的发展而形成的五代十国,是我国封建社会中的一个分裂割据的历史时期。从公元907年朱温称帝为后梁太祖,正式取代李唐王朝时起,到公元960年赵匡胤取代后周建立赵宋王朝止,53年间,中原有后梁、后唐、后晋、后汉、后周五个小王朝前后相继;中原以外的地区,分裂为吴、南唐、前蜀、后蜀、吴越、楚、闽、南汉、南平、北汉十个独立王国(其中尚未包括当时我国境内契丹等少数民族建立的政权)。各个王朝统治的时间都很短促,欧阳修评论当时的政局说:“于此之时,天下大乱,中国之祸,篡弑相寻。”[①]“置君犹易吏,变国若传舍。”[②]“五十三年之间,易五姓十三君,而亡国被弑者八,长者不过十余岁,甚者三四岁而亡。”[③]这种分裂割据,本质上是唐末藩镇割据的继续,而五代十国的帝王,也因袭唐代的风气,崇信道教。他们在战火纷飞、自身朝不保夕的年代,尤寄希望于道教神灵庇祐,进行了许多崇道活动。

一、帝王的崇道行为

朱温代唐建立后梁政权后,一方面对唐代尊奉的玄元皇帝所居“宫”名予以降格。开平元年(907 年)五月,“废雍州太清宫,改西都太微宫、亳州太清宫皆为观,诸州紫极宫皆为老君庙”。[④] 这表明他不再像李唐王室那样尊崇太上老君。另一方面又笼络有名望的道士。同年九月,“浙西奏,道门威仪郑章,道士夏隐言,焚修精至,妙达希夷,推诸辈流,实有道业。郑章宜赐号贞一大师,仍名玄章;隐言赐紫衣”。[⑤] 而在遇到天灾为害时,则仍向神灵祈祷。开平四年(910 年)十一月,戊戌,“诏曰:‘自朔至今,暴风未息,谅惟不德,致此咎征,皇天动威,罔敢不惧。宜遍命祈祷,副朕意焉。’差官分往祠所止风”。[⑥] 乾化二年(912 年)五月,辛卯,诏曰:“亢阳滋甚,农事已伤,宜令宰臣于兢赴中岳,杜晓赴西岳,精切祈祷。其近京灵庙,宜委河南尹;五帝坛、风师雨师、九宫贵神,委中书各差官祈之。”[⑦]

后唐李氏政权的崇道政策,更是与唐代一脉相承。后唐庄宗李存勖刚即位,同光元年(923 年)十二月,亳州太清宫道士张冲虚便上奏说,“圣祖玄

① 《新五代史》卷 61《吴世家》,北京:中华书局 1974 年版,第 3 册,第 762 页。

② 陈师锡:《五代史记序》,《四部备要》史部《新五代史》,上海:中华书局 1936 年版,第 1 页(按:北京中华书局标点本没有附《五代史记序》)。

③ (宋)欧阳修:《欧阳文忠全集》卷 59《本论》,《四部备要》集部,上海:中华书局 1936 年版,第 295 页。

④ 《旧五代史》卷 3《梁书·太祖纪》,北京:中华书局 1976 年版,第 1 册,第 51 页。

⑤ 《旧五代史》卷 3《梁书·太祖纪》,北京:中华书局 1976 年版,第 1 册,第 54 页。

⑥ 《旧五代史》卷 6《梁书·太祖纪》,北京:中华书局 1976 年版,第 1 册,第 91 页。

⑦ 《旧五代史》卷 7《梁书·太祖纪》,北京:中华书局 1976 年版,第 1 册,第 108 页。

元皇帝殿前枯桧再生一枝，画图以进”，庄宗大为高兴，认为是圣祖显灵，象征他的政权是唐代中兴之兆，乃下诏曰：“当圣祖旧殿生枯桧新枝，应皇家再造之期，显大国中兴之运。……宜标史册，以示寰瀛。”①把这夸耀为应列入史册的了不起的大事。同光三年（925 年）“帝出师北门，请雨于圣祖玄元庙”②。庄宗还很信任和重用道流术士及追求长生成仙的人物。例如：“术士周玄豹，以相法言人事多中，庄宗尤信重之，以为北京巡官。”③同光元年，命道士程紫霄入内殿讲论。庄宗的首任宰相豆卢革，是个狂热的神仙迷。《旧五代史》卷 67《豆卢革传》云：“革自作相之后，不以进贤劝能为务，唯事修炼，求长生之术，尝服丹砂，呕血数日，垂死而愈。”④另一位宰相卢程，也曾“变服为道士”，为相以后，仍然“戴华阳巾，衣鹤氅，据几视事”，又有“魏州妖人杨千郎用事，自言有墨子术，能役使鬼神，化丹砂水银。庄宗颇神之，拜千郎检校尚书郎，赐紫。其妻出入宫禁，承恩宠，而士或因之以求官爵。”⑤还有道士孙晟，曾“居庐山简寂宫，常画唐诗人贾岛像置于屋壁，晨夕事之。简寂宫道士恶晟，以为妖，以杖驱出之”⑥。庄宗却用为著作佐郎。后唐明宗李嗣源继位以后，其崇道活动更甚。首先，他大力修复已被毁废的道教宫观，以“复我真宗”，“以弘孝治”。《册府元龟》卷 54 说：天成二年（927 年）八月，左辅阙赵明吉上言：“窃见天下宫观，久失崇修，盖自朱温篡逆以来，例多毁废，请下诸道，应本朝旧置宫观，近经毁折者，皆勒修增，以奉祖宗，以弘孝治。光陛下中兴之业，显国家大道之源，复我真宗，贞兹永世。其两京宫观，有公田，乞免科索，俾充斋粮，以给正名道士庶，恳志焚修香火，期上玄之福祐。”⑦九月，宗正卿李宝上言，“四方凡有玄元皇帝宫殿处，请依修饰”。明宗都同意照办。接着又恢复会昌元年规定的玄元皇帝降圣节休

① 《旧五代史》卷 30《唐书·庄宗纪》，北京：中华书局 1976 年版，第 2 册，第 422 页。

② （宋）王钦若：《册府元龟》卷 54，北京：中华书局 1960 年版，第 1 册，第 608 页。

③ 《新五代史》卷 28《赵凤传》，北京：中华书局 1974 年版，第 1 册，第 309 页。

④ 《旧五代史》卷 67《唐书·豆卢革伟》，北京：中华书局 1976 年版，第 3 册，第 884 页。

⑤ 《新五代史》卷 14《唐太祖家人传第二·太祖子》，北京：中华书局 1974 年版，第 1 册，第 151 页。

⑥ 《新五代史》卷 33《孙晟传》，北京：中华书局 1974 年版，第 2 册，第 365 页。

⑦ （宋）王钦若：《册府元龟》卷 54，北京：中华书局 1960 年版，第 1 册，第 608 页。

假日制度。天成四年(929 年)十二月,令所司“依旧造上清宫牌额悬挂。兼京城内金真观仍改名崇道观,亦准上给换牌额”,这是他“尊崇圣祖,修饰道宫,既复其名,固难无额”①所采取的一项措施。长兴四年(933 年)七月,明宗因患病稍好,“召道士二十人于中兴殿为金箓醮,七日而罢”②。又以名位笼络道士。如道士郑遨,曾于唐昭宗朝应进士举不第,乃入少室为道士,俄闻西岳有五鬣松,沦脂千年,能去三尸,因居于华阴,与李道殷、罗隐之友善,时人目为“三高士”。天成(926—929 年)中,明宗“召拜左拾遗,不起”③。又如,明宗闻道士陈抟名,亲为手诏召之,待之甚谨,赐号“清虚处士”④,以宫女三人赐之,陈抟不受,遁去。尽管郑遨、陈抟都拒绝为明宗效劳,但从上述一系列事实中,可以看出,后唐确实继承了唐代崇道遗风。

后晋高祖石敬塘,也“慕黄老之教,乐清净(静)之风”⑤。即位之后,曾多次向道士请教治世之道,礼道士张荐明为师。《册府元龟》卷 54 记其事说:天福四年(939 年)“九月辛卯,召道士崇真大师张荐明锡以绵帛。荐明燕人也,少为儒,游学河朔,渔猎庄老,故性与道俱。其后云衣星冠,奉自然之教。帝素尚玄元,御极之初,数数召见。帝问曰:‘道可以治世乎?’荐明对曰:‘道也者,妙万物而为言,摠两仪而称德,得之上者为道,得之中者为仁义,得之外者为礼智信,外而失之非人也;得其极者,尸居衽席之间以治天下,岂止乎世者也!’帝遂延入内殿,讲老氏《道德经》,召宰臣冯道授卷而听道,曰:‘道士讲《老子》,僧人受戒令,文有之不可轻也。’帝遂礼之为师,益加崇重。尝闻宫中奏时鼓,乃曰:‘陛下闻鼓声乎?守一而已……人能混成于心,则天地俱矣,何患世之不淳哉!’帝由是虚心致静,尊道贵德,故每一召见,多所颁赐。”⑥同书又说:“五年(940 年)十一月,赐张荐明号通玄先生。令以《道》《德》二经雕上印板,命学士和凝别撰新序冠于卷首,俾颁行

① (宋)王钦若:《册府元龟》卷 54,北京:中华书局 1960 年版,第 1 册,第 608 页。
② (宋)王钦若:《册府元龟》卷 54,北京:中华书局 1960 年版,第 1 册,第 608 页。
③ 《旧五代史》卷 93《晋书·郑云叟传》,北京:中华书局 1976 年版,第 4 册,第 1238 页。
④ (元)赵道一:《历世真仙体道通鉴》卷 47,《道藏》第 5 册,第 367 页。
⑤ 《旧五代史》卷 79《晋书·高祖纪》,北京:中华书局 1976 年版,第 4 册,第 1063 页。
⑥ (宋)王钦若:《册府元龟》卷 54,北京:中华书局 1960 年版,第 1 册,第 608—609 页。

天下。”[①]《新五代史》卷34《郑遨传·附张荐明传》,《旧五代史》卷79《晋书·高祖纪》以及《历世真仙体道通鉴》卷46所载,与此大致相同。又《古今图书集成》引《续文献通考》云:天福五年天和节,道释赐紫衣师号者凡九十二人。天福六年(941年)二月天和节,道释赐紫衣师号者凡百三十有四人。此外,后晋高祖石敬塘还礼遇道士郑云叟(即郑遨),“遣使齐书致礼,征为右谏议大夫。云叟称疾不起,上表陈谢。高祖览表嘉之,赐近臣传观。寻赐号逍遥先生,以谏议大夫致仕,月给俸禄”[②]。另一位由道入仕者,(后)“晋梁文矩,喜清静之教,聚道书数千卷,企慕赤松、留侯之事,而尤尽其善,位至太子太保致仕”[③]。这些都表现了后晋的崇道政策。

刘知远建立的后汉政权,仅传两代,共四年而亡,是五代中的一个短命王朝。其崇道活动有两点值得注意。一是禁止道士带家眷住在道宫。据《册府元龟》卷54载:汉隐帝刘承祐乾祐三年(950年),右补阙苏德潜上言:“臣闻道以至真为本,自然为宗,若不离嗜欲之源,则安奏虚无之理,况两京道宫是国家崇福之地,窃见道场所设斋醮,无非蠲洁净筵,盖表其精虔也。访闻道士皆有妻孥,携在道宫居止,不独伤于教法,其实污于清虚,望特行禁止。”刘承祐遂“令御史台严加告谕,不得更然”[④]。二是封蒙州城隍为王。《旧五代史》卷103《汉书·隐帝纪》云:乾祐三年,“八月辛亥,以蒙州城隍神为灵威王,从湖南请也。时海贼攻州城,州人祷于神,城得不陷,故有是请”。[⑤] 这两件事都出现在后汉垂亡前夕,可见后汉统治者求助道教神灵护佑其统治的苦心。

后周太祖郭威尊儒崇道,广顺二年(952年)五月,亲征慕容彦超,“十三日至兖州,贼尚拒守,至十七日,昼梦道士一人进书,卷首云:‘车驾来月二日还京。’其下文字绝多,不能尽记,既寤,以梦告宰臣,又四日而城

① (宋)王钦若:《册府元龟》卷54,北京:中华书局1960年版,第1册,第609页。
② 《旧五代史》卷93《晋书·郑云叟传》,北京:中华书局1976年版,第4册,第1238页。
③ (宋)王钦若:《册府元龟》卷822《总录部·尚黄老》,北京:中华书局1960年版,第10册,第9770页。
④ (宋)王钦若:《册府元龟》卷54,北京:中华书局1960年版,第1册,第609页
⑤ 《旧五代史》卷103《汉书·隐帝纪》,北京:中华书局1976年版,第5册,第1368页。

拔。帝至军,凡驻跸九日而贼平,果以六月二日发离城下”。[①] 郭威白日梦见道士进书,预言还京之日,后果应验的经历,是他头脑中潜在的崇道意识的反映。

二、周世宗的“扬道抑佛”政策

其继任者周世宗柴荣,则大力推行崇道抑佛的政策。柴荣采用强制手段,大规模毁坏佛寺、佛像,减少僧尼人数,限制佛教的发展。据《旧五代史》卷115《周书 · 世宗纪》载:显德二年(955年)夏五月甲戌,周世宗颁诏说:“释氏贞宗,圣人妙道,助世劝善,其利甚优。前代以来,累有条贯,近年已降,颇紊规绳。近览诸州奏闻,继有缁徒犯法,盖无科禁,遂至尤违,私度僧尼,日增猥杂;创修寺院,渐至繁多;乡村之中,其弊转甚。漏网背军之辈,苟剃削以逃刑;行奸为盗之徒,托住持而隐恶。将隆教法,须辨否臧,宜举旧章,用革前弊。”这就是说,当时佛教寺院繁多,僧尼猥杂,作奸犯科,不遵教法,所以必须进行整顿。其整顿的办法是,严格限制寺院数目和僧尼人数。该诏书规定:“诸道州府县镇村坊,应有敕额寺院,一切仍旧;其无敕额者,并仰停废,所有功德佛像及僧尼,并腾并于合留寺院内安置。天下诸县城郭内,若无敕额寺院,祇于合停废寺院内,选功德屋宇最多者,或寺院僧尼各留一所,若无尼住,祇留僧寺院一所。诸军镇坊郭及二百户已上者,亦依诸县例指挥。如边远州郡无敕额寺院处,于停废寺既内僧尼各留两所。今后并不得创造寺院兰若。王公戚里诸道节宋刺已下,今后不得奏请创造寺院及请开置戒坛。”“男子女子如有志愿出家者,并取父母、祖父母处分,已孤者取同居伯叔兄处分,候听许方得出家。男年十五已上,念得经文一百纸,或读得经文五百纸,女年十三已上,念得经文七十纸,或读得经文三百纸者,经本府陈状乞剃头,委录事参军本判官试验经文。其未剃头间,须留发髻,如有私剃头者,即勒还俗,其本师主决重杖勒还俗,仍配役三年。两京、大名府、京兆府、青州各处置戒坛。候受戒时,两京委祠部差官引试,其大名府等三处,祇委本判官录事参军引试。如有私受戒者,其本人、师主、临坛三纲、

① 《旧五代史》卷112《周书 · 太祖纪》,北京:中华书局1976年版,第5册,第1482页。

知事僧尼，并同私剃头例科罪。应合剃头受戒人等，逐处闻奏，候敕下，委祠部给付凭由，方得剃头受戒。”又规定有以下情况之一者不得出家：“应男女有父母、祖父母在，别无儿息侍养，不得出家。曾有罪犯，遭官司刑责之人，及弃背父母，逃亡奴婢，奸人细作，恶徒逆党，山林亡命，未获贼徒，负罪潜窜人等，并不得出家剃头。如有寺院辄容受者，其本人及师主、三纲、知事僧尼、邻房同住僧，并仰收捉禁勘，申奏取裁。”诏书还规定：“僧尼俗士，自前多有舍身、烧臂、炼指、钉截手足、带铃挂灯，诸般毁坏身体，戏弄道具、符禁左道，妄称变现还魂坐化，圣水圣灯妖幻之类，皆是聚众眩惑流俗，今后一切止绝。如有此色人，仰所在严断，递配边远，仍勒归俗，其所犯罪重者，准格律处分。”最后规定：“每年造僧账两本，其一本奏闻，一本申祠部，逐年四月十五日后，勒诸县取索管界寺院僧尼数目申州，州司攒账，至五月终以前文账到京，僧尼籍账内无名者，并勒还俗。其巡礼行脚，出入往来，一切取便。”这份诏书，对限制寺院数目、控制僧尼人数、禁止幻惑恶俗，以及检查实有僧尼等都作了详细的规定。执行后的结果是，“是岁，诸道供到账籍，所存寺院凡二千六百九十四所，废寺院凡三万三百三十六，僧尼系籍者六万一千二百人”①。

关于周世宗抑制佛教的原因，欧阳修在《新五代史》中说：“是时，中国乏钱，乃诏毁天下铜佛像以铸钱。尝曰：‘吾闻佛说以身世为妄，而以利人为急，使其真身尚在，苟利于世，犹欲割截，况此铜像，岂其所惜哉！’由是群臣皆不敢言。”②司马光的《资治通鉴》亦说：“帝以县官久不铸钱，而民间多销钱为器皿及佛像，钱亦少。九月丙寅朔，敕始立监，采铜铸钱，自非县官法物军器及寺观钟磬钹铎之类听留外，自余民间铜器佛像，五十日内，悉令输官，给其直；过期隐匿不输，五斤以上，其罪死；不及者，论刑有差。”③对于周世宗毁灭佛像的措施，他的臣下曾有顾虑，周世宗向他们解释说：“卿辈勿以毁佛为疑。夫佛以善道化人，苟志于善，斯奉佛矣，彼铜像岂所谓佛邪？

① 《旧五代史》卷115《周书·世宗纪》，北京：中华书局1976年版，第5册，第1531页。

② 《新五代史》卷12《周世宗本纪》，北京：中华书局1976年版，第1册，第126页。

③ （宋）司马光：《资治通鉴》卷292，北京：中华书局1956年版，第20册，第9529页。

且吾闻佛在利人,虽头目犹舍以布施,若朕身可以济民,亦非所惜也。”①由于周世宗废寺毁佛的坚决行动,在全国范围内给佛教以沉重打击,成为佛教史上“三武一宗”的事件之一。

周世宗一方面抑制佛教,另一方面又崇奉道教,宠信道士,特别是优礼陈抟。《资治通鉴》说:显德三年(956年)十一月,“帝召华山隐士真源陈抟,问以飞升黄白之术。对曰:‘陛下为天子,当以治天下为务,安用此为?’戊申,遣还山,诏州县长吏常存问之。”②对此,《旧五代史》卷119《周书·世宗纪》载:陈抟隐居华山,其名大振,“世宗之在位也,以四方未服,思欲笼络英杰,且以抟曾践场屋,不得志而隐,必有奇才远略,于是召到阙下,拜左拾遗,抟不就,坚乞归山,世宗许之。未几,赐之书”,称赞陈抟说:“高谢人寰,栖心物外”,“而能远涉山涂,暂来城阙,浃旬延遇,弘益居多,白云暂驻于帝乡,好爵难縻于达士”。“恐山中所阙,已令华州刺史每事供须”云云。《历世真仙体道通鉴》卷47称:周世宗赐陈抟号“白云先生”。随后继续关心陈抟,显德五年(958年),成州刺史朱宪陛辞赴任,世宗令赍帛五十匹,茶三十斤赐抟③。此外,又据《册府元龟》卷54说:周世宗于显德六年(959年)“二月,幸太清观,观所赐钟焉。先是于乾明门外新修太清观,既成,帝闻濮州有一钟,其声甚摦,每击之闻数十里,乃命徙之,以赐是观,至是故往观焉”。可见周世宗对新建道观的关心,真是面面俱到。这同他大刀阔斧地毁佛废寺的行为形成鲜明的对比。为什么周世宗对道教如此多情呢?《五代史补》有一条材料说:“先是,世宗之在民间也,常梦神人以大伞见遗,色如郁金,加道经一卷,其后遂有天下。及瓦桥不豫之际,复梦向之神人来索伞与经,梦中还之而惊起,谓近侍曰:‘吾梦不祥,岂非天命将去耶?’遂召大臣,戒以后事。”④梦话虽然难以置信,却透露出世宗得坐天下,似与道教有某种神秘关系。

割据于中原以外的十国帝王中,也有不少人崇信道教,道教在各王国都

① (宋)司马光:《资治通鉴》卷292,北京:中华书局1956年版,第20册,第9530页。

② (宋)司马光:《资治通鉴》卷293,北京:中华书局1956年版,第20册,第9561页。

③ 《宋史》卷457《陈抟传》,北京:中华书局1977年版,第38册,第13420页。

④ (宋)陶岳:《五代史补》卷5,《五代史书汇编》5,杭州出版社2004年版,第2530页。

有程度不同的影响。现择其要者予以分别述之。

前蜀高祖王建，原受唐封为西平王，进爵蜀王，梁灭唐以后，称帝于成都，国号大蜀。“是时唐衣冠之族，多避乱在蜀，帝礼而用焉，使修举政事，故典章文物有唐之遗风。”①王建对道士杜光庭特别礼遇。杜光庭是怎样到蜀的，有不同说法。一说是唐僖宗派到四川来的“掌教之士”。《五代史补》云：“杜光庭，长安人，应《九经》举不第。时长安有潘尊师者，道术甚高，僖宗所重，光庭素所希慕，数游其门。当僖宗之幸蜀也，观蜀中道门牢落，思得名士以主张之。驾回，诏潘尊师使于两街，求其可者，尊师奏曰：‘臣观两街之众，道听途说，一时之俊即有之，至于掌教之士，恐未合应圣旨。臣于科场中识《九经》杜光庭，其人性洁而气清，量宽而识远，且困于风尘，思欲脱屣名利久矣。以臣愚思之，非光庭不可。’僖宗召而问之，一见大悦，遂令披戴，仍赐紫衣，号曰广成先生，即日驰驿遣之。及王建据蜀，待之愈厚，又号为天师。”②这是说，僖宗幸蜀返回长安以后，才选派杜光庭来蜀的。另一种说法认为，杜光庭是随僖宗一起入川“竟留于蜀”。《十国春秋》卷47《杜光庭传》说：杜光庭字宾至，缙云人，一曰长安人，“唐咸通中应九经举不第，遂入天台山学道。长安有潘尊师者，道术甚高，雅为僖宗所重，时时以光庭为言。僖宗因召见，大悦，已而从幸兴元，竟留于蜀”③。究竟杜光庭是随僖宗一同到蜀，还是僖宗回长安后派遣来蜀的呢？从杜光庭自己讲的情况来看，应以随僖宗一同来蜀的说法为是。《道教灵验记》卷14《僖宗青城斋醮验》条云：“中和辛丑岁（881年），僖宗驻跸成都。八月，有大星出虚危，犯清庙，历坟墓哭泣之星……余奉敕与高品赐紫郭遵泰奏于丈人观修周天大醮，宗玄观置灵宝真文道场。”④同书《僖宗封青城醮验》条又说：中和元年（881年）七月十五日，僖宗皇帝“诏内臣袁易简、刺史王滋、县令崔正规与余诣山

① （清）吴任臣：《十国春秋》卷35《前蜀高祖本纪》，北京：中华书局1983年版，第2册，第501页。

② （宋）陶岳：《五代史补》卷1，《五代史书汇编》，杭州出版社2004年版，第2483页。

③ （清）吴任臣：《十国春秋》卷47《杜光庭传》，北京：中华书局1983年版，第2册，第674页。

④ （唐）杜光庭：《道教灵验记》卷14，《道藏》第10册，第850页。

修醮,封(宁先生)为五岳丈人希夷真君”。[①] 既然僖宗在成都时,杜光庭奉诏去青城山做斋醮法事,则足以证明杜光庭是随僖宗入蜀,而不可能为僖宗返京后再派来蜀。杜光庭留蜀后,王建“待之愈厚”,亦是事实。《新五代史》卷63《王建传》称:武成三年(910年),王建命杜光庭为太子元膺之师。《十国春秋》卷36《前蜀二·本纪》载:永平三年(913年)“六月丙子,以道士杜光庭为金紫光禄大夫、左谏议大夫,封蔡国公,进号广成先生”[②]。通正元年(916年)十二月戊申,“以广成先生杜光庭为户部侍郎”[③]。连续封官晋爵,可见王建对杜光庭道士的信任和重用。

王建死后,其子王衍继位,是为后主。他的崇道活动尤为有特色。《十国春秋》卷37《前蜀·本纪》说:乾德五年(923年)八月,“帝受道箓于苑中,以杜光庭为传真天师、崇真馆大学士。起上清宫,塑王子晋像,尊为圣祖至道玉宸皇帝。又塑高祖(王建)及帝像侍立于左右。又于正殿塑玄元皇帝及唐诸帝,备法驾朝之”。[④] 王衍尊王子晋为“圣祖至道玉宸皇帝”,乃仿效李唐王室尊李耳为“大圣祖玄元皇帝”的做法,认仙人为祖宗,以图江山永固。而且他仍怀念着原中央唐王朝的恩德,所以“于正殿塑玄元皇帝及唐诸帝”,并备法驾朝之。同书又说:“冬十月……彗星见舆鬼,长丈余,司天监言国有大灾,诏于玉局化(即青羊宫)置道场以答天变。右补阙张云疏言:‘百姓怨气,上彻于天,故彗星见。此乃亡国之征,非祈禳可弭。’帝怒,流云黎州,卒于道。”[⑤]本来,天上出现彗星,是一种自然现象,与人事并无关系。古人却认为是上天对世人的谴告或将降灾难的预兆,而敬祈天神则可望消灾。这种天人感应论思想,王衍深信不疑,所以当彗星出现后,他就求助于道教神灵,“于玉局化置道场以答天变”,祈求消灾免祸。而把预言“亡国”,反对祈禳的臣下处以流放。认为敬仰道教神灵可以消灾免祸,是王衍和其他许多人崇奉道教的重要原因之一。

---

① (唐)杜光庭:《道教灵验记》卷14,《道藏》第10册,第850页。
② (清)吴任臣:《十国春秋》卷36,北京:中华书局1983年版,第2册,第519页。
③ (清)吴任臣:《十国春秋》卷36,北京:中华书局1983年版,第2册,第525页。
④ (清)吴任臣:《十国春秋》卷37,北京:中华书局1983年版,第2册,第539页。
⑤ (清)吴任臣:《十国春秋》卷37,北京:中华书局1983年版,第2册,第539—540页。

王衍崇奉道教的另一重要原因是想当快活神仙。他曾经写过“嬴政徒劳爱学仙”[①]的诗句。然而哂笑秦皇学仙的王衍，却狂热学仙。王衍是一位荒淫无度的昏君，他学仙的特点，是想方设法地过那种貌似神仙式的生活。据《十国春秋》卷37《前蜀后主本纪》载：乾德三年（921年）“夏五月，命宣华苑内延袤十里，构重光、太清、延昌、会真之殿，清和、迎仙之宫，降真、蓬莱、丹霞、怡神之亭，飞鸾之阁，瑞兽之门，土木之功穷极奢巧。帝时与诸狎客妇人嬉戏其中，为长夜之饮”[②]。在与神仙有关命名的宫殿亭阁中，同一些男女戏饮，是王衍追求的神仙式生活之一。其二是在装束上别出心裁，或着道士衣冠酣饮于怡神亭，或穿云霞之衣，招摇于青城山。咸康元年（925年）“三月，帝谒永陵，自为夹巾，或裹尖巾，其状如锥，民庶皆效之。还宴怡神亭，妃嫔皆戴金莲花冠，衣道士服。酒酣免冠，其髻髽然，更夹面连额，渥以朱粉，号醉妆”[③]。同年“九月，帝奉太后、太妃祷青城山。宫人皆衣云霞之衣，帝自制《甘州曲》，令宫人唱之，其辞哀怨，闻者凄惨。又历丈人观、玄都观、丹景山金华宫、至德寺，朝上清宫设醮祈福”[④]。可是，“设醮祈福”保不了帝位常在，就在王衍游青城回成都不久，后唐兵逼成都，这位梦想升仙的帝王，“出降于升仙桥”[⑤]，落得一个亡国灭族的下场。

后蜀后主孟昶，是一位“贵儒尚道”的“明敏”之君，道号“玉霄子”。他曾经“为方士房中之术，多采良家子以充后宫”，经“枢密副使韩保贞切谏，帝即日出之，赐保贞金数斤”[⑥]。说明是一位善于纳谏，知错即改的君主。孟昶器重道教文物。广政十四年（951年）“冬十月，彭山副将头杨富获铜印一于江岸进上，凡篆文八十字，帝命严筑作《瑞篆记》”。[⑦] 这一铜印，形状

① （清）吴任臣：《十国春秋》卷37注引《王氏见闻录》，北京：中华书局1983年版，第2册，第547页。

② （清）吴任臣：《十国春秋》卷37，北京：中华书局1983年版，第2册，第537页。

③ （清）吴任臣：《十国春秋》卷37，北京：中华书局1983年版，第2册，第544页。

④ （清）吴任臣：《十国春秋》卷37，北京：中华书局1983年版，第2册，第544页。

⑤ （清）吴任臣：《十国春秋》卷37，北京：中华书局1983年版，第2册，第553页。

⑥ （清）吴任臣：《十国春秋》卷49《后蜀后主本纪》，北京：中华书局1983年版，第2册，第708页。

⑦ （清）吴任臣：《十国春秋》卷49《后蜀后主本纪》，北京：中华书局1983年版，第2册，第721页。

奇特,篆文清晰,从文字内容看,是道教的珍贵文物。据元费著《器物谱》云:广政十四年冬十月十五日,彭山县副将头杨富获铜印于江岸,印有六面,方各寸许,皆有篆文,两面共通一窍,窍中三虚一实。其直可贯,其圆可规。六面篆文共八十,二十分夹其窍,六十均在四旁,各成文章。一面云:"天国老君生万民治中国外国人和玺",凡十五字。其相对一面云:"老君授生辅天下国安平受道人长生",凡十五字。又一面云:"虚无自然明日月星辰光",凡十字。其相对一面云:"元女致和气玉女致天医",凡十字。又一面云:"上国仙师天师老君道成明天地政玺",凡十五字。其相对一面云:"上召吾拜无为大昊通天治气同玺",凡十五字。孟昶得此印,认为是天观祥瑞,令人作《瑞篆记》,表明其对道教文物的重视。孟昶也信仰道教的祈福禳灾。广政十五年(952 年)"夏六月,乙酉朔,大宴群臣,教坊优人作灌口神队二龙战斗之象,须臾,天地皆瞑,大雨雹,明日,灌口奏岷江大涨,锁塞龙处铁柱频撼。丁酉,大水入成都,坏延秋门,漂没千余家,溺死五千余人,冲毁太庙四室及司天监。戊戌,大赦境内,赈水灾之家,命宰相范人昶祷青羊观,又遣使往灌州,下诏罪己"①。孟昶还赞赏"蜀八仙"真形画。《十国春秋》卷 115《拾遗》记:"西蜀道士张素卿,神仙人也。曾于青城丈人观绘画五岳四渎真形,并十二溪女数堵,精彩欲活,实画中之奇绝也。蜀主累遣秘书少监黄筌,令取模样,及下山,终不相类。因生日,或有收得素卿所画八仙真形八幅以献,孟昶叹赏久之,且曰:'非神仙之人,无以写神仙之质也。'赐物甚厚。令伪学士欧阳炯次第赞之,又遣水部郎黄居宝八分题之,亦谓之二绝。八仙者,李己、容成、董仲舒、张道陵、严君平、李八百、范长寿、葛永璝。"②为区别"八仙过海"的八仙,后人称此为"蜀中八仙"。从孟昶道号玉霄子,信奉道教祈禳,重视道教文物,欣赏道教图画等,都表明了他对道教的崇敬。

吴国君主也崇敬道教。吴王杨行密崇信道士聂师道。建紫极宫以居之。据《十国春秋》卷 14《聂师道传》说:"聂师道,歙州人也。少好道,唐末,于涛为州刺史,其兄方外为道士,结庐郡南山中,师道往事之。涛常诣方

① (清)吴任臣:《十国春秋》卷 49《后蜀后主本纪》,北京:中华书局 1983 年版,第 2 册,第 721 页。

② (清)吴任臣:《十国春秋》卷 115,北京:中华书局 1983 年版,第 4 册,第 1725 页。

外，且时时咨以郡政，因名其山为问政山。师道居是山久，国人号曰问政先生。""歙州平，太祖(即杨行密)闻其名，召至广陵，建紫极宫居之。""居数年，师道奉太祖命，设醮龙虎山。"[①]《歙县志》亦载："聂师道，字宗微，少事道士。得内传服松脂法。……杨氏据有江淮，召至广陵，建真元宫处之，使为人祈福，号问政先生。一日谓弟子曰：'我为仙宫所召，'言讫而逝。""杨氏加赠银青光禄大夫，鸿胪卿。"吴睿帝杨溥继续崇道。太和三年(931年)秋九月，"重建灵宝院于茅山"[②]。国亡后临死前，还在学仙。《旧五代史》卷134说："晋天福二年(937年)，溥不得已，逊位于昪。昪迁溥于润州，筑丹阳宫以处之。溥自是服羽衣，习辟谷之术，年余以幽死。"[③]

南唐烈祖李昪，也崇信道教。对茅山道士王栖霞很敬重。《十国春秋》卷34《南唐列传》记云："王栖霞，一名敬真，字玄隐，生于齐鲁。七岁以神童及第，天祐(904—918年)时避乱南渡，从道士聂师道传道法，已，又居茅山，从邓启遐受大洞经诀。烈祖辅吴，召至金陵，馆于元真观。昪元(937—942年)初，加金印紫绶，赐号玄博大师。表请还山，诏不允。又加号真素先生。时烈祖饵史守冲丹药，颇躁急暴怒，一日，问栖霞曰：'何道可致太平？'对曰：'王者治心治身，乃治家国。今陛下尚未能去饥嗔饱喜，何论太平。'元敬皇后自簾中闻之，叹为至言。栖霞常建醮上章，烈祖命筑坛达之。辞曰：'国用方乏，何暇及此？俟焚章不化，当徐请耳。'凡烈祖所赐予，悉不受。"[④]据徐铉撰《唐故道门威仪玄博大师贞素先生王君之碑》说：李昪恩礼殊重，加金印紫绶，号玄博大师。尝从容对王栖霞说："吾不贪四海之富，惟以苍生为念。"王回答说："夫古之圣人，修其身而后及天下，天下待一人安而后安。今天子勤劳万机，忘寝与食，身且不能自治，岂能治苍生哉！"李昪善其言，以百金为之寿。李昪的后继者元宗李璟在位时，又加贞素先生之号。保大十一年(952年)卒，年六十二。"恩旨痛惜，赙钱二十万，道俗嗟

① (清)吴任臣:《十国春秋》卷14,北京:中华书局1983年版,第1册,第179页。

② (清)吴任臣:《十国春秋》卷3《吴睿帝本纪》北京:中华书局1983年版,第1册,第68页。

③ 《旧五代史》卷134《杨行密传》,北京:中华书局1976年版,第6册,第1784页。

④ (清)吴任臣:《十国春秋》卷34,北京:中华书局1983年版,第1册,第473—474页。

墓,会葬数百人”。[①] 说明李昇父子对道士王栖霞,都是恩宠有加的。至于李昇饵史守冲丹药一事,《十国春秋·史守冲传》说:“史守冲,不知何许人。烈祖尝梦得神丹,既觉,语左右欲物色之,而守冲适诣宫门献丹方,潘扆亦以方继进,[②]烈祖皆神之,以为仙人,使炼金石为丹,服之,多暴怒。群臣奏事,往往厉声色诘让。尝以其药赐李建勳,建勳乘间曰:‘臣服甫数日,已觉炎躁,岂可常进哉!’烈祖曰:‘孤服之已久,宁有是事?’俄而疽发,遂至大渐,临终,谓(其子)元宗曰:‘吾服金石求长年,今反若此,汝宜以为戒也。’”[③]同书卷 15 又说:昇元七年(943 年),“二月,帝服方士史守冲等金丹,疽发于背,秘不令人知,密令医治之,听政如故。群臣奏事,因是往往暴怒”。“帝濒殂,谓(其子)齐王璟曰:‘……吾服金石,欲求延年,反以速死,汝宜视以为戒。’”[④]内容与前者基本一致。可见,李昇乃服金石丹药中毒而死的。

李璟继位,是为元宗。元宗听从其父遗教,不饵金石丹药,但仍恩宠道士,特别对杨保宗、耿先生这两个女道士十分器重。《十国春秋》卷 34 说:“杨保宗,不知何许人,自幼爽秀,及笄,许聘矣,忽有感悟,遂乞为女道士。入庐山,栖于上霄峰崇善观,却粒炼形,顿忘尘念。时以丹药符箓救人疾苦。元宗闻之,特召赴阙,延入禁中,命妃嫔乐道者见之,舍金钱千万,令新其宇,仍赐观额,敕尚书郎韩熙载撰记。又赐保宗紫衣,诏臣下作诗送之。”另有“耿先生”者,有姿色,多道术。李璟尤宠信之。同书说:“耿先生者,军大校耿谦女也。少而明慧,有姿色。颇好书善画,稍为诗,往往有佳句。雅通黄白之术,能拘制鬼魅,奇瑰恍惚,莫知其所由来。[⑤] 已而为女道士,自称天自在山人。保大(943—957 年)中,因宋齐丘以入宫。元宗处之别院,号曰先生。常被碧霞帔,精采卓异,言辞调畅。”“元宗暇时,从容问黄白事,已试之,皆验,顾谓耿曰:‘此皆因火成之,苟不须火,其能成乎?’耿曰:‘亦可。’

① 《徐公文集》卷 12;《茅山志》卷 24;陈垣编、陈志超增补:《道家金石略》,北京:文物出版社 1988 年版,第 201 页。
② 按:《江淮异人录·潘扆传》无进方之事。
③ (清)吴任臣:《十国春秋》卷 34,北京:中华书局 1983 年版,第 1 册,第 474—475 页。
④ (清)吴任臣:《十国春秋》卷 15,北京:中华书局 1983 年版,第 1 册,第 200—201 页。
⑤ 《史外小录》云,得道于郧仙翁。

元宗乃取水银,以硾纸重复裹之,题封甚密。耿先纳于怀中,良久忽若裂帛声,元宗起视,题处如旧,发之已为银矣。又常大雪,拥炉,索金盆贮雪。耿取雪削之为银锭状,投炽炭中,过食顷,乃持以出,赫然洞赤,置之于地,烂然尽白铤也,而刀迹具在。反视其下,若垂酥滴乳之状,盖初为火所融释也。于是耿所作雪银甚多。元宗诞日,每作器用以为寿。又常见宫婢持粪埽,谓元宗曰:'此物可惜,勿令弃去。'取置铛中烹炼,少选皆成白金。开宝(968—975年)中,金陵内库犹有耿先生粪壤银也。元宗尝购真珠数升,欲得圆者,耿曰:'易致也。'就取小麦,以银釜熁之,皆成圆珠,光彩夺目。大食国进龙脑油,元宗秘惜,耿视之曰:'此未为佳者。'乃以夹缣囊贮白龙脑数斤悬之,有顷,沥液如注,香味愈于所进。未几,得幸元宗,有娠,谓左右曰:'我子非常,产时当有异。'一夕,雷电绕室,大雨倾澍,及霁,娠已失矣。元宗惊问之,对曰:'夜来雷电中生子,已为神物将去。'"[①]以上所记耿先生的诸多道术,荒诞离奇,但从中反映了李璟对道教方术的爱好。

吴越武肃王钱镠,"虔仰神灵,遵行大道"[②],也奉行崇尚道教的政策。据《十国春秋》卷78《吴越武肃王世家》载:天宝元年(908年)九月,钱镠改吴山紫极宫为真圣观。天宝九年(916年)婺州道士周某献赤松涧仙米于钱镠,钱镠密遣张思敏按所产之地,赐以紫衣金帛。天宝十年(917年)冬十月,黄龙见于卞山之金井洞,命立瑞应宫(一作"祚应宫")。宝大二年(925年)闰十二月,建上清宫于秦望山,有巨石二十余株自然成行,名曰金洞门。可见他对修建道教宫观之类的事甚为关心。与此同时,他对道士闾丘方远也很敬重。《十国春秋》卷89《闾丘方远传》说:"闾丘方远,舒州人也(一云青州),生州之天柱山下,幼辨慧,年二十九,师香林左元泽、庐山陈元悟,传法箓于天台叶藏质,皆晓畅大义,甚得真传。方远故精黄老术,而又酷喜儒业,博学多闻,常诠《太平经》13篇[③]行世。唐龙纪(889年)初,累召不起。

---

① (清)吴任臣:《十国春秋》卷34,北京:中华书局1983年版,第1册,第478—480页;又见《江淮异人录》,《道藏》第11册,第15页。

② 武肃王:《天柱观记》,《大涤洞天记》卷下;又见陈垣编、陈志超增补:《道家金石略》,北京:文物出版社1988年版,第196页。

③ 《太平经钞》、《续仙传》、《玄品录》均称三十篇,此所云"十三篇",当为"三十篇"之颠倒。

景福(892—893年)中遍游名山,至余杭天柱,异而止焉。武肃王(钱镠)厚加礼遇,常与相度洞霄宫形势,改天柱观南向,因奏请,赐紫,重建太极宫居之,赐号洞元先生(又云妙有太师)。天复(901—903年)中,一日,异香绕室,忽作控鹤状,怡然而逝,后有复见于仙都山者,人皆以为尸解。"[①]关于钱镠礼遇闾丘方远一事,亦见于光化三年(900年)"秋七月,重修大涤山天柱观"[②],钱镠所作《天柱观记》,其中写道:乾宁二年(895年),镠"遂抗直表,上闻圣聪,请上清道士闾丘方远与道众三十余人主张教迹,每年春秋四季为国焚修。镠特与创建殿堂,兼移基址","寻又续发荐章,奏闾丘君道业。圣上……敕赐法号为妙有大师,兼加命服",称赞"妙大师闾丘君灵之禀异,皓鹤标奇,诞德星躔,披灵霓洞,朝修虔恳,科戒精严,实紫府之表仪,乃清都之辅弼"[③]。从钱镠到大涤洞访问闾丘方远,并为其建筑居室,奏呈其道业,作《记》赞誉等,确也可谓"厚加礼遇"了。

此外,钱镠还以师礼事道士钱朗。《十国春秋》卷89《钱朗传》说:"钱朗,洪州人。少以五经登科,仕唐累官光禄卿。文宗朝归隐庐山,得补脑还化之术。武肃王延至西府,以师礼事之。时朗曾玄孙数辈,皆以明经官邑令,皤然皓首,拜于阶下,而朗貌若童子,人咸异之。一夕,忽语家人曰:'适为上清所召,今去矣。'俄气绝,数日颜色如生,及举棺,尸已解去,时年一百七十余岁。"[④]《历世真仙体道通鉴》卷45亦载:道士钱朗,字内光,洪州南昌人,"师东岳道士徐钧,得补脑还元服炼长生之术。昭宗世,钱塘彭城王钱镠,慕朗得道长年,乃迎就钱塘,师事之"。[⑤] 钱镠还曾遣使招两位炼丹士,未果。《十国春秋》卷89云:"韩必、吴崧者,唐末与吴琪、吴顼、皮光业、林昇、罗隐、何肃,同居长城八座山,号曰八友。已而稍稍散去。武肃王时,两

---

① (清)吴任臣:《十国春秋》卷89,北京:中华书局1983年版,第3册,第1294页。

② (清)吴任臣:《十国春秋》卷77《吴越武肃王世家》,北京:中华书局1983年版,第3册,第1064页。

③ (清)吴任臣:《十国春秋》卷77《吴越武肃王世家》注,北京:中华书局1983年版,第3册,第1065—1066页。

④ (清)吴任臣:《十国春秋》卷89,北京:中华书局1983年版,第3册,第1293页。

⑤ (元)赵道一:《历世真仙体道通鉴》卷45,《道藏》第5册,第359—360页。

人偕隐于洛坞，日以炼丹为事，遣罗隐招之，两人隐入石壁中，至今名为二仙石壁。”①直到宝正三年(928年)，钱镠77岁时，还以“大道弟子、天下都元帅、尚父、守中书令吴越国王”的名义，“谒诣洞府名山，遍投龙简，恭陈醮谢，上答玄恩”，兼乞“寿龄遐远，眼目光明，家国兴隆，子孙繁盛”。《江苏金石志》卷7引翁广平跋云：清朝顺治元年(1644年)夏，“吴中大旱，太湖龟坼。简村居民于湖底得钱武肃王龙简，盖投水府之告文也。其文一百七十九字，楷法颇似麻姑坛记，略有剥蚀处。四旁有一龙环之，其质银，重二十四两”。② 是钱镠太湖投龙简的有力物证。这些都反映了他对道教的敬仰。

吴越国最后一位统治者忠懿王钱俶，也优礼道士，命道士张契真“主三箓斋事”。《十国春秋》卷89《张契真传》说：“张契真，钱塘人。生有异相，青骨方瞳，形如瘦鹤，幼负笈从胡法师游。已而道遇朱天师，一见喜曰：‘子骨法应得仙也。’授以要诀。未几，复受樊先生灵宝箓，独处真圣宫数年，緗绎蕊笈琅函之秘，深得微旨。忠懿王命主三箓斋事。归宋，太宗选居太乙宫，召对，赐紫，令校道书，赐号元静大师。”③钱俶又欲为暨齐物赐度弟子，受到谢绝。同书《暨齐物传》说：“暨齐物(一作物齐，又作济物)，字子虚，杭州人也。师玉清观朱君绪，受法箓神符秘方，救物不怠。后随入大滌山中，依岩洞为室。又构垂象楼，贮道书几千卷，朝夕讨论，贯穿精微，听者莫不忘倦。忠懿王欲为赐度弟子，齐物对曰：‘乐静已久，不愿有也。’所居室壁东西各置一隙，采日月光华，久之，忽语左右曰：‘吾将复往罗浮石楼间矣。’遂不知所之。”④钱俶还优礼道士朱霄外。同书又说：“朱霄外，台州道士也。素有道术，为忠懿王所知，遂命葺台州之白云庵为栖霞宫，以霄外主之。”⑤另据《天台山志》大中祥符三年夏疏撰《重建道藏经记》和《嘉定赤城县志》卷30的记载：后周广顺二年(952年)，钱俶为道士朱霄外修建天台桐柏崇

① (清)吴任臣：《十国春秋》卷89，北京：中华书局1983年版，第3册，第1294页。

② 《太湖投龙记》注，陈垣编、陈志超增补：《道家金石略》，北京：文物出版社1988年版，第199页。

③ (清)吴任臣：《十国春秋》卷89，北京：中华书局1983年版，第3册，第1295页。

④ (清)吴任臣：《十国春秋》卷89，北京：中华书局1983年版，第3册，第1295页。

⑤ (清)吴任臣：《十国春秋》卷89，北京：中华书局1983年版，第3册，第1295页。

道观,遂筑室于上清阁西北,用以收藏道经,并赐金银字经二百函及三清铜像。在唐末五代战乱之中,经籍大量毁散之际,暨齐物、朱霄外能竭力收藏道书,并得到钱俶的关心和支持,这对道教典籍的保存,是有积极意义的。

闽王王审知及其子孙亦颇尊崇道教。据《五代史补》记载:“梁朝有王霸者,即王氏之远祖,为道士。居于福州之怡山时,爱二皂荚树,因其下筑坛,为朝礼之所,其后丹成冲虚而去。霸尝云:‘吾之子孙,当有王于此方者。’乃自为谶,藏之于地。”又称此谶于唐光启年间为烂柯道士徐景元取土时所获,见有“子孙依吾道,代代封闽疆”云云。[①] 这显然是王审知主政后,为了得到闽人的支持,而与道士徐景元共同编造的。另据董天工《武夷山志》记载,王审知还曾增饰武夷山天宝殿,易名为武夷观[②],是为山中现存道观中历史最为悠久的一座。

闽王王璘(初名延钧,王审知次子)的崇道活动,尤为引人注目。《资治通鉴》卷 277 载:后唐长兴二年(931 年)六月,“闽王延钧好神仙之术,道士陈守元、巫者徐彦林[③],与盛韬共诱之,作宝皇宫。极土木之盛,以守元为宫主”。[④] 十二月,“闽陈守元等称宝皇之命,谓闽王延钧曰:‘苟能避位受道,当为天子六十年。’延钧信之。丙子,命其子(武威)节度副使继鹏权军府事,延钧避位受箓,道名玄锡”。[⑤] 长兴三年(932 年)三月,“甲辰,闽王延钧复位”。[⑥] 六月,“谓陈守元曰,‘为我问宝皇,既为六十年天子,后当何如?’明日,守元入曰,‘昨夕奏章,得宝皇旨,当为大罗仙主。’徐彦林等亦曰:‘北

---

① 《旧五代史》卷 134《王审知传》引,北京:中华书局 1976 年版,第 6 册,第 1793 页。

② (清)董天工:《武夷山志》卷 5,清道光九年(1829 年)绩溪罗氏尺木轩重刊本,第 6 页。

③ (清)吴任臣:《十国春秋》卷 91《闽惠宗本纪》作“徐彦朴”第 3 册,第 1325 页。

④ (宋)司马光:《资治通鉴》卷 277,北京:中华书局 1956 年版,第 19 册,第 9061 页。据《十国春秋》卷 91 引录,延钧决定建宝皇宫的背景,曾有这样一个传说,相传“萧梁有王霸者,王氏远祖也,居福州怡山为道士,常云吾子孙当王于此方,乃为谶瘗坛下”。“福州有王霸坛,炼丹井,坛旁皂筴木久枯,一旦忽生枝叶,井中复有白龟浮出,会掘地得石铭,有‘王霸裔孙’之文,王(璘)以为应已,遂于坛侧建宫”(北京:中华书局 1983 年版,第 3 册,第 1325 页)。

⑤ (宋)司马光:《资治通鉴》卷 277,北京:中华书局 1956 年版,第 19 册,第 9063 页。

⑥ (宋)司马光:《资治通鉴》卷 277,北京:中华书局 1956 年版,第 19 册,第 9065 页。

庙崇顺王尝见宝皇,其言与守元同。'延钧益自负,始谋称帝"。[①] 长兴四年(933年)春正月,"闽人有言真封宅龙见者,命其宅曰龙跃宫。遂诣宝皇宫受册,备仪卫,入府即皇帝位,国号大闽,大赦,改元龙启,更名璘"[②],赐守元号洞真先生。可见,王延钧在闽称帝,乃是利用道士陈守元为其造舆论,而陈守元则借宝皇尊神之命以售其奸。王延钧还曾召守元之妹陈靖姑作符驱邪,并"封靖姑为顺懿夫人,食古田三百户,以一子为舍人。靖姑辞让食邑不受,乃赐宫女三十六人为弟子"[③]。璘在位三年,被其长子继鹏等所杀,庙号惠宗。

继鹏即位后,更名昶,是为康宗,更加宠信陈守元等道士。《新五代史》卷68《王审知传》说:"昶亦好巫,拜道士谭紫霄为正一先生,又拜陈守元为天师,而妖人林兴以巫见幸,事无大小,兴辄以宝皇语命之而行。守元教昶起三清台三层,以黄金数千斤铸宝皇及元始天尊、太上老君像,日焚龙脑、薰陆诸香数斤,作乐于台下,昼夜声不辍,云如此可求大还丹。三年夏,虹见其宫中,林兴传神言,'此宗室将为乱之兆也。'乃命兴率壮士杀审知子延武、延望及其子五人。后兴事败,亦被杀。"[④]据《资治通鉴》卷279记载,闽王昶拜陈守元为天师,是在后唐清泰二年(935年)十二月,"闽主赐洞真先生陈守元号天师,信重之,乃至更易将相,刑罚选举,皆与之议,守元受赂请托,言无不从,门庭如市"[⑤]。同书卷282又载:后晋天福四年(939年)四月,"闽主用陈守元言,作三清殿于禁中,以黄金数千斤铸宝皇大帝、天尊、老君像,昼夜作乐,焚香祷祀,求神丹。政无大小,皆林兴传宝皇命决之"。[⑥] 同年闰七月,继业杀昶而自立,改元永隆,"陈守元在宫中,易服将逃,兵人杀之",胡三省注说:"陈守元蛊惑闽主者二世,其死晚矣!"[⑦]

---

① (宋)司马光:《资治通鉴》卷277,北京:中华书局1956年版,第19册,第9073页。
② (宋)司马光:《资治通鉴》卷278,北京:中华书局1956年版,第19册,第9081页。
③ (清)吴任臣:《十国春秋》卷99《陈守元附靖姑传》,北京:中华书局1983年版,第3册,第1424页。
④ 《新五代史》卷68《王审知传》,北京:中华书局1976年版,第3册,第851页。
⑤ (宋)司马光:《资治通鉴》卷279,北京:中华书局1956年版,第19册,第9173页。
⑥ (宋)司马光:《资治通鉴》卷282,北京:中华书局1956年版,第19册,第9202页。
⑦ (宋)司马光:《资治通鉴》卷282,北京:中华书局1956年版,第19册,第9206页。

南汉统治区崇道之风也颇盛行。《十国春秋》卷58《南汉高祖本纪》载:后梁乾化四年(914年)春二月,"郁林州宝圭洞(即勾漏正洞)迎玉宸道君及葛真人石像于南海,置之石室"。[①] 南汉高祖刘龑乾亨九年(925年)冬十二月,"有白虹化为白龙,见于南宫三清殿。帝改乾亨九年为白龙元年,更名曰龑"。[②] 同书卷60《后主本纪》云:后主刘鋹,年十六袭位,委政于宦者龚澄枢、陈延寿及才人卢琼仙等,陈延寿"引女巫樊胡子,自言玉皇降胡子身,帝于内殿设帐幄,陈宝贝,胡子冠远游冠,衣紫霞裾,坐帐中,宣祸福,呼帝为'太子皇帝',国事多叩于胡子,卢琼仙及澄枢等争附之。胡子乃诈言琼仙、澄枢、延寿皆上天使来辅太子,不可轻加以罪,其诞妄多此类。"[③]这个托言"玉皇"降身,"上天"遣使的女巫,利用道教神话以愚弄刘鋹,而刘鋹竟以国事叩之,表明道教在他心目中有着崇高地位。

纵观安史之乱以后至五代十国期间,各统治者仍程度不同地奉行崇尚道教的政策。他们的崇道活动表现不一,归纳起来主要内容有:敬奉道教教祖玄元皇帝,定期朝谒太清宫,规定老君生日为"降圣节,"进行纪念;举行斋醮道场,受法箓,称道号,祈福禳灾,希冀国泰民安,江山永固;优宠道士,赐号封爵,询以治国之方和长生之道;或令炼丹合药,以图服食成仙;新建或修葺宫观,维护道教活动场所;批准度道士员额,增置崇玄生员,等等。这些崇道行为,一方面表明统治者利用道教,为其统治服务的用心,另一方面,也是道教适应统治阶级需要,以争取复兴和发展所作的努力。

第三节　中晚唐道教的传承发展

唐代道教由于受到统治者支持而得以发展。据杜光庭于唐僖宗中和四年(884年)十二月十五日记载:唐代从开国以来,"所造宫观约一千九百余所,[④]度道士计一万五千余人,其亲王贵主及公卿士庶或舍宅舍庄为观,并

① (清)吴任臣:《十国春秋》卷58,北京:中华书局1983年版,第2册,第841页。
② (清)吴任臣:《十国春秋》卷58,北京:中华书局1983年版,第2册,第844页。
③ (清)吴任臣:《十国春秋》卷60,北京:中华书局1983年版,第2册,第862页。
④ (宋)王溥:《唐会要·祠部》云:"凡天下宫观总一千六百八十七所",与此略有出入。

不在其数”。[①] 这反映了道教在唐代的盛况。但安史之乱的兵燹战火，使道教受到打击，影响趋于低落。后虽有帝王扶持逐渐恢复，甚至在唐武宗时道教再度兴起，可是不久又遭到黄巢起义的更大打击，“真宫道宇，所在凋零，玉笈琅函，十无三二”[②]。到五代十国时期，兵连祸接，道教更遭劫难。孙夷中《三洞修道仪序》说：“五季之衰，道教微弱，星弁霓襟，逃难解散；经籍亡逸，宫宇摧颓，岿然独存者唯亳州太清宫矣。次有北邙阳台、阳辅，庆唐数观，尚有典刑；天台衡湘，豫章灊岳，不甚凌毁；山东即邻于扫地矣。”[③]各地宫观多被毁坏，道士逃散，经书亡佚，一片荒凉破败景象。道士活动分散，留下的资料相当零散，现就这一时期有关道派传系及道士活动的情况，作一简要介绍。

一、南岳天台派的传系

道教各派经隋唐逐步融合，出现混而为一的趋向。在中晚唐至五代十国期间，道派传系最明显的为茅山宗及其衍生的南岳天台派。据刘大彬《茅山志》载，这段时间，茅山宗的传法，经历十三至十九代。

十三代李含光，广陵江都人，本姓弘，因避则天讳改，家世业儒，父孝威精黄老之术，号贞隐先生。含光于神龙初(705年)度为道士，居龙兴观。开元中从司马承祯居嵩阳二十余年，玄宗召见，问及金鼎，对曰：“道德公也，轻举，公中之私耳，若忽道德而求生徇欲，则似系风。”[④]玄宗深为感异，命居阳台观。岁余称病，乞还句曲纂修经法。令搜访散逸之经诰真迹。天宝七年(748年)三月，玄宗受三洞经箓于大同殿，遥礼度师，赐号玄静先生、法衣一袭。天宝十三载，夏，奉旨于茅山修河图斋谢雨。“自始及终，颇为周悉”[⑤]。安史之乱后，奉肃宗敕在茅山“修功德”，含光“与诸道士能戒行者，

---

① 《历代崇道记》卷20,《道藏》第11册,第7页。

② 《太上黄箓斋仪》卷52,《道藏》第9册,第346页。

③ 《道藏》第32册,第166页。

④ (元)刘大彬:《茅山志》卷11,《道藏》第5册,第602页。《历世真仙体道通鉴》卷25,“则似系风”后有“不亦难乎”。

⑤ (元)刘大彬:《茅山志》卷2,《道藏》第5册,第560页。

共遵香灯之务，庶以助国扶教，消灾致福”[①]。当平定叛乱、收复两京以后，肃宗又敕称：“仰荷玄元之祐，再成宗社之业，亦师精修愿力有以助之。”[②]含光于代宗大历四年（769 年）卒，年八十七，以左玄大夫赠正议大夫。

十四代韦景昭，丹阳延陵人，精究儒术而不肯取功名，独慕神仙之学，初度于延陵之寻真观，师事包世荣，[③]惟习灵宝经法。后居长安肃明观，天宝中奉诏侍玄静先生李含光归茅山。敕建紫阳观居焉。“大历（766—779 年）初受玄静经箓正传”[④]，贞元元年（785 年）卒，年九十二。

十五代黄洞元，南岳人，早游华阳，与李含光为师友。尝受行中黄服日之法，后入武陵住桃源观。大历九年（774 年）徙居庐山紫霄峰，凡十载，复至茅山住下泊宫，“日诵大洞经嗣韦宗师（景昭）之学”[⑤]，又八载，卒，寿九十五，德宗赠洞真先生号。

十六代孙智清，不知何许人，年少时入茅山，师洞真先生黄洞元，“大和六年（832 年）为山门威仪”。次年奏请重禁采捕，四时祭祀咸绝牲宰，奉敕书立紫阳观。武宗会昌元年（841 年）召修生辰斋，敕建九层宝坛行道，因赐明玄先生号。

十七代吴法通，润州丹阳人，试举子业不利，去茅山，孙智清“度为道士，尽授经法”[⑥]，僖宗乾符二年（875 年），遣使受大洞箓，尊称为度师，赐号希微先生。

十八代刘得常，金陵人，十七岁作《大道歌》，吴筠见他气骨飘然出尘，便说：“贤者能饮茅山泉一月，当十倍今日聪明，一年特生光慧，十年闻仙道矣。”得常乃作《冷泉吟》。吴筠又说：“吾有玉经妙旨，子若敛华归实，可以混合天人，离情理识。”“由是再拜执弟子礼，得其道。”[⑦]得常居紫阳观二十年，不出山门。

---

① （元）刘大彬：《茅山志》卷 2，《道藏》第 5 册，第 560 页。

② （元）刘大彬：《茅山志》卷 2，《道藏》第 5 册，第 558 页。

③ 包世荣师崇玄观包法整，法整师包方广，方广师王轨，王轨师王远知。

④ （元）刘大彬：《茅山志》卷 11，《道藏》第 5 册，第 602 页。

⑤ （元）刘大彬：《茅山志》卷 11，《道藏》第 5 册，第 603 页。

⑥ （元）刘大彬：《茅山志》卷 11，《道藏》第 5 册，第 603 页。

⑦ （元）刘大彬：《茅山志》卷 11，《道藏》第 5 册，第 603 页。

十九代王栖霞，生于齐而长于鲁，天祐丁卯岁（907年），避乱南渡，至于寿春，从问政先生聂师道传道法，及华阳，又"从威仪邓启遐受大洞经诀"。南唐李昇召至金陵，馆于玄真观，加金印紫绶，号玄博大师。

纵观茅山宗，从安史之乱至五代十国期间，凡传七代。其中十五代黄洞元于公元792年卒后，到公元832年十六代孙智清任山门威仪，中间脱位四十年，原因不明，但《茅山志》所记这段时间的传系尚属清楚。

另据《续仙传》和《历世真仙体道通鉴》有关记载，茅山第十二代司马承祯，又传南岳天台一派。此派是以居住于南岳、天台或在南岳、天台受道而得名。传授上清大洞秘法或三洞经箓，其中多有闻名于当时并影响于后世者。今从司马承祯所传的薛季昌起，依次简介于下。

薛季昌，汉州绵竹人，[①]家世官显，自幼不好荣不茹荤，衣常布素。酷好山水，一日游青城，遂南如桃源，"后遇正一先生司马承祯于南岳，授三洞经箓，研真穷妙，勤久不懈"[②]。唐玄宗召入禁掖，延问道德，乃谈极精微，玄宗甚喜，恩宠优异。寻即还山。尝撰《道德玄枢》，以上清大洞秘法传田虚应。

道士田虚应，字良逸，齐国人，后迁南岳，躬耕于紫盖峰。母去世后，乃游五峰，放志自适，住降真堂，得薛季昌授上清大洞秘法。既承道要，涉历云水，传说有祈雨、止雨术。相传潭州旱，祈之久不获雨，"虚应鬈发弊衣，至郡无言而雨自降。又尝久雨不止，郡守建坛于岳观，亦默然岸帻而坐，洎升坛即霁"[③]。宪宗元和（860—820年）中，东入天台不复出，门弟子达者三人，冯惟良、陈寡言、徐灵府。

道士冯惟良，字云翼，相人。修道于衡岳中宫。与徐灵府、陈寡言为烟萝友，香火之外，琴酒自娱。久之，"就降真堂师田虚应，授三洞秘诀"。唐宪宗元和中东入天台，"以三洞之道行于江表"。宪宗诏，不赴，即华林谷创栖瑶隐居以止。年九十，传授弟子上百人，唯应夷节、叶藏质、沈观得其要。

---

① （元）赵道一：《历世真仙体道通鉴》谓河东人，此从《南岳总胜集》。
② （元）赵道一：《历世真仙体道通鉴》卷40，《道藏》第5册，第327页。
③ （元）赵道一：《历世真仙体道通鉴》卷40，《道藏》第5册，第327页。

应夷节,字适中,汝南人,生不喜茹荤,年七岁,去向灵瑞观吴道士学道经,十三岁与道士籍。久之游天台、龙虎山,“受正一紫虚都功等箓”,从冯惟良受“上清大法”①。与叶藏质、刘处静为林泉友。唐武宗会昌(841—846年)中,于天台桐柏观西南建坛以居。武宗赐名道元院。《历世真仙体道通鉴》说,应夷节“栖真此地五十余年。吴越之人瞻风稽首、愿侍巾几者莫知其数。每入静行道,登坛阅箓,或为人致福,数有感应。居常诵黄庭、大洞二经,至于八道望云,三元受事,回风隐地,攀斗藏天之术尤勤行之”。尝谓门弟子曰:“吾以维持教法,不能灭迹匿端,虽道不违人而勤行方至,然玉京金阙,泉曲丰都,相去几何?唯心所召,尔等勉之。”②昭宗乾宁(894—897年)中卒,春秋八十五。杜光庭曾师事之。

道士叶藏质,字含象,处州松阳人,叶法善之后裔。“初隶安和观为道士,诣天台冯惟良授三洞经箓。”③“尝于玉霄峰创道斋,号为石门山居,后奏乞为玉霄宫,懿宗许之。”④日诵道德、度人二经,晚年尤精符术。卒前忽命酒召其友应夷节同饮,告以行期,届时坐化,年七十四。

陈寡言,字大初,越州暨阳人,田虚应的弟子,隐居于玉霄峰,号曰“华林”。天台科法有阙遗者拾而补之。居常以琴酒自况,每吟咏放情自任。弟子有刘介,字处静,“奉几杖香火凡二十年,尽寡言之道”。寡言临卒前,以诗示其徒云:“我本无形暂有形,偶来人世逐营营,轮回债负今还了,搔首索然归上清。”谓处静曰:“当盛我以布囊置石室中,慎勿以木为也。”⑤年六十四。

徐灵府,号默希子,钱塘天目山人。田虚应弟子,居天台云盖峰虎头岩,自庐于石层上,乔松修竹,森然在目,有环池,方百余步,中多怪石,因名之曰“方瀛”,日以修炼自乐于其间。享年八十二。“著《玄鉴》五篇,注《通玄真经》十二篇,撰《天台山记》、《三洞要略》。门人得其道惟左元泽。”⑥

① (元)赵道一:《历世真仙体道通鉴》卷40,《道藏》第5册,第329页。
② (元)赵道一:《历世真仙体道通鉴》卷40,《道藏》第5册,第329页。
③ (元)赵道一:《历世真仙体道通鉴》卷40,《道藏》第5册,第329页。
④ 《天台山志·洞天宫》,《道藏》第11册,第96页。
⑤ (元)赵道一:《历世真仙体道通鉴》卷40,《道藏》第5册,第328页。
⑥ (元)赵道一:《历世真仙体道通鉴》卷40,《道藏》第5册,第328页。

刘元靖，武昌人，早师王道宗授正一箓，复入南岳师田良逸。宝历（825—826年）初诏入思政殿，敬宗问长生事，答曰："无利无营，少私寡欲，修身世世之旨也。"敬宗不悦，放令归山。会昌（841—846年）中复召入禁中，武宗请授法箓，"赐银青光禄大夫崇玄馆大学士，号广成先生"[①]。弟子吕志真得其道。

传扬南岳天台派的重要人物是闾丘方远，《续仙传》和《历世真仙体道通鉴》有传。闾丘方远，字大方，舒州宿松人。先后师事庐山陈元晤、香林左元泽、仙都山隐真岩刘处静，"受法箓于天台山玉霄宫叶藏质"。铨《太平经》为三十篇。钱塘彭城王钱镠为筑室宇于余杭大涤洞以居之。弟子二百余人。较著名者有"会稽夏隐言，谯国戴隐虞，荥阳郑隐瑶、吴郡凌隐周，广陵盛隐林，武都章隐之。皆传道要而升堂奥者也。广平程紫霄应召于秦宫，新安聂师道行教于吴国，安定胡谦光，鲁国孔宗鲁十人，皆受思真炼神之妙旨"[②]。

聂师道是传扬南岳天台派的又一重要人物。少师事于方外，年十三，披戴冠裳，十五，传法箓修真之要。后游行归南岳，礼玉清及光天碧玉二坛，泊招仙观，后又往南岳九疑山，复还问政山居二十余年。吴太祖杨行密覆江淮期间，敕广陵建玄元宫以居之。褒美为逍遥大师问政先生。"门人邹德匡、王处讷、杨匡翼、汪用真、程守朴、曾景霄、王可儒、崔繟然、杜崇真、邓启遐、吴知古、范可保、刘日祥、康可久、王栖霞等[③]皆为入室弟子，传上清法，散于诸州府，袭真风而行教，朝廷皆命以紫衣，光其玄门，至秦吴荆燕梁闽蜀之士咸来，逾纪勤苦奉事。""由是居广陵三十余年，有弟子五百余人。"[④]

① 《道藏》第6册有《洞玄灵宝三师记》，记述田虚应、冯惟良、应夷节事迹甚详。署名广成先生刘处静撰。然文内称"广成先生刘君"、刘君处静，又称应夷节与刘君处静是"同学"，故知该文作者应是广成先生杜光庭，而不当是广成先生刘处静。实际上受唐武宗封号广成先生的是陈寡言的同学刘元靖而不是陈寡言的弟子刘处静。

② （五代）沈汾：《续仙传》卷下，《历世真仙体道通鉴》卷40，《道藏》第5册，第332页。

③ （五代）沈汾：《续仙传》卷下，无范可保、刘日祥、康可久、王栖霞四人。此据《历世真仙体道通鉴》卷40。

④ （五代）沈汾：《续仙传》卷下，《道藏》第5册，第95页。

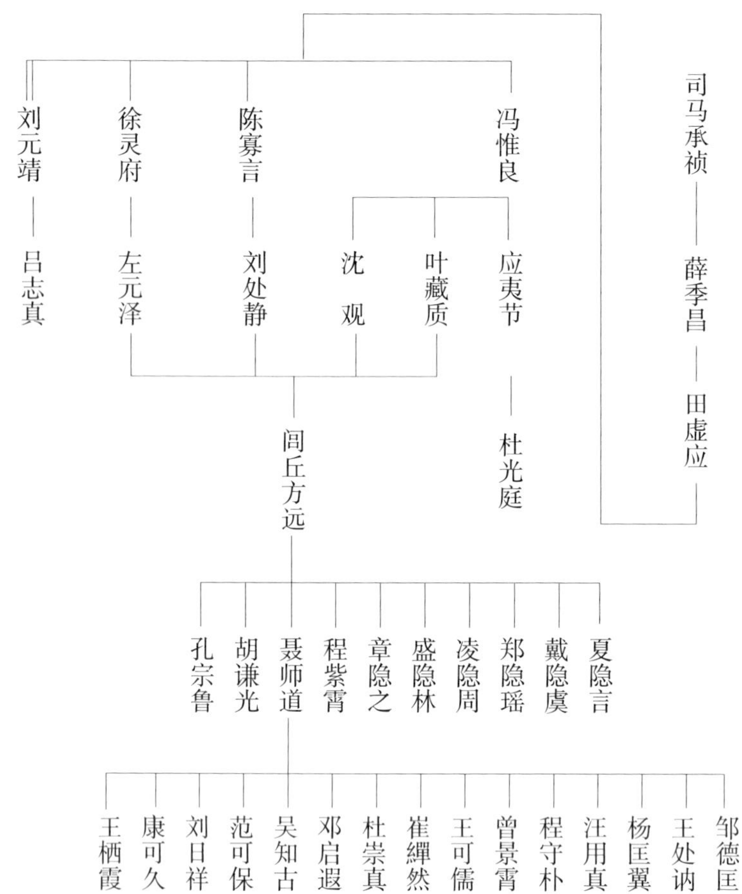

二、其他道派发展情况

此外,还有洞渊、北帝等派。

洞渊派起源于晋末居马迹山的道士王纂。杜光庭指出:“马迹山在舒州,王先生修洞渊法处。”①《历世真仙体道通鉴》卷28《王纂传》说:“西晋末,中原乱离,饥馑疠疫交作,民多毙无救,纂悯之。遂于静室飞章告天而泣涕不已。”于是感动“神人”授《神化》、《神咒》二经。王纂“按经品斋科行世江表,自是疫疠不复作矣”。以斋咒为人治病是其特点。到唐高宗、武则天

① 《洞天福地岳渎名山记 · 七十二福地》,《道藏》第11册,第59页。

时，有道士韦善俊，“诵《道德》、《度人》、《西升》、《升玄》等经，人有所惠，悉为赈救之用”。他“诣嵩阳观事黄元赜参佩道法，又从临汝洞元观道士韩元最复授秘要”①。其后叶法善继之。叶法善，字道元，“处州括苍人，及冠不茹荤，遇青城赵元阳授遁甲，嵩阳韦善俊授八史，由是自能厌劾鬼佐。”又遇“神人”授“正一三五之法”。叶法善经睿宗、玄宗朝，“有弟子百余人，惟暨齐物、尹愔为入室矣”②。继有刘玄和，号混成子，九江都昌人，有拔俗出尘之志，“入匡庐之龙兴观，礼住持三洞法师何子玉为师，继有异遇，一栖五老峰石室五十二年”，勤苦修炼，“自殖松桧，凿丹井汲水以疗人之疾，多获痊愈”③。唐德宗贞元十年(794 年)卒，年八十六。门弟子范仙舟得其道。上述黄元赜、韩元最、韦善俊、赵元阳、叶法善、暨齐物、尹愔、何子玉、刘玄和、范仙舟等均属洞渊派，《道藏》中有冠洞渊字之经，即属此派经籍。

北帝派“授北帝箓”④等经箓，治六天鬼神，辟邪禳祸之事，属上清别派。唐道士有麻姑山邓福唐，名紫阳，“诵天蓬咒，感北帝授剑法”。紫阳子华封，名德成；德成从子名延康。其后有居茅山之邓启遐，受箓于龙虎天师及何元通。王栖霞常问学。又有桃源黄洞元，授弟子何元通。这是北帝派的大致传系，与上清、正一有较密切的关系。

除上述两派外，还有在中晚唐至五代十国期间西南巴蜀地区的道士中传《镇元策灵书》一派。据《历世真仙体道通鉴》卷 42《舒虚寂传》说：“舒虚寂，字得真，开州人也。世业农。虚寂独喜林泉，好黄老术。事建阳翟乾祐天师。天师尝溯江游仙都观洞中，得《镇光策灵书》(按‘光’字为‘元’字之误，以下用‘元’)，乃葛稚川于罗浮山神仙降授之文也。乾祐谓虚寂曰：吾先师宋冲元所秘得者，……此书昔西灵金母授汉武帝，武帝传李少君，而后太极左仙公得之。葛稚川又得之于罗浮山。先师于洞庭君山复得之于葛仙公。因戒曰：镇元之道，乘大魁，履比极，视瑶光，蹑丹元，倚灵田，蹈阊阳，运元纲，握天枢，执持六气，指挥万灵，外可以召神，内可以延生。虚寂如所戒

① (元)赵道一：《历世真仙体道通鉴》卷 36，《道藏》第 5 册，第 305 页。
② (元)赵道一：《历世真仙体道通鉴》卷 39，《道藏》第 5 册，第 322 页。
③ (元)赵道一：《历世真仙体道通鉴》卷 38，《道藏》第 5 册，第 316 页。
④ 《三洞修道仪》，《道藏》第 32 册，第 168 页。

而修之,无不神验。”①这说明《镇元策灵书》,是假托神仙降授,与二葛一派有关的修炼之书。此书的传人中,宋冲元事迹不详。翟乾祐,名法言,夔州云安人,少喜老子说,志清修,不食五辛,唐玄宗天宝十四年(755年),翟乾祐年四十一,传说遇真人“授以宝笈灵文三科:一曰三将军秘术;二曰紫虚秘术;三曰太上正一盟威秘法”②。后召入京,唐代宗赐号通灵大师。这个三科秘术说明,它与正一道有渊源关系。翟乾祐晚年有弟子“徉狂道士”者,气功有成。《历世真仙体道通鉴》卷43说:“蜀有道士徉狂,俗号为灰袋郎,翟乾祐晚年弟子也。乾祐每戒其徒曰:‘勿欺此人,吾所不及。’尝大雪中衣布褐入青城山,暮投兰若,求僧寄宿。僧曰:贫僧一衲而已,大寒如此,恐不能相活。道士但言容一床足矣。至夜半,雪深风起。僧虑道士已死,就视之,去床数尺,气蒸如炊,流汗袒寝,僧始知其异人,未明不辞而去。”③这说明《镇元策灵书》一派,很讲究内炼工夫。《历世真仙体道通鉴》卷42说:道士向道荣,“事(舒)虚寂,授《镇元策灵书》而名闻于蜀”④。后向道荣以《镇元策灵书诀》付道士任可居。戒曰:“十八年后方可以示人灾福之验。勿窥荣利,毋妄传授,此道得之者神仙,泄之者夭枉。昔宋冲元传翟乾祐,乾祐传舒虚寂,虚寂传予,予今传汝五世矣。必付人则当察其志行而后授之,毋自贻咎。”同书又说,可居遂秘之,“凡二十年,渐言人休咎,或为禳醮。每占先令人斋戒,向壁列灯,为斗魁之像,坐其前,祸福吉凶历历如见”。可居于唐昭宗大顺(890—891年)去世,“其《镇元策灵书》不复传焉”⑤。这说明,由宋冲元开始传授的《镇元策灵书》一派,经翟乾祐、舒虚寂、向道荣到任可居,共传五世而止。

除以上道派外,还有些道士道派不明,有自己的特点,择其要者,作一介绍。

在这些人中,有弃官为道、修持《九天太真道经》的杨泰明。《历世真仙

① 《道藏》第5册,第339页。
② (元)赵道一:《历世真仙体道通鉴》卷41,《道藏》第5册,第338页。
③ (元)赵道一:《历世真仙体道通鉴》卷41,《道藏》第5册,第351页。
④ (元)赵道一:《历世真仙体道通鉴》卷41,《道藏》第5册,第339页。
⑤ (元)赵道一:《历世真仙体道通鉴》卷42,《道藏》第5册,第340页。

体道通鉴》卷 38 说：杨泰明（？—813 年）本儒生，事父母极孝，时呼为杨孝子。尝为汾阳王郭子仪慕客，性恬淡，不贪爵禄。每劝子仪说："军政虽曰尚严，然人命至重，不可轻杀。"以故子仪掌兵二十余年，不妄诛戮，军士爱之如父兄。泰明曾说，终日战斗，有伤慈心，遂出为长安令。唐代宗永泰元年（765 年），乃易道士衣，弃官潜遁，到庐山峰顶结庵，造青精饭辟谷，造松柏为香，祷于九天使者真王，求长生之道，积十四年，感"神人"授《九天太真道经》。开经观之，乃高上大洞经三十九章一号《九天太真道经》。泰明从此依经行持，屏迹尘世凡三十六年，[①]宪宗元和八年卒。

有不趋名利、修道长寿的李昇。《历世真仙体道通鉴》卷 46 说：李昇，字云举，自言江夏人。生唐德宗朝。博通群书，能文机捷，出口成章，为性高古，师于少室山道士。为炼气养形之术。时元稹廉察浙东。自居易出牧钱塘，以昇旧友，皆慕昇之文学道术，邀致于宾席间问昇："生当太平之世何不受荣禄而久为布衣乎？"李昇回答说："不为世累。"召之亦不就，乃徐吟曰："生在儒家遇太平，玄纁重滞布衣轻，谁能世路趋名利，臣事玉皇归上清。"[②]僖宗广明元年（880 年），黄巢起兵之后，天下骚然，惟江左稍安，宛陵主师田頵常好道术，昇至，頵乃延之，师事甚厚。时昭宗为朱全忠所篡，昇闻而不平，次日气绝，年一百四十七岁。

有传"天心正法"劾鬼治病的谭紫霄。《历世真仙体道通鉴》卷 43 说：谭紫霄，一名子雷，生于金陵，六经百氏秘典灵书多所该通。去玉笥山为道士，后遇异人授以魁罡斗极观灯飞符之术，能醮星象，事黑杀神君，为人祈禳灾福，颇知寿夭，自是名倾江湖，依之如流，遂入闽中。闽主王审知命为洞玄天师，左街道门贞一先生。闽亡，归金陵，南唐烈祖李昇授左街道门威仪及锡命服加真曜先生。保大（943—956 年）中又赐金门羽客。该书引《南唐列传》称：道士陈守元，"尝锄地得木札数十，贮铜盎中，皆张道陵符箓，朱墨如新藏，去而不能用，以授（谭）紫霄。紫霄尽能通之。遂自言得道陵天心正法，覈鬼魅，治产病多效。……今言天心正法者皆祖于紫霄"[③]。

① 《道藏》第 5 册，第 316 页。
② 《道藏》第 5 册，第 362—363 页。
③ 《道藏》第 5 册，第 348 页。

又有从事著述、维护道教尊严的聂绍元。《历世真仙体道通鉴》卷42云:聂绍元字伯祖,好书史,"尤精老、庄、文、列,一日诣金陵,师道士高朗昭受戒箓。……久之,自金陵还问政山,筑室以居,不偶世俗,自号'无名子',作《无名子草堂记》,世多以炼师称之。是时甫唐后主酷好事佛,待缁毳加礼,怒冠褐辈,苟其荣利,往往落须发以趣之。绍元上疏切谏。"①常撰《宗性论》、《修真秘诀》,学士徐铉、徐锴见之,俱称叹曰:"吴筠、施肩吾无以加焉。"

还有以道术隐显于时者,这类道士为数不少。如陈允升,饶州人,家世弋猎,允升独不食其肉,诣龙虎山入道。昇元(937—942年)"刺史危全讽素知其异,迎置郡中,独处一室,时忽失之。常燕坐,全讽谓之曰:'丰城桔美,颇思之。'允升曰:'方有一船桔,泊牢城港,今为取之。'港距城十五里,少选便还,提一布囊,可数百颗,因共食之。全讽有婚礼,市黄金郡中不足,辄呵责其下,允升曰:'无怒'。第取厚纸,以药涂之,投火中,皆成黄金。后全讽与吴师战,允升去之,曰:'慎勿入口中,全讽不悟,果败于象牙潭。"②又如巫山高唐观道士黄万户,"学六丁法于道士张君,常投一铁鞭疗疾,輙验。时戎州刺史文思辂亦有幻术,能剪楮为鱼,投盆内如生,已而收万户铁鞭归去,道由涪州,鞭忽亡归万户。高祖(后蜀孟知祥)召入宫,以诸皇子示之,万户乃指后主为太子,高祖大奇之。万户又能投符化铁而食,其它术皆类此。"③又有"杨仙公,淄齐间道士也。世莫知其年寿,时或有白头翁,往往自言儿时见之,常就锻工家假铁椎,自击其顶,又令人奋力舂之,了无所损;间入山,与虎豹戏,以手狎之,皆驯服而去"④。再有成都道士崔无斁"老而得聩疾,往往托算术,预知吉凶。(前蜀)高祖(王建)时,道士李嵩者,故唐宗室,居阳平化中,内怀不轨,时设斋,密召玉局道士杨德辉赴之。德辉诣无斁问此行何如,无斁令画地作字,德辉乃书'北千'两字,无斁云,'以千插北,便成

① 《道藏》第5册,第341页。
② 见《江淮异人录》及《十国春秋》卷34。
③ (清)吴任臣:《十国春秋》卷57,北京:中华书局1983年版,第832页。
④ (清)吴任臣:《十国春秋》卷57,北京:中华书局1983年版,第832页。

乖形，公去即乖耳。'德辉遂不果去，而蔫于就斋日竟罹祸"①。如此等等，不必一一列举。

三、沈汾及其《续仙传》

安史之乱以后至五代十国时期，出现了一些神仙传记、异闻小说。而记述唐到五代间修道成仙事迹较集中者为沈汾撰的《续仙传》。吴淑《江淮异人录》记沈汾事云："唐末沈汾侍御，退居乐道。家有二妾，一日谓之曰：'我若死，尔能哭我乎？'妾甚愕，曰：'安得不祥之言？'因问之，对曰：'苟若此，安得不哭。'汾曰：'汝今试哭，吾欲观之。'妾初不从，强之不已。妾走避之。汾执而扶之，妾不得已，乃曰：'君但升榻而坐。'汾如言，二妾左右拥袂而哭，毕，视之，汾已卒矣。"②这个戏剧性的故事，确表明沈汾的乐道者面貌。又《续仙传》中有《谭峭传》，谭峭曾托南唐宋齐丘为其《化书》作序，故知沈汾应为南唐末人。沈汾是一位神仙信仰者，他在《续仙传序》里说："大哉神仙之事，灵异罕测，初之修也，守一炼气，拘谨法度，孜孜辛勤，恐失于纤微，及其成也，千变万化，混于人间，或藏山林，或游城市。其飞升者多往海上诸山，积功已高，便为仙官，卑者犹为仙民，十洲间动有仙家数十万，耕植芝田，课计顷亩，如种稻焉，是有仙官分理仙民及人间仙凡也。其隐化者如蝉，留皮换骨保气固形于岩洞，然后飞升，成于真仙，信非虚矣。"③这就是说，沈汾认为，在人世之外，有一个神仙世界，人经过修炼，有可能成为神仙世界的官、民；仙官管理仙民，也管人世；隐化、飞升之说是可信的。他自称"汾生而慕道"，将其自幼及长，积年闻见之神仙传说，编成《续仙传》三卷，收录唐至五代间"成仙"者三十六人事迹。其中值得注意的有以下几点：

第一，在这三十六人中，大多数是道士，其他非道士身份的好道者，有隐士、儒生、进士、官吏以及从事医药、耕钓、米贩业者等，包括了士、农、商、医、

---

① (清)吴任臣：《十国春秋》卷47，北京：中华书局1983年版，第676页。

② 《道藏》第11册，第18页。

③ 《道藏》第5册，第77页。

吏各阶层人士，反映了道教有广泛的社会影响。

第二，从成仙道路看，主要是守真养气，炼气养形，守一行气，辟谷养气，胎息炼丹等内炼方术；再有服饵黄精和丹药的服食方术；也有饵药，养气内外结合的方法；还有崇道济人，行善积功的德行修养。这些情况，反映了唐代追求成仙的基本途径。

第三，《续仙传》表明，得道成仙者具有与凡人不同的神奇功能或法术。如入水不濡，入火不灼（谭峭、张志和）；夏衣绵，冬衣单，卧雪中气出如蒸（蓝采和、宋玄白）；年事已高而容颜益少（邬道微、刘瞎）等。还有指灯即灭（宋玄白）、飞坐松顶（侯道华）以及书符驱鼠（马自然），以符救疾，请雨、止雨（叶千韶）等道术。《四库全书总目》卷146评论《续仙传》说："虽其中附会传闻，均所不免，而大抵因事缘饰，不尽子虚乌有。如张志和见《颜真卿集》，蓝采和见《南唐书》，谢自然见《韩愈集》，许宣平见《李白集》，孙思邈、司马承祯、谭峭各有著述传世，皆非凿空。他如马自然、许碏、戚逍遥、许宣平、李升、徐钓者、谭峭、李阳冰①诸诗，亦颇籍其采录。惟泛海遇仙使归师司马承祯事，上卷以为女真谢自然，下卷又以为女真焦静贞，不应二人同时均有此异，是其虚构之词，偶忘其自相矛盾矣。"

在《续仙传》中，最可贵者是有关朝鲜道教史的《金可记传》。前已指出，道教在唐初即已传入朝鲜，中唐以后，复有朝鲜人来中国学习道教，金可记即是其中之一。《金可记传》说："金可记，新罗人也。宾贡进士。性沉静好道，不尚华侈，或服气炼形，自以为药。博学强记，属文清丽，美姿容，举动言谈，迥有中华之风。俄擢第进居终南山子午谷中，怀隐逸之趣，手植奇花异果极多。尝焚香静坐，若有思念，又诵道德及诸仙经不辍。后三年思归本国，航海而去。② 复来，衣道服，却入终南，务行阴德，人有所求无阻者。精勤为事，人不可谐也。大中十一年（857年）十二月，忽上表，言臣奉玉皇诏

① 李阳冰题院即亭诗见《续仙传》卷下《羊愔传》，其诗云："阮客今何在，仙云洞口横，人间不到处，今日此中行。"

② 章孝标《送金可纪归新罗》诗曰："登唐科第语唐音，望日初生忆故林，鲛室夜眠阴火冷，蜃楼朝泊晓霞深。风高一叶飞鱼背，潮净三山出海心。想把文章和夷乐，蟠桃花里醉人参。"见《全唐诗》卷560，北京：中华书局1999年版，第8册，第5795页。

为英文台侍郎，十二年二月二十五日当上升。时宣宗极以为异，遣中使征入内，固辞不就，又求见玉皇诏，辞以为别仙所掌，不留人间。遂赐宫女四人，香药金彩，又遣中使二人专看待。然可记独居静室，宫女中使多不接近，每夜闻室内常有人谈笑声，中使窃窥之，但见仙官仙女各坐龙凤之上，俨然相对，复有侍卫非少，而宫女中使不敢辄惊。二月十五日，春景妍媚，花卉烂熳，果有五云唳鹤，白鹄箫笙，金石羽盖，琼轮幡幢满空，仙仗极众，升天而去，朝列士庶观者填隘山谷，莫不瞻礼叹异。"①此与朝鲜学者李能和所撰《朝鲜道教史》中所引《海东异迹》的记载，除"金可记"作"金可纪"以外，其余从内容到文字均基本相同。这个关于金可记到中国修道成仙的故事，尽管情节上难免有夸张虚构的成分，但事实本身却表明了道教在唐代已对国外产生了吸引力，以至有来此留学、勤行修炼、道成仙去的生动记录。据李能和《朝鲜道教史》的记载，与金可纪同时一起来中国学习道教的，还有崔承祐与僧慈惠（义湘）二人。崔承祐学成回国，"累官至太尉，以口诀授崔孤云（名致远）及进士李清"②。年九十三岁卒。慈惠后入五台山，寂于太白山，年一百四十五岁卒，传其法于明法；明法又师李清，得李清之传，年一百一十二岁卒，传其法于权清。崔承祐等人入唐学道又回国传道，开始了朝鲜道教内丹学派的历史，在朝鲜道教史上有着重大作用。

到五代末年，朝鲜道书又返流入中国。《旧五代史》卷110《周书·恭帝纪》说：后周显德六年（959年）八月，壬寅，"高丽国遣使朝贡，兼进《别序孝经》一卷，《越王孝经新义》一卷，《皇灵孝经》一卷，《孝经雌图》一卷"。按《文昌杂录》所作解释：《别序》者，记孔子所生及弟子从学之事；《新义》者，以越王为问目，释疏文之义；《皇灵》者，止说延年避灾之事及符文，乃道书也；《雌图》者，止说日之环晕，星之彗孛，亦非奇书。尽管由于这些书现均亡佚，包括这部《皇灵孝经》的道书，其内容已不得而详了，但这一历史事实，却生动地证明了中国与朝鲜文化交流的悠久而亲密的友好关系。

① 《道藏》第5册，第81页。

② ［韩］李能和：《朝鲜道教史》，首尔：普成文化社1981年版，第382页。

第四节　杜光庭对道教建设的多方面贡献

唐玄宗在位期间，把李唐王朝的崇道活动推向了高潮，道教得到了前所未有的发展。但是，经过安史之乱和黄巢起义的猛烈震荡，唐王朝的统治江河日下，道教的影响也逐渐趋于低落。在这种形势下，道门中的一些有识之士，纷纷致力于道教神话、理论、方术、斋醮科仪的研究和建设，为维护和加强对道教的信仰作了不懈的努力，杜光庭就是比较突出的一位。

杜光庭（850—933 年），字宾圣，道号东瀛子，或称登瀛子。处州缙云人，或说是京兆杜陵人。杜光庭是唐代弃儒入道者，关于杜光庭入道的生平，《宣和书谱》卷 5 清吴任臣《十国春秋》卷 47《杜光庭传》有载。宋陶岳《五代史补》卷 1《杜光庭入道》载其生平说：

> 杜光庭，长安人，应九经举不第。时长安有潘尊师者道术甚高，为僖宗所重。光庭素所希慕，数游其门。当僖宗之幸蜀也，观蜀中道门牢落，思得名士以主张之。驾回，诏潘尊师使于两街求其可者，尊师奏曰：臣观两街之众，道听途说，一时之俊即有之，至于掌教之士，恐未合应圣旨。臣于科场中识九经杜光庭，其人性简而气清，量宽而识远，且困于风尘，思欲脱屣名利久矣。以臣愚思之，非光庭不可。僖宗召而问之，一见大悦，遂令披戴，仍赐紫衣，号曰广成先生。①

杜光庭随僖宗入蜀，遂留成都。后事前蜀主王建，为光禄大夫尚书户部侍郎上柱国蔡国公，赐号广成先生。晚年隐居青城山白云溪，年八十四卒，葬于清都观后。光庭学识渊博，精通儒、道经典，又与和尚为友，尝与僧贯休相戏谑。② 杜光庭在蜀中弘道五十余年，是唐五代颇负盛名的道士。前蜀主王建封为光禄大夫尚书户部侍郎上柱国蔡国公，赐号广成先生。杜光庭撰《太上洞渊神咒经序》，题录为："唐引驾传真天师、特进检校太傅、光禄大

① 《文渊阁四库全书》第 407 册，第 648—649 页。

② 贯休，婺州兰溪人，王建以为国师，号曰禅月。《五代史补》卷 1《贯休与杜光庭嘲戏》云：一日，二人并辔于通衢，而贯休马忽坠粪，光庭连呼"大师大师，数珠落地"，贯休曰："非数珠，盖大还丹耳。"

夫、行尚书户部侍郎、崇真馆大学士、上柱国、彭城郡蔡国公、弘教大师、金门羽客、文章应制、内殿供奉三教谈论、广成先生、食邑五千户、实封一千六百户、赐紫杜光庭撰。”①所撰《录异记》，则题录为：“光禄大夫、尚书户部侍郎、广成先生、上柱国、蔡国公、臣杜光庭纂。”②《历代崇道记》文末署为：“上都太清宫文章应制、弘教大师、赐紫道士、臣杜光庭上进谨记。”③《洞天福地岳渎名山记序》文末署为：“华顶羽人杜光庭于成都玉局编录。”④

杜光庭生平著述甚多，收入《道藏》的就有20余种，主要有：《道德真经广圣义》50卷，《太上老君说常清静经注》，《广成集》17卷，《历代崇道记》，《洞天福地岳渎名山记》，《道教灵验记》15卷，《神仙感遇传》5卷，《墉城集仙录》6卷，《录异记》8卷，《道门科范大全集》87卷，《太上黄箓斋仪》58卷，以及其他斋忏科仪十余种。杜光庭对道教的建设是多方面的，这里，着重介绍以下几点。

一、对神化老子的系统描述

道教尊老子为道祖，奉《道德经》为主要经典。道教的产生和发展，是与不断地神化老子、竭力推崇《道德经》紧密相联的。在西汉人的笔下，老子原本是历史上实实在在的人。《史记》卷63称：“老子者，楚苦县厉乡曲仁里人也，姓李氏，名耳，字聃，周守藏室之史也。”到东汉，老子则被说成是与“道”等同的“先天地生”的“太上老君”和“世为圣者作师”的国师爷。三国时吴道士葛玄谓：“老子体自然而然，生乎太无之先，起乎无因，经历天地终始，不可称载”，也是发挥“老子者，道也”的意思。《魏书·释老志》卷114则说：“道家之原，出于老子。其自言也，先天地生，以资万类，上处玉京，为神王之宗；下在紫微，为飞仙之主。”这样，从东汉到南北朝，经道流不断演饰，老子逐渐由人升化为神，成为道的化身，晋尊为神宗、仙主，而构成人、道、神“三位一体”的形象。从而出现了各种神化老子的传说。到了唐

① 《道藏》第6册，第1页。
② 《道藏》第10册，第856页。
③ 《道藏》第11册，第7页。
④ 《道藏》第11册，第55页。

代,李唐王室出于政治上的需要,认老子为祖宗,尊之为大圣祖玄元皇帝,给老子戴上了金灿灿的皇冠,使神宗、仙主的太上老君,又多一重人间帝王的殊荣。唐代末年的杜光庭,则创造性地将以往各种神化老子的传说系统化,竭力树立老君的伟大而崇高的形象,以吸引人们的景仰。他于唐昭宗天复元年(901年)撰成的《道德真经广圣义》50卷,为唐玄宗的《道德经注疏》发挥微言大义。杜光庭在该书中借解"老子者,玄元皇帝之内号也",专列"释老君事迹、氏族、降生年代",称"老子即太上老君也"。分为30段以解名号之由起。在这30段中,他全面叙述了道教关于老子神奇的来历,伟大的神力,尊神的位统,世代的国师,异凡的降生等各种神话,使老子为道、神、人三位一体的概念,更加充实、具体而明朗化。

第一,关于老君即"大道之身"说。杜光庭写道:"老君生于无始,起于无因,为万道之先,元气之祖也。无光无象,无音无声,无色无绪,幽幽冥冥,其中有精,其精甚真,弥纶无外,故称大道。大道之身即老君也。万化之父母,自然之极尊也。"①他认为:"大道元气造化自然,强为之容,即老君也。虚无为体,自然为性,莫能使之然,莫能使之不然,不知其所以然,不知其所以不然,故曰自然而然。葛玄仙公序诀云:'老子体自然而然,生乎太无之先,起乎无因,经历天地终始,不可称载。"②他又写道:"老君乃无生之至精,兆形之至灵也。昔于空洞之中,结气凝真,强为之容。""形既莫测,号亦无边,在天为万天之主,在圣为万圣之君,在仙为万仙之总,在真为万真之先,在星为天皇大帝,在教为太上老君,或垂千二百号,或显百八十名,或号无为父,或号万物母,与大道而轮化,为天地而立根,浩浩荡荡,不可名也。"所谓"大道之身即老君",乃是把《道德经》中的"道"与"老君"等同起来,那么,大道化生天地万物,也自然被说成是老君的伟大神力了。

第二,关天老君"造天地"的神话。《魏书·释老志》称,老君之玄孙李谱文"言二仪之间有三十六天",这是道教三十六天说的早期记载。其后,《无上秘要》卷4《三界品》已记有三十二天③之名,但未说明这三十二天是

① 《道藏》第14册,第316页。
② 《道藏》第14册,第316—317页。
③ 欲界六天,色界十八天、无色界四天,种民四天。

怎样产生的。杜光庭则明确说是老君所创造。加上三清境、大罗天，共成道教的三十六天说。他在“造天地”一段写道：“老君乃天地之根本，万物莫不由之而生成。故立乎不疾之途，游于无待之场，御空洞以升降，乘阴阳以陶埏，分布清浊，开辟乾坤，悬三光，育群品，天地得之以分判，日月因之以运行，四时得之以代谢，五行得之以相生。故于九万九千九百九十九亿万气之初，运玄元始三气而为天，上为三清三境，即始气为玉清境，元气为上清境，玄气为太清境是也。又以三清之气各生三气三境，合生九气为九天：第一，郁单无量天；第二，上上禅善无量寿天；第三，梵监须延天；第四，寂然兜术天；第五，波罗尼密不骄乐天；第六，洞元化应声天；第七，灵化梵辅天；第八，高虚清明天；第九，无想无结无爱天。此之九天，各生三气，气为一天，合二十七天，通此九天，为三十六天。则四民三界上极三清是其数也。初下六天为欲界：(1)太黄天，(2)太明天，(3)清明天，(4)玄胎天，(5)元明天，(6)七曜天是也。次十八天为色界：(1)虚无天，(2)太极天，(3)赤明天，(4)恭华天，(5)曜明天，(6)皇笳天，(7)虚明天，(8)端靖天，(9)玄明天，(10)极瑶天，(11)元载天，(12)太安天，(13)极风天，(14)始皇天，(15)太黄天，(16)无思天，(17)上揲阮乐天，(18)无极昙誓天是也。次四天为无色界：(1)霄度天，(2)元洞天，(3)妙成天，(4)禁上天是也。此二十八天，名为三界，劫运[①]所及，阴阳所陶，气有穷极，人有岁数，则初第一太黄皇曾天，人寿九百万岁，一天加一倍，凡二十八天，年寿之数极于一千二百七万九千七百七十五万五千二百万岁，下至日月所交四千四百四十四万四千四百四十四亿气，一气三千里也。此上又四天，名为四种人天：(1)常融天，(2)玉隆天，(3)梵度天，(4)贾奕天。此四天超出三界，不生不灭，无年寿之数，无沦坏之期，大劫之交，灾所不及。向下诸天诸地，随劫沦灭，劫运再开，混沌复判，则此天之人，承太上所命，下化人间，教世行法，一如此劫之初，三皇继理矣。又上三天为三清境，一曰大赤天，二曰禹余天，三曰清微天，最上曰大罗天，

---

① (唐)杜光庭：《道德真经广圣义》卷2《历劫运》解“劫”云：劫者天地成坏之名，阳阴穷尽之数。阳尽则生阴，故为大水；阴尽即生阳，故为大火。阳极于九，故云阳九，阴极于六，故云阴六。小则三千三百年，次则九千九百年，大则九九大数八十一万年为劫终。

包罗诸天，极高无上，玄都玉京，镇于其巅，三尊所处，万圣朝轩，为极道之域，成化之根也”。① 杜光庭这里所说三十六天的名字，比《无上秘要》所说三十二天的名字稍简略，且增加最上四层天。

㊱大罗天 →上极

㉝大赤天 ㉞禹余天 ㉟清微天 →三清

㉙常融天 ㉚玉隆天 ㉛梵度天 ㉜贾奕天 →种民（四天）

㉕（皓庭）霄度天 ㉖（渊通）元洞天 ㉗（韩宠）妙成天 ㉘（秀乐）禁上天 →无色界（四天）

⑦虚无（越衡）天 ⑧太极（蒙翳）天 ⑨赤明（和阳）天 ⑩（玄明）恭华天 ⑪曜明（宗飘）天 ⑫（竺落）皇笳天 ⑬虚明（堂曜）天 ⑭（观明）端靖天 ⑮玄明（恭庆）天 ⑯（太焕）极瑶天 ⑰元载（孔升）天 ⑱太安（黄崖）天 ⑲（显定）极风天 ⑳始皇（孝芒）天 ㉑太黄（翁重）天 ㉒无思（江由）天 ㉓上揲阮乐天 ㉔无极昙誓天 →色界（十八天）

①太黄（皇曾）天 ②太明（玉完）天 ③清明（何童）天 ④玄胎（平育）天 ⑤元明（文举）天 ⑥七曜（摩夷）天 →欲界（六天）

（括号内字据《无上秘要》补）

三十六天表示图

① 《道藏》第 14 册，第 317—318 页。

杜光庭在叙述三十六天之后接着写道：老君“既分诸天，即以三十六天滓阴之气，下为三十六地，每天立一天帝，每地立一地皇，七十二君同禀命于老君矣。其诸天境域分布，凡有五亿之殊，皆三十六天之气所生也。地中有三十六洞天，[①]亦与上天相应，日月分精，玄照其间，则天文地理六甲五行阴阳变化，皆老君运玄妙之机，生之成之、行之化之矣。故曰道者万物之宗元，天得以清，地得以宁，物得以生，神得以灵，海岳得之以安镇，王侯得之以太平，道士得之以神仙，枯朽得之以发荣也。太上老君乃阴阳之主首，万神之帝君，元气之父母，天地之本根，先王之师匠，品物之魂魄，陶冶虚无，造化应因，衿带八极，载地悬天，游驰日月，运走星辰，呼吸六甲，吒御乾坤，改易四时，推移寒温，驱使风雨，奋鼓雷云，分别玄皇，历数虚盈，君臣父子礼义备矣。是知阴阳虽广，天地虽大，非道气所育，大圣所运，无由生化成立矣”[②]。这段老君“造天地”的神话，把道教所谓天上有三十六天、地中有三十六洞天以及日月星辰、风雨雷云、四时寒暑、礼义人伦等，都说成是老君所施为，赋予老君以创世主的尊荣。老君运道气以化生宇宙万物，是道教创世说的显著特点。

第三，关于老君的师尊及位统。杜光庭既强调老君的神力，又肯定三清尊神中老君所处地位。他说：“老君将显明大教，布化万方，乃曰：‘道不可无师尊，教不可无宗主，乃师事太上玉晨大道君焉。’大道君即元始天尊弟子也。道君审道之本，洞道之元，生于亿劫之前，为道气之祖也。天尊为五亿天之主，亿万圣之君，亦生亿劫之前，为道气之根本也。所以道君为老君之师，天尊为道君之师。二圣既立，乃曰，老者，处长之称；君者，君宗之号。以老君天上天下，历化无穷，先亿劫而化生，后亿劫而长存。天天宗奉，帝帝师承，故赐以太上老君之号。三圣相师，乃垂教尊卑之本矣。”[③]这就是把三清之间的关系明确为师徒关系，元始天尊是道气之根本，为师祖；玉晨大道君是道气之祖，为师父；老君是大道之身，为弟子，赐号太上老君，居三尊之

① “三十六洞天”的名称及所在地，见《云笈七籤》卷27司马紫微集《洞天福地》，又见杜光庭《洞天福地岳渎名山记》。

② 《道藏》第14册，第318页。

③ 《道藏》第14册，第317页。

位,为法王之尊。这样一个三清次序的排列,反映了唐代道教以上清茅山宗为主流的现实。

第四,关于太上老君的职司。杜光庭继续写道:老君"上总群圣,中理众真,下制诸仙,而统摄三十六天,三十六地,七十二君,星辰日月,岳渎万灵,阴阳变化,一切神明;主领天上天下,地上地下,五亿天界,有情无情,有识无识,有形无形,皆太上老君之所制御焉。由是常在太清境太极宫丹台紫阙玉堂之中,有三大仙,九太帝,二十七天君,八十一卿大夫,千二百仙官,二万四千灵司,七万仙童玉女,五亿天丁神王,并罗卫云衔;巨虬师子,金翅孔雀,凤凰灵兽,天马麒麟,备卫左右。老君时亦上朝元始,疏奏罪福;中谒玉宸,赏敕九官;下统三界生死之簿,一切神官鬼僚考察之司,仙官灵洞福食之曹,无幽无隐,莫不仰隶之焉。或下理九天,在太微勾陈六星中,号天皇大帝曜魄宝,所以乘三使六把九枢机,统摄万一千五百二十物,秉持仙箓,主领神人、真人、仙人、圣人、贤人,行人悉系之焉。但见百亿天王拜手在前,咨求风雨水旱,丰俭逆顺,生死善恶之事焉。游行万方以玄道化,而一老君常在太清太极之宫也。"①可见,在杜光庭的笔下,太上老君的职权范围,简直大得无与伦比,天地上下神、仙、人、鬼,一切的一切,都在老君的管辖之内。这与他排列的三清次序似乎有矛盾。老君作为弟子拥有这样大的权力,那么,他的师父玉晨大道君、师祖元始天尊又干什么呢?但在实际上这并不矛盾。杜光庭是把天尊、道君作为讲经传道的教师爷和述而不作的太上皇,而将老君当作秉承师教、负责行道的执政者。因唐代统治者是以老君为其始祖而突出尊奉老君,故他编造这些神话的目的,也是增强人们对老君的崇敬。由此也可看出,一切神话都不过是现实世界的曲折反映而已。

第五,关于老君"随机赴感"、"代为国师"的传说。按照杜光庭的说法是:老君经常住在高高的太清境太极宫中,又随时分形应感到尘世发布道德妙旨。概而言之,"老君极圣洞真,总领万化,化随方出,降德屈身,自亿劫之初至混沌之始,历羲娲一十八氏,三纪,五十八统,一百八十九代,代为国师。及神农之后,或为国主,或为师君,或为宾友,或为人臣,乃有郁华、录图

① 《道藏》第14册,第318页。

等号，以道德妙旨更相发明。所谓应物无择者，道也；赴感随机者，圣也。常以经图戒律，应化一切；分形应感，无量无边，而老君之体端寂无为，凝然常住于太清之宫也”①。这就是说：分形应感、无量无边的老君，即应物无择的道，是无处不在、无时不有的。具体地说，杜光庭依历史顺序，首先把道教的三洞三十六部经书说成为老君所出，“老君于上三皇时，人尚淳朴，以龙汉元年号玄中法师，以上清圣教十二部，大乘之道开度人天也”。“中三皇时，老君以赤明元年，号有古先生，降灵宝真经一十二部，中乘之法开化一切，救度兆人也。”“下三皇时，人心朴散，老君以开皇元年，号金阙帝君，出洞神经一十二部，小乘之法开度万品也。”②然后，根据人类的发展，把文明进化的成就，统统说成是老君不断教导的结果。杜光庭写道：

伏羲之时，人已浇漓，未有法度，老君以清浊元年，号郁华子，下为师，说《元阳经》，教伏羲画八卦，以通神明之德，以类万物之情，仰则观象于天，俯则取法于地，制嫁娶，叙人伦焉。

神农之时，人食禽兽，茹毛饮血，老君以清汉元年，号大成子，下为师，说《太上元精经》，教以化生之道，播百谷以代烹杀，和百药以救百病，尝桑得禾，柳得稻，榆得黍，槐得豆，桃得小麦，杏得大麦，荆得麻，五谷既登，禽兽免害，止杀所以长善，除恶所以全生。不食血肉，人无疾苦；五谷养性，人无宿业，其利人也大矣。

祝融之时，人食生冷，未知火食，老君以天汉元年，号广寿子，下为师，说《按摩通精经》，教陶铸为器，以变生冷，人保其寿焉。

自下三皇以后，伏羲以前，未有典礼，鸟兽同群，老君以道开化，渐渐生心，辩形食味，参以五行，广施经法，劝化兆人矣。

自伏羲之后，老君示以世法，制礼乐以叙尊卑，造衣章以明贵贱，作宫室以代巢穴，为舟车以济不通，置棺椁以代衣薪，造弧矢以威不顺，立

① 《道藏》第14册，第319页。

② 关于三洞三十六部经的具体名称，《太上黄箓斋仪》卷52云：洞真经十二部为：太一、妙林、太清、御视、上清、开化、元阳、妙真、开山、十仙、玉林、黄老。洞玄经十二部为：灵和、灵宝、通神、无量、集仙、内秘、真志、集善、炼精、生尸、宫图、炼魔。洞神经十二部为：太真、至德、黄庭、炼气、道德、元神、大劫、内简、神咒、三皇、按摩、小劫。（《道藏》第9册，第345页。）

刑狱以戒凶暴，造书契以代结绳，服牛乘马，引重致远，日中为市，交易而退，耒耜杵臼之利，重门击柝之规，并老君教于时君以化于物也。

黄帝时，老君号广成子，居崆峒山，黄帝诣而师之，为说《道戒经》，教以理身之道，黄帝修之，白日升天。

颛顼时，老君下为师，号赤精子，居衡山，授帝《微言经》，教以忠顺之道。

帝喾时，老君下为师，号绿图子，居江滨，授帝《黄庭经》，教以清和之道。

唐尧时，老君下为师，号务成子，居姑射山，授帝《政事离合经》，教以廉谨之道。

帝舜时，老君下为师，号尹寿子，居河阳，授舜《道德经》，说孝悌之道。此上下二经出于兹焉。

夏禹时，老君下为师，号真行子，居商山，授禹《戒德经》，说勤俭之道。又授《灵宝五符》，檄召神鬼，浚九江，通河海，决百川矣。

殷汤时，老君下为师，号锡则子，居灊山，授《长生经》，说恭爱之道。①

以上是杜光庭关于老君"世为圣者作师"的主要内容。从中可以看到，人类文明是不断进化的。历史唯物主义认为，人类的文明进化历史，是人民群众在长期实践中不断发明创造所推动的。英雄史观却归功于是个别英雄人物的创造。而上述道教史观则进一步把英雄创造历史，归结为道教教祖太上老君对历代圣人教导的结果，试图使人们相信，道教是历来就有并且是与人类命运息息相关的一种宗教。实际上，所谓老君在三皇时传授《上清经》、《灵宝经》、《洞神经》以及在历代降为师进行说教等各种传说，只不过是宗教家的虚构罢了。但从这些虚构中也可看出，道门神化老子的手法，有的是无中生有，有的是牵强附会，例如广成子语黄帝以"至道"一说，见于《庄子·在宥篇》，可是，庄子并未说广成子就是老子或老子的化身，以后道流为了说明老子"世为圣者作师"，就依据《庄子》所说，把广成子附会成老君

① 《道藏》第14册，第319—320页。

的化身，于是就制造出了各种“圣者师”的传说，从而形成老君济世度人的一套神话。

第六，关于老君托孕、降生诸说。道流既说老君是“大道之身”，天上之尊神，又说他是降生于世间的圣人，因而便造出种种不同凡响的托孕、降生之说。杜光庭写道：“老君愍时凋弊，欲反神降生，以殷第十八王阳甲十七年庚申之岁托孕于玄妙玉女。”①他引《玄妙玉女元君传》云：老君“虽代代应见为帝王师，而未有降世诞生之迹，乃于九清之上，命玄妙玉女降于人间，为天水尹氏之女，嫁李灵飞为妻。老君乃乘日精，驾九龙，化为五色流珠，下入玄妙玉女口中，而寄胞托孕八十一年，因攀李树而生老君，诞于左胁。当孕之时，神灵卫圣母之身；既生之后，玉女捧接，祥云满庭，日童散晖，月妃掷华，众圣来集，老君乃指李树曰，此吾姓也。在代凡有九名，一名耳，字伯阳……圣母在天即号玄妙玉女，既降育大圣即为太一元君。元君乃授老君化世行教之旨，内修九室三一之门，万善万恶之戒，百病百药之诀，虚无清静之规，九丹饵炼之品，将以示世人有师资授受之法，而太上大圣为万化之主，岂复待师受禀学乎？受道既毕，即有天乐骇空，流云霭野，千乘万骑，五帝上真，拥九光八景之舆，迎圣母元君归于玉清之上，至今为太一元君，国（唐）朝尊为先天太后”②。这是老君托孕降生较完整的故事。关于老君之父李灵飞的情况，杜光庭补充道：“按《玄中记》云：李灵飞当殷之时，父子相承得修生之道。父庆宾，年百余岁，常有少容，周游五岳诸山，一旦于所居，云龙下迎，白日升天。灵飞感父飞升之异，深隐不仕，内修其道，以天水尹氏之女为妻，居于濑乡。其妻尝因昼寝，梦天开数丈，众仙人捧日出于其处，良久，见日渐小，从天而坠，化为五色之珠，大如弹丸，梦中得而吞之，因即有孕，八十一年容色益少，常若处女，灵飞亦百余岁而升天。既诞生老君之后，即有五色云舆，迎之升天而去。”③这与《玄妙玉女元君传》的内容大体相同，只是更突出地告诉人们，老君出生于祖、父均是仙人的神仙世家。老君出生后还有一些神奇的情节。杜光庭写道：老君“生而白首”，“降生之时，九龙吐

① 《道藏》第14册，第320页。

② 《道藏》第14册，第323页。

③ 《道藏》第14册，第322页。

水以浴圣姿","降生之后,即行九步,左手指天,右手指地,曰:天上天下,唯吾独尊。""九日之中,身长九尺,七十二相,八十一好,蹈五把十,美眉方口,双柱三漏,日角月渊,具大圣之相也。"又"老君降生郡国,即古之楚国之分苦县,因城为名濑乡,因水为名曲仁里。九井之西,灵溪之侧,其县本名苦县,汉魏以来名谷阳县,乾封元年(666 年)改为真源县,中和二年(882 年)升为赤县"。"老君降生年代即殷武丁九年庚辰岁二月十五日也。"①以上是道门对司马迁《史记》中所记述老子进行神话编造的奇谈,杜光庭又予以系统整理,而且指出,按经诰,老君前后降生有三次:"一以上和七年庚寅之岁九月三日甲子,生于北玄女国天岡灵镜山李谷之间,圣母曰玄虚之母,当生之时,三日出于东方,九龙吐水以浴其形,因李谷而为姓,名玄元,字子光,乃高上之胄,玉皇之胤,位为长生大主太平正真太一君金阙后圣九玄帝君。今详考其时,亦是劫运之前,朱灵上和前劫之年号也。"②这位由玄虚之母所生的金阙后圣九玄帝君,与《太平经钞》甲部③所说十分近似。可知二者同出一源。因此,《太平经钞》甲部所说之金阙后圣九玄帝君,系老子之化身。"二以殷武丁庚辰岁二月十五日卯时,生于陈国苦县濑乡,圣母玄妙玉女乃上帝之师,后位为元君,详此即是亳州降生年月也。""三以老君自楼观与尹喜辞诀,当(周)昭王二十六年甲寅,约会于蜀青羊之肆,遂即降生于蜀,乃昭王二十九年丁巳,尹喜千日之后到蜀重见老君之时也。三度降生,此义为定。"④杜光庭上述所说老君三次降生,均属道教神话,唯所说第二次降生,似据《史记·老子传》所增衍,但亦将其降生时间,从春秋时代前推到殷商武丁之年,以故神其说。

综观杜光庭《道德真经广圣义》对于老子即太上老君的系统描述,道教关于老子其人是道、是神的脉络形象及无边神力,已较系统而完整地呈现出来。这是在唐代崇道高潮后所最终完成的对道教教祖的神化,也是唐代道教思想日益发展的重要标志。

① 《道藏》第 14 册,第 320 页。
② 《道藏》第 14 册,第 339 页。
③ 王明先生"疑《钞》甲是后人所伪补。"
④ 《道藏》第 14 册,第 339 页。

二、对《道德经》研究成果的历史总结

杜光庭系统神化老子，目的是弘扬老子所教《道德经》。《道德经》原本是春秋战国时代出现的一本哲学著作，具有重大的社会影响。由于它以"道"为最高范畴所构筑的宏大体系，主静贵柔的思想倾向和"谷神不死"、"长生久视"等神秘说教，与尔后出世的道教主旨吻合，遂被道流奉为传习的基本经典。历代有不少学者进行诠释注疏。唐玄宗亲注《道德经》，"御书四石幢注经立于左街兴唐观，右街金仙观，又诸州节度使、刺史，各于龙兴观、开元观形胜之所，各立石台以传不朽。""升《道德经》居九经之首。"①杜光庭从道教的角度，对《道德经》作了相当广泛深入的研究。《道德真经广圣义》着重阐述了以下几个问题。

第一，关于《道德经》产生的时代及其历史背景问题。

与神化老子相联系，道流对于《道德经》出现的时间，也制造了若干神话传说。杜光庭在《道德真经广圣义》卷5《说经时节》段里，列举了几种，并论证了自己的见解。他说："葛仙公《内传》云：黄帝时，老君为广成子，为帝说《道德经》及五茄之法；又《应号五圣图》及《纪圣老君内传》云：老君舜时号尹寿子，居河阳，说《道德经》，教以孝悌之道。舜行之，退身让物，尊道贵德，天下之人，从而化之……又诸家所引，皆言周昭王时癸丑之岁，于函谷关为尹喜作《道》《德》二篇，上下经焉。《史记》亦云，老君为关令尹喜著书五千余言。又王子年《拾遗》云，老君周时，居景室之山，常与五老人谈天地造化之事，著书十万言，后删其繁芜，作五千言矣。"②

以上几种说法，杜光庭是怎样看的呢？他同意老君向黄帝及帝舜说《道德经》的观点。为此，他进一步论证说："今按河上公授汉文帝上下二经章句，谓帝曰：'余注是经以来，千七百余年，凡传三人，连子四矣，勿示非其人。'成玄英法师解曰：'传三人者，务光，羡门子高，丘子是也。'以此详之，庄子云：汤伐桀后让位务光，务光不受，抱石自沉于清冷之泉。汤时务光即

① (唐)杜光庭:《道德真经广圣义》卷1,《道藏》第14册,第312页。

② 《道藏》第14册,第340页。

死,即授经在桀之前也。足明此经非是周昭王癸丑年及景石山中所著。又按《黄帝书》云:'谷神不死,是谓玄牝',全载此一章,则是黄帝时说经,所以黄帝著书引此一章尔。又按年代推之,若是昭王函关著经,至汉文帝时未及一千年,则与注经以来(年)数不同,益明此经是黄帝时及帝舜时说为定矣。且帝舜在位六十余年……(至汉文帝)凡计一千七百六十九年,则明说经在黄帝时,注经在舜时,非是函关特为尹喜著此五千文明矣。"①这里,杜光庭所谓老君在黄帝时说《道德经》,河上公在帝舜时注《道德经》,貌似有理,但实际上却大谬不然。因为,他所论证的前提是虚构的。所谓河上公注《道德经》"以来千七百余年,凡传三人,连子(汉文帝)四矣"这件事情,本是左仙公葛玄所虚构;道士成玄英又对这个虚构煞有介事地予以注解:"传三人者,务光,羡门子高,丘子是也。"杜光庭则据庄子所说务光为汤伐桀时的人,而断定"授经在桀之前"。再就汉文帝上推千七百年,据称正是帝舜时,所以证明"注经在帝舜时"。又《黄帝书》并非黄帝本人所著,而是黄老道家所伪托,其中引用《老子》书上的话,是不能作为"说经在黄帝时"的根据的。因此,杜光庭以道士们的一连串虚构为前提进行推理所得出的结论,是不真实的。不过,它却明白地告诉人们,道教中人对于《道德经》出现的时间,有着与世俗大不相同的看法。

杜光庭还从这个错误的结论出发,说明了《道德经》出现于帝舜时的历史背景、所起作用及其与后来授关令尹喜上下二经之关系。他在《道德真经广圣义序》里写道:"《珠韬玉扎》云:太上老君降迹行教,远近有四。其一,历劫禀形,随方演化,即千二百号,百八十名,散在诸经,可得征验矣。其二,此劫开皇之始,运道之功,孕育乾坤,胞胚日月,为造化之本,为天地之根,播气分光,生成品汇,自五太之首,逮殷周之前,为帝王师,代代应见,即郁华、录图、广成、尹寿、因机表号是也。三皇迭往,五帝不归,云纪龙师,时迁数革,鸟官火运,川逝风移,步骤不同,浇淳渐变。虽揖让斯在,而干戈屡兴,阪泉有翦戮之师,丹浦有专征之旅。智诈行而大朴隐,仁爱显而孝慈生,玄默希夷,日以浸薄。陶唐以耄昏献位,虞舜以历试登庸,忧轸万方,服勤庶

① 《道藏》第14册,第340页。

政。老君号尹寿子居于河阳，以《道德真经》降授于舜。经之旨也，道以无为居先，德以有称为次，亦犹三皇之书言大道也，五帝之书言常道也。其下薄裁非之义，节兼爱之仁，损俯仰之礼，挫铦巧之智，斥用兵之暴，抑谲诈之谋，使人复朴还淳，以无为无事为理。舜虽力而行之……而恬和清静之道，莫能致也。故禹汤之后，天下为家，各亲其亲，各子其子，大道既隐，玄化不流，礼乐滋繁，政刑大用矣。其三，老君以商阳甲之代，降神寓胎，武丁之年，诞生于亳，即今真源县九龙井太清宫是其地也。或隐或显，潜化群方，当周昭王癸丑之年，以此二经授关令尹喜，传于天下，世得而闻焉。其四，将化流沙，与尹喜期会于西蜀青羊之肆，示现降生，即昭王丁巳之年也。"①这里，杜光庭引道书《珠韬玉扎》所说太上老君四次降迹行教、以神话传说的手法，说明老君传授《道德经》有两次：一次是"降授于舜"，另一次是"授关令尹喜"。老君为什么要授舜以《道德经》？据说是为了帮助舜医治当时的社会弊病。杜光庭认为，在遥远的古代，民风淳朴，干戈不起，以后随着岁月的流逝，情况逐渐有了变化。即使在唐尧虞舜时候，"虽揖让斯在，而干戈屡兴"，"智诈行而大朴隐，仁爱显而孝慈生"。风气已不同于以前了。所以他说：老君以《道德真经》降授于舜"，宣扬大道，教以"无为"。"薄裁非之义，挫铦巧之智，斥用兵之暴，抑谲诈之谋，使人复朴还淳，以无为无事为理"。这段议论，尽管事实上不是对舜说的，但确实是本于《道德经》的思想。这也就表明，杜光庭认为，《道德经》是社会矛盾发展的产物，是道家企图"拯救世风"的灵丹妙药。同时他又谈到，社会矛盾的发展，不因《道德经》的出现而逆转，禹虽力而行之，"而恬和清静之道莫能致也。故禹汤之后，天下为家，各亲其亲，各子其子，大道既隐，玄化不流，礼乐滋繁，刑政大用矣"。《道德经》并不能阻止历史向"天下为家"的私有制社会发展。所以照他所说，老君又降生于商代，授《道德经》与关令尹喜，传于天下。这才是世人所见到的《道德经》。这样，杜光庭所谓老君两次传授《道德经》的故事，也就得以自圆其说了。

第二，关于《道德经》教的主要内容问题。

---

① 《道藏》第14册，第309页。

在《道德真经广圣义》卷1《叙经大意解疏序引》中，杜光庭对《道德经》教的主要内容提出了自己的看法。他说："夫此道德二字者，宣道德生畜之源，经国理身之妙，莫不尽此也。昔葛玄仙公谓吴王孙权曰：'《道德经》者，乃天地之至妙，有天道焉，有人道焉，有神道焉。大无不包，细无不入，宜遵之焉。'"①接着，他具体列出《道德经》教的内容三十八条，并分别引经为证。这里，删去其各条所引经文，仅录条目如下：

第一，教以无为理国；

第二，教以修道于天下；

第三，教以道理国；

第四，教以无事法天；

第五，教不以尊高轻天下；

第六，教不尚贤，不贵宝；

第七，教化人以无事无欲；

第八，教以等观庶物，不滞功名；

第九，教以无执无滞；

第十，教以谦下为基；

第十一，教诸侯以正理国；

第十二，教诸侯政无苛暴；

第十三，教诸侯以道佐天子，不尚武功；

第十四，教诸侯守道化人；

第十五，教诸侯不玩兵黩武；

第十六，教诸侯不尚淫奢，轻傜薄赋以养于人；

第十七，教诸侯权器不可以示人；

第十八，教以理国理身尊行三宝（一曰慈，二曰俭，三曰不敢为天下先）；

第十九，教人修身，曲己则全，守柔则胜；

第二十，教人理身，无为无欲；

① 《道藏》第14册，第314页。

第二十一，教人理身，保道养气，以全其生；

第二十二，教人理身，崇善去恶；

第二十三，教人理身，积德为本；

第二十四，教人理身，勤志于道；

第二十五，教人理身，忘弃功名，不耽俗学；

第二十六，教人理身，不贪世利；

第二十七，教人理身，外绝浮竞，不衒己能；

第二十八，教人理身，不务荣宠；

第二十九，教人理身，寡知慎言；

第三十，教出家之人，道与俗反；

第三十一，教人出家，养神则不死；

第三十二，教人体命，善寿不亡；

第三十三，教人修身，外身而无为；

第三十四，教人理心，虚心而会道；

第三十五，教人处世，和光于物；

第三十六，教人理身，绝除嗜欲，畏惧谦光；

第三十七，教人裒多益寡（谓移多余以补不足）；

第三十八，教人体道修身，必获其报。①

杜光庭说，举这三十八条，仅是《道德经》教义的“大纲”，对于大无不包、细无不入、内容极广的《道德经》来说，是很少的一部分，所谓“万分未得其一也”。在所举的三十八条中，对天道、神道，略而不论，讲养神不死，也只是对出家人而言。杜光庭着重谈的是人道，即为人处世应遵循的思想原则。他强调以无欲、无为、无事、谦下、守柔、积德、崇善去恶、曲己求全等，为理国理身的基本思想，表现出道教哲学的重要特点。在某些方面，不失为善良、高尚的道德规范。但这些思想的总倾向，是无所追求、无所作为的，安于现状、趋于保守、消极成分居多，它有利于维护封建社会的统治秩序，而不利于发挥人们的积极进取精神。这些，也正是道教教义所具有的社会文化心理

① 参见《道藏》第14册，第314—316页。

性格。其中“教诸侯”应做到的七条内容，针对唐代藩镇割据势力淫奢苛暴，黩武玩兵的状况，特别是安史之乱的教训，亦有其现实意义。杜光庭举出的上述三十八条经教，揭示了道教以《道德经》为基本经典作为教义的主要内容，也就帮助人们理解道教利用了《道德经》中的哪些思想作为教义。这对于弄清道教与《道德经》的关系以及道教思想发展的历史是有益的。杜光庭在举出《道德经》中三十八条教义以后，强调其重要性说：“若为君之无道德，如瞻视之无两目；若为臣之无道德，如胸腹之无五藏；理家之无道德，如尸僵而无气。由是论之，道之于人不可阙矣。”①这就是说，道教依据《道德经》提出的教义，是为君为臣，理国理家必须奉行而不可须臾背离的。他又在《道德真经广圣义》卷五《释疏题明道德义》中声称：“此经以自然为体，道德为用，修之者，于国则无为无事，自致太平；于身则抱一守中，自登道果；得之者，排空驾景，久视长生。于国失道德则必败亡；于身丧道德则致沦灭，故在乎上士勤行抱之为式也。”②高度强调了奉行《道德经》教的重要意义。

第三，对以往诸家注解《道德经》的基本总结。

《道德真经广圣义》不仅阐述了《道德经》出现的时代和历史背景，举出了《道德经》教的主要内容及其重要意义，而且还对以往注解《道德经》的情况进行了回顾和考察，在《道德真经广圣义序》里，杜光庭追述了历代注解《道德经》的情况。他说：

> 此《道德经》自函关所授，累代尊行，哲后明君，鸿儒硕学，诠疏笺注六十余家，则有《节解》上下（老君与尹喜解）、《内解》上下（尹喜以内修之旨解注）、《想尔》二卷（三天法师张道陵所注）、《河上公章句》（汉文帝时降居陕州河滨，今有庙见存）、《严君平指归》十四卷（汉成帝时蜀人名遵）、山阳王弼注（字辅嗣，魏时为尚书郎）、南阳何晏（字平叔，魏驸马都尉）、河南郭象（字子玄，向秀弟子，魏晋时人）、颖川钟会（字士季，魏明帝时人）、隐士孙登（字公和，魏文、明二帝时人）、晋仆射太山羊祜（字叔子，注为四卷）、沙门罗什（本西胡人，苻坚时自玉门关

① 《道藏》第14册，第316页。

② 《道藏》第14册，第341页。

入中国,注二卷)、沙门图澄(后赵时西国胡僧也,注上下二卷)、沙门僧肇(晋时人,注四卷)、梁隐居陶弘景(武帝时人,贞白先生注四卷)、范阳卢裕(后魏国子博士,一名白头翁,注二卷)、草莱臣刘仁会(后魏伊川梁县人,注二卷)、吴郡征士顾欢(字景怡,南齐博士,注四卷),松灵仙人(隐青溪山,无名氏年代)、晋人河东裴楚恩(注二卷)、秦人京兆杜弼(注二卷)、宋人河南张凭(字长宗,明帝太常博士,注四卷)、梁武帝(萧衍注《道德经》四卷,证以因果为义)、梁简文帝(萧纲,作《道德经述义》十卷)、清河张嗣(注四卷,不知年代)、梁道士臧玄静(字道宗,作疏四卷)、梁道士孟安排(号大孟,作经义二卷)、梁道士孟智周(号小孟,注五卷)、梁道士窦略(注四卷,与武帝、罗什所宗无异)、陈道士诸糅(作玄览六卷)、隋道士刘进喜(作疏六卷)、隋道士李播(又作"播")(注上下二卷)、唐太史令傅奕(注二卷并作音义)、唐嵩山道士魏征(作《要义》五卷,为太宗丞相)、法师宗文明(作《义泉》五卷),仙人胡超(作《义疏》十卷,西山得道)、道士安丘(作《指归》五卷)、道士尹文操(作《简要义》五卷)、法师韦录(字处玄,注兼义四卷)、道士王玄辩(作《河上公释义》一十卷)、谏议大夫肃明观主尹愔(作《新义》十五卷)、道士徐邈(注四卷)、直翰林道士何思远(作《旨趣》二卷、《玄示》八卷)、衡岳道士薛吉昌(作《金绳》十卷、《事数》一卷)、洪源先生王鞮(注二卷,《玄珠》三卷,《口诀》二卷)、法师赵坚(作《讲疏》六卷)、太子司议郎杨上善(高宗时人,作《道德集注真言》二十卷)、吏部侍郎贾至(作《述义》十一卷,《金钮》一卷)、道士车(玄)弼(作疏七卷)、任真子李荣(注上下二卷)、成都道士黎元兴(作注义四卷)、太原少尹王光庭(作《契源注》二卷)、道士张惠超(作《志玄疏》四卷)、龚法师(作《集解》四卷)、通义郡道士任太玄(注二卷)、道士冲虚先生殿中监申甫(作疏五卷)、岷山道士张君相(作《集解》四卷)、道士成玄英(作《讲疏》六卷)、汉州刺史王真(作《论兵述义》上下二卷)、道士符少明(作《道谱策》二卷)、玄宗皇帝所注《道德》上下二卷(《讲疏》六卷),即今所广疏矣。①

---

① 《道藏》第14册,第309页。

在杜光庭回顾注解《道德经》的这六十家中，有道士、儒生、僧人、隐者、官吏以至帝王，各类人士都对《道德经》产生兴趣，予以研注，说明《道德经》流传之广，影响之深。其中道士人数几乎占了三分之二以上，反映了道门中人的重视程度更是非同寻常。尽管在所列六十家中，对个别人（如松灵仙人）所注卷数未能说清，但绝大多数已有明确记载，是一份颇为珍贵的著录，以至其中相当一部分后来已经失传，而仍能使人了解从《道德经》问世以后到杜光庭为止的长时期中历代注解《道德经》的大致脉络，这应是杜光庭对清理思想文化遗产所作的贡献。

不仅如此，杜光庭还对各家注解《道德经》的不同侧重点进行了分析概括："《道德尊经》，包含众义，指归意趣，随有君宗。河上公、严君平，皆明理国之道；松灵仙人、魏代孙登、梁朝陶隐居、南齐顾欢，皆明理身之道；符坚时罗什、后赵图澄、梁武帝、梁道士窦略，皆明事理因果之道；梁朝道士孟智周、臧玄静、陈朝道士诸糅、隋朝道士刘进喜、唐朝道士成玄英、蔡子晃、黄元赜、李荣、车玄弼、张惠超、黎元兴，皆明重玄之道；何晏、钟会、杜元凯、王辅嗣、张嗣、羊祐、卢氏、刘仁会，皆明虚极无为、理家理国之道。此明注解之人意不同也。又诸家禀学立宗不同：严君平以虚玄为宗；顾欢以无为为宗；孟智周、臧玄静以道德为宗；梁武帝以非有非无为宗；孙登以重玄为宗。宗旨之中，孙氏为妙矣。"①杜光庭分析了各家注解《道德经》的不同意向和宗旨，并认为他们都是从不同的角度，为探索《道德经》奥秘所作的努力。他说："所释之理，诸家不同：或深了重玄，不滞空有；或溺推因果，偏执三生；或引合儒宗，或趣归空寂。莫不并探骊室，竞掇珠玑；俱陟钟山，争窥珪瓒。"②对诸家注解采取了肯定的态度。

杜光庭在众家注解中，特别推崇唐玄宗"躬注八十一章，制疏六卷。内则修身之本，囊括无遗；外即理国之方，洪纤毕举。宸藻遐布，夺五云之华；天光涣临，增两曜之色"③。但他认为，明皇注疏中所引经文，后学难于了解

① （唐）杜光庭：《道德真经广圣义》卷5《释疏题明道德义》，《道藏》第14册，第340页。
② 《道藏》第14册，第310页。
③ 《道藏》第14册，第310页。

其本源，所以他“采摭众书，研寻篇轴，随有比况，咸得备书”[①]，作《道德真经广圣义》以稍补益。杜光庭解释《道德经》的意向何在？我们从前面所引他所举出的三十八条经教以及强调其重要性看出，乃在于理国理身之道；其禀学立宗就是他所称赞的“宗旨之中，孙氏为妙”的“重玄之道。”自魏晋孙登用“玄之又玄”的观点统解《道德经》，开始以“重玄为宗”，以后继为道教学者陆续阐述，“重玄之道”成为羽流注解《道德经》的主导思潮，而为诸家注解《道德经》的重要流派。即如前面引述杜氏所列举的“梁朝道士孟智周、臧玄静，陈朝道士诸糅，隋朝道士刘进喜，唐朝道士成玄英、蔡子晃、黄玄赜、李荣、车玄弼、张惠超、黎元兴、皆明重玄之道”。杜光庭继续发挥双遣三翻，富有思辨色彩的重玄派传统，在解释玄宗疏“玄之又玄”为“都忘”时说：“夫摄迹忘名，已得其妙，于妙恐滞，故复忘之，是本迹俱忘，又忘此忘，吻合乎道。有欲既遣，无欲亦忘，不滞有无，不执中道，是契都忘之者尔。”[②]所谓“不滞有无，不执中道”，可说是对以往论“重玄之道”思想的高度概括，更简明地表述了重玄派学者解释“玄之又玄”的含义。从这个意义上说，也是对“重玄之道”的继承和发展。

杜光庭认为，“重玄”是《道德经》的高深微妙境界，以往注家都未能达到，所以明皇才为之作注制疏。他说：《道德真经》“横亘古今，独立宇宙，虽诸家染翰，未穷众妙之门；多士研精，莫造重玄之境”[③]。又说：“此经两卷，上经以道为目”，“夫其道也，极虚通之妙致，穷化济之神功，现贯生成，义该因果，纵之于己，则物我皆忘；荡之于怀，则有无双绝。道与德有相资相禀之义，故云《道德经》也”[④]。也是用“重玄之道”的观点解释《道德经》。同时，杜光庭释“道德”，多引“明重玄之道”的梁道士臧玄静语作解。如说：臧玄静云：“道者通物，以无为义。”“智慧为道体，神通为道用也。”“道德一体，而具二义，一而不一，二而不二。二而不二，由一故二；一而不一，由二故一。”据此，杜光庭发挥道：“不可说言有体无体，有用无用。盖是无体为体，体而

① 《道藏》第14册，第310页。
② （唐）杜光庭：《道德真经广圣义》卷6“玄之又玄”义。《道藏》第14册，第344页。
③ （唐）杜光庭：《道德真经广圣义序》，《道藏》第14册，第310页。
④ 《道藏》第14册，第337页。

无体;无用为用,用而无用。然则无一德非其体,无一用非其功。寻其体也,离空离有,非阴非阳,视听不得,搏触莫辩;寻其用也,能权能实,可左可右,以小容大,以大容小,体既无已,故不可思而议之;用又无功,故随方不示见。今不异此,但知道德不同不异,而同而异。不异而异,用辩成差;不同而同,体论唯一。不异异者,《经》云,道生之,德育之也;不同同者,《西昇经》云,道德混沌玄妙同也。知不异而异,无所可异:不同而同,无所可同。无所可同,无所不同;无所可异,无所不异也。”①杜光庭这段有关道德体用同异之辩的言论,与臧玄静一脉相承,反映了主“重玄”论者的思辨特征,也使“重玄之道”的运用达到了更高的水平。

综上可见,杜光庭的《道德真经广圣义》,是诸家注解《道德经》的历史性总结,把《道德经》的研究推上了一个新阶段,成为道教理论建设上一部承前启后的巨作,在道教思想发展史上有着重要地位。

三、对宣扬道教信仰的各种努力

杜光庭系统神化老子,全面阐述《道德经》,目的是加强道教的理论阵地和对道教的信仰,同时又在神仙实有与历代崇道方面开展对信仰道教的宣传。

(一)宣扬神仙实有和仙道多途论

道教宣扬的长生不死、即身成仙,一直受到人们的怀疑和责难。葛洪、吴筠对此均曾做过辩解和论证。杜光庭在《毛仙翁传》里又继续辩解说:“夫仙之上者,骨肉升飞,与天无极。又九天之上,无何之乡,为极阳之都,神仙之府也。世之得道者,炼阴而全阳,阴滓都尽,阳华独存,故能上宾于天,与道冥合,则黄帝驾龙而腾跃,子乔控鹤而飞翔,赤松乘雨而飘摇,列寇御风而上下,史简昭著,又何疑焉。”②并阐述了为什么修道便可以长生成仙的道理。他认为:“人之生也,参天而两地与气为一。天地所以长存者,无

① (唐)杜光庭:《道德真经广圣义》卷5《释疏题明道德义》,《道藏》第14册,第337—338页。

② 《毛仙翁传》,载(清)董诰等编:《全唐文》卷944,北京:中华书局1983年版,第10册,第9813—9814页。

为也,人之所以生化者,有为也。情以动之,智以役之,是非以感之,喜怒以战之,取舍以弊之,驭努以劳之,气耗于内,神疲于外,气竭而形衰,形凋而神逝,以至于死矣。故曰委和而生,乘顺而死,率以为常也。"①这就是说,人之所以由生至死,是因为"有为"的缘故,气耗尽了,神消逝了,形凋敝了,人就死了。而天地"无为",所以能长存,如果效法天地之"无为",人也就可以长存不死。杜光庭继续写道:"修道之士,黜嗜欲,隳聪明,凝然无心,淡然无味,收视返听,万虑都冥,然后虚空生胎,吻合自然,观化之初,穷物之始,浩然动息,与道为一矣。与道为一,则恣心所之,从心所欲,是非不能乱,势利不能诱,寒暑不能变,生死不能干,指顾乎八极之外,逍遥乎六虚之表,无所不察,无所不知,目能洞视,耳能动听,亦能视听不由乎耳目,何者?神鉴于未然,智通于天地也。"②这就是说,通过修道,从不思不想、不视不听一直修炼到"与道为一"的"无为"境界,便能达到"无所不察,无所不知"的"无不为",这就有未卜先知的超凡智能了。"如此,则世人之休咎,寿夭,富贵,贫贱,皎然在目,岂待乎阴阳之数,蓍龟之兆而后知之乎?"③

杜光庭既论证神仙实有,又指出仙道非一。他引真经云:"得道去世,或隐或显,证道虽一,修习或殊,故云神仙之道百数,非一途所限,非一法所拘也。"④仙道多途,不拘一法,更能适应学仙对象的多样性,有利于在宣传上赢得信徒,他把修道成仙的情况,分为几种:"夫神仙之上者,云车羽盖,形神俱飞;其次牝谷幽林,隐景潜化;其次解形托象,蛇蜕蝉飞。"这三种即所谓白日升天、山林隐化、尸解神游者,是道教经常所宣传的,常见于神仙传记之中,一般当作神话看待。值得注意的是他说的最后一种:"又有积功未备,累德未彰,或至孝至忠,至贞至烈,或心不忘道,功未及人,寒栖独炼于己

① 《毛仙翁传》,载(清)董诰等编:《全唐文》卷944,北京:中华书局1983年版,第10册,第9814页。

② 《毛仙翁传》,载(清)董诰等编:《全唐文》卷944,北京:中华书局1983年版,第10册,第9814页。

③ 《毛仙翁传》,载(清)董诰等编:《全唐文》卷944,北京:中华书局1983年版,第10册,第9814页。

④ (唐)杜光庭:《墉城集仙录序》,载(清)董诰等编:《全唐文》卷932,北京:中华书局1983年版,第10册,第9705页。

身，善行不加于幽显者，太上以其有志，太极以其推诚，限尽而终，魂神受福者，得为善爽之鬼，地司不制，鬼录不书，逍遥福乡，逸乐遂志，年充数足，得为鬼仙。然后升阴景之中，居王者之秩，积功累德，亦入仙阶矣。如此，则善不徒施，仙固可学，功无巨细，行无洪纤，在立功而不休，为善而不倦也。修习之志，得不勖哉？"[①]这种针对社会各类人士的"鬼仙"之说，把那些在尘世上积功累德、行善乐施、忠臣孝子、贞夫烈妇、心不忘道、勤苦独修的人，都说成是可以感动太上，于死后"魂神受福"，逍遥自在，甚至升居王者之秩，进入神仙之列。它既不是形神俱飞，又不是隐化、尸解，而是在生行善，死后成仙。这对于道教的神仙思想来说，无疑是一个发展。它既克服了以往只讲既身成仙，白日飞升，事实上不能兑现，虽然借造神话传说，也令人难以信服的困难；又解决了由于成仙的要求太高，使人可望而不可即，只有极少数所谓秉赋特殊或前世在天上保有身份的人才被说成能升入天界的这一困境。现在杜光庭明确倡导在生行善、死后成仙的说教，虽然在生行了善，死后能否成仙，仍无从证明，但却容易吸引那些相信灵魂不死的人，且又简便可行。这就更有利于道教的广泛传布和发展，从而也更有助于发挥劝善止恶、稳定社会秩序的功能。

杜光庭认为，劝善止恶是各个宗教的共同教义，也是国家政权的重要职能。他说："经曰，人之不善，何弃之有。故立天子，置三公，此圣人教民舍恶从善也。又曰，为恶于明显者，人得而诛之；为恶于幽暗者，鬼得而诛之。又曰，为善者善气至，为恶者恶气至，此太上垂惩劝之旨也。书曰：惟上帝不常，作善降之百祥，作不善降之百殃，此圣人法天道，福善祸淫之戒也。由是论之，罪福报应，犹响答影随，不差毫末，岂独道释言其事哉？抑儒术书之固亦久矣……况积善有余福，积恶有余殃，幽则有鬼神，明则有刑宪，斯亦劝善惩恶至矣。"[②]这就是明白地把宗教和刑宪看成是劝善惩恶的工具。而在阶级社会中，所谓善恶的划分，主要是以统治阶级的利益为准，所以宗教宣传劝善惩恶，也主要是对维护统治秩序有利。

---

① (清)董诰等编：《全唐文》卷932，北京：中华书局1983年版，第10册，第9705页。

② (唐)杜光庭：《道教灵验记序》，《道藏》第10册，第801页。

为了证明神仙实有、仙道多途、积善成仙、善恶报应等观点，杜光庭编集了《墉城集仙录》10 卷，《道教灵验记》15 卷，《录异记》8 卷，《神仙感遇传》5 卷。

《墉城集仙录》，纪古今女子得道升仙之事。据杜光庭讲："女仙以金母为尊，金母以墉城为治"，故名之为《墉城集仙录》。他作序说："此传以金母为主，元君次之，凡十卷矣。"而现见于《正统道藏》者仅 6 卷。这 6 卷中，收有圣母元君（号玄妙玉女，为上帝师，太上老君之母），金母元君（九灵太妙龟山金母，一号西王母，亦号王母）以下至西河少女①等道教所传女仙三十七人的得道成仙的神话。以古书有关记载为依据，按人头系统集中，所谓"纂彼众说，集为一家"，保存了相当完整的资料。

《道教灵验记》，照杜光庭自序说，系通过"访诸耆旧，采之见闻"而写成的。"凡二十卷，庶广慎徵之旨，以弘崇善之阶，直而不文，聊记其事。"②是一部宣扬道教灵验事迹，劝人虔心奉道、舍恶从善的书。现保存于《正统道藏》的只有 15 卷。计收入宫观灵验 34 则；尊像灵验 23 则；老君灵验 21 则；天师灵验 10 则；真人、王母、将军、神王、童子灵验 12 则；经法符灵验 32 则；钟磬法物灵验 13 则；斋醮拜章灵验 22 则等共 167 则有关道教灵验的神奇故事，以宣传对道教的信仰。

《录异记》8 卷，记述自然、人事中的怪异现象。杜光庭信其实有，并认为是一种必然现象。他作《叙》说："怪力乱神，虽圣人不语，经诰史册往往有之。前达作者《述异记》、《博物志》、《异闻集》皆其流也。至于六经图纬河洛之书，别著阴阳神变之事，吉凶兆朕之符，随二气而生，应五行而出"，"异类为人，人为异类，皆数至而出，不得不生；数讫而化，不得不没。"他既承认"由田鼠为鴽，野鸡为蜃，雀化为蛤，鹰化为鸠"的自然变化，又肯定"星精降而为贤臣，岳灵升而为良辅"的星相神说。他认为这些使人惊奇的怪异现象，"大区之内，无日无之。"于是"聊因暇辰，偶为集录，或征于闻见，或采诸方册，庶好事者无忘於披绎焉，命曰《录异记》"③。《录异记》所记之

① 《道藏》第 18 册，第 165—200 页。

② （唐）杜光庭：《道教灵验记序》，《道藏》第 10 册，第 801 页。

③ 《录异记叙》，《道藏》第 10 册，第 856 页。

事,共有17类、116则。分计为:仙10则,异人14则,忠3则,孝3则,感应2则,异梦3则,鬼神8则,龙6则,异虎2则,异龟5则,异鼋2则,异蛇7则,异鱼6则,洞7则,异水10则,异石13则,墓15则。这些传说故事,怪诞离奇,似真似假,假假真真,其要在于宣扬善恶报应,劝人行好之意。

《神仙感遇传》5卷,是杜光庭编录的又一传奇故事集,体现虔诚好道、感遇神仙的思想。全书记述奇异人事75则,其可玩味者,如卷1有唐李筌至嵩山虎口岩,得《黄帝阴符》,入秦逢骊山老母说《阴符》之义;卷4有虬须客与李靖、刘元靖和一道兄会于太原,见李世民,知为真主,而远去东南图业的故事;卷5有一"蜀民"于白鹿山捕猎,逐鹿入崖中,见"小成都",类似《桃花源记》的故事;还有僧悟玄,潜心求道,遍游名山洞府,入峨眉山,经仙人指点,得进天真皇人所居之洞,别有天地,殆非人间,出洞后,志栖名山,誓求度世,复入峨眉,不知所之。如此等等。

杜光庭上述这些神仙传记、灵验传闻、怪异集录以及遇仙传说等大量材料的编纂,对于宣传世有神仙、神仙可学、道教可信方面,无疑有着一定影响。

(二)记述历代帝王崇道事迹

杜光庭撰《历代崇道记》或称《历代帝王崇道记》,以诱发统治者对道教的崇敬和支持。该书记述从周穆王经秦汉至唐僖宗中和四年(884年)间,历代帝王崇道故事,其中多属神话,但也有一些内容值得注意。

第一,度道士开始于周穆王说。《历代崇道记》云:"穆王于昆仑山、王屋山、嵩山、华山、泰山、衡山、恒山、终南山、会稽山、青城山、天台山、罗浮山、崆峒山致王母观,前后度道士五千余人。"①这也就是认为,至少在周穆王时,就已经有道教了。显然与历史事实并不相符。

第二,供老君神像始于汉武帝说。《历代崇道记》云:"孝武帝奉道弥笃,感王母降于宫中,遗帝白银像五躯,曰,是太上老君之真形也。帝别营三殿而供养之。后移像于柏梁台上,后又移于甘泉宫内,以一殿而并列之,南向设座,自兹始也。又度公主数人及度道士约五千余人,并造观三百余

---

① 《道藏》第11册,第1页。

所。"①所谓王母见武帝及赠老君白银像五躯与武帝供养的事，亦仅是一种神话，并非事实，但称"南向设座"的宫殿是从汉武帝开始，也许是他的一家之言。

第三，击鼓集众始于晋初说。《历代崇道记》云：晋武帝司马炎（265—290 年在位）时，"吴郡临平湖岸崩，获石鼓一枚，遣使上进，帝问司空张华，此物何用？曰：但以桐木刻作鲸鱼形，扣之必有声，闻于数里。至惠帝（290—306 年在位）时，于宫中忽夜鸣不已。帝甚恶之，乃迁嵩山万岁观，击之集众，自兹始也"。②

第四，道士赐紫始于唐初说。《历代崇道记》云：唐高祖李渊"武德三年（620 年），诏晋阳道士王远知，授朝散大夫，并赐缕金冠子，系紫丝霞帔，以预言高祖受命之征也。太宗又加远知银青光禄大夫，并远知预言之故也。羽衣人赐紫衣自兹始也"③。

第五，宫观击木石鱼磬的由来。《历代崇道记》云：唐玄宗开元（713—741 年）年间，"衢州为建观宇，穿地得鱼一头，长三尺，其状似铁，微微带紫碧之色，又如青石光莹雕镌，殆非人工所成也。扣之甚响，其鱼亦不能名，遣使来献。玄宗令宣示百僚，亦不能辨，玄宗乃呼为瑞鱼磬，仍命悬于太微宫，非讲经设斋，不得击之。由是诸观竞以木石模之，以代集众。"④

由此可见，《历代崇道记》一书，神话与史实杂糅，其中既有不少虚构，也有一些可供参考的史料。

四、编录神仙住地的宗教神学地理集

道教承袭和发展古代神仙居于天上、海中或名山的传说，陆续造出了一些神仙住地的神话。《道藏》中讬名汉东方朔集《十洲记》⑤述说的十洲三

① 《道藏》第 11 册，第 1 页。
② 《道藏》第 11 册，第 1 页。
③ 《道藏》第 11 册，第 2 页。
④ 《道藏》第 11 册，第 3 页。
⑤ 《道藏》第 11 册，第 51 页。又《云笈七籤》卷 26 题名为《十洲三岛》。

岛；唐司马承祯集《天地宫府图》①记录的十大洞天、三十六小洞天、七十二福地以及《无上秘要》、《三洞珠囊》收入的二十四治等，就是现在能见到的杜光庭以前已有的资料。杜光庭据前人所述，编集《洞天福地岳渎名山记》，把见于各种道书中所谓的神仙住地，作了统一的编纂和简要的记录，形成了一部较完整的道教的宗教神学地理集。他作《序》称："乾坤既辟，清浊肇分，融为江河，结为山岳。或上配辰宿，或下藏洞天，皆大圣上真主宰其事，则有灵宫閟府，玉宇金台。或结气所成，凝云虚构；或瑶池翠沼，流注于四隅；或珠树琼林，扶疎于其上，神凤飞虬之所产，天驎泽马之所栖。或日驭所经，或星躔所属，舍藏风雨，蕴畜云雷。为天地之关枢，为阴阳之机轴。乍标华于海上，或回疎于天中，或弱水之所萦，或洪涛之所隔，或日景所不照，人迹所不及，皆真经秘册，叙而载焉。太史公云：大荒之内，名山五千，其间五岳作镇，十山为佐。又《龟山玉经》云：大天之内，有洞天三十六，别有日月星辰灵仙宫阙，主御罪福，典录死生。有高真所居，仙王所理。又有海外五岳，三岛十洲，三十六靖庐，七十二福地，二十四化，四镇诸山，今总一卷，用传好事之士。其有宫城处所，得道姓名，洞府主张，仙曹品秩，事条繁广，不可备书，聊纪所管郡县及仙坛宫观大数而已。"末署（唐昭宗）"天复辛酉（901年）八月四日癸未华顶羽人杜光庭于成都玉局编录"②。此《序》表明：自开天辟地以来，出现江海山岳，就有神仙居住的灵宫閟府，玉宇金台。这个说法虽然违背历史事实，但却符合道教神话。杜光庭根据道经所记，统一编录于《洞天福地岳渎名山记》③中的所谓神仙住地，有八个方面的内容，今按其顺序叙录如下。

（一）岳渎众山

首先是天上仙山。玄都玉京山在大罗之中、玉清之上，前有元京山、峨眉山、三秀山；右有广霞山、金华山、寒童灵山、秀华山；左有红映山、紫空山；后有五间山、三宝山、飞霞山；浮绝空山在太清之中。这个以玄都玉京山为

① （宋）张君房：《云笈七籤》卷27，《道藏》第22册，第198页。
② 《道藏》第11册，第55页。
③ 下述所列参见《道藏》第11册，第56—60页。

中心、诸山围绕的三境之山，杜光庭注称：“皆真气所化，上有宫阙，大圣所游之处。”

其次是以昆仑山为中心的天下五岳十山。五岳为东岳广桑山，在东海中，青帝所都；南岳长离山，在南海中，赤帝所都；西岳丽农山，在西海中，白帝所都；北岳广野山，在北海中，黑帝所都；中岳昆仑山，在九海中，千辰星为天地心。十山为：方壶山在北海中，去岸30万里；扶桑山在东海中，地方万里，日之所出；蓬莱山在东海中，高1000里；连石山在东南辰巳之地海中；沃焦山在东海中，百川注之而不盈；方丈山在大海中，高497000丈；钟山在北海中，弱水之北万9000里；员峤山在大海中，上干日月；岱舆山在巨海之中；丰都山在九壘之下，一云在癸地鬼神之司。

再次为十洲三岛。玄洲在北海中，地方7000里；瀛洲在东海，一名青丘；穆洲在东海中，地方500里；祖洲在东海中，地方万里，出不死草；元洲在大海中，地方3000里；长洲在巨海中，地方5000里；流洲在西海中，地方3000里；凤麟洲在西海中，出绩弦胶；聚窟洲在西海中，地方万里，出反魂香；炎洲在南海中，地方2000里；生洲在西海中，地方2500里。沧海岛在大海中，高50000里；杜光庭注谓：“右十洲三岛，五岳诸山，皆在昆仑之四方，巨海之中，神仙所居，五帝所理，非世人之所到也。”杜光庭说十洲三岛，可这里列出的却是十一洲一岛。我们与《十洲记》对照，发现《十洲记》无穆洲。至于三岛，《十洲记》在十洲之后，记有沧海岛，方丈洲，扶桑、蓬丘（蓬莱山），昆仑（又名昆陵）等地情况，而无三岛之说。杜光庭只记了一个沧海岛，却提到三岛，又并未指出三岛之名，《云笈七籤》卷26《十洲三岛》部分，则明确将昆仑、方丈（扶桑附）、蓬丘称为“三岛”，而将“沧海岛”附于十洲之聚窟洲之后。可见各书对于十洲三岛的说法不尽相同。

（二）五岳

东岳泰山，岳神天齐王，领仙官玉女90000人，山周回2000里，在兖州奉符县。罗浮山、括苍山为佐命，蒙山、东山为佐理。南岳衡山，岳神司天王，领仙官玉女30000人，山周回2000里，以霍山、潜山为储副，天台上，勾曲山为佐理。中岳嵩高山，岳神中天王，领仙官玉女12万人，为五土之主，山周回1000里。洛州告成县少室山,东京武当山为佐命,太和山,陆浑山同佐理。西岳华山,岳神金天王,领仙官玉女7万人,山周回2000里,在华州华阴县。地肺山、女几山为佐命;西城山、青城山、峨眉山、嶓冢戎山、西玄具山同佐理。北岳恒山,岳神安天王,领仙官玉女5万人,山周回2000里,在镇州,河逢山、抱犊山为佐命;玄陇山、崆峒山、阳洛山为佐理。这种以五岳神为主,而分别配以其他有关山系为佐理的图式,是杜光庭编录《岳渎名山记》的一个显著特点。

(三)十大洞天

第一,王屋洞小有清虚天,周回万里,王褒所理,在洛州王屋县。第二,委羽洞大有虚明天,周回万里,司马季主所理,在武州。第三,西城洞太玄总真天,周回3000里,王方平所理,在蜀州。第四,西玄洞三玄极真天,广2000里,裴君所理,在金州。第五,青城洞宝仙九室天,广2000里,宁真君所理,在蜀州青城县。第六,赤城洞上玉清平天,广800里,王君所理,在台州唐兴县。第七,罗浮洞朱明曜真天,广1000里,葛洪所理,在博罗县,属修州。第八,句曲洞金坛华阳天,广150里,茅君所理,在润州句容县。第九,林屋洞左神幽墟天,广400里,龙威丈人所理,在苏州吴县。第十,括苍洞成德隐真天,广300里,平仲节所理,在台州乐安县。

杜光庭注说:"右十大洞天、五岳,皆高真上仙主统,以福天下,以统众神也。"又附录:青城山五岳丈人希夷真君在蜀州;天柱山九天司命在舒州;庐山九天使者在江州。他又注说:"右佐命山、三上司山,皆五岳之佐理,以镇五方,上真高仙所居也。"

杜光庭所说:"十大洞天",与司马承祯集的《天地宫府图》中的"十天洞天"基本相同,唯个别名称、地点有异。如司马氏第六赤城山洞名为"上清玉平之洞天",杜氏则谓"上玉清平天",一字之差,或许出于笔误。而对第三西城洞天的地点,司马氏称"未详在所,《登真隐诀》云疑终南太一山",杜光庭则明指"在蜀州"。又对第四、西玄洞三元极真洞天,司马氏称"恐非人迹所及,莫知其所在"。亦未指明是谁所理,杜氏则谓"裴君所理,在金州"。从第七罗浮洞天为"葛洪所理"看,道教"十大洞天"之说,或许成于东晋以后的南北朝时期。

（四）五镇海渎

东镇沂山东安王，在沂州；南镇会稽山永兴公，在越州；中镇霍山应圣公，在晋州；西镇吴山成德公，在陇州；北镇医巫闾山广宁公，在营州。东海广德王，在莱州界；南海广利王，在广州界；西海广润王，在同州界，北海光泽王，在洛州界。江渎东广源王，在益州；立春祭；淮渎南长源王，在唐州，立夏祭；河渎西灵源王，在同州，立秋祭；济渎北清源王，在洛州，立冬祭。汉渎汉源王，在梁州。杜光庭注云：以上“并天宝十年（751 年）封”。

（五）三十六靖庐

绵竹庐，在汉州绵竹县栖林山；紫盖庐，在荆州当阳县；泸水庐，在泸州安乐山；丹陵庐，在洪州西山钟君宅；守玄庐，在终南山尹喜宅；灵净庐，在亳州太清宫；送仙庐，在岳州墨山孔升观；契静庐，在郑州圃田列子宅；凌虚庐，在南岳中宫；凤凰庐，在襄州凤林山；子真庐，在洪州西山梅福坛；玄性庐，在抚州南城县魏夫人坛；契玄庐，在袁州吴平观；启元庐，在虢州桃林古关，今陕州灵宝县；出谷庐，在庐山青牛谷；君平庐，在汉州绵竹县君平宅；斗山庐，在兴元城固县唐公昉宅；光天庐，在南岳；腾空庐，在洪州游帷观；昭德庐，在庐山；寻玄庐，在江西吴猛观；得一庐，在润州鹿迹观；启灵庐，在泰州启灵山；宗华庐，在洪州宗华观彭君宅；朝真庐，在京兆会昌昭应山；黄堂庐，在江西洪州；迎真庐，在洪州；招隐庐，在江西洪州；紫虚庐，在南岳魏夫人坛；启圣庐，在岐州天兴县启灵宫，本名天柱庐；凤台庐，在京兆周至县萧史宅；东华庐，在衢州龙山县东华观；祈仙庐，在洪州黄真君宅；元阳庐，在苏州常熟县张道裕宅；东蒙庐，在徐州蒙山；贞阳庐，在洪州曾真君宅。

道教“三十六靖庐”，《陆先生道门科略》和《汉天师世家》都说为张道陵所定，但陈国符先生已指出，魏夫人、吴猛系晋代人，张道裕为梁朝人，① 所以，由东汉张陵“定三十六靖庐”之说不可信。大概为南北朝时期所定。而杜光庭在《洞天福地岳渎名山记》中所记载的“三十六靖庐”的名称、地点，是目前仅能见到的这方面的资料。

---

① 陈国符：《南北朝天师道考长编》，见《道藏源流考》，北京：中华书局 2012 年增订版，第 333 页。

（六）三十六洞天

(1)霍童山霍林洞天,在福州长溪县;

(2)太山蓬玄洞天,兖州乾封县;

(3)衡山朱陵洞天,在衡州衡山县;

(4)华山总真洞天,在西岳;

(5)常山总玄洞天,在北岳;

(6)嵩山司真洞天,在中岳;

(7)峨嵋山虚陵太妙洞天,在嘉州峨嵋县;

(8)庐山洞虚咏真洞天,在江州浔阳县;

(9)四明山丹山赤水洞天,在越州余姚县;

(10)会稽山极玄阳明洞天,在越州会稽县;

(11)方白山德玄洞天,在京兆周至县;

(12)西山天宝极玄洞天,在洪州南昌县;

(13)大圍山好生上元洞天,在潭州醴陵县;

(14)潜山天柱司玄洞天,在舒州桐城县;

(15)武夷山升真化玄洞天,在建州建阳县;

(16)鬼谷山贵玄思真洞天,在信州贵溪县;

(17)华盖山容城太玉洞天,在温州永嘉县;

(18)玉笥山太秀法乐洞天,在吉州新淦县;

(19)盖竹山长耀宝光洞天,在台州黄岩县;

(20)都峤山太上宝玄洞天,在容州;

(21)白石山秀乐长真洞天,在容州北源;

(22)句漏山玉阙宝圭洞天,在容州;

(23)九疑山湘真太虚洞天,在道州延唐县;

(24)洞阳山洞阳隐观洞天,在潭州长沙县;

(25)幕阜山玄真太元洞天,在鄂州唐军县;

(26)大酉山大酉华妙洞天,在辰州界;

(27)金庭山金庭崇妙洞天,在越州剡县;

(28)麻姑山丹霞洞天,在抚州南城县;

(29)仙都山仙都祈仙洞天,在处州缙云县;

(30)青田山青田大鹤洞天,在处州青田县;

(31)天柱山大涤玄盖洞天,在杭州余杭县;

(32)钟山朱湖太生洞天,在润州上元县;

(33)良常山良常方会洞天,在茅山东北;

(34)桃源山白马玄光洞天,在朗州武陵县;

(35)金华山金华洞元洞天,在婺州金华县;

(36)紫盖山紫玄洞盟洞天,在韶州曲江县。

这里,杜光庭所记的"三十六洞天",与司马承祯的《天地宫府图·三十六小洞天》相比,内容大致相同。所不同的主要是,司马氏有"太上曰:其次三十六小洞天,在诸名山之中,亦上仙所统治之处也"。接着再介绍各个洞天时,均有某仙人治之的记载,而杜氏则并略去。另外,也还有几处地名不同,如杜氏的(11)"方白山",司马氏为"太白山";(13)"大圜山",司马氏为"小沩山";(14)"桐城县",司马氏为"怀宁县";(21)"在容州北源",司马氏为"在郁林州南海之南也,又云和州含光县"。(23)"湘真",司马氏为"朝真";(25)"唐军县",司马氏为"唐年县";(36)"紫盖山紫玄洞盟洞天,在韶州曲江县",司马氏列在第三十三,为"紫盖山紫玄洞照天,在荆州常阳县",等等。基本上是大同小异。且两者在"三十六洞天"的顺序排列上,出现几处明显错位,表明两者同出一源,而又有一些微小差别。

(七)七十二福地

(1)地肺山,在茅山紫阳观;(2)石磕源,在台州黄岩县峤岭;(3)东仙源,在温州白溪;(4)南田,在处州青田;(5)玉琉山,在温州海中;(6)青屿山,在东海口;(7)崆峒山,在夏州;(8)郁木坑,在吉州玉笥山玉梁观;(9)武当山,在均州七十一洞;(10)君山,在岳州青草湖中;(11)桂源,在连州抱福山;(12)灵墟,在台州天台山;(13)沃洲,在越州剡县;(14)天姥岭,在台州天台南;(15)若耶溪,在越州南樵风径;(16)巫山,在夔州大仙坛;(17)清远山,在婺州浦阳县;(18)安山,在交州;(19)马岭,在郴州;(20)鹅羊山,在长沙县;(21)洞真坛,在长沙南岳祝融峰;(22)洞宫,在长沙北;(23)玉清坛,在长沙北;(24)洞灵源,在衡州南岳招仙观上峰;(25)陶山,在温州安固县;(26)烂柯山,在衢州信安县;(27)龙虎山,在信州贵溪县;(28)勒溪,在建州建阳县;(29)灵应山,在饶州;(30)白水源,在龙州;(31)金精山,在虔州虔化县;(32)阁皂山,在吉州新淦县;(33)始丰山,在洪州丰城县;(34)逍遥山,在洪州连西山;(35)东白源,在洪州新吴县;(36)钵池,在楚州北;(37)论山,在丹徒县;(38)毛公坛,在苏州洞庭湖中,包山七十二坛;(39)九华山,在池州青阳县;(40)桐栢山,在唐州桐栢县淮水上源;(41)平都山,在忠州酆都县;(42)绿萝山,在常德武陵北;(43)章观山,在澧州澧阳县;(44)抱犊山,在潞州上党;(45)大面山,在蜀州青城山;(46)虎溪,在湖州安吉县;(47)元晨山,在江州都昌县;(48)马迹山,在舒州;(49)德山,在朗州武陵县;(50)鸡笼山,在和州历阳县;(51)王峰,在蓝田县;(52)商谷,在商州上洛县;(53)阳羡山,在常州义兴县张公洞;(54)长白山,在兖州;(55)中条山,在河中永乐县;(56)霍山,在寿州;(57)云山,在朗州武陵县;(58)四明山,在梨州;(59)缑氏山,在洛州缑氏县;(60)临邛山,在邛州临邛县白鹤山;(61)少室山,在河南府连中岳;(62)翠微山,在西安府终南太一观;(63)大隐山,在明州慈溪县天宝观;(64)白鹿山,在杭州天柱山:(65)太若岩,在温州永嘉县;(66)嵊山,在莱州崂嵊山;(67)西白山,在越州剡县;(68)天印山,在昇州上元县洞玄观;(69)金城山,在云中郡;(70)三皇井,在温州仙岩山;(71)沃壤,在海州东海县。实际上杜光庭只记有71处。

以杜光庭的《七十二福地》与司马承祯的《天地宫府图》比较,七十二福地的顺序番号大不相同。两者内容的差别比较复杂,有三种情况:一是名称相同而地点不同。如司马氏的"第四东仙源",据称"在台州黄岩县",而光庭列为第三并谓"在温州白溪";司马氏的"第六十九云山"据云"在邵州武刚县",而光庭则列为第五十七,并说"在朗州武陵县"。二是名称不同而地点相同。如司马氏的"第五西仙源",称其"在台州黄岩县峤岭",而光庭则为第二石磕源"在台州黄岩县峤岭";司马氏的"第四十九抱福山","在连州连山县",杜光庭则谓第十一"桂源,在连州抱福山";司马氏的"第五十七天柱山",称其"在杭州於潜县",光庭则谓第六十四"白鹿山,在杭州天柱山";司马氏的"第五十九张公洞,在常州宜兴县,"光庭则谓第五十三"阳羡山,在常州义兴县张公洞";司马氏的"第七十二东海山,在海州东二十五里",

光庭则谓第七十一"沃壤,在海州东海县"。三是"福地"的名称和所在的地点都不同,各有一二十处。见于司马承祯《天地宫府图·七十二福地》上有,而杜光庭《洞天福地岳渎名山记·七十二福地》所无者,计有以下名称:盖竹山、仙磕山、丹霞洞、焦源、金庭山、光天坛、洞宫山、泉源、彰龙山、马蹄山、高溪兰水山、兰水、司马悔山、长在山、茭湖鱼澄洞、绵竹山、泸水、甘山、瑰山、北邙山、庐山,共21处。杜光庭《洞天福地岳渎名山记》上有,司马承祯《天地宫府图》所无者,计有:崆峒山、武当山、巫山、白水源、九华山、章观山、抱犊山、桂源、马迹山、四明山、缑氏山、少室山、翠微山、大隐山、嵊山、西白山、天印山,共17处。这个差别就相当大了。如果说"十大洞天"、"三十六小洞天",两者只是大同小异,还有可能属于传抄的差错,那么,在"七十二福地"上出现如此众多的分歧,就不能简单地归之于传抄的差错了。由此推知,道教关于洞天福地的具体说法,可能不止是一种,至少司马承祯集的《天地宫府图》是一种,杜光庭编的《洞天福地岳渎名山记》又是一种。因此,《洞天福地岳渎名山记》不完全来源于《天地宫府图》,有其特殊的史料价值。

（八）灵化二十四

灵化二十四,或称二十四化,即二十四治,因避唐高宗李治讳改。传为东汉张陵在蜀境创建五斗米道过程中所设立的二十四处道教活动据点或教区。托言"太上以汉安二年(143年)正月七日中时,下二十四治,上八中八下八,应天二十四炁,合二十八宿,付天师张道陵,奉行布化"①。各治"置以土坛,戴以草屋"②,为祭祀之所。又"置男女官祭酒,统领三天正法,化民受户,以五斗米为信"③。据《陆先生道门科略》和《三天内解经》说,祭酒主持执行"三天正法"的主要内容为:罢诸禁心,清约治民,神不饮食,师不受钱,不得淫盗,使民内修慈孝,外行敬让,佐时理化,助国扶命。唯天子祭天,三公祭五岳,诸侯祭山川,民人五腊吉日祭先人,④二月八日祭社灶,此外,不

① (北周)宇文邕:《无上秘要》卷23引《正一炁治品》,《道藏》第25册,第64页。

② (唐)释明槩:《决对傅奕废佛僧寺并表》,载于释道宣撰《广弘明集》卷12,《大正藏》第52卷册,第168页。

③ 《三天内解经》卷上,《道藏》第28册,第414页。

④ 正月一日天腊,五月五日弟腊,十月一日民岁腊,十二月五侯腊。《犹龙传、度汉天师篇》说,"此五腊日常当祭祀先亡,荐福追念,名为孝子,得福无量。"

得淫祀其他鬼神。疾病者,不胜汤药针灸,惟服符饮水及首生年以来所犯罪过。《陆先生道门科略》又说:奉道者皆编户著籍,各有所属,令以正月七日、七月七日、十月五日,一年三会,民各投集本治,师当改治录籍,落死上生,隐实口数,正定名簿。《三天内解经》讲:奉道者操"五斗米正以奉五帝,知民欲奉道之心"。故名之为"信米"。由于一个人奉道,一家人也都信教的缘故,出信米是以家为单位,而不是以人为单位,叫作家家"崇仰信米五斗"。每年出一次,其办法是"年年依会十月一日,同集天师治,将米付天仓及五十里亭中,以妨凶年饥民往来之乏,行来之人不装粮也"①。以至张鲁据汉中,"不置长吏,皆以祭酒为治,民、夷便乐之"②。天师治成为教、政合一的组织制度。张鲁投降曹操后,天师道道徒,一部分向北迁徙,一部分向南转移,二十四治的组织形态与活动方式,也随之播向祖国南北。在北方,仍用蜀土盟法,板署治职,敕令文曰:"今补某乙鹤鸣,云台治,权时箓署治气职③领化民户,质对治官文书,须世太平,遣还本治。"道官章表时,仍请召蜀土治宅君吏。到北魏寇谦之著《老君音诵诫经》,才宣布"从今以后,诸州郡男女有佩职箓者,尽各诣师改宅治气……其蜀土宅治之号,勿复承用"。对天师治进行改革。在南方,刘宋时,有《陆先生道门科略》和《三天内解经》,阐述天师二十四治的由来、任务、组织机构及活动制度等,并指出当时存在制度松弛、道官贪财的严重现象,应予改革。同时,在南北各地,逐步出现道馆、道观。到了唐代,随着道教的大发展和宫观的广泛兴起,原有的"治"多改称宫、观,二十四治的名谓,日益成为历史的遗迹,而在天师道传法,署职上,仍保持其一定影响。

南北朝到隋唐时期,出现了几部记述二十四治的著作,其中杜光庭编集的《洞天福地岳渎名山记》中,名为"灵化二十四"所记的二十四治,与现在所能见到的资料相比有一些值得注意的特点。他所记各治的内容,包括治

① 朱法满:《要修科仪戒律钞》卷10引《太真科》,《道藏》第16册,第966页。

② 《三国志》卷8《张鲁传》,北京:中华书局1959年版,第1册,第263页。

③ "治气职"为天师道职官制度,有阴阳二十四气祭酒位号,如左右平气祭酒(阳平治,鹿堂治),左右长气祭酒(鹤鸣治,漓沅治)等(见《太上三五正一盟威箓》、《天师治仪》)。

(化)的名称,所属五行、节令,上应星宿,治所在地址,仙迹传说等,今介绍如下:

阳平化　五行金,节寒露,上应角宿,甲子、甲寅、甲戌人属,上化彭州九龙县界四十里,下化新都界四里。翟仙业、张衡白日上升。

鹿堂化　五行木,节霜降,上应亢宿,戊午、乙卯、戊申人属,汉州绵竹西北二十里。永寿二年老君天师誓万神于此,天真皇人所居处。

鹤鸣化　五行金,节立冬,上应氐房心宿,庚辰、壬辰人属,邛州大邑县西北去县三十里余,老君授天师箓处,徐孝道、何丹阳、马成子上升。

漓沅(沆)化　五行土,节小雪,上应尾宿,丙辰、戊辰人属,彭州九陇县西北七十里,老君授范蠡真人白日上升。

葛璝化　五行火,节大雪,上应箕宿,已卯、丁卯、辛卯、癸卯人属,彭州九陇县西北六十里,上清真人所居,杨先贤、蒲高远、葛永璝上升、本名上清化。

庚除化　五行水,节冬至,上应斗宿,丙寅、庚子、壬戌人属,汉州绵竹县东三十里,应天上庚除府也,张力子于此白日上升。

秦中化　五行水,节小寒,上应牛宿,戊寅、庚寅、壬寅人属,汉州德阳县北二十里,皇人授韩众天文金书于此上升。

真多化　五行金,节大寒,上应女宿,乙丑、丁丑人属,汉州金堂县西北二十五里。老君天师道会之所,王方平、李真多上升。一名上真化。

昌利化　五行土,节立春,上应虚宿,己酉、己丑人属,汉州金堂县东二十里,李八百二度炼丹来往,八百于此上升。

隶上化　五行水,节雨水,上应危宿,辛丑、癸丑人属。汉州德阳县北五十里,李子元、卫叔卿于此上升。

涌泉化　五行木,节惊蛰,上应室、壁宿,丙子、癸亥人属,汉州德阳县西北七十里,老君授马明生玄真箓上升于此。

稠粳化　五行水,节春分,上应奎宿,壬子、壬午人属,蜀州新津县南十里。黄帝炼丹于此,山上有天池石碑丹灶存焉。

北平化 五行金，节清明，上应娄宿、乙亥、已亥人属，眉州彭山县西北二十五里，一名财此山，列圣高仙所游，王子乔上升之所。

本竹化 五行木，节谷雨，上应胃宿，乙巳、辛巳、辛亥人属。蜀州新津县西北二十五里。黄帝所游，郭声子上升于此。有扫坛竹，因此为名。

蒙秦化 五行火，节立夏，上应昴宿，甲戌、丙戌人属，巂州台登县一十五里，伊尹、赵龟、赵升、赵王子上升于此。

平盖化 五行土，节小满，上应毕宿，丁巳、己巳、癸巳人属，蜀州新津县北三十里，山有王人长一丈三尺，出则天下太平。仙人崔孝通于此上升。

云台化 五行火，节芒种，上应觜参宿，丙午、庚午、庚戌人属，阆州苍溪县东南三十五里，天师永寿二年(156 年)九月九日上升。

浕口化 五行木，节夏至，上应井宿，乙酉、丁酉人属，兴元府西县五里，陈安世、褒氏女二人上升。

后城化 五行土，节小暑，上应鬼宿，辛酉、癸酉人属，汉州什邡县西北六十五里，天师授夏子然守一之道，白日上升。

公慕化 五行金，节大暑，上应柳宿，甲申、壬申、庚申人属，汉州什邡县西北五十里，天师授苏子玉琼文紫字白日升天。

平冈化 五行水，节立秋，上应星宿，戊戌、丁亥人属，蜀州新津县西南四里，一名灵泉化，李阿、翟君上升于此。

主簿化 五行金，节处暑，上应张宿，乙未、己未、癸未人属，邛州蒲江县东北三十里，一名秋长化，主簿王兴女仙杨正见上升之所。

玉局化 五行水，节白露，上应翼宿，丁未、辛未人属。成都府南一里，一名玉女化，老君、天师永寿元年(155 年)降此，地涌玉局，因以为名。①

北邙化 五行土，节秋分，上应轸宿，戊子、甲午人属，东都城北。务

① (宋)祝穆:《方舆胜览》:"昔老君与张道陵至此，有局脚玉床自地而出，老子升座，说《南斗经》，既去，座隐入地成洞穴，故以玉局为名。"

成子、帛和、王子晋、吕恭、吕文起于此升天，龙朔二年（662 年）老君见。[①]

杜光庭的“灵化二十四”与以往《无上秘要·正一炁治图》和《三洞珠囊·张天师二十四治图》所引录的“二十四治”比较，具有以下一些不同的特点：

第一，以往所记的“二十四治”，大多分为由记名太上所下八个上治（阳平、鹿堂、鹤鸣、漓沅、葛璝、庚除、秦中、真多），八个中治（昌利、隶上、涌泉、稠梗、北平、本竹、蒙秦、平盖）和八个下治（云台、浕口、后城、公慕、平冈、主簿、玉局、北邙）构成。又有张鲁加的四个备治（冈互、白石、钟茂、具山[②]），合成二十八治，上应二十八宿。此外，还有嗣师张衡立的八个配治（漓沅、利里、平公、公慕、天台、濑乡、搏领、[③]代元），系师张鲁立的八品游治（峨嵋、青城、太华、黄金、慈母、河逢、平都、吉阳），《无上秘要》并指明了各个配治、游治的所在地。而杜光庭所集的“灵化二十四”，则无上八，中八，下八之分，也无附加的别治、配治、游治之说。而是像《太上三五正一盟威箓》一样，径直按二十四治顺序书记。这表明他对二十四治的看法，有别于传统的三品等级观念。

第二，“二十四治”上应二十八宿，各书所记参差不一。《太上三五正一盟威箓》以二十四治应二十八宿，其中有四个治，各应两宿，即鹤鸣治应室、壁宿，昌利治应觜、参宿，云台治应角、亢宿，公慕治应心、尾宿。其余二十个治，各应一宿。而《无上秘要》与《三洞珠囊》，都是一治上应一宿，计二十四宿，余下四宿，由传说张陵加立的四个备治以应之，即冈互治应星宿，白石治应张宿，钟茂治应翼星，具山治应轸星。合为二十八治应二十八宿。杜光庭的“灵化二十四”，则是以二十四化上应二十八宿，其应法又与《正一盟威箓》不同，而是鹤鸣化上应氐、房、心宿，涌泉化上应室、壁宿，云台化上应觜、参宿。这三个化上应七个星宿，其余二十一化，一化应一宿，所以二十四化就共应二十八宿。且各化所应之宿，绝大多数也不同于《无上秘要》和《三洞珠囊》所述

① 参见《道藏》第 11 册，第 59—60 页。

② 此四治所处地域，《无上秘要》卷 23 称“并在洪阳郡界”，《三洞珠囊》卷 7 谓“在京师东北。”

③ （北周）宇文邕：《无上秘要》卷 7 缺“搏领”，只有七个配治。

二十八治所对应之宿，甚至也有异于《正一盟威箓》所应之宿。

第三，“二十四治”与五行相配，各书所说，也不一样。《正一盟威箓》二十四治所配五行为：六个治配金（阳平、鹤鸣、北平、蒙秦、涺口、主簿），十一个治配水（鹿堂、庚除、秦中、真多、涌泉、稠稉、本竹、后城、公慕、平冈、玉局），二个治配火（葛璝、云台），五个治配土（漓沅、昌利、隶上、平盖、北邙），而没有一个配木的。《无上秘要》所录二十四治，未见配五行。《三洞珠囊》“二十四治”所配五行为六个治配金（阳平、鹿堂、真多、北平、公慕、主簿），四个治配木（鹤鸣、涌泉、本竹、涺口），三个治配水（秦中、玉局、平冈），六个治配火（葛璝、蒙秦、云台、庚除、隶上、稠稉），五个治配土（漓沅、昌利、平盖、后城、北邙），与《正一盟威箓》有同有异。杜光庭的“灵化二十四”为金六，木四，水六，火三，土五。与《三洞珠囊》相比，配土的五个治全同，其余均有所不同。三个配火的为葛璝、蒙秦、云台；六个配水的为庚除、秦中、隶上、稠稉、平冈、玉局；四个配木的有鹿堂而没有鹤鸣；六个配金的则是有鹤鸣而没有鹿堂。“灵化二十四”所配五行，也与《正一盟威箓》有同有异。以“二十四治”配五行，系受传统五行观念的影响，据《正一盟威箓》说，是各治气祭酒中属，如阳平治，右平气祭酒属金；鹿堂治，右平气祭酒属水，等等。但是，为什么不按五行与二十四治顺序循环搭配，却出现如此参差错落的情况，而各书所说其间配属又这样不同？这个问题，究竟是属于有关撰人的随意性，还是其他原因，尚待进一步研究。

第四，二十四治应天二十四气，配一年二十四节。以二十四节气配二十四治，在《正一盟威箓》中已有明记，但在《无上秘要》和《三洞珠囊》里，却均未出现。而杜光庭的“灵化二十四”，则配有二十四节。不过，有趣的是，杜光庭“灵化二十四”各化所配节气，与《正一盟威箓》竟迥然不同。《正一盟威箓》开始是以立春配阳平治，按治、节顺序配搭，最末北邙治为大寒。“灵化二十四”开始以寒露配阳平化，依次配搭下去，最末北邙化为秋分。这种二十四化与二十四节的配搭方式，是“灵化二十四”的又一特点。

第五，张陵立二十四治，“下则镇于民心，上乃参于星宿”[1]。参于星宿，

① 朱法满：《要修科仪戒律钞》卷 10，《道藏》第 6 册，第 966 页。

即以二十八宿分应各治；镇于民心，则“以六十甲子生人分属各治”[①]。也就是《玄都律》所说：“治者，性命魂神之所属也。”[②]在历史上存留下来的资料中，唯见杜光庭“灵化二十四”，记有六十甲子生人所属。如阳平化“上应角宿，甲子、甲寅、甲戌生人所属”。就是说，出生于甲子、甲寅、甲戌的人，其性命魂神属于阳平化。或者说，阳平化，是出生于甲子、甲寅、甲戌年的人本命所属的地方。据说唐代西川节度使韦皋，“本命丁卯，属葛璝化”，早年梦神人告诉他“名系葛璝、禄食全蜀，富贵将及，”后果应验。[③] 查杜光庭“灵化二十四”，葛璝化确系“丁卯、辛卯、癸卯人属”。这样，出生于各个不同干支年岁的人，本命属于不同的“治”（或“化”），各化干支人数或三或二，多少不等，二十四化，配全六十花甲，[④]囊括了所有人的性命魂神，“天下诸化，领世人名籍”[⑤]，而且，“每治立仙官、阴官及祭酒之曹分统之。其诚敬忠孝积功行者，仙官寻其善；其悖逆奸贪恣肆狼戾者，阴官纪其罪，由是善恶之报，捷如影响，使蜀民向化”[⑥]。把所有人的性命魂神与道教的二十四治（化）紧密地联结在一起，从而增强人们对道教的敬畏心理和信仰程度，更能发挥道教“劝善惩恶”的教化作用。这是中国道教的一个特色。而杜光庭“灵化二十四”所记的六十甲子生人分属各治的资料，是现存唯一的，更觉可贵。

杜光庭的“灵化二十四”，与《无上秘要》所引《正一炁治图》和《三洞珠囊》所录《张天师二十四治图》一样，都记有各化（治）的神仙灵迹，它说明，二十四化的地址，不是随便定的，一般都是传说中的仙人修炼飞升之处。可能正因为如此，道教徒就进一步造说，二十四化是神仙官府和仙民居住的地方。《仙传拾遗》记《阳平谪仙》说：“二十四化，各有一大洞。或方千里，五

① （明）张正常：《汉天师世家》卷2，《道藏》第34册，第821页。
② （唐）王悬河：《三洞珠囊》卷7《二十四治品》引，《道藏》第25册，第330页。
③ （唐）杜光庭：《道教灵验记》，《云笈七籤》卷117，《道藏》第22册，第811—812页。
④ “灵化二十四”所配的干支人属，实际只有59，缺丙申。其中有两个甲戌（阳平、蒙自各一），少一甲辰。
⑤ （宋）张君房：《云笈七籤》卷28，《道藏》第22册，第206页。
⑥ （明）张正常：《汉天师世家》卷2，《道藏》第34册，第821页。

百里，三百里。其中皆有日月飞精，谓之伏晨[1]之根。下照洞中，与世间无异。其中皆有仙王仙官，卿相辅佐，如世之职司。有得道之人，及积功迁神返生之士，皆居其中，以为民庶。每年三元大节，诸天各有上真，下游洞天，以观其所为[2]善恶，人世生死兴废，水旱风雨，预关于洞中焉。龙神祠庙，血食之司，皆为洞府所统。"[3]即是说，二十四化的神仙世界，监督和主宰着人间世界。实际上，这个由仙王、仙官、仙民构成的神仙世界，正是根据封建社会里帝王、官吏、人民的等级制度所塑造而又企图作用于人世社会的彼岸世界。唐代出现这种二十四化为神仙住地之说，反映了二十四治作为早期道教活动场所与组织实体，转向神话传说的历史变化。

杜光庭的"灵化二十四"，与他编录的整个《洞天福地岳渎名山记》一样，均未说明选材的依据，使人难予查考。以后，北宋张君房编的《云笈七籤》卷28"二十八治"，其内容与《三洞珠囊》基本相同，仅"治"所在地偶用杜光庭"灵化二十四"说。说明"灵化二十四"在各"化"（"治"）所在地方面，亦有其自身的特点。

杜光庭的"灵化二十四"与他编录的整个《洞天福地岳渎名山记》一样，均未说明选材的依据，使人难予查考。以后，北宋张君房编的《云笈七籤》卷28"二十八治"，其内容与《三洞珠囊》基本相同，仅"治"所在地偶用杜光庭"灵化二十四"说。说明"灵化二十四"在各"化"（"治"）所在地方面，亦有其自身的特点。

从上述可知，杜光庭编录的《洞天福地岳渎名山记》，是一部比较全面而又简要的道教神学地理集[4]。《洞天福地岳渎名山记》不仅在当时对道教知识的系统整理有其重要意义，而且，由于它保存了一些现已失传的可贵资

① （宋）张君房：《云笈七籤》卷28"阳平治"条"晨"字作"神"。

② （宋）张君房：《云笈七籤》卷28、卷116"阳平治"条"为"字作"理"。

③ （宋）李昉等编：《太平广记》卷37《阳平谪仙》，北京：中华书局本1961年版，第1册，第235页。

④ 按：由于洞天福地有些内容虚无缥缈，不可考或根本不存在，本处只统计五岳四镇、洞天、福地、二十四治、靖庐的地理分布。另：由于有些地方位于省际交界处、有些地方的地理位置存在争议，如北邙山，因此，统计结果虽然存在着一定误差，但不妨碍对洞天福地的地理位置的大概了解。

料,因而在今天仍然具有重要的历史价值。

五、修订斋醮科仪

唐末五代著名道教学者杜光庭,是斋醮科仪的集大成者。杜光庭著述丰富,对道教理论建设颇多贡献,修订斋醮科仪即是其一大成就。南宋道士吕太古《道门通教必用集》卷1《杜天师传》记杜光庭修订斋醮科仪说:

> 道门科教,自汉天师、陆修静撰集以来,岁久废坠。乃考真伪,条列始末,故天下羽褐,至今遵行。①

金允中《上清灵宝大法》卷21说:"杜君斋科,世间遵用已四五百年。"②广成斋仪成为道教斋醮法坛的遵行的仪制,被视为科书的经典之作。

杜光庭编撰科仪,始于身居长安之时,金允中《上清灵宝大法》卷40说:

> 广成先生编集斋科之时,身居翰苑,任兼执正。朝廷典籍,省府图书,两街道官,二京秘藏,悉可指索,皆得搜扬。所以著书立言,各有经据,天下后世,无不遵行。③

又据《太上黄箓斋仪》卷52载,唐末黄巢起义,杜光庭随僖宗入蜀,时道教经书遭焚荡之余,所剩十无三二,且散乱无统纪,杜光庭遂在成都"阅省科教"。④ 宋金允中《上清灵宝大法》卷40《散坛设醮品下》说:

> 厥后广成先生,又值艰难之际,极力搜寻,收亡补遗。校开元之目,不及其半。既按三洞之经,遂参以陆简寂、张清都所编斋科,酌量今古,审订事宜,重编《黄箓斋科》四十卷,备极允当,不爽古规。⑤

这说明杜光庭在长安、成都,都曾致力于编撰斋醮科仪,所撰写科书在道门影响深远,故元代赵道一评价为"故天下羽褐,永远受其赐"⑥。

《正统道藏》收录杜光庭编撰的斋醮科仪经书有:《太上黄箓斋仪》、《太

---

① 《道藏》第32册,第8页。
② 《道藏》第31册,第476页。
③ 《道藏》第31册,第625页。
④ 《道藏》第9册,第346页。
⑤ 《道藏》第31册,第625页。
⑥ (元)赵道一:《历世真仙体道通鉴》卷40《杜光庭》,《道藏》第5册,第330页。

上正一阅箓仪》、《太上三五正一盟威阅箓醮仪》、《太上洞传授道德经紫虚箓拜表仪》、《太上灵宝玉匮明真斋忏方仪》、《太上灵宝玉匮明真大斋忏方仪》、《太上洞渊三昧神咒斋十方忏仪》、《太上洞渊三昧神咒斋清旦行道仪》、《太上洞渊三昧神咒斋忏谢仪》、《太上洞神太元河图三元仰谢仪》、《金箓斋启坛仪》、《金箓斋忏方仪》、《洞神三皇七十二君斋方忏仪》、《太上宣慈助化章》等,《无上黄箓大斋立成仪》卷19、20、21,题录为“广成先生杜光庭集”。《道门科范大全集》87卷,题录为“广成先生杜光庭删定”,或三洞经箓弟子仲励编修。此外,《道门科范大全集》还提到杜光庭撰有河图九曜醮仪、北帝斋仪。杜光庭修订的斋醮科仪近200卷,成为唐代以后斋醮科仪的范本,影响最为深远,后世道门言斋醮者,必谈广成先生科仪。

从科仪种类看,杜光庭修订的主要是金箓斋、黄箓斋、明真斋、神咒斋、阅箓仪、拜表仪、仰谢仪、方忏仪等。杜光庭撰修黄箓科仪,是其对道教科仪的重要贡献。与《无上秘要》收录的黄箓斋仪比较,杜光庭的黄箓斋仪确乎更加完备。对此,南宋金允中《上清灵宝大法》卷39说:

> 斋法起于中古晋宋之间,简寂先生始分三洞之目,别四辅之源,疏列科条,校迁斋法。又唐时张清都经理之余,尚未大备。至广成先生荐加编集,于是黄箓之科仪典格,灿然详密矣。①

从黄箓科仪的编撰,确实反映出科仪经典渐趋完备的实况。道教认为黄箓总兼死生,人天同福,具有广泛的济度功能。宋金允中《上清灵宝大法·总序》评价说:

> 至唐广成先生杜君光庭,遂按经诰,修成《黄箓斋科》四十卷。由是科条大备,典格具彰,跨古越今,以成轨范。②

宋王契真《上清灵宝大法》卷54说:杜光庭撰集《黄箓斋科》,“其科文严整,典式条畅,发明古则,昭示方来,斋法至此不可有加矣”。③ 金允中《上清灵宝大法》卷40《散坛设醮品下》论杜光庭科仪说:“今所编灵宝,则一遵古

① 《道藏》第31册,第608页。
② 《道藏》第31册,第625页。
③ 《道藏》第31册,第201页。

法。黄箓,则悉从广成之科。固未能随顺于世俗,实可以不愧于鬼神。”①《正统道藏》收录杜光庭《太上黄箓斋仪》58卷,一部分著录为杜光庭集,一部分著录为杜光庭删,当系后人在《黄箓斋科》40卷基础上编集而成。宋金允中《上清灵宝大法》卷21《临坛符法品》论杜光庭编撰科仪说:

> 凡陆简寂、张清都科中,有毫发之异同,莫不逐事考证。初非遗去旧文,而杜君自为一家之论也。②

杜光庭《黄箓斋科》在黄斋仪中加入谢恩醮的仪节,此举将斋醮仪式合二为一,在科仪史上具有划时代的意义。道教的灵宝斋法与正一醮仪,至此融汇一坛,斋醮科仪的内容更为丰富,科仪格式渐趋完备。

杜光庭修订科仪的另一贡献,是在科仪中增加了散坛醮仪,以此丰富斋醮仪式的内容。南宋蒋叔舆《无上黄箓大斋立成仪》卷15《醮说》云:

> 张清都黄箓仪无谢恩醮,杜广成仪始有之。亦以修斋,召命神灵管卫坛场,宣通关告,往来劳役,所以言功,设此醮筵,用行酬赏。③

杜光庭增加的黄箓散坛醮仪,编入《黄箓斋科》40卷之中,王契真《上清灵宝大法》卷54说:“自告斋始事,以至醮谢散坛,则广成科中,无不备具。”④《太上黄箓斋仪》卷50,即为《散坛设醮》。杜光庭编黄箓谢恩醮,用于斋后酬谢真灵,是在考详古式的基础上撰修而成。北周道经《无上秘要》卷49《三皇斋品》,已有斋后设醮的记载,但在斋科中正式编入谢恩醮却始于杜光庭。自此以后的道教科仪,都遵广成先生仪制,在斋后设醮谢恩,且不限于黄箓斋。林灵真《灵宝领教济度金书》在许多斋品后,都立有谢恩醮的节次。可以说在道教斋醮中,先斋后醮仪格的形成,标志着科仪格式已趋于完备。斋醮科仪经典的逐渐丰富,科仪格式的日渐完备,是道教科仪思想渐趋成熟的标志。

杜光庭在巴蜀期间,王公大臣、信徒道众多慕其声名,请为斋醮仪式撰写文书。杜光庭《广成集》的文书词章典雅,堪为道书之上乘。后蜀何光远

---

① 《道藏》第31册,第345页。
② 《道藏》第31册,第472页。
③ 《道藏》第9册,第464页。
④ 《道藏》第31册,第201页。

《鉴戒录》卷5称杜光庭:“学海千寻,词林万叶,凡所著述,与乐天齐肩。”① 南宋吕太古《道门通教必用集·杜天师传》誉为“词林万叶,学海千寻,扶宗立教,天下第一”②。杜光庭的斋醮章词,成为后世道教章表书写的范本。杜光庭作为一代科仪宗师,在唐代道俗间都有广泛影响。其所撰《历代崇道记》,文末自署“上都太清宫文章应制、弘教大师、赐紫道士”,而《广成集》文末则署“上都太清宫内供奉应制文章大德、赐紫”。

陆修静、张万福、杜光庭撰修科仪,在道教史上具有深远影响。王契真《上清灵宝大法》卷54评价说:

> 简寂先生陆君,始明授受降世之源,别三洞四辅之目,考详众典,撰次斋仪。自是遐迩宣行,斋法昭布,条陈经诰,次序乃成。洎唐则张清都万福,复加编集,典式渐详。中叶以后,广成先生杜君光庭,于是总稽三十六部之经诠,旁及古今之典籍,极力编校,斋法大成。③

宋金允中《上清灵宝大法》卷19《登斋科范品》论黄箓科仪之形成说:

> 自简寂先生标三洞之殊,遂弘斋法。迨清都张君考千古之式,重董典章。由世间渐有师承,而教纲未至全备。暨乎广成先生,历探三乘之典籍,旁稽四辅之源流,著成黄箓之科文,以崇洞玄之品格。莫不逐事诠举,众目条陈,作万代之范模,为十方之依赖。付于有道之士,以弘无上之斋坛,自古今称为重事。④

元代道经《灵宝玉鉴》卷14《坛仪法式门》论道教灵宝大法的倡行说:

> 陆简寂倡其风于前,张清都继其列于后,而杜广成等次之,师资授受,代不乏人,袭派寻源,厥有端绪。倘诚敬之不失,则感应之自然。此则今古攸遵,天人同福。⑤

在道教斋醮科仪编撰史上,张万福、杜光庭与陆修静前后相隔数百年,

---

① (五代·后蜀)何光远撰、刘石校点:《鉴戒录》,《五代史书汇编》第10册,杭州出版社2004年版,第5905页。

② 《道藏》第32册,第8页。

③ 《道藏》第31册,第201页。

④ 《道藏》第31册,第460页。

⑤ 《道藏》第10册,第242页。

但其科仪思想却相贯通为一辙。宋金允中《上清灵宝大法》卷22《临坛符法品》评价说："且晋自陆简寂，唐自张清都，其后则广成编集科法，至今数百年间，无人改易其语。"①后世尊陆修静、张万福、杜光庭为科教三师，《无上黄箓大斋立成仪》卷38《圣真班次门》立有"静默堂师位"，即简寂先生陆真人、清都先生张真人、广成先生杜真人。林灵真《灵宝领教济度金书》卷4《圣真班位品》列举左右班360位神灵，右班供奉的神仙有简寂陆真人，清都张真人，广成杜真人。明周思得《上清灵宝济度大成金书》卷36《文检立成门》有"申科教三师"，即祖师简寂先生陆真人、清都先生张真人、广成先生杜真人，举行祈禳黄箓大斋时，要上申科教三师的状文。

杜光庭修订斋醮科仪，集中表现出道教将传统的"天人感应"思想，运用于敬神悔过、祈福禳灾的实际宗教活动。

关于斋醮所体现的"天人感应"思想，杜光庭在谈修金箓斋时有段清楚的说明。他写道："上元金箓，为国主帝王镇安社稷，保祐生灵，上消天灾，下禳地祸，制御劫运，宁肃山川，摧伏妖魔，荡除凶秽。"并说是在出现以下情况时举行："或五星失度，四气变常，二象不宁，两曜孛蚀，天倾地震，川竭山崩，水旱为灾，螟蝗害稼，疫毒流布，兵革四兴，猛鸷侵凌，水火漂灼，冬雷夏雪，彗孛呈妖，皆当……修金箓宝斋，拜天谢过，责躬引咎，思道祈灵，可以禳却氛邪，解销灾变。"②这就是认为，出现自然变异，灾害祸人，与帝王的过失有关，是上天的"谴告"，所以要修金箓斋，"拜天谢过"，予以禳解。这显然是"天人感应"思想的反映。同样，杜光庭在《太上洞神太元河图三元仰谢仪序》所说："若兵戈、水火，旱潦，螟蝗，晨星变怪，天地易常，山摧川涸，日月薄蚀，风霜不时，雷电害物，妖气作沴，鬼邪惑众，四境不宁，猛鸷为暴；若帝王国主不安，及疾疒灾异，至于民间危急，当告谢天地，玄感穹旻，乃可解度耳。"③这也是基于天人感应的思想。

杜光庭视"斋醮"为虔诚的祈祷活动。他认为"斋"，有祭祀之斋与心斋之别。"斋者所以斋洁心神，清涤思虑，专致真精而求交神明也"。此之谓

① 《道藏》第31册，第482页。

② 《金箓斋启坛仪·序事》，《道藏》第9册，第67页。

③ 《道藏》第18册，第308页。

祭祀之斋;心斋则“无听之以耳而听之以心,无听之以心而听之以气。气者虚而待物,惟道集虚,虚者心斋”①。前者指精神专一,后者指空无所有。二者相互作用,达到与道冥合的奇妙境界。“故知祭祀之际而后可以求心斋,则神明生与道合矣”。杜光庭说:“后世道家设醮而谓之斋。”②则以“醮”即是“斋”,斋与醮无所分别了。另据《无上黄箓大斋立成仪》卷15《醮说》云:“杜广成先生删定黄箓散坛醮仪,以为牲牷血食谓之祭,蔬果精珍谓之醮,醮者,祭之别名也。”③以是对神的供品是荤食还是素食来区别,供荤食为祭,供素食为醮。又说醮是祭的别名,醮和祭也就是一回事了。所以,他所说的斋醮,就是虔诚地对神、仙的祭祀祈祷。祭祷有一定的仪式,一般包括道士参与的系列活动:设坛、摆供、焚香、化符、念咒、上章、诵经、赞颂、说戒、发愿,并配以烛灯、禹步、音乐等仪注和程序,以祭祷神明,禳灾赐福。民间称之为“打清醮”、“做道场”。此是道教宗教活动比较集中的形式。

为了精神专一地求交于神明,杜光庭把传统的斋戒思想与道门戒律结合起来,建立了道场戒约,以约束参与道场的道士。他在《东岳济度拜章大醮仪 · 说戒》中讲:“古者祭祀必有斋,斋必有戒。”“戒者,所以恭依准绳,不犯非僻,动遵戒律,无有愆违也。”“今因斋而说戒,合坛之人,先受戒约,一历耳根,永为道种,即当检束身心,屏绝外念,存想至真,使启奏得行,祈祷必应矣。”④他举出七条戒约,要求合场道人遵守。这七条戒约是:不得杀害,不得嗜酒,不得生背叛心言不忠直,不得无孝顺心违逆父母,常行慈心普度一切,不得诽谤三宝及有道师尊,乃至在家出家一切道像,今日道场中常当恭敬,不得懈怠等。并规定了违犯各条将会得到的报应。如说:“不忠之罪有五种报:一者见被苦刑,二者破家灭族,三者处地狱报,四者得虎狼身,五者生在边地,心无自在。今者于道场中常行忠直,以俟藻鉴。”⑤不孝之罪有

① 《道门科范大全集》卷79,《道藏》第31册,第945页。
② 《道门科范大全集》卷79,《道藏》第31册,第945页。
③ 《道藏》第9册,第464页。
④ 《道门科范大全集》卷79,《道藏》第31册,第945页。
⑤ 《道门科范大全集》卷79,《道藏》第31册,第945页。

五种报，也类此。这种道场戒约，形式上是道教戒律在斋醮场所的运用，其实际作用是借斋醮之机，灌输封建伦理与善恶报应思想，以强化封建伦常意识，达到忠君孝亲的社会政治效果。

杜光庭修定的斋醮科仪，与陆修静一脉相承，着重宣扬了“济度”思想。这从他所提出的诸多“发愿”词里可以得到证明。《太上黄箓斋仪》中有“发愿”的程序，这种“发愿”有“十愿”、“十二愿”两种。其“十愿”为：“一愿大道流行，普天怀德；二愿一切有生，咸皆悟道；三愿九夜悲魂，一时解脱；四愿孤魂无依，咸得受生；五愿天下太平，五谷丰熟；六愿臣忠子孝，君仁父慈；七愿四海通同，冤亲和释；八愿潜胞处卵，咸得生成；九愿积疾新痾，旋即痊愈；十愿孤露众生，丰衣足食。”①在“十二愿”中还有“愿家多孝悌”、“愿国富才贤”、“愿圣人万寿”，“愿学道成仙”②等。这些愿望，正如杜光庭所说，是“普弘慈救，幽明蒙泽，生死荷恩！”③突出地表现了人们对尘世生活的善良愿望和美好向往。这大概是唐末现实社会的各种天灾人祸，给人们造成了种种苦难，使人们无法掌握自己的命运，因而便向超自然的神灵祈福禳灾的社会心理，在宗教方面的一种反映。杜光庭在修定道门斋醮科仪的时候，既有继承，也有新的发展。如由留用光传、蒋叔舆编的《无上黄箓大斋立成仪》卷15《醮说》云：以往“黄箓仪无谢恩醮，杜广成仪始有之。”④可见“谢恩醮”便是杜光庭增加的新内容。

综上可知，杜光庭对道教建设的贡献是多方面的，在系统神化老子，宏扬《道德经》教，宣扬道教信仰，整理“洞天福地”、修订道门斋醮科仪等方面，都有显著成就。对于唐末五代时期的道教来说，无疑起着重要的振奋作用。故被时人誉为“词林万叶，学海千寻，扶宗立教，天下第一”⑤。成为道教发展史上较有影响的一位人物。

---

① 《道藏》第9册，第190页。
② 《道藏》第9册，第269页。
③ 《道藏》第9册，第67页。
④ 《道藏》第9册，第464页。
⑤ 《道门通教必用集》卷1《历代综师略传》，《道藏》第32册，第8页。

第五节 《太平经钞》、《太平两同书》与《化书》的面世

唐末五代时期，由于长时间的社会动乱，使广大人民痛苦不堪，人民向往过上太平安定的生活。一些道教学者通过编纂典籍或撰写新作，反映了人们这一愿望。闾丘方远选录的《太平经钞》和罗隐的《太平两同书》以及谭峭所撰的《化书》等就是这一时代思潮的代表。

一、《太平经钞》的出现

《太平经》是人们在乱世中寻求太平的历史产物。东汉末年，张角据《太平经》创立太平道，领导声势浩大的黄巾起义。起义被镇压以后，《太平经》的流传就受到一定影响。但在民间仍不绝如缕。南朝宋齐间，钱塘褚伯玉"好读《太平经》"①，陈宣帝时，道士周智响"善于《太平经》义，常自讲习，时号'太平法师'"②。到唐末五代的动乱时候，闾丘方远则作了《太平经钞》。

关于闾丘方远的事迹，南唐沈汾《续仙传》说：闾丘方远，字大方，舒州宿松人，年十六，通经史，学《易》于庐山陈元晤。二十九，问大丹于香林左元泽；复诣仙都山隐真岩事刘处静，学修其出世之术。三十四岁，受法箓于天台山玉霄宫叶藏质，并得真文秘诀。而方远守一行气之暇，笃好子史群书，自言葛洪、陶弘景为其师友。"铨《太平经》为三十篇，备尽枢要。其声名愈播于江淮间。唐昭宗景福二年（893年）钱塘彭城王钱镠，深慕方远道德，访于余杭大涤洞，筑室宇以安之。"③昭宗赐号妙有大师、玄同先生。天复二年（902年）卒。所谓"铨《太平经》为三十篇"，就是把170卷《太平经》，精选节录为简明读本，名之曰《太平经钞》。宋邓牧《洞霄图志》卷5"闾丘元同先生"条曾明确地说："先是《太平青领书》，自汉于真人传授，卷帙浩繁，复文隐秘，先生钞为二十卷，文约旨博，学者便之。"原来《太平经》

① （唐）王悬和：《上清道类事相》卷1，《道藏》第24册，第878页。

② 《太平经复文序》，王明编《太平经合校》，北京：中华书局2060年版，第763页。

③ （五代）沈汾：《续仙传》卷下，《道藏》第5册，第93页。

经文,分甲乙丙丁戊己庚辛壬癸10部,每部17卷,合为170卷。闾丘方远系按部节钞,若每部为1卷,则为《犹龙传》卷4所说“有《太平(经)钞》十卷”;若每部分上下二卷,即为《洞霄图志》所称20卷;如每部分上中下三篇,就是《续仙传》所谓“铨《太平经》为三十篇”。总之,经他节录之后,使卷帙浩繁的《太平经》变得简明扼要,方便多了。现存于《正统道藏》中的《太平经钞》,即包括天干10部,每部1卷,确为《太平经》的节钞本。唯甲部字数最少,一些内容和所用词语也较《太平经》晚出,疑是后人伪补。王明先生《论〈太平经钞〉甲部之伪》[①]对此已有详细的考证。除此之外,《太平经钞》作为一部较完好的《太平经》节钞本,不仅适应当时人们向往太平的需要,有利于《太平经》思想的传播;而且,在《太平经》已经严重散失之后,我们通过它,还能大体看出《太平经》的全貌。所以,闾丘方远节录的这部《太平经钞》,无疑具有重要的历史意义。

二、罗隐与《太平两同书》

《太平两同书》是唐末乱世出现的总结统治经验、探求治理太平的政治哲理论著。作者罗隐,字昭谏,浙江新城县(今富阳县)人,生于唐文宗大和七年(833年),死于后梁太祖开平三年(909年),终年七十七岁。主要活动于宣、懿、僖、昭四朝。其本名横,恃才傲物,蔑视公卿,“凡十上不中第”,遂更名为隐。在长安遇道教徒罗尊师,罗以相术劝说:“君志在一第,官不过簿尉耳,若能罢举东归霸国以求用,富贵必矣。”[②]由是从事湖南,历淮、润诸镇,复多不合。以后归杭州,投效武肃王钱镠。累官钱塘县令,授镇海军掌书记,节度判官,盐铁发运副使,除著作佐郎、司勋郎中,历迁谏议大夫、给事中、发运使,赐金紫。罗隐每就闾丘方远受子书,方远必瞑目而授,称隐为“才高性下”的弟子。又曾与郑云叟隐于华山,“终日怡然对饮”[③]。时人写

---

① 王明:《道家和道教思想研究》,北京:中国社会科学院出版社1984年版,第201—214页。

② (清)吴任臣:《十国春秋》卷84《吴越八》,北京:中华书局1983年版,第1218页。

③ 《窦苹酒谱》,转引自《罗隐集·附录》,北京:中华书局1983年版,第336页。

诗称其“狸袍懒著辞公宴,鹤氅闲披访道流”①,“三征不起时贤议,九转终成道者言。”②是儒、道双修的人物。《十国春秋》卷84《罗隐传》称:隐著有《吴越掌记集》3卷,《江南甲乙集》10卷,《江东后集》3卷,《湘南应用》3卷,《灵壁子》、《两同书》10篇,又有《谗书》5卷,《淮海寓言》7卷,多散失不传。今人雍文华,广为搜寻辑校,重编《罗隐集》,含《甲乙集》、《谗书》、《广陵妖乱志》、《两同书》、《杂著》等,是研究罗隐思想的重要资料。

罗隐生活在唐代末期,当时中央王权旁落,皇帝形同虚设,无力驾御群臣;藩镇割据称雄,互相攻伐;宦官飞扬跋扈,肆意废立;朝臣和宦官之间矛盾冲突加剧;朝臣间的朋党之争起伏不息;国力虚弱,外族不断入侵,人民惨遭压榨,被迫揭竿而起,使李唐王朝的统治分崩离析,不可收拾。罗隐认为,造成这一局面的根本原因是“人主失其柄”。这位“礼乐征伐自天子出”的拥护者,专著《两同书》,阐发君人南面之术,以期由乱到治,天下太平。故《道藏》本题其书名为《太平两同书》。《太平两同书》共2卷,包括《贵贱》、《强弱》、《损益》、《敬慢》、《厚薄》、《理乱》、《得失》、《真伪》、《同异》、《爱憎》10篇。上卷5篇,皆终以老子之言;下卷5篇,皆终以孔子之语。③ 宣扬融合儒道,同臻太平的思想。该书所表述的观点主要是以下几方面:

(一)君长有无道德决定贵贱强弱

罗隐认为,贵贱强弱,不是决定于地位、力量,而是取决于有无道德。他说:“处君长之位,非不贵矣,虽位力有余,而无德可称,则其贵不足贵也。居黎庶之内,非不贱矣,虽贫弱不足,而有道可采,则其贱未为贱也。”④为什么这样讲呢?他举例说:“昔者殷纣居九五之位,孔丘则鲁国之逐臣也;齐景有千驷之饶,伯夷则首阳之饿士也。此非不尊卑道阻,飞伏理殊。然而百代人君,竞慕丘、夷之义;三尺童子,羞闻纣、景之名。是以贵贱之途,未可以穷达

① (唐)杜荀鹤:《献钱塘县罗著作判官》,见《全唐诗》卷692,北京:中华书局1999年版,第10册,第8034页。

② (五代)黄滔:《莆阳黄御史集》卷3《寄罗郎中隐》,《丛书集成初编》,商务印书馆1935年版,第122页。

③ 现存《爱憎》第十,篇末无孔子语,《道藏》本注明“缺文”。

④ 《两同书·贵贱第一》,《道藏》第24册,第912页。

论也。故夫人主所以称尊者,以其有德也,苟无其德,则何以异于万物乎?"罗隐进一步认为,贵与贱的地位不是永恒不变的,而是互相转化的。其转化的条件,也取决于有无道德。"苟以修德,不求其贵,而贵自求之;苟以不仁,欲离其贱,而贱不离之。"如古时虞舜陋微,无谷帛之利以悦于众,而鼎祚肇建,终有揖让之美;古公避难而迁居,邑成岐下,自强于家国;夏桀身为天子,有戈戟之防,非不盛矣,而百姓莫附,竟罹放逐之辱;胡亥以万乘之尊,笑尧禹之陋,死不旋踵,地分灞上。罗隐从这些贵贱互相转化中得出:"贵者愈贱,贱者愈贵,求之者不得,得之者不求,岂皇天之有私,惟德祐之而已矣。"[①]都在于是否修德的缘故。什么是"德"呢?罗隐认为,"德"是相对于"力"说的。他解释说:"夫所谓德者何?唯慈、唯仁矣。所谓力者何?且暴、且武耳。"强与弱的区分,"盖在乎有德,不在乎多力也"[②]。因为,在他看来,像尧那样,苟以仁慈,则天地和顺,万民归心,远悦近来,怎能不强?像纣那样,苟以暴武,则九族离心,六亲侧目,众叛亲离,何得不弱?所以他讲:是以古之明君,道济天下,盛德以自修,柔仁以御下;而古之暴君,骄酷天下,舍德而任力,忘己而责人。结果是,行德政者得人心,自然昌盛;行暴政者失人心,必然败亡。可见,罗隐所说的道德仁慈的政治思想,正是融合道、儒思想的表现。

(二)人君是否尚俭,关系祸福寿夭

罗隐认为,君主与百姓如头与脚一样,是相互依存的。但是,在尧舜时,百姓安居;处桀纣时,生灵涂炭,其原因何在?"盖人君有所损益也。"所谓损益,即指奢俭。"益莫大于主俭,损莫大于君奢,奢俭之间,乃损益之本也。"为什么这样说呢?罗隐指出,主俭则天下无为,天下无为则百姓受其赐;君奢则天下多事,天下多事则百姓受其毒。"是故古先圣君务修俭德:土阶茅宇,绨衣粗裘,舍难得之货,掊无用之器,薄赋敛,省徭役,损一人之爱好,益万人之性命,故得天下欢娱,各悦其生矣。古先暴主志在奢淫:瑶台象箸,锦衣玉食,购难得之货,斫无用之器,厚赋敛,烦徭役,益一人之爱好,损万人之性命,故使天下困穷,不畏其死矣。"[③]这就是说:古时圣明的君主,自

① 《两同书·贵贱第一》,《道藏》第24册,第913页。
② 《两同书·强弱第二》,《道藏》第24册,第913页。
③ 《两同书·损益第三》,《道藏》第24册,第914页。

己生活简朴,取民财力不多,使人民生活安乐,受到天下拥护;而暴虐的君主,则奢侈淫逸,无止无休,拼命榨取老百姓,使人民无法活下去,遂被迫作乱。因此,罗隐说:"故人安者,天子所以得其安也;人乱者,天子所以罹其乱也。"可见,人君是崇俭还是尚奢,关系万民祸福,社稷存亡。

同时,罗隐又认为,人的生活是俭朴还是淫奢,还关系人的寿命的长短。在饮食男女这个"人之大欲存焉"的养生领域,就特别明显地表现出自厚者逢夭折、自薄者得长寿的道理。他举例说:"昔信陵、孝惠纵长夜之娱,淫酒色之乐,极情肆志,此非不自厚也,然卒逢夭折之痛,自殒于泉垅之下,是则为薄亦已盛矣。老氏、彭公修延年之方,遵火食之禁,拘魂制魄,此非不自薄矣,然克得长久之寿,自致于云霄之上,是则为厚亦已大矣。"并由此得出:"夫外物者,养生之具也,苟以养过其度,则亦为丧生之源也。"这就是说,纵欲者短命,恬淡者延年,善养生者不可过分追求身外之物。因为在罗隐看来,性命之分是有限的,嗜欲之心是无穷的,"以有限之性命,逐无穷之嗜欲,亦安可不困苦哉?"他发挥黄老养性的观点说:"夫神大用则竭,形大用则劳,神形俱困而求长生者,未之闻也。"说明形神用得过度,是养生最忌讳的。因此,他提出"内宝神气,外损嗜欲"的养生之道,作为向人主的建议。他说:"为人主者,诚能内宝神气,外损嗜欲,念驰骋之诫,宗颐养之年,永保神仙之寿,常为圣明之主,岂不休哉!"①人主宝神气,损嗜欲,则崇俭戒奢;崇俭戒奢,则无为无事;无为无事,则自身康乐,得养性之福,百姓安生,无烦扰之苦,确实体现了道家理国理身的一贯思想。

（三）人主需掌握治国御臣之术，才能维护统治地位

罗隐总结历史的经验时指出:"夫家国之理乱,在乎文武之道也。""文以治理,武以定乱。"②就是说,治理国家,必须文武兼用,"文者道之以德","武者示之以威",即执行教化与镇压交替使用的两手政策。同时他又指出:"而盗窃者亦何尝不以文武之道乱天下乎?故章邯以军旅而分秦地,田常以仁义而篡齐国,则有理不能无其乱,唯人主之所制也。"就是说,可以文

① 《两同书·厚薄第五》,《道藏》第24册,第916页。
② 《两同书·理乱第六》,《道藏》第24册,第916页。

武之道治天下,也可以文武之道乱天下,问题在于人主是否牢牢掌握了权柄。他说:“故圣人不得文武之道不理,贼臣不得文武之道不乱,非文武有去就之私,盖人主失其柄也。”[①]“人主失其柄”,贼臣作乱,是罗隐所生活的晚唐时期的突出问题。他把君臣关系比喻为舟、水关系:“夫君者舟也,臣者水也。水能浮舟,亦能覆舟;臣得辅君,亦得危君。”[②]如“三杰[③]用而汉兴,六卿[④]强而晋灭;陶朱在而越霸,田氏盛而齐亡。”就是“臣能辅君,亦能危君”的历史事例。人主怎样才能“不失其柄”呢?罗隐以骑者御马的道理来说明人主用臣的原则。“逐长路者,必在于骏马之力;理天下者,必求于贤臣之用。然骏马苟驯,犹不可以无辔也;贤臣虽任,终不可以失权也。”他提出御臣的原则在于掌握宽严适度:“夫御臣者,其权峻,则其臣惧而不安;其权宽,则其臣慢而好乱。使夫宽而不至乱,峻而能安者,唯圣人之所明也。”[⑤]这就是说:君主对臣下,要严峻与宽容都恰如其分,以达到宽而不至乱,严而能心安为宜。这样,大权在手,御使群臣,天下能治理,有乱亦可止,否则,“汉帝虽有曹操,是乘马而无辔,苟欲不败,其可得乎?”[⑥]这也是罗隐对唐末人主失权、臣下为乱、终致改朝换代的客观总结。罗隐在《谗书·重序》里说:“君子有其位,则执大柄以定是非;无其位,则著私书而疏善恶,斯所以警当世而诫将来也。”这大概也是他撰写《太平两同书》的旨趣吧。

三、谭峭与《化书》

《化书》是唐末五代时期由乱思治的又一代表作。作者谭峭,生卒年不详。泉州人,道士和道教学者。据最早记其事迹的南唐沈汾著《续仙传》载:“谭峭字景升,国子司业洙之子。幼而聪明,及长颇涉经史,强记问无不知,属文清丽。洙训以进士业,而峭不然,迴好黄老诸子及周穆、汉武、茅君列仙内传,靡不精究。一旦告父出游终南山,父以终南山近京都,许之。自

① 《两同书·理乱第六》,《道藏》第24册,第917页。
② 《两同书·得失第七》,《道藏》第24册,第917页。
③ 汉三杰,指萧何、张良、韩信。
④ 晋六卿,指智、韩、赵、魏、范、中行。
⑤ 《两同书·得失第七》,《道藏》第24册,第917页。
⑥ 《两同书·得失第七》,《道藏》第24册,第917页。

终南,游太白、太行、王屋、嵩、华、泰岳,迤逦游历名山,不复归宁。父驰书委曲责之,复谢曰:'茅君昔为人子,亦辞父学仙,今峭慕之,冀其有益。'父以其坚心求道,岂以世事拘之,乃听其所从。而峭师于嵩山道士十余年,得辟谷养气之术,惟以酒为乐,常醉腾腾,周游无所不之。夏服乌裘,冬则绿布衫,或卧于风霜雪中经日,人谓其已毙,视之,气出休休然。父常念之,每遣家童寻访,春冬必寄之以衣及钱帛,(峭)捧之,且喜,复书,遽厚遣家童回,才去,便以父所寄衣出街,路见贫寒者与之,及寄于酒家,一无所留。人或问之,何为如此?曰'何能看得盗之所窃,必累于人,不衣不食,固无忧矣',常欣欣如也,或谓疯狂,行吟曰:'线作长江扇作天,靸鞋抛向海东边,蓬莱信道无多地(路),只在谭生拄杖前。'尔后,居南岳炼丹,成,服之,入水不濡,入火不灼,亦能隐形变化,复入青城山而不出矣。"[①]《续仙传》这段记载说明:第一,谭峭出身于仕宦之家,熟悉儒家经史,酷爱黄老道书,无意于仕途,而有志于学道;第二,他奉嵩山道士为师,得辟谷养气之术,又居南岳炼丹服食,内养外炼均有成效;第三,他游历各地,深知民生疾苦,同情、资助贫寒人家,这些都为他写作《化书》提供了必要的知识条件和思想基础。

但是,《续仙传》并没有记载谭峭著《化书》的事,这是由于他著的《化书》已被南唐宋齐丘窃为己有而时人还不知晓的缘故。后被知情者陈抟揭露,真相才大白于天下。据碧虚子陈景元《化书后序》说,他读《化书》时,问其师鸿濛君张无梦曰:"《化书》百有十篇,宋齐丘所撰非乎?鸿濛君曰:吾闻希夷先生诵此书,至《稚子》篇,掩册而语吾曰:我师友谭景升[②],始于终南山著《化书》,因游三茅,经历建康,见齐丘有仙风道骨,虽溺于机智而异乎黄埃稠人,遂引此篇云:'稚子弄影,不知为影所弄;狂夫侮像,不知为像所侮……醉者负醉,疥者疗疥,其势弥颠,其病弥笃,而无反者也。'齐丘终不悟。景升乃出《化书》授齐丘曰:'是书之化,其化无穷,愿子序之,流于后世。'于是

① 《道藏》第5册,第97页。

② (宋)陆游《老学庵笔记》卷6记云:陈希夷曾从(四川)邛州天庆观都威仪何昌一"学锁鼻术"。又元李简易《玉溪子丹经指要》卷首《混元仙派之图》中有何昌一,其下系以谭景升。则陈、谭均为何昌一的弟子。

杖鞍而去，齐丘夺为己有而序之耳。”[①]故《化书》又名《齐丘子》，以至元人所修《宋史·艺文志》著录为“宋齐丘《化书》六卷”。但宋齐丘盗窃《化书》的事，在道流中定有传闻，所以陈景元读《化书》时，才提出这个疑问，向其师张无梦请教。佛教方面也承认《化书》为谭峭所作，宋释志磐《佛祖统记》卷42说：后周世宗“显德四年（957），隐士谭景升居终南山，与陈抟相师友，著《化书》百十篇，穷括化原，久之仙去。”另外，还有齐丘谋害谭峭，夺其《化书》的传说，《嘉兴府志》云：五代谭峭“尝著《化书》，宋齐丘欲窃为已有，醉之酒，缝革囊中投之江，金山渔者得而剖之，见峭方醒，张目曰：‘齐丘夺我《化书》，今藏形矣。’遂去不复见”[②]。这个故事刻画出齐丘蓄意杀人夺书、谭峭被害愤愤不平的情状。它虽与陈抟所说情节有异，但都认定《化书》的作者是谭峭。明初主修《元史》的宋景濂（1310—1381年）也认为《化书》的作者为谭峭。《元明善本丛书十种》“子汇”所收《齐丘子》，其开头引宋景濂的话说：“是书之作非齐丘也，终南山隐者谭景升也。齐丘窃之耳。”后人改题为《谭子化书》，从而澄清了在《化书》作者问题上的迷雾，恢复了这一历史的本来面目。

与谭峭同时，还有被拜为“正一先生”的谭紫峭。据赵道一《历世真仙体道通鉴》卷43介绍：

> 金门羽客，姓谭氏名紫霄，一云子雷，其先北海人也，高祖在唐为达士。紫霄生于金陵，骨法魁梧，神识秀丽，龟形鹤步，圆目方啄，日角有吉字，人关有井文，众以其殊相异之。六经百氏，秘典灵书，多所该通，南之玉笥山为道士，后遇异人授以魁罡斗极观灯飞符之术，行之灵验。自是名倾江湖，依之如流。遂入闽中，闽主王审知礼加勤厚，一命洞玄天师（玄或作章），再命左街道门威仪贞一先生，降札曰：“慈能育物，鉴可通神，未归十洞三天，且佐宵衣旰食”。闽亡归金陵，南唐烈祖闻之，遣使劳问，旁午，于道召见，应对锋辩。上悦服，乃授左街道门威仪，及锡命服，加真曜先生（曜或作观），降札曰：“养德林中，栖神象外，遣华

① （五代）谭峭撰，丁祯彦、贾似珍点校：《化书》后序一，北京：中华书局1996年版，第73—74页。

② 转引自《古今图书集成·博物编·神异典》卷251《神仙部列传第二十八》。

世纲,绝利道腴。”保大(943—957年)中,又赐金门羽客。紫霄素爱庐山胜概,于是卜白云峰之栖隐洞,即梁昭明太子书堂,今栖隐观是也。又于星渚之城南门,创别馆以备出入,今寿圣观是也。后主久钦其高风。复召至金陵,未几还山。宋太祖开宝六年(973年)夏四月一日,沐浴上堂,端坐而逝,春秋一百五十。时洞侧人见其有云气如龙,冲升而去,及葬,又有彩云白鹤盘绕其上。后主遣使,赗赠弥渥。初,紫霄得术精妙,能醮星象,事黑杀,禹步指诀,禁诅鬼魅,为人烧奏禳祈灾祥,颇知寿夭。人或召之,则澣沐至暮,独登一阁,焚炉剌关奏法事,然后爇灯为验。迟明,尽能言人筭数长短,靡不应者。武昌军节度使何敬殊宠婢获怒,置井中死,人无知者。建隆初,何遇疾,召紫霄。紫霄中夜,被发然灯于静室,见女厉自诉为祟之由,紫霄具言之,何曰:“信然”。乃丹书符送之,其疾即愈。又有奇术,一邻僧于溪浒创亭子,且为顽石所阻,致工百倍不能平之,紫霄适见,曰:“斯固易尔。”以指掐诀,含水噀之,命锤其石如粉。紫霄自被累朝宠过,其礼皆比蜀杜光庭,然多辞而不受。凡所获馈醮祭之资,皆以延贤达、赈贫窭,及待四方宾客,室无囊箱焉。紫霄居洞,时道流闻风而至者百余人,每为其徒讲庄列,曰:“庄列吾教也熟,其书本是悟明真性,要见本来无物,其说正与释氏合。若能以释氏之书参而观之,则庄列之意较然易明。吾幼时于金刚、圆觉诸经无所不读,以是吾于本来真性无不了悟。今时人自谓道家,便与释氏互相矛盾,不知真心求道者不如是也。况但拾其绪余土苴、有迹为之事,以是为道,非惟不悟真性,亦且背老庄之本意万万矣”。以故紫霄室中道释儒书皆有之。《南唐列传》载:“谭紫霄,泉州人,幼为道士。初有陈守元者,亦道士,尝锄地得木札数十,贮铜盎中,皆张道陵符篆,朱墨如新,藏去而不能用,以授紫霄,紫霄尽能通之,遂自言得道陵天心正法。核鬼魅,治产病,多效。闽王孟昶尊重之,号金门羽客、正一先生。闽亡,遁居庐山栖隐洞,学者百余人。后主闻其名,召见,赐官皆辞不受。俄而疾卒,年百余岁。今言天心正法者,皆祖于紫霄。”①

① 《道藏》第5册,第348页。

谭峭、谭紫霄是否为同一人，明代已不明确。“峭字景升，唐国子司业洙之子……南唐又有金陵羽客，谭紫霄者，能劾召鬼神，四方道流，从学百余人。于三教书皆所洞晓，尝教其徒讲庄列，深以为合于释氏，则于今传《化书》意旨尤若相类。二谭并与齐丘同时，一人耶二人耶？吾不得而知也，因景濂语并及之。”①清代学者在编纂《四库全书》时同样提出了质疑：“《化书》六卷（江西巡抚采进本）……今仍改题《化书》而以陈景元跋附焉。峭为唐国子司业洙之子。师嵩山道士。得辟谷养气之术。见沈汾《续仙传》中其说神怪，不足深辨。又道家称峭为紫霄真人，而《五代史》闽世家称王昶好巫拜道士谭紫霄为正一先生。其事与峭同时，不知即为一人否?！方外之士，行踪靡定，亦无从而究诘矣。”②谭嗣同也有这样看法：“闽世家有正一先生谭紫霄。道家又称著谭子《化书》之谭峭为紫霄真人，不知是一是二。”③

余嘉锡先生④、林胜利和郭健皆持同一人观点，⑤其他学者则有持不为同一人观点者。⑥

从现有文献看来，谭峭和谭紫霄应为同一人，理由是：

其一，有文献明确指出谭峭就是谭紫霄。

清代许多文献明确指出谭峭就是谭紫霄。“五代：谭紫霄名峭，晋江人，博学能文，嗜黄老。闽王昶封为正一先生，后寓庐山栖隐洞。”⑦李调元也认为谭峭就是谭紫霄：“谭峭（一作谭紫霄）：峭字景升，国子司业洙之子，博涉经史，属文清丽。”⑧周在浚在注《南唐书》“今言心法者祖紫霄”句，详细地介绍了谭峭的生平，在他看来谭紫霄就是谭峭。“今言心法者祖紫霄。

---

① （明）胡应麟：《少室山房笔丛》丁部《四部正伪》中，上海：上海书店出版社 2001 年版，第 311—322 页。

② （清）永瑢编纂：《四库全书总目》卷 117 子部 27，清乾隆武英殿刻本。

③ （清）谭嗣同：《谭嗣同集》，《廖天一阁文》卷 2，《浏阳谭氏谱叙列》，民国铅印戊戌六君子遗集本。

④ 参见余嘉锡：《四库提要辩证》，北京：中华书局 1980 年版，第 855 页。

⑤ 参见林胜利：《紫霄真人谭峭考略》，《中国道教》1989 年第 3 期；郭健：《谭峭〈化书〉研究》，《华侨大学学报》（社科版）2004 年第 4 期。

⑥ 参见王竹波：《谭峭及其〈化书〉初探》，《理论界》2008 年第 2 期。

⑦ （清）穆彰阿纂：（嘉庆）《大清一统志》卷 428，《四库丛刊续编》景旧抄本。

⑧ （清）李调元编：《全五代诗》卷 39，成都：巴蜀书社 1992 年版，第 814 页。

注:史纂左编曰:谭峭字景升。幼聪明,及长颇涉经史,属文清丽。父洙唐国子司业也……”①

其二,籍贯、生卒、行迹问题。

一是多数文献记载谭峭和谭紫霄籍贯皆为福建一带。多数文献记载谭紫霄为闽人(晋江人)。“保大中道士谭紫霄来自闽中,赐号金门羽客”②。“谭紫霄名峭,晋江人,博学能文,嗜黄老”③。有文献记载谭峭是泉州人:“复见(谭)峭本泉州人,国子司业之子,邑中有谭仙岭,相传是其炼药得道处。”④“峭本泉州人,国子司业洙之子,海盐有谭仙岭,相传是其采药得道处。仙鉴载峭一诗,尤其寄迹海峤之证。”⑤“紫霄,名峭,字景升,本州人,唐国子司业洙之子。”⑥因此,从籍贯看,他们可能为同一人。

二是谭紫霄的父辈和谭峭的父亲谭洙都曾在江浙一带活动。《历世真仙体道通鉴》和《南康府志》进一步明确了谭紫霄的身份背景。谭紫霄,泉州人。“自北海徒金陵(今南京)”⑦。因此,谭紫霄的父辈很有可能曾经在江浙一带活动过。谭峭还有海盐人一说:“谭峭,字景升,海盐(今浙江省海盐县)人,国子司业洙之子。”⑧唐懿宗期间,谭峭的父亲谭洙在江浙一带任职:“临海郡太守、台州刺史……姚鹄、谭洙、封彦卿。已上懿宗时任。”⑨因此,谭峭的父亲谭洙曾在江浙一带生活过。

三是生卒问题。《历世真仙体道通鉴》明确指出谭紫霄“其先北海人”,生于金陵,同时,《南康府志》指出谭紫霄“自北海徒金陵”,此外,许多文献提及谭紫霄“闽亡归金陵”,因此,谭紫霄生于金陵这点是可以肯定的。遗憾的是笔者所整理的文献却无明确记载谭紫霄具体的出生时间,但他的死亡时间却有详细记载。谭紫霄卒于宋开宝年间,在世百余岁,“宋太祖开宝

① (清)周在浚:《南唐书注》卷17,民国嘉业堂刻本。
② (宋)陈舜俞撰:《庐山记》卷2,民国《殷礼在斯堂丛书》影元禄本。
③ (清)穆彰阿纂:(嘉庆)《大清一统志》卷428,《四库丛刊续编》景旧抄本。
④ (清)许瑶光纂:《嘉兴府志》卷13,清光绪五年。
⑤ (清)沈季友撰:《槜李诗系》卷30,《文渊阁四库全书》第1475册,第715页。
⑥ (明)何乔远纂:《闽书》卷7。按:“本州人”即闽人、泉州人。
⑦ (明)陈张霖撰:《南康府志》卷6,明正德刻本。
⑧ (明)徐象梅撰:《两浙名贤录》,外录卷2“玄玄”,明天启刻本。
⑨ (清)嵇曾筠撰:《浙江通志》卷112,《文渊阁四库全书》第521册,第7086页。

六年(973年)夏四月一日,沐浴上堂,端坐而逝,春秋一百五十"[①]。"开宝六年,沐浴坐逝,葬之日有祥云白鹤旋绕云"[②]。此外,《金陵新志》、《唐余纪传》也说谭紫霄百余岁隐于庐山。"开宝初年,百余岁隐化于庐山栖隐洞之道馆"[③]。虽然谭紫霄活到150岁不太可信,但一百岁左右比较合乎实际。关于谭峭的出生时间,今人根据"科考"有关情况推断谭峭大约生于唐懿宗(860—873年)之时[④],而《浙江通志》指出谭洙曾为唐懿宗(859—873年)间吴兴郡太守、湖州刺史,也就是说,谭峭可能出生于其父谭洙在江浙任职期间。"(咸通)十一年(870年),姚鹄;十二年,谭洙;十三年;十四年,封彦卿。"[⑤]可以推测,谭峭可能于公元873年左右出生于江浙一带。从谭紫霄卒于973年到谭峭的出生时间873年恰好一百年。因此,从出生地点和年龄综合判断谭紫霄和谭峭应为同一人。

四是游历问题。谭峭和谭紫霄游历名山。建康和金陵皆指今天南京,谭峭和紫霄都到过建康,这也是余嘉锡先生认为两者为同一人的主要论据,恕不赘述。谭紫霄后归隐庐山,谭峭也同样有归隐庐山记载,"谭景升名峭,即紫霄真人也。住庐山栖隐洞,其徒百人,有道术"[⑥]。可见,从游历看,两者颇为相似。

其三,宗教素养。

一是谭紫霄和谭峭都博览群书,且皆精通佛法。《续仙传》、《云笈七籤》、《历世真仙体道通鉴》、《三洞群仙录》皆言谭峭博览群书,"(谭峭)及长,颇涉经史,强记,问无不知,属文清丽。"[⑦]谭紫霄也博览群书,"(谭紫霄)于三教书皆所洞晓……"[⑧]

《化书》在成为道教经典的同时,佛教色彩颇浓。明代李贽曾这样评价

① (元)赵道一:《历世真仙体道通鉴》卷43,《道藏》第5册,第348页。
② (明)陈张霖撰:《南康府志》卷6,明正德刻本。
③ (元)张铉撰:《金陵新志》卷13(下),《文渊阁四库全书》第492册,第601页。
④ 参见林胜利:《紫霄真人谭峭考略》,《中国道教》1989年第3期。
⑤ (宋)陈耆卿:《嘉定赤城志》卷8《历代郡守》。
⑥ (明)蒋一葵撰:《尧山堂外纪》卷41,明刻本。
⑦ (五代)沈汾:《续仙传》卷下,《道藏》第5册,第97页。
⑧ (明)胡应麟撰:《少室山房集》卷103,《文渊阁四库全书》第1290册,第7526页。

《化书》:“若关尹子之《文始真经》与谭子《化书》,皆宜随身者,何曾与释迦差异也。”①清代郑光祖虽然不像李贽那样对《化书》赞赏有加,但也认为佛味十足:“谭子:齐邱子窃谭景升化书六卷。其说或似老子,或似仙释。谈理多虚,格物不的,恣意荒诞,绝无可采。”②从其他文献也可以看出这点,如:“谭景升曰:忘形以养气,忘气以养神,忘神以养虚。只此忘之一字,是无物也。六祖曰:本来无一物,何处惹尘埃,其斯之。”③

可以说谭紫霄学兼道释,“谭紫霄在五代时,已识得庄列之旨与释氏合。”④《历世真仙体道通鉴》:“紫霄居洞,时道流闻风而至者百余人,每为其徒讲庄列,曰:‘庄列吾教也熟,其书本是悟明真性,要见本来无物,其说正与释氏合。’若能以释氏之书参而观之,则庄列之意较然易明。吾幼时于金刚、圆觉诸经无所不读,以是吾于本来真性无不了悟。”⑤因此,谭紫霄也并非只懂法术、道术不探究宗教理论的香火道士一类,而和谭峭一样具有很高的理论素养。

二是《化书》问题。谭峭为《化书》作者,这点已无疑问。有文献指出谭紫霄为《化书》作者。“《化书》谭紫霄作。”⑥“大丹本柄之说:……谭紫霄曰:神犹母也,气犹子也。以神召气,如以母召子,孰敢不至。”⑦“奏闻谭紫霄《化书》曰:至淫之极,男化为女。”⑧“酣卧初觉问之曰:我谭紫霄也,宋齐丘窃吾书,沉吾水底……”⑨

三是道术问题。谭紫霄的一个重要特点就是跟天心派和符箓派关系密切。“先是有道士陈守元者,锄地得木札数十,贮铜盎中,皆汉张道陵符篆,

① (明)李贽:《续焚书》卷2,《道教钞小引》,北京:中华书局1975年版,第66页。
② (清)郑光祖:《一斑录 · 杂述七》,清道光舟车所至丛书本。
③ (明)高濂撰:《遵生八笺》卷1,《清修妙论笺》卷上,明万历刻本。
④ (明)王世贞撰:《读书后》卷8,《文渊阁四库全书》第1285册,第93页;按:(明)王世贞撰《弇州山人四部续稿》(《文渊阁四库全书》)卷159文部,有同样记载。
⑤ 《道藏》第5册,第348页。
⑥ (明)邓伯羔撰:《艺彀》卷上,《文渊阁四库全书》第856册,第0011a页。
⑦ (明)阳道生撰:《真诠》下之上,明嘉靖刻本。按:(明)李中梓《颐生微论》卷1(明崇祯十五年刻本)也有类似记载。
⑧ (明)徐应秋撰:《玉芝堂谈荟》卷11,《文渊阁四库全书》第883册,第264页。
⑨ (清)王士祯撰:《分甘余话》卷2,《文渊阁四库全书》第870册,第0562a页。

朱墨如新。紫霄得尽通之,遂自言得道陵天心正法……后言天心法者皆祖紫霄。”①“符箓之说自寇谦之……五代则谭紫霄。”②“符箓:其法盛于元魏寇谦之……五代则谭紫霄。”③

有学者认为谭紫霄自言得天心正法,擅长符箓,江湖习气重,跟擅长丹法、无心功名的谭峭不同,从而说明两者不为同一人。有学者否认此观点,解释为:“道教内丹派和符箓派之间其实并没有不可逾越的鸿沟,正如一些道教内丹家也通晓道教法术一样,一些正一道士也修习内丹,而从《化书》中的内容来看,《化书》作者正是这样一个人:既通晓道教内丹学,也通晓道教法术。因此,我们没有理由否认谭峭与谭紫霄就是同一个人。”④笔者同意此观点,此外,还有以下理由可为旁证:其一,上面提到谭紫霄知识渊博、精通道释,具有极高的理论素养,这点不是一般江湖术士可比的。其二,谭紫霄乐善好施,淡泊名利,凭道术所得的酬劳,皆施与他人,这也跟一般江湖术士有所不同的。“凡所获醮祭之施,转以给四方宾旅。”⑤“凡所获馈醮祭之资,皆以延贤达、赈贫窭,及待四方宾客,室无囊箱焉。”⑥此外,多有文献提及:“(谭紫霄)比蜀杜光庭,皆让而不受。”⑦证明谭紫霄不在乎物质利益,这也跟一般江湖术士有所差别,而且其乐善好施性格跟谭峭也很相似。“才去,(谭峭)便以父所寄衣出街路,见贫寒者与之,及寄于酒家,一无所留”⑧。其三,《续仙传》、《云笈七籤》、《历世真仙体道通鉴》、《嵩书》、《两浙名贤录》、《续文献通考》、《六岳登临志》等皆言谭峭修炼外丹。“尔后居南岳炼丹成。服之入水不濡,入火不灼,亦能隐形变化。复入青城山而不出矣”。⑨ 从“服之入水不濡,入火不灼,亦能隐形变化”功能看,这与江湖术

① (元)张铉撰:《金陵新志》卷13下之下,《文渊阁四库全书》第492册,第601页。
② (明)王应麟:《少室山房笔丛》壬部玉壶遐览一,明万历刻本。
③ (明)朱国祯:《涌幢小品》卷29,北京:中华书局1959年版,第694页。
④ 郭健:《谭峭〈化书〉研究》,《华侨大学学报》(社科版)2004年第4期。
⑤ (宋)欧阳修撰、(清)彭元瑞注:《五代史记注》卷68,清道光八年刻本。
⑥ (元)赵道一:《历世真仙体道通鉴》卷43,《道藏》第5册,第348页。
⑦ (明)蒋一葵:《尧山堂外纪》卷41,明刻本。
⑧ (元)赵道一:《历世真仙体道通鉴》卷39,《道藏》第5册,第326页。
⑨ (五代)沈汾:《续仙传》卷下,《道藏》第5册,第97页。

士所谓的道术无多大差别。

综上所述,从年代、籍贯、宗教素养、行迹等方面看,谭峭和谭紫霄都具有一致性。虽然某些方面存在差异,究其原因可能由于人生不同阶段所致,就目前文献看来,谭峭和谭紫霄应为同一人。下面我们着重就《化书》的内容与思想进行分析。

《化书》分六化,每化为一卷,即道化、术化、德化、仁化、食化、俭化,共110篇。主要是运用道教哲学思想和儒家伦理观念,以类推比附的手法,从事物的变化中,阐述修道成仙的思想,探寻社会治乱的因由,指出实现太平治世的道路。

《化书》的核心思想就是一个"化"字,它认为万事万物,每时每刻都处在变化之中,所谓"化化不间,由环之无穷"。它称"虚"是世界的本源,万物由虚化生,又化还为虚。这种虚、形互化,乃是道的根本属性和存在形式。《化书》一开头就讲:"道之委也,虚化神,神化气,气化形,形生而万物所以塞也;道之用也,形化气,气化神,神化虚,虚明而万物所以通也。"①这是讲虚、形变化的两个过程,前一个是道顺而生物的过程,后一个是物逆向还原于虚的过程。有形的万物是始源于虚,又还原于虚,无形的虚,既是万物的本源,又是万物的归宿。《化书》所说的"虚",又叫"太虚",或称"虚空",并非绝对的空无,《龙虎》篇说:"虚空非无也";《游云》篇又说:"太虚之中,无所不有。""有"而称"虚",是指"视之不见,听之不闻,搏之不得"的"无形之谓也"。无形有形的互相转化,即万物的生灭循环。这种虚物互化、生灭循环的观点,实际上是继承《老子》"有生于无"、"有无相生"和"归根曰静,静曰复命"的思想,也是对唐代道士所谓道"本无神也,虚极而神生;本无气也,神运而气化,气本无质,凝委而成"②这一观点的发展。

道的虚、形互化思想,是谭峭的自然观,也是《化书》的理论纲领,由此"化"出自然的和社会的一系列事物来。

首先是无生物与有生物的互相转化。谭峭从虚、神化生气、形,形气还

① 《道藏》第23册,第589页。

② 引自强思齐《道德真经玄德纂疏》"道可道,非常道"成玄英疏;又吴筠《玄纲论》上篇《同有无章第七》亦有类似的语言。

原于神虚的观点出发,认为无生物与有生物是互相转化的。万物都是有灵的。他说:“老枫化为羽人,朽麦化为蝴蝶,自无情而之有情也;贤女化为贞石,山蚯化为百合,自有情而之无情也。是故土木金石,皆有情性精(或作“魂”)魄。虚,无所不至,神,无所不通,气,无所不同,形,无所不类,孰为彼,孰为我(或作“此”)?孰为有识,孰为无识?万物一物也,万神一神也,斯道之至矣。”①这里,谭峭举出自然界中,有的从无生物变成生物(自无情而之有情),有的从生物变成无生物(自有情而之无情),从而得出土木金石皆有性情魂魄的万物有灵论。在他看来,无论是有生物,还是无生物,都受道的规律支配,同由虚神气形变化而成,它们之间才能互相转化,正是在这个意义上,他讲:有生物与无生物并没有什么区别,万物、万神本质上都是一神、一物的分化,也没有什么彼与此的界限,这一观点,类似《庄子·齐物论》的见解。有必要指出的是,谭峭关于无生物与有生物相互转化的思想,具有一定的辩证性,是有可取的,但他未能谈转化的条件性,则是不够的。因为任何事物的形态或性质的转化,都需具备一定的条件,没有一定条件的转化,只存在于主观想象之中,在客观上是不可能的。谭峭由于未能认识事物转化需要具备一定的条件,以至例举出“老枫化为羽人”、“贤女化为贞石”那样神话般的不科学的转化来。

谭峭“虚、形互化”的自然观,特别明显地表现在生与死的转化上。他专论生死问题时说:“虚化神,神化气,气化血,血化形,形化婴,婴化童,童化少,少化壮,壮化老,老化死,死复化为虚,虚复化为神,神复化为气,气复化为物,化化不间,由环之无穷。夫万物非欲生,不得不生;万物非欲死,不得不死。”②这里用不断变化的观点,描述人的形成、出生、成长和老死的过程,以说明万物的生与死是互相转化的、不可避免的必然现象。从这点来说,有其合理性。由此也自然应当合乎逻辑地得出“长生不死是不可能的”这样一个与道教修炼成仙相悖的结论。但是,作为道士的谭峭,并没有由此否定长生不死的可能性,相反,却以虚、物互化的观点,作为修炼成仙的理论

① (五代)谭峭撰:《化书》卷1《老枫》篇,《道藏》第23册,第590页。
② (五代)谭峭撰:《化书》卷1《死生》篇,《道藏》第23册,第592页。

基础。他接着声称:“达此理者,虚而乳之,神可以不化,形可以不生。”就是说:人能通晓虚、神、气、形互相转化的道理,则知虚为造化之本,神为生命之根,只要虚心养神,即“虚而乳之”,就能达到“神可以不化,形可以不生”,也就是有神无形的永生境界。谭峭又称此为“神化之道”。他在《道化》叙述虚形互化之后说:“是以古圣人穷通塞之端,得造化之源,忘形以养气,忘气以养神,忘神以养虚,虚实相通,是谓大同。故藏之为元精,用之为万灵,含之为太一,放之为太清。是以坎离消长于一身,风云发泄于七窍,真气熏蒸而时无寒暑;纯阳流注而民无死生,是谓神化之道者也。”这段“忘形以养气,忘气以养神,忘神以养虚”的炼养术,就是建筑在虚化神,神化气,气化形和形化气、气化神、神化虚这个理论基础之上的。他说通过修炼,可以达到浑身真气熏蒸而不觉严寒酷暑的境地,谭峭本人,在“得辟谷养气之术”以后,夏天穿皮袄,冬日著布衫,或整天卧在风霜雪中而异于常人的情况,不就是“真气熏蒸而时无寒暑”的写照么?至于“纯阳流注而民无死生”,则是更高水平的修炼功效,实际上是幻想精神脱离形体返回虚空的梦游式境界,即道教徒所谓的“阳神出游”。谭峭认为,在形与神的关系上,神是第一位的,起支配作用的,甚至可以离开形而存在。他在《神道》篇说:“太上者,虚无之神也,天地者,阴阳之神也,人虫者,血肉之神也。其同者神,其异者形。是故形不灵而气灵,语不灵而声灵,觉不灵而梦灵,生不灵而死灵。水至清而结冰不清;神至明而结形不明,冰泮返清,形散返明,能知真死者,可以游太上之京。”①这就是说,在谭峭看来,宇宙间各种不同的形象,都有一个神在主宰着。由于神是无形的,对有形的躯体、说话、觉醒、生时则不见其灵,而只在无形的气、声之中和梦、死之后才显其作用。这就像最清彻的水结成冰就不清,需要冰化了以后才能再清一样,最明的神结成了形也就不明,需要形散了才能再明。形散神明,叫作“真死”,能知真死的人,就可以返本还原,回到太虚去,神游玄都玉京。因此,谭峭把“神”说成是真实的崇高的主宰,把“形”说成是虚假的甚至是多余的赘疣。“惟神之有形,由(犹)形之有

① 《道藏》第23册,第592页。

疣,苟无其疣,何所不可?"①如果没有身形这个累赘,神也就可以逍遥自在,无处不可去了。

可见,谭峭"神可不化"或"民无死生"的长生论,实际上是形散神明,即肉体虽死、精神永在的意思。这种思想是从老庄那里继承下来的。《老子》讲"吾所以有大患者,为吾有身,及吾无身,吾有何患?"(《老子》第十三章)"死而不亡者寿"(《老子》第三十三章),就是讲的形亡神存。以后《庄子》讲"离形去知,同于大通"(《庄子·大宗师》)的坐忘术,更是追求离形知而浮游太空的绝对精神自由。谭峭所说"形散神明"、"游太上之京",正是老庄这一思想的继承和发展。它与神仙家和早期道教的肉身成仙说有所不同。特别应当指出的是,《化书》的虚形互化的自然观,成为道教内丹术的基础理论依据。它的"虚化神,神化气,气化形",即"顺而行之生人";它的"形化气,气化神,神化虚",即"逆而行之成仙"。它所说的修道者"忘形以养气,忘气以养神,忘神以养虚",则被概括为"炼精化气,炼气化神,炼神还虚"的三段式炼养术。曾经诵读《化书》的陈抟,深得其道。他著《胎息诀》有云:"夫道化少,少化老,老化病,病化死,死化神,神化万物,气化生灵,精化成形,神气精三化,炼成真仙。"②这显然是本于《化书》而又有所发展。

在社会历史观上,《化书》也从"化化不间"的观点出发,用大量的篇幅,论述社会的演化,探讨动乱的原因,提出治理的办法,有不少可贵的思想:他揭示了统治者的剥削、压迫是造成人民痛苦、社会动乱的基本原因;控诉了统治者剥削人民、镇压人民的残忍无情;指明了统治者的享乐腐化,是加重剥削,贫富悬殊的内在因素;提出了统治者均食尚俭,实行道德仁政的解救办法;描绘了没有剥削、没有压迫,君与民同,休戚与共的社会图景。这一切,在封建制度下,要求改变现状的强烈呼声,反映了广大人民的利益和愿望。在唐末五代的长期割据战乱中,经常出没民间的道士谭峭,希望人民过上太平生活的炽热情怀,是道教"济世度人"宗旨的又一体现。

---

① 《道藏》第23册,第590页。

② 《诸真圣胎神用诀》引《陈希夷胎息诀》,《道藏》第18册,第436页。

由于《化书》在哲学思想、内丹理论和社会历史观上的突出成就，在中国思想史和内丹理论发展史上有着重要地位。宋景濂称赞“其文高简，固有见于道德者矣。”道门更把它列为重要教材之一。从陈抟用以教张无梦，张无梦用以教陈景元，直到全真道教十方丛林之规制，都把谭子《化书》作为传习的必读课本，与四子真经相提并论，[①]足见其影响非同一般。

第六节　唐至五代道教外丹黄白术

我国的炼丹术早期为方士所掌握，东汉中晚期道教形成后，道士们从方士手里将它承袭过来，从宗教需要出发，把炼丹术作为制取“灵丹”、“仙药”实现“长生不死”的重要手段，因此在其后的一千多年过程中，炼丹术几乎为道教所专有。

一、外丹黄白术的历史发展

在一般人心目中，所谓“长生不死”的愿望是不可能实现的。不过，道士们却在极其艰苦的条件下，进行了长期的实践，力图变革物质的存在形态，并且在其过程中积累了丰富经验，这在客观上推动了古化学、古药物学的发展。

有研究者认为，如果说炼丹术是化学的原始形式，那么，这些有名的、隐名的、失名的以及不知其数的炼丹实践者们就是研究原始化学的先驱者，他们的贡献是中华民族优秀文化遗产的组成部分，不仅如此，当 8 世纪时，我国的炼丹术经阿拉伯传入欧洲后，成为现代化学的前驱，这是中国道教炼丹术对世界化学的贡献。

炼丹术还有一个重要组成部分即“黄白术”，它是方士或道士们利用一些药剂作“点化药”（最早的点化药是“三黄”，即雄黄、雌黄、砒黄），再与铜、铅、锡等合炼，使之成为金黄色或银白色的各种合金，然后称这些金黄色

① 武理真：《全真道教十方丛林之规制》，《中国道教》1987 年第 2 期，第 26—29 页。说：丛林内每年冬季讲学《阴符经》、《道德经》、《文始经》、《南华经》、《冲虚经》、谭子《化书》。

的合金为“药金”（伪黄金），称银白色的合金为“药银”（伪白银）。我们知道，在古代的技术条件下，要完成金属间的转化（变贱金属为贵金属）是不可能的，然而长期积累的有关黄白术的实践经验，却对古代冶金学、合金学作出了贡献。

到隋、唐时代，为了能与以炼养体内精、气、神为主的内丹相区别，炼丹术和黄白术又通称为外丹术。

我国炼丹术的历史源远流长，据《史记·封禅书》和《战国策》卷17记载，远在公元前4世纪的战国时代，就有帝王深信神仙传说，到处寻求不死之方。秦始皇统一六国之后，曾四次派方士出海求仙药，同时，“方士欲练（炼）以求奇药”①。汉武帝不仅更热衷于求仙药，且出现了方士李少君能化丹砂（炼丹术重要原料）为黄金的故事；“祠灶则致物，致物而丹砂可化为黄金，黄金成以为饮食器则益寿。”②当时有淮南王刘安，曾招致宾客方士数千人，“作《内书》二十一篇，《外书》甚众，又有《中篇》8卷，言神仙黄白之术，亦二十余万言”③。《中篇》8卷，又名《枕中鸿宝苑秘书》是专论外丹术的著作，又根据清赵翼撰《廿二史劄记》卷3“汉多黄金”条记载了汉代不少帝王、大臣拥有大量的巨额“黄金”，其中当有不少是“药金”。这些事例不仅说明西汉时有了黄白术，有其专著的出现，而且说明炼制“药金”的黄白术一开始就是作为炼丹术的一个重要组成部分。

炼丹术中最早使用的原料是丹砂和水银。汉代以前，四川便是产丹砂的要地，《史记·货殖列传》也记载了被秦始皇誉为“贞妇”的巴寡妇清，“其先得丹穴，擅其利数世”，又考古发现，春秋时齐桓公和吴王阖庐的棺墓中都灌注过水银，《史记·秦始皇本纪》也说，经过二三十年营造的规模巨大的郦山始皇陵也是“以水银为百川江河大海，机相灌输”。西汉成书的《神农本草经》也记：丹砂（硫化汞 HgS）“能化为汞”（即丹砂可分解出水银）；水银（Hg）“能杀金、银、铜、锡毒”，“溶化还复为丹”（即水银能和多种金属生成合金；又能还原为硫化汞）。以上关于丹砂、水银在较早时期

① 《史记·秦始皇本纪》，北京：中华书局1959年版，第1册，第258页。

② 《史记·孝武本纪》，北京：中华书局1959年版，第2册，第455页。

③ 《汉书·淮南王安传》，北京：中华书局1962年版，第7册，第2145页。

即被利用以及有关化学特性的记载,都是长期实践经验的总结,加之前面提到始皇曾有“求奇药”的打算,因此有理由相信,我国的炼丹术最迟在秦代就出现了。

从《正统道藏》中进行检索,最早的炼丹文献当推成书于西汉末、东汉初的《黄帝九鼎神丹经》1卷和《太清金液神丹经》3卷。前者强调唯有“服食神丹”,才能“与天相毕”,经文所规定的炼丹的各种事项,尔后均为道教炼丹文献所承袭。且此经对东晋炼丹家葛洪“假外物以自坚固”的金丹理论的形成起了很重要的作用。后者卷中部分记载了“作霜雪法”。研究者认为,此法配方,可能是氯化亚汞(甘汞 Hg_2Cl_2)合成的最早文献。

东汉末,道教形成前后,浙江上虞方士魏伯阳撰《周易参同契》,该书虽主要是对东汉前养性延年内炼功夫的总结,但魏氏曾亲自炼过丹,相传上虞的金垒观就是他炼丹的地方,因此在该书一些章节中,对前此时期炼丹中一些化学知识、化学变化,特别是水银、铅的化学特性,作了描述和概括。尽管内容不多,文中又缺乏有关技术、方法的具体记载,但魏伯阳仍成为世界公认的中国古代留有著作的最早的炼丹家。

与此同时,还有一位卓有成效的黄白师狐刚子。狐刚子,正史无传,有关他的著作也早已失传,因而有关他的事迹无人知道,名字也长期被埋没,近人仅陈国符先生说他是晋人,称他为“最大的外丹黄白师”。近几年又经赵匡华先生考证:狐刚子名狐丘,东汉末年的炼丹家,又作胡罡子或狐罡子。按《正统道藏》中各种外丹丹经的记载,他的著作有《五金粉图诀》(简称《粉图经》、《粉图》、《五金诀》,又名《狐刚子万金诀》)、《出金矿图录》、《河车经》、《玄珠经》。又郑樵《通志·艺文略》载有“狐刚子撰《金石还丹术》一卷”。遗憾的是,狐刚子的这些著作都没有完整地流传下来,所幸在成书于唐代的《黄帝九鼎神丹经诀》的卷3、卷7、卷8、卷9、卷10、卷11、卷12、卷18以及唐代最重要的黄白术专著《太古土兑经》和《龙虎还丹诀》中,保存了狐刚子的极有价值的部分重要佚文。从这些佚文中可以看出,狐刚子对我国黄白术方面的贡献是多方面的。首先,在卷11有关炼汞学的研究中曾指出:“好朱一斤,可得十二两;中朱十两;下朱八两。”这里的“朱”指“丹砂”,因丹砂又称“朱砂”,就是说按丹砂品位的高低,所升炼得到的水银数

量亦有不同,按现代化学方程式计算:

$$HgS + O_2 \rightarrow Hg + SO_2 \uparrow$$

$$200.5+32 \qquad 200.5$$

$$16 \qquad x$$

$$x = \frac{200.5 \times 16}{232.5} = 13.8 \text{两}$$

即按品位较纯的丹砂一斤(16 两)而论,可升炼的水银的理论数字是 13.8 两,而狐刚子“好朱一斤,可得十二两”,说明他从自认为品位较高的丹砂中所升炼的水银数已达这个理论数字的 87%。可以设想,在当时的技术条件下,狐刚子这个定量研究确是个了不起的成就。其次,从他的其他实验和论述看,狐刚子不愧为我国炼丹史上有关金、银地质学及冶金学的先驱;他始创的金、银粉制作法堪称绝妙;他用干馏法制作硫酸是世界上的最早纪录;他的“九转铅丹法”同样是炼丹史上制取“铅丹”(Pb_3O_4)的最早文献;他既是我国水银炼制史上改焙烧法为密闭抽汞法的首创者,又在古代合金形成方面有一系列的卓越见解。所以化学史家赵匡华先生认为:狐刚子的著述“反映了当时炼丹术的成就所达到的高度”,“堪称我国古代化学中的瑰丽篇章”。

东晋著名道士、炼丹家葛洪,深受《黄帝九鼎神丹经》的思想影响,又继承了东汉方士左慈、从祖葛玄及其师郑隐的炼丹理论及早期的炼丹成就,在东晋炼丹领域里,独树一帜,成为我国炼丹史上承先启后的人物。葛洪的炼丹成就集中反映在其名著《抱朴子内篇》中的《金丹》、《黄白》、《仙药》篇中。他在诸篇中保存的古代炼丹技术,从科学技术上弥补了《周易参同契》的不足。关于这方面的内容,本书第三章第五节已有论述。这里需要指出两点:其一,《黄白》篇中所记取武都雄黄等炼制的金黄色的合金,是一种黄色的铜砷合金(药金),西汉时社会上拥有的大量“黄金”,或即由此法制得。其二,关于最早从砷化合物中炼制单质砷的问题,西方学者一直认为应归功于 13 世纪德国阿尔伯特·马格鲁斯(Albertus Magnus)。近年根据王奎克、郑同等研究,[①]认为早在4世纪初,葛洪就在《仙药》篇中记载了用硝石、玄胴肠(猪大肠即猪脂)、松脂“三物”与雄黄共同制取单质砷的方法,郑同等还对这个方法进行了模拟试验,[②]肯定了葛洪这个成就,并说这项记载比阿尔伯特的工作早900多年。

南北朝时,皇室大臣也有主张服食“丹药”致长生者,故炼丹之风较晋流行。当时的著名炼丹家,首推南梁道士、著名道教学者陶弘景,关于其炼丹情况,本书第四章第六节已作过全面的介绍,可惜他的炼丹论著早已散失,不过从明代《本草纲目》卷81、卷11“金石类”药物所引陶氏论述的有关内容看,他是在前人的基础上结合自身实践,进一步总结了金石类药物的产地、形质、分类、用途及其化学特性等,并善于用文字概括表述,如“石灰”条:“石灰生山谷,近山生石,青白色,作灶烧竟,以水沃之,即热蒸而解。”已知石灰有生(CaO)、熟[$Ca(OH)_2$]两种。所谓“近山生石,青白色”指碳酸钙($CaCO_3$)。寥寥数语,概括了石灰的种类和特性,并可用现代化学方程式表达:

$CaCO_3 \longrightarrow CaO + CO_2 \uparrow$　碳酸钙分解为生石灰,放出二氧化碳

$CaO + H_2O \longrightarrow Ca(OH)_2$　生石灰以水沃之,放出大量热,生成粉末状的熟石灰。

又“硝石”条:“硝石疗病与朴消相似……今无真识此者……有人得一种物,色与朴消大同小异……烧之紫青烟起,云是真硝石也。”古人长期分不清硝石(硝酸钾)和朴消(硫酸钠),而陶氏以“紫青烟”作为判断是否为“硝石”的标准,使长期存在的问题获得正确解决。因为“紫青烟”是钾盐燃烧时的特性,而钠盐燃烧时却是黄色,陶氏这一成就是化学史上鉴定钾盐的最早记载,时至今日,这个方法仍在碱金属盐的定性分析中应用。

在唐代,由于不少皇帝、大臣、文士热心于炼丹服食,使外丹、黄白术在原有基础上继续发展,达到极盛,出现了较多炼丹家和炼丹著作。最著名的有孙思邈(本书第五章第六节已论及)、陈少微、金陵子、楚泽、沈知言等。

① 赵匡华主编:《中国古代化学史研究》,北京:北京大学出版社1985年版,第24—27页。

② 赵匡华主编:《中国古代化学史研究》,北京:北京大学出版社1985年版,第44页。

这一时期外丹术著作的主要特点是：专题性论著增多；总结性文献增多；所积累的古化学知识极为丰富，有不少成就居于当时世界的领先地位。下面就《正统道藏》所存可确定为唐及五代时期撰集的外丹文献，按历史顺序简单介绍一些有代表性的著作。

二、唐至五代的外丹文献概说

《黄帝九鼎神丹经诀》[①]共20卷，外丹类书。陈国符先生从书中所引地名、药名考证，认为约出于唐高宗显庆四年（695年）至武后垂拱二年（686年）。卷1《黄帝九鼎神丹经》前面已介绍过了。据孟乃昌先生分析，今本《黄帝九鼎神丹经诀》卷2至卷20，是一种专业性类书。各卷并有主题，然后分类辑引各炼丹文献片段，且屡见"臣按"、"臣闻"字样，显系编纂供帝王参阅的类书。书中辑引保留有汉魏以降至初唐时期的大量重要炼丹资料（如前所述狐刚子的佚文），是研究中国炼丹、黄白术的重要史料。

其二，《金石簿五九数诀》[②]作者及成书时间不详。仅"硝石"条有"近唐麟德年甲子岁，有中人婆罗门支法琳负梵甲来此翻译"句，考唐麟德年甲子岁，即麟德元年（664年），以此而论，该书写作当在唐高宗时代，即7世纪中叶初唐之世。卷首有"夫学道欲求丹宝，先须识金石、定其形质，知美恶所处法"。书中常以"上"、"中"、"下"的等级表明药物质地好坏。如"雄黄"条："出武都（今甘肃武都县），色如鸡冠，细腻红润者上。波斯国（今伊朗）赤色者为下。"全书共列金石药物计45种：朱砂、雄黄、玉、石硫黄、矾石、赤石脂、白石脂、白石英、云母、石钟乳、磁石、石脑、阳起石、金精、黄矾、白矾、绛矾、鸡屎矾、碍矾、空青、曾青、石桂英、理石、朴硝、芒硝、石胆、硝石、天明砂、黄花石、不灰木、戎盐、太阴玄精、卤碱、滑石、寒水石、胡同律、石榴丹、禹余粮、硇砂、雌黄、金芽、代赭、石盐、紫石英、石中黄子。这些药物，绝大部分产于中国，也有些来自国外，如来自波斯国的有雄黄、石硫黄、石脑、绛矾、天明砂、不灰木、鸡屎矾。还有碍矾来自安南、胡同律来自西域、硝石

① 《道藏》第18册，第795页。

② 《道藏》第19册，第103页。

有来自乌长国者。这些外来药物说明,唐代实行对外开放政策,促进了中外经济文化交流,也扩大了我国炼丹术、黄白术的用药范围。总之,《金石簿五九数诀》不仅记述了初唐以前外丹黄白术所用金石药物的名称、产地、特性、形质、好坏等有关情况,反映了当时人们对这些药物的认识水平,而且,还可供采矿史研究者参考。

《大洞炼真宝经修伏灵砂妙诀》及《大洞炼真宝经九还金丹妙诀》均题"衡岳真人陈少微字子明撰"。作者在《修伏灵砂妙诀序》中云:"余自'天元'之初,从衡岳游于黄龙……忽于岩穴之中,遇至真之人授余《灵砂要诀》……今述为《灵砂七返》七篇及《金丹至诀》二章并为序论,以示后人。"①考唐代无"天元"年号,我国化学史家张子高先生认为"天元"是唐玄宗先天、开元两个年号的简称,故定陈少微游黄龙为712—713年,②陈国符先生以二书地名考证,该书为武后长安二年至玄宗开元末年(702—741年)及肃宗乾元元年至三年(758—760年)时所写。张、陈二说甚为接近。

作者在《修伏灵砂妙诀·序》中,首先根据丹砂的不同纯度进行分类,指出:"唯三种堪为至药:上者,光明砂……红光曜曜。中者,白马牙砂……白光璨璨,如云母者。下者,紫灵砂……色红紫。余有沙土杂类之砂,不中为至药之用。"根据不同纯度,将丹砂进行上述分类,强调唯三种为至药,而杂类之砂,不作药用。这种分类法较之南北朝陶弘景根据产地、形态将丹砂分为巴砂、越砂、云母砂、马齿砂、豆砂、末砂等显然是个进步。其次是作者关于定量研究方面的成就,指出:由于丹砂含汞量的不同,所得"至宝"(纯汞)的量也因之而异:"光明砂一斤,伏炼而得汞十四两;白马牙砂一斤,伏炼而得汞十二两;紫灵砂一斤,伏炼而得汞十两;溪砂土砂杂砂一斤,伏炼而得汞六、七两"。前已指出,品位较纯的丹砂一斤,可升炼的水银的理论数字是13.8两,用这个数字与陈氏当年所得的14两相比,误差极小,陈氏在距今1300多年以前能得出这种惊人的近似值,不能不使人叹服中国炼丹先辈们在化学定量研究方面所达到的水平。同时可以看出他在狐刚子的基础

① 《道藏》第19册,第13页。

② 孟乃昌:《中国炼丹术原著评介》,《世界宗教研究》1984年第4期。

上又前进了一步。

《修伏灵砂妙诀》又称《灵砂七返篇》,作者称:“丹砂者,万灵之主,造化之根,神明之本。”强调“先拣其砂,次调火候,而成七返九还”。又说“七返九还,异名同体”,“返者是砂化为金,还者是金归于丹”,因此,“灵砂七返”即自丹砂抽汞,“九还”即自汞合成丹砂的反复操作。“七返九还”正概括了化学反应中分解与合成的两种不同过程。

值得注意的是:第五返“灵砂篇”中指出:“光明砂一斤,抽出汞可得十四两,含石气二两。白马牙砂一斤,抽出汞可得十二两,含石气四两。紫灵砂一斤,抽出汞可得十两,含石气六两……”[①]这里所谓“石气”,文中解释为“火石之空气”,可能是指丹砂加热后所产生的 SO_2↑气体。难能可贵的是,陈氏已将这种“石气”的重量当作了丹砂总量的组成部分。

《九还金丹妙诀》也指出:“还丹本阳九之精,降受二十四真,真水真火,内外包含,含化五神,五神运气,积而为砂,积砂成丹,禀积气极,乃号紫华红英大还元之丹”。书中还强调“大还丹变通之功,归于炼汞”。因此,本书的“证品含元”、“成丹归真”两章,都是专论“炼汞要诀”的。书中说:“二章之中分为九品,上三品‘抽砂出汞’,‘炼汞投金’,‘修金合药,合于七篇。”因此《九还金丹妙诀》的上三品与《灵砂七返》中依次的伏火鼓炼的复杂返还过程是相同的。“中三品略陈五石之金,四黄伏制,阳金变通”。“下三品和合大丹,炉鼎火候,成丹证真”。可以说:《九还金丹妙诀》与《修伏灵砂妙诀》为姊妹篇,后者是前者的基础,而前者是后者的补充。

“证品含元章”中“抽砂出汞品第一”,有“抽汞诀”:“先取筋竹为筒,节密处全留三节,上节开孔,可弹丸许粗,中节开小孔子如筋头许大,容汞溜下处,先铺厚腊纸两重致中节之上,次取丹砂细研入于筒中,麻紧缚其筒,蒸之一日,然后以黄泥包裹之,可厚三分,埋入地中,令筒与地平,筒四周紧筑,莫令漏泄其气,便积薪烧其上,一复令火透其筒上节,汞即流出于下节之中,毫分不折。忽火小,汞出未尽,尚重,而犹黑紫,依此更烧之,令其汞合火数足……余别诀飞抽者损折积多,而筒抽诀最妙”。这是一则设计精巧,方法

① 《道藏》第19册,第19页。

简便,收汞率高(毫分不折)的抽汞实验记录,这种方法较过去从丹砂中用低温升炼水银,或封闭式的烧炼法都进了一步,它是唐代“抽砂炼汞”法的新成就。

“炼汞添金出砂品第二”中有“炼汞诀”:“汞一斤,石硫黄三两,先捣研为粉,置于瓷钵中,下著微火,继续下汞,急手研之,令为青砂后,便将入于瓷钵中,其瓶子可受一升,以黄泥土紧泥其瓶子外,可厚二分,以盖合之,紧密固济,置之炉中。用炭一斤于瓶子四面养之三日,瓶子四面长须有一斤炭,三日后便将武火烧之,可用炭十斤,分为两分,每一上炭五斤,烧其瓶子,忽有青焰透出,即以稀泥急涂之,莫令焰出,炭尽为候,候寒开之,其汞则化为紫砂,分毫无欠”。这里用水银一斤,石硫黄三两以合成丹砂,这正是前述“抽砂出汞”的逆反应。如按现代化学实验计算,用汞一斤,需要硫黄的理论数字为:

$$\begin{array}{lll} Hg & + & S = HgS \\ 200.5 & & 32 \\ 16 & & x \end{array}$$

$$x = \frac{32 \times 16}{200.5} \text{——} 2.55\text{两}$$

而陈少微用的是石硫黄三两,可见实际数字与理论之差极小,这除再一次体现其定量研究水平外,还可看出其构思之精细,实践经验之丰富。至于“炼汞诀”中使用黑铅,这是为了能更有效地促使 HgS 的分解,以便再度获得纯净的水银。综上可知,“炼汞诀”的原理是:第一步使汞与水银化合成 HgS,第二步再使铅与 HgS 混合加热,于是铅取代了汞生成硫化铅,而汞则升华而定量回收。

众所周知,道教的炼丹术一开始就是在丹砂、水银、硫黄的积变关系上围绕“还丹”为核心而展开的。东汉末魏伯阳的《周易参同契》中就记载了水银与硫合成硫化汞的事实,东晋葛洪又论述了“丹砂烧之成水银,积变又还成丹砂”,使丹砂、汞、硫间的分解与合成达到了进一步的概括。南北朝时陶弘景已知从粗末朱砂中加热生产汞的原理。然而只有到了唐代,在陈少微的著作里,才以别出一格的精巧构思,巧妙严格的火候掌握,简明翔实的实验记录,特别是关于实验前后物质数量不变的定量研究(他称之为"分毫无欠"),使他在揭示"还丹"的返、还方面(化合、分解),作出了源于前人而又高于前人的贡献。

《龙虎还丹诀》题金陵子述。该书出世年代,陈国符先生考证认为,约为唐武后垂拱二年至玄宗开元末年(686—741 年,大致与陈少微两书同时)。全书分上、下二卷。卷上计有"紫华红英大还丹诀"、"又诀"和"龙虎还丹诀"三诀文。

"紫华红英大还丹诀"文中提到自丹砂中抽取金属汞的"抽汞法"以及用汞与石硫黄制丹砂的"治汞法",均与陈少微《大洞炼真宝经修伏灵砂妙诀》第一返及《大洞炼真宝经九还金丹妙诀》中"抽砂出汞第一","炼汞添金出砂第二"内容完全相同。"又诀"文中言"七返九还"也称:"夫大还丹七返九还者,异名而同体,返者是砂化为金,还者是金归于丹。"其详细内容亦与《大洞炼真宝经九还金丹妙诀》第二章相同,只不过"又诀"记载较为简略而已。这些情况表明:金陵子所著《龙虎还丹诀》与陈少微关系密切,从时代看又是同时,两人似有同一师承关系。"龙虎还丹诀"中最有价值的是"点丹阳方"(制"药银"),此外还有一些与之相关的去"铜晕"方,似为金陵子自身经验总结,值得重视。

卷上有"黄花丹阳方",方中引《傍通经》云:"器内方径一寸,可受水银一斤……金方一寸重一斤,银方一寸重十四两,铅锡重九两半,铁重六两,玉重九两,白石重三两,土重二两。物各禀气,自然之性……。"这是丹经中对金银铅锡铁玉白石土等多种物质比重的首次记载,尽管不一定正确,但仍难能可贵。"点丹阳铜方",原料为:"砒黄三十两,雌黄八两,胡同律二两,盐二两。"这是作者用砒霜点铜(不用三黄),使之生成外观似银的"砷白铜"(药银)的实验,其操作过程分两步①:第一步是制砒霜。将砒黄、雌黄、胡同律共研为粉末,将盐溶于醋中,再置粉末于醋中,再将上述粉末分为两份,入丹鼎中升华,得砒霜(即 As_2O_3),金陵子称为"卧炉霜"。第二步是制砷白

① 赵匡华主编:《中国古代化学史研究》,北京:北京大学出版社 1985 年版,第 175 页。

铜(点丹阳)。附带解释一下:丹阳郡原是古代盛产善铜之地,于是“丹阳”成为“铜”的代词。而黄白术中又常用这种铜作上等金属材料,于是“丹阳”又成了经点化而成为药金、药银的专用词。金陵子在这步中,将所得的“卧炉霜”溶于铜中,再用碳还原而制成砷白铜。其化学反应为:

$$2As_2O_3+3C \longrightarrow 4As+3CO_2\uparrow$$

$$As+3Cu \longrightarrow Cu_3As\text{(砷白铜)}$$

原文中对制砷白铜的操作过程,叙述极为翔实、细致,且十分重视对砒霜用量的掌握:“白霜少即无力,多用即硬,是为大病。”为了准确控制含砷量,操作时强调把合金倒入华池(醋)中,洗净表面观察,“看色白未”,若色不白,“更须重点一遍,以白为度”。

前已述及,黄白术的早期,以“三黄”化铜为银,而金陵子用砒霜作点化药更具成效,这是唐代黄白术的一大进步,也是金陵子一大贡献,还要指出的是化学史家赵匡华先生等模拟了金陵子这一实验,制出了“砷白铜”,但表面的砷易被氧化,因而易从银白色逐渐变为赤铜色,这可能正是金陵子在书中提到“甚难制治”的“铜晕”。

卷下有十余个由各种铜化合物中提纯“红铜”(纯铜,又称赤铜)的方法,郭正谊先生的研究指出:红银法是炼丹家们创造的一种小规模生产铜的方法,特点是铜的纯度高,但要使用大量金属汞,且回收汞操作繁复,所以很难发展为大规模生产,但此法在水法炼铜史上占有重要位置。总之,《龙虎还丹诀》中的“点丹阳方”“炼红银法”是化学史上很有价值的文献。

《白云仙人灵草歌》。据陈国符先生考证,“白云仙人”指白云子司马承祯。魏晋炼丹多用金石药,隋唐以后,炼丹家已有专用草木药,《白云仙人灵草歌》就是较早的证明。《白云仙人灵草歌》末记:“秘曰:七十二草总有灵,各伏丹砂并通神,不是上方留下界,凡世流俗少听闻。”可知原作共七十二种灵草,供炼丹黄白术伏丹砂之用。文中介绍了各草的名称、图形、歌诀、功能等,下举几例:

> 达道草,紫花青茎,“结汞事如何,莫抛灵草歌,只知赤勤好,偏用达草多”。此草独体成砂子。
>
> 海宝草,花红茎萼叶并青,“十年学仙术,灵草少知音,白禄堪为

柜，海宝善软金，生在沙岗上，常得道家钦，朱内抽真汞，花红根自深”。此草能软五金。

望仙草，红花绿叶，“春生草铺烟，本上摘望仙，伏朱砂作汁，结汞汞便干”。

仙人钦草，此草花红叶绿，有角子，生于大林之内，味甘，偏伏白硫黄。

林泉草，此草有如萱革，生于大林之间，花红叶绿味甘，能伏独体雄黄。

……

《白云山人灵草歌》文末称“七十二草”，可是，全文仅有五十七草，五十四幅图形，当有佚失。

《太清石壁记》题为“楚泽先生编”。陈国符先生认为此书于唐初出世。袁翰青先生根据《新唐书·艺文志》定为出于唐肃宗乾元（758—760年）年间。全书有上、中、下三卷，列丹法三十余个，引人注目的是关于“氯化汞”的合成法，这是我国炼丹术对无机合成化学的重大贡献。

卷上“五味丹方”：“水银霜一斤，硝石五两，寒水石五两，石膏五两，石胆五两，捣筛相和，不用酢拌，直尔飞之，入釜三日夜。”赵匡华、吴琅宇对此进行模拟试验，得到了氯化汞（$HgCl_2$）俗称升汞。指出“升华物中常混有红色或黄色氧化汞，不易制纯”①。

卷中“造水银霜法”：“水银一斤，盐二斤，朴硝四两，太阴玄精六两，炖煌矾石一升，绛矾亦得”。文中相当详尽地叙述了飞炼“水银霜”的操作法，赵、吴并认为此法的生成物应为氯化汞（$HgCl_2$升汞）、或氯化亚汞（$HgCl_2$甘汞）与氯化汞的混合物。

“艮雪丹方”：赵、吴研究提出此法生存物“艮雪丹”也是氯化汞。

《太清石壁记》诸配方用药数量不等，“大还丹方”多达二十七种，“紫游丹方”二十种，“太一硫黄丹”仅一种。每药剂量多者数斤，少者一两。且制成诸药，多强调用于治病。在作法上，一反过去以七物造“六一坭”的传统，

① 赵匡华主编：《中国古代化学史研究》，北京：北京大学出版社1985年版，第168页。

“取好细黄土坚实者曝乾捣”，最为方便实用。卷中部分多是“服丹法”、“服丹禁忌”、“服丹觉触”、“治丹发动”等，卷下部分记载服丹后的病状表现及其解说，表明唐代的炼丹家在对丹药炼制、服食、效验进行实验的同时，已对服丹后的中毒现象予以重视了。

《石药尔雅》，外丹药典。作者梅彪，西蜀江源（今四川崇庆县）人。自称“少好道艺，性攻丹术，自弱（冠）至于知命，穷究经方，曾览数百家，论功者如同指掌，用药皆是隐名，就于隐名之中又有多本，若不备见，犹画饼梦桃，遇其经方与不遇无别，每噫嗟此事，怅恨无师……。”于是效《尔雅》之训释，遂根据经方中药物之异名、隐名特别是一物数名如汞有22种。也有数物一名者如汞和太阳玄精，都称“玄明龙膏”。因此《石药尔雅》一书，乃作者对众多经方中所用药名的混乱现象，进行鉴别清理，编集而成。这是一件十分有意义的工作，为后世研习提供了很大方便。该书序文末有“唐元和丙戌（806年）”句，故知为唐宪宗元年（806年）的作品。

全书分上、下两卷，卷上“分炼要诀”释诸金石药隐名，计有玄黄花、铅黄花、锡精、铅精、水银、水银霜、丹砂、雄黄、雌黄、石硫黄、硇砂、曾青、空青、磁石、阳起石、理石、胡同律、金牙、石钟乳等64个。又释本草和动物药隐名，计乌头、附子、郁金、桑汁、葱涕、覆盆子、桑树上露、白露汁、蚯蚓屎、白茅、桑木、白僵蚕、白狗胆、牛乳汁、牛胆、水牛脂、羊脂等近百个。

卷下计五部分：（1）载诸有法可营造丹名。有太一金丹，太一金膏丹、还魂驻魄丹、召魂丹、华阳玉浆丹、光明丽日丹、东方朔银丹、朝霞丹、太一琅玕丹、太一八景四蕊紫浆五珠绛生丹等近70个。（2）释诸丹中有别名异号者。有召魂丹、无忌丹、艮雪丹、五岳真人小还丹、太一赤车使者、八神精起死人丹、太和龙胎丹、五灵丹等20余个。（3）叙诸经传歌诀名目。有《太清经》、《玉乌经》、《九霄君经》、《狐刚子粉图经》、《狐刚子河车经》、《青霞子诀》、《八公枕中记》、《金碧潜通火记》、《登真隐诀》、《金楼先生诀》、《角里先生诀》、《李少君诀》、《西蜀樊德先生伏火诀》等约90个。（4）显诸经记中所造药物名目。有安静虚无法、玄女如意解五尸法、造五名铜法、造五色铅金法、三十六水法、造行厨招远法、炼五矾法、造金液华池法、造牡荆酒化药法、造金粉法、造银粉法、造铜青法、玄女五符法、造铅白法，玄女神丹九转法、造飞霜赤雪法、九转铅精法等共100余个，此条附有小注："右件经方，世上并有文本，或可以资经贷利（黄白术），或可以养性全生（服饵丹药）"。（5）论诸大仙丹有名无法者。有黄帝九鼎丹、大仙升霞丹、紫青仙童丹、太和龙胎丹、马明生白日升天丹、流霞鲜翠丹、神光散馥丹、奔星却月丹、坠月惊心丹、感灵降真丹、茅君白灵丹等近30个。

《石药尔雅》①卷下部分，为我们勾画出晚唐时期社会上通行的、或有文本的关于炼丹黄白术中有名有法、有名无法、歌诀、造药法等各种名目，结合卷上所汇众多金石药、本草药的异名、隐名、堪称是唐代外丹、黄白术高度发展的标志，也是中国外丹、黄白术鼎盛时间的产物。

《阴真君金石五相类》②共一卷托名阴真君（长生）撰。陈国符考证本书成于唐武后垂拱二年至玄宗开元末年（686—741年）或肃宗乾元元年至五代末（758—959年），时间跨度较长，大致是唐到五代。其内容为阐发《周易参同契》"同类相从"、"牝牡相须"的思想。《阴真君金石五相类序》中指出：天地、万物、至灵之人，都"各有阴阳性格"，只有根据"阴阳相类"，才能"配合生成"。强调炼丹用药，如果"相类杂错，用烝不同，牝牡不交"，就会"徒费其功"。唯有识别阴阳、相类成质，才能"相类成丹"。并称为了避免"用药乖谬"，故作《五相类》列成20篇，传之同志。但《五相类》20篇与《参同契》的不同处，它是在总结长期炼丹用药的基础上，从药物的阴阳属性，君臣佐使方面充实并发展了《参同契》的思想，表现出唐代炼丹用药的药性观。全书约分两方面：

一是药物隐名方面，配合金公相类门第一、配合铅精相类门第六、配合黄芽真性相类门第十二，都是与"铅"有关，称铅为："生灵之宝，在我真铅，铅若不真，其汞难亲"。又列隐名21个。且每隐名之下有注文如："铅华者是铅之气，堪伏汞，虽暂驻伏于火，终无了义，能消三毒，尽化为空（宝）"。又配合水银相类门第二，列水银隐名10个；配合硫黄相类门第五，列雄黄隐名11个；配合硝石相类门第十，列硝石隐名4个。以上各隐名均不及《石药

① 《道藏》第19册，第61页。
② 《道藏》第19册，第88页。

尔雅》同名药物隐名数量，但大多数又与《石药尔雅》所列名称不同。

二是药物相类门的“理论概述”方面。书中从配合丹铅魂相类门第十三到配合同气别名相类门第二十备篇，都是以阴阳、五行、四象、八卦神仙妙理等较隐晦的文句和以“阳无阴不生，阴无阳不育，日无月不曜，月无日不明”的道理，反复阐述“相类品物，合成雌黄，铅汞二名，龙虎双得，坎离不离，相类一物，无不存焉”这一本书的主题思想。

《阴真君金石五相类》与《石药尔雅》，可以相互为用，相互补充。它在扩大我们对药物隐名的认识范围上，加深我们对药物配方及古代炼丹家、黄白师药性论的理解上，都有一定的帮助。

《通玄秘术》[①]题为“金鹅山布衣沈知言集”。由序文得知，沈知言于咸通五年(864 年)得故友神丹诸家秘要，是知此书乃唐末所出。该书主要是记述唐末炼丹之用于医疗方面的丹方，也是集民间医药经验之专集。内容多为济世疗疾、辟暑御寒、绝粒休粮以及取箭拔镞之类的丹方。全书共载 27 个丹方，其特点是：药味少，剂量小，注意“伏火”去毒，制作简单。特别重视两个丹药，一是“辟暑丸”云系奉懿宗(860—874 年在位)之命修合而成，并谓服食后有神效，即服后夏日衣裘无炎气；另一丹(失名，疑为“辟寒丸”)谓服食后，一冬不寒，可赤体入水行坐云云。这说明炼外丹并非只求长生成仙，亦有用于疗病健身之实际目的者。

《丹方鉴源》[②]题为“紫阁山叟独孤滔撰”。孟乃昌先生引何丙郁研究，断定独孤滔是唐末至五代南唐间人，此书成于南唐年间(931—958 年)。[③]全书分上、中、下 3 卷 25 篇，共列药物 230 余种，具有以下一些特点：(1)按药物的化合物特性进行分类，如“金银篇第一”，以金、银、铜、锡、铅、水银等为金属的化合物类。“诸黄篇第二”，以雄黄、雌黄、砒黄等为含砷的化合物类。“诸青篇第五”，以空青、曾青、白青等多是难溶性铜盐类。“诸霜第八”，以粉霜、砒霜、桑霜等多为炼丹产品类。“诸盐篇第九”，以戎盐、青盐、崖盐等含氯化钠之类。“诸粉篇第十”，以胡粉等的铅化合物类。“诸灰篇

① 《道藏》第 19 册，第 356 页。

② 《道藏》第 19 册，第 298 页。

③ 孟乃昌：《中国炼丹术原著评介》，《世界宗教研究》1984 年第 4 期。

第十九”,以桑灰、益母草灰,多含碳酸钾化合物类等。(2)每篇均扼要记叙各药物的产地、性质、反应、用途。如“金银篇第一”、“武昌铜:出鄂州、白慢、可点丹阳银及鍮石。蕃摺铜,东川、赤扎铜为丹阳,热打不裂”。这条说明南唐时期,点化丹阳已不限于使用丹阳郡的铜了。又如“诸砂篇第三”,“针砂,可制硫黄为紫粉,可铁泥固济”。(3)“诸草汁篇第二十”,列五枝草(结砂子)、章陆(拔锡)、苍耳(抽锡晕)、五色仁苋(煮砂子)、天剑草(煮汞)、栀子(淬金)、七节草(结砂子)、马鞭草(缩锡砂)、海芋(伏硇)……近二十种植物汁液在黄白术中的应用。所谓“汁液”是指由新鲜叶、茎中榨取的东西,药效当更显著,这可能与它们具有弱还原剂的作用有关。《丹方鉴源》总结了五代以前炼丹、黄白术的药物学成就。有进一步研究价值。

《真元妙道要略》[①]题为“真人郑思远撰”。郑思远系葛洪之师,三国至晋间人,就本书的内容看,袁翰青先生推测写于唐代,陈国符先生考证在五代或更晚时出世。因此,所谓“郑思远撰”,显系唐人或五代人伪托。全书分三篇,即“黜假验真镜第一”、“证真篇第二”、“炼形篇第三”。大部分讲内炼方术,唯第一篇与外丹关系密切。考《通志·艺文略》著录有《黜假验真》一卷,扬无名撰,或即《真元妙道要略》之“黜假验真镜第一”。作者于本篇开始,即指出当时炼服外丹的一些错误做法,他说:“余窃闻学人不遇明师,误认粪秽,错修铅汞,损命破家,其数不可备举,略而述记”,于是罗列了三十多条,从而保留了一些供研究当时外丹术的有用资料,主要是:(1)有用硫黄炒水银为灵妙(指硫与水银合成硫化汞),服而头破背裂者;(2)有以以水火漏炉柜,九遍烧水银青砂子,号九转七返灵砂者(指硫化汞的合成与分解);(3)有以盐、硇砂啖16岁童男童女,取大(衍字)小便烧淋取霜为铅汞(这是尿类固醇性激素提取法)者;(4)有烧桑木为六八四十八淋、煎取灰霜号为秋石者;(5)有以猪牙皂荚十一月采之烧炼,取灰霜荚天生牙者;(6)有烧丝绸取灰、淋、煎、为大药者[第(4)、(5)、(6)三条,孟乃昌先生认为是提取较纯碳酸钾的方法]。[②]（7)有以黑铅一斤,投水银一两,号为真一神

① 《道藏》第19册,第291页。

② 孟乃昌:《中国炼丹术原著评介》,《世界宗教研究》1984年第4期。

符白雪(铅汞易成合金,此指铅汞齐 Pb—Hg)者。(8)有以炼黑铅一斤,取银一铢,号知白守黑,神明自来为真铅银者[有人解释为“炼银于铅”。又白者汞,黑者铅,丹经以为黑铅是太阴之精,但铅中有金精(黄芽),称为“真铅”,是阴中之阳,可以制汞,故云“知白守黑,神明自来”]。(9)有合烧雄黄、雌黄号为知雄守雌之道(疑指升华现象)者。(10)有以硫黄、雄黄合硝石并蜜,烧之焰起,烧手面及烬屋舍者。这是一则极重要的记录,它说明炼丹家在炼制丹药时,已发生过烧手、烧面甚至丹房起火的事,虽作为炼丹的事故,但却揭示了炼丹术乃是发明火药的前躯。由于硫黄具有燃烧性、蜜经加热就会生成炭末,硫黄与硝石混合,或硝石与木炭混合都能产生类似火药的作用。因此,当硫黄、硝石、木炭三者混合时,就具备了黑火药的主要成分,一经触火,当即爆炸开来,其化学反应式近于:

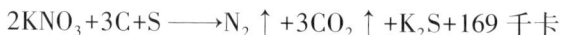

$$2KNO_3+3C+S \longrightarrow N_2\uparrow+3CO_2\uparrow+K_2S+169\text{ 千卡}$$

体积很小的火药燃烧时,产生大的气体和热量,体积突然膨胀,增至几千倍,因而引起爆炸。可见,炼制丹药的术士,在试验某种药物变化时,意外地发现了火焰或爆炸现象,就为发明和配制火药提供了可能条件。由此足以证明,中国古代四大发明之一的火药,首先出自虔心炼制丹药的炼丹家。

《铅汞甲庚至宝集成》①共 5 卷,未著录辑者名姓及书成时间。卷 1“涌泉匮法丹序”中有“大唐宝应中……”之句,末署“岁次丙辰迎富日知一子赵耐庵书”。考“宝应”为唐代宗年号(762—763 年),下推“丙辰”,当为代宗大历十一年(776 年),是知卷 1 乃赵耐庵于唐代宗时所辑。卷 2“太上圣祖金丹秘诀”之后有“大唐元和三年戊申甲子月壬申日金华洞清虚子撰”之句,考“元和三年”(808 年)当为“戊子”,“戊申”乃唐文宗大和二年(828 年),二者必有一误,故卷 2 当为唐宪宗或唐文宗时撰定。卷 4《丹房镜源》,据郭正谊先生考证,当成书在唐乾元元年(758 年)至宝应(762—763 年)年间。由此可见,《铅汞甲庚至宝集成》非成于一时一人之手,当系从唐肃宗至文宗这段时间由赵耐庵清虚子等人所辑。而卷 3 尚有五代至宋初日华子的《日华子口诀》,说明唐代以后此书还有人继续增补,现就其中的几个问

① 《道藏》第 19 册,第 247 页。

题简介如下：

第一，卷2“太上圣祖金丹秘诀”中，列有“伏火矾法：硫二两、硝二两、马兜铃三钱半，右为末拌匀，掘坑入药于罐内，与地平，将熟火一块弹子大，下放里面，烟渐起，以湿纸四、五重盖，用方砖两片捺以塚之，候冷取出”。郭正谊先生在《火药发明史料的一点探讨》[①]文中指出：上述“伏火矾法”是已发现的有年代可考的火药配方，因为硫黄、硝石与炭（马兜铃）一经着火，即易引起爆炸。可见中唐时候，这种爆炸现象已为炼丹家所熟知了。

第二，卷4“丹房制炼药材”中列“金二十种论”（原注：本草金石论云：“雄黄金、雌黄金、曾青金、硫黄金、土中金、生铁金、铃石金、砂子金、土录砂子金、金母砂子金、白锡金、黑铅金、朱砂金、熟铁金、生铜金以上15种。唯只有还丹金、水中金、瓜子金、青麸金、草砂金等五件是真金，余外并是假。”）陈国符先生说：“此云真假，盖虽皆为药金，而物理性质，一则与真金相近，一则与真金甚不相同也。”[②]就是说，上述20种“药金”中，有15种与真金物理性相去甚运，而另5种则与真金物理性相近。这则记载，帮助我们认识中唐时期，由于黄白术的盛行，社会上存在着多种多样的“药金”。

第三，卷4《丹房镜源》中有如下记载：“今信州铅山县有若泉，流以为涧，挹其水熬之，则成胆矾，即成铜，煮胆矾铁釜，久久亦化为铜矣。”郭正谊先生指出：“今考证《丹房镜源》成书当在唐乾元元年至宝应年间（758—762年）。”[③]又说：“显然，在中唐时期，信州铅山县已经用铁锅熬胆矾水制铜了。”[④]

在我国历史上，唐代无论是政治、经济、文化或对外交往方面，都达到了空前的繁荣。而从科学技术的角度说，道教的炼丹文化也正是其中的一枝奇葩。它继承、发展了唐以前的炼丹成就，把它提高到了一个新的水平，并在唐代西传，经阿拉伯再至欧洲，成为现代化学的前驱，这是中国道教炼丹家们对世界文化所作的贡献。

---

① 赵匡华主编：《中国古代化学史研究》，北京：北京大学出版社1985年版，第461页。
② 赵匡华主编：《中国古代化学史研究》，北京：北京大学出版社1985年版，第274页。
③ 赵匡华主编：《中国古代化学史研究》，北京：北京大学出版社1985年版，第363页。
④ 赵匡华主编：《中国古代化学史研究》，北京：北京大学出版社1985年版，第364页。

第七节　唐末五代道教内丹术

在唐代，随着外丹术的发展，外丹实践本身的困难与现实挫折，一些好道之士，逐渐重视在自身体内下功夫的内丹的修炼。体内炼养术早见于先秦时期的行气、导引、守一诸术，到汉末魏伯阳《周易参同契》，已论及黄老养性之道。但“内丹”作为炼养的专门术语，却是后来才有的。

一、内丹术的由来和发展

题为东晋许逊著《灵剑子·服气诀》云：“服气调咽用内丹。”若此书作者确为东晋许逊，则是最早出现的“内丹”一词。随后，佛教徒亦有内丹之说。南朝陈代僧人、天台宗第三祖慧思（515—577 年）《立誓愿文》称：“我今入山修习苦行……为护法故求长寿命，不愿升天及余趣，愿诸贤圣佐助我，得好芝草及神丹，疗治众病除饥渴……借外丹力修内丹，欲安众生先自安。”①慧思明确划分外丹、内丹，主张内、外兼修。“借外丹力修内丹”与专主修炼精气神的“内丹”说有所不同。到隋代，罗浮山道士苏元朗更有专门论述内丹的著作问世。

据《古今图书集成·博物汇编·神异典·神仙部》卷 240 引《罗浮山志》说：苏元朗尝学道于句曲，隋开皇（581—600 年）时来罗浮，居“青霞谷修炼大丹，自号青霞子，作《太清石壁记》及所授《茅君歌》，又发明太易丹道为《宝藏论》。弟子从游者闻朱真人得芝成仙，竞论灵芝，‘春青，夏赤，秋白，冬黑，惟黄芝独产于嵩高，远不可得’。元朗笑曰：‘灵芝在汝八景中，盍向黄房求诸？谚云，天地之先，无根灵草，一意制度，产生至宝，此之谓也’。乃著《旨道篇》示之，自此道徒始知内丹矣”。《罗浮山志》编者认为，道教内丹之说，始于隋代青霞子苏元朗。又有一说，青霞子于唐德宗时尚在。《龙虎元旨》曰：“东岳董师元于贞元五年（789 年），受之罗浮山隐士青霞子。”但从写《旨道篇》的隋开皇到传《龙虎元旨》的唐贞元间，相距近两百年，看

① 《南岳思大禅师立誓愿文》，《大正藏》第 46 册，第 791 页。

来不是同一个青霞子。陈国符先生认为:“则青霞子又似为唐代人,或依托青霞子亦未可知。”[①]《罗浮山志》说:苏元朗“《古文龙虎经》、《周易参同契》、《金碧潜通诀》三书,文繁义隐,乃纂为《龙虎金液还丹通元论》,归神丹于心炼……性命双修,内外一道”。并谓“归根复命,犹金归性初,而称还丹”,奠定了内丹说的理论基础。《正统道藏·诸真还丹诀》录有《青霞子赞〈金碧龙虎经〉》、《真鼎》、《赞魏伯阳〈参同契〉》、《明水火》、《明火候》、《明至药》六种。

值得注意的是,苏元朗最早把《周易参同契》发掘出来,用以解说和指导内丹的修炼实践。由2世纪中叶东汉末年魏伯阳著《周易参同契》,借易道明丹道,以乾坤喻鼎器,坎离喻药物,以其余六十卦喻火候。在内炼方面,首次阐述了有关“养性”、“同类相从”、“牝牡化生”、“丹胎法象”等理论问题,描述了存在于人体内炼时的功能反应与生理效应,同时批驳了东汉时期所通行的内视、存神、吐纳、辟谷、房中等养生术为旁门小术;斥责不以同类之药炼丹的术士为“背道守迷路,出正入邪蹊”。可是此后在魏晋六朝的三四百年时间里,并未被世人所接受,在社会上影响甚微。东晋葛洪《神仙传》中有《魏伯阳传》,只着重称魏伯阳为杰出的炼制丹药的术士。南朝梁代的陶弘景,则仅在所著《真诰》卷12第八关于“定录府有典柄执法郎是淳于斟”时,涉及了《周易参同契》的源出问题。他自注说:“《易参同契》云,(汉)桓帝时上虞淳于叔通,受术于青州徐从事,仰观乾象,以处灾异,数有效验,以知术故,郡举方士,迁洛阳市长。”此外,《周易参同契》几乎湮没无闻了。为什么会产生这种历史现象?其主要原因在于,在魏晋六朝时期盛行的养生术,正是东汉以来通行的、而被《周易参同契》批驳为旁门小术的内视、存神、吐纳、辟谷诸术;一度被《周易参同契》斥为“迷路”、“邪蹊”的炼丹术,也发展起来,成为富豪人家谋求长生的手段。所谓道不同不相为谋,以“正道”自居的《周易参同契》也就很少人问津,而被冷落在一边了。到了南朝末年及隋唐之世,道士苏元朗由于炼养术进一步发展的需要,以《周易参同契》“金来归性初,乃得称还丹”的寓意,与《老子》“归根复命”思

① 陈国符:《道藏源流考》,北京:中华书局2012年版,第434页。

想结合,“归神丹于心炼”,倡导“性命双修”的内丹说,是对以往养生术的重大突破和发展内丹养生术的有力推动。自此以后,沉没了三四百年的《周易参同契》,才逐步为丹家重视,在内丹术的发展过程中焕发光彩。

唐代是道教的极盛时期,道门高士辈出,修炼术也呈现一派百花争艳局面。外丹术大为发展,并由丝绸之路经阿拉伯传入欧洲,成为近代化学的先驱。内炼方面更是一番繁荣景象。唐初有道之士,在总结历代养生术的基础上,由博返约,抓住人命只在呼吸之间的生命链条上最重要一环,积极主张以传统的“服气”(胎息)为延寿的主要手段,为“神气交结而生玄胎”的内丹术的兴起,起了推波助澜的作用。叶法善主内丹,他在《九仙篇》[①]中称:“造金丹需凭龙虎水火”,“水(肾)火(心)乃古先圣人之大药”。指出“圣胎”“不自外求,想其肾出精气,入于血海,凝结而成”。因而对外丹冶炼术持怀疑态度。据《历世真仙体道通鉴》卷39《叶法善传》记载:“时帝(唐高宗)悉召方士化黄金治丹法,法善上言:‘丹不遽就,徒费财与日,请核真伪。’帝然之,凡百余人皆罢。”

刘知古是又一名遵奉《周易参同契》主炼内丹者。[②]《通志·艺文略·道家·外丹》著录有唐朝《炼火丹感应颂》一卷,记玄宗开元(713—741年)中,用道士孙太冲炼造神丹,累降诏书,欲在道观内选精于造丹,并精通药性者一、二人。时有绵州昌明县令刘知古,以奉《周易参同契》为名,著《日月玄枢论》一卷献上。[③] 称:“道之至秘者莫过还丹;还丹之验者,必先龙虎;龙虎所自出者,莫若《参同契》。”他明确指出:“世之浅见者,或以铅黄花合于水银,煅之为紫粉;或以朱砂、水银、雄黄、雌黄、曾青、空青、矾石、云母合炼而制伏之;或以诸青、诸矾、诸绿、诸灰结水银以为红银,复化之以为粉屑;或以药煮硫黄而成玉粉;或以硫黄用染铜叶炼为赤丹;或以砒霜化铜,用铁缩锡。非吾之所为也。或曰:金银铜铁锡者,五金也;雄雌砒矾胆曾空礜石者,

① 《道枢》卷31,《道藏》第20册,第766页。

② 《历世真仙体道通鉴》卷32谓:刘知古,字光玄,出生于蜀临邛,唐高宗龙朔(661—663年)中出家为太清观三洞道士。详见《道藏》第5册,第282页。

③ 刘文见载(清)董诰等编:《全唐文》卷334,前有小序;《道枢》卷26有节文,但无序。

八石也。刘子(知古)曰:非吾之所谓者也。”[①]由此可知,刘知古遵奉《周易参同契》所著的《日月玄枢论》,反对用自然矿物五金八石之类炼制丹药,他所称道的“还丹”,属于内丹。

中唐时主内丹的施肩吾,字希圣,号栖真子,睦州(今浙江桐庐)人,长于诗文,于宪宗元和十年(815 年)进士及第,不待除授即东归,诗人张籍称其为“烟霞客”,“新得科名到处闲”[②]。穆宗长庆(821—824 年)中,隐于洪州(今江西南昌)之西山学仙。尝贻徐凝书云:“仆虽幸忝成名,自知命薄,遂栖心玄门,养性林壑,赖仙圣扶持,虽年迫迟慕,幸免龙钟。”道出其林壑养性确有成效。《述灵响词序》记载他于开成三年(838 年)专习“小静关”克期百日,“神光照目”,“精爽不昧”。《正统道藏》收其《养生辩疑论》一卷,继承传统的气一元论观点,坚持形神一体,形住神留以至长生的思想,反对滥用金石草木药物。

历史表明,自隋代苏元朗重新发掘《周易参同契》用炼内丹,立即获得唐代丹士的广泛重视,一批内丹著作相继出现,如张元德《丹论决旨心鉴》;张果《太上九要心印妙经》《大还丹契秘图》;陶植《还金术》;还阳子《大还丹金虎白龙论》;董师元《龙虎元旨》等,这都反映了内丹术在唐代已有相当影响。唐末五代,外丹术渐次衰落,内丹术又有发展,实现着道教修炼由重烧炼五金八石的外丹术,向重心性修炼的内丹术的大转变。其突出的代表人物有崔希范和彭晓。

崔希范,号至一真人,生平事迹不详,著《入药镜》阐述内丹。书成于唐末僖宗广明元年(880 年)。《道枢》卷 38 载《入药镜》上、中篇;《修真十书》卷 20 载《天元入药镜》,题“崔真人希范述”;同书卷 13 载《解注崔公入药镜》,题“紫虚了真子肖廷芝元瑞述”;并《崔公入药镜注解》1 卷,题“混然子注解”。崔希范认为,人一生受酒色名利贪嗔痴干扰,惟有“药镜”(“静定为药镜”),即修炼精气神,才能降邪归正、忘形养神而归长生久视之道。于是托言设喻,以三字为一句,共 264 字,“贯穿丹经精髓”,就内丹的理论和方

① 《道藏》第 20 册,第 738 页。

② (宋)计有功:《唐诗纪事》卷 41,上海:上海古籍出版社 1985 年版,第 630 页。

法,作了言简意赅的精辟总结,书名为《入药镜》。崔希范在《入药镜》中,首次将“鹊桥”分为上下两处:“上鹊桥,下鹊桥,天应星,地应潮。”按“鹊桥”本天河,此处系借用。两桥系任,督脉相接之点。《入药镜》对后世影响较大,宋夏宗禹称之为“金丹之枢辖”。吕洞宾亦有诗相赞:“因看崔公《入药镜》,令人心地转分明。”宋代丹家南北二宗均受其教益。因此,崔希范《入药镜》在道教内丹发展史上的地位,是不应忽视的。

二、彭晓的生平及其内丹思想

五代后蜀彭晓,崇尚《周易参同契》,倡炼“金液还丹”,继续阐述内丹学说。关于彭晓其人,宋陈葆光撰集《三洞群仙录》引成都景焕所撰之《野人闲话》说:“祠部员外郎彭晓,字秀川,自号真一子,常谓人曰:我彭钱之后,世有得道者,余虽披朱紫,食禄利,未尝懈怠于修炼,去作一代之高人,终不为下鬼矣。宰金堂县,则恒骑一白牛于昌利山往来,有会真之所,往往有白鹤飞鸣前后。晓注《阴符经》、《参同契》,每符篆谓之铁扇子,有疾病者,饵之则愈。”又元赵道一《历世真仙体道通鉴》卷43《程晓传》云:“昌利化飞鹤山彭晓,本姓程,西蜀永康(今四川崇庆县)人。少好修炼,自号真一子。与击竹子何五云善。孟蜀时明经登第,累迁金堂令,遇异人得丹诀,注《阴符经》、《参同契》、《金钥匙》、《真一诀》,篆符以施病者,号铁扇符。能长啸,为鸾凤声,飞鸟闻而皆至。蜀王孟昶屡召,问以长生久视,晓曰:‘以仁义治国,名如尧舜,万古不死,长生之道也。’累迁祠部员外郎蜀州判官权军州事。广政十七年十二月(955年)卒。”①这说明,彭晓明经登等作官,主张以仁义治国,又好修炼,能长啸,施符治病,是位融合儒道于一身的人物。而且,在他任金堂令时,遇异人得丹诀,修炼于飞鹤山,自称“昌利化(在金堂县境)飞鹤山真一子彭晓”。杨慎序古本参同契,明白称彭晓为“道士”。彭晓的炼丹著作,今流传下来的,有《周易参同契分章通真义》3卷。该书分魏伯阳《周易参同契》为90章而注之,以应阳九之数,上卷分40章,中卷分38章,下卷分12章,余独存《歌鼎器》一篇,以应水一之数。复为图八环,以解

① 《道藏》第5册,第347—348页。

《周易参同契》,谓之《明镜图诀》,均收入《正统道藏》。所撰《还丹内象金阴匙火龙水虎论》已佚,《云笈七籤》卷70有节录,含《黑铅水虎论》、《红铅火龙诀》两部分。这些是研究彭晓内丹思想的重要资料。

彭晓是积极主张人可以修炼成仙、寿限无数的有仙论者。他在同"习常道者"辩难时,阐述了以阴阳之道为依据的仙道、鬼道说。《红铅火龙诀》①载:时有习常道者问彭晓说:"先圣有言曰,死生有命,修短在天。又西域书云,天地及日月,时至皆归尽,至于劫石有消,无存纤芥,天地之内,万物从起,岂有不拘常数而长存哉?数尽皆归于空,空者,无也。又闻言,人之生,如箭射空,力尽还坠,今子独云,饵金液还丹之人,寿年无数,复云我命在我不在于天者,子言得非习偏见,有好恶立虚准乎?"②彭晓答道:"此盖鄙俚偏执之谈也,岂达古贤通圣论哉?且鄙俚偏执之人,焉能凿混元征造化之端,擘鸿蒙结阴阳之表欤!岂将睫目之附近度量寥廓之幽端乎?"③彭晓在把"习常道者"的诘难,讥为短视之见,不明造化之端,阴阳之表的鄙俚偏执之谈以后,讲了一通阴阳生死,仙道、鬼道之理。他认为,万物是由乾坤之气生成的,气有阴阳、清浊,清、阳之气,浮于天上;浊、阴之气,沉之于地,这是成仙、为鬼的客观依据。"九地之下无阳精而纯阴,浊气也;九天之上无阴精而纯阳,清气也。有修积阴之气者,尽弃魂神,于无中炼妙有,任定而性寂静,故死而为阴爽之鬼也。有(炼)纯阳之精者,谓存神气而于有中炼妙(无),全身形而入无形,故生无死,为天上神仙也。"④他进一步指出:"故修丹者术士,炼纯阳出阳精,取而服之,变为纯阳之身,是以就天,乃从其类也。故名之曰上升九天。天上无阴,乃纯阳阳涛之境,出乾坤阴阳之表,故寿限无数也。"⑤从这段引文看出,彭晓是用气的阴阳属性,解释人的生死现象,"纯阳之真无死数,积阴之神无生数,此真阴真阳俱出天地之表,故无常数也"。说明有下土无生之鬼神,和上天无死之神仙。并认为,修积阴之气者

---

① 《道藏》第22册,第486页。
② 《道藏》第22册,第488页。
③ 《道藏》第22册,第488页。
④ 《道藏》第22册,第488页。
⑤ 《道藏》第22册,第488页。

为鬼道，瞿昙氏①之法是也；炼纯阳之精者为仙道，李老君之法是也。他说："故道之一字，是阴阳二门众妙之法，强名曰玄。玄，善号也，故总之曰道。老君、瞿昙各得道中之一门尔。故皆出阴阳之外，俱得无生死之数也"。彭晓所讲的"得仙不死者"为"轻举"、"飞升"，即身成仙之天仙，而不是指尸解、鬼仙之类的地仙。所以称"金液还丹是白日冲天之上道"。

那么，人修还丹为什么能够长生不死，即身成仙呢？彭晓认为，这是由于无涯之元气作用于有限之形躯的结果。他说："世人欲延生命却死期者，须知得身之始末。始末者，元气也。喻修还丹全因元气而成，是将无涯之元气续有限之形躯。无涯之元气者，天地阴阳长生真精王父灵母之气也；有限之形躯者，阴阳短促浊乱凡父母之气也。故以真父母之气，变化凡父母之身，为纯阳真精之形，则与天地同寿也。"②这也就是认为，人的一身，是由父母阴阳之气生成的，有限的形躯有生（始）有死（末）；而天地阴阳之元气，则是无边无际，没有穷尽的。修还丹就是将无涯之元气，续个人有限之形躯，以真父母之气，来变化凡父母之身，使自身成为纯阳真精之形，则可以与天地同寿，不死成仙。可见，这个所谓因元气成还丹炼就纯阳之身的思想，乃是彭晓修金液还丹的理论核心。

彭晓讲修金液还丹，所用《参同契》的一些专门名词术语，实际多是对修炼元气的不同表述。例如他说："魏伯阳《周易参同契》，为还丹经诀之最妙也，莫不以铅火为宗，龙虎为祖。"③"凡修金液还丹者，先明铅火之根，次认阴阳之理……天地之间，若离阴阳，即无万物，故采天地之真精，取阴阳之根本而为药基。"④"金丹之要，全在铅火二字，铅火则水火也，为还返之宗祖。"⑤他又说："金液还丹，莫不合日月阴阳精气而成也。"⑥"元精者，是鼎

① 即乔达摩，释迦牟尼之姓氏。

② 《周易参同契分章通真义·将欲养性章第六十二》，《道藏》第 20 册，第 148 页。

③ 《还丹内象金钥匙序》，《云笈七籤》卷 70，《道藏》第 22 册，第 485 页。

④ 《周易参同契分章通真义》卷下《关关雎鸠章第七十八》，《道藏》第 20 册，第 153 页。

⑤ 《周易参同契分章通真义》卷中《乾坤刚柔章第四十一》，《道藏》第 20 册，第 143—144 页。

⑥ 《周易参同契分章通真义》卷上《易者象也章第六》，《道藏》第 20 册，第 135 页。

中神灵真精天地之元气也。搏之不得，视之不见，而能潜随化机，生成万物。”[①]他还说：“将天地根为药根，真金母为药母，令产阴阳，成精金砂灵汞以为长生之药。”[②]“还丹始生于真金，金体故无败朽。然真金是天地元气之祖，以为万物之母……天地之先，一气为初而生万象，金是水根，取为药基，是故真金母能产金砂而成还丹也……此砂入口，如云雾风雨，径入五脏四肢，还童却老，变发生牙，长生久视矣。”[③]彭晓论述关于金液还丹的这些名词术语，最重要的是作为炼丹之药根或药基的“铅火”二字。“铅火”是什么？从彭晓的解说来看，铅火即水火，与坎离、阴阳、龙虎、真金、铅汞、精气、元气、真铅同义。本质上，它是产生天地万物的先天之精气，而非后天之杂物。有关“铅”的这种本质，彭晓曾不止一次地作了说明。他在《周易参同契分章通真义》“采之类白”章第二十五说：“先天地生巍巍尊高者谓真铅，未有天地混沌之前，铅得一而相形，次则渐生天地阴阳五行万物众类。故铅是天地之父母，阴阳之本元。盖圣人采天地父母之根而为大药之基，聚阴阳纯粹之精而为还丹之质，殆非常物之造化也。则修丹之始，须以天地根为药根，以阴阳母为丹母，如不能于其间生天地阴阳者，即非金液还丹之道。若以有天地阴阳之后所产者五金八石，草汁木灰，晨霜夜露，雪浆冰水，青盐白卤诸物杂类而为之者，不亦离乎”。这就说明，彭晓所谓的“铅”或“真铅”，并不是自然金石之类的“铅”，而是未有天地之前就存在的、产生天地阴阳五行万类、被称为天地父母之根、阴阳纯粹之精的“铅”。彭晓又叫这种“真铅”为“黑铅”。对于“黑铅”的特性，他专撰《黑铅水虎论》予以述说：

> 夫黑铅水虎者，是天地妙化之根，无质而有气也。乃玄妙真一之精，为天地之母，阴阳之根，日月之宗，水火之本，五行之祖，三才之元，万物赖之以生成，千灵禀之以舒惨，至于高天厚地，洞府仙山，玄象灵官，神仙圣众，风雨晦朔，春夏秋冬，未有一物不因铅气产出而成变化也。故经云：天得一以清，地得一以宁，神得一以灵，谷得一以盈，万物

① 《周易参同契分章通真义》卷上《元精眇难睹章第十六》，《道藏》第 20 册，第 136 页。
② 《周易参同契分章通真义》卷上《胡粉投火章第三十三》，《道藏》第 20 册，第 141 页。
③ 《周易参同契分章通真义》卷上《巨胜尚延年章第三十二》，《道藏》第 20 册，第 141 页。

得一以生。又云:无名天地之始,有名万物之母。即是真一之精,圣人异号为真铅。则天地之根,万物之母是也。岂可以嘉州诸铅、硫黄、硇砂、青盐、白雪、雄黄、雌黄、消石、铜铁、金银、水垢、水精、凡砂、凡汞、桑霜、楮汁、松子、柏脂、秽污之物,白石、消石、夜霜、朝露、雪水、水浆,其诸矾土杂类之属,草木众名之类,已上皆误用,不可备载也。①

这就进一步说明,黑铅的特性是"无质而有气"的气,它"是天地妙化之根",宇宙间的一切,"未有一物不因铅气产出而成变化也"。它就是《道德经》上说的天得一以清、地得一以宁的"一",也就是无名天地之始,有名万物之母的"道",或称为"真一"。都是指的一种先天之气。因炼内丹借用外丹术语,故内丹家把这先天真一之气,异号为"铅",有时强调它不同于后天金石之铅,又称之为"真铅"。"真铅"也就是"黑铅"。彭晓在回答什么是"真铅"时说:"黑铅者非是常物,是玄天神水,生于天地之先,作众物之母,此真一之精元,是天地之根,能于此精气中产生天地五行万物。岂将天地之后所生之杂物呼为真铅,即误之甚矣"。可见,彭晓一再强调他所谓的真铅即黑铅,乃是存在于天地之先、产生天地万物之精气,以此作为修金液还丹之药基,同时反复指出,以有天地阴阳之后所产的五金八石、草汁木灰等杂物作原材料炼丹药是很错误的。这就充分表明了他主修的金液还丹是内丹而不是外丹。

除黑铅水虎外,彭晓又有红铅火龙之说。红铅火龙是什么?它与黑铅水虎是什么关系?彭晓讲:"夫红铅火龙者,是天地妙用发生之气,万物因之以生,有气而无质。"显然,这种发生万物的无形质的气,同所谓黑铅水虎"是天地妙化之根,无质而有气"的气,实际是一而二、二而一的东西,指的是同一个先天真一之气。也就是说,彭晓所讲的先天真一之气,具有宇宙本体和化生作用的双重性能,就宇宙本体说,彭晓称之为黑铅水虎,即"万物赖之以生成"者也;就化生作用说,彭晓称之为红铅火龙,即"发生之气,万物因之以生"是也。这种宇宙本体与化生作用相统一的真一之气,或统名之为"铅气",是世界万物发生、变化的本源。即宇宙万物之生命力,也就是

① (宋)张君房:《云笈七籤》卷70,《道藏》第22册,第486页。

彭晓所说“未有一物不因铅气产出而成变化也”。这就更加明确了“铅气”即《道德经》上的“一”或“道”的含义。彭晓认为，铅气变化生成万物有个过程，他将这个过程以时辰、日、月、年岁结合卦爻象数表示，作为修炼还丹掌握时刻进退之启示。彭晓在解释什么是红铅火龙以后，接着就说明算计这一变化过程、掌握炼丹时刻火候之方法。他说：

> 将一年三百六十日，癴于一月三百六十时，又于一月三十日三百六十时内，朝夕各系一卦，又移此六十卦三百六十爻，陷于五日六十时内，复象一月也；两日半三十时便为三十日，又象一月。朝暮各占一卦，又系六十卦计三百六十爻，复象一年三百六十日也；又于两日半三十时内，却分十五时应半月一十五日用事，复将此半月从一至十五日，又陷于十二辰中，自子后至巳前六辰之内系三十卦，计一百八十爻，便象冬至后到夏至前，应半年一百八十日也；自十六日至三十日，又陷于六辰之内，午后至亥前六辰之中，系三十卦，计一百八十爻，便象夏至后到冬至前应半年一百八十日也；春秋二分在时内，二分二至于一日十二辰中，都合三百六十，象一年之气，始复䷗至乾䷀，自姤䷫终坤䷁，循十二辰候，分震巽甲门子丑午未，阴符阳火，圆合天符三百三十六度，①是晦朔阴阳，刑德交会，天地变化，万物生成之数也。皆依刻漏运行，夺取气候入神鼎中，使真铅天地之母受此运用而产神精。②

彭晓这是按照中国古代的计时法，结合《参同契》所用大易卦爻象数，将一年、一月、一日的不同数量的时间概念相比附，说明元气运行之客观过程，相应地掌握炼丹之时刻火候。中国古代用漏刻计时，③以 100 刻为 1 昼夜。亦分 1 日为子丑寅卯辰巳午未申酉戌亥 12 个时辰，5 日为 1 候，6 候 30 日为 1 月。④ 1 个月有 2 个节气，3 个月为 1 季，春夏秋冬 4 季 12 个月合为

---

① 据后文“合天符、合三百六十度”，则此“三百三十六度”当为“三百六十度”。

② （宋）张君房：《云笈七籤》卷 70，《道藏》第 22 册，第 486 页。

③ 漏刻计时器，以铜壶盛水，底穿一孔，壶中立箭，上刻度数，壶中水以漏渐减，箭上所刻度数，亦依次显露，即可知时。相传为皇帝所造。其法以百刻分昼夜，冬至，昼漏四十刻，夜漏六十刻。夏至则反之。春分秋分，昼夜各五十刻。明朝以后，西洋钟表传入，其用遂稀。

④ 小月、闰月未单独计算。

1年。也就是说,1年为4季、12月、24节、72候、360日、4320时(辰)、36000刻。如此周而复始,循环往复,运行无穷。而《参同契》以大易64卦中乾坤两卦为鼎器,坎离两卦为药物,其余60卦为火候。60卦,每卦6爻,共为360爻。彭晓即用此60卦、360爻与年月日时搭配、比附,说明元气之运行变化。其主要内容包括这样几点:

(1)一年为一大变化,春生、夏长、秋收、冬藏,乃阴阳(元气)运行一周期,万物生成之大数,彭晓所谓:"《易》曰乾之策三百六十日,足阴阳起伏运用一年周星万物之大数也"。而这一年的大变化,是由许多月、日、时(辰)的小变化所组成的。这些月、日、时(辰)的小变化,不仅组成一年的大变化,而且,扩大开来,也类似一年的大变化。相反,一年的大变化,若缩而小之,亦相当于月、日、时(辰)的小变化,其间均可用卦爻数配搭起来。

(2)把一年360日缩小12倍,相当于1月360时(辰),则1年相当于1月,1日相当于1时(辰)。又于1月30日360时(辰)早晚各系1卦,则为60卦360爻,即60卦360爻与1月360时(辰)相应。

(3)5日为一周(亦为一候),5日(1日12个时辰)合为60个时(辰),把60卦分散于60个时辰,犹如30日早晚各系一卦,又象1月。则5日60时(辰)象1月360时,即扩大6倍。

(4)把5日的1/2即两日半30时,(扩大12倍)作为30日,象1月;早晚各占1卦,系60卦360爻,复象360日,则两日半扩大12倍象1月,再扩大12倍就象1年了。

(5)把两日半30时作为30日再分成两半,即15时(辰)应半月15日,并结合1日12时辰看待,则上半月1至15日,自子后至巳前6时辰之内,系30卦计180爻,便像冬至后夏至前应半年180日;自16日至30日,午后自亥前6时辰之中,系30卦计180爻,便象夏至后到冬至前应半年180日。这样,阴阳(元气)运行1日12时辰为一周360度,与1年12月运行一周360度是相通的。

(6)用于炼丹,则以气候、时辰,分阳火、阴符。彭晓说:每1辰内于24气中分得2气,72候中分得6候。此气候逐子后午前6时阳火入神室之中,"是冬至以后、夏至以前半年180日,运火合天符动静盈缩造化万物之数也”。“午后亥前6辰阴符分得气候节符,与以前6辰数时刻并同,亦象夏至后冬至以前180日也”。这就是说,用1天12时辰来分1年中的24气、72候,则每时辰得2气6候。也就是一个时辰相当于30日(1个月),炼丹时,在子后巳前6辰进阳火入神室,犹如冬至以后、夏至以前的半年180日;于午后亥前退阴符,也象夏至以后、冬至以前的半年180日。这样,1日12个时辰炼丹掌握进阳火,退阴符的道理,也就与1年12月的相通了。若把彭晓所说的这些思想,将1日12时,对应1年12月,配以12辟卦,标明二分二至位置以及阳火阴符度数,则如下图示。

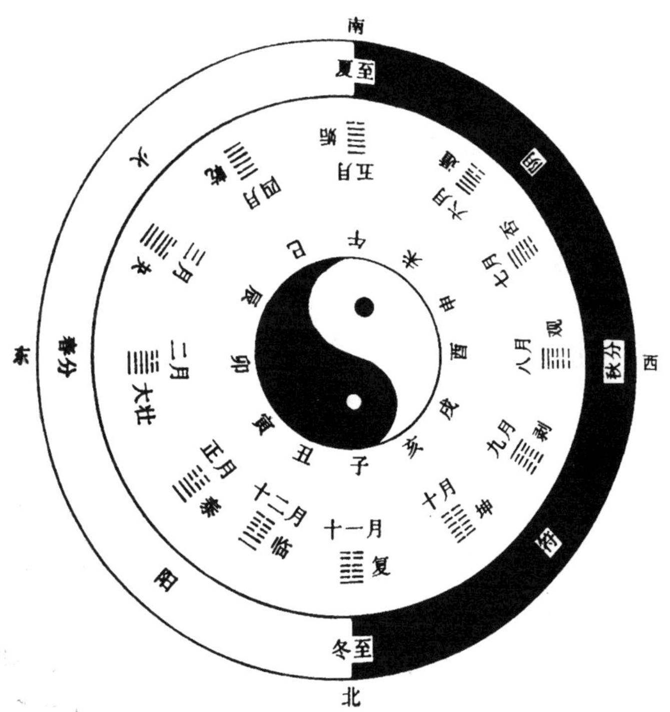

此图代表一气运转一日及一年的阴阳变化。图中白色为阳,黑色为阴,中央一圈为阴阳合之精气。卦象中的奇画“—”代表阳;偶画“--”代表阴。从复卦到乾卦,“—”爻逐渐增多,“--”爻相应减少,表示阳渐息而阴渐消,象征从子到巳时和十一月到五月,阳气渐盛而阴气渐衰;从姤卦到坤卦,“ - - ”爻逐渐增多,“—”爻相应减少,表示阴渐息而阳渐消,象征从午到亥时及四月到十月阴气渐盛而阳气渐衰。“以一日分为四时，朝则为春，日中为夏，日入为秋，夜半为冬”①，一日十二时辰，犹如一年十二月，均可分为四季。彭晓谓：“自子丑寅为春，卯辰巳为夏，阳火候也；午未申为秋，酉戌亥为冬，阴符候也。乃于十二辰中运其火符……不失鼎内四时，不亏象中寒暑，则其丹必成矣。”②所谓修成还丹，即炼就纯阳之身，“以真父母之气（无涯之元气），变化凡父母之身，为纯阳真精之形，则与天地同寿也。”这个纯阳真精之形，即表现为图中纯阳☰之卦象，纯阳无阴象征长生。也就是他所说的“身既无阴那得死”。③

彭晓不仅用纯阳卦象象征炼丹长生，而且用人人夸张年数的手法论证炼丹长生。他以1日象1年，甚至1时象1年的夸张数字，推算炼丹过程所得的多少年正气，为所得多少年寿命。《红铅火龙诀》云：“凡一月三百六十时（辰），一年十二月，合四千三百时，象四千三百二十年”。则一时象一年，扩大4320倍。又说：“一日一夜内合夺得四千三百二十年正气，在神室中生产神精也。凡一时夺得三百六十年正气，一日夜夺得四千三百二十年正气，一月夺得一十二万九千六百年正气，一年夺得一百五十五万五千二百年正气。故经云，人服金液还丹一粒如稻米许，三年限满，必获上升。三年药成，已于身内受得四百六十六万五千六百正气年寿也。如常服食，以寿限无量，出天地三界之外，纯阳真精之身，有生而无死。天地阳九，否泰动静常数，服金丹之人逃出阴阳之外，九阳之表，故寿年无数也”。这里彭晓以时、日、月、年相类比的大肆夸张手法，所推算出的正气年寿数字，作为炼丹长生的证明，确也不失为独出心裁的“无上至真之妙道”。

以先天真一之气炼丹求长生之说，是对前人真一之道的继承和发展。早在东晋葛洪时，已有“真一之道”的记载，《抱朴子内篇 · 地真》有云：昔黄帝“到峨眉山见天真皇人于玉堂，请问真一之道。皇人曰：子既君四海，欲

① 《黄帝内经灵枢》，北京：中华书局1991年版，第213页。

② （五代）彭晓：《周易参同契分章通真义》卷上《赏罚应春秋章第六》，《道藏》第20册，第134页。

③ （五代）彭晓：《周易参同契分章通真义》卷上《赏罚应春秋章第六》，《道藏》第20册，第134页。

复求长生,不亦贪乎?其相覆不可具说,粗举一隅耳。夫长生仙方,则唯有金丹;守形却恶,则独有真一,故古人尤重也"。葛洪说的金丹,是指长生仙药的外丹;真一则是延年却老的内养,彭晓站在推崇内丹的立场,把金丹(金液还丹)也解释成体内炼养的内丹,而将炼丹的药物说成是被称作"天地根"的先天真一之气,或称之为元气、元精、精气、真金、铅气、黑铅、红铅、水火、龙虎、坎离、阴阳等。他通过注释《参同契》,撰写《还丹内象金钥匙·火龙水虎论》等著作,阐述了一整套内丹思想,大大丰富和发展了"真一之道"。彭晓还主张炼丹"志士又须撤声色,去嗜欲,弃名利,投灵山、绝常交、结仙友、隐密潜修,昼夜无怠,方可希望,或不如是,则虚劳动耳"①。强调了修心养性对修身延命的重要性。特别是他所著的《周易参同契分章通真义》,对后世《参同契》内丹学的发展有重大影响。所有这些都表明,五代时西蜀彭晓,对道教内丹理论的建设,作出了不可忽视的贡献,在道教发展史上有一定地位。

总起来看,道教经过初、盛唐发展的高峰之后,到中、晚唐至五代十国期间,因遭安史之乱和黄巢起义的震撼,加之以藩镇割据和战火连绵的破坏,而趋于低潮,尽管仍有一些帝王极力扶持而时有起色,也未能改变这一总的趋势。但在这两百年时间里,由于道教具有满足世人追求长生、消灾祈福心理需要的功能,所以仍对惶惑、苦难中的人们,在精神文化生活方面,继续发挥着重要作用。出现了一些有名的道教学者和道教著作,在道教的理论、方术、科仪等方面均有所发展,而为北宋时期道教的再度兴盛准备了有利条件。

① (五代)彭晓:《周易参同契鼎器歌明镜图后序》,《道藏》第20册,第161页。

第七章

道教在北宋的复兴和发展

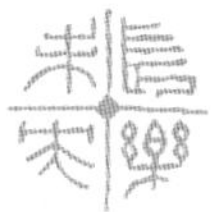

五代战乱之际，道士的正常的宗教活动曾受不同程度的冲击，道教组织比较涣散。随着国家统一，北宋统治者对道教组织加以整饬，将道教纳入官方祭祀宗教的轨道上来，逐步恢复其教化人心、稳定社会的基本职能。

承五代之弊，北宋时期的道教也作为超尘脱俗、安身立命的寄托而吸引着人们尤其是失意士人。这时期的道教徒中，不乏隐逸、异能之士，他们常常成为统治者招揽的对象，备受礼遇。

在北宋统治者的直接组织下，道经得以重加编纂，这为研习道教提供了方便。第一部刊本道藏的雕印，这是道教史上的一件大事。除了符箓道术和斋醮科仪进一步发展外，黄白术仍久盛不衰。尤其是在唐末五代内丹术兴起的基础上，研习内丹蔚为一时风尚，内丹学达到了前所未有的发展水平。与此相应，道教易学的象数传统被赋予了新的生机。这一切都展示出道教教理和道教哲学的发展前景。

北宋道教具有唐代道教那种明显的官方性质，它的复兴是跟统治者的崇奉分不开的。因此，我们将从这里展开对这一时期道教的叙述。

第一节　宋初道教政策与管理

公元960年，后周殿前都点检赵匡胤趁率兵抗击北汉南侵之机，在陈桥驿发动兵变，回师开封建立北宋王朝，他即历史上著名的宋太祖。经他和其弟太宗赵光义（原名赵匡义）二朝苦心经营，荡平群雄，并迫使吴越钱弘俶（后改名钱俶）、漳泉陈洪进归附宋朝，结束了五代十国的割据局面。

太祖和太宗为宋王朝奠定了儒释道三教并尊的格局，至真宗以后，大力扶持、崇奉道教，利用道教为其内外政策服务。宋王朝毕竟是在特定的历史背景下建立和巩固起来的，因而对道教的政策也随着不同时期的政治需要的变化而有所改变。

一、宋初统治者对道教的扶持和崇奉

北宋王朝是军事政变的结果。有鉴于此，虽然始终面临来自北方辽、夏的军事威胁，但统治者倾向于认为："外忧不过边事，皆可预为之防；惟奸邪无状，若为内患，深为可惧也。"[①]并相应地采取了一系列对内强化专制主义中央皇权和官僚制度的措施。宋初，世族门阀制度已不复存在，农民对地主的人身依附关系有所削弱。由于封建国家土地所有制形式的均田制在唐中期以后发生崩溃，封建私人土地占有制和租佃关系大为发展，商品货币交换和城市经济均较唐代活跃。在社会生活和思想文化方面，统治者更需要严密控制人民的思想行为，更需要利用道教来粉饰太平，缓解被统治者的反抗情绪。然而，由于战乱，"五季之衰，道教微弱"[②]。朱温篡位后，对道教肆行蹂躏。[③] 后虽经唐明宗、钱俶等一部分割据者稍事扶持，但终究难以恢复元气。此外，"自五代以来，道流庸杂"[④]，道士的宗教素质也大大下降。这种状况不利于道教发挥其社会作用，以至于宋初，太宗尚有"夫道者，天地万物之祖，而其教终微"[⑤]之慨叹。为此，宋初统治者在扶持道教的同时，"肃正道流"[⑥]，对道士加以整顿。

（一）太祖赵匡胤的道教政策

赵匡胤坐上皇帝宝座后，首先表示自己推翻后周乃是天命所归，借以预

① （宋）李焘：《续资治通鉴长编》卷32，北京：中华书局1979年版，第3册，第719页。

② （宋）孙夷中集：《三洞修道仪》，《道藏》第32册，第166页。

③ （宋）谢守灏：《混元圣纪》卷9记载，后唐明宗天成二年（927），左补阙赵明吉上言："窃见天下宫观久失崇修，盖自朱温篡逆以来，例多毁废。"

④ （宋）李攸：《宋朝事实》卷7，北京：中华书局1985年版，第107页。

⑤ （宋）钱若水修，范学辉校注：《宋太宗皇帝实录校注》上册，北京：中华书局2012年版，第198页。

⑥ （宋）李攸：《宋朝事实》卷7，北京：中华书局1985年版，第107页。

防臣下觊觎皇位。他虽忙于征战,仍遣使修北岳、西岳、四渎等庙,祭祷名山岳渎和寺庙宫观,并沿袭前朝的做法,给一些与道教有关的民间俗神改封号。例如李冰庙在永康军,五代时封大安王,继封应圣灵感王。蜀平,诏长吏增饰其庙,改封广济王,岁一祀。他还数次游幸京城太清观。开封太清观为周世宗所建,宋建隆(960—962 年)初命重修,赐名建隆观,"自是斋修率就是观"①。

史称"宋太祖兴兵间,受周禅,收揽权纳,一以法度振起故弊"②。为什么他对道教也感兴趣?据宋人所传,他在即位之前就跟道士有交往。释文莹在《湘山野录》中说,太祖和太宗与一自称"混沌"或"真无"的道士游于关河,三人每剧饮烂醉。御极后不再见,下诏草泽遍访之。又讲太祖、太宗和赵普游长安,遇陈抟,四人共饮。又有人甚至说太祖之母挑儿时的太祖、太宗于篮筐,逃避战乱,适为陈抟遇见,即吟咏诗句:"莫道当今无天子,都将天子上担挑。③"也就是说,陈抟还在他们儿时就预知他们要当皇帝。这些传说愈来愈离奇,有的根本就是无稽之谈。但据史载,周世宗未死之前,有人散布"点检作天子"的谶语,至陈桥驿兵变时,更有军中知星者扬言"日下复有一日,黑光摩荡者久之"④。这样一些为赵匡胤当皇帝造舆论的传说,表明太祖与道士或许有一定关系。

太祖注意到道士的政治作用,上台以后实行对道士加强管理和控制的政策。乾德五年(967 年),右街道录何自守坐事流配,乃诏莱州道士刘若拙为左街道录,俾之肃正道流。其后,又发生了利用宗教的造反事件,例如开宝六年(973 年),"渠州妖贼李仙众万人劫掠[广安]军界,[知军朱]昂设策擒之"。史称"果、合、渝、涪四州民连结为妖"⑤,势力颇大。因而宋太祖对道教的政策偏重于控制。

丧家命僧道诵经、修斋作醮,世称"资冥福"。开宝三年(970 年),"诏

① (宋)李攸:《宋朝事实》卷 7,北京:中华书局 1985 年版,第 107 页。
② 《宋史》卷 98《礼志》第 8 册,北京:中华书局 1977 年版,第 2421 页。
③ (清)杜文澜辑《古谣谚》引《神仙传》,《宋人轶事汇编》卷 1,北京:中华书局 1981 年版,上册,第 2 页。
④ 《宋史》卷 1《太祖纪》,北京:中华书局 1977 年版,第 1 册,第 4 页。
⑤ (宋)李焘:《续资治通鉴长编》卷 14,北京:中华书局 1979 年版,第 2 册,第 296 页。

开封府禁止，士庶之家丧葬不得用僧道威仪”①。

开宝四年（971 年）九月，“禁伪造黄白金，募告者，赏钱十万”。十月，开封府捕得伪造黄白金的王玄义等 12 人，并决杖流海岛。因诏：“自今民敢复造伪金者弃市。”②这一强硬措施旨在制止道士方术士利用修炼黄白（色状似金银的合金），冲击国家政府的财政收入。

开宝五年（972 年）闰二月，就在“令僧尼各不相统摄”不久，太祖下诏：“冲妙之门，清净为本。逮于末俗，颇玷真风，或窃服冠裳，寓家宫观。所宜惩革，以副钦崇。两京诸州士庶奇诡者，一切禁断。其道流先有家属同止者，速遣出外。自今如愿入道者，须本师与本观知事同诣长吏，陈牒请给公验，方许披度。”③宋人王栐说：“黄冠之教，始于汉张陵，故皆有妻孥，虽居宫观，而嫁娶生子，与俗人不异。奉其教而诵经，则曰‘道士’。不奉其教、不诵经，惟假其冠服，则曰‘寄褐’：皆游惰无业者。亦有凶岁无所给食，假寄褐之名，挈家以入者，大抵主首之亲故也。太祖皇帝深疾之，开宝五年闰二月戊午诏曰：末俗窃服冠裳，号为寄褐，杂居宫观者，一切禁断。道士不得畜养妻孥，已有家者遣出外居止。今后不许私度，须本师与本观知事同诣长吏，陈牒给公凭，违者捕系抵罪。自是宫观不许停著妇女，亦无寄食者矣。而黄冠之兄弟、父子、孙、侄犹依凭以居，不肯去也，名曰‘亲属’。大中祥符二年（1009 年）二月庚子，真宗皇帝诏道士不得以亲属住宫观，犯者严惩之。自后始与僧同其禁约矣。”④他说太祖诏禁后，道士的亲属还不肯离去，这个说法是合乎事实的。据宋人李焘《续资治通鉴长编》记载，祥符二年（1009 年）二月“癸卯，禁道士以亲属住宫观者”⑤，时间与《燕翼诒谋录》接近而稍异。由于实施得并不彻底，因此到真宗时又重申禁令。南北朝时期道士已多出家，并逐步形成出家居馆（宫观）修行制度。隋代道书《三洞奉道科诫》

① （宋）王栐：《燕翼诒谋录》卷 3，《唐宋史料笔记丛刊》之《学津讨原》本（下同），第 24 页。

② （宋）李焘：《续资治通鉴长编》卷 12，北京：中华书局 1979 年版，第 2 册，第 270 页。

③ （宋）李攸：《宋朝事实》卷 7，北京：中华书局 1985 年版，第 107 页。

④ （宋）王栐：《燕翼诒谋录》卷 2，《唐宋史料笔记丛刊》本，第 19 页。

⑤ （宋）李焘：《续资治通鉴长编》卷 71，北京：中华书局 1980 年版，第 6 册，第 1596 页。

已称:“今之道士即出家道士也。”①但事实上,仍有不少人(如张天师一系正一道士)是携家修行而不妨其为道士,故道书中把道士分为若干种类,其中有不拘世累的幽逸道士、独自隐修的山居道士、和光同尘的在世居家道士、救度危苦的祭酒道士等。直到北宋时代,蓄妻养子的道士依然众多。这种道俗不分的状况,在统治者看来,是不利于提高道士素质并且特别不利于封建政府集中控制管理道士的。上述事实表明,中国封建王朝在道士从居家到出家的演变过程中,也起了促进作用。以后金元时期,全真道士就提倡出家。

开宝五年(973 年)十一月,太祖又“禁僧、道习天文、地理”②。同年十月,“诏功德使与左街道录刘若拙,集京师道士试验,其学业未至而不修饰者,皆斥之”③。即通过考核,提高道士素质,斥退品学不良之人。

以上措施,其目的都在于防止有人利用道教危害新建立起来的统治秩序。然而加强对道士的控制,也是为了让他们更好地为赵宋王朝服务。像刘若拙那样道法精至的道士,太祖还是重用的。史载:“若拙,蜀人,自号华盖先生。善服气,九十余岁不衰,步履轻疾。每水旱,必召于禁中,设坛场致祷,其法精审,上甚重之。”④开宝五年(973 年)十二月,因道士玄秘大师马志通治好了开封尹赵光义的病,赐他通议大夫阶,并赐器币、鞍马。

太祖还召问高道苏澄隐(《长编》作“苏澄”),对他的养生术很感兴趣。开宝二年(969 年)闰五月攻太原后,驻骅镇州,召问:“朕作建隆观,思得有道之士居之,师岂有意乎?”苏澄隐答道:“京师浩穰,非所安也。”过了十余天,太祖又亲自到他居所,向他求教养生之术:“师年逾八十而容貌甚少,盍以养生之术教朕?”他回答说:“臣养生,不过精思炼气耳。帝王养生,则异于是。老子曰:‘我无为而民自化,我无欲而民自正。’无为无欲,凝神太和。昔黄帝、唐尧享国永年,用此道也。”太祖闻之大悦,厚赐之。⑤ 可见太祖对

① 《道藏》第 24 册,第 729 页。
② 《宋史》卷 1《太祖纪》,北京:中华书局 1977 年版,第 1 册,第 38 页。
③ (宋)李焘:《续资治通鉴长编》卷 13,北京:中华书局 1980 年版,第 2 册,第 290 页。
④ (宋)李焘:《续资治通鉴长编》卷 13,北京:中华书局 1980 年版,第 2 册,第 290 页。
⑤ (宋)李焘:《续资治通鉴长编》卷 10,北京:中华书局 1979 年版,第 2 册,第 226 页。

道士中有德才者还是十分尊重的。

（二）太宗赵光义的道教政策与张守真“降神”事件

太宗继续实行太祖对道教既控制又利用的政策，如果说有何区别，那就是崇重道教远过其兄。主要表现在如下方面：

其一，大修宫观，崇奉道教尊神和祠祀。

这首先须从张守真降神一事说起。李焘《续资治通鉴长编》云：

> 初，有神降于盩厔民张守真家，自言："我，天之尊神，号黑杀将军，玉帝之辅也。"守真每斋戒祈请，神必降室中，风肃然，声若婴儿，独守真能晓之，所言祸福多验。守真遂为道士。上（按指宋太祖。——引者）不豫，驿召守真阙下。［开宝九年（976年。是年十二月改太平兴国元年）十月］壬子，命内侍王继恩就建隆观设黄箓醮，令守真降神，神言："天上宫阙已成，玉鏁开。晋王有仁心。"言讫不复降。（原注：此据《国史·符瑞志》，稍增以杨亿《谈苑》。《谈苑》又云："太祖闻守真言，以为妖，将加诛，会宴驾。"恐不然也，今不取。）上闻其言，即夜召晋王（按即太宗。——引者），属以后事。左右皆不得闻，但遥见烛影下晋王时或离席，若有所逊避之状，既而上引斧戳地，大声谓晋王曰："好为之。"（原注：此据吴僧文莹所为《湘山野录》，《正史》、《实录》并无之。）①

此即历史上著名的“烛影斧声”悬案。无论其真伪如何，为李焘所忌讳的太宗时人杨亿之言恰为全案之关键。

前已提及，据释文莹说，太祖曾与一自称“混沌”的道士交游。文莹又说，太祖驾幸西沼，再遇此人，问已寿还得几多，道士告诉他：“但今年十月二十日夜晴，则可延一纪；不尔，则当速措置。”至期，天地陡变，于是急召太宗。是夕，太宗留宿禁中，将五更时太祖死。太宗受遗诏，于柩前即位（据史书记载，即位在次日，太宗还安抚太祖妻、子）。李焘说：“文莹宜不妄，故特著于此。然文莹所言道士，不得姓名，岂即张守真耶？或复一道士也……

① （宋）李焘：《续资治通鉴长编》卷17，北京：中华书局1979年版，第3册，第377—378页。

顾命,大事也,而《实录》、《正史》皆不能记,可不惜哉!"又引蔡惇《直笔》:"太祖召陈抟入朝,宣问寿数……"按云:"[蔡]惇所载,与文莹略同,但即以道士者为陈抟耳。抟本传及《谈苑》并称抟终太祖朝未尝入见,恐惇亦误矣,当是张守真也。"①宋人多以神奇之事附会陈抟,蔡惇之言固然虚妄,而李焘推测混沌道士就是张守真,也不真实。但有一点看来是明确的,即道士张守真参与了宫闱权力之争,在其中扮演了一个重要角色。据李攸透露,太宗在乾德(963—967年)中已交结张守真,为继位作准备。他说,乾德中,太宗还在当晋王时,颇闻张守真"灵应",乃遣近侍赍信币香烛,就宫致醮。使者斋戒焚香,祈告说:"晋王久钦灵异,敬备俸缗,增修殿宇,仍表乞敕赐宫名。"神降灵说:"吾将来运值太平君宋朝第二主修上清太平宫,建千二百座(《翊圣保德真君传》卷上作"十二座")堂殿,俨三界中星辰,自有时日,不可容易而言。但为吾启大王,言此宫观,上天已定增建年月也,今犹未可。"使者归,以此话转告,太宗惊异而止。太祖素闻黑煞神降灵一事,然"未甚信,异"。于是召小黄门长啸于侧,试探着问张守真:"神人之言若此乎?"守真答说:"陛下倘谓臣妖言,乞赐案验,戮臣于市,勿以斯言亵渎上圣。"须臾,神降言说:"安得使小儿呼啸,以鄙吾言,斯为不可。汝但说与官家,言天上宫阙已成,玉鏁开,晋王有仁心。"翌日,太祖升遐,太宗嗣位,寻召守真作延祚保生坛。②

这是一段重要的文字。它说明太祖和太宗对张守真的"降神"活动态度不同,张守真则因太宗的崇道奉神而支持他(而不是太祖之子)继承皇位。张守真假借神言,口气强硬,是有后台的。杨亿说"太祖闻守真言,以为妖,将加诛",确有事实根据。《国史》和《实录》既讳言其事,李焘又欲彰故掩,这不过是封建时代写本朝史者之通病。

正因为张守真"降神"为太宗继位提供了神圣的依据,太宗甚重之,为他筑坛修宫,继续利用所谓"黑杀将军",渲染太平,愚弄臣民。太宗即位的次年,即太平兴国二年(977年)五月"庚辰,诏修凤翔府终南山北帝宫,宫即

① (宋)李焘:《续资治通鉴长编》卷17,北京:中华书局1979年版,第3册,第379页。

② (宋)李攸:《宋朝事实》卷7,北京:中华书局1985年版,第116页。另参王钦若编《翊圣保德真君传》卷上。

张守真所筑以祀神者也”①。

关于张守真事,《正统道藏》所收《翊圣保德真君传》和李攸《宋朝事实》均有详细记载。《翊圣保德真君传》3 卷,题王钦若奉敕编集。文前有所谓“宋仁宗御制《翊圣应感储庆保德传》序”;卷下有王钦若《进〈翊圣保德真君事迹〉表》及《批答》、崇宁三年(1104 年)四月十八日使命到宫赍降到真君加号敕诰。徽宗崇宁年间加号“翊圣应感储庆保德真君”,亦见于所谓“宋仁宗序”。按《宋史·真宗纪》,王钦若表上此传在大中祥符九年(1016)冬十月己卯,而表中有“崇文广武仪天尊道宝应章感圣明仁孝皇帝陛下……作序以冠篇首”云云,由本纪,知为大中祥符元年(1008 年)六月泰山“天书”降后群臣所上真宗之尊号。又,《云笈七籤》卷 103 题《宋真宗御制翊圣保德真君传序》。则序文非仁宗作明矣。且《云笈七籤》引序文亦作“翊圣保德真君”而不云“翊圣应感储庆保德真君”。推测《正统道藏》编者因表中有“仁孝”二字而望文生义,遂误改“真宗”为“仁宗”,序中的封号,也是编者据徽宗崇宁三年(1104 年)四月加号敕诰所改。

《翊圣保德真君传》(以下简称《翊圣传》)旨在为宋王朝制造“君权神授”的神学依据,其内容主要叙述黑杀神降世显灵、斩妖驱邪之事,宣扬忠君爱民、修善积德。

据记载,宋初有神降于张守真家,自称“吾是高天大圣玉帝辅臣,授命卫时,乘龙降世,但以非正真之士,无以奉吾教。汝有异骨,不类常流,汝可虔心奉吾道也”。每当张守真斋戒祈晴时,神必降之,则室中冷风肃然,声如婴儿,言祸福,独张守真能晓其意。于是“守真乃礼古楼观先生梁筌为师,度为道士”②。神为张守真传结坛之法:结坛共九,上三坛为国家设之,中三坛为臣僚设之,下三坛则为士庶设之。上三坛从上而下依次为顺天兴国坛、延祚保生坛、祈谷福时坛,为普天大醮、周天大醮、罗天大醮。三坛均需清洁辞章、鲜异花果,扣鼓集神,去地九尺,焚香以奏,恳祷而告。中三坛分别为黄箓延寿坛、黄箓臻庆坛、黄箓去邪坛,星位、法物、仪范亦各有差。

① (宋)李焘:《续资治通鉴长编》卷 18,北京:中华书局 1979 年版,第 3 册,第 408 页。

② (宋)张君房:《云笈七籤》卷 103《翊圣保德真君传》,《道藏》第 22 册,第 694 页。

下三坛分别为续命坛、集福坛、却灾坛,也有等次。以上九坛之外,别有应物坛,星位或六十四,或四十九,或二十四,法物所需,各以差降。士民之类,可量力而为。如臣庶上为帝王祈佑,则作祈谷福时坛,凡一千二百位。或为父母师尊禳灾祈福,当作醮设坛,随宜增益。太祖死后,太宗召张守真所作延祚保生坛,就是遵照的这一坛法。

十分明显,张守真跟宋太宗的关系实质为道士与封建王朝相互为用的关系,即张守真以道教尊神的名义为宋王朝,尤其是宋太宗本人涂抹"神授"的神圣光彩,而宋太宗则以皇权支持道教,尤其是支持以张守真为代表的、为王朝祈福的斋醮道法道士。这种相互为用的关系,尚可从以后发生的若干事件得到进一步例证:太宗嗣位,寻召守真于琼林苑为周天大醮,作延祚保生坛。醮罢,神降言于内臣王继恩:"吾有言,汝当为吾奏之。"说:"建隆元年奉帝言,乘龙下降卫人君。扫除妖孽犹闲事,纵横整顿立乾坤。国祚已兴长安泰,兆民乐业保天真。八方效贡来稽首,万灵震伏自称臣。亲王祝寿须焚祷,递相虔洁向君亲。吾有捷疾一百万,诸位灵官万该(一作'垓')人。若行忠孝吾加福,若行悖逆必诛身。赏罚行之既平等,天无氛秽地无尘。爱民治国胜前代,万年基业永长新。"王继恩录之于简,翌日奏闻,太宗览之,十分惊异,稽首谢道:"家国之幸!宗庙之庆!虔荷上圣赐以(一作'此')格言。"命缄藏于内殿,寻遣内供奉官王守节、起居舍人王龟从就终南山下筑宫。①

三年后,宫建成。宫中有通明殿,玉皇、三十二天帝、大游小游、五福四太一、紫微帝君、二十八宿、七元殿、黑杀殿,灵官、童子、六丁神、岁星、辰星、天蓬、九曜、东斗、三官、玄武、十二辰、西斗、天曹殿,南斗阁,灵官堂,龙堂。命常参官一人主宫事(监宫)。选道士焚修,军士百人守卫。题额"上清太平宫",一如神预言之制。每岁三元、诞节、皇帝本命日,遣中使致醮。祀神之夕,太宗在京望拜。如果发生水旱,或者国家将举事,临时致祷。

太平兴国(976—983年)初,太宗亲征太原,黑杀神忽"降言"张守真:"官家已临汾晋,非久克复城池,汝当令监宫臣等设醮,以谢胜捷于上帝。"

---

① 《翊圣保德传》卷上,《道藏》第32册,第651—652页;另参《云笈七籤·翊圣传》。

逾旬,宋军告捷,如法陈醮。是夕,神又降言说:“官家设此大醮,上帝与诸天皆喜,国祚延远,过于有唐。”①在这里,张守真借用神言,赞扬太宗继承唐朝的崇道事业,同时也暗示:宋朝的崇道事业应超过唐朝,这样,“国祚延远”,将“过于有唐”。

太平兴国六年(981年),张守真以乾明节诣阙朝贺,因面奏太宗:“圣真下降,俯为昌朝,乞降诏加号,以灵贶。”②太宗允其奏,下诏封太平宫黑杀神为翊圣将军。

七年(982年),张守真诣阙朝贺,又带来了翊圣将军的降言:“大道兴,阴谋灭,诸天众圣皆欣悦。宋朝社稷甚延年(一作‘长’),太平景运初兴发。君上端心显明哲,爱民治国常须切。万年基业永长新,金枝玉叶无休歇。”③以此,诏赐守真紫衣,号“崇玄大师”。

至道(995—997年)初,翊圣将军忽“降言”张守真:“吾建隆之初,奉上帝命,下降卫时。今基业已成,社稷方永,承平之世将继有明君。吾已有期,却归天上,汝等不复闻吾言矣。倘国家祈祷,但严洁焚香,北面告吾,虽不降言,当授福卫护宗社。”④这时,宋朝已一统天下,北征屡遭失败后,遂转取“无为而治”的态势,张守真“降神”的历史使命也随之宣告结束。至大中祥符七年(1014年),真宗诏翊圣将军宜加号翊圣保德真君,黑杀神遂升格为真君。

据《翊圣传》卷下记载:“自真君之临降,官吏民庶不远千里,或驰诚遥祷,或斋洁朝拜,以祈真唆。时有所闻,大抵多随其性习加以训勖,人臣依于忠,人子依于孝,清淳者示之格言,贪酷者警以要道。词甚平易,颇叶音韵。”⑤太平兴国中(976—983年),驾部员外郎李铸知凤翔府,备观灵应,复奉诏监宫凡十余年之久。张守真就托真君降语十余篇,其中之一云:“吾要李铸知吾降期,不得轻泄,免漏天机。”⑥首先要求李铸保守机密。又根据李

① 《道藏》第32册,第652页。
② 《道藏》第32册,第652页。
③ 《道藏》第32册,第653页。
④ 《道藏》第32册,第653页。
⑤ 《道藏》第32册,第656页。
⑥ 《道藏》第32册,第657页。

铸对道教的信仰和祈愿长生的心理,对症下药,告诫他应“尽忠报国”,“以道理民”;“醒时理民,醉时理神”,并说“此语是延年益寿之法,吾劝府主记取”。进而引导他“为吾洗心复换骨,背凡入圣奔长生,天宫快乐胜凡世,不夜之乡挂一名”①。

从上面的史料叙说中可以看出如下特点:

第一,张守真是以天神下降,降言人间的形式来维护北宋王朝的统治,宣扬“国祚已兴长安泰,兆民乐业保天真”。这种事情若恍若惚,颇能刺激起人们的好奇心,以至于官民不远千里,乞闻诲言。加之人们认为神处幽界,于冥冥间“忠孝加福,悖逆诛身”来镇慑臣民,就比明文规定的刑法更有威力。

第二,张守真所设坛场首先用于“卫护宋朝”。其上三坛最上者曰“顺天兴国”,其次称“延祚保生”,均为国家的化身专制君主所设;顺次有“延寿”“臻庆”“去邪”“续命”“集福”“却灾”,另有“祈谷福时”,体现出他是自觉地顺应统治者的需要。而太宗则满足他的要求,修建宫观,并派监宫,即把道教的斋醮科仪活动纳入皇朝的祭祀制度之中。这一做法逐步演变、扩大,到真宗以后定型化、普遍化,它说明宋朝统治者对有利于自己统治的道教斋醮符箓道法的愈益重视。

第三,张守真降神,多察颜辨貌,或投时君之所好,或随臣民之性习,通过人们所能理解的忠孝节义和福、禄、寿等传统观念,趁机宣传道至尊和神仙至乐等道教神学思想。

第四,透过“翊圣保德真君”和宋太宗的关系这一层面,还可窥见道教神权和专制君权之间的冲突。必须指出,张守真“降神”虽然具有浓厚的政治色彩,但他的本意却是力求扩大道教的社会影响,提高道士的社会地位。他一开始就宣称上帝派遣黑杀神降世来“卫护宋朝”,而宋朝“国祚已兴”和“国祚延远”这种宿命论意义上的所谓气运乃决定于道教圣真的自由意志。道教尊神和专制皇帝的关系,用张守真的话来说,就是“圣真下降,俯为昌朝”——神对人世间的一切、包括专制君主有一种俯瞰下方的至尊性。人

① 《道藏》第32册,第657—658页。

事有成败，而神则无所不能，因此"降言"或"不降言"，都可以"授福卫护宗社"。张守真就是以这种方式，企图将道教神权凌驾于专制君权之上。这就不难理解当宋太宗封黑杀神为翊圣将军之后张守真的下述举动："诏命至宫，守真焚香以告。真君忽降言曰：'汝当上问官家：所言"翊圣"者，翊于何圣？'……守真遂具章以闻。太宗览之，召近臣谓之曰：'玉皇辅臣，所翊者上帝也。当以此意报守真，令启白也。'既而内臣传命到宫，守真诣殿焚香以告，真君曰：'此意是也。'"[①]这场小小的纠纷，以宋太宗承认道教神权在某种程度上的独立而告终。

除了黑杀神之外，太宗还诏封显圣王（原湫神普济王）等神仙，修建或诏改太一宫、灵仙观、栖真观、上清宫、洞真宫、寿宁观等宫观，亲祠太一宫，并分遣官属于宫观、祠庙祈祷。太平兴国六年（981 年）十月，苏州太一宫成。此前，方士言："五福太一，天之贵神也。行度所至之国，民受其福，以数推之，当在吴越分。"故令筑宫以祀之。[②] 七年（982 年）六月，诏舒州修司命真君祠，黄门綦政敏往督其役，总成六百三十区，号曰"灵仙观"。八年（983 年）五月，以司天春官楚芝兰言，京师东南有苏村，"若于此为五福太一作宫，则万乘可以亲谒，有司便于祗事"，徙建太一宫于苏村。十一月，宫成，凡一千一百区，命枢密直学士张齐贤等共视之。张齐贤请依祭天之礼，杀其半又小损之。于是令增教坊伶官百人，自昏祠至明，如汉制，每岁四立日行祠礼。[③] 太宗还于次年亲祠太一宫。太一宫属于道教宫观性质，并成为皇家祭礼斋醮中心。雍熙四年（987 年）九月，翰林学士苏易简进乾明节内道场步虚词二十章，太宗览而嘉之，依韵属和，以赐易简。《正统道藏》尚保存有太宗所制道教科仪词颂多首。雍熙五年（即端拱元年，988 年）正月，从晋州之请，诏改洪崖庙为栖真观。端拱（988—989 年）初，诏于昭阳门内道北建上清宫。后复出南宫旧金银器，以给工钱讫其役。至道元年（995 年）正月，宫成，总 1242 区。太宗亲为书额，车驾即日往谒。尽管有人反对，

① 《道藏》第 32 册，第 652—653 页。

② （宋）李焘：《续资治通鉴长编》卷 22，北京：中华书局 1979 年版，第 3 册，第 503—504 页。

③ （宋）李焘：《续资治通鉴长编》卷 24，北京：中华书局 1979 年版，第 3 册，第 557 页。

还是建成了这座规模宏丽、耗资巨大的道宫。太宗又于端拱(988—989 年)末,诏以兴道坊宣祖旧第兴建道宫。至道元年(995 年)正月建成,有 265 区,赐名洞真宫。选京师、诸道女冠,得胡又玄等 31 人使居其观。淳化二年(991 年),遣内侍李守伦、李廷训、罗怀中等下两浙军州选择良材,重新修建亳州太清宫。自是凡水旱,必遣使祈祷。至道元年(995 年)十月毕役。自后命使臣二员监宫及洞霄宫①,每三年而代。每岁老君生日、三元及诞圣节,并修斋醮,著于令。至道二年(996 年)正月,制曰:"五岳四渎,名山大川及历代圣帝明王,忠臣烈士有祠在逐处,并令精洁致祭;近祠庙、陵寝处,并禁樵采。"②这自然包括那些具有道教俗神性质的祠庙。二月,以内侍裴愈上言,茅山道观凡九处,有水田 300 顷(30000 亩),并免田租。令金坛、句容两县籍入之岁,量供给外,余畜藏,以备修葺及三元斋醮。同年七月,新作寿宁观成。观在京师崇明门之北,所费巨万计。

综上可知,太宗从他即位之初直到病死,都在修建宫观,大搞崇奉圣真和斋醮祭祀活动,并给宫观以经济方面的优待,道教尊神的崇奉范围也大为扩展了。

其二,广招隐逸,推重养生之术和黄白金丹。

太平兴国三年(978 年)四月,太宗召华山道士丁少微至阙。四年(979 年)九月,少微复诣阙献金丹、巨胜、南芝、玄芝。太宗留之,十一月放归。太平兴国年间(976—983 年),太宗还两召陈抟,待之甚厚,赐号"希夷先生"。陈抟在京期间,太宗屡与之属和诗赋,并令有司增葺所止华山云台观。

又有陈利用,幼得变幻之术,太平兴国初,卖药京师,言黄白术。枢密承旨陈从信荐之,即日召见,试其术颇验,即授殿直,累迁郑州团练使,前后赐与甚渥,依附者颇获进用。太祖虽严禁黄白,但到太宗时,夏侯嘉贞、李崇矩为官,皆好黄白术,却均未见遭处罚。相反,太宗对好道之人却宠

① (宋)谢守灏编:《混元圣纪》卷 9 原注:"洞宵宫奉先天太后,后汉永兴元年置庙,唐改为宫。"

② (宋)钱若水修、范学辉校注:《宋太宗皇帝实录校注》下册,北京:中华书局 2012 年版,第 642 页。

遇有加。

雍熙二年(985 年)七月,太宗赐太平州道士赵王九钱 30 万,改名自然。赵自然世为县民,召至阙,自云不食已三年。淳化三年(992 年)八月,又诏征终南山隐士、陈抟门人种放,然放辞以疾。

宋太宗对道士、隐士之有一技之长、名闻当时者,皆多方搜罗、备加礼遇。例如京师建隆观道士王怀隐(宋州睢阳人)善医诊,太宗当开封尹时即与之有交往,即位后诏还俗,命为尚药奉御,三迁至翰林医官使。又命王怀隐等人编辑医书,成《太平圣惠方》,令镂板颁行天下。又如承天观道士柴通玄善辟谷长啸,言唐末事,历历可听。太宗召至阙。洛阳人郭恕先善辟谷,不畏寒暑,太宗闻其名,亦召赴阙。太平兴国(976—983 年)中,又遣使召吴山真圣宫高道张契真入禁内,以款对称旨,赐紫衣。遣玄子万适精于《道德经》,杨璞自称"车里遗民",杖策入嵩山穷绝处,淳化(990—994 年)中,二人和田诰并为太宗所召。即使如此,太宗尚觉网罗未尽,故于至道二年(996 年)正月,制令所在搜访高蹈山林、不求闻达者。

从上述事实不难看出:太宗礼遇道士的范围也较太祖时扩大了,并对隐逸之士寄予了极大的重视。

其三,搜集、刊正和保存道书。

太宗还注意搜访道书,命散骑常侍徐铉、知制诰王禹偁等校正,删去重复,得 3737 卷,写演分赐宫观。以道书鱼鲁未定,诏两街道录优选学者刊正。这对保存道书和编纂《道藏》,起了良好效果。这也是太祖所未遑做的事。关于北宋自太宗以后的《道藏》编纂,将在后文详述。

当然,太宗在崇道的同时也保持了政策的连续性,并未放松对道士、方术士的控制。他在位期间,曾发生过大大小小若干起农民起义。尤其是川陕地区,阶级矛盾极为尖锐,至淳化四年十二月(994 年),终于爆发王小波、李顺领导的贫民起义。朝廷除了全力镇压这些起义之外,还注意防止史称"妖贼"的造反,一经发生,就立即扑灭。例如,太平兴国五年(980 年)二月,"斩徐州妖贼李绪等七人"①;六年(981 年)九月,"绵州妖贼王禧等十人

① 《宋史》卷 4《太宗纪》,北京:中华书局 1977 年版,第 1 册,第 64 页。

以妖法惑众,图为不轨,斩于市"[①]。又禁止各地巫师的活动,[②]并且重申对天文、卜相等方书的禁令。在道教史上,道徒们曾广泛地吸收、采用了巫术,但道士和巫师毕竟有别,这一差别随着道士的专业化和道教的官方化而逐步扩大,甚至有时二者还明显对立。因此,上述禁令主要是针对民间巫师、方术士。然而由于这些被禁止的方术也为道士所吸取并常常使用,故禁令就不仅仅限于民间巫师,同样也适用于道士。

对道士、方术士的控制是跟控制僧、尼同步进行的。早在建隆二年(961 年),太祖就因皇建院僧辉文等人携妇酣饮而杖杀辉文、决杖配流僧录琼隐等 17 人。太宗即位后,对僧尼犯禁,亦严加惩处。雍熙二年(985 年)闰九月,又诏令革除僧置妻孥之弊。自五代以来,僧尼的宗教素质下降,不独道士为然。佛、道二教原已相互影响,故太宗对于僧、道亦多同时约束。例如,太平兴国八年(984 年)十二月诏曰:"朝廷比设贡举,以待贤材。如闻缁、褐之流,多弃释、老之业,反袭褒博,来窃科名。自今贡举人内有曾为僧、道者,并须禁断。"[③]雍熙二年(985 年)正月又诏:"应天下佛寺、道宫,自来累有诏书约束,除旧有名籍者存之,所在不得上请建置。"此前,有僧乞于近城之地,积薪自焚。太宗以其"惑众",令配流远恶处,毁其所舍院居。因对宰相说:"近日多奏请建置僧院,有十余间屋宇,便求院额,甚无谓也,多是诳惑闾阎,藏隐奸弊,宜申明禁止之。"故有是诏。[④] 这件事由释僧引起,但太宗却大发专制淫威,视僧、道一体,并加约束。

此外,在至道二年(996 年)搜访隐逸之士的同时,也搜求"天下义夫、节妇、孝子、顺孙",说明太宗的政策仍是儒、道并重。

太宗在崇道的同时,还对提倡无为自然、清静简易的黄老之道深加赞赏。太平兴国九年(984 年),他对宰臣说,自己十分注意饮食起居皆不过

---

① (宋)李焘:《续资治通鉴长编》卷 22,北京:中华书局 1979 年版,第 3 册,第 503 页。

② 自宋太祖起,就从法律上规定,对造畜蛊、符书、厌魅、咒诅、欲以杀人者,皆以严刑酷罚伺候。

③ (宋)钱若水修、范学辉校注:《宋太宗皇帝实录校注》上册,北京:中华书局 2012 年版,第 84 页。

④ (宋)钱若水修、范学辉校注:《宋太宗皇帝实录校注》中册,北京:中华书局 2012 年版,第 279 页。

度，并引老子云："我命在我，不在于天"，说这"全系人之调适。卿等亦当留意，毋自欺于摄养也"[①]。其实所谓"老子云"系出自《西升经》。但由此看出，他把道教等同于道家，并十分崇拜老子。宋辽交战，宋军败绩，迫使他调整政策。他对近臣说："朕每读《老子》，至'佳兵者不祥之器，圣人不得已而用之'，未尝不三复以为规戒。王者虽以武功克定，终须用文德致治。"[②]又说："清静致治，黄老之深旨也。朕当力行之。"[③]在其诏书和平日言论中，屡引老子，主张推行黄老之治。

太宗崇尚黄老的用意在于稳定政局、安定社会，修宫观，祀神仙和招隐逸、宠道流也出于同一目的，二者交互为用，都是其崇道政策的组成部分。他死后，翰林学士承旨吏部侍郎宋白上议，说他"肆赦释、老之教，崇奉为先。名山大川，灵踪胜境，仁祠仙宇，经之营之，致恭之诚广也"[④]，这是合乎事实的。

（三）真宗赵恒的崇道与"天书"、"圣祖"下降

在北宋时代，有两个崇道高潮：一是在真宗时候，一是在徽宗时候。真宗继其父，实行扶持道教的政策，并有过之而无不及。他是历史上著名的利用道教、导演"天书"和"圣祖"下降等事件的皇帝。在他当政期间，奠定了道观祠禄制度，使道教业已形成的官方祠祀性质更加普遍化、完备化。

真宗的崇道，大致可分为两个阶段：第一阶段，自至道三年（997 年）即位始，至景德四年（1007 年）止，仅为通常的利用道教；第二阶段，自大中祥符元年（1008 年）至乾兴元年（1022 年），大力扶持、崇奉道教，积极利用道教。

在位的前期，他诏访孔子嫡孙，以孔子四十五世孙孔延世袭文宣公；数召学官讲经，命宰臣选明经术者以闻；幸国子监，诏州县学及聚徒讲诵之所并赐《九经》。太宗尚儒雅；又"素尚释教"[⑤]，作有《圣教序》。真宗继作，悉

① （宋）谢守灏：《混元圣纪》卷 9，《道藏》第 17 册，第 876 页。
② （宋）李焘：《续资治通鉴长编》卷 23，北京：中华书局 1979 年版，第 3 册，第 528 页。
③ （宋）谢守灏：《混元圣纪》卷 9，《道藏》第 17 册，第 876 页。
④ 《实录》卷 80，《续修四库全书》第 348 册，第 122 页。
⑤ （宋）李焘：《续资治通鉴长编》卷 23，北京：中华书局 1979 年版，第 3 册，第 523 页。

编入经藏。又曾著《释氏论》，赞赏佛教戒律。他基本承袭太宗的政策，以儒教为核心，并隆三教。这一时期，道教本身仍处于恢复元气阶段，真宗对道教也寄予相当的重视。这是因为：首先，道教作为中国的传统宗教，早已成为维护封建统治的工具，他也需要道教以巩固自己的统治。他谈到佛教，每每佛道并提。例如景德三年（1006年）十一月“乙酉，诸王府侍讲孙奭转对，……请减修寺度僧”，真宗回答说：“道释二门，有助世教，人或偏见，往往毁訾。假使僧、道士时有不检，安可废其教耶？”[①]真宗重视道教，还由于：在中国古代社会中，统治者都把祭祀当作“国之大事”，而道教的斋醮在某些方面接近于自古传袭下来的祭祀，因此深得历代帝王的喜爱。尤其是自唐以来，不少帝王均召请大批道士建斋设醮，为己为国祈福禳灾。真宗也同唐宋大多数帝王一样，需要道士这方面的特长。例如史载咸平三年（1000年）七月，“上以江、浙饥歉……令[巡抚使夏侯峤]于庐山集道士设醮，及为大斋”[②]。咸平六年（1003年）四月，“左侍上将军信国公元祐，孝恪敏悟，上所钟爱。及被病，司天言犯前星庶子星。上忧之，屡设斋醮祈禳”[③]。为了建醮，真宗即位之初，便为道士修筑宫观。咸平（998—1003年）初，修江州庐山太平兴国观、常州张公山洞灵观，只是由于天旱，才暂停其事。后又修亳州太清、洞霄两宫。景德二年（1005年）六月事毕，即遣官致祷，增具什物，给兵洒扫。

真宗即位之初，仍由吕端等人辅佐，为政因循无为。又继承太宗尊礼隐士的遗范。屡召终南山隐士种放，备加宠任，为其最突出之一例。咸平元年（998年）九月，种放母死，遣僮奴告于翰林学士宋湜等，谓“贫不能葬”。宋湜与钱若水、王禹偁同上奏于朝，优诏赐以粟帛、缗钱。后四年，以兵部尚书张齐贤言，两召之。种放入对，恩礼甚厚。后屡往来终南、京师之间。封泰山、祠汾阴，皆从行。宋人王闢之说：“真宗优礼种放，近世少比。”并记云，真宗一日登龙图阁，垂手援种放以上，对近臣说：“昔明皇优礼李白。今朕

① （宋）李焘：《续资治通鉴长编》卷63，北京：中华书局1980年版，第5册，第1418—1419页。

② （宋）李焘：《续资治通鉴长编》卷47，北京：中华书局1980年版，第4册，第1022页。

③ （宋）李焘：《续资治通鉴长编》卷54，北京：中华书局1980年版，第3册，第1190页。

以手援放登阁,厚贤之礼,无愧前代矣。"[1]种放是一位亦道亦儒的隐士。得辟谷术,与母隐于终南山豹林谷之东明峰,结草为庐,终日望云危坐。又往还于华、嵩二山之间,与陈抟交。陈抟劝他寡欲;加之其母亦好道,修辟谷术,放阿其好,终身不娶。死之日,忽服道士服。至于陈抟,出儒入道,真宗也十分钦仰,但即位后陈抟已死。对种放特加优礼一事,应看作真宗逐步转向崇道的重要一环。

真宗重视道教的另一因素,是他同其他大多数君主一样,怀着祈愿长生、向往神仙的心理。一些好道的大臣投其所好,在真宗逐步转向崇道的过程中起了不小的作用。例如景德二年(1005 年),因王钦若言,诏天皇、北极升在第一龛。王钦若为自己辩护说:"此皆良史鸿儒所述,岂皆方士谬妄耶?"又以唐玄宗天宝年间立九宫贵神之礼在宗庙之上等事,说:"今若以方士为妄,即九宫之祀可废乎?"[2]真宗接受他的建议,表明他企望天皇、北极庇佑其长生。他对道教养生术也感兴趣。史载高道贺兰栖真善服气,与张齐贤友善。"于是,上遣中使赍诏召赴阙,及至,作二韵诗赐之,号宗玄大师,赍以紫服、白金、茶、帛、香、药,蠲观之田租,度其侍者。"[3]

影响真宗崇道的直接契机则为澶渊之盟。景德元年(1004 年),辽国萧太后和圣宗亲率大军南下。宋朝大臣中,江南人王钦若请幸金陵,蜀人陈尧佐则请幸成都,只有寇准力主亲征。真宗本无取胜信心,勉强应战。宋军虽小胜,却达成一项每年向辽输纳银十万两、绢二十万匹的和议。和议达成后,真宗如释重负。史称"上既罢兵,垂意典礼"[4]。据《续资治通鉴长编》景德四年(1007 年)十一月条记载:殿中侍御史赵湘上言请封禅,真宗不答。王旦等说:"封禅之礼,旷废已久,若非圣朝承平,岂能振举?"真宗表示赞同其意说:"朕之不德,安敢轻议?"王钦若曾向真宗进言说澶渊之盟是丧权辱国的和议。既以城下之盟诋毁寇准,真宗常怏怏。一日,问王钦若道:"今将奈何?"王钦若揣度真宗厌兵,有意反说:"陛下以兵取幽蓟,乃可刷此耻

① (宋)王辟之:《渑水燕谈录》卷 4,北京:中华书局 1980 年版,第 45 页。

② (宋)李焘:《续资治通鉴长编》卷 61,北京:中华书局 1980 年版,第 5 册,第 1363 页。

③ (宋)李焘:《续资治通鉴长编》卷 61,北京:中华书局 1980 年版,第 5 册,第 1367 页。

④ (宋)李焘:《续资治通鉴长编》卷 63,北京:中华书局 1980 年版,第 5 册,第 1415 页。

也。”真宗说：“河朔生灵，始得休息，吾不忍复驱之死地，卿盍思其次？”王钦若乘机进言：“陛下苟不用兵，则当为大功业，庶可以镇服四海，夸示戎狄也。”真宗问：“何谓大功业？”王钦若答道：“封禅是已。然封禅当得天瑞，希世绝伦之事，乃可为。”既而又说：“天瑞安可必得，前代盖有以人力为之，若人主深信而崇奉焉，以明示天下，则与天瑞无异也。陛下谓《河图》、《洛书》果有此乎？——圣人以神道设教耳。”真宗虽首肯，然惮王旦，说：“王旦得无不可乎？”王钦若以真宗之意告诉王旦，王旦表示服从。但真宗意犹未决。某晚去秘阁，骤问值班老儒杜镐：“卿博达坟典，所谓‘河出图，洛出书’，果何事耶？”杜镐不测其旨，漫应道：“此圣人以神道设教耳。”其言偶与王钦若相同。真宗由此意决，遂召王旦于宫中饮酒，临别时赐以尊酒，说：“此酒极佳，归与妻孥共之。”王旦既归，开坛发视，全是珍珠，自此不复持异议。天书、封禅等事始作。[①] 认为“天书下降”事件的目的乃是“神道设教”，这自不无根据。但有一件事实恰恰为过去史家所忽略，那就是：为什么真宗采用道教的“天书下降”方式，而不采取佛教的方式，连不常采行的帝王封禅也要以“天书”作前导，才能名正言顺呢？而且，如果仅仅针对辽国，为雪澶渊纳币之耻而降神、封禅，为什么要相隔三年之久呢？因此我们还需要从更为深广的角度来透视这一社会行为。

北宋到真宗时，无论经济、还是政治，都呈向上发展的势头，大致相当于唐玄宗开元盛世。大中祥符元年（1008 年），“京东西、河北、河东、江、淮、两浙、荆湖、福建、广南路皆大稔，米斗钱七、八”[②]。史称“宋至真宗之世，号为盛治，而得人亦多”[③]。经济、政治的鼎盛，为发展文化事业提供了良好的内部条件。崇道，确如史家所论，是统治集团“神道设教”的重要手段。对外，真宗也需要提携本民族的传统文化，借以镇慑契丹贵族。崇奉道教乃是其中关键的一环。据宋僧志磐的《佛祖统纪》一书所载，景德四年（1007 年），臣僚言：“愚民无知，佞佛过度，谓舍财可以邀福，修供可以灭罪，蠹害国政，

① （宋）李焘：《续资治通鉴长编》卷 67，北京：中华书局 1980 年版，第 6 册，第 1506—1507 页。

② （宋）李焘：《续资治通鉴长编》卷 70，北京：中华书局 1980 年版，第 6 册，第 1567 页。

③ 《宋史》卷 282《传论》，北京：中华书局 1977 年版，第 27 册，第 9557 页。

宜加禁止。”真宗对宰臣说：“佛教使人迁善，诚有其益，安可禁之？且佛法所至甚广，虽荒服诸国皆知信奉。唯道教中原有之，然不甚盛。”王旦答对说：“顷岁虏使登开宝塔，瞻礼甚虔，誓当戒杀，及至上清宫，不复屈膝。是知四夷唯重佛而不敬道也。”[①]志磐的本意在表明：在统治者的心目中，佛教的地位比道教更高。但如果考虑到这是发生于大中祥符元年（1008年）“天书”事件前一年的对话，那么就正好证明了：由于宋真宗清醒地认识到本民族的传统宗教——道教“唯中原有之，然不甚盛”，因此必须提携它、崇奉它，“欲假是以动敌人之听闻，庶几足以潜消其窥觎之志”[②]。大概这也是《老子》所谓“高者抑之，弱者扶之”的具体运用吧。再则，同年二月，真宗游幸龙门，睹岩崖石佛甚多，经会昌法难毁废，皆已摧坏。左右进言：“非官为葺治，不能成此胜迹。”真宗答道：“军国用度，不欲以奉外教，恐劳费滋甚也。”[③]此处关键在视佛教为“外教”。足见真宗的崇道，乃是被宋辽和战刺激起来的民族主义意识的表现。这是我们上述看法的有力佐证。[④] 十一月，真宗又对王钦若说：“君臣事迹，崇释教门，有布发于地令僧践之，及自剃僧头以徼福门。此乃失道惑溺之甚者，可并刊之。”[⑤]认为崇佛过分，至失中国衣冠威仪，是极为“失道”的举动。

在景德四年（1007年），还有一件事对于了解真宗积极利用道教是有帮助的。毕沅说：

汀州黥卒王捷，自言于南康遇道人，姓赵氏，授以小鐶神剑，盖司命

① （宋）释志磐：《佛祖统纪》卷45，《大正藏》第49册，第403页。

② 《宋史》卷8《真宗纪》，北京：中华书局1977年版，第1册，第172页。

③ （宋）李焘：《续资治通鉴长编》卷65，北京：中华书局1980年版，第5册，第1445页。

④ 过去有一种说法：认为真宗崇道没有对外的目的，而只是由于“外宁”而“侈心生”。例如朱弁《曲洧旧闻》说，时王文正、李文定俱秉政，文定曰：“外宁必有内忧，三十年后东封西祀方在公等之手，吾不见也。”文正（王旦）为相，果有东封西祀之事。南宋历史考据家李心传指出其误：“契丹讲和在景德元年，后十二年，李公始自陕西都运使入翰林为学士。此事当指李文靖。”又，司马光《涑水纪闻》也有相似之说：真宗既与契丹和亲，王文正问于李文靖曰：“和亲何如?”文靖曰：“善则善矣，但恐人主侈心生耳。”此说为《宋史·李沆传》所本。李心传亦指出其陈述与事实不符：“按《国史》，景德元年十二月，契丹平，此时李文靖之薨久矣。”见李心传《旧闻证误》卷1，中华书局1981年版，第12页。

⑤ （宋）李焘：《续资治通鉴长编》卷67，北京：中华书局1980年版，第6册，第1504页。

> 真君也。宦者刘承珪以其事闻,帝赐捷名“中正”。是月(五月),戊申,真君降中正家之新堂,是为“圣祖”,而祥瑞之事起矣。①

王捷是在咸平(998—1003年)初贾贩至南康军时遇此道士,再见于茅山,后屡见之。教捷以黄白术,并嘱告他:“非遇人君,慎勿轻言!”王捷佯狂,谋以罪名自达,遂坐配隶岭南。不久,逃至京师,谢德权知其有术,即为奏请。真宗召对,具陈灵应,特授许州参军,更名“中正”,留止皇城廨舍。在宦官刘承珪的帮助下创新堂降神。自此屡降。东封毕,加号“司命天尊”。及司命降临延恩殿,乃上“圣祖”之号。每举大礼、营缮,王捷必传达灵命,并常以药金银献上,以助国费。以后改此新堂为元符观。王捷屡官至左神武军大将军、康州团练使。死后,赠镇南军节度使,塑像于景灵宫,建祠元宁院西。世谓之“烧金王先生”②。王捷在真宗“天书”、“降神”等事件中扮演了一个重要角色。毕沅说,由王捷而“祥瑞之事起矣”,是值得深加注意的。

王钦若也参与其事。据《宋史·王钦若传》记载:“大中祥符初,为封禅经度制置使兼判兖州,为天书仪卫副使。先是,真宗尝梦神人言‘赐天书于泰山,’即密谕钦若。③ 钦若因言,六月甲午,木工董祚于醴泉亭北见黄素曳草上,有字不能识,皇城吏王居正见其上有御名,以告。钦若既得之,具威仪奉导至社首,跪授中使,驰奉以进。”④表明王钦若为“天书”事件的主谋者之一。

宦官刘承珪也是其中的重要人物。史载:“景福殿使、新州观察使刘承珪久病,帝为取道家易名度厄之义,改‘珪’为‘规’。疾甚,再表求罢……寻卒,乃赠镇江节度使,谥忠肃。承规好伺察,人多畏之。帝崇信符瑞,修饰宫

---

① (清)毕沅:《续资治通鉴》卷26,北京:中华书局1957年版,第2册,第597页。

② 参李攸《宋朝事实》卷7、王辟之《渑水燕谈录》卷9、李焘《续资治通鉴长编》卷71。更名“中正”事,《宋朝事实》作“刘承珪闻其异,为改名中正”,兹据《渑水燕谈录》。又死后赠官,《渑水燕谈录》作“岭南节度使”,兹据《宋朝事实》。王辟之说:“至今御府犹有中正所献金及炉钳残药”。陆游也说:“天禧中,以王捷所作金宝牌赐天下。”(见《老学案笔记》卷9)

③ 其时王钦若以尚书左丞知枢密院事,修《国史》,与王旦并掌政府和枢府,为真宗的左右二臂。

④ 《宋史》卷283《王钦若传》,北京:中华书局1977年版,第27册,第9561页。

观,承规悉预焉。作玉清昭应宫尤精丽……宫成,追赠侍中,命塑像太宗像侧。"①由于他"好伺察",因此也让他安排王捷的起居,转述降神之言,并参与事件。

大臣王钦若、道士王捷和宦官刘承珪的推波助澜,加之宰相王旦的默认,使真宗下决心干一番"大功业",随之导演了一幕幕"天书下降"、"神人降言"的闹剧。略分述如下:

1. 天书下降。

首先是大中祥符元年(1008 年)发生了所谓"天书"事件。李焘据《真宗实录》和《封禅记》,叙述其事说②:春正月乙丑日,真宗召宰臣王旦、知枢密院使王钦若等对于崇政殿西序。真宗说:"朕寝殿中帟幕,皆青絁为之,旦暮间,非张烛莫能辨色。去年十一月二十七日,夜将半,朕方就寝,忽一室明朗,惊视之次,俄见神人,星冠绛袍,告朕曰:'宜于正殿建黄箓道场一月(按:毕沅《续资治通鉴》卷 27 在此句前有"来月三日"一语。——引者),当降天书《大中祥符》三篇,勿泄天机。'朕悚然起对,忽已不见,遽命笔志之。自十二月朔,即蔬食斋戒,于朝元殿建道场,结彩坛九级。又雕木为舆,饰以金宝,恭伫神贶。虽越月,未敢罢去。适睹皇城司奏,左承天门屋之南角,有黄帛曳于鸱吻之上。朕潜令中使往视之,回奏云:'其帛长二丈许,缄一物如书卷,缠以青缕三周,封处隐然有字。'朕细思之,盖神人所谓天降之书也。"王旦等庆贺说:"陛下以至诚事天地,仁孝奉祖宗,恭己爱人,夙夜求治,以至殊邻修睦,犷俗请吏,干戈偃戢,年谷屡丰,皆陛下兢兢业业、日谨一日所致也。臣等谓天道不远,必有昭报。今者,神告先期,灵文果降,实彰上穹佑德之应。"皆再拜称万岁。又言:"启封之际,宜屏左右。"真宗说:"天若谪示阙政,固宜与卿等祗畏改悔;若诫告朕躬,朕亦当侧身自修,岂宜隐之而使众不知也。"③

① (清)毕沅:《续资治通鉴》卷 31,北京:中华书局 1957 年版,第 2 册,第 688—689 页。

② 按《真宗实录》150 卷,系晏殊等同修,已佚;《封禅记》即《大中祥符封禅记》,凡 50 卷,丁谓、李宗谔等撰。

③ (宋)李焘:《续资治通鉴长编》卷 68,北京:中华书局 1980 年版,第 6 册,第 1518—1519 页。

真宗先安排“神人降”，为后来“天书下降”伏笔，有意把事情搞得十分曲折，以便让人深信不疑。但天书本来就是伪造好了的，其内容无非宋受命于天、世祚延永一套，当然不忌臣下观览。于是，真宗即步至承天门，焚香望拜，命内侍周怀政、皇甫继明升屋对捧以降。[①] 王旦跪进，真宗再拜受，置书舆上，复与王旦等步导，欲伞盖，彻警跸，至道场，授知枢密院事陈尧叟启封，帛上有文：“赵受命，兴于宋，付于恒[②]。居于器，守于正。世七百，九九定。”既去帛启缄，命陈尧叟读之。其书黄字三幅，词类《尚书 · 洪范》、《老子道德经》，始言真宗能以至孝至道绍世，次谕以清净简俭，终述世祚延永之意。读讫，藏于金匮。王旦等称贺于殿之北庑。是夕，命王旦宿斋中书，晚诣道场，王旦趋往而真宗已先至。[③] 据《宋真宗御制玉京集》所载“谢降天书表一道”说：“当上春之旭旦，受大帝之祥符……谕以十世之延长，诲以为治之清静。”[④]也许就是帛书正文所言。

丙寅日，群臣入贺于崇政殿，赐宴，真宗与辅臣皆蔬食。遣吏部尚书张齐贤等奏告天地、宗庙、社稷及京城祠庙。次日，设黄麾仗于殿前，陈宫悬、登歌，文武官、契丹使陪列，酌献三清、天书。礼毕，真宗步导入内，行避黄道。所用之礼为道教仪式，特地把契丹使请来，“以动敌人之听闻”。后一日大赦，改元大中祥符，文武官并加恩。改左承天门为左承天祥符门。诏东京赐酺五日，以二月一日为始。二月，以天书降，遣使告凤翔太平宫、亳州太清宫、舒州灵仙观。[⑤]

有趣的是，王捷和刘承珪均未出场，却找了另外两个也许并不知情的宦官来承接“天书”。但好道的大臣如王钦若、张齐贤都登台表演了，宰相王旦、枢密使陈尧叟也参与了，仪式级别极高，阵容宏大。又请了辽使参加，尤引人注目，说明此举确有针对辽国的目的。但更为值得注意的，是采取道教

① 《续资治通鉴长编》原注：“《封禅记》不载周怀政，今从《实录》。”

② “恒”，《续资治通鉴长编》卷 68 有小字注解，谓之“按原本作‘付于讳’，盖恒即真宗讳也，今仍改本字而附识，以存其旧”，见第 6 册，第 1519 页。

③ （宋）李焘：《续资治通鉴长编》卷 68，北京：中华书局 1980 年版，第 6 册，第 1519 页。

④ 《道藏》第 5 册，第 809 页。

⑤ 以上据《续资治通鉴长编》卷 68；另参《宋史》卷 104《礼志》、《宋史》卷 8《真宗纪》，文字稍异。

的礼仪，并且将此事昭告九大宫观。联系到史书记载：天书下降和封禅泰山不久，即大中祥符二年（1009年）二月，因“凡瑞异，中正（王捷）必先以告”，而“授中正左武卫将军致仕，给全俸，赐第通济坊，恩遇甚厚”①，“天书”闹剧的幕后究竟是何人，事件的性质如何，不是可以昭然于世了吗？

事后，真宗得意地对王钦若说：“古今风俗，悉从上之所好。”②在中国封建专制下，此话的确不假。毕沅就说：“自天书议起，四方贡谀者日多，帝好之弥笃。”③四月一日，就在官民请封禅不久，“天书”又降于大内功德阁。这次是为了接受封禅请求而特意设计的，过了三天，即以此答应将封禅泰山。丙午日，诏于皇城北天波门外作昭应宫以奉天书。五月丙子，真宗梦见过去那一位神人，对他说来月上旬复当赐天书于泰山。六月，王钦若奏称，六月甲子，于醴泉亭北见黄素书，遂建道场，次日跪授中使捧诣阙。于是，真宗奉迎天书入含芳园西门。其文曰：“汝崇孝奉吾，育民广福。赐尔嘉瑞，黎庶咸知。秘守斯言，善解吾意。国祚延永，寿历遐岁。读讫，召百官示之。……苑中有云五色，读天书次，黄云如凤驻殿上。”④据《宋史·礼志》，真宗事后才告诉群臣：“朕五月丙子夜，复梦乡（向）者神人言：‘来月上旬，当赐天书于泰山，宜斋戒祗受。’朕虽荷降告，未敢宣露，惟密谕王钦若等，凡有祥异即上闻。朕今得其奏，果与梦协。上天眷佑，惟惧不称。”很明显，这第三次天书事件也是由真宗导演、并由王钦若参与其事。值得玩味的是，文中“汝奉孝崇吾”云云，俨然祖先口吻，实为另一幕神话“天尊降临”张本。文末所谓“国祚延永，寿历遐岁”，又确然透露出真宗崇道的两大意向和愿望。

封禅泰山还京后，真宗诏以正月三日天书降日为天庆节，休假五日。京师于上清宫建道场，宰相迭宿。五日内不得用刑，并禁屠宰。诸州建道场三日，群臣亦赐会。大中祥符四年（1011年）八月，刻御制《大中祥符颂》于左承天祥符门。天书降后，朝中只有孙奭等少数人敢于直谏，孙奭说：“‘天何

① （宋）李焘：《续资治通鉴长编》卷71，北京：中华书局1980年版，第6册，第1594页。
② （宋）李焘：《续资治通鉴长编》卷68，北京：中华书局1980年版，第6册，第1525页。
③ （清）毕沅泰：《续资治通鉴》卷30，北京：中华书局1957年版，第2册，第677页。
④ （宋）李焘：《续资治通鉴长编》卷69，北京：中华书局1957年版，第6册，第1550页。

言哉’，岂有书也！”言词激烈。而戚纶上疏则比较委婉：“臣遐览载籍，验天人相与之际，未有若今炳焕者也。请诏侍从大臣，摹写祥符，勒于嘉玉，藏之太庙，别以副本秘于中禁，传示万叶，世世子孙，恭戴天命，无敢怠荒。然臣窃谓流俗之人，古今一揆，恐托国家之嘉瑞，浸生幻惑之狂谋，或诈凭神灵，或伪形土木，妄陈符命，广述休祥，以人鬼之妖词，乱天书之真旨，少君、栾大之事，往往有之。伏望端守玄符，凝神正道，参《内景》修行之要，资《五千》致治之言，建皇极以御烝人，宝太和而延圣算，仰答天贶，俯惠群黎。”真宗闻奏，嘉纳之。[①] 然而，接踵而至的是祥瑞纷陈。

2. 祥瑞纷陈。

据《宋史·真宗纪》，大中祥符元年（1008 年）九月“甲子，奉天书告太庙，悉陈诸州所上芝草、嘉禾、瑞木于仗内。”造作祥瑞首先是从达官贵人开始。五月间，王钦若报告泰山下醴泉山，锡山苍龙见。八月己酉日，王钦若来朝，献芝草 8000 本。九月庚申，皇城使刘承珪诣崇政殿上新制天书法物，言有鹤十四只来翔；天书扶持使丁谓亦奏双鹤度天书辇，飞舞良久。庚辰，赵安仁献五色金玉丹、紫芝 8700 余本。十月庚寅，司天言五星顺行同色。直至真宗到达乾封县奉高宫，王钦若等还继续献上紫草 38000 余本。他们相互比赛，真可谓祥瑞不断！封禅泰山后，丁谓请以天书降后祥瑞编次撰赞，绘画于昭应宫。诏丁谓与龙图阁待制戚纶、陈彭年、同编次，其赞令中书、门下、枢密、两制、尚书、丞郎、给谏待制、馆阁官分撰。祥符二年十二月（1010 年），三司使丁谓等上泰山封禅朝觐祥瑞 150 图，昭宣使刘承珪上《天书仪仗图》，以示近臣百官。以后，真宗告诉辅臣：天书殿屡有祥异。

大中祥符三年（1010 年），当诏将祠汾阴后，祥瑞又起。十月，河中民巨沼诣陈尧叟，言五世祖诚在唐朝德宗时，夜梦人对他说：“中条山苍陵谷有《灵宝真文》，以金札之，明当往取。竢天书赤篆出，可用参会。如其言入谷三四里，夜睹黄光下有块石，碎之，得黄金一斤卷帛书，取藏于家，诚手笔为

① （宋）李焘：《续资治通鉴长编》卷 68，北京：中华书局 1957 年版，第 6 册，第 1532 页；另见《宋史》卷 306《戚纶传》，文多异。

识。后二百余年，屡经大兵、饥，家独无苦。其帛长二丈，广九寸，通判曹谷验之，云篆文非常，体词类道经。”[①]于是，陈尧叟付中使赵敦信入献。诏任巨沼为本府助教，赐衣服、银带、器帛。群臣表贺得《灵宝真文》。[②] 后晏殊献《河清颂》。四年（1011 年）十月，向敏中为东岳奉册使。后得兖州状称：据黄现铺人员夏兴说，十一月四日见五人各服黄紫衣，执幡盖，恐是奉册使，向前迎接，忽然云雾渐起，即不见，又得天贶观道士孙守一状，册使诣本殿烧香毕，有双鹤盘旋飞翥甚久。词臣因各进颂。[③] 同年十月祠汾阴后，真宗亲作《祥瑞论》。五年（1012 年）六月，修玉清昭应宫使丁谓言，天书阁望柱起真气千余条，青紫黄白相间，又吐白光若银丝，上有轻白云覆上，俄变五色。真宗于是作《瑞应诗》，赐近臣与和。六年（1013 年）十一月，丁谓自亳州来朝时，又献上芝草 37000 余本，以示朝谒亳州太清宫将会十分吉祥。后又献白鹿 1 只、灵芝 95000 本。

3. 封禅泰山。

大中祥符元年（1008 年）三月甲戌日，就在天书下降不久，兖州父老吕良等 1287 人诣阙请封禅。己卯，兖州进士孔谓和诸道贡举人等 846 人伏阙请封禅。壬辰，宰相王旦等率文武百官、诸军将校、州县官吏、蕃夷、僧道、耆寿 24370 人诣东上阁门，凡五次上表，亦请封禅。甲午，即诏以当年十月有事于泰山，遂遣官告天地、宗庙、岳渎诸祠。乙未，以知枢密院事王钦若、参知政事赵安仁并为封禅经度制置使。丙申，命宰相王旦为大礼使，王钦若为礼仪使，冯拯为仪仗使，陈尧叟为卤簿使，赵安仁为桥道顿递使，王钦若、赵安仁二人并判兖州，更迭往乾封县，禁于泰山樵采。又诏东封沿路禁采捕。五月癸未，又以王旦为天书仪仗使，[④]王钦若、赵安仁副之，丁谓为扶持使。真宗还改赐阁门戒谕出使京朝官并幕职、州县官词，以真文降赐，务令清净为治。又命皇城使刘承珪、龙图阁待制戚纶、崇仪副使谢德权计度封禅发运

① （宋）李焘：《续资治通鉴长编》卷 74，北京：中华书局 1980 年版，第 6 册，第 1691 页。

② （宋）李焘：《续资治通鉴长编》卷 74，北京：中华书局 1980 年版，第 6 册，第 1692 页。

③ （宋）江少虞辑：《宋朝事实类苑》卷 47，上海：上海古籍出版社 1981 年版，下册，第 620 页。

④ 《宋史》作“仪正使”，兹从《续资治通鉴长编》。

事。自五月起，朝中即忙于定封禅礼仪。壬午，诏天书出京至岳下日用道门威仪100人，在路30人。也就是说，要以道士开路。六月，又定封祀日，昊天、皇地祇、天皇、北极、配帝、日月、五方、神州、九宫贵神等从祀。十月，车驾由黄麾仗、鼓吹、道门威仪、扶持使等导从出京，一路浩浩荡荡，入乾封县奉高宫，继行封禅泰山礼，奉天书于上帝。礼毕，诏以奉高宫为会真宫，增葺殿屋，务从严洁。① 九天司命上卿加号“保生天尊”，青帝加号“广生帝君”，天齐王加号“仁圣”，各遣使致告。又改乾封县为奉符县，泰山七里内禁樵采。十一月，至曲阜县瞻拜文宣王孔子庙，增谥“玄圣文宣王”，追封齐太公“昭列武成王”，周文公“文宪王”，分别于青州、曲阜县立庙。经河渎庙，加号河渎为“显圣灵源公”。

4. 祠祀汾阴。

真宗又准封禅泰山之例祀汾阴。史载：大中祥符三年（1010年）六月，河中府言父老、僧道1290人请亲祀后土。七月，文武将校、耆艾、道释3000余人诣阙，请祀汾阴后土，表三上。八月一日，诏以来年春有事于汾阴。别的地区也不肯寂寞，九月，知华州崔瑞言，父老2400余人欲诣阙请幸西岳华山，真宗欣然答允。与此同时，又诏陈尧叟祭西海，曹利用祭汾河。十二月，告太庙，奉天书，如东封之制。会岁旱，孙奭奏疏谏阻。但真宗不听，车驾拥奉天书发京师，入宝鼎县奉祇宫，旋祀后土地祇，悉如封禅礼。诏以奉祇宫为太宁宫，增葺殿屋，设后土圣母像，又遣官祭告河渎。大赦天下，恩赐如东封例。建宝鼎县为庆成军。又亲作《汾阴二圣配飨（铭）》、《河渎》、《西海》等赞②，加号西岳。接着，行次华阴县，至陈抟所居云台观，观陈抟画像。此时陈抟已死，其徒仍主持观事，真宗便免除其观田租。沿途又谒顺圣金天王庙，幸巨灵真君观，亦并除田租。旋往顺正王庙，然后入西京洛阳。真宗还特意拜谒列子庙。就这样，一路拜谒道教宫观神庙，一路召访隐士和道士，至四年（1011年）四月一日，才返回京师开封。五月，诏州城置孔子庙。此后诏加上五岳帝号。

① 《宋史》卷8《真宗纪》记为：“还奉高宫……作会真宫。”兹据《续资治通鉴长编》。
② 《宋史·真宗纪》作“四海”。

5. 天尊降临。

祠汾阴后，真宗又导演了一幕“天尊降临”的闹剧，仿效唐代宗祖老子的办法，编造出一个赵姓天尊作为宋朝始祖。大中祥符五年（1012 年）十月戊午日，宣称九天司命上卿保生天尊降于延恩殿。在此之前八日，真宗梦景德中所睹神人传玉皇之命云：“先令汝祖赵某授汝天书，将见汝，如唐朝恭奉玄元皇帝。”翌日夜，复梦神人传天尊言：“吾坐西，当斜设六位。”即于延恩殿设道场候迎。据说五鼓后，天尊至，冠服如元始天尊像。六人秉圭，其中四人仙衣，二人通天冠、绛纱袍。真宗再拜于阶下。天尊与六人皆就座，真宗再拜于西阶。命设榻，召真宗坐，令饮碧玉汤。天尊说：“吾，人皇九人中一人也，是赵之始祖，再降，乃轩辕黄帝，凡世所知少典之子，非也。母感电，梦天人，生于寿丘。后唐时七月一日下降，总治下方，主赵氏之族，今已百年。皇帝善为抚育苍生，无怠前志！”①说罢，离座乘云而去。天明后，真宗将此事告诉辅臣，召至殿，观临降之所；又召玉清昭应宫副使李宗谔、刘承珪、都监蓝继宗同观。接着札示中外，大赦天下。命丁谓、李宗谔、陈彭年与太常礼院检讨官详定崇奉天尊仪制以闻。又分遣官告诸陵、岳渎、祠宇。这就使得“天书”由赵氏始祖传授、赵氏始祖＝轩辕黄帝＝圣祖＝九天司命天尊的公式逐渐确定下来。

继之，闰十月己巳，上天尊号曰“圣祖上灵高道九天司命保生天尊大帝”。有请以玉清昭应宫玉皇后殿为圣祖正殿，东位司命殿为治事之所。辛未，躬谢太庙六室。诏：“圣祖名，上曰‘玄’，下曰‘朗’，不得斥犯。”乙亥，诏上圣母懿号“元天大圣后”。戊寅，改兖州曲阜县为仙源县，建景灵宫、太极观于寿丘，以奉圣祖及圣祖母。十一月庚子，真宗作《圣祖降临记》宣示中外。己酉，诏黄帝故事，自今凡降书诏，非圣母文字外不得引用。壬子，改朗州为鼎州，玄武门为拱辰门。十二月，有司请改玄武、玄冥、玄弋、玄枵并为“真”字，诏：“可。”不久，又改谥玄圣文宣王为至圣文宣王。

---

①（宋）李焘：《续资治通鉴长编》卷 79，北京：中华书局 1980 年版，第 6 册，第 1797—1798 页。

六年(1013年),诏仙官、仙经之号有犯圣祖名者,咸改之。二月,召宗室、近臣诣滋福殿,观《圣祖降临及众真列侍图》,后陈于含光殿,以示百官。六月,令先天、降圣节日,天下以延寿带、续命缕、保生酒更相赠送,并以亲制《大中祥符颂》、《真游颂》和《圣祖降临记》赐天下道藏。诏诸州有黄帝祠庙,并加崇饰。

八年(1015年)十月,王钦若上《圣祖事迹》12卷,真宗制序,赐名《先天记》。王钦若又续成32卷。

九年(1016年)三月,宗正卿赵安仁言:"唐朝玉牒首载混元皇帝,今请以御制《圣祖降临记》冠列圣玉牒,及别修皇朝新谱,仍别制美名。"真宗从其言。①

6. 朝谒太清宫。

唐代称老子为"玄元皇帝"或"玄元圣祖"。为避"玄"讳,真宗改称老子"真元皇帝",后于谒亳州太清宫之前的大中祥符六年(1013年)七月庚午日,诏加上真元皇帝号曰"太上老君混元上德皇帝"。

谒亳州太清宫,也是真宗在大中祥符年间的一次重大崇道活动。大中祥符六年(1013年)七月己酉,亳州官吏、父老3000余人诣阙请车驾朝谒太清宫,召对崇政殿,慰赐之。丁巳,文武群臣上表请驾幸亳州谒太清宫。真宗答允后,以参知政事丁谓为奉祀经度制置使,翰林学士陈彭年副之,增置官属,如汾阴之制。十月,孙奭上疏谏阻,真宗并未为之所动,反而作《解疑论》以示群臣。到祥符七年(1014年)正月,车驾奉天书自京师出发,不数日,至奉元宫,斋于迎禧殿。己酉日,具法驾赴太清宫酌献,旋诣先天观、洞霄广灵宫行香,复至太清宫、真元观周览。还奉元宫后,升亳州为集庆军节度,改真源县为卫真县,奉元宫为明道宫。

从大中祥符到天禧年间,真宗遣使往四方修庙祀神、上神仙尊号、度道士等崇道活动十分频繁。试略举数端于下:

①营建宫观,塑造神像。

大中祥符元年(1008年)四月"天书下降"后,诏作昭应宫于皇城北天

---

① (清)毕沅:《续资治通鉴》卷32,北京:中华书局1957年版,第2册,第726页。

波门外以奉天书。后以三司使丁谓为昭应宫使，林特副之。刘承珪参与其事，史称他“作玉清昭应宫尤精丽，小不中程，虽金碧已具，必毁而更造，有司不敢计其费”①。二年（1009年）七月辛未，以昭应宫为玉清昭应宫。宫未成时，真宗已屡屡在此行典礼、宿斋。七年（1014年）十月甲子，宫成，总为2610区。初料工须15年，修宫使丁谓夜以继日，每绘一壁给二烛，遂7年而成。

大中祥符元年十二月（1008年），又诏：天下宫观陵庙，名在地志，功及生民者，并加崇饰。二年（1009年）十月甲午，诏诸路、州、府、军、监、关、县择官地建道场，并以“天庆”为额，民有愿舍地备材建盖者亦听便。史称：“时罕习道教，惟江西、剑南人素崇重，及是天下始遍有道像矣。”②这无疑对道教的发展起到了巨大的作用。

封禅后，兖州修会真宫。三年（1010年）二月，宫成，给以闲田、邸店、蔬圃。说明宋真宗还从生计方面给道教宫观予以扶持。闰二月，又遣官葺舒州灵仙观、常州宜兴洞灵观。

四年（1011年）二月祀汾阴时，增葺太宁宫殿室。五年（1012年）七月，广成军大宁宫庙成，总646区。同年四月，令升州葺茅山宫观。九月，建五岳观于京师南薰门内东偏，以奉五岳之神。与此同时，又遣使葺广州南海庙。闰十月，因圣祖降，诏天下州、府、军、监，天庆观并增置圣祖殿。建景灵宫、太极观于寿丘；又置道院、斋坊，其观宇之数，差减于宫。诏丁谓等于京城汴梁择地建宫，以奉圣祖。十二月诏上新宫名“景灵”。九年（1016年）二月，营建毕，总1332区。

祥符五年（1012年）十一月，真宗作《汴水发愿文》，宰相请以圣制刻石，就泗州建观，乃得汴水东临淮之地，命内侍赵履信、朱允中董役，总众舍2074区，赐名“延昌”。

六年（1013年）三月，建安军铸玉皇、圣祖像成，以丁谓为迎奉使，李宗谔副之。五月，以船载运，所过州县，道门声赞、鼓吹振作，官吏出城十里，具

① （清）毕沅撰：《续资治通鉴》卷31，北京：中华书局1957年版，第2册，第688—689页。

② （清）毕沅撰：《续资治通鉴》卷28，北京：中华书局1957年版，第2册，第632页。

道释威仪、音乐迎拜，并禁屠宰、行刑。又遣王旦诣应天府酌献、奏青词。尊像到京后，迎往玉清昭应宫，真宗斋戒朝拜。升建安军为真州，熔范圣像之地创建仪真观。又诏崇饰各地黄帝祠庙。

七年（1014年）十二月，因每岁天庆节就左承天祥符门设帟幕，启道场，车辆往来喧杂，乃命葺皇城司廨舍新堂（即刘承珪所创，景德末司命"临降"处）为元符观。

大中祥符七年（1014年）谒太清宫后，命增广亳州奉元宫，改称明道宫，九年（1016年）三月修成，总480区。诏遣内侍设醮。应天府又于七年作鸿庆宫。五月，京师景灵宫、会灵观、兖州景灵宫、太极观同时建成，释死罪囚流以下。

此外，真宗还于益州修玉局观、上清宫，只因祥符九年（1016年）九月间闻益州频雨谷贵，恐人心浮动，才命暂停。后来仍继续修成。

天禧年间，继续兴建新宫观。如天禧二年（1018年）闰四月，诏于京城拱圣营西南真武祠泉涌侧建祥源观。五月，命宰臣王钦若管勾祥源事。五年（1021年）十月建成。

②上神尊号，设醮奉神。

首先为围绕"天书"举行隆重的奉神仪式。真宗除了诏以正月三日为"天庆节"之外，还于大中祥符二年（1009年）四月庚戌日，令太常礼院详定天庆道场斋醮仪式，颁行诸州。同年，诏兖州长吏以天书降泰山日诣天贶殿建道场设醮，以其日为"天贶节"。令诸州皆设醮。天禧元年（1017年）正月，又诏以四月一日大内功德阁天书降日为"天祺节"，其制度悉如天贶。[①]据《宋史·礼志》记载，大中祥符元年（1008年）天书下降后，九月甲子，告太庙，奉安天书朝元殿，建道场，扶持使上香，庭中奏法曲，将行礼，诣幄殿酌献讫，奉以玉辂，中设几褥，夹侍旁，因以黄麾仗、前后部鼓吹、道门威仪、扶持使以下前导，封禅日皆奉以升坛，置正位之东。自是凡举大礼，皆如此制。天禧元年（1017年）正月，诏以十五日行宣读天书之礼。前二日，斋于长春

① "天祺节"，《宋史·真宗纪》作"天祥节"。按宋真宗《玉京集》有"谢天祯节词"。疑"天祺节"或"天祥节"本作"天祯节"，史官避仁宗讳改（南京本《太宗实录》亦避"祯"讳，可为旁证）。

殿，以王钦若为宣读天书礼仪使，有司设天安殿，中位玉皇像，置录本天书于东，圣祖板位于西，建金箓道场三昼夜。其日三鼓，真宗服通天冠、绛纱袍，诣道场焚香再拜，西向立，百官朝服升殿。摄太尉向敏中宣读，每句已，即绎其旨，言上天训谕之意，摄中书令王钦若录之。又取功德阁天书、泰山天书宣读如上仪。王钦若跪进所录天书，真宗亦跪受之，登歌酌献。正月一日，奉天书升太初殿，奉上玉皇大天帝圣号宝册、衮服。同书又称，真宗在天禧元年(1017年)正月一日又诣景灵宫上圣祖天尊大帝徽号。此前酌献天书后，驾赴玉清昭应宫，如祀昊天上帝仪。又分遣摄殿中监上紫微大帝绛纱袍，七元辅弼真君红绡衣，翊圣保德真君皂袍。是日，天书赴景灵宫，大驾次至，斋于明福殿。二日，真宗服衮冕，诣天兴殿奉上圣祖天尊大帝册宝、仙衣，荐献如上仪。命诸州设罗天大醮，先建道场二十七日。命王旦为兖州太极观奉上宝册使，赵安仁副之。三月乙巳，王旦等人诣观奉册上懿号为"圣祖母元天大圣后"。其日，真宗在京不视朝。礼毕，群臣入贺，赐饮崇德殿。

对玉皇的奉祀始于大中祥符年间。祥符二年(1009年)闰二月，真宗召宰臣于宣圣殿，谒太宗圣容、玉皇像。四月，即诏自今公私文字有言及玉皇者，并须平阙。五年(1012年)十一月，亲祀玉皇于朝元殿。七年(1014年)九月，尊上玉皇大帝号曰"太上开天执符御历含真体道玉皇大天帝"，以来年正月一日躬申荐告。真宗又自制崇奉玉皇、圣祖乐章16首，作《步虚词》付道门。遣使诣泗水，依道释二教设斋醮，宣读已作《汴水发愿文》，就寺观各建道场五昼夜。置礼仪院，以定祀神之礼。关于荐告礼仪事，《宋史·礼志》记述说，大中祥符"七年(1014年)九月，即滋福殿设玉皇像，奉圣号匣，安于朝元殿后天书刻玉幄次……八年(1015年)正月朔，驾诣玉清昭应宫奉表奏告，上玉皇大帝圣号曰'太上开天执符御历含真体道玉皇大帝'，奉刻玉天书安于宝符阁，以帝御容侍于侧，升阁酌献"。九年(1016年)八月，真宗亲刻玉皇圣号册文，召辅臣同观，自禁中具仪仗迎导赴大安殿，摹写刻玉。

圣祖在宋代也是十分尊崇的道教神灵。大中祥符五年(1012年)"下降"后，真宗即诏上尊号，避讳，定七月一日为"先天节"，十月二十四日为

“降圣节”,两京诸州前七日建道场设醮。又诏天下州府军监天庆观增置圣祖殿,于圣祖出生地寿丘建宫观。但是由于其母是“感电梦天人”而生他,“天人”不详姓名,因此并未给他以应有的崇祀。九年(1016年)十月,因礼仪院言,正月天书降,用上元日朝拜玉清昭应宫;十月,圣祖降,用下元日朝拜景灵宫,以后著为定式。关于崇祀圣祖的情况,《宋史·礼志》记云:天禧元年(1017年)正月二日往景灵宫上圣祖天尊大帝徽号册宝、仙衣,荐献如昊天上帝、玉皇大帝仪,又命诸州设罗天大醮,先建道场二十七日;宰相王旦则往兖州奉上宝册。可见崇祀之甚,有过于玉皇。至是设斋作醮,更是不断。天禧元年(1017年)四月,颁圣祖神化金宝牌分给京城寺观、天下名山圣迹和天庆观。金宝牌用王捷所炼药金铸造。三年(1019年)八月,以“天书”(朱能天书)再降,大会道释于天安殿,建道场,凡13086人。真宗临视,以药银铸大钱宣赐之。

真宗到宫观拜神是经常性的制度。东封毕,真宗敕两街道士修斋醮科仪,特命王钦若定《罗天大醮仪》10卷。他本人也乐此不倦。自制斋醮道场所用请神和敬神的表章、青词和歌诗等,收入《宋真宗御制玉京集》就有若干道。他完全承袭了唐玄宗的做法,并进一步使道教醮仪变成官方祭祀祈祷的重要内容。

③建立祠禄制度,特设宫观使或宫观提举。

这一制度始于大中祥符五年(1012年)十一月玉清昭应宫将建成时,初置玉清昭应宫使,令宰相王旦兼之。由国家修建宫观,把道教宫观醮仪纳入官方祭祀制度轨道中来,就迫切需要加强对宫观的管理。同时,令宰臣兼任重要宫观的使者,也表明崇重道教的态度。唐制,首相为太清宫使。宋初,个别比较重要的官方宫观(如上清太平宫)也派有监宫。真宗设宫使此举,显然可追溯至唐代。但唐代设置宫使是局部性的,而真宗命宰臣兼领重要宫观使者后来则发展成为宋代由官员提举宫观的祠禄制度。真宗时期置使,尚可略举数例:

大中祥符四年(1011年)祀汾阴后,王旦“俄兼门下侍郎、玉清昭应宫使。五年,为玉清奉圣像大礼使。景灵宫建,又为朝修使……天禧(1017—1021年)初,为兖州太极观奉上宝册使”,后求避位,“以太尉领玉清昭应宫使,给宰相半俸"[①]。祥符七年(1014 年)八月,置景灵宫使,以向敏中为之。[②] 十一月,置玉清昭应宫判官、都监,以左正言夏竦为判官,内殿承制周怀政为都监。[③] 丁谓于朝谒太清宫后,"还,判礼仪院,又为修景灵宫使,摹写天书刻玉笈,玉清昭应宫副使"。[④] 祥符九年(1016 年)正月,置会灵观使,以丁谓为之[⑤];天禧三年(1019 年)以后拜玉清昭应宫使。陈彭年在祥符"九年(1016 年),拜刑部侍郎,参知政事,判礼仪院,充会灵观使"[⑥]。林特于玉清昭应宫修成以后,拜三司使,"后罢三司,以户部侍郎同玉清昭应宫副使"[⑦]。至于王钦若,"上玉皇尊号,迁尚书右仆射、判礼仪院,为会灵观使"[⑧],为会灵观使时在天禧元年(1017 年)三月。建祥源观后,"明年,为景灵[宫]使,阅《道藏》,得赵氏神仙事迹四十人,绘于廊庑"[⑨]。仁宗即位后,方拜玉清昭应宫使。天禧元年(1017 年),寇准上朱能天书,拜为中书侍郎兼吏部尚书、同平章事、景灵宫使。[⑩]

这时期的宫观使主要限于京师的几大宫观,正副使均由高级官员担任。仁宗以后改设宫观提举官,由学士等管勾宫观又演变为一般朝官亦任宫观提举。神宗时,王安石实行变法,利用提举宫观制度,作为大臣退休去处,借以淘汰冗官,排斥异己。各地普遍设立宫观提举。这种祠禄制度虽几经演变,其构架实形成于真宗时期,终宋一代,皆相沿弗替。

④优礼道士,招徕隐逸。

早在景德二年(1005 年),真宗就在召贺兰栖真诏书中说:"朕奉希夷而为教,法清静以临民,思得有道之人,访以无为之理。久怀上士,欲觌真风,

---

① 《宋史》卷 282《王旦传》,北京:中华书局 1977 年版,第 27 册,第 9551 页。
② 《宋史》卷 8《真宗纪》,北京:中华书局 1977 年版,第 1 册,第 156 页。
③ (清)毕沅撰:《续资治通鉴》卷 31,北京:中华书局 1957 年版,第 2 册,第 708 页。
④ 《宋史》卷 283《丁谓传》,北京:中华书局 1977 年版,第 27 册,第 9567 页。
⑤ 《宋史》卷 8《真宗纪》,北京:中华书局 1977 年版,第 1 册,第 159 页。
⑥ 《宋史》卷 287《陈彭年传》,北京:中华书局 1977 年版,第 28 册,第 9665 页。
⑦ 《宋史》卷 283《林特传》,北京:中华书局 1977 年版,第 27 册,第 9565 页。
⑧ 《宋史》卷 283《王钦若传》,北京:中华书局 1977 年版,第 27 册,第 9562 页。
⑨ 《宋史》卷 283《王钦若传》,北京:中华书局 1977 年版,第 27 册,第 9562 页。
⑩ 《宋史》卷 281《寇准传》,北京:中华书局 1977 年版,第 27 册,第 9532 页。

爰命使车,往申礼聘。"①表白他渴求高道的意愿。前已述及,太宗曾召赵自然赴阙。到大中祥符二年(1009 年),真宗下诏:"如闻自然颇精修养之术。"委发运使杨覃访其行迹,命内侍武永全召至阙下,屡得对,赐紫衣,改所居青华观名"延禧"。② 祥符三年(1010 年)四月,赐泰山隐士秦辨号"贞素先生",放还山。秦辨自言 130 岁,真宗召至京,与语,多言五代事,能服食至长寿。襄阳人王鼎辟谷修内丹术,真宗亦召至阙。又有秦州民家子赵抱一,常牧牛田间。据说一夕遇神仙,自此不喜熟食③,凡火化者未尝历口,茹甘菊、柏叶、果实、井泉,间亦饮酒,貌如婴儿。口占辞句,颇成篇咏,有道家之趣。遂不亲农事,野行露宿。大中祥符四年(1011 年),至京师,犹丱角,诏赐名,度为道士。此后间岁或一至京师,常令居太一宫,与人多言养生之事。是岁,真宗祀汾阴,召河中处士李渎、刘巽。二月,次华阴县,召见华山隐士郑隐、敷水隐士李宁,赐郑隐号"贞晦先生"。郑隐自言遇道士传辟谷炼气之法,修习颇验,遂居华山王力岩二十余年,冬夏常衣裘。李宁精于药术,老而不衰,每以药施人,人与金帛多拒受。到阌乡县后,又召承天观道士柴通玄,问以无为之要,赐诗、茶药、束帛,除其观田租。柴通玄语无文饰,多以修自谨行为说。太宗时曾召至京,至此又召对。三月一日,次陕州,召草泽魏野,辞疾不至。时魏野方教鹤舞,忽报有中使至,抱琴踰垣而逃。真宗乃遣使画其所居,令长吏常加存抚。钱唐人林逋恬淡好古,不趣荣利。初游江湖,久之,归杭州结庐西湖孤山,二十年足不及城市。转运使陈尧佐以其名闻,祥符五年(1012 年)六月,诏赐粟帛,命长吏岁时劳问。据《宋史》记载,大中祥符(1008—1016 年)中,有郑荣本禁军,戍壁州还,夜遇神人曰:"汝有道气,勿火食"。因授以医术救人。七年(1014 年),赐名"自清",度为道士,居上清宫。④

大中祥符八年(1015 年),真宗又召信州道士张乾曜于京师上清宫置

① 《宋史》卷 462《方技传》下,北京:中华书局 1977 年版,第 29 册,第 13515 页。
② 《宋史》卷 461《方技传》上,北京:中华书局 1977 年版,第 29 册,第 13512 页。
③ 杨亿《谈苑》作"自是不食",兹据《宋史》。
④ 《宋史》卷 461《方技传》上,北京:中华书局 1977 年版,第 29 册,第 13513 页。

坛,传箓度人。张乾曜为张陵后裔、真静先生张正随长子,[①]守掌正一真人教法。祥符中,真宗闻张无梦著有《还元篇》,因召见,问以长久之策。张无梦说:“臣野人,但于山中诵《老子》、《周易》而已,其它不知也。”令讲《易》,即说谦卦。真宗问道:“独说谦,何也?”他回答说:“方大有之时,宜守之以谦。”真宗喜其说,除著作佐郎,不受。一日,复召讲《还元篇》,张无梦说:“国犹身也。心无为则气和,和则万神结矣;心有为则气乱,乱则英华散矣。此还元之大旨也。”真宗赐以处士、先生号,并以歌赐行。歌曰:“混元为教含醇精,视之无迹听无声。唯有达人臻此理,逍遥物外事沉冥。浮云舒卷绝常势,流水方圆靡定形。乘兴偶然辞涧户,谈真俄尔谒王庭。顺风已得闻宗旨,枕石还期适性情,玉帛簪缨非所重,长歌聊复宠归程。”有旨令台州给著佐俸。[②] 歌中充满着对道教的崇拜和对张无梦的赞美之情。

真宗除了优礼道士、招徕隐士之外,还普度道士。这将在下文叙述。

⑤真宗对道教的外丹黄白术也颇感兴趣。

前述各地争献灵芝、芝草等等,都不仅仅是炫耀祥瑞,而且是备真宗及其皇室亲属服用。另有材料表明,真宗也在服食金丹:A. 夏侯峤好道,景德元年(1004 年)暴中风眩,真宗亟诏取金丹,尊酒饵之。[③] B. 大中祥符元年(1008 年),赵安仁献五色金玉丹。[④] C. 据《墨庄漫录》说:“章圣时炼丹一炉在翰林司金丹阁,日供炭五秤。至[神宗]熙宁元年(1068 年)犹养火不绝。刘衮延仲之父被旨裁减百司,此一项在经费之数,有旨罢之。其丹作铁色,诏藏天章阁。”[⑤]D. 仁宗初即位,“罢江宁府溧水县采丹砂”。[⑥]

如果说真宗的炼丹是为了长生不死的话,那么利用王捷的黄白术炼出所谓药金银,则是弥补军国费用之不足。《渑水燕谈录》的作者王辟之曾指

---

① 张正随的“真静先生”号为追封的。

② 《三洞群仙录》卷五引《高道传》,《道藏》第 32 册,第 263 页;《道门通教必用集》卷 1,《道藏》第 32 册,第 8—9 页。

③ 《宋史》卷 292《夏侯峤传》,北京:中华书局 1977 年版,第 28 册,第 9758 页。

④ (宋)李焘:《续资治通鉴长编》卷 70,北京:中华书局 1980 年版,第 6 册,第 1564 页;《宋史》卷 8《真宗纪》。

⑤ (宋)张邦基:《墨庄漫录》卷 3。按张邦基说此事闻之刘延仲,因此是可信的。

⑥ 《宋史》卷 9《仁宗纪》,北京:中华书局 1977 年版,第 1 册,第 178 页。

出:王捷“常以药金银献上,以助国费”,“至今御府犹有中正所献金及炉钳残药”,证明天禧(1017—1021年)年间赐天下名山宫观的圣祖金宝牌、赏赐给道士的“药金银”等等,也是用的王捷假金银。按《佛祖统纪》卷45:“诏于天安殿建道场,告谢天地,大会沙门、道士万三千八十六人。上亲以药银大钱面赐之。”注云:“药银即水银。银,世谓之‘乾求’也。”其实,所谓药金银不过是性状和颜色似金银而非金银的合金。

⑥真宗命王钦若会道士十人校《道藏》旧录,赐名《宝文统录》。

真宗时对道书的收集、整理,将于后文详述。

以上所述,表明真宗大中祥符至天禧年间为北宋王朝的第一个崇道高潮。虽然也有大臣表示反对,其中以大儒孙奭反对尤力,几乎每一次重大崇道活动,他都上疏抗争。但毕竟是杯水车薪,崇道活动仍在一浪高过一浪地往前推进。高潮接近尾声的一幕为朱能伪造天书事件。这事发生在天禧三年(1019年)三月,其经过是这样:宦官周怀政权势熏人,酷信妖妄,附会者盛。朱能本为单州团练使田敏家厮养,性凶狡,遂赂怀政亲信得见,妄谈神仙事。周怀政闻后大惑,援引朱能至御药使、领阶州刺史。不久,于终南山修道观,与殿直刘益辈造符命,参与者尚有王先等人,托神言国命休咎。寇准时镇永兴,素不信天书之事。朱能为巡检,诈言天书降。真宗密使寇准上之。[①] 寇准无奈,只得奏天书降于乾祐山中。是为“乾祐天书”。

天禧三年(1019年)四月,备仪仗至琼林苑导天书入内。李焘说:“朱能献天书,其迎奉之礼盖不减祥符,而《国史》、《实录》讳之,遂不复详,且失其时日。”是时,鲁宗道、孙奭上疏谏之。结果几乎可想而知,因为真宗已弄假成真,沉溺于“天书”中。迎来天书,即召近臣诣真游殿朝拜天书;又以天书再降,大赦天下,设道、释万人大会,自琼林苑迎奉天书入内。然而,次年周怀政因欲谋杀丁谓,复相寇准,奉真宗为太上皇,传位太子,废皇后而被诛,寇准也被贬。丁谓等人乘机揭发朱能所献天书妖妄事,亟遣入内供奉官卢

---

① 《莱公传》说,真宗对王旦说:“始不信天书者,准也。今天书降,准所当。今准上之,则百姓将大服,而疑者不敢不信也。”李心传在《旧闻证误 · 补遗》(北京:中华书局1981年版,第63—64页)中考证说:“按莱公复相,天禧三年事也。前二岁王文正已薨矣。”

守明、邓文庆驰驿诣永兴军捕捉朱能。朱能自缢。喧嚣一时的“乾祐天书”神话闹剧就此宣告闭幕。

具有讽刺意味的是,丁谓居然成了揭发朱能伪造天书的大功臣。其实,正如前述,恰恰是丁谓等人在祥符、天禧年间的一系列重大事件中起了推波助澜的作用。由于真宗的行动并非个人孤立的行为,因此我们有必要反过来看看王钦若、丁谓等人是如何投人君之所好,沿着“天书”、“神降”的进程一步步地向上爬的。

王钦若——大中祥符初,被任为天书仪卫副使。封禅礼成,迁礼部尚书,命作《社首颂》,迁户部尚书。从祀汾阴,复为天书仪卫副使,迁吏部尚书。次年,为枢密使、检校太傅、同中书门下平章事,跻身宰辅之列,又身兼枢相。圣祖降,加检校太尉。上玉皇尊号,迁尚书右仆射,判礼仪院,为会灵观使。后升为景灵宫使。王钦若熟谙道教,有关著述颇多,自以深达道教,多所建明。①

丁谓——大中祥符初权三司使(代理三司使一职)。讨论就宫城乾地营建玉清昭应宫时,左右有谏阻者,真宗召问,答曰:“陛下有天下之富,建一宫奉上帝,且所以祈皇嗣也。群臣有沮陛下者,愿以此论之。”王旦密疏谏,真宗如丁谓所对告之,王旦不复言。乃以丁谓为修玉清昭应宫使,复为天书扶持使,迁给事中,正式拜三司使。建会灵观,复总领其事。由此迁尚书礼部侍郎,进户部,参知政事,当上了副宰相。建安军铸玉皇像,为迎奉使。朝谒太清宫,为奉祀经度制置使、判亳州。还,判礼仪院,又为修景灵宫使,摹写天书刻玉笈,玉清昭应宫副使。历任工、刑、兵三部尚书,再为天书仪卫副使。天禧三年,以吏部尚书复参知政事。后以检校太尉兼本官为枢密使,主管军政。既而拜同中书门下平章事、昭文馆大学士、监修国史、玉清昭应宫使,当上了宰相,其地位超过王钦若。②

林特——封泰山,祀汾阴,皆为行在三司副使。以右谏议大夫权三司使、修玉清昭应宫副使。将礼太清宫,遣使储供具,为行在三司使。礼成,进

① 《宋史》卷283《王钦若传》,北京:中华书局1977年版,第27册,第9561页。

② 《宋史》卷283《丁谓传》,北京:中华书局1977年版,第27册,第9567—9568页。

给事中，为修景灵宫副使兼修兖州景灵宫、太极观。昭应宫成，迁尚书工部侍郎，真拜三司使。后以户部侍郎同玉清昭应宫副使。兖州宫观成，迁吏部侍郎。天禧元年，为修《上圣祖宝册》副使，转尚书右丞。著有《东封西祀朝谒太清宫庆赐总例》30 卷。①

陈彭年——大中祥符年间，附王钦若、丁谓，曾为亳州太清宫经度制置副使、天书同刻玉副使，因拜刑部侍郎、参知政事，判礼仪院，充会灵观使。天禧元年大礼，为天书仪卫副使，又为参详仪制奉宝册使，侍真宗朝天书。二月间早逝。②

就在朱能被揭发前一年（即天禧二年），商州捕得道士谯文易，蓄禁书，能以术使六丁六甲神，自言曾出入王钦若家，得所遗诗及书信。真宗责问，王钦若谎称不省，遂罢相，出判杭州。但他在仁宗即位后复出，以宰辅的身份兼玉清昭应宫使。正如《宋史》作者所说："国朝以来，宰相恤恩，未有若钦若比者。"③总算有个好的归宿。

丁谓的结局则大为不妙；乾兴元年（1022 年）真宗刚一死，丁谓便因交结宦官而遭贬黜。不久，又以牵涉女道士刘德妙事再贬。《宋史》记述此事说："先是，女道士刘德妙者，尝以巫师出入谓家。谓败，逮系德妙，内侍鞫之。德妙通款，谓尝教言：'若所为不过巫事，不若托言老君言祸福，足以动人。'于是即谓家设神像，夜醮于园中，[内侍雷]允恭数至请祷。及帝崩，引入禁中。又因穿地得龟蛇，命德妙持入内，绐言出其家山洞中。仍复教云：'上即问若，所事何知老君，第云"相公非凡人，当知之"。'谓又作颂，题曰'混元皇帝赐德妙'，语涉妖诞。遂贬崖州司户参军。诸子并勒停。子玘又坐与德妙奸，除名，配隶复州。籍其家，得四方赂遗，不可胜纪。其弟诵、说、谏悉降黜。坐谓罢者自参知政事任中正而下十数人。"④在贬所，丁谓专事佛教因果之说，度过了他的残生。丁谓遭贬，林特也落职知许州。

① 《宋史》卷 283《王钦若传 · 附林特传》，北京：中华书局 1977 年版，第 27 册，第 9565 页。

② 《宋史》卷 287《陈彭年传》，北京：中华书局 1977 年版，第 28 册，第 9664—9665 页。

③ 《宋史》卷 283《王钦若传》，北京：中华书局 1977 年版，第 27 册，第 9563 页。

④ 《宋史》卷 283《丁谓传》，北京：中华书局 1977 年版，第 27 册，第 9570 页。

这已是崇道活动的尾声。

乾兴元年(1022 年)九月,仁宗赵祯用王曾、吕夷简之议,诏以天书从葬真宗永定陵:为了清除真宗崇道热潮的痕迹,新当政者们做了一件巧妙而得体的扫尾工作,那就是让真宗所珍视的那一时代的象征——天书,伴随他长眠,永远埋藏起来。

不过,事情并未就此了结,因为真宗时代崇道活动虽多少促进了道教的发展,但糜费过大,“远近不胜其扰”,走向了与老子宗旨相反的方向,加之冗官、冗兵之费,给北宋王朝带来了严重的财政危机。史家认为:“自建隆以来,吴、蜀、江南、荆湖、南粤,皆号富强,相继降附,太祖、太宗因其蓄藏,守以恭俭简易”,“故上下给足,府库羡溢”。后因冗兵、冗官以及官方推行崇道等活动,“县官之费,数倍昔日”,“而上下始困于财矣”①。

二、北宋政府对道教的管理制度

(一)任道官

北宋王朝对道教的管理仍然主要是通过道官组织形式实现的。道官制度源于六朝时代。唐代崇道,诏崇玄署隶宗正寺,掌京都诸观之名数、道士之帐籍与斋醮之事。佛教则先后隶司宾、祠部、鸿胪寺,复隶祠部。天宝六载(747 年),敕僧、尼隶两街功德使,始令祠部给牒。此时道教尚未隶属两街功德使。至宪宗元和二年(807 年),始诏僧、道并隶左右街功德使。五代后梁太祖开平元年(907 年),曾敕僧、尼改属祠部,后晋天福二年(937 年)又重归功德使。宋初,沿袭唐、五代以来的道官制度。太祖开宝五年(972 年),敕僧、道并隶功德使,出家求度、策试经业,则关祠部给牒。道官通常由功德使选补,有时也由皇帝直接任命。如据《宋会要》记载:“景德二年(1005 年),御便殿引诸寺院主首,询行业优长者,次补左右街僧官。先是,道官上令功德使选官迁补,所置或非其人,多致谤议,故帝亲阅试焉。”②也就是说,只是在功德使选非其人的情况下,才由皇帝面试选任。在中央设左

① (清)毕沅撰:《续资治通鉴》卷 36,北京:中华书局 1957 年版,第 2 册,第 810 页。

② (清)徐松辑:《宋会要辑稿》,北京:中华书局 1957 年版,第 8 册,第 7874 页。

右街道录，与佛教设左右街僧录大体相同，有时左右街分设一人，有时也可以一人兼任。宋代以左为尊，亦即左街道录地位在右街道录之上。据《佛祖统纪》卷44，真宗咸平（998—1003年）年间，敕赞宁充右街僧录，后迁左街僧录，继任左右街僧录，可推知道录升迁准此。但也有例外，如右街道录何自守坐事黜，乃诏刘若拙为左街道录，显系跃迁。以下则设副道录、鉴义、签书等职，如陈景元"累迁左右街副道录"①，刘元道因校定道书有功，"自是稍迁签书道录院事，以至左右街道录"②。在诸州、军、监设道正，管理本地区道门公事。如大中祥符二年（1009年）十一月诏："诸州僧、道，依资转至僧、道正者，每年承天节前具所管僧、道及寺观，分析为僧道正已、来年月岁数、名行、有无过犯，开坐以闻。"③道正通常是由皇帝委知州、通判推荐拣选，或申报各路转运使，由转运使转奏朝廷任命。大中祥符八年（1015年）七月诏："今后诸州、军、监僧、道正有阙，委知州、通判于见管僧、道内从上选择，若是上名人不任勾当，即以次拣选有名行、经业及无过犯，为众所推，堪任勾当者，申转运司，体量诣实，令本州、军、［监］差补，勾当讫奏，候及五周年，依先降指挥施行。"④地方上尚有都监之类道官；宫观则有知宫、知观、住持等，管理宫观事务。通过这种分层的上下关系，实现专制皇帝对道士的严密控制。

宋初，副道录、鉴义等似乎并不"管干教门公事"，可能至北宋仁宗天圣（1023—1032年）年间以后才有所谓"同管干教门公事"。因为据《宋会要》载称："天圣八年（1030年）正月，以僧、道官阙，诏开封府选试僧，具名以闻。五月，开封府言勘会左右街僧正、僧录管干教门公事，其副道录、讲经论首坐、鉴义，并不管干教门公事。诏今后左右街副僧录并同管干教门公事。嘉祐七年（1062年）二月二十四日，开封府言左街道录陈惟几等状：'窃睹僧官每遇圣节，许令进功德疏，自僧录至鉴义十人各蒙赐，特敕祠部度一名系帐行者。缘道、释二教，遭圣辰，祗应修崇，事体相类，唯道门人数最少，乞依僧

① （元）赵道一：《历世真仙体道通鉴》卷49，《道藏》第5册，第381页。
② （元）赵道一：《历世真仙体道通鉴》卷51，《道藏》第5册，第395页。
③ （清）徐松辑：《宋会要辑稿》，北京：中华书局1957年版，第8册，第7874页。
④ （清）徐松辑：《宋会要辑稿》，北京：中华书局1957年版，第8册，第7874页。

官体例。’从之。”①这里虽未提到诏副道录等同管干教门公事，但从前文“僧、道官阙”，二教并提，以及后文“依僧官体例”，可以推测道教同佛教一样，从仁宗时起，才由副道录等“同管干教门公事”。

有关道官的迁补，在地方多由当地长官从德高望重、资历较深、为众所推的人中推荐、拣选，在中央起初是由开封府荐选，后来则须出经题考试。据《长编》载：祥符三年（1010 年）闰二月，迁左右街（左街相国寺，右街开宝寺）僧官。旧例，僧职迁补，只委开封而滥选者众。至此，命知制诰李维等宿中书，出经题考试，而后序迁。至四月，道官亦援用此例。② 即规定左右街道官选补，须考试道经，看其是否熟谙道教教义教理，这样有助于防止“滥选者众”的弊端，保证道官的宗教素质不致下降。

（二）赐师号、紫衣

师号、紫衣系封建王朝正式承认道师的资格，给予某些道士的一种荣誉。真宗时，尤其是大中祥符年间，经常赐道士师号、紫衣。据《长编》记载，真宗即位以后，皇帝、近臣皆许奏道、释而赐之紫服。所奏既猥多，或有滥伪者。祥符三年（1010 年）十月戊午，诏自今须披度五年以上，方得奏请，并具乡里居止、年齿行业以闻。③

据李攸《宋朝事实》卷七《道释》的记载，宋代道士、女冠的师号分别有：

1. 道士师号：真观、冲真、冲清、冲隐、道清、道空、道安、道成、虚希、虚安、虚远、虚妙、虚辨、虚一、虚济、虚应、冲寂元观、元正、明一、明素、灵一、明微、洞元、渊宗、冲素、冲寂、崇道、演道、明素、灵宝、虚寂、保宁、洞渊。

2. 女冠师号：真寂、真静、真懿、真妙、守一、守白、守真、安素、安教、安常、希妙、希密、希真、希范、凝范、栖云、栖月、灵素、灵懿、冲秀、冲和、通妙、澄妙、渊智、渊妙、通微、希无、真净、宣净、宗微、澄秀、宣真、冲懿、凝真、元素、冲真、灵寂。

这个记载，并不全面。例如张契真曾被赐予“元静大师”，刘从善赐号

---

① （清）徐松辑：《宋会要辑稿》，北京：中华书局 1957 年版，第 8 册，第 7874 页。
② （宋）李焘：《续资治通鉴长编》卷 73，北京：中华书局 1980 年版，第 6 册，第 1657 页。
③ （宋）李焘：《续资治通鉴长编》卷 74，北京：中华书局 1980 年版，第 6 册，第 1692 页。

“全素大师”,李攸并未收载。此外,赐“先生”之号,则是给个别道品尤高的道士的一种殊荣(隐逸高士亦赐“先生”号)。赐荣誉称号旨在笼络道士,使之为封建王朝尽力效劳。

(三)度道士

这是管理道教最重要的一环。宋初,对出家受戒做道士有一套严格的管理制度。据《宋会要》记载:“凡僧、道童行,每三年一造帐上祠部,以五月三十日至京师。童行念经百纸,或读五百纸;长发念七十纸,或读三百纸,合格。每诞圣节,州府差一本州判官、录事、参军于长吏厅试验之。”[①]真宗咸平四年(1001年)四月,又诏:“在京并府略外县僧、尼、道士、女冠下行者、童子、长发等,今后实年十岁,取逐处纲维、寺主结罪委保,委是正身,方得系帐,仍须定法名,申官,不得将小名供报。尼年十五,僧年十八,方许剃度受戒;道士、女冠即依旧例,十八许受戒。不得交互礼师,擅移院舍。如本师身亡,或移居院宇,即仰逐时申官,候改正帐籍,方得回礼师。迁移居处,所有转念经纸数、卷数,一准久(旧)例施行,更不增减。”[②]五年(1002年)、六年(1003年)曾两次下诏严禁窃买祠部度牒,冒为僧者。这个禁令对道士也是适用的。出家考试,是为了保证道士的一定的宗教素质,防止滥竽充数。而准备出家者要取保系帐,待年满十八,方许受戒为道士、女冠,并且不得擅移宫观,另礼他师,这实际是封建国家户籍制度和人身依附关系的延伸。这表明宋初祠部度牒不许买卖;未受戒者也要系名于道士、女冠的帐籍,以便于政府统计、控制和管理;对于道士因师亡等原因而迁徙他处,也用改正帐籍的办法加以控制。这是经常性的制度。

至于加恩特放,在真宗时代屡见史载;但一旦发现弊端,也时下诏书加以调整控制。如景德三年(1006年)十一月诏曰:“老氏立言,实宗于众妙;能仁垂教,盖诱夫群迷。用广化枢,式资善利。应天下僧尼、道士系帐童行,各于元(原)额十人外更放一人。其寺观院舍及僧、道童行不及十人者,每院特放一人,并取系帐。年深从上者,更不试经业。”[③]按:李攸《宋朝事实·

① (清)徐松辑:《宋会要辑稿》,北京:中华书局1957年版,第8册,第7875页。
② (清)徐松辑:《宋会要辑稿》,北京:中华书局1957年版,第8册,第7877页。
③ (清)徐松辑:《宋会要辑稿》,北京:中华书局1957年版,第8册,第7878页。

道释》自“老氏立言”至“式资善利”句，与《宋会要》全同，但记下诏时间在景德二年(1005年)，且以下作:“两京道释，岁度十人者特放一人，不取经业。”或许景德二年曾诏两京度道士、僧尼，至次年十一月乃普及各地。景德四年(1007年)正月，诏两畿及孟、郑州僧、尼、道士系帐童行，五行内特放一人。住房僧、道不及五人者，逐院特放一人。大中祥符元年(1008年)十月东封毕，诏兖州诸寺度童行各十人，院各十人，宫观披戴各十人。后祀汾阴、亳州亦如之。至朝坛陪位者，各度弟子一人。十二月，以东封礼毕，诏天下僧、尼童行，除合放数外，见系帐童行每百人试验经业，特度二人；不及百人处，亦与二人。道士弟子在宫观，与之披戴。二年(1009年)正月二十九曰诏:“朕拜祝膺符，升坛展礼，遂行庆赐，仰答神休；爰均雷雨之恩，普及缁黄之众。冀因善利，永福苍黔。应两京、诸路、州、府、军、监僧尼，除准敕度人数外，逐处系帐童行每百人，试验经业精熟者，更度两人；不满百人处亦如之。道士每宫观特度一〔人〕。”①九月，以吴国长公主出家受戒讫，普度天下道士、僧尼。诏天下僧尼、道士系帐童行每寺观十人内度一人；不及十人及住房各礼师者，亦度一人。取系帐童深上名者，更不试经业。十月，诏天下寺观曾赐得太宗御书处，自今除天节比试额定数外，于见在童行外，从上名特度一人。三年(1010年)正月，诏遇天庆节，天下宫观道士系帐童行每十人特放一人；不及十人者亦放一人；其住房礼师各别童行不及十人者，亦放一人，更不试经业。至于皇室成员入道，是没有多少限制的。大中祥符八年(1015年)正月，皇女升国大长公主入道。《宋史》云:“升国大长公主，初入道。〔仁宗〕明道二年(1033年)，封卫国长公主，号清虚灵照大师。”②“照”，宋敏求《春明退朝录》作“昭”，他说:“公主谥:……昭怀，真宗女，出俗为道士，号清虚灵昭大师。”③

唐末五代，中原乱离，而江南一带相对安定，社会经济重心渐渐南移，封

① 释志磐《佛祖统纪》卷45亦载此事:“二年正月，以封禅行庆，诏天下寺观各度一人。朝观泰山陪位僧道各度弟子一人。”与此异。似合以上二事为一。

② 《宋史》卷248《公主传》，北京:中华书局1977年版，第8776页；又参见《宋史》卷8《真宗纪》，同上书，第158页。

③ (宋)宋敏求:《春明退朝录》卷上，北京:中华书局1980年版，第6页。

建政府的赋税也随之加重。真宗时崇道,常道士、僧尼并度,于是百姓每愿出家,逃避重赋负担。例如,“两浙、福建、荆湖、广南诸州,循伪制输丁身钱,岁凡四十五万四百贯。民有子者,或弃不养,或卖为僮仆,或度为释、老。〔祥符四年〕七月壬申朔,诏悉除之”①。

由于不经考试而加恩特放,也使一些不具宗教素质的人进入道士行列。对此弊端,北宋统治者也有所警觉,采取措施加以限制。例如:天禧元年(1017 年),“诏道士童行不由课试而披戴者,自今五年内,不得离宫观;特赐师号、紫衣者,三年内不得妄托假告出;求省亲者,须计程给假。”二年(1018 年)三月,诏:“祖父母、父母在,别无子息侍养,及刑责、奸细、恶党、山林亡命贼徒、负罪潜窜及曾在军带瑕痕者,并不得出家。寺观受容者,本人及师主、三纲知事、僧尼邻房同住并科罪;有能陈告收捉者,以本犯人衣钵充实。其志愿出家者,并取祖父母、父母处分;已孤者,取问同居尊长处分。其师主须得听许文字,方得容受。童行、长发,候祠部方许剃发为沙弥;如私剃者,勒还俗,本师主徒二年,三纲知事僧尼杖八十,并勒还俗。”这本是针对僧尼,因为其时大理评事张师锡上言,民有出家为僧者,父母皆羸老无依,丐食他所。但诏书并提“寺观”,则对道士也有约束力。正如《国朝会要》所说:“先是,岁放童行,皆游堕不呈(逞)之民,靡习经戒,至有为寇盗以犯刑者甚众。故条约之。”②

真宗在位时规模最大的一次度道士,是在天禧三年(1019 年)八月,赦书天下僧、尼、道士、女冠当时系帐童行并与普度。诏书说:“虚皇妙道,西竺真乘,咸助化源。敢忘崇奉?”③二十八日,命尚书右丞林特、右谏议大夫兼太子右庶子张士逊提举祠部普度文牒。此前,诸州童行披剃,祠部胥吏纳赂启奉,有若市价,故有十年不得文牒者。因此这时候命林特等人立限发遣。张士逊后为枢密,又令知制诰宋绶终其事。道士、女冠凡度 7170 人。

由于真宗频繁地度道士、僧尼,僧尼的人数由宋初的 67403 人猛增至 458854 人(僧 397615 人,尼 61239 人),道士、女冠也发展到 20337 人(道士

① (宋)李焘:《续资治通鉴长编》卷 76,北京:中华书局 1980 年版,第 6 册,第 1728 页。

② (清)徐松辑:《宋会要辑稿》,北京:中华书局 1957 年版,第 8 册,第 7879 页。

③ (宋)释志磐:《佛祖统纪》卷 45,《大正藏》第 49 册,第 406 页。

19606 人,女冠 731 人)。道士、女冠,其中:东京共 957 人(京东 560 人,京西 397 人);河北 364 人;河东 229 人;陕西 467 人;淮南 691 人;江南 3557 人;两浙 2547 人;荆湖 1716 人;福建 569 人;川陕 4653 人;广南 3079 人。① 从这个统计数字来看,主要集中于南方地区。

由上所述,北宋时期入道必须经官方允许。对于私自入道及私度道士者,于宋初制定的《重详定刑统》有予以惩处的明文规定。卷十二《户婚律·僧道私入道》规定:"诸私入道及度之者,杖一百。(若由家长,家长当罪。)已除贯者,徒一年。本贯主司及观寺三纲知情者,与同罪。若犯法合出观寺,经断不还俗者,从私度法。即监临之官私辄度人者,一人杖一百,二人加一等。"疏义曰:"私入道,谓为道士、女冠、僧尼等,非是官度,而私入道,及度之者,各杖一百……即监临之官不依官法……罪止流三千里……"但同时有附加说明,即准《礼部式》,"诸五品以上女及孙女出家者,官斋行道皆听不预。"②

北宋王朝修建宫观,主要是为了令道士进行为国祈祷醮谢等宗教活动,因此也给予宫观宗教活动以种种方便和财经资助,例如禁止名山洞府或宫观之侧诸色人等擅行樵采和放火烧山;赐予香烛、花幡、匾额等物;拨款修建宫观;有时蠲免租赋;等等。但是,道士必须遵守北宋政府法制,地方官在涉及这方面事情时有一定处置权。此外,宋初那些更带官方性质的宫观则有监宫直接参与管理,并派兵卒把守和供劳役。由于道士相对来说不如僧尼势盛,因此,道士违法乱纪之事鲜见于记载(而佛教方面则比较多)。封建王朝对道士的管理、控制似主要通过道教本身的道官、宫观住持等对道士的宗教约束而实现。

道士则常常应封建统治者和各级政府的需要,参加官方举行的宗教活动。这类活动多为僧、道同时参加,例如道士、僧尼一起参加京师的朝集、郊天仪式。据赞宁《僧史略》载,宋太祖开宝"五年(972 年),诏僧、道每当朝集,僧先道后,并立殿,僧东道西,间杂副职。若遇郊天,道左僧右"。宋代

---

① (清)徐松辑:《宋会要辑稿》,北京:中华书局 1957 年版,第 8 册,第 7875 页。

② (宋)窦仪等编:《宋刑统》,北京:中华书局 1984 年版,第 191 页。

以左为尊,可见朝集时是以僧居道上,而郊天时则以道居僧上。这体现出宋初的宗教政策基本上是平衡二教,不偏不倚。这一制度至真宗时未见变动,北宋末年徽宗才予以改变。

第二节　北宋中后期的道教政策与佛道关系

一、北宋中后期的道教政策与管理制度演变

(一)仁、神、哲诸朝的道教政策和制度

自真宗以后,北宋王朝的崇道势头稍敛。祥符天书降,建天庆、天祯、天贶、先天、降圣等节及真宗诞节、本命、三元,用道教之法,内外为斋醮,京城内外,一夕数处。仁宗赵祯即位后,礼仪院请皇帝和太后诞节、本命日宜如旧,他节则命八宫观过去一岁醮 49 次,请减为 20;大醮 2400 分,请减为 500,第给汤茗。诏增分为 1200,余悉可。礼仪院又请罢天庆等五节天下赐宴。诏新定设醮州府,赐宴如旧,余悉罢。不久,连礼仪院也被罢废。又减玉清昭应宫、景灵宫、会灵观、祥源观、兖州景灵宫、太极观清卫卒分配诸军;工役仍送八作司。天圣二年(1024 年)六月,罢天庆、天祯、天贶、先天、降圣诸节宫观燃灯。修建宫观也有了节制,例如禁止京城创造宫观,并曾于亲政时(前此为太后听政)下令罢创修寺观;玉清昭应等宫遭焚毁后不复重修。又禁女冠、尼姑非时入内,以免她们干涉朝政。并且尚一度罢诸宫观使。

收敛崇道活动除了有财政拮据的原因外,还跟具有儒家正统思想的士大夫官僚执政和新儒家抬头有关。仁宗时代,常见官僚上疏言二教靡费,请减罢僧道、寺观和道场斋醮。如宋祁、范仲淹等人即有此议。又有人从政治、思想文化的角度反对尊崇道、释二教。例如,高若讷以刑部员外郎兼侍御史知杂事。大庆殿设祈福道场,他便奏道:“大庆殿非行礼不御,非法服不坐,国之路寝也,岂可聚释、老为渎慢?”①玉清昭应宫遭焚,薛讽说这是

① 《宋史》卷 288《高若讷传》,北京:中华书局 1977 年版,第 28 册,第 9685 页。

"天之戒告"①。王曙则上疏认为,玉清昭应宫之兴建不合儒家经义,并言词尖刻地说:"先帝信方士邪巧之说,蠹耗财用无纪,今天灾乃戒其侈而不经也。不当复建。"②太后哭泣着,伤心地对大臣们说:"先帝遵道奉天而为此,今何以称遗旨哉?"③吕夷简估计她将重新营建,乃推《洪范》灾异劝谏,太后只好默然无语。会灵观被焚,时贾黯为谏官,也上言:"天意所欲废,当罢营缮。"④诏罢寺观后章惠太后犹以自己旧宅为道观,谏官、御史群起言之。仁宗说:"此太后奁中物也,谏官、御史欲邀名邪?"宋绶急忙打圆场道:"彼岂知太后所为哉,第见兴土木违近诏,即论奏之。"⑤大约庆历(1041—1048年)前后,新儒家如石介、欧阳修等人,更直接抨击佛、道二教(重点为佛教,兼及道教)。

然而,仁宗时代毕竟没有根本改变真宗的宗教政策。朝飨玉清昭应宫、景灵宫的制度被承袭下来了;宫观祈祷制度被承袭下来了;禁止创建宫观的诏令实际上并未严格执行,西太一宫、会圣宫、集禧观、醴泉观等一批新宫建造起来了;祠禄制度推广开来,更为普遍化了。总之,扶持、利用道教已成为北宋王朝的既定政策。

仁宗之利用道教,主要是用其祈雨、祷嗣这两个方面。祈雨,一是在京师诸宫观举行,一是遣使至名山宫观进行;祷嗣则在茅山,这可能与真宗时祷于茅山有关。《茅山志》说,景德"四年(1007年),真宗遣使祈胤。明年,仁宗生"⑥。仁宗无嗣,亦"祷茅山求嗣",韩绛草祝辞。⑦ 仁宗天圣八年(1030年)五月,又召张乾曜⑧至阙下,问以白日冲举事。张沉吟久之,答说:"此非所以辅政教也。陛下苟能返古之朴,行以简易,志虑清明,神气完

① 《宋史》卷304《薛正辞传》,北京:中华书局1977年版,第29册,第10062页。

② (宋)王称:《东都事略》卷53《王曙传》,济南:齐鲁书社2000年版。

③ 《宋史》卷311《吕夷简传》,北京:中华书局1977年版,第29册,第10207页。

④ 《宋史》卷302,北京:中华书局1977年版,第29册,第10015页。

⑤ 《宋史》卷291《宋绶传》,北京:中华书局1977年版,第28册,第9734页。

⑥ (元)刘大彬:《茅山志》卷11《上清品》,《道藏》第5册,第604页。另参见《历世真仙体道通鉴》卷48《朱自英传》,《道藏》第5册,第378页。

⑦ 《宋史》卷315《韩绛传》,北京:中华书局1977年版,第29册,第10302页。

⑧ 《宋史》作"张乾源",似误。

和矣，奚事冲举？”仁宗嘉其言，赐号“澄素先生”，[①]并令世袭先生号，蠲其租课。又问几子，对以长子传道，次业儒。遂以次子见素为将作监主簿。此并见于《玄品录》、《历世真仙体道通鉴》记载。《宋史·仁宗纪》亦记作“澄素先生”，而毕沅《续资治通鉴》作“虚靖先生”，似本之陆游《老学庵笔记》。陆游说：“信州龙虎山汉天师张道陵后世，袭虚靖先生号，蠲租役，自二十五世孙乾曜始，时天圣八年(1030年)也。今黄冠辈谓始于三十二代，非也。又独谓三十二代为张虚静，亦非也。”[②]按《历世真仙体道通鉴》注引《会要》，当得其实。陆游似将三十代天师(而非三十二世孙)张继先封号混于张乾曜。《历世真仙体道通鉴》引《会要》云，张乾曜长子张嗣宗“至和三年八月，赐号冲静先生”[③]，亦不称“虚靖先生”。以下，张嗣宗封“虚白先生”，张象中于宋仁宗时赐紫承袭，张敦复追封“葆光先生”，张景端追封“葆真先生”。《佛祖统记》卷53《历代会要志》“天师世次”也说，张乾曜赐号“澄素先生”，张嗣宗赐号“冲静先生”，张继先则赐号“虚静先生”，足见根据的是《国朝会要》。《历世真仙体道通鉴》又记载说，天师张象中得“宋仁宗召见，赐座，咨问道法甚妙。并赐紫衣，亲洒宸翰，以镇福庭；復束帛金器，自后朝廷宠赉荐至”[④]。在仁宗的优礼下，符箓道派得到一定程度的发展。

仁宗还奉安真宗御容于万寿、寿星等道观，以示其继承真宗的遗志。当时盛传他为“赤脚大仙”，恐与其奉道不无关系。[⑤]

英宗赵曙在位时间极短，大体承袭仁宗时体制，无甚建树。其子神宗赵顼年少好竞进，倚用王安石为相，于熙宁(1068—1077年)间实行全面变法。他的新法措施虽在一定程度上损害了道门利益(原享有免役特权的僧道户也得依照户等交纳助役钱)，不过，道教在神宗时代还是有所发展。熙宁二年(1070年)十二月，增三京留司御史台、国子监及宫观官，目的在安置年老

---

① (元)张天雨:《玄品录》卷5《道言》,《道藏》第18册,第136页;(元)赵道一:《历世真仙体道通鉴》卷19《张乾曜传》,《道藏》第5册,第211页。

② (宋)陆游:《老学庵笔记》卷5,北京:中华书局1979年版,第70页。

③ (元)赵道一:《历世真仙体道通鉴》卷19,《道藏》第5册,第211页。

④ (元)赵道一:《历世真仙体道通鉴》卷19,《道藏》第5册,第211页。

⑤ 王称说仁宗“或遇时变,必跣足露立,致祷于庭”。见《东都事略·仁宗纪》。

冗官和排斥反对变法者，但在客观上却有利于扩大道教在士大夫中和社会上的影响。四年（1071 年）十月，罢差役法，使民出钱募役，僧、道皆不例外；但五年（1073 年）十二月又诏云："寺观奉圣祖及祖宗陵寝神御者免役钱。"①

神宗也同仁宗一样，需要道教为其祈福禳灾。熙宁五年（1072 年），建中太一宫，以重臣提举，并以亳州太清宫为蓝本，建中太一宫衣冠之制。元丰（1078—1085 年）中，又建大型道宫，太后出金帛，建上清储祥宫，内侍陈衍主其役，历时约十年。至哲宗元祐六年（1091 年）六月建成，诏苏轼撰碑文。元丰（1078—1085 年）中，神宗又增筑景灵宫，又修崇道教地方性灵祠，加号道教尊神、俗神。例如，熙宁（1068—1077 年）间，增加神仙封号，"初真人，次真君"（《宋史・礼志》）。元丰四年（1081）正月，诏江州庐山太平兴国观九天采访使者、蜀州青城丈人观九天丈人加号"九天采访应天保运真君"、"九天丈人储福定命真君"。五年（1082 年）九月，诏以沿黄河神济夫人称"显灵神妃"，以灵津庙为额。

神宗时，也举行大型的祈禳道场，并厚赐作法道士。如元丰三年（1080年）四月，其时委王太初以营宫之伍，赐上清储祥宫田二十顷；遇同天节，赐道士一人紫衣。又赐灵慧大师王太初为"灵慧冲寂大师"。王太初以符箓行于京师宫中，亦颇用之。知齐州王临言，"州有灵岩寺地，课几万缗，皆为僧徒盗隐，乞差官监收，每岁计纲上京纳"。诏赐与上清储祥宫。② 六月，又诏以户绝孙守凝园宅并地十四顷有畸，赐上清储祥宫。七月，遣勾当御药院吴靖方于中太一宫真室殿建天皇九曜息灾祈福道场七昼夜，启罢日，参知政事一员行香。神宗常"日设大醮"，至元丰八年（1085 年）二月，始诏日者，火灾可于集禧观为民祈福，道场一月，罢日设大醮。病后，三省、枢密院要员并诣集禧观宿斋，开建道场。元丰元年（1078 年），又命枢密直学士、提举中太一宫孙永监修删润斋醮科仪。

在制度方面，神宗时代有了一些新的进展。度道士、僧尼仍然多在统治

---

① 《宋史》卷 15《神宗纪》，北京：中华书局 1977 年版，第 2 册，第 282 页。

② （宋）李焘：《续资治通鉴长编》卷 303，北京：中华书局 1980 年版，第 21 册，第 7375 页。

者喜忧的时刻,例如元丰二年(1079年)十月,以太皇太后不豫,诏度在京宫观、寺院童行年四十、长发童子年三十五以上、三帐及十年者为僧尼、道士,令御药院于启圣院作大会,以度牒授之。但自熙宁以降,发放度牒十分冗滥,其原因在于为了解决军国费用,鬻卖度牒。至元丰七年(1084年),门下省言:"度僧牒已著令每道为钱百三十千,检会夔州路转运司每道三百千"[①],度牒已成了官方垄断出售的商品,紫衣、师号,也成了以权换钱的手段。由于无论僧尼、道士,宗教素质都普遍下降,元丰三年(1080年)十月十六日,右街道录张居善等乞请"自今补道职,试《道德经》、《灵宝度人经》、《南华真经》等义,并宣读科仪祝读等为兼经,依迁补僧职,差官考试"。从之。[②] 熙宁八年(1075年)八月,曾诏内外宫观、寺院主者和僧道正,过去宣敕差补,此后由尚书祠部给帖。说明即使是宫观住持之类道职,也是由官方任命,这的确体现出当时道教组织的官方性质。

神宗颇敬重茅山二十五代宗师刘混康,特礼信之。哲宗时又召至京师,赐名"洞元通妙法师",住持上清储祥宫。董惟滋隐居赤松山,名闻于神宗,"名试诸经,理义敷畅"[③]。赐度牒为赤松黄冠师,继赐"冲真"师号及紫衣,命掌东京中太一宫事。神宗又闻高道陈景元名,诏即其地设普天大醮,命撰青词以进。既奏,称善,得旨赐对天章阁,遂赐"真靖"师号。又改章服,累迁至左右街副道录。乞归庐山葬亲,诏赐白金助之。成都人章詧好道,常好道,常看《黄庭经》,又炼丹,精妙于《易》,与邵雍友善,注《太玄经》10卷进上,神宗悦之,封为冲退处士。

哲宗赵煦即位,仍是北宋政治的多事之秋,无论是新旧两党,还是他们内部的各派,都相互贬斥、排挤对方,党争不断;但对道教的态度无甚大的更改,只是在皇太后垂帘听政、司马光旧党势力抬头的元祐二年(1087年)正月,曾诏令"举人程试,主司毋得于《老》、《庄》、《列子》书命题"[④]。这时,政

① (宋)李焘:《续资治通鉴长编》卷343,北京:中华书局1980年版,第23册,第8237页。
② (宋)王栐:《燕翼诒谋录》卷5:"出卖僧道度牒"条,《学津讨原》本。
③ (宋)倪守约:《金华赤松山志》,《道藏》第18册,第14311页。
④ 《宋史》卷17《哲宗纪》,北京:中华书局1977年版,第2册,第323页。

治斗争也波及学术领域，对道、佛思想的传播也有阻碍作用。直到哲宗亲政，情况才有所改变。此外，具有正统儒家思想的士大夫官僚还对崇道进行干预。例如，上清储祥宫建成时，太皇太后对辅臣说："此与皇帝皆出阁中物营之，以成先帝之志。"王岩叟即从旁进言："陛下不烦公，不劳民，真盛德事也。然愿自今以土木为戒。"又以宫成将肆赦，说："昔天禧中，祥源成，治平中，醴泉成，皆未尝赦。古人有垂死谏君无赦者，此可见赦无益于圣治也。"①

（二）徽宗崇道和北宋末年官方道教制度的演变

元符三年（1100 年），哲宗死，因无子，弟端王赵佶即位，他就是历史上著名的"道君皇帝"——宋徽宗。

徽宗在位期间，构设党禁，堵塞言路；大兴营造，极事搜刮。他所重用的蔡京、童贯、王黼、杨戬、朱勔等人，公开卖官鬻爵。这些大官僚地主都拥有大片田产庄宅，还贪得无厌。他们投徽宗之所好，劳竭民力，盘剥民财。如蔡京数度为相，多事媚谀，权倾一时，"徽宗颇垂意花石，（蔡）京讽（朱）勔语其父，密取浙中珍异以进"②。王黼则"由通议大夫超八阶，宋朝命相未有前比也"，"既得位，乘高为邪，多畜子女玉帛以自奉"，"请置应奉局，自兼提领，中外名钱皆许擅用，竭天下财力以供费。官吏承望风旨，凡四方水土珍异之物，悉苛取于民，进帝所者不能什一，余皆入其家"③。由于官僚机器极度膨胀，官俸、兵饷较之神宗末年增加了三至四倍，这些沉重的负担自然通通压在了人民身上。百姓不堪忍受压榨，或一呼百应，揭竿而起；或呼啸山林，流为"盗贼"。

为了消弭士人的不满情绪，平息各地人民的反抗和起义，维持摇摇欲坠的腐朽统治，徽宗乃借用神权，竭力推崇道教，贬抑佛教。一方面把士民的希望引向神仙境界，另一方面企图使人民把仇恨转移到外族。这是徽宗崇道抑佛的最深刻的社会政治背景。当然，徽宗崇奉道教，也有其文化素养基础及与此密不可分的环境气氛。

① 《宋史》卷 342《王岩叟传》，北京：中华书局 1977 年版，第 31 册，第 10896 页。

② 《宋史》卷 470《佞幸·朱勔传》，北京：中华书局 1977 年版，第 39 册，第 13684 页。

③ 《宋史》卷 470《王黼传》，北京：中华书局 1977 年版，第 39 册，第 13681—13862 页。

徽宗崇道,大致可分两个阶段:第一个阶段,自崇宁(1102—1106年)至大观(1107—1110年)间,表现出好道的倾向。其时,道士涉足宫廷政治,例如徐知常在宫中活动,附和宦官童贯,推荐蔡京。蔡京嗜好道教,"自少好方士之说"①,他与车四道人、徐神翁等道士交接之事,多见于宋代笔记小说。关于车四道人授其"乾汞之术",洪迈《夷坚甲志》卷14"车四道人"条说:"蔡以其说传中子翛……蔡之客陈丙尝为象郡守,云然",看来是可信的。他既依靠宦官、道士的支持被起用,自然心向道教,参与扶持道教的活动不遗余力。

第二个阶段,自政和(1111—1117年)至宣和元年(1119年)全面崇道,并一度废佛。这与当时阶级矛盾和民族矛盾都很尖锐、政局不稳有着直接的关系。崇宁、大观间,屡遭灾荒,盗贼四起,险象丛生。北方除了与辽、夏二国对峙外,金国崛起,又增一重威胁。大观三年(1109年)五月一日,有"孟翊献所画卦象,谓宋将中微,宜更年号,改官名,变庶事以厌之"。这确实触到了徽宗的痛处,因此"不乐,诏窜远方"②。北宋王朝统治者历来用作牢笼人民思想的无非儒、释、道三教,但一代名儒程颐、二苏等人皆被打入党籍;佛教则被视为"夷狄之教",又不可用;民间流行的俗神信仰无教义基础,并且往往为反叛者利用;唯道教既提供君权神授和忠君孝祖思想,又主张复古、退隐,可用以愚弄士民;加之它是民族传统宗教,投合他的口味。因此,徽宗尊崇道教,亦是势所有致。

徽宗的崇道活动约有如下数端:

1. 优礼道士,大兴符箓道法。

最早受重用的是方士魏汉津,《宋史·方技传》下《乐志》、《礼志》等皆载其事。魏汉津本蜀黥卒老兵,《宋史》或称其"隐逸之士",或称其"方士",盖一好道者。自言师事一位号"李八百"的唐仙人李良。③ 魏汉津得

① 《坚瓠集》《家事旧闻》语,《夷坚志》则说他"喜接方士"。

② 《宋史》卷20《徽宗纪》,北京:中华书局1977年版,第2册,第376页。

③ 按北宋初,也有一位自称"李八百"的人,据《太宗实录》和《宋史·陈从信传》,太宗时度支使陈从信好方术,有李八百者,自言八百岁,从信师事之,冀传其术,竟无所得。

李良鼎乐之法，精通音律。一次，过三山龙门，闻水声，即对人说："其下必有玉。"脱衣没水，抱石而出，果然是玉。仁宗皇祐（1049—1054 年）中，与房庶俱以善乐荐，时阮逸定黍律，汉津不得伸其学。徽宗崇宁元年（1102 年），魏汉津已九十余岁（一说死于京师时年九十），朝廷协考钟律，得召见，献乐议，言及黄帝、夏禹声为律，身为度之说。当时以为迂怪，然蔡京犹神之。崇宁三年（1104 年）正月，请铸九鼎，次铸帝坐大钟与二十四气钟。四年（1105 年），鼎成，赐号"冲显处士"，后加号至"虚和冲显宝应先生"。死后，即铸鼎之所建宝成殿，祀黄帝等，以李良和魏汉津配食。谥魏汉津"嘉晟侯"。

与魏汉津同时稍后的泰州道士徐神翁，是由蔡京介绍给徽宗的。据说他能知前事，元符（1098—1100 年）中，哲宗密遣人问后嗣，他随口说了句"吉人君子"，偶然得中赵佶之名。徽宗即位，于是大受礼遇。崇宁二年（1103 年），诏至京师，赐号"虚静冲和先生"，凡三召赴阙，并为建仙源万寿宫以居之。大观二年（1108 年）死后，赠太中大夫。

徽宗与茅山道士刘混康的关系更密。即位后，召赴阙。崇宁二年（1103 年），乞归山。七月有旨，用观妙先生朱自英奏，草"九老仙都君"，即文琢玉赐之，并赐"葆真观妙先生"之号。五年（1106 年）七月，加号"葆真观妙冲和先生"。徽宗又加号元符万寿宫，赐九老仙都君玉印、景震玉櫑具剑。御制诗，颁书画，赐予不能悉记。屡召赴阙。大观二年（1108 年）四月，同徐神翁、天师张继先一时复会上清储祥宫，馆于新作元符观。驾幸储祥宫就见。因进所诵《大洞经》。十七日羽解。五月，特赐太中大夫。敕遣使护柩还山，葬叠玉峰。又诏建藏真观为祠室。蔡京奉敕撰《茅山华阳先生解化之碑》，此碑称：刘混康至京，"病不能朝，劳问之使，不绝于途"。徽宗亲绘三茅真君像，洁斋书《大洞真经》，并赐之。"有司以先生解化闻，上震悼，命中贵人赐金营丧"。"先生……其上世皆不仕。崇宁中，以先生故，始诏赠其父守真宣德郎，母朱氏蓬莱县太君"①。刘混康高足笪净之也说："先师被遇圣朝，恩荣终始，如藏真建观，前所未有。"②仅《茅山志》所收录《徽宗

① （元）刘大彬：《茅山志》卷 26，《道藏》第 5 册，第 668 页。
② （元）刘大彬：《茅山志》卷 26，《道藏》第 5 册，第 669 页。

赐刘宗师敕书并诗》,“崇宁凡四十一通,大观凡三十一通”,从崇宁元年七月六日到大观二年四月这70个月中,平均每月一通,可谓书信往返不断。徽宗与刘混康的这种不寻常关系,于此可以概见。

徽宗对刘混康弟子也并加优礼。在大观元年(1107年)七月二十九日的信中付“空名祠部[度牒]五十道、紫衣三十道”,说“恐要度徒弟,笪师之下应徒弟赐以紫衣、师号,随行侍者十五人皆赐披度及赐束帛有差”。《茅山志》载称:笪净之元祐(1086—1093年)间,与刘混康俱入朝,被旨住上清储祥宫。政和三年(1113年)死,表闻,徽宗嗟悼,诏赠“冲隐先生”,爵及父母。蔡卞自云与笪净之早已认识:“盖自先生少时,臣已识之,及其将终,亦令人喻意于臣,云写遗表。”在其奉诏所撰《冲隐先生墓志铭》中说:哲宗时,从师入觐,徽宗时又从之入京,更号“守静法师”,后又加“凝和”。政和三年(1113年)七月三日卒,诏赠“冲隐先生”。其上首徐希和继踵住持,傅希列被召为右街都监。后三年,又诏赠其父为承事郎,母周氏为孺人。其遗表劝徽宗“清心寡欲,以保圣躬;节财俭用,以固邦本;听纳忠良,以广言路”①。徽宗览表,嗟悼不已,以其表降付藏真观,刻石山中。

徽宗又数召三十代天师、龙虎山道士张继先至京,崇宁四年(1105年)五月,赐号“虚靖先生”。据《历世真仙体道通鉴》记载,“宋徽宗崇宁以来,凡四召至阙”②。张天雨《玄品录》也记载其事。《玄品录》说:“徽宗遣使召之既至,秩以碧虚大夫,先生方十三岁,辞不受。崇宁四年再召,命弭解州盐池怪,事甚神异,赐号虚靖先生。政和中大内灾,命醮禳之,因奏红羊赤马之厄,其语秘。”③据此,赐号事当在崇宁四年再召时。《历世真仙体道通鉴》记云“赐号虚静先生,视秩中散大夫”,又说:“初,神宗以真人印文‘阳平治都功印’,凡六字,用昆玉刻之,藏于上清储祥宫法从库,将以畀有道者。至是以赐继先。已而进封真人为‘正一静应显佑真君’。仍诏有司就国之东建下院以居之,赐额曰‘崇道’。又赐缗钱修龙虎山上清宫,拨步口庄五万以饭其众,改赐‘上清正一宫’额。追封其祖及父‘先生’号,度其祖母陈氏、

① (元)刘大彬:《茅山志》卷26《冲隐先生遗表碑》,《道藏》第5册,第670页。
② (元)赵道一:《历世真仙体道通鉴》卷19,《道藏》第5册,第211页。
③ (元)张天雨:《玄品录》卷5《道品》,《道藏》第18册,第139页。

冯氏、妹葆真皆为道士，建真观以居之。复用澄素先生例，官其兄绍先假仕郎，恩赍甚厚。”①

至政和年间，徽宗始宠用濮州道士王老志。王老志好为人言休咎，政和三年(1113 年)，太仆卿王亶以其名闻，召至京师，馆于蔡京府第。② 徽宗遣使询刘妃明达事，王老志称：“明达乃上真紫虚元君。”遂用扶乩通灵的方式具传元君语，而徽宗亦遣老志传语元君。一日，乔贵妃问他：“元君昔日与吾善，今念之乎？”明旦，王老志密封一书进，徽宗开读，乃前岁中秋与二妃燕好之语，乔贵妃得之大恸。徽宗由此亦稍信之，诏封“洞微先生”。据史载，政和三年(1113 年)三月，诏王老志赐号“安泊处士”；九月，召赴阙，封“洞微先生”；四年(1114 年)正月，加号“观妙明真洞微先生”。毕沅说：“老志所居地必生花，谓之地锦。至京师，馆蔡京赐第南园，士大夫阗门。数召对禁中，帝手书赐观妙明真之号赐之。”③徽宗车驾游幸，王老志辄羽衣导驾。士大夫多关心仕途升进，由于徽宗崇信王老志而不以为“妖妄”，因此朝士多从求书，据说“初若不可解，后卒应者十八九”，故其门庭若市。蔡京虑太甚，颇以为戒；王老志亦谨畏，乃奏禁绝之。一日，徽宗召入禁中，老志卒然出幅纸密奏道：“陛下他日与中宫皆有难，臣行死，不及见矣。臣有乾坤鉴法，可以厌禳，然尤当修德，始可回天意。请如臣法铸乾坤鉴，各以五色流苏垂置于寝殿。臣死后，当时坐鉴下，记忆臣语，日儆一日，思所以消变于未形者。”王老志乞还乡，死后，徽宗赐金以葬，赠“正议大夫”④。

又有道士王仔昔(一作“王资息”)，洪州人⑤，始学儒，自言遇许逊，得《大洞隐书》豁落七元之法⑥，出游嵩山，能道人未来事。政和五年(1115 年)十月，徽宗召见，赐号“冲隐处士”，寓蔡京第。徽宗以旱祷雨，每遣小黄门持纸求王仔昔画符，日又至，忽篆符其上，并细书“焚符汤沃而洗之”。黄

① (元)赵道一：《历世真仙体道通鉴》卷 19，《道藏》第 5 册，第 211 页。
② (宋)陆游《家世旧闻》说蔡京为真定帅时，道人王老志自称钟离权弟子，言蔡京必贵极人臣。至此蔡京物色得之，馆于后圃，引与徽宗相见。
③ (清)毕沅撰：《续资治通鉴》卷 91，北京：中华书局 1957 年版，第 5 册，第 2353 页。
④ 《铁围山丛谈》《程史》《历世真仙体道通鉴》《宋史·方技传》皆记其事。
⑤ 一说王仔昔为淮甸间人。又说为嵩山道士。此据《宋史》。
⑥ 《宋史》断作“《大洞》、《隐书》”，分一书为二，盖误。

门惧不肯受，强之，乃持去。徽宗默祝为宫妃疗赤目，用其说一沃立愈。政和六年（1116年）三月，进封"通妙先生"，居上清宝箓宫。献议九鼎神器不可藏于外，乃于禁中建圆象徽调阁以贮之。王仔昔因倨傲稍憨，徽宗常待以客礼，故其遇大宦官若童奴，又欲群道士皆宗己。政和七年（1117年），及林灵素有宠，忌之而加以陷害，囚之东太一宫。不久，坐言语不逊，下狱死。蔡絛《铁围山丛谈》载云，众乃使道士孙密发其不逊语，下开封府杀之。而《宋史·方技传》说，王仔昔之得罪，宦官冯浩力最多。未死之时，书其徒曰："上蔡遇冤人。"其后冯浩南窜，至上蔡被诛。此显系佛教因果报应之说。又据《逍遥山万寿宫志》记载，赐方士王仔昔号"通妙先生"事在徽宗政和三年（1113年）九月。此说似别有所本。其时王老志尚在京，又去林灵素发达之时不远。但无论如何，王仔昔是从王老志到林灵素之间的过渡人物。《十七史商榷》称"由是道家之事日记兴"，也有一定根据。

徽宗时特受宠任的道士是林灵素。林灵素，本名灵素（一作"灵蘁"），字岁昌，或云字通叟，温州永嘉（今属浙江）人，家世寒微。七岁读书，粗能作诗。据说少时为苏东坡书童。东坡问其志，笑而答曰："生封侯，死立庙，未为贵也。封侯虚名，庙食不离下鬼。愿作神仙，予之志也。"①《宋史·方技·林灵素传》载称："从浮屠学，苦其师笞骂，去为道士。善妖幻，往来淮、泗间，丐食僧寺，僧寺苦之。"《睽车志》则谓林灵素未遭遇时，落魄不检，从旗亭贳酒，久不还钱而自扪其面以抵赖，其早年贫穷困窘，受辱无依之象，于此可见一斑。陆游在《家世旧闻》里说他时时写诗，但词句皆鄙恶，了无可观。而《历世真仙体道通鉴》说："先生年将三十，博通儒道经典，志慕清虚，语论孤高，迥脱尘俗。"②恐为文饰之语。

对于林灵素何以受徽宗礼遇，也有不同说法。《历世真仙体道通鉴》载称，大观二年（1108年）四月，诏求天下有道之士，茅山宗师刘混康以其名奏上，徽宗即遣使求之，不起。至政和六年（1116年）十月，驾车太乙东宫，敕委道录徐知常奏："所有温州道士林灵素在道院安下，言貌异常，累言神霄

① （元）赵道一：《历世真仙体道通鉴》卷53《林灵素传》，《道藏》第5册，第407页。
② （元）赵道一：《历世真仙体道通鉴》卷53《林灵素传》，《道藏》第5册，第407页。

事,人莫能晓。尝作《神霄谣》题于壁,今录奏呈。”徽宗览其文,皆神仙妙语,喜甚,令徐知常引林灵素入见。[①] 按刘混康死于大观二年四月,并无荐林语,平日与徽宗书信往还频繁,亦未见提及此人。且刘之死距林之得进,相距七、八年。《历世真仙体道通鉴》此说恐不确。《宋史·方技传》说,至“政和末,王老志、王仔昔既衰,徽宗访方士于左道录徐知常,以灵素对”[②],也许近真。

林灵素既见徽宗,徽宗甚奇之。林灵素大言说:“天有九霄,而神霄为最高,其治曰府。神霄玉清王者,上帝之长子,主南方,号长生大帝君,陛下是也,既下降于世,其弟号青华帝君者,主东方,摄领之。已乃府仙卿曰褚慧,亦下降佐帝君之治。”[③]又谓有兄叫褚嘉,今亦生世间,就是王黼,蔡京为左元仙伯,王黼为右极仙卿(一作“文华吏”),范致虚为东台典籍,王孝迪为西台详阅真文史,盛章、王革为园苑华吏,郑居中、童贯和诸有权势之宦官皆为之名。贵妃刘氏方有宠,即谀为九华玉真安妃。徽宗独喜其说,御书为改名“灵素”,赐号“通真达灵先生”,并赐金牌,非时宣召入内。令删定道史、经箓、灵坛等事,且以师事之。特建通真宫居之,兴上清宝箓宫,密连禁省;又令仁济亭散诸符。命天下皆建神霄万寿宫,于京师开神霄箓坛,“浸浸造为青华正书临坛,及火龙神剑夜降内宫之事,假帝诰、天书、云篆,务以欺世惑众。其说妄诞,不可究质,实无所能解。惟稍识五雷法,召呼风霆,间祷雨有小验而已”[④]。赵与时《林灵素传》称林之五雷法,为入蜀时得自赵升道人,此亦是依托之言。然徽宗却十分相信,车驾不时至所居,临观其施符水为人治病。林灵素即阴募京师无赖之徒数十人,曲背为伛,扶杖为盲,噤口为喑,曳足为跛既巽水投符,皆佯装顿愈,或拜或泣,多言得疾二三十年,一旦都除,欢声动地,徽宗更心悦诚服了。

---

① (元)赵道一:《历世真仙体道通鉴》卷53《林灵素传》,《道藏》第5册,第408页。

② 《宋史》卷462《方技传》,北京:中华书局1977年版,第39册,第13528页。按宋人赵与时《林灵素传》载称林于政和三年(1113年)即至京师,寓东太乙宫,以徽宗敕徐知常访神霄事迹而入对。然据史家考证与《历世真仙体道通鉴》记载,林初次入对当在政和六年(1116年)末。

③ 《宋史》卷462《方技传》,北京:中华书局1977年版,第39册,第13528页。

④ 《宋史》卷462《方技传》,北京:中华书局1977年版,第39册,第13528页。

京城神霄宫建成后，徽宗率蔡京和群臣庆贺。宫早斋罢，徽宗引百官游观，忽吟得上联："宣德五门来万国。"蔡京等沉思，尚不及对，徽宗已问林灵素："师能对否？"林应声而答："神霄一府总诸天。"徽宗大喜。于是，徽宗"令吏民诣宫受神霄秘录，朝士嗜进者，亦靡然趋之。每设大斋，辄费纸钱数万，谓之千道会。帝设幄其侧，而灵素升高正坐，问者皆再拜以请。所言无殊异，时时杂捷给嘲诙以资媟笑。其徒美衣玉食，几二万人。遂立道学，置郎、大夫十等，有诸殿侍晨、校籍、授经，以拟待制、修撰、直阁。始欲尽废释氏以逞前憾，既而改其名称、冠服"①。道教于兹臻于极盛。据《皇朝通鉴纪事》等书记载，自政和七年（1117 年）二月甲子日起，徽宗亲临上清宝箓宫，命林灵素讲玉清神霄王降生记和讲道经，听讲的仅道士就有二千余之众，左街道录傅希列等皆作记上之。林灵素集九天秘书、龙章风篆、九等雷法，集成玉篇进上。徽宗欲得雷书金经全足，收入《道藏》，求访不得。于是，林灵素便假借玉华天尊奏告上帝、上帝遣玉女以印相授的名义，造一天坛玉印，一神霄嗣教宗师印，一都管雷公印，一天部霆司印，和《雷书》五卷进奏。《历世真仙体道通鉴》还说，"先生被旨，修正一黄箓青醮科仪，编排三界圣位，校正丹经、子书"云云。按此说似本之耿延禧《林灵素传》，赵与时同名传记也是根据耿传。赵传说："灵素被旨，修道书，改正诸经醮仪，校丹经灵篇，删修注解。每遇初七，升座讲，听讲皆宰执百官三衙亲王中贵，士庶观者如堵。讲说三洞道经，京师士民始化奉道矣。"②又说，徽宗每以"聪明神仙"呼之而不名，御笔赐"玉真教主神霄凝神殿侍宸"，立两府班上。

政和七年（1117 年）七月，高丽国进献青牛到京，徽宗不胜欣喜，百官朝贺，即赐林灵素乘骑入朝。林灵素遂作《青牛歌》一篇，首句云："政和丁酉西风秋，天子赐以骑青牛。"成篇进奏，徽宗大悦。八月，复撰《日月点纲录》上进，徽宗赐锓梓。

重和元年（1118 年），华山因开三清殿基，巨石匣中得《雷文法书》一册，乃金地茧纸，进至御前，与林灵素所进《雷书》不差一字。这显然是有预

① 《宋史》卷 462《方技传》，北京：中华书局 1977 年版，第 39 册，第 13528 页。

② （宋）赵与时：《林灵素传》，见陶宗仪编《说郛三种》，上海：上海古籍出版社 1988 年版，第 8 册，第 5208 页。

先安排，但徽宗未能察觉，反而大喜过望说："林灵素神圣聪明，记之如此！"又请致皇后英魂，即由林灵素安排通灵之事，谓徽宗乃东华帝君，明节为紫虚玄灵夫人，王皇后为献花菩萨，太子为龟山罗汉尊者，蔡京为北都六洞魔王、第二洞大鬼头，童贯为飞天大鬼母，[①]林灵素本人则为神霄教主兼雷霆大判官，徐知常为东海巨蟾精。五月，即赐林灵素为金门羽客、通真达灵元妙先生、视中大夫。[②] 九月，特授本品真官，免视法。十一月，赐冲和殿侍宸。至此，林灵素权势熏天，竟使朝廷为之升温州为应道军节度。据《宋史》本传记载，他"出入呵引，至与诸王争道。都人称为'道家两府'"[③]。他本与道士王允诚并尊，后忌其相轨，毒之死。宣和（1119—1125 年）初，都城暴水，遣他厌胜。他率其徒步虚城上，役夫争举梃将击之，他迅速逃跑才免遭伤害，徽宗始知众怨。而赵与时《林灵素传》则说，宣和元年三月（当为五月）[④]，大水犯都城，命林灵素治之，登城作法，水势不退，回奏称："臣非不能治水，一者是乃天道，二者水自太子而得。但令太子拜之，可信也。"遂遣太子登城，赐御书，设四拜，水退四丈。是夜，水退尽，京城之民皆仰太子圣德。[⑤]《历世真仙体道通鉴》记载相同，又屡述林灵素劝徽宗去奢华，"修人事可应天心"，"尚忌丙午丁未甲兵长驱"，云云。恐皆不确。但其时他已与蔡京发生冲突，当属实。其实，不但老百姓中有人恨他，道教中人也有对他所为深表不满者。《能改斋漫录》便记载有一道者听林灵素讲经，怒目而前，敢于向他提出挑战。

赵与时《林灵素传》又载称他乞骸骨归乡，降诏不允。秋九月，全台上言。说他"妄议迁都，妖惑圣听，改除释教，毁谤大臣"。灵素即时携衣被急出宫。十一月，与宫祠，温州居住。[⑥]《历世真仙体道通鉴》记载相似（时间

① 此时林与蔡京等人已发生冲突。赵与时传说"京师大旱，命灵素祈雨，未应，蔡京奏其妄"云云，可证。

② （元）赵道一《历世真仙体道通鉴》作"侍中大夫"，盖误。

③ 《宋史》卷 462《方技传》，北京：中华书局 1977 年版，第 39 册，第 13529 页。

④ （元）赵道一《历世真仙体道通鉴》记作五月，按《宋史 · 徽宗纪》亦记是月大水。

⑤ （宋）赵与时：《林灵素传》，见陶宗仪编《说郛三种》，上海：上海古籍出版社 1988 年版，第 8 册，第 5209 页。

⑥ （宋）赵与时：《林灵素传》，见陶宗仪编《说郛三种》，上海：上海古籍出版社 1988 年版，第 8 册，第 5208 页。

稍异),并说他闻讯大笑,呼诸弟子和监宫官吏:"前后宣赐之物约三百担。自去年用千字文字号封锁,籍书分明,一无所用,可回纳宫中。"只唤一童子携衣被,行出国门,宣唤不回,徽宗只得赐官温州。[①] 但《宋史》的记载却与此相左:"灵素在京师四年,恣横愈不悛,道遇皇太子弗敛避。太子入诉,帝怒,以为太虚大夫,斥还故里,命江端本通判温州,几察之。端本廉得其居处过制罪,诏徒置楚州而已死。遗奏至,犹以侍从礼葬焉。"[②]看来,因触犯专制皇权而被斥归故里,也许才合乎事实。

放林灵素归山,在宣和元年(1119 年)十一月。至于他何时死,官修史书未详述。《历世真仙体道通鉴》则说他死于宣和元年八月十五日,与史载同年十一月放归山明显抵牾。赵与时《林灵素传》记载说,宣和"二年(1120年),灵素一日携所上表,见太守闾丘颚,乞与缴进,及与州官、亲党诀别而卒。生前自下圹于城南山,命其随行弟子皇城使张如晦可掘穴深五丈,见龟蛇便下棺。既掘,不见龟蛇,而深不可视,乃葬焉。靖康初,遣使监温州伐墓,不知所迹,但见乱石纵横,强进多死,遂已。"[③]而《清波杂志》言其死于宣和末,究为何年仍不详;并且说他在南宋建炎以后尚逃亡民间,则是认为他佯死避祸,此后(亦不详何年)才偷葬于其故乡永嘉黄土山。但徽宗既然派官监察林灵素的行动,林之死,恐怕也是需要验察核实的。因此,林灵素究竟死于何时仍是一个谜,但可以断定在宣和二年(1120 年)以后,也许死于宣和末年。赵与时特意指出:"今温州天喜宫有御题云:'太中大夫、冲和殿侍宸、金门羽客、通真达灵元妙先生,在京神霄玉清宫管辖、提举通真宫林灵素。'"[④]可见林灵素是一位生前显荣、死后著名的道士。

政和、宣和间,由于林灵素备受徽宗宠任,权势达于极点,道教崇贵无比。《清波杂志》说,宣和间,黄冠出入宫禁,号"金门羽客",气焰赫然,林灵素为之宗主。《历世真仙体道通鉴》说,其时侍宸九人,除林灵素之外,尚有

---

① (元)赵道一:《历世真仙体道通鉴》卷 53,《道藏》第 5 册,第 411 页。

② 《宋史》卷 462《林灵素传》,北京:中华书局 1977 年版,第 39 册,第 13529—13530 页。

③ 赵与时特注明:"此耿延禧所作《灵素传》。"

④ (宋)赵与时:《林灵素传》,见陶宗仪编《说郛三种》,上海:上海古籍出版社 1988 年版,第 8 册,第 5209 页。

徐知常、董南运、李得柔、王冲道、口若愚（失其姓）、王文卿、张虚白和被林灵素害死的王允诚，金门羽客则唯林灵素、王允诚、张虚白三人而已。[①] 徐知常本为左街道录（后茅山宗道士傅希列继任此职），推荐林灵素，实居其下位。政和三年（1113 年）三月，特授“冲虚先生”。董南运也曾任道录。据《历世真仙体道通鉴》记载，道录董南运字宣明，道行高洁，其徒素所推伏。金人犯阙前一年，忽云：“吾梦仙童赍黄书召我为炎峰主者。”翌日，无疾而终。寿七十余。[②] 陆游在《老学庵笔记》说，其父与他有交往。事皆不甚显。并受徽宗宠幸而稍次于林灵素的是张虚白，王文卿则较后起。

张虚白，字致祥，邓州南阳（今河南南阳市）人。少学医，病者求治，多立愈。隶道士籍于太一宫。身长六尺，美须髯，性静重。通太一六壬术，留心丹灶，遇异人，得妙诀，自言前身为宋初道士武陵张白先生，其徒推张白尸解年月及虚白诞生之时，若合符节。武陵张白平生好酒，虚白亦善饮。宋徽宗知其道行过人，每召见，必饮数觥，虽醉益恭。爱之，俾管辖龙德太一宫。虽被眷甚久，未曾稍自矜耀。凡恩赍无虚日。一日，快行六人舁三朱函以赐，启封，皆麸金，拜受之际，无喜色，说：“此朝廷物，非道流所可用也。”[③]宣和末年夏，大雷雨，宣和殿角枝三龙摧折，徽宗惊召虚白问道：“得非怪耶?”张虚白答说：“愿陛下修德以禳之。”徽宗既内禅，钦宗召见，待遇尤厚，凡御前所印经典及三亭所积符箓，尽赐之，以牛车载，数日不绝。金人犯阙，闻其名，搜访甚急，被俘北去。忽一日，遍对诸酋领说：“吾当化去，汝俗行释氏荼毗法，道家忌之，幸得棺柩瘗深土中。”[④]至期果化。

张虚白得徽宗宠幸，官居太虚大夫、冲和殿侍宸、金门羽客，出入禁闱，以玉牌为号。居龙德太一宫凡十年，非宣召不出，有就见者必闻众，宾礼见于堂上，不拜权贵门下。侍徽宗前，终日谈虚论道，无一言及时事。有人问之，则说：“朝廷事有宰相在，非臣等所知也。”[⑤]他不像林灵素那样以势凌

① 《临川盱江志》言王文卿亦拜金门羽客，未详是否。

② （元）赵道一：《历世真仙体道通鉴》卷 51《张虚白》，《道藏》第 5 册，第 395 页。

③ （元）赵道一：《历世真仙体道通鉴》卷 51《张虚白》，《道藏》第 5 册，第 394 页。

④ （元）赵道一：《历世真仙体道通鉴》卷 51《张虚白》，《道藏》第 5 册，第 395 页。

⑤ （元）赵道一：《历世真仙体道通鉴》卷 51《张虚白》，《道藏》第 5 册，第 395 页。

人，而是恪守道教“无为”信条，又不交结权贵，皇帝认为他没有震主危险，故能历徽、钦二朝而不败。

王文卿比林、张年轻，显名也较晚。据赵与时《林灵素传》说，他是于政和末因林灵素推荐，治京师大旱而来京，并得赐神霄凝神殿侍宸。洪迈《夷坚志》亦言其以道术显于政和、宣和间。而《历世真仙体道通鉴》则说，林灵素向徽宗奏称：“先生乃三天都史，掌文吏，下生人世，以赞清静之化。”于是诏求，凡十八次，不知所在。皇叔廉访使巡历至高邮军得病，医无效，遇之求符水得愈，初隐姓名，至恳求问之，方知是王文卿。回朝奏其事，才遣使召至京。[①]《临川盱江志》也说他宣和间，名闻江湖，徽宗崇尚道教，因而召见。无论哪种说法，都说他在林灵素之后。王文卿，字予道，一说字述道，号冲和子，建昌南丰（今属江西）人。生于哲宗元祐八年（1093 年）二月十七日亥时。少时曾为诗，告其父有方外之志。宣和初，渡扬子江，得异人授以致雷电、役鬼神之术。至宣和四年（1122 年）七月，徽宗亲洒宸翰，颁赴寓地，遣侍宸董仲允充采访使，同本路监司、守臣具礼延聘，候送赴阙。既至，奏对玄化无为大道，徽宗大喜，赐馆于九阳总真宫，奉使络绎繁至，颁赐金鞍御马、龙茶玉酿、珍玩奇果、金钱币帛，并皆表还不受。又令驱治宫中之祟，筑雷坛三层缚鬼。封“冲虚妙道先生”号。宣和七年（1125 年）七月下诰文，敕冲虚妙道先生王文卿可特授太素大夫、凝神殿校籍，视朝请大夫、右文修撰，参联从槖。未几，又敕为凝神殿侍宸，后加同管辖九阳总真宫、提举司命府事。父王肇始赠承事郎，母江氏赠太宜人。王文卿上表，乞还山林，徽宗不允。又敕五日一次，佩金方符入大内诣宫阁咒水滁秽，除邪治病，讲明道德，复遣中使黄瑶命其就广德宫行持南昌受炼司大法，拔度亡魂。以祈晴有功，十一月即命赐诰，依前太素大夫、凝神殿侍宸再除两府侍宸、冲虚通妙先生、视太中大夫、特进徽猷阁待制，主管教门公事。父再赠承议郎，母太令人，妻平氏宜人，叔王深赐承信郎，弟王次卿迪功郎。又乞还山，亦不允。时金军进犯，宋师败绩。十二月二十三日，徽宗禅位钦宗，入贺。靖康元年（1126 年）四月，复乞还侍母，听其奏，方免于难。

---

① （元）赵道一：《历世真仙体道通鉴》卷 53《王文卿》，《道藏》第 5 册，第 412 页。

除了上述几位名噪一时的道士外，徽宗还广求异人，优礼高道。政和六年（1116年）二月诏："访闻棣州士人刘栋，蔬食葆神，虚心契道，人之隐奥，洞然明知，处方书符，每有应验。可令敦遣赴尚书省审验外，于上清宝箓宫安下，仍给路费驿券递马，无令失所。"[①]重和元年（1118年）九月，以刘栋为守静先生，视中大夫，刘栋辞不受。据叶梦得《避暑录话》，王老志、王仔昔和刘栋"三人皆有小术"。刘栋曾为举子，言师韩君义，后为直龙图阁，宣和末，林灵素失宠后，乞归。吴曾《能改斋漫录》云，林灵素建议，刘栋每与其相左，可见他也是颇有势力的。徽宗还召见、重用皇甫浼、刘元道、刘卞功、王道坚、邹葆光等道士，又为四明山道士吴真阳建观，这些留待后文叙述。

徽宗时代，女道士有的也颇受重视，如虞仙姑、于仙姑、马仙姑、妙靖炼师陈琼玉等。虞仙姑在大观（1107—1110年）中，年已八十余岁，而状貌看起来很年轻；行大洞法。一日，徽宗诵《大洞经》，举首恍如见有仙官侍立。蔡京具饭招仙姑，时见大猫，指而问蔡京："识之否？此章惇也。"意在讽京，蔡京大为不乐。徽宗又问她致太平之期，她答说："当用贤臣。"徽宗问："贤人谓谁?"她说："范纯粹也。"徽宗将此语告诉蔡京，蔡京乘机说："此元祐臣僚使之。"遂驱逐仙姑，于是士大夫争言"虞仙姑亦入元祐党矣"[②]。毕沅说，"刘混康，虞仙姑、王老志、王仔昔，皆为帝所礼"[③]，可见她与刘混康等人齐名。她是在崇宁被诏至京的。《仙鉴后集》载云："虞真人本女流，遇异人，不食，隐终南山。士大夫多敬之。宋徽宗崇宁初首于茅山诏刘混康，海陵诏徐神翁，终南诏虞真人，弋阳诏张虚静，日集秘殿，讲究道妙。"[④]她虽为女流，但有操行、有己见，不随波逐流，与林灵素那样阿谀奉承之徒相去远矣。徽宗又召于仙姑至京。据史载，大观元年（1107年）二月，授于仙姑"清真冲妙先生"号。寻遣李环赍御印封香往凤翔太平宫等处道场，因就宣于仙姑赴阙。既召至，赐"真人"之号，且赐诗云："身是三山云外侣，心无一点

① （清）毕沅撰：《续资治通鉴》卷92，北京：中华书局1957年版，第5册，第2377页。

② 《范文正公集·言行拾遗事录》卷4，《四部丛刊》本。

③ （清）毕沅撰：《续资治通鉴》卷92，北京：中华书局1957年版，第5册，第2385页。

④ （元）赵道一：《历世真仙体道通鉴后集》卷6《虞真人》，《道藏》第5册，第485页。

世间尘。”①

妙靖炼师陈琼玉，道行高洁。政和七年(1117年)，郡守刘安上部使者卢天骊、王汝明等闻于朝，徽宗也召至京，赐对。

徽宗宠任的道士大多为符箓道士。徽宗颇好道教驱鬼、预言、占梦之类方术。刘鉴泉先生说：“北宋之末，符箓大盛。徽宗好道，所好者符箓也。”②这有一定根据，尽管并不限于此点。

2. 奉神仙，夸祥瑞，自称“教主道君皇帝”。

徽宗十分信神，尤其信仰道教神仙，以为精诚尊奉，可臻太平符瑞。故他对刘混康说：“夫至诚必通，精修有感，事具存于奥典，仪昭著于真科。”③即位不久，加封三茅君。崇宁元年(1102年)七月一日，建长生宫以祠荧惑。大观元年(1107年)正月一日，置礼仪局于尚书省，表明其绍述真宗孝志，要大搞崇神活动。大观三年(1109年)十一月，诏算学以黄帝为先师，风后等八人配享，巫咸等七十人从祀。为了崇奉道教正神，又于政和三年(1113年)毁京师淫祠1038区。同时渲染所谓“祥瑞”。政和七年(1117年)六月，再次下诏禁巫觋。

徽宗在禁淫祠的同时，竭力宣扬“天神下降”之事。政和三年(1113年)十一月，徽宗从事南郊祭礼，蔡攸为执绥官，玉辂出南薰门，徽宗忽然说：“玉津园东，若有楼台重复，是何处也？”蔡攸即奏：“见云间楼殿台阁，隐隐数重，既而审视，皆去地数十丈。”不一会儿，徽宗又问道：“见人物否？”蔡攸即奏：“有道流童子，持幡节盖，相继而出云间，衣服眉目，历历可识。”于是徽宗遂“以天神降，诏告在位，作《天真降临示现记》”④。据《宋史·礼志》载：政和三年十一月六日，太师蔡京奏：“天神降格，实为大庆，乞付史馆。”徽宗即出手诏，播告天下。群臣诣东上阁门拜表称贺，御制《天真示现记》，寻以天神降日为天应节，即其地建迎真宫。次年夏至，躬祀方丘，又制《神应记》略云：“羽卫多士，奉辇武夫，与陪祝官，顾瞻中天，有形

① (元)赵道一:《历世真仙体道通鉴后集》卷6《于仙姑》,《道藏》第5册,第486页。

② 刘鉴泉:《道教征略》上册,《图书集刊》第7期,第45页。

③ (元)刘大彬:《茅山志》卷3《诰副墨·宋诏诰》,《道藏》第5册,第564页。

④ 《宋史》卷21《徽宗纪》,北京:中华书局1977年版,第2册,第392页。

有象，若人若鬼，执矛执戟，列于空际，见者骇愕。”并遣使奏告陵庙，诏示天下。[①] 此与真宗时通过“天书”、“神降”，使崇道奉神活动推向高潮有些类似。

徽宗宣称自己常常梦见老君召见。如即位前在藩邸时，即称曾梦见老君坐殿上，仪卫如王者，告谕他说：“汝以宿命，当兴吾教。”徽宗受命而出，醒后记其事，从而十分推崇道教教主老君。[②] 至政和六年（1116 年），诏“老君名耳字并伯阳，及谥聃，并见在于经传，见今士庶多以为名字，甚为亵渎。自今后并令禁止”[③]。

同年九月一日，徽宗诣玉清和阳宫，上玉皇“太上开天执符御历含真体道昊天玉皇上帝”徽号宝册，为此而大赦天下；令洞天福地修建宫观，塑造圣像。徽宗试图合“上帝”与“玉皇”为一，并且稍后又上地祇尊号，仪如玉皇，制郊祀大礼采用道教礼仪，这就表明：徽宗一方面把道教崇拜神灵活动纳入官方祠祀体制之中；另一方面又把道教奉到国教的地位上了。此时，他“以道交神”，“靡神不宗”[④]。

尽管如此，徽宗犹未满足，总想有一能压服众人之心的尊神。正巧林灵素到来，为他说神霄玉清府事。这下可正中徽宗下怀，因为宣告自己就是上帝派遣下凡的神仙、救世主，较之以凡夫的身份崇奉老子等道教诸神更能够慑服臣下。于是，林灵素受徽宗指使，便制造长生帝君之弟青华帝君夜降宣和殿事。政和七年（1117 年）二月甲子，“会道士二千余人于上清宝箓宫，诏通真先生林灵素谕以帝君降临事”。[⑤] 所谓“帝君”，据《宋史·林灵素传》，即指青华帝君。毕沅对此指出：“是时帝兴道教将十年，独思未有一厌服群下者，灵素因希指造为青华帝夜降宣和殿事，假帝诰天书云篆。帝乃会道士二千余人于上清宝箓宫，俾灵素宣谕其事。左街道录傅希烈等皆作记上

---

① 《宋史》卷 104《礼志》，北京：中华书局 1977 年版，第 10 册，第 2543—2544 页。

② （清）毕沅撰：《续资治通鉴》卷 91 北京：中华书局 1957 年版，第 5 册，第 2354 页。

③ （清）释志磬：《佛祖统纪》卷 47；《混元圣纪》卷 9，《道藏》第 17 册，第 882 页。

④ 《庐山太平兴国宫采访真君事实》卷 6 载提点太平兴国宫洪刍撰《奉安玉册记》，《道藏》第 32 册，第 687 页。

⑤ 《宋史》卷 21《徽宗纪》，北京：中华书局 1977 年版，第 2 册，第 397 页。

之。”①徽宗便自命为道教教主了。“夏四月庚申,帝讽道录院上章,册己为教主道君皇帝,止于教门章疏内用。”②他对道录院道士们说:“朕乃昊天上帝元子,……令天下归于正道。帝允所请,令弟青华帝君权朕大霄之府。朕夙昔惊惧,尚虑我教所订未周,卿等可表章,册朕为教主道君皇帝。”这完全是道教教主的口气。但他又要当皇帝,享受世俗快乐,不系于道教教法之内。因此毕沅说:“教主道君皇帝,即长生大帝君,道教五宗之一,所谓神化之道,感降仙圣,不系教法之内。”③

至此,崇道奉神活动达到高潮。

五月,上“承天效法厚德光大后土皇地祇”徽号宝册。八月,诏明堂并祠五帝。十二月,又诏天神降于坤宁殿,刻石以纪之。不到一年时间,再次造为天神降临之事。

重和元年(1118年)四月“己卯,诏:每岁以季秋亲祠明堂,如孟月朝献礼,以太上混元上德皇帝二月十五日生辰为贞元节”④。“贞元节”亦作“真元节”。五月,“以青华帝君八月九日生辰为元成节”⑤。九月,在《道德》等经置博士后,“以岁当戌、月当壬为元命,降德音于天下”⑥。宣和元年(1119年)五月“壬申,班御制《九星二十八宿朝元冠服图》”⑦。但同月,东京汴梁遭大水,到十一月,东西诸路遭水灾,而淮甸地区却旱情严重,“饥民失业”,京西则闹饥荒。这似乎就是老天爷给予徽宗奉神的“奖赏”。

尽管如此,徽宗仍沉湎于神仙、祥瑞之中。在位时曾诏以列子、庄子陪享太上之祠。宣和元年(1119年)六月,诏封庄周为微妙元通真君,列御寇为致虚观妙真君,并行册命。九月,又幸道德院观金芝。自宣和二年(1120

① (清)毕沅撰:《续资治通鉴》卷92,北京:中华书局1957年版,第5册,第2385页。

② 此据《宋史·徽宗纪》。王称《东都事略》卷71《徽宗皇帝本纪》系此事于政和七年(1117年)春正月癸丑日。

③ (清)毕沅撰:《续资治通鉴》卷92,北京:中华书局1957年版,第5册,第2386—2387页。

④ 《宋史》卷21《徽宗纪》,北京:中华书局1977年版,第2册,第400页。

⑤ 《宋史》卷21《徽宗纪》,北京:中华书局1977年版,第2册,第400页。

⑥ 《宋史》卷21《徽宗纪》,北京:中华书局1977年版,第2册,第400页。

⑦ 《宋史》卷22《徽宗纪》,北京:中华书局1977年版,第2册,第403—404页。

年)起,“群盗啸聚”,方腊、宋江相继起义,徽宗的奉神活动才有所收敛。但为了防止人民利用宗教起义,宣和七年(1125 年)七月一日,诏士庶不得以“大”、“王”、“君”、“圣”为名字。

宣和七年末,金兵入侵,徽宗被迫退位,其子即位后,尊他为“教主道君太上皇帝”,居于龙德宫,李邦彦为龙德宫使,蔡攸副之。即确认“教主道君”一号不仅限于道教内部。次年正月,他由京口返归京城时,其词稿尚自称“奉行玉清神霄保仙、元一六、阳三五、璇玑七九飞天大法师,都天教主臣某”①。即使在金兵入侵、亡国在即的危急关头,他仍念念不忘祈祷神霄玉清帝君,表现对道教尊神的虔诚信仰。南逃还京时和京城失陷后,他都穿着道服,反映出他崇道奉神,至死不渝。

3. 兴宫观,铸九鼎。

徽宗即位的建中靖国元年(1101 年),因修奉景灵西宫,下苏、湖二州采太湖石 4600 枚。《续资治通鉴》毕沅《考异》云:“修景灵西宫,采太湖石,《宋史》、薛、王二《鉴》皆不书,程俱《北山小集》具载其事。东南花石纲,实昉于此。”②按:景灵西宫为国家道教宫观,其制参用道仪。说明徽宗初即位,便从事兴建宫观。崇宁元年(1102 年),为了祠荧惑、祈愿长生而建造长生宫。崇宁四年(1105 年)七月,又置荧惑坛。崇宁二年(1103 年)正月九日,诏许茅山修建道观。他给刘混康的信中说:“所乞立木事,已降指挥,修建本观,所要疾速,选定日期兴工,如逐旋有阙,一一奏来。”③后又数次询问建宫情况,并说:“葺构葆真,尚阙缗用,已降指挥,应干官吏,责以近限,并力就功。”“候功毕日,速赴阙下,其张翊已降指挥,专一催督应办,去讫,并本命神像迁入法堂,权行奉安。如更有阙,一一奏来。”“潜神之役,未见告

① 岳珂:《桯史》卷 8,北京:中华书局 1981 年版,第 93 页。按岳珂说,此稿李纲家有藏本,可见是真实可信的。但岳珂又说:“按蔡絛《国史后补》载徽祖教门尊号为,玉京金阙、七宝之台、紫微上宫、灵宝至真玉宸明皇大道君,与此不同意归美之称,不欲以自名耳”。笔者按:此号见于道书,系道教尊神,非徽宗自号。

② (清)毕沅撰:《续资治通鉴》卷 87,北京:中华书局 1957 年版,第 5 册,第 2227 页。

③ (元)刘大彬:《茅山志》卷 3,《道藏》第 5 册,第 562 页。

功,不知所修可意否?”①崇宁五年(1106 年),宫成,徽宗亲题额“元符万宁宫”,又命蔡卞撰文记其事。徽宗在信中对刘混康说:“宫宇落成,丰碑可俟命硕儒以制文,及亲题于碑额,非特一时之盛事,抑以彰前人之休声。”②并以宫成,特加刘混康号“冲和”二字,其诰云:“敕江宁府茅山元符万宁宫葆真观妙先生刘混康:三茅灵境,仙圣所栖,比建新宫,用伸崇奉。以尔心游澹漠,道合元微,俾宅其间,阐扬至化,宜加美号,以示眷怀。”③徽宗还亲制《元符万宁宫庆成颂》,说此“盖以协成哲宗之志,以安妥明灵,钦崇妙道,昭示后世”④。

徽宗又于崇宁三年(1104 年)正月铸九鼎。崇宁四年(1105 年)八月,奠九鼎于九成宫。大观二年(1108 年)正月一日,受八宝于大庆殿,蔡京表贺祥瑞。政和六年(1116 年),以王仔昔言九鼎神器,宜纳之禁中,不可处外,十二月,奠九鼎于圜像徽调阁。据《宋史·礼志》,九成宫在中太一宫南。中央曰帝鼐,色黄,祭以土王日,为大祠,币用黄,乐用宫架。北方曰宝鼎,色黑,祭以冬至,币用皂。东北曰牡鼎,色青,祭以立春,币用皂。东方曰苍鼎,色碧,祭以春分,币用青。东南曰冈鼎,色绿,祭以立夏,币用绯。南方曰彤鼎,色紫,祭以夏至,币用绯。西南曰阜鼎,色黑,祭以立秋,币用白。西方曰晶鼎,色赤,祭以秋分,币用白。西北曰魁鼎,色白,祭以立冬,币用皂。八鼎皆为中祠,乐用登歌,享用素馔。复于帝鼐之宫立大角鼎星祠。以蔡京为定鼎礼仪使,徽宗亲至九成宫酌献。亳州太清宫道士王与之进《黄帝崇天祀鼎仪诀》,据说皆本于天元玉册、九宫太一,合于魏汉津所授上帝锡夏禹隐文。同修为《祭鼎仪范》,修成《鼎书》17 卷、《祭鼎仪范》6 卷。又诏以铸鼎之地作宝成宫,以祠黄帝等。后因王仔昔议,又为九鼎改名。政和七年(1117 年)七月,诏八宝增定命宝。政和八年(1118 年),用方士言,铸神霄九鼎成,分别名“太极飞天洞劫之鼎”、“苍壶祀天贮醇酒之鼎”、“山岳五神

① 崇宁四年正月十二日、二十四日、五年六月二十日信,《道藏》,第 5 册,第 563—564 页。

② 崇宁五年八月二十日信,《道藏》,第 5 册,第 565 页。

③ 同上。原注:“崇宁五年八月二十三日,中书舍人李图南行。”

④ 《道藏》第 5 册,第 566 页。原注:“崇宁丙戌岁宣和殿书。”

之鼎”、“精明洞渊之鼎”、“天地阴阳之鼎”、“混沌之鼎”、“浮光洞天之鼎”、“灵光晃耀炼神之鼎”、“苍龟火蛇虫鱼金轮之鼎”，奉安于上清宝箓宫神霄殿。徽宗用方士言铸两种九鼎，是其崇道活动的一环。

大观元年（1107 年）二月，为便于刘混康经常到京，特命于上清储祥宫东建万宁之别观（此前曾建元符之别观）。但他兴建宫观并不局限于刘一人而已，而是在他统治的区域广兴普建。正如他自己所说：“朕祗奉三元，钦崇至道，每念承灵之重，庶臻可致之祥，凡在幅员，率兴观宇。”①较突出的如：大观元年（1107 年）九月，建显烈观于陈桥，以奉祀太祖，至宣和六年（1124 年）四月方修成，历时 17 年之久，称“显烈宫”。政和三年（1113 年）四月，以福宁殿东建玉清和阳宫，政和七年（1117 年）五月，改为玉清神霄宫。政和五年（1115 年）四月，作葆真宫。林灵素至京后，又特建通真宫为居。政和六年（1116 年）四月，大会道士于上清宝箓宫，毕沅说：“宫建于景龙门，对晨晖门，密连禁署，用道士林灵素言也。”“帝时登皇城，下视之。由是开景龙门，城上作复道通宝箓宫，以便斋醮之事。”②政和七年（1117 年）二月“辛未，诏天下天宁万寿观改为神霄玉清万寿宫。仍于殿上设长生大帝君、青华大帝君圣像”③。由蔡京题写宫门及玉皇殿等匾额。神霄宫以祀长生大帝君为主，其次为蓬莱灵海帝君、西元大帝君、东井大帝君、西华大帝君、清都大帝君、中黄大帝君，又有左右仙伯、东西台吏 22 人绘于壁，另有韩君丈人祀于殿侧，称为神霄帝君之高宾。其说皆出自林灵素、张虚白、刘栋，构成神霄派的神灵体系。宣和末，以方士刘知常所炼金轮颁之天下神霄宫，名曰“神霄金轮”。在改建神霄宫之前，因奉玉册玉宝上玉皇尊号，就曾“令洞天福地修建宫观，塑造圣像”④。

当时修建宫观催迫甚紧，有的官僚被认为有抵触情绪而被罢免。如：重和元年（1118 年）三月，知建昌陈并等改建神霄宫不虔及科决道士，诏并勒停。宣和元年（1119 年）三月，知登州宗泽坐建神霄宫不虔，除名编管。徽

① 《道藏》第 5 册，第 567 页。

② （清）毕沅撰：《续资治通鉴》卷 92，北京：中华书局 1957 年版，第 5 册，第 2378 页。

③ （宋）王偁：《东都事略》卷 11《徽宗纪》，济南：齐鲁书社 2000 年版。

④ （清）毕沅撰：《续资治通鉴》卷 92，北京：中华书局 1957 年版，第 5 册，第 2386 页。

宗就是这样使用专制皇权肆意惩罚那些反对他耗竭民力的官员，北宋腐朽王朝的败灭实为情理中事了。

他又于重和元年（1118 年）五月，诏诸路选漕臣一员，提举本路神霄宫。六月，诏蔡京、郑居中、余深、童贯兼充神霄玉清万寿宫使，邓洵武、薛昂、白时中、王黼、蔡攸兼充副使。宣和元年（1119 年）八月，神霄宫成，亲制《神霄玉清万寿宫记》，令京师神霄宫刻记于碑，以碑本赐天下，摹勒立石。

他还命户部侍郎孟揆于上清宝箓宫之东筑山，以像余杭凤凰山，号曰“万岁”，周十余里，宣和四年（1122 年），万岁山筑成，又亲制《艮岳记》以纪其胜。名“艮岳”，是因神霄降，其诗有“艮岳排空霄”之句。

4. 设立道学制度，提倡学习道经，编修《道史》、《道典》。

徽宗重视对道经的研究，曾自注《老子》。早在崇宁二年（1103 年）就宣称：“朕执古之道，以御今之有，嘉与希夷守一之士，以正浇漓之习。”大观（1107—1110 年）间又说：“朕惟至德之世，无为而万物化，渊静而百姓定，爰率是道，纳民泰和。”①大观二年（1108 年），班《金箓灵宝道场仪范》于天下。政和三年（1113 年）十二月，诏天下访求道教仙经。翌年（1114 年）三月，又诏：“诸路监司，每路通选宫观道士十人，遣发上京，赴左右街道录院讲习科道声赞规仪，候习熟遣还本处。”七年（1117 年）八月一日，蔡攸奏：“庄、列、亢桑、文子，皆著书以传后世。今《庄》、《列》之书已入国子学，而《亢桑子》、《文子》未闻颁行，乞取其书，精加雠定，列于国子之籍，与《庄》、《列》并行。”徽宗从之。十二月，亲笔改《老子道德经》为《太上混元上德皇帝道德真经》，对《老子》一书推崇备至。

重和元年（1118 年）五月，颁亲制《圣济经》，提倡道教医学。八月，知兖州王纯奏乞令学者治御注《道德经》，间于其中出论题。从之。于是八月建道学。诏云：“自今学道之士，许入州县学教养；所习经以《黄帝内经》、《道德经》为大经，《庄子》、《列子》为小经外，兼通儒书，俾合为一道，大经《周易》，小经《孟子》。其在学中选人，增置士名，分入官品。元士、高士、上士、良士、方士、居士、隐士、逸士、志士，每岁试经拨放。州县学道之士，初入

① （元）刘大彬：《茅山志》卷 3、卷 4，《道藏》第 5 册，第 562、570 页。

学为道徒，试中升贡，同称贡士。到京，入辟雍，试中上舍，并依贡士法。三岁大比，许襕鞹就殿试，当别降策问，庶得有道之士以称招延。"[①]资政殿大学士、知陈州邓洵仁奏乞选择《道德经》数十部，先次镂板，颁之州郡，道录院看详，取旨施行。九月，诏太学、辟雍各置《内经》、《道德经》、《庄子》、《列子》博士二员。颁《御注道德经》，刻石神霄宫。稍后几日，用蔡京言，集古今道教事为纪志，赐名《道史》。谢守灏记此事在宣和元年（1119 年）八月，与史乘异，并说："八月，编修史官言编修道史所止年代，诏：自龙汉止五代为《道史》，本朝为《道典》。"关于其书的内容结构，又说："宣和三年（1121 年）十一月三日诏提举道录院：见修《道史》非可以常史论。自《史记》、《汉书》以来，体制有可采，当以为例。则《史表》一门，不须徒设。《道纪》断自天地始分，以三清为首，三皇而下帝王之得道者，以世次先后列于《纪》。为天、地、宫府。品秩、舆服、符箓、仪范、禁律、修炼、丹石、灵文、宝书等十二《志》。男真自风后、力牧而下，女真自九灵元君而下，及凡臣庶之得道者，各以世次先后为《传》。"[②]据此，知其体例沿袭《史记》、《汉书》等"正史"纪传体，有《纪》、《传》、《志》，然无按时间编排的《表》。

由于徽宗提倡道学，并且当时通过道学考试可获有优厚俸禄的道官、道职，一些儒生愿从习儒学改为道学，对此他也加以奖励。例如重和元年（1118 年）十月，知陈州邓洵仁奏说："本州学内舍生宋瑀，系故翰林学士宋祁之孙，行艺清修，愿换道学内舍生。旧有撰到《道论》十篇及近撰《神霄玉清万寿宫雅》，谨具缴奏呈。"徽宗批复说："宋瑀特与志士，仍许将来殿试。"此外，徽宗废佛后，又许僧尼入道学，依道士法。

宣和二年（1120 年）正月甲子日，罢道学。原因是徽宗认为，儒道已合而为一，不必别置道学，而并非意味着他对道教经书的兴趣减弱。

5. 增置道官、道阶和道职，提高道士的社会地位。

徽宗时期的道官制度虽沿袭前代，但却有根本性的变化。首先是设置道阶、道职。其次，原两街功德使管理道教事务，而现在不见两街功德使之

① （清）毕沅撰：《续资治通鉴》卷 93，北京：中华书局 1957 年版，第 5 册，第 2401 页；谢守灏《混元圣纪》所载文字、时间均与此有异。

② （宋）谢守灏：《混元圣纪》卷 9，《道藏》第 17 册，第 883 页。

名,左右街道录院亦改隶秘书省。再次,道录并非就是"主管教门公事"者,其地位往往不如侍宸之类新道职,而有时则由侍宸主管教门公事。复次,此时不仅道官有俸禄,而且道士也是有薪俸的。道教实际上已成了国教。

徽宗重视医学、书学、算学(重视书画艺术和医学等,是他不同于前代皇帝的一个值得称道的特点),曾以医官兼管宫观。至崇宁五年(1106年)二月"壬申,省内外冗官,罢医学兼宫观者"①。此后,医学或罢或复,然未见医官复兼宫观的记载。

大观元年(1107年)二月,为了提高道士的地位,诏令道士序位在僧上,女冠在尼上,从而彻底改变了平衡二教的序位祖制。稍前,复置礼仪局于尚书省。

政和四年(1114年)正月一日,置道阶,凡二十六等。据史书记载,"置道阶六字先生至额外鉴议品秩,比视中大夫至将仕郎,凡二十六等,并无请给人从及不许申乞恩例"②。重和元年(1118年)十月"甲辰,置道官二十六等,道职八等,有诸殿侍晨、校籍、授经,以拟待制、修撰、直阁之名"③。同年诏建道学科,治《老》、《庄》、《列》,置元士、高士、大士、上士、良士,方士、居士、隐士、逸士、高士,凡十品。道阶表示道士的品秩,为虚衔;道职为实际职务,两府侍宸最高,可兼主管道门公事(例如王文卿)。

令道士改隶秘书省,是在政和六年(1116年)二月。次年五月,命蔡攸提举秘书省并左右街道录院,管理道教事务。左右街道录院一度改称道德院,把管理僧尼之事也附归其下。

宣和三年(1121年)七月,从蔡攸奏请,令三京置女道录、副道录一员,节镇置道正、副各一员,其余的州置道正一员,集中管理女道士,并提高她们的社会地位。

徽宗为了提高道士的地位,还于政和七年(1117年)正月令天下道士,与免阶墀迎接衙府,宫观科配借索骚扰;郡官、监司相见,依长老法。宣和元

① 《宋史》卷20《徽宗纪》,北京:中华书局1977年版,第2册,第376页。
② (清)毕沅撰:《续资治通鉴》卷91,北京:中华书局1957年版,第5册,第2356页。
③ (清)毕沅撰:《续资治通鉴》卷93,北京:中华书局1957年版,第5册,第2404页。

年(1119年)三月诏:“天下知宫观道士,与监司、郡、县官以客礼相见。”①宣和六年(1124年)十月,亲笔批示:“道官可自大夫以上共带职人并令封至朝官,许荫赎私罪如官户。”②其时,道士有俸禄,并且得到政府斋施的大量财物和土地。据史载,重和元年(1118年)十月“癸卯,帝如上清宝箓宫,传度玉清神霄秘箓,会者八百人。时道士有俸,每一斋施,动获数十万;每一观,给田亦不下数百千顷。贫下之人,多买青布幅巾以赴,日得一饭餐及衬施钱三百”③。政府把这些大批财物、土地赠与宫观,使宫观经济迅速膨胀。此外,有权势的道士还倚宠仗势,巧取豪夺。如“茅山道士刘混康以技进,赐号‘先生’。其徒倚奸利,夺民苇场,强市庐舍,词讼至府,吏观望不敢治”④。这还是在徽宗初兴道教之时,因此当时官长蒋静尚能依法办事。而至徽宗大兴道教的政、宣间,这种结果是难以想象的。例如蔡居厚为应天、河南尹,“初建神霄宫,度地污下,为道士交诉,徙汝州”⑤。官吏尚且不敢得罪道士,平民百姓更不敢与其交讼了。

6. 广开入道之门,使道教势力有较大的发展。

徽宗即位之初,度僧、道的办法一样。崇宁二年(1103年)十月九日,诏:“崇宁寺观并依十方住持,其披剃并紫衣,自崇宁二年天宁节为始。如未有童行,即仰所差主管僧道保的手下童行披剃。崇宁三年以后即依此施行。”⑥后渐有区别,鼓励士民和已为僧尼者入道。又以道士、女冠人数太少,允许增加度入人数。到了政、宣中,道教有了较大发展,除例行的岁度,又额外增加。例如政和三年(1113年)九月十四日,以蔡攸奏,醴泉观咸通殿许岁遇天宁节,披戴道士及紫衣、师号各一名。宣和五年(1123年)八月二十七日,提举道录院奏,奉诏天宁节进疏,道官自金坛郎以上各人得特赐度牒,许回授诸路宫观道童,道录院官并带贴职人至大夫以下愿度在京宫观

① 《宋史》卷22《徽宗纪》,北京:中华书局1977年版,第2册,第403页。
② (清)毕沅撰:《续资治通鉴》卷95,北京:中华书局1957年版,第6册,第2477页。
③ (清)毕沅撰:《续资治通鉴》卷93,北京:中华书局1957年版,第5册,第2404页。
④ 《宋史》卷356《蒋静传》,北京:中华书局1977年版,第32册,第11211—11212页。
⑤ 《宋史》卷356《蔡居厚传》,北京:中华书局1977年版,第32册,第11210页。
⑥ (清)徐松辑:《宋会要辑稿》,北京:中华书局1957年版,第8册,第7887页。

道童者并听。也就是说,道官可以随意将特赐度牒授给各宫观道童。此前,停僧牒三年。至政和七年(1117 年)七月一日,又令僧徒如有归正道门,愿披戴为道士,许赴辅正亭陈诉,立赐度牒、紫衣。这样,公开设辅正亭,打击佛教,使道士人数大大扩充。此外,通过设置道官、道学,"其在学中选人,增置士名,分入官品",诸士"每岁试经拨放",这样也使大批士人和好道者涌入道教。到宣和七年(1125 年),道士、女冠和僧、尼的人数加起来已超过百万之众,除去僧尼,道士、女冠人数较过去二万上下当大有增加(真宗天禧五年,道士、女冠有 20337 人;仁宗景祐元年,20126 人;庆历二年,20182 人;神宗熙宁元年,19384 人;十年,19221 人)。王栐说:"宣和七年,以天下僧道愈百万数,遂诏住给五年,继更兵火,废格不行。"①

尽管徽宗积极鼓励人们做道士,但对入道仍有一定的规定,如试经拨放等,甚至连受戒的地点也有明确的规定。宣和元年(1119 年)十月二十六日,诏:"天下州府道士受戒,并就神霄玉清万寿宫殿下坛上;在京道士只就在京神霄玉清万寿宫。"②对于具有异端倾向的所谓"妖人"、"妖道",更是不能容忍。如"妖人"张怀素案发,牵连甚众。方腊等吸收民间道教的某些因素,以张角为教祖,被诬为"食菜事魔教",终遭镇压。

二、徽宗崇道废佛和北宋道、释二教的关系

如上所述,徽宗的崇道行为包含着他对道、释二教的态度,而且影响着二教关系的格局。徽宗以前,北宋统治者一直采取三教并用的政策。周世宗废佛,据说其时太祖、太宗见之,曾访神僧麻衣和尚说:"今毁佛教,大非社稷之福。"麻衣和尚说:"岂不闻三武之祸乎?"又问:"天下何时定乎?"答称:"赤气已兆辰申间,当有真主出兴,佛法亦大兴矣!"③太祖夺取政权后,立即下诏恢复佛教的活动:"诸路寺院,经显德二年(955 年)当废未毁者,听存;其已毁寺,所有佛像移置存留。"④《佛祖统纪》引《国朝会要》:"诏以二

① 《燕翼诒谋录》卷 5,《学津讨原》本。按熙宁末,二数总数为 251785 人。
② (清)徐松辑:《宋会要辑稿》,北京:中华书局 1957 年版,第 8 册,第 7890 页。
③ (宋)释志磐:《佛祖统纪》卷 43,《大正藏》第 49 册,第 394 页。
④ (宋)释志磐:《佛祖统纪》卷 44,《大正藏》第 49 册,第 394 页。

月十六日圣诞为长春节，赐百官宴于相国寺……是日，以庆诞，恩诏普度童行八千人。”①宰相范质制祝圣斋疏，纯用佛典。太祖还曾设千僧斋，诏高僧入内讲演，敕右街应制沙门文胜编修《大藏经》，令益州雕刻经板。河南府进士李蔼造《灭邪集》以毁释教，窃《藏经》以为衾。太祖闻知此事后，以为“非毁圣道，诳惑百姓”，刺流沙门岛②。“太宗继体”，“太平兴国元年（976年），诏普度天下童子凡十七万人”③。淳化元年（990年），诏参政苏易简撰《三教圣贤录》，各50卷，令通慧赞宁、太一宫道士韩德纯分领其事。书成，命赞宁充左街讲经首座。④ 至道二年（996年），诏以自制《秘藏诠》20卷、《缘识》5卷、《逍遥咏》10卷、两街笺注，入《大藏》颁行。其崇佛有过于其兄。他曾以新译经示宰相说：“浮屠氏之教，有裨政治。”⑤可见其意在于利用佛教为政治服务。真宗也认为佛教、道教具有推行教化的辅助作用。太宗曾作《圣教序》，真宗继作，悉编入佛藏。又著《释氏论》（一作《崇释论》），“以为释氏戒律之书，与周、孔、荀、孟迹异道同，大指劝人之善，禁人之恶”⑥。还撰有《释典法音》、《四十二章经注》、《遗教经注》等。他说：“老氏立言，实宗于众妙；能仁垂教，盖诱夫群迷。”“三教之设，其旨一也：大抵皆劝人为善。唯识达之士能一贯之；滞情偏执，于道益远。”⑦他在北宋君主中度僧最多。仁宗也撰有关于佛教的文章，其赞佛牙云：“三皇掩质皆归土，五帝潜形已化尘。夫子域中夸是圣，老君世上亦言真。埋躯只见空遗冢，何处将身示后人？唯有吾师金骨在，曾经百炼色长新。”⑧至英宗治平二年（1065年），敕大相国寺造《三朝（太宗、真宗、仁宗）御制佛牙碑》。神宗、

① （宋）释志磐：《佛祖统纪》卷44，《大正藏》第49册，第394页。

② 《宋史·太祖纪》记其事说，乾德四年（966）四月“丁巳……进士李蔼坐毁释氏，辞不逊，黥杖，配沙门岛”。

③ （宋）释志磐：《佛祖统纪》卷44引《国朝会要》，《大正藏》第49册，第396页。

④ 宋敏求：《春明退朝录》卷下，北京：中华书局1980年版，第46页；《佛祖统纪》卷44，《大正藏》第49册，第400页。

⑤ （宋）钱若水修、范学辉校注：《宋太宗皇帝实录校注》上册，北京：中华书局2012年版，第56页。

⑥ （宋）李焘：《续资治通鉴长编》卷45，北京：中华书局1979年版，第4册，第961页。

⑦ （宋）李攸：《宋朝事实》卷7；《佛祖统纪》卷44，《大正藏》第49册，第404页。

⑧ （宋）释熙仲：《历朝释氏资监》卷9，《大正藏》第76册，第220页。

哲宗也遵行前朝的三教并重政策,徽宗在位之初也是如此。正是这种政策,为佛道二教的相互融合创造了有利的条件。

佛教在北宋仍颇有势力,尤其是禅宗对社会生活影响甚巨,官僚、士大夫中信佛者不少,参禅悟机成一时风尚。当然,北宋佛教也面临着新儒家崛起的严重挑战;同时,由于在士大夫官僚中信仰佛教的人们自幼就接受正统的儒家教育;因此,经过数次灭佛事件的僧尼,为了减少本教发展的阻力,不能不大倡三教融合、互不非毁之论。宋初佛教首领赞宁,就是其中的代表之一。他认为:帝王“为邦合遵于众圣”,如信奉佛教,又“能旁凭老氏,兼假儒家”,则“其于御物也,如臂使手,如手运指,或擒或纵,何往不臧耶?夫如是,则三教是一家之物,万乘是一家之君”。三教既为“一家”,一家之长自“不应偏爱一方。”“偏爱则竞生,竞生则损教”;“不欲损教,则莫若无偏”。他得出结论说:“三教即和,故法得久住也。”他又以历代废佛事件为教训,告诫帝王和僧人“相警互防,勿罹愆失”,同时规劝僧尼们缓和与道士的关系:“帝王不容,法从何立?况道流守宝,不为天下先,沙门何妨饶礼以和之。当合佛言,一切恭信:信于老君先圣也;信于孔子先圣也。非此二圣,曷能显扬释教,相与齐行,致君于羲、黄之上乎?”①北宋僧人智圆和契嵩也鼓吹三教融合论。智圆把三教比作治病的三种药、鼎的三支足。契嵩生当新儒家兴起的仁宗时代,“当是时,天下之士学为古文,慕韩退之排佛而尊孔子”。于是他“作《原教》、《孝论》十余篇,明儒释道一贯,以抗其说”②。这时,佛教所受压力主要来自儒家士大夫方面,跟道教的关系比较缓和。因此,僧人方面强调的是三教各有所长,而三教之中又着重强调儒、释二家的一致和互补。

至于道教方面,尽管对佛教仍有贬损之词,但在社会上远不如新儒家对佛教的攻击影响大。相反,倒是那些三教融合之论契合人们的信仰模式,易为人们接受。宋初,高道陈抟首开道士融合儒、释二教之先河。③ 道士张守

---

① (宋)释赞宁:《大宋僧史略》卷下,《大正藏》第54册,第254页。

② (宋)释契嵩:《镡津文集》卷首《镡津明教大师行业记》,《大正藏》第52册,第648页。

③ 详见后节。

真则强调三教互补。《翊圣保德传》有这样一段叙述："守真尝一日从容焚香，虔诚问曰：'守真睹释氏之教，言天上天下，无如佛者，未知三清之上品位何若？愿赐真语，以蠲蒙滞。'真君降言曰：'佛即西方得道之圣人也。在三清之中，别有梵天居之，于上帝则如世之九卿奉天子也。'守真曰：'其教流演，颇盛于世，又何理也？'真君曰：'教流中聚帝之念也。守真曰：'道、释、儒典（一本无"儒"字。——引者按），并垂于世，未审崇奉何者，即获其福？'真君曰：'《太上道德经》，大无不包，细无不纳，修身炼行，治家治国。世人若悟其指归，达其妙用，造次于是，信奉而行，岂惟增福，谅无所不至矣！释氏之《四十二章经》，制心治性，去贪远祸，垂兹训诫，证以善恶，亦一贯于道矣。奉之求福，固亦无涯。至于周公、孔子，皆列仙品，而五经六籍，治世之法、治民之术，尽在此矣。世虽讽诵，多不依从。若口诵而心随，心随而事应，仁义言行，礼智之道，常存于怀，岂惟正其人事，长生久视之理，亦何远矣！'"①这里值得注意的是：第一，张守真首先强调，三教之中道教地位最高。第二，他认为佛不过是众仙之一，但独自居于梵天之中；又说《道德经》"大无不包，细无不纳"，也就是认为道教包括了佛教，佛教只是在外部形态上看起来像是一个与道教并立的宗教。至于儒教，也是如此。但是，第三，他又承认三教各有其侧重点不同：道教"修身炼行，治家治国"；佛教"制心治性"；儒教则"治世"、"治民"，可并行而不悖。《翊圣真君传》还记载张守真所居上清太平宫附近地区人民遇鬼怪为害，召僧课诵而无效，后请张守真劾治，立见平息等事。这些记述表明，北宋部分道士，即使高倡三教一致或互补，仍念念不忘争夺地位之高低。

在北宋内丹著作中，也常见有关道、佛关系的观点。如贬斥佛教的禅观，认为那是"出阴灵"，至多修成"鬼仙"，名曰"仙"，实为"鬼"。这种看法以钟吕金丹派道士为代表，华阳子施肩吾在其编著中即持此说。他"少业习佛"，故大量袭取佛教的名词术语和"轮回报应"等观念，融铸入其内丹仙道之中。但又在修炼方法上贬抑佛教，说"古今崇释之徒，用功到此，乃曰

① （宋）王钦若：《翊圣保德传》卷中，《道藏》第32册，第654页。

‘得道’，诚可笑也”[①]。在《西山群仙会真记》中，他一方面假托葛仙翁说：“天下无二道，殊途而同归；圣人无两心，百虑而一致。”好像是主张既同归一道，则不必分高下。但下文笔势一转，又说：“欲识大道，三教中太上为先。”[②]即认为道教高于儒、释。钟吕金丹道的其他著作，同样既大量吸取佛教（尤其是禅宗）的思想，又标榜本教的崇高地位。再者，北宋内丹道士始分“修性”与“修命”之二途。“性”与“命”二词虽出自先秦儒家经典，但在北宋间内丹书中有其特定的含义，实质上是受禅宗“明心见性”和道教原来偏重于修炼身体以求长生不死的启迪而划分的。它无疑是一对具有道、释融合特征的范畴，是道教方面吸取佛教思想的产物。张伯端为这方面最突出的代表人物。据他自述：“幼亲善道，涉猎三教经书。”他曾遍参禅门，大有省悟。后读雪窦《祖英集》，顿明心地。认为独修金丹而不悟佛理，仍不能成仙得道。他在《悟真篇》中说：“老、释以性命学开方便门，教人修种，以逃生死。释氏以空寂为宗，若顿悟圆通，则直超彼岸；如有习漏未尽，则尚徇于有生。老氏以炼养为真，若得其枢要，则立跻圣位，如其未明本性，则犹殢于幻形。其次，《周易》有‘穷理’、‘尽性’、‘至命’之辞；《鲁语》有‘毋意、必、固、我’之说，此又仲尼极臻乎性命之奥也。”因此又说：“教虽分三，道乃归一，奈何后世黄、缁之流，各自专门，互相非是，致使三家宗要迷没邪歧，不能混一而同归矣。”[③]跟《灵宝毕法》作者和华阳子施肩吾等观点相反，他自称“得达磨、六祖最上一乘妙旨”，认为佛教禅宗的“真如觉性”乃是修炼的最高境界，故其丹法的顺序是“先以神仙命脉诱其修炼，次以诸佛妙用广其神通，终以真如觉性遣其幻妄，而归于究竟空寂之本源”[④]。他的这一先修命、后修性的丹法禅味很浓。又说自己的丹法，“其中间惟闭息一法，如能忘机息虑，即与二乘坐禅相同”[⑤]。这对南宋以后内丹术的发展产生了深远的影响。

① 《修真十书》卷14《钟吕传道集》，《道藏》第4册，第657页。
② 《西山群仙会真记》卷1，《道藏》第4册，第422—423页。
③ 《悟真篇序》，《道藏》第2册，第914页。
④ 《紫阳真人悟真篇拾遗》，《道藏》第2册，第1030页。
⑤ 《悟真篇序》，《道藏》第2册，第914页。

符箓道士也有不少人援引佛教的观念,以证道教的教义、教法。例如张继先就接受了不少佛教思想,他在《心说》中说:心是“万法之宗”,“越古今而不坏”,或称“真如”,“此所谓我之本心,而空劫以前本来之自己也”。由于人心“一念萌动于内,六识流转于外”,于是乎“故有天堂、地狱、因果之报、六道轮回”①。道教的修炼、斋戒,都在于认取此“本心”。在《虚空歌》中又说:“六道轮回浪著忙,真人止在虚空住……虚空不动常如如,识得真空方不昧,古往今来镇长在,掀翻世界露全身,尽度众生超苦海。真空消息非顽空,纵横变化无终穷。”②诸如此类,都明显烙着佛教特别是禅宗的印迹。

总的来看,北宋统治者对道教和佛教采取并用的政策,道、佛二教的关系也比较缓和,极少发生冲突。但就在徽宗崇道的同时,却发生了废佛为道的事件。在这一事件中,有两人起了大的作用:一是徽宗本人,一是道士林灵素。就徽宗而言,废佛行动既含有个人好恶因素,又有深刻的政治、文化背景。无论真宗,还是徽宗,我们能从他们身上看到“内华夏,外夷狄”的传统观念在发生作用;只不过真宗比较有理性,而徽宗则过多地受激情支配。至于林灵素,其非毁佛教,则纯系个人挟私泄愤,并不能体现大多数道士的意志。

宋代有些士人认为,林灵素“前知金贼之祸”,故欲废释氏以厌之。③ 把废佛行动全归咎于林一人,这是不合乎历史事实的。早在崇、观年间,徽宗就表现出抑佛的意向。崇宁五年(1106年)十月,诏释氏之教,修营佛事,妄以天帝次于鬼神之列,渎神逾分,令有司除削之。这是排斥佛教,而不是针对僧尼某个人或某些人。又敕:“旧来僧居多设三教像,遂为院额殿名。释迦居中,老君居左,孔圣居右,非所以奉天真与儒教之意。可迎其像归道观、

① 《三十代天师虚靖真君语录》卷1,《道藏》第32册,第368页。

② 《三十代天师虚靖真君语录》卷3,《道藏》第32册,第372页。

③ (宋)陆游:《老学庵笔记》卷9,北京:中华书局1979年版,第120—121页。按原文为:“又林灵素诋释教,谓之‘金狄乱华’。当时‘金狄’之语,虽诏令及士大夫章奏碑版亦多用之,或以为灵素前知金贼之祸,故欲废释氏以厌之。”另《家世旧闻》亦说,“灵素之逞憾释氏也,每谓金狄乱华”。

学舍，以正其名。”①当时已有僧人直觉到大祸临头，例如洛阳沙门永道读诏而悲哭说：“吾恐毁法之祸，兆于此矣！”②大观元年（1107年）二月九日，徽宗给刘混康的信中说：“比以道释混淆，理宜区别。断自朕心，重订伪谬。至如三清混居于水陆，元命反祠于梵宫，绘塑无伦，不可概举。朕方图叙彝伦，讲明教法，稽考后先之理，推原积习之端，申饬有司，分别崇奉。”③十五日又将诏文付刘混康观阅。即发出信号：将改变宗教政策。徽宗此时的看法是，道教才为“此真真外更无真”，言下之意，佛教则为伪教。此时已确定道士的地位在僧之上。大观四年（1110年）正月又诏：“士庶拜僧者，论以大不恭。”④五月，停僧牒三年。政和元年（1111年）十一月，诏毁伤肢体，有害风教；况夷人之法，中华不可效之。令有司禁止。政和二年（1112年）正月，诏释教修设水陆及祈禳道场，辄将道教神位相参者，僧尼以违制论；主者知而不举，与同罪。著为令。

林灵素来京，如火上浇油。每谓“金狄乱华”，必欲废佛而后快。政和七年（1117年）四月，徽宗对道录院说：“朕乃昊天上帝之子，为大霄帝君，睹中华被金狄之教，焚指炼臂，舍身以求正觉，朕甚闵焉。遂哀恳上帝，愿为人主，令天下归于正道。”⑤七月一日，令僧徒如有归正道者，许陈诉，立赐道教度牒、紫衣。当时道士入僧寺，辄据主席，可谓反客为主。徽宗曾向林灵素说，他梦到青华帝君处，闻“改除魔髡”语，林遂纵言“释教害道，今虽不可灭，合与改正，将佛刹改为宫观，释迦改为天尊，菩萨改为大士，罗汉改尊者，和尚为德士，皆留发顶冠执简”。有旨依奏。皇太子上殿相争，令胡僧立藏十二人和五台僧二人、道坚等与林灵素斗法。僧不胜，情愿戴冠执简。太子乞赎僧罪。有旨放胡僧，道坚则送开封府刺面决配，于开宝寺前示众。⑥据史书记载，改佛为道发生在宣和元年（1119年）正月。徽宗诏云：“自先王之

---

① （宋）释志磐：《佛祖统纪》卷47，《大正藏》第49册，第419页。
② （宋）释志磐：《佛祖统纪》卷47，《大正藏》第49册，第419页。
③ （元）刘大彬：《茅山志》卷3，《道藏》第5册，第567页。
④ （清）毕沅撰：《续资治通鉴》卷90，北京：中华书局1957年版，第5册，第2327页。
⑤ （清）毕沅撰：《续资治通鉴》卷90，北京：中华书局1957年版，第5册，第2386页。
⑥ （宋）赵与时：《林灵素传》，《说郛三种》，上海古籍出版社，第8册，第5208—5209页。

泽竭而胡教始于中国，虽其言不同，要其归与道为一教，虽不可废，而犹为中国礼义害，故不可不革。”①于是改佛为“大觉金仙”，余为“仙人”、“大士”；僧称“德士”，尼为“女德士”，易服饰，称姓氏；寺为“宫”，院为“观”，住持之人为“知宫观事”；禁铜钹、塔象，佛像赐天尊服；所有僧录司改称“德士司”，左右街道录院改称“道德院”，德士司隶属于道德院，蔡攸通行提举。至于地方州府的僧正司，则并为“德士司”。不久，又改女冠为“女道”，尼省称“女德”。五月，诏德士许入道学，依道士法。这实际上就通过行政手段，强行废除了佛教。此前，又将佛教经典六千余卷内诋毁道、儒二教的言词分为九卷，尽行焚毁，并将林灵素所上《释经诋诬道教义》一卷颁降施行。

徽宗废佛，并没有达到他的预期效果。虽然大多数僧尼默默服从，敢怒不敢言，但也有人提出抗议，甚至后来还有人公开咒骂他。据蔡京之子蔡絛《铁围山丛谈》记载，宣和六年(1124年)上元节，徽宗登楼观灯，楼下万众，忽有一人，着缁衣布如僧寺童行者，以手指帘前，说：“汝有何神，乃敢破坏吾数！吾将语汝，报将至矣。吾犹不畏汝，汝岂敢坏诸佛菩萨耶?”上下闻之，皆震恐失措，卫兵上前捕执其人，尚骂不绝口。又说：“吾岂逃汝乎？吾故示汝以此，使汝知无奈吾教何。尔听，汝苦吾，吾今不语矣。”于是箠掠交下，又加炮烙，此人终不吭一声，亦无痛楚状。徽宗更加恼怒，召道士宋冲妙法师视之，宋奏称：“臣所治者邪鬼，此人也，臣所不能识。”又断其足筋，然后用刀脔，一时血肉狼藉。徽宗大不快，遂罢一日之欢。至暮终不知为何人，只好付狱杀之。这的确是大胆的举动，连蔡絛也赞叹道：“呜呼！浮屠氏实有人。”除了佛教徒反对之外，士大夫中也有人表示不满。而且皇太子(即后来的钦宗)对佛教有好感，佛教既废，林灵素官至冲和殿侍宸，出入呵引，至与诸王争道，自然要跟太子发生冲突。宣和二年(1120年)六月，随着林灵素的失宠，在大臣们的要求下，徽宗只得诏复寺院额。九月，又诏复佛号，德士复为僧。佛教得以恢复。宋室南迁，道释关系进一步缓和，二教相互交流、融和成为不可逆转的历史趋势。当然，道释冲突依然存在着，但比较缓和融合的大势而言，已退居次要的地位了。

---

① (宋)释志磐：《佛祖统纪》卷47，《大正藏》第49册，第421页。

第三节 北宋道派的发展

一、北宋的道派概况

北宋道派，仍以茅山宗最盛，其传系也非常清楚。入宋后的第一代宗师为成延昭。成延昭（911—990年），字怀玉，润州金坛（今属江苏）人。初诣茅山紫阳观王栖霞为弟子。宋开宝八年（975年），平江南后，刑部郎中知升州杨克让请为茅山威仪兼升州道正。未几，辞还紫阳观旧居，门人受学甚众。淳化元年（990年）四月十四日，无疾而逝，年七十九岁。茅山宗尊为第二十代宗师。

第二十一代宗师洞虚先生蒋元吉（？—998年），字吉甫，号"碧虚子"，常州义兴（今江苏宜兴）人。祖麟，父器之，货药经商。元吉厌事生业，向慕尘外，读书尤长于《诗》；常白日致鹤，飘飘有霄举之气。从成延昭学，应诏居京师，久之，同还紫阳观。成延昭论上清之学，对他说："三洞玉书，非子不足付。"他说："度文不度诀，吾无望于师焉。"成说："度人不度文，吾所望者子耳。"遂受度人，喜言："蒋氏世德之报哉！"①咸平元年（998年）三月，以经箓授弟子万保冲后，十五日逝世。

第二十二代宗师万保冲，字用玄，常州武进（今属江苏）人。幼失怙恃，兄长教抚之，及长，议析产业，保冲说："吾无兄，无有今。先人分业，非所愿得，寄迹黄冠足矣。"②遂诣腾仙观出家，后来师事蒋元吉。咸平元年（998年），始得上清道。专言采服日霞之法，年老而颜貌如童，寿至九十二岁。景德间（1004—1007年），奉诏请祷，大应，赐号"冲素先生"。后退隐黑虎谷中。

二十三代宗师朱自英（976—1029年），字隐芝，句曲朱阳里（在今茅山地区）。生于太平兴国元年（976年）。八九岁时牧牛郭干村，能吹笛致鹤。有以为不祥，父母遂弃之。乃从玉晨观朱元吉（一作"朱文吉"）为道士，时

---

① （元）刘大彬：《茅山志》卷11《上清品》，《道藏》第5册，第604页。

② （元）刘大彬：《茅山志》卷11《上清品》，《道藏》第5册，第604页。

在端拱(988—989年)初。继与明真炼师张绍英居积金峰顶试辟谷术,常履满户外。自叹云:“比其绝迹而蹑我者众,不太多事乎!”遂思远游。于是渡江,至襄阳,遇异人陈铁脚,偕往青城山。因思三茅山《道藏》缺伪,乃复过濑乡,校雠太清宫古本。遇仙童武抱一,挟游河中府,谓此行已抵太阴,炼行一度,行止神变。还故山,得九老仙都君印。景德元年(1004年)嗣教。四年(1007年),真宗遣中使任文庆赍香祈胤,命设醮奏章。五年,仁宗生。事具《圣政录》及茅山碑铭。玉清昭应宫选名行,工部侍郎薛映以其名上,朝廷遣使召,表辞不受。及仁宗嗣位,使两至,州县敦请,不得已,遂受命,馆于昭应宫,赐号“国师”。山中敕建乾元、天圣二观。玉清昭应宫使王钦若喜其暂朝东京,有诗酬唱。及累表获辞,节度使太尉知升州丁谓亦赋诗送归山。自此隐居,称疾不起。明肃刘太后时遣使降香设醮,为保帝躬;又亲札,赐金注碗一副,嘱云:“金注子底水一副,共重三十两,是皇帝小时使底,与道士充买田土,供赡道众斋粮,兼逐日持科,祝延皇帝圣寿,长命安乐,永离灾障。”①太后于天圣二年(1024年)四月二十三日受上清大洞毕法箓后,②复赐号“观妙先生”。元道士赵道一说:“今章坛、丹灶、赐钟犹存茅山方隅洞侧乾元观旧隐也。有《幽光显扬碑》,备详仙迹。”③朱自英自还山后,得武抱一自蜀中所寄书意,警责姓名显耀,暴露天机,临书泣下,弟子莫测。天圣七年(1029年)十一月卒于乾元观,享年五十三。朱自英对道教经书和上清法箓有一定贡献,传有《上清大洞真经》6卷,并为作序。陈国符先生指出:“盖即茅山宗坛传本。《云笈七籤》卷42《存大洞真经三十九真法》原注:出三十九章经。今见此本中。”又说:“今《道藏》本《上清大洞真经》,其渊源确系出自北宋本。”④此本当是经朱自英校勘太清宫古藏经而修定的本子。

二十四代宗师毛奉柔,建康句容(今属江苏)人。传说他曾随父入茅山

---

① (元)刘大彬:《茅山志》卷3《诰副墨·宋诏诰》,《道藏》第5册,第561页。

② 详见《茅山志》卷25《录金石篇·宋天圣皇太后受上清箓记》,第5册,第658页,即《道藏》所载《章献明肃皇后受上清毕法箓记》,朱自英撰。

③ 《茅山第二十三代上清大洞国师乾元观妙先生幽光显扬之碑》,载《茅山志》卷25,《道藏》第5册,第660页。

④ 陈国符:《道藏源流考》,北京:中华书局2012年版,第17页。

天市坛，遇黑虎，“父终无所见，先生迫视之，虎拜其前”。朱自英闻而异之，对其父说：“华阳之道，在君之子矣！”①遂留山中，师事朱自英。谨朴忠厚，有长者风。结庐积金山，慕隐居道靖之地，向往轻举。嘉祐八年（1063年）十二月大雪中，庵前木库骤生花，心异之。不久，道士刘混康自常州泰和观来，毛奉柔感其诚恳，且以为有“嘉瑞应一时”，授以经法。未几，去世。徽宗崇宁元年（1102年），追赠“通真明元先生”。

第二十五代宗师刘混康（1036—1108年），字混康，一字志通，晋陵（今江苏常州）人。生于景祐二年十二月二日（1036年初）。13岁，从常州泰和观汤含象受业。嘉祐五年（1060年），试经为道士。患世无良师，每静夜登坛，散发焚香，以天为宗。已而闻三茅道士毛宗师得观妙朱自英之道，遂往依。毛一见而奇之，悉授以大洞经箓，乃结庵积金峰。传说：一日，有三羽士同造其庐，指庵东隅，对他说：“汝即此居，抱神守中，德惠及人，当无愧前人也。”又顾其眉间说：“此无作之地，道之所尚，不可有疵。”②以手扪之，明日瘢灭。由是勤行利人，远迎宗仰。刘混康在神宗时即已有名气。据宋人说，王安石病重，吴夫人特令蔡卞诣茅山谒之，问以病状。哲宗元祐元年（1086年），皇后孟氏误吞针止喉中，医莫能出，有司以其名闻，召见，遂进服符呕出针刺。宫中神其事，赐号“洞元通妙法师”，住持上清储祥宫。绍圣四年（1097年），敕江宁府，即所居潜神庵为元符观，别敕江宁府句容县三茅山经箓宗坛，与信州龙虎山、临江军阁皂山三山鼎峙，辅化皇图。徽宗即位，屡召赴阙，赐九老仙都君印剑，赐书画等物不计其数，赐号加至“葆真观妙冲和”六字先生。大观二年（1108年）四月，卒于京师上清储祥宫元符别观，享年七十二岁。建藏真观于葬所，特赠太中大夫，谥“静一”。

二十六代宗师笪净之（1068—1113年），字清远，金陵（今江苏南京）人。生于熙宁元年（1068年）。父得一，好道术，乡里号“达翁”。余杭有杜道士，自匿其名，常从翁游。净之将生，达翁见杜投其家，俄失所在，心因异之。笪净之幼不茹荤，与群儿戏，辄画地为道家像。其父携入茅山，刘混康

① （元）刘大彬：《茅山志》卷11《上清品》，《道藏》第5册，第604页。

② （元）刘大彬：《茅山志》卷11《上清品》，《道藏》第5册，第604页。

见而奇之，说："是子他日人天师也！"净之闻言喜跃，誓不复回，遂为入室弟子。书符咒水，以弭疾除邪。累年之间，虽深居山林，而声名暴著。哲、徽二朝，从师入见。徽宗崇宁四年（1105 年），赐号"守静凝和法师"，兼领崇禧观。凡朝廷为茅山兴建宫观与山门请乞之事，备劳主持；撰集科仪，营救贫乏，尤所致意。政和三年（1113 年），召门弟子说："吾今四十有六岁。昔先生尝授记，以为过叨朝廷厚恩，寿当不逾此。"遂索笔书遗表，盥沐更衣，泊然而逝。葬于藏真观之山。诏赠"冲隐先生"。《茅山志》说："师美髯长身，丰骨异俗。每入见，为上加赏。"①受业弟子数十人，其中傅希列被召为右街都监，另有二高徒：俞希隐、徐希和。希和得徽宗之旨，嗣传印剑；希隐遂入青城山，将上清洞法传于蜀中。②

第二十七代宗师养素观妙先生徐希和（？—1127 年），字仲和，金陵溧水（今属江苏）人。祖父敬慕笪净之，命师以侍巾舄。曾从净之入朝，徽宗嘉其道才清素，敕就陛前为道士。笪净之死后，奉徽宗亲笔之旨嗣宗坛。政和四年（1114 年），召诣阙，及秋还山，赐丹台郎，转太素大夫、凝神殿校籍。宣和三年（1121 年），复被召，内廷建别馆处之。四年（1122 年），授太中大夫、凝神殿侍宸。请归故山，敕有司礼送。据说，"五年（1123 年）三月十八日，降御封香入山，有白鹤、天灯之应。每坐大静，接降仙真，侍者窥之，唯闻其语。师预知世故，常若隐忧"③。靖康年（1126 年）间，闭靖不食。一日，集徒众说："吾仙期已迫，不得见圣人治世也。"建炎元年（1127 年）七月二十五日逝世。

茅山道士中，还有张绍英、武抱一、王筌、汤用明、沈若济、冯太申、陈希微、汤友成、杨希真、黄澄等人闻名于世。例如丹阳人张绍英，自为道士，不入城府。与朱自英友善，同居积金峰修炼辟谷术。仁宗诏二人入京，绍英辞以疾。丞相丁谓、王钦若同奏于朝，再召。后二年，使车再召，俱称疾不起。遣中贵人任珪赍诰于山，赐号"明真先生"，并敕所居庵为"天圣观"。天圣

① （元）刘大彬：《茅山志》卷 11《上清品》，《道藏》第 5 册，第 605 页。

② 在此二人中，笪净之更属意于俞希隐，故《冲隐先生遗表碑》所说"臣传宗法箓、玉印及陛下前后所赐书画，并已付本宫徒弟俞希隐收掌讫"等语，可知。

③ （元）刘大彬：《茅山志》卷 12《上清品》，《道藏》第 5 册，第 606 页。

二年(1024年)四月二十三日,皇太后刘氏受上清毕法箓,朱自英为临坛度师,他任临坛保举师。寿75岁。沈若济为钱唐(今浙江杭州)人,游茅山,居崇禧观。好论内外丹。宣和间,徽宗召对,馆于龙德宫,赐号"洞元大师",任之道官。杨希真于宣和年间,自言于华阳洞中得真受童初大法。徽宗索异人,进上《九灵玉婴神变》诸经及《灵虚秘旨》,敕黄冕校定,录付《道藏》。特授丹台郎、冲和妙一法师,视朝请大夫。自杨希真始,童初之法遂显于世。门人承务郎沈育撰有《杨真人传》,备载其事。黄澄,毗陵(今江苏常州)人。隶业丹阳仙台观。崇宁初,有敕改玉晨观为崇宁万寿宫,黄澄充住持。未几,徽宗玺书诏赴阙,敕差住持金山神霄万寿宫。累授太素大夫、冲素静一先生,领玉堂高士、左右街都道录兼管教门公事,食实封1200户,赐紫金方符。后请老还山,告逝于茅山玉晨宫所建东庵。

北宋时,张天师一系较著者,有张正随、张乾曜和张继先。

陈国符先生引《续龙虎山志》指出:"南唐后主于信州龙虎山建张天师庙,时为天师二十二代孙张秉一。"①据《历世真仙体道通鉴》卷19载:秉一生善,善生季文;张正随即季文之长子,字宝神,为人质直淳朴,不与俗人交,遇诸途则趋而避之,岁以传度法信,救施贫乏,虽家贫而不顾。年八十七而终,追封"真静先生"。《汉天师世家》说:"宋大中祥符八年(1015年)乙卯召至,吏部尚书王钦若为奏立授箓院,并奉敕改真仙观为上清观。"②但《宋会要》则谓是年八月所召者为其子张乾曜。

张乾曜,字元光,张正随长子。端静寡言,笃志内修。据《宋会要》记载:"大中祥符八年(1015年),召信州道士张乾曜于京师上清宫,置坛传箓度人。"③足见其真宗时即已知名。仁宗天圣五年(1027年),召赴阙,问以飞升之事,并赐号"澄素先生"。乾曜有二子:长子张嗣宗传道,次子张见素业儒。

张嗣宗,字荣祖。传度秘箓及吐纳之法,年七十,容貌如童孩。至和二年(1055年),仁宗召赴阙,为国祈祷。据《宋会要》载,次年(1056年)八月,

① 陈国符:《道藏源流考》,北京:中华书局2012年版,第318页。

② (明)张钺:《汉天师世家》卷2,《道藏》第32册,第825页。

③ (元)赵道一:《历世真仙体道通鉴》卷19引《宋会要》,《道藏》第5册,第211页。

赐号“冲静先生”。而《历世真仙体道通鉴》卷19与《汉天师世家》载仁宗制，则谓封“虚白先生”。《历世真仙体道通鉴》并谓其“八十一岁而卒”。其长子张象中，字拱辰，七岁赐紫承袭。年十三，已通经史，尤有道术。宋仁宗召问道法，亲洒宸翰，以镇福庭。自后宠赉荐至。象中生敦复，字延之，少儒服，有声场屋。后以嫡子承业。宋熙宁中，神宗召赴阙，醮于内殿。年五十三而卒，追封“葆光先生”。由张景端袭教。张景端，字子仁，乃二十四代之后张迪第五子。性恬淡，绝嗜欲，不与物竞，笃志玄学，因承袭天师之号。年三十一岁卒。徽宗大观二年(1108年)追赠“葆真先生”。

北宋张天师中，最显名于世者莫过张继先。张继先，字遵正(《汉天师世家》作“字嘉闻，又字道正”)，号“翛然子”。父处仁，字德玄，仕宋为宣德郎、临江知县。继先为处仁第二子，九岁袭教。为人“渊默寡言，清癯白皙”①。徽宗崇宁(1102—1106年)以来，凡四次被召至京。以治盐池妖及建醮内廷，赐号“虚靖先生”，视秩中散大夫，并赐昆玉所刻“阳平治都功印”。已而诏有司就京城之东建下院以居之，赐额曰“崇道”。又赐缗钱修龙虎山上清宫，拨步口庄五万以饭其众。改赐“上清正一宫”额。并追封其父“先生”号。继先志在冲淡，引辞以归。曾作“静通庵”于上清宫后，为心斋坐忘之所。又因祖传云锦山龙虎丹灶而修炼外丹。靖康二年(1127年)，应钦宗诏赴阙，行至泗州而卒。《玄品录》和《历世真仙体道通鉴》并云，卒年三十五，著有《大道歌》、《心说》传于世。其弟子吴真阳，也是龙虎山道士，居三华院。号“混朴子”，游历于四明山修道。徽宗以凝神殿校籍召，不起。政和六年(1116年)，诏大其观，建玉皇殿，书其榜门曰“丹山赤水洞天”；授丹林郎；禁樵采，蠲租赋。

王道坚亦信州龙虎山道士，也是张继先弟子。政和(1111—1117年)间，徽宗诏赴阙，馆于太一宫。问以修炼延年之术，奏说：“清静无为，轩黄所以致治；多欲求仙，汉武所以罔功。夫修炼非天子事也。”时方校定《道藏》经书，制授太素大夫、凝神殿校籍，同校定道经。徽宗预感国难当头，命禳除，他奏说：“修德可以回天，禬禳之事，不敢误国。”力请还山。绍兴初，

① (元)张雨:《玄品录》卷5《道品》,《道藏》,第18册,第139页。

高宗复遣使召，及使至，已化去。①

北宋兴起的新道派有天心、神霄二派。神霄派出现于北宋末，以林灵素、王文卿等人为代表。天心派则出现很早，起于华盖山，本山有桥仙观，在抚州崇仁县（今属江西）。据邓有功《上清天心正法序》和元妙宗撰于宋徽宗政和六年（1116 年）的《太上助国救民总真秘要》，其初祖为北宋太宗时人饶洞天。②《华盖山浮丘王郭三真君事实》卷五谓：饶洞天，抚州临川（今属江西）人。初为县吏，后梦神人，遂能"洞天"。得《天心经正法》，啸命风雷，役神使灵，救人利物，"于是四方慕道者凡数百人从游"。后率诸弟子登华盖之巅，授以至道，"自兹正法流传矣"③。饶洞天直传一系先后有朱监观名冲素、游道首、通直郎邹贲、符法师名天信、邓有功。此外，至晚在北宋后期，天心正法已在其他地区流行。例如，哲宗元祐（1086—1094 年）年间，有"成都道士蹇拱宸，善持戒，行天心正法，符水多验，居京城为人治病"④。至徽宗时代，比较著名的天心派道士有元妙宗和路时中（路时中活动于两宋之间）。元妙宗，不详何处人。自述"夙遭幸会，叨居羽属，游历四方名山灵岳，寻访师法，三十余年，粗得众要"。后寓居南阳，以符水拯救疾苦。数年后，徽宗诏遣赴阙，赐号"洞幽法师"。政和七年（1114 年）四月，"被旨差入经局，详定访遗，及琼文藏经，开板符篆，因得窃览经箓殆至周遍；神章宝篆，靡所不有。独于救世治疗符法、适时可施之术，殊为隐阙，未有完显备用之文"。于是"辄以所授符法秘用口诀分为十卷，名曰《太上助国救民总真秘要》"⑤。这部书收入不少天心派道法。路时中为上清大洞三景法师，著有《无上玄元三天玉堂大法》30 卷。他假托宣和二年（1120 年）上元夜赵升降神嘱语，于茅山峰顶得

① （元）张雨：《玄品录》卷 5，《道品》，《道藏》第 18 册，第 139 页。按：《汉天师世家》则说是张继先托王道坚转告徽宗将有国难，当修德弥灾。

② 一说五代道士谭紫霄从陈守元处得木札数十，"遂自言得［张］道陵天心正法"，"今言天心法者祖紫霄"（陆游《南唐书》卷 17《方士·谭紫霄传》）。然马令《南唐书·方术传》未载此事。或又说饶洞天于宋太宗淳化五年（994 年）之后得谭传道。然谭紫霄卒于宋太祖开宝六年（973 年）四月一日，故此说有讹。关于这一点，参见本书前面"谭峭与谭紫峭"辨析。

③ （宋）沈庭瑞：《华盖山浮丘王郭三真君事实》，《道藏》第 18 册，第 69 页。

④ （宋）苏辙：《龙川略志》卷 10，北京：中华书局 1982 年版，第 64 页。

⑤ （宋）元妙宗：《太上助国救民总真秘要·序》，《道藏》第 32 册，第 52 页。

石函帛书一卷,因厘为二十四品以传世。又行天心正法驱邪,俗呼“路真官”。天心派与神霄派均为符箓道法派别,其中区别之一在于,天心派更为重视三光符、黑煞符、天罡大圣符,神霄派则侧重五雷符。皆有道法书多种传至今。

二、许逊崇拜的发展

北宋时代,统治者对原来民间流行的许逊崇拜也给予大力扶持。关于许逊事迹,本书第三章第四节已略为叙述。现存最早而且比较可信的有关许逊的记述当首推《许逊别传》,《艺文类聚》卷 21 和《太平御览》卷 424 并引其文,略云许逊七岁无父,躬耕负薪以养母,尽孝敬之道,与寡嫂共田桑,推让好者,自取其荒,不营荣利。其中毫无神话色彩。其次则为南齐刘澄之《鄱阳记》载信州贵溪县有馨香岩,“昔术士许旌阳斩蛟于此岩下”①。至唐代开始盛传许逊事迹,出现了有关仙传。《新唐书 · 艺文志》即著录有唐高宗时道士胡慧超所撰《神仙内传》、《晋洪州西山十二真君内传》及道士胡法超《许逊修行传》。《十二真君传》今已亡佚,北宋太宗时任昉等奉命所编《太平广记》曾引录之。据此书卷 14 所引许真君事迹,略云:许逊,字敬之,本汝南人。弱冠师大洞君吴猛,传三清法要。乡举孝廉,拜蜀旌阳令。以晋室棼乱,弃官与吴猛行道术。而在同书卷 15 引兰公事迹,则已将许逊和“孝悌之教”挂上了钩。大约作于 9 世纪中叶的《孝道吴许二真君传》亦有关孝悌王的神话传说。当民间许逊崇拜兴起时,孝道便纳入其信仰的范围,为后来的净明道所继承和发展。早期的许逊崇拜主要是颂扬许逊的忠孝思想和他的法术,其中虽有称他“传孝道之宗”、“为众仙之长”的说法,但还很不系统,尚未构成一个道派祖师的形象。不过自从这种崇拜出现之后,便不断地在发展和演变。《孝道吴许二真君传》记述许逊死后,其宗族乡党为其立祠,二代侄许简承宗继世为道士,递代相传。至唐高宗时期,奉敕再兴孝道,承代传香。据《十二真君传》之《许真君》和白玉蟾《玉隆集 · 续真君传》说,里人和许简在西山立祠,后改名为游帷观,隋炀帝时焚修中辍,至唐永淳(682 年),天师胡慧超重兴建之。玄宗尤加崇奉。宋代,西山烟火最盛

---

① (宋)乐史:《宋本太平寰宇记》卷 107 引,北京:中华书局 1999 年影印版,第 156 页。

的道观仍为此处，专奉祀许真君。白玉蟾说："本朝太宗、真宗、仁宗皆赐御书。真宗又遣中使，赐香烛、花幡、旌节、舞偶，改赐额曰'玉隆'，取《度人经》'太释玉隆腾胜天'之义也。仍禁名山樵采，蠲租赋之役。复置官提举，为优异老臣之地。徽宗皇帝降玉册，上尊号。"① 白玉蟾又说，赐额时仍称"观"，未及升宫，而光绪本《逍遥山万寿宫志》则据王安石记，称真宗大中祥符（1008—1016 年）中已升观为宫，亦即改称为"玉隆宫"了。可见北宋真宗时，许逊信仰已为朝廷所倡导，开始逐步升级。到徽宗时，许逊信仰便已非常兴盛而隆重了。据《修真十书玉隆集》所载当时醮告祠文，徽宗于政和二年（1112 年）五月十七日，遣内侍程奇请道士 37 人于玉隆观建道场七昼夜，罢散日设醮一座三百六十分，上启许真君。又载册诰表文，云上许逊尊号为"神功妙济真君"。政和六年（1116 年），诏改观为宫，并加"万寿"二字，"除甲乙，为十方"。而且徽宗在诰封许逊的同时，又诰封吴猛及传说中的许逊其他十个弟子为"真人"，即：吴猛字世云为神列真人；陈勋字孝举为正特真人；周广字惠常为元通真人；曾亨字兴国为神惠真人；时荷字道阳为洪施真人；甘战字伯武为精行真人；施岑字太玉为勇悟真人；彭抗字武阳为潜惠真人；盱烈字道徽为和靖真人；钟离嘉字公阳，一字超本，为普惠真人；黄仁览字紫庭为冲道真人。通过这种诰封，就大大突出了许逊的地位。道士胡慧超（一作"胡惠超"），也被视为神仙，其他与许逊传说有关的兰公、谌姆、许大、胡、詹二王等亦或尊为神，或奉为仙。不仅如此，徽宗还亲自制造了许逊显灵的神话，为之大建宫观。据白玉蟾《续真君传》的记载，政和六年（1116 年），他宣称：五月一日辰时，梦见许逊真灵下降，为他除妖治病，不数日，所梦果验。遂下诏按照他梦中所见许逊形状画像，赐京师上清储祥宫。寻依道录院奏请，于三清殿后造许真君行宫。又考图经，见洪州分宁县梅山有许旌阳磨剑之地，即再降手诏，命中大夫谢景仁去分宁县同令佐以系省官钱新换旌阳观，并赐诏书一道，送该观收掌，遇天宁节即拨放童行一人；并且命采访许真君别有遗迹去处，如未有观，即勒本属取官钱建造；如有宫观屋宇损坏，即如法修换；无常住，便拨近便僧寺堪好庄田入观供办。数月

① 《修真十书 · 玉隆集》卷 34，《道藏》第 4 册，第 761 页。

后，徽宗又称梦许真君神灵降临，托以修整西山遗迹。徽宗即诏洪州改修玉隆万寿宫。并降图本，依西京崇福宫例，鼎新盖造，赐真君像一躯及铜铸香炉、花瓶、烛台、钟磬之具，御书门殿二额。凡为大殿六，小殿十二，三廊，七门，五阁，前殿三面壁绘真君出处功行之迹，后殿奉安玉册，其上建阁，宝藏三诏御书，两庑壁绘仙仗出入之仪，环以墙垣，由墙之西旰真人故居建道院，以安道众。可见这个宫观的规模是相当壮观的，对居住其中的道士的生活，也照顾十分周到。在北宋末年，通过宋徽宗这一系列的倡导，于是许逊的庄严而神圣的形象，已在人们的心目中牢固地树立起来，许逊崇拜在原有民间信仰的基础上大大发展了。正如《逍遥山万寿宫志》的编订者所指出的那样，"历代国典，以宋为最隆"①。正是在此基础上，到后来形成了以奉许逊为祖师的净明忠孝之道的道派。

三、"三山"符箓的"混一"趋势

北宋时期，符箓科教道法特别盛行，修此法者不仅是符箓道士，不少修炼丹术的道士也往往兼行符箓道法，重视斋醮科仪。但是二者的侧重点毕竟各有不同：丹术侧重于个人修炼，具有明显的个人性；而符箓斋醮则侧重于"济世度人"，具有普遍的社会性。这种区别在符箓道士张守真那里有比较清醒的认识。据《翊圣保德真君传》卷中记载，张守真曾假借"降神"评论陈抟："守真又尝启告曰：'华山陈抟近卒，时人谓之尸解，未审其人修何功行、证仙阶乎？'真君曰：'抟之炼气养神，颇得其要；然及物之功未至，但有所主掌耳。'"即认为陈抟只从事个人修炼，而未如符箓科教道士那样进行社会性的救济活动。正因为如此，所以符箓科教道法既受到统治者的重视和支持，也适合社会各阶层的需要。符箓道士在举行各种斋醮仪式中，不但祈祝君主寿比天地，国安邦宁，家丰民裕，而且还宣扬忠孝等观念。因此北宋君主们每逢节日或本命日，都要请道士设醮做道场，并作为一种制度固定下来。还有一种醮仪即投龙简，也成为定制。范镇说："道家有金龙玉简，

---

① 《逍遥山万寿宫志》（光绪本），《道教文献》第6册，台北：丹青图书有限公司1983年版，第48页。

学士院撰文,具一岁中斋醮数,投于名山洞府。天圣中,仁宗皇帝以其险远穷僻,难赍送醮之具,颇为州县之扰,乃下道录院裁损,才留二十处,余悉罢之。河南府平阳洞、台州赤城山玉京洞、江宁府华阳洞、舒州潜山司真洞、杭州大涤洞、鼎州桃源洞、常州张公洞、南康军庐山咏真洞、建州武夷山升真洞、潭州南岳朱陵洞、江州马当山上水府、太平州中水府、润州金山下水府、杭州钱塘江水府、河南济渎北海水府、凤翔府圣湫仙游潭、河中府百丈泓龙潭、杭州天目山龙潭、华州车湘潭。所罢处不可悉记。予尝于学士院取金龙玉简视之,金龙以铜制,玉简以阶石制。"①仁宗虽加裁减,但有的不久又恢复了,而且此制相沿不断,在北宋后期又有所扩大。官僚士大夫也有请道士建道场的风气,如赵普、王钦若、王安石、蔡京、朱勔等,便是比较突出的例子。至于民间的这种活动,则更是经常性的和普遍的。从地区来看,尤以南方为最盛,不少地区形成了一种带地方特色的崇祀活动,如武当山,陈抟曾在此活动。信仰真武神,至宋始盛。真宗天禧二年(1018 年)七月七日,加号真武将军为"镇天真武灵应佑圣真君"。华山,为陈抟及其弟子的本山。有庙奉祀西岳真君,徽宗崇宁(1102—1106 年)年间改名"崇宁万寿观"。其车箱潭,道教传为"第七水府",仁宗时一如既往每岁遣使投金龙玉简。徽宗崇宁二年(1103 年),奉敕封为"丰润侯"。青城山,继唐之后为九天丈人坛场,道会盛时上万人参加。此处道士与上清茅山宗、正一龙虎宗均有一定联系。庐山,传为匡阜先生匡续修道处,原有祠庙,英宗时赐额为寿圣观,徽宗建中靖国元年(1101 年),又诏封匡续为"靖明真人"。九天使者庙祠祀九天采访使者,太宗太平兴国二年(977 年)改名"太平兴国观",宣和六年(1124 年),徽宗亲笔改观为宫。神宗元丰四年(1081 年)正月,诏加九天采访使号"九天采访应元保运真君"。玉笥山,距阁皂山很近,受灵宝阁皂宗教法影响。洪州西山为许真君本山。此外,西山梅岭又奉祀梅仙,据《梅仙事实》载称:神宗元丰五年(1082 年)敕江西所存有关庙祠,特封梅仙为"寿春真人"。华盖山,崇奉浮丘公及王、郭二真君。神宗熙宁八年(1075 年)七月,诏封王为"冲应真君",郭为"诚应真君";哲宗元符三年(1100 年)

① (宋)范镇:《东斋记事》卷 1,北京:中华书局 1980 年版,第 4—5 页。

九月十六日，应江西转运司请求，特封浮丘先生为“超应真人”，徽宗政和七年（1117 年）八月十五日又敕封超应真人为“浮丘真君”。华盖山同时又为天心派本山。两宋之间，玉隆十二仙、巴山四仙和华盖三仙是江西地区最盛行的神仙信仰。大涤山，在杭州余杭县南，自唐以来，属上清派仙山，其道士传闾丘方远道法，同时兼行灵宝教法。如李宗谔《余杭图经》说，“洞霄宫主首道士多诵《度人经》”①。仁宗天圣四年（1026 年），诏道录院详定天下名山洞府 92 处，杭州洞霄宫大涤洞为第五；并命每年投金简，遇祈祷，封降御香。金华赤松山，奉祀赤松真君二皇君，哲宗元符二年（1099 年），加号为“赤松凌虚真君”。其他如天台山、衡山历来是上清派道士活跃的地方，也举行投龙简等斋仪，奉祀本地神仙。武夷、仙都等山亦奉本山神仙。

不过在北宋时代，符箓派最有影响的名山乃是龙虎山、茅山和阁皂山，合称“三山”。“三山符箓”分别代表符箓道教的三种不同教法。《度人经》虽在社会上广为流传，为道士所共习，但阁皂山却没有出现十分杰出的道士，只是例行地为人设醮奏章、招神劾鬼而已。由于文献缺乏，其具体情况如何，已难以考定。龙虎山张天师一系，也正处于兴起当中，但威望很高，如天心正法即为人依托出自张陵。这时三山之中，势力最大者，仍然首推茅山，继续居于主流派的地位。茅山上层道士长期以来即与统治者关系甚密，因此在经济上获得了种种特权。太宗时，茅山道观凡 9 处，有水田 300 顷（30000 亩），并免租税。至于历代统治者的赐予，更是无法列举。他们还享受种种政治特权，北宋统治者派兵数百人护卫宫观即是其中之一例。茅山也是统治者醮祭的主要场所。此外，茅山上清宗师还为统治者授法箓、降符子，享有其他道士艳羡而难以企及的殊荣。茅山宫观收藏有历代大洞经箓及《灵宝度人经》《道德经》等道书。道教发展至北宋，便出现了各派统一的趋势。黄澄本为茅山上清派道士，在徽宗时任官方道教的最高首领——左右街都道录兼管道门公事。“初，三山经箓：龙虎《正一》，阁皂《灵宝》，茅山《大洞》，各嗣其本宗。先生请混一之。今龙虎、阁皂之传上清毕法，盖始于

① (元)邓牧心:《大涤洞天记》卷中,《道藏》第 18 册,第 154 页。

此。”①三山“混一”这无疑对道教各派的相互交流、对打破门户之见会起到良好的作用。但是应指出：这里所谓“混一”并非泯灭各派之间的界限，事实上在此之后，三山依然保持了以传修本宗经箓为主的特点。这一点直到后来三山归并于正一道系统后的明代，也未改变。②

四、其他派系不明的知名道士

北宋时代，高道辈出，好道之士亦在不少。除上面按道派介绍者以外，其他尚有一些派系不甚明确的道士，他们或居通衢大邑，或处穷乡僻壤，从事各种宗教活动。有的为社会各阶层祈福禳灾，招神劾鬼，以“济世度人”为宗旨；有的晦名隐迹，进行个人修炼活动，不求闻达于世。其中如陈抟、刘若拙、苏澄隐、张白、丁少微、张元化、柴通玄、赵自然、赵抱一、贺兰栖真、甄栖真、刘从善、蓝方、曾志静、李昊、赵吉、勾台符、贾善翔、董惟滋、徐守信、王老志、于仙姑、陈琼玉、刘元道等，皆有可称者。兹择其例简介如下：

苏澄隐，字栖真，真定（今河北正定）人，镇阳龙兴观道士。宋人王辟之和释文莹皆称，宋太祖开宝二年（969年）闰五月召问时，年已九十许。文莹还说，太祖延问甚久，自言顷与亳州道士丁少微、华山陈抟结游于关、洛，曾遇孙君房、獐皮处士。又问：“得何术？”对曰：“臣得长啸引和之法。”遂令长啸。其声清入杳冥，移时不绝。太祖大奇之，因问养生之要，遂赐号“颐素先生”③。

张白，字虚白，自号“白云子”，清河（在今河北）人。好沉静，博学能文。然两举进士不第，每沉湎于酒，会亲丧，乃泣而自语：“禄以养亲。今亲不逮，干禄何为？”遂辟谷不食，以养气全神为事。道家之书，无不研赜。太祖开宝（968—975年）中，南游荆渚，时乡人韩可玭为通守，延纳甚欢。会宋伐吴，因脱去儒服为道士。适武陵，寓龙兴观。郡守刘墀、监兵张延福深加礼

① （元）刘大彬：《茅山志》卷16，《道藏》第5册，第621页。

② 《明史·职官志》：“龙虎山正一真人一人，法官、赞教、掌书各二人，阁皂、三茅山各灵官一人。”刘鉴泉指出：“阁皂三茅，尚有官，则上清灵宝二派犹传欤。”见刘咸炘著：《道教征略》，杭州：浙江古籍出版社2012年版，第52页。

③ （宋）文莹：《玉壶清话》卷1，北京：中华书局1997年版，第7页。

重。曾以方鉴赠延福，云："收之，可以辟邪。"韬真自晦，穷日沉湎于酒，落魄无所拘，每醉于市上，不问亲疏，辄指而诟骂，多切中人微隐之事。每遇风雪苦寒，则破冰深入，安坐水中，气如蒸炊，指顾之间，悉以干燥。据《历世真仙体道通鉴》称，张白天才敏赡，思如涌泉，数日间赋《武陵春色》诗三百首，皆以"武陵春色里"为首句。后一旦称疾，亟语主观者："我必不起，慎勿焚我，恐里中亲识来寻，但依俗礼葬于西门外。"言讫而逝。自注《升玄消灾护命妙经颂》，首篇云："太上本来亲，虚无中有神。若能心解悟，头上更无人。"末篇云："心疑随万境，随境认心缘。道非有为有，方名离种边。"①又著《指玄篇》及七言歌诗名《丹台集》，并传于世。

丁少微，亳州真源（今河南鹿邑）人。为道士，持斋戒，奉科仪尤为精至。隐居华山潼谷，近陈抟所居，与陈抟齐名。然陈抟嗜酒适性，丁少微志尚清洁，二人"道不同，未尝相往还"。"善服气，多饵药，年百余岁，康强无疾。始，卜居山上，起坛场净室，通夕朝礼，五十余年未尝稍懈。"②是一位并习斋醮金丹、兼修内外的道士。后两次应召赴阙。太平兴国七年（982年）卒。

张元化，不知何许人，为道士，自称"华盖先生"，与刘若拙同道号。游汝地（在今河南），汝人因请主北极观焚修。外以慈爱及物，汝人无不悦之，独不知其密修何道，但混俗和光，未始自异于人。曾以大盆盛水，泛八灯而自成星斗之列，杓建所指随晓昏而转。郡人有请斋者，老少无异志而预议之，必至其间。善驱鬼。太平兴国（976—983年）初，进士安鸿渐寓郡中，恃才傲物，自谓无人可意，见元化则擎跽服从而就弟子列。去世之后汝人世代画其图像而崇祀之如神。撰有《还丹诀》并小词二阕，叙修行事，传于世。

柴通玄（？—1012年），一说名文元。③ 字又玄，陕州阌乡（在今陕西）承天观道士。《宋史·方技传》说他是"陕州阌乡人，为道士于承天观"，然宋人吴曾则说他"本绵州彰明县（今属四川绵阳地区）弓手"，遇一少年传以

---

① （元）赵道一：《历世真仙体道通鉴》卷47，《道藏》第5册，第372页。

② 《宋史》卷461《方技传》上，北京：中华书局1977年版，第39册，第13512页。

③ （宋）吴曾：《能改斋漫录》卷18。《墨客挥犀》作"柴通元"者，则为避真宗时所定圣祖赵玄朗讳。

符术。"不喜执役，遂窜迹西蜀，游荆渚，每书符以治疾"。后游华山，陈抟对他说，所遇少年为太乙洞主。"柴即求披戴，住阌乡县观中"[①]。若所述属实，则柴通玄本为蜀人，因受陈抟点悟而入阌乡承天观为道士，"通玄"当为入道后得名。柴通玄善辟谷服气，喜长啸饮酒。太宗召至阙下，恳求归本观。真宗即位，屡往京师。祀汾阴，召至行在，问以无为之要。真宗作诗赐之，改赐祥符观额，邑人呼为"柴先生观"。时柴通玄年已百余岁，吴曾说他"精彩如中年人"[②]。次年春作遗表，自称罗山太一洞主，遣弟子张守元、李守一诣阙献龟鹤，临终时又召官僚士庶言死生之要。夜分，盥濯燃香庭中，望阙而坐，迟明卒。

赵自然，太平州繁昌（今属安徽）人，家荻港旁，以鬻茗为业，本名王九。13岁时病重，其父抱诣青华观，许为道士。16岁梦一人状貌魁伟，伦巾素袍，鬓发斑白，自云姓阴，引之登高山，对他说："汝有道气，今以辟谷之法授汝。"自此不食，每闻火食气即呕，唯食生果、清泉而已。世遂传所梦之人即汉仙人阴真君。岁余，复梦教以篆籀数百字，寤悉能记，写以示人，皆不能识。或有推测说："此非篆也，乃道家符箓耳。"曾为《元道歌》，言修炼之要。知州王洞表其事，太宗召赴阙，亲问之，赐道士服，为改名，赉钱30万。月余遣返，住青华观。[③] 后因病，饮食如故。真宗时屡召对，自然以母老求还侍养，许之。

又有郑荣，遇异人授以医术救人。大中祥符七年（1014年）真宗赐其名自清，度为道士，居上清宫。所传药能愈大风疾，民多求之。赵抱一亦为真宗时著名道士。据贾善翔《高道传》说，他用药令人服食，"于是沉疴新疾，服者无不愈"。一日，信步抵京城西巴楼院，过涅槃堂，见数童行染疫方甚，遂取药令咽之，即时汗如新沐人，经夕皆愈。后请药者如市，传于里外。时真宗东封未还，京师留守阴遣人察其属实，飞奏诣行在。车驾还，真宗召见，欣然拊其背说："子乃朕之姓也。"于是披度为道士。后求归，赐金镀龙头杖、铜朱记、瘿木栖杯、香药等，差中使张茂先、道士胡太易送至石门山，特与

① （宋）吴曾：《能改斋漫录》卷18，上海：上海古籍出版社1979年版，第518页。
② （宋）吴曾：《能改斋漫录》卷18，上海：上海古籍出版社1979年版，第518页。
③ 《秘阁闲谈》称赵自然为池州凤凰山道士；此据《宋史》卷461《方技传》上。

建真寂观以为登真之所。①

贺兰栖真，不知何许人。为道士，自言百余岁。② 善服气，不惮暑，往往不食；或时纵酒，游市廛间，能啖肉至数斤。始居嵩山紫虚观，后徙济源奉仙观。景德二年（1005 年），真宗下诏召之说："师栖真岩壑，抗志烟霞，观心众妙之门，脱屣浮云之外。朕奉希夷而为教，法清净以临民，思得有道之人，访以无为之理。久怀上士，欲觌真风，爰命使车，往申礼聘。师其暂别林谷，来仪阙庭，必副招延，无惮登涉。今遣入内品李怀赟召师赴阙。"③既至，赐号"宗玄大师"。大中祥符三年（1010 年）卒。

宋初著名道士还有刘若拙，蜀人，从山东至京任道录。善服气。甄栖真（？—1023 年）曾拜他为师，后得内丹之旨。据《宋史》卷 462 记载：甄栖真，字道渊，单州单父（在今山东单县）人。博涉经传，长于诗赋。一应进士第，不中，叹曰："劳神敝精，以追虚名，无益也。"遂弃其业，读道家书以自乐。初访道于牢山（今属山东）华盖先生，久之出游京师，因入建隆观为道士。周历四方，以药术济人，不取其报。大中祥符（1008—1016 年）中，寓居晋州，性和静，无所好恶。晋人爱之，以为紫极宫主。年七十五，有人对他说："汝风神秀异，有如李筌。虽老矣，尚可仙也。"因授炼形养元之诀，并且说："得道如反掌，第行之惟艰，汝勉之。"栖真行之二三年，渐反童颜，攀登蹑危，轻若飞举。乾兴元年（1022 年）秋，告诉其徒："此岁之暮，吾当逝矣。"即宫西北隅自筑殡室。室成，不食一月，与平居所知叙别，以十二月二日衣纸衣卧砖塌卒。著有《还金篇》。

仁宗时道士刘从善，字顺天，号"浩然子"。西洛人，家世不仕，其父因籍于汴之祥符（今属河南开封）。据贾善翔《高道传》，刘从善"祥符（1008—1016 年）中，师道士王太和于建隆观"④。仁宗天圣（1023—1031 年）初，以乾元节赐紫衣。二年（1024 年）六月，承旨充景灵宫住持。三年（1025 年）八月，仁宗与太后欲受法箓，诏观妙先生朱自英于玉清昭应宫建

① （宋）陈葆光：《三洞群仙录》卷 2 引，《道藏》第 32 册，第 249 页。

② 《宋史》卷 462《方技传》下作"自言百岁"，今据《本朝蒙求》、《续资治通鉴长编》。

③ 《宋史》卷 462《方技传》下，北京：中华书局 1977 年版，第 39 册，第 13515—13516 页。

④ （宋）陈葆光：《三洞群仙录》卷 17，《道藏》第 32 册，第 346 页。

金箓坛，又降旨选明经教、勤谨焚修道士五十余人同坛传授，从善首与之。复宣赐正一法服、冠履、剑佩等。仁宗严于孝享，遣使谕以先帝忌辰，令于神御前咒食。乃编《三洞经内咒偈》以荐仙驾，寻进《咒食文》，受到仁宗嘉奖，赐号“全素大师”，并以其文颁诸宫观，咒食之科自从善传。时延宁宫成，诏撰《圣像五藏铭》，应制者甚众，唯从善称旨，遂以金玉牌刻其文。景祐（1034—1037 年）中，乞还本观。未几，章献、章惠二太后驾出都，充法师，沿途讲赞。至和二年（1055 年）正月，仁宗病，召从善于大庆殿设醮奏章，传所谓神仙葛将军命“皇帝未合来”。仁宗病愈，遂解御服、衽席、金帛赐之，欲以先生号加赐，固辞不受。嘉祐（1056—1063 年）初，左右街道录荐为道官，仁宗可其奏，授右街守阙监议，辞不获，乃承命。五年（1060 年）夏，民苦大水，复拜章于福宁殿以禳之。刘从善自守阙监议累迁右街副道录。居常诵《玉清》、《本际》、《西升》、《黄庭》等经，至若服气炼形，亦勤行之。英宗即位，丞相韩琦复乞赐先生号，又辞之。神宗熙宁三年（1070 年）七月二十八日卒，享年 81 岁。撰集斋科及拜章之法，并有诗歌行于世。

蓝方，字符道，亳州人。仁宗闻其名，特诏赐对，馆于芳林园。赐号“南岳养素先生”，住衡山招仙观。好行内丹；关于他有一些神奇的传说。《历世真仙体道通鉴》说“肉身塑像存焉”①。

曾志静，庐陵人。少不饮酒食肉，端毅寡言。既胜冠，去为道士，不喜与世人交接。得异人授以道，自此杜门辟谷数年，彻关辟牖，已“神观玉立”②。仁宗至和二年（1055 年）九月，正坐而卒。

李昊，剑州（治在今四川剑阁）人。与苏辙交游。苏辙记其事说：李昊到陈州（治在今河南睢阳）时，年八九十岁，颜色已衰，然善篆符。知陈州陈述古官舍多鬼，“昊居其西堂，鬼即为止”。苏辙问“何以能尔”，李昊说：“述古多欲，故为鬼所侮；至断欲久矣，故鬼不敢见，非他术也。”又问其所以养生者，答言：“人禀五行以生，与天地均，五行之运于天地无穷，而人寿不过百岁者，人自害之耳。人生而知物我之辨，内其在我，而外其在物，物我之

① （元）赵道一：《历世真仙体道通鉴》卷 48，《道藏》第 5 册，第 380 页。
② （元）赵道一：《历世真仙体道通鉴》卷 50，《道藏》第 5 册，第 390 页。

情，不忘于心。我与物为二，则其所受五行之气，判然与五行之大分不通，因其所受之厚薄，各尽其所有而止，故或寿或夭，无足怪也。今诚忘物我之异，使此身与天地相通，如五行之气中外流注不竭，人安有不长生者哉！”①代州（治在今山西代县）人赵吉亦与苏轼、苏辙交往。事五台山僧不终，弃之游四方。既得道，行丐高安城中。好饮酒，醉辄殴骂市人，皆谓之狂人。“然其与人遇，虽未相识，皆能道其宿疾，与其平生善恶。”因此，有人以为“此诚有道者”。元丰三年（1080年），苏辙谪高安，忽来见，说：“吾知君好道而不得要，阳不降，阴不升，故肉多而浮，面赤而疮。吾教君碗水以灌溉子骸，经旬，诸疾可去，经岁不怠，虽度世可也。”苏辙用其说有效，然不能极其妙。苏辙评论他说：“非特挟术，亦知道者也。”②

勾台符，青城（今四川都江堰市）人。受业青城山丈人观为道士，与白云溪隐士张愈为诗友。自号“岷山逸老”，自云：“左执范贤袂，右拍薛昌肩，举头傲白日，长啸揭青天。嚣嚣者安知华夏之内有此逸乐乎！不知岷山之逸老于我乎，抑我之逸老于岷山乎？”明代文士杨升庵《青城五隐赞》，台符为其一。著有《岷山集》，《岷山异事》3卷，《卧云编》3卷，《青城山方物志》5卷。③

贾善翔，字鸿举，蓬州（治在今四川仪陇南）人。喜谈笑，好琴嗜酒，混俗和光，默究修炼。苏东坡曾过其门，献书问他说：“身如芭蕉，心似莲花，百节疏通，万窍玲珑。来时一，去时八万四千。”末云：“鸿举下语。”善翔答说：“老道士这里没许多般数。”任右街都监同签书教门公事，赐号“崇德悟真大师”④。一日，至亳州太清宫，众请讲《太上洞玄灵宝度人经》，据说至讲经二遍，盲者目明。“时会中一媪，年七十余，丧明已三十年，一闻经义，豁然自明。”后启醮之夕，梦众灵官传太上命，赐其仙服，以之为太清宫主者。数日后竟卒。张商英作《真游记》，编载其事。⑤ 贾善翔著有《太上出

① （宋）苏辙：《龙川略志》卷10，北京：中华书局1982年版，第62页。

② （宋）苏辙：《龙川略志》卷10，北京：中华书局1982年版，第62页。

③ 王文才：《青城山志》卷6《纪事》，成都：四川人民出版社1982年版，第76页。

④ 据《正统道藏·太上出家传度仪》署题。

⑤ 参见《混元圣纪》卷9、《历世真仙体道通鉴仙鉴》卷51。

家传度仪》1 卷、《南华真经直音》1 卷、《犹龙传》3 卷和《高道传》10 卷。

董惟滋,不详何处人。好学笃文,不事生业。隐寄金华赤松山,“解悟经品,思通神会”①。时贵以其名荐于神宗,命试诸经,理义敷畅,因赐度牒为赤松黄冠师,继赐“冲真”师号及紫衣。未几,掌东京中太一宫事。及哲宗元祐(1086—1094 年)间,乞归家山,为哲宗嘉奖,复敕领宝积观事。

徐守信,泰州海陵(治在今江苏泰州市)人。生于仁宗天圣十年(1032 年)。十九岁入天庆观,供洒扫之役。英宗治平(1064—1067 年)中,遇异人授道。日诵《度人经》。有问休咎者,借经中语以告之。常携一帚,人呼曰“徐二翁”(一作“徐三翁”)。苏辙说:“泰州天庆观布衣徐二翁,不知所从来,日扫观中地,非众道士残食不食,时言人灾福,必应。”并以其兄与自己为徐言中,证明传闻之无误。② 其神奇传说甚多,例如:熙宁(1068—1077 年)中,道正冲寂大师唐日严暮夜巡寮,望厨中若有火光,至则无之,徐守信寝室在厨下,遂推户视之,见他东向瞑目端坐,犹不以介意。一日,乏斋粮,令他往庄所督米。至日晡时,唐日严至三清殿,见他枕帚而卧,唤醒并责备他,他却说:“来早米至矣。”次日晨,运米者果至,说:“徐二哥昨日催促,不得少休,适已先归矣。”庄去郡往返百余里,唐愕然,乃为他命名,置弟子籍中。熙宁(1068—1077 年)末,以守信被恩泽,度为道士。他笑而不受,说:“我只解扫地耳。”力役如故。又如:蒋之奇于神宗元丰(1078—1085 年)中为发运使,再三问之,云:“宜减刑不减刑,如何?”他却答非所问地说:“瘤子痛,说不得。”时蒋背生瘤,盛怒则痛,至不能语,未曾告诉别人。乃命二吏扶着他,下拜赞道:“真人也! 经云:‘神公受命,普扫不祥。’公可以当之。”自此人皆呼之为“神翁”。由于徐神翁名闻遐迩,徽宗特赐之号“虚静冲和先生”,三召赴阙。大观二年(1108 年),与茅山刘混康同馆于上清储祥宫道院。四月十七日闻刘死,便说:“刘先生去,我亦去矣!”至二十日逝世,年七十六岁。③ 敕葬本州城东响林东原。宣和(1119—1125 年)中,即其地建升

① (宋)倪守约:《金华赤松山志》,《道藏》第 11 册,第 74 页。

② (宋)苏辙:《龙川略志》卷 10,北京:中华书局 1982 年版,第 64—65 页。

③ 南宋末宋卿编的《徐神翁语录》卷上以及张雨《玄品录》卷 5 并同。《历世真仙体道通鉴》卷 52 谓“大观末,尸解去”,误。

真观。有《徐神翁语录》传世。

王老志，濮州临泉人。人称“老王先生”，以别于“小王先生”王仔昔。事亲以孝闻。据蔡絛《铁围山丛谈》，他幼时曾为伯母吮疽。初为转运小吏，往来市间，遇一乞丐，见辄乞之钱，自称“我，钟离先生也”，授予丹药，“老志服其丹，始大发狂，遂逆知未来事”。政和三年（1113年），因太仆卿王室荐，馆于蔡京赐第，旋为徽宗礼信，先后赐号“安泊处士”、“洞微先生”、“观妙明真洞微先生”。后见其师，责以擅处富贵，乃乞归，未得请，病甚，始许其去。归濮而死。大臣王黼未达时，其父为临泉令，问黼名位所至，即书“太平宰相”四字。旋涂去，说：“恐泄机也。”王黼败，好事者遂附会说他有先知之明。① 南宋岳珂说：异人王老志“所履既奇崛，道幽显事，益涉于诞，惟掉头禄豢，时出危言，与［林］灵素等异趣为可称。其在京师，每心非时事，亦屡以意风（讽）蔡元长（蔡京），使迁于善而弗听也……古今方士多矣，亿中不足奇，而能弃己所嗜，纳君于正，斯可嘉也。”②

于仙姑，凤翔（今属陕西）人。出身于卖茶小家。少独喜洁清，不食肉，日诵《老子》。父母予之钱，辄储蓄以购弃笺败牍纽为衣，施乞丐。后于笺牍中得道教嘘呵呬吹嘻之说，行之久，乃能辟谷。年十四，不肯嫁，邻家好神仙的女子争相来谒。一日，众得华山石室玉函，不能启，遂往请仙姑发之而得《大洞经》。还家读经，如其方，乃得度世炼形之法，能行于薰笼上，或时卧椟中累月，其徒开视，仙姑徐徐振衣而起。徽宗闻之，召至东京汴梁，赐号真人。世传有向端者得其道。靖康初（1126年），对其徒说：“吾将逝矣。”遂卒。

郑仙姑，歙州（治在今安徽歙县）人。父郑八郎学道，因居于歙之东岳庙前。仙姑自幼与父居一小阁上。父死，仙姑言父非死。如此数十年，未曾出城门，时与人言灾福。一夕大风雨，屋毁有声，邻居疑其压死，往视之，而仙姑犹鼾睡未醒，人尤异之。苏辙为绩溪令，见之，自云年已八十，尚处子。苏问道：“室家，人理之常。不嫁，何也？”她答说：“吾诵《度人经》故尔。”苏

---

① 《宋史》卷462《方技下·王老志传》，北京：中华书局1977年版，第39册，第13527页。另参看陆游《家世旧闻》。

② （宋）岳珂：《桯史》卷12，北京：中华书局1981年版，第144—145页。

问:“《度人经》安能使人不嫁?”她说:“此经元始天尊所说,元始天尊生于天地先,立于天地外,安得不尔?”又问:“安有人能出天地上者?”又答说:“此非他,盖亦道耳。”苏紧追不舍,又问:“道则能尔,然何与姑事?”郑仙姑回答道:“君谓道不在我:然我身何者非道?”苏心异之,翌日设馔礼致仙姑,问以养生之事,仙姑说:“君今如器已破,难成道。”又向她询问导引、吐纳、烧炼诸术,她皆予以否定,说:“人但养成婴儿,何事不了!”苏辙又说:“尝有人于百里之外见姑,褓婴儿往耶?”仙姑微笑不答。① 后不知所终。

张仙姑,南阳人。行气功,能发外气为人治病。《历世真仙体道通鉴后集》载云:“人有疾仙姑,辄对坐瞑目,潜为布气攻之,疾者俄觉其臆温温然,发緼火色,已而鸣声如雷,虽沉痾者无不愈。一时贵人多敬慕之,宋徽宗尝召至东都,其后不知所之。”②

徐道生,山阳(今江苏淮安)人。后入神光观为道姑。闻徐神翁在海陵,即往事之,问神翁说:“人之躯污秽集成尔,而古有白日升天者,审能如是邪?”神翁答道:“吾闻太行山有换骨岩,将轻举者先往换骨,然后乃得登上清、列仙籍也。”遂往观。抵其危巅,果有大屋梁,梁四周有千余锁子骨趺坐庑下。道生以熏陆香各纳之口中而归。自此而不知所之。③

陈琼玉,号“妙靖炼师”,婺州金华(今属浙东)人。年十七,邀兄游四明海中,既还,自称遇婺女星君。从此绝粒,更能诗词,及知人间祸福。公卿士庶日往叩之,户外履满。所居前面葛仙峰,后枕仙姑坛,独处一室。政和(1111—1117年)中,邑宰柯庭坚等赠诗者众。琼玉亦作诗,前后不下数千首,诗词所言,“大抵勉人以忠孝诚信”。至八九十岁,容貌不衰。④ 政和七年(1117年),徽宗召至京师,赐号“妙靖炼师”,即乞还山。后不知其所终。

皇甫涣,字致远,开封人。赋性闲淡,有敏识卓见,修举业之暇,尤妙于《三玄》(《老》、《庄》、《易》),知命不负,学作黄冠,在京东太一宫受业。政

① (宋)苏辙:《龙川略志》卷10,北京:中华书局1982年版,第62—63页。
② (元)赵道一:《历世真仙体道通鉴后集》卷6,《道藏》第5册,第486页。
③ (元)赵道一:《历世真仙体道通鉴后集》卷6,《道藏》第5册,第486页。
④ (宋)洪迈:《夷坚甲志》卷14,北京:中华书局1981年版,第1册,第122—123页。

和（1111—1117年）初，朝廷兴道学，次年，试辟雍，作魁。徽宗览程文，赐金坛郎，不就，乞换。游历寻访于西洛，遇至人冯野人，得其道要。后游南岳，栖凌虚台、会真观思真。不久，诏赴阙，居太一宫高士寮。乞还山，居汝水而逝。

刘卞功，滨州安定（今属山东）人。家世为农。自少好道，九岁不茹荤。据《历世真仙体道通鉴》卷51记述，遇一补铁老父饵之丹，自是尽弃世事，穿窟室以居，人欲见者由洞中入。张雨《玄品录》却说："后稍稍不语，问以事，则书而对。其语初若不可晓，已而辄验。家人为筑别室以居。久之，言皆响应，远近以为神。"①未言其遇补铁老父之事。徽宗闻其名，三遣使召之，辞疾不奉诏。徽宗更加敬重他，赐号"高尚处士"②，建观以安其徒，因以其号名之，人称"刘高尚"。

龚元正，字端本，武陵（治在今湖南常德市）人。家贫好学，带经锄地。后去为道士，向道精专。创建新宫大殿、巍楼杰阁，广厦重廊，金碧辉煌。手植松、杉数十万株。宫成，赐额"万寿"。赐号"冲寂大师"。住持40年，未曾背众进食。宣和（1119—1125年）间，一日，召其徒说："不出五日，吾逝矣。"四日，端坐诵《老子道德经》，俨然而逝。③

刘元道，字景初，开封府人。世为武弁，独元道慕老庄，幼投道士李居演，出家服黄冠。性简淳静厚，犯而不较。喜读书，《道藏》之外，《九经》、子书，历历成诵。每接宾客，似不能言者，以事拟之，其应如响。徽宗兴道教，刘元道首与选校定道教遗书。自此稍迁签书道录院事，以至左右街道录，无不遍历，官至太虚大夫、蕊珠殿校籍。绳校之外，未曾更革一事以动人。士大夫多以此喜之。凡赴内道场，或宣至便殿论道，赐予甚厚，独所得，随即散之。一日，林灵素以下道官教人侍帝侧，徽宗出宝货，使各随所欲取之，他独取铜器香奁而已。金人犯阙，多贪金币，道流平日所得，官悉搜检赠金人，间有抵刑狱者。唯官员知其实无上物，也不过问。后隐入民间。编有《度人上品妙经旁通图》。

① （元）张雨：《玄品录》卷5《道言》，《道藏》第18册，第139页。

② （元）赵道一《历世真仙体道通鉴》卷51作"高尚先生"。兹从《玄品录》。

③ （元）赵道一《历世真仙体道通鉴》卷52《龚元正传》，《道藏》第5册，第405页。

北宋末，尚有好黄白术的道士许公言。据宋人周密《齐东野语》记述：安定郡王子涛在京师时，其兄子冲喜延道流方士。有许公言者，能以药为黄金，其人皎然玉树，有小炉高不盈尺。用少许药物就掌中调配，纳于火中，须臾便成“精金”。而子涛言其“毕竟只是假”，许愕然。数日后，许公言与子冲辞别，挽留不住。将出门，邀子涛耳语，告诉他说：“君兄且死矣。君手有直纹，未可量，但早年亦难困，宜顺受之，寿可至六十九。人寿修短，视其操行。上帝所甚恶者贫，所甚欣者寿，人能不犯其所甚恶，未有不得其所欣者。君能不忘吾言，可至七十九；持之益谨，更可至八十九。外此，非吾所知也。”子涛问其往何处去，答说：“中原将乱，吾入蜀耳。”后兄王子冲一夕无疾而亡。不一年，金兵入寇，王子涛负其母南逃，侥幸脱身。平生守许公言之戒不渝，年八十七而终。①

有的道士颇善医，例如据陆游说：大观四年（1110 年），其祖母在京师病累月，医药无效，虽名医如石藏用辈皆谓难治。一日，有老道人，状貌甚古，铜冠绯氅，一丫髻童子操长柄白纸扇随其后，过门自言：“疾无轻重，一灸立愈。”陆游的父亲将他们延入内，问其术，道人探囊出少艾，取一砖灸之。其祖母方卧，忽觉腹间痛甚，如火灼。道人自云寿九十岁，径去，追之，疾驰不可及。陆游祖母其时未满六十，过二十余年，寿至八十三乃终。又二十年，陆游从兄子揖监三江盐场，偶与一士人毛氏饮酒，忽见一道人，衣冠及童子都如其祖母平日所言。方愕然，道人忽自言在京师炙砖事，言讫遽遁去，遍寻不得。毛氏也说：“道人为灸屋柱十余壮，脱然愈。方欲谢之，不意其去也。”这件事给陆游留下了深刻的印象，因此他说：“世或疑神仙，以为渺茫，岂不谬哉。”②这个结论显然不妥，其实只不过是一个隐姓埋名、精于针灸并能养生长寿的道士而已。

综上可知，北宋时代的道士，除有些是道派的代表人物之外，还有不少并不属于某一具体派系，甚至师承关系也不清楚，或者根本没有什么师承关系，但他们都奉道虔诚，辛勤修炼，各自在不同方面取得了显著的成果，为道

① （宋）周密：《齐东野语》卷 8，北京：中华书局 1983 年版，第 134—135 页。
② （宋）苏轼：《老学庵笔记》卷 5，北京：中华书局 1979 年版，第 61—62 页。

教的发展作出了有益的贡献。因此，在道教史上应有他们一定的地位。

第四节　陈抟与北宋儒道关系

一、陈抟生平及其象数体系

在宋初的隐逸道士中，有一位传奇式的人物，他就是陈抟。

陈抟（？—989年），亳州真源（一说普州崇龛）人。字图南，自号“扶摇子”。有关他的生平事迹，传说纷纭，真伪难辨。他生于何时，并不十分清楚。一说“生于唐德宗时”（庞觉《希夷先生传》）。但据元赵道一《历世真仙体道通鉴》和张辂《太华希夷志》所言，陈抟寿118岁，则由其卒年上推，生当唐懿宗咸通十二年（871年），与宋人魏泰所说生于唐末相吻合。

至于陈抟出生的地点，也有各种说法，比较典型的有如下几种：（1）亳州真源人；（2）西洛人；（3）普州崇龛人；（4）四川夔州府人。诸说中最值得注意的是（1）、（3）两种，二者都出现较早。南宋王象之《舆地纪胜》说：“传记皆以为先生亳郡人，或曰华人。然案祥符旧《图经》，陈抟普州崇龛人，既长，辞父母去学道，或居亳为亳人，或居洛中为洛中人，或居华山为华州人。此说最为有理。祥符去国初甚近。李宗谔撰定《图经》。宗谔，博物君子也，必得其实。”①李宗谔为宋初宰相李防之子，真宗时，参预崇道等事；又预修《诸路图经》。《宋史·李昉传》附有其传。陈抟死于太宗端拱二年（989年），时宗谔已25岁。杨亿比他稍晚，则持“亳州真源人”说。陈抟死时他才15岁；但他也经历太宗朝，且任过翰林学士；又好佛教，跟道教也有些瓜葛。《东都事略》说陈抟四五岁时戏于涡水，而涡水流经亳州。又北宋蜀人文同《丹渊集拾遗·书邛州天庆观希夷先生诗后》谓陈抟“后晋天福（936—942年）中来游蜀”，不言返蜀而言“来游蜀”。因此，陈抟的里籍究竟是亳

① （宋）王象之：《舆地纪胜》卷158，台北：文海出版社1971年版，第794页。

州真源(河南鹿邑)还是普州崇龛(今属四川)①,尚可进一步讨论。②

除了陈抟的生年、籍贯之外,他的家世也不太清楚。《群谈采余》说:“陈图南,莫知所出。有渔人举网得物甚巨,裹以紫衣如肉球状,携以归家,溉釜爇薪,将煮食之。俄雷电绕室大震,渔人惶骇,取出掷地。衣裂儿生,乃从渔人姓陈。”此乃神话,不足为据。从多种文献中,可以得知其生平事迹的下述线索:

他年少时好读经史百家之言,一见成诵,悉无遗忘,且颇以诗名。五代后唐长兴(930—933年)中,举进士不第,③遂不求禄仕,而以山水为乐。自言曾遇孙君仿、獐皮处士,劝他隐居武当山九室岩,于是往栖之。因服气辟谷历二十余年[约清泰(934—936年)至显德(954—959年)初年],但日饮酒数杯。在此期间,即在后晋天福(936—944年)中,曾游蜀。从邛州天师观都威仪何昌一学锁鼻术(即睡功),“或一睡三年”④。关于陈抟与何昌一的关系,陆游在《老学庵笔记》中说:“予游邛州天庆观,有陈希夷诗石刻云:‘因攀奉县尹尚书水南小酌回,舍辔特叩松扃,谒高公。茶话移时,偶书二十八字。道门弟子图南上。’其诗云:‘我谓浮荣真是幻,醉来舍辔谒高公。因聆玄论冥冥理,转觉尘寰一梦中。’末书‘太岁丁酉’,盖蜀孟昶时,当石晋天福中也。天庆本唐天师观,诗后有文与可跋,大略云:高公者,此观都威仪何昌一也。希夷从之学锁鼻术。’于是日迫赴太守宇文衮臣约饭,不能尽记,后卒不暇再到,至今以为恨。”⑤

陈抟虽身在山林之中,而心在庙堂之上,时时注视着时局的演变。自晋、汉以后,每闻改朝换代,则颦戚数日,人有问者,瞪目不答。据说《隐武当山诗》云:“他时南面去,记得此山名!”其自负如此。至北宋,有人改“南

---

① 据考查,崇龛县治的旧址在今四川遂宁、安岳、潼南三县交界的潼南县境内(见胡昭曦《陈抟里籍考》,《四川文物》1986年第3期)。

② 有关的讨论文章,请参考:安岳县《文史资料选辑》第3期,1983年6月印行;李远国《陈抟籍贯小考》,《中国史研究》1984年第2期;胡昭曦《陈抟里籍考》,《四川文物》1986年第3期;羊华荣《关于陈抟的籍贯》,《世界宗教研究》1988年第2期。

③ 诸书均言陈抟未中进士,而《邵氏闻见录》独云“唐长兴中进士”,误。

④ (宋)魏泰:《东轩笔录》卷1,北京:中华书局1983年版,第2页。

⑤ (宋)苏轼:《老学庵笔记》卷6,北京:中华书局1979年版,第78页。

面”为“南岳”，题其后云：“薜壁题诗志何大，可怜今老华图南。”[①]《太华希夷志》据传闻说，陈抟揽镜自照曰：“非仙而即帝。”这些传言并不一定都真实，但也许陈抟志向本来很大。但在五代时期，战乱频仍，政局动荡，不仅人民生活痛苦，而且帝王将相也难保身家性命。当时士人的心态是复杂的。陈抟在那种特定的社会境况中隐居不仕的初衷，恐怕并非真的热爱隐居生活，而是通过隐居山林，使自己可进可退，一则远祸避害，二则等待时机，准备积极参与国家政治生活。如果以上所引诗句真是他写的，那么，他的权力欲极其强烈！然而，他既隐逸，接触者多为隐士和道、释二教人物，潜移默化，渐渐便滋长起视名利为“浮荣”、尘世为“幻梦”的出世思想。这“出世”的一面终于压倒了“入世”的一面。时间大约就在后晋天福至宋初。在陈抟身上，透露出中国封建士人遁入道教的消息之一侧面。

陈抟尽管有着参与政治的鸿大志愿，毕竟没有施展宏图的势力和才能，因此对封建割据统治者并不构成任何威胁。“曾践场屋，不得志而隐”的他，却是致力于一统的君主积极笼络的对象。后周显德（954—959 年）初年，陈抟移居华山为道士，葺唐云台观居之。多闭门独卧，经累月乃至“多百余日不起”[②]。“花竹幽窗午梦长，此中与此（疑“此”为“世”之误）暂相忘。华山处士如容见，不觅仙方觅睡方”[③]。这诗多少透露出他的心迹。周世宗好黄白术，闻陈抟名，以为“必有奇才远略”，“以四方未服，思欲牢笼英杰”[④]。显德三年（956 年），命华州送至阙下，令于禁中扃户试其睡功，月余始开，抟热寝如故。世宗甚异之，因问神仙黄白修养之事、飞升之道，陈抟反问说：“陛下为天下君，当以苍生为念，岂宜留意于为金乎？”[⑤]世宗亦不之责，命为谏议大夫，[⑥]固辞不受。知无他术，放还山，诏本州长吏岁时存问。显德五年（958 年），又令成州刺史朱宪赍帛 50 匹、茶 30 斤赐抟。

---

① （宋）邵伯温：《邵氏闻见录》卷 7，北京：中华书局 1983 年版，第 69 页。

② （宋）王偁：《东都事略》卷 118《陈抟传》，济南：齐鲁书社 2000 年版。

③ （宋）周密：《齐东野语》卷 16，北京：中华书局 1983 年版，第 302 页。

④ 《旧五代史》卷 119《周书・世宗纪》。《资治通鉴》卷 293 则谓“问以飞升黄白之术”。

⑤ 此据《杨文公谈苑》。《东都事略・陈抟传》作：“陛下为四海之主，当以致治为念，奈何留意黄白之事乎？”

⑥ 北宋陶岳《五代史补》谓“拜左拾遗，抟不就”。此据王偁《东都事略》等书。

大约就在这一段时间,陈抟常与华阳隐士李琪(一作"李奇")、关中逸人吕洞宾和终南山隐士谭峭往来。《宋朝事实类苑》卷 41 载云:"华阳隐士李奇,自言开元中朗官,年数百岁,人罕见者。关中吕洞宾者,有剑术,年百余岁,貌如婴儿,行步轻疾。皆尝至抟斋中。"①所云"数百岁"真是奇迹,未必属实;但即使李琪无数百岁,吕洞宾也不是"神行太保",二人与陈抟有过交往,还是可信的。又陈景元在《谭子化书》后序中说,陈抟曾对张无梦指出宋齐丘窃夺谭峭《化书》一事,称谭峭为"我师友"。宋僧志磐也记述说:"隐士谭景升(景升为谭峭字)居终南山,与陈抟为友,著《化书》百十篇,穷托化原,久之仙去。尝游三茅山,至建业,见宋齐丘,谓其有仙风道骨,出书示之,属(嘱)为之序以传世。齐丘乃窃以自名,然未尝悟道蕴也。"宋齐丘相南唐。对于这个权势人物剽窃他人之作的卑劣行径,正是陈抟给予揭露的。"曾慥作《集仙传》,言陈希夷称其友谭景升作《化书》,又云齐丘窃取以为名。"②

传说陈抟早就认识宋太祖、太宗兄弟二人,还在他们搞兵变前就曾与之共饮,并且知道他们将图谋大业。北宋时人魏泰说:"太祖事周为殿前都点检,抟尝见天日之表,知太平自此始耳。"③正因为如此,显德末,一日他乘驴游华山,听得市人相与传言"赵点检作官家"的消息,竟惊喜大笑:"天下这回定叠也!"④陈抟得悉赵匡胤夺取政权的消息时,黄河、长江流域尚未统一,而他居然如此惊喜,可见他把统一的希望寄托在了赵氏的身上。但是终太祖一朝,未曾召见他,他也没有要求召见。太宗、真宗时人杨亿说:"讫太祖朝,未尝召,太宗即位,再召之。"⑤这与《太宗皇帝实录》记载后周世宗和宋太宗召见相吻合,是十分可信的。

---

① 《宋史·陈抟传》,"华阳"作"华阴","关中"作"关西逸人",又言吕洞宾"顷刻数百里"。《太华希夷志》略同,无"数百岁",并言:"此皆旧史之文也。"即指北宋《国史》。

② (宋)释志磐:《佛祖统纪》卷 43,《大正藏》第 49 册,第 392 页。

③ (宋)魏泰:《东轩笔录》卷 1,北京:中华书局 1983 年版,第 2 页。

④ (元)刘大彬:《茅山志》卷 11《上清品》,《道藏》第 5 册,第 604 页。

⑤ (宋)杨亿:《杨文公谈苑》,载于江少虞《宋朝事实类苑》卷 45,上海:上海古籍出版社 1981 年版,下册,第 598 页。按:《群谈采余》言宋太祖召陈抟至阙,"问以天下始终事";庞觉《希夷先生传》、《贵耳集》、《倦游录》等谓真宗召问陈抟,诸如此类传闻都是没有事实根据的。

太宗即位后，陈抟曾两次至京都汴梁（今河南开封）“朝觐”。一次在太平兴国初年，另一次在太平兴国九年（984年）。关于第一次进京召见，宋人王辟之这样记述道：“太平兴国初，召赴阙，太宗赐诗云：‘曾向前朝出白云，后来消息杳无闻。如今若肯随征召，总把三峰乞与君。’（‘总’，张雨《玄品录》卷五作‘尽’。）先生服华阳巾，草屦垂绦，以宾礼见，赐座。上方欲征河东，先生谏止，会军已兴，令寝于御园，兵还，果无功。百余日方起，恩礼特异，赐号‘希夷’，屡与之属和，久之，辞归。进诗以见志云：‘草泽吾皇诏，图南抟姓陈，三峰千载客，四海一闲人。世态从来薄，诗情自得真。乞全麋鹿性，何处不称臣？’上知不可留，赐宴便殿，宰相、两禁傅坐，为诗以宠其归，”①按：赐号在太平兴国九年（984年），王辟之记在此时，盖误。又，《邵氏闻见录》卷7载：“帝初问以河东之事，不答，后师出果无功。还华山数年，再召见，谓帝曰：‘河东之事今可矣。’遂克太原。”与此记载稍异。考宋灭汉在太平兴国四年（979年）五月，再召陈抟则在九年（984年），足证邵说之讹。此外，传为陈抟所作《谢手诏并赐茶药表》声称：

> 臣明时闲客，唐室书生，尧道昌而优容许由，汉世盛而善存四皓。嘉遁之士，何代无之？再念臣形如槁木，心如死灰，不晓仁义浅深，安知礼仪之去就？败荷作服，脱箨为冠，体有青毛，足无草履，倘临轩陛，贻笑圣明。愿回天听，得隐此山，圣世优贤，不忝前古。数行丹诏，徒烦丹凤衔去，一片野心，已被白云留住。获饮旧溪之水，饱聆松下之风，咏味日月之清，笑傲霞云之表，遂性所乐，得意何言。②

这与陈抟思想发展脉络相符，大概是可信的。

第二次召见，诸书多有记载。《太宗实录》说：“（陈）抟颇工诗什，居华（山）云台观。周世宗闻其名，召之。即至，馆于禁中月余，厚礼遣之还山。及上即位来朝，今复至。上待之甚厚，谓宰相曰：‘抟独善其身，不干势利，所谓方外之士也。入华山四十年，度其年近百岁人，且言天下安治，故来朝

---

① （宋）王辟之：《渑水燕谈录》卷4《高逸》，北京：中华书局1981年版，第44页。

② 曾枣庄、刘琳等编：《全宋文》，成都：巴蜀书社1988年版，第1册，第214—215页。

觐，此意亦可念也。即令引至中书，卿可试与语。’”①因遣中使送至中书省。宋琪等问：“先生得玄默修养之道，可以教人乎?”他回答说：“抟山野之人，于时无用，亦不知神仙黄白之事、吐纳养生之理，非有方术可传。假令白日冲天，亦何益于世？今圣上龙颜秀异，有天人之表，博达古今，深究治乱，真有道仁圣之主也。正君臣协心同德、兴化致治之秋，勤行修炼，无出于此。”②宋琪等人称善，表上其言，太宗闻之，更加敬重。于是十月甲申日下诏：“华山陈抟养素丘樊，韬光岩穴，载应顺风之请，是增少微之耀，慕我王化，来仪帝廷，不有嘉名，何彰贞范？可赐号‘希夷先生’，仍赐紫衣一袭。”③并令有司增葺华山云台观。太宗屡与之属和诗赋，数月后放还山。据说在京期间士大夫日往乞善言，“皆答曰：优游之所勿久恋，得志之处勿再往，识者韪之。”④太宗以其善相人，遣之见寿王（即后来的真宗），陈抟以为可立，说：“王门厮役，皆将相也，王可知矣！”⑤太宗意遂定。

陈抟之善“相人”，诸书多有记述，且极尽渲染之能事，有的不一定属实。但陈抟著有《人伦风鉴》；他之为人相卜，并品评人物，看来当属事实。至于说他占卜、看相，“其应如蓍龟”，恐为虚妄之言。就如相寿王一事而言，他推测太宗意在寿王，故投人主之所好，也说寿王可成大器。这样，太宗传位给寿王即后来的真宗，预言也就“应验”了。《宋史》说他“能逆知人意”，正是这类事例。又如他斋中有大瓢挂壁上，道士贾休复欲得之，而他已知其意，说：“子来非有他，盖欲吾瓢尔。”呼侍者取与之，贾休复大惊，以为神。⑥

① （宋）钱若水：《太宗皇帝实录》卷31。按：陈抟隐武当山在清泰（934—936年）至显德初年（954年或955年），由太宗语“抟居华山已四十余年”上推，陈抟入华山应在后晋天福九年（944年）以前。但据《高道传》和《宋史 · 陈抟传》，后唐长兴（930—933年）以后二十余年方移居华山，时间出入竟十年左右。则此语或为宋太宗推测之词。

② 《宋史》卷457《隐逸 · 陈抟传》，北京：中华书局1977年版，第38册，第13421页。

③ （宋）钱若水修、范学辉校注：《太宗实录》卷31，北京：中华书局2012年版，上册，第225页。

④ （元）张雨：《玄品录》卷5，《正统道藏》第30册，第24109页。

⑤ （宋）王称：《东都事略》卷118《隐逸 · 陈抟传》，济南：齐鲁书社2000年版，第1025页。

⑥ 《宋史》卷457《隐逸 · 陈抟传》，北京：中华书局1977年版，第38册，第13421页。

不但陈抟的生充满着传奇色彩，而且他的死也是传奇性的。端拱（988—989年）初，他吩咐弟子贾德升：“汝可于张超谷凿石为室，吾将憩焉。”①二年（989年）七月，石室成，手书表数百言，大意说：“臣抟大数有终，圣朝难恋，已于今月二十七日化形于莲花峰下张超谷中。”据说“如期而卒，经七日支体犹温，有五色云蔽塞洞口，弥月不散”②。

陈抟死后，种放为之立碑，叙其学曰“明皇帝王伯之道”③。他的思想特征，在于继承汉代以来的《易》学传统，把黄老清净无为观念、道教修炼方术和儒家修养、佛教禅理融为一体。其著述亦多有关栖隐、修炼之事。据《杨文公谈苑》记载，陈抟隐居武当山九室岩修炼时，“作诗八十一章，号《指玄篇》，言修养之事”④。《宋史·隐逸传》云：“抟好《易》，手不释卷。常自号扶摇子，著《指玄篇》八十一章，言导养及还丹之事。宰相王溥亦著八十一章以笺其指。抟又有《三峰寓言》及《高阳集》、《钓潭集》，诗六百余首。”《仙鉴·陈抟传》则说，陈抟还有《入室还丹诗》50首，“又作《钓潭集》万余字，皆罗缕道妙，包括至真”。另据书目收录，又撰《赤松子诫》（一作《赤松子八诫录》）1卷，《人伦风鉴》（一作《龟鉴》）1卷，《易龙图》1卷。南宋初曾慥集《道枢》，收入其《观空篇》。《正统道藏》成字四收有《阴真君还丹歌注》，署题“希夷陈抟注”。此歌正文，后梁李光玄《海客论》已引之；其首句又为《道枢·众妙篇》所引。《周子全书》载有周敦颐一首《读英真君丹诀》诗，“英君”盖为“阴君”之误。南宋咸淳元年眉山人杨栋在《东阳楼记》中说：“余曩登平都山，访濂溪周子旧游，乱碑中得小片周子题两绝句……其一咏《阴仙丹诀》云：‘始观丹诀信希夷，盖得阴阳造化机。子自母生能致立，精神合后更知微。’”⑤朱熹也曾说，见周敦颐有诗提及《阴君丹诀》。故

① （宋）王称：《东都事略》卷118《隐逸·陈抟传》，济南：齐鲁书社2000年版，第1025页。又《杨文公谈苑》记作：“端拱二年（989年）夏，令其徒夏德于张超谷凿石室。”

② （宋）王称：《东都事略》卷118《隐逸·陈抟传》，济南：齐鲁书社2000年版，第1025页。

③ （宋）邵伯温：《邵氏闻见录》卷7，北京：中华书局1983年版，第70页。

④ 《指玄篇》，《崇文总目》《通志·艺文略》和《宋史·艺文志》并作《九室指玄篇》（《崇文总目》“室”字误作“灵”）。

⑤ （宋）邓牧心：《大涤洞天记》卷下，《道藏》第18册，第158页。

此歌诀成于五代以前;但难以确定其注究竟是陈抟所作而致周敦颐发出“信希夷”(在这种意义上,“希夷”为陈抟号)的赞叹,还是因周敦颐有此诗句颂道(在这种意义上,“希夷”意谓道)而后人遂附会为陈抟所作。又,《佛祖统纪》卷44说:“处士陈抟受《易》于麻衣道者,得所述《正易心法》42章,理极天人,历诋先儒之失。抟始为之注。及受《河图》、《洛书》之诀,发《易》道之秘。”《正易心法》,《遂初堂书目》作《麻衣道者易》,无卷数;《宋史志》作1卷,署题麻衣道者作。按《宋史志》易类著录他书,有注者皆题某某注,此独未题陈抟注。南宋朱熹认为系戴师愈伪作,说:“此书辞意凡近,不类一二百年文字,且多无理妄谈。守南康时,有前湘阴主薄戴师愈求谒,即及《麻衣易》。因复扣之,宛然此老所作。”姚际恒按云:“此乃朱所亲见,其说固自无疑。”①然陈振孙《直斋书录解题》云:“《正易心法》,旧称麻衣道者授希夷先生,崇宁(1102—1106年)间庐山隐者李潜得之,凡42章。盖依托也。”据此,北宋末似已出现,其是否为陈抟所注,真伪颇难断定。此外,《宋朝事实类苑》卷41说:“田徵君告,字象宜,笃学好文,理致高古。尝学诗于希夷先生,先生以《诗评》授之,故诗尤清丽。”此《诗评》是否为陈抟自作,也难以判断。

陈抟尤长于《易》学。其著述虽富,惜多亡佚,流传至今,可以确定为陈抟自著、并且体现了陈抟的象数观念的,是《易龙图》及其序。正如蒙文通先生所说:“观于希夷、鸿濛受诏酬对之际,正其宗风所在,视林灵素辈之术,非能之而不言,殆有不屑为者。则已厌上来隋唐之旧辙,而极深研几于图书象数,此又新旧道流之一大限也。吕东莱编《宋文鉴》,于希夷取《龙图序》一篇,此正宋之道家,所以异于隋唐符箓丹鼎之传者,故东莱取之耳。”②

考书目著录《易龙图》仅1卷,今传世有序文,可推知全书分“图”和“文”两部分,并且文字很短。宋元间道士雷思齐说:“由汉而唐,《易经》行世,凡经传疏释之外,未有及于《图书》之文刊列经首者。迨故宋之初,陈抟

① 姚际恒、黄云眉:《古今伪书考补证》,济南:齐鲁书社1980年新版,第13页。

② 蒙文通辑:《陈碧虚与陈抟学派》,《图书集刊》1948年第8期。

图南始创意，推明象数，自谓因玩索孔子三陈九卦之义，得其远旨，新有书述，特称《龙图》，离合变通，图余二十，是全用《大传》天一、地二至天五、地十、五十有五之数，杂以纳甲，贯穿《易》理。”但据他说，图内“并无传例言说”，“别无义例辞说”。“内一图谓形九宫”。“误以图之五十五数别标一图，以为洛书，是其传疑之始也”①。由于陈抟序文只讲到“天地已合之位”，“天地生成之数”是由此推衍出来的，并且他本人在序末说：“龙图之变，歧分万途，今略述其梗概焉。”也就表明，序文只讲到“天地已合之位”为止，而所谓“河图”、“洛书”等等“歧分万涂”，皆根乎此。根据上述，我们可以进一步推论：《易龙图》的“图”和“文”两部分是分开来的；图的部分共有20个图式，但“别无义例辞说”或仅有“数语而已”；“文”的部分主要就是自序，序文即对图式“略述其梗概”的说明文字。《龙图序》文字不长，兹录于下：②

且夫龙马始负图，出于羲皇之代，在太古之先也。今存已合之位，或疑之③，况更陈其未合之数耶？然则何以知之？答曰：于仲尼三陈九卦之义探其旨④，所以知之也。（注：“九卦谓履、谦、复、恒、损、益、困、井、巽之九卦也。”）况夫天之垂象，的如贯珠，少有差，则不成次序矣。故自一至于盈万，皆累累然如系于缕也⑤。且若龙图本合⑥，则圣人不得见其象。所以天意先未合其形其象，圣人观象而明其用。是龙图者，天散而示之，伏羲合而用之，仲尼默而形之。

始龙图之未合也，惟五十五数，上二十五，天数也，中贯三、五、九、外包之十五，尽天三、天五、天九并十五之用。后形一、六无位，（注：“上位去一，下位去六。”）又显二十四之为用也。兹所谓“天垂象”矣。下三十，地数也，亦分五位，（注：“五位言四方、中央也。”）皆明五之用

① （元）雷思齐：《易图通变》卷4《河图辨征》、卷5《河图遗论》，《道藏》第20册，第347页。

② 据《皇朝文鉴》（四部丛刊本）卷85，校之以《易象图说内篇》卷上。

③ “或”，《易象图说内篇》作“尚”。

④ “仲尼”，《易象图说内篇》作“夫子”。

⑤ “累累然”，《易象图说内篇》作“累然”。

⑥ “本”，《易象图说内篇》作“便”。

也。(注:“上位形五,下位形六。”)十分而为六,(注:“五位六五三十数也。”)形地之象焉①。(注:“坤用六也。”)六分而几四象②,(注:“成七、九、八、六之四象。”)地六不配。(注:“谓中央六也,一分在南边六,几少阳七;二分在东边六,几少阴八;三分在西边六,几老阳九;惟在北边六,便成老阳数,更无外数添也。”)在上则一不用③,形二十四;在下则六不用,亦形二十四;(注:“上位中心去其一,见二十四;下位中心去其六,亦见二十四:以岁三百六旬周于二十四气也,故阴阳进退皆用二十四。”)

后既合也,天一居上,为道之宗;地六居下,为器之本④。(注:“一六上下覆载之中,运四十九之数,为造化之用也。”)天三斡地二、地四为之用,(注:“此更明九、六之用。谓天三统地二、地四,几数四十,是谓‘大衍之数五十,其用四十九’也。”⑤)三若在阳,则避孤阴;在阴,则避寡阳。(注:“成八卦者,三位也。谓一、三、五之三位,二与四只两位,两位则不成卦体。是无中正,不为用也。二与四在阳则为孤阴,四、二是也;在阴则为寡阳,七、九是也。三皆不处之,若避之也”。⑥)大矣哉!龙图之变,歧分万涂,今略述其梗概焉。

据刘牧《易数钩隐图》说:“龙图定卦”⑦,因此陈抟《龙图》又名《易龙图》。“龙图”或称“河图”,刘牧说:“龙图、龟书虽不载于经,亦前贤迭相传授也。”⑧此处,“龙图”即指“河图”,而“龟书”则意指“洛书”。文中所谓“龙马始负图”一语,源自先秦“河出图,雒出书”的神话,这个神话在汉代十

① “地”,《皇朝文鉴》作“坤”。兹从《易象图说内篇》。

② “几”,《易象图说内篇》作“成”。

③ “用”,《易象图说内篇》作“配”。

④ “器”,《皇朝文鉴》作“气”,兹从《易象图说内篇》。

⑤ 按,《易象图说内篇》在正文后有小注云:“本注:参一、三、X(五),天数合九,乾之用九也:两、二、四,地数合六,坤之用六也。”与此注异。

⑥ 按:张理《易象图说内篇》引“本注”略异,作“……上则一、三、五为三位,二、四无中正,不能成卦,为孤阴;下则产六、八、十为三位,七、九无中正,不能成卦,为寡阳。……”文意清楚,似稍胜。

⑦ (宋)刘牧:《易数钩隐图》卷下,《道藏》第3册,第216页。

⑧ (宋)刘牧:《易数钩隐图》卷下,《道藏》第3册,第217页。

分流行,纬书中就有“河图龙出,雒书龟予”的类似说法。讲的是黄河的龙马和雒水的神龟负载图、书出现,“圣人”就以这两件神物为依据制作了易卦。谶纬家们宣称谶语、纬书都出自“河图”、“雒书”,因此还以“河图”、“雒书”命名一部分被认为比较重要的纬书。二者合称“图书”,或用以泛指纬书和谶语。到了宋代,受陈抟《龙图》的影响,“河图”、“洛书”成了两种象数图式的专名。

至于陈抟说孔子作《十翼》,“三陈九卦”,“默而形之”,他就是受了孔子的启发而画《龙图》。据《周易图·陈氏三陈九卦图》①,三陈九卦之义为:(1)履德之基,谦德之柄,复德之本,恒德之固,损德之修,益德之裕,困德之辨,井德之地,巽德之利;(2)履和而至,谦尊而光,复小而辨于物,恒杂而不厌,损先难而后易,益长裕而不设,困穷而通,井居其所而迁,巽称而隐;(3)履以和行,谦以制礼,复以自知,恒以一德,损以远害,益以兴利,困以寡欲,井以辨义,巽以行权。陈抟以儒、道二家皆能接受的“三陈九德”作为其画《龙图》的出发点,说明其思想为儒、道互补。

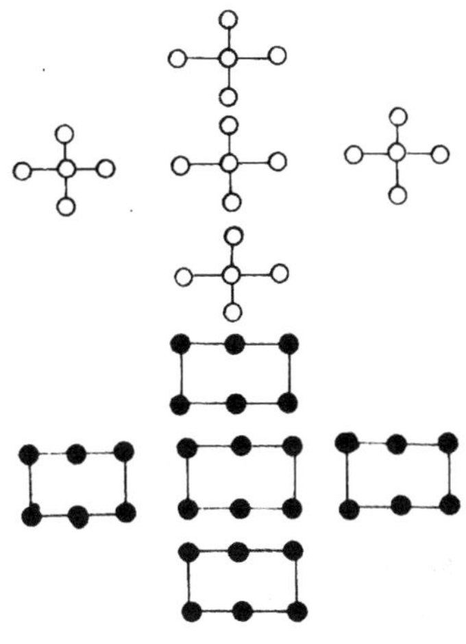

图一　“天地未合之数”

① (元)张理:《周易图》卷下,《道藏》第3册,第160页。

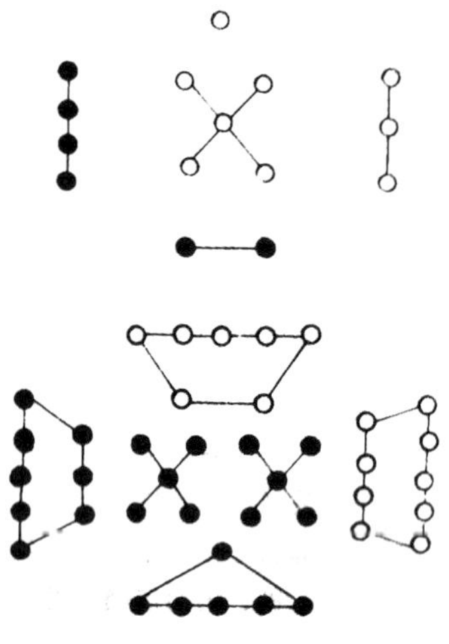

图二 “天地已合之位”

尤其值得注意的是,陈抟的思想以象数的形式表现出来,而其象数观念则建基于所谓“天地未合之数”与“天地已合之位”的区分之上。在他看来,“天地未合之数”是根本的,而“天地已合之位”则是变形而来,即“天地未合之数”的结构演变。所谓“天地未合之数”(见图一),即《易象图说内篇》所列“本图书”①。上下位黑白点加起来共55,即《龙图序》中所说“龙图未合,惟五十五数”。○象征阳,●象征阴(分别为奇偶数5、6)。

上位5个○组成五白圈合成图,又由5个五白圈合成图构成25白圈合成图,称为“天数”。由于奇数1+3+5+7+9=25,“上位”就包含了1、3、5、7、9五个基本奇数。从每个五白圈合成图和五个五白圈合成图纵横去看都有3(3个○或3个五白圈合成图);但无论纵横,都有5(5个○和5个五白圈合成图);顺着3个五白圈合成图从纵的或横的方向去看,都有9(9个○);分别纵横,都有15(3个五白圈合成图即有15个○)。此即所谓“中贯三、五、九,外包之十五”。下位6个●组成六黑圈合成图,又由5个六黑圈合成图相加得30,称为“地数”,即组成与上位5个白圈合成图同构的图形(5个五白圈合成图亦与1个五白圈合成图本身同构)。由于偶数2+4+6+8+

① 以下至图五,皆见此书。

10＝30,“下位”也包含了2、4、6、8、10这5个基本偶数。即所说“亦分五位,皆明五之用也”。由于奇、偶数分居上、下位,故称“天地未合之数”。“天地已合之位”则是奇、偶交配的图形(见图二),即用1、2、3、4、5、6、7、8、9、10共10个数组成,它们相加仍得55。但上位由1、2、3、4、5组成,加起来共15,就包含了五行生数(“天一生水,地二生火,天三生木,地四生金,天五生土”);下位由6、7、8、9、10组成,加起来共40,就包含了五行成数(“地六成水,天七成火,地八成木,天九成金,地十成土”)。变形之后,照陈抟的说法,下位中最上的○表示“天一居上,为道之宗”,而下位中最下的●则体现“地六居下,为器之本”。如此等等,都反映出陈抟的阴阳五行象数观念,这观念是一套象征性的自然观,主要体现出奇偶性、有序性、同构性、对称性等方面。

陈抟上承汉代纬学,他在《易龙图》中主要发挥《易大传》和《易乾凿度》的思想。《易系辞上》说:“天数五,地数五,五位相得而各有合。”“天数二十有五,地数三十。凡天地之数五十有五,此所以成变化而行鬼神。”“天尊地卑,乾坤定矣。”“在天成象,在地成形,变化见矣。”“一阴一阳之谓道。”“形而上者之谓道,形而下者之谓器。”①又《易纬乾凿度》说:“《易》一阴一阳合而为十五之谓道。阳变七之九,阴变八之六,亦合于十五,则象、变之数若之一也。”②陈抟无疑受到它们的启发。但他治《易》,也以黄老之学为依据。例如他说:“大衍之数,其用四十有九,挂一而不用之义。学者徒知一为太极不动之义,而不知义实落处也。何则?一者,数之本宗也。凡物之理,无宗本则乱,有宗本则不当用,用则复乱矣。且如轮之运而中则止,如辂之行而大者;复如网之有纲则提之,如器之有柄则执之,如元首之在上而手足为之举,如大将居中而士卒为之役,如君无为而臣有为,如贤者尊而能者使。是知得一者,宗也,本也,皆有不动之理。一苟动焉,其余则错乱也。”③

① (清)阮元校刻:《十三经注疏》,北京:中华书局1980年影印本,上册,第75、76、80页。

② (汉)郑玄注:《易纬乾凿度》卷上,《丛书集成新编》,台北:新文丰出版社2008年影印本,第24册,第115页。

③ (元)章希贤:《道法宗旨图衍义》卷下引,《道藏》第32册,第616页。

也就是说:“一”是无为不动的“道”,为万事万物的根本。《易龙图》的要旨就在于从最简单的数和象,去显示世界的秩序。尽管他并未作深入的理论阐发,但他已提到“道”与“器”、“体”与“用”等范畴,这对宋儒和理学是有影响的。

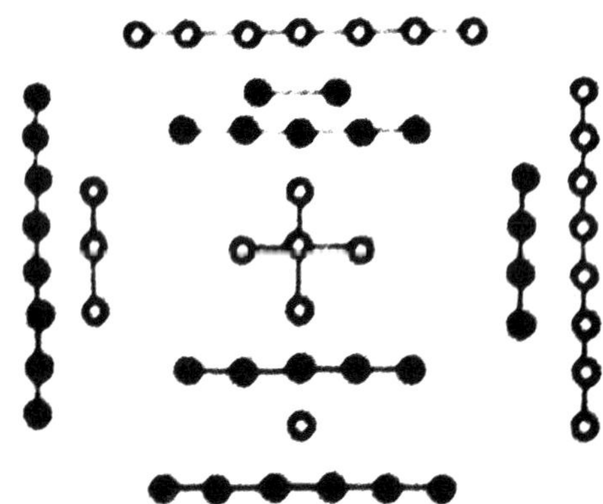

图三　龙图天地生成六数

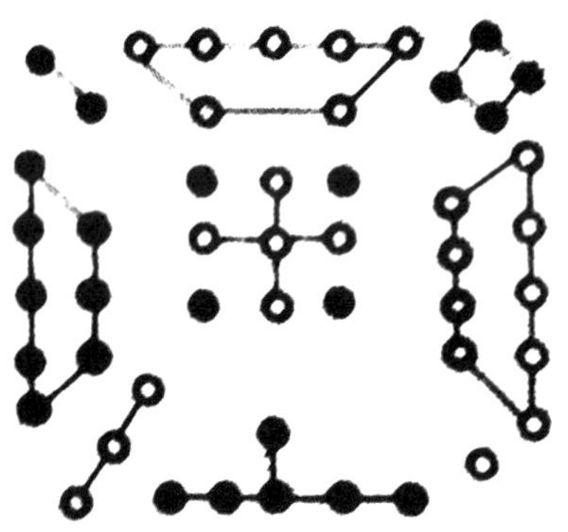

图四　洛书天地交午六数

二、北宋道教对宋儒及理学的影响

图第三、四、五(见图三、四、五)被称为《龙图》“天地生成之数”[①],即宋

① 亦载于(元)张理:《易象图说内篇》卷上,《道藏》第3册,第225页。

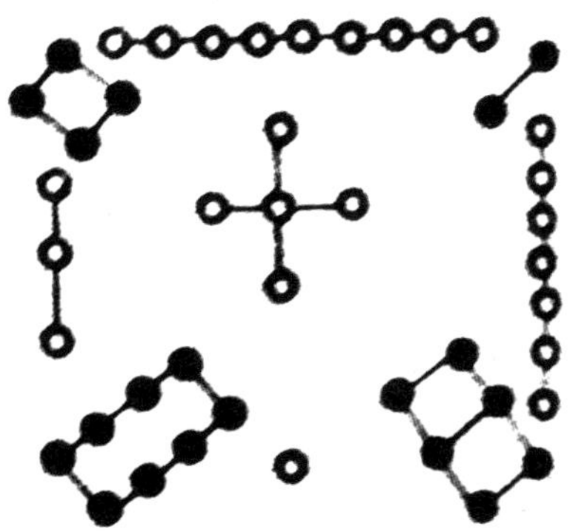

图五　洛书纵横十五六象

人所谓“河图”、“洛书”。图三实由“天地已合之位”图上象下形合为一体而构成。图四则又由图三析而得之,只是中位的五、十两数改为五五相守。此二图北宗时称“洛书”,南宋则称“河图”,其实可名为“阴阳五行生成数图”。朱熹说:“河图之一、二、三、四各居其五象本方之外,而六、七、八、九、十又各因五而得数,以附于其生数之外。”①即指图三而言。图四即扬雄所谓“一与六共宗,二与七为朋,三与八为友,四与九同道,五与五相守”。图五,北宋时称“河图”,南宋则称“洛书”,实为汉代纬书《乾凿度》所谓“九宫之数”。清人张惠言说,“太一行九宫,陈抟所谓河图也”。科学史学家钱宝琮说:“三数相加都得十五,这是很令人惊奇的。n^2个自然数数排列在每边n格的方图里,纵横斜n数相加都得相同的,南宋算学家叫它‘纵横图’,日本叫它‘方阵’,西洋人叫它‘幻方’(magicsquare)。上面所画的第二图是世界上最古的三行纵横图。北宋的《易》学大师叫它‘河图’,南宋人又叫它‘洛书’,都说是伏羲画八卦时候的奇迹,穿凿附会,不值得一驳。又有人说《大戴礼》用二九四、七五三、六一八这九个数字来代表明堂九室,可以证明明堂制度是采用九宫数的。邹伯奇《学计一得》又说明堂制度和九宫数毫无关系,证据比较充分。在汉人作品中,《黄帝内经素问》却有取用九宫数的证据。《内经》卷20《五常政大论》有‘眚于三’,‘眚于九’,‘其眚四维’,

① (宋)胡方平:《易学启蒙通释》卷上,《文渊阁四库全书》第20册,第669页。

‘其于七’，‘眚于一’等话；卷 21《六元正纪大论》有‘灾七宫’，‘灾五宫’，‘灾一宫’，‘灾九宫’等话。论灾眚方位时，用‘三，九，七，一，五’五个数字来代表‘东，南，西，北，中’五方，和九宫数完全相合。”他还认为，“太一九宫数在后汉张衡的时候已经很通行，是没有可疑的了。至于它的发明时代究竟在张衡之前有多少年，却很难推定。”[①]据 1978 年在安徽阜阳双古堆女（汝）阴侯墓中出土的一批文帝十五年（前 165 年）的文物中有“太乙九宫占盘”这一情况来看，太一九宫数在西汉初以前就已发明出来了。象数家根据阴阳五行生成数图和太一九宫数图结合八卦，而有所谓“先天八卦”和“后天八卦”之说（见图六、七）；前者为宋人所乐道，[②]后者则以《易乾凿度》郑玄注为代表，[③]是根据的《易说卦》。据说陈抟传有道教《先天图》，朱熹认为《龙图》图书四即先天八卦图，考《宋元学案》卷 10《百源学案》载有先天八卦方位图，与朱说一致（图八[④]），但究竟如何，尚有待于进一步探讨。然而有一点可以肯定，即：陈抟的《龙图》（图四、图五）是宋人所谓“先天八

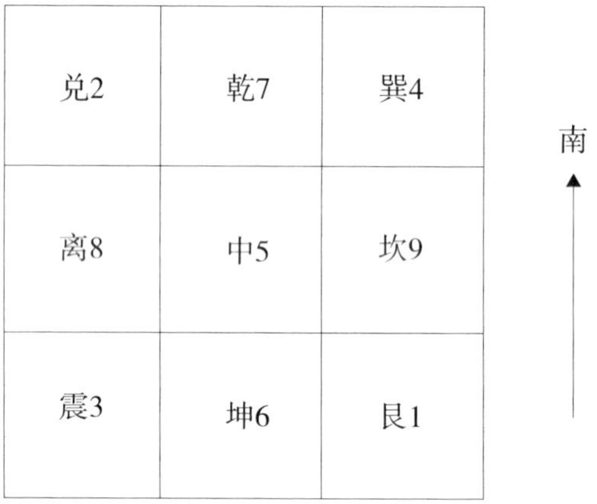

兑2	乾7	巽4
离8	中5	坎9
震3	坤6	艮1

南 ↑

图六　“先天八卦”

① 《钱宝琮科学史论文选集》，北京：科学出版社 1983 年版，第 229—230 页。

② “先天八卦”图数字有异，此据朱熹说。

③ 郑玄注“太一下行八卦之宫”的顺序为：一坎、二坤、三震、四巽、五中央、六乾、七兑、八艮、九离，此即“后天八卦”之数。

④ 邵雍说：“先天学，心法也。图皆从中起，万事万化生于心也。”

巽4	离9	坤2
震3	中5	兑7
艮8	坎1	乾6

南

图七　“后天八卦”

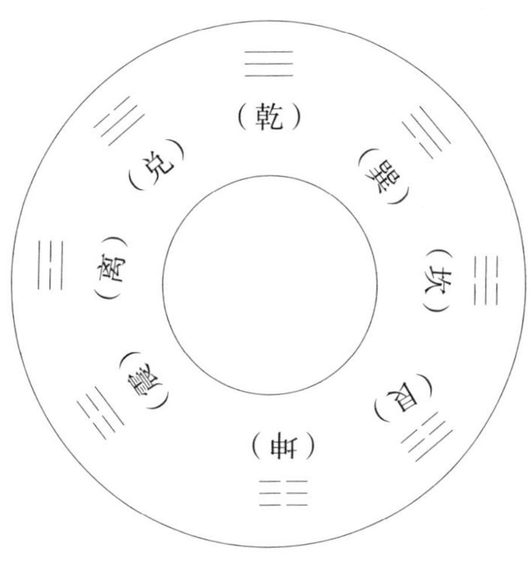

图八　“先天八卦方位图

卦”、“后天八卦”的根据之一。《正统道藏》所收《周易图》又列“帝出震图”，实即“后天八卦图”。并引“希夷曰：正位称方，故震东、离南、兑西、坎北；四维言位，故艮东北，巽东南、乾西北，坤独称地者，盖八方皆统于地也。”①据监，可知陈抟亦言后天八卦。在陈抟之后，邵雍传先天之学而多所发明。据程颐所作《邵康节先生墓志铭》及《宋史·道学传》，邵雍（1011—

①　（元）张理：《周易图》卷上，《道藏》第3册，第138页。

1077年),字尧夫。其先范阳人,祖新、父古皆隐德不仕。太祖时始家衡漳,父古又徙新城。邵雍年三十,葬其亲于伊川,遂为河南人。少时慷慨欲树功名,于书无所不读。已而叹曰:"昔人尚友于古,而吾独未及四方。"于是游历各地,久之而归言:"道其在是矣!"遂不复出。北海李之才摄共城令,闻雍好学,尝造其庐,授以《河图》、《洛书》、伏羲八卦、六十四卦图象。邵雍探赜索隐,遂衍先天之旨,著书十余万言行于世,有《皇极经世》60卷、《渔樵问对》、诗《伊川击壤集》2000篇。程颢述其学术渊源说:"独先生之学为有传也:先生得之于李挺之。挺之得之于穆伯长。推其源流,远有端绪。"而朱震则直以为,陈抟通过种放,传《先天图》于穆修,穆修又传于李之才。但在《宋史》中,穆修被归入《文苑传》。穆修字伯长,郓州人。生当真、仁二朝。性刚介,与时多忤,屡交舛运。苏舜钦说他"母丧……日诵《孝经·丧记》,未尝观佛书、饭浮屠氏也。"①未记其师事陈抟、种放之事。后人说穆修"后居蔡州,师事陈图南而传其学",又说:"陈抟好读《易》,以数学授穆修伯长,修授之才挺之,之才授康节先生。"②此说《宋史》本之。然据《宋史·李之才传》,李之才与苏舜钦同从穆修学《易》,为何苏舜钦不言其师穆修的师承关系?这是一大疑点。可见程颢追溯邵雍的师承关系至穆修为止,是审慎的。但他明明知道邵雍的先天之学得自道流,所以含糊其词地说"推其源流,远有端绪"。所谓"远有端绪",当溯至道士陈抟;换言之,穆修与陈抟、种放虽不必有直接的师承关系,但邵雍私淑陈抟,传先天之学而加以发挥,则当是事实。其子邵伯温说:"康节先生尝诵希夷先生之语曰:'得便宜事不可再作,得便宜处不可再去。'又曰:'落便宜是得便宜。'故康节诗云:'珍重至人尝有语,落便宜是得便宜。'盖可终身行也。"③邵雍有《观陈希夷先生真及墨迹》诗,表达了他对陈抟的倾慕之情。故世人以为"康节先天之学来自陈希夷",不为无据。在《首尾吟》中还说:"简尺每称林下士,过从或著道家衣。"看来他也像种放那样穿过道装。在《题范忠献公真》诗中,又说

① (宋)苏舜钦《哀穆先生文》,(宋)吕祖谦编《皇朝文鉴》卷132,《四部丛刊》本。

② 《穆参军遗事》引《辨惑》,《河南穆公集》,《丛书集成新编》,台北:新文丰出版社2008年影印本,第24册,第365页。

③ (宋)邵伯温:《邵氏闻见录》卷7,北京:中华书局1983年版,第70—71页。

自己跟陈抟"貌相类",都"为逸人"。正因为他具有道士气质,所以宋以后道教中人颇推崇他,常常引用其文,《正统道藏》还收入他的著作。

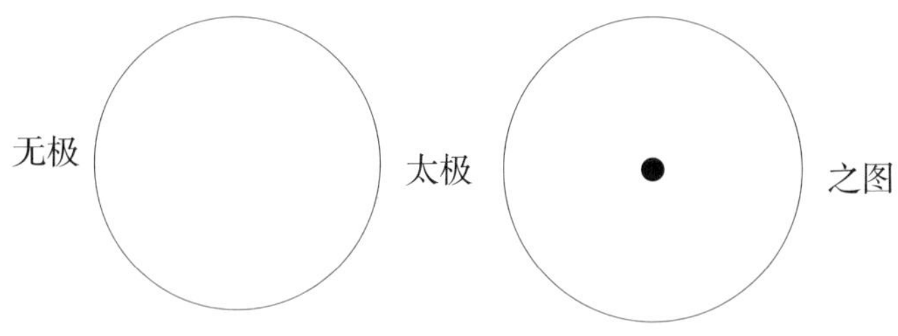

图九 无极太极之图

在《皇极经世·观物内外篇》中,他构造出一套庞大的象数体系,借以阐发他的宇宙观、历史观和人生哲学。他的"先天学"强调"环中"。所谓"环中",就是先天八卦围着的那个中空部分,亦即"太极"。如果撇开八卦阴阳消长关系,道教的《上乘修真三要》卷上所载"无极太极之图"(图九),更能体现这种"环中"观念。《老子》最早提出"反者道之动"思想。而"环中"一词,始见于《庄子·齐物论》:"彼是莫得其偶,谓之道枢。枢始得其环中,以应无穷。"大意为以圆环中空,可以体现循环无穷之意("枢"为环之中心)。庄子以此借喻"道"。邵雍显然是继承了上述思想。在《观物篇》中,他称老子为"圣人",说"老子知《易》之体者也","《老子》五千言,大抵皆明物理","庄周雄辩,数千年一人而已","若庄子者,可谓善通物矣"①。

他又说:"心为太极。又曰道为太极。"②所谓"心",其实为"无心"。据邵伯温记述说:"康节先公言:顷京都有一道人,日饮酒于市。将出,谓其邻:'今日当有某人来。'已而果然。自此莫不然。或问:'预知何术?'曰:'无心耳。'曰:'无心可学乎?'曰:'才欲使人学无心,即有心矣。'……老子曰:'入水不濡,入火不热。'唯无心者能之。"③这正是道教直觉主义。他又以太极"无形"、"无名",说:"谁能造万物者,天地也;能造天地者,太极也。

① (宋)邵雍:《皇极经世·观物外篇》,《道藏》第23册,第448、453页。
② (宋)邵雍:《皇极经世·观物外篇》,《道藏》第23册,第444页。
③ (宋)邵伯温:《邵氏闻见录》卷19,北京:中华书局1983年版,第216页。

太极者,其可得而知乎?故强名之曰:'太极'。太极者,其无名之谓乎!"①"无名"一词亦来源于《老子》:"道恒无名。"据邵雍解释:"凡物有形则可器,可器斯可名。"②因此他以无形、无名、无心的道作为太极,用中空的圆环象征之。

邵雍也同陈抟一样,上承汉《易纬》的象数传统,"谓今五行之外,复有先天五行。其说皆有条理,可以逆知来事"③。此外,其"先天卦"中尚有《卦气图》,显然根据的汉易纬六日七分、十二月消息、七十二候模式。黄百家指出:"康节《卦气图》卦主六日七分,亦京房日法也。而用《先天图》六十四卦以布气候,去《乾》、《坤》、《坎》、《离》四正卦以主二至④、二分⑤。盖六十四卦凡三百八十四爻,去四卦二十四爻,以一爻当一日,恰合当期之三百六十日。"⑥这种占法为道教所承袭,演变为一套修炼模式。邵雍有"观物吟"云:"耳目聪明男子身,洪钧赋与不为贫。因探月窟方知物,未蹑天根岂识人?乾遇巽时观月窟,地逢雷处见天根。天根月窟闲来往,三十六宫都是春。"⑦据朱熹说,人身天根在尾闾,月窟在泥丸。而黄宗羲在《易学象数论》中论"天根月窟"云:"康节因《先天图》而创为天根月窟,即《参同契》乾坤门户牝牡之论……盖康节之意,所谓天根者,性也;所谓月窟者,命也。性命双修,老氏之学也。"⑧汉易学通过道教之传而变形为一系列与炼养有关的观念,宋代新儒家的性理之学和象数学又通过道教这一中间环节而形成一套宇宙象数模式和道德修养体系,其间有因有革,在周敦颐和邵雍这两位道学开创者那里表现得最为突出。像上述邵雍吸收道家和道教思想的例

① (宋)邵雍:《无名君传》,载吕祖谦编《皇朝文鉴》卷149,《四部丛刊》本。
② (宋)邵雍:《无名君传》,载吕祖谦编《皇朝文鉴》卷149,《四部丛刊》本。
③ (清)曹溶:《续明道杂志》,丁传靖辑《宋人轶事汇编》卷10,北京:中华书局1981年版,中册,第458页。
④ 按指冬至、夏至,以此亦定南、北方位(以乾定南,坤定北)。
⑤ 按指春分、秋分,以此亦定东、西方位(以离定东,坎定西)。
⑥ (清)黄宗羲:《宋元学案》卷10,《百源学案》下,北京:中华书局1986年版,第1册,第398页。
⑦ (宋)邵雍:《伊川击壤集》卷16,《道藏》第23册,第557—558页。
⑧ (清)黄宗羲:《宋元学案》卷10,《百源学案》下,北京:中华书局1986年版,第1册,第398页。

子,在邵雍的著作中随处可见,兹不一一列举。

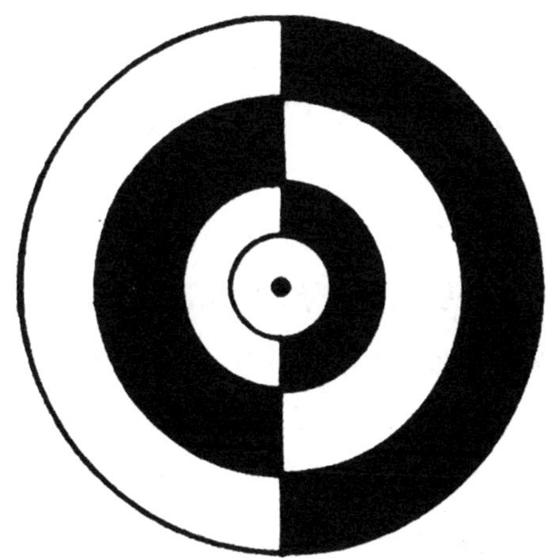

图十　“水火匡廓图”

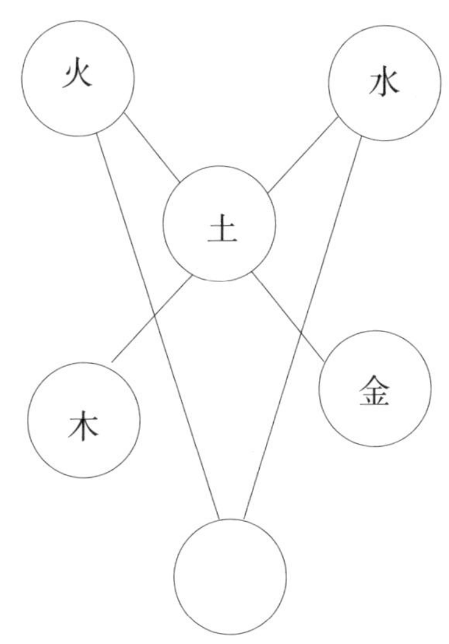

图十一　“三五至精图”

传陈抟先天之学者,在宋代士大夫中不止邵雍一家。《易学象数论》论《先天图》指出:“凡《先天》四图,其说非尽出自邵子。朱震《经筵表》云:‘陈抟以《先天图》传种放,种放传穆修,穆修传李之才,李之才传邵雍。’……故朱子云宓戏四图,其说皆出邵氏。然观刘牧《钩深索隐图》,乾与坤数九也，震与巽数九也，坎与离、艮与兑数皆九也。其所谓九数者，天一地八定位，山七泽二通气，雷四风五相薄，水六火三不相射。则知《先天图》之传，不仅邵氏得之也。”①也就是说，刘牧也继承了陈抟的先天学（数字与朱熹说异），邵雍只是就先天之学阐发尤多而已，因此后人谈先天学，每首推邵雍，甚至误以为邵雍首创先天之学。

相传陈抟又传有《无极图》。黄宗炎《太极图说辨》说：“《太极图》者创于河上公传，自陈图南名为《无极图》，魏伯阳得之以著《参同契》，钟离权得之以授吕洞宾。洞宾后与陈图南同隐华山，因以授陈。陈又受《先天图》于麻衣道者，皆以授种放。放以授穆修与僧寿涯。修以《先天图》授李挺之，挺之以授邵天叟，天叟以授于尧夫。修以《无极图》授周茂叔，茂叔又得‘先天地’之偈于寿涯。”②然河上公为西汉传说人物，魏伯阳为东汉后期丹士，钟离权和吕洞宾则分别为五代、五代宋初道士，其间如何传授，本身就成问题。前述陈抟、种放跟穆修之间的传承关系也不足凭信。不过《无极图》源自道教，还是有根据的。《参同契》说：“乾坤者，易之门户，众卦之父母，坎离匡廓，运毂正轴。”并载有汉代纬说“三五与一，天地至精”。五代后蜀彭晓为之作注，名《周易参同契分章通真义》，即据此观念附“水火匡廓图”和“三五至精图”（见图十、十一）。“水火匡廓”比较好理解，就是一阴一阳相互交参的意思，用易卦表示，亦即左离（☲）右坎（☵），各含阴阳爻；用于炼丹，则指水火相交结成“圣胎”。至于“三五至精”，据毛奇龄解释：“中央土，一五也，天五生土也；左火与木共一五也，地二生火，天三生木也，二、三，五也；右水与金又共一五也，天一生水，地四生金，一、四，亦五也。”③“三五与一”，在纬书中讲的是万物造化，本义指“道”或“气”（“一”）、天地人“三正”（“三”）和金木水火土“五行”（“五”）；魏伯阳用以言炼丹，后世丹家借此图发明炼五行使归于一元，以成金丹大药之旨。此二图正是《无极图》

① （清）黄宗羲：《宋元学案》卷10《百源学案》下，北京：中华书局1986年版，第1册，第402页。

② （清）黄宗炎：《图学辨惑·太极图说辨》，《文渊阁四库全书》第40册，第750—751页；参见（清）黄宗羲《宋元学案》卷12《濂溪学案》下，北京：中华书局1986年版，第1册，第515页。

③ （清）毛奇龄：《西河合集·太极图说遗议》，清同治务本堂刊本。

(或《太极图》)的一部分。因此,朱熹说:“伯阳《参同契》,恐希夷之学有些自其源流”①,这个说法确有根据。

陈抟所传《无极图》,据黄宗炎说,其义自下而上,以明逆则成丹之法,其重在水火。火性炎上,逆之使下,则火不燥烈,唯温养而和燠;水性润下,逆之使上,则水不卑湿,唯滋养而光泽。滋养之至,接续而不已;温养之至,坚固而不败。其最下○名为“玄牝”,玄牝即谷神也。牝者,窍也;谷者,虚也。……修炼之家以玄牝谷神为人身命门、两肾空隙之处,气之所由以生,是为祖气。凡人五官百骸之运用知觉,皆根于此。于是提其祖气上升,为稍上一○,名为“炼精化气,炼气化神”。炼有形之精,化为微芒之气;炼依希呼吸之气,化为出有入无之神,使贯彻于五脏六腑,而为中(层之左木火、右金水、中土相联络之一○),名为“五气朝元”。行之而得也,则水火交媾而为。又其上之(中分黑白两相间杂之一圈),名为“取坎填离”,乃成圣胎。又使复还于无始,而为最上之一○,名为“炼神还虚,复归无极”,而功用至矣。盖始于得窍,次于炼己,次于和合,次于得药,终于脱胎求仙,真长生之秘诀也。② 朱彝尊在《太极图授受考》中也说:“陈抟居华山,曾以《无极图》刊诸石,为圜者四,位五行其中,自下而上。初一曰‘玄牝之门;次二曰‘炼精化气,炼气化神’;次三五行定位,曰‘五气朝元’;次四曰阴阳配合,曰‘取坎填离’;最上曰‘炼神还虚,复归无极’。故谓之《无极图》。乃方士修炼之术尔。”③

按:此图与道士所造《上方大洞真元妙经图》中的《太极先天之图》基本一致(见图十二)④。所不同者在于《太极先天图》是道教的宇宙生成图式,所谓“顺而生人”;陈抟所传《无极图》,据清人的解释则为道士修炼图式,所谓“逆则成丹”。《上方大洞真元妙经图·太极先天之图》附图说:“粤有太易之神,太始之气,太初之精,太素之形,太极之道,无古无今,无始无终也。

① 《周易参同契》黄瑞节附录,《道藏》第20册,第118页。

② 参见(清)黄宗炎《图学辨惑·太极图说辨》,《文渊阁四库全书》第40册,第751页。

③ (宋)朱彝尊:《曝书亭集》卷58,《文渊阁四库全书》第1318册,第292页。

④ 过去认为该书是隋唐间作。也有学者认为《上方大洞真元妙经品》与《上方大洞真元妙经图》晚出。尚有待深考。

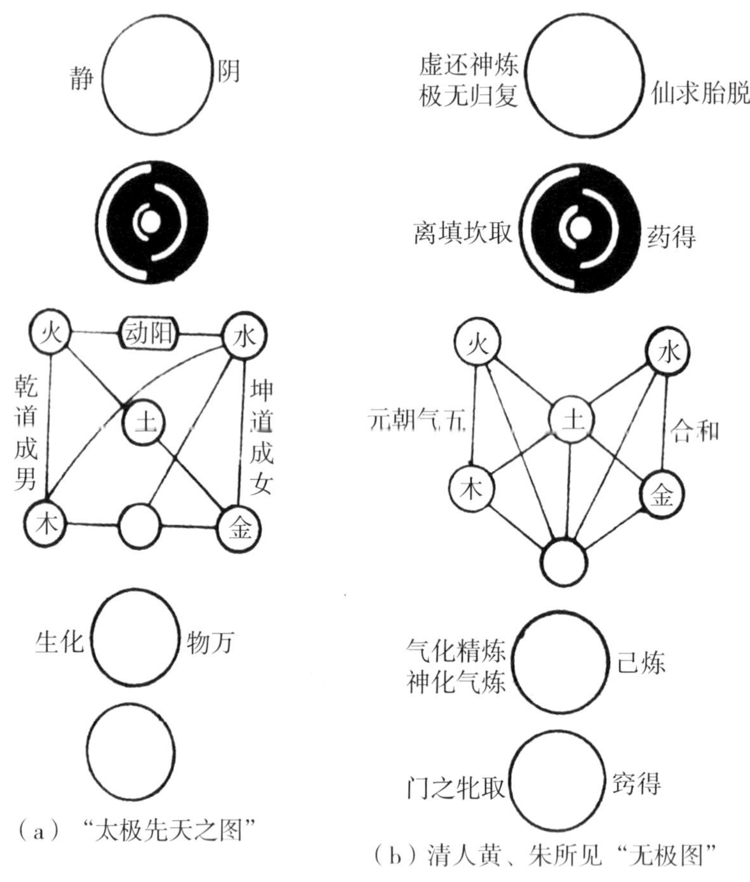

（a）“太极先天之图”

（b）清人黄、朱所见“无极图”

图十二 “太极先天之图”与“无极图”

故‘易有太极，是生两仪，两仪生四象，四象生八卦，八卦定吉凶，吉凶生大业’，言万物皆有太极、两仪、四象之象。四象、八卦具而未动，谓之太极。太极也者，天地之大本耶？天地分太极，万物分天地，人资天地真元一气之中，以生成长养。观乎人，则天地之体见矣。是故师言：气极则变，既变则通，通犹道耶？况‘反者道之动’，盖‘有物混成，先天地生。寂兮寥兮，独立而不改，周行而不殆，可以为天下母’。母者，道耶？至矣哉！道大也，无以尚之。夫道者，有清有浊，有动有静，但凡其人行道也欤，则生神矣。夫或躬废大方，则届于其亡。信哉！”①“太易”、“太始”、“太初”、“太素”、“太极”

① 《上方大洞真元妙经图》，《道藏》第6册，第707页。

见于《易乾凿度》，纬书中称之为“五运”。图说并不真是关于《太极先天之图》的解说文字。据说其图在隋唐之间，有道士作《道元品》者，先窃其图入品中，为《先天太极之图》。“图”与“说”实不相侔，可知“图”是独立于“说”的。顺看，首位明标“阴静”，象征“道”。这实是根据《老子》的重阴思想。正如深研老氏之学者邵雍所说：“阳者道之用，阴者道之本……阴几于道，故以况道也。”①也就是周敦颐所说本真、本静、“本无极”的“太极”。第二圈阴阳互含，则是根据的《易大传》所谓“太极生两仪”和“一阴一阳之谓道”。再下一圈亦标明“阳动”，即表示由阳动而生五行之意。图中除用线连接五行表五行相生关系之外，还用线连水、火于下方一圈，表示水火相济，从而阴阳五行化生万物。逆看，则如黄宗炎、朱彝尊所说，是道士们修炼之图。之所以称“无极图”，乃取《老子》“复归于无极”一语之义，表示逆宇宙生成顺序修炼，则长生不死。张伯端《读周易参同契》诗：“大丹妙用法乾坤，乾坤运兮五行分，五行顺兮常道有生有死，五行逆兮丹体常灵常存”，即是此意。可见道教的《无极图》和《太极图》实一图而二名、一图而二用；最上一圈既是“无极”又是“太极”。顺行造化的观念根据的是《老子》“天下万物生于有，有生于无。道生一，一生二，二生三，三生万物”②和《易大传》“易有太极，是生两仪，两仪生四象，四象生八卦”；逆施成丹的观念则依托于《老子》所谓“谷神不死，是谓玄牝；玄牝之门，是谓天地根”，“夫物芸芸，各复归其根”，“常德不忒，复归于无极”。黄宗炎说，河上公本图名《无极图》，周子《太极图》，“创自河上公，乃方士修炼之术也，实与老、庄之长生久视，又其旁门歧路也，老、庄以虚无为宗，无事为用。方士以逆成丹，多所造作，去致虚静笃远矣。周茂叔得之更为《太极图说》，穷其本而反于老、庄，可谓拾瓦砾而得精蕴”。“周子得此图，而颠倒其序，更易其名，以附于《大易》，指为儒者之秘传。……方士之诀，逆则成丹，茂叔之意，以为顺而生

① （宋）邵雍：《皇极经世·续观物外篇》，《道藏》第23册，第437页。

② 此据马王堆帛书古本《老子》。通行本“天下万物生于有，有生于无”和“道生一，一生二，二生三，三生万物”，分在不相属连的两章。

人。”①就是说,道教此图原本名“无极图”,仅用于以逆成丹,至周敦颐始更名为“太极图”,颠倒其序,用顺而生人之意,以解《周易》。但这个说法是不合乎事实的,因为道教本有《太极图》,又名《无极图》,此图从上而下看就是“顺而生人”的宇宙生成图式,从下而上看则为“逆而成丹”的修炼图式。周敦颐不过是附以己说,发挥他的道学(理学)思想而已。《无极图》或《太极图》历来被认为是陈抟通过穆修传给理学开山始祖周敦颐的,这个说法也不足凭信。除了上述陈、穆之间无授受关系的根据之外,穆、周传承之说同样难于成立。据苏舜钦《哀穆先生文》说,“穆伯长以明道元年(1032 年)夏客死于淮西道中”②,其时周敦颐年方十五,又远在道州。那么,周敦颐是通过什么途径得到此图的呢? 一种看法,即认为实传自周妻家。③ 据载,周敦颐曾两次娶妻。潘兴嗣《周茂叔墓志铭》说,周“娶陆氏,职方郎中参之女;再娶蒲氏,太常丞师道之女”④。度正《周敦颐年谱》记载,周 20 岁(景祐三年,1036 年)“娶陆氏,职方郎中参之女”⑤;43 岁时(嘉祐四年,1039 年),“左丞蒲公宗孟,阆中人,太常丞蒲师道之子也。从蜀江道于合,初见先生,相与款语,连三日夜,退而叹曰:‘世有斯人欤?’乃议以其妹归之,是为先生继室”⑥。陆参即陆诜,和蒲宗孟皆好道之士,与张伯端、陈景元关系至密。关于周敦颐与陆诜的学术关系,朱熹推测道:“也须有所传授。渠是陆诜谓。温公《涑水纪闻》载陆诜事,是个笃实长厚底人。”⑦但是周敦颐于仁宗嘉祐四年(1059 年)续弦,得《太极图》在英宗之前,而张伯端得丹诀则在其后熙宁(1068—1077 年)年间,周敦颐卒于熙宁六年(1073 年),因此通过张伯端传授《无极图》给周敦颐是不大可能的事。那么,是否由陆诜传授给周

① (清)黄宗炎:《图学辨惑·太极图说辨》,《文渊阁四库全书》第 40 册,第 750—752 页。
② (宋)吕祖谦编:《皇朝文鉴》卷 132,《四部丛刊》本。
③ 束景南:《周敦颐〈太极图说〉新考》,《中国社会科学》1988 年第 2 期。
④ (宋)吕祖谦编:《皇朝文鉴》卷 134,《四部丛刊》本。
⑤ 此按虚岁计算,下同。
⑥ (宋)周敦颐:《周濂溪集》卷 10,《丛书集成初编》本,北京:中华书局 1985 年版,第 3 册,第 185 页。
⑦ (宋)黎敬德编:《朱子语类》卷 94,北京:中华书局 1986 年版,第 6 册,第 2396—2397 页。

敦颐呢？也没有什么根据。据彭耜《道德真经集注》引《高道传》："鸿蒙子张无梦，字灵隐，好清虚，穷《老》、《易》。入华山，与刘海蟾、种放结方外友，事希夷先生，无梦多得微旨。"而陈景元乃张无梦高足，陈景元又与蒲宗孟、周敦颐多所唱酬，他也曾隐居庐山，与周敦颐同在一地。因此，《无极图》也许是通过陈抟——张无梦——陈景元——蒲宗孟这一线索传至周敦颐的。不过，在现存张无梦和陈景元的著述中却只字未提《无极图》或《太极图》。究竟是通过何种途径传到周敦颐手中，尚有待深考。但有一点可以肯定，即：周敦颐的《太极图》与《太极先天之图》和《无极图》颇相似，确实得自道教（见图十三）。朱熹就推测周敦颐《图说》与陈抟有某些瓜葛："按张忠定公尝从希夷学，而其论公事之有阴阳，颇与《图说》意合。窃疑是说三传，固有端绪。"[①]度正也说："观抟与张忠定公语及公事先后，有太极动静分阴阳之意。"[②]但毕竟没有直接的证据，因此度正又说："然其所为《龙图记》，盖直陈其数，无复文言，与《太极图说》绝不相似。"[③]这似乎说明，南宋人已不知陈抟所传《无极图》为何图。至于周敦颐所传《太极图》，载于《周子全书》、《宋元学案》等书者，是经过朱熹改订的。朱震在南宋绍兴甲寅（1134年）为高宗讲《易》时所进《太极图》，据考为绘于北宋英宗前的原图。毛奇龄说："闻之汉上所进图在高宗绍兴甲寅，而亲见其图而摩画之，则在徽宗政和之丙申（1116年）。其间游仕西洛，搜讨遗文，质疑请益，寝食不舍者一十八年……况其图后注云：'右《太极图》，周惇实茂叔传二程先生'。其称'惇实'，则犹在英宗以前未经避讳改名之际，其图之最真而最先，已了然矣。"[④]

据潘兴嗣所作《周茂叔墓志铭》和《宋史·道学传》记载，周敦颐（1017—1073年），字茂叔，道州营道（今河南道县）人。原名敦实，避英宗旧讳改敦颐。从仁宗时起，历任地方官。《宋史》说他"著《太极图》，明天理

① 《通书》末朱熹附说，（宋）周敦颐：《周濂溪集》卷6，《丛书集成初编》本，北京：中华书局1985年版，第2册，第128页。

② （宋）周敦颐：《周濂溪集》卷10，《丛书集成初编》本，北京：中华书局1985年版，第3册，第185页。

③ （宋）周敦颐：《周濂溪集》卷10，《丛书集成初编》本，北京：中华书局1985年版，第3册，第185页。

④ （清）毛奇龄：《西河合集·太极图说遗议》，清同治务本堂刊本。

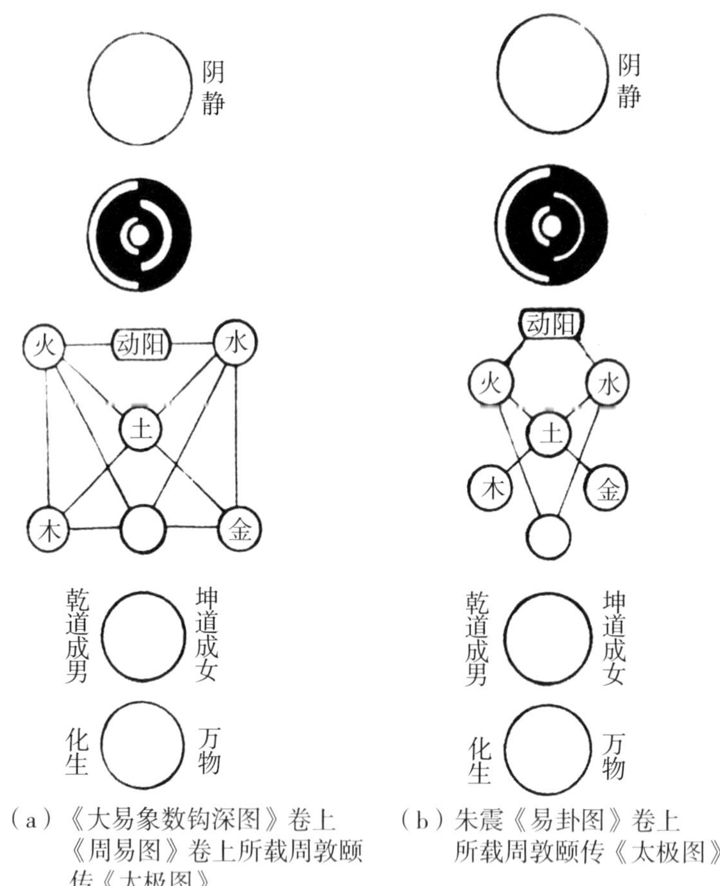

（a）《大易象数钩深图》卷上《周易图》卷上所载周敦颐传《太极图》

（b）朱震《易卦图》卷上所载周敦颐传《太极图》

图十三　周敦颐传《太极图》

之根源，究万物之终始"；"又著《通书》四十篇，发明太极之蕴"①。《墓志铭》则说："尤善谈名理，深于《易》学，作《太极图·易说》、《易通》数十篇，诗十卷，今藏于家母郑氏封仙居县太君。"②《太极图说》即《太极图·易说》③，《通书》即《易通》，今并传于世。

---

① 《宋史》卷 427《道学传一》，北京：中华书局 1977 年版，第 36 册，第 12710—12713 页。

② 潘兴嗣：《周茂叔墓志铭》，载吕祖谦：《皇朝文鉴》卷 144，《四部丛刊》本。

③ 一种见解是把《易说》单独作一本书，另一种看法则认为《太极图·易说》是图兼说。本文采取后一种观点。

《太极图·易说》分“图”与“说”两部分。“图”得自道教，已如前述；“说”是有关《太极图》的说明文字。《太极图说》全文不过二百余字：

> 无极而太极。太极动而生阳，动极而静；静而生阴，静极复动。一动一静，互为其根。分阴分阳，两仪立焉。阳变阴合，而生水、火、金、木、土。五气顺布，四时行焉。五行，一阴阳也；阴阳，一太极也；太极，本无极也。
>
> 五行之生也，各一其性。无极之真，二五之精，妙合而凝。乾道成男，坤道成女。二气交感，化生万物。万物生生而变化无穷焉，惟人也得其秀而最灵。形既生矣，神发知矣，五性感动而善恶分，万事出矣。圣人定之以中正仁义而主静(自注：无欲故静)，立人极焉。故圣人与天地合其德，日月合其明，四时合其序，鬼神合其吉凶。君子修之吉，小人悖之凶。故曰：“立天之道，曰阴与阳；立地之道，曰柔与刚；立人之道，曰仁与义。”又曰：“原始反终，故知死生之说。”大哉易也，斯其至矣！

“立天之道，曰阴与阳……”一段，引自《易说卦》；“乾道成男，坤道成女”，“原始反终，故知死生之说”，见于《周易·系辞上》。仅就字面上看，《图说》似乎是说明《太极图》易道义蕴的。但正如黄宗炎所指出的那样：“周子之‘无极而太极’，则空中之造化，而欲合老、庄于儒也……老氏之学，致虚极，守静笃，甘瞑于无何有之乡，慹然似非人，内守而外不荡，归根曰静，静曰复命。‘主静’‘立人极’，其亦本此与?”①

《太极图说》也有顺有逆：顺说，无极而太极→阴阳动静→五行四时→万物生化；逆说，万物→五行→阴阳→太极本无极。自“太极”以下至“万物化生”，不过是汉代普遍流行的太极元气或“一”、阴阳中和或天地人“三正”、金木水火土“五行”的宇宙生成序列的观念体系。所谓“二五”，实际上就是汉代纬书所谓“三五”，即阴阳相参或天地人“三正”加上“五行”。其中引及《易说卦》“立天之道”、“立地之道”和“立人之道”，最终归结于“立人极”，可以确证这一点。那么至少从形式上看，周敦颐只是在“太极”之上

① (清)黄宗炎：《图学辨惑·太极图说解》，《文渊阁四库全书》第40册，第760页。

加了一项“无极”。

“无极而太极”,这是《太极图说》起首的一句。一本作“无极而生太极”,又一本作“自无极而为太极”。一种看法认为,“无极而太极”是经朱熹改篡过的句子,南宋时《国史·周敦颐传》的原文作“自无极而为太极”。另一种看法则认为,“无极而太极”不误:作“无极而生太极”的本子出现时间当在南宋绍兴十四年(1144 年)之后,朱震在绍兴四年(1134 年)所进《太极图说》首句正是“无极而太极”;朱熹根据多数本子而定首句为“无极而太极”,又加校记说明,在校勘学上是有充分依据的。至于《四朝国史》,始纂干李焘,终成于洪迈。洪迈笔削李焘所修,而又大半抄袭龚敦颐的《列子谱述》和王称的《东都事略》而成。《列子谱述》无周敦颐传,《东都事略》提到周的著作只说“尝著《通书》行于世”,足见《国史·周敦颐传》,是洪迈自己加了一首首句为“自无极而为太极”的《太极图说》,真正作伪者是洪迈。[①]究竟是朱熹篡改原文,还是洪迈作伪,学术界尚有歧见。过去研究者因注重寻求外证,往往忽略了《图说》本身的内证,这就是:“太极本无极。”《图说》所谓“无极之真,二五之精”,不言“太极之真”,实则“无极”即“太极”。“无极而太极”,就是说:无限者(道)乃是最大的极限。反过来讲,“太极本无极”,无非是说:最大的极限本来是无限的(道)。这说法盖出自道教,所谓“极乎无极”[②]。元代道士诠释说:“所谓‘无极而太极’者,不可极而极之谓也”[③],最为精当。超然子王吉昌所撰《会真集》首载“太极”如○形[④],释云:“夫太极者,乃无极之称,不可得而名。其气形质混沌而未相离也,内具五十五数,其二仪、三光、四象、五行悉备其中,有性而无形。”[⑤]说明即使在道教内部,“无极”和“太极”也被视为一而二、二而一的东西。因此,“无极而太极”与“无极而生太极”、“自无极而为太极”应是一个意思,实为《老子》所谓“道生一”的注脚。把周敦颐的另一部著作《通书》和《太极图说》作一

① 束景南:《周敦颐〈太极图说〉新考》,《中国社会科学》1988 年第 2 期。
② 参见《云笈七籤》卷 2《空洞》,《道藏》第 22 册,第 7 页。
③ (宋)李道纯:《中和集》卷 1,《道藏》第 4 册,第 482 页。
④ 元代张理《易象图说外篇》卷上、李道纯《中和集》卷上所载“太极图”亦如此形。
⑤ (金)王吉昌:《会真集》卷 1,《道藏》第 4 册,第 442 页。

比较，确证以上解释之不误：

> 五行，阴阳；阴阳，太极。四时运行，万物始终。混兮辟兮，其无穷兮。（《通书》）
>
> 五行，一阴阳也；阴阳，一太极也；太极，本无极也。（《太极图说》）

“无极”就是无穷无尽，亦即道的意思。唐代道士吴筠《玄纲论》上篇《道德章》第一论“道”云：“道者，何也？虚无之系，造化之根，神明之本，天地之源……生者有极，成者必亏，生生成成，今古不移。此之谓道也。”也正是“无极”之解。其实正如前述，《老子》论“道”也有顺、有逆。就逆的方面说，庄遵（严君平）阐发得最为清楚：“反于未生，复于未始，与道为常，归于无极矣。”①周敦颐作《太极图说》，明显地参用了老子的思想。《太极图说》虽不言逆施成丹，但周敦颐曾有咏《阴仙丹诀》诗，在《通书》中说“水阴根阳，火阳根阴”，确为知丹道之言。

《太极图说》的主静修养说大体有两个来源：(1)道家和道教的“无欲无为”、“清静自然”主张；(2)《礼记·乐记》的人性论。《礼记·乐记》说：“人生而静，天之性也；感于物而动，性之欲也。物至知知，然后好恶形焉。好恶无节于内，知诱于外，不能反躬，天理灭矣。夫物之感人无穷，而人之好恶无节，则是物至而人化物也。人化物也者，灭天理而穷人欲也。”《乐记》为战国儒家后学作品，其中很可能吸收了《老子》的观点。《老子》主张“见素抱朴，少私寡欲”乃至“无欲”。《老子》还说：“吾所以有大患者，为吾有身。若吾无身，有何患？”意思是说，人有身则有欲，有欲则有争，争则有大患。《乐记》则更明确地从人性论的角度说明人本性是静的（即无欲的），人的欲念是由外物引起，如果不加以节制，那么就会毁灭人的本性或“天理”。这种人性论实质为宗教禁欲主义的理论根据，因而为道教所继承。《淮南子·原道篇》阐释说：“人生而静，天之性也；感而后动，性之害也；物至而神应，知之动也；知与物接而好憎生焉。好憎成形，而知诱于外，不能反已，而天理灭矣。”葛洪则从修道的角度发挥说：“患乎凡夫不能守真……诱于可

---

① 蒙文通辑：《严君平〈道德指归论〉佚文》，《图书集刊》1948 年第 8 期。

欲而天理灭矣。”①道家向道教的过渡，以庄遵的思想为代表，这种价值观概括起来就是：“游心于虚静，结志于微妙，委虑于无欲，归指于无为，故能达生延命，与道为久。”②周敦颐虽然还没有道教的“长生不死”观念，但却显然受到上述达生安命思想的影响。他又将这种价值观和宇宙观融为一体，试图从宇宙观中引申出价值观。《太极图》的第一圈表“无极而太极”，旁注：“阴静”，即说明他也认为“无极”是本静的。《太极图说》所谓“无极之真”实则就是《通书》中的“诚”：“圣，诚而已矣。”“诚，五常之本，百行之源。静无而动有，至正而明达也。”③“静无而动有”的关键在他自注的“无欲故静”。可以说，所谓“原始反终”，的确继承的是道家和道教思想。

总之，周敦颐《太极图》得自道教，《周易参同契》所附“水火匡廓图”和“三五至精图”，《上方大洞真元妙品经》中所载《太极先天之图》，以及陈抟所传《无极图》，都可能是其来源。《图说》部分的思想渊源比较复杂，远者可追溯至《老子》、《礼记·乐记》和《易大传》以及阴阳五行传统观念，近者则有道教的影响。在《太极图说》中，道教色彩远浓于儒家色彩，是可以断言的。

陈抟的象数学开风气之先，尽管有传授方面的具体细节问题，但仍然不可否认陈抟对北宋理学和象数家的重大影响。正如前述，邵雍确在阐发先天之学，刘牧确在《易数钩隐图》中发挥“河图四十五数”、“洛书五十五数”的象数观点，周敦颐也确曾传有道教的《无极图》即《太极图》，这都是本证的事实。可见朱震将牵强拼凑的各个传授系统上溯至道士陈抟，还是有一定根据的。宋代士大夫和理学家的象数学多受益于道教的象数学，并且有的象数图式可以确定得自陈抟，当无疑义。陈抟还是北宋三教合流的首倡者，其观空思想明显烙着佛教哲学范畴的印记，但又出于佛而入于道。他说：“欲究空之无空，莫若神之与慧，斯太空之蹊也。于是有五空焉。”通过观“顽空”、“性空”、“法空”、“真空”、“不空”，就可以达到神仙境界：“一神

① （晋）葛洪：《抱朴子内篇·道意》；王明：《抱朴子内篇校释》，北京：中华书局1986年版，第170页。

② 蒙文通辑：《严君平〈道德指归论〉佚文》，《图书集刊》1948年第8期。

③ （宋）周敦颐：《通书·诚下》，《周濂溪集》卷5，《丛书集成初编》本，北京：中华书局1985年版，第2册，第79页。

变而千神形矣，一气化而九气和矣。故动者静为基，有者无为本。斯亢龙回首之高真者也。”①他在《京兆府广慈禅院新修瑞象记》一文中认为佛像是“神极”而妙不可言的本体的象征，佛经亦为设教以引人入于不可言喻而只能“感诚”的“神极”境界，最后大赞：“伟哉像设，教流大地……”他又接受儒教的“慎独”思想，在《自赞碑》中说：“一念之善，则天地神祇、祥风和气皆在于此。一念之恶，则妖星厉鬼、凶荒札瘥皆在于此。是以君子慎其独。”②他的三教合流思想对理学的兴起，也是有启发作用的。

从中国学术思想史来看，北宋时期，儒学刚刚复兴，新儒学“道学”或“理学”乃是吸取道教和佛教的思想营养而诞生和定形的。因此，道教和儒教关系的主流为儒家士大夫和理学家接受道教的思想。当然，即使在北宋时期，士大夫中也有人并未放弃对道教的抨击。新儒学实际上兴起于仁宗朝，正如《宋元儒学案序录》中所说：“庆历之际，学统四起。”③胡瑗、孙复、石介三先生开濂洛之先河。也正是三先生之一的石介，“尝患文章之弊，佛、老为蠹，著《怪说》三篇及《中国论》，言去此三者，乃可以有为”④。他在《怪说》中指斥佛道二教为“汗漫不经之教”、“妖诞幻惑之说”，并且惊呼“老观、佛寺遍满天下，可怪也”，“释老之为怪也，千有余年矣，中国蠹坏，亦千有余年矣！”⑤欧阳修抨击佛教尤烈。二人皆属力主革新政治的范仲淹党。范仲淹则主要从权衡政治经济利弊的角度，提出限制二教的发展。他在《上相府书》中说，“古者四民，秦汉之下，兵与缁黄共六民矣。今又六民之中，浮其业者不可胜纪。此天下之蠹也”；认为“兵多冗而不给，缁、黄荡而不制，则六民之浮不可胜纪，而皆衣食于农者也，如之何物不贵乎？如之何农不困乎？”又说“其天下寺观每建殿塔，蠹民之费，动逾数万”。因此主张“勿许创新”，并要约束僧道，出家“可于本贯陈牒，必使诰其乡党，苟有罪疾或父母在、鲜人供养者，勿从其请；如已受度而父母在、别无子孙者，勿许

① (宋)曾慥:《道枢》卷10《观空篇》,《道藏》第20册,第622页。
② 曾枣庄、刘琳等编:《全宋文》,成都:巴蜀书社1988年版,第1册,第220页。
③ (清)黄宗羲:《宋元学案》,北京:中华书局1986年版,第1册,第2页。
④ (清)黄宗羲:《宋元学案》卷2《泰山学案》,北京:中华书局1986年版,第1册,第104页。
⑤ (清)石介:《怪说》上,(宋)吕祖谦编:《皇朝文鉴》卷107,《四部丛刊》本。

方游”;“其京师寺观多招四方之人,宜给本贯凭由,乃许收录”。认为如此做,可“与民阜财”,“养茕独、助孝悌”,“辨奸细、复游散”。①

继石介、欧阳修等人之后,以“排邪说”,斥道、佛相标榜的有理学家张载和程颢、程颐兄弟。张载弟子范育在为《正蒙》所作的序中说:“自孔孟没,学绝道丧千有余年,处士横议,异端间作,若浮屠、老子之书,天下共传,与《六经》并行。而其徒侈其说,以为大道精微之理,儒家之所不能谈,必取吾书为正。世之儒者亦自许曰:‘吾之《六经》未尝语也,孔孟未尝及也’,从而信其书,宗其道,天下靡然成风,无敢置疑于其间,况能奋一朝之辩,而与之较是非曲直乎!”这种状况为张载所不能容忍,因起而“与浮屠、老子辩”,“正欲排邪说,归至理,使万世不惑而已”②。张载在《正蒙》中提出太虚气本体论,反驳道、佛说:“若谓虚能生气,则虚无穷,气有限,体用殊绝,入老氏‘有生于无’自然之论,不识有无混一之常;若谓万象为太虚中所见之物,则物与虚不相资,形自形,性自性,形性、天人不相待而有,陷于浮屠以山河大地为见病之说。”③这些驳难深度不够,每有隔靴搔痒之感,因为例如《老子》也讲“有无相生”,非“不识有无混一之常”。在此不必细究。他还认为,以己身为实体,从而“徇生执有”,乃不知“道德性命是长在不死之物,己身则死,此则常在”④。这是对道教的批评。二程对佛道二教也持批判、抨击态度,如说:“今语道,则须待要寂灭湛静,形便如槁木,心便如死灰。岂有直做墙壁木石而谓之道?所贵乎‘智周天地万物而不遗’,又几时要如死灰?所贵乎‘动容周旋中礼’,又几时要如槁木?”⑤又说:“吕与叔以气不足而养之,此犹只是自养求无疾,如道家修养亦何伤,若须要存想飞升,此则不可。”⑥对道教神仙信仰和世俗巫鬼迷信亦加驳斥。

---

① (宋)吕祖谦编:《皇朝文鉴》卷112,《四部丛刊》本。

② (宋)张载:《张载集》,北京:中华书局1978年版,第4—5页。

③ (宋)张载:《正蒙·太和篇》,《张载集》,北京:中华书局1978年版,第8页。

④ (宋)张载:《经学理窟·义理》,《张载集》,北京:中华书局1978年版,第273页。

⑤ (宋)程颐、程颢:《河南程氏遗书》卷2,《二程集》,北京:中华书局1981年版,第27页。

⑥ (宋)程颐、程颢:《河南程氏遗书》卷2,《二程集》,北京:中华书局1981年版,第46页。

但是必须指出：第一，张、程等理学家所谓“排邪说”是以排斥佛教为主，在佛教中又以禅宗为重点。在张载著作中，对佛教多所指斥，而批评道教则仅一二处，因为正如二程所指出的那样，佛教“至以天地为妄”，“张子厚尤所切齿者此耳”①。二程则认为：“今异教之害，道家之说则更没可辟，唯释氏之说衍蔓迷溺至深。”②

第二，张载和二程虽表面攻击佛、道二教，但明中暗里吸取二教之处，却在在不少。他们都深受道书和佛书的影响。吕大临《横渠先生行状》说，张载“少孤自立，无所不学”，“慨然以功名自许”，后范仲淹劝其读《中庸》，张载犹未满足，“于是又访释、老之书，累年尽究其说，知无所及，反而求之《六经》”③。此后，张载虽以复兴儒教为己任，但其思想仍烙着老庄、佛教的印记，并非如吕大临所说，“乃尽弃其学，淳如也”④。二程也有类似经历，程颐所作《程伯淳行状》言其兄“自十四、五时闻汝南周茂叔（周敦颐）论道，遂厌科举之业，慨然有求道之志。未知其要，泛滥于诸家，出入于老、释者几十年，返求诸《六经》而后得之”⑤。

张载有不少思想与《老子》相通。例如他说：“凡不形以上者，皆谓之道，惟是有无相接与形不形处知之为难。须知气从此首，盖为气能一有无，无则自然生，气之生即是道是易。”⑥这不正是他所要驳斥的“老氏”“虚能生气”的“自然之论”吗？他论及“太虚”（或“虚”）和“神”时，毫不讳言其思想源自《老子》。例如他说：“大率天之为德，虚而善应，其应非思虑聪明可求，故谓之神，老氏况诸‘谷’以此。”⑦“谷神不死，故能微显而不掩。”⑧他一再说“虚者天地之祖”，“虚则至一”，也源于《老子》“天下万物生于有，有

① （宋）程颐、程颢：《河南程氏外书》卷7，见《二程集》，北京：中华书局1981年版，第394页。
② （宋）程颐、程颢：《河南程氏遗书》卷2，《二程集》，北京：中华书局1981年版，第38页。
③ （宋）张载：《张载集》，北京：中华书局1978年版，第381页。
④ （宋）张载：《张载集》，北京：中华书局1978年版，第381页。
⑤ （宋）吕祖谦编《皇朝文鉴》卷38，《四部丛刊》本。
⑥ （宋）张载：《横渠易说 · 系辞上》，《张载集》，北京：中华书局1978年版，第207页。
⑦ （宋）张载：《正蒙 · 乾称篇》，《张载集》，北京：中华书局1978年版，第66页。
⑧ （宋）张载：《正蒙 · 神化篇》，《张载集》，北京：中华书局1978年版，第16页。

生于无。道生一”等观点。他还说:“虚照明鉴,神之明也。”①“至静无感,性之渊源。”②这正是发挥《老子》“致虚极,守静督”等思想。这种以虚静为本、以象形为末的观点,均可在老庄哲学中找到根据,而为道教的坐忘、存神、守一和内丹理论所发挥。至于他说“上达反(返)天理,下达徇人欲者与!”③主张“无欲而好仁”④,“反归其天理”⑤,更是与老庄和道教的人性论相近。首倡“无欲”的恐怕为老子,《老子》中说:“祸莫大于可欲”,“无欲以静,天下将自定”。这种思想后为道教所承袭并作了发挥,可见张载的人性论同道教并无实质区别。何况在理学家中张载首先提出的“形而后有气质之性”,人所禀之气有宽偏美恶的观点,⑥很可能得自道教。⑦

二程也熟读《老》、《庄》,颇有心得。程颐就说:“庄生形容道体之语,尽有好处。老氏‘谷神不死,一章最佳。”又说:“大抵人有身,便有自私之理,宜其与道难一。”⑧他们读道教书亦有会意,如说:“孙思邈曰:‘胆欲大而心欲小,智欲圆而行欲方。’可以法矣。”⑨“《老子》言其杂,如《阴符经》却不杂,然皆窥测天道之未尽者也。”⑩老庄、道教是二程的本体论、宇宙观和伦理主张的思想来源之一。《老子》说:“道法自然”而生万物,程颐则说“道则自然生万物”⑪,实际上这是老庄观点。至于“真元”之气的观念亦出自道教。程颐说:“真元之气,气之所由生,不与外气相杂,但外气涵养而已。若

① (宋)张载:《正蒙·神化篇》,《张载集》,北京:中华书局1978年版,第16页。
② (宋)张载:《正蒙·太和篇》,《张载集》,北京:中华书局1978年版,第7页。
③ (宋)张载:《正蒙·诚明篇》,《张载集》,北京:中华书局1978年版,第22页。
④ (宋)张载:《正蒙·中正篇》,《张载集》,北京:中华书局1978年版,第29页。
⑤ (宋)张载:《经学理窟·义理》,《张载集》,北京:中华书局1978年版,第273页。
⑥ 见《正蒙·诚明篇》、《经学理窟·气质》、《语录》下。
⑦ 例如杜光庭说过,“得清明冲朗之气,为圣为贤;得浊滞烦昧之气,为愚为贱”,见《道德真经广圣义》卷8。
⑧ (宋)程颐、程颢:《河南程氏遗书》卷3,《二程集》,北京:中华书局1981年版,第66页。
⑨ (宋)程颐、程颢:《河南程氏遗书》卷9,《二程集》,北京:中华书局1981年版,第108页。
⑩ (宋)程颐、程颢:《河南程氏遗书》卷15,《二程集》,北京:中华书局1981年版,第152页。
⑪ (宋)程颐、程颢:《河南程氏遗书》卷15《伊川先生语一》,《二程集》,北京:中华书局1981年版,第149页。

鱼之在水,鱼之性命非是水为之,但必以水涵养,鱼乃得生尔,人居天地气中,与鱼在水无异。至于饮食之养,皆是外气涵养之道。出入之息者,阖辟之机而已。所出之息,非所入之气,但真元自能生气,所入之气,止当阖时,随之而入,非假此气以助真元也。"①这种所谓"真元之气",就是道教所说的"炁",或称"元气"。

在伦理哲学方面,二程把周敦颐的"惩忿窒欲"主张吹胀到无以复加的地步。程颐就竭力反对孀妇改嫁,说:"饿死事极小,失节事极大。"②他们还说:"人于天理昏者,是只为嗜欲乱著佗(他)。庄子言'其嗜欲深者,其天机浅',此言却最是。"③在这种观点的支配下,他们提出"存天理,灭人欲"的主张,认为:"不是天理,便是私欲……无人欲即皆天理。"④所谓"天理"又叫"道心",实质是指君臣上下等级制度和行为规范之总和,而被他们说成是神圣不可侵犯的"天理"。"人欲"又叫"人心"。其实,"惩忿窒欲"思想东晋道教学者葛洪、唐代道士司马承祯、吴筠等都明确提出过,周敦颐、二程把他们接受过来大做文章,表明他们的思想跟道教确有一致的地方。他们认为,为了"存天理、灭人欲",就要加强道德修养。在个人的道德修养上,周敦颐主"诚",张载主"虚静",程颐主"敬"。但二程并非排斥"虚静"的修养方法:程颢教人"且静坐";程颐每见人静坐,便叹其善学。据他本人说,他主张灭欲也是为了保生,并说"吾以忘生徇欲为深耻"⑤。而这种思想,也正是葛洪、司马承祯和吴筠等所强调的。

第三,在北宋五位理学五师(不算司马光)中,除了张载、二程之外,邵雍、周敦颐几乎都没有攻击道教的言论。程颐有时自称"叔不排释、老"。

① (宋)程颐、程颢:《河南程氏遗书》卷15《伊川先生语一》,《二程集》,北京:中华书局1981年版,第165—166页。

② (宋)程颐、程颢:《河南程氏遗书》卷22《伊川先生语八》,《二程集》,北京:中华书局1981年版,第301页。

③ (宋)程颐、程颢:《河南程氏遗书》卷2,《二程集》,北京:中华书局1981年版,第42页。

④ (宋)程颐、程颢:《河南程氏遗书》卷15《伊川先生语一》,《二程集》,北京:中华书局1981年版,第144页。

⑤ (宋)程颐、程颢:《河南程氏遗书》卷21,《二程集》,北京:中华书局1981年版,第269页。

二程门人有习养生者,有谈禅者。总的说来,北宋理学的主流不在于“排释、老”。即使是此前仁宗时代的儒学中兴代表人物,其排斥二教也并不始终一贯。如欧阳修晚年深悔排佛的激进言论,竟皈依佛法。他对道教无甚恶感。范仲淹早年贫困,依睢阳朱氏家,常与一术士游。达时广交高道名僧。晚年尤以为二教有益于世。在其诗文、书信中,对老子备极赞美之情,还流露出对道士恬淡清逸的物外生活的向往之情和对道教养生术的兴趣。

第四,总的来看,北宋士大夫崇信道教是普遍的。例如,徐铉自称“好道者”或“道民”;赵普致祷于上清太平宫黑煞神之事,盛传于世;以监修《五代史》而著名的薛居正因服丹而暴卒,都是比较突出的。又如王安石、三苏等均慕道。苏轼说王安石“晚师瞿聃”,说明他晚年对佛教、道教颇有兴趣。《宋史 · 王安石传》也说:“初,安石训释《诗》、《书》、《周礼》,既成,颁之学官,天下号曰‘新义’。晚居金陵,又作《字说》,多穿凿附会。其流入于佛、老。”王学一系,大多好道。以苏轼为代表的蜀学一系与道士关系甚密。据苏轼自述,他八岁入小学,以眉山道士张易简为师。及壮,亦常与道士交游。除自号“东坡居士”之外,曾自称“铁冠道人”。苏辙好道,也不亚于其兄。撰有《老子解》,并称赞老庄“其论纵横坚固而不可破”①。他们也爱好道教修炼之术,写有大量的有关文章。曾慥《道枢》尚录有苏轼胎息、内丹养生说。黄庭坚也是自小慕道者,“黄山谷着道服”,更成了盛传于世的美谈。其他士大夫好道者比比皆是,不胜枚举。他们之中,有的研读道书,谈《老》说《庄》;有的则旁通易学,而治《易》者又兼采道教象数观念。所谓“道学”或“理学”,正是在道教影响下出现的一股融合三教的思想潮流。

第五节　北宋的道论、经书及其思想

一、北宋的《道德经注》和道论的基本特征

在道教史上,围绕着对《道德经》等主要经典的注释、研究,唐代曾出现

① (宋)苏辙:《苏辙集 · 栾城应诏集》卷3《老聃论》下,北京:中华书局1990年版,第1266页。

过一次大的理论发展。杜光庭在《道德真经广圣义序》所提到的《道德经》60余家诠疏笺注，约有一半是唐代的，而其中大部分又出自道士之手。至北宋，道士注疏《道德经》者较少，但《道德经》作为道教的主要经典，仍受到道士和好道的皇帝以及士大夫的重视，这个时期的各种《道德经》注释，仍然约有20家。和唐代相比，其特点是属于道士的减少，而属于士大夫的增多。封建君主、士夫官僚的道论跟道士的侧重点不同。宋太宗并提《道经》的“治身、治国之道”①，徽宗步其后尘，而其他君主似仅重视它的治国之道。例如真宗对宰相说：“《道德》二经，治世之要道。明皇注解，虽粲然可观，王弼所注，言简意深，真得清静之旨也。”②天圣四年（1026年）正月，玉清照应宫使王曾请下三馆校道藏库经，仁宗因言：“其书多载飞炼金石方药之事，岂若《老氏五千言》之约哉！”张知白遂附和道：“陛下留意于此，乃治国清静之道也。”③他如宋徽宗、司马光、苏辙、王安石、王雱、吕惠卿、陆佃、刘溉、刘泾、陈象古、叶梦得、吕大临、蒋之奇等，也或多或少偏重于治国之道。道士的道论则治国、治身并论而尤重养生之道。例如太祖问苏澄隐养生之道，澄隐答称：“臣之养生，不过精思炼气尔，帝王则异于是。老子曰：‘我无为而民自化，我无欲为民自正。’无为无欲，凝神太和。昔黄帝、唐尧享国永年，得此道也。”④其他道士亦治国、治身并提，至以“国犹身”为解。

北宋君主、士大夫和道士的道论虽各有侧重，但其共同之处都以《道德经》为依据，在“形而上”的本体论和宇宙论层面上推崇“道”为宇宙的本源、万物的根据。徽宗于大观四年（1110年）先天节所制的《宣和御制化道文碑》说：“大道无方，微妙莫测，包含造化，陶育乾坤。”又说：“夫道也者，虚无之总，造化之源，浩旷莫得其端，杳冥莫穷其奥，万象以之而生，五音以之而成。故六合虽巨，未离于内；秋毫虽小，待之成体。其杳邈也，不可阶升；其

① （宋）彭耜：《道德真经集注》引《国朝事实》并《皇宋类苑》，《道藏》第13册，第108页。

② （宋）彭耜：《道德真经集注》引《国史道释志》，《道藏》第13册，第108页。按此语系在咸平二年（999年），反映的是真宗即位之初的观点。

③ （宋）彭耜：《道德真经集注》引《国史道释志》，《道藏》第13册，第108页。

④ （宋）王称：《东都事略》卷108《隐逸传》，济南：齐鲁书社2000年版，第1024页。又见于北宋道士贾善翔撰集《高道传》。

应感也,不疾而速。谓之浑沦,太极之宗也。故太极生两仪……而成三才也。其施化也,则有炎凉燥湿之候,有方圆形器之名,有盈亏消息之度。故日月丽乎天,星辰行其纪;鼓之以雷霆,润之以风雨;播时百谷,以养民人,蕃殖孳育,以阜常产;然后人各成材,物遂其性,故得耕而食、织而衣,欣乐乎太平之世者,一皆妙道生成养育之所致也。"因此他主张"凡百群伦,固宜守道也"①。当时一般称道教为"道家";不过,有的士大夫也把道教中的"黄老之道"和"方士之言"区分开来,例如苏轼奉诏撰的《上清储祥宫碑》(此碑党禁后被毁)认为:"道家者流,本出于黄帝、老子,其道以清静无为为宗,以虚明应物为用,以慈俭不争为行,合于《易》'何思何虑',《论语》'仁者静寿'之说。自秦汉以来,始用方士言,乃有飞仙变化之术,《黄庭》、《大洞》之法,'太上'、'天真'、'木公'、'金母'之号,天皇太乙、紫极北极之祀,下至于丹药奇技、符箓小数,皆归于道家。尝窃论之,黄帝、老子之道,本也;方士之言,末也。"②士大夫主要推崇的正是"黄老之道",他们为道教诸子经典作注也首先基于这一原因。

至于道士的道论,除了上述特征之外,通常还要发挥修炼、养身之旨,同时对伦理道德问题也比较重视。这些理论观点多以注疏的方式出现。在北宋,有代表性的乃是张无梦、陈景元的道论。下面略述之。

二、张无梦、陈景元的学术思想

张无梦,字灵隐,号"鸿濛子",凤翔周至(今陕西周至人)。生卒年不详。从其行迹推断,他大约生于后周广顺二年(952年)或稍前,卒于北宋仁宗皇祐三年(1051年)之前。③ 父为儒生,肥遁不仕,有二子,无梦为长。张无梦幼时,好清静,通《老》、《易》,孝笃闻于乡里。及冠,以资产委其弟,入华山师事陈抟,多得微旨。久之,游天台,登赤城,结庐琼台观,行赤松导引、

① (元)刘大彬:《茅山志》卷25《录金石篇》,《道藏》第5册,第663—664页。按:此碑政和二年平(1112年)笪净之立石、嗣汉三十代天师张继先书。

② (宋)彭耜:《道德真经集注杂说》卷上,《道藏》第13册,第261页。

③ 依据是:真宗召见在大中祥符五年(1012年)以后,召见后给官俸"以养老",则其时当有六七十岁。又庆历四年(1044年)张尚在世。

安期还丹之法，凡十余年。其间以修炼内事形于歌咏，累成百篇，题曰《还元篇》。夏竦入山见之，得此篇归汴京。时王钦若执政，访求隐逸之人，夏竦因以《还元篇》献之。不久，闻于真宗，召对，问以长久之策。又令讲《易》，而无梦独说谦卦，并解释说："方大有时，宜守以谦。"用黄老的盈缩变化之理提醒真宗，应防止因盛盈而骄傲，以免走向盛盈的反面。真宗欲以著作佐郎授之，不受，因馆于建隆观翊圣院。复召讲《还元篇》，张无梦述其大旨说："国犹身也①。心无为则气和，和则万神结矣②。"略说十数篇而退。赐饮，遣使送金帛，皆不受。复赐"处士畅饮先生"号，亦不受。真宗因以歌赐行。王钦若邀入私第，意欲款延，张无梦说："万乘且辞矣，相公人臣，徒烦见留。"明日遂行。有旨令台州给著作郎俸以养老，至山亦不请。居琼台观又十余年，复隐于终南山鹤池。久之，游嵩山，泛湘汉，抵金陵保宁寿宁佛舍，杜门不出。有士人见而请问，则答以耳聋，而人事近绝。有二经生侍几案，因度为道士。卒于金陵，终年九十九岁。棺藏于悟空禅师塔前。③ 张无梦除研习《老子》、《周易》和内丹修炼之术外，据《历世真仙体道通鉴》说，尚旁通黄白术，然"秘而不言"④。有《琼台诗集》行于世。弟子中，陈景元得其《老》、《庄》之深旨。

张无梦以《老》、《易》为纲，以内丹为用，曾慥所编《道枢・鸿濛篇》尚保存有他的思想片断。他认为，修道者应仿效"道"，做到"心无为"，说："游玄牝之门，访赤水之珠者，必放旷天倪，囚千邪，翦万异，归乎抱朴守静，静之复静，以至于一。"何谓"一"？他说：

> 一者，道之用也；道者，一之体也。一之与道，盖自然而然者焉。是以至神无方，至道无体，无为而无不为，斯合于理矣。⑤

他认为，得此道者掌握天地造化，可以纵其所欲，甚至由人变仙。他说："故

---

① "身"，《道枢》作"心"。

② "神"，《道枢》、《历世真仙体道通鉴》作"宝"。此据《高道传》。

③ 参见贾善翔：《高道传》（《三洞群仙录》卷5、《道德真经集注杂说》卷上引），《道门通教必用集》卷1《历代宗师略传》、《玄品录》卷5、《历世真仙体道通鉴》卷48皆据之写成，以上诸书分载《道藏》第32、13、18、5册。

④ （元）赵道一：《历世真仙体道通鉴》卷48，《道藏》第5册，第375页。

⑤ （宋）曾慥：《道枢》卷13，《道藏》第20册，第674页。

得其道者,见造化之功,颐鬼神之妙,而无所不变焉。粪虫变蝉,腐草变萤,雀入水变蛤,雉入水变蜃,田鼠变鴽,鱼变龙,此其小者。其大者,人可以变仙也。”①这种“无所不变”的思想,近可推谭峭《化书》为代表,远可上溯至《易》。然而,“翦万异”以至于“一”恰与“无所不变”形成对立的两极。张无梦推崇的乃是那寓不变于万变、以“一”为用的“道”,他所追求的也正是变为不朽的神仙,而神仙由于其超越条件限制,又可以“无所不变”。在这里,“一”与“多”、“变”与“不变”似乎也得到某种程度的调和。大概这便是《老》学中“正言若反”、《易》学中“简易”、“变易”和“不易”的运用。可是限于现存资料,未见张无梦的进一步阐发。此处他强调了无条件的“无所不变”,指出:他正是“尝观天地变化,草木蕃蔓,风云卷舒,日月还转,水火相激,阴阳相摩,仰观俯察,远取诸物,近取诸身”,而“著《还元诗》百篇”②的。

张无梦的学术思想的基本特征为把《道德经》和《周易》运用于内丹修炼。例如他在《还元篇》中说:“老子明开众妙门,一开一阖应乾坤。只于罔象无形处,有个长生不死根。密密勤行神暗喜,绵绵常用命常存。忻然了达逍遥地,别得嘉祥及子孙。”这是用《道德经》“谷神不死,是谓玄牝。玄牝之门,是谓天地之根。绵绵呵若存,用之不勤”,认为丹家所谓“玄牝”生药之处乃是“罔象无形”。又说:“初九潜龙向一阳,分明变化在中黄。才逢大吕吹天火,敢见蕤宾履地霜。坤母若来相制伏,震男争取放颠狂。仙翁秘密曾留语,认取金丹水里藏。”这是用《易》复卦,复下震上坤,一阳初起。“初九”意指第一爻为阳,爻体为乾初九,“潜龙勿用”。这都是比喻的说法,大意为水火相济,结丹于黄庭。③ 他主张“自家神气自家身,何必区区问外人”,认为“这个形骸俱是假,只因锻炼得成真。流年迅速桃垂实,浩劫移看海化尘。寻取丹台天上路,恐君自首转因循”。他指出,修炼者应守清虚恬淡,说:“道在丹田达者知,分明悟了更何疑。……但守清虚除嗜欲,自然恬淡合希夷。”

张无梦的《还元篇》以隐晦的比喻手法,对内丹修炼中的龙虎相随、水

① (宋)曾慥:《道枢》卷13,《道藏》第20册,第674—675页。

② (宋)曾慥:《道枢》卷13,《道藏》第20册,第675页。

③ “中黄”即指黄庭,又名“戊己门”(戊己土,在中央,五行中土色黄,故名“中黄”)。此与同时代另一“鸿濛子”高先《大道金丹歌》所言“莫若先敲戊己门”完全一致。

火配合、火候抽添、肘后飞金晶、还丹沐浴、周天河车等作了形象的描述，其中贯彻着阴阳循环、交互为用的思想。例如，“西庚东甲虎并龙，二物从来不见踪。天地配为夫妇位，刚柔合作坎离宫。云雷造化三千数，水火飞腾十二重。此个无为功莫问，玉池一朵白芙蓉。”前两句讲聚散水火、交媾龙虎。钟吕金丹派教典《灵宝毕法》“比喻”说：“以心肾比天地。”“真诀”又说：“肾中生气，气中有真水，心中生液，液中有真气。真水、真气，乃真龙、真虎也。”①张无梦所言“坎离”即指心肾，意谓使心火、肾水相互交媾而成丹药。“三千数”，《吕纯阳真人〈沁园春丹词〉注解》云：“‘三千行满’，谓九年三千日也。”②一般喻指成仙之期。“十二重”即“十二重楼”，喻喉部，为还丹所经之处。唇齿之内为“玉池”。故后四句言玉液还丹。张无梦又说：“一回搜玉上昆仑，足蹑玄关众妙门。百谷水朝沧海主，九天星拱紫微尊。轮回日月阴阳斗，运动璇玑造化根。昼夜周而还复始，婴儿从此命长存。”“一颗珠中世界宽，自家灵宝自家观。杳杳里面三才合，恍惚之中万化安。阴鬼莫知安海底，火龙般去上泥丸。仁人修此玄玄事，上帝徵对碧落官。”“十二时中子作头，抽添运用勿停留。法轮有象从南转，神水无涯向北流。姹女捉乌归绛室，婴儿驱兔上琼楼。但知守一含元气，莫问沧海几度秋。”此数首诗言抽添还丹。“玉”、“珠”等等皆喻丹药。“昆仑”喻脑。“泥丸”即脑部上丹田泥丸宫。“玄关”即“玄牝”一窍，在下，故说“足蹑”。“姹女”本喻外丹中的汞（水银），一名“青龙”，即张无梦所说“火龙”。“乌”即“赤乌”，喻意相同，都指气火。“兔”即“玉兔”，喻水液。按照内丹家的观念，要抽铅添汞（即抽坎☵中之阳以添离☲中之阴），即要求采药与进火、抽铅与添汞同时进行，以养“胎仙”（丹药），炼去阴滓而使之变为纯阳。这一抽一添，上下往来，就名为“河车”；还至原处，谓之“还丹”。还丹必行“肘后飞金晶”，即将“丹药”沿夹脊双关搬运至脑，然后由上而下沐浴“圣胎”。张无梦所谓“搜玉上昆仑”、“火龙般去上泥丸”，均言肘后飞金晶。他主张，十二时中应以子时一阳复生为始行抽添，中无间断，“周而复始”，如天象轮回，似法轮运

---

① 《秘传正阳真人灵宝毕法》卷上，《道藏》第28册，第353页。

② （宋）全阳子：《吕纯阳真人〈沁园春丹词〉注解》，《道藏》第2册，第890页。

转,认为如此久炼便可“命长存”而成仙。

张无梦的《老》学传授与陈景元。陈景元,字太初(一说字太虚),自称“碧虚子”。建昌南城(今属江西)人。约生于宋仁宗天圣二年(1024年)。曾祖父知逊、祖父令忱皆不仕。父正,擢进士第,解朐山令,寓居高邮,以疾终。二兄继夭。遂有方外志。庆历二年(1042年),师事高邮天庆观道士韩知止,次年试经,度为道士。已而别其师,游天台山,遇鸿濛先生张无梦,颇得《老》、《庄》微旨。后逸游于江淮间,以琴书自娱。初游京师,居醴泉观,众请讲《道德》、《南华》二经,遂闻名于世,公卿士大夫无不欲争识之。于是醴泉观提总奏充本观修撰,遇邳王谒真君祠,召问道家事,以该通,奏赐紫衣。神宗闻其名,诏即地设普天大醮,命撰青词以进,既奏,称善,得旨召对天章阁,赐号“真靖大师”。熙宁五年(1072年),进所注《道德经》,神宗批云:“陈景元所进经,剖玄析微,贯穿百氏,厥旨详备,诚可取也。其在辈流,宜为奖论。”又任命为右街都监同签书教门公事。熙宁八年(1075年),还高邮葬亲①,诏赐白金助之。逮还阙,命为中太一宫主,累迁右街副道录。② 久之,乞归隐庐山。行李无他物,百担经史而已。所居以道、儒、医书各为斋馆加以区别,四方学者若从其游,则随所类斋馆相与校对,于是人人得尽其学。“当世名公”如大臣王安石、王珪喜与之游。初归庐山,与王安石辞别,王问其辞归之意,答云:“本野人,而今为官,身有吏责,触事遇嫌猜,不若归庐山为佳。”王安石用其意,韵其语,书之太一宫道院壁间:“官身有吏责,触事遇嫌猜。野性难堪此,庐山归去来。”复书其后云:“真靖自言如此。”陈景元喜作正楷,祖述王羲之所书《乐毅论》、《黄庭经》,下逮欧阳询《化度寺碑》。“凡道书,皆手自校写,积日穷年。”③又与吴奎、蒲宗孟、王岐等鸿儒士夫唱酬甚多。哲宗绍圣元年(1094年)卒,享年七十。其门弟子有许修真等40人。

---

① (元)赵道一:《历世真仙体道通鉴》卷49本传说:“己卯,乞归庐山葬亲。”然熙宁无己卯,当为“乙卯”之误(乙卯即熙宁八年),又将葬亲与乞归隐混为一事。

② (元)赵道一:《历世真仙体道通鉴》说“累迁左右街副道录”,而《度人经集注序》题“右街道录真靖大师陈景元撰”,不知孰是。序作于英宗治平四年(1067年)中秋日,则“右街道录真靖大师陈景元撰”当是入藏者所署题。

③ (元)赵道一:《历世真仙体道通鉴》卷49《陈景元传》,《道藏》第5册,第381页。

陈景元“博学多闻，藏书数千卷”①。“自幼读书，至老不倦”②。且著述颇富，“有注《道经》二卷，《老氏藏室纂微》二卷，注《庄子》十卷，《高士传》百卷，《文集》二十卷，《大洞经音义》《集注灵宝度人经》传于世”③。《道德经藏室纂微》二卷，见录于《秘书省续编到四库阙书目》、《遂初堂书目》、《宋史·艺文志》。《宋史志》又有《道德注》二卷，当即《历世真仙体道通鉴》所说“注《道经》二卷”。《秘书目》又著录《庄子余事》1卷。《通志·艺文略》著录《南华章句》7卷、《南华总章》1卷。今《正统道藏》载有《道德真经藏室纂微篇》10卷，《南华真经章句音义》14卷，《章句余事》1卷，《余事杂录》2卷，《冲虚至德真经释文补遗》2卷，《西升经集注》6卷，《上清大洞真经玉诀音义》1卷，《元始无量度人上品妙经四注》4卷。蒙文通先生撰有《陈景元〈老子〉、〈庄子〉注校记》，始将其有关《老》、《庄》的注释作了校勘、整理和考证，指出：“唐代道家，颇重成、李，而宋代则重景元，于征引之多，可以概见。”蒙文通认为，陈景元老学为重玄宗在北宋之可考者；求陈抟之学，作为道士的陈景元较之周敦颐、邵雍、刘牧，“为更得其真”。这些意见都很有参考价值。

陈景元的道论集中体现于《道德真经藏室纂微篇》，此书在两宋道流中影响甚巨。南宋瞻山灵应观开山住持杨仲庚指出：“碧虚子陈景元师事天台山鸿濛子张无梦，得老氏心印，有《道德经藏室纂微篇》，盖摭诸家注疏之精华，而参以师传之秘，文义该赡，道物兼明；发挥清静之宗，丕赞圣神之化。熙宁中召对便殿，因进所著。睿眷殊渥，宣附《道藏》，镇诸名山。四海学徒，典刑是赖。仲庚西蜀末褐，访道东南，课习是经，垂髫逮白，义海重玄，望洋窃叹，幸窥《纂微》之要，若披云雾而睹日月也。”④在这部书中，陈景元围绕着“道”这一基本范畴的诠释而展开其道论。

首先，在《开题》部分，他说“老子姓李名耳字聃，或字伯阳”，不言“谥聃”，看来他是根据的古本《史记·老子传》又参以后说。今汲古阁本《史

① （宋）彭耜：《道德真经集注·宋解经姓氏》，《道藏》13册，第108页。

② （元）赵道一：《历世真仙体道通鉴》卷49《陈景元传》，《道藏》第5册，第381页。

③ （元）赵道一：《历世真仙体道通鉴》卷49《陈景元传》，《道藏》第5册，第382页。

④ （宋）陈景元：《道德真经藏室纂微开题》，《道藏》第13册，第655页。

记》说老子"姓李氏,名耳,字伯阳,谥聃"。然据《说文》,"聃"的意思为"耳曼",古无此谥(谥号为死后追加,或褒或贬)。按古本《史记》作"名耳,字聃,姓李氏",《史记索隐》、《老子音义》、《后汉书·桓帝纪注》、《文选·游天台山赋注》所引皆如此。东汉边韶云"老子姓李字伯阳"(《老子铭》),《经典释文序录》引河上公作"名重耳",至葛洪《抱朴子内篇·杂应》则说,老子"姓李名聃,字伯阳"。今本《史记》"字伯阳,谥聃"为后人所改。他接着指出:"按道家经笈所说",老子神变无方,乃博大真人,子孙升于玉京;庄子鼓盆送妻而入侍帝宸,皆为道之宗师。这些仙话传说,其意义在于"使后世之人信长生之可学,非神异而学不能及也。是曰方外之教有淳古之风焉"①。

其次,解《道德经》题说:"夫道者,杳然难言。有物混成,强名曰'道',以其通生万物,故训为'通'。又道,蹈也;况道路之道,使人佩服其言而履行之也。道者德之钦,有道则必有德;德,得也,内得于心,外得于物,得而不丧也,故物得以生谓之德。有德则必全道。道、德相须而不相离,故曰道德也。经者,常也、法也,言其理有常可法,如《九经》可法之义。又经者,书之尊称也。今言《道经》上、《德经》下者,上篇之首取其'道可道,非常道',下篇之首,取其'上德不德,是以有德'而题之也。"②这个解释不失为有代表性的观点。

复次,他认为:"此经以重渊为宗,自然为体,道德为用,其要在乎治身治国。治国则'我无为而民白化,我无欲而民自朴;治身则'塞其兑,闭其门','谷神不死','少私寡欲'。此其要旨可得而言也。若夫'视之不见,听之不闻','渊之又渊,众妙之门',殆不可得而言传也。故游其廊庑者,皆自以谓升堂睹奥,及其研精覃思,然后于道知其秋毫之端、万分未得处一焉。"③这可谓他关于老学的纲领性观点。"重渊"就是"重玄",陈因避宋"圣祖"赵玄朗讳而改。正如前文所指出的那样,道教的老学或者道论,是以治身、治国并提为其特点,就此而言,陈景元的注解是具有代表性的。不

① (宋)陈景元:《道德真经藏室纂微开题》,《道藏》第13册,第653页。
② (宋)陈景元:《道德真经藏室纂微开题》,《道藏》第13册,第654页。
③ (宋)陈景元:《道德真经藏室纂微开题》,《道藏》第13册,第654页。

但如此，他还进一步认为《老子》一书以重玄为宗，这就反映出他的师承关系。基于此，陈景元区分出“常道”与“可道”，他说：“夫道者，杳然难言，非心口所能辩，故心因焉不能知，口辟焉不能议，在人灵府自悟尔，谓之无为自然。”①这里所说的“道”即指“常道”：“常道者，自然而然，随感应变，接物不穷，不可以言传，不可以智索，但体冥造化，含光藏晖，无为而无不为，默通其极耳。”②他认为“常道”无名，可以用名言表达的皆属“可道”，“既云可道，有变有迁，有言可说”③。然而，“有言可说”——按照重玄派的观点——并不能把握道之全体，因此他进而认为“常道”为“道之体”，“可道”为“道之用”；“常道”，是“理之妙”，“可道”是“事之徼”；“常道”深藏于内，“可道”浅显于外。例如他说，“仁义礼智信，皆道之用，用则谓之可道”④。就是说，儒家的纲常名教乃是体现于外的，因而属于“可道”的范围。至于“常道”，那真是妙不可言：“夫道之常也，湛然不动，故曰无为；应物而动，物皆自用，故曰无不为。”⑤“常道”和“可道”既然是体用关系，因而必然是相互关联的。他解释说，当宇宙未分，二者本没有区别。其注“此两者同，出而异名”云：“此‘两者’，谓可道、可名（按，当为“常道、可道”），无名、有名，无欲、有欲也，俱蕴于寂然不动、湛尔之源，体用未彰，善恶都泯，故云‘同’也。‘出’谓从本降迹，可道渐分，虽起自一人之心，而五常之用殊别，贤愚有隔，有变万端，寿夭存亡，其名各异也。”⑥陈景元认为，当道体用已彰，万物即由此而产生。《老子》说：“有物混成，先天地生……吾不知其名，字之曰‘道’。”陈景元解释说：“有物混成者，道之宗也……夫大道无形，故眡听莫闻，搏取不得；既无形声端绪，故不知其名。然而前称‘有物’，则有体用；体用既彰，通生万物。就用表德，字之曰道。”⑦

① 《道德真经藏室纂微篇》卷1“道可道，非常道”注，《道藏》第13册，第656页。（以下凡引《道德真经藏室纂微篇》，只注其在《道藏》中的页码。）

② （宋）陈景元：《道德真经藏室纂微开题》卷1，《道藏》，第13册，第656页。

③ （宋）陈景元：《道德真经藏室纂微开题》卷1，《道藏》，第13册，第656页。

④ （宋）陈景元：《道德真经藏室纂微开题》卷1，《道藏》，第13册，第656页。

⑤ （宋）陈景元：《道德真经藏室纂微篇》卷6，《道藏》第13册，第689页。

⑥ （宋）陈景元：《道德真经藏室纂微篇》卷1，《道藏》第13册，第657页。

⑦ （宋）陈景元：《道德真经藏室纂微篇》卷4，《道藏》第13册，第679页。

与“常道”和“可道”的划分相一致，陈景元认为，万物都是有限的因而是有变化的，而作为宇宙本原的“道”则连绵不绝，不会生灭变化。他解释《老子》“其上不皦，其下不昧，绳绳不可名，复归于无物。是谓无状之物，无物之象，是谓惚恍”说：“绳绳，接连不绝貌，又无际也。”“夫形色之物，皆有涯分，不能出其定方，惟道超然，出于九天之表而不为明，存乎太极之先而不为高……而绳绳运动，无穷无绝，生育万物而道不属生，物自生尔；变化万物而道不属化，物自化尔。万物自生自化，自形自色，而不可指名于道也。既而寻本究源，归于杳冥，复于沉默，斯乃道之运用，生化之妙数也。”“夫归于无物者，非空寂之谓也，谓于无形状之中而能造一切形状，于无物象之中而能化一切物象。欲言有邪，而不见其形，是即有而无也；欲言无邪，而物由之以成，是即无而有也。有、无不定，是谓惚恍。惚，无也，言无而非无也；恍，有也，言有而非有，故曰‘惚恍’尔。”①他就是这样用“有、无不定”的表现方法，发挥《老子》的宇宙观，推测宇宙生化的本原。为什么宇宙有人们通常认为的统一性即“一”呢？《老子》回答说是由于“道”。陈景元继而阐释说：“《经》曰：‘道生一。’一者，道之子，谓太极也。太极即混元，亦太和纯一之气也；又无为也……何以谓一为无为也？《经》曰：‘天得一以清，地得一以宁。’《庄子》曰：‘天无为以之清，地无为以之宁。’以此可明矣。”②又认为：“道者虚无之体，德者自然之用。道体虚无，运动而生物，物从道受气，故曰生之。”③意谓“道”本来是统一的，因而无所谓造作，万物皆从道而接受一气，在“虚无”的“道体”运动中自然产生了万物。他所谓“一”，意指一气（元气），又名“太极”、“混元”、“浑沦”、“无为”、“有”，悉随文解义。他对《老子》中的宇宙生成观作了多处阐释，例如：其注“道生一，一生二，二生三，三生万物”说：“道者，虚之虚，无之无，然之自然也，混洞太无，冥寂渊通，不可名言者也。然而动出变化，则谓之浑沦。浑沦者，一也。浑沦一气，未相离散，必有神明潜兆于中。神明者，二也。有神有明，则有分焉，是故清、浊、和三气噫然而出，各有所归，是以清气为天，浊气为地，和气为人。三

① （宋）陈景元：《道德真经藏室纂微篇》卷2，《道藏》第13册，第669页。
② （宋）陈景元：《道德真经藏室纂微篇》卷4，《道藏》第13册，第677页。
③ （宋）陈景元：《道德真经藏室纂微篇》卷7，《道藏》第13册，第702页。

才既具,万物资生也。”①又注“天下之物生于有,有生于无”说:“有,一也;一者,元气也。言天下万物皆生于元气。元气属有,光而无象,虽有光景,出于虚无;虚无者,道之体也。”②又注“天门开阖”说:“天门者,自然之门也。自然生太极,太极生天地,天地生阴阳,阴阳生万物。万物生死,由之而往来,故谓之天门。‘开’谓散施,‘阖’谓歙敛。开则生成,阖则衰灭。虽生万物而未见其生生者,虽死万物而未见其死死者。生生死死而莫见其形,得不谓之自然乎?”③在注“出生入死”时又说:“虚无生自然,自然生道,道生一气,一气变而有物,故谓之‘出生’。生之极也,变而无形,故谓之‘入死’。”④说法不一,但其思想大体上仍可把握,即:道本质上是“不可名言者”;然就其“动出变化”而言,乃是浑沦一气,分阴分阳然后产生万物。某物有生有死,然而他物又不断地产生,这种持续的过程似乎意谓着有某种本体,就好比屋门一开一合,元气由此门出“变而有物”,由此门入“变而无形”。万物生生死死的过程,便好像是一气出入于虚无之道。陈景元的注解,对于人们深入理解《老子》一书的宇宙观不无裨益。然而,他不免采取道教神秘主义观点加以发挥。例如他说:“一者,元气也。元气为大道之子、神明之母、太和之宗、天地之祖,结为灵物,散为光耀;在阴则与阴同德,在阳则与阳同波;居玉京而不清,处瓦甓而不溷;上下无常,古今不二,故曰一也。藏于心内则曰灵府,升之心上则曰灵台,寂然不动则谓之真君,制形御躯则谓之真宰,卷之则隐入毫窍,舒之则充塞太空。《西升经》曰:‘子得一而万事毕。’人能虚心待之,一自归已。”⑤

正如陈景元所说,“道”“至无之中有神物焉……治身治国,炼粗入妙,未有不由神物者也。”⑥他的道论也是一套修身和治国的理论。在修身方面,他继承道教徒解《老》的传统,认为只要领悟“常道”,也就可以变化无

① (宋)陈景元:《道德真经藏室纂微篇》卷6,《道藏》第13册,第694页。
② (宋)陈景元:《道德真经藏室纂微篇》卷6,《道藏》第13册,第693页。
③ (宋)陈景元:《道德真经藏室纂微篇》卷2,《道藏》第13册,第665页。
④ (宋)陈景元:《道德真经藏室纂微篇》卷7,《道藏》第13册,第701页。
⑤ (宋)陈景元:《道德真经藏室纂微篇》卷6,《道藏》第13册,第691页。
⑥ (宋)陈景元:《道德真经藏室纂微篇》卷3,《道藏》第13册,第676页。

端、长生成仙。其注“知常曰明，不知常，妄作，凶”云：“‘知’犹‘悟’也。悟常道者，神变无方，性无所不通，气无所不同，不知万物之为我、我之为万物，故能蹈水火，贯金石，反山川，移城邑，乘虚不坠，触实不碍，千变万化，不可穷极，此神合常道者也。”这都是奇迹。“其次，则毓质不衰，颜如处子，住世千载，猒而上仙，此形合常道者也。其次，则语默有法，出处合时，动与阳同波，光而不曜；静与阴同德，用晦而明，世累莫干而身无咎，此能用常道者也。”相反，“或不悟常道者，反以神变为妖，长生为诞，虚极静笃为空旷，归根复命为灭亡，不知强知，不识强识，举心伪妄，动作皆凶。”①他认为“常道”就是“虚静之本”或“虚静之原”，这只有在虚静的状态下“自悟”得到。他解释说：“且无者有之本，静者躁之君。动之极也，必归乎静；有之穷也，必复乎无……故圣人举喻，使民息爱欲之心，归乎虚静之本，则可以复其性命之原矣。性命之原，即杳然冥然，视不见而听不闻者也，此惟明哲之自悟尔。能悟之者，则行住坐卧不离乎虚静寂寞，而应变不迁，是得常道而复命者也。”②又说：“虚静者，物之本也。物之将生，先反复虚静之原。”③可见他认为，修炼就是返复于人的“性命之原”即虚静之道；在修炼方式上，他主张虚静独悟或“冥（玄）览”，沿袭的正是《老子》的直觉主义。他说：“夫圣人不行天下而察知人情者，以身观身，以内知外，所谓独悟也。不见天象而能名命天道者，原小以知大，明近以喻远，所谓冥览也。”④“独悟”，又叫“自悟”。他认为，“身之元气与天道相通”，通过“独悟”或者“自悟”，就可以“不假窥牖瞻望而天道自明矣”⑤。

在治国方面，他大体忠实于《老子》的思想而又有所发挥。他主张治国应当清静无为，如说：“夫有道之君，垂拱无为，故功业成而不有；憺默清静，故事务遂而忘知。民皆淳朴无所妄为，谓我自然而然也，亲誉畏侮之心于何有哉？”⑥“夫侯王若能执守无为之本，恍然在上，窅然虚怀，则外物不能累其

① （宋）陈景元：《道德真经藏室纂微篇》卷3，《道藏》第13册，第672页。
② （宋）陈景元：《道德真经藏室纂微篇》卷3，《道藏》第13册，第672页。
③ （宋）陈景元：《道德真经藏室纂微篇》卷6，《道藏》第13册，第692页。
④ （宋）陈景元：《道德真经藏室纂微篇》卷7，《道藏》第13册，第699页。
⑤ （宋）陈景元：《道德真经藏室纂微篇》卷7，《道藏》第13册，第699页。
⑥ （宋）陈景元：《道德真经藏室纂微篇》卷2，《道藏》第13册，第673页。

真，嗜欲不能滑其神，万物将自宾，四民无不服矣。”①张无梦曾说“国犹身也”，认为治国与修身在原则上是一致的。陈景元亦然，他往往“治身”、“治国”并论。如对“执古之道，以御今之有。能知古始，是谓道纪”注云：“古道者，无形无名，天地之原、万物之宗也，即视不见、听不闻之道也。老氏使其治身治国者执持上古无为自然之道，制御今有为烦挠之俗，归乎淳风，复乎太始，使各正其性命，不迁其德，是谓知道之纲纪也。”他认为，“知常道者”“至公无私，则德用周普，天下无不归往者矣。”“人既归往，天将佑之，理同自然，于物不逆，是曰真人，而能出有入无，冥乎大通，久与道合，莫知穷极，则水火不能害，金石不能残，世患莫侵，有何危殆？”②

陈景元的道论尚体现于《南华真经章句音义》一书中。

首先，他在《南华真经章句音义叙》里说：“仆自总角，好诵是经，非事趣时，破卷而已。斯乃道家之业务，在长生久视，毁誉两忘，而自信于道矣，岂与有待者同日而论哉？”③又在《庄子·徐无鬼》注释中说：“后世山林养浩者，有借岩居之高为仕路之捷，遂无真隐矣。”④这就表明，他讲治国之道仅仅是对统治者说的，并非自己要积极参与政治或博取高官厚禄。他认为，作为道士，应远离世尘，并反对把隐居山林当作谋求富贵荣华的阶梯。

其次，在《庄子·达生》注中，他进一步阐述排除物累对于修道的重要意义说：“达生之情者，任其富贵贫贱，知富非强趋、贵非妄慕也。达命之情者，任其贤愚通塞，知贤非猝学、通非力致也……夫形之为患，莫大于世缘，忘缘则无累，无累则不危，而德业日新，同彼再生，庶几乎道矣。”这是与他虚静恬淡、保神养素的修炼之道相一致的。他在《庄子·天道》注中发挥其修炼之道说：“水静则毫发难隐，心静则有无易照。故虚静则吉祥止而妙道生，恬淡则神气王而虚白集，寂漠则灵府宽而真君宁，无为则和理全而性命永。”在《在宥》注中又说：“收视听于内，则声色莫能惑；藏仁义于己，则道德何由失。”于《刻意》注中则说：“水性不杂则清，莫动则平。身中真水亦如

① （宋）陈景元：《道德真经藏室纂微篇》卷5，《道藏》第13册，第685页。
② （宋）陈景元：《道德真经藏室纂微篇》卷2，《道藏》第13册，第672页。
③ （宋）陈景元：《南华真经章句音义叙》，《道藏》第15册，第894页。
④ （宋）陈景元：《南华真经义海纂微》卷78，《道藏》第15册，第563页。

之，若纯粹静一，动合天理，虽不炼形而神已王矣。利剑他物，尚知珍贵，精神摇荡而不收得，不谓之倒置乎？善摄御者，可侔造化；善养素者，守保神气，故能混合冥一，通乎天理矣。”又阐释《庄子·大宗师》“坐忘”法云：“坐忘”者，无时而不忘，‘隳肢体’，谓即应而忘；‘黜聪明’，谓即照而忘。即应而忘，离形去知也；即照而忘，同乎大通也。体同太空，则无好恶；心同造化，则不断常矣。”诸如此类，都是他从道教修炼的角度对《庄子》一书的注解，反映出他重视精神内修，属修炼中的清净流派。

陈景元不但在《老》、《庄》之学方面有很深的造诣，而且对道教的《上清大洞真经》、《灵宝度人经》等基本经典的整理、校勘和诠释工作也作出了重要贡献。关于这些道经的来历，他认为：“夫空洞浮光，浑沦未判，大道之将化，故玄文发于中天；虚无之乍凝，乃妙炁结乎碧落。”道经就是这样经过混元、龙汉等若干代，由元始天尊等神仙演成，又分为万二千图箓、田章云篆、八会之书。[①] 他说：“《大洞真经》三十九章，品目尊严，冠三洞宝经之首，灵章秘祝、玉检隐书，载之详矣。”自西城总真君、南极紫元君降授清虚真人，清虚真人又传授南岳魏夫人。并且借书中神仙之口说，此经“不可妄读”，若在俗中读之，则不能上达仙界；“得见《大洞真经》三十九章，便白日升天。”[②]又说元始天尊“昔在始青天中宝珠之内讲集灵宝之教，拯拔天人之伦，玉晨君（即灵宝天尊）受之，以序其首尾，秘于上馆约四万劫一传，誓不轻泄于下世”，后因阳九百六之灾，才由轩辕黄帝传于下世，葛玄访道会稽郡，祈真上虞山，始得之。[③] 这些自然是宗教性说法，对于教外的人来说难以理解和取信。但是，《上清大洞真经》和《灵宝度人经》确为自东晋以来道教最重要的两部经典。[④] 陈景元在《上清大洞真经玉诀音义叙》中说：“景元总角出家，弱冠访道，游历仅三十载，纲领十有余年。老归茅山，结庵忏悔，自叹道缘蹇薄，尘业深重，虽孜孜教典而未遇真师。欲诵《洞经》，讵敢开韫。于是澡雪身心，静务恭洁，广求古本，先自改详，沉嘿披寻，反覆研构，

① （宋）陈景元：《度人经集注序》，《道藏》第2册，第187页。
② （宋）陈景元：《上清大洞真经玉诀音义叙》，《道藏》第2册，第705页。
③ （宋）陈景元：《度人经集注序》，《道藏》第2册，第187页。
④ 《度人经》在唐代以后作用上升，有盖过灵宝派主经《灵宝五篇真文》之势。

一句一字，未尝越略。"然而当时《大洞经》传本由于"盗写私传，相承讹谬"，"或两义相乖，弥增回惑；或偏旁傀改，字体浮杂"，不便诵读、传授。他"遂将前辈修习之本及茅山藏本，比对《隐书》，辄撰《音义》，兼疏同异，粗解此疑，弗敢示诸法义，聊自记其所览，乃三月斋心，缮写《洞经玉诀》一帙，晨夕瞻仰，俟灵人依科授受，以偿夙志也"①。他所言"前辈"，据序注，指仁宗时三洞法师观妙先生朱自英和冲妙大师皇甫希及，可见他所采用的底本是茅山宗坛本。至于《度人经》，他在《集注序》中说："齐之严东首为注解……及有唐道士薛幽栖，挥绂青城，毓真衡岳，真解序说，明白存修。继有太清供奉李少微、西华法师成玄英各撰注疏，援引内音，而拾遗补阙，事理悉备。景元总角慕道，少探玉经，不揆蔽蒙，辄敢编缀，今于四家之说，删去重复，精选密义，纂成四卷，庶免多惑云尔。"②也就是说，是为了修习简便易用而加以编纂。这对当时和后来的道士，无疑是做了两件有益的工作。

三、蹇昌辰等对《黄帝阴符经》的注解

《阴符经》在北宋时亦颇受重视，当时道士注此经者，以蹇昌辰较有代表性。此注一卷，见录于《通志略》，《道藏》本作《黄帝阴符经解》，题"同知建隆观事赐紫道士保宁大师蹇晨解"。然序末自云"蹇昌辰谨序"，又《通志略》亦题"蹇昌辰注"，则"晨"乃"昌辰"传写之误。蹇昌辰，生平事迹不详。但建隆观名建于北宋太祖，观在汴京，据李濂《汴京遗迹志》卷10："真宗大中祥符元年，以唐秘书监贺知章七代孙道士某住持是观……其后皆毁于金兵。"又此注避"玄"讳，则蹇昌辰应为北宋真宗以后道士。注文引"神仙"言："如扣妙门，必凭匠手。"见于李竦《指元(玄)序》"欲叩玄关，须凭匠手"，则蹇昌辰当在吕洞宾徒孙、华阳子施肩吾弟子李竦稍后。

蹇昌辰在自序中对《阴符经》备极推崇之词，说："夫人生天地之间，禀形者父母，受气者阴阳，载万物者身也。然身与道应，于物幽契乎人心者，唯阴符而已。"③认为"阴符"乃是沟通人与道、把握天机的桥梁。关于此书的

① (宋)陈景元：《上清大洞真经玉诀音义叙》，《道藏》第2册，第706页。

② 《道藏》第2册，第187页。

③ (宋)蹇昌辰：《黄帝阴符经解序》，《道藏》第2册，第759页。

来历,他说黄帝作书契,使仓颉制为文字,“于是乎道一变至于事,事一变至于机。而机之用也,上有道德治国之行,中有全身保命之术,次有霸业安邦之理,备而无遗。当是时也,黄帝始祖道家者流,欲广真风,得元玄女三百余言,复系以一百余字”①。认为“三百言实元女之所授,而百言乃黄帝之演释者也”②。这里所讲“三百余言”指的是正文《神仙抱一演道章》、《富国安民演法章》和《强兵战胜演术章》,“百言”则指末附《黄帝阴符演章》。又说:“且黄老设教,道贵集虚,高言廓论,离世异俗,不诱尘俗之耳目,唯露圣贤之腹心。玩志者得其众妙,博物者造其至微。制自三皇,道敷万代,益圣主之谋,资贤臣之用。上至秦汉,下及隋唐,将相名臣,高真逸士,笺注者不胜其数矣。”③关于《阴符经》的成书年代,本书第四章已有叙述。蹇昌辰之说,代表了道教徒的看法。之所以如此说,当然是为了突出此书的神圣性,因此他最后指出:“今《阴符》之用,妙在天机,苟造乎心,岂云小补?”④

蹇昌辰注的特点在于以道教的养生修仙观点阐释《阴符经》,他在《神仙抱一演道章》题解说:“惜精抱炁,神则存焉;得道不死,名曰仙焉。是故神仙之道应人如谷道,老氏所谓‘谷神不死’是也。人之所存者神,所过者化。抱一者,则‘万物负阴而抱阳’,故谓之‘道生一’。设数仅万亿兆而皆自一之起。此章欲浩博该备,如水中月,无不现矣,故标章上。”⑤在《富国安民演法章》题解则说:“富国者,资身也;安民者,息欲也。”⑥《强兵战胜演术章》题解又说:“兵者固国之本,可使强不可使弱,以战则胜是强敌者也。主有三军之威不施,以安天下,立太平之基,在兵之强。兵之能遇敌则胜,此国之兵也。人之兵者则不然。老氏以人之兵谓‘佳兵者不祥之器,非君子之器,不得已而用之’。恬淡为上,用兵之机要在胜而不美,而美之者,是乐杀人者,不可得志于天下……《黄庭内景》云:‘长生至慎房中急,如何死却令神泣。’此道是贼命之术,惟黄帝、老彭为善得也。身兵临阵,恐帅易动,故

① (宋)蹇昌辰:《黄帝阴符经解序》,《道藏》第2册,第759页。
② (宋)蹇昌辰:《黄帝阴符经解序》,《道藏》第2册,第759页。
③ (宋)蹇昌辰:《黄帝阴符经解序》,《道藏》第2册,第759页。
④ (宋)蹇昌辰:《黄帝阴符经解序》,《道藏》第2册,第759页。
⑤ (宋)蹇昌辰:《黄帝阴符经解序》,《道藏》第2册,第760页。
⑥ (宋)蹇昌辰:《黄帝阴符经解》,《道藏》第2册,第762页。

言‘以丧礼处之’。以道言之,可制治于未乱,保邦于未危,战罢阴魔,珠珍满室,故曰‘金玉满堂,莫之能守’。体道之者,人兵在身,可宜知也。”①他在《阴符经事迹》又说:“至于金丹玉篆之文,宝符飞空之术,入火履水之法,无不备焉。黄帝乃建迎仙之宫,修登真之要,出灵章秘书,以广道教。”②

道教以“道”为核心概念,认为养生修仙必须首先掌握“天道”。《阴符经》首句:“观天之道,执天之行,尽矣”,也把“观天道”作为基本出发点。那么,“天道”的特征如何呢?蹇昌辰指出:“天道运而无所积,故万物生。是故物有象而可观,道无形而可得。是物既自得矣,而知天之所为,默而应化,是执天之行尔。行也者,不住之相。是道之循环如枢,始得其环中,故应无方。”③此处所谓“天道”,实指自然规律。规律并不是如物体那样的形象本身,但却寓于万物生成变化的过程之中。这里,蹇昌辰继承先秦思想家的观点,指出规律乃是在自然生化过程中人所体察到的经常反复出现的相似的现象联系,他用《庄子》中的“道枢”、“环中”来比喻“道”。又解“天之无恩,而大恩生”说:“璇玑斡运,大道元虚,无一物而加于恩,自以恩矣。故万物职职,皆从无为,植而恩者,化物之功,物之有功,以成于大道之序。‘天何言哉?四时行焉,万物生焉’,是矣。”④指出“天”没有意志、情感。自然形成规律。这种规律,就叫“天道”。相对于“天道”,还有“人道”,即人定的规则。他认为:“天道远而至私,物可容也;人道近而至公,物无逃也……放之于道,则天之可违;使之于人,惟公不可庇。何哉?道以善而用之,故成其私;公以刑而理之,故不可避。使至公不加于民,则人道阙矣;至私不容于天,则物理阙矣。道之以公私之用,是善恶之教化也。故君得之而尽君道,臣得之而尽臣道,然后可以移风易俗。治道之士得之私,可以运于心者,是谓曲则全也。”⑤大意是说,“天道”以“至私”为特征,即在于满足各自的生存需要;“人道”以“至公”为其特征,就是用刑罚治理天下,控制人们的行

①（宋）蹇昌辰:《黄帝阴符经解》,《道藏》第2册,第763页。
②（宋）蹇昌辰:《黄帝阴符经解》,《道藏》第2册,第759页。
③（宋）蹇昌辰:《黄帝阴符经解》,《道藏》第2册,第760页。
④（宋）蹇昌辰:《黄帝阴符经解》,《道藏》第2册,第763页。
⑤（宋）蹇昌辰:《黄帝阴符经解》,《道藏》第2册,第763、764页。

为;兼此二端,而有"善恶"之教化。"治道之士"追求长生,所以说是"得之私"。

蹇昌辰认为,对于自然规律,要运用心思才能"观"、才能"执"。他说:"观者,观其心,非目之观也;执者,执其心,非手所执也。无观无执,天道得矣。"①但他割裂了现象与规律的概念关系,强调"道无形",说:"天也者,广大悉备,包总群灵,以虚为守,以寂为宗,使人心若太虚,触物合道,不凝滞于物而不动也。人既虚己以待物,则物莫不应焉。"②从而得出"物我两忘,乃契妙用","圣人无为无不为","则全之、尽之"的结论。③

《阴符经》主要讲天人关系,其中不乏精妙之论。然而毕竟由于其采警句形式,文字过简,只有论断而无论证,这就给后人按照自己的观念给予重新解释、甚而随意驰骋自己的思想,留下了广阔的天地。蹇昌辰注也正是如此,从中不难看出他的思想脉络。其注"天有五贼,见之者昌"论及天人关系时说:"命皆天之所为,非人之所能为也。然大禹贼功,公输贼巧,孔圣贼时,范蠡贼物,老彭贼命,故贼者,取也,是五子善天机而为内圣外王之道……夫人之性,好尚不同:在彼非此,处此非彼,各滞偏见,不能应于无方。故见之者,则大全之士,动必识机,故能役物,不为物役也……善用之,则为五德;不善用之,则为五贼。"④这段论述体现出存在于道教之中的天命与人力两种对立的范畴之间的关系:一方面,天命非人力所能左右;另一方面,人能盗取命,夺天地造化而为我所用。"贼",在《阴符经》中具有某物依赖于、有取于他物、相互作用的意谓。蹇昌辰也训为"取"。他认为,去除偏见,全面地观察事物而认识其契机,就能利用他物而"不逐物迁"。善于运用"贼功"、"贼巧"、"贼时"、"贼物"、"贼命",就会有所得,不善于运用,则会产生贼害。这种思想看来比较接近《阴符经》大意。但他又进一步发挥说,"五贼""在天则为五星,在地则为五岳,在人则为五脏。该而言之,总五贼之术内,在道曰仙,在儒曰元。远取之,则外物也;近取之,则内欲也。中主内欲,

---

① (宋)蹇昌辰:《黄帝阴符经解》,《道藏》第2册,第760页。
② (宋)蹇昌辰:《黄帝阴符经解》,《道藏》第2册,第760页。
③ (宋)蹇昌辰:《黄帝阴符经解》,《道藏》第2册,第760页。
④ (宋)蹇昌辰:《黄帝阴符经解》,《道藏》第2册,第760页。

心役外见，虽居山林而不内息者，名曰坐驰，且丧其天真，是不识五贼之蕴而生内热，扰其胸中，庄子谓‘焚其天和’尔”①。这就出现了一些思想混乱，因为“五贼”似乎又是指五星、五岳、五脏这些具体现象，而不是相互作用关系了；更何况注文中“贼”有“作用”和“贼害”的歧义。

在论及天人关系时，他一是认为遵从“天道”，“识机”、“得时”是人的有效行动的前提条件，二是强调“心”的重要作用或人的主体能动性，三是在一定程度上肯定了人的天赋本能。在这些论述中不免掺入“天人感应”的神学杂质，但基本精神仍可从字里行间觅得。他认为，天与人交相作用，人若“运心合道，默契天真”，便能成功。他说：“天人之道远而应近，与时偕行者，是应天顺人；如不得时而动，终莫能会机契运也……人不得天时而动，则天地晦冥，阴阳错序，变昼为夜，以示人之擅发。故天得人而行，人得天而动。若人识机以时而动者，虽鬼神莫敢测其情，阴阳莫敢知其奥，发号施令，必不徒然。是谓合发。人之运心合道，默契天真，则三才定其位，五老举其功……治道者，无以因循而舍之，考稽古以用之，积功行以求之，则不失其志。且静而圣、动而王者，是道合乎人天，天且弗违，而况于人乎？此天人合发之时也。”②这里，“运心”是重要条件。他反复强调“心”的重要作用，实际上也就是强调了人的主体能动作用。例如他说：“彼五贼之用，施于天地人间，未尝不在焉，止于心而已矣。故道在物、心在身，道不为物迁，心不为身动，则确乎其不可拔。是有道之人，制治于未乱，保邦于未危，一机动则百神随。天之远耶？何其至耶？是念之所至，以应于天，又奚远近乎哉！此言心之运者如此。”③又说：“何宇宙之所在而手能执耶？老氏谓‘执大象，天下往’。手者，掌握天地，轮次阴阳，顾大道推移，如运之掌上，诚宇宙在乎手也……万化……而云生乎身者，盖身者，生之质，惟人万物之灵，身钟天地之炁，空中四大，无不蕴焉，首圆象天，足方象地，中和乃身，身亦一天地也。列子谓‘天地，空中一细物’，岂不以万化生乎身耶？观其身，则万化之生可

① （宋）蹇昌辰：《黄帝阴符经解》，《道藏》第2册，第760页。

② （宋）蹇昌辰：《黄帝阴符经解》，《道藏》第2册，第761页。

③ （宋）蹇昌辰：《黄帝阴符经解》，《道藏》第2册，第760页。

知矣。”①所说“心不为身动”，乃是基于身心二元观念，即把心当作某种独立的实体。但是，蹇昌辰根据传统的“天人合一”思想和道教的“身亦一天地”观念，认为“惟人万物之灵，身钟天地之炁”，故“观其身，则万化之生可知矣”。正因为如此，他积极地肯定了人的求生存本能，认为人的“天资之性”又是通过“习”、“求”而得的。其注“天性，人也；人心，机也”说：“富与贵是人之所欲，贫与贱是人所恶；人之性也，好生而恶死，就利而去害，皆赋之天也。如人求一理、悟一法、成一事者，由习而得之，故天资之性，未有不求而得。心怀远望，修其身而就之，鄙之者谓之妄想。殊不知妄想乃致道之梯也。故天之性，人使之为也，人之心，机使之为也。人所居，静则心也，动则机也。况天机一发，则可以坐进此道，又岂可与剪剪者言哉！”②把欲求富贵和憎恶贫贱也归诸人的天赋，甚至认为贵贱也是天赋(“人之生有贵贱、贤愚之不等”)，自是不正确的，因为富贵贫贱已具有社会含义，对之“欲”或者“恶”也就打上了人的文化价值观烙印。然而蹇昌辰指出这种社会文化范畴有其自然的根据，这就是：人的好生恶死、就利避害均为自然本能。另一方面，人的求悟理法、成就事业又决定于人的反复实践。因此他得出结论说：“故天资之性，未有不求而得。”这段论述的基本精神，在于指出人是自然的一部分，人的主动作用在于成就“赋于天”的人类本能。

蹇昌辰特别注意发挥《阴符经》关于“机”的思想。什么是“机”呢？他说：“机者，天时、地利也。”“机者，得失之变。”③意即：机乃是自然现象对于人有利与否的变化。他继而解释“其盗机也，天下莫能见，莫能知，④君子得之固躬，小人得之轻命”说：“故盗机者，是夺造化于胸臆，拈宇宙在掌中，故人不测其由，而成其功业者，机使之然也……君子得之固躬者，得其机也；小人得之轻命者，失其机也。世之人鄙俚，蔽性而不知盗机之用也。”⑤他认为，“巧拙之性在乎人，可以屈，可以伸，见机而作，藏器于身，待时而动，使

① (宋)蹇昌辰：《黄帝阴符经解》，《道藏》第2册，第760页。
② (宋)蹇昌辰：《黄帝阴符经解》，《道藏》第2册，第761页。
③ (宋)蹇昌辰：《黄帝阴符经解》，《道藏》第2册，第762页。
④ 李筌注本作“天下莫不能见，莫不能知”，当为正。
⑤ (宋)蹇昌辰：《黄帝阴符经解》，《道藏》第2册，第762页。

人见其显而不见其隐”,这样才“能全身远害,以亡(无)后悔者也”①。

蹇昌辰的生死观和养生修仙论也贯穿着天人关系论和有关“机”的思想。他认为,人的生死恰如春生秋落,是“天地阴阳必然之理”。他说:“物之倘来曰生,物既去矣曰死。生者春之萌芽,死者秋之零落。人之有生,一炁而聚之;人既有死,一炁而散之。则物与人来去死生,未尝息焉。是道之所理而致于斯。万物兴废,人有起灭,然天地阴阳必然之理也。生死代谢,凡圣共知,故不昧灵原,随物迁徙,则同乎‘象帝之先’,又孰拟议乎‘谁氏之子哉! 盖生杀之常,犹寝犹觉,自古以固存。”②又说:“生死在人,如昼夜不息。此生者死之本,有生必死;死者又为生之本,死既去矣,必又生焉。如是出没,溺于六道,何有不生生、不死死乎? 死生果有议耶? 无有哉。盖古圣人弃之于六合之外,论而不议。”③既然承认有生必有死,那么又怎样跟道教的“长生不死”信仰调和一致呢? 他说,有生有死讲的是人道,“人之道”“不出生死之路,以致于轮回”;而仙道则不然:“今夫不生生者,脱此形骸而去,得道成真,寂然灵源,同于虚空,证入无为,出三界外,与诸真列位,又何生乎? 既生必死,又不死者,率逍遥之性,纳沆瀣之精,吸风饮露,辟谷餐霞,坚固色身,积三千功,累八百行,功成行满,一旦轻举,飞游大罗,与真仙会,是色身而去,又何死乎? 死必有生,是有无休止。老氏谓‘吾有大患,为吾有身。及吾无身,吾有何患’,盖言不生生而不死死。”④超脱形骸色身而去,不为生死所役,是从身心二元论导出的结论,已不同于“即身成仙”说。

正因为蹇昌辰持精神成仙说,所以特别强调精神修养对于修道成仙的重要意义。例如他解“九窍之邪,在乎三要,可以动静”说:“前贤以视、听、食、息、大、小为九窍,以设三要,戒其动静,不失其真。盖人之炁,散太虚则无形,聚身中而应事,以为动静之宜。然一身之主,唯心有九窍,故谓之心之邪在乎三要。故治炁养心之士,身要正,意要直,心要平,乃制心之三要,非

① (宋)蹇昌辰:《黄帝阴符经解》,《道藏》第2册,第761页。
② (宋)蹇昌辰:《黄帝阴符经解》,《道藏》第2册,第762页。
③ (宋)蹇昌辰:《黄帝阴符经解》,《道藏》第2册,第764页。
④ (宋)蹇昌辰:《黄帝阴符经解》,《道藏》第2册,第764页。

耳目口鼻之九窍为之三要也。”①这里，他提出了与前人解训不同的观点，意在强调心在修炼中的重要作用，他的修道成仙思想具有明显的唯心主义倾向，这种倾向还可从以下注文中看出：“动其机，万化安”注说：“万化者，万国也。主人明，万国安；人心和，万缘息。盖养生之道与治世之机彼此一也。”②对“人知其神而神不知，不神而所以神”注说：“神者，妙用无方，人不得而知之。彼神而自不知其神而神，则人与神是有无也，人有而无也，神无而有也。有无、无有，是人与神而共之，总出心之蕴也。潜天而天，潜地而地，惟心神其能耶！”③对“心生于物，死于物。机在目”注说：“居中虚以治五官者，心也。惟心者，为万法之源。有生之时，不若未生之时，何哉？有生者，因心之所役，以致于见利而动，观名而念，为财而竞，睹色而思，皆物之役人心，使不得尽其天算而中道至于夭亡。由此观之，是人因心而有生死；未生则无有此也。老氏谓‘为腹不为目’，使内观无外观，免景动于心也。至乎达法成圣、悟道成真，舍此心又何达悟乎？机在目，盖人之心居内，以应物于外也。”④在“至乐性余，至静则廉”注中还说：“性者，心之生，性余则至乐。静者，性之本，至静则行廉。放之而不执者，则无著物于动静以害其生。”⑤他又认为，“炁”也由心控制，其解“禽之制在炁”说：“炁者‘所适善恶之马也，’，唯心之运，故“治炁养心之道”，在于调伏心之喜怒哀乐。⑥

蹇昌辰还用内丹概念解说《阴符经》，例如他对“火生于木，祸发必克；奸生于国，时动必溃。知之修炼，谓之圣人”注解说：“夫木生火，反自克；人生事，反自贼。故火木之喻，在人为无明，乃畜积怒炁，不自调制，内焚天和而致于殂也。若之人识自然炉鼎，修之身，其德乃真。是人能体天法道，使国无奸臣，身无伪行。”⑦又注《黄帝阴符演章》“沉水入火，自取灭亡”说：

---

① (宋)蹇昌辰:《黄帝阴符经解》,《道藏》第2册,第761页。

② (宋)蹇昌辰:《黄帝阴符经解》,《道藏》第2册,第762页。

③ 《道藏》第2册,第762页。按《阴符经》“人知其神而神不知不神而所以神”这句话应断作:“人知其神而神,不知不神而所以神。”

④ (宋)蹇昌辰:《黄帝阴符经解》,《道藏》第2册,第763页。

⑤ (宋)蹇昌辰:《黄帝阴符经解》,《道藏》第2册,第763页。

⑥ (宋)蹇昌辰:《黄帝阴符经解》,《道藏》第2册,第764页。

⑦ (宋)蹇昌辰:《黄帝阴符经解》,《道藏》第2册,第761页。

"阴中之阳曰火,阳中之阴曰水。火则离也,水则坎也……欲性不可除,止在于有节。故水火之喻,则铅汞之合,虎龙之媾,任用稍荒,几丧吾宝矣。"①这些看法,在道教徒解说《阴符经》中不失为一家之言。

北宋道教徒注释《阴符经》的,还有绥德军道民任照一所撰《黄帝阴符经注解》,在《通志·艺文略》中亦有著录,今收入《道藏》。任照一自称为绥德军道民。考绥德军即绥州,在今陕西绥德县,南宋时入金版图。序称"混元皇帝有言",又说"上真慈悯,垂元法于世中",避"玄"讳,则其当为北宋真宗以后人。全注不分卷、章。在《序》中,任照一批评其他注家的注释都是穿凿附会,"不究经旨",从而"汗漫使学者无所适从"②。他称自己的注解是得到至人指点,很明显是将自己的注释神秘化。并认为《黄帝阴符经》是黄帝所著,内容是讲述天人关系。他在题解中说道:"阴者,暗也;符者,合也。故天道显而彰乎大理,人道通乎妙而不知,是以黄帝修《阴符经》以明天道与人道,有暗合大理之妙,故谓之阴符焉。"③

(一)关于天人关系

既然《阴符经》的内容是"明天道与人道",那么,天道与人道的关系是什么呢?任照一将其归结为三个方面:

第一,"天道人道同根一源"④,这个根源就是"道"。在注解"天性,人也;人心,机也。立天之道以定人也"时,任照一说:"且道通一体,性混一真,为天地本,亦为三才之元。"⑤在注解"天生天杀,道之理也"时,他又说:"道散则三才分判,元气各存。天阳也,地阴也,阴返阳则万物生,阳返阴则万物死,是天生天杀,道之理也。"⑥人道与天道都根源于"道",道是宇宙万物的根本。如同"月印万川","道"印在三才之中,天地、万物、人各自包含着"道"的一部分。从任照一的注解来看,"道"又和"一"是同一概念:"是以人抱厥灵本,与天道心性相合,机务相符,根于一而已……天得一以清,地

① (宋)蹇昌辰:《黄帝阴符经解》,《道藏》第2册,第765页。
② (宋)任照一:《黄帝阴符经注解》,《道藏》第2册,第766页。
③ (宋)任照一:《黄帝阴符经注解》,《道藏》第2册,第766页。
④ (宋)任照一:《黄帝阴符经注解》,《道藏》第2册,第767页。
⑤ (宋)任照一:《黄帝阴符经注解》,《道藏》第2册,第767页。
⑥ (宋)任照一:《黄帝阴符经注解》,《道藏》第2册,第769页。

得一以宁，人得一以灵……”①“一”即是阴阳未分之气。在这个意义上，任照一又以气作为天地万物的本源，认为万物都是一气的变化：“故一气含灵于混沌，是三才同乎一源也。”②天地人三才都来源于混沌未分的先天之气，都是一气之变化者。“天地施工于万物，绵绵若存，或聚或散，是物无定体而道存乎不二也。庄子云物无成无毁，复通为一。”③正因为全宇宙只是一气而已，气聚而成物，物散又复归为气，所以说“物无定体”，“无成无毁”。这样，任照一的宇宙论就由道论逐渐推演过渡到气论，以气为宇宙万物的根本，是一种唯物论的思想。

第二，正因为人道与天道都来源于“道”这一终极实体，所以，人在宇宙中具有和天地同等重要的地位，“天运乎上，地处乎下，圣人位乎天地之中，而达为三才者，有相通之用”④。意思是说，人在宇宙中有卓越的地位，天地人并列为宇宙的三才。这个思想是对老子“道大，天大，地大，人亦大”的直接继承。另外，人与天相互配合则能够主宰万物：“故言天地反覆者，是天道人道用阴用阳有所不同，而用机之理同于一揆也。即知天道发机于返阴之初，以定万变之机；即知人道发机于返阳之始，以定万变之机。是天道人道合发定基之理也”⑤。从这段论述来看，在天人关系上，任照一既肯定了人的主观能动性，同时，这种能动又并非盲动，而是以天道作为行动的根据。

第三，既然人道与天道同根一源，则天性即人性，人心即天机：“即知天有性，性通人也；人有心，机同天也。”⑥因此，“尽人则同乎天，体天则同乎道”⑦，天性就包含在人的心性之中，回归人的自然心性，就与天同德，从而也就回到了与道合一的本来面目。

（二）关于成仙之道

任照一用阴阳概念来说明修行的终极目标是炼尽阴滓，成就纯阳之体：

---

① （宋）任照一：《黄帝阴符经注解》，《道藏》第 2 册，第 767 页。
② （宋）任照一：《黄帝阴符经注解》，《道藏》第 2 册，第 769 页。
③ （宋）任照一：《黄帝阴符经注解》，《道藏》第 2 册，第 769 页。
④ （宋）任照一：《黄帝阴符经注解》，《道藏》第 2 册，第 766 页。
⑤ （宋）任照一：《黄帝阴符经注解》，《道藏》第 2 册，第 767 页。
⑥ （宋）任照一：《黄帝阴符经注解》，《道藏》第 2 册，第 767 页。
⑦ （宋）任照一：《黄帝阴符经注解》，《道藏》第 2 册，第 767 页。

"要在以阳炼阴,阴滓尽而阳体就,一气充而道自亨,则还原返本归根复命而至矣。"①为了达到这一目标,他从人道与天道的同根一源出发,讨论了内丹修炼中的性功和命功问题。

从性功来看,任照一将"性"分别为先天的本然之性与后天的世俗之性。先天之性即是"道性",是圆满之性:"人生而厚者,性也。复其性者,处其厚而已"②,"知此三要,则不失本性,复其性而处厚也,故喜怒哀乐不能动乎心"③。后天的世俗之性则"善恶相混,近善即善,近恶即恶"。④ 任照一指出,善恶之性并非人本来有之,是受环境影响,"习以性成而已"。⑤ 修性就是要炼化世俗之性,返归人的自然本性。可见,任照一讲"性",既继承了传统的道家思想,又吸收融合了告子的学说,并且与张载的性二元论相合。他以"道"作为修性的根据和终极目标。"道"的特点是至虚至寂。符合道性的范本是天,"故天道即无巧拙之用而能长能久者,因本性不移,常守虚寂,合自然之道,万物潜而自化,是以天有大美而不言,故无巧拙之用也。"⑥天常守虚寂,与道相合,故有大美。按照"人法地,地法天,天法道,道法自然"的模式,人要想长生久视,就必须与天合德,按照"道"的方式去存在。"故圣人之性,巧不露机,拙不昧性,而无驰骋于非道之务,动合天机,无不伏藏也。"⑦

修性一事具体落实到实践中,则表现为炼心。任照一分析了心、性、情之间的关系:"心不正则性返为情,情为用也,故动谓之心,静谓之情。方其动也,返性为情,故万变无常而不能静也;方其静也,返情归性,故吾心常一而不能动也。是以心性相混,致有邪正交涉也。故学者三要,不可不知。心为动静之要,情为乱性之要,性为乐道之要。"⑧性是修炼之后显现的真实本

① (宋)任照一:《黄帝阴符经注解》,《道藏》第2册,第772页。
② (宋)任照一:《黄帝阴符经注解》,《道藏》第2册,第767页。
③ (宋)任照一:《黄帝阴符经注解》,《道藏》第2册,第768页。
④ (宋)任照一:《黄帝阴符经注解》,《道藏》第2册,第771页。
⑤ (宋)任照一:《黄帝阴符经注解》,《道藏》第2册,第771页。
⑥ (宋)任照一:《黄帝阴符经注解》,《道藏》第2册,第768页。
⑦ (宋)任照一:《黄帝阴符经注解》,《道藏》第2册,第768页。
⑧ (宋)任照一:《黄帝阴符经注解》,《道藏》第2册,第768页。

体,也是人与生俱来的本性,寂然常静;情为本体之用,常动不静;心是修炼的现实主体,可动可静。心的动静是情性转化的关键。修性就是在心上下工夫,使心湛然不动。以情为恶的思想源于董仲舒,南北朝的刘昼和唐代的李翱都持性善情恶论,李翱更要求去情复性。任照一的性与情说很明显受到了他们的影响。

心的湛然不动并非指心如死灰,而是指心不受外物诱惑,动静皆合于自然,"故喜怒哀乐不能动乎心,或有所动,则发于自然,是不失吾心常一而物不能引也。可以静,则得于守廉而万变不能惑也。"①这一段论述与新儒家处理感情的态度颇相仿佛。程颢言:"夫天地之常,以其心普万物而无心;圣人之常,以其情顺万事而无情。"②"圣人之喜,以物之当喜;圣人之怒,以物之当怒。是圣人之喜怒,不系于心,而系于物也。"③圣人的喜怒哀乐都是自然而然的,是由一定的对象引起的,对象一旦消失,则相应的情感也就消逝,所以不会纠结于心,这就叫"圣人之常",也即任照一所云"吾心常一"。

那么,怎样炼心呢? 任照一从心与眼的关系上作了说明。在注释"心生于物,死于物,机在目"时,任照一说:"学人既习抱真守一之道,或起动念著物之心,要在当用目机以禁乎动念也。"④心刚为物所动,则要用目机加以制止,这样,则"百非自泯也"⑤。泯心的时候,不要刻意为之,在内心要进入一种迷迷朦朦无思无虑的状态;表现于外在形体上,则是瞪目如环,达到宛如婴儿的境界,"当泯心之际,勿觉心著,但瞑矇瞪目东瞻,能如婴儿,则精神不去,心洁而清也。"⑥

从命功来看,任照一主张养气,通过养气结成灵丹,以达到全命的目的。在注释"禽之制在炁"时,他说:"且禽能飞而上者,犹人之有炁,充实太虚,

① (宋)任照一:《黄帝阴符经注解》,《道藏》第2册,第768页。

② (宋)程颐、程颢:《河南程氏文集》卷二《答横渠张子厚先生书》;载《二程集》,北京:中华书局1981年,第460页。

③ (宋)程颐、程颢:《河南程氏文集》卷二《答横渠张子厚先生书》;载《二程集》,北京:中华书局1981年版,第461页。

④ (宋)任照一:《黄帝阴符经注解》,《道藏》第2册,第770页。

⑤ (宋)任照一:《黄帝阴符经注解》,《道藏》第2册,第771页。

⑥ (宋)任照一:《黄帝阴符经注解》,《道藏》第2册,第771页。

扶持天地，举形而仙矣。”[①]善于养气者则能成仙。

养气的关键之处有三：

养气的第一个关键之处在于把握五行顺逆相返之气，为我所用，“五行有逆顺相返之气，犹乎贼之盗也。要在学人系心五贼，返为我用，故天生天杀，造化万物，莫不因五行为用也”[②]。五行来源于阴阳，并与五星、五味、五芽、五根相对应，这样，任照一把阴阳五行思想与道教概念结合起来：“五行者，是阴阳之气散而为五星，五星之气散而为五行，五行之气散而为万物，万物之气聚而为五味，五味之气化而为真一，真一散而五芽生，五芽生而五根成，五根成而五行具，五行具而五脏全。是以人有五脏，同天地之包五行，故天以五行之气内人腹中。”[③]从阴阳到五脏的演化体现了气化流行的过程。在这段论述中，出现了两次五行之气，第一次“散而为万物”，是宇宙间的五行之气，第二次“聚而五脏全”，是人身体中的五行之气。人体内的五行之气来源于宇宙的五行之气，宇宙的五行之气来源于阴阳之气。这样，人体也是一个小宇宙，与天地大宇宙相互对应。人所要做的，就是把握五行顺逆之气，以指导小宇宙的运化，由此，“即无五行相克之虞，自然五脏不朽”[④]。

养气的第二个关键之处在于盗万物精华，其中，最重要的是五谷之精。五谷中包含五行之气，“是天之冲气、地之土液”[⑤]，是天地交泰的产物，因此，是万物中最精华者。学道者如果能够食之以时，“则资益五脏、散乎百骸、润泽肌肤，即不失造化之本末也。”[⑥]五谷之精在体内结丹的过程如下：“是以随日月之气复化为太乙真水，上贯灵源，要在养舌；下神水流入肺，化为唾，唾色白象金，心火来克，流入心，化为血，血色赤象火，肾水来克，流入肾，化为精，精者水也，脾土来克，返上泥丸，其色黄，谓之黄芽，复流入鼎，烹之为白雪，炼之为青金，复贯入心，洗涤心血，复流于气海，散化补填骨髓，即

① (宋)任照一:《黄帝阴符经注解》,《道藏》第2册,第771页。
② (宋)任照一:《黄帝阴符经注解》,《道藏》第2册,第767页。
③ (宋)任照一:《黄帝阴符经注解》,《道藏》第2册,第767页。
④ (宋)任照一:《黄帝阴符经注解》,《道藏》第2册,第767页。
⑤ (宋)任照一:《黄帝阴符经注解》,《道藏》第2册,第767页。
⑥ (宋)任照一:《黄帝阴符经注解》,《道藏》第2册,第769页。

知水盛则土多,土多则血强,血强则精溢,精溢则脑满,是还精补脑之理,要在食其时矣。"[①]五谷之精随日月阴阳之气化为太乙真水,首先从口腔开始,然后向下依次流入肺、心、肾、脾,按照五行相克的原理,心火克肺金,肾水克心火,脾土克肾水,金、火、土、水互相混融而达到平衡,再向上入于人脑,结成灵丹,然后向下进入中丹田和下丹田,经过这样的反复,则丹成胎就。

养气的第三个关键之处在于把握火候,即懂得日月之数:"彼学道者,日月之数不可不知,大小定分不可不察。"[②]日月之数即大小周天之数。"且天道一日一夜行三百六十五度,带行日月。日其行迟,一日一夜行一度;月其行疾,一日一夜行十二度,日一年行一周天,月一月行一周天。"[③]大周天三百六十度,从地球上观察,太阳每天行一度,一年行三百六十度;月亮一个月围绕地球转一圈,故月亮每天行十二度,一月行三百六十度。"一日有十二时,六时阳,六时阴,天降地腾,一日一合,五日象一元气;一月有三百六十时,象一年火候。"[④]地球自转一周为一天,是谓小周天。一天有十二个时辰,六阴六阳。每天阴阳交替时,天的阳气下降,地的阴气上腾,天地阴阳之气交合,由此产生万物。一年有三百六十天,天地交合三百六十次,一月有三百六十个时辰,在数理上正与一年中天地交合的次数相合。学道者欲"一月之间夺天地一年火候以立圣功"[⑤],在修行中就要把握日月在一月之间的运行规律,"日月三十日一交,十五日一合,月至晦日隐,朔日又生,循环昼夜,圣功立而万物生,神明出而万物化。"[⑥]月中是月盛圆明,阴极盛之时,月末旧月消退,月初新月初升,是阳极盛之时,同时,月中月末也是阴阳即将交替的时刻,日月在此时相交相合。"以此取则修炼",顺应月亮圆缺的规律,一月三旬中,首尾二旬用武火,中间一旬用文火,则灵丹可成:"即知一月有三旬,首尾二旬是用武火之时也,中间一旬月盛圆明,是用文火之

① (宋)任照一:《黄帝阴符经注解》,《道藏》第2册,第769页。
② (宋)任照一:《黄帝阴符经注解》,《道藏》第2册,第769页。
③ (宋)任照一:《黄帝阴符经注解》,《道藏》第2册,第769页。
④ (宋)任照一:《黄帝阴符经注解》,《道藏》第2册,第770页。
⑤ (宋)任照一:《黄帝阴符经注解》,《道藏》第2册,第770页。
⑥ (宋)任照一:《黄帝阴符经注解》,《道藏》第2册,第770页。

时也。经云:首尾武,中间文,此故也。”①

由此可见,任照一主张的性功和命功都是建立在对天地自然现象的观察与分析之上的,充分体现了“观天之道、执天之行,尽矣”的精神。

在炼命与见性的关系上,任照一是主张性命相合的:“故命者性之本而性其根也。”②具体说来,这种联系表现为:一是只要见性则可全命,“尽性则至于命矣”③;二是性命修炼都与心功相关。见性要在心上下功夫,使心寂然不动,炼命也需要心地清静,否则,倘若“心火不禁”④,则会“一真耗散,尸魄奸生,夭年数尽”⑤。

任照一也吸收了传统道教的神气概念,将修炼的终极目标说成是神气相合,“故神恬则性静,性静则心和,心和则纯素之道可守而不失,与神为一也。能与神为一者,精不离人而神不离气也。神气相合则形全而通乎无方之用”⑥。神气相结合则能达到与道同一的目标。这样,性命修炼就与神气修炼结合起来。在神与气的关系上,任照一以气为神的关键,“是以神为气子,气为神母。神气相合则真精不散,神安而形固,气使之然也……要在气壮则神全,气衰则神败”⑦。早期全真道派对神、气关系也持相同的看法。如,马丹阳在《金玉集》中说:“气是神之母,神是气之子,子母成真一,真一脱生死。”⑧神为气子,气为神母,很明显的与任照一相一致。

此外,尚有虚靖大师赐紫道士黄居真注。此注原题“虚靖大师赐紫道士臣黄居真注”,《通志·艺文略》著录是书1卷,当出于北宋。今本收入《道藏》洞真部玉诀类。经文取300字本,不分篇章。在自序中,黄居真对《阴符经》的名称作了解释:“此西王母所以阐扬道枢,丁宁详复,为黄帝言之也。然而圣人之言隐而显,曲而中,定观诸妙,冥参真有;泛观诸徼,默造

---

① (宋)任照一:《黄帝阴符经注解》,《道藏》第2册,第770页。
② (宋)任照一:《黄帝阴符经注解》,《道藏》第2册,第769页。
③ (宋)任照一:《黄帝阴符经注解》,《道藏》第2册,第769页。
④ (宋)任照一:《黄帝阴符经注解》,《道藏》第2册,第769页。
⑤ (宋)任照一:《黄帝阴符经注解》,《道藏》第2册,第768页。
⑥ (宋)任照一:《黄帝阴符经注解》,《道藏》第2册,第769页。
⑦ (宋)任照一:《黄帝阴符经注解》,《道藏》第2册,第771页。
⑧ 《洞玄金玉集》卷5《真一吟》,《道藏》第25册,第589页。

深玄。以此退藏，何泥于虚；以此进为，何拘于实。神仙抱一、富国安民、强兵战胜，特戏事尔。然是道也，岂他求哉，取诸身而足。微西王母不能告黄帝此言，微黄帝不能受西王母此道。二圣相值，若合符节，又岂在谆谆问应之间邪？著之典常，以诏天下来世，故曰'阴符'云尔。"①他认为，《阴符经》是由西王母传授给黄帝的，因为此经语言玄妙隐晦，只有西王母与黄帝之间能够正确传达及领悟，故称为"阴符"。而黄帝将经文记录下来，流传后世，故称为"经"。懂得了《阴符经》所说的道理，对个人来说可以神仙长生，对统治者来说可以富国安民，对军队来说可以战无不胜，这些都易如反掌。

那么，《阴符经》到底说明了什么道理呢？自序言："臣闻冥冥之中，倏然吻合，不可以形言也……夫惟此以神与，彼以神受，通六极为一气，含万象为一体，统乾坤为一物，化机一发，妙用潜该，孰为彼孰为此。庸讵知天地之神非吾之神，吾之神非天地之神邪。昔之至人，动与神契，静与神俱，动静之中，间不容发，故能与太空为人，与造物者为友，空性不坏，吾体亦然，体性无殊，是谓得道，与道相得，乃能物物。今古一息也，昼夜一照也。世之浅人，知神之神，不知不神之所以神，是以役于阴阳，囿于变化，恣睢转徙，曾莫之悟，又岂知冥冥之中倏然吻合者哉？"②此段指明人道与天道暗合之理，要求人顺天而动。天人合发就人自身而言，表现为体性无殊。世人不明此理，役于阴阳，囿于变化，故此西王母要对黄帝反复叮咛，详细解说《阴符》意旨。从"体性无殊，是谓得道"句来看，黄居真应是主性命双修一派。

具体来看，他的修炼思想的主要观点为天人合发。他引用《易经》说："观天之神道而四时不忒。"③阴阳变化，幽微难测，故曰"神道"。观察天道运行的神妙变化，就能明了四时交替毫无差错。天道运行一是"终则有始"，"终则有始，天行也。天之道运而不积，故日月星辰系焉；天之行健而不息，故四时万物由焉。"④《易·系辞传》说："日往则月来，月往则日来，日月相推而明生焉。寒往则暑来，暑往则寒来，寒暑相推而岁生焉。往者屈

① (宋)黄居真:《黄帝阴符经注》,《道藏》第2册,第773页。
② (宋)黄居真:《黄帝阴符经注》,《道藏》第2册,第773页。
③ (宋)黄居真:《黄帝阴符经注》,《道藏》第2册,第773页。
④ (宋)黄居真:《黄帝阴符经注》,《道藏》第2册,第773页。

也，来者信也，屈信相感而利生焉。”种来往屈伸就是“终则有始”，是一个生生不息的反复其道的过程，由此孕育并化生了宇宙生命。人对于这样的运行变化，应采取顺应的态度：“至人于其运者，观之则与之相为周流；于其行者，执之则与之相为终始。”①“时之运也不穷，吾则因之而不违；物之生也无已，吾则顺之而不逆。”②时间的运行是无穷尽的，至人顺应时间的客观要求而不违背。“时”也是《易》中的一个重要思想。《易》强调要依时而动：“时止则止，时行则行，动静不失其时，其道光明。”③一切行为都要顺应时机，只有顺时而行，顺时而止，才能有所作为。

天通过“终则有始”的运行化生万物，而这一切又是自然而然的。“阳一舒而万物不得不生，阴一惨而万物不得不杀。自生自杀，孰使之然。道之所理者如此，苟惟不能，则天之所以为天亦小矣。然则天岂有心哉？咸其自取尔”④。“四时自尔推迁，阴阳自尔造化，天则无为而无不为耳。彼物之生成衰杀，咸其自取，天何恩焉？惟其无恩，故物莫能伤，此真所以为大恩也。”⑤万物生生死死，都是自取，天地虽然化育万物，可是并没有意识，其化育功能是自然而然的。化育万物，是“至仁”；无意为之，故无所谓“仁”，因此，“至仁乃所以不仁，”⑥惟其如此，才能无不为之。而这一点，也只有天地与圣人能够做到：“惟天地圣人为然，岂弊弊然私予夺之权哉？”⑦

在天人合发的总原则之下，黄居真提出“恬淡平易，抱一而已”⑧的修炼思想，其中包含修性与修命二途。

他强调了“气”的重要性。

首先，人由“气”化生：“天以气资人物之始，地以形资人物之生，人与万物不能逃乎覆载之间。”⑨天资人之始，地资人之生的思想来源于《周易》。

---

① （宋）黄居真：《黄帝阴符经注》，《道藏》第2册，第773页。

② （宋）黄居真：《黄帝阴符经注》，《道藏》第2册，第776页。

③ （宋）朱熹注：《周易》卷2《下经》，上海：上海古籍出版社1987年版，第45页。

④ （宋）黄居真：《黄帝阴符经注》，《道藏》第2册，第774页。

⑤ （宋）黄居真：《黄帝阴符经注》，《道藏》第2册，第776页。

⑥ （宋）黄居真：《黄帝阴符经注》，《道藏》第2册，第776页。

⑦ （宋）黄居真：《黄帝阴符经注》，《道藏》第2册，第776页。

⑧ （宋）黄居真：《黄帝阴符经注》，《道藏》第2册，第774页。

⑨ （宋）黄居真：《黄帝阴符经注》，《道藏》第2册，第774页。

“大哉乾元，万物资始，乃统天。云行雨施，品物流行。”①“至哉坤元，万物资生，乃顺承天。坤厚载物，德合无疆。含弘光大，品物咸亨。”②乾是万物的究竟本始，坤则负载万物。乾为天，坤为地，故乾坤生万物也即天地生万物。

其次，人不但因“气”而生，亦因“气”而亡：“人以木火土金水之气以生，亦以金木土水火之气以死。自至人观之，生奚足悦，死奚足恶。生我者乃所以贼我也。知其机，识其变，金木未尝相间，水火未尝相悖。五者相得混而为一，则独存而常全矣，何死生之足计哉？顺之为天，则毁之为贼，咸其心之自取，而施行之则在天也。”③人因五行之气而生，以五行之气而死，五行既可生人，亦可杀人，故又称为“五贼”。黄居真既以为万物生于天地，又以为万物生于五行，体现出阴阳与五行相结合的观念。五行之气生杀的条件是什么呢？是五行的生克关系。依照木火土金水的作用顺序则生，依照金木土水火的作用顺序则死，因为前者是五行相生，后者是五行相克。相生相克本来是事物的普遍规律，能够促成事物正常的循环运动，但是，道教徒既然坚信我命在我不在天，则必然要求超越五行相克的限制，使之成为一个生生不息的圆融的整体，以希求生命无休止地发展。

再次，“气”是以小胜大的关键：“水火有克制而无熄灭，盖气之所感，不期然而然也。以形制形，小大不伦，则大者常胜，小者常弱矣。元龟食蟒，飞鼠断猿，岂以形哉？气服之也。”④如果只以形体相搏，则大必胜小；如果善于用气，则弱小者可以克服形体的限制，以小胜大，以弱胜强。

因为“气”具有如此妙用，所以修真之人应该保守体内之气，即“抱一”：“恬淡平易，抱一而已，夫是之为圣人。”⑤。《云笈七籤》卷56《元气论》说：“夫自然本一、大道本一、元气本一。一者，真正至元纯阳一气，与太无合

① （宋）朱熹注：《周易》卷1《上经》，上海：上海古籍出版社1987年版，第2页。
② （宋）朱熹注：《周易》卷1《上经》，上海：上海古籍出版社1987年版，第5页。
③ （宋）黄居真：《黄帝阴符经注》，《道藏》第2册，第773页。
④ （宋）黄居真：《黄帝阴符经注》，《道藏》第2册，第776页。
⑤ （宋）黄居真：《黄帝阴符经注》，《道藏》第2册，第774页。

体,与大道同心,自然同性。”①“元气本一,化生有万。万须得一,乃遂生成;万若失一,立归死地。故一不可失也。”②《太上九要心印妙经·真一秘要》中称“抱一”为“抱元守一”,此书曰:“……一者人之气。”③能够保守纯阳一气,就能身体健康。

以上所论为命功。除了“抱一”以外,黄居真亦说“恬淡平易”。这两个词来源于庄子。《庄子·刻意篇》:“平易恬淡,则忧患不能入,邪气不能袭,故其德全而神不亏。”④要求有淡泊闲适的精神境界,这是修真之人的心性功夫。

心性锻炼的重要性体现在两个方面:

其一,可以消除人的贪欲,贪欲就个人而言会导致死亡,就国家而言会导致争斗甚至战争。“饮食必有讼,故受之以讼。讼必由众起,故受之以师。夫师之兴也由于讼,讼之作也由于饮食。饮食亦小矣,而师实源于此,况利之大者乎？圣人不重兴师而重贪利。诚能绝利一源,使千毛万孔不作,则所积益厚矣。民岂得不安,国岂得不富哉?”⑤军队起源于人们对生活资料的争夺,所以如果能消除人的贪利之心,就能国富民安,战争也就能自动消灭。黄居真的这个看法与韩非立法的理论依据是一致的。韩非在《五蠹》中说:“是以人民众而货财寡,事力劳而供养薄,故民争,虽倍赏累罚而不免于乱。”⑥他们的区别在于,作为法家代表的韩非不相信人的道德力量,要求以法律手段约束自私自利的人性。而作为道徒,黄居真则相信个体的贪欲是可以努力消灭的,并主张从此入手,最终达到“恬淡平易”的至人境界。

其二,性功是命功的基础和关键。全生需要顺应五行相生的规律,要做到这一点,关键在人的心性:“顺之为天,则毁之为贼,咸其心之自取,而施

---

① (宋)张君房:《云笈七籤》卷56,《道藏》第22册,第382页。

② (宋)张君房:《云笈七籤》卷56,《道藏》第22册,第383页。

③ (唐)张果:《太上九要心印妙经》,《道藏》第4册,第311页。

④ 郭庆藩辑:《庄子集释》卷6《刻意》,北京:中华书局1961年版,第3册,第538页。

⑤ (宋)黄居真:《黄帝阴符经注》,《道藏》第2册,第775页。

⑥ 陈奇猷:《韩非子集释》卷19《五蠹》,香港:中华书局有限公司1974年版,第1040页。

行之则在天也。”[①]天人合发还需要人运用伏藏之术，而能否伏藏也取决于心性锻炼的程度：“心生于性，机出乎心，巧者人也，拙者天也，冥心复性，虽机之大可以伏藏。”[②]性即道性，是人先天固有的纯朴本质。“冥心复性”即回复到“真我”、“本我”的理想境界。只有这样，才能将伏藏之术发挥自如。

那么，怎样才能找回人的纯朴本性呢？黄居真深受庄子的影响，在注中反复强调了“齐万物”的思想：“日行速，日一周天；月行迟，月一周天。迟速有自然之度，不可逾也。夫物之不齐，物之情也。鲲鹏之大，鷦鷯之小，各安其性命之情。小大有自然之量，不可易也。明乎自然之数，一乎小大之量，静而圣王之功，妙而神明之机，于此得矣。”[③]万物有差异，就如同日月运行有快慢一样，是正常现象，是自然而然的事情。他又说：“然而天地方未判，圣人方未兆，又何仁与不仁之有？仁与不仁亦自物观之耳。”[④]从物的观点来看待事物，则事物与事物之间有本质上的差异，可是从道的角度来看，所有的事物都“通为一”，没有差别。《庄子·秋水》曰：“以道观之，物无贵贱。以物观之，自贵而相贱。”[⑤]从物本身来看，都是“自贵而相贱”。如果能站在无限的道的立场上看待事物，则物无不齐矣。进一步，对于死生大事，当我们超越个体，从更高的立场来观察时，死生就齐一了。“生于此者未必不死于彼，死于彼者未必不生于此。至人者出有无之表，离动静之域，则生亦奚足悦，死亦奚足恶。”[⑥]死和生只是一种循环变化，不用“悦生”，亦不用“恶死”，只要顺其自然就好。道教哲学讲究追求永恒不灭的生命和自然真实的本性，黄居真在注序中说：“空性不坏，吾体亦然”，[⑦]虽然亦体现出肉体不坏的长生思想，但更多的却是泯灭生死的区别，从观念上超越死生的对立。这种思想与庄子的齐死生是一致的。

另外，谨守“九窍”、“三要”也是不可忽视的。“九窍”是人身中的薄弱

① （宋）黄居真：《黄帝阴符经注》，《道藏》第2册，第773页。
② （宋）黄居真：《黄帝阴符经注》，《道藏》第2册，第774页。
③ （宋）黄居真：《黄帝阴符经注》，《道藏》第2册，第775页。
④ （宋）黄居真：《黄帝阴符经注》，《道藏》第2册，第776页。
⑤ 郭庆藩辑：《庄子集释》卷6下《秋水》，北京：中华书局1961年版，第3册，第577页。
⑥ （宋）黄居真：《黄帝阴符经注》，《道藏》第2册，第776页。
⑦ （宋）黄居真：《黄帝阴符经注》，《道藏》第2册，第773页。

环节，人通过“九窍”与外物接触，一旦把握不住，便很容易受到外物的影响而丧失真我。“九窍”之中又以耳目口危害最大，最容易受外界诱惑而使人迷失本性，故称为“三要”。黄居真说：“耳之于声，目之于色，鼻之于臭，口之于味，水谷之所化，皆阴阳之邪也。九者之中，其要有三，耳目口而已矣。夫耳之惑于声也，目之惑于色也，口之惑于味也，其为邪莫甚焉。”①如果能够守住这“九窍”，“使九窍不为九窍所使”②，则“动而邪不能胜，静而邪不能入，动亦可静亦可”③，从而成为“见道而不见物，故其心未尝生未尝死”④的圣人。

总之，只有通过不断的心性锻炼，达到“全天之性”的至高境界，人才能和天地一起，并立三才：“天与人未尝相离，唯至人为然。全天之性曰人，得人之心曰机。天性尽矣，斯为三才；心机明矣，斯为物宰。”⑤

特别值得一提的是，题为赤松子、子房真人张良、太极左仙翁葛玄、西山真人许逊、正阳真人钟离权、纯阳真人吕岩、华阳真人旋肩吾、至一真人崔明公、海蟾子刘玄英、清虚真人曹道冲十家《集解》，亦言内丹，显系扶乩降笔。《集解》中有华阳子施肩吾，可断其上限；又《通志略》著录曹道冲《老子西升经注》2 卷、《老子注》2 卷，可断其下限。署题称许逊为“真人”，则似在宋徽宗政和二年（1112 年）封“神功妙济真君”之前。故此书当撰于徽宗在位之时，扶乩者可能就是徽宗时女道士曹道冲（即曹仙姑）。《集解》的主要内容是讲修仙之道。在题解中，钟离权指出了《阴符经》命名的原由及经文的作用：“黄者，中央之色；帝者，君主之名。中以统于五行，帝以治于万物。阴者，性之宗；符者，命之本。”⑥此经以黄帝名之，意为可统领万物，以阴符名之，意为是性命之本。“此阴符之旨，内以修身，外治家国，包罗天地，总御群方。古今得道仙真皆因此义以至于无为矣。”⑦明了《阴符经》的意旨，可

① （宋）黄居真：《黄帝阴符经注》，《道藏》第 2 册，第 774 页。
② （宋）黄居真：《黄帝阴符经注》，《道藏》第 2 册，第 774 页。
③ （宋）黄居真：《黄帝阴符经注》，《道藏》第 2 册，第 774 页。
④ （宋）黄居真：《黄帝阴符经注》，《道藏》第 2 册，第 775 页。
⑤ （宋）黄居真：《黄帝阴符经注》，《道藏》第 2 册，第 774 页。
⑥ 《黄帝阴符经集解》卷上，《道藏》第 2 册，第 746 页。
⑦ 《黄帝阴符经集解》卷上，《道藏》第 2 册，第 746 页。

以修齐治平,甚至可以得道成仙。这段注解对《阴符经》推崇备至,高度赞扬了此经的神妙之处。

那么,怎样方能得道成仙呢?《集解》重点讨论了内丹修炼的问题。内丹修炼必须遵循一定的原则,即"观天之道,执天之行"。《集解》中多处谈到了合天道的问题。在注释"天发杀机,龙蛇起陆;人发杀机,天地反覆"时说:"天道生杀者,皆合其机,非妄动也。杀谓以阳随阴,机谓适时而变。如春分之时,四阳发生,二阴衰弱,即天道宣行号令,雷乃发声,声震彻重泉,惊苏万物,使一切龙蛇蛰藏之类皆起于陆,此则天发杀机也。愚人不知天道,恣发狂机,贪利干名,倾人害物,则天道报应,灾殃祸乱及于身,是谓天地反覆也。"①春分之时属震卦,四阳爻二阴爻,此时阳盛阴衰,天在春分之日发动杀机乃是适时而发,是合于道的。人发动杀机也必须与天合德,否则,不明天道,妄发杀机,则会引祸及身。在注释"天地,万物之盗;万物,人之盗;人,万物之盗。三盗既宜,三才既安"时,《集解》说:"万物盗天地而生成,不知天地反盗万物而衰老;人盗万物以资财而充富贵,不知万物反盗人以劳役而致祸患。"②指出了天地、人、万物之间互相依存又互相制约的关系。进一步,《集解》又指出,盗必有道:"有盗不可非道而盗也。上文三义更相为盗,自然之理。人能穷理悟真合道而盗,顺其宜而宜,乖其理则凶,是以三盗各得其宜,三才悉安其任也。"③此段注释重点讲人之盗的问题。人的一身都是"盗"的结果,生命是盗天地阴阳和合之气而成,赖以资身的物质资源是盗取因天时、地利而生长的万物,所以,人之盗必须合于"道",即符合自然规律,只有这样,才能"三盗各得其宜,三才悉安其任。"可见,在三盗中,《集解》的作者最关注的是人之盗,充分肯定了人在三者关系中的主观能动作用。

那么,为什么人行事必须合于天道呢?原因在于"道生万物":"凡胎卵湿化,金石草木,天地万物生育之理,皆从无入有,功乃显著。世间万物皆禀此圣功而生,故大与小咸有定分,不相逾越,则大不轻小,小不羡大,是以鹏

---

① 《黄帝阴符经集解》卷上,《道藏》第2册,第748页。

② 《黄帝阴符经集解》卷中,《道藏》第2册,第750页。

③ 《黄帝阴符经集解》卷中,《道藏》第2册,第750页。

鷃各自逍遥不相健羡也。”①这段论述继承了庄子“齐万物”的思想。既然万物都有同一的来源——道，则万物都一样的自足圆满。人和万物一样，也来源于道。所以，遵守道的规定，以此指导自己的行动，回复先天的圆满状态，也就是顺理成章的事情。

把握了观执天道的原则以后，就可以进入具体的修炼了。内丹修炼包括性与命两个方面，“惟圣人者达性命之源，明天人之道，外能炼形，内能修性，炼形所以啬精，修性所以养神。”②明确指出修行要从炼形与修命，即心理修炼与生理修炼两个环节入手。修炼的药物是人自身的精气神：“天一生水，地二生火，在人谓之精。神生于道，形本生于精，守而勿失，与玄为一，则精神合而不离矣。以精集神，以神御气，炼神合道，与天长久。”③精指先天元精，元气动时，生出身中水液，水液中的精华就是元精，所谓“天一生水”，由此精生出人的形体。神来自于道，是先天具备的寂定心体。气指先天真气，在《集解》中又称为“天机道德之气”或“恩气”，是人生命的基础，所谓“气者，生之元也”，人“本因恩气而生”④。只要与道合一，固守元精元神，再以此统御元气，使精气神不离不弃——精和气属于形的部分，使精气神相合，也就是使形神相合——就能够长生久视。用阴阳观念来表述，内丹的最终结果是要除去阴滓，炼就纯阳之体，所谓“阴尽纯阳，真道乃毕”⑤。

在内丹的修炼中，心的锻炼是非常重要的内容。《集解》认为，在人的一身中，心占有主导地位：“身如家国，心比父君……一身之中，灵备万物，精气血脉，脏腑魂魄，皮肤毛发，比同兆民。”⑥把身比作家和国，把心比作君和父，精气血脉等比作百姓。在身心关系中，心起着统领的作用。因此，要想命基永固，必须从修心入手。

那么，修心的原则是什么呢？其一是“静”，所谓“君正则天下普安，心

① 《黄帝阴符经集解》卷中，《道藏》第2册，第751页。
② 《黄帝阴符经集解》卷上，《道藏》第2册，第749页。
③ 《黄帝阴符经集解》卷上，《道藏》第2册，第746页。
④ 《黄帝阴符经集解》卷下，《道藏》第2册，第754页。
⑤ 《黄帝阴符经集解》卷下，《道藏》第2册，第755页。
⑥ 《黄帝阴符经集解》卷中，《道藏》第2册，第749页。

静则万神皆裕。"[①]在注释"天性,人也;人心,机也。立天之道以定人也"时,《集解》指出:"天性人心本乎一也。天道虚无湛然,人心本源同此。"[②]此处的心指人先天具有的本心,人的本心是与道性相合的。在注释"心生于物,死于物,机在目"时,《集解》又说:"道德之士,心不妄生,机不妄动。下愚之徒,贪婪万物,欲资于身,反被万物所盗而伤正性,是心生于物,死于物也。"[③]此处的心指后天的贪欲之心。不能克制贪欲之心,本心则会被遮蔽,从而伤身殒命。可见,修心的目的在于澄心遣欲,回复虚无湛然的先天本心。

心静则能保持本来一点灵明之性,不为外物所惑乱,心不乱则正,故修心的第二个原则是"正":"人有五贼,只在于心。心正则柔和慈善真清,行之则吉;心乱则刚戾狠疾淫浊,行之则凶。"[④]修心的要求就在于达到静和正,心静则一身安泰,心正则行事大吉,从而命基永固。可见,修心也能达到修命的目的,在修炼过程中,心与命是不可分割的。

判断心静正的标准在于是否能够牢闭三关,即眼耳口三要。在注释"九窍之邪,在乎三要,可以动静时",《集解》说:"三要者眼耳口也,动静不失其时,其道光明。故曰非礼勿视,非礼勿听,非礼勿言也。五千言云:五色令人目盲,五声令人耳聋,五味令人口爽。夫视听言,人之先也,故在九窍之中惟三要焉。"[⑤]三要是九窍中最重要的所在。澄心遣欲的标准在于耳目口的静定。在这里,作者将儒与道的思想结合起来,凡不符合礼的规定的,也就违背了道的性质。接下来,作者对于动和静这一对范畴作了解释,将动静与天和人的概念相结合。静来自于天,其本质是真;动来自于人,人为则伪:"盖动者人之为,静者天之质。人为之谓伪,天质之谓真。"[⑥]源于天是幸福的根源,源于人则是痛苦的根蒂,故曰:"此三者,可以养人,可以害人。养

① 《黄帝阴符经集解》卷中,《道藏》第 2 册,第 749 页。
② 《黄帝阴符经集解》卷上,《道藏》第 2 册,第 747 页。
③ 《黄帝阴符经集解》卷下,《道藏》第 2 册,第 753 页。
④ 《黄帝阴符经集解》卷上,《道藏》第 2 册,第 747 页。
⑤ 《黄帝阴符经集解》卷上,《道藏》第 2 册,第 748 页。
⑥ 《黄帝阴符经集解》卷上,《道藏》第 2 册,第 748 页。

人者原于静，害人者域于动故也。”[①]天与人的对立观念是对庄子思想的继承。因此，对于外物不要有过分的贪欲，在受到物的诱惑时，应当保持三关的闭锁状态，从而达到心的虚寂，所谓“三关牢闭得全真”。[②]

在《集解》中，心和性和神也是同一概念。

《集解》注“至乐性余，至静则廉”云：“性，阴也，乐则奢余而阴盛，静则正廉而神清。”[③]对于“性”的要求也是静和正，可知“性”实际也指心地清静的状态，与本心的境界相似。

在注释“火生于木，祸发必克；奸生于国，时动必溃。知之修炼，谓之圣人”时，《集解》又引入了“情”的概念：“夫性之有情，如木中有火，出于性而贼性，火生于木而害木。”[④]此处“性”相当于先天的本心，“情”相当于后天的欲心。“性”与“情”这一对范畴的关系在于“情”来自于“性”，而情动则会伤性。把“情”看成是“性”的对立面，认为性善情恶。

就“神”这一概念来看，神与心与性的境界也是相同的：“夫圣人者不淫于至乐而爱于至静，能栖神于静乐之间者谓之守中。”[⑤]“神”的特点也是至静。除了以神御气之外，《集解》中也多次提到以心御气的问题。“强兵战胜演术章”题解云：“强者康健之称，兵者御戎之器。德经曰：‘益生曰祥，心使气曰强。’”[⑥]以心御气能够使身体健康。接下来，《集解》以道教炼养思想对《易》之“天行健，君子以自强不息”作了解释：“言体天德纯阳之道统御群生，以心为主，以气为兵，君主无为无不治矣。”[⑦]以心御气的要求在于无心，保持恬淡寂泊的心境。这是一种很高层次的修炼心态，只有这样，才能“无不治矣”。从以心御气的论述也可以看出心与神同类同级的关系。

从心性神的关系来看，《集解》的作者在论述性功的问题时，吸收了禅

① 《黄帝阴符经集解》卷上，《道藏》第 2 册，第 748 页。
② 《黄帝阴符经集解》卷上，《道藏》第 2 册，第 748 页。
③ 《黄帝阴符经集解》卷下，《道藏》第 2 册，第 753 页。
④ 《黄帝阴符经集解》卷上，《道藏》第 2 册，第 749 页。
⑤ 《黄帝阴符经集解》卷下，《道藏》第 2 册，第 753 页。
⑥ 《黄帝阴符经集解》卷下，《道藏》第 2 册，第 752 页。
⑦ 《黄帝阴符经集解》卷下，《道藏》第 2 册，第 752 页。

宗的心性范畴，又融合了道教传统的神气概念。

炼内丹需要掌握火候。火候的原则，是顺阴阳二气之消长运行。“冬至则地中阳生，五日一候，三候一气，经六气而至春分，是时阳升入阳位；又六气而之夏至，乃阳升到天，太极而生阴，阴以杳冥抱阳而下降，夏至则天中阴降，经六气而至秋分，是时阴降入阴位；又六气而之冬至，乃阴降到地，太极而生阳，阳以恍惚负阴而上升，升降不失其道，是以天地长久。”①冬至是阴极盛之时，同时阳气也开始萌发，经 90 日至春分；又 90 日至夏至，阳极盛，同时阴气开始萌生，又 90 日至秋分，90 日至冬至。阴阳之气就这样一年一年消长轮回。习内丹者必须掌握住这样的阴阳轮回，在一日之内效仿一年的春荣秋落，使心火与肾水相合：“惟人也，集灵以生，资道而立，体天法道，调运阴阳，以心肾方合天地上下之位，用气液比阴阳升降之仪，将一日效一年，使一时像一月，养命按法，下功依时，阴阳交合不失其道，亦当与天地齐其坚固而同得长久矣。”②心在人体内位置居上，像天；肾在人体内位置居下，像地，心火肾水结合的地方是中宫，即中央黄庭部位，再加上血和精，于此相交相合，融贯一体，通过这种方法在体内创造出大丹：“血是朱砂汞，宝精为物神。水银铅交加，处中宫匹配，恩爱结因缘。”③

另外，为强健体魄、保命延生，还必须注意饮食合度。《集解》注：“食其时，百骸理；动其机，万化安”时，指出了饮食对于性命的重要性：“凡理性命，必先饮食。”④“故君子饮天和以润神，食地德以滋形也。”⑤饮食是性命的基础，因此，不可弃绝。可见，《集解》作者是反对辟谷成仙的。在饮食的时候，也要遵循一定的原则：一是数量上合适，不可过多，亦不可过少；二是食物应煮熟，否则会伤内脏；三是要按时饮食；四是食物的味道要温和：“五谷五果五味皆须调候，得所量体而进。熟则益人，生则伤脏。此乃食之理，故使饮食不失其时，滋味不乖其节，只令中道不可越，常如此则百骸俱理，五

① 《黄帝阴符经集解》卷上，《道藏》第 2 册，第 746、747 页。
② 《黄帝阴符经集解》卷上，《道藏》第 2 册，第 747 页。
③ 《黄帝阴符经集解》卷下，《道藏》第 2 册，第 754 页。
④ 《黄帝阴符经集解》卷中，《道藏》第 2 册，第 750 页。
⑤ 《黄帝阴符经集解》卷中，《道藏》第 2 册，第 750 页。

脏安和，无诸疾病，寿数永长。”①有一些食物是不宜食用的，也应当引起重视，如颜色腐败、气味腐朽、烹调不当、不合节令，这些食物若被人食用，都会损害身体：“凡物，色恶者非气之正，臭恶者非气之和，烹饪失节者非水火之既济，不时而成者非生气之具全。圣人于此四者，特有不食之戒，是以《内经》言：食欲有节，起居有常，不妄作劳，是谓知道。”②

上述《集解》所言内丹，虽然系扶乩降笔。然而这些注解却有其特色，颇能反映内丹大盛的时代特征。

四、道教善书《太上感应篇》的出现

《太上感应篇》30 篇，收于明《道藏》太清部，题“李昌龄注，郑清之赞”③。本书作者托名太上，南宋《秘书省续编到四库阙书目》著录为 1 卷，不题撰人。据绍定六年（1233 年）临安太一宫道士胡莹微上表中说道太一宫 8 卷刊本的本文来自“宝藏”和现《道藏》本内的《虚静（靖）天师颂》可知，《太上感应篇》本文应作于北宋末年左右。

历史上，其卷数因繁简注本的不同，曾出现了简本一卷本和繁本 8 卷本。今北京图书馆藏有明刻 1 卷本和元刻 8 卷本可为实证。另据张元济《涵芬楼烬余书录》和董康《太上感应篇集传》序称，二人曾亲见宋刻 8 卷本，与《道藏》本合。而今《道藏》本 30 卷，当由前胡莹微上表中说到的太一宫 8 卷刊本析成。

一般认为，道教善书是假神仙之口训导、托神仙名义降授或道教徒以个人名义撰著的，用道教教义、从道教的角度劝人去恶从善以成仙得道和积善获福的通俗道德教化书。《太上感应篇》作为第一部道教善书大概出现于北宋末年。这与宋代的社会历史条件有关。

在政治方面，自宋建国以来，对外，北方先后有契丹、西夏、女真、蒙古等少数民族威胁；对内，由于土地兼并，官僚机构庞大，宋代的阶级矛盾尖锐，

① 《黄帝阴符经集解》卷中，《道藏》第 2 册，第 750 页。

② 《黄帝阴符经集解》卷中，《道藏》第 2 册，第 750 页。

③ 《太上感应篇》，《道藏》第 27 册，第 6 页。

从北宋中期开始,各种农民反抗斗争此起彼伏。社会动荡不安,人生不可逆料,生死或在旦夕之间,所以民众普遍希望得到神灵护佑。而且,土地私有制的发展,科举制度的完善与推行使得社会财富和社会阶层频繁转换,引发了一系列社会问题。为了缓和这些阶级矛盾和民族矛盾,真宗、徽宗等皇帝推崇道教,借神权麻痹自我与人民,为自己的权力和地位找到合法、合理的解释,以维护其腐朽统治。而道教善书在此时流行,正好适应了统治者这种求得社会稳定、维护统治的客观需要,而《太上感应篇》正好是在这种情况下应运而生的。

在经济方面,宋代的商品经济有了很大发展,科技文化也呈现出了繁荣昌盛的局面,雕版印刷术的兴盛和活字印刷术的发明,使得书籍的复制、传播和保存产生了跨时代的变化。官方从中央的国子监、秘阁、崇文院等到其他各级地方行政单位都致力于刻书。民间也纷纷投入刻书行列,并日益兴盛。这为道教善书的普及和盛行提供了较好的物质基础和条件。而传统社会精英阶层注重品德修养,担当着社会教化和社会救助的使命。他们在家庭教育中制作了大量训诫子孙上进为善的家训,在社会教化和救助中针对百姓已有的因果报应认知和信仰,用神道设教的方式创作出了果报故事和谕俗书,以教化世道人心,止恶扬善。道教善书则正好应这种客观需要和趋势而出现。

在文化信仰方面,到宋代以平民为主的社会带来总体文化色彩的通俗化,因应文化的通俗化,道教善书的思想浅显易懂、文字简洁而通俗,其内容也非常接近平民生活。道教新产生的派别不同程度地表现出浓厚的世俗伦理色彩,同时道教与民间社会的联系,使它更接近尘世的生活,民间的许多神明也被吸纳到道教神谱中来。道经中感应、承负理论、司命信仰、积功累德以成仙得道观念不断演化、完善和沉淀为《太上感应篇》的出现也做了必要的准备和铺垫。而且,三教融合的趋势在宋代以前就有,宋代时这种趋势继续保持发展,并且体现于当时的果报小说和善书之中,这对后世民间信仰的普遍观念形成了影响,三教的仙圣们,被民众们不加区分地参拜和敬仰,不分儒、释、道。这对于《太上感应篇》的传播产生了重要影响。

《太上感应篇》的内容大部分引自葛洪的《抱朴子内篇》中《对俗》和《微旨》两部分。正文1274字，始于“祸福无门，唯人自召”，终于“诸恶莫作，众善奉行”，宣扬天人感应，劝善惩恶。共列出善行24条，恶行161条，大意谓天地有思过之神、三台北斗神君、三尸神、灶神等录人善恶，为恶必降之祸，依所犯轻重夺人算计，按立善多少成各等神仙。若能悔恶行善，也将转祸为福、成仙得道。从内容构成上来看，《感应篇》广泛汲取儒释二教的劝善止恶思想，其内容表现出浓厚的三教合一色彩。具体主要涉及家庭伦理、社会伦理、政治伦理、宗教伦理、生态伦理等方面的内容。

家庭伦理方面，因家庭是社会的基本单位，家庭伦理的维持，有助于整个社会的稳定。这是传统社会的基本价值观。《感应篇》中“抵触父兄”、“用妻妾语，违父母训”、“骨肉忿争，男不忠良，女不柔顺，不和其室，不敬其夫”、“无行于妻子，失礼于舅姑”等内容都是对于不合乎传统家庭伦理秩序行为的禁止性规定。

社会伦理方面，《感应篇》主要涉及了社会公德的内容。因社会是由人组成的复杂体系，在这个体系里与人相处，如果没有一定的秩序，必定会天下大乱。所以，就需要社会公德的建立和维持，以保证这个庞大系统的有条不紊。《感应篇》中，劝诫民众不可：“人自安，减人自益，以恶易好”、“耗人货财，离人骨肉”、“败人苗稼，破人婚姻”、“认恩推过，嫁祸卖恶”、“得新忘故，口是心非；贪冒于财，欺罔其上；造作恶语，谗毁平人。”而应“悯人之凶，乐人之善，济人之急，救人之危”，“济急如济涸之鱼，救危如救密罗之雀”。

政治伦理方面，《感应篇》重点在维护政治稳定和权力公平上，因传统社会专制权力自上而下有严格等级，极易发生权力泛滥、腐败、假公济私等状况。《感应篇》要求官员们不应“虐下取功，谄上希旨”，“轻蔑天民，扰乱国政。赏及非义，刑及无辜。杀人取财，倾人取位。诛降戮服，贬正排贤。凌孤逼寡，弃法受贿”，“以私废公，窃人之能”等以防止滥用权力、伤及无辜。

宗教伦理方面，《感应篇》禁止“怨天尤人，呵风骂雨”，“毁人称直，骂神称正”，“指天地以证鄙怀，引神明而鉴猥事”，“越井越灶”，“晦腊歌舞,朔旦号怒。对北涕唾及溺,对灶吟咏及哭。又以灶火烧香,秽柴作食。夜起裸露,八节行刑。唾流星,指虹霓,辄指三光,久视日月”等规定,告诫人们切莫对道教诸神不敬,注意日常生活中的行为习惯,不可随意以随意的举动来亵渎神明,否则便会犯下大错。当然,这其中关于善恶因果报应的规定是取自佛教教义,这都是《感应篇》中所涵盖的宗教伦理层面。

生态伦理方面,道教认为天地有好生之德,人与自然应该和谐相处,人为了生存,可以取用自然,但要取用适时有度,不能不择手段、竭泽而渔。《感应篇》中禁止“春月燎猎”,“射飞逐走,发蛰惊栖,填穴覆巢,伤胎破卵”。“用药杀树”,“无故杀龟打蛇”的规定既是对“天地好生之德”的通俗诠释,又是对于已有破坏自然生态现象的警示。

与以前的道书相比,《太上感应篇》广泛汲取儒释二教的劝善止恶思想,表现出浓厚的三教合一色彩。《感应篇》作为道教善书所建构的道教伦理系统是以三教合一为特色的。一般认为,其忠孝伦常部分主要汲取了儒家思想,其十善恶业部分则主要是吸收了佛教的因果报应,而其齐物畏神部分则主要应是取自道教和传统的“承负”思想。

《太上感应篇》可谓是第一部严格意义上的劝善书,由于“有助于辅教”,便得到了封建统治者的重视和提倡,皇帝、官僚和大儒都曾积极提倡、支持它的普及,以广教化。到南宋,理宗不但赐国刊梓,而且为《太上感应篇》御题“诸恶莫作,众善奉行”八字冠于卷首做宣传。并且真德秀还为该书作序跋,宰相郑清之作赞,自后即有诸多注疏本,并不断地向社会各个层面渗透、传播。它对后世道教劝善思想的张扬起到了至关重要的作用。以后历代诸多善书的问世,都受到了它的影响。

第六节　北宋内丹术与张伯端《悟真篇》

一、钟离权、吕洞宾等丹家的生平及其思想

自晚唐五代入北宋以来,道教内丹术渐次兴起,丹家辈出,如钟离权、吕洞宾、陈抟等皆为著名代表,至神宗朝张伯端所撰《悟真篇》传世之后,道教

内丹学便呈蓬勃发展之势，现将有关主要人物及其思想简介如下：

（一）钟离权

有关钟离权的生平事迹，神仙传说甚多，有说他生于汉代，据元《历世真仙体道通鉴》卷31载称："真人姓钟离名权，后改名觉，字寂，道号和谷子，一号正阳子，又号云房先生，燕台人也。"并注说："一云京兆咸阳人，曾祖讳朴，祖讳守道，父讳源，皆汉代著名。"又注："一云少攻文学，仕汉至谏议大夫，因表李坚边事，谪官江南，汉祚既终，历魏仕晋。"又谓："及壮仕晋为大将，统兵出战西北土番，两军交锋，忽天大雷电，风雨晦冥，人不相睹，两军不战自溃。"又注："一云晋武帝时命与偏将军周处攻征失利。""真人独骑，奔逃山谷，迷失道路，夜进深林幽涧，期以全生，乃遇一胡僧，筋头拂额，体挂草结之衣，引行数里，到一村庄，曰：'此东华先生成道之所，将军可以歇泊'。揖别而退，真人未敢惊动庄中，良久，忽闻人语云：'此碧眼胡僧饶舌相挠'。庄中一老人披白鹿裘，扶青藜杖，抗声前曰：'来者非大将军钟离权否？'真人应曰：'是'。老人复曰：'尔何事不寄宿山僧之所？'真人闻而大惊，心想曰，必异人也，是时已失虎狼之威，遽有鸾鹤之志，不觉回心向道，哀求度世之方，于是老人授以长生真诀，赤符玉箓，金科灵文，金丹火候，青龙剑法，嘱之勤行。"但同时又说："首遇上仙王玄甫得长生诀，再遇华阳真人传太乙刀圭，火符内丹，洞晓玄玄之道。"又说："后有唐进士吕绍先……首于庐山遇火龙真人传剑法，后于长安道中遇真人……真人临去谓绍先曰：'尔既到此从吾奉道，今子当名嵒字洞宾'……施肩吾编之为《钟吕传道集》，今行于世。"①又《续文献通考》亦载："钟离权咸阳人，号和谷子，一号正阳子，又号云房先生……历仕汉及魏晋，首遇上仙王元甫，再遇华阳真人授秘诀，遂弃世事，于县东四十里正阳洞修炼登仙，今号正阳帝君。"②上述诸事，尽管具体说法不一，但认为钟离权是汉代人则是明确的。但钟离权正史无传，为进一步弄清情况，我们检索了汉《列仙传》，晋《神仙传》、《搜神记》、《搜神后记》，唐《续仙传》，宋《疑仙传》以及《太平广记》中神仙类、道

---

① 详见《道藏》第5册，第276—277页。

② （清）陈梦雷编：《古今图书集成》，北京：中华书局1934年缩印本，第51册，第62150页。

术类、异人类、《古今图书集成》神异典卷311异人类，均无汉代钟离权其人，这就使人想到为什么较长时期以来，已有不少人对此持怀疑态度，如：《集仙传》云："钟离权，字云房，不知何许人也，唐末入终南山。"[①]《宣和书谱》也记："神仙钟离先生名权，不知何时人，而间出接物，自谓生于汉，吕洞宾于先生执弟子礼，有问答语及诗成集……自称天下都散汉，又称散人。"[②]《集仙传》与《宣和书谱》均称"不知何许人"，"不知何时人"，显然是对所谓"生于汉"的否定，而所谓"生于汉"，"自称天下都散汉"，又仅是他的"自谓"、"自称"，并不可信。在这个问题上，清《订伪杂录》对此作了有益的考辨，它说："唐时仙人钟离权云房名权，与吕嵒同时，尝自称天下都散汉钟离权。"又说："今人称汉钟离，此误，以'汉'字属下，因遂付会。以钟离权为汉将钟离昧，可笑其妄。"又指出："汉钟离乃地名，非人名，少陵元日寄妹诗，近闻韦氏妹，迎在汉钟离。"[③]《订伪杂录》此说与《集仙传》一样，肯定了钟离权生于唐代，且与吕嵒同时，澄清了《历世真仙体道通鉴》等将唐人钟离权误为汉将钟离昧之讹传。纠正了将地名"汉钟离"错当人名的误会。又宋《岩下放言》记吕洞宾事时说："五代间从钟离权得道"。又说："自本朝以来，与权更出没人间，权不甚多。"说明钟离权早在五代时即与吕洞宾有师承关系，入宋后两人虽仍有出没，但权已"不甚多"见。五代时钟离权的活动也见于《宋朝事实类苑》："邢州开元寺一僧院，壁有五代时隐士钟离权草书诗二绝，笔势遒逸，诗句亦佳，诗曰：'得道真僧不易逢，几时归去愿相从，自言住处连沧海，别是蓬莱第一峰。'其二曰：'莫厌追欢语笑频，寻思离乱可伤神，闲来屈指从头数，得见升平有几人。'后刘从广知邢州，访此寺遂命刊勒此诗于石。"[④]又《历世真仙体道通鉴》载有："陈康肃公尧咨既登第，过谒先生（陈抟），坐中有道人鬒髻，意象轩傲……康肃公深异之，问曰：'向来何人？'先生曰：'钟离子也。'"[⑤]如此记属实，则宋初钟离权还与陈抟相过从。又《宋史》卷462《王老志传》称："王老

① （清）陈梦雷编：《古今图书集成》，北京：中华书局1934年缩印本，第51册，第62150页。
② 《宣和书谱》卷19，《文渊阁四库全书》第813册，第307页。
③ （清）胡鸣玉：《订伪杂录》卷5，《丛书集成初编》本，北京：中华书局1936年版。
④ （宋）江少虞辑：《宋朝事实类苑》卷35，上海：上海古籍出版社1981年版，第448页。
⑤ （元）赵道一：《历世真仙体道通鉴》卷47，《道藏》第5册，第369页。

志，濮州临泉人……遇异人于丐中，自言吾所谓钟离先生也，予之丹，服之而狂，遂弃妻子结草庐田间。”①《家世旧闻》亦云：“初蔡京为真定帅，道人王老志自言钟离权弟子。”②考王老志活动于北宋末徽宗朝，那时钟离权已死，故王老志师事钟离权，系老志狂言，不足为信。《避暑录话》卷上早已揭其伪说：“宣和（1119—1125年）间，道术既行，四方矫伪之徒，乘间因人以进者，相继皆假名神仙为言，公卿从而和之，信而不疑者有……王老志者言师钟离先生……三人皆小术动人……唯老志狡狯有智……馆于蔡鲁公（京）家，自言钟离先生日相往来。”可见，王老志所谓“师钟离”之说，不过是“假名神仙为言”，借以骗人而已。

《道藏》载《破迷正道歌》1卷。署“正阳真人钟离述”，其内容一是列举并批判了当时大量的所谓“云游四海参玄妙，尽是邪门小法功，愚迷执强难教化，依然一盲引众盲”的“三千六百傍门法”，③告诫后世只有“这些金液还丹法”，才能“扫尽旁门不见踪”。为了说明丹法口口相传的重要，指出：“有缘遭遇明师指，顷刻之间造化生”。二是描述炼功入手：“试把天地轻拨动，真炁时时聚太空，摸得乾坤作鼎器，颠倒宇宙任纵横。”在此基础上引导出炼功中感受：“初时上下风声吼，渐凝渐结紫云生，云满山中遮日月，此时一阵似朦胧，默默自然云雾功，定里时闻霹雳轰。”又描述和合、得药景象：“最初一点真种子，入得丹田万古春”，“二炁交结产胎婴，然后百日生神相”，“果然百日防危险，血化为膏体似银，果然百日无亏失，玉膏流润生光明”，“炎炎锻炼三百日，骤雨颠风满太空”，“辛苦都来十个月，内外虚明表里真，聚则成形散则炁，返本还元太虚同”，最后以“混元一是千年药，万劫常存不夜春，三千刻内婴儿象，百日功夫造化灵，十月炼成纯阳体，自然寒暑不来侵，瑞气彩云遮玉体……白日飞升谒上京。”以修道功成来坚定炼功者的信心。从上看出，钟离权所述仍然是道教传统内丹理、法，所言丹功的全过程大约是百日、再百日、十月三个阶段。值得注意的是，《破迷正道歌》中如：“前弦后”、“后弦前”、

① 《宋史》卷462《方技传》下，北京：中华书局1977年版，第39册，第13527页。

② （清）陈梦雷编：《古今图书集成》，北京：中华书局1934年缩印本，第51册，第62660页，《王老志传》引。

③ 《破迷正道歌》，《道藏》第4册，第917页。

"主宾"之喻,"西南坤位"以及"果然采得先天炁,日月擒来两手中,昼夜打交成一块,自有龙吟虎啸声"等诗句譬喻,也都反映在张伯端的《悟真篇》中。又按《历世真仙体道通鉴》的记载,钟离权死后,宋钦宗靖康(1126—1127年)初封为正阳真人,至元六年(1269年)正月褒赠正阳开悟传道真君。

（二）吕洞宾

元《纯阳帝君神化妙通记》(以下简称《妙通记》)卷1至卷3记载了吕洞宾生平一些事迹:"吕洞宾姓吕名嵒,字洞宾,唐河中府永乐县人氏,曾祖延之,终浙东节度使,祖渭……乐善好道,多有阴德,累迁礼部侍郎,终潭州刺史,赠陕州大都督,渭生四子温恭俭让……迁太子右庶子,终海州刺史,真人乃让季子,唐德宗贞元十四年(798年)四月十四日巳时"生。并谓吕"三教经书,圆贯精熟,常诵《周易》《道德》《阴符经》","常慕清虚恬淡,不好华饰富荣,自幼年已有仙道志。"①《历世真仙体道通鉴》卷45《吕嵒传》载其曾祖延之、祖渭、父让等情况皆与之相同,惟对其里籍云:"世传以为东平人,一云西京河南府蒲板县永乐镇人即今河南河中府也。"记其生年为"贞元十二年丙子(796年)四月十四日。"似此,则吕洞宾生于官宦之家,原是儒生。吕洞宾与钟离权的关系,前引《岩下放言》曾云:"五代间从钟离权得道。"又说入宋以来,"洞宾踪迹数见,好道者每以为口实。"《宣和书谱》卷19亦云:"吕洞宾于先生,(钟离权)执弟子礼。"《历世真仙体道通鉴》亦称:"于长安道中拟游华山,酒肆憩息,俄有一人长髯碧眼自西而来……髯者曰:'吾乃天下都散汉钟离权也,居终南山,公若省悟,可从吾去',先生于是弃儒业而从游,师事之而得道。"又称:"复于僖宗广明元年(880年)遇崔公(希范)传《入药镜》即知修行性命。"②"后多游湘潭岳鄂之间,人莫之识。"③《妙通记》又云:"赴长安应举,遇钟离权,得授金丹炼形之道",钟并为之解答"疑难诸说",后"居终南华峰修炼四十余年,自唐末间时人方知之……五代时又隐华山……陈希夷与刘海蟾皆师事之。"后希夷死有诗吊曰:"天网恢恢可是疏,为君箴到华山区,寒星没后

① (元)苗善时:《纯阳帝君神化妙通记·制词》卷1,《道藏》第5册,第705页。

② 《道藏》第23册,第691页有"因看崔公《入药镜》,令人心地转分明"之诗。

③ 《道藏》第23册,第689页有"山仙无人识,佩剑入大唐。"又第691页有"每于廛市无人识",第695页又有"三入岳阳人不识"之句。

留残月，春雪来时向太虚。三洞真人归紫府，千年老鹤化苍梧。自从违却先生后，南北东西少丈夫。”①关于吕洞宾与陈抟相过从的事，《宋史》卷457《陈抟传》亦记：“关中逸人吕洞宾有剑术，百余岁而童颜，步履轻疾，顷刻数百里，世以为神仙，皆数来抟斋中，人咸异之。”②至于宋初吕洞宾情况，从太宗时林太古所著《龙虎还丹诀颂》中还可略知一二，该诀颂有“常究《阴符》、《道德经》，此来堪重吕先生（注云：吕先生名洞宾，盖近代得道也），养药未论三载火，炼丹直指半升珰（注云：昌先生诗云：‘一粒粟中藏世界，半升珰内煮山川’。”）③所谓“近代”，恐指五代。关于吕洞宾著述，《宋史·艺文志》神仙类著录吕洞宾《九真玉书》1卷。《全唐诗》有其诗4卷，《道枢》卷13录《指玄篇》，卷25《肘后三成篇》，卷26《九真玉书篇》，《道藏辑要》收录多种，多系伪托。又据《谈苑》记：洞宾诗什，人间多传写，“大率词意多奇怪类比，世所传者百余篇，人多诵之”④。但今所传诸诗，有的真伪难分，须加考辨。现以《纯阳真人浑成集》为主，分析其诗文内容，大约有以下几个方面：一是劝人修道。如“红门不可久蹉跎，利未多时害已多……不义之财贪得富，浮云终久待如何？”⑤“休夸年少骋风流，强走轮回贩骨头，不信试临明镜看，面皮底下是骷髅。”⑥“莫问喧喧有市廛，市廛对面是云山。”⑦最后指出：“不用梯媒往外求，还丹只在体中收，莫言大道人难得，自是功夫不到头。”⑧二是述道教传统内丹法，如：“六年雪岭为何因，志定调和气与神，一百刻中都一息，方知大道显三乘。”“九转烹煎一味砂，自然火候放童花。”“七返返成生碧雾，九还还成吐红霞。”“天生一味变三才，交感阴阳结圣胎。”“爱惜壶中一粒丹，镇藏幽洞在

---

① 《道藏》第23册，第687页有“天网穹窿万象疏，一枝松倒华山枯，寒云散后留残月，腊雪来时向太虚，十洞龙蛇归紫府，千年鸾凤落苍梧，自从别却先生后，南北东西少丈夫”之诗。

② 《宋史》卷457《隐逸上·陈抟传》，北京：中华书局1977年版，第38册，第13420页。

③ 《道藏》第23册，第694页有“铁牛耕地种金钱，刻石童儿把贯穿，一粒粟中藏世界，半升铛内煮山川，白须老子眉垂地，碧眼胡儿手指天，若向此中玄会得，此玄玄后更无玄”之诗。

④ （宋）江少虞辑：《宋朝事实类苑》卷43引，上海：上海古籍出版社1981年版，第561页。

⑤ （唐）吕纯阳：《纯阳真人浑成集》卷上，《道藏》第23册，第686页。

⑥ （唐）吕纯阳：《纯阳真人浑成集》卷上，《道藏》第23册，第688页。

⑦ （唐）吕纯阳：《纯阳真人浑成集》卷上，《道藏》第23册，第688页。

⑧ （唐）吕纯阳：《纯阳真人浑成集》卷下，《道藏》第23册，第695页。

昆山,此中不是凡间药,服了将身列圣班。”三是道佛双融的思想。如:“为人不可恋嚣尘,幻化身中有法身”,“俗境有人聊得悟,迴光对面是家山”,“真性元来得自由,莫教人事强扬囚”。“不寻面壁蒙头趣,笑杀西来旧作家”,以及题为“心剑”、“心印”、“心境”、“心灯”等七言绝句,均表现了道佛双融的思想,至于“法界”、“四大”、“弥陀”、“灵光”、“法性”、“十方仙界”等佛语,更常被采用,因而“道佛双融”成为吕洞宾内丹学思想的显著特征之一。四是性命双修。前述吕洞宾得崔公《入药镜》,“即知修行性命”。考《入药镜》有“是性命,非神气”之句。这里“性”指“神”,“命”指“气”。谓“性命”结合乃先天之体,而“神气”运化乃后天之用,这是从“体”“用”角度而言性命关系。又《纯阳帝君神化妙通记》记吕洞宾与钟离权问答“性命”事时,钟答:“一点灵明无昧,性也;一点元气常调,命也;性无命则无依倚,亦不能安止;命无性则不冲融,亦不能固密,二物混融一真玉莹。性也、命也,俱强名尔。”①这是从性命本不相离而言两者关系,吕洞宾继承并发展了上述思想,他在《敲爻歌》中说:“八卦三元全藉汞,五行四象岂离铅,铅生汞,汞生铅,夺得乾坤造化权,杳杳冥冥生恍惚,恍恍惚惚结成团,性须空,意要专,莫遣猿猴取次攀。”该文结束时,更进一步阐明“性命双修”的道理,他说:“性命机关须守护,若还缺一不芳菲……只修性,不修命,此是修行第一病,只修祖性不修丹,万劫阴灵难入圣。达命宗,迷祖性,恰似鉴容无宝镜,寿同天地一愚夫,权握家财无主柄,性命双修元又元,海底洪波驾法船,生擒活捉蛟龙首,始知匠手不虚传。”②由此可见,“性命双修”也是吕洞宾内丹学思想显著特征之一。这种“道佛双融”、“性命双修”的特征,在后来张伯端的《悟真篇》中得到了进一步的发扬。值得指出的是:《纯阳真人浑成集》卷上载《百字诗》一首,其中有“和光且同尘,但把俗情混”以及“莫问喧喧有市廛,市廛对面是云山”之句,这种“和光混俗”,“隐于市廛”的思想也为张伯端所接受,且反映在《悟真篇》中,而吕洞宾本身就是或入山或居市的道

① (元)苗善时:《纯阳帝君神化妙通记》卷2,《道藏》第5册,第709页。

② (清)陈梦雷编:《古今图书集成》,北京:中华书局1934年缩印本,第51册,第62825—62826页。

士。世传吕洞宾有剑术,他有诗说:“为见不平心里事,解冤雪耻取人头。”①“背上匣中三尺剑,为天用斩不平人。”②在《吕真人传》③中,亦大量记载了吕洞宾仗义行侠、普度众生的“灵应事迹”,但多为北宋末(神宗、徽宗)南宋初(高宗、孝宗)吕洞宾身后多年的事,不足为信。究其原因,当系北宋末年外患频仍,内忧不断,社会动乱,老百姓“乱中思定”,寄希望于救世神仙,这就为“好道者”提供了“口实”,于是增益附会,传说纷纭,致使道教内丹史上颇有名气的内丹家吕洞宾竟成为传说中的离奇人物。另外,吕诗中描述修道中怡然自得的情趣者也不少,现举二例以窥一斑:“随缘信业任浮沉,似水如云一片心,两卷道经三尺剑,一条藜杖七弦琴,壶中有药逢人施,腹内新诗遇客吟,一嚼汞添千载寿,一丸丹点一斤金”;又“肘传丹篆千年术,口诵黄庭两卷经,鹤观古坛槐影里,情无人迹户长扃。”真是一幅活神仙相貌。关于吕洞宾的卒年,道书未载,但已知与陈抟交往,时年已“百余岁”,陈抟卒于端拱二年(989年),则吕的卒年也必在此前后。如上述吕洞宾吊陈抟之死的诗属实的话,则吕当卒于陈抟之后。但有谓其卒于真宗初年之说,似难置信。又据《历世真仙体道通鉴》载称,吕洞宾死后,宣和元年(1119年),宋徽宗封为“妙通真人”,至元六年(1269年)元世祖又封赠“纯阳演正警化真君”。武宗时(1308—1311年)更加封为“纯阳演化孚佑帝君”。

（三）陈抟

与吕洞宾有关的一个重要人物是陈抟。关于他的生平和学术思想,前面已作了介绍,这里只谈他的内丹思想。陈抟的内丹思想寓于《无极图》中,即从最下一层O(代表无极),待静极而动,由“得窍”入手,依次进入“炼精化气”,“炼气化神”,“炼神还虚”而“复归无极”,这是陈抟对《参同契》以来道教传统内丹理论的重要总结,从而较系统地阐述了内丹修炼的全部过程。其丹法要点,是一套通过炼养人体精、气、神的实在功夫,进而实现人体

① (唐)吕纯阳:《纯阳真人浑成集》卷下,《道藏》第23册,第693页。
② (唐)吕纯阳:《纯阳真人浑成集》卷下,《道藏》第23册,第695页。
③ (清)陈梦雷编:《古今图书集成》,北京:中华书局1934年缩印本,第51册,第62270页。

大、小周天的全过程，这过程是与古医学原理相通的一条内修途径。唯其最后的“炼神还虚”，“复归无极”的最高阶段，则是宗教神秘色彩的体现。考陈抟内丹学的理论基础是“主静说”，它取义于《道德经》第十六章“致虚极，守静笃，万物并作，吾以观其复。夫物芸芸，各复归其根，归根曰静，是谓复命。”换句话说，即陈抟以“捐情去欲，静笃归根”的不死之道作为其内丹理论基础的核心，然后在此基础上，再摄取佛教禅理提出“观心”论，进而再提出“五空说”。按“空”本佛家之言，陈抟指出：其一曰顽空：“虚而不化，滞而不通，阴沉胚浑，清气埋藏而不发，阳虚质朴而不止。”他斥之为“至愚者也”。其二曰性空：“虚而不受，静而能清，惟任乎离中之虚，而不知坎中之满，扃其众妙，守于孤阴，终为杳冥之鬼。”他贬之为“断见者也。”其三曰法空：“动而不挠，静而能生，块然勿用于乾龙，乾位初通于玄谷，在乎无色无形之中，无事也，无为也，合于天道焉。”他判为“是为得道之初者也。”其四曰真空：“知色不色，知空不空，于是真空一变而生真道，真道一变而生真神，真神一变而物无不备矣。”他赞为“是为神仙者也”。其五曰不空：“天者高且清矣，而有日月星辰焉；地者静且宁也，而有山川草木焉；人者虚且无也，而为仙焉。三者出虚而后成者也，一神而变千神形矣，一气化而九气和矣，故动者静为基，有者无为本。”他誉为“斯亢龙回首之高真者也”①。由此看来，陈抟摄佛学禅理的目的，在于为其内丹理论服务，这就使他的内丹学理论较之道教传统修炼学更为充实和完备。相传陈抟还从吕洞宾弟子五龙处得“五龙酣卧法”，《东轩笔录》说他“一睡三年”②，《贵耳集》说：“华山陈真人而隐于睡，小则亘月，大则几年方一觉。冯翊羽士寇朝一事处士，得睡之大略，还全神观唯睡而已。”③《历世真仙体道通鉴》卷47《陈抟传》说他居华山时，“常闭门卧，累月不起”，记陈抟睡法：“仰卧，出入无息，面色红莹”。又记陈抟论睡：“饱食逸居……饥而食，倦而卧，鼾声闻于四远”，此“世俗之睡”；若“至人之睡”，“留藏金息，饮纳玉液，金门牢而不可开，土户闭而不可启……真气运转于丹池，神水循环乎五内……然后吾神出于九宫，

① （宋）曾小造：《道枢》卷8，《道藏》第20册，第651页。

② （清）陈梦雷编：《古今图书集成》，北京：中华书局1934年缩印本，第51册，第62330页。

③ （清）陈梦雷编：《古今图书集成》，北京：中华书局1934年缩印本，第51册，第62330页。

恣游青碧，履虚如履实，升上若就下……咀日月之精华，玩烟霞之绝景……故其睡也，不知日月之迁移，安愁陵谷之改变。"故诗云："至人本无梦，其梦乃游仙，真人亦无睡，睡则浮云烟，炉里长存药，壶中别有天，欲知睡梦里，人间第一玄，"[①]是知陈抟之睡乃"至人之睡"，实为道教内丹修炼之"睡功"（"卧功"之一种）。元明之际，张三丰有"蛰龙法"（卧功），据称即源于陈抟。"卧功"属"静功"范畴，当今气功养生，已纳为内养功之一种。

（四）林太古者

北宋太宗时又有林太古者，字象先，道号淳和子，因访道寻师，多游齐鲁之地，太宗知名召见，赐于京兆山居，遂称京兆山人，后隐于益州之华阳，又称华阳先生。林太古继唐末五代内丹渐次兴起之风，作《龙虎还丹诀颂》1卷，以诗诀形式阐述道教传统内丹修炼。该诀文共64首，言简意赅，颇得内丹要旨，可惜较少为人注意，诀文首言修炼之重要："休慕腥膻爱绮罗，长生门路好来过，争名争利贪痴者，不顾流年似逝波。"[②]"混沌分来我独尊，包含四象立乾坤，还丹须向此中觅，得此方为至妙门。"[③]次驳炼外丹之非："时人皆取五金烧，谁识元君在海涛？"[④]"每见时人论大丹，竞烧八石或居山，不知龙虎其形质，只在玄冥恍惚间。"[⑤]三论需明师指点："不遇至人传口诀，只凭经论卒难寻。"[⑥]"不遇至人传口诀，空劳读尽五车书。"[⑦]四明须穷究丹经："夫人若见真根蒂，请读玄元《道德经》。"[⑧]"人能认得玄中理，胜秉乾坤造化权。"[⑨]五解修炼入手处："时人欲炼日晶魂，先觅玄源造化根，后立坎离为匹偶，始交情性合乾坤。"[⑩]"转转修来渐有功，菊花黄变蓼花红，炼经千日开

① （元）赵道一：《历世真仙体道通鉴》卷47，《道藏》第5册，第370页。
② （宋）林太古：《龙虎还丹诀颂》，《道藏》第24册，第170页。
③ （宋）林太古：《龙虎还丹诀颂》，《道藏》第24册，第165页。
④ （宋）林太古：《龙虎还丹诀颂》，《道藏》第24册，第165页。
⑤ （宋）林太古：《龙虎还丹诀颂》，《道藏》第24册，第166页。
⑥ （宋）林太古：《龙虎还丹诀颂》，《道藏》第24册，第167页。
⑦ （宋）林太古：《龙虎还丹诀颂》，《道藏》第24册，第170页。
⑧ （宋）林太古：《龙虎还丹诀颂》，《道藏》第24册，第167页。
⑨ （宋）林太古：《龙虎还丹诀颂》，《道藏》第24册，第168页。
⑩ （宋）林太古：《龙虎还丹诀颂》，《道藏》第24册，第166页。

炉看，万象都攒一鼎中。”①六喻修炼之时序：“一月还丹发兆基，阴阳相感达希夷，潜龙位应于初九，阳气先须起子时”，“二月青龙渐见形，微微攒集五行精，勤知火候温和色，鼎内令闻虎啸声”，“三月灵丹号小还，小还凝结类真铅，直须用意调文武，莫遣阴阳气候愆。”②从“一月”到“十月”，每月一首。这是以时令次第，比喻金丹乃自虚无而有形质之渐变过程。七示功夫须艰苦：“万卷仙经理尽同，还丹不离五行中，欲知九转阴阳足，只候三年水火功。微微收得木中津，自忝成参积到斤，力倦心疲宁不苦，大都先圣总辛勤。”③最后述“诀颂”之旨要：“寂寂真灵事可穷，休得《金碧》与《参同》，欲知《龙虎还丹诀》，至要分明在此中。”④这是作者自谓“龙虎还丹”真秘，俱在此“决颂”之中，炼功者知之而行，则不必再远求其他丹经。

（五）曹仙姑

又有曹仙姑者，正史无传，里籍无考。《罗浮山志》称：“宋徽宗宣和（1119—1125 年）中，有曹仙姑居京城，作诗赠道士邹葆光……时徽宗广求学仙之徒与工诗赋奇女，仙姑与吴妙明皆征至京师，仙姑明于丹术，学作《大道歌》深得要旨，道流竞传诵之，敕封文逸真人，每遇道流，藐谓无人，独与葆光语，深见称许，故有此赠。”⑤曹仙姑，一般称为曹文逸。其《大道歌》原名《灵源大道歌》，收入《道藏辑要》名为《至真歌》，题为“海蟾帝君著”。《古今图书集成》所收名《至真诀》亦署名“刘海蟾”作。《道枢》卷 16 有《灵源篇》，系名为何仙姑者，对《灵源大道歌》某些歌词的简释。考刘海蟾曾撰《还金篇》、《还丹赋》，但体例文风，与《至真歌》不类。先是，清光绪年间，体真山人汪东亭据文理分析，判《大道歌》为曹仙姑所作。近代道教学者陈撄宁先生也曾在其主办的《扬善半月刊》第 77 期指出：“《灵源大道歌》在各家道书中，常名为《至真歌》，谓是荆海蟾真人所作，与此篇对勘，仅题目及

① （宋）林太古：《龙虎还丹诀颂》，《道藏》第 24 册，第 171 页。
② （宋）林太古：《龙虎还丹诀颂》，《道藏》第 24 册，第 168 页。
③ （宋）林太古：《龙虎还丹诀颂》，《道藏》第 24 册，第 168 页。
④ （宋）林太古：《龙虎还丹诀颂》，《道藏》第 24 册，第 171 页。
⑤ （清）陈梦雷编：《古今图书集成》，北京：中华书局 1934 年缩印本，第 51 册，第 62734 页，“曹仙姑”条引。

作者姓字不同而已，本文未见有何特异处。《至真》、《灵源》、刘作、曹作，纷纷聚讼，迄未解决之方。余观此篇体制，殊不类刘真人手笔。”又说：“余后偶阅《古今图书集成·神异典》，见其中引《罗浮山志》一段云云，方知《大道歌》确实曹作。”将曹赠邹葆光七言长诗与《大道歌》比较，其格局韵味极为相似。“于是数百年疑案，遂以大白。”①《灵源大道歌》是现存女冠亲笔撰写的最早丹经，全文收录于《道藏辑要》奎集。其中不用龙虎铅汞、五行八卦等隐语，也不见阳神脱壳、白日飞升等词句，文字明白易晓，功法舒展自然，效验稳妥无弊。虽为女冠所撰，但非女丹专诀，故不讲“斩赤龙”而适用于男女老少，陈撄宁先生对它评价甚高，曾于 1938 年作《〈灵源大道歌〉白话注解》一文。顾名思义，此歌诀的主旨是向初学者“宣传大道，开示灵源”，其中多讲“神”与“气”，如：“神是性兮气是命，神不外驰气自定”，“混合为一复忘一”，“专气致柔神久留”，“元气不住神不安”，“元和内炼即成真”。主张“性命双修”，但认为：“形神虽曰两难全，了命未能先了性。”该歌诀虽一气呵成，但就其内容而论，似可分为：劝修持、讲功理、去俗念、明效验四个方面，而又重在阐述功理、断绝俗缘。总之，歌诀始终强调学道者须依法行持，只须一时一刻之功夫，调运一呼一吸之真息，专心致意，持之以恒，以驭驳气，统摄身心，即可补足已亏损之精神，摄收已消耗之元气，自然能祛病延命。如此看来，《灵源大道歌》较之“性命双修”三段功法，当是简便易行的了。

在北宋内丹学渐次兴起的基础上，至神宗朝，张伯端对此则作了更为具体的阐发。下面着重说明。

二、张伯端生平及其《悟真篇》的基本思想

张伯端，字平叔，一名用成（诚），号紫阳，学术界一般认为张伯端生卒年月有（984—1082 年）和（987—1082 年）二说。② 这两说是有一定的文献

① 陈撄宁：《道教与养生》，北京：华文出版社 1989 年版，第 203 页。

② 参见卿希泰主编：《中国道教》第一卷“张伯端”条目，上海：东方出版中心 1994 年版，第 304—306 页；王沐：《悟真篇浅解》“序言”之“张伯端生平”，北京：中华书局 1990 年版，第 1—3 页。

根据的。据翁葆光《悟真直指详说》称张伯端于元丰五年（1082年）尸解，阅世96岁。依此推算，张伯端生于宋太宗雍熙四年（987年）；而据《历世真仙体道通鉴》之《张用成传》称“张伯端住世99岁”。依此说结合张伯端公元1082年尸解之说推算，张伯端当生于太平兴国八年（984年）。

张伯端于北宋熙宁八年（1075年）撰写了南宗经典《悟真篇》。《悟真篇》前后有《自序》和《后序》，为张伯端亲著，是了解张伯端生平的主要资料。关于《悟真篇》的写作经过和篇章结构，张伯端自序云：

> 仆以至人未遇，口诀难逢，遂至寝食不安……后至熙宁己酉岁，因随龙图陆公入成都，以夙志不回，初诚愈恪，遂感真人，授金丹药物火候之诀。其言甚简，其要不繁，可谓指流知源，语一悟百，雾开日莹，尘尽鉴明，校之仙经，若合符契。因念世之学仙者十有八九，而达其真要者未闻一二，仆既遇真筌，安敢隐默？罄所得，成律诗九九八十一首，号曰《悟真篇》。内七言四韵一十六首，以表二八之数，绝句六十四首，按《周易》诸卦，五言一首，以象太乙，续添《西江月》一十二首，以周岁律。其如鼎器尊卑、药物斤两、火候进退，主客后先，存亡有无、吉凶悔吝，悉备其中矣。于本源真觉之性有所未尽，又作为歌颂、乐府及杂言等，附之卷末，庶几达本明性之道尽于此矣。所期同志者，览之则见末而悟本，舍妄以从真。时熙宁乙卯岁旦，天台张伯端平叔叙。①

据张伯端的《自序》，《悟真篇》作于北宋神宗朝，具体时间为宋神宗熙宁乙卯（1075年）。张伯端在世96年，戴起宗疏云：“紫玄张真人在世九十六岁，于元丰五年壬戌三月初五日尸解，距熙宁二年乙酉于成都遇师传道，是时真人年已八十有二矣。”②可知张伯端作《悟真篇》时已是八十高龄。

而据落款为“时元丰改元戊午岁仲夏月戊寅日天台张伯端平叔再叙”的《悟真篇·后序》称：

> 窃以人之生也，皆缘妄情而有其身，有其身而有其患，若无其身，患何从有……伯端向己酉岁，于成都遇师传授丹法，“当年且王公倾背”。

① 《悟真篇序》，《修真十书悟真篇》卷26，《道藏》第4册，第712页。

② 《紫阳真人悟真篇注疏》卷5，《道藏》第2册，第943页。

自后三传非人，三遭祸患，皆不遇两旬。近方忆师之所戒云："异日有与汝解缰脱锁者，当宜授之，余皆不许尔。"后欲解名籍，而患此道人之不信，遂撰此《悟真篇》，叙丹法本末。既成，而求学者辏集而来，观其意勤，渠心不忍悋，乃择而授之。①

张伯端的《自序》和《后序》虽然内容简略，却是目前学术界了解张伯端生平事迹的基本资料。张伯端，字平叔，改名用成，曾经做过小吏，然仕途不顺，幡然弃官学道。正如白玉蟾所写的张伯端赞云：

元丰一皂吏，三番遭配隶。空余《悟真篇》，带些铅汞气。②

关于张伯端的籍贯和最终羽化之地，也有不同说法。

然而，对于学术界一般认可的张伯端卒于元丰五年（1082年）之说，柳存仁所作的《张伯端与悟真篇》③一文则提出了疑问，进行了专门辨析。其主要考辨可归纳为三点：第一，陆思诚《悟真篇记》说龙图公陆诜薨于成都后，张伯端失去依托，只好转徙秦陇。过了许久，到河东投靠了马默。若张伯端卒于1082年，他要到八十多岁才随龙图公入蜀，事马默则九十多岁了。如此高龄仍被任用，已是可疑。据《宋史·马默传》，马默在河东任转运使大约是1086年以后的事。若张伯端已于1082年作古，怎么能在1086年以后事马默？更是可疑。第二，翁葆光《悟真篇注疏序》说陈达灵之祖与张伯端同学。现存陈达灵为翁葆光《注》所作的序撰于1174年。如果张伯端生于987年或984年，则意味着他出生近二百年后陈达灵作序，以此推算他和陈达灵之祖不可能是同辈人，不可能同窗共读。第三，《张真人本末》④说张伯端于政和中（1111—1117年）谒黄冕仲尚书于延平（即黄裳，延平今福建南平人）。若张伯端卒于1082年，死后谒黄冕仲也是不可能的事。柳存仁

① 《悟真篇后序》，王沐：《悟真篇浅解》，北京：中华书局1990年版，第175—176页。

② 原题《高祖圣师天台紫阳真人赞》，《海琼白真人全集》卷7，萧天石主编：《道藏精华》第10集之2，台北：自由出版社1956—1992年版，第982页。

③ 柳存仁：《和风堂文集》，上海：上海古籍出版社1991年版，第793页。

④ "紫阳真人乃天台缨络街人，先名伯端，字平叔，后名用成……政和中通姓名以谒黄君冕仲尚书于延平。黄公素传容成之道且酷嗜炉火，年加耄矣。语不契而去。继而使人寓书于黄，叙述甚异。其孙铨见其书秘不尽言，独告予。"《悟真篇本末事迹·张真人本末》，收入《紫阳真人悟真直指详说三乘秘要》，《道藏》第2册，第1024页。

怀疑卒于1082年的传统说法有误。因此柳存仁推测张伯端约生于宋神宗熙宁九年(1076年)左右,卒于宋高宗绍兴二十五年(1155年)左右。

今人朱越利分析评判了柳存仁的上述推测,认为“推测合乎情理”,并“对其推测稍加调整”:将张伯端的生年向前提25~30年,卒年再向前提10~15年。取其两端,则推测张伯端生于庆历六年(1046年),卒于绍兴十五年(1145年),活到了南宋初。依此检验两篇序言、《悟真篇记》和《张真人本末》等记载,会得出张伯端入成都遇异人时23岁,29岁撰写《悟真篇》,32岁发誓再不传人,40岁以后事马默,66岁以后谒黄冕仲等,似乎更有可能。① 朱文对于张伯端的生卒年月的推断,也有一定的合理之处。但是,近年也有著述对柳存仁和朱文的推论依据之一的道藏本《悟真篇本末事迹·张真人本末》有不同理解与看法。②

我们以为,对张伯端卒年的怀疑,故然有一定的道理,但是在推翻张伯端卒于1082年的传统说法则须谨慎对待。理由是:第一,现存各种有关张伯端生卒年的文献史料有多种,本身存在有许多互相抵牾之处,学者在利用这些史料时往往择取其中有利于自己观点的记述,而对其余史料视而不见,本身在研究方法上就存在弊病。第二,关于张伯端生平事迹的记载当以张伯端亲著的《悟真篇·序》和《悟真篇·后序》最为可靠,而后人的资料记述有许多附会之处,须认真辨析。例如大家都提到《张真人本末》乃后人所作,存道藏本《紫阳真人悟真直指详说三乘秘要》后附录《悟真篇本末事迹》,其作者姓名不详,其中记述张伯端与黄裳交往一事只是一个孤证,其真实性本身就值得认真辨析。其云:

---

① 参见朱越利:《金丹派南宗形成考论》,《道韵》第6辑,台北:中华大道出版社2000年版。

② 任林豪、马曙明著的《台州道教考》第七章“南宗的创立与发展”第二节“南宗五祖”中也辨析了张伯端生卒年问题,称:“从柳、朱二位先生的考证来看,其结论似乎很合情理。但事实上前后还是有相互矛盾之处的,如《悟真篇本末事迹·张真人本末》所谓张伯端于北宋政和中(1111—1117年)谒黄冕仲之事。文中明确有‘平叔明序仙契,力欲振拔而黄公(冕仲)竟不契而没,帷自号曰紫元翁而已’的记载。也就是说此文作成之时,黄冕仲已‘不契而没’。而事实上,黄冕仲卒于南宋建炎四年(1130年)。因此,柳、朱二先生某些方面的说法还是值得探讨的。”北京:中国社会科学出版社2009年版,第310页。

紫阳真人乃天台缨络街人，先名伯端，字平书，后名用成。少无名不学，浪迹云水，晚传混元之道未备，孜孜访问，遍历四方。熙宁中陆公龙图铣镇成都，乃依以游蜀。任四川节度制置使安抚司参议。于己酉岁遂遇异人传火候之秘，其道乃成。仍戒之曰：他日有与汝脱缰锁者当受之。既而三传每罹灾患，仍深自悔责。遁世忘言，著《悟真篇》八十一章，尽述二丹之秘。其议论大旨则深嫉世之学者专门各宗，三教异流不能混一矣。异派同源之理通亮继正，力补于道，天下传诵之。陆公其蜕得其舍利千百，若者，色皆绀碧。既而复有见之者云。政和中通姓名以谒黄君冕仲尚书于延平。黄公素传容成之道且酷嗜炉火，年加耄矣。语不契而去。继而使人寓书于黄，叙述甚异。其孙铨见其书秘不尽言，独告予。大略云：平叔自谓与黄皆紫薇天官，号九黄真人。因校刬运之籍遂谪于人间。尽垣中可见者六星而已，潜耀者三，平叔、冕仲洎维扬于先生也。平叔曰紫阳真人，冕仲曰紫元真人，于公曰紫华真人，一时被谴者官吏皆已复于清都矣。今平叔又登仙品，独冕沉沦于宦海，凡当为人者十世，今九世矣。来世苟复迷妄合尘，则沦坠异趣，无复升迁之期。平叔明序仙契，力欲振拔而黄公竟不契而没，惟自号紫元翁而已。九皇不载于天官，盖微星也。非常名而可名者，在万二千五百之间耶。①

宋代以黄裳为姓名的士人多达三、四位，此乃前文提到的政和年间在福州于山九仙观开印《政和万寿道藏》的知州黄裳（1044—1130年）。黄裳，字黾仲，一云字道夫，号演山，又号紫元翁，延平（今福建南平）人。“为书生时，常有魁天下志。博学宏词，尤邃《礼经》。元丰五年，对策第一。政和间知福州。尝为端明殿学士、礼部侍郎，迁尚书……建炎中，年八十七卒。所著有《演山集》六十卷。”②黄裳于宋神宗元丰五年（1082年）进士第一及第，喜道家玄秘之书，自称紫元翁。建炎四年卒，年八十七。卒赠少傅。北宋词

① 《悟真篇本末事迹・张真人本末》，《紫阳真人悟真直指详说三乘秘要》，《道藏》第2册，第1024页。

② （明）何乔远：《闽书》卷101《英旧志》，福州：福建人民出版社1994年点校本，第3031页。

人,代表作有《卖花声》、《永遇乐》、《宴琼林》、《减字木兰花》等。黄裳业儒尚道,对道教典籍颇为嗜好,曾在任福州知府时做了一件名留青史的大事,刻印《政和万寿道藏》于福州的九仙观。

此文在记述张伯端所谓政和中通姓名以谒黄裳时,我们发现有几处疑点:一是谒见的时间地点值得怀疑。"政和中通姓名以谒黄君冕仲尚书于延平",谒见黄裳的时间是政和中,地点是延平,即黄裳的家乡今福建南平。查宋淳熙《三山志》卷22《秩官类三》,黄裳在宋徽宗政和年间中(1111—1118年)两度知福州,其中,政和三年(1113年)"润四月,以龙图阁直学士、中大夫知"福州,一直担任到政和七年(1117年)九月,"九月,裳奉祠。"苏晔"七月以朝奉大夫、右文殿修撰知,寻移知建州。陆蕴十月以朝奉大夫、龙图阁待制知。十二月,移知建州。""黄裳以龙图阁学士、大中大夫再知。"[①]据此可知,黄裳除了在政和七年下半年短短的二、三个月时间奉祠外,从政和三年一直到政和七年都一直在福州知州任上。期间黄裳增建福州天宁万寿宫楼阁,"圣上、万寿二楼,左玉虚,右金名。殿前,政和五年,黄自为记。九天采访应元翼运真君阁。殿南,政和六年,黄尚书裳建,自为记。"[②]黄裳在宋元丰五年(1082年),进士及第,此年恰好是学术界一般认定的张伯端卒年。在政和三年知福州之前,黄裳担任的官职是龙图阁直学士、中大夫,早已离开家乡。关于其任官职宦迹,《八闽通志》卷69《人物》称:

> 黄裳,字冕仲。剑浦人。为书生时,常有魁天下之志。元丰四年,郡之谯门一柱,忽为迅雷所击,裳闻之,口占四句云:"风雷昨夜破枯柱,借问天公有意无?莫是卧龙踪迹用,放教头角入亨衢。"次年对策为天下第一。政和间知福州,尝为礼部侍郎,后迁尚书。[③]

因此,黄裳在政和之后才为礼部侍郎,迁尚书。所谓"政和中张伯端通书谒黄君冕仲尚书于延平",其会面的时间、地点就与黄裳的宦迹不符。二是记

① (宋)梁克家:《三山志》卷22《秩官类三》,福州:海风出版社2000年版,第274页。
② (宋)梁克家:《三山志》卷22《秩官类三》,福州:海风出版社2000年版,第274页。
③ (明)黄仲昭:《八闽通志》卷69,弘治《八闽通志》下,福州:福建人民出版社2006年版,第919页。

述谒见的用词模棱两可，前面有"既而复有见之者云"，从前后语辞来看，此时张伯端已经过世，后有复现。且后面作者又说"既而使人寓书于黄，叙述甚异。其孙铨见其书秘不尽言，独告予"。可见此张伯端通书谒黄裳一事出自"其孙铨"之口，其真实性就更值得怀疑。三是考察所谓张伯端寓书于黄尚的神秘内容即"大略云"多系道门之神仙神话，"平叔自谓与黄皆紫薇天官，号九黄真人。因校刦运之籍遂谪于人间。尽垣中可见者六星而已，潜耀者三，平叔、冕仲洎维扬于先生也。平叔曰紫阳真人，冕仲曰紫元真人，于公曰紫华真人，一时被谴者官吏皆已复于清都矣。今平叔又登仙品，独冕沉沦于宦海，凡当为人者十世，今九世矣。来世苟复迷妄合尘，则沦坠异趣，无复升迁之期。"通篇为张伯端、黄裳在仙界登名系籍之说，仙话色彩昭然，更是说明此文乃后人所为。

那么为何会有此类张伯端谒黄裳的说法出笼呢？如果我们联系黄裳业儒而醉道的情怀以及在福州主持开版印制《政和万寿道藏》这一道史盛事来分析，就不难理解后人为什么要把北宋道教南宗的宗师张伯端与大名鼎鼎的黄裳挂起钩来了。综上所述，我们以为，对张伯端生卒年问题的判定，在没有发现足够的确切史料之前，须持谨慎态度。

张伯端的籍贯历来有天台、临海二说，而羽化之地则有临海、荆湖、广南西路诸说。四库馆臣认为："伯端，一名用成，字平叔，天台人，自云熙宁中游蜀，遇异人传授丹诀，元丰中卒于荆湖。"①荆湖指荆江和洞庭湖，现今湖北的江汉平原和湖南的洞庭湖地区。

今人李裕民《四库提要订误》则提出不同看法：

> 《历世真仙体道通鉴》称其从马默游，马默"出为广南漕，紫阳复从之游，元丰五年三月十五日趺坐而化"。据《长编》卷三二七载，马默元丰五年确在广南西路转运使任上，此说当可信。据此，其卒年应为元丰五年（1182），卒地为广南西路而非荆湖。②

李裕民是根据《历世真仙体道通鉴》和宋李焘《续资治通鉴长编》记载，互证

① 《四库全书总目提要》卷146，北京：中华书局1997年版，第1964页。

② 李裕民：《四库提要订误》，北京：中华书局2005年版，第356页。

张伯端卒地为广南西路而非荆湖。

此外，今人任林豪、马曙明著《台州道教考》中对张伯端籍贯和羽化之地作了辨析，认为张伯端乃台州临海县璎珞街人，于北宋元丰五年（1082年）在百步岭（今属浙江临海河头镇）羽化。①

可见，关于张伯端的羽化之地，也存在很大的分歧，现存文献记载语焉不详，尚待挖掘新的史料进一步考证。

张伯端少好学，自谓："仆幼亲善道，涉猎三教经书，以至刑法书算，医卜战阵，天文地理，吉凶死生之术，靡不留心详究。"②据《临海县志》载："为府吏，性嗜鱼，在官办事，家送膳至，众以其所嗜鱼戏匿之梁间，平叔疑其婢所窃，归扑其婢，婢自经死。一日虫自梁间下，验之，鱼烂虫出也，平叔乃喟然叹曰：'积牍盈箱，其中类窃鱼事不知凡几。'因赋诗云：'刀笔随身四十年，是非非是万千千，一家温饱千家怨，半世功名百世愆，紫绶金章今已矣，芒鞋竹杖任悠然，有人问我蓬莱路，云在青山月在天。'赋毕，纵火将所署案卷悉焚之，因按火烧文书律遣戍（岭南）。"③又陆彦孚《悟真篇记》称他"少业进士，坐累谪岭南兵籍。治平（1064—1067年）中，先大父龙图公诜帅桂林，取置帐下，典机事，公移他镇，皆以自随，最后公薨于成都，平叔转徙秦陇"④。陆彦孚名思诚，为陆诜之孙，所谈张伯端事迹，大致可信。张伯端《悟真篇·序》亦自述说："至熙宁己酉岁（1069年），因随龙图陆公入成都，以夙志不回，初诚愈恪，遂感真人授金丹药物火候之诀，其言甚简，其要不繁，可谓指流知源，语一悟百，雾开日莹，尘尽鉴明，校之仙经，若合符契。"⑤所谓"感真人"，在这里并无具体姓名，后来薛道光《悟真篇注》说："仙翁（指张伯端）游成都，遇青城丈人，得金液还丹之妙道。"而《山西通志》则谓"遇刘海蟾，授以金液还丹之道。"《历世真仙体道通鉴》卷四十九《张用成传》亦说："遇刘海蟾，授金液还丹火候之诀，乃改名用成（诚）字平叔，号紫

① 任林豪、马曙明：《台州道教考》，北京：中国社会科学院出版社2009年版，第310—314页。

② 《道藏》第2册，第914页。

③ （清）陈梦雷：《古今图书集成》，北京：中华书局1934年缩印本，第51册，第62335页。

④ 《道藏》第2册，第968页。

⑤ 《道藏》第2册，第915页。

阳。”从《悟真篇记》内容看，所遇当为刘海蟾。

熙宁八年（1075年），张伯端作《悟真篇》，该书继承钟、吕“道佛双融”、“性命双修”之说，而又以“先命后性”为其特点，并对陈抟《无极图》关于“炼精化气”、“炼气化神”、“炼神还虚”、“复归无极”的思想作了进一步的发挥，系北宋时期关于内丹修炼的代表作，在道教修炼方术方面有承先启后的重要作用。《四库全书总目》曾说：“是书专明金丹之要，与魏伯阳《参同契》，道家并推为正宗。”①张伯端曾在《悟真篇·序》中，自述其写作宗旨说：“因念世之学仙者十有八九，而达真要者未闻一二，仆既遇真诠，安敢隐默，罄所得成律诗九九八十一首，号曰《悟真篇》，内七言四韵一十六首，以表二八之数，绝句六十四首，按《周易》诸卦，五言一首以象太乙，续添西江月一十二首以周岁律，其如鼎器尊卑，药物斤两，火候进退，主客先后，存亡有无，吉凶悔吝，悉备其中矣。”张伯端还以“见末而悟本，舍妄以从真”，说明为何书名“悟真”之意。但今所传的《悟真篇》各种注本，其诗词顺序，互有出入，现按其《自序》所述，并参考薛道光、陆子墅、陈致虚的《悟真篇三注》，对其基本思想简介如下：

（一）七言律诗一十六首

此为总论。他一开始便说：“不求大道出迷途，纵负贤材岂丈夫，百岁光阴石火烁，一生身世水泡浮。”又说：“人生虽有百年期，寿夭穷通莫预知，昨日街头方走马，今朝棺内已眠尸。”指出光阴易逝，利禄无常，劝世人修功积德，力行大道。大道者何？他说：“学仙虽是学天仙，惟有金丹最的端。”又说：“万卷仙经语总同，金丹只此是根宗……若人了得诗中意，立见三清太上翁。”强调只有修炼内丹，才是修仙的唯一途径，从而点出了他本书的主题。他还以“人人自有长生药，自是愚迷枉摆抛”，来坚定修仙者的信心。最后指明修炼内丹必须注意：“阴阳得类”、“坎离颠倒”、“晨昏火候”、“坤位乾宫”，方能“玄珠成象”、“返本归原”而“寿永天地。”

（二）七言绝句六十四首

此为分论。其内容与总论虽有重复之处，但详略主次有所不同，每首诗

① （清）永瑢、纪昀主编：《四库全书总目》卷146，北京：中华书局1965年版，第1252页。

中都有一二句为重点所指,可分为以下几个方面:

1. 概述。

阐明丹功的全过程:“先把乾坤为鼎器,次搏乌兔药来烹”,“偃月炉中玉蕊生,朱砂鼎内水银平,只因火力调和后,种得黄芽渐长成。”这里首先指出修炼之始,须先立鼎器,次拣药物,再明火候。药物即“真种子”,又称“真铅”或“元精”,乃先天真一之气。又说:“此般至宝家家有,自是愚人识不全”,告诫人们要善于用此人人都具有的精、气、神“三宝”,切不可枉自抛丢。同时又以“竹破须将竹补宜,覆鸡当用卵为之”的比喻,强调内丹修炼时,须先将已耗损之精、气、神用先天真一之气同类之物来补足,否则就“万般非类徒劳力”。最后指出丹功须循序渐进,待已耗损的精、气、神得到补充后,才能进入“炼精化气”阶段。

2. 渊源。

张伯端十分推崇《阴符经》和《道德经》,他说:“《阴符》宝字逾三百,《道德》灵文满五千”,并称自己也与“今古上仙”一样,都是“尽从此处达真诠”。即都是从此二经中领悟丹经奥旨的。举例说明:

①《悟真篇》取义于《道德经》者:取《道德经》第四十二章“道生一,一生二,二生三,三生万物”的思想,以“道自虚无生一气,便从一气产阴阳,阴阳再合生三体,三体重生万物昌”,阐述顺行则万物化生的发展观点,实则暗示逆行则归原的丹法,即:炼三(精、神、气)为二(气、神),炼二为一(神),其后“炼神还虚”,与道合一。又取《道德经》第十六章“归根复命”之论,以“万物芸芸各返根,返根复命即长存,知常返本人难会,妄作招凶往往闻。”阐明内丹功法即生命逆行,归根复命之学。其实《悟真篇》中此两诗,旨在说明“道”与丹功的关系。又《道德经》第六章:“谷神不死,是谓玄牝,玄牝之门,是谓天地之根。”河上公注:“玄牝”指口鼻。张伯端据此指出:“要得谷神长不死,须凭玄牝立根基”,但又认为“玄牝”非指口鼻,故说:“玄牝之门世罕知,指将口鼻妄施为”。实际上此处“谷神”指结丹药物,“玄牝”指人体阴阳交合之地。又说:“祸福由来互倚伏,还如影响相随逐,若能转此生杀机,反掌之间灾变福。”这是取《道德经》第五十八章“祸福互变”之理,告诫人们修炼中须善于掌握“逆”、“顺,相随之机,变祸为福,完成逆转丹法”。

②《悟真篇》取义于《阴符经》者：根据《阴符经》："火生于木，祸发必克"的思想，而有"火生于木本藏锋，不会钻研莫强攻，祸变只因斯害己，要须制伏觅金公"之论。这里"木"喻身，"火"喻精、气，"锋"比爱欲，"钻研"比修炼，全诗意在说明内丹修炼重在掌握真诀，反祸为福。《悟真篇》又云："三才相盗及其时，道德神仙隐此机，万化既安诸虑息，百骸俱理证无为。"这是取《阴符经》"三盗既宜，三才乃安"及"食其时，百骸理，动其机，万化安"之义，比喻人身修炼乃窃天地之机，盗先天真一之气，如修炼中能"食时动机"，则阴阳施运，脏腑安宁，形神俱妙，万化俱安。此外，《悟真篇》又取《阴符经》中"生死互根"、"恩害互变"之理，指出："须将死户为生户，莫执生门号死门，若会杀机明反复，始知害里却生恩。"这是反复强调丹功中必须逆转杀机的重要性。

③《悟真篇》取义于《参同契》者：《参同契》强调唯有内炼功夫才是唯一正确的延命之道，并对当时盛行的内视、步罡、食气、吐纳、房中以及所谓"累土立坛"、"朝暮敬祭"、"鬼物见象"等一律视为旁门小术。认为行小术者，初则"心欢而意悦，自谓必延期"，但最后却"遽以夭命死"，"悖逆失枢机"。对烧炼五金八石也认为"千举必万败"，"欲黠反成痴"。从而批判说："世人好小术，不审道浅深"，终归"背道守迷径，出正入邪蹊"。《悟真篇》除沿用《参同契》中丹理、术语外，也强调内丹修炼，排斥一切旁门小术，并将丹功分为"易遇而难成者"和"难遇而易成者"两类，将存想、按摩、吐纳、叩齿、休粮以及服草木药等列为前类。谓其"施功虽多而求效莫验"，"延迁岁月，必难成功"。① 如说："劳形按影皆非道，服食飧霞总是狂。""休妻漫遣阴阳隔，绝粒徒教肠胃空。""草木金银皆滓质，云霞日月属朦胧"，"更饶吐纳并存想，并与金丹事不同。"它对外丹也持否定态度，如说："休炼三黄及四神，若寻众草更非真。""休泥丹灶费功夫，炼药须寻偃月炉，自有天然真火育，何须炭火吸吹嘘。"这里"丹灶"、"柴火"、"吹嘘"言外丹，"偃月炉"、"天然真火"言内丹，指明外丹、内丹两者完全不同，故批驳"不识真铅正祖宗，万般作用枉施功"，强调惟有"群阴剥尽丹成熟"，"金丹只此是根

① 《道藏》第2册，第914页。

宗”,才是“难遇而易成”之类。

3. 要点。

①火候进退:“火候”系比喻的名词,火候过程,即炼丹时以神为体,以意为用,掌握精气运行的迟缓。《悟真篇》对此有较详细的论述:首先强调“火候”的重要,如:“纵识朱砂与黑铅:不知火候也如闲,大都全借修持力,毫发差殊不作丹。”“用将须拿左右军,饶他为主我为宾,劝君临阵休轻敌,恐丧吾家无价珍。”指出内丹修炼中“火候”是一种“修持力”,无火则不成丹,有了火不善于掌握,差之毫发也不成丹,因而凡“火候”之运转、进退、温养等均须谨慎,如交战用兵,临阵不可轻敌。其次强调火候须及时,如“八月十五玩蟾辉,正是金精壮盛时,若到一阳才起复,便堪进火莫延迟”。按“八月十五”、“金精壮盛”,喻一日中行功之最佳时分,此时一阳起复当即施功,切勿迁延失时。又说:“一阳才动作丹时,铅鼎温温照幔帷,受气之初容易得,抽添运用却防危。”这里“铅鼎”比人身,“幔帷”乃兑、塞、垂帘之意,此诗以天人感应之理,言一阳来复即受气之始。作丹之时,须严防得而复失。第三强调火候需适度:“前弦之后后弦前,药味平平气象全,采得归来炉里煅,煅成温养自烹煎。”“前弦后”、“后弦前”言月之升、降时分。此诗告诫后世,修炼时应体天法象,采药烹煅,抽添温养,不失其宜,严防太过和不及。又“兔鸡之月及其时,刑德临门药象之,到此金砂宜沐浴,若还加火必倾危”。进火为“德”,退符为“刑”,调其德、刑于中和即“沐浴”之意,此诗寓物极必反之理,谓施功火候,该退反进,势必倾危。最后强调火候须知止足:“未炼还丹须急炼,炼了须还知止足,若也持盈未已心,未免一朝遭殆辱。”此诗告诫世人,药物火候,运用抽添,切不可知进而不知退,知作而不知止,施功中妄加火候反受其害。

②性命之学:张伯端继承吕洞宾“性命双修”的思想,但在方法步骤上则主张先“命”(有作)、后“性”(无为)。他说:“虚心实腹义俱深,只为虚心要识心,不若炼铅先实腹,且教守取满堂金。”此取《道德经》“虚心实腹”之义,这里“虚心”指性功,“实腹”指命功,古代以人体精、气、神断丧殆尽为“不识心”,因此修丹时先需实腹(命功),以补足已亏损的精、气、神,然后循序渐进,再行无为之道。又说:“始于有作人无见,及至无为众始知,但见无

为为要妙，岂知有作是根基。”这里“有作”指命功，“无为”指性功，性命本不相离，但“命功”却是根基，“性功”由它发展而来，而“无为”更为要妙。“药逢气类方成象，道在希夷合自然，一粒灵丹吞入腹，始知我命不由天。”“药”喻命功，“道”喻性功，希夷大道本出清静无为，是以性命双修，可以巧夺生死之权，故说我命在我不在于天。

③坎离妙用：“日居离位反为女，坎配蟾宫却是男，不会个中颠倒意，休将管见事高谈。”又“取将坎位中心实，点化离宫腹里阴，从此变成乾健体，潜藏飞跃尽由心。”两诗中坎，离卦象均属譬喻，实指元精补足元神的作用。又前诗指坎、离本体，后诗指坎、离运用。按卦象“离中虚”（阳中有阴），“坎中满”（阴中有阳），“颠倒意”即“取坎填离”后，离卦变成纯阳（卦）之体，元神健旺，即所谓“乾健体”，如此方可结丹。又“离坎若还无戊己，虽含四象不成丹，只缘彼此怀真土，遂使金丹有返还。”离为火，坎为水。又按纳甲法：坎纳戊，离纳己，而“戊己”为土（即“真土”亦即“真意”）谓离坎若无戊己（即无真土），虽有四象（金、木、水、火），不能成丹。而今离坎运用有“真土”（即“真意”又名“黄婆”），即能和合四象，攒簇五行，返本还源而结丹。

④炼气化神：“华池宴罢月澄浑，跨个金龙访紫微，从此众仙相见后，海潮陵谷任迁移。”此诗全系譬喻语，比喻丹功中十月脱胎，大药成就，进入温养阶段之功法。“罢”有成就之意。“月澄浑”丹成景象。“跨金龙”、“访紫微”示封固贮藏，再加炼养之意。“休施巧伪为功力，诈取他家不死方，壶内旋添延命酒，鼎中收取返魂浆。”所称“壶内”指身内，“延命酒”喻元精，“返魂浆。”喻元神。“鼎”，炼气化神阶段，鼎在黄庭。本诗讲大药归炉，即以元精、元神滋养，说明此时已为炼气化神阶段。“雪山一味好醍醐，倾入东阳造化炉，若过昆仑西北去，张骞始得见麻姑。”此诗亦多譬喻语，“醍醐”乃酥之精华，“张骞”喻阳性，“麻姑”喻阴性，此诗指内，外药会合，阴阳得类之景象，提示将达阴阳内外药凝结阶段。又“四象会时玄体就，五方全处紫金明，脱胎入口身通圣，无限龙神尽失惊。”首二句指金丹之妙在于和合四象，攒簇五行，脱胎亦称“圣胎”、“婴儿”，乃丹成之喻，实指精、气、神的凝结，化为纯阳之体。“身通圣”指丹功达到通神入圣程度。全诗概括了炼气化神全过程。

⑤其他:“华岳山头雄虎啸,扶桑海底牝龙吟,黄婆自解相媒合,遣作夫妻并一心。”“西山白虎性猖狂,东海青龙不可当,两手提来令死斗,化成一块紫金霜。”前诗“虎啸”、“龙吟”皆动态,喻阴阳相求之意,此时赖黄婆(真意)运用之功,促使元神、元精在丹田凝结。后诗与前诗一样,都强调“真意”的作用,即炼功中运用“真意”之功,使其交凝炉内成为大药(紫金霜)。又“饶君聪慧过颜闵,不遇明师莫强猜,只为金丹无口诀,教君何处结灵胎。”丹经无口诀,一般都口传心授,故本诗强调炼功需明师指点,否则“差毫发,不成丹”。“赫赫金丹一日成,古仙垂语实堪听,若言九载三年者,尽是推延款日程。”此诗言结丹虽在一日,但功夫却该长修苦炼,若尽推延时日,终归泡影无成。“修行混俗及和光,圆即圆兮方即方,显晦逆从皆莫测,教人争得见行藏。”此诗为64首绝句之总括,取《道德经》“和其光,同其尘”之义。强调修丹者应“和光混俗”,即要求修炼者韬光养晦,随圆逐方,不计较名利色欲,不夸张已身功夫,修身养性,则德行日进,道功日进,金丹可成。据此思想,张伯端曾说:“未炼还丹莫隐山,山中内外尽非铅。”在“西江月”中又说:“志士若能修炼,何妨在市居朝。”因而主张“大隐居廛”,闹中习静,不强调住庵。实际上,这也是吕洞宾“和光混俗”、“隐于市廛”思想的继承和发展。

(三)五言一首

“女子着青衣,郎君披素练,见之不可用,用之不可见,恍惚里相逢,杳冥中有变,一霎火焰飞,真人自出现。”陈致虚指出:“此诗八句,括尽一部丹经之妙用。”[①]前二句喻阴阳交感。“见之不可用”,指后天渣质之类,“用之不可见”,指先天真一之气。“恍惚”、“杳冥”取义《道德经》,此处喻“大药”产生时景象。是知此诗总括《悟真篇》功法的全过程,即:阴阳交感,此先天真一之气于“恍惚”、“杳冥”之中,由无生有,霎时之间,金丹成就。

(四)“西江月”十二首

这里介绍其中二首。其一:“牛女情缘道合,龟蛇类禀天然,蟾乌遇朔合蝉娟,二气相资运转。本是乾坤妙用,谁人达此渊源,阴阳否隔却成愆,怎

① 《道藏》第2册,第1010页。

得天长地远。”词中“牛女”，天之二星，喻夫妇，“龟蛇”水火之象，“蟾乌”日月之精，词的前阙以男女情牵、龟蛇交媾、日月合璧、蝉娟久照，阐明阴阳二气相求之道。后阙则重申二气匹配乃乾坤妙用，如果阴自为阴，阳自为阳，否隔不通，则不能超越生死，怎能与天地共长久？此词实喻孤阴寡阳，不能成丹。其二：“德行修逾八百，阴功积满三千，均齐物我与亲冤，始合神仙本愿。虎兕刀兵不害，无常火宅难牵，宝符降后去朝天，稳驾鸾车凤辇。”此词为“西江月”十二首之最末一首，亦具总括之意，前阙强调修丹者须勤行阳德，广积阴功，才能行满功成。后阙强调性命双修，先命后性，谓内丹修炼，始行有为（命功），循此渐进，方入物我两忘，刀兵不害，火宅难牵的“无常”（无为）之境。

（五）禅宗歌颂诗曲杂言

张伯端完成了《悟真篇》后，并不到此满足，曾说：“篇集既成之后，又觉其中惟谈养命固形之术，而于本源真觉之性，有所未究，遂玩佛书及《传灯录》，至于祖师有击竹而悟者，乃形于《歌颂诗曲杂言》三十二首，今附之卷末，庶几达本明性之道，尽于此矣。”①即是说，他自觉《悟真篇》中“律诗九九八十一首”及“西江月”十二首，只详细地阐明了养命固形之术的“命功”，而对体现“本源真觉”的“性功”，则阐述不够，因而深究佛书，形成《歌颂诗曲杂言》32 首，附之卷末，如此看来，《歌颂诗曲杂言》本应是《悟真篇》的组成部分，且是专用以解释“明性之道”（性功）的。元丰元年（1078 年），张伯端又写《后序》，重申“人能察心观性，则圆明之体自见，无为之用自成，不假施功，顿超彼岸。”又说：“达人心若明镜，鉴而不纳，随机应物，和而不倡，故能胜物而无伤也。此所谓无上至真妙觉之道也。”并指出：“篇末歌颂谈见性之法，即上所谓无为妙觉之道。”这就再一次重申：《歌颂诗曲杂言》主要是以其“见性之法”，明“本源真觉之性”，用来描述这个“无上至真妙觉之道”的“无为”境界，因为在张伯端看来，内丹修炼的“还虚”之秘，正与禅学的“无上至真妙觉之道”一脉相通。

如上所述，《悟真篇》中大量诗词都是讲“炼精化气”阶段传统“命功”

① 《道藏》第 2 册，第 915 页。

丹法，当然也兼及一些“炼气化神”阶段的内容，而现在他是以讲佛学禅理来解决“炼神还虚”阶段的问题，实际上这是一个抽象而又极富宗教幻想，被认为是“与道合一”、“形神俱妙”的“无为”（纯入“性功”）境界。还要指出的是，张伯端为了描述这个阶段，他首先从性命之学的角度剖析了三教，认为老氏重炼养，但往往未明本性；儒则重人伦，施仁义礼乐之教，但又轻于“无为”之道；唯有释氏以空寂为宗，崇尚“性功”。因而深钻佛学禅理，著《歌颂杂言》32 首。这正体现了张伯端“教虽分三，道乃归一”的三教合一思想。《禅宗歌颂杂言》又称《悟真篇拾遗》，张伯端在这里首先总结了他写《悟真篇》的指导思想：“先以神仙命脉诱其修炼，次以诸佛妙用广其神通，终以真如觉性遣其幻妄，而归于究竟空寂之本源。”①这里的“先”、“次”、“终”三个层次的思想，正反映了张伯端内丹理论逐步深化和发展；始则由儒入道，继则由道参禅，终则摄禅释性，从而丰富和完善了他的内丹学思想。

关于《悟真篇》的传布，按《悟真篇记》载：陆诜“薨于成都，平叔转徙秦陇，久之，事扶风马默处厚于河东，处厚被召，临行，平叔以此书授之曰：‘平生所学，尽在是矣，愿公流布，当有因书而会意者……”②此后学者竞相注释，据元工部尚书张士弘云：“此《悟真篇》前后注释可见三十余家。”③直至明、清此风不衰，蔚然成一家之学。

除《悟真篇》外，《正统道藏》中题名为张伯端所著者，尚有《金丹四百字》一卷和《玉清金笥青华秘文金宝内炼要诀》（简称《青华秘文》）三卷。《金丹四百字》题“天台紫阳真人张平叔撰”，但较长时期以来，即有人认为该书乃白玉蟾所伪托。书中称陈抟修炼图中的“以精化为气，以气化为神，以神还为虚”为“三花聚顶”；以“眼不视而魂在肝，耳不闻而精在肾，舌不声而神在心，鼻不香而魄在肺，四肢不动而意在脾”。为“五气朝元”。并将外丹术语如“金丹”、“乾坤鼎器”、“乌兔药物”、“沐浴”、“抽添”、“黄婆”、“玄牝”等，从阴阳五行含义，以外解内，使之转化为内丹术语，并为其后内丹家所通用。又采用外丹“七返九还”之说，就宇宙本体精、气、神三元，推论人

① 《道藏》第 2 册，第 1030 页。
② 《道藏》第 2 册，第 968 页。
③ 《道藏》第 2 册，第 972 页。

体精、气、神“三花”之修炼，提出：“炼精者炼元精，非淫佚所感之精；炼气者炼元气，非口鼻呼吸之气；炼神者炼元神，非心意念虑之神。”并谓“此神、气、精与天地同其根，与万物同其体，得之则生，失之则死。”①强调通过修炼身性，达到道教所追求的“无为”境界。

《青华秘文》三卷，有的题“紫阳真人张平叔撰”，有的署“张伯端著，弟子王邦叔辑录”。卷首“表奏”部分，文词不似张伯端手笔，故有人疑本书为伪托。但全书在阐明内丹理论方面却有不少精辟要论。该书多论“炼精化气”前的入手功夫，称为“炼己”或“筑基”。所谓“炼己”，就是讲修炼前，先需补足人体已耗损的精、气、神，也就是需要对人体精、气、神进行炼养，这炼养过程是实践性很强的内修功夫，但同时又受其哲学思想的制约，故本书一开始，就以“心为君、神为主、气为用、精从气、意为媒”五个方面指出：“心者、神之舍”，“意生于心”，因此，心、意、神三者其义相近，可以说，虽分为五，其实三家。又指出精、气、神三者关系是：“精非气不盈，神非气不充；精因气融，气凭精用；气因神见，神凭气用。”②但三者又非并行关系，而是以神为主。所以从整个修炼过程而言，精是基础，气是动力，神为主宰。至于“炼精化气”前的入手功夫，诸如静坐、闭息（抑息不可动心），收神（神收而心静），存心（养性），凝神（息念返神于心，神融于精气），守窍（意念集中于关窍）等。强调修炼过程中，要力求排除杂念，突出一个“静”字，主张：“一念妄生之际……急捨之，久久纯熟。”③经验是：“心求静必先制眼，眼者，神游之宅也。神游于眼而役于心，故抑之于眼使之归于心，则心静而神亦静矣。”④又说：“神为性之基”，“心静则神全，神全则性现。”⑤指出：“炼性”即“修心”。道教认为：神藏于心，发于二目，故云：“目不乱视，神返于心；神返于心，乃静之本。”⑥此外，书中又重复阐明了《悟真篇》丹法中性命双修、先命后性的道理：“方其始也，以命而取性，（性）之全矣，又以性安命，此是性

① 《道藏》第 24 册，第 161 页。
② 《道藏》第 4 册，第 375 页。
③ 《道藏》第 4 册，第 364 页。
④ 《道藏》第 4 册，第 364 页。
⑤ 《道藏》第 4 册，第 363 页。
⑥ 《道藏》第 4 册，第 364 页。

命天机括处，双修者，此之谓也。”①但性、命又非断然分开；“先就有形之中（命功）寻无形之中（性功），乃因命而见性也。就无形之中寻有形之中，乃因性而见命也。”②至于为什么“先命后性”？他认为：这是因为“先性固难，先命则有下手处，譬之万里虽远，有路耳。先性则如水中捉月，然及其成功一也。”③《青华秘文》还有关于描述元性自现过程的记载，指出：从闭息，存心，凝神入手，渐入静定，至“恍惚杳冥”状态，一阳生时，“觉一点灵光‘自心常照’”，即自感“性之初见如星大，圆陀陀，光烁烁，未足以见性……稍息，而元性略见”④。二阳生时，“遍体生明”，“元性又少现”⑤。三阳生时，“则光不在内，不在外，但觉此身如在虚空，亦无身，亦无虚空，亦无日，亦无月”。此时“元性尽现，即前谓无形之中也”⑥。亦即进入了见性的“还虚”境界，由于这种功夫由修命得来，故称为“以命取性”。由于《青华秘文》是讲内丹修炼的入手功夫，且对“性命双修”、“先命后性”作了进一步的阐释，因此，此书可视为《悟真篇》的补充。从这个意义上说，疑《青华秘文》或系张伯端死后由弟子根据平日的讲授辑录而成。

张伯端在《悟真篇》中所阐释的内丹学思想，对其后道教内丹学的发展，影响较大。关于他阐述的“炼精化气”、“炼气化神”、“炼神还虚”功法，尔后也发展为道教内丹的主要修炼法。时至今日，其“炼精化气”、“炼气化神”功法用于实践，通过炼养人体精、气、神，可调整阴阳、疏通经络，促进健康，祛病延年；如临床应用，对一些慢性病，有较好效果。正因为如此，历代注释张伯端《悟真篇》的人士甚多，形成《悟真篇》注释文献系统。

三、《悟真篇》历代注疏文献

在历代注释《悟真篇》文献中，重要的有宋叶士表、袁公辅等注《悟真

---

① 《道藏》第4册，第372页。
② 《道藏》第4册，第370—371页。
③ 《道藏》第4册，第371页。
④ 《道藏》第4册，第371页。
⑤ 《道藏》第4册，第371页。
⑥ 《道藏》第4册，第371页。

篇》，宋薛道光、陆墅、元陈致虚《悟真篇》三注，宋夏宗禹《悟真篇讲义》，宋翁葆光《悟真篇》注本三种，明陆西星《悟真篇小序》，清仇兆鳌《悟真篇集注》，清刘一明《悟真篇直指》，清朱元育《悟真篇阐幽》，清董德宁《悟真篇正义》，清汪启贤《济世全书悟真指南》，清陶素耜《悟真篇约注》上中下三卷，等等，均为研究道教南宗丹法流传和思想衍变的主要资料。① 下面我们结合具体版本内容略述其旨要。

《紫阳真人悟真篇三注》，5 卷。收入《正统道藏》洞真部玉诀类，原题"紫贤薛道光、子野陆墅、上阳子陈致虚注"②。卷首有落款"乾道五年乙丑岁中秋日孙薛式书"的《悟真篇记》、陆子野《注悟真篇序》、上阳子陈致虚《注悟真篇序》、工部尚书张士弘《紫阳真人悟真篇筌蹄》。此编中所收薛道光注文，其内容与上面提到的翁葆光注基本一致。元人戴起宗考证，③薛道光注实为翁葆光注。张士弘《紫阳真人悟真篇筌蹄》文中有"今集薛、陆、陈三家所注寿梓，以行其意"④。《道藏提要》据此认为此书之编纂者当为元人张士弘，且编首所录薛式《悟真篇记》为宋人陆思诚撰。⑤ 此三注皆以阴阳双修来注解《悟真篇》，是研究南宗双修派思想的重要资料。值得一提的是，张士弘从先了性后修命的修道思想出发和文本措辞上，认为在《悟真篇》文末所附《禅宗颂》四十余篇为伪作。

> 是以三教殊途同归，皆先了性，然后修命，未有知修命而不知了性者。盖大药从性而入方是金丹也。独知性者，又乌知玄牝生丹之妙？世多有悟性而不知修命者，故诗谓名为四果徒之句，此乃明空性而不得

① 参见盖建民：《道教金丹派南宗考论：道派、历史、文献与思想综合研究》，北京：社会科学文献出版社 2013 年版，第 108 页。

② 《道藏》第 2 册，第 974 页。

③ 《紫阳真人悟真篇直指详说三乘秘要》内收有题为"至元丙子中元空玄子戴起宗仲同父谨辨"的一篇短文，对世人以为的薛道光《悟真篇注》进行了辨析，认为实为无名子翁葆光所注。杨立华发表《〈悟真篇〉薛注考》，认为：《悟真篇》"薛注"的有无，是关系到金丹南宗的思想传承和演进的重要问题，但该问题自元戴起宗力证其伪以来，一直聚讼纷纭，莫衷一是。杨文在系统地检讨戴起宗所依例证的基础上，详细校核了现存的《悟真篇》注文，从中找到了可以证实"薛注"存在的证据，考察了"薛注"与"翁注"混同的过程及其原因。《世界宗教研究》2000 年第 2 期。

④ 《道藏》第 2 册，第 972 页。

⑤ 任继愈主编：《道藏提要》，北京：中国社会科学出版社 2005 年版，第 63 页。

达摩上乘之教。后之愚人反谓修命之后方求了性,诳惑至此,复奈之何。兼以近世有辈妄人,伪作歌颂,记于此书之后,以簪性命之学。如读《祖英集》、读《参同契》等禅宗歌颂四十余篇,措辞殊、甚鄙陋,似此何能明性? 此乃初学无知……以愚惑世人,今皆削去,毋玷玄文。①

先命后性乃南宗内炼的一个特点,张士弘以“大药从性而入”的先性后命说来认定禅宗颂诗(即《禅宗歌颂诗曲杂言》,《道藏》本作《紫阳真人悟真篇拾遗》)非张伯端亲著,故在编纂三注时予以删去。这也反映了元代全真道北宗盛行,较南宗而言占据上风的状况。《悟真篇》三家注在道教史上有重要影响,历代刻本甚多,《中国古籍善本书目》著录有明成化十九年(1483年)王仲澄等刻本、明万历十六年刻本、明陈长卿刻本、明金陵徐家书坊刻本、明末广陵程芷楼刻本等十余种。②

《紫阳真人悟真直指详说三乘秘要》,1卷。收入《正统道藏》洞真部玉诀类。原题“象川无名子翁葆光述”③,《道藏提要》云“实乃至元丙子空玄子戴起宗《悟真篇注疏》之附录”④似不确切,前面我们在《悟真篇注疏》中已论及其卷首有翁葆光序。道藏本、四库全书本《悟真篇注疏》末均附有《悟真直指详说三乘秘要》一卷,其作者为翁葆光,这在《悟真篇注疏》翁葆光序末有明确说明:

余今攒集异名,一一指其至当,罔敢遗漏纤微。又恐学者未明作用之妙……复撰《悟真直指详说》《三乘秘要论》《三乘秘要诗》附于卷末,罄竭精微,可谓大泄天地之真机,全露仙翁之秘旨矣。⑤

从翁葆光上述序言中,我们知道翁葆光在完成《悟真篇》注解后,又撰写了《悟真直指详说》、《三乘秘要论》、《三乘秘要诗》。这与道藏本《紫阳真人悟真直指详说三乘秘要》原题“翁葆光述”是一致的;此外,现存《紫阳真人悟真直指详说三乘秘要》其主要内容分三大部分,即为其一“悟真直指详

① 《道藏》第2册,第972页。
② 《中国古籍善本书目》(子部下),上海:上海古籍出版社1996年版,第1060页。
③ 《道藏》第2册,第1019页。
④ 任继愈主编:《道藏提要》,北京:中国社会科学出版社2005年版,第63页。
⑤ 《道藏》第2册,第913页。

说”，其二“强兵战胜之术”、“富国安民之法”、“神仙抱一之道”，实为翁葆光根据《阴符经》分章思想将《悟真篇》丹法分为上中下三乘即所谓《三乘秘要论》[①]，其三“三乘秘要诗”，与翁葆光自序相当吻合，印证了其原作者当为翁葆光本人。书中“三乘秘要诗”后有署名“宋嘉泰甲子中秋白云子谨叙”[②]也云“有幸自天得遇紫阳仙翁陈公亲传悟真，嫡孙无名真人释意”，也为一证。由此可见，《紫阳真人悟真直指详说三乘秘要》作者当为翁葆光，此书当成于宋代，而非《道藏提要》所说的元代至元年间。[③] 至于现存道藏本在《三乘秘药诗》后又附有“悟真篇本末事迹”（有《张真人本末》、《薛紫贤事迹》）、署名“至元丙子中元空玄子戴起宗仲同父谨辨”、“至元丁丑上巳日后学戴顺（戴起宗之侄孙）稽首书于朱湖大生洞天”[④]的跋和“金丹法象”前有“至元丁丑上元戴起宗序”，乃后人杂入。今中国人民大学图书馆、上海图书馆收有明万历十九年（1591）刻《道书全集》本。

《紫阳真人悟真篇注疏》，8 卷。收入明《正统道藏》洞真部玉诀类。原题“象川无名子翁葆光注、武夷陈达灵传、集庆空玄子戴起宗疏”[⑤]，卷首有三篇序文，分别署名为“至元元年集庆空玄子戴起宗谨序”、“武陵（当为夷）紫阳翁陈达灵序”、“时皇宋乾道癸巳中秋，象川无名子翁葆光谨序”。此《悟真篇》注作者为翁葆光，疏作者为元人戴起宗，收入《正统道藏》玉诀类。《四库全书》子部道家类也收入。

《悟真篇注释》，上中下 3 卷。收入《正统道藏》洞真部玉诀类。原题“象川无名子翁渊明注”[⑥]，为翁葆光注《悟真篇》的另一版本。卷首有无名子序，每卷前各有一引言，阐述依据《阴符经》道教思想将《悟真篇》分为上中下三部的道理。如中卷前言云：“是以仙翁继述绝句六十四首按《周易》诸卦者，以明运火爻之计也。又续添《西江月》12 首，以象沐浴，共有一十二

① （宋）戴起宗：《悟真篇注疏》有一段疏文可以为证：“空玄子曰：无名子分为上中下三卷，谓之三乘大法，以应《阴符经》之正义。”《道藏》第 2 册，第 913 页。

② 《道藏》第 2 册，第 1024 页。

③ 任继愈主编：《道藏提要》，北京：中国社会科学出版社 2005 年版，第 63 页。

④ 《道藏》第 2 册，第 1017 页。

⑤ 《道藏》第 2 册，第 915 页。

⑥ 《道藏》第 3 册，第 1 页。

月之功也。此愚所以分为中卷以明运火富国安民之意。盖修丹之次序当如此焉耳。"[1]"富国安民"语出《阴符经》中卷"富国安民演法章"[2]。与《悟真篇注疏》本不同的是,该本下卷仅有"读《周易参同契》",并云"《悟真下篇》盖紫阳先生读《参同契》之作也。"[3]内容上有很多缺漏,文字错乱较多。

宋叶士表(文叔)、袁公辅、真一子、王道等注《悟真篇》,收入《修真十书》卷26至卷30。今北京图书馆收有元刻明修本。叶注作于宋高宗绍兴三十一年,为清修一派注解,例如注解《悟真篇》"人人尽有长生药,自是愚迷枉摆抛",叶士表曰:

> 人之初生,均受一点元阳之气,为养命之本。男子自二八而真精泄,女子自二七而天癸降,然后有夫妻之欲。众生迷蒙,醉于情爱,日夜漏泄,不知其几何也。本去根枯之死必矣!世人但知养生止于禁欲,殊不知一念若动,气随心散,精逐气亡。为此道者当心体大虚,内外如一,然后可以论金液大还丹之道也。[4]

又如注解"甘露降时天地合,黄芽生处坎离交",叶士表曰:

> 天地相合以降甘露,人身抱冲和之气与天地等,若能离形去智,淡然无欲,则真气流行,上彻天谷,如甘露降矣。坎离升降,生产灵汞,结成黄芽。[5]

叶士表反对修真之人"沉于嗜欲",主张"休妻绝粒,学道人本分事也。"[6]以去欲离爱的清修观注解《悟真篇》,因此叶注文受到南宗双修派翁葆光等人的批评。

《紫阳真人悟真篇讲义》,7卷。收入明正统《道藏》洞真部玉诀类,题"云峰散人永嘉夏宗禹著"[7]。卷首有三则序言,其一为大儒真德秀所写,落款为"宝庆三年(1227年)冬至后三日建安真德秀",称"云峰夏宗禹自永嘉

---

① 《道藏》第3册,第12页。

② 《阴符经》有分卷和不分卷、三百字和四百字多个版本。

③ 《道藏》第3册,第29页。

④ 《道藏》第4册,第716页。

⑤ 《道藏》第4册,第716页。

⑥ 《道藏》第4册,第721页。

⑦ 《紫阳真人悟真篇讲义》,《道藏》第3册,第33页。

来游幔亭，示余所为《悟真篇讲义》，章剖句析，读之使人涣然无疑。”①另外两篇序言写于绍定初元（1228 年），作者分别为秘书少监永嘉曹叔远和秘书中郎四明张宓子。三篇序言叙说了夏宗禹弃官从道的经历和著述情况。夏宗禹对《悟真篇》的解说，秉承了“学道以禁欲为先”②的南宗清修宗旨，认为“七情六欲断丧本真”③。其讲义对人们以为是张伯端提倡双修的观点进行辨析。例如，《悟真篇》有一段诗云：

不识真铅正祖宗，万般作用枉施功。休妻谩遣阴阳隔，绝粒徒教肠胃空。草木金银皆滓质，云霞日月属朦胧。更饶吐纳并存想，总与金丹事不同。

双修派以“休妻谩遣阴阳隔”来证明张伯端反对休妻清修。对此，夏宗禹在讲义中予以辩驳：

学道以禁欲为先，此诗之意，岂使人纵其欲哉？非也。大道无为，旁门多事。世人徒知不近女色、不食烟火，或烧炼丹药，或餐霞服气，或吐故纳新，或存心想肾，以为道之奥妙尽在是矣。殊不知强制不出于自然，有为未免于妄想。况且铅有真有凡，有祖有宗，诚未易识。苟得师传，则目击道存，赫赤金丹一日成矣。倘盲修瞎炼以上诸法，止可安乐延年，差胜于轻生迷本之徒仰，视金丹大道，初不相关也。虽然汉天师迄今三十六代，许旌阳家有四十余口，不妨白日飞升。刘安王、刘纲亦夫妻双修，魏伯阳亦有子仕宦，岂休妻绝粒为得道哉！此无他，或得道于童男之身，或办道于已娶之后。无非勤修内行，广积阴功。自下乘以达中乘，自中乘以达上乘。未有一蹴而能造大道也。平叔之意非尽扫旁门之无益，特以重形容金丹之道耳。学者不可以文害意。④

夏宗禹指出学道以禁欲为先，张伯端批评“休妻绝粒”行为的意图，并非是要人们纵欲，而是认为这些是有为强制、非自然的旁门小术，只可安乐延年，并非金丹大道正宗。那么有人以汉天师迄今已传三十六代，许旌阳家有四

① 《紫阳真人悟真篇讲义序》，《道藏》第 3 册，第 32 页。
② 《紫阳真人悟真篇讲义》卷 2，《道藏》第 3 册，第 41 页。
③ 《紫阳真人悟真篇讲义》卷 2，《道藏》第 3 册，第 40 页。
④ 《紫阳真人悟真篇讲义》卷 2，《道藏》第 3 册，第 41 页。

十余口,也不妨白日飞升。刘安也夫妻双修,魏伯阳亦有子嗣,证明没有休妻也同样得道。对此,夏宗禹分析其中原因,有的是得道于童男之身,有的是办道于已娶之后。是依靠勤修内行,广积阴功,并非是由于夫妻双修而得道。明确指出:"盖三峰者,乃阴丹之术,固形住世之方,非神仙之道也。"①且又分析了人之情欲难遏的原因和抑止情欲的方法:"是世人气血未定,对境不能忘情,心虽慕道,嗜欲难遏。古仙垂慈,于三千六百门中,亦有闭精之术。使夫人知生生化化以精气神为主,操之者则存,舍之者则亡。施之于人可以生人,留之于身可以生身。非剧戏也,非可恣也。"②夏宗禹所著《紫阳真人悟真篇讲义》,始终贯穿了南宗清修派思想,是南宗清修丹道的基本文献之一。此外,夏宗禹在解说《悟真篇》指要时,还系统阐发了金丹派南宗内外丹合修并炼思想。③

《悟真篇集注两种》,收入今人萧天石主编的《道藏精华》第六集。

其一,为清康熙四十二年仇兆几(兆鳌)撰集,全书共选录历代注释九家,连同知几子仇兆鳌之补注,计十家注。这十家注分别为:陆子野之悟真篇注、翁葆光之悟真篇注(误为薛道光注)、陈致虚之悟真篇注、戴同甫(戴起宗)之悟真篇疏、陆潜虚(陆西星,字长庚,号潜虚子)之悟真篇小序、李文烛(字晦卿,明万历年间人)之悟真篇直注、彭好古(号一壑子,明万历年间人)之悟真篇注、甄九映(甄淑,号九映道人,明崇祯间为大司寇)之悟真篇翼注、陶素耜(号存存子,清代会稽人)之悟真篇脉望、仇兆鳌之补注。仇兆鳌,字沧柱,号知几子,人称知几仙师。清康熙进士,入翰林,官至吏部右侍郎。少从黄宗羲讲切性命之学。后与陶素耜研穷修养秘旨,筑栖云草堂,获遇真人,"得闻大道,密受心言。""所著有《四书说约》、《杜诗详解》及《金丹梯梁》、《黄老参悟》诸书,集补紫阳《悟真篇注》,订正古本《参同契》经传,以招后来。道门中之大慈父也。"④十注卷首有仇兆鳌撰写的《悟真篇集注序》、《悟真篇集注例言二十条》、《悟真篇提要七条》。仇兆鳌补注乃从阴阳

---

① 《紫阳真人悟真篇讲义》卷5,《道藏》第3册,第53页。
② 《紫阳真人悟真篇讲义》卷5,《道藏》第3册,第53页。
③ 《道藏》第3册,第42—43页。
④ 萧天石编:《道藏精华》第六集之一,台北:自由出版社1956—1992年版,第58页。

双修一派的观念来注释《悟真篇》，其序称：紫阳真人"乃本《参同契》作《悟真篇》，探赜索隐，显微阐幽。其于一阴一阳之道，尽性至命之功，若合符节。盖两书根源，同出于大《易》。《易》之上经，首乾坤，终坎离。天地为造化之主，水火司天地之用，是两大之夫妇男女也。下经首咸恒，终二济。二老退居而两少乘权。坎离颠倒而水火上下，是人类之男女配合也。《易》曰：天地氤蕴，万物化醇。男女媾精，万物化生，言化机之生生不息也。但男女化生，有顺有逆。以离投坎，则顺去成人。取坎添离，则逆来成丹。"①其选取的九家注释也属于阴阳双修派系统，《例言二十条》对这些注释的作者、版本流传作了简评。《提要七条》则就凝神定息、运气开关、保精炼剑、采药筑基、还丹结胎、火符温养、抱元守一等七大诀要进行阐析，"提明纲领，条例工夫。庶全书大略，可引端于七节之中。就斯七节，计其功程。开关须三七，炼剑用百日，筑基在期岁，还丹只片时，温养经十月，抱元历九年，而凝神定息丹法始终用之。"②仇兆鳌的《悟真篇》十家注本乃是研究金丹派南宗双修丹法思想衍变的基本文献。

其二，清嘉、道年间济一子傅金铨圈点的《四注悟真篇》，扫叶山房藏版，陈廖安主编《珍藏道书十种》影印有清道光间善成堂刊本，③实为薛道光、陆子野、陈致虚悟真篇三注，上有傅金铨之顶批圈点提醒，例如在张伯端《悟真篇·序》"形以道全，命以术延。"顶上批注云："全角者谓之道，延命者谓之术，术即道也。"④又如，卷上注解"阳里阴精质不刚，独修一物转羸尪。劳形按引皆非道，服气餐霞总是狂。毕世谩求铅汞伏，何时得见龙虎降。劝君穷取生身处，返本还原是药王"一文时，顶批云："白玉蟾曰：别有些儿奇又奇，心肾原来非坎离。以心肾为坎离者请看。"⑤故名四注，也名《顶批三注悟真篇》。可供研究南宗思想对清代道教影响参考。

---

① 萧天石编：《道藏精华》第六集之一，台北：自由出版社 1956—1992 年版，第 21—22 页。

② 萧天石编：《道藏精华》第六集之一，台北：自由出版社 1956—1992 年版，第 53 页。

③ 参见（清）傅金铨汇注《悟真篇三注》三卷附《外集》一卷，清道光间善成堂刊本，陈廖安主编《珍藏道书十种》上，台北：新文丰出版有限公司 2001 年影印。

④ 萧天石编：《道藏精华》第六集之一，台北：自由出版社 1956—1992 年版，第 380 页。

⑤ 萧天石编：《道藏精华》第六集之一，台北：自由出版社 1956—1992 年版，第 397 页。

《悟真篇注解》,3 卷。明张位注,齐鲁书社《四库全书存目丛书·子部》收入。《四库存目标注》云:"江苏周厚堉家藏本(总目)。《江苏省第一次书目》:'《悟真篇》二本。'《武英殿第二次书目》:'《悟真篇》注解二本。'"①

《悟真篇约注》,上中下 3 卷。作者为清代陶素耜,收入《藏外道书》第 10 册,题"会稽参学弟子霍童山人陶素耜集注"②,卷上目次为:张紫阳原序、翁真人序、杂义 12 则、七言律诗 16 首、五言律诗 1 首;卷中为:七言绝句 32 首、七言绝句 32 首;卷下:西江月 13 首、七言绝句 5 首。其注释包括陆潜虚注、翁渊明注、陆子野(墅)注、"陈(致虚)注"、"戴(起宗)疏"、"李注"及作者陶素耜的"愚按"。陶素耜集注、玉溪子增批《道言五种》也收录,现有中华书局点校本。③

第七节 北宋外丹黄白术

一、外丹黄白术在北宋社会上的影响

北宋以降,道教外丹黄白术持续发展,相关著述文献和实践水平都达到了很高程度,在皇室和社会上仍有一定的影响。以金丹为例,如道士丁少微,"太平兴国三年(978 年)召赴阙,以金丹、巨胜、南芝、玄芝为献。"④有上官正者,太宗曾"赐以金丹"⑤。又宋真宗"章圣时炼丹一炉,在翰林司金丹阁,日供炭五秤。至熙宁元年(1068 年)犹养火不绝,刘袤延仲之父,被旨裁减百司,此一项在经费之数,有旨罢之,其丹作铁色,诏藏天章阁、张忠定公安道居南都,炼丹一炉养火数十年,丹成不敢服,时张刍圣民守南都,羸瘠殊甚,闻有此丹,坚求饵之,安道云:'不敢吝也,但此丹服火日久,不有大功,

① 杜泽逊撰:《四库存目标注》,上海:上海古籍出版社 2007 年版,第 2447 页。

② 《悟真篇约注》,《藏外道书》第 10 册,第 77 页。

③ 参见(清)陶素耜集注、玉溪子增批、浦团子点校:《道言五种》,北京:中华书局 2011 年版。

④ 《宋史·丁少微传》,北京:中华书局 1977 年版,第 39 册,第 13512 页。

⑤ 《宋史·官上正传》,北京:中华书局 1977 年版,第 29 册,第 10137 页。

必有大毒，不可遽服。’圣民求之甚力，乃以一粒如粟大以与之，且戒宜韬藏，慎勿轻饵，圣民得之即吞焉，不数日，便血不止，五脏皆靡溃而下，竟死云。”①又真宗大臣吴育“体素羸，少时力学，得心疾，后得古方，和丹砂饵之，大醉，一夕而愈，后数发，每发数十日乃已。”②又据《避暑录话》记载：“士大夫服丹砂死者前此固不一余，余所目击林产振……有医周公辅得宋道方炼丹砂秘方……道方拱州良医也，产振信之，服三年，疽发于脑，始见发际如粟，越两日项颔与胸背略平，十月死……谢任伯平日闻人□伏火丹砂，不问其方，必求之服……去岁亦发于脑疽……经夕死。”该书作者叶梦得最后指出：“十年间亲见此两人，可以为戒矣。”③

由此可见，入宋以后，烧炼金丹之风仍然存在，其中特别引人注目的，是真宗时的“炼丹一炉”，历经仁宗、英宗至神宗时犹“养火不绝”，前后共达半个多世纪，而张安道的炼丹炉也“养火数十年”，这不仅表明北宋的一些统治者仍热衷于烧炼金丹，且养火持续之久，耗费之大，在道教炼丹史上也是罕见的。不过此风尽管存在，但用作服食的或服食致死的，已为数不多，这正是北宋时期金丹术趋于衰微的一种表现。与此相应，北宋外丹术有向黄白术曲折发展的趋势，说它曲折发展，是因为社会上也有不少对“黄白”（药金、药银）持反对态度的，如：“周世宗好黄白术，有以（陈）抟名闻者，显德三年（956 年）命华州送至阙下，留止禁中，月余，从容问其术，抟对曰：‘陛下为四海之主，当以致治为念，奈何留意黄白之事乎？’太平兴国（976—984 年）来朝，太宗待之甚厚……曾与宰相宋琪等答问，对曰：‘抟山野之人，于时无用，亦不知神仙黄白之事。’”④又杨偕“少从种放学于终南山，举进士……道遇术士曰：‘君知世有化瓦石为黄金者乎？’就偕试之，既验，欲授其方，偕曰：‘吾从吏禄，安事化金哉！’”⑤宋仁宗“嘉祐（1056—1063 年）初，中贵人导炼丹者入禁廷，王陶曰：‘汉、唐方士，名为化黄金，益年寿以惑人主者，后

① （宋）张邦基：《墨庄漫录》卷 3，北京：中华书局 2002 年版，第 94 页。

② 《宋史·吴育传》，北京：中华书局 1977 年版，第 28 册，第 9727 页。

③ （宋）叶梦得：《避暑录话》卷上，《文渊阁四库全书》第 863 册，第 671 页。

④ 《宋史·陈抟传》，北京：中华书局 1977 年版，第 38 册，第 13420 页。

⑤ 《宋史·杨偕传》，北京：中华书局 1977 年版，第 28 册，第 9953 页。

皆就戮，请出之。'"[①]又仁宗时，胡宿"少与一僧善，僧有秘术，能化瓦石为黄金，且死，将以授宿，使葬之。宿曰：'后事当尽力，它非吾所冀也。'"[②]尚有"三司判官许申因宦官阎文应献计，以药化铁成铜，可铸钱裨国用，祖德曰：'伪铜，法所禁而官自为，是教民欺也。'固争之。"[③]

以下我们对北宋时期黄白术的概况作一考察。据《宋史 · 太祖本记》载："开宝四年（971 年）冬十月，诏伪作黄金者弃市。"[④]考《禁伪黄金诏》说："昔汉法，作伪黄金者弃市，所以防民之奸弊也，如闻京城之内，竞习其术，转相诳耀，此而不止，为盗之萌，自今应两京及诸道、州、府、禁民无得诈伪黄金，违者捕系，按检得实，并置于极典。"[⑤]所谓"汉法"，系指汉文帝前元五年（前 175 年），曾解除过以前禁止私人铸钱的通令，以至造伪黄金者增多，耗费增大。到汉景帝前元六年（前 151 年）遂"改诸官名，'定铸钱伪黄金弃市律"，即规定凡私自铸钱而造伪黄金者，一律以杀头论处。关于宋初这件事，《续资治通鉴长编》中还有更具体的记载："开宝四年（971 年）九月庚子……禁伪造黄、自金、募告者、赏钱十万。"又云："开封府捕得伪造黄、白金王玄义等十二人，案问具状。已巳，并决杖，流海岛，因诏自今民敢复造伪金者弃市。"[⑥]太祖赵匡胤开国不久，即效法汉景帝下此禁令，足见宋初社会上的黄白术仍广为流行。但他的这个禁令，并没有维持多久，后来的太宗和真宗等仍视伪金、银为珍宝，便放弃了这个禁令。如太宗时成都有陈利用者，"幼得变幻之术，太平兴国（976—983 年）初，卖药京师，言黄白术以惑人，枢密承旨陈从信白于太宗，即日召见，试其术颇验，即授殿直、累迁崇仪副使……雍熙二年（985 年）改右监门卫将军，领应州刺史。"[⑦]又"太宗端拱元年戊子（988 年），殿中丞江陵夏侯嘉贞……喜黄白之术……常语人曰：'我得见铅中银一钱，知制诰一日足矣，（原注：沙门文莹《玉壶清话》卷七

---

① 《宋史 · 王陶传》，北京：中华书局 1977 年版，第 30 册，第 10610 页。
② 《宋史 · 胡宿传》，北京：中华书局 1977 年版，第 30 册，第 10368 页。
③ 《宋史 · 孙祖德传》，北京：中华书局 1977 年版，第 28 册，第 9928 页。
④ 《宋史 · 太祖本纪》，北京：中华书局 1977 年版，第 1 册，第 33 页。
⑤ 曾枣庄、刘琳等编：《全宋文》，成都：巴蜀书社 1988 年版，第 1 册，第 137 页。
⑥ （宋）李焘：《续资治通鉴长编》卷 12，北京：中华书局 1979 年版，第 2 册，第 270 页。
⑦ 《宋史 · 陈利用传》，北京：中华书局 1977 年版，第 39 册，第 13678 页。

作:'使我乾得水银半两,知制诰一日,平生足矣')"①。此事亦见于《东轩笔录》:"夏候嘉正……平生好烧银,常语人曰:'吾得见水银银壹钱,知制诰一日,无恨矣。'"②又"太宗时得巧匠……造金带得三十条",云"其金'紫磨也'"③。陈国符先生考证,"紫磨金亦为'药金'"④。其后太宗曾以金带赐卢斌。⑤ 又如真宗也曾以金带赐石普。⑥ 又有"汀州王捷,少商江淮间,咸平(998—1003 年)初遇一人……衣道士服……授以黄金术……上(真宗)召与语,悦之,命之官,更名中正",又云:"常使药、金、银献上,以助国费,卒赠岭南节度使,世谓之烧'金王先生'……至今御府,犹有中正所献金及炉钳残药。"⑦正是这个王捷,《梦溪笔谈》也载称:"祥符(1008—1016 年)中,方士王捷……能作黄金。"又云:"有老锻工毕升,曾在禁中为捷锻金,升云:'其法为炉灶,使人隔墙鼓鞴,盖不欲人觇其启闭也。'其金,铁为之,初自治中出,色尚黑,凡百余两为一饼,每饼辐解凿为八片,谓之'鸦嘴金'者是也。今人尚有藏者,上令尚方铸为金龟,金牌各数百,龟以赐近臣,人一枚,时受赐者除戚里外,在庭者十有七人,余悉埋玉清昭应宫宝符阁及殿基之下,以为宝镇;牌赐天下州、府、军、监各一,今谓之'金宝牌'者是也。洪家李简夫家有一龟,乃其伯祖虚已⑧所得者,盖十七人之数也。"⑨"天禧(1017—1021 年)中,以王捷所作'金宝牌'赐天下。"⑩所谓"金宝牌",据《清波杂志》记载:"天圣(1023—1032 年)初元。内出圣祖神化'金宝牌',令景灵宫分于在京宫观寺院及外州名山圣迹之处,牌长三尺许,厚寸余,文十二曰:玉清、昭应、应成、天尊、万寿、金宝。背文五曰:永镇福地敕。其周郭隐应虬龙花

---

① (宋)李焘:《续资治通鉴长编》卷 29,北京:中华书局 1979 年版,第 3 册,第 655 页。
② (宋)魏泰:《东轩笔录》卷 2,北京:中华书局 1983 年版,第 19 页。
③ (宋)蔡絛:《铁围山丛谈》卷 6,北京:中华书局 1983 年版,第 101 页。
④ 赵匡华主编:《中国古代化学史研究》,北京:北京大学出版社 1985 年版,第 276 页。
⑤ 《宋史·卢斌传》,第 29 册,第 10141 页。
⑥ 《宋史·石普传》,北京:中华书局 1977 年版,第 29 册,第 10471 页。
⑦ (宋)王闢之:《渑水燕谈录》卷 9,北京:中华书局 1981 年版,第 114 页。
⑧ 《宋史》卷 300《李虚已传》,北京:中华书局 1977 年版,第 28 册,第 9973—9975 页。
⑨ (宋)沈括著、胡道静校注:《新校正梦溪笔谈》卷 20,北京:中华书局 1957 年版,第 208 页。
⑩ (宋)陆游:《老学庵笔记》卷 9,北京:中华书局 1979 年版,第 115 页。

葩之状，精彩焕耀，封以绛书，盛以漆匣，或云用王居正药金所制。”该书撰者周辉还说：“辉尝见于上饶天庆观，盖留龙虎山。”①神宗时“范文正公仲淹……常与一术者游，会术者病笃……呼文正而告曰：‘吾善炼水银为白金，吾儿幼，不足以对，今以付子。’即以其方与所成白金一斤，封志内文正怀中……后十余年，术者之子长，呼而告之曰……今汝成立，当以还汝，出其方并白金授之，封志宛然。”②又“章枢密惇，少喜养生……益喜丹灶……苏子瞻赠之诗云：‘鼎中龙虎黄金贱，松下龟蛇绿骨轻。’”③又“夏英公伏日，供帐温室，戒客具夹衣，客皆笑之，既坐，体寒生粟，乃以漆斛渍龙皮也，酒半，取瓦砾醮药水为黄金以娱客。”④又“宣和（1119—1125年）末，又以方士刘知常所炼金轮颁之天下神霄宫，名曰‘神霄宝轮’。知常言，其法以水（银）炼之成金……时宣和七年（1125年）秋也，遣使押赐，天下大富。”⑤以上事实，说明北宋时期好黄白术者，除少数帝王之外，还有一些大臣及文士，其所炼“药金”，称为“紫磨金”、“鸦嘴金”、“金宝牌”、“神霄宝轮”等，这就在前已论及的唐代《铅汞甲庚至宝集成》卷四所列20种“药金”的基础上，扩大了当时“药金”的种类，这些“药金”或用于赏赐，或用于娱客，而烧金王先生就是那时最著名的黄白师，他并以其“药金、银”献上“以助国费”。在不少的笔记小说中也反映了当时黄白术的情况，使我们得以窥见一斑。这里特别值得提出的是其中提到了“白金”一词。另据《宋史》记载，太宗朝行赏也多用“白金”，如太平兴国（976—982年）时，曾赐李继勋白金万两，李符白金三千两，阎彦进，袁廓通白金各三百两；雍熙三年（986年）赐宋湜白金五百两；端拱（988—989年）初赐雷德骧白金三千两；淳化三年（992年）赐慕容德丰白金三千两；至道二年（996年）赐贾黄中母白金三百两等。真宗，仁宗朝也有类似情况，惟行赏次数及数量较少而已。又真宗大中祥符（1008—1021年）初，张斌妻卢氏因诉讼事，“赂白金三百两”⑥。于户曹参

---

① （宋）周辉撰、刘永祥校注：《清波杂志校注》卷1，北京：中华书局1994年版，第24页。

② （宋）魏泰：《东轩笔录》卷4，北京：中华书局1983年版，第33页。

③ （宋）魏泰：《东轩笔录》卷13，北京：中华书局1983年版，第148页。

④ （宋）陈师道：《后山丛谈》卷2，上海：上海古籍出版社1989年版，第18页。

⑤ （宋）陆游：《老学庵笔记》卷9，北京：中华书局1979年版，第115页。

⑥ 《宋史·从吉传》，北京：中华书局1977年版，第27册，第9445页。

军吕楷。又有“高清者……知太康县,民有诣府诉家产者,清纳其贿”,时有人“尝就清贷白金七十两”①。可见“白金”除用于行赏外,真宗时还流通于行贿,借贷领域。那么,这些“白金”究竟是什么?它是否为黄白术的产物?考东汉许慎《说文解字》:“鋈、白金也。”然则“鋈”又指何物?三国魏人张揖《广雅》说:“白铜谓之鋈”,但我们也不能由此简单得出结论说:“白金”即“白铜”。再者,我国古代一般认为“白金”指“银”,如《汉书·食货志》:“金有三等,黄金为上,白金为中,赤金为下。”孟康曰:“白金、银也。”②但该书尚有“又造银、锡、白金”及“自造白金五铢钱”两句。从前句看,“白金”非指“银”,王先谦曰:“《平准书》‘白’上有‘为’字,《通鉴》同,此脱。”又“《武纪》云:‘收银,锡造白金’,都是以银,锡为造‘白金’之原料。”③后句所谓“五铢钱”,曹元宇先生在《中国化学史话》中解释说:“今所存五铢钱,没有一种是银造的,所以‘鋈’字应以《广雅》解释是‘白铜’最为合适。”④按上述事例看,“白金”也并不是都指“银”。另据《华阳国志》卷四记载:“堂螂因山名也。出银、铅、白铜、杂药。”这里明确提出了“白铜”,并指出其产地是堂螂山,即今云南会泽、巧家、东川等地。这里“白铜”与“银”并列,说明“白铜”也不指“银”。但“白铜”和“银”外貌上极相近似,如以“白铜”充“银”,确可达到“以假乱真”的目的,“五铢钱”正是例子。那么,“白铜”又是什么?它是否为黄白术的产物呢?现代冶金学指出:“常见的白铜有两种,一种是镍白铜,即铜镍合金;一种是砷白铜,即含砷在10%以上的铜砷合金。”⑤这里先谈谈“镍白铜”。曹元宇先生在上引书中指出:已知远在秦汉时代,我国新疆西边有个“大夏”帝国,当它兴盛时,其势力曾伸延到新疆和阗(今和田),那时和阗和秦交往,秦国货物包括白铜也都流向大夏。曹先生说,从现今还保存着的大夏白铜币分析,“铜77%,银20%左右”。认为“无疑这白铜是中国运去的”。又《史记·大宛列传》,提到原属于大夏的安

① 《宋史·从吉传》,北京:中华书局1977年版,第27册,第9445页。

② 金少英:《〈汉书·食货志〉集释》,北京:中华书局1986年版,第201页。

③ 金少英:《〈汉书·食货志〉集释》,北京:中华书局1986年版,第202页。

④ 曹元宇:《中国化学史话》,南京:江苏科学技术出版社1979年版,第80页。

⑤ 赵匡华主编:《中国古代化学史研究》,北京:北京大学出版社1985年版,第63页。

息国:“安息在大月氏西,可数千里……以银为钱。”曹先生说:“‘以银为钱’恐就是以白铜为钱。”其后唐、宋时代,波斯和我国交往频繁,波斯称“白铜”为“中国石”,说明唐、宋时,中国白铜已经运往到了西方国家。检索古今地理文献,都证明我国白铜产地多集中于云南一带,据《汉书·地理志》:“犍为郡西南朱提山出银。”考“朱提,山名”,在县西南,朱提县即今云南昭通、鲁甸、大关、永善等地。又《汉书·食货志》:“朱提银重八两为一流,直一千五百八十。它银一流直千。”故汉代朱提银名闻全国。但现代金属矿产考察,朱提山产铜、镍而不是产银,因而大胆推断朱提山的银可能就是“镍白铜”①。前引《华阳国志》是东晋常璩所撰,它说堂螂山产白铜,可见早在4世纪时我国云南的会泽、巧家、东川等地就已生产白铜,而其后的明、清典籍中有的还记载了有关云南生产白铜的情况,对此,赵匡华等人曾提出:“据现代地质矿藏考察,云南炼制白铜所用矿石为铜镍矿,如会理力马河矿含Ni(镍)1.12%,Cu(铜)3.36%,Fe(铁)22.60%……1862年莱沃尔(A. Levol)对会理生产的白铜经分析的结果是Cu79.4%,Ni16%,Fe4.6%。”②这说明云南生产的“白铜”实质上是一种铜镍合金,而朱提山的“银”,也是一种“铜镍矿”,经过炼制,就可生产出“镍白铜”。由此看出,我国古代关于“白金”一词,其内涵是相当混乱的,而现在这种混乱已基本得到了澄清。为此,我们可以说北宋太宗、真宗朝大量使用的“白金”,其中相当部分可能就是这种“镍白铜”。我们也可以说,这种“镍白铜”与道教黄白术制炼的“药银”是两回事。这不仅因为铜镍矿是自然界的客观存在,而且黄白术是方士、道士、黄白师们在偏僻静舍单独秘制的,限于各种条件,他们绝不可能制得那么大数量的“银”供使用,而更为重要的是,迄今为止,在道教黄白术的文献中,尚未发现关于制炼这种“镍白铜”的丹方、丹诀。当然,我们对汉代所称的“白金”、王玄义等所伪造的“白金”以及范文正公所得“白金一斤”,因无具体说明,就无法判断其为何物了。

讨论上述问题很重要,因为我们在介绍唐代黄白术的成就时,曾提到

① 王希琴:《中国古代关于锌镍化学》,《化学通报》1955年第9期,第569页。

② 赵匡华主编:《中国古代化学史研究》,北京:北京大学出版社1985年版,第66页。

《龙虎还丹诀》中的“点丹阳方”，这个丹方用“砒霜（As_2O_3）点化赤铜”，就能生成外观美丽似银的“砷白铜”。这种“砷白铜”是另外一种“铜砷合金”。尽管“砷白铜”性质不如“镍白铜”稳定，放置日久，其中砷就因逐渐挥发而变为黄色。但“砷白铜”的取得是我国外丹黄白术（药银）的一项重大成就。而“镍白铜”和“砷白铜”，从来就是我国古代同时并行的两种外观与“银”相似，而实质组成不同的两种“白铜”体系。

二、北宋外丹黄白术著作

为了考察北宋时期黄白术的具体情况，这里对两种可确定为北宋成书的著述作一简单介绍。

（一）《纯阳吕真人药石制》

共1卷，系黄白师专用的本草学著作，乃伪托吕纯阳而作。从书的内容看，当成书于北宋，内容为诗诀，专述66种本草药（赤芹、桑叶、益母、管仲等）在黄白术中的作用，当然难免有夸张、附会之词，但说明黄白术已有专用本草，书中对每种本草都称为“龙芽”，不过是一种神化的方式而已。如：

1. 宝砂龙芽——桑叶：“青叶白华在野田，农人栽种也为先，凡流不解神仙果，亦点顽铜软似绵。”

2. 天刃龙芽——菖蒲：“初生时与剑同形，根白遍地叶青浓，但于四月中间采，雄黄一点胜金容。”

3. 玉瓶龙芽——萝卜：“头大根圆似玉瓶，朱砂逢遇自然能，取根作窍朱砂里，此圣神妙自得成。”

4. 悬豆龙芽——皂角：“如刀似剑挂悬空，术士知之有大功，能伏硇砂令拒火，功成便点硬顽铜。”

5. 地骨龙芽——枸杞：“子若丹砂叶似云，冬根春夏叶华成，秋时采取红娘子，制服丹砂色似银。”

6. 地盘龙芽——荷叶：“粉霜变化点成银，团团浮水色青青，为见常人不止住，伏制砒霜有大灵。”

7. 侧柏龙芽——柏：“阳山溪子有万朵，万叶之中有大名，不老为缘心结实，能伏砒霜变白银。”

8. 银发龙芽——葱："根生似蒜鬓发长，伏砒一点不飞扬，人间不会神仙药，伏制砒霜死粉霜。"

……

在 66 种"龙芽"的诗诀之后，另有三首短诗：

1. 存性歌："凡烧龙芽制其烟，烟去精华力便坚，慢火五斤难擒制，却道仙家法不玄。"这首短诗是谈如何从各种"龙芽"中制取其"精华"，借以保存药性的方法，即先烧"龙芽"成烟，烟去即得，这是不同于前此时期其他外丹著作中使用本草药的另一种方法。

2. 辨真："收采龙芽要及时，真是依法永不亏，根叶茎实各使用，使用差错有疏危。"这首短诗突出两点，首先是各种"龙芽"的采集时间须及时，其次是对各种"龙芽"的"根、叶、茎、实的使用要准确"。这种论点和唐代道教医学家孙思邈的药物学主张一致，强调采集及时，是因为过早采收则药势未成，过迟则药势已过，过早过迟都不能充分发挥药效。强调使用准确，即强调须按照使用原则，使其"根、叶、茎、实"都能各尽其用，以最大限度地发挥药效，诗末重申如稍加疏忽，便会带来不良后果。应该说，这是符合经济、实用的科学观点。

3. 有缘："七十二般龙芽草，依时采折为家宝，解将假物变成真，天赐衣禄济贫道。"这首短诗是总结语，它告诫人们，对这些"龙芽"草采折，使用合宜，即可为宝，"解将假物变成真"，是指这些"龙芽"用在黄白术中去炼制"药金"、"药银"之术，乃"假物成真"之术，然而诗文又警惕后世，这种"以假变真"之物不能他用，而仅限于"济世救贫"。从这首诗中还看出：本书原载 72 种"龙芽"，但现存本仅有 66 种，故有缺佚。

（二）《丹房奥论》

共 1 卷，题"学仙子程了一著"，系黄白术经验总结专集。本书的《序》指出：程了一于天僖戊午（1018 年）宦游金陵，遇师传"太清六一紫虚九丹"，因"不敢私秘"，遂于"天僖四年（1020 年）集成一秩，目之曰：《丹房奥论》，全书共十六论：一论真土凡土、二论真铅凡铅、三论真汞凡汞、四论三砂、五论三黄、六论三白、七论用铅、八论用母、九论假借，十论制转、十一论浇淋、十二论点化、十三论灰霜、十四论烟煤，十五论作starting、十六论装制"，较全面地概括了黄白术中各个要点，总结了制取黄、白的全过程。文中累言："余亲试有验"，"余试之有效"，"学丹者须践履而后知之"。可知作者程了一是一位有丰富实践经验的黄白师。该书的内容要点有：

1. 重申黄白术中的药物配制，是以阴阳五行说的理论为原则，如"一论"中强调："土为天地之中炁，功能攒簇五行，生育万物"。指出："金得土则生，木得土则旺，水得土则止，火得土则息。"从而说："修炼者无土不可成丹……犹农家不耕田而欲得禾，难矣。"又对"真土"解释说："八石禀炁于天，成形于土，其性嗜阴而畏阳，遇火则飞，莫知所向，若注草木煮炼，金石温养，留形住质，能与天地齐坚，日月共久。若以点化五金，制养诸药，皆可成宝，此名真土。"

2."二论"、"三论"中，作者继承道教传统，神化"铅"、"汞"、"朱砂"，认为"真铅是五金之母，还丹之祖"。"可以起死回生，返老还童，瓦砾遇之，立即成宝。"又强调"大丹以真汞为先"。深信"朱砂与水银尤为天地精英之炁结聚而成"，"阴中真液与离官之炁，千余年聚为水银，又一千年结为朱砂。"指出："凡"之与"真"相去千百年之远，为了缩短这个过程，主张通过"丹炉修炼"变凡汞为"真汞"，凡铅为"真铅"，故指出："真人云：真铅不与世铅同，修炼全凭造化工，一鼎可藏龙与虎，方知宇宙在其中。"

3."五论三黄"中，谓"硫内禀纯阳火石精气而成质，其性通流，内含猛毒，见火易飞，最难擒制（指 $S+O_2 \rightarrow SO_2$），但若得神草煮制，大火煅之，立可真死。"又云："雄黄则偏阳而无阴，雌黄则偏阴而无阳，丹家所谓孤阴寡阳，虽易制伏，惟难真死，先须用草煮过，然后缓缓进火加养，死者良然，非得硇胆死汞等药，不可点化。"在"九论假借"中又多有"死三黄"、"真死砒"等称谓，这里多次出现的"死"字，在宋代外丹著作中是经常见到的。"死"字是什么意思呢？在唐代外丹著作的介绍中已论及在黄白术"药银"的炼制过程中，最早使用的点化药是"三黄"，即雄黄、雌黄、砒黄均含砷的硫化物，但"三黄"与金属合炼时，在高温条件下易升华，为了克服这个缺点，经过无数次的实践，总结出凡经过"伏火"（即用火烘煅）处理后的"三黄"，就可以改变它们原有的易挥发的特性。到唐代金陵子在《龙虎还丹诀》的"点丹阳方"中，用"砒霜（As_2O_3三氧化二砷）点化赤铜"，得到了色白如银的"砷白铜”(药银)后,发现“砒霜”比“三黄”点化丹阳更简便,更有成效,因此唐代的外丹著作中对“伏砒法”、“伏××法”的研究便逐渐多了起来,到北宋发现经过伏火处理,“虽易制伏,惟难‘真死’”。于是又进一步研究达到“真死”的方法,这样在宋代的外丹黄白术著作中“死”字便多了起来。“死”字的含义,按袁翰青先生的解释:“‘死’主要是指分解作用,不是原来的物质了,所以原物死了。”①由此可见,“死”是一种特殊的技术处理,经过这种处理,就改变了物质的原有特性。唐代的这种处理称为“伏”,而宋代则称为“死”,不过“死”是在“伏”的基础上发展起来的,但从其内涵方面说,“死”比“伏”的含义更广一些。

4.“六论三白”中引“经云:‘砒霜草伏真死,可以点铜为银,与粉霜最为相宜,得硇相附,可成至药。’世人谓此不过点化丹阳而已,殊不知砒硇真死,久养无毒。”又云:“粉霜独水银一味,借盐矾硝石构炼为霜,丹经称为神雪。”又引经云:“‘粉霜以阴造阴,微阳亦无非真死,三黄曰神砂银等,非灵根不能成宝,非伏砒不得软骨,非伏硇不得软润。’愚因见此说,常以粉霜以砒硇合胎入四神柜养,经百余日,用之点化丹阳,适然俱成黄金。”可见该书作者曾有将粉霜与砒硇结合,经处理后用以点化丹阳成功的方法。

5.“十三论灰霜”:“灰霜乃草木之精液,味碱惟毒,残贼五金,丹灶家所以多不敢用,若以煮炼八石,立能拒火,功力甚大。苟得手法,去尽碱味,加火久养,立可变通,缘其毒炁能透金石,用之煮制,多是化药成水,若得如此,则药死矣。”这里较详细地解释了如何正确使用“草木药”,以改变金石药的原有特性,从而达到“真死”的目的。然则何谓真死?又引经云:“不见其形,方为真死”,这就进一步说明了“真死”的含义。关于“灰霜”的制取法,文中指出:“急用药水倾入净器中(先浸取草灰的汁液),澄定十余日,候其上清下浊,逼取上清水煎熬成霜,取下浊底乃药也,熬乾入合装制,以熬成霜。”如此反复多次,“直待去得碱味,尽大火,久炼此药方灵,用之转制诸石,可为至药齐功,不可以为灰霜而急之。”考“灰霜”的主要成分是碳酸钾

① 袁翰青:《中国化学史论文集》,北京:生活 · 读书 · 新知三联书店 1956 年版,第 208 页。

(K_2CO_3),故有碱味。

6.“十五论作奤”:“凡用草煮制诸石,皆以新草汁为良。”又云:“先贤恐草毒伤残药性,不能通灵,故立作奤之诀法:‘当作草绞自然汁,置净器中,用纸蒙盖,春秋三日,夏二日,冬五日,然后逼取上清水煮药,庶几药性不受伤残,则有全功,试之有效。’”实际上,唐代以来的黄白术中已广泛使用植物汁液,不过该书更强调须用新鲜的植物汁液,这可能与为了使草木药汁中的“碳”,能最大限度地发挥其弱还原剂的作用有关。

综上可知,北宋时期道教外丹术虽渐次衰微,但在黄白术领域中却起着承上启下的作用,为元、明时期的道教黄白术奠定了基础。

第八节　北宋的斋醮科仪

一、北宋的修道科仪和斋醮科仪

道教的各种科范、仪式,虽然在东汉张陵祖孙时代已呈现雏形,但至东晋南北朝始加以扩充并趋于完善。其时各派都有自己的科文,如上清派有《四极明科》①、《九真明科》②;灵宝派有《明真科》③;偏重于正一派的有陆修静《道门科略》④;而通于正一、上清二派的则有《太真科》⑤。大体说,这些科文着重在道士修道行为的规范化,但灵宝派的《明真科》还广说“罪福宿命因缘、善恶报应,解拔苦根,戒人治行”,本于“其法弘普,广度天人”之旨,⑥而将内容扩及祈福拔罪的斋醮科仪。从北周时编纂的《无上秘要》卷55、56、57分别为太真下、中、上三元斋品称引“太真科文”来看,《太真科》

① 《四极明科》全称《太真玉帝四极明科经》,载于《正统道藏》洞真部戒律类。

② 《玄都九真明科》,即《正统道藏》正一部所收《太上九真明科》。参《云笈七籤》卷4《玄都九真盟科九品传经录》。

③ 《明真科》全称《洞玄灵宝长夜之府九幽玉匮明真科》,载《正统道藏》正一部。

④ 收载于《正统道藏》太平部。

⑤ 原书三卷,《正统道藏》正一部所收《玉清上宫科太真文》一卷是六朝道书,可能属于其中的一部分。

⑥ 《道藏》第34册,第379页。

原本也有斋醮科仪方面的内容。专讲传授仪式的则有陆修静《太上洞玄灵宝授度仪》和属太玄部的《传授经戒仪注诀》等;专述斋仪的则有《敷斋威仪经》及陆修静的多种撰述。随着全国趋于统一,出现了兼综各派的科仪书,如成书于南北朝末至隋唐初的《千真科》①、隋代成书的《三洞奉道科戒》②和唐以前的《洞玄灵宝道学科仪》等。唐代还有抄录、汇编道教科戒的书,如三洞道士朱君绪(字法满,卒于开元八年)的《要修科仪戒律钞》16 卷。唐末五代道士杜光庭编定道门斋忏科仪,更是卷帙浩繁。足见对科仪规范的重视。

北宋时代的道教科范仪轨基本上承袭了隋唐时代的科仪而有所变化。在修道行为和传授阶位方面改动不大,但也作了某些调整。斋醮方面虽以继承为主,却出现了一些值得注意的变化动向。在修道方面,有孙夷中集《三洞修道仪》和贾善翔编辑《太上出家传度仪》可为这一时代的代表作。

二、《三洞修道仪》与《太上出家传度仪》

《三洞修道仪》1 卷,仅题"荆南葆光子孙夷中集",未言何时人。然序文称"五季之衰,道教微弱"云云,则孙夷中当为入宋时人。又言经五代之乱,"经籍亡逸,宫宇摧颓",自己"从事荆州,难得经书"。"癸卯岁,有阳台道士刘君名若拙,曳策南来,延于所居。刘君精熟法教,因得口授入道仪式、冠服品位,编为一卷,聊备所阙。"③宋初癸卯当为宋真宗咸平六年(1003 年),孙夷中自称序于是岁九月二十六日。正如本章前文所说,乾德五年(967 年),宋太祖诏命莱州道士刘若拙为左街道录。但其时已九十余岁,到咸平六年如果他还活着,起码也有一百二三十岁,故孙夷中之师和左街道录刘若拙是否为一人尚无法确定。左街道录乃当时最高道职,假设真是一人,那么他所受修道仪范应当说是很正统的了。前出《三洞奉道科戒营始》有"法服品"和"法次仪",特别强调道士、女冠的阶位,首正一盟威,顺次为洞

① 《正统道藏》正一部所收《洞玄灵宝千真科》。

② 《敦煌宝藏》S. 3863、809、P. 2337、3682 等《三洞奉道科戒仪范》、《正统道藏》太平部所收《洞玄灵宝三洞奉道科戒营始》。

③ 《道藏》第 32 册,第 166 页。

渊神咒，高玄，洞神，升玄，洞玄，洞真，最高为三洞法师。《三洞修道仪》作了某些调整，且另列居山、北帝太玄和女官部。

首先是初入道仪。按《三洞修道仪》规定，初学道者，男七岁，号“录生弟子”；女十岁，号“南生弟子”，授三戒、五戒。录，通箓，①得箓表明姓名已登录道教仙箓，生命有了保障。至十五岁，方诣师请求出家。从孙夷中注看，出家入道并不应受年龄限制，主要条件为禀受、遵守戒律，在经、籍、度三师面前誓戒后，便可称“智慧十戒弟子”，也就是说要相应受十戒。此时才可戴二仪冠，黄绶衣七条、素裙七幅，穿靸鞋。此后在大乘十部经②中精通一帙，业成授初真八十一戒，经由保举戒师七人作保，方称“太上初真弟子”，号“白简道士”，冠七真冠，披黄褐文，左九右十，白裳黄裙九幅，执檀香木简，玄履，铺黄坐坛，始入靖诵经、思神、行道。

白简道士不受年代限制，只要经业转精，便可进一步要求授正一箓。以下冠服品位共有七等，每晋升一级，都要相应授经箓。虽然本文未言授何种戒，但按照六朝以来传统，授经时要相应由法师授戒。③ 概言之，即序文所谓“三洞科格，自正一至大洞凡七等，箓有一百二十阶，科有二千四百，律有一千二百，戒有一千二百”④。

正一部道士。自简道士诣三师保举五人，请受《正一盟威箓》二十四品，《正一法文经》一百二十卷，大章三百六十通，小章一千二百通，朝天醮仪三百座，《修真要》十卷，《玉经》三卷，《指要》三卷，《太灵阴阳推迁历》六十卷，《禁咒文》五卷，《按摩通精文》三卷，《修元命真文》一千字，《禹步星纲》一卷。授箓后方可为人章醮，为帝王封署山岳，辟召妖毒，朝拜星辰，铨叙律候。称“太上正一盟威弟子、系天师某治某气祭酒、赤天三五步纲元命

---

① 参见《洞玄灵宝三洞奉道科戒营始》谓七岁、八岁或十岁以上的正一法位童子受《一将军箓》、《三将军箓》、《十将军箓》、《箓生三戒文》、《正一戒文》，称“正一箓生弟子”。

② 按此是承袭南朝时灵宝派的说法，称《灵宝经》有 10 部 36 卷。参 P. 2256《灵宝经目》及《道教义枢 · 三洞义》。灵宝派已派经书为“大乘”。

③ 唐代始有专门修行戒律的律师。《唐六典》卷四：“道士修行有三号：其一曰法师，其二曰威仪师，其三曰律师。其德高思精，谓之炼师。”（唐）李林甫等撰，陈仲夫点校，北京：中华书局 1992 年版，第 125 页。全真道出，律师授戒之制才最后确定下来。

④ 《道藏》第 32 册，第 166 页。

真人”，冠玄冠，朱帔二十四条，黄裳苍裙，佩炎光火玉和斩邪威剑、黄神越章，印授木雕，铺八卦坛。

孙夷中注称：“正一部中别有一百二十阶，总出黄道枝叶，是阴教辅助太阳也。”但是他认为正一派的针药、符术、禁咒之道是“白黑道”，“非上真所修”。至于其中的“黄赤”，他解释说这是“阳道之法”，可以“上禳天灾，下助王化，俾帝王延期益筭、反朴还淳。其次大地生民。能奉此道者，可以洗心畏罪，免其夭横。其有夫妇者，令选时日，顺阴阳，行交接，即所育男女，免感悖戾淫浊之气，亦欲令其保真爱精，不妄贪淫”①。六朝时代所谓黄赤之道就是房中术，它是那时正一道徒的养生术，也是他们修道礼仪的一部分。这里提到它，似反映出五代宋初正一道派仍在修行此术。

洞神部道士。洞神部经系以《三皇经》为主干的一组道经，修行此部经箓者即为洞神道士。《三洞修道仪》说，自正一授《金刚洞神箓》，称“太上洞神法师”，冠交泰冠，绛褐黄裳，丹裙玄履，执白简，佩青光玉四道，带皇极洞神印绶和阴阳斩魔剑，华阳巾，方胜帽，坐九宫辰象坛，参洞神十二部经。大概自此等起，便须断绝夫妻关系，故孙夷中注称：“如舍俗入道者，自此夫妇隔绝，不茹荤血也。”②

高玄部道士。此部道士迁授《太上高玄箓》，称“太上紫虚高玄弟子、高玄法师，游玄先生”，冠五岳冠，碧帔三十二条，白裳黄裙，玄履，执长生木简，坐四气坛，素光丹缨，佩带五老交真印绶和金刚洞清剑，戴簏秀巾、咸昌帽。修习的经书即以《道德经》为首的太玄部经，具体而言，按照《修道仪》的规定，有《道德经》、《西升经》、《玉历经》、《妙真经》、《定光经》、《枕中经》、《存思神图》、太上文《节解》、《内解》以及自然斋法仪、道德威仪 150 条，道德律 500 条、道德戒 183 科。这一系道书多为六朝所出，以诵经、存神为主。

在《三洞奉道科戒营始》中，洞神道士的地位在高玄道士之上，这是因袭南北朝时期的观念，因为洞神部经属三洞之一，而太玄部经只是辅助三洞

---

① 《道藏》第 32 册，第 167 页。

② 《道藏》第 32 册，第 167 页。

的四辅,所以它的地位低于洞神。可是在《三洞修道仪》中二者的位置颠倒了过来,似表明经唐王朝的提倡,以《道德经》为首的道家诸子书在道教经书中的地位有了显著的提高。不过传统有很强的惰性,在这里所列修习经书,除《思神图》在《三洞奉道科戒营始》中归入洞渊神咒法师所习之外,大部分在同书太上高玄法师经目中可以找到,却同样没有四子真经。

升玄部道士。《三洞奉道科戒营始》谓受《太上洞玄灵宝升玄内教经》一部 10 卷及《升玄七十二字大箓》,称“升玄法师”。隋唐前后在经名前加“洞玄灵宝”,并不表明此经必属灵宝派经书,一如《千真科》和《三洞奉道科戒》等等并不专属灵宝派科戒。其实此经是成书于南北朝并在隋唐前后颇具影响的独立于灵宝派一系的另一派系经书。① 跟《三洞奉道科戒营始》稍有不同,《三洞修道仪》对升玄部道士作了比较详细的规定,它说,自高玄部迁授《太上升玄箓》,称“太上灵宝升玄内教弟子、升玄真一法师、无上等等光明真人”,冠芙蓉冠,绿帔 42 条,素裳丹裙,玄履,白简,素文坛,逍遥巾,月纱帽。除《升玄箓》1 卷之外,还要修习升玄誓戒 300 条、《明真科》3 卷、《玉匮律》3 卷、《升天券》1 道、《升玄朝礼仪》1 卷、《升玄经》10 卷。把灵宝派科文《明真科》也改归此部。孙夷中注称:“到此观六度梵气,即三界外上清境,非同释氏梵天也。”②也就是说,修到此地,已超出轮回之苦。

中盟洞玄部道士。此部授《灵宝洞玄经》、《中盟箓》及诸券,据称有“三十六阶、九券”,受后称“太上灵宝洞玄弟子、无上洞玄法师、东岳先生、青帝真人”,戴远游冠,五色紫帔,绛绡裳,丹青裙,朱履,五辰紫色坛,青玉交文佩,佩八景金真印,带阳光洞神剑,服朝天帽(又名南朝帽)、三辰巾。

三洞部道士。授三洞经教、宝箓和《九真科》以及诸金银玉器,仅玉简就有苍、黄、玄三种,受后称“三洞法师、东岳青帝真人、升玄先生”,冠合景冠,青霞帔四十九条,丹光裳、黄裙朱履,坐召真坛,用黄玉,佩三辰印、销魔

① 北周时编《无上秘要》已引此经。《要修科仪戒律钞》引《升玄经》云:“斋会行道时,诸正一道士不得与上清大洞法师共同席坐;上清大洞法师不得与五篇灵宝法师共同席坐及传服饰衣物;灵宝五篇法师复不得与升玄内教法师共同席坐。”(《道藏》第 6 册,第 963 页)可知升玄道士属另一派系。按:《正统道藏》仅收此书一卷,余卷、佚文散见于他书和敦煌写经。

② 《道藏》第 32 册,第 167 页。

剑,服绿华巾、五岳帽。此部道士大致相当于《三洞奉道科戒营始》中的洞真法师,所不同的是修习的经书遍及三洞。

大洞部道士。《三洞奉道科戒营始》规定,受《上清大洞真经》等上清诸经,称“无上洞真法师”。再受《上清经》总150卷及回车交带(即回车毕道券,又名元始大券),即称“上清玄都大洞三景弟子无上三洞法师”(这是道教徒的最高品位)。《三洞修道仪》则有所不同,谓自修三洞法后,参上清金阙清精选法,应为得道者,称“上清大洞三景弟子、无上三洞法师、东岳真人、道德先生”,冠紫宸通精冠,九色离罗帔,紫裳丹文裙,执瑶笏,朱履,坐震灵坛,佩九光玉佩,带无上毕道印绶、景精剑,服黄宁帽,授升天诸券、飞步诸法和金丹大诀。并云:“自此以毕法,相次传皇世之学道者,一世传一人……传法之后,始有回车之道……”①说法虽较前加详,但以上清法为修行最上乘这一点并没有变。由此表明,直到北宋时代上清派仍居道教主流。值得注意的是,仪文强调了“一世传一人”和传上法的秘密性、神圣性以及“修金阙后圣飞升之道”为最高价值,凸显出迄北宋为止道教在修行观念上跟中国佛教存在着极大的差异:中国佛教盛行以“普度众生”为最高宗旨的所谓大乘,贬仅追求个人超脱为小乘;而道教徒则未普遍承认深受大乘佛教影响的灵宝派为“大乘”,而是以追求个人飞升成仙的上清派为上乘,二者正好相反。

在以上诸部道士之外,《三洞修道仪》单独列出居山道士、洞渊道士、北帝太玄道士和女官部。

居山道士。是指“自务幽寂,不救世人”的“山林寒栖道士”②。规定此类道士冠平气冠,山水云霞衲帔,黄巾裳,布裙,白履草屦,坐七星坛,佩东西二禁印、伏神剑,玄巾。对于所诵经书未作规定。

洞渊道士。此道主要修习以《洞渊神咒经》为主的一组经箓符咒。《太上洞渊神咒经》,今存20卷。到唐代,形成洞渊一系经书,有《太上洞渊北

---

① 《道藏》第32册,第168页。

② 关于居山道士的行为规范,历代有若干规定,如《升玄内教经》卷一“居山十事”、《洞玄灵宝道学科仪》并规定“不得领户化民”、“不得交游贵胜,以求名利”、“不得复修行邪咒禁术”,等等。《道藏》第25册,第216页;第24册,第769页。

帝天蓬护命消灾神咒经》、《太上洞渊辞瘟神咒妙经》、《太上洞渊三昧帝心光明正印太极紫微伏魔制鬼拯救恶道集福吉祥神咒》、《太上洞渊说请雨龙王经》等,唐末五代杜光庭删定《太上洞渊三昧神咒斋忏谢仪》、《清旦行道仪》、《十方忏仪》,即是该派的斋忏科仪书。《三洞修道仪》正是在唐代的基础上对该派的独特性作了重新判断而有别隋代成书的《三洞奉道科戒营始》的规定。作者把原属洞渊神咒大宗三昧法师修习的《思神图》改到高玄部,而仅言此道称"三昧法师",冠通玄冠,青文帔31条,丹裳黄裙,玄履,执简,坐黄文坛,佩洞渊五部印,带洞光剑,所行洞渊三昧法,上辟飞天之魔,中治五气,下绝万妖。也就是说,修行主要并不在于存神,求得个人飞升上天,而在"亦多救世"上。

北帝太玄道士。北帝派也是兴盛于唐代的符箓道派,与上清、正一二派均有瓜葛。[①] 代表人物有叶静能、欧阳霏等。[②]《崇文总目》和《新唐书·艺文志》著录多种北帝派经、法作品。流传至今者尚有《洞真太极北帝紫微神咒妙经》、《太上元始天尊说北帝伏魔神咒妙经》(简称《北帝神咒经》,10卷)、《太上洞渊北帝天蓬护命消灾神咒经》(简称《天蓬神咒》,1卷)等重要典籍。按《三洞修道仪》规定,此道称"上清北帝太玄弟子",冠星纪冠,玄羽服,白裳黄裙,玄履,坐召灵坛,执简,佩丰都印,带斩鬼剑,授《北帝箓》2卷、《伏魔经》3卷、《天蓬经》10卷[③]、《北帝禁咒经》3卷、《飞玄羽章经》10卷、《北帝降灵招魂经》3卷、《北帝雷公法》、《丰都要录》3卷、《传鬼策》3卷、《北帝三部符》1卷、《北帝朝仪》1卷。仪文并称,北帝太玄道士的主旨就是治六天鬼神、辟邪禳祸。

女官部。依次有正一盟威、洞神、高玄、升玄、中盟(洞玄)、三洞、上清

---

① "北帝"一名,出上清派道书(丰都信仰亦出上清派《真诰》)。该派推尊张陵、郑思远、陶弘景等。《三洞奉道科戒营始》著录洞真法师所受经箓中有《上清北帝神咒文》,可知实源出上清。

② 《新唐书·艺文志》著录《太上北帝灵文》3卷,云"叶静能撰",北京:中华书局1975年版,第1521页。欧阳霏,称"上清三洞经箓碧霞洞华太乙吏",系受《北帝神咒经》者。

③ 此与《崇文总目》著录的《天蓬神咒》一卷不同,当是全本。(宋)王尧臣等撰,载于(清)鲍廷爵辑《后知不足斋丛书》第4函,第60页。

(大洞)七阶,加上居山女道共八种,唯无洞渊、北帝太玄二种。七种女官分别称"玄都正一盟威女弟子、系天师君门下某治某气赤天三五步纲元童"、"太上洞神女弟子、洞灵元妃"、"太上高玄女弟子、紫虚童君"、"太上升玄女弟子、无上内教真一灵真妃"、"太上灵宝洞玄女弟子、洞玄法师、东岳夫人"、"上清三洞女弟子、无上三洞法师、东岳苍灵夫人"、"上清大洞三景女弟子、奉行无上三洞法师、东岳苍灵元君";居山女道士则简称"大道女弟子"。仪文规定,女官修道仪式参诸法箓,与男官一般。如参大乘经法,称"太上全真女弟子",法服也有区别。

《三洞修道仪》所反映的是宋初及以前的情况,尽管仪文增加了北帝太玄道士的规定,但却还没有关于宋代新出道派的规定。[①] 在细节上与他书也有出入,例如《洞玄灵宝道学科仪》说:"若始得出家,未渐内箓,上衣、仙褐、法帔皆应著条数,不合著二十四条。若受《神咒》、《五千文》,皆合著二十四条,通二十四气;若年二十五已上受《洞神》、《灵宝》、《大洞》者,上衣仙褐合著三十二条,以法三十二天。"[②]此处则规定,正一道士着朱帔二十四条,高玄道士着碧帔三十二条,升玄道士着绿帔四十二条,三洞道士着青霞帔四十九条。历来都以洞神在太玄(即高玄)之上,此处则把次序颠倒了过来。

继《三洞修道仪》之后,有贾善翔编集的《太上出家传度仪》。他的生活时代大约在神宗、哲宗前后,与苏轼、张商英为同时代人。[③] 该书的内容为出家传度礼仪的详细程序,其梗概如下:

> 引弟子于大道前礼三拜,上香,度师祝香:"以今焚香供养三清上圣十极高真、玉皇大天帝、紫微天皇大帝、紫微北帝大帝、后天皇地祇、圣祖天尊大帝(宋祖神赵玄朗)、元天大圣后……",表示皈依无极大道。
>
> 次度师于经、籍、度三师前设案坐,《华夏》(《华夏赞》,又名《四声华夏》。参《玉音法事》)引弟子礼度师,三拜,面北长跪,听说出家因缘。此时要设香供养,度师上香,引《真一本际经》解说出家义趣,并嘱

① 关于北宋新出道派,参看本章第三节。

② 《道藏》第 24 册,第 767 页。

③ 关于贾善翔的生平,参看本章第三节。

告当“贵在自利、利他”，“戒慎为先”，“只可朝真礼圣，不可享鬼拜邪”等注意事项。

次引弟子于庭下北向礼帝王，四拜。

次谢先祖，四拜。

次辞父母，包括伯叔、兄长，各四拜。

次辞亲知朋友，四拜。

次《华夏》引弟子至三师前立，知磬请三师法事。

次三皈依（皈依道、经、师三宝）。

次弟子长跪，具白刺自陈。如念不得，以木简或纸写。礼三拜讫。

次度师读白文，嘱告当报四恩三有（按四恩：天地恩、国王恩、生身父母恩、师长恩；三有：天徒、地徒、水徒）等等，并请保举二师为脱俗衣，以圆道相。先著履，后系裙，着云袖，披道服，每一动作度师都要唱赞言其意。然后知磬举仙衣赞。

次顶簪冠。度师唱赞，与戴星冠，说“与道合同”三遍，然后知磬吟星冠赞。

次执简。度师赞后，知磬三启颂。

次度师说十戒，弟子长跪。每说一戒，即问：“能持否？”答云：“能。”继说戒的种类。举智慧颂。

次听度师教戒当行和禁止之事。戒毕，引新戒弟子参礼三师，誓依教戒，各三拜。

次十二愿。

次学仙颂。

次回向念善。

次引新戒弟子礼大道功德。

最后礼度师等人，仪式乃告结束。

《太上出家传度仪》也基本上承袭了南北朝以来的礼仪。这个相对固定的程序中体现出来的内容在道教中具有普遍意义。首礼大道，须焚香供养上至三清四御、三十二天帝君、十神太一真君、天地水三官及诸星官，下至洞天福地、渎源江海、地府丰都北帝及出家弟子本命星官、宫观里域真官等天曹地府一切威灵,这成了一种定式,在别的仪式中也是如此。但值得注意的是,把赵宋王朝的圣祖纳入崇拜的神灵体系,列于仅次于三清四御的地位,表现出此时的道教所具有的为赵宋政权服务的官方宗教品格。

其次是度师讲说出家的意义,仪文所依据的经典为《本际经》。① 此经全名《太玄真一本际妙经》,原 10 卷,现《道藏》所收仅 1 卷,余卷散见于敦煌写本道经。据释玄嶷说,《本际经》5 卷乃是隋道士刘进喜造,道士李仲卿续成 10 卷,其中吸取佛教罪福因果之论。为此还引发了佛道二教之争,例如《续高僧传》卷 15 记载唐高宗显庆三年(658 年)十一月,道士李荣跟大慈寺的义褒就《本际经》教义展开了一场唇枪舌战。《本际经》在唐代产生了广泛影响,唐玄宗崇道,特意于开元二十九年(742 年)十二月敕令天下诸观自来年正月一日至年终,常转《本际经》,称其为“老君所降,以富国安民者也”②。《本际经》关于出家义,是从恩爱(舍世荣华,广建福田,唯道是务,是为初出恩爱之家)、诸有(既出家,勤行斋戒,免离三涂,离三界爱,登入九清,是为出诸有之家)两大方面加以解说的。③ 也就是说要超越现实世界,升入仙境。但仪文根据经教,强调自利和利他的相互协调,在某种程度上又调解了出离世界和遵守世俗宗法等级秩序乃至积极地为之服务二者的冲突。仪文除了要求出家道士当上报四恩、下资三有之外,还通过“沾恩”观念调疏、缓解二者实际上存在的冲突。如仪文规定,度师须向出家者告白:“汝今出家,一人有庆,九祖沾恩。”④这样,出家非但不会因断绝烟火给宗法血缘制度造成威胁,反而会给家族增光添彩,更重要的是使九祖拔出恶道,早升天堂。

再次是脱俗衣、着道服的礼仪。这是一套具有象征意义、能对出家人心理产生安慰作用的仪式,每一道动作都表示特定的宗教意义。脱衣着履时,

---

① 关于出家,道教另有专门的《太上洞玄灵宝出家因缘经》,亦造于隋、唐初之间或稍早。

② (宋)谢守灏编:《混元圣纪》卷 8,《道藏》第 17 册,第 865 页。

③ 《出家因缘经》说出家有三种义:(1)出家,(2)入道,(3)舍凡。关于凡,有凡境、凡身二种。与这里讲的恩爱、诸有稍有区别。

④ 《道藏》第 32 册,第 162 页。

度师相应赞道:“汝先足蹑双履,永离六尘。”系裙时度师赞云:“裙者,群也。以群统为意,群于道友,统以清净。又谓之裳,盖在上为衣,在下为裳,以表守谦下,为常行之法则。能如是者,灾害不生,诸圣佑护。”①着云袖,据度师赞象征中道;披道服象征灭三世愆,令九祖超度;顶簪冠象征斗星灿烂,列真朝元;执简象征简事心专,瞻星礼斗,作人天仪范。

最后是度师说教戒,其目的在于从出家之初即宣布道教戒律和通俗教义思想,从而规范其将来的行为。在这方面,仪文大体上依据六朝道经,如三皈依,念道、经、师三宝;修功德;以及禁止饮酒茹荤、轻贫贱奉富贵、慕鲜华、杀一切物命、言人阴私、交游凶徒恶党、奉事鬼神、学诸邪法、攻异端、习幻术等等,都是六朝道经已有的内容。在此反映出道教规戒的稳定性,同时也从一个侧面体现出人类一般道德(如仪文中规定的孝敬师长和父母)的稳定性。

除了以上介绍的修道科仪之外,北宋道教斋醮科仪也以继承为主。南宋道士吕太古《道门通教必用集》卷一《历代宗师略传》说,由于杜光庭编纂、修订道门科教,故天下道士至今遵行。另一精通斋醮的道士金允中在《上清灵宝大法》论及宋代斋醮科仪中占有重要地位的金箓斋时指出,杨杰直到宋徽宗编撰《金箓科文》多取古法,其时“教门正盛,考订科法,大为详密”②。文中提到的杨杰乃宋神宗时官僚,他所重修的《金箓仪》是奉神宗之命撰写的。③ 其后宰臣张商英奉徽宗敕命重撰。张商英字天觉,号“无尽居士”,蜀州新津(今属四川成都)人。官至尚书右仆射。卒于宣和三年(1121年)。道教方面撰述有《三才定位图》、《黄石公素书注》、《金箓斋投简仪》、《金箓斋三洞赞咏仪》,并收入《正统道藏》。后二种当是他编撰的《金箓斋仪》的两个部分。《金箓斋三洞赞咏仪》署题“通奉大夫守尚书右仆射兼中书侍郎上柱国清河郡开国公张商英奉敕撰”。考《东都事略》卷十一《徽宗纪》,大观四年(1110年)二月,张任中书侍郎,六月晋尚书右仆射兼

① 《道藏》第32册,第163页。

② 金元中编:《上清灵宝大法》卷22,《道藏》第31册,第482页。

③ 张商英《金箓斋科仪序》谓“神宗讲兴废典,杨杰编纂而成书”(见《金箓斋投简仪》,《道藏》第9册,第133页。)。

中书侍郎,政和元年(1111 年)罢。又据史载,政和二年(1112 年)颁《金箓灵宝道场仪范》于天下。则成书于此时。《道藏》所收金箓斋仪书有许多种,其中除署名"张商英编"之外,尚有多种未题撰人,当亦有出自宋代者。据张商英《金箓斋投简仪》末附《金箓斋科仪序》,此书是奉敕以杨杰为原本删定的,文辞简略。斋后投龙简,起源甚早,据文献记载,它初用于修道除罪的自然斋,后也扩及金箓等斋仪。[①] 投简之法,《太上洞玄灵宝赤书玉诀妙经》及陆修静《太上洞玄灵宝众简文》有载,实源出东汉早期道教的上三官手书。后杜光庭编《太上黄箓斋仪》有专门的《投龙璧仪》,不限于黄箓斋,实包括三元三箓斋。《金箓斋投简仪》正是吸取前人说法而加以系统化和简化。由于此斋用于皇帝而非道士个人修道,故而规模较大,它规定建金箓斋罢散后要设普天大醮告盟天地,乃遣官及道士投简,投简在水、山、土三处。仪文并规定投简仪式的程序和诸简式。《金箓斋三洞赞咏仪》则收建斋时赞颂词章。计收宋太宗制《步虚词》、《白鹤赞》各 10 首、《太清乐》20 首,宋真宗制《步虚词》、《玉清乐》、《太清乐》、《白鹤赞》、《散花词》五言、七言各 10 首(七言,《玉音法事》题为"真宗制《玉清昭应宫散花词》"),宋徽宗制《玉清乐》、《上清乐》、《太清乐》、《步虚词》、《散花词》、《白鹤词》各 10 首。因张商英在政和前编成此书,故无《玉音法事》所收宣和续降之《玉音步虚词》等。从总结北宋斋醮赞颂词章的《玉音法事》来看,除上述道词为当时皇帝所撰之外,余则多承袭六朝旧章。如《步虚》第一、第五、《大学仙》等出《玉京山经》(《升玄步虚章》)、《空洞》出《空洞灵章经》,《奉戒》出《本行宿缘经》,《三启》出《智慧本愿大戒上品经》,《敷斋颂》(亦名《出堂颂》)出《敷斋威仪经》,等等。

但是这时期斋醮科仪也有一些变化、发展。下面略述之。

三、斋醮科仪的变化

变化之一表现在斋仪的某些细节上。南宋道士吕太古曾指出:"历观

---

① 金箓、玉箓、黄箓上中下三元斋本皆出自然斋,《灵宝经》中《三元威仪自然真经》原有金箓简文、黄箓简文,今仅存玉箓简文一种。

古仪,并无祝香、庭参并发奏,杨公杰学士重修金箓仪节次,有祝香一节,乃是官道场之制。”又说,杨杰承五代悟微子张若海《玄坛刊误论》,迁补职、说戒于启事之先。① 正如前文所指出的那样,北宋统治者把道教斋醮科仪纳入官方祭祀之中,礼仪有斋醮,乐亦参用道调,②正因为如此,根据需要而调整斋仪就难以避免。数次改定金箓斋仪说明了这一点。

变化之二是醮仪受到重视,其地位上升。醮起源甚早,如《太上灵宝五符经》说,受天书后,欲佩身供养,当设醮仪。唐以前有关道教醮法的论述不多,此后渐增,至北宋出现了举行普天大醮、周天大醮和罗天大醮的记载,且有《罗天醮仪》之制作。南宋道士蒋叔舆编《无上黄箓大斋立成仪》,推测普醮之设起于张守真,并叹称:“今世醮法遍区宇,而斋法几于影灭迹绝。”③这虽不无惊世骇俗夸张之嫌,因为宋代斋仪还是较盛的;但自北宋以来醮法受到重视,应当说是不争的事实。金允中《上清灵宝大法》卷5《三界官曹品》说,自南朝宋、齐、唐洎于宋朝设罗天大醮,似不足信。六朝有醮,但无罗天大醮之名。正如本章第一节提及宋初道士张守真结坛,为国家祈福禳灾。根据《翊圣保德真君传》卷上和《宋朝事实》卷7的记载,其结坛有九种,上三坛专为国家设:(1)顺天兴国坛,星位3600醮座,为普天大醮;(2)延祚保生坛,星位2400醮座,为周天大醮;(3)祈谷福时坛,星位1200醮座,为罗天大醮。醮本起于醮星礼斗,故设醮时一般须建醮座,供奉诸星神。本章前已述及,东封泰山毕,宋真宗敕两街道士修斋醮科仪,特命大臣王钦若定《罗天大醮仪》10卷。《正统道藏》所收有《罗天大醮仪早、午、晚三朝仪》和《罗天大醮设醮仪》各一卷,当是在王钦若书的基础上编定的(不全)。正是由于统治者提倡,醮仪随之盛行起来,其中尤以罗天大醮最盛。北宋时重醮仪,史书有不少记载。如开国功臣赵普久病垂危,遣亲吏甄潜诣上清太平宫醮星;王安石因子王雱病亟,命道士作醮,都是比较典型的例子。宋真宗尤“严于醮祭之事”④,曾命诸州设罗天大醮,先建道场二十七日。宋徽宗也

① 《道门通教必用集》卷6《赞导篇》,《道藏》第32册,第36页。

② 详见《宋史·礼志》、《乐志》。

③ 《无上黄箓大斋立成仪》卷1,《道藏》第9册,第378页。

④ (宋)范镇:《东斋记事》卷1,北京:中华书局1980年版,第6页。

曾于政和三年(1113年)十月间降旨建祝圣罗天大醮。[①] 宣和间,朝廷还为举行罗天醮仪印行了《三千六百圣位图》,这对其他行斋后设普醮仪也适用。[②]

北宋斋醮科仪变化的第三大方面,是新出道法派别——天心派、神霄派对科仪开始产生影响。《道门通教必用集》卷9有关“发奏”说:“古仪无关告土地,便外坛宿启。后世增修为文,止是启告,寻置文牒。复有行法而居师位者,又加以印诀符咒,命召土地诸神。盖出于《天心正法》,今遂为成规。既坐命诸神,皆须如法文变神掐诀,方可施行。”[③]北宋《天心正法》本10卷,原书当出宋初,北宋末天心派道士路时中说:“初未称师,唯可受本坛祖师《天心正法》十卷”[④],可证。宋徽宗时洞幽法师元妙宗编《太上助国救民总真秘要》首尾皆载天心法。考其内容,确有表奏文移、设院造印和变神掐诀等新法。该派的《设醮仪》请奏也增加了“天枢院相公、北极驱邪院众圣”二名。北宋末神霄派所造《高上神霄紫书大法》也有类似情况,所不同者在于天心派偏重于三光等三符,神霄派则偏重五雷符;神霄派请奏有“上清天枢院”、“上清五雷院”和“神霄玉清王府”;又加以炼度仪。[⑤] 北宋神霄派自有一套修道科仪,除了不同于他派的经箓、法服、剑坛之外,另有印券甚伙。[⑥]《历世真仙体道通鉴》记载,林灵素假托上帝授予他天坛玉印、神霄嗣教宗师印、都管雷公印、天部霆司印等四印。这些印乃是施用于道场表奏文移之上的。表奏文移模仿官府的文牒形式(称某某院府,造印用印,亦同此

① (元)薛季昭《元始无量度人上品妙经注解》卷下引《神霄录纂要》,《道藏》第2册,第468页。

② 如金允中说:“黄箓大斋醮谢真灵三百六十分位……其班次高下,并以《罗天醮图》及宣和间颁下醮位参考排列。”(《上清灵宝大法》卷40《散坛设醮品》,《道藏》第31册,第617页)。

③ 《道藏》第32册,第47页。按今存两种《天心正法》,一种出邓有功删定,一种仅一卷。

④ 《无上玄元三天玉堂大法》(此书造于北宋)卷2,《道藏》第4册,第5页。

⑤ 金允中曾指出,“自古经诰之中,修真之士莫不服符请气,内炼身神”,但作为独立的炼度仪式却“古法未立”(《上清灵宝大法》卷37。《道藏》第31册,第582页)。而北宋《高上神霄紫书大法》中有炼度仪。

⑥ 参见北宋所出《高上神霄宗师受经式》。

理),不同于古式斋醮的上章。[①] 变神掐诀也是在行道时存神、符咒之外新增的道法。[②] 这些都是北宋斋醮科仪的新现象、新动向。

醮仪地位的上升,新出道法对斋醮仪式的影响,是北宋斋醮科仪尤值得重视的变化发展,由此使其成为承上启下的一个阶段。前面简要指明了北宋斋醮科仪的几点变化,下面我们从道教科仪历史演变的宏观视野,就宋代道教斋醮的历史转换这一问题再进一步深入讨论。

宋代是道教斋醮科仪史上的转换期。道教斋醮在经历盛唐国家祭祀的高潮之后,在唐末五代战乱分裂时徘徊于低迷状态,至宋代又出现历史上前所未有的兴盛局面。道教科仪经过魏晋南北朝高道的修订,已改变早期民间道教的祭祀特质,具有正统道教为国家祭祀服务的功能。宋代道教在继续保持国家宗教祭祀职能的同时,道教转而对民间信仰进行理论改造,一批有影响的民间俗神被吸纳入道教神系。在南宋道教复兴的时代背景下,编撰斋醮科仪经典的宗师辈出,形成诸家并起,各持一说的局面。

宋代国家斋醮的新趋势。经历五代变乱而建立的北宋王朝,在尊崇道教方面沿袭唐代而有过之无不及。宋初终南山道士张守真以降神言人祸福而闻名,宋开宝九年(976 年)张守真被召进京,在建隆观设黄箓醮降神。张守真在斋醮坛场制造"晋王有仁心"的降言,[③]太祖赵匡胤禅位给晋王赵光义。宋太宗以皇弟即位的非常经历,使他对道教斋醮降神无比崇信。宋太宗即位后首要的神祀活动,就是命张守真在皇宫琼林院建延祚保生坛,设周天大醮为国祈福。宋太宗又敕命在终南山选址,为张守真兴建上清太平宫。太平兴国六年(981 年)赐张守真崇玄大师号,翌年正月张守真在上清太平宫设普天大醮为国祈祷,从此上清太平宫成为国家斋醮的坛场。[④] 在《翊圣

① 参见吕元素《道门定制序》。

② 所谓变神掐诀,是指一套与存神、念咒相应的手指动作,掐身体的一定部位(主要是手)。认为如此一来,即可通神,请得行道所需的气。如《高上神霄紫书大法》所载《神霄诀》,二指、三指弓,大指掐子位(以甲子表示某一特定位置),四指、五指压定大指。别的掐诀法可以依此类推。

③ (宋)李焘:《续资治通鉴长编》卷 17,北京:中华书局 1979 年版,第 3 册,第 378 页。

④ (宋)张涛:《圣宋崇玄大法师行状碑》,《全宋文》卷 169,成都:巴蜀书社 1989 年版,第 4 册,第 791—794 页。

保德真君传》的神授科仪说中，张守真被奉为科仪坛法的传承者。

宋朝皇室崇祀太一神达到极致，为此在东京兴建宏大的太一宫。太一本来是先秦自然崇拜的星辰，国家祭祀太一神始于汉武帝时，唐天宝初兼祀八宫，称之为九宫贵神，太清宫特设立九宫贵神坛。宋代更形成十神太一的信仰，十种太一神皆被视为天之尊神。宋代《太一经》对太一信仰作了宗教神学的解释，《太一经》宣称太岁有阳九之灾，太一有百六之厄，而五福太一所临分野则有福，可以保佑无兵疫水旱之灾。按照太一四十五年一徙的星相理论，宋朝随太一所在筑宫迎祠，宋太宗太平兴国年间在京师东南苏村建东太一宫，宋仁宗天圣年间在东京西南八角镇建西太一宫，宋神宗熙宁年间在东京之南建中太一宫。[①] 宋朝尤重太一之祠，宋太宗以下诸帝都曾亲祀太一宫，宋人文集中不乏祭祀太一宫的词文。

宋朝崇信道教，不仅宫观赐名，神仙封号，还形成道教神仙节日。宋真宗大中祥符年间，屡次出现所谓天书下降的祥瑞，大中祥符九年（1016 年）十二月，因天书下降，宋真宗"命诸州设罗天大醮，先建道场二十七日"。[②] 因庆祝天书下降之神道设教需要，产生了降圣、天庆、天祺、天贶诸节日。在宋朝这些特定的道教节日期间，东京的宫观举行七天斋醮法会。如六月六日天书降泰山设立的天贶节，宋真宗令天下诸州逢此节期设醮庆贺，直至明清时期民间逢六月六日例要建醮禳谢，宋代的道教节日此时已衍化为民俗节日，影响所及甚至远达少数民族地区。大中祥符五年（1012 年），宋真宗以神人托梦的道教神学手法，宣称玉帝命赵玄朗下降主赵氏之族，遂尊赵玄朗为九天司命保生天尊，成为宋代斋醮法坛颇受崇祀的道教尊神。宋真宗还命王钦若检阅《道藏》，查得赵氏神仙四十人事迹，在新建的景灵宫廊庑图画其形象。李唐王朝尊老子为始祖，有老君于羊角山示现点化的传说，[③] 尽管唐宋皇室攀附道教神仙的手法不同，但以神道设教的主旨则完全一致。

宋真宗时期的崇道之风已渐近高潮，当时国家斋醮一年中竟多达 49

① （宋）洪迈撰：《容斋随笔》卷 7，上海：上海古籍出版社 1978 年版，第 499 页。

② 《宋史》卷 104《礼志》，北京：中华书局 1977 年版，第 8 册，第 2543 页。

③ （唐）封演：《封氏闻见记》卷 1，《文渊阁四库全书》第 862 册，第 421 页。《混元圣纪》、《犹龙传》、《龙角山记》等道经亦有记载。

次,由此朝野大臣纷纷呼吁裁减斋醮次数。大中祥符九年(1016年),河西节度使石普上书请罢斋醮,言可节省缗钱七十余万以赡国用,却被宋真宗免官流放于贺州。宋仁宗天圣元年(1023年),因群臣多劝谏斋醮糜费甚重,宋仁宗才诏命礼仪院裁定,最后将国家斋醮次数减损为二十次,大醮规模由二千四百分减损为一千二百分。唐宋道教为国家举行金箓大斋、黄箓大斋,按照科仪程序要赴名山洞府举行投龙简仪式,这是斋醮仪式最后与天地告盟的仪格。宋代不乏反映投龙简仪式的诗文,孙何《桐柏观》诗曰:

玉坛三级接秋空,此是仙家第几重?
羽客有时来驾鹤,王人无岁不投龙。[①]

与国家斋醮次数的裁减相对应,国家投龙的地点也予以裁减,宋范镇《东斋记事》卷一载道箓院保留投龙的二十处名山洞府,即河南府平阳洞、台州赤城山玉京洞、江宁府华阳洞、舒州灊山司真洞、杭州大涤洞、鼎州桃园洞、常州张公洞、南康军庐山咏真洞、建州武夷山升真洞、漳州南岳朱陵洞、江州马当山上水府、太平州中水府、润州金山下水府、杭州钱塘江水府、河南济渎北海水府、凤翔府圣湫仙游潭、河中府百丈泓龙潭、杭州天目山龙潭、华州车箱潭。[②] 但裁减的投龙名山洞府,有的不久又恢复,因此国家斋醮糜费太多的状况并无改变。宋祁在宝元二年(1039年)十一月上疏,指出宋代时弊有二冗三费,其中斋醮是造成国家财政之一大耗费,“道场斋醮,无日不有,皆以祝帝寿、祈民福为名;宜取其一二不可罢者,使略依本教以奉熏修,则一费节矣”。[③] 但宋徽宗时斋醮之风更甚,这位道君皇帝竟下令改佛教寺院为道教宫观,改僧人为德士,尼姑为女德,可谓是史无前例的崇道抑佛举措。

宋代皇室以文治国,尤重国家祭祀的礼仪,在沿用传统儒家礼仪祭典的同时,吸收道教斋醮科仪用于郊祀大礼。宋神宗时命宋敏求负责制定国家祭祀仪礼,其中的《祈禳》仪礼共40卷,内分《祀赛式》、《斋醮式》、《金箓仪》,主要由道教斋醮科仪构成。宋孟元老《东京梦华录》卷十记国家行郊

---

① 《全宋诗》卷38,北京:北京大学出版社1991年版,第2册,第979页。

② (宋)范镇:《东斋记事》,北京:中华书局1980年版,第4—5页。

③ (清)毕沅撰:《续资治通鉴》卷42,北京:中华书局1957年版,第3册,第989页。

祭大礼,祭坛上“有登歌道士十余人,列钟磬二架,余歌色及琴瑟之类”。[①]《宋史·礼志七》载:

> 宋徽宗崇尚道教,制郊祀大礼,以方士百人执威仪前引,分列两序,立于坛下。[②]

这里所谓方士就是道士,威仪指道教斋醮的幡幢。宋祁曾撰写南郊道场青词十余首,就是郊祭大礼的斋醮祀神词文。南宋王朝的郊祀大礼仍然沿袭北宋传统,南宋周密《武林旧事》卷一载:南宋临安的郊祀大礼后行恭谢礼,皇帝“将至太乙宫,道士率从执威仪于万寿观前,入围子内迎驾起居做法事,前导入太乙宫门降辇,候班齐,诣灵修殿参神”。[③] 南宋吴自牧《梦粱录》卷一载:正月十七日皇帝至景灵宫行春孟朝飨礼,在景灵宫道教神殿前,有“崇禋馆道士二十四员在殿墀下叙立,举玉音法事”。[④] 道教斋醮坛场严整的威仪,虚无缥缈的仙风道乐,为国家郊祀大礼增添了神秘气氛。

宋代东京的学士院承袭唐代翰林院礼制,有为国家斋醮撰写青词的职责,宋代学士院正厅称为“玉堂”,学士中不乏深具道学修养者。学士院文士们撰写的供奉青词,一时间在社会上广为流传,以至青词成为宋代文士创作的常见文体。文人青词的大量传写始于宋代,宋代文士的文集中不乏青词作品,如苏轼撰青词17首,苏颂撰青词6首,王安石撰青词26首,欧阳修撰青词45首,夏竦撰青词27首,王珪撰青词141首,胡宿撰青词125首,张孝祥撰青词13首,洪适撰青词42首、周必大撰青词90首。宋代文士的青词创作水平为后世所叹服,明沈德符《万历野获编》卷10评价宋人青词说:“其组织之功,引用之巧,令人击节起舞。”[⑤]文士青词丰富的祭祀主题内容,从一侧面反映出宋代国家斋醮道场的兴盛。明朱国祯《涌幢小品》卷29说宋世尤重科醮,“朝廷以至闾巷,所在盛行”。[⑥]

---

① (宋)孟元老撰、邓之诚注:《东京梦华录》,北京:中华书局1982年版,第243页。
② 《宋史》,北京:中华书局1977年版,第8册,第2543页。
③ 《文渊阁四库全书》第590册,第181页。
④ (宋)吴自牧撰:《梦粱录》,杭州:浙江人民出版社1984年版,第4页。
⑤ (明)沈德符撰:《万历野获编》,北京:中华书局1959年版,第270页。
⑥ (明)朱国祯撰:《涌幢小品》,北京:中华书局1959年版,第694页。

在中国道教斋醮科仪史上，唐宋元明历代皇帝皆崇信斋醮，但唯有宋代的太宗、真宗、徽宗，热衷于为皇室的金箓斋撰写词文，宋徽宗就曾亲制《玉虚乐章》，施行于国家斋醮的法坛。《正统道藏》收录的《金箓斋三洞赞咏仪》三卷，卷上是宋太宗撰写的步虚词、白鹤赞、太清乐共 40 首，卷中是宋真宗撰写的步虚词、玉清乐、太清乐、白鹤赞、散花词共 60 首，卷下是宋徽宗撰写的玉清乐、上清乐、太清乐、步虚词、散花词、白鹤词共 60 首。陆游《家世旧闻》卷下记宋徽宗重视道教科仪，“每斋醮，上必亲札辞表”。[①]《正统道藏》还收录《宋真宗御制玉京集》6 卷，是斋醮仪式中上玉皇、圣祖天尊大帝、三清、太祖、太宗等的表文和告谢词，共有 157 道，宋真宗撰写的斋醮敬神乐章，在玉清昭应宫、景灵宫等醮坛使用。皇帝御笔撰写斋醮词文，这在中国古代的帝王中，唯崇尚文治的赵宋皇帝最具雅兴。

宋代科仪经典编撰的兴盛。从刘宋陆修静编撰科仪直至清代，道教的科仪经典几乎历代都有撰修，但宋朝可谓是科仪编撰史上的重要时期。为使道教斋醮科仪适应国家祭祀的需要，宋代肇开由国家专门编撰科仪经典的先例。宋真宗时王钦若奉敕组织东京道士编定科仪，王钦若“自以深达道教，多所建明，领校道书，凡增六百余卷”。[②] 王钦若在奉敕撰写的《翊圣保德真君传》中，按道经神仙降世说的惯用神学表达方法，宣称翊圣保德真君降世教张守真结坛。

张守真所传九种结坛法，分为上中下三等。据《翊圣保德真君传》载：

> 上三坛则为国家设之。其上曰顺天兴国坛，凡星位三千六百，为普天大醮，旌旗鉴剑，弓矢法物，罗列次序，开建门户，具有仪范。其中曰延祚保生坛，凡星位二千四百，为周天大醮，法物仪范，降上坛一等。其下曰祈谷福时坛，凡星位一千二百，为罗天大醮，法物仪范，降中坛一等……中三坛则为臣寮设之。其上为黄箓延寿坛，凡星位六百四十；其中曰黄箓臻庆坛，凡星位四百九十；其下曰黄箓去邪坛，凡星位三百六十……下三坛则为士庶设之。其上曰续命坛，凡星位二百四十；其中曰

① （宋）陆游：《家世旧闻》，北京：中华书局 1993 年版，第 219 页。

② 《宋史》卷 283《王钦若》，北京：中华书局 1977 年版，第 27 册，第 9563 页。

集福坛,凡星位一百二十;其下曰却灾坛,凡星位八十一……此九坛之外,别有应物坛。或六十四位,或四十九位,或二十四位,法物所须,各以差降,士民之类,可量力而为之。①

星位又称分位,斋醮坛场设上真圣位,每座神位前要奏纸钱马一分,故称神真圣位为分位。奏献纸钱马意为表信效心,忏愆赎过,使人有信向之诚。上述法坛中,周天大醮、罗天大醮已见于唐代文献,杜光庭《广成集》,有举行周天大醮、罗天大醮的词文,《全唐文》亦有行周天大醮、罗天大醮的记载。唐代是否已有三等九级法坛,因文献记载阙如,难以确认。但《翊圣保德真君传》的记载,反映出宋真宗时三等九级法坛已经形成的事实。经王钦若等人的修订,三等九级法坛大行于世,为后世道教斋醮奉为圭臬,影响甚为深远。

大中祥符年间(1008—1016年),王钦若主持编修斋醮科仪的另一成就,是重新编成《罗天大醮仪》十卷,其中包括罗天圣位九卷,罗天科仪集成一卷。后由崇文院缮写十五本,颁给会真、太宁、上清、太平等宫观,作为科仪范本。

道教为国家祭祀的三箓斋的格式,也在宋真宗时正式确定为上三坛的坛仪。宋吕元素《道门定制》卷3载:

三箓斋者:上元金箓斋,帝主修奉,展礼配天,罢散,设普天大醮三千六百分位;中元玉箓斋,保佑六宫,辅宁妃后,罢散,设周天大醮二千四百分位;下元黄箓斋,臣庶通修,普资家国,罢散,设罗天大醮一千二百分位。②

宋真宗在王钦若上罗天科仪奏状的批答中,提到王钦若重新修订三箓斋升降次第及圣真位号,敕命颁下东京宫观和天下名山福地,以备朝廷或地方大臣为国修奉。至此,宋代国家三元斋会的坛仪有了明确规定,后世道教的大型斋醮以三箓斋著称,在科仪史上的影响甚为深远。金元时期,全真道诸宗师为国家举行的斋醮就多是普天大醮、周天大醮、罗天大醮等三箓斋、三坛

---

① (宋)张君房:《云笈七籤》卷103,《道藏》第22册,第695页。

② 《道藏》第31册,第676页。

大醮的仪格。

继宋真宗时期编撰科仪之后，宋神宗、宋徽宗时亦继续编撰斋醮科仪。宋神宗熙宁六年(1073年)，陈绎编修《道场斋醮式》28卷。张商英亦奉旨修订《金箓斋科仪》，署名为张商英编修的《金箓斋投简仪》1卷，为明代编修的《正统道藏》收录而流传后世。宋徽宗大观二年(1108年)，制定金箓灵宝道场仪范426部，宣和年间杨杰奉敕编撰金箓道场科仪，此科书是徽宗朝国家斋醮的模板。宋徽宗政和四年(1114年)，诏命天下诸路监司，每路选拔宫观道士十人赴京城左右街道箓院讲习，这次全国性的科道声赞规仪的培训，编撰的《玉音法事》是最早的斋醮音乐经韵集。

茅山宗二十六代宗师笪净之，在元祐年间(1086—1094年)受哲宗召请，入京师住持上清储祥宫，当时“九幽、黄箓久废，世罕道者。先生发明之，二科仪式方大显于时”。[①]《正统道藏》收录有《黄箓九幽醮无碍夜斋次第仪》1卷，是宋代科仪经本，不署撰人，当与笪净之编撰的九幽黄箓科仪有关。北宋张耒《新开朝天九幽拔罪忏赞》说庐山太平观：

> 藏道家之书，盖无所不有，而独所谓《朝天》、《九幽》二拔罪忏者久之未补。道士温信之谓二书皆众真之格言，拯下民之多罪，援之沦坠，教以自修，在道家尤重者也。[②]

庐山太平观募钱印行《朝天》、《九幽》二经忏，使之流传于世，张耒的赞文即撰于二经忏印行的绍圣五年(1098年)，这应该是笪净之九幽黄箓科仪流布的例证。至南宋时黄箓斋法最为盛行，这与南宋社会动荡，生命无常有关。

北宋皇帝御敕编撰斋醮科仪经书，旨在整肃国家祭祀仪式。北宋时期编撰斋醮科仪取得明显效果，道教斋醮的规模和科仪的丰富都超过唐代。但随着北宋王朝的覆没和少数民族政权在北方的建立，宋代国家祭祀大一统的格局已不复存在，南宋时期道教科仪形成诸家并起，各持一说的局面。南宋是民间道教自由编撰科仪的时代，南宋的留用光、蒋叔与、宁全真、金允中、王契真、路时中、吕太古、吕元素等人，作为道教各派科仪的代表，其编撰

---

① (元)刘大彬:《茅山志》卷26《冲隐先生墓志铭》，《道藏》第5册，第670页。

② (宋)张耒撰，李逸安、孙通海、傅信点校:《张耒集》卷52，北京:中华书局1990年版，第801页。

传世的一批斋醮科仪经典，无论是科书经典的数量和科仪门类的齐全，都远超出中唐张万福和唐末五代杜光庭的科仪。这些科仪经典既反映宋代道教斋醮水平，也显示南宋道教科仪宗师惊人的创造力。

宁全真、林灵真、王契真承袭北宋东京科仪的传统，其科仪以显扬灵宝斋法为己任。路时中也是曾活动于东京的道士，他编撰的《无上玄元三天玉堂大法》，代表了宋代的玉堂大法流派，又具有显扬正一科法的特点。吕元素、吕太古原本是巴蜀道士，他们在移徙南宋都城临安以后，分别撰写《道门定制》、《道门通教必用集》，又有推崇巴蜀道教古科的特色。

第九节　北宋道教经书的编辑

一、北宋《道藏》的纂修概述

道教经书自唐玄宗时纂修成藏后，经唐末五代战乱，便受到破坏，散乱无伦。《道藏尊经历代纲目》说："唐末之乱，灵文秘轴，焚荡之余，散无统纪。幸有神隐子收合余烬，拾遗补阙，复为《三洞经》。再经五季乱离，篇章杂糅。"《三洞修道仪》也说，五代时期，"经籍亡逸"。杜光庭《太上黄箓斋仪》卷 12 记叙当时之事，说黄巢起义，长安、洛阳两都，"真宫道宇，所在凋零；玉笈琅函，十无三二"。据《茅山志》等书记载，亳州太清宫未毁，贮有古本《道藏》，此《道藏》实自唐代流传下来，历经战乱而未亡佚。此外，南方如茅山等处宫观也保存有《道藏》。陈国符先生《道藏源流考》指出："至五季重建《道藏》，其可考者，一在蜀中，杜光庭建。一在天台桐柏宫［按：明释无尽《天台山方外志》卷 4：唐睿宗景云二年（711 年）置桐柏观。五代梁开平（907—911 年）中改桐柏宫。宋大中祥符元年（1008 年）改桐柏崇道观。明复改桐柏宫。］吴越忠懿王建。后者宋金允中谓其甚多颠倒错误。"①杜光庭《太上洞玄灵宝素灵符》自序，谓天复六年（906 年），请经于平都山（在唐忠州丰都县，山有仙都观），得天师翟乾祐所传《素灵符》，编入三洞藏中。可

① 陈国符：《道藏源流考》，北京：中华书局 2012 年增订版，第 125—126 页。

见杜光庭曾致力于重建《道藏》。钱俶重建《道藏》,则有北宋大祥符三年(1010年)夏竦所撰《重建道藏经记》记其事。他说:“唐景云(710—711年)中,天子为司马承祯置观桐柏,界琼台三井之下。五代相竞,中原多事。吴越忠懿王得为道士朱霄外新之,遂筑室于上清阁西北,藏金录字经二百函,勤其事也。”①吴越所编之《道藏》有不少“颠倒错谬”、“脱字漏句”和“昭然伪撰者”。南宋金允中说:“《道藏》所畜经文,近来真伪混杂,未易分别。如天台桐柏崇道观,乃五代之末吴越王钱氏所建。藏中诸经,拘集道童及僧寺行者,众共抄录,以实其中。碧纸银书,悉成卷轴。当时四方割据,钱氏处于偏方,随其境内所有之书,一时欲应限数。故其间颠倒错谬,不可胜记;有脱字漏句,全不可读;有言辞鄙俚,昭然伪撰者。于今几三百年,更数世之后,不知始末,则谓道典果有此等经文。”他认为:“允中所见诸方经教混淆,不失于天台;况允中足迹所不经行之地,耳目所未涉历之书尤多。遐方僻郡,道馆琳宫,经籍失正者甚众。”②

五代时期,中原宫观道书既焚毁散荡,南方《道藏》又编纂不精,虽有个人(如暨齐物、梁文矩等)收藏较多道书③,也亟待纂修入藏。因此,随着北宋的统一,重编《道藏》就提上了议事日程。

北宋纂修《道藏》,从文献记载来看,最早始于太宗在位时,据《文献通考》卷234引《宋三朝国史志》,太宗访求道经,得7000余卷,命散骑常侍徐铉和知制诰王禹偁校正,删去重复,得3737卷。但这里有两个问题:

第一,太宗何时搜访道书,何时命徐铉等人校雠道书,编纂成藏?陈国符先生据《天台山志·重建道藏经记》:“国家有成命之二十载,削平天下,

---

① 《天台山志》,《道藏》第11册,第194页。据南宋曹勋所撰《重修桐柏记》“金录字”当作“金银字”。

② 《上清灵宝大法》卷24,《道藏》第31册,第496页。按曹勋于南宋乾道四年(1168年)所撰《重修桐柏记》(载于《天台山志》)说:“道士唐知章以钱氏手写金银字道经,出私钱建藏并殿。”此道经即金允中文中所言钱氏重建之《道藏》,至明初毁于火。(《道藏》第11册,第95页。)

③ 暨齐物(道书中多称“暨天师”)入大涤山精思院,创书楼,“积书数千卷其上”。见(元)邓牧、黄成助编:《洞霄图志》卷5,台北:成文出版社1983年影印版,第121页。梁文矩“喜清静之教,聚道书数千卷”。见《旧五代史》卷92,北京:中华书局2000年版,第450页。

列为郡县,舻舳千里,东暨于海。有灵静大师孟玄岳者,始越会稽,济沃州赤城,访桐柏,为山门都监。冲一天师稽常一等请掌斯藏。至雍熙二年(985年),有诏悉索是经付余杭传本。既毕,运使谏议大夫雷公德祥命舟载以还,从师请也。"认为"雍熙(984—987年)年间,索桐柏宫藏经赴余杭传本,盖已在搜访道经。其后始命徐铉王禹偁雠校,以成《道藏》也"。又据《宋史·徐铉传》和《王禹偁传》,推断:"自端拱二年(989年),至淳化二年(991年),徐铉为散骑常侍,王禹偁知制诰。二人奉敕校正道经,当在是时。"[①]日本学者吉冈义丰先生持相似的观点,认为最初的雕印佛藏经——蜀板《大藏经》完成于太平兴国八年(983年),因此计划《道藏》的编纂约在此前后,而雍熙二年(985年)便具体化了;至于其完成时间,当在淳化元年、二年两年之间(990—991年)。[②] 正是在淳化元年(990年)二月,太宗赐诸路印本《九经》。修印三教经书几乎同时并行。"淳化二年(991年),庐山女僧道安诬[徐]铉奸私事,道安坐不实抵罪,铉亦贬静难行军司马"[③]。"道安当反坐,有诏勿治。[王]禹偁抗疏雪铉,请论道安罪,坐贬商州团练副使"[④],亦于淳化二年(991年)遭贬。第一次编纂《道藏》,当在此之前不久。

第二,删去重复所得的卷数有异说。《玉海》卷52、《续资治通鉴长编拾补》卷38并同《文献通考》所引《宋三朝国史志》,作3737卷;而《佛祖统纪》卷44和《混元圣纪》卷9则作3337卷;究竟谁是谁非?吉冈先生指出:"要判定此二说的是非并不困难。据《佛祖统纪》卷44说,王钦若主编《道藏》继太宗的道藏编纂后进行,增加了620卷。《宋史》卷282《王钦若传》说,凡增600余卷;《咸淳临安志》卷89说,钦若增622卷。王钦若的《道藏》为4359卷。如前所述,这是增补了600余卷入太宗的《道藏》的卷数,因此,如若按《咸淳临安志》之说,减去622卷,则恰好为3737卷。也就是说,《佛祖

① 陈国符:《道藏源流考》,北京:中华书局2012年增订版,第129页。
② [日]吉冈义丰:《道教经典史论》,大正大学道教刊行会昭和三十年版,第141—142页。
③ 《宋史》卷441《文苑·徐铉传》,北京:中华书局1977年版,第37册,第13045页。
④ 《宋史》卷293《王禹偁传》,北京:中华书局1977年版,第28册,第9797页。

统纪》等所称三千三百余卷并非准确的数字。"①如果仍依《宋三朝国史志》所言唐开元（713—741 年）中《三洞琼纲》3744 卷为准②，则宋太宗时编的《道藏》就意味着恢复到唐玄宗时《三洞琼纲》的卷数。

太宗时徐铉等纂修《道藏》，有道士例如张契真参与其事。张契真，字齐一，钱塘（今浙江杭州）人。幼孤，依上清官胡法师浮游江浙，上会稽，探禹穴，历缙云，游赤城。时朱天师居天台山，器之，以其有清骨方瞳，度为道士。久之，还钱塘，居吴山真圣宫。周世宗显德五年（958 年），受正一盟威、灵宝法箓于大元樊先生，由是紫蕊玉笈之节，无不历览，而名振江浙。钱俶精崇道法，每三箓斋，俾总其事；王公贵人，亦从而钦尚。宋太平兴国（976—983 年）中，太宗在汴京东南建太一宫，诏天下戒洁之士以居之，而契真与选。未几，禁中清醮，因召对称旨，赐紫衣。太宗以道书鱼鲁未定，诏两街道录选优学者刊正，契真复与。既毕，赐"元静大师"之号。张契真嗜好文，老而不倦，手抄经史子集凡 500 余卷。真宗景德三年（1006 年）卒，享年 71 岁。

至真宗时，又进一步纂修《道藏》。据谢守灏《混元圣纪》卷 9："大中祥符二年己酉（1009 年），诏左右街选道士十人校定《道藏》经典。至三年（1010 年），又于崇文院集馆阁官僚详校，命宰臣王钦若总领之。""钦若沿旧三洞四辅经目增补，凡四千三百五十九卷。撰成篇目上进，赐名《宝文统录》。帝亲制序。"《佛祖统纪》稍异，说："东封毕……敕两街道士修斋醮科仪，命知枢密院王钦若定《罗天大醮仪》十卷。选道士十人校《道藏经》。旧录三千三百三十七卷，钦若详定，增六百二十卷，赐名《宝文统录》。御制序以冠之。初，奉诏取释道藏经互相毁訾者并删除之。"③又据《云笈七籤》张君房序，大中祥符初年（1008—1016 年），真宗"尽以秘阁道书、太清宝蕴，出

① ［日］吉冈义丰：《道教经典史论》，大正大学道教刊行会昭和三十年版，第 143—144 页。

② 另，杜光庭说《琼纲经目》凡 7300 卷，《道藏尊经历代纲目》则说："唐明皇御制《琼纲经目》藏经五千七百卷。"（见萧登福撰：《正统道藏总目提要》，台北：文津出版社 2011 年版，下册，第 1387 页。）

③ 《佛祖统纪》卷 45，《卍续藏经》，台北：新文丰出版社 1995 年版，第 131 册，第 567 页。

降于余杭郡，俾知郡故枢密直学士戚纶、漕运使今翰林学士陈尧佐，选道士冲素大师朱益谦、冯德之等专其修较，俾成藏而进之”①。于是依照旧目刊补。据《文献通考》卷224引《宋三朝国史志》，此经目收录的分类卷数如下所列：

洞真部 620卷

洞元(玄)部　1013卷

洞神部　172卷

太真(玄)部　1407卷

太平部　192卷

太清部　576卷

正一部　370卷

合为新录，总4350卷。又撰篇目上献，赐名《宝文统录》。七部分类卷数比总数少9卷。②

“秘阁道书”，指太宗时已汇编成藏的道书；“太清宝蕴”，则指亳州真源县太清宫的唐代《道藏》古本。太宗雍熙二年(985年)曾索取天台山吴越《道藏》付余杭传本，至此，纂修新的《道藏》也在余杭。参与修校的冯德之、朱益谦都是余杭大涤山洞霄宫道士。邓牧《洞霄图志》卷五记云：“冯德之，字几道，河南人。少习儒业，书无不读。京师号‘冯万卷’。不慕声利，弃家入道，被旨住杭州洞霄宫。时公卿皆以诗饯行。宋真宗锐意元(玄)教，尽以秘阁道书出降余杭郡，俾知郡戚纶、漕运使陈尧佐，选先生及冲素大师朱益谦等修校，成藏以进，号曰《云笈七籤》。”“云笈七籤”非道藏名，此说有误。据此文，冯、朱等道士当在此道宫中修校《道藏》。而据前引《混元圣纪》，则起初修校在京师进行，后又出降《道藏》于余杭，选冯、朱等洞霄宫道士专门修校。

《宋史·真宗纪》记载：“大中祥符九年(1019年)三月己酉，王钦若上《宝文统录》。”《宝文统录》编目工作到此完成。《宋史·王钦若传》说：“钦

① 《道藏》第22册，第14页。

② 《秘书省续编到四库阙书目》、《通志·艺文略》著录王钦若等撰《三洞四辅部经目》7卷，陈国符“按此当即《宝文统录》”。但7卷目录较之9卷仍差2卷之数。

若自以深达道教，多所建明，领校道书，凡增六百余卷。”晏殊于仁宗庆历二年（1042年）所撰《茅山五云观记》说：“纷披载籍……诏公典领焉。公又以混元之法，有助亨会，函笈所蕴，源流寔繁，欣逢盛明，用得论次，乃复选通达其学者，校雠而辨正焉。名山洞室之藏，金简玉文之萃，多所刊定，讫无伪谬。”①王钦若编校《道藏》的看法及其结果，尚可从《混元圣纪》卷九的记载窥得一二：“钦若以《道德经》、《阴符经》乃老君、圣祖所述，请自四辅部陛于洞真部。初，诏道释经互相毁訾者削去之。钦若言《老子化胡经》乃古圣遗迹，不可削除之。诏从之。”②《宝文统录》尚登录真宗的作品。据李焘《续资治通鉴长编》，大中祥符六年（1013年）六月，“以编制《大中祥符颂》《真游颂》《圣祖临降记》赐天下《道藏》，从中书门下所请也”③。

在王钦若大中祥符九年（1016年）上《宝文统录》之前，由于修纂《道藏》工作中出现的一些困难，以戚纶等共荐，又命张君房专任其事。张君房在《云笈七籤序》自述其事说：“祀汾阴之岁，臣隶职霜台，作句稽之吏。越明年秋，以鞠狱无状，谪掾于宁海。冬十月，会圣祖天尊降延恩殿，而真宗皇帝亲奉灵仪，躬承宝训，启绵鸿于帝系，濬清发于仙源。诞告万邦，凝休百世。于是天子锐意于至教矣。”此前在余杭修《道藏》，“然其纲条漶漫，部分参差，《琼纲》、《玉纬》之目，舛谬不同。岁月坐迁，科条未究。适纶等上言，以臣承乏，委属其绩。时故司徒王钦若总统其事，亦误以臣为可使之。又明年冬，就除臣著作佐郎，俾专其事。臣于时尽得所降到道书，并续取到苏州旧《道藏经》本千余卷，越州、台州旧《道藏经》本亦各千余卷，及朝廷续降到福建等州道书、《明使摩尼经》等，与诸道士，依三洞纲条、四部录略，品详科格，商较异同，以铨次之，仅能成藏，都卢四千五百六十五卷；起《千字文》‘天’字为函目，终于‘宫’字号，得四百六十六字，且题曰《大宋天宫宝藏》。距天禧三年（1019年）春，写录成七藏以进之。”④张君房此序写于仁宗天圣三年（1025年）十月王钦若死后。祀汾阴在大中祥符四年（1011年）二月，

① （元）刘大彬：《茅山志》卷25《录金石篇》，《道藏》第5册，第659页。

② （宋）谢守灏：《混元圣纪》卷9，《道藏》第17册，第877页。

③ （宋）李焘：《续资治通鉴长编》卷80，北京：中华书局1980年版，第6册，第1830页。

④ 《道藏》第22册，第1页。

此时张君房任御史台官。祥符五年(1012年)秋,谪官于宁海,戚纶、王钦若推荐他编纂《道藏》即在是年。祥符六年(1013年)冬,朝廷正式任命他为著作佐郎,从这个时候起,他才主领其事。至天禧三年(1019年)春,写录完成全藏并进献真宗,历时六年。《宝文统录》著录为4359卷,而张君房编纂形成的《大宋天宫宝藏》则有4565卷,增加了206卷。

这里有一个问题,即《大宋天宫宝藏》跟《宝文统录》究竟是什么关系?吉冈义丰先生认为,《宝文统录》和《天宫宝藏》实指同一道藏,或者,《宝文统录》为目录名称,而《天宫宝藏》则为道藏的名称。由于从进《宝文统录》到完成《天宫宝藏》,其间有三年时间,因此增补了卷数。[①] 陈国符的《道藏源流考》也含有认为《宝文统录》是目录的意思。[②] 我们认为,《宝文统录》本为大中祥符九年(1016年)以前修校中的《道藏》的目录,因用以代指此时修校中的《道藏》。后来天禧三年(1019年)所上《大宋天宫宝藏》其卷数已大大增加,到这个时候,目录当也经修定。由于编纂工作仍由王钦若挂名总领,因此,见录于宋代书目的"王钦若等撰"的《三洞四辅部经目》7卷很可能就是《大宋天宫宝藏》的目录,而道教中人(如陈景元)并未改变《宝文统录》的名称。从张君房自序来看,张君房所进《大宋天宫宝藏》是在祥符年间修校的《道藏》基础上编纂而成的,他并没有在此之外主编另一部《道藏》。他主领《道藏》的具体修纂工作在祥符六年(1013年)冬,而王钦若上《宝文统录》则在此后的祥符九年(1016年),因此他也参加了《宝文统录》所指代的那部分《道藏》的修校工作,并且在最后写定的《大宋天宫宝藏》中纠正了原来的舛谬,增加了新的内容。咸淳《临安志》卷八十九谓祥符"九年(1016年),选道士十人校定《道藏经》,命王钦若总领。旧藏3737卷,钦若增622卷。仍令著作佐郎张君房就杭州监写本"。"九年"实指王钦若上《宝文统录》的那一年,在旧藏中增加622卷也是《宝文统录》。咸淳《临安志》显然是为了叙事简便而把若干年的事集中到上《宝文统录》这一年来叙述,因而给人造成祥符九年(1016年)始校定《道藏》的错觉。但咸淳《临安

① [日]吉冈义丰:《道教经典史论》,大正大学道教刊行会昭和三十年版,第147页。

② 参见陈国符《道藏源流考》(北京:中华书局2012年修订版)第131页文中夹注,以《宝文统录》为一部目录书。

志》接着说,“仍令著作佐郎张君房就杭州监写本”,表明张君房参加了这项工作,并且他所进《大宋天宫宝藏》正是在此基础上编纂形成的。道士陈景元于元丰七年(1084 年)所撰《南华真经章句音义叙》云:“尝数其正经得六万五千九百二十三言,合马迁之所记,十亡其四矣。复将中太一宫《宝文统录》内有《庄子》数本,及籍中手抄诸家同异,校得国子监景德四年印本,不同共三百四十九字。”又同为陈景元所撰《南华真经章句余事》说,他采用的本子有景德四年(1007 年)国子监本,江南古藏本,徐铉、葛湍校天台山方瀛宫本,徐灵府校成玄英解疏中太一宫本,张君房校文如海正义中太一宫本,张君房校郭象注中太一宫本,张君房校散人刘得一注,大中祥符时人江南李氏书库本,张潜夫补注等九家。可见张君房校定的正是《宝文统录》内的《庄子》。

《大宋天宫宝藏》有两大特点:一是以《千字文》编函目。此后《道藏》沿袭此例,现存的明《正统道藏》也以《千字文》编函目。二是收入了摩尼教经典。除上引张君房《云笈七籤序》提到此事外,《佛祖统纪》卷 49 亦记载:“大中祥符兴《道藏》,富人林世长赂主者,使编入藏,安于亳州明道宫。”

摩尼教又称“明教”,时人诬为“食菜事魔教”。盛于两宋间。宋人如庄绰、方勺、陆游等多有论述。庄绰谓其教“自福建流至温州,遂及二浙。时睦州方腊之乱,其徒处处相煽而起。闻其法:断荤酒;不事神佛、祖先;不会宾客;死则裸葬”云云①。方勺说:“后汉张角、张燕辈”,“其流至今,蔬食事魔,夜聚晓散者是也”。“然男女无别,不事耕织”②。又说:“吃菜事魔法禁甚严”,“亦诵《金刚经》”。“其初授法,设誓甚重,然以张角为祖,虽死于汤镬,终不敢言‘角’字”。“尤憎恶释氏,盖以不杀与之为戾耳。”③方勺所言,多有诬蔑不实之词。不少文字与庄绰《鸡肋编》相同,但“不”字《鸡肋编》作“戒”。陆游则说:“闽中有习左道者,谓之明教。亦有明教经,甚多刻版摹印,妄取《道藏》中校定官名衔赘其后……然尝得所谓明教经观之,诞谩无可取,真俚俗习妖妄之所为耳。又或指名族士大夫家曰:‘此亦明教也。’

① (宋)庄绰:《鸡肋编》卷上,北京:中华书局 1983 年版,第 11 页。

② (宋)方勺:《泊宅编》卷 5,北京:中华书局 1983 年版,第 30 页。

③ (宋)方勺:《青溪寇轨》,北京:中华书局 1983 年版,第 113—114 页。

不知信否。偶读徐常侍(徐铉)《稽神录》云:‘有善魔法者,名曰明教。’则明教亦久矣。”[①]可见摩尼教吸取了道、释二教的某些内容。《佛祖统纪》卷49也指出:“尝考《夷坚志》云:吃菜事魔,三山尤炽。为首者紫帽宽衫,妇人黑冠白服,称为明教会。所事佛衣白。引经中所谓白佛言世尊。取《金刚经》‘一佛、二佛,三四五佛’,以为第五佛又名末摩尼;采《化胡经》乘自然光明道气,飞入西那王界苏邻国中,降诞王宫为太子,出家称‘末摩尼,’以自表证。其经名‘二宗三际’。二宗者,明与暗也;三际者,过去、未来、见在也……复假称白乐天诗云:‘静览苏邻诗,摩尼道可惊。二宗陈寂默,五佛继光明。日月为资敬,乾坤认所生。若论斋洁志,释子好齐名。’以此八句表于经首。其修持者正午一食,裸尸以葬,以七时作礼。盖黄巾之遗习也。”(原注:“尝检乐天《长庆集》,即无苏邻之诗。乐天知佛,岂应为此不典之词?”)可见摩尼教(明教)与道教的关系约有三点:(1)以张角为教祖;(2)取《道藏》中校定官名衔赘其经;(3)采《老子化胡经》以自表证。摩尼教经书之所以能收入《道藏》,除了林世长(此人可能是福建或浙江人)贿赂负责搜访道经者与《道藏》纂修官之外,恐与其经有某些道教特征不无瓜葛。

正如前引,王钦若曾要求在新编《道藏》中保留《老子化胡经》,并请把《道德经》和《阴符经》升入洞真部。《大宋天宫宝藏》也许亦具有这一特征。然其藏早已亡佚,原貌已不可考见。幸得张君房撮其精要,成《云笈七籤》一书保存至今,使我们得以透过此书去了解《大宋天宫宝藏》的梗概。

二、张君房进献《云笈七籤》

张君房,字尹方[②],岳州安陆(今属湖北)人。景德二年(1005年)三举及第,官至集贤校理[③]。仁宗时卒,享年八十余岁。《宋史》无传。据《四库全书总目提要》说:“君房,岳州安陆人。景德(1004—1007年)中进士及

① (宋)陆游:《老学庵笔记》卷10,北京:中华书局1979年版,第125页。
② 或作“尹才”、“允方”,据考,正作“尹方”。
③ 张君房《云笈七籤》题“宋朝奉郎尚书度支员外郎充集贤校理赐绯鱼袋借紫臣张君房集进”。

第,官尚书度支员外郎,充集贤较理。祥符(1008—1016年)中,自御史台谪官宁海。”[①]其生平并不十分清楚。宋人的笔记小说也有关于他的片断记述,《默记》说他平生喜著书,如《云笈七籤》、《乘异记》、《丽情集》、《科名分定录》、《潮说》、《脞说》之类甚众。知钱唐,多刊作大字板,携归印行于世。《麈史》说他76岁犹著诗赋杂文,有《庆历集》30卷。张君房《云笈七籤序》又自述云:“臣涉道日浅,丁时幸深,讵期尘土之踪,坐忝神仙之职。蛙跳缺甃,积迷虾蟹之区;蚋泊浮滓,但局醯鸡之覆。虽年栖暮景,而宝重分阴。于是精究三乘,详观四辅,采摭机要,属类于文。探晨灯虹映之微,综玉佩金珰之说。‘泥丸’、‘赤子’、‘九宫’,爰系于一方;‘神室’、‘婴儿’、‘百道’,皆根于两半。至如‘三奔’、‘三景’之妙,‘九变’、‘十化’之精,各探其门,互称要妙。刻舟求剑,体貌何殊;待兔守株,旨意宁远。因兹探讨,遂就编联。掇云笈七部之英,略宝蕴诸子之奥,总为百二十卷,事仅万条,习之可以阶云汉之游,览之可以极天人之际。考核类例,尽著指归。上以酬真宗皇帝委遇之恩,次以备皇帝陛下乙夜之览,下以裨文馆校雠之职;外此而往,少畅玄风耳。”[②]据此序,张君房编撰《云笈七籤》时已到暮年,编撰的目的主要是供仁宗阅览,以便了解道教之概貌。还为文馆提供校雠之便;此外,也是为了使道教这种民族的传统宗教发扬光大。自序说“总为百二十卷”,《正统道藏》本则为122卷。《四库全书》所收浙江孙仰曾家藏本亦为122卷,并说:“《文献通考》作一百二十卷。此本为明中书舍人张萱所刊,中多二卷。盖《通考》脱误也。”这个说法并不正确,因为120卷本和122卷本只是版本的不同。[③] 道教称书箱为“云笈”,分道书为三洞四辅,总为七部,故此书题名《云笈七籤》。然而这部书并没有按照《道藏》的七部分类法归类,而是根据道教作为一种宗教形态的总的结构特征,把诸书摘录或摘要归类。“其诠

---

① (清)永瑢、纪昀主编:《四库全书总目》卷146《子部·道家类》,北京:中华书局1965年版,第1252页。

② 《道藏》第22册,第1页。

③ 《云笈七籤》有120卷本、124卷本、2册略本和122卷本。《中兴书目》、《宋史·艺文志》、衢本《郡斋读书志》皆作120卷;《直斋书录解题》作124卷,并云:“顷于莆中传录才二册,盖略本也,后于平江天庆道藏得其全,录之。”(宋)陈振孙撰,徐小蛮、顾美华点校,上海:上海古籍出版社2015年版,第348页。

叙之例,自一卷至二十八卷总论经教宗旨及仙真位籍之事;二十九卷至八十六卷则以道家服食炼气、内丹外丹、方药符图、守庚申、尸解诸术,分类缕载。八十七至一百二十二卷则前人文字及诗歌传记之属;凡有涉于道家者,悉编入焉。大都摘录原文,不加论说。其引用《集仙录》、《灵验记》等,亦多有所删削。然类例既明,指归略备,纲条科格,无不兼该。《道藏》菁华,亦大略具于是矣。"①这里需要指出几点:(1)《云笈七籤》基本上属于抄录性质,但有的地方也加有张君房的解题或简短按语,例如该书卷三"道教所起"云:"寻道家经诰,起自三元,从本降迹,成于五德,以三就五,乃成八会……"就是张君房语。(2)该书以上清派为正统,收载上清派道书特别多,叙上清经传授系统和上清派修真方法尤详。(3)收录唐代作品也比较多,而五代宋初所出新书较少。这似乎可以说明此书中为什么几乎找不到钟吕金丹派的线索的原因之所在。(4)书末"道教灵验记"部分并非全抄杜光庭的《道教灵验记》,例如卷122有"真宗皇帝御制《天童护命妙经序》"即是一例。估计120卷和122卷的分合之异就发生于这部分。(5)此书保存了北宋以前部分佚失道书的篇章,为后世研究北宋以前道教提供了系统的资料。

三、《政和万寿道藏》的编修

与张君房进献《云笈七籤》大约同时或稍后,官方又一次校定《道藏》。据南宋彭耜《道德真经集注·道德真经说序》云:"仁宗天圣四年(1026年)正月,玉清昭应宫使王曾请下三馆校《道藏》库经,从之。上因言:'其书多载飞炼金石方药之事,岂若老氏《五千言》之约哉!'张知白曰:'陛下留意于此,乃治国清静之道也。'"彭耜此说当本之陈瓘《昭语序》(见《道德真经集注杂说》)。《混元圣纪》卷九亦载此事,并谓"帝曰:'今搜访道经,当精细详校,乃入《道藏》。'"毕沅将此事系于天圣四年(1026年)二月庚戌(参见《续资治通鉴》卷36)。天圣四年(1026年)这一次校经大概为小范围的,只限于三馆(昭文馆、史馆、集贤院),搜访的道经也是真宗时校经未能利用的那部分。

① (清)永瑢、纪昀主编:《四库全书总目》卷146《子部·道家类》,北京:中华书局1965年版,第1252页。

北宋最后一次大规模编纂《道藏》是在徽宗时期。彭耜说:“我朝崇宁(1102—1106 年)中再校定《道藏》经典。”①元赵道一《历世真仙体道通鉴》卷 51 云:“宋徽宗初兴道教,诏天下搜访道家遗书,就书艺局校定,[刘]元道首与兹选。”据此知徽宗崇宁年间(1102—1106 年)曾诏访道教遗书,令道士校定。这次搜访、校定颇有成果,正如李璧所说:“崇、观间,增至五千三百七十八卷。”②比《大宋天宫宝藏》增加了 822 卷。

至政和三年(1113 年)十二月,又一次诏搜访道书。后设经局令道士校定,编修《万寿道藏》,送福州闽县镂板。重和元年(1118 年)选择刊本《道藏》数十部颁之州郡,由道录院负责施行。《宋史・徽宗纪》云:政和三年“十二月癸丑,诏天下访求道教仙经。”《茅山志》卷 25 载《武仙童书碑》,有政和八年中秋节茅山乾元观住持、知观道士杨守程题志,谓“其真墨迹,政和四年(1114 年)八月间,圣上道君皇帝搜罗天下奇异之文,遂为本邑句容令黄学士唐傅索取以进”③。元妙宗编《太上助国救民总真秘要》,有其政和六年(1116 年)进书表,中谓徽宗“近又……裒访仙经,补完遗阙,周于海寓,无不毕集。继用校雠秘藏,将以刊镂,传诸无穷”。又云:“臣于前岁七月,被旨差入经局,详定访遗,及琼文藏经,开板符箓。因得窃览经箓,殆至周遍;神章宝箓,靡所不有。独于救世治疗符法、适时可施之术,殊为隐阙,未有完显备用之文。”④南宋梁克家《淳熙三山志》卷 38 记载,崇宁中,福州闽县九仙山巅建有天宁万寿观,此观庋《政和万寿道藏》。“政和四年(1114 初年),黄尚书裳请建废(“废”为“飞”之讹)天法藏,藏天下道书,总五百四十函,赐今名,以镂板进于京。”黄裳,字冕仲,延平(治在今福建南平)人。生于仁宗庆历二年(1042 年),卒于高宗建炎三年(1129 年),享年 87 岁。《演山先生文集》末附其《神道碑》,谓黄裳“颇事于延年养生之术,博览道家之书,往往深解而参诸日用”。他知福州事在政和三年(1113 年)闰四月至

① 《道德真经集注杂说》卷上,《道藏》第 13 册,第 256 页。

② (宋)马端临:《文献通考》卷 224 引李璧季章《四十九章经序》,北京:中华书局 1986 年影印本,第 1805 页。

③ (元)刘大彬:《茅山志》卷 25《录金石篇》,《道藏》第 5 册,第 662 页。

④ 《道藏》第 32 册,第 53 页。

七年(1117 年)六月。陆游说:“明教伪经妖像,至于刻板流布。假借政和中道官程若清为校勘,福州知事黄裳为监雕。”①又据杜道坚《大宗圣宫重建文始殿记》:“政和中,中刊藏典,凡两诏郡国搜访道门逸书。”据此,政和中曾两次下诏搜访道书,一次在政和三年十二月,一次在次年八月。政和四年(1114 年)七月前,专设经局,差道士详校道经。是年,黄裳请建轮藏,以庋天下道书。于是徽宗令将已校之道书送福州闽县,由黄裳役工,监雕板之事。事毕,进经板于东京。所刊《道藏》称《政和万寿道藏》或《万寿道藏》,共分 540 函。据陈国符先生推考,有 5481 卷。② 若此说成立,则《万寿道藏》比《大宋天宫宝藏》增加了 900 余卷,而在崇宁、大观间增补的《道藏》基础上又多出近 100 卷。根据《道藏阙经目录》(载于《正统道藏》群字号十一),《万寿道藏》至少有两种目录:(1)《宋万寿道藏三十六部经品目》,不著卷数;(2)《宋万寿道藏经目录》,10 卷。这部《道藏》仍收入了摩尼教(明教)经典。道书雕板约始于唐,至此,全藏付刊。南宋、金代,其经板尚存。《大金玄都宝藏》就是在这部残藏的基础上形成的,而《大金玄都宝藏》又是元刊《玄都宝藏》的蓝本。《道藏阙经目录》又著录《金万寿道藏三十六部品目》,不详卷数;《金万寿道藏经目录》10 卷。两种题目及所录卷数与《宋万寿道藏》全同。

最后,必须指出,《政和万寿道藏》继承了《大宋天宫宝藏》,以千字文为函目。《天宫宝藏》以每字为一函,共得 466 函。《万寿道藏》为 540 函,多出 74 函。“万寿”一词,在徽宗时代用得较多,即位后广建万寿观、万寿寺(如“崇宁万寿观”、“崇宁万寿寺”、“天宁万寿观”等),政和四年(1114 年)七月,又诏天下悉立神霄玉清万寿宫:均系以“万寿”二字。徽宗也跟历代帝王一样,居于万人之上,尚祈望长生不死,乐此不倦。大概这就是取名为《万寿道藏》的原由吧。

《续资治通鉴》卷 93 记载:重和元年(1118 年)八月“辛未,资政殿大学士、知陈州邓洵仁奏乞选择《道藏经》数十部,先次镂板,颁之州郡,道录院

① (宋)陆游:《渭南文集》卷 5《条对状》,《文渊阁四库全书》第 1163 册,第 346—347 页。

② 陈国符:《道藏源流考》,北京:中华书局 2012 年增订版,第 135、146 页。

看详,取旨施行”。据此,有数十部已刊《万寿道藏》颁行各地宫观。这数十部已刊《万寿道藏》尚未收载徽宗时编撰的《道史》、《道典》。据《混元圣纪》和《宋史》的记述,重和元年(1118 年)九月,始用蔡京言,集古今道教事为纪、志,自龙汉止五代为《道史》,本朝为《道典》。直到宣和(1119—1125 年)初,《道史》、《道典》还在编修之中。

北宋时,除了王朝主持全国范围的大规模的编修《道藏》,地方上也在搜求道书、写录成藏。范镇《崇道观道藏记》记载英宗治平(1064—1067 年)年间,蜀地道士搜访《道藏》事说:

道家之言……班固所志,才三十七家九百九十三篇,而《伊尹》、《太公》、《辛甲》、《鬻熊》、《管子》之书在焉。至隋,乃分经戒、服饵、房中、符箓,凡四种,合三百七十七部千二百一十六卷,而不著其目。唐有道家类,又合以释氏,而得百三十七家七十四部千二百四十卷,以著于录;而《管子》列于法家,所谓《伊尹》、《太公》、《辛甲》者皆不传,独《鬻熊》之书存。自明皇后,不以著录者又百五十八家千三百八十三卷矣……

宋兴①,祥符(1008—1016 年)、天禧(1017—1021 年)中,始崇起其教,而玉清昭应宫、景灵宫、会灵观、祥源观皆置使典领。又命其徒与诸儒裒其书,订正谬讹,缮写以藏于其处,而以其余赐天下宫观,以广其传。独剑南一道,未遑暇焉。嘉祐(1056—1063 年)初,成都府郫县道士姚若谷、梓州飞乌县道士朱知善慨然欲尽读其书②,而莫由得也。于是东走于凤翔府之上清太平宫、庆成军之太宁宫,又东走于亳州之太清宫、明道宫③,凡得书二千余卷。太清宫者,老子所生,所谓厉乡者也。有九井,有古桧,有丹灶。于是纵观焉。又览唐开元及祥符中行幸故处以归。

治平元年(1064 年),今天子既即位,若谷又与其徒仇宗正、邓自和列言于府曰:“释氏书遍满州县,而道家所录独散落不完,愿至京师得官本以足其传。”于是端明殿学士兼翰林侍读学士、尚书户部侍郎韩公知府事,以其状闻,且言蜀之名山秘洞,胜景为多,而道家书不完,无以

① 文渊阁本《成都文类》误作“典”,兹据嘉庆《四川通志》改。

② 文渊阁本讹作“也”,据嘉庆《四川通志》改。

③ 文渊阁本讹作“亳”,据嘉庆《四川通志》改。

> 奉扬清净之风。有诏即建隆观给官本,以足其传。凡得五百帙四千五百卷,溢于唐者又千九百二十二卷,可谓完且备矣。若谷、宗正、自和且得益其书为五本,藏于成都之天庆观、郫县之崇道观、青城山之丈人观、梓州飞乌县之洞灵观、绵州之洪德观……

《成都文类》载此文,末题“治平二年十二月记”;嘉庆《四川通志》附录,则作“治平三年十二月记”,相差整整一年。[①] 据此可知:蜀道士姚若谷、朱知善曾在仁宗在位期间至凤翔府上清太平宫、庆成军太宁宫和亳州太清宫、明道宫搜访道书,得2000余卷。英宗治平元年(1064年),姚若谷又与其徒仇宗正、邓自和至京师得建隆观官本4500卷以足其传。两项相加,总六七千卷。但范镇并未提到校勘事。“四千五百卷”恐为概数,这正相当《大宋天宫宝藏》4565卷数。估计姚若谷等人所得道书有不少重复,因此在写录成五本之前,理应经过校对,删去重复,增补缺漏。但其费时很短,表明编校工作也许十分简单。范镇说:“若谷,飞乌人,以后徙于郫。宗正,青城人。自和,绵州人。三人者持操坚而皆功于其教者。”他们都是今四川人。写录的五本也收藏于成都天庆观、郫县崇道观、青城山丈人观、梓州飞乌县洞灵观、绵州洪德观五处,未闻流传。

建隆观官本为500帙。然而参与其事的道士邓自和撰的《道藏书目》所载卷帙远不及此数。据晁公武《郡斋读书志》,邓自和撰《道藏书目》一卷,其中有大洞真部81帙,灵宝洞元(玄)部90帙,太上洞神部30帙,太真(玄)部96帙,太平部16帙,正一部39帙,凡6部311帙。但其一,按照各部帙数相加应为352帙,多出总数311帙41帙。其二,这个经目没有太清部(其他,大洞真部即洞真部,灵宝洞元部即洞玄部,太上洞神部即洞神部,太真部相当于太玄部[②];余同)。这跟《文献通考》卷224所说《道藏》六部之名略有出入:《文献通考》有太清部而无太平部。但同为《文献通考》,又

① 南宋扈仲荣等编:《成都文类》卷37,台湾商务印书馆景印《文渊阁四库全书》第1354册,第708—710页;(清)常明、杨芳灿等纂修:嘉庆《四川通志》卷38,成都:巴蜀书社1984年版,第2册,第1548页。

② 《通志》卷71“《太元经》以讳故,《崇文》改为‘太真’。今四库书目分太元、太真为两家书。”(宋)郑樵,北京:中华书局1987年版,第834页。

在卷225记载着与《郡斋志》同样的内容。这有两种可能：一是《郡斋志》记载的帙数有脱伪；一是邓自和六部经目反映的是他私人收藏的《道藏》卷帙。陈国符先生认为，“所载道书较《大宋天宫宝藏》为少，或即徐铉所校定《道藏》，亦未可知”①。但如果是私人所藏道书，其来源就比较复杂，或许还包括蜀地的残藏。至于为什么合为六部，吉冈义丰先生指出太清部和太平部这两部的卷帙都很少（邓目太平部仅一十六帙；今《正统道藏》所收道书，二部合起来也不超过90种，其余各部则分别为一百多至三百余种），推测这是七部合为六部的原因之一。② 这是言之成理的。

根据陈国符先生《道藏源流考》，北宋诸方所庋《道藏》，除秘阁外，可考者有：东京中太一宫（张君房所校《大宋天宫宝藏》，又称《宝文统录》）、建隆观（同前）、上清储祥宫、祥源宫、延福宫；西京洛阳崇福宫；华山休粮院（徐铉所校《道藏》）；亳州太清宫（此处存有唐代古藏）、明道宫（张君房所校）；茅山崇禧观、元符万宁宫；镇江府金山神霄玉清万寿宫③；天台山桐柏宫（钱氏所建《道藏》）；龙泉县万寿宫（《大宋天宫宝藏》）；洪州逍遥山（即西山）玉隆万寿宫；閤皂山崇真宫（宋初赐名景德观）；庐陵天庆观（张商英有《庐陵道藏记》，今见存于《正统道藏》）；南丰县紫霄观（原名妙仙观）；蜀地成都天庆观、郫县崇道观、青城山丈人观、梓州飞乌县洞灵观、绵州洪德观（此五观之《道藏》为姚若谷、邓自和等所新建）；梓州天庆观（《道藏阙经目录》著录《宋梓州天庆观道经藏记》）；资州龙水龙洞观；凤翔府周至县望仙乡上清太平宫；庆成军太宁宫；福州闽县九仙山天宁万寿观（有《政和万寿道藏》540函）。苏州、越州、台州、福建等州均有五代时江南藏本（徐铉等校定）。

高宗绍兴年间（1131—1162年），郑樵撰《通志二十略》，其《艺文略》诸子类道家著录道书。《通志略》虽撰于南宋初，但其内容却反映了北宋道书的实际情况。兹录其目④：

---

① 陈国符：《道藏源流考》，北京：中华书局2012年增订版，第136页。

② ［日］吉冈义丰：《道教经典史论》，大正大学道教刊行会昭和三十年版，第154页。

③ 陈原文断作“神霄、玉清、万寿宫”，盖误。

④ 据袖珍古书读本《通志二十略》第13册。

道家一
老子　90 部 290 卷
庄子　49 部 516 卷
诸子　46 部 294 卷
阴符经　39 部 54 卷
黄庭　30 部 57 卷
参同契　19 部 31 卷
目录　11 部 144 卷

道家二
传　103 部 404 卷
记　32 部 93 卷
论　58 部 151 卷
书　44 部 452 卷
经　85 部 186 卷

道家三
科仪　54 部 78 卷
符箓　103 部 159 卷
吐纳　74 部 94 卷
胎息　30 部 39 卷
内视　23 部 25 卷
道(导)引　20 部 22 卷
辟谷　8 部 8 卷
内丹　40 部 44 卷

道家四
外丹　203 部 310 卷
金石药　31 部 35 卷

服饵　48 部 86 卷

房中　9 部 18 卷

修养　74 部 118 卷

凡道类　25 种,1323 部,3706 卷。

将 25 种道书卷数相加,应为 3708 卷,郑樵少计二卷。

《通志略》归类的方式与《云笈七籤》有所不同,例如将《老子》、《庄子》及道教诸子、《阴符经》、《黄庭》、《参同契》单独立类,放在突出的前列。内丹的部卷显得很少,外丹则最多,这也许并没有真正反映出北宋内外丹书的实际状况。其原因在于郑樵把不少属于内丹的著作归入了外丹类,例如在外丹部分收入了陶植的《还金术》一卷、《忠州仙都观阴真君金丹诀》一卷、崔元真《金碧潜通入药火鉴记》(即《入药镜》)一卷、陈图南《九室指元篇》一卷等内丹书;有的书虽兼论内外丹,但偏重于内丹,也被归入外丹部分。还有个别重复,如陶植《还金术》一卷在外丹和金石药两类均出现。所录道书卷数远比《大宋天宫宝藏》和《政和万寿道藏》为少,甚至少于太宗朝所校定《道藏》3737 卷之数。或许与靖康、建炎(1126—1130 年)年间各处道书多毁于兵火有关,同时与其所据书目也不无关系。

道教因北宋统治者的扶持、崇奉而复兴;道教的发展也因北宋王朝的覆灭而告一段落。然而,道教在北宋时代积淀的成就却为南宋金元道士所继承,并加以发扬光大。随着南北政治和军事对峙局面的形成,道教史又将翻开新的一页。

附　录

隋唐五代北宋时期道教大事记

公元	朝代	帝号	年号	年代	事　　记
581	隋	文帝	开皇	元	隋文帝杨坚即位,诏说"法无内外,万善同归;教有浅深,殊途共致。朕伏膺道化,念存清静,慕释氏不二之门,贵老生得一之义,总齐区有,思至无为"。 复建长安周至县县界的老子庙。
582	隋	文帝	开皇	二	杨坚立益州至真观。 杨坚设立的玄都观移至安善坊。
583	隋	文帝	开皇	三	杨坚命重修楼观宫宇并度道士 120 人,杨坚于道坛见老子化胡像,大生怪异,集沙门道士共议,又敕朝秀苏威、杨素等详议奏闻。释彦琮因作《辩道论》斥老子化胡说。
584	隋	文帝	开皇	四	杨坚改用道士张宾所造历法,诏称张宾等存心算数,通洽古今,每有陈闻,多所启沃。直到开皇十七年(597 年),才复行张玄胄历。
586	隋	文帝	开皇	六	杨坚令亳州刺史营修老子祠堂,申醮祀之礼,并建老子碑作颂。 杨坚以道士王延为第一任道门威仪,此后这一新设之"道官"职位为唐代所沿用。 杨坚召王延于大兴殿,上斋诚受智慧大戒。
587	隋	文帝	开皇	七	杨坚为道士孙昂立清都观,为道士宋道标立三洞观,为秦孝王俊立会圣观(唐朝天宝年间改名为天长观),为道士吕师立清虚观。
588	隋	文帝	开皇	八	杨坚拜道士焦子顺为上开府永安公,为其立五通观,旌其神术。 征道士孟静素至京师居至德观。
589	隋	文帝	开皇	九	李士谦论三教优劣,以佛为日,道为月,儒为星,立三教调和论。
592	隋	文帝	开皇	十二	晋王杨广镇扬州,尊崇道教,遣王子相、柳顾言迎道士王远知至扬相见。
593	隋	文帝	开皇	十三	杨坚诏令:"私家不得隐藏纬候图谶。"
594	隋	文帝	开皇	十四	著作郎王劭屡上表言隋文帝受命之符,又采民间歌谣引图谶捃摭佛经,撰《皇隋灵感志》30 卷奏上,杨坚令宣示天下。

续表

公元	朝代	帝号	年号	年代	事　　记
598	隋	文帝	开皇	十八	益州道士韩朗、绵州道士黄儒林为蜀王秀造千尺道像,后并以禁魇事被诛。
600	隋	文帝	开皇	二十	杨坚下诏重申,佛法深妙,道教虚融,敢有毁坏偷盗佛及天尊像,岳镇海渎神形者,以不道论。沙门坏佛像,道士坏天尊者,以恶逆论。 晋王杨广置四道场,国司供给,释李两部,各尽搜扬。
601	隋	文帝	仁寿	元	初,尼智仙常为人言成败吉凶,莫不符验。杨坚幼时曾为其抚养,及作天子,重振佛教,皆如尼所言,故坚常谓"我兴由佛法"。至是令天下舍利塔内各作智仙之像,又令王劭为智仙立传。
602	隋	文帝	仁寿	二	诏建禅定寺,命昙迁法师集海内名僧 128 人居之,昙迁谓"佛为世尊,道为天尊,帝为至尊,其用各异"。
605	隋	炀帝	大业	元	改僧寺为道场,道观为玄坛。于东都置道术坊。于内道场集道佛经典,别撰目录。禁图谶,尽焚与谶纬相涉之书。
607	隋	炀帝	大业	三	诏令沙门道士致敬王者,令下之后,僧竟不行。
608	隋	炀帝	大业	四	始平令杨宏集道士、名儒入智藏寺,三教论议。
610	隋	炀帝	大业	六	杨广在两都及他地巡游,常以僧尼、道士、女冠自随,谓之四道场,每日设宴亦以僧尼、道士、女冠为一席。 沙门彦琮卒。其著《辩圣论》,"明释教宣真,孔教弘俗,论老子教不异俗儒,《灵宝》等经则非儒摄"。
611	隋	炀帝	大业	七	杨广至涿郡,遣使迎道士王远知至涿,见之于临朔宫,亲执弟子礼,命于中岳修斋仪。复诏京师置玉清玄坛以处之。
612	隋	炀帝	大业	八	初为嵩高道士潘诞作嵩阳观,华屋数百间,常设数千人,所费巨万,使炼金丹 6 年不成,至是乃诛之于涿郡。 命道士蔡法涛、李法超至衡岳观焚修,兴行教法,衡州府库田畴什物,并赐观资用。 王俦修《老子变化经》,经玄都玄坛道士复校。
613	隋	炀帝	大业	九	诏改天下寺曰道场。

续表

公元	朝代	帝号	年号	年代	事　　记
617	隋	炀帝	大业	十三	五通观道士辅惠祥以改《涅槃经》及《长安经》被诛。 泰山道士徐洪客致书李密,献进取天下之策。密以书召之不至。 李渊起兵晋阳,其女亦起兵应之,屯于宜寿宫。楼观道士岐晖尽以观中资粮给其军,及大军至蒲津关乃改名平定以应之,仍发道士 80 余人向关应接。李渊嘉之,命平定为紫金光禄大夫,以下并授银青光禄大夫,并遣使诣楼观设醮祈福。
618	唐	高祖	武德	元	令沙门道士各 50 人于太极殿七日行道,散席之后设千僧斋,沙门法琳以释老二教同处弘宣,乃撰颂称之。
619	唐	高祖	武德	二	命楼观令鼎新修老君殿、天尊堂及尹真人庙,并赐田 10 顷,即以道士岐平定主观事。 东都道士桓法嗣曾献《孔子闲房记》于王世充,言世充当代隋为天子,世充以为谏议大夫。
620	唐	高祖	武德	三	立老子庙于羊角山,有御制碑。诏改楼观为宗圣观,赐白米 200 石,帛 1000 匹以供观中修补,陈叔达撰铭,欧阳询撰序。李渊幸终南山谒老子庙,岐平定率道众迎接,具千人之食以献。高祖并问平定以克定天下之事。
621	唐	高祖	武德	四	六月,傅奕上《废省佛僧表》,上疏 11 条,请废僧尼,减塔寺。认为佛教“剥削民财,截割国贮”,危害国家。 高祖采纳奕疏,下诏问沙门出家损益。
622	唐	高祖	武德	五	释法琳上太子建成启,并启秦王世民,力斥傅奕,称佛教“自五百余年以来,寺塔遍于九洲,僧尼溢于三辅,并由时君敬信,朝野归心。像教兴行于今不绝者,实荷人王之力也”。又著《破邪论》驳傅奕,虞世南为之作序。 沙门普应也著《破邪论》,东宫学士李师政有《内德》、《正邪》二论斥傅奕,为佛教辩护。
623	唐	高祖	武德	六	太子建成等奏释法琳所著《破邪论》,李渊异焉,由是傅奕所陈致寝。
624	唐	高祖	武德	七	李渊又至楼观谒老子庙。 高祖李渊亲临国子学释奠,召三教论议。令徐文远讲《孝经》,沙门惠乘讲《般若经》,道士刘进喜讲《老子》。 傅奕再次上疏斥佛教害政。沙门明概作《决对论》,责奕谤佛八事。 高祖诏授王远知朝散大夫,赐金缕冠、紫丝霞帔,“以远知尝奉老君旨预告授命之符也”。

续表

公元	朝代	帝号	年号	年代	事　　记
625	唐	高祖	武德	八	李渊幸国学，颁布《先老后释诏》，叙三教先后，老先，孔次，释末。 高丽遣使入唐请学佛、老。
626	唐	高祖	武德	九	令刊《大唐宗圣观记》于石，诏欧阳询撰书。 清灵观道士李仲卿著《十异九迷论》，刘进喜著《显正论》诋佛教，托傅奕奏上。 释法琳撰《辩正论》以驳道士李仲卿、刘进喜所论。 李渊以傅奕凡七上疏请除佛法，以其疏付群臣详议，大臣多袒佛，惟太仆卿张道源肯定奕议。五月，高祖以"京师寺观不甚清净"为由，下了《沙汰佛道诏》，沙汰僧尼及道士，精勤练行守戒律者，并令大寺观居住，给衣食，其他并令还俗。京城留寺三所，观二所，天下诸州各留一所，余悉罢之。六月，李渊退位，太宗摄政。诏竟不行。
627	唐	太宗	贞观	元	诏道士孙思邈入见，将授以爵位，固辞乃还。 李世民问傅奕："佛教玄妙，圣迹可师，且报应显然，屡有征验，卿独不悟其理，何也?"奕答曰："于百姓无补，于国家有害。"太宗颇然之。 太宗遣御史杜正伦检校佛法，清肃非滥。
628	唐	太宗	贞观	二	李世民对群臣说，梁武父子好佛老以致亡国，足为鉴戒。并论秦皇汉武好神仙方士之失。谓己所好者，惟在尧舜之道，周孔之教。 七月诏谓神道设教，慈惠为先，恐风雨失时，有碍民食，乃令京城及天下诸州寺观僧尼道士等七日七夜转经行道，每年正月、七月视此为式。 太宗为南岳衡岳观重书观额，并令道士张慧朗度道士 49 人，为国焚修。
629	唐	太宗	贞观	三	以久旱不雨，并诏释李两门，岳渎诸庙，爰及淫祠，普令雩祭。
631	唐	太宗	贞观	五	诏僧道致敬父母。 以太子承乾有疾，延道士秦世英祈祷获愈，遂为之立西兴观。 道士成玄英隐居东海，曾注《老》《庄》，召入京师。 敕立大秦寺。
633	唐	太宗	贞观	七	令僧道停致敬父母。 太子中舍人辛谓信道侮佛，设难二条以问纪国寺沙门，慧净及法琳皆著论以答之。

续表

公元	朝代	帝号	年号	年代	事　记
635	唐	太宗	贞观	九	敕润州于茅山置太平观以奉真人王远知,并度道士27人。 九月,王远知卒,原籍琅琊临沂(今属山东),字广德。远知师事陶弘景,为茅山宗一代宗师。使茅山宗在隋唐时代成为道教主流派。他曾密告李渊符命。世民与房玄龄曾微服私访之,复从受大洞法。太宗登基将加以重位,固请还山。远知尝撰《易总》15卷,潘师正、徐道邈同得秘诀,为入室弟子。
636	唐	太宗	贞观	十	赐太平观田地山塘70余顷,赐玉晨观田40余顷。
637	唐	太宗	贞观	十一	七月,修老君庙于亳州,修宣尼庙于兖州,各给20享祀。 诏令"朕之本系起自柱下",道士女冠今后斋供行立讲论,皆应在僧尼之前。诏下,沙门智实、法琳等诣阙上表力争,太宗令岑文本宣敕严诫。众僧饮气还。智实不服,遭杖责放还。 再次明确宣布道教在佛教之上,确认道教为本宗,宗老子为祖祢。
638	唐	太宗	贞观	十二	皇太子集宫臣及三教学士孔颖达、道士蔡晃、沙门慧净等于弘文殿论议。 至德观道士孟静素卒。岑文本为撰碑铭,称其为两朝所重。
639	唐	太宗	贞观	十三	道士秦世英奏沙门法琳著论毁谤皇宗,敕遣刑部尚书刘德威、礼部侍郎令狐德棻、侍御史韦悰、司空毛明素等勘问,流法琳益州,行至中途卒。 太史令傅奕卒。临终前,戒其子勿读佛书,谓佛教为"妖胡乱华"。又集魏晋以来驳佛者为《高识传》十卷行于世。
641	唐	太宗	贞观	十五	太宗到弘福寺为穆太后追福,再申"先道后释"之意,以谕诸僧。
642	唐	太宗	贞观	十六	高丽遣使言愿学道教,太宗命叙达等道士8人前往,其王喜以佛寺为道馆,尊道士坐儒士之上,并命道士等行镇国内有名山川。
643	唐	太宗	贞观	十七	道士秦英、韦灵符挟左道得幸太子,皆诛之。
645	唐	太宗	贞观	十九	沙门法常以愤"李道居先",率众争阻不遂,未几病卒。

续表

公元	朝代	帝号	年号	年代	事　　记
647	唐	太宗	贞观	二十一	李义表自西域还,奏称东天竺童子王所未有佛法,外道宗盛,义表告以中国未有佛法以前已有圣人说道,王请译为梵言。乃命玄奘法师与道士蔡晃、成英等共30余人集五通观翻《老子》五千文为梵言,奘与蔡、成等颇多争论。 ※迦没路国因王玄策至其国,赠异物及地图,因请老子像及《道德经》。
648	唐	太宗	贞观	二十二	王玄策以天竺方士那逻迩娑婆寐来京师,其人自言寿二百,有长生术,太宗深加礼敬,馆之于金飙门内,使造延年之药。令兵部尚书崔敦礼监主之,发使天下,采诸奇药异石,不可称数。延历岁月药成,服之无效,后命还本国。 下诏毁除《三皇经》,追诸道士百姓有此文者并于礼部厅前焚之。为其经文有欲为天子欲为皇后者可读此经之语。
652	唐	高宗	永徽	三	合浦公主与房遗爱等谋反,赐死。太宗时,以诛公主所私沙门辩机,主乃怨望。又沙门智勖逆占祸福,惠弘能视鬼,道士李晃、高医皆私侍主,并使掖廷令陈玄运伺宫省讥祥,事发乃赐死。 孙思邈撰成《备急千金要方》。
653	唐	高宗	永徽	四	敕僧道不得为人疗病卜相。
655	唐	高宗	永徽	六	高宗以旧宅为太宗追福,立昊天观,以道士尹文操为观主,并制《叹道文》。 敕令道士、僧尼等犯罪情难知者,可同俗法推勘。
657	唐	高宗	显庆	二	诏僧道等不得受父母及尊者礼拜。 ※仿西明寺之制立东明观,长廊广殿,图画雕刻,道教馆舍,无以为比。 高宗令广征诸方道术之士合炼黄白,道士叶法善上言"金丹难就",乃出90余人,因一切罢之。
658	唐	高宗	显庆	三	因祈雪,命慈恩寺沙门义褒、东明观道士张惠元等各27人入宫论议。 尉迟敬德晚年闲居,学"延年术",是年卒。
659	唐	高宗	显庆	四	诏僧道入合璧宫议论,道士李荣立"道生万物"义,慧立以词屈之。
660	唐	高宗	显庆	五	再诏沙门静泰、道士李荣在洛宫论议。荣以词屈,命还梓州。

续表

公元	朝代	帝号	年号	年代	事　　记
661	唐	高宗	龙朔	元	京师西华观道士朝散大夫郭行真造金铜佛像5躯,11面观音像2躯,并诸大乘经,改依佛教。
662	唐	高宗	龙朔	二	四月,下敕令僧道致敬父母。沙门道宣等上表抗拒致敬事,乃令再为详议。五月,大集文武百官及州县官等千余人,坐中台都堂议致敬事。以议致敬事状崇佛者多,高宗乃于六月再下诏停令致敬。
663	唐	高宗	龙朔	三	诏道士方惠长、姚义玄、李荣数度入宫讲论。
664	唐	高宗	麟德	元	造老子像,命送芸山,仍令洛下文物备列,长史韩孝威令僧尼同送,沙门明导抗之乃止。 沙门道世表奏道士郭行真、李荣、田仁会等私窃佛经文句修改道书,请加查勘,遂付官拷打乃承,因流配远州。
666	唐	高宗	乾封	元	诏天下诸州置观、寺一所。 高宗至亳州谒老君庙,上尊号曰太上玄元皇帝,圣母曰先天太后,创造祠堂。其庙置令丞各一员。改谷阳县为真源县,县内宗姓特给复一年。
667	唐	高宗	乾封	二	道士王轨卒。生于陈宣底太建十一年(579年),字洪范,一字道侍,世称洞柏先生。
668	唐	高宗	总章	元	诏百僚、僧、道议《老子化胡经》,后下敕搜聚天下《化胡经》焚弃,不在道经之数。既而洛京恒道观桓彦道等奏留,有诏仍令削除。 以乌荼国婆罗门卢迦逸多为怀化大将军,并令其合"长年药",东台侍郎郝处俊谏止。
670	唐	高宗	咸亨	元	诏诸州营造孔子庙堂及学馆。
674	唐	高宗	上元	元	武后上奏12条,请王公百僚皆习《老子》,每岁依《孝经》《论语》例试人。 召隐士孙思邈入见,拜谏议大夫,固辞还山。邈以显庆四年至长安,本年辞还。 高宗下诏:"公私斋会及参集之处,道士女冠在东,僧尼在西,不须更为先后。"让佛道二教平起平坐。
676	唐	高宗	上元	三	高宗至东都礼嵩岳,召见道士潘师正,请作符书,辞以不解。 司农卿韦宏机为东都留守,有道士朱钦遂为中官所使,至都所为横恣,宏机执而囚之。高宗特发中官告毋漏泄。

续表

公元	朝代	帝号	年号	年代	事记
678	唐	高宗	仪凤	三	命道士隶宗正寺，班在诸王之次。 诏自今而后《道德经》并为上经，贡举人皆需兼通。
679	唐	高宗	调露	元	高宗在东都命道士尹文操于老君庙修功德，授银青光禄大夫行太常少卿。 术士明崇俨以符咒幻术为高宗、武后所重，官至正谏大夫，本年为盗所杀。命御史等杂治，诬服者甚众。 后武后疑章怀太子所为，乃废为庶人，后令自杀。 高宗祀嵩岳，迎道士潘师正入嵩阳观。
680	唐	高宗	永隆	元	高宗及武后至嵩山处士田游岩居处，又至道士潘师正所居，高宗武后及太子皆拜之，寻命所司于师正所居造崇唐观。 追赠道士王远知大中大夫，谥升真先生。
681	唐	高宗	开耀	元	高宗以服饵，令太子监国。
682	唐	高宗	永淳	元	孙思邈卒。孙氏撰有《千金方》30 卷、《千金翼方》30 卷、《福禄论》3 卷、《摄生真录》、《枕中素书》及《会三教论》各 1 卷。 道士潘师正卒，追赠大中大夫，号体玄先生。弟子中韦法昭、司马承祯、郭崇真最著。
683	唐	高宗	弘道	元	令道士叶法善封岳，辟方 40 里充宫观长生之地，禁樵采，断田猎，罢献课，以为常典。
684	唐	中宗	嗣圣	元	追赠道士王远知金紫光禄大夫。
688	唐	武则天	垂拱	四	以武承嗣等伪造符瑞，则天亲至洛拜瑞图，文物卤簿之盛为唐兴以来所未有。 毁乾元殿，于其地作明堂，令僧怀义充使督作，凡役数万人。又于明堂北起天堂五级，以贮大象。怀义以功拜左威卫大将军，封梁国公。 越王贞起兵抗则天，并使道士及僧诵经以求成事，左右甲士皆带辟兵符，后兵败自杀。 楼观道士尹文操卒。著有《玉纬经目》，此书著录道经 7300 卷。《祛感论》4 卷、《消魔论》30 卷、《先师传》1 卷。
690	周	武则天	载初	元	沙门怀义与法明等 10 人进《大云经》4 卷陈符命，言则天是弥勒下生，当代唐作阎浮提主，制颁于天下。令两京诸州各置大云寺，各藏《大云经》一本，总度僧千人。及则天革命称周，封怀义、法明等为县公，皆赐紫袈裟银龟袋。 则天改国号周，加尊号曰圣神皇帝。 则天御明堂大开三教，内史邢文伟讲《孝经》，侍臣僧道以次论议。

续表

公元	朝代	帝号	年号	年代	事　记
691	周	武则天	天授	二	则天以佛教开革命之阶,令佛教在道教之上,僧尼处道士女冠之前。 改道士王远知谥曰:升玄先生。 则天以释道二教常互争毁,乃下诏制止之。
693	周	武则天	长寿	二	罢举人习《老子》,改习则天所造《臣轨》。
696	周	武则天	万岁通天	元	沙门慧澄乞依前朝毁《老子化胡经》,乃敕刘如睿等八学士议之,皆言汉隋诸书所载,不当除削。 洛阳弘道观主杜乂乞为僧,赐名玄嶷,赐腊三十夏,敕住佛授记寺,嶷著有《甄正论》,斥道教及道经之妄。 僧怀义益骄恣,并选有勇力僧千人居白马寺,则天恶之,计杀之于禁中,送尸白马寺焚之,其侍者僧徒皆流放远恶处。
697	周	武则天	神功	元	王玄览卒。玄览著《玄珠录》两卷,援佛入道。
700	周	武则天	久视	元	则天使洪州道士胡超僧合“长生药”,三年而成,所费巨万。
701	周	武则天	大足	元	则天圣历(698—699 年)中令张昌宗、李峤、宋之问、刘知几等撰《三教珠英》1300 卷。
705	唐	中宗	神龙	元	中宗复位,令贡举人停习《臣轨》,依旧习《老子》,老君依旧为玄元皇帝。 敕以术士郑普思为秘书监,叶静能为国子祭酒,桓彦范、崔玄炜(暐)固谏不纳。 诏僧道集内殿定夺《化胡经》真伪,寻下敕废《化胡经》,刻石于白马寺,并以道、佛二教于寺观各画《化胡》或老君之形相毁辱,下诏限十日内毁除。 因废《化胡经》事,洛京大恒道观主桓道彦等上表固执,敕不许。 则天是年卒,中宗为其追福,造圣善寺,立报慈阁,修大像。
706	唐	中宗	神龙	二	以赏造圣善寺功,僧慧范、法藏、慧珍等九人并加五品阶,赐爵郡县公,道士史崇等加五品阶,除国子祭酒,同叶静能加金紫光禄大夫。 苏环任西京留守,术士秘书员外监郑普思谋为妖逆,雍岐二州妖党大发,收郑下狱,以普思妻第五氏擅鬼道,为韦后所宠,中宗特敕苏环释之,环不应旨力争,乃流普思于儋州,其党羽皆伏诛。
707	唐	中宗	景龙	元	中宗复位后曾令天下诸州立寺观各一所,皆以中兴为名,是年改为龙兴,内外不得言中兴。

续表

公元	朝代	帝号	年号	年代	事　记
708	唐	中宗	景龙	二	中宗韦后及公主等多营佛舍，百姓劳弊，帑藏为之空竭。左拾遗辛替否上疏指出“天下十分之财，而佛有七八”。疏奏，不纳。
709	唐	中宗	景龙	三	以兴圣寺(高宗旧第)枯树复荣，因赦天下，赐百官封爵，普度僧尼道士凡数万万。 韦后立翊圣女冠观。
710	唐	睿宗	景云	元	有敕诫励风俗，谓“真如设教，理归清净，黄老垂范，道在希微，僧尼道士女冠之流，并令修习真寂，严持戒行，不得假托功德，扰乱闾阎。令州县严加检查，私度之色，即宜禁断”。 睿宗即位，敕普度僧道三万人。 宝昌寺僧普润，道士王晔、冯道力(处澄)与处士刘承祖皆善于占兆，诣李隆基于藩邸，布诚款，并与刘幽求、崔日用等定策诛韦后拥戴睿宗。
711	唐	睿宗	景云	二	诏以释典玄宗理均迹异，拯人化俗，教别功齐，自今每像法事集会，僧尼、道士、女冠宜齐行道集。 睿宗为二女造金仙、玉真二观，并命从太清观道士史崇玄受道。观始兴，以崇玄护作，日万人，群浮屠嫉之，以钱数十万赂人诬陷崇玄，乃下敕浮屠、方士两无争。 睿宗召天台山道士司马承祯入宫，问以阴阳术数之事，承祯以道无为之理应之，乃固请还山，许之，命于天台山为造桐柏观，并赠以宝琴霞帔，中朝属词之士赠诗者百余人。
712	唐	睿宗	太极	元	睿宗为二女造寺观，时属春旱，兴役不止，用工巨亿，中书舍人裴漼上疏力谏，不报。 尚书郎唐若山连典巨郡，好长生之道，所至之处必会炉鼎之客，金石所费，不知其数。
713	唐	玄宗	先天	二	命太清观主史崇与昭文馆崇文馆学士等修《一切道经音义》及《妙门原起》等共约 150 卷，后更发使搜求道经，纂修成藏，目曰《三洞琼纲》，总 3744 卷(或谓 5700 卷)，玄宗并为音义作序。 睿宗以道士叶法善于即位有冥助之功，乃于先天二年拜鸿胪卿，封越国公止于京师景龙观。 八月，玄宗封华岳神为金天王，仍令景龙观道士鸿胪卿员外置越国公叶法善备礼告祭。 太平公主与释慧范、仆射窦怀贞等谋废太子，皆被诛。太平公主逃入山寺后赐死，道士史崇玄亦伏诛。

续表

公元	朝代	帝号	年号	年代	事　　记
714	唐	玄宗	开元	二	玄宗从紫微令姚崇请,命沙汰伪滥僧尼 20000 余人还俗。 禁创建佛寺,并敕百官家不得与僧尼道士往还,又禁民间铸像写经。 令道士女冠僧尼致敬父母。
715	唐	玄宗	开元	三	二月十五日,以老君诞辰为玄元节,御制玄元皇帝赞。诏改羊角山为龙角山,改庙为庆唐观,塑高祖、太宗、高宗、中宗、睿宗、玄宗像列侍。 东封回谒老君于亳州旧宅,玄宗亲札《道德经》镌石,作大幢,造八角楼复之于虚无殿前。 置石幢于景龙观,命天台山道士司马承祯依蔡邕石柱三体书写老君《道德经》镌之。
716	唐	玄宗	开元	四	突厥毗伽可汗欲于都城立佛、老庙,其臣谏谓佛、老教人仁弱,非武强术,不可置,乃止。
717	唐	玄宗	开元	五	员半千撰《大唐宗圣观主银青光禄大夫甜水尹尊师碑》。
718	唐	玄宗	开元	六	玄宗数召嵩山隐士卢鸿入见,皆辞不赴,五年再下诏严征,是年鸿乃至东都谒见,仍不拜。拜为谏议大夫,固辞不受,许还山,岁给米百斛,绢 50 匹。 敦煌神泉观道士马处幽、马抱一写《无上秘要》。
720	唐	玄宗	开元	八	道士叶法善卒。玄宗下诏褒奖赠越州都督。法善不喜佛教,常力诋毁。
721	唐	玄宗	开元	九	玄宗遣使迎道士司马承祯入京,亲受法箓,赏赐甚厚。 玄宗方浸喜神仙之事,诏司马承祯制《玄真曲》,李会元制《大罗天曲》,贺知章制《紫清上圣道曲》。
722	唐	玄宗	开元	十	玄宗于华岳祠前立碑,高五十余尺,于岳上置道士观,修功德。 玄宗所注《孝经》颁于天下。 制百官不得与卜祝之人交游来往。 诏两京及诸州各置玄元皇帝庙一所,每年依道法斋醮。并置崇玄学,其徒令习《道德经》及《庄子》、《列子》、《文子》等,每年准明经例举送。 司马承祯请还天台山,玄宗赋诗以遗之。

续表

公元	朝代	帝号	年号	年代	事　　记
723	唐	玄宗	开元	十一	蒲州奏：因建玄元庙，开地获玉石，形如半月，后有仙人捣药之状，扣之其声清越，敕送太原府玄元观，号偃月磬，非斋醮不得击。 玄宗数召天台道士甘泉先生，未赴，至是诏追入内。及辞归，以天台路远，遂于王屋山置观以居之。
725	唐	玄宗	开元	十三	征兖州徂徕山隐士王希夷入见，令宰相张悦访以道义，次年以为朝散大夫，国子博士，听致仕还山。 下《赐青城常道观敕》，令区分道佛，使毋争夺。
726	唐	玄宗	开元	十四	玄宗制谓：玄元皇帝，仙圣宗师，国家本系；昔草昧之时，告受命之期，高祖于神降之所置庙。宜令本州择精诚道士 7 人，于龙角山庙中洁斋焚香，以崇敬奉。 因将崇老君庙廷，命选道门诸大德以进，征西京景龙观张探玄、峨眉王仙卿、青城越仙甫、汉中梁虚舟、齐国田仙寮等至东都。有司备礼，冠盖纷迎，望者以为神仙之会。
727	唐	玄宗	开元	十五	再召司马承祯入京，承祯因请别立斋祠，因敕五岳各置真君祠一所，其形象制度皆令承祯推按道经创意为之。并令以三体写老子经，因刊正文句，定五千三百八十言为真本；又令玉真公主及光禄卿韦縚至其所居修金箓斋。 玄宗赐司马承桢于王屋山修造阳台观，并御书“寥阳殿”额，内塑五老仙像。 敕天下村坊佛堂小者并拆除之，功德移入近寺，堂大者皆令封闭。
729	唐	玄宗	开元	十七	敕两京度僧尼道士，御史一人莅之。 敕天下僧尼道士女冠三岁一造籍，供帐始此。 李含光从司马承桢于王屋山，传授《大法灵文金记》。
730	唐	玄宗	开元	十八	诏天下寺观建天长节祝寿道场，为玄宗祝寿。 玄宗至花萼楼召释道二教论议，沙门道氤与道士尹崇对辩论议，复有旨编入藏，题曰《开元佛道论衡》。 命集贤院学士陈希烈等于三殿讲《道德经》。
731	唐	玄宗	开元	十九	令五岳各置老君庙。 玄宗梦神人，命吴道子依所见画之，遣使斋于潜山、青城、庐山创立祠宇，选德行道士五人焚修供养。 再敕严禁僧尼道士在俗家居止往还。

续表

公元	朝代	帝号	年号	年代	事　记
733	唐	玄宗	开元	二十一	玄宗亲注老子《道德经》,令学者习之。 制令士庶家藏《老子》一本,每年贡举人量减《尚书》、《论语》两条策,加《老子》策。 再下敕命僧尼一依道士女冠拜其父母。
734	唐	玄宗	开元	二十二	遣中书舍人徐峤赍奉玺书,迎张果至东都。后张果固请还山,制以为银青光禄大夫,号通玄先生,厚赐而遣之。果卒,好异者奏以为尸解。玄宗由是颇信神仙。 诏谓道家三元诚有科戒,京城及天下诸州每年正月七月十月三元日,十三至十五日,并官禁断屠宰。
735	唐	玄宗	开元	二十三	玄宗亲注《老子》并修《疏义》8 卷,制《开元文字音义》30 卷,颁示公卿士庶及道释二门,听直言可否。百官咸以为足以发挥道教,弘长儒风,请编入史册,藏之秘府。许之。 用道门威仪司马秀言,今两京及天下应修官斋等州,皆于一大观中刊刻玄宗所注《道德经》。 河南大弘道观奉诏为开元皇帝写《一切经阅紫录仪》。 肃明观道士上《五厨经气法序》。 司马承祯卒。承祯著有《坐忘论》、《天隐子》等。
736	唐	玄宗	开元	二十四	中书门下奏令天下道士女冠隶宗正寺,僧尼令祠部检校。 玄宗亲注《金刚般若经》诏颁天下。 赠故道士王友真为银青光禄大夫。 敕置寿星坛,以千秋日修其祀典。
737	唐	玄宗	开元	二十五	正月,在玄元皇帝庙置崇玄学,立玄学博士,每岁依明经举。在宗正寺下设崇玄署,掌管京都道观名数及道士账籍。 敕诸州玄元皇帝庙,自今后每年二月降生日,宜准西都福唐观例设斋。 群臣奏请立《道德经》石台。 道士尹愔拜为谏议大夫、集贤学士兼知史馆事,愔固辞不起,诏以道士服视事,乃就职。卒,赠左散骑常侍。
738	唐	玄宗	开元	二十六	玄宗注《道德经》刻之石。作《疏》10 卷令学者习之。 敕每州以下观、寺改以"开元"为额。

续表

公元	朝代	帝号	年号	年代	事　　记
739	唐	玄宗	开元	二十七	令天下观寺,每六斋日宜转读经典,惩恶劝善,以阐大教。 命天下僧道遇国忌,就龙兴寺行道散斋;千秋节祝寿就开元寺。 追赠孔子为文宣王,颜回为兖国公。 玄宗亲自撰写了《故金紫光禄大夫鸿胪卿越国公景龙观主赠越州都督叶尊师碑铭并序》。
740	唐	玄宗	开元	二十八	玄宗谓宰臣,朕在藩邸有宅,在积善里东南隅,宜于此地置玄元皇帝庙及崇玄学。
741	唐	玄宗	开元	二十九	诏令家习《道德经》,两京及诸州,各置玄元皇帝庙一所,每年依道法斋醮,兼置崇玄学生徒(亦曰“道举”),令习《老子》、《庄子》、《列子》、《文子》,每年准明经例考试。 玄宗制霓裳羽衣曲、紫微八卦舞,以荐献于太清宫。 玄宗梦玄元皇帝告之有像在京城西南百余里,遣使求得于楼观山间,迎置兴庆宫。 令画玄元皇帝真容,分置诸州开元观。 玄宗至光庆门楼,亲试“四子”举人问策,有元载等入第各授之以官。 河南采访使、汴州刺史齐澣奏请道士僧尼女冠有犯,望准道格处分,州县官不得擅行决罚,违者处罪。敕依之。 敕谓:弘济之方,莫如道教。宜令天下诸观自来年正月一日至年终以来,常转《本际经》。
742	唐	玄宗	天宝	元	陈王府参军田同秀上言见玄元皇帝于丹凤门空中,告以“我藏灵符,在尹喜故宅”,遣使于函谷关尹喜台旁求得,献于含元殿。 玄宗亲临含元殿,加尊号为“开元天宝圣文神武皇帝”。亲享玄元皇帝于新庙。以庄子号南华真人,文子号通玄真人,列子号冲虚真人,庚桑子号洞虚真人。改《庄子》为《南华真经》、《文子》为《通玄真经》、《列子》为《冲虚真经》、《庚桑子》为《洞虚真经》。亳州真玄县先天太后及玄元庙各置令一人。两京崇玄学各置博士、助教一员,学生 100 人。 两京玄元庙改为太上玄元庙,天下准此。 颁《分道德经为上下经诏》。

续表

公元	朝代	帝号	年号	年代	事　记
743	唐	玄宗	天宝	二	追尊老君为大圣祖玄元皇帝,改两京崇玄学为崇玄馆,博士为学士,助教曰直学士,置大学士一人,以宰相为之,领两京玄元宫及道观。 玄宗亲谒玄元宫以册尊号,制追尊玄元皇帝父为先天太上皇,圣祖母益寿氏号先天太后。改西京玄元庙为太清宫,东京为太微宫,天下诸州为紫极宫。 命崇玄馆学士于三元日讲《道德》、《南华》诸经,群公百辟咸就观礼。 太子宾客贺知章请度为道士还乡。
744	唐	玄宗	天宝	三	敕两京天下州郡取官物铸金铜天尊及佛各一躯,送开元观及开元寺。 玄宗命道士于嵩阳观炼丹,宰相李林甫为颂以献。 术士苏嘉庆上言遁甲术有九宫贵神典司水旱,请立坛于东郊,从之。 诏天下民间家藏《孝经》一本。 贺知章入道,玄宗亲制诗以赠,遣左右相以下于长乐坡上为知章送行。 玉真公主先为女道士,让号及实封,赐名“持盈”。 玄宗令寿王妃杨氏乞为女官,号太真,潜纳于宫中。
745	唐	玄宗	天宝	四	玄宗册太真宫女道士杨氏为贵妃。 玄宗告宰相于宫中内道场立坛炼药“神异”事,太子、宰相等皆上表贺。 玄宗亲制《降真召仙之曲》、《紫微送仙之曲》,于太清宫奏之。 召茅山道士李含光入京,玄宗请受道法,含光以疾辞,未几还山,赐绢200匹,玄宗制诗以饯之。 召道士吴筠入京,令待诏翰林,玄宗召见于大同殿,问以道要。筠对道法之精,无如五千言。又问神仙修炼之事,筠谓乃野人之事,非人主之所宜。筠与李白、孔巢父诗篇酬和,常为文深诋释氏,有文集20卷,其《玄纲》三篇,《神仙可学论》等为识者所称。 诏坟籍中载有老君、庄子旧号者,并宜改正,其余编录经义等书,宜以《道德经》在诸经之首,《南华》等经不宜编入子书。

续表

公元	朝代	帝号	年号	年代	事　　记
747	唐	玄宗	天宝	六	正月诏称“崇我祖训,其惟道门。将以福助生灵,弘拯天下。诸观道士等如闻人数全少修行多阙。其欠少人处度满七人。”册赠后汉张道陵为天师,梁陶弘景为太保。 高力士舍宅置华封观。 新昌公主奏请度为女冠,遂立新昌观。
748	唐	玄宗	天宝	七	玄宗从李含光受上清经箓,遥礼度师李含光,赐号玄静先生。敕度道士于茅山华阳宫焚修,度女道士 3 人于燕洞宫奉香火。又诏以紫阳观侧 200 户,太平、崇元两观各 100 户,并蠲免租税差科,长充修葺洒扫。 以言玄元皇帝于华清宫之朝元阁,遂改为降圣阁。 玄宗册封汉天师张道陵为太师,于京师设授箓院。
749	唐	玄宗	天宝	八	玄宗谒太清宫,加老君尊号为“圣祖大道玄元皇帝”。 命两京十道于一大郡各置一观,以贞符、玉芝为名,每观度道士七人。 诏于东西京老君宫中更立孔子像与四真人列侍左右。 命崇玄馆写一切道经送诸道采访使,令管内诸道转写,官本留采访郡太一观持诵。
750	唐	玄宗	天宝	九	御史大夫王鉷奏称太白山人王玄翼见玄元皇帝于宝山洞中。乃遣王鉷等于洞中得玉石函《上清护国经》、宝券、纪箓等献之。
751	唐	玄宗	天宝	十	玄宗于内道场亲教诸道士步虚声韵。 御史大夫王鉷请舍宅为观。 茅山道士李含光自七载被征入都,九载辞还,未几复征入,至是又恳辞告老,玄宗再制诗序以饯之。 命写一切道经五本(部)赐诸观。
752	唐	玄宗	天宝	十一	诏道士李含光与其弟子韦景昭等于茅山紫阳之东别建斋院。
754	唐	玄宗	天宝	十三	太清宫奏:学士李琪见玄元皇帝乘紫云,告以国祚延昌。 玄宗朝献太清宫,上老君尊号曰“大圣祖高上大道金阙玄元天皇大帝”。 赐太清宫道士 30 段,道门威仪王虚真 50 段,陪位大德各赐物 20 段。

续表

公元	朝代	帝号	年号	年代	事　　记
755	唐	玄宗	天宝	十四	颁玄宗所注《老子》并《义疏》于天下,各令巡内传写,以付宫观。 道士王虚真卒,赠洞微先生。虚真为东明观道士,以箓得见,玄宗颇重之,曾命为道门威仪、翰林供奉,监领诸道士。及卒,玄宗甚悼之。
756	唐	肃宗	至德	元	安禄山陷长安,玄宗奔蜀。 肃宗在灵武,以军需不足,裴冕请鬻僧道度牒,谓之香水钱。杨国忠使御史崔众于河东纳钱度僧尼道士,旬日间得钱百万。
757	唐	肃宗	至德	二	通化郡言玄元皇帝降,诏天柱山老君庙改为启圣宫。 敕李含光称:平定安史之乱,圣驾还京,“仰荷玄元之祐,再成宗社之业,亦师精修愿力,有以助之”。
758	唐	肃宗	乾元	元	肃宗进玄宗烧丹灶。玄宗诰有“吾比年服药物,为金灶煮炼石英,自经寇戎失其器用,前日晚际思欲修营”等语。 二月旱,于曲江池投龙祈雨,又令道士何智通,于尚书省都堂醮土神,用特牲,设50余座,右仆射裴冕及尚书侍郎官并就位如朝仪。
759	唐	肃宗	乾元	二	肃宗夜梦见混元须发皆黑,及明,宣下两街,果于务本坊光天观获黑髭老君之像,图写以进,肃宗大悦,乃出帝真容,令侍立于混元之后,颁示天下,普令供奉。 殿中监成国公李辅国奏,大明宫三殿前,设河图罗天大醮,其夜及晨,有龙见于御座褥,宛转鳞甲脚迹遍于褥,肃宗以其褥示朝臣。
760	唐	肃宗	乾元	三	给“专以祠事希幸”的王玙,迁太常卿兼蒲州刺史,充蒲、同、绛等州节度使。中书令崔园罢相,乃以玙为中书侍郎同中书门下平章事,并从玙请,遣中使女巫分祷天下名山大川,所过烦扰州县,干求赂遗。肃宗南郊礼毕,以王玙使持节都督越州诸军事、越州刺史,充浙江东道节度观察处置使,本官兼御史大夫,祠祭使如故,入为太子少保转少师。
761	唐	肃宗	上元	二	于景龙观设高座讲论释道二教,遣公卿百僚悉就观设醮讲论,自宰臣以下赐钱有差。 肃宗朝献于太清宫。
762	唐	代宗	宝应	元	楚州刺史崔侁献定国宝十三,时肃宗方不豫,以为瑞,乃改元“宝应”。

续表

公元	朝代	帝号	年号	年代	事　记
764	唐	代宗	广德	二	四月壬申，以玄宗讳日，度僧道凡数百人；乙酉，以肃宗讳日，度僧道凡数百人。 道士李国祯奏皇室仙系，宜修崇灵迹，请于昭应县南30里山顶，置天华上宫露台、大地婆父、三皇、道君、太古天皇、中古伏羲、女娲等祠堂，并置洒扫宫户100户，又于县之东义扶谷故湫置龙堂，并许之。 代宗谒太清宫，祀昊天上帝于圜丘。
767	唐	代宗	大历	二	诏严禁私家藏谶纬天文术数诸书。
768	唐	代宗	大历	三	增置崇玄生员满百名。
769	唐	代宗	大历	四	正月，代宗以章敬皇后忌辰，度僧尼道士凡400人。 茅山道士李含光卒，门人赴丧者数千人，颜真卿为撰碑铭，称之为天下道学所宗。含光著有《本草音义》两卷，《老庄》、《周易学记义略》各3卷，另《内学记》2卷续仙家遗事。
771	唐	代宗	大历	五	资中刺史建三教道场，以佛为先，道为次，儒再次之。
772	唐	代宗	大历	七	光天观道士简较殿中监冲虚先生申甫请下制，诫天下道士增修道法，许之。 申甫又上言：玄真观、开元观、望天观并载先帝圣谥，请至讳日，各于其观行香，许之。 隐士张志和卒，颜真卿为撰碑志。志和著《玄真子》12卷，又述《大易》15卷。
773	唐	代宗	大历	八	敕天下寺院僧尼道士不满七人者宜度满7人；37人以上者更度1人；27人以下者更度3人。
775	唐	代宗	大历	十	礼部侍郎常兖建言，谓诸祠寺写经造像、焚币埋玉、赏赉比丘道士巫祝之疏，岁巨万计，不若易刍粟，减平民之赋。
777	唐	代宗	大历	十二	命天下仙洞灵迹禁樵捕。
778	唐	代宗	大历	十三	新作乾元观，置道士49人，以追远祈福，上资肃宗，仍遣申甫司其事。 吴筠卒于宣城道观，弟子私谥宗玄先生。著有《宗玄集》、《玄纲论》、《南统大君内丹九章经》等。
780	唐	德宗	建中	元	道士吴䍡善教诱童孺，大历中召入宫为太子诸王授经，德宗在东宫时亦师事之。 术士桑道茂善太一遁甲五行灾异之说，请城奉天以备非常，乃发丁夫数千杂六军之士筑奉天城。

续表

公元	朝代	帝号	年号	年代	事记
781	唐	德宗	建中	二	于大秦寺立《景教流行中国碑》，波斯僧景净撰碑文，略叙入唐原委，并谓其教“方大而虚，专精而恕，广慈救众苦，善贷被群生……使风雨时，天下静，人能理，物能清，存者昌，殁者乐”。
789	唐	德宗	贞元	五	诏谓释道二教，福利群生，馆宇经行，必资严洁，自今州府寺观，不得俗客居住，屋宇破坏，各随事修葺。
791	唐	德宗	贞元	七	吉州刺史阎采请为道士，从之，赐名“遗荣”。 ※戴叔伦罢容管都督，亦上表请度为道士。
794	唐	德宗	贞元	十	昭义军节度使李抱真晚年好方士，以冀长生，有孙吉长者为炼金丹，凡服丹 20000 丸，腹坚不食，乃再服 3000 丸，遂卒。
796	唐	德宗	贞元	十二	四月庚辰，德宗诞日御麟德殿，命韦渠牟、徐岱等与沙门鉴虚、覃延，道士郗维素、葛参成讨论三教，始若矛盾，卒而同归于善。鉴虚云：“玄元皇帝，天下之圣人；文宣王，古今之圣人；释迦如来，西方之圣人。今陛下是南赡部洲之圣人。”德宗大悦。
801	唐	德宗	贞元	十七	韦渠牟卒。渠牟先为道士，后为僧，终复还俗入仕，颜真卿称其“洞澈三教”，渠牟曾撰《三教会宗图》。
806	唐	宪宗	元和	元	回纥入朝，始以摩尼教偕来，于中国置寺处之。 南岳道士田良逸、蒋含宏有道术，侍郎吕渭、杨凭等师事之。
807	唐	宪宗	元和	二	宪宗亲荐献于太清宫。 诏令天下百姓或冒为僧、道士，苟避徭役，有司宜备为科制。 宪宗令将道士、女冠由宗正寺划出，改隶左右街功德使管理。
811	唐	宪宗	元和	六	宰臣李吉甫奏谓自天宝以后，中原宿兵见在军士可计者已 80 余万，其余去为商贩，度为僧道，杂人色役不归农桑者又十之五六，是天下以三分劳筋苦骨之人，奉七分待衣坐食之辈。
813	唐	宪宗	元和	八	命中尉彭忠献帅徒 300 人修兴唐观，赐钱 10 万，又以内库绢千匹、茶千斤为兴唐观城复道夫役之赐，又以庄宅钱 50 万、杂谷千石充修道教之费。
814	唐	宪宗	元和	九	内出道教神仙图像经法九舆以赐兴唐观。
815	唐	宪宗	元和	十	诏停寺观开讲，以防其聚众生变。

续表

公元	朝代	帝号	年号	年代	事　记
818	唐	宪宗	元和	十三	以山人柳泌为台州刺史，为宪宗于天台山采仙药，制下，谏官论之，不纳。
819	唐	宪宗	元和	十四	命中使杜英奇领禁兵押宫人30人持香花与僧徒赴临皋驿迎佛骨，开光顺门迎入大内，留禁中三日，乃送京城佛寺，王公士庶奔走施舍，唯恐在后，百姓有废业破产烧顶灼背而求供养者，于是刑部侍郎韩愈上疏极谏，宪宗大怒，将加愈极刑，裴度、崔群力谏得免，遂贬愈潮州刺史。 山人柳泌自为台州刺史，驱使吏民于山谷采药，鞭笞躁急，岁余无所得而惧，举家逃入山中，浙东观察使捕送京师，宪宗乃命待诏翰林，服其药而日加燥渴。起居舍人裴潾上疏极谏，请罢遣所有药术荒诞之徒，禁其幻惑，宪宗怒，贬潾江陵令。
820	唐	宪宗	元和	十五	宪宗服柳泌所炼神丹，中毒致死。穆宗即位，下诏斥山人柳泌、僧大通虚妄奸邪，命重杖处死。
822	唐	穆宗	长庆	二	令诸色人中有情愿入道者，但能暗记《老子经》及《度人经》灼然精熟者即任入道，愿以《黄庭经》代之者亦听。
823	唐	穆宗	长庆	三	浙西观察使李德裕以江岭之间信巫祝，惑鬼怪，欲变其风，乃去管内四郡淫祠1010所。 江西观察使王仲舒卒。史称仲舒以佛老病民，对有为佛老法、兴浮屠祠屋、立释老像者，皆驱出境，及卒，韩愈为立墓志铭及神道碑。 太学博士李干从方士柳泌受药法，服之病卒，韩愈为作墓志，力斥道家服食之害，并列举所见朝臣归登、孟简等七人服食受害事，谓诸人“不信常道，而务鬼怪，临死乃悔”。
824	唐	穆宗	长庆	四	穆宗虽诛柳泌，既而自惑，听僧道之言，饵金石之药，卒。 道士刘从政以长生之道惑敬宗，请天下访异人，冀获灵药，敬宗北面受弟子礼，受道于从政，乃以从政为光禄少卿，号升玄先生。
825	唐	敬宗	宝历	元	敬宗朝献于太清宫。 命左仆射平章事李逢吉摄太尉，充孟秋荐献“大圣祖”于太清宫。 命中使及道士赵常盈等至天台观设醮。 敬宗到蓬莱殿会沙门、道士共400人，赐食兼给茶绢有差。

续表

公元	朝代	帝号	年号	年代	事　记
826	唐	敬宗	宝历	二	命沙门、道士400余人于大明宫谈论设斋。 命中使押山人杜景先往淮南及江南、湖南、岭南诸州访求药术之士。 命兴唐观道士孙准于翰林待诏。赐兴唐观钱2万贯,充道士刘从政修院。 赐浙江绝粒女道士施子微紫衣一袭、绢600匹、银器200事。 令供奉道士20人随浙西处士周息元入内宫,问以道术。 命两街供奉道士赵常盈等40人于三清殿修罗天大醮道场。 以太清宫道士赵归真充两街道门都教授博士。
827	唐	文宗	太和	元	流沙门惟真、齐贤、正简,道士赵归真、纪处玄及伎术人李元戢、王信于岭南。 文宗诞日,召秘书监白居易、安国寺沙门义林、上清宫道士杨弘元入麟德殿内道场谈论三教。
831	唐	文宗	太和	五	李德裕遣人至南诏,求其所俘工匠,得僧道工巧4000余人归成都。
833	唐	文宗	太和	七	诏修葺亳州太清宫。 文宗诞日(庆成节),僧徒道士讲论于麟德殿。 敕停僧道内斋。
836	唐	文宗	开成	元	宰相郑覃奏太学新置五经博士各一人。覃复以经籍亡散,屡以为言,乃令秘阁搜访遗文,日令添写,至是四部书有56476卷。
837	唐	文宗	开成	二	召麻姑山女道士庞德祖,自録台门留止玉晨观。
838	唐	文宗	开成	三	出宫人480,送两街寺观安置。
839	唐	文宗	开成	四	户部侍郎崔蠡请除国忌日在寺观行香,从之。诏谓"其京城及天下州府国忌日寺观设斋行香,自今以后并宜停废"。
840	唐	文宗	开成	五	正月二日,文宗暴卒,其夜,仇士良以兵迎武宗,百官谒见于东宫思贤殿。 敕二月十五日玄元皇帝降生日为降圣节,休假三日。 召道士赵归真等81人入禁中,于三殿修金箓道场,武宗亲至三殿九天坛受法箓。右拾遗王哲上疏,言王业之初,不宜崇信过当。疏奏,不省。

续表

公元	朝代	帝号	年号	年代	事　记
841	唐	武宗	会昌	元	敕恢复以大祠之礼祀九宫贵神,而在御史祝文中天子不再称臣。 以衡山道士刘玄靖为银青光禄大夫,充崇玄馆学士,赐号广成先生,令与赵归真于禁中修法箓,左补阙刘彦谟上疏切谏,贬彦谟为河南府户曹。 敕开讲《南华经》,设内斋,命僧道议论,道士赐紫,沙门不得著。 武宗召二十代天师张湛,赐传箓坛额为“真仙观”。
843	唐	武宗	会昌	三	准赵归真请,筑望仙观于禁中。
844	唐	武宗	会昌	四	以道士赵归真为左右街道门教授先生。时武宗志学神仙,师归真,归真乘宠,每对排毁释氏,言非中国之教,蠹耗生灵,尽宜除去,颇信从之。 毁道场佛经像,安置天尊老君之像。命以供养佛者尽入兴唐观祭天尊。 令毁拆天下小寺,经佛入大寺,钟送道观。
845	唐	武宗	会昌	五	东都太微宫修成玄元皇帝、玄宗、肃宗像,遣右骑常侍裴章往东都荐献。 敕造望仙台于长安南郊。 赵归真请与释氏辩论,乃令僧道会麟德殿,令沙门知玄与道门敌言神仙为可学不可学?武宗又手付老子理大国若烹小鲜义。知玄大陈帝王理道教、化根本,谓神仙之术乃山林匹夫之事,大忤旨,放还桑梓。 赵归真举罗浮道士邓元起有长年之术,遣中使迎之,于是与衡山道士刘玄靖等共毁释氏,而拆寺之请行焉。 八月,颁制“废佛”,天下拆寺 4600 余所,还俗僧尼 260500 人,拆招提、兰若 40000 余所,收膏腴上田数千万顷,收奴婢为两税户 15 万人。 宰相李德裕等上表称贺,于《贺废毁诸寺表》中指责佛教“耗蠹生灵,浸灭正税,国家大蠹,千有余年”。
846	唐	武宗	会昌	六	武宗重方士,颇服食修摄,至是药燥,喜怒无常,疾笃旬日不能言,卒。 宣宗即位,饬功德使杨钦义捕赵归真、邓元起等 12 人杖杀之。 宣宗受三洞法箓于刘玄靖,并依玄靖请,禁断屠钓,百司不决死刑。

续表

公元	朝代	帝号	年号	年代	事　　记
847	唐	宣宗	大中	元	诏谓"会昌五年所废寺宇,有宿旧名僧,复能修创,一任住持,所司不得禁止"。 敕复置内斋,许僧道献寿。 赐道士郗元表谥通元先生。
848	唐	宣宗	大中	二	宣州刺史裴休言天下寺观多为官僚寄客蹂践,今后不得在寺居止,违者重罚。从之。
849	唐	宣宗	大中	三	宣宗诞日,召谏议李贻孙、给事杨汉公、沙门知玄同道士于麟德殿讲论三教。
851	唐	宣宗	大中	五	江西观察使纥干泉苦求龙虎之丹十余年,及镇江右,大延方术之士,作《刘弘传》,雕印数千本以寄中朝及四海精心烧炼者。 河中节度使郑先奏:永乐县道士侯道华"上升",命改所居道净院为升仙院,仍赐帛500匹以饰廊房。 进士孙樵上书谏复佛寺,"愿明诏寺未修者勿修,僧未复者勿复,庶几百姓得以息肩"。书入,宣宗怒而不纳。 太子詹事姚康撰《统史》300卷。上自开辟,下尽隋朝,帝王美政,诏令制置,铜盐钱谷损益,用兵利害,下至僧道是非,无不备载,编年为之。
854	唐	宣宗	大中	八	命改望仙台为文思院。始武宗以好神仙筑此台,是年宣宗复命葺之。右补阙陈嘏抗论乃罢修,营改为文思院。
857	唐	宣宗	大中	十一	遣中使往罗浮山迎处士轩辕集,右补阙陈嘏、左拾遗王谱、右拾遗薛庭杰上疏极谏。宣宗谓闻轩辕集善能摄生益寿,故遣使迎之,或冀有少保理,每观前史,见秦皇汉武为方士所惑,当以之为戒。
858	唐	宣宗	大中	十二	罗浮山人轩辕集至京师,宣宗召入禁中,问长生可致否?集谓王者弃欲从德,则自然受福,何必别求长生。留之月余,坚请还山,乃遣之。 江南术士董光素,人谓"能役使鬼神",宣宗召见,异常勤重,赐赉甚多。
859	唐	宣宗	大中	十三	宣宗晚好神仙,饵丹药,是年饵医官李玄伯、道士虞紫芝及山人王乐所制长生药,病渴且中燥,疽发于背,卒。懿宗即位后,李玄伯三人皆弃市。
870	唐	懿宗	咸通	十一	懿宗诞日,召京城僧道入麟德殿讲论。

续表

公元	朝代	帝号	年号	年代	事　　记
871	唐	懿宗	咸通	十二	九华山道士赵知微结庐于凤凰岭前,好奇之士多从之。至是以山中炼丹需西土药,遣弟子皇甫真至长安求药。
875	唐	僖宗	乾符	二	三月不雨至于五月,命两街选高道各 7 人,在应天节于内殿置金箓道场七日。僖宗捻香祈祷,请玉皇降雨。天下名山青城、峨嵋、茅山、天台、罗浮、五岳等 18 处降赐祠文,各修道场七日。 遣使至茅山受大洞箓,遥尊吴法通为度师,赐号希微先生。
881	唐	僖宗	中和	元	僖宗因黄巢于广明元年(880 年)入长安称齐帝而出奔凤翔,至是奔成都。 道士杜光庭始好经史,工翰墨,以廷试不售,乃弃儒冠入道,事天台道士应夷节。僖宗即位,充麟德殿文章应制,至是随僖宗入蜀。
882	唐	僖宗	中和	二	淮南节度使高骈好神仙,宠信术士吕用之。置道院,作望仙楼,于庭中刻木鹤,时著羽服跨之,日夕斋醮,炼金烧丹,费以巨万,公私大小事皆决于用之。
883	唐	僖宗	中和	三	诏升亳州真源县为畿县,赐太清宫住持吴崇玄号凝玄先生。 改成都玄中观为青羊宫,令乐朋龟撰《西川青羊宫碑铭》。
884	唐	僖宗	中和	四	杜光庭记:唐代所造宫观约 1900 余所,度道士 15000 余人。其亲王贵主及公卿士庶或舍宅舍庄为观并不在其数。
887	唐	僖宗	光启	三	《无能子》书成(撰者不详)。序者略谓“其旨归于明自然之理,极性命之端……是以略礼教而外世务焉”。
889	唐	昭宗	龙纪	元	昭宗诞日,仍命两街僧道入内殿谈论。
891	唐	昭宗	大顺	二	杜光庭记:玄宗开元年间,著《琼纲经目》凡 7300 卷,复有《玉纬别目》、纪传疏论相兼 9000 余卷。安史之乱以后,“正教凌迟,两京秘藏,多遇焚烧”。肃宗上元年中,所收经箓 6000 余卷,代宗大历中又及 7000 卷,穆宗、懿宗时两街所写才 5300 卷,经黄巢起义,“真宫道宇,所在凋零,玉笈琅函,十无三二”。
894	唐	昭宗	乾宁	元	应夷节卒。
904	唐	哀帝	天祐	元	哀帝诞日,命天下寺观建斋,民间禁屠钓。

续表

公元	朝代	帝号	年号	年代	事　　记
906	唐	哀帝	天佑	三	杜光庭于平都山得天师翟乾佑传《素灵符》。
907	后梁	太祖	开平	元	命僧尼改隶祠部,道士不入宗正。罢释道二教诞日御前讲论。 废雍州太清宫。改西都太微宫,亳州太清宫皆为观,诸州紫极宫皆为老君庙。 道门威仪郑章赐号贞一大师,道士夏隐言赐紫衣。
908	吴越	武肃王	天宝	元	改吴山紫极宫为真圣观。
909	吴越	武肃王	天宝	二	罗隐卒。唐亡,隐劝钱镠举兵讨梁,钱虽不能用,心甚异之。隐于咸通中曾著《谗书》五卷,议古刺今,复成《两同书》10 篇,以老子修身之说为内,孔子治世之说为外,以会通儒道。
910	后梁	太祖	开平	四	十一月,暴风不息,下诏遍命祈祷,差官分往祠所止风。 前蜀王建命道士杜光庭为太子元膺之师。
912	后梁	太祖	乾化	二	五月,亢阳伤农,诏令宰臣于竞赴中岳,杜晓赴西岳,精切祈祷。其近京灵庙,宜委河南尹;五帝坛、风师雨师、九宫贵神,委中书各差官祈之。
913	前蜀	高祖	永平	三	王建以杜光庭为金紫光禄大夫,左谏议大夫,封蔡国公,进号广成先生。
916	前蜀	高祖	通正	元	王建以杜光庭为户部侍郎。
920	后梁	末帝	贞明	六	陈州末尼聚众起事,立母乙为天子,其余豪首各有树置。南通淮夷,攻掠陈、颖、蔡诸州,其势甚盛。至是发禁军及数郡兵攻之,擒母乙等首领 80 余人诛之。先是其徒以不茹荤饮酒,深夜聚会,画魔王踞坐,佛为洗足,谓佛为大乘,我法乃上上乘。 赵王熔晚年好事佛及求仙,常聚缁黄,行斋醮符箓,烧丹讲经等。又信道士王若讷言,寻访仙迹,盛饰馆宇于西山,往来供顿,军民皆以为苦,亲军值熔焚香受箓乃杀之,尽灭其族。惟次子昭诲髡发披僧服得脱,从南岳寺僧习业,后始还俗。

续表

公元	朝代	帝号	年号	年代	事　记
923	后唐	庄宗	同光	元	将骊山华清宫赐给道士，改称灵泉观。 庄宗命道士程紫霄入内殿讲论，以惟事修炼、求长生术的豆卢革为宰相，术士周玄豹为北京巡官。 亳州太清宫道士上言，玄元皇帝殿前枯桧再生一枝，画图以进。诏称应皇家再造之期，显大国中兴之运，宜标史册，以示寰瀛。
	前蜀	王衍	乾德	五	王衍受道箓于苑中，以杜光庭为传真天师、崇真馆大学士。 起上清宫，塑王子晋像，尊为圣祖至道玉宸皇帝；又于正殿塑玄元皇帝像。备法驾朝之。 冬十月，彗星见舆鬼，长丈余，司天监言国有大灾，诏玉局化置道场以应天变。
925	后唐	庄宗	同光	三	庄宗出师北门，请雨于两街圣祖玄元庙。 魏州妖人杨千郎，自言有墨子术，能役使鬼神，化丹砂水银，庄宗颇神之，拜检校尚书郎、赐紫。 以被简寂观驱出的道士孙晟为著作佐郎。
	吴越	武肃王	宝大	二	建上清宫于秦望山，有巨石20余株自然成行，名曰金洞门。
926	后唐	明宗	天成	元	诞节，命僧录云辩与道士入内殿谈论。
927	后唐	明宗	天成	二	准于修复朱温以来毁废的道教宫观，免除两京宫观田产课税，以充斋粮。 恢复玄元皇帝降圣节（二月十五日）休假日制度。
929	后唐	明宗	天成	四	令所司依旧造上清宫牌额悬挂，京城内金真观仍改名崇道观，给换牌额。
931	后唐	明宗	长兴	二	闽王延钧好神仙之术，道士陈守元、巫者徐彦林与盛韬共诱之，作宝皇宫，极土木之盛，以守元为宫主。
933	后唐	明宗	长兴	四	七月，明宗病稍愈，召道士20人于中兴殿为金箓斋，七日而罢。 杜光庭卒。光庭著述甚丰，收入《正统道藏》者有《道德真经广圣义》、《太上黄箓斋仪》等20余种，《全唐文》收有表、序、记、斋醮词等各式文献300余篇。
933	闽	太宗	龙启	元	赐道士陈守元号洞真先生。
935	闽	太宗	永和	元	赐陈守元号天师。

续表

公元	朝代	帝号	年号	年代	事　记
937	南唐	烈祖	升元	元	李升召茅山道士王栖霞至京陵,馆于元真观,加金印紫绶,赐号玄博大师,又加号真素先生。南唐有诸祐,自言不茹荤者数世,"能使贫者富,富者贫",众多效之。数年积数百众夜行昼息,取资于盗,竞相推唱,言祐能升虚空,入水火。黄梅令陈起于升元(937—942年)中乃执祐并其妇孺,索其家,得舆器服用皆埒至贵。
939	后晋	高祖	天福	四	召道士崇真大师张荐明,赐以缯帛,延入内殿讲《道德经》,召宰臣冯道授卷而听道。
939	闽	景帝	永隆	元	闽主用陈守元言,作三清殿于禁中,以黄金数千斤铸宝皇大帝、天尊、老君像,昼夜作乐,焚香祷祀,求神丹。政无大小,皆巫妖林兴传宝皇命决之。
940	后晋	高祖	天福	五	赐张荐明号通玄先生。令以道德二经雕上印板,命学士和凝别撰新序冠于卷首,俾颁行天下。 天和节,道、释赐紫衣师号者凡92人。
941	后晋	高祖	天福	六	二月,天和节,道、释赐紫衣师号者凡134人。
942	南唐	烈祖	升元	六	烈祖李升服史守冲等金丹,疽发于背,卒。
943	后晋	高祖	天福	八	吏部尚书梁文矩卒。文矩喜清净之教,聚道书数千卷,而尤讲究服食。
947	南唐	元宗	保大	五	女道士杨保宗重修庐山崇喜观,赐名真风,韩熙载奉敕作记,谓"宫之中竞施财玩,珠珍采绣,数逾千万"。
948	后汉	隐帝	乾祐	元	僧总伦以术士李守贞,谓有人君之位,后李守贞信其言,举兵称秦王。 李守贞从事李平,少为道士,好神仙事,自言归仙官,常"与鬼神通接",家置静室,众莫能窥。
950	后汉	隐帝	乾祐	三	敕令御史台,严禁道士带妻孥住在宫观。 以蒙州城隍为灵威王,从湖南所请。时海贼攻州城,州人祷于神,城得不陷。
951	后蜀	后主	广政	十四	自唐末以来,所在学校废绝,蜀母昭裔出私财百万营学馆,且请刻板印九经传布,蜀主从之。由是蜀中文学复盛。 彭山获道教文物一铜印于江岸,凡篆文80字,后主命严筑作《瑞篆记》。

续表

公元	朝代	帝号	年号	年代	事　记
952	后蜀	后主	广政	十五	夏六月,大雨雹,岷江大涨,大水入成都,溺死5000余人,冲毁太庙及司天监。蜀主大赦境内,赈水灾之家,命宰相祷青羊宫,又遣使往灌州,下诏罪己。
952	后周	世宗	广顺	二	钱俶为道士朱霄外修建天台桐柏崇道观,用以收藏道经,并赐金银字经二百函及三清铜像。
955	后周	世宗	显德	二	夏五月,下诏整顿佛教,规定天下寺院无赐牌者皆废除之,今后不得再造寺院。凡欲出家者,须先取祖父母、父母、伯叔处分,候听许方得出家。是岁诸道供到帐籍,天下所有寺院凡2694所,废寺院凡30336所,现僧尼系籍共61200人,其中僧42444人,尼18756人。 世宗召见华山道士陈抟,问以飞升黄白之术,命为谏议大夫,不受,乃赐号白云先生。乃听还山,命州县常加存问。
967	宋	太祖	乾德	五	右街道录何自守坐事流配,乃召莱州道士刘若拙为左街道录,俾正道流。每水旱,必召至禁中,令设坛致祷。道士孙夷中师事之,撰《三洞修道仪》。
969	宋	太祖	开宝	二	宋太祖驻跸镇阳,召见龙兴观道士苏澄隐,因问养生之道,赐号"颐素先生"。
970	宋	太祖	开宝	三	诏士庶丧葬不得用僧道威仪。
971	宋	太祖	开宝	四	禁伪造黄白金。开封府捕得伪造黄白金者12人,并决杖流海岛。因诏:"自今民敢复造伪金者,弃市。"
972	宋	太祖	开宝	五	禁民寄褐宫观、私度出家。诏功德使与左街道录刘若拙集京师道士考试,其学业未至者皆斥之。 道士马志通治愈太祖弟开封府尹赵光义疾,赐通议大夫阶。 诏:"每当朝集,僧先道后;并立殿,僧东道西,间杂副职。若遇郊天,道左僧右。"
976	宋	太宗	太平兴国	元	太祖病,召道士张守真降神。守真假神言,谓"晋王有仁心",太祖以为妖,将加诛,然猝死。晋王嗣位为太宗,即宠信守真,为其修上清太平宫于终南山以居之。
977	宋	太宗	太平兴国	二	※太宗召见华山云台观道士陈抟,并赠诗。

续表

公元	朝代	帝号	年号	年代	事　　记
982	宋	太宗	太平兴国	七	华山道士丁少微卒。少微奉科教尤精,善服气,多饵药,年百余岁。太宗时两次召至京,并献芝草等。 张守真入朝,赐号"崇玄大师"。
984	宋	太宗	太平兴国	九	太宗再召陈抟诣阙,问以道要,赐号"希夷先生"。
989	宋	太宗	端拱	二	七月二十七日,陈抟卒。传寿118岁。抟好著述,辑有《指玄篇》、《入室还丹诗》、《钓潭集》、《赤松子诫》、《人伦风鉴》、《易龙图》、《高阳集》、《观空篇》等。
990	宋	太宗	淳化	元	诏参政苏易简撰《三教圣贤录》各54卷,令通慧赞宁、太一宫道士韩德纯分领其事。 宋王朝编纂《道藏》,得3737卷。初,太宗诏求道经,得7000余卷,命散骑常侍徐铉、知制诰王禹偁校正,删去重复。道士张契真等参与其事,至是全藏成。
1004	宋	真宗	景德	元	朱自英嗣教。自英字隐芝,句曲人,初从茅山道士朱元吉(一作朱文吉)学道,继与张绍英试辟谷术,后过亳州遇仙童武抱一,还故山得九老仙都君印。至是任茅山二十三代宗师。
1005	宋	真宗	景德	二	诏济源奉仙观道士贺兰栖真赴阙,赐号"玄宗大师"。栖真自言百余岁,善服气,不惮寒暑。
1006	宋	真宗	景德	三	张契真卒。契真字齐一,钱塘人。学道于胡法师、朱天师、樊先生等,历览道书,名振江浙,宋太宗时诏两街选优学者刊正道书,契真首与选,赐号"元静大师"。 真宗言:"老氏立言,实宗于众妙;能仁垂教,盖诱夫群迷。""三教之设,其旨一也:大氐皆劝人为善。唯识达之士能一贯之;滞情偏执,于道益远。"
1007	宋	真宗	景德	四	汀州黥卒王捷诣阙自陈:于南康遇一赵姓道士,后屡见,授以黄白术及神剑,云即"司命真君"。于是朝廷为创新堂,令捷降神,传达灵命。捷又常以所炼药金银助国费,世称"烧金王先生"。 真宗遣中使命朱自英设醮祈胤。明年,仁宗生。遂得宠任,召至京,赐号"国师"。

续表

公元	朝代	帝号	年号	年代	事　记
1008	宋	真宗	大中祥符	元	正月三日,真宗称神人告以“天书”下降之期,至期,果有《大中祥符》三篇降于皇宫左承天门屋角。召群臣启读,谕以清净之旨。遂崇道教。 营造玉清昭应宫。诏崇饰天下宫观。封禅泰山,于途用道门威仪。 敕两街道士修斋醮科仪,特命参政王钦若定《罗天大醮仪》。真宗自制道教乐章。
1009	宋	真宗	大中祥符	二	诏天下建道场,并以“天庆观”为额。又诏左右街选道士 10 人校定《道藏》典籍。 诏道士不得以亲属住宫观,犯者严惩之。自后始与僧同其禁约。 诏天下置天庆观,以奉三清玉皇。顶《天庆道场斋醮仪式》。
1010	宋	真宗	大中祥符	三	令崇文院集馆阁本详校道书,宰臣王钦若总领其事。尽以秘阁道书、太清宝蕴,出降于余杭,俾戚纶、陈尧佐,选道士冲素大师朱益谦、冯德之等修校。 闰二月,出经题考试僧官,而后序迁。四月,道官援用此例。 河中民巨沼献五世祖所得《灵宝真文》,其词类道经。 诏道士自今须披度五年以上,方得奏请师号、紫衣。 贺兰栖真卒。时大雪,经三日,顶犹热,人多异之。 夏竦撰《重建道藏经记》,记钱俶重建《道藏》其事。
1011	宋	真宗	大中祥符	四	春,真宗亲祀汾阴,用道教威仪悉如封禅礼。加号华山。行次华阴,谒陈抟所居云台观,并免其田租。沿途谒巨灵真君观、列子庙等,召见隐逸、道士。后诏加上五岳帝号。

续表

公元	朝代	帝号	年号	年代	事　　记
1012	宋	真宗	大中祥符	五	戚纶、王钦若等荐临海谪官张君房编修《道藏》。 十月，真宗称九天司命上卿保生天尊降于延恩殿。前八月，梦神人传玉皇命："先令汝祖赵某授汝天书，将见汝，如唐朝恭奉玄元皇帝。"闰十月，上天尊号曰"圣祖上灵高道九天司命保生天尊大帝"，以玉清昭应宫玉皇后殿为其正殿。诏天下天庆观并增置圣祖殿；又于京师建景灵宫以奉圣祖。并诏："圣祖名，上曰'玄'，下曰'朗'，不得斥犯。"改兖州曲阜县为仙源县，建景灵宫、太极观于寿丘，以奉圣祖与圣祖母。 十一月，作《圣祖降临记》宣示中外，后赐天下《道藏》。 初置玉清昭应宫使，令宰相王旦兼之。后演变为宋代官僚提举宫观的祠禄制度。 柴通玄卒。通玄字又玄，陕州承天观道士，善辟谷服气，太宗、真宗曾召至京师，问以无为之要。寿百余岁。
1013	宋	真宗	大中祥符	六	三月，建安军铸玉皇、圣祖像成，具道门威仪迎奉。升建安军为真州，熔范圣像之地创仪真观。 七月，诏加上真元皇帝老子号曰"太上老君混元上德皇帝"。 冬，朝廷任张君房为著作佐郎，主领《道藏》纂修事。
1014	宋	真宗	大中祥符	七	正月，真宗朝谒亳州太清宫，升亳州为集庆军节度，改真源县为卫真县，奉元宫为明道宫。 九月，尊上玉皇大帝号曰："太上开天执符御历含真体道玉皇大帝"。 十月，玉清昭应宫成，总2610区。 诏加太平宫神翊圣将军圣号为翊圣保德真君。
1015	宋	真宗	大中祥符	八	召信州龙虎山道士张正随至京，吏部尚书王钦若为奏授箓院，并奉敕改真仙观为上清观。
1016	宋	真宗	大中祥符	九	王钦若撰成新编《道藏》篇目上进，真宗赐名《宝文统录》，并制序。钦若沿旧三洞四辅经目增补，得4359卷。 召天台道士鸿濛子张无梦，令讲所著《还元篇》。赐号"处士畅玄先生"，不受。因以歌赐行。无梦字灵隐，凤翔周至人，曾师事陈抟。
1017	宋	真宗	天禧	元	四月，颁圣祖赵玄朗神化金宝牌分给天下宫观。

续表

公元	朝代	帝号	年号	年代	事　　记
1018	宋	真宗	天禧	二	汴梁真武祠侧有泉疗疫,真宗命在其地建祥源观。封真武将军为真武灵应真群。武当山五龙祠升为观。
1019	宋	真宗	天禧	三	春,张君房编纂全藏成,写录进献。函目始“天”终“宫”,总466函4565卷,因号《大宋天宫宝藏》。《道藏》以《千字文》编函目始此。君房撮其精要,编成《云笈七籤》120卷。 三月,朱能伪造天书。 八月,以天书再降,大会道、释13086人于天安殿建道场,真宗亲临,以药银铸大钱赐之。度道士、女冠凡7170人。
1022	宋	真宗	乾兴	元	二月,真宗死。仁宗即位后,减少皇室醮数,诏除新定设醮州府外,罢天庆节天下赐宴,减玉清昭应宫、景灵宫等处清卫卒和工役,罢天庆、天祯、天贶、先天、降圣诸节宫观燃灯。 十二月二日,甄栖真卒。栖真字道渊,自号“神光子”。祥符中为晋州紫极宫主。撰《还金篇》论养生秘术。
1024	宋	仁宗	天圣	二	四月,明肃刘太后受上清毕法箓,朱自英主其仪,赐号“观妙先生”。
1025	宋	仁宗	天圣	三	八月,仁宗与太后诏朱自英于玉清昭应宫建金箓坛;又令选明经教者同坛传授。浩然子刘从善首与选,充景灵宫住持。进《咒食文》,仁宗嘉之,赐号“全素大师”。咒食之科自此传。
1026	宋	仁宗	天圣	四	玉清昭应宫使王曾请下三殿校《道藏》库经,从之。
1029	宋	仁宗	天圣	七	朱自英卒。传有《上清大洞真经》六卷本,并为序。
1030	宋	仁宗	天圣	八	召张乾曜诣阙,问以白日飞升事。张答,此非所以辅政教,宜反古之朴。仁宗嘉之,赐号“澄素先生”,并令其世袭先生号,免其租课。
1055	宋	仁宗	至和	二	召第二十六代天师张嗣宗赴阙,为国祈祷。赐号“冲静先生”(一说“虚白先生”)。

续表

公元	朝代	帝号	年号	年代	事　记
1064	宋	英宗	治平	元	成都府郫县道士姚若谷与其徒仇宗正、邓自和请于官，愿至京师得《道藏》官本以足其传。有诏即建隆观给官本，凡得500帙4500卷。 姚若谷与梓州飞乌县道士朱知善往凤翔府上清太平宫、庆成军太宁宫、亳州太清宫、明道宫访求道书，凡得2000余卷。至是益其书为五本(部)，藏于成都天庆观、郫县崇道观、青城山丈人观、梓州飞乌县洞灵观、绵州洪德观。
1069	宋	神宗	熙宁	二	张伯端入成都，遇师授内丹药物火候之诀。
1072	宋	神宗	熙宁	五	京师创中太一宫，以重张臣提举，并建衣冠之制。 诏："寺观奉圣祖及祖宗陵寝神御者免役钱。"时王安石变法，罢差役，使民出资募役，僧、道皆不能免。 ※朝廷增神仙封号，初"真人"，次"真君"。
1075	宋	神宗	熙宁	八	张伯端撰《悟真篇》。
1078	宋	神宗	元丰	元	神宗常日设大斋，命枢密直学士、提举中太一宫孙永监修删润斋醮科仪。
1080	宋	神宗	元丰	三	太后出金帛，于京城建上清储祥宫，道士王太初以符箓行于宫中，遂委以营宫之任，并赐号"灵慧冲寂大师"。 右街道录张君善等乞请："自今补道职，试《道德经》、《灵宝度人经》、《南华真经》等义，并宣读科祝等为兼经，依迁补僧职等官考试。"从之。
1086	宋	哲宗	元祐	元	皇后孟氏误吞针止喉中，召刘混康以符呕出。因赐号"洞元通妙法师"，住持上清储祥宫。
1091	宋	哲宗	元祐	六	上清储祥宫建成。诏苏轼撰碑文。
1094	宋	哲宗	绍圣	元	陈景元卒，年70。景元字太初，自称"碧虚子"。建昌南城人。师事张无梦，得老氏心印。撰有《道德真经藏室纂微》、《南华真经章句音义》、《冲虚至德真经释文补遗》、《西升经集注》、《元始无量度人上品妙经四注》、《高士传》等遗世。

续表

公元	朝代	帝号	年号	年代	事　记
1097	宋	哲宗	绍圣	四	敕江宁府,即刘混康所居潜神庵为元符观。 敕江宁府句容县三茅山经箓宝坛与信州龙虎山、临江军阁皂山,三山鼎峙,辅化皇图。 ※亳州太清宫道士贾善翔作《犹龙传》、《高道传》。善翔字鸿举,蓬州人。善讲《度人经》。另有《太上出家传度仪》、《南华真经直音》行于世。
1101	宋	徽宗	建中靖国	元	徽宗初即位,修奉景灵西宫,下苏、湖二州采太湖石4600枚。景灵西宫为官家道宫,其制参用道仪。
1102	宋	徽宗	崇宁	元	方士魏汉津献乐议,凡为书20卷。时汉津已九十余岁,自称师事唐仙人李良号"李八百"者。
1103	宋	徽宗	崇宁	二	召泰州天庆观道士徐守信至京,赐号"虚静冲和先生",并为建仙源万寿宫。守信善言休咎,世号"徐神翁"。
1104	宋	徽宗	崇宁	三	魏汉津请铸九鼎。后鼎成,赐号"冲显处士",累加至"虚和冲显宝应先生"。魏死后,即于铸鼎地建宝成殿祀黄帝等,以李良、魏汉津配食。谥汉津"嘉晟侯"。
1105	宋	徽宗	崇宁	四	召张继先至京。命弭解州盐池怪,又建醮内廷。赐号"虚靖先生",视秩中散大夫,并赐昆玉所刻"阳平治都功印"。封其祖先张陵"正一静应显佑真君"。诏有司就国之东建下院以居之,赐额曰"崇道"。又赐缗钱修龙虎山上清宫,拨步口庄5万以饭其众,改赐"上清正一宫"额。追封其祖及父"先生"号,度其祖母陈氏、冯氏、妹葆真皆为道士。官其兄绍先假仕郎,恩赍甚厚。
1106	宋	徽宗	崇宁	五	敕:"僧居多设三教像,非所以奉天真与儒教之意,可迎其像归道观、学舍。" 诏刘混康加号至"葆真观妙冲和先生"。 徽宗访求道教遗书,就书艺局令道士校定。至是《道藏》又增至5387卷。
1107	宋	徽宗	大观	元	诏"道士序位在僧上,女冠在尼上"。授于仙姑"清真冲妙先生"。寻遣使召赴阙,赐"真人"号。 命张继先醮于龙虎山中,且召赴阙,命祛宫中妖。因问道要,答以神仙可学,不死可致,乃作《大道歌》。

续表

公元	朝代	帝号	年号	年代	事　记
1108	宋	徽宗	大观	二	刘混康应召同徐神翁、张继先、虞仙姑等会上清储祥宫,馆于新修元符别观,徽宗亲至其所,因进所诵《大洞真经》。寻卒,赠太中大夫,谥“静一”。遣使护柩还茅山,葬叠玉峰。 徐守信卒,赠太中大夫。 册封张道陵为正一靖康应真君。 诏加真武为“佑圣真武灵应真君”。
1109	宋	徽宗	大观	三	茅山梁光(梁悟真)诈言,老君以加句《天童经》授之。《天童经》自晚唐已传于世,至是有加句《天童经》流行。
1110	宋	徽宗	大观	四	尚书右仆射兼中书侍郎张商英奉敕编撰《金箓斋科仪》,序云:“神宗讲兴废典,杨杰编纂而成书。”至是张商英在杜光庭、杨杰仪基础上加以删定。后宣和年间,徽宗又亲制《金箓道场科仪》。
1111	宋	徽宗	政和	元	徽宗毁京师淫祠1038区。
1112	宋	徽宗	政和	二	颁《金箓灵宝道场仪范》于天下。
1113	宋	徽宗	政和	三	徽宗以福宁殿东建玉清和阳宫,后改为玉清神霄宫。 召濮州道士王老志至京,馆于蔡京府第,封“洞微先生”。 诏天下搜访道教仙经,后设经艺局令道士校定,编修《政和万寿道藏》,送福州闽县镂板。
1114	宋	徽宗	政和	四	置道阶六字先生至额外鉴义品秩,比视中大夫至将仕郎,凡26等。后又置道职8等,有诸殿侍晨、校籍、授经,以拟待制、修撰、直阁之名。 王老志加号至“观妙明真洞微先生”。老志谓徽宗将有难,因献乾坤鉴法。旋乞还乡。卒,赠正议大夫。 诏诸路监司,每路通选宫观道士十人上京,赴左右街道录院讲习科道声赞科仪。 再诏求道书。知福州事黄裳请于福州闽县九仙山巅天宁万寿观建飞天法藏,庋天下道书,总540函。赐名《万寿道藏》,以镂板进于京。

续表

公元	朝代	帝号	年号	年代	事　记
1115	宋	徽宗	政和	五	徽宗召见嵩山道士王仔昔,赐号"冲隐处士"。仔昔自称得许逊道法。 《万寿道藏》编成。
1116	宋	徽宗	政和	六	王仔昔进封"通妙先生",居上清宝箓宫。因倨傲。 九月一日,上玉皇"太上开天执符御历含真体道昊天玉皇上帝"徽号,令天下洞天福地修建宫观,塑造圣像。 十月,徽宗访求高道,左街道录徐知常荐以温州永嘉道士林灵蘁累言神霄事,尝作《神霄谣》,召对,奇之,为改名"灵素",赐号"通真达灵先生",并赐金牌,特建通真宫为居,以师事之。命天下皆建神霄万寿宫,于京师开神霄箓坛。 令道士改隶秘书省。诏士庶勿得以老君讳命名。 元妙宗《太上助国救民总真秘要》成书。
1117	宋	徽宗	政和	七	及林灵素有宠,遂陷害王仔昔,囚之东太一宫。旋坐言语不逊,下狱死。 二月,改天下天宁观为神霄玉清万寿宫;无观者,以僧寺充;并设长生大帝君、东华大帝像。宰臣蔡京题写匾额。甲子日,大会道士2000余人于上清宝箓宫,徽宗亲率吏民万众,听林灵素讲玉清神霄王降生记及道经教义,左街道录傅希列等皆作记上之。时徽宗兴道教将十年,虑未有一厌服群下之神,灵素希旨,造为神霄王夜降宣和殿事。 四月,徽宗讽道箓院上章,册己为"教主道君皇帝",止于教门章疏内用。 五月,上"承天效法厚德光大后土皇地祇"徽号宝册。 七月,许僧徒归正道门,立赐度牒、紫衣。 八月,提举道箓院事蔡攸奏:《亢桑子》、《文子》未闻颁行,乞取其书,精加雠定,列于国子之籍,与《庄》、《列》并行,从之。 十二月,诏天神降于坤宁殿,刻石以纪之。 改《老子道德经》为《太上混元上德皇帝道德真经》。徽宗有注称《政和御注》。

续表

公元	朝代	帝号	年号	年代	事　　记
1118	宋	徽宗	重和	元	置道学科,道士始给俸禄。 五月,赐林灵素"金门羽客、通真达灵元妙先生",视中大夫。又赐冲和殿侍宸。 八月,建道学。学道之士许入州县学教养;所习经以《黄帝内经》、《道德真经》为大经,《庄子》、《列子》为小经。兼通儒书,俾合为一道。又增置士名,自元士至志士凡9等,分入官品。并颁《道德经》数十部于州郡。 九月,诏:太学、辟雍各置《内经》、《道德经》、《庄子》、《列子》博士2员。颁《御注道德经》,刻石神霄宫。 用蔡京言,集古今道教事为纪、志,赐名《道史》。
1119	宋	徽宗	宣和	元	正月,诏改佛为"大觉金仙",余为"仙人"、"大士";僧称"德士",尼为"女德士";寺为"宫",院为"观",住持者为"知宫观";并禁铜钹、塔像,佛像赐天尊服;所有僧录司改称"德士司",左右街道录院改名"道德院",德士司隶属之。 五月,诏德士许入道学,依道士法。此前将释典诋毁道、儒二教者尽行焚毁,颁降林灵素所上《释经诋诬道教议》一卷。 六月,诏封庄周为"微妙元通真君",列御寇为"致虚观妙真君",配享混元皇帝。 八月,诏:所修道书,自龙汉止五代为《道史》,本朝为《道典》。 九月,全台上言,灵素妖惑圣听,改除释教,毁谤大臣。时皇太子反对废佛,奏言灵素跋扈。 十一月,放灵素归山,令守臣监视之。
1120	宋	徽宗	宣和	二	正月,罢道学。 六月,诏复寺院额。 九月,诏复佛号,德士复为僧。
1121	宋	徽宗	宣和	三	诏:"天下知宫观道士,与监司、郡县官以客礼相见。" 从蔡攸奏请,令三京置女道录、副道录各一员,节镇置道正、副各一员,余州置道正一员。 诏提举道录院撰修《道史》,道纪断自天地始分,以三清为首,三皇而下,帝王得道者,以世次先后列于纪,臣宦得道者,以世次先后为传。可分天地、官府、品秩、舆服、符箓、仪范、禁律、修炼、丹石、灵文、宝书等十二志。男真自风后、力牧以下,女真自九灵元君而下。

续表

公元	朝代	帝号	年号	年代	事　　记
1122	宋	徽宗	宣和	四	遣使具礼延聘建昌军南丰道士王文卿至京。文卿奏对玄化无为之道,筑雷坛驱治皇宫祟。封"冲虚妙道先生"。
1123	宋	徽宗	宣和	五	徐兢出使高丽回国后,把所著介绍有当时的高丽道教的《宣和奉使高丽图经》上献给宋徽宗。
1125	宋	徽宗	宣和	七	敕王文卿加官至凝神殿侍宸。文卿上表,乞还山林,混合帝一之道,讽诵《大洞真经》,祝延睿筭,不允。 十一月,赐诰王文卿,依前任再除两府侍宸、冲虚通妙先生、视太中大夫、特进徽猷阁待制、主管教门公事。又乞还山,亦不允。 十二月二十三日,徽宗禅位皇太子。钦宗即位以后,尊徽宗为"教主道君太上皇帝"。 ※林灵素卒,《历世真仙体道通鉴》谓徽宗亲制祭文,敕封九十五字尊号。
1126	宋	钦宗	靖康	元	王文卿复乞归,听之。 金兵寇汴,道君太上皇亟遣使召张继先。十一月二十三日,继先行至泗州天庆观,作颂而卒。诏加真武号为"佑圣助顺真武灵应真君"。

人名（神仙名）索引

（按笔画顺序排列）

五　画

六　画

七　画

八　画

九　画

十　画

十一画

十 二 画

十三画

十 四 画

十 五 画

十 六 画

十七~十八画

其他名词术语索引

（按笔画顺序排列）

一　画

二　画

三　画

四 画

五 画

六 画

七 画

八　画

九　画

十　画

十一画

十二画

十三~十四画

十五~十八画

责任编辑:夏　青　武丛伟
版式设计:顾杰珍
封面设计:石笑梦

图书在版编目(CIP)数据

中国道教通史.第二卷/卿希泰,詹石窗 主编. —北京:人民出版社,2019.12
ISBN 978-7-01-021713-0

Ⅰ.①中…　Ⅱ.①卿…②詹…　Ⅲ.①道教史-中国　Ⅳ.①B959.2

中国版本图书馆 CIP 数据核字(2019)第 282292 号

中国道教通史
ZHONGGUO DAOJIAO TONGSHI
第 二 卷

卿希泰　詹石窗　主编

人民出版社 出版发行
(100706　北京市东城区隆福寺街 99 号)

北京雅昌艺术印刷有限公司印刷　新华书店经销

2019 年 12 月第 1 版　2019 年 12 月北京第 1 次印刷
开本:710 毫米×1000 毫米 1/16　印张:54.75　插页:1
字数:830 千字

ISBN 978-7-01-021713-0　定价:368.00 元

邮购地址 100706　北京市东城区隆福寺街 99 号
人民东方图书销售中心　电话 (010)65250042　65289539